ALMANAC OF
CHINESE
LINGUISTICS

张伯江 主编

中国语言学年鉴
2023

中国社会科学出版社

图书在版编目（CIP）数据

中国语言学年鉴.2023／张伯江主编.—北京：中国社会科学出版社，2023.10
ISBN 978-7-5227-2855-1

Ⅰ.①中⋯ Ⅱ.①张⋯ Ⅲ.①语言学—中国—2023—年鉴 Ⅳ.①H004.2-54

中国国家版本馆 CIP 数据核字（2023）第 237027 号

出 版 人	赵剑英	
责任编辑	王鸣迪	
责任校对	韩海超	
责任印制	张雪娇	

出　　版	中国社会科学出版社
社　　址	北京鼓楼西大街甲 158 号
邮　　编	100720
网　　址	http://www.csspw.cn
发 行 部	010-84083685
门 市 部	010-84029450
经　　销	新华书店及其他书店

印刷装订	三河市东方印刷有限公司
版　　次	2023 年 10 月第 1 版
印　　次	2023 年 10 月第 1 次印刷

开　　本	787×1092　1/16
印　　张	54.75
插　　页	6
字　　数	1167 千字
定　　价	458.00 元

凡购买中国社会科学出版社图书，如有质量问题请与本社营销中心联系调换
电话：010-84083683
版权所有　侵权必究

2022年10月28日下午,习近平总书记在安阳市殷墟博物馆考察。

新华社记者 鞠鹏 摄

2022年10月28日下午,习近平总书记在安阳市殷墟博物馆考察。

新华社记者 鞠鹏 摄

第25届全国推广普通话宣传周海报一，以"推广普通话，喜迎二十大"为设计思路，背景色调为中国红，体现以大力推广普及国家通用语言文字的实际行动迎接党的二十大胜利召开。

第 25 届全国推广普通话宣传周海报二，以"推广普及国家通用语言文字，助力铸牢中华民族共同体意识"为设计思路，以汉族、蒙古族、藏族、维吾尔族、壮族、傈僳族等卡通人物形象，展现中华少年儿童共同成长、共同学习普通话，体现国家通用语言文字在夯实终身发展基础、帮助个人成长成才、铸牢中华民族共同体意识等方面的重要作用。

2022年12月8日,以"构建国际中文教育高质量发展新格局"为主题的国际中文教育大会在北京国际会议中心顺利召开。国务院副总理孙春兰出席会议并发表主旨演讲。

2022年9月,中国语言学会第二十一届学术年会在陕西西安召开。

李荣先生（1920–2002）

李荣先生主要著作

吴宗济先生（1909–2010）

《我的百年人生——吴宗济口述史》

主　　编：张伯江

副 主 编：陈文学　李爱军　白晓丽

执行主编：张　洁

协 调 人：张　骅

作　　者（按姓氏笔画顺序）：

于方圆　马华阳　王志平　王春辉　王倩倩　王海波
王婷婷　方　梅　方　迪　方　强　邓　婕　任　荷
华　武　刘探宙　刘　婷　孙宇炜　李　明　李　倩
杨永龙　杨萌萌　连佳鹏　肖晓晖　沈　明　张永伟
张　洁　张振达　张竞婷　陈丹丹　陈伟蓉　赵长才
赵绿原　周业兵　胡钦谙　姜　南　祖生利　祝克懿
夏俐萍　徐睿渊　高云晖　彭馨葭　董洪杰　程　悦
储丹丹　储泽祥　谢留文　解　竹　熊子瑜

编辑说明

《中国语言学年鉴2023》立足中国特色哲学社会科学学科体系、学术体系、话语体系建设，充分领会新时代新年鉴的任务和要求，对2022年中国语言学界的主要研究进展、学术动态和学科建设等进行了系统的梳理和介绍，并试图对该年度各领域的学术发展做出高站位的观察和评判。

语言学是人文社会科学中学术发展比较成熟的一个学科，学术推进有着类似自然科学那样的累积式的发展逻辑，新问题的探究很强地依赖脉络清晰的前沿进展。因此，面对浩如烟海的文献，如何才能梳理出所有重要问题的发展轨迹，是学术创新的关键。借助年鉴这个规范的平台，选取各个学科相对固定的人选撰写，保证了各个主要分支学科每一年度的最新进展得到系统性的全面展现。

全书共分六个部分，"学科综述"14篇文章分别论述了2022年现代汉语句法语义、汉语历史语法、现代汉语词汇学和辞书学、汉语历史词汇、汉语语音学、汉语音韵学、古文字学、汉语方言学、修辞学、篇章语用、计算语言学和自然语言处理研究及应用、语料库、社会语言学、语言文字工作等方面的学科前沿成果。为了使综述内容兼具广泛性和典型性，在学术成果的选取上本着突出学术质量、反映学科前沿的原则而反复甄选。学科综述主要由中国社会科学院语言研究所各研究室承担撰写任务，同时也邀请中国社会科学院以外的语言学领域知名专家和青年学者参与，努力做到既有代表性又有客观性。

为充分体现《年鉴》的评价功能，"文章选登"栏目在充分考虑了刊物的代表性、作者的代表性以及文章主题的代表性基础上，由各学科带头人遴选出27篇见刊文章作为经典之作刊登。

"学术论著介绍"栏目介绍了2022年度出版发行的300本专著、译著、论文集等的出版信息和主要内容，资料主要来源于各出版社的网站和公众号。

"学术活动"栏目介绍了70场全国各地举办的主要学术会议，突出了每场会议的讨论核心和学术焦点，资料主要来源于各大学和机构的网站和公众号。

"学者介绍"栏目展示了36位已故知名学者的学术生平和主要学术成果，以及对学术界的贡献。"李荣先生学术经历"和"吴宗济先生学术经历"分别由方言学和语音学的学者撰写，他们穷尽性地介绍了两位先生的学术生涯，高度评价了他们对学术界的贡献和影响。

"大事记"记录了一年来语言学领域发生的比较有影响的事件，2022 年正值党的二十大召开，因此"大事记"比较偏向于记录语言学界宣传学习贯彻二十大精神的重要事件。

学术论著介绍、学术活动、学者介绍和大事记由张洁负责编写。各栏目完成后由张洁负责编辑和初审，张伯江做交稿前最后的审定，编辑过程中有难以决断处都由张伯江决断。

尽管我们如履薄冰、尽心尽力，但仍可能存在许多不完善之处，恳请读者批评指正。

目　录

学科综述

现代汉语句法语义研究 …………………………………………………………（3）
汉语历史语法研究 ………………………………………………………………（25）
现代汉语词汇学及辞书学研究 …………………………………………………（41）
汉语历史词汇研究 ………………………………………………………………（60）
汉语语音学研究 …………………………………………………………………（82）
汉语音韵学研究 …………………………………………………………………（107）
古文字学研究 ……………………………………………………………………（121）
汉语方言学研究 …………………………………………………………………（131）
修辞学研究 ………………………………………………………………………（142）
篇章语用研究 ……………………………………………………………………（170）
计算语言学和自然语言处理研究及应用 ………………………………………（188）
语料库研究与应用 ………………………………………………………………（206）
社会语言学研究 …………………………………………………………………（216）
语言文字工作 ……………………………………………………………………（246）

文章选登

中共中央办公厅　国务院办公厅印发《关于推进新时代古籍工作的意见》 …………（265）
教育部　国家乡村振兴局　国家语委关于印发《国家通用语言文字普及提升
　　工程和推普助力乡村振兴计划实施方案》的通知 …………………………………（270）

教育部　国家语委关于加强高等学校服务国家通用语言文字高质量推广普及的
　　若干意见 ·· (275)
《现代汉语大词典》的编纂理念与学术特色 ······································ 江蓝生 (279)
衬字和变文 ·· 沈家煊 (296)
论普通话的推广方略 ·· 李宇明 (307)
复合型同音同义词语的形成途径及关系特征 ·· 张　博 (319)
从副词独用现象看位置敏感与意义浮现 ··· 方　梅 (335)
主谓主语句还是主谓谓语句？ ·· 刘探宙 (353)
青海甘沟话"坐"义动词用作持续体助动词 ·· 杨永龙 (375)
内蒙古张呼片晋语的入声调 ·· 沈　明 (394)
浙西南吴语"鸡嗦子"读音的本字
　　——兼论浙西南吴语模、虞韵读如鱼韵白读现象 ························· 谢留文 (411)
音节时间结构与拉萨藏语的声调起源 ··· 胡　方 (418)
湘语双峰方言的"清浊同调"
　　——基于语音实验的探讨 ································· 史濛辉　陈轶亚 (432)
"闯"字的历史演变 ·· 王志平 (452)
说战国楚文字中用为"一"的"翼"字 ··· 石小力 (475)
释"完""莞" ·· 胡敕瑞 (487)
从蒙、汉语言接触看"弼马温"的音义组合 ·············· 宋洪民　尹义君　丁浩冉 (500)
"床三"来自"禅"母证 ·· 丁治民　李惠超 (514)
从图表结构及唐代标准音再论《韵镜》型韵图的创制年代 ··············· 杨　军 (524)
《德意志意识形态》的语言意识形态 ··· 完　权 (545)
数字时代语言伦理的新形态和新表现 ··· 王春辉 (553)
近百年汉语书面语的语域演变研究 ·· 许家金　李佳蕾 (566)
融合句法信息的文本语料库检索方法研究
　　······················· 张永伟　刘　婷　刘　畅　吴冰欣　俞敬松 (580)
"全球汉语中介语语料库"的特点与功能 ··· 张宝林　崔希亮 (598)
"情感转向"与西方修辞研究的自我更新 ·· 刘亚猛 (612)
"辞趣"修辞的学科建设意义与社会文化功能 ······································ 祝克懿 (634)

学术论著介绍

安大简《诗经》研究 …………………………………………………… (651)

安徽大学藏战国竹简 …………………………………………………… (651)

《八音定诀》整理及研究 ……………………………………………… (651)

部分量：体貌、量化与论元互动的类型学研究 ……………………… (651)

朝鲜时代汉语教科书十种汇辑 ………………………………………… (651)

陈介祺藏吴大澂考释古封泥 …………………………………………… (652)

城市语言研究论稿 ……………………………………………………… (652)

程度语义学与汉语语法研究 …………………………………………… (652)

出土文献名物考 ………………………………………………………… (652)

出土文献与汉语史研究论集 …………………………………………… (653)

出土文献与先秦秦汉史研究论丛 ……………………………………… (653)

出土文献语言与文字论丛 ……………………………………………… (653)

词汇与句法计量研究 …………………………………………………… (653)

词基驱动的晋语构词与音系交互模式 ………………………………… (653)

词义流变与常用词更替研究 …………………………………………… (654)

辞海缩印本（第七版） ………………………………………………… (654)

从事件链框架到汉语动词的动相结构 ………………………………… (654)

从语音象似到韵律象似 ………………………………………………… (654)

戴庆厦先生口述史 ……………………………………………………… (654)

道教仪经字词校释 ……………………………………………………… (655)

第二语言学习与教学（第五版） ……………………………………… (655)

地理语言学视域下梅州客家方言语音研究 …………………………… (655)

东亚汉字文化圈日本语研究 …………………………………………… (655)

东言西语：在语言中重新发现中国 …………………………………… (655)

对话语篇中的情感意义：情感意义与语境变量的系统配置研究 …… (655)

对外汉语偏误分析 ……………………………………………………… (656)

多语竞争中的中国语言形象建构研究 ………………………………… (656)

多语种语料库的应用价值研究 ………………………………………… (656)

俄汉语焦点副词语义辖域研究 ………………………………………… (656)

鄂南方言的多域声调系统研究 …………………………………………………………（657）
发音解剖书——如何铸就最美嗓音 ……………………………………………………（657）
法国的语言政策与法规 …………………………………………………………………（657）
法律中的语言游戏与权力分配 …………………………………………………………（657）
翻译修辞学与国家对外话语传播 ………………………………………………………（657）
方言（中华经典名著全本全注全译丛书）……………………………………………（658）
方言比较与吴语史研究　石汝杰教授荣休纪念论文集 ………………………………（658）
方言岛——深圳大鹏话研究 ……………………………………………………………（658）
方言地理学视角下徐州市、铜山县城乡方言接触研究 ………………………………（658）
方言语法语音探知录——刘丹青语言学文选 …………………………………………（659）
放马滩秦简《日书》汇释今译 …………………………………………………………（659）
福建方言与文化 …………………………………………………………………………（659）
复杂动态系统理论视阈下的 EFL 学习者英语口语发展研究 …………………………（659）
甘肃方音字汇 ……………………………………………………………………………（659）
高校教师话语亲和力研究 ………………………………………………………………（660）
根据原理教学：交互式语言教学（第四版）…………………………………………（660）
古波斯语教程：语法·文本·词汇 ……………………………………………………（660）
古汉语心理活动概念场词汇系统演变研究 ……………………………………………（660）
古汉字通解 500 例 ………………………………………………………………………（660）
古释名辑证 ………………………………………………………………………………（661）
古文献丛札 ………………………………………………………………………………（661）
固化与规约化：基于统一用法的语言结构、变异和变化的社会认知模式研究 ………（661）
故宫博物院藏殷墟甲骨文·马衡卷 ……………………………………………………（661）
故宫博物院藏殷墟甲骨文·谢伯殳卷 …………………………………………………（661）
国际中文教育中文水平等级标准（英文版）…………………………………………（662）
国际中文教育中文水平等级标准：词汇速记速练手册 ………………………………（662）
国际中文教育中文水平等级标准：汉字书写手册 ……………………………………（662）
国际中文教育中文水平等级标准：语法学习手册 ……………………………………（662）
国家语言能力系统论 ……………………………………………………………………（662）
"过"的语法化及相关句式研究 …………………………………………………………（663）
哈萨克语语音和谐发音机制研究 ………………………………………………………（663）
韩国传世汉文辞书集成（30 册）………………………………………………………（663）

汉代隶书异体字表 …………………………………………………（663）
汉韩语差比范畴对比研究 ……………………………………（663）
汉英句法对比：基于依存树库的语言计量研究 ……………（664）
汉语常用双音虚词的语法化研究 ……………………………（664）
汉语辞书理论专题史研究 ……………………………………（664）
《汉语大词典》修订脞论 ……………………………………（664）
汉语大型辞书编纂、修订研究——以《汉语大词典》为例 ……（664）
汉语反语认知的神经心理机制研究 …………………………（665）
汉语方言定指范畴研究 ………………………………………（665）
汉语方言研究的多维视角：游汝杰教授八秩寿庆论文集 ……（665）
汉语后置的介词结构研究 ……………………………………（665）
汉语焦点构式中的系词——基于语义演变的历时考察 ……（665）
汉语近义词学习手册（初级）………………………………（666）
汉语句法的语用属性 …………………………………………（666）
汉语句式研究第四辑 …………………………………………（666）
汉语"人际支持性"言语行为标记研究 ……………………（666）
汉语 $V_{定}N_{中}$ 构式的形成与语法化研究 ………………（666）
汉语乡土语言英译行为批评研究 ……………………………（667）
汉语音韵演变史教程 …………………………………………（667）
汉语语篇多维语体特征研究 …………………………………（667）
汉语语篇连贯的句法机制研究 ………………………………（667）
汉语语文辞书释义对比研究 …………………………………（668）
汉语语用标记功能浮现的互动机制研究 ……………………（668）
汉语韵律语法研究的音节－语义视野 ………………………（668）
汉语中古音研究 ………………………………………………（668）
汉语中介语语料库建设研究 …………………………………（669）
汉语组合范畴语法研究——基于交叉学科的视角 …………（669）
汉字汉语研究 …………………………………………………（669）
汉字再发现：从旧识到新知 …………………………………（669）
河南滑县方言研究 ……………………………………………（669）
喉肌电图临床应用 ……………………………………………（670）
湖北咸丰方言资源典藏 ………………………………………（670）

华文趣味教学法 (670)
基于词义基因的汉语起源弱任意观研究 (670)
基于规则方法的语法模式自动提取研究 (670)
基于类型学的汉语受事前置句研究 (671)
基于认知形态学的汉语类词缀构词研究 (671)
基于元话语能力的汉语话语标记研究 (671)
基于新标准体系的国际中文教育教学语法资源建设研究（上、下册） (671)
基于语料库的汉语程度副词历时研究——兼与英语比较 (672)
基于语料库的学术英语元话语对比研究 (672)
《急就篇》新证 (672)
季旭昇学术论文集（全五册） (672)
甲骨文摹本大系 (672)
甲骨缀合三集 (672)
简帛人物名号汇考 (673)
简牍学与出土文献研究（第1辑） (673)
《金关汉简》戍卒与武备词语研究 (673)
金融行业普通话 (673)
《金文编》稿本 (673)
近代汉语探源（中华当代学术著作辑要） (674)
近代汉语湘方言文献集成 (674)
晋语语音研究 (674)
句子加工研究 (674)
具身认知还是神经活动：语料库驱动的现代汉语通感形容词研究 (675)
跨文化交际探索 (675)
跨文化交际：语篇分析法（第三版） (675)
跨学科视角下的语言与身份认同：兼谈香港问题 (675)
跨语言影响视域下英西同源词习得研究 (676)
老龄化与老年语言学引论 (676)
Lilian老师国际汉语教学私房菜：真实情景下的教学设计与案例探究
　　（简体版） (676)
历史比较语言学 (676)
历史语言学（修订本） (676)

龙岗秦简汇释今译	(677)
鲁迅话语系统研究	(677)
《鲁迅全集》古语词注释订补	(677)
论早期东亚与欧洲的语言接触（修订版）	(677)
满语词汇语义及文化研究	(677)
美国哈佛大学哈佛燕京图书馆藏金石拓片图集	(678)
面向语言工程的现代汉语词类体系与词性标注研究	(678)
面向中文信息处理的组合范畴语法研究	(678)
名词性短语的生成语法研究	(678)
名词性领属结构的类型学研究——基于语义地图的跨语言视角	(678)
南北朝墓志集成	(679)
南北朝隋唐宋方言学史料考论	(679)
宁波方言字语汇解	(679)
批评认知语言学	(679)
篇章回指的功能语用探索：一项基于汉语民间故事和报刊语料的研究	(680)
普通话常用口语词	(680)
普通语言学概论	(680)
七音略校笺	(680)
欺诈性广告中模糊话语的批评语用研究	(681)
巧用探究法教语言：以 IBMYP 语言习得 & 语言与文学课程为例	(681)
秦出土文献编年续补	(681)
清华大学藏战国竹简（拾贰）	(681)
清华大学藏战国竹简（拾壹）	(681)
清华简《尚书》类文献笺释	(682)
清华简《系年》集释（修订本）	(682)
清末民初小说语体研究	(682)
全球华语研究文献索引	(682)
认识视觉修辞：理论、方法与实践	(682)
认知语言学与外语教学新思考新实践	(683)
日汉存在型时体问题对比研究：以"シテイル"为研究基盘	(683)
日语语篇分析	(683)
山东方言音韵研究	(683)

商代金文研究 (684)
商周文字论集续编 (684)
上博竹书孔子语录文献研究 (684)
上古汉语新构拟 (684)
尚书覈诂 (685)
畲族民歌修辞研究 (685)
什么是会话分析 (685)
神经机器翻译 (685)
神经机器翻译：基础、原理、实践与进阶 (686)
神经网络与深度学习：案例与实践 (686)
世界语言生活状况报告（2022） (686)
《说文》小篆研究（修订版） (686)
狮子山楚王陵出土西汉官印 (686)
松荫轩藏印谱简目 (687)
宋词颜色词研究 (687)
宋代笔记俗语词研究 (687)
宋前道经疑难字词考释 (687)
《宋书》词汇专题研究 (687)
唐宋禅籍俗成语研究（上下编） (687)
唐宋诗词的语言艺术 (688)
天回医简 (688)
庭审话语功能及其语调表征研究 (688)
外语修辞能力的建构和应用研究 (688)
完结义副词共时变异与历时演变多维研究 (689)
王念孙古韵分部研究（外一种） (689)
王献唐金石书画题跋辑存 (689)
网络新闻语篇研究 (689)
微博舆情话语研究 (690)
维吾尔族儿童维、汉、英语音意识及其读写能力获得和发展的关系研究 (690)
文献文本异文与明清汉语研究 (690)
《文选》音注辑考（全二册） (690)
我的百年人生——吴宗济口述史 (690)

五代十国墓志汇编	(691)
五一广场东汉简牍册书复原研究	(691)
武汉方言语法研究（修订版）	(691)
西安坊上回族语言变异与身份认同研究	(691)
西方修辞学教程	(691)
系统功能语言学视阈的语法隐喻研究	(692)
先秦两汉汉语可能情态动词语义功能变化研究	(692)
现代汉语词典（汉藏词汇对照版）	(692)
现代汉语词汇多角度探索	(692)
现代汉语动补式复合词研究	(692)
现代汉语话语情态研究（修订本）	(693)
现代汉语规范词典（第四版）	(693)
现代汉语目的范畴研究	(693)
现代汉语评价系统研究	(693)
现代汉语全称量化词研究	(694)
现代汉语三音节词语研究	(694)
现代汉语意外范畴研究	(694)
湘西凤凰苗歌译注及语言学研究	(694)
小句复合体的语法结构	(694)
小学语文修辞手法技巧训练	(695)
新蔡葛陵楚简汇释今译	(695)
新型主流媒体话语体系建构研究	(695)
新修辞学：一种论证理论	(695)
新训诂学（第四版）	(695)
形声字声符示源功能研究	(696)
音系与句法：语音与结构的关系	(696)
殷周历史与文字（第1辑）	(696)
英汉商务话语隐喻对比研究——基于认知语料库语言学	(696)
英语测试（第二版）	(696)
英语口语教学与测试研究	(697)
英语母语学习者汉语成语理解习得研究	(697)
乌程汉简	(697)

语调音系学（第2版）	(697)
语海	(697)
语篇副文本的互文机制研究	(698)
语篇评价：作者立场与话语建构	(698)
语篇信息挖掘研究	(698)
语篇研究——跨越小句的意义（第二版）	(698)
语体、语类和风格	(699)
语言的魅力	(699)
语言风格的秘密：语言如何透露人们的性格、情感和社交关系	(699)
语言和言语问题研究	(699)
语言理论——语言的描述功能	(699)
语言能力与社会排斥：基于长三角、珠三角外来工的调查	(700)
语言生态与语言服务	(700)
语言学和第二语言习得	(700)
语言政策与规划核心术语	(700)
语言知识：本质、来源及使用	(701)
语用身份论视角下的学术引用行为研究	(701)
元音与辅音（第3版）	(701)
岳麓秦简书迹类编	(701)
岳麓书院藏秦简（贰）汇释今译	(701)
粤港澳大湾区语言服务发展报告（2022）	(702)
韵镜校笺	(702)
宅兹中国：河南夏商周三代文明	(702)
战国楚简词典（文书卷）	(702)
战国秦汉简帛古书训释研究	(702)
张家山汉墓竹简（三三六号墓）	(703)
赵元任日记	(703)
政治修辞学	(703)
"知"与"道"：语言、逻辑与哲理探析	(703)
知识图谱：认知智能理论与实战	(704)
中古语文初学集	(704)
中国古代封泥全集	(704)

中国日语学习者动机和行为研究 …………………………………………………（704）
中国语言生活状况报告（2022） ………………………………………………（705）
中国语言文化典藏·宾阳 …………………………………………………………（705）
中国语言文化典藏·苍南 …………………………………………………………（705）
中国语言文化典藏·成都 …………………………………………………………（705）
中国语言文化典藏·大理白语 ……………………………………………………（706）
中国语言文化典藏·大连 …………………………………………………………（706）
中国语言文化典藏·皋兰 …………………………………………………………（706）
中国语言文化典藏·古田 …………………………………………………………（706）
中国语言文化典藏·哈尔滨 ………………………………………………………（707）
中国语言文化典藏·和龙朝鲜语 …………………………………………………（707）
中国语言文化典藏·洪洞 …………………………………………………………（707）
中国语言文化典藏·互助土族语 …………………………………………………（707）
中国语言文化典藏·花垣苗语 ……………………………………………………（708）
中国语言文化典藏·环县 …………………………………………………………（708）
中国语言文化典藏·建瓯 …………………………………………………………（708）
中国语言文化典藏·江永 …………………………………………………………（708）
中国语言文化典藏·景洪傣语 ……………………………………………………（709）
中国语言文化典藏·开封 …………………………………………………………（709）
中国语言文化典藏·澜沧拉祜语 …………………………………………………（709）
中国语言文化典藏·乐业 …………………………………………………………（709）
中国语言文化典藏·连州 …………………………………………………………（710）
中国语言文化典藏·龙山土家语 …………………………………………………（710）
中国语言文化典藏·隆林仡佬语 …………………………………………………（710）
中国语言文化典藏·普格彝语 ……………………………………………………（710）
中国语言文化典藏·青岛 …………………………………………………………（711）
中国语言文化典藏·三江侗语 ……………………………………………………（711）
中国语言文化典藏·泰州 …………………………………………………………（711）
中国语言文化典藏·西林壮语 ……………………………………………………（711）
中国语言文化典藏·湘潭 …………………………………………………………（712）
中国语言文化典藏·新化 …………………………………………………………（712）
中国语言文化典藏·新源哈萨克语 ………………………………………………（712）

中国语言文字事业发展报告（2022） …… (712)
中国语言学年鉴（2022） …… (713)
中国语言政策研究报告（2022） …… (713)
中国语言学史理论研究 …… (713)
中日字词趣谈 …… (714)
中学教师课堂教学言语行为研究 …… (714)
周家台秦墓简牍等三种汇释今译 …… (714)
周屯话 …… (714)
周王畿——关中出土西周金文整理与研究 …… (714)
壮语金龙岱话参考语法 …… (715)
追本穷源：粤语词义趣谈（插图本·修订版） …… (715)
字说中国：汉字里的生活世界 …… (715)
自然语言处理（普通高等教育人工智能专业系列教材） …… (715)
自然话语中的话语标记研究：以"你知道"为例 …… (715)
作格与汉语语法 …… (716)

学术活动

1. 规范使用汉字工作座谈会 …… (719)
2. 2022年全国语言文字工作会议 …… (719)
3. "迎接二十大，语言文字这十年"系列活动首场报告暨国家语委重大科研项目开题会 …… (720)
4. 中国中文信息学会第一届自然语言生成与智能写作大会（NLGIW 2022） …… (721)
5. 首届语料库与应用翻译研究论坛 …… (722)
6. 首届国际中文教育视阈下的汉字研究学术研讨会 …… (722)
7. 第十一届全国社会语言学学术研讨会 …… (723)
8. 全国语言与术语标准化技术委员会辞书编纂分技术委员会（SAC/TC62/SC2）换届成立大会暨年度工作会议 …… (724)
9. 第二十三届汉语词汇语义学国际研讨会（CLSW2022） …… (724)
10. "迎接二十大，语言文字这十年"系列活动第二场报告暨国家语委重大科研项目"我国语言文字治理体系现状及创新研究"开题会 …… (724)
11. 国际中国语言学学会第28届年会（IACL-28） …… (725)

12. 第四届全国认知神经语言学高层论坛 …………………………………………… (726)
13. "迎接二十大，语言文字这十年"系列活动第三场报告暨国家语委重大科研
    项目"基于数字化的红色文化资源开发与有效传播"开题会 ………………… (727)
14. "迎接二十大，语言文字这十年"系列活动第四场报告暨国家语委科研项目
    "历史文化名城名镇名村语言景观调查研究"开题会 ………………………… (728)
15. "迎接二十大，语言文字这十年"系列活动第五场暨国家语委重大科研项目
    "中国语言学话语体系建设与传播研究"开题会 ……………………………… (729)
16. "迎接二十大，语言文字这十年"系列活动第六场报告暨国家语委重大科研
    项目"海南自由贸易港语言服务研究"开题会 ………………………………… (730)
17. 第八届全国话语语言学学术研讨会 …………………………………………… (731)
18. 第七届文献语言学国际学术论坛暨第四届文献语言学青年论坛 …………… (732)
19. 第八届中国语言政策与语言规划学术研讨会 ………………………………… (733)
20. 第六届语音学与大脑神经机制高级研讨会 …………………………………… (734)
21. 北京大学第三届世界汉语研讨会 ……………………………………………… (735)
22. 第十九届全国近代汉语学术研讨会 …………………………………………… (736)
23. 教育部"教育这十年""1+1"系列发布采访活动第六场新闻发布会 ………… (737)
24. "迎接二十大，语言文字这十年"名家讲坛第一场 …………………………… (737)
25. "迎接二十大，语言文字这十年"名家讲坛第二场 …………………………… (738)
26. 第三届构式语法研究高峰论坛 ………………………………………………… (739)
27. "迎接二十大，语言文字这十年"名家讲坛第三场 …………………………… (740)
28. 但使文章能寿世，不求闻达以骄人——《我的百年人生——吴宗济口述史》
    新书出版座谈会 ………………………………………………………………… (741)
29. 第八届中国文字发展论坛 ……………………………………………………… (743)
30. "迎接二十大，语言文字这十年"名家讲坛第四场 …………………………… (744)
31. 第十届现代汉语虚词研究与对外汉语教学国际学术研讨会 ………………… (744)
32. 2022国际中文教育论坛 ………………………………………………………… (745)
33. 第七届全国生态语言学研讨会 ………………………………………………… (746)
34. "迎接二十大，语言文字这十年"名家讲坛第五场 …………………………… (747)
35. "迎接二十大，语言文字这十年"系列名家讲坛第六场"坚定文化自信——
    中华优秀语言文化传承弘扬这十年"学术访谈 ………………………………… (747)
36. 首届粤港澳语言生活青年论坛 ………………………………………………… (748)
37. 第十四届中国语言经济学论坛 ………………………………………………… (748)

38. 中国语言学会第二十一届学术年会 …………………………………………（749）
39. 第18届国际中文教育学术研讨会 ………………………………………（750）
40. 迎接二十大，推动新时代国家语言文字事业高质量发展论坛 ………………（751）
41. "中文——拓展世界交流的语言"中澳双边学术研讨会 ……………………（752）
42. 中国社会科学论坛（2022年，语言学）——新时代语音学前沿问题国际
    研讨会 …………………………………………………………………………（754）
43. 第二十一届中国计算语言学大会（The Twenty-first China National Conference
    on Computational Linguistics，CCL 2022） …………………………………（755）
44. 第三届人工智能时代的语言科学国际会议 …………………………………（756）
45. 博雅语言学论坛 ………………………………………………………………（758）
46. 第十一届吴方言学术研讨会 …………………………………………………（759）
47. 东南方言比较三十周年线上纪念会 …………………………………………（759）
48. 全球性对话与当代修辞学：中国修辞学学会2022年学术年会 ……………（759）
49. 第十二届全国语言文字应用学术研讨会暨《语言文字应用》创刊三十周年
    学术研讨会 ……………………………………………………………………（761）
50. 中国语言学会历史语言学分会第二届学术研讨会 …………………………（762）
51. 纪念《当代修辞学》创刊40周年暨第十三届"望道修辞学论坛"学术
    研讨会 …………………………………………………………………………（763）
52. 第二届中国辞书高层论坛 ……………………………………………………（764）
53. 第八届学习词典与二语教学国际研讨会 ……………………………………（765）
54. 纪念赵元任先生诞辰130周年学术研讨会暨"赵元任语言实验之星"颁奖式
    并《南开语言学刊》创刊20周年和《实验语言学》创刊10周年庆典 ………（765）
55. 2022年国际中文教育大会暨交流周 …………………………………………（766）
56. 2022年国际中文教育大会平行论坛——首届中外语言交流合作论坛 ……（768）
57. 国际中文教育学术论坛暨世界汉语教学学会2022年学术年会 ……………（769）
58. 国际中文教育学院院长论坛 …………………………………………………（770）
59. 2022年国际中文教育中外青年论坛 …………………………………………（771）
60. 第六届汉语语言与话语国际研讨会 …………………………………………（771）
61. 第十三届全国语文辞书学术研讨会暨第七届工具书和百科全书学术研讨会 …（772）
62. 2022国际中文教育智库论坛 …………………………………………………（773）
63. 第十七届全国人机语音通讯学术会议（National Conference on Man-Machine
    Speech Communication，NCMMSC2022） …………………………………（774）

64. 2022汉语语料库建设研讨会 …………………………………………………… (775)
65. 首届友好城市语言文化交流合作论坛 ………………………………………… (775)
66. 第四届中国社会语言学高端论坛 ……………………………………………… (776)
67. 《现代汉语词典》专科条目研讨会 …………………………………………… (777)
68. 第七届语言服务高级论坛 ……………………………………………………… (778)
69. 《现代汉语词典》专项内容研讨会 …………………………………………… (779)
70. "修辞创造与汉语发展演进"全国学术研讨会暨中国修辞学会2022年年会 …… (780)

学者介绍

李荣先生学术经历 ………………………………………………………………… (783)
吴宗济先生学术经历 ……………………………………………………………… (793)
学者简介 …………………………………………………………………………… (805)
  卞觉非 …………………………………………………………………………… (805)
  胡明扬 …………………………………………………………………………… (805)
  张均如 …………………………………………………………………………… (805)
  汤珍珠 …………………………………………………………………………… (806)
  周　磊 …………………………………………………………………………… (806)
  罗杰瑞 …………………………………………………………………………… (806)
  陈新雄 …………………………………………………………………………… (807)
  饶长溶 …………………………………………………………………………… (807)
  伍铁平 …………………………………………………………………………… (808)
  吴金华 …………………………………………………………………………… (808)
  黄伯荣 …………………………………………………………………………… (809)
  吴启主 …………………………………………………………………………… (809)
  张志毅 …………………………………………………………………………… (810)
  祝敏彻 …………………………………………………………………………… (810)
  戴耀晶 …………………………………………………………………………… (811)
  刘庆隆 …………………………………………………………………………… (811)
  何耿丰 …………………………………………………………………………… (811)
  刘开瑛 …………………………………………………………………………… (812)
  陈泽平 …………………………………………………………………………… (812)

段　晴	(813)
卫志强	(813)
梁　敏	(814)
宣德五	(814)
梅　广	(815)
白宛如	(815)
吉常宏	(815)
刘　倬	(816)
黄　衍	(816)
鲍厚星	(817)
符淮青	(817)
王福堂	(817)
王希杰	(818)
柳英绿	(818)
李国炎	(819)
郭锡良	(819)

大事记

.... (821)

Contents (Abstract)

Recent Advances

Syntax and Semantics of Modern Chinese ······ (3)
Historical Syntax of Chinese ······ (25)
Lexicology and Lexicography of Modern Chinese ······ (41)
Historical Lexicology of Chinese ······ (60)
Chinese Phonetics ······ (82)
Chinese Phonology ······ (107)
Chinese Paleography ······ (121)
Chinese Dialectology ······ (131)
Rhetoric ······ (142)
Discourse Studies and Pragmatics ······ (170)
Computational Linguistics, Natural Language Processing and Their Applications ······ (188)
Corpus Linguistics and Its Application ······ (206)
Sociolinguistics ······ (216)
Language Situation in China ······ (246)

Selected Articles

The Editorial Principles and Academic Features of *the Complete Dictionary of Modern Chinese* ······ Jiang Lansheng (279)
Inserted Words and Alternate Prose ······ Shen Jiaxuan (296)
Strategies on the Promotion of Putonghua ······ Li Yuming (307)
Chinese Compounded Homophonous Synonyms: The Development and Their Relations
······ Zhang Bo (319)

Positional Sensitivity and the Emergence of Meaning: A Study on Freestanding
　　Adverbs in Chinese Conversations ……………………………………… Fang Mei（335）
Are There Sentences with Subject-predicate Structure as the Subject in Chinese?
　　……………………………………………………………………………… Liu Tanzhou（353）
SIT Verbs as Continuous Auxiliaries in Qinghai Gan'gou Dialect ………… Yang Yonglong（375）
On the Entering Tone in Zhanghu Cluster of the Jin Group in Inner Mongolia
　　………………………………………………………………………………… Shen Ming（394）
On the Original Written Form of *jisuzi*（鸡嗉子）in Wu Dialects of Southwestern
　　Zhejiang …………………………………………………………………… Xie Liuwen（411）
On Temporal Organization of Syllable Production and the Emergence of Tones in
　　Lhasa Tibetan …………………………………………………………………… Hu Fang（418）
Qingzhuotongdiao（清浊同调）in Shuangfeng Xiang Chinese: Evidence from
　　Phonetic Experiments ……………………………… Shi Menghui　Chen Yiya（432）
The Diachronic Variation of the Character（闯）…………………………… Wang Zhiping（452）
On the Variants of the Character *yi*（翼）Used as the Word *yi*（一）in Chu
　　Texts of the Warring States …………………………………………………… Shi Xiaoli（475）
Explanation of "*Wan*（完）" and "*Guan*（莞）" …………………………… Hu Chirui（487）
On Word-formation Motivation of *Bi-ma-wen*（弼马温）from the Vision of
　　Mongolia-Chinese Language Contact in Yuan and Ming Dynasty
　　……………………………………………… Song Hongmin　Yin Yijun　Ding Haoran（500）
Proof of Chuang（three）'s Stemming from the Chan Initials … Ding Zhimin　Li Huichao（514）
On the Age of *Yunjing*（韵镜）by Researching the Structure of Rhyme Chart and
　　the Standard Phonology of the Tang（唐）Dynasty ……………………… Yang Jun（524）
The Linguistic Ideology of *The German Ideology* ……………………………… Wan Quan（545）
New Forms and Expressions of Language Ethics in the Digital Age ……… Wang Chunhui（553）
A Study of Register Change in Written Chinese Over the Last Century
　　………………………………………………………………… Xü Jiajin　Li Jialei（566）
Text Retrieval Based on Syntactic Information
　　……………………… Zhang Yongwei　Liu Ting　Liu Chang　Wu Bingxin　Yu Jingsong（580）
Features and Functions of Global Chinese Interlanguage Corpus
　　………………………………………………………… Zhang Baolin　Cui Xiliang（598）
The Affective/Emotional Turn and Self-renewal of Western Rhetoric ………… Liu Yameng（612）

The Disciplinary Construction Significance and Socio-cultural Function of
　　Rhetorical Taste ……………………………………………………… Zhu Keyi（634）

Monographs

……………………………………………………………………………………（651）

Conferences

……………………………………………………………………………………（719）

In Memory of the Fallen

Li Rong ……………………………………………………………………………（783）
Wu Zongji …………………………………………………………………………（793）
Bian Juefei ………………………………………………………………………（805）
Hu Mingyang ……………………………………………………………………（805）
Zhang Junru ………………………………………………………………………（805）
Tang Zhenzhu ……………………………………………………………………（806）
Zhou Lei …………………………………………………………………………（806）
Jerry Norman ……………………………………………………………………（806）
Chen Xinxiong ……………………………………………………………………（807）
Rao Changrong …………………………………………………………………（807）
Wu Tieping ………………………………………………………………………（808）
Wu Jinhua …………………………………………………………………………（808）
Huang Borong ……………………………………………………………………（809）
Wu Qizhu …………………………………………………………………………（809）
Zhang Zhiyi ………………………………………………………………………（810）
Zhu Minche ………………………………………………………………………（810）
Dai Yaojing ………………………………………………………………………（811）
Liu Qinglong ……………………………………………………………………（811）
He Gengfeng ……………………………………………………………………（811）

Liu Kaiying ··· (812)

Chen Zeping ·· (812)

Duan Qing ·· (813)

Wei Zhiqiang ··· (813)

Liang Min ··· (814)

Xuan Dewu ··· (814)

Mei Guang ·· (815)

Bai Wanru ·· (815)

Ji Changhong ·· (815)

Liu Zhuo ··· (816)

Huang Yan ··· (816)

Bao Houxing ··· (817)

Fu Huaiqing ·· (817)

Wang Futang ·· (817)

Wang Xijie ·· (818)

Liu Yinglü ··· (818)

Li Guoyan ·· (819)

Guo Xiliang ··· (819)

Major Events

··· (821)

学科综述

现代汉语句法语义研究

刘探宙　王倩倩　王婷婷

2022年度中国共产党第二十次全国代表大会召开，吹响了向第二个百年奋斗目标进军的号角，开启了全面建设社会主义现代化国家新征程。中国式现代化建设离不开中国自主知识体系的构建，"推进文化自信自强，铸就社会主义文化新辉煌"成为哲学社会科学和文化工作者的历史责任和学术自觉。各学科都在为构建中国特色哲学社会科学学科体系、学术体系和话语体系而努力奋斗。

"强语助力强国"，语言学和现代汉语句法语义研究学科这一年在基于汉语自身特点的理论研究上向前迈出了坚实的步伐。句法语义学者以更加强烈的历史主动精神直面挑战、聚力破题，无论是对经典问题的重新认识，还是对既有理论的反思发展，抑或是对西方理论的本土化探索，都体现出学者们立足汉语事实、构建汉语自主知识体系的学术理念，取得了一系列认识更为深刻、视野更为宽广、更具思辨精神的研究成果。下面我们按照成果的研究取向分别加以综述。

一、中国特色"大语法观"的理论体系建构

基于汉语自身的特点，沈家煊引领的研究团队多年来"立足本来、吸收外来、面向未来"，一直在探索构建中国特色"汉语大语法"的理论体系。2022年度的研究集中在如下几个主要问题上。

一是对中西方主谓概念和主谓结构的不同做出了深度反思。对主谓结构的认识关系到整个语法体系的认识，因此涉主谓，无小事。沈家煊的《哈里斯的话语分析法和中式主谓句》(《现代外语》第1期)运用哈里斯的发现程序（包括切分和归类两个步骤）从形式上论证了汉语的主谓句与英语的主谓结构不同，前者是等式型，主语和谓语同属一个对等类，由此汉语的句法结构就是信息结构、对话结构，这是由汉语根植于对话和互动的"流水句"特性所决定的。沈家煊的《衬字和变文》(《中国语文》第5期)则从一个具体的文本入手，通过细致的衬字增删和句子变化，论证了汉语以骈文为本，散文和白话是骈文加衬字的"变文"，并进一步说明汉语句子的切分若遵循"半逗律"则形成正对，若按欧式主谓结构的断连则形成偏对，其本质都是对言，欧式主谓结构是对言的一个特例。刘探宙的《主谓

主语句还是主谓谓语句?》(《中国语文》第 4 期)继续从语法学史上追根溯源,通过细致分析四大类所谓的主谓主语句,指出学界由来已久的主谓谓语和主谓主语之争,其存在的根本原因是汉语主谓切分离不开传统韵律,西方主谓框架容纳不了"中式主谓",而对言语法的理论框架,是吸纳中国语文传统、包含语用韵律的大语法,能够从根本上解决这个问题。

二是对汉语句法的语用属性有了更深远的认识。"语用法包含语法"的认识进一步发展。张伯江的《汉语句法的语用属性》(商务印书馆,4 月)收录了作者近年来关于汉语语法研究的二十个专题,分四个方面深入展示汉语句法的语用属性,具体包括:汉语的基本句法结构不是主谓结构而是话题结构;汉语名词短语组合过程中的语用关系;汉语句法结构的语用性;句法结构的语体制约和修辞属性。完权的《语用整体论视域中条件强化的语义不确定性》(《世界汉语教学》第 3 期)基于语用整体论提出自然语言条件句可实现为单义条件句和多义条件句,前者具有偏重性和并置性,后者具有语义不确定性和不可分化性。条件强化与否是会话人基于语言符号和语言使用中的整体语用因素做出的选择性解读。

三是对"汉语大语法包含韵律"这一认识做出了具体探索。王灿龙的《试谈一种对仗式话题-说明结构》(《语言教学与研究》第 3 期)认为"嫁出去的女,泼出去的水"类俗谚,是对仗式话题-说明结构,是对汉语传统的无系词判断表达式的继承与发展,其形成是俗谚追求诗歌语言的节奏韵律而按照"半逗律"操作的结果。周韧的《汉语韵律语法研究的音节-语义视野》(商务印书馆,1 月)通过分析汉语句法结构的韵律模式、汉语四音节成分的韵律地位、汉语复合词构成的韵律因素等个案,指出汉语中韵律本身就是语法手段,通过音节数目的多少对立来表达语法意义,而其背后的原因更多的是语义语用上的。宋文辉的《定语、谓语位置形容词并列结构的用法模式》(《汉语学习》第 1 期)归纳了单/双音节性质形容词、状态形容词三者自身及跨类组合构成的并列结构的规律,以及其在定语和谓语位置上的用法模式,指出汉语在已有的类型学规律上具有特殊性,是现代汉语复合词发达和汉语特有的韵律模式导致的。

新理论的提出、新体系的建立必然引起讨论和争议,这是新事物出现并走向成熟的必经过程。自沈家煊 2007 年提出"名动包含说",学界关于汉语名词和动词的讨论就从未停止,2022 年关于这一问题的讨论有以下几项。陆俭明的《再议"汉语名动包含说"》(《外国语》第 5 期)、金立鑫的《"名包动"理论的逻辑问题》(《外国语》第 1 期)对"名动包含说"提出不同的看法。但孙崇飞的《名动包含理论存在逻辑问题吗?》(《外国语》第 5 期)针对金立鑫(2022)的主要观点提出商榷,赞同"名动包含说"对汉语的适用性,认为这是为解决汉语语法和词类问题提供的新出路。

随着大语法体系的逐渐构建,"名动包含"、"对言格式"和"话题根本性"等观念逐步引起学界关注,很多学者在这种引领下对汉语事实进行了重新思考与解释。如陈满华的

《次话题易位及相关问题》(《中国语文》第6期)总结了"话题-说明"句中次话题易位的规律和特点，指出影响易位的因素涉及句法、语音、语用和语义等多个方面。文章从一个特定方面检验了汉语式的递归性层次结构源自扁平结构，是并置结构的派生形式。李晋霞的《试论"副词性小句是话题"》(《语文研究》第4期)对否认"副词性小句是话题"的观点进行了驳斥，并从形式和意义两方面论证副词性小句作为话题的三个属性("认知参照点""言谈起点""引发性话语单位")，指出"副词性小句是话题"是人类语言"对话性"的必然结果，并再次证明了汉语话题-说明结构的根本性。

二、融入现代语言学理念的传统语法研究

传统语法研究是基于美国描写主义（结构主义）分布观对汉语事实进行描写和解释，这也是汉语语法学界几十年来运用得最成熟的综合研究范式。随着20世纪末现代语言学理论的引入，传统结构主义语法范式早就悄然间融入了现代语言学的一些理念，主要是功能-认知取向的相关理论。这是近二三十年逐步普遍且深入人心的一种研究方式。学者们对语法事实不再单一描述，往往从句法、语音、语义、语境、语用等多个方面进行综合考察。下面我们按照成果内容分专题综述。

（一）句法结构研究的传统-现代结合

结构主义语法引入现代汉语后，汉语的句式和句法结构一直是句法语义学的重点研究对象。融入现代功能-认知语言学理念之后，传统句式研究被注入了新的血液和生命力，综合使用立体多面的方法，是目前传统句法结构研究的特色。

《语言和言语问题研究》（复旦大学出版社，7月）凝聚了语言学家范晓对语言和言语问题的思考，主要包括三个部分：有关语言和言语问题的理论思考；有关语言（汉语的语法、词汇、语音等）的研究；涉及言语行为形式、方式以及言语艺术的研究，包括语言在言语中的动态应用、修辞、言语规律、言语美等。陈昌来主编的《汉语句式研究》第四辑（学林出版社，1月）收录了"第四届汉语句式国际学术研讨会"的多篇研究成果，内容涉及汉语句式的方方面面，包括构式、虚词、复句、语篇、方言句式等。

具体的句式研究涉及存在句、比较句、"是"字句、条件句、反问句等等。董秀芳的《汉语方式存在句的性质、特点与历史来源》(《中国语文》第5期)通过考察对比"处所+V着+NP"句式的英译情况，认为该句式凸显方式因素并具有主观性，是表示放置的动作行为句通过转喻机制，由表示动作行为变为表示状态方式，演变过程中，施事不出现起了关键作用。左乃文和邵敬敏的《"比Y更W的是X"的关联特征与事件性比较》(《汉语学习》第5期)指出"比Y更W的是X"是对事件认识评价的程度比较，在语篇中处于"回溯+预示"的关键位置，更依赖后文，与"X比Y更W"在语篇环境、事件性方面都不

同。邹玉华的《"的"字结构充当主语的特殊"是"字句》（《汉语学习》第 5 期）认为，法律语体中有一种"VP 的"结构充当主语的"是"字句，其中的"VP 的"只能指人，是转指而非自指；并认为这一句式背后是一种"人是行为"的特殊构式（如"他是偷盗"）。鞠晨、吉田泰谦和袁毓林的《汉、日语中愿望的事实性及其表达特点》（《外语教学与研究》第 4 期）发现汉语和日语的愿望表达中都存在事实性模糊的问题，解决策略也相似：一方面用情感表达来传递愿望的反事实意义，另一方面用条件愿望句来表达反事实愿望。刘彬的《反问句的语用性质及其语义语用条件》（《汉语学报》第 1 期）认为反问句是一种意外表达句式，其语义表达与怀疑心理关系密切，当语境中的某种观点或行为与共同预设或说话人的信念、预期产生冲突时，说话人会使用反问句进行质疑和反驳。

2022 年度传统句法结构及结构组成成分的研究集中在致使结构、述宾结构、领属结构、处所结构、"的"字结构等等。胡承佼的《现代汉语意外范畴研究》（商务印书馆国际有限公司，9 月）通过对汉语意外表达形式"倒好"，"一不 X"，"至于"，"这一 XM，Y"，"VP/不 VP，S"和"果然"句等的细致描写和分析，初步搭建起汉语意外表达的基本框架。沈梅英的《汉语"间接施主"致使句句法语义不对称多重动因研究》（《当代语言学》第 2 期）认为，间接施事做主语的致使句的形成，认知层面源于话语者对客观世界的识解方式，直接施事因"经济"动因下的转隐喻机制而被压制；语用层面受到信息适量、焦点凸显和交际意图等因素制约。税昌锡的《动词后时量成分的句法多功能性探究》（《汉语学习》第 4 期）指出，动词后时量成分受到动词语义类型的影响，可以做宾语、谓语或补语；其句法多功能性可以从事件随时间展开的过程或过程结构获得解释。莫莉的《动宾结构中非核心论元宾语与核心论元宾语的竞争》（《汉语学习》第 6 期）指出，动词的核心论元宾语与非核心论元宾语共处的句法手段有双宾并立、论元附加或糅合，在核心论元宾语隐没的情况下，非核心论元宾语会受到核心论元宾语的句法功能投射和语义辐射。姜毅宁和陈振宇的《名词性领属结构的蕴涵关系考察》（《汉语学习》第 1 期）发现名词性领属结构参与的事件与领有者单独参与该事件之间具有蕴涵关系，其形成受到领有者与领有物的关系，以及谓词的性质两个因素影响，在对比、否定、兼语结构中，蕴涵关系往往会失效。姚岚和逄小苗《"的"字连接的多项名词词组的结构切分——从语用认知视角观察》（《语言教学与研究》第 1 期）认为，"的"字连接的多项名词词组，无论其中的名词是什么类型，左向切分都是无标记的，这是由认知规律决定的，而右向切分受制于语用因素。徐毅发的《"在 L"处所状语的两个次类：事件处所与动作位置》（《语言教学与研究》第 1 期）将"在 L"处所状语划分为"事件处所"和"动作位置"两个次类，前者表示整个事件发生的场所，后者表达某个动作作用的具体区域。方绪军的《四单音动词并列式的构成、语法性质及表义方式》（《汉语学习》第 4 期）指出，"吃喝玩乐"类四音节动词并列式是表达复杂活动或事件的需求与四字结构强势规约这两方面协调的结果。

（二）虚词语法研究

虚词一直都是传统语法研究最为关注的对象，2022年度虚词的传统研究仍以副词和语气词最为常见。

郭锐的《虚词义项划分的原则》（《世界汉语教学》第4期）提出虚词义项划分的四条原则：1. 语义结构同一性原则（语义结构相同的为一个义项）；2. 核心义原则（核心义相同的为一个义项）；3. 无歧义原则（同一义项下不应产生非组合性歧义）；4. 直接性原则（虚词的意义与语句的意义应直接对应）。张谊生的《试论"看似"的主观否定倾向与逆转衔接功能——兼论"看似"与"貌似、像似、好似、疑似"的异同》（《语言科学》第2期）认为"看似"可用作评注性副词，具有隐性的言者揣测功用和逆转的篇章衔接功能，其双向演化途径体现为从感官揣测到情态否定、从篇章衔接到关联转折、从对举表达到定型构式。赵春利的《溯因副词"毕竟"的话语关联与语义提取》（《中国语文》第3期）及他与陈泽群的《证信副词"确实"的分布定位与语义提取》（《语言教学与研究》第3期）结合"毕竟""确实"的句法分布，从话语基调、话语方式、话语内容三个角度验证"毕竟"的语法意义为"据实释转"，"确实"的语法意义为"经证获知且因知传信"。匡鹏飞和曹亚敏的《饰句语气副词的修饰性及其辖域》（《汉语学报》第4期）认为，"果然""幸亏"等饰句语气副词的修饰性来源于传统对"修饰"内涵的认识，其辖域受到句法位置的影响。

关于语气词的传统研究主要有：王珏的《话题语气词的功能及其系统》（《汉语学报》第4期）认为，话题语气词属于可选性话题标记，具有提及话题的弱口气和辅助标记话题的信息类型两个必有功能，以及兼作话语填充语的可有功能，并逐一讨论了话题语气词的个体功能及区别。杨才英、赵春利的《句末助词"哟"的分布规律与语义关联图》（《当代语言学》第1期）描写了"哟"的基本分布规律，认为其语法意义为融合主观态度和客观命题的"亲和提醒"。

还有一些关于连词和介词的传统研究成果，如张谊生的《从延展组合到递进关联："甚至于""乃至于"及"甚而至于"的功用与演化》（《世界汉语教学》第2期）比较了"甚至于"、"乃至于"和"甚而至于"，认为前两者已发展为连词，具有表达并列与递进、后补延展递进终端等功能；"甚至于"的配合关联功能比"乃至于"更完善，而"甚而至于"是短语词，在后接成分的音节、对后项衔接的功用方面与前两者存在差异。陈满华的《构式视域下的连词"何况"及"何况"句》（《语言教学与研究》第4期）根据"何况"的两种用法将"何况"句分为两类构式，认为"何况"句的构式化是"何况"连词化的成因，构式变化是连词内部分化的成因。王恩旭的《表致事"对"的句法语义条件及相关解释——兼谈语义引申的"跷跷板效应"》（《汉语学报》第4期）发现在情感形容词谓语句中，介词"对"通过"对"字句主、宾语的相互作用实现词义引申，发展出引出致事的义项。

除了上述传统虚词研究，融入现代功能-认知理念，是目前虚词语法研究的大趋势和重要特点。

2022年度，"预期"和"概率"是使用较多的概念。周韧的《概率、预期和管控三项特征下的"恰好、恰恰、恰巧"辨析》(《世界汉语教学》第2期)分析了"恰X"词语共同的语义核心是"低概率的精确性"，其中"恰恰"带有反预期性；"恰好"可出现在"管控"语境，带有"克服障碍"的意味；"恰巧"带有无预期的"意外""如意性"因素；而"正好"可出现在高概率的语境中，和"恰X"有重要差别。他的《汉语副词语义分析中的概率特征——以一组确认义副词的辨析为例》(《汉语学报》第3期)指出，"果然"用于说明已实现事件是事先认为具有高概率实现的事件，"真的"用于说明已实现事件是事先认为只有低概率实现的事件，"果真"对概率的高低不敏感，"实在"与概率无关。孙嘉铭和石定栩的《概率的估测比较——副词"总"的系统性多义》(《语言研究》第2期)将"总"的本质语义归纳为概率的估测比较，即说话人经过估测认为，"总"所在命题描述了一个大概率事件，"总"的其他用法都可以由此推导出来。

在语气副词、语气词等的研究中引入主观评价、主观情感这些现代语言学概念尤为必要。李宗江的《"整天"类时间副词的负面评价表达》(《汉语学报》第4期)指出，"整天"类词语表达言者对命题的负面评价，而评价义的产生是这类词语自身的词汇意义与中心语的评价义之间互动的结果。赵万勋的《比较句中副词"还"的语义功能》(《语言教学与研究》第1期)研究了比较句中"还"的隐性否定功能，认为说话人通过引进一个量级更高的比较对象来否定被比较对象的极值特征，从而实现对被比较对象的主观评述，表达"扬"或"抑"两种语气。匡鹏飞和曹亚敏的《从生理反应到话语组织：叹词"哎哟"的功能演变》(《语言教学与研究》第2期)指出，叹词"哎哟"在句子中的功能经历了从表达对疼痛的生理反应到表达对意外事件的"惊讶"感受等情感态度的演变过程，意外性是最重要的语义特征。陈颖的《再论语气副词"又"的话语功能》(《汉语学习》第4期)指出，否定和反问形式前的"又"是引导标记，具有语义的强调性和情态的指明性。

功能词"的""了"研究一向是汉语语法研究的热点。方梅的《"的"字补说——北京话中用作他引标记的"的"》(《世界汉语教学》第4期)通过讨论"的"作为引述标记的三个表达式，说明正反式中的"的"是自指性的，叠连式中的"的"与构成状态形容词的"的$_2$"相似，而"说的"中的"的"可以看作"的"在谓语动词后凸显先时时间用法的功能拓展。孙朝奋的《汉语动词系统的界及其呼应："了$_1$"完成体》(《世界汉语教学》第1期)认为，"了$_1$"是一个完成体呼应标记，和所在小句中的另一个界点标记相呼应，表示终结点的位置，并认为汉语的动词系统有完成体与非完成体，界点（telicity）是汉语的核心语法概念。徐晶凝的《书面叙述语篇中"了₁"隐现的语篇架构动因——从述补式 VP 中"了₁"的分布说起》（《当代语言学》第 1 期）将对"了₁"的考察放在了完整的故事叙述语篇中，提出"述补式 VP + 了₁"主要用于凸显故事发展中的关键峰事件，用于标记故事的点题、事件发展的结局和总结性评价等。金立鑫和于秀金的《普通话动词与"了、过、着、在"的组合与限制》（《汉语学习》第 3 期）根据能否携带四个体标记将汉语动词分为 12 类，根据它们与体标记组合的时体情状特征归纳为两大类：一类不用体标记时表示事件或状态的已然性，用时预设之前是未然；一类不用体标记时表示未然事件或惯常状态，用时表示各种实现。左思民的《从事件链框架到汉语动词的动相结构》（学林出版社，2 月）认为，动词动相是对事件链框架所反映的事件链中某一环节或某几个环节进行截取、概括、固化，从而建立了关于现代汉语义项动词的动相结构的新理论，并提供了一个对近 3000 个现代汉语义项动词的动相结构的分类标注表。

（三）实词的语法研究

2022 年度实词的语法研究比较丰富，动词、名词、形容词、代词、数词、量词等几大类实词都有所涉及，这些研究的共同特点是都融合了现代语言学理论的研究思路和概念。

涉及词义的传统研究有：江蓝生的《中性词语义正向偏移的类型和动因》（《中国语文》第 4 期）指出，中性词的语义偏移有两种类型，各自发生的句法条件不同，但都与"具有、合乎、能够"等语义密切关联，语义偏移的根本动因是"如意原则"。张博的《复合型同音同义词语的形成途径及关系特征》（《中国语文》第 4 期）指出，汉语中含有相同构词成分且语音相同的复合型词语主要经由"音近趋同""音近混同""同音替换"三种路径实现同义化，受到语音联想和完形加工的共同作用。路径不同的词语在理据性、同义度、组合关系、语体分布、使用频度等方面显现出不同的关系特征。

实词研究中，2022 年度对形容词的讨论比较集中。袁毓林的《形容词的极性程度意义及其完句限制条件》（《中国语文》第 2 期）指出，性质形容词具有性质取值上的二元对立和语义蕴涵上的两极对立的双重对立性，其语义结构内置了强烈的对比性意义，因此要求出现在对比性语境中。储泽祥和申小阳的《状态形容词与程度副词组配的一致性和差异性》（《语文研究》第 2 期）发现状态形容词大多不能受程度副词修饰，而少数可以被修饰的，其性质并没有发生改变，只存在成员内部差异。文章指出，影响二者组配的因素主要有状态形容词的描摹功能、社会对其程度认定的差异、程度副词表意功能的不同以及网络时代的影响。陈禹的《心理形容词致使义的形成与限制——兼论语用移情对心理形容词的系统影响》（《语言教学与研究》第 3 期）认为，心理形容词致使义的形成，源自外在属性形容词在词库、语义、语用上的某些缺位引发的内在感受形容词补位，致使用法的产生与泛时性特征高度相关，本质上是语用移情的结果。王媛的《程度和变化——现代汉语动态形容词结构的事件语义分析》（《语言教学与研究》第5期）发现动态形容词结构所表达的动态变化义源于同一个体在不同时间上的程度比较；其终结性和持续性特征上的表现，不仅取决于形容词所指称的量级结构在封闭性或开放性上的特点，也受到具体结构的制约。

其他词类的相关研究涉及名词、动词和数量成分，代表性成果包括：陈禹的《弱范畴：从弱主语名词谈起》（《汉语学习》第4期）指出，有些名词不能做主语的原因是，主语范畴要求具有被说明性（包括指向性、始发性、自主性），而这些名词的属性化、构件化、附缀化特征会对被说明性形成消解。文章还提出弱范畴系统，区分了范畴弱化与去范畴化。刁晏斌的《"无色"指人名词初探》（《汉语学习》第5期）指出，"人员"类名词可称为"无色名词"，具有表示泛指义、强烈的黏着性、对修饰成分有强烈的选择性这三个特点。在高频使用中，该类名词可以向独立使用发展，过程中伴随着固有语义特征的模糊乃至脱落。王灿龙的《"偏"是如何用作客套说辞的》（《中国语文》第1期）指出，"偏"通过语义演变和使用范围的扩大与"私"产生了直接关联，进而在日常交际中出于礼貌原则，用自己"偏私"来达成"自卑而尊人"的语用目的，从而产生了表达客套的交际功能。崔璨的《现代汉语心理动词叙实性研究》（《语言科学》第1期）通过追补测试将心理动词分为三类，分别是叙实动词、非叙实动词、正反叙实动词，并通过宾语小句叙实性增强测试和否定提升、双重否定转化测试对三类心理动词的叙实性特征做出具体分析。张苗苗和谭景春的《结果义动词的句法语义连续统及语义演变》（《汉语学习》第6期）指出，结果义动词分为准结果义动词（如"勒"）、综合结果义动词（如"刷"）和单纯结果义动词（如"破"），它们同处在一个动作-结果连续统中，而单纯动作义动词（如"走"）处在这个连续统的"动作"端点处，动作动词的核心语义是动作行为义，结果义是语境中产生的语义固化在动词词义上的。储泽祥的《汉语度量衡量词前加"个"现象考察》（《中国语文》第3期）指出，汉语某些双音节或多音节的度量衡量词可以受量词为"个"的数量短语修饰，主要决定因素是汉语的词类节律和人们对度量衡量词的熟悉度。王宜广和宫领强的《量词省略的韵律和语体机制分析》（《汉语学习》第3期）指出，"数量名"结构中，量词省略限于个体量词，"一量名"结构中由于"一"具有指称和数量属性，省略有不同情况，但都受到"古今律"和"平衡律"的影响。

三、功能-认知语法研究成果

（一）功能语法研究成果

从功能语法的研究视角看，语体是语法解释的重要依据，功能派学者们致力于"在合适的语体里寻找合适的实例，在合适的语体里合理地解释实例"（张伯江，2007）。施春宏和赵博文的《语体机制的量度效应》（《汉语学报》第2期）指出，量度是交际距离和语体特征的自有属性，最终又投射到语法形式上。崔四行的《焦点和语体促发下的北京话"A+一+N"结构研究》（《当代语言学》第1期）提出"A+一+N"是由"一+量+A+的+N"通过双音节形容词的焦点移位而形成的，由此造成的书面语体向口语语体的转变则是定语标记"的"必须脱落的原因。叶芳和张磊的《从立法语言类指性"的"字短语的使用看语体与语法的互动》（《语文研究》第2期）考察了五种类型的"的"字短语在立法语言中的分布，从语义角度分为"实体类指""行为类指""情形类指"三类，发现它们都具有表义特征的消极性和语用功能的话题性两个明显倾向。刘瑞和袁毓林的《对话和叙述语体中反预期信息的类型与差别》（《汉语学习》第4期）发现反预期信息的类型在对话和叙述中有系统差别，前者有两种类型，即与说话人预期相反和与听话人预期相反；后者有三种类型，即与叙述者预期相反、与叙述对象预期相反、与叙述者假定的读者预期相反。殷祯岑和陈昌来的《基于语篇整合的元话语功能分类及其语篇分布》（《汉语学习》第4期）将元话语的整合功能分为三类，这三类功能在学术论文、电视辩论、散文等三类语篇中存在分布差异。刘艳春和董家钰的《口语中的连词分布及其制约条件》（《语言教学与研究》第2期）发现口语中的连词分布因口语类型不同，呈现出型符选择和例符分布的双重差异。张希的《时间副词"将"的时制分类和语体倾向》（《汉语学习》第6期）发现"将"以绝对时间为参照的用法更倾向用于对话语体，以相对时间为参照的用法更倾向用于叙述语体。

2022年度，指称及指称语仍然是功能取向的学者们关注的课题。唐正大的《权力、权利与"人家"——兼谈社会性直指的句法语义表征》（《世界汉语教学》第4期）指出，用于言者自指的"人家"在本质上属于硬刚型，是一种非严肃的言语行为，所谓"娇嗔、责怪、委婉"等色彩均可由此获得解释。方迪的《自然对话中指称选择的互动功能》（《中国语文》第2期）认为，指称选择可以作为一种有意实施的交际策略，自然对话中的指称选择具有标示讲述进程、展现自我定位、协调立场一致性等互动功能，并说明指称形式受到对象识别之外的互动交际因素的驱动。史金生和王璐菲的《虚拟对话与立场构建："你"在互动中的移指用法》（《中国语文》第6期）指出，自然口语对话中"你"的移指用法本质是一种发话人在心理世界和不同的人进行的虚拟对话，目的在于构建一致立场。虚拟对话是发话人在叙事中整合对话的典型表现，是戏剧性语言入戏的一种方式。张佳玲的《人称代词"你"的移指分析》（《语言教学与研究》第6期）认为，"你"的移指是说话人在表达非中性立场时诱使听话人主动认同的一种互动手段，形成机制是通过移情实现虚拟现实，并根据移指对象和移情度的不同，将"你"的移情分为三种模式，分别描写其移指机制。

关于语篇推进的研究主要有：彭欣的《如何开启叙事——基于汉语日常交谈的会话分析研究》（《语言教学与研究》第5期）发现汉语交谈中的叙事开端除了文献记载的故事前序

列、故事前言等方法，还存在直接开启叙事的模式；叙述开端的多样性与准叙事者的多元选择相关，受到叙事开启的序列位置、叙事所需的特定话轮转接模式、其所承载的互动功能等因素影响。

（二）认知视角的研究成果

象似性、原型性和主观性是认知语言学的基本概念，在汉语研究中具有很强的解释力，频繁出现在从词到短语到句子的各级单位的研究以及汉外语言对比研究中。应学凤和聂仁发的《松紧象似原则与命名性定中黏合结构单音节定语位置问题》（《语言研究》第2期）指出，命名性定中黏合结构单音节定语居首和居中是两种结构，居中式节律紧、词法紧，是称谓性名称的无标记形式；居首式节律较松，是需要凸显对比性、区别性语义特征的名称的最匹配形式。张耕的《现代汉语主观量的表达机制及其实现条件》（《世界汉语教学》第2期）从来源上将主观量表达的可能手段分为两大类，一是从量范畴到主观量表达，二是从情感范畴到主观量表达；在此基础上，分析了主观量表达的四个实现条件以及主观量表达的否定转化规律。唐燕玲和刘立立的《基于语料库的英汉愿望类违实条件句的认知对比研究》（《外语教学与研究》第5期）以"if only…"和"要是……就好了"为例，发现了英汉愿望类违实条件句的差异，这种差异体现的是两种语言不同程度的主观性。

图式理论方面的研究主要有：卢英顺的《认知图景的扩充：非普遍认知图景》（《语言教学与研究》第3期）将认知图景分为普遍认知图景和非普遍认知图景，前者是对认知图景的默认理解，经验基础是普通大众；后者是对原有认知图景理论的细化和补充，经验基础是局部群众甚至极少数人。张翼的《"吃食堂"新解：基于认知语法和文化图式的阐释》（《语言教学与研究》第5期）指出，"吃食堂"的使用情境强调了一种规约化的生活方式，这种生活方式构成了一种具有较高可及性的文化图式。其中"食堂"可以触发对基线的加工操作，形成"吃食堂"的概念语义基础。

随着对语言背后思维模式探究的深入，研究者发现汉英语言的许多差异都可以从民族思维差异得到解释，如时空思维模式。王文斌和杨静的《从指元状语的句法位置分布看汉英的时空性特质差异》（《中国语文》第3期）考察了汉语和英语的指元状语的位置分布差异，并指出汉语指元状语侧重以物化的眼光看待事件，表现出强空间性；英语指元状语则倾向于凸显事件中的行为，表现出强时间性。王文斌和艾瑞的《汉语语序的主导性原则是"时间顺序"还是"空间顺序"？》（《世界汉语教学》第3期）通过对汉语民族时空隐喻偏好的分析，结合英汉比较，揭示出汉语具有较强的空间顺序象似性，其语序的主导性原则是空间顺序原则，时间顺序原则只是从属性原则。王佳敏和王文斌的《汉英句子时序律和空序律对比探究》（《语言教学与研究》第3期）指出，汉语受"背衬优先"认知定势影响，偏好将事件中的背景、附加语及副事件前置，表现出空间顺序正语序；而英语受"显体优先"认知定势影响，偏爱将事件中的相关修饰性成分后置，表现出空间顺序逆语序。隐喻和转喻概念也被研究者借助来解释时空思维。张建理和马书东的《论事件空时同体》（《外国语》第1期）提出事件空时同体说，探明了时间转喻的基础性。

（三）构式视角为主线的研究成果

自沈家煊和张伯江在20世纪末将构式语法的理论与研究方法引入汉语研究以来，由于构式的整体性特点与汉语特点相吻合，构式语法的研究方式迅速被汉语学界广泛接受，研究成果数量多年来也持续攀高。近年来构式研究的趋势往往跟认知语法的主观性概念，功能语法的信息、语篇、评价、言说关系等相结合，形成方法多元化的态势。不同构式的比较、构式的形成仍然是2022年度关注最多的领域。

史金生和李静文的《"一个X"类构式的负面评价功能及其形成机制》（《语文研究》第1期）从言语行为角度分析"一个X"类构式的负面评价类型，指出主观极量与预期偏离的相互配合是构式负面评价功能产生的原因。陈一和李洋的《"没有了NP"与"没有NP了"构式比较》（《汉语学习》第2期）指出，"没有了NP"是"事态阶段变化构式"，"没有NP了"是"事件结果报道构式"，两类构式的不同体现出篇章对不同构式功能的塑造。于赛男和李劲荣的《褒赞性构式"V+在+N$_{地点}$"的形成动因与机制》（《语文研究》第2期）认为构式"V+在+N$_{地点}$"是在重新分析、类推、语境吸收机制的影响下形成的。张海涛和赵林晓的《修辞构式"X式Y"的生成过程及互动机制》（《语言教学与研究》第2期）指出，构式"X式Y"来源于修辞动因对语法构式的再塑造。2022年度涉及的其他构式还有：双宾构式、"我叫你VP"构式、深化拓展性构式"X不说，还Y"、转类构式"数词+'句'+动词"、反驳性"X你个N"、主观归因构成"拜X所赐"、极性动结构式"一V一量名"、"V$_1$OV$_2$的"构式、"不怎么A"构式、双联否定构式"X$_1$+Y$_1$？X$_2$还Y$_2$呢！"等等。

构式的形成和演变通常被称为构式化，它与语法化、词汇化的关系是什么，都是构式视角研究颇为关注的课题。胡亚的《构式语法与语法化理论的交汇》（《语言教学与研究》第4期）分析了构式语法与语法化理论发生交汇的理论需求和可能性，认为二者交汇产生的历时构式语法是一个独立的研究领域，语法化和构式化在理论框架层面具有互补关系，在具体语言现象层面是有同有异的两种演变。彭睿的《汉语估评句的产生方式——兼谈图式性构式的来源和形成机制》（《汉语学报》第2期）指出，汉语的估评句有两种类型，即简式和重动式。前者来源于话题句，是既有构式的重组；后者没有源构式，是以汉语重动句为模板类推产生的。涉及重动构式演变的还有赵林晓的《重动构式"VOVC"的形成、演变及其动因》（《汉语学报》第2期）及其与杨荣祥合作的《重动式"（S）VO$_1$V到O$_2$"的构式化及其历时演变》（《语文研究》第4期）。其他涉及构式演变的还有褒赞性构式"V+在+N$_{地点}$"、情态构式"我敢V$_{定论}$+P$_{命题}$"等。不光句法结构式，对词法构式的演变也有关注，比如"X手""救火""养病"类构式等等。

(四) 词汇化与语法化视角的研究成果

词汇化和语法化研究属于广义功能语法研究,是连接历时语法和共时语法的纽带。

2022年词汇化视角的研究成果主要有:刘君敬的《"关心"词汇化的判定标准与触发因素》(《中国语文》第1期)认为,如果$NP_人$在"关心"之前且$NP_事$不在其前,则"关心"就是词,触发因素是说话人为满足处置表达的需求而将$NP_人$前置。李为政的《缩替式词汇化与连词"可见"的形成》(《语言研究》第2期)认为,缩替式词汇化与语法化最大的区别是没有重新分析,"可见"属于缩替式词汇化。张秀松和刘通的《"无奈"的词汇化及后续演变》(《语文研究》第4期)分析了"无奈"的词汇化过程,"无奈"因结构重组演变为动词,最后因句位和语义微变而形容词化。

语法化的研究成果非常多,涉及句法结构、具体词和标记等多个语法层面。

叶建军的《反诘句式"S不VP呢吗"的来源及相关问题》(《中国语文》第6期)指出,"S不VP呢吗"是由陈述句式或感叹句式"SVP呢"和反诘句式"S不VP吗"糅合而成的句式,生成动因是言者凸显交互主观性。高增霞的《"有"字共宾结构的产生》(《汉语学报》第4期)认为,"有饭吃"类结构是由双宾语连动结构"$V_1+O_直+V_2+O_间$"类推而来,是有字句发展、共宾结构优势语序等多种因素共同作用的结果。

崔希亮的《汉语"算了"的情态意义及语法化动因》(《中国语文》第5期)分析了由"算+了(liǎo)罢"重新分析后变成"算了+罢",最终形成"算了"的过程及动因。王世凯的《"这样/那样"的信疑用法和语法化——兼与"的样子"比较》(《语言教学与研究》第1期)认为,"这样/那样"因互动塑造、语境吸收而发生语义羡余和语音轻化并完成语法化,而"的样子"源于跨层非短语结构"[的[样子]]",是在重新分析、语境吸收和移觉隐喻影响下发生的结构固化和语义虚化。李小军的《试论汉语伴随格介词向工具格介词的演变》(《当代语言学》第1期)提出汉语伴随介词演变为工具介词的过程中,转喻(重新分析)产生了重要影响。还有一些虚词的语法化,涉及判断动词"为"、语气副词"并"、范围副词"大体"等等。

胡斌彬的《汉语恐怕类动词向情态标记的语法化及跨语言考察》(《当代语言学》第2期)认为,恐怕类动词演变为语气副词,再语法化为表委婉礼貌的语用标记,都具有跨语言普遍性。刘红妮的《连-介兼类词"由于"的历时演变及其路径——兼谈"由于"与"因为"的异同》(《语文研究》第4期)指出,"由于"和"因为"因演变路径不同而产生差异。另外,标记类成分语法化研究还涉及让步条件标记"就"、意外标记"好好的"等等。

(五) 互动视角的研究成果

互动视角的研究一直关注立场表达、标记和修正。陶红印和高华的《"反正":汉语自然会话中的多能"瞬时困境调节装置"》（《语言教学与研究》第 4 期）提出"反正"的核心功能是一种缓解策略，在会话中出现消极事态时调节参与者的态度和立场，并具体说明了"反正"作为"瞬时调节装置"的多种表现。宗守云的《"不用说"为什么还要说？——断言话语标记"不用说"及其立场特征》（《语言科学》第 1 期）认为，"不用说"表示在说话人看来其前的背景事件和其后的断言小句之间的关系显而易见，但还要说是因为说话人要邀请听话人共同断言，从而达到认知协作的目的。另外还有一些关注类似词的会话功能和立场表达的文章涉及"干吗""唉""要不""瞧你说的""好啊"等等。关于修补的话题主要有：郑上鑫、乔雪玮和乐耀的《论对位置敏感的嵌入修补》（《语言教学与研究》第 6 期）、彭水琴和郑娟曼的《预期修正语"那倒是"的序列特征与规约化》（《汉语学习》第 5 期）。

2022 年度互动视角的研究还涌现出一系列对"位置敏感性"的关注。方梅的《从副词独用现象看位置敏感与意义浮现》（《中国语文》第 1 期）认为，独用副词所浮现出的偏向主观性的意义解读是受到它在序列中的位置以及所处的会话序列的行为类别的影响。周士宏的《从序列位置与认识不对称看问、答行动中"吧"的立场表达》（《世界汉语教学》第 3 期）认为，"吧"不表疑问时只是一种认识立场标记。姚双云的《敏感位置、认识状态对互动功能的影响——以独立话轮"然后（呢）"为例》（《语言教学与研究》第 5 期）指出，"然后（呢）"不同互动功能的实施呈现出位置敏感性，整体上表现出对立互补的规约性。另外一些谈到位置敏感的结构或小词涉及"像＋NP""哪有""那个什么"等等。

（六）语言类型学视角的研究成果

语言类型学研究以语言在各个层面的特征为基础，寻求人类语言的共性与个性及其背后动因。2022 年的研究包括词类、标记、语序等方面。

关于形态标记的研究有以下几项。高婧瑄和于秀金的《时态标记语言和个体量词标记语言的时空性类型》（《外语教学与研究》第 6 期）发现世界语言的时态标记和个体量词标记遵循一条蕴涵共性，即有时态标记蕴涵无个体量词标记、有个体量词标记蕴涵无时态标记。尹会霞和董秀芳的《动词评价性形态的类型学特征考察》（《语言科学》第 3 期）通过考察 52 种世界语言和 45 种中国境内民族语言，发现动词评价性形态不是语言共性特征，其区域分布具有明显差异和倾向性。我国境内民族语言的动词评价性形态比较发达，有多种形式，表达多种意义。

关于语序的研究有两项。吴桐和吴长安的《汉语是 OV 型和 VO 型的混合语吗？》（《汉语学报》第 1 期）认为，汉语中 VO 语序是句子的基本语序，着眼于表达，而 OV 语序是造词和造词组的手段，通过语序来显示这种差别是汉语的标记方式。张怡春的《基于类型学的汉语受事前置句研究》（学林出版社，1 月）对汉语 OV 句的下位句型进行了共时和历时的系统研究，以核心词和从属词标记为观察点，在世界语言结构地图集（WALS）回归分析的对照下审视汉语 OV 句型的共性与个性。

词类类型的讨论主要有罗天华、邓舒文的《从类型学看现代汉语冠词的词类地位》（《外国语》第 4 期），该文结合冠词的跨语言定义、与指示词和量词的区分标准，讨论了现代汉语冠词立类的形式、语义和历时依据，认为弱读的"这"和"个"符合鉴别冠词的多项标准，应予单独立类。

语言库藏类型学的核心理念和研究方法由刘丹青的《导语：语言库藏类型学的理念和方法及新描写主义》（《当代语言学》第 5 期）阐述，文章还说明了库藏类型学和新描写主义之间的关系。

四、汉语的形式语言学研究成果

形式语言学在汉语中的发展分成两个部分：形式语法（即生成语法）和形式语义学。与功能－认知取向的研究中国化程度较高不同，形式学派的研究始终与国际上以美国形式派为代表的语言学理论保持着较密切的跟随，由于研究方法和范式的固化，形式学派的研究者和关注点也相对固定和集中。近些年这一学派在汉语学界发生的些微变化是，形式语法的某些学者也在探索更加符合"汉语"语感的中和与综合的研究模式，而形式语义学随着留学归国学者的增多，在汉语中的发展比形式语法有更多新鲜血液的加注。

（一）形式语法研究成果

形式语法最经典的关注依然是句法结构的生成方案。这些结构包括双宾结构、补语结构、重叠式、反身式、状语从句、作格结构等。双宾结构如汪昌松的《从方式状语看汉英双宾结构的构造》（《外语教学与研究》第 2 期），该文基于分布式形态学理论，对比了汉英双宾结构生成的不同。述补相关结构，如熊仲儒的《"V－起来 AP"的结构分析》（《汉语学习》第 2 期）从生成角度分析了"V－起来 AP"结构的生成。刘丽媛的《能性式"VO 不 C"的结构来源：重新分析》（《语言科学》第 3 期）采用生成语法理论的"重新分析致变论"，发现"VO 不 C"（如"推之不动"）是由述补型连动式重新分析而来。重叠式的讨论在这一年度也比较集中。隋娜和胡建华的《汉语动词 ABAB 与 AABB 式重叠的句法》（《世界汉语教学》第 1 期）讨论了汉语动词 ABAB 重叠式和 AABB 式生成的差异。邓盾的《论现代汉语的 AABB 片段为复合词而非重叠式》（《世界汉语教学》第 1 期）则论证了汉语的 AABB 片段是将两个重叠式组合而生成的复合词。反身照应式的讨论有：吕骏、洪炜和闫亚宁的《汉语反身代词加工中的局域效应和近因效应》（《世界汉语教学》第 1 期）以实验手段比较了反身代词"自己"和"他自己"的加工模式的差异。安丰存的《分布式形态学框架下照应关系的建立机制及语段推导》（《当代语言学》第 1 期）以分布形态学为理论框架，基于语段推导的方法，探讨了照应关系的建立及照应机制等问题。张庆文和刘惟的

《英汉时间状语结构的句法分析：基于介词短语制图理论的研究》(《外语教学与研究》第1期)比较了英语时间状语从句和汉语的"在……的时候"和"当……的时候"两类结构的句法差异。罗天华主编的《作格与汉语语法》(商务印书馆，12月)收录了语言学界围绕作格现象，尤其是汉语和作格的关系展开的丰富研究。

有些学者在分析汉语事实的过程中，虽然基于生成语法，但不囿于这一理论，展现出试图更加契合汉语特点的综合研究手段。石定栩的《"确实、真的、实在"的多维度辨析——语义、句法、语篇和汉语语法分析》(《中国语文》第5期)用句法-语义-语篇多维度语法分析方法辨析了一组近义词"确实、真的、实在"。罗琼鹏的《普遍功能脊柱与汉语句子的自足性》(《外语教学与研究》第5期)借鉴普遍功能脊柱假设的研究思路，将形式与功能成分相结合，对汉语完句现象进行了考察。其他一些生成语法的研究涉及"进行""起来"和诸如"要、必须、应该"等必要情态词。

生成语法加诸韵律、语音手段的相关研究在2022年度相对集中。杨洋和蔡维天的《谈配对与配重——汉语光杆条件句韵律-句法的实验研究》(《世界汉语教学》第4期)通过录音实验和感知实验证实，韵律是限制和区分光杆条件句不同配对模式和句类的重要手段。张慧丽和潘海华的《从"很"的分布与功能再看汉语句法的完句条件》(《语言科学》第3期)通过对"很"是音系短语的论证，认为汉语完句条件受到基于焦点的语音制约。类似的研究还有张培翠和庄会彬的《韵律句法视角下的与格转换问题刍议》(《语言教学与研究》第3期)。

（二）形式语义研究成果

汉语量化问题和焦点问题是形式语义学领域最经典、最核心的关注点，2022年度也不例外。冯予力的《汉英对比视角下全量表达的"非全量"用法》(《外语教学与研究》第1期)通过量化域形式语义分析，指出汉英全量表达的非全量用法是量化域匹配失当早层的错觉。李贞亮、潘海华的《双"每"句中的受约变量及其优势解读》(《外国语》第2期)从生成语法和形式语义学的角度出发，考察了汉语双"每"句中受约变量出现的句法条件和语义表达情况，并对影响其优势解读的因素进行了分析。詹芳琼和潘海华的《再议宽、窄焦点》(《世界汉语教学》第4期)比较了"V的O"和"VO的"在焦点表现上和来源上的不同。

以形式语义范式研究汉语问题的还有张小倩的《汉语完结情状的未终结义》(《当代语言学》第2期)，该文针对汉语中完结情状未终结解读的来源问题，提出体压制假说，进而对三种完结情状未终结解读的派生过程做了形式化刻画。李昊泽和石定栩的《原位疑问代词的句法-语义界面研究——一种新的逻辑形式移位分析》(《现代外语》第6期)从句法-语义界面探讨原位疑问代词的宽域解读，提出的新的逻辑形式移位分析引进了语义层面的选项计算。

还有一些学者对国外新兴形式语义理论进行了引介和理论上的探讨，尝试用在汉语语言现象的处理上。彭家法的《询问语义学及汉语疑问相关现象研究的若干思考》（《当代语言学》第 4 期）认为，询问语义学值得予以关注，它对传统真值条件语义学的变革可以更好地处理汉英差异和共性，尤其在解释汉语特殊事实方面能够做出更多贡献。罗琼鹏的《程度语义学与汉语语法研究》（南京大学出版社，10 月）从程度概念的视角，对一些词类和结构的语义问题提出了精确、形式化的思路和方法。

五、语法学界集中关注的几个问题

2022 年度，尽管语法学界不同学派各有各的研究范式和关注点，但不同学者从不同侧面对所关注的问题做出研究，主要集中在三个方面。

（一）关于否定问题的研究

否定问题的相关研究涉及形式、语义、语用、语义演变、语言类型等多个方面。

李明的《评判动词和羡余否定》（《世界汉语教学》第 3 期）认为，"责怪"等评判动词可以带羡余否定组合"不该"，是因为评判动词并不是预设其后小句补足语所表述的命题 p 为真，而是预设大主语认定 p 为真，认定并不等于相信。对于大主语的评判，说话人可以默认、不表态或表态反对，这三种情况分别对应叙实、非叙实、反叙实用法。郭光的《从"否定－存在循环"视角看"不"和"没"的中和》（《中国语文》第 3 期）认为，以"没"为代表的存在否定词比以"不"为代表的基础否定词句法位置高、主观性强，是更强的否定，"不""没"的中和源于"没"功能扩大后对"未、不曾"等否定词的替换。陈禹的《隐性否定"才怪"的反意外功能和语用化路径——兼议反问与反事实在隐性否定上的语用分化》（《汉语学报》第 4 期）指出，"才怪"最直接的语用功能是否定，反意外是"才怪"借助反事实推理的语用后果。

互动视角的否定研究有：马国彦的《与副词"就"有关的两种引述性否定》（《中国语文》第 2 期）认为，"什么就 X"和"什么呀就 X"两种构式，前者以凸显反诘为主，侧重人际互动；后者以凸显感叹为主，侧重言者评价。李先银和张文贤的《汉语自然口语对话中的否定叠连》（《中国语文》第 3 期）发现用于回应的否定叠连一般位于回应话轮首位置，"不"的叠连倾向于否定行为层，"没有"的叠连倾向于否定命题层，当话语包含命题时二者呈现出较强的中和倾向。李宇凤的《交际互动中"没有"的否定功能扩张——基于交互主观目的的语用错位的客观否定》（《语言教学与研究》第 6 期）发现"没有"的互动功能扩张，是说话人在对话中利用"没有"和"不"的语法分工，以表面客观的否定方式实现礼貌否定意图。她的《"所谓"的言实对立与评价否定》（《汉语学习》第 6 期）指出，"所谓"基于言实对立的评价否定，其主要交际价值是凸显个人观点和主观情感，增强表达冲突性。

涉及语言演变的否定研究有以下几项。杨刚和匡鹏飞的《从引述到否认："所谓"的表义条件、历时演变和立场表达》(《世界汉语教学》第 2 期)分析了"所谓"的演变过程。殷树林和杨帅的《禁止副词"别"的来源新论》(《语文研究》第 3 期)指出，"别"的演变路径是，先由动词语法化为否定副词，又从否定副词进一步演变为禁止副词。

类型学视角的研究有：童芳华、Shadreck Kondala 和益西邓珠的《否定算子互补类型研究》(《当代语言学》第 4 期)通过对 90 种语言的否定情态进行对比、分析和考察，归纳出 8 种否定算子的互补类型。刘丹青的《汉语论元否定句的类型归属及其库藏背景》(《语言教学与研究》第 1 期)认为，汉语论元否定句有六种构式。

还有从形式语义学视角研究否定问题的成果，如罗琼鹏的《量级修饰语的语用维度》(《世界汉语教学》第 4 期)指出，"真"在极性问句中传递否定偏向性。

（二）复合词问题

复合词也是 2022 年度各学派比较集中关注的问题。

功能－认知取向的研究有如下几项：宋作艳的《基于构式理论与物性结构的动名定中复合词研究——从动词视角到名词视角》(《世界汉语教学》第 1 期)从构式理论和物性结构出发，认为定中复合词构式的功能是命名与分类，语义关系是"物性+事物"，构式决定了定语不表动作而表物性。她的《构式词法的特点及其对汉语词法研究的启示——以菜名的命名模式为例》(《语言教学与研究》第 2 期)基于构式词法对 1000 多个菜名做了全面分析，发现表分类的向心构式最能产。张舒的《"N_1V+N_2"定中式复合词的语义结构与成分的隐现规则》(《汉语学报》第 2 期)发现"手捧花"类"N_1V+N_2"定中式复合词中，N_1V 可表 N_2 的功用角色、施成角色、形式角色，其语法功能向属性词游移。文章还分析了其中 N_1 和 V 的隐含规则，以及完整呈现的原因。宋培杰的《属性领属偏正式名名复合词探析》(《语言研究》第 4 期)指出，"肤色""车技"类属性领属偏正式复合词中，属性主体的确定对该类复合词的意义理解起关键作用。文章用构式强迫理论分析了该类复合词的意义解读机制。李丽云的《现代汉语动补式复合词研究》(社会科学文献出版社，4 月)揭示了动补式复合词的致使性语义特征。

复合词的生成问题也是形式语法一直关注的经典问题。杨大然和程工的《分布式形态学框架下汉语［XN］型名词结构的性质再探》(《当代语言学》第 1 期)跳出［XN］型偏正名词结构词和词组的争论，根据分布式形态学理论中以语段为单位的构词思想为三类［XN］型名词结构提出不同的句法构造。蒋梦晗和黄居仁的《汉语动宾复合词的及物性及其用法差异——基于语料库驱动方法的对比研究》(《中国语文》第 1 期)发现复合词带宾语的能力其实是一个倾向性的问题，涉及词汇选择和偏好，仍然符合模块假设和名词合并理论。所谓"汉语动宾不接宾语"是语言演变过程中暂时的倾向，不是语法理论需要解释的共性。

复合词的韵律语义互动和语法化问题也受到学者的关注。孟凯的《从特殊对应看复合词法中韵律与语义的互动关系》(《汉语学习》第2期)认为，结构关系基本相同、中心成分相同、定语成分部分重合的2+1动名定中式复合词与1+1复合词语（如"提货单—提单—货单"）在构词或语义上形成特殊的非均衡对应，有同义对应，也有异义对应，并分析了各自的特点和影响因素。全国斌的《汉语 $V_{定}N_{中}$ 构式的形成与语法化研究》(中国社会科学出版社，7月)将动词直接做定语构成的具有称代功能的复合词和黏合式结构统称VN构式，构式意味着事物动态属性类指，包括分类类指和归类类指，指出其形成是结构形变滞后、语义先行和语用驱动等各种因素相互作用的结果。

（三）复句问题

随着对汉语句法语用属性认识的深化，不同理论背景的学者不约而同地将研究的目光转向汉语复句乃至更大语篇。

形式语义学取向的研究，如黄师哲的《"每A都B"及汉语复句的二元双标化》(《中国语文》第1期)将"每A都B"和汉语复句放在一起进行对比研究，论证二者都是二元双标（全称量化的两个论元A和B各有一个标志），是主题-述题句。

认知-功能取向的研究有以下几项。史有为的《从指称-陈述与典型性看单复句及其接口》(《语言科学》第4期)认为，汉语单句的话题是指称性的，复句以分句为话题，但是陈述性的，这是单复句的基本区别，也是两种不同的典型性；虽然存在一些既可理解为单句也可理解为复句的句子（单复句的接口），但不能否认单句和复句的典型性区别。李晋霞的《汉语时间复句的范畴地位》(《语言研究》第1期)指出，汉语中时间标志语法化程度低，造成时间复句形式特征不明显，从而使时间复句成为复句体系中的非典型成员，并指出汉语时间复句非典型性的根源是汉语的"强分析性"。

还有学者从汉英语言翻译和比较的角度来看待汉语复句的特点。冯文贺和李青青的《汉语复句的成分共享与英译断句》(《外语教学与研究》第5期)提出了汉语复句"成分共享"概念及其与英译断句的关系假设。统计表明，汉语复句内小句间有成分共享时，其英译倾向于不断句，反之则倾向于断句。

六、涉句法语义的交叉学科与应用研究

2022年度，汉语句法语义研究与其他学术领域的交叉研究更加广泛，涉及多个研究领域和方向，如机器翻译、认知神经科学、心理学、社会学、计算机信息科学、生态语言学等。宋柔的《小句复合体的语法结构》(商务印书馆，8月)提出小句复合体概念，即小句之上的语法层面，基于汉语和英语的小句复合体语料库建设，提出话头话身关系和成分共享机制的概念，通过对比汉英小句复合体语法结构的异同，设计了一种英汉机器翻译模型。王

彭、李培、张珊珊和杨亦鸣的《汉语空缺动词语义加工的 ERPs 证据——兼谈汉语动词空缺句》(《外国语》第 1 期) 从实证角度对汉语动词空缺句的加工问题展开研究, 运用神经电生理学技术, 考察对比了先行动词不一致的两类汉语动词空缺句的加工机制, 探讨了汉语动词空缺句空缺位置的加工特点以及空缺句的性质。王路明和徐田燃的《母语形态重要吗？——汉语者和德语者学习人工语言格标记规则的行为和 ERP 研究》(《外语教学与研究》第 2 期) 比较汉语者和德语者内隐式学习同一门人工语言格标记规则的过程, 考察跨语言相似性对语言习得的影响以及在语言训练过程中神经机制的变化。结果显示, 德语组在初次学习中呈现更高的正确率, 但经过第二次学习这种优势不再明显, 两组被试表现出不同的 ERP 变化模式。娜仁图雅的《"可"字句的情感语义表达及识别研究》(《语言研究》第 3 期) 分析了"可"字句的 8 种情感表达功能, 总结出"可"具有赋予、增强、减弱三种情感调控模式, 进一步提取"可"在情感表达上的规律, 总结情感语义识别的范围和方法。李晶洁、胡奕阳和陶然的《基于情感倾向分析的语义韵强度算法探析》(《外国语》第 5 期) 在扩展意义单位的理论框架下, 将基于词典的情感分析技术应用于语义韵研究, 以交叉研究的视角探讨了语义韵强度更精细测量的可行性和操作性。骆传伟和肖娇的《汉语主语类型对汉英视译难度影响的眼动研究》(《外国语》第 6 期) 通过眼动实验表明, 汉语名词性主语的类型影响汉英视译的难度, 这是由不同类型主语在汉英转换中认知加工过程的不同造成的。陈鹏的《汉语组合范畴语法研究——基于交叉学科的视角》(中国社会科学出版社, 3 月) 一方面从语言与逻辑的互动视角研究组合范畴语法如何形式化描述汉语的语法, 并将汉语的分析转化为逻辑的演绎; 另一方面从逻辑与计算的互动视角介绍如何从宾州中文树库算法转换为组合范畴语法树库 (CCG bank), 揭示典型汉语中规则应用、规则例和词例的具体情况。姚从军的《面向中文信息处理的组合范畴语法研究》(湘潭大学出版社, 7 月) 同样使用组合范畴语法研究汉语, 对汉语的话题句、连动句、代词和空代词照应现象等具体问题做出处理, 并构造针对汉语的混合范畴类型逻辑系统处理汉语话题句和重块头 NP 移位现象, 介绍从清华中文树库到中文 CCG 库的转换算法, 分析其有效性和可靠性。邢富坤的《面向语言工程的现代汉语词类体系与词性标注研究》(科学出版社, 3 月) 面向语言工程, 以英汉语对比为基础, 揭示汉语词类体系与词性标注的主要特点, 并在隐马尔科夫模型的基础上, 建立了多观察和多状态搭接的 COV 模型, 在词性标注任务中获得了较好的效果。张慧和盖飞虹的《生态语言学视域下中美新闻语篇中的概念隐喻》(《现代外语》第 5 期) 对比分析关于中美气候变化的新闻语篇中概念隐喻的分布特征, 以及所折射出的生态取向和生态理念。

句法语义研究与社会学、哲学等领域中关注语言使用中人际方面的研究结合起来, 发展出一个新的研究领域, 即人际语用学。在 2022 年度的研究中, 身份构建和冲突管理是学者们最为关注的课题。朱武汉的《请求电子邮件中身份建构的人际语用研究》(《现代外语》第 4 期)考察了身份构建中的无标记关系管理策略和有标记身份话步资源，并指出身份构建的人际语用机制遵循交互原则、站位原则、指示原则和人情原则等语用原则。赵海燕和王振华的《律师身份的多模态符际建构》(《现代外语》第 5 期)指出，律师运用语言和手势副语言在庭审中可以建构三种身份，即诉讼态度的表达者、诉讼立场的维护者和诉讼观点的强化者。王美琪和何春燕的《人际语用学视角下冲突会话中的关系元话语研究》(《外国语》第 3 期)将人际语用学下的关系管理新模式引入关系元话语研究，探究了冲突会话中关系元话语的表征形式、语用动因和语用效果，弥补了传统元话语研究在理论框架上的不足。徐学平和李依的《冲突话语管理中语用身份的话语建构与磋商》(《现代外语》第 5 期)基于语用身份论和顺应论，分析高校和学生家庭在冲突话语中的语用身份建构、磋商及语境限制因素。袁周敏、柳良子和蒋超的《政务道歉的程式性与仪式性特征》(《现代外语》第 6 期)发现政务道歉主要采用四类以言行事指示手段表达歉意，分别为"道歉/致歉"类、"痛心"类、"对不起"类、"请求谅解"类，并倾向于使用强度副词"深"与"诚恳"类词汇对道歉语进行修饰，以增强道歉语力。雷容的《人际语用学视域下网络话语研究的新趋势》(《现代外语》第 5 期)梳理了人际语用学视域下的网络话语研究的议题，包括身份构建、人际不礼貌、人际情感等，归纳出相关研究所呈现的社会性和融合性新趋势。

辞书编纂和汉语教学一直是句法语义理论研究的重要应用领域。谭景春的《〈现代汉语词典〉对"满+名"等条目的修订——兼谈词典收词、释义的系统性》(《语文研究》第 3 期)发现"满+名"双音词分属两种不同的构词系统，"满腹、满面"等是文言用法，属于述宾式动词，可释为"充满/布满+名"；"满口、满门"等是自由组合但有转义，属于定中式名词，可释为"全/整个+名"；还有兼属两类的，如"满堂"。文章强调了词典收词、释义应重视并体现这两种系统的不同。崔希亮的《汉语学习词典的元语言问题》(《汉语学习》第 6 期)针对外向型汉语学习词典（即针对非母语学习者的学习词典）研究的现状，提出元语言研究应注意的六个问题，如汉语学习词典的元语言词汇应该有哪些，元语言词汇如何提取，等等。张文贤的《互动语言学视角下汉语二语教学行为大纲的构建》(《语言教学与研究》第 6 期)结合互动语言学的研究成果和已有大纲，构建了汉语二语教学的行为大纲，从互动出发，从行为看语言形式，以行为带语言点，细化了口语教学大纲。

七、回顾、反思、理论检讨

2022 年，我国语言文字事业和语言学学科的发展迈入第二个百年，现代汉语句法语义研究的各个领域都在回顾、总结和反思中积蓄力量，以更蓬勃的精神投入汉语特色语法理论的探索中。

陆俭明的《关于汉语词类问题的两次大讨论》(《语文研究》第 4 期)回顾梳理了汉语语法学史上两次词类大讨论的进程和观点，指出两次讨论对汉语词类问题乃至整个现代汉语语法研究都具有助推作用，并认为汉语词类问题仍未解决，需继续思考。邵敬敏的《汉语疑问范畴研究的再思考》(《汉语学习》第 3 期)认为，疑问范畴包括"疑惑"与"询问"两个次范畴，广义上还应该包括"回答"这个次范畴，指出疑问的本质应包括区分问答双方的"求知/选择"和"解惑/表态"两方面，并讨论了疑问语气词的互补对立关系、方言的疑问语气系统等问题。戴庆厦的《汉藏语类型比较方法论》(《汉语学报》第 1 期)论述语言类型学方法是汉藏语研究的有效方法，在进行类型比较的具体操作中要注意三个方法论问题：一是区分亲属语言和非亲属语言，二要重视发掘分析型语言强弱不同的类型特点，三要重视词源比较的作用。周韧的《组合式结构与黏合式结构补议》(《中国语文》第 4 期)以体词性偏正结构作为考察出发点，提出了区分组合式和黏合式的三条标准，并据此对现代汉语的六大句法结构做出一以贯之的区分，对朱德熙《语法讲义》中提出的组合式结构和黏合式结构这对经典概念形成补充。熊仲儒的《词类研究中的困境及化解方式》(《外语教学与研究》第 6 期)从生成语法的角度，指出汉语词类研究的困境在于"词有定类"与"扩展规约"之间的冲突，并提出"零形式"的引入和将特定位置的词确定为短语是跳脱这一困境的最优解。马宝鹏和庄会彬的《二十年来韵律 - 句法接口研究的回顾与启示》(《外国语》第 1 期)梳理了近 20 年来韵律 - 句法接口研究领域的重要成果，概括出两种研究趋势，认为从句法到韵律的单向界面观仍是该领域的主流研究趋势，而韵律影响句法的双向互动观为该领域提供了新的视角和研究思路。李亚非的《普遍语法与象似性的界面：理论概述》(《现代外语》第 3 期)提出一个普遍语法与象似性互相作用的界面理论，其核心包括两条普遍原则，即功能性象似补足假说和结构投射均一性法则。其基本架构是，普遍语法中至少存在两个功能性空缺，而象似性的作用是通过百分之百可预测的方式填补这些空缺来辅助普遍语法完成造句任务。文章通过连动式、并列式、语义和外论元等语法现象展示这一理论的解释力。施春宏和陈艺骞的《跨层序列词法化的结构原理及词汇化表现》(《世界汉语教学》第 2 期)借鉴生成语法关于句法结构关系的认识，重新定位了跨层序列的内涵及其词法化、词汇化的性质，并从结构化原则及其结构规则系统角度刻画了跨层序列词法化的基本原理。文章以此为依据分析了《现代汉语词典》(第 7 版)中的跨层词及其结构类型，构造出一个新的分类系统。王品的《系统功能类型学视阈下的语法描写范式——以语气系统为例》(《外国语》第 5 期)以语气系统为例，介绍了系统功能类型学视阈下的语法描写的五个主要范式，体现了其对系统功能语法经典模式的继承，反映出系统功能类型学的新进展。吴亚欣的《汉语语气词的会话分析研究路径》(《外国语》第 6 期)受国外运用会话分析研究小品词的启发，提出汉语语气词的会话分析研究路径包括七个具体步骤，并对此做出详细解释，为系统梳理语气词的互动功能提供研究框架，并为研究汉语语言结构及其互动功能间的关系提供新的方法论视角。施春宏和蔡淑美的《构式语法研究的理论问题论析》（《外语教学与研究》第5期）从本体论、认识论和方法论三个方面梳理构式语法研究中的重要争议性话题，并基于构式语法的知识观拓展对构式内涵和外延的理解，最后以此为定断的基点对相关争议做出逻辑一致性的辨析，加深了对构式语法理论体系和科学特征的认识。段丹和田臻的《构式语法研究的创新发展与趋势（2001－2020）》（《现代外语》第5期）通过建模等技术手段，呈现了20年来构式研究在创新性、交际性和社会性等方面的纵深发展，其应用领域正从语言习得和教学扩展到自然语言处理和构式库的开发，其研究范围正从语言内部扩展到交际和社会中的语言。杨诚、江桂英和唐婧的《多模态构式语法：前沿与展望》（《现代外语》第6期）发现多模态构式存在"强式"和"弱式"两类定义，涉及三个研究焦点，即多模态构式的特征、形式－意义表征以及认知机制，呈现出三种研究趋势，即从在线认知思维寻找突破口，注重多模态语料库与实验方法创新，并由多模态构式个例向家族拓展。

总的来看，2022年句法语义学科的研究成果显示出这样一些大致的趋势：形式导向的研究承续了其以往的关注重点和研究范式，越来越多的学者回归汉语特点本身，尤其注重对功能性成分的研究，注重用形式手段处理句子的语义解读，在引介国外新兴理论的同时，更多地会考虑汉语适用性的问题，表现出一定的文化自觉和自信。功能－认知导向的一些分析思路与传统语法研究结合得日益紧密，所关注的语言现象范围逐步扩大，尤其是对一些经典结构的重新思考展现出汉语语法研究的活力与张力。更为重要的是，"汉语大语法"理论体系的构建得到不断充实，对语用和韵律在语法研究中重要性的认识不断深化，学者们立足汉语事实、构建汉语自主知识体系的学术理念，滋养出一批又一批句法语义学科优秀的研究成果，为语言学学科体系、学术体系和话语体系的建设和语言文字事业的高质量发展提供了坚实基础。

汉语历史语法研究

杨永龙　祖生利　姜　南　陈丹丹　陈伟蓉
张竞婷　赵绿原　于方圆　高云晖

2022 年历史语法研究方面取得了许多新的成果，尤其在语法史研究、语法化与词汇化研究、语言接触与语法演变研究、语言接触与西北汉语区域特征研究等方面取得了较大进展。下面分专题介绍。

一、上古汉语语法研究

2022 年度上古汉语语法研究呈现三个主要特点：第一，研究热点相对集中，实词研究主要集中在动词研究，虚词研究主要集中在代词研究，一部分结构式和语法范畴研究也与代词关系密切。第二，注重理论分析，近年来海内外越来越多的学者主动运用各类语言学理论研究上古汉语句法。第三，重审材料，对既有认识提出挑战。

（一）实词研究

以具体动词为切入点，关注该动词的句法、语义特征、发展演变。史文磊的《从出土文献看上古汉语｛娶｝的及物性与综合性》（《中国语文》第 5 期）结合出土文献，讨论了上古汉语动词｛娶｝的及物性和综合性，通过对｛娶｝的分析，论证了区分 $N_{范畴}$ 和 $N_{区别}$ 两类名词性成分的重要意义。刘文正、封景文的《汉语判断动词"为"的来源》（《语言研究》第 3 期）重点考察了春秋及以前的文献，在构式语法的框架内描写了判断动词"为"的形成发展。李佐丰的《先秦汉语的"克"以及"胜""能"》（《上古汉语研究》第四辑）分析了"克"由本义"肩"发展出相当于"胜"的动词用法和相当于"能"的助动词用法，介绍了两类用法在先秦时期的使用情况，并比较了"克"与"胜""能"在语义和使用上的差异。任荷、蒋文的《清华简〈四告〉及金文中的及物状态动词"宜"》（《出土文献》第 1 期）穷尽考察了上古传世文献中的"宜"，指出及物状态动词"宜"的语义是"适配"，而清华简《四告》中的"宜尔祜（嘏）福"中的"宜"，以及金文中写作"义"的"宜"都应作此理解。时兵的《从"言说"到"深究"及其他》（《上古汉语研究》第四辑）讨论了先秦汉语言说义动词"云"发展出用于主谓之间表"深究"的语气副词用法，又进一步在反问句中发展出"终究"义，在原因句中发展出"毕竟"义。雷瑭洵的《上古汉语及物动词"献"的句法语义及其演变》(《汉语史研究集刊》第三十二辑）描写了双及物动词"献"在上古汉语时期句法语义的变化过程。

关注一类动词句法语义特点，这方面代表性的研究有：余素勤的《先秦两汉汉语可能情态动词语义功能变化研究》（上海辞书出版社，8月）一书以 Talmy "力动态"理论为基础，通过对语义特征的刻画描写，重点考察了先秦两汉时期"能""可""可以""得"等情态动词的发展演变路径和机制。王先云的《上古汉语"方式+结果"动词研究》（《湖南大学学报（社会科学版）》第5期）通过词义、句法语义和音义匹配等方面的综合考察，确定了上古汉语存在一些"方式+结果"动词，如"弑、截、斩、拉、剖、抉、贯$_{去}$、染$_{去}$"等，在此基础上归纳了这类动词的语义和句法特点。

其他实词研究还有：雷瑭洵的《先秦汉语的述谓形容词》（《语文研究》第2期）从定义、分布、类型和发展演变几个角度概括介绍了先秦汉语的述谓形容词。王月婷的《变读系统中的"比较"标记——上古汉语方位词的变读规律及不变读原因》（《古汉语研究》第4期）是一篇音韵-语法的交叉研究，文章认为方位词的变读（去声）并非过去认为的记录动词，而是表方位比较，是一种"比较"标记。

（二）虚词研究

1. 代词

一类研究涉及具体的指示代词（及包含指示代词的所谓"兼词"）、人称代词、无定代词等：赵长才的《上古汉语"诸"的再讨论》（《中国语文》第5期）系统调查了上古汉语时期的传世典籍和出土文献中的"诸"，从语音、句法的角度反驳了前人认为"诸"表示合音的说法。文章认为"诸"与"之"的句法功能具有高度一致性，都是宾语位置的回指代词。曹亚北的《论合音词"诸"的例外》（《历史语言学研究》第十八辑）则认为"诸"用同"之"或"于/乎"是少数现象："诸"用同"于/乎"的例子，是以"诸"记录"于/乎"受前字入声韵尾影响出现的语音变体；而"诸"用同"之"的例子，是特定语用环境下的合音羡余。Jung-Im Chang 的"The origin and the development of 焉 yān in Old Chinese"（《语言暨语言学》*Language and Linguistics* 23.4）分析认为，"焉"是介词"於"和原始南岛语中表近指的指示词＊niʔ；＊nih 或＊nɔʔ；＊nɔh 融合的结果，后者来自早期上古汉语与原始南岛语接触导致的借用。赵璞嵩的《上古[吾NP]和[我NP]的语体语法研究》（《汉语史学报》第二十六辑）考察了《左传》中人称代词"吾""我"作定语的用法，指出二者是语体的对立，对立的根本原因是韵律形式上的韵素差异，而韵素数量具有区别语距的功能。谢荣娥的《"莫之或欺"之"或"再释》（《汉语学习》第3期）认为，"莫之或欺"即"莫或欺之"，其中"或"为肯定性无定代词，与否定性无定代词"莫"构成韵律词，取"莫"之义，"或"起陪衬补充音节的作用。

另一类研究辨析早期材料中的具体形式是否有代词用法：张玉金的《殷墟甲骨文"其"语法位置与词性研究》(《中国语文》第 2 期)指出，甲骨文中所有的"其"都是副词，而以往将"其"分析为助动词、代词、谓词、连词、发语词/助词/语气词、从句标记等观点皆可商榷。卢玉亮的《殷墟甲骨文有争议的几个代词研究综述》(《殷都学刊》第 2 期)逐一考辨了甲骨文中较有争议的 8 个代词，认为其中的"鱼""屮""自""它"不是代词，"爾""其"有代词用法，"甾"和"止"可以假借为代词"兹"和"之"。

2. 语气词、介词

杨荣祥的《疑问强度与主观化强度：上古汉语语气词"乎"的功能变化》(《古汉语研究》第 1 期)认为，上古汉语"乎"的基本功能是表疑问语气，功能扩展后出现在测度、反问、祈使、感叹句末，疑问度递减，主观性逐渐加强。梁银峰的《从语气词的连用看上古汉语句末语气词的层次》(《上古汉语研究》第四辑)指出，上古汉语句末语气词连用时，语气越弱，虚化程度越低的倾向于在内层或最内层；标示情感色彩强烈、虚化程度高的倾向于在外层或最外层。谢明文的《补论上古汉语中"有"的一种虚词用法》(《青铜器与金文》第八辑)认为，"尔有唯小子"等用例中的"有"与"唯"功能类似，是起强调作用的语气词。张玉金的《甲骨文当事介词"自"及介词"自"综论》(《语文研究》第 1 期)，张婷婷的《论甲骨文中的当事介词"自"》(《语言研究集刊》第三十辑)两篇文章分别从句法、语义、语用和分布等角度讨论了甲骨文当事介词"自"。李发的《甲骨文"曰"介词用法补说》(《上古汉语研究》第四辑)论证了甲骨文中的"曰"有相当于"于"的介词用法。贾君芳的《汉语后置的介词结构研究》(中国社会科学出版社，3 月)一书有专门的章节对上古汉语时期的介词和介词结构展开系统讨论。

3. 其他虚词研究

游文福的《上古汉语"且"的来源及发展》[《语言暨语言学》(*Language and linguistics*) 23.3]从字词对应关系切入，指出上古汉语递进标记"且"来自"虘"的篇章指示用法，而未来时标记"且"由前往义动词"徂"虚化而成。杨柳岸、杨逢彬的《"以"表"认为"义的一组例子——兼论"以"的"太"意义不可靠》(*Journal of Chinese Linguistics*，第 50 卷第 3 期)分析了上古汉语表认为的"以……为"格式如何发展为"以……"，指出介词"以"表"认为"的用法是临时性的、语用层面的。陈前瑞、龙海平的《〈诗经〉中"既""终"的功能分布与区域特征》(《清华语言学》第二辑)研究了《诗经》中"既""终"的功能分布及区域特征，指出二者在《诗经》中功能分布的不均衡体现了一定的地域性和时代性。

（三）结构式或语法范畴的研究

2022 年度有一批针对结构式或语法范畴的研究与具体指示代词的功能分布密切相关，再次显示了研究热点的集中。Zhao Chen（赵琛）和 Futong Zhang（张福通）的 "Relative clauses in Archaic Chinese"（*Journal of Chinese Linguistics*，第 50 卷第 2 期）从形式句法视角探讨了上古汉语由"者""之""所"关系化的三类关系从句。文章认为，"者"是主语关系代词，"所"是 VP 内关系代词，这二者引导的关系从句是通过关系代词 A 移动至边缘位置生成的，而"之"是标句词 C，其引导的关系从句通过空算子移位生成。上古汉语有两种独立的关系化策略。曹亚北的《先秦至汉代汉语话题结构与回指的互动演变》（《汉语学报》第 1 期）观察到先秦汉语至汉代时期，常见的四类话题结构中特定位置上的回指词开始消失或虚化。文章指出，这种演变显示汉语话题结构从左置型话题结构向话题化型结构演变，话题结构与回指结构演变的动因主要是回指词所指语义的变化和结构叙述核心的变化。柳士镇的《古汉语"主语+之+谓语"结构辨似》（《古汉语研究》第 3 期）认为，独用"主之谓"结构中的"之"应看作"如此"义的指示代词，在句中做状语，强调"取消独立性"的说法并不恰当。苏婧的《从语体语法理论看上古汉语反问型［何 X 之 V］式》（《汉语史学报》第二十六辑）根据语体语法理论分析指出，反问型［何 X 之 V］是一类［+正式］的句法语距形式，用于言者表达观点、说服听者的关键句，其分布、演变是由其语体属性决定的。焦一和的《浅析先秦汉语宾语前置结构中的"是"和"之"》（《殷都学刊》第 4 期）比较分析了"S 唯 OV"和"S（唯）O 是/之 V"两类结构，指出"是"源自强指代词，"之"源自弱指代词，二者的来源和功能导致了句法表现的不同。

主动运用形式句法理论研究上古汉语语法的趋势依然比较突出。Meisterenst 的"Does Archaic Chinese have a marked subjunctive mood：some evidence from modal negators"（*Journal of Chinese Linguistics*，第 50 卷第 3 期）通过对主要小句和套嵌小句中情态否定的分析，指出上古汉语的直陈语气和虚拟语气的对立在否定语境中得到系统表达。文章分析了虚拟语气和祈使语气的句法位置和生成机制，指出直陈语气和虚拟语气在使用否定标补词"非"和"微"上存在系统区别，而祈使语气和虚拟语气仅在否定句中显性表达，祈使句不依靠句末小词或其他任何句法方式标记。胡建华的《从跨语言比较视角看〈诗经〉"于 V"结构》（《外语教学与研究》第 4 期）从跨语言比较视角分析了《诗经》中"于 V"结构的句法语义特性，指出在"王于兴师""王于出征"这类"于 V"结构中，动词前的"于"用作助动词或体貌助词/附着词，有动态义，同时有加强语气的作用。杨萌萌、胡建华的《儿童语言获得视角下的句法演化研究》（《外语学刊》第 6 期）从宏观角度介绍讨论了古汉语的句法结构层级特征，指出古今汉语句法结构层级的发展集中体现为中间的 IP 层的发展。

结构式和语法范畴研究还有：张欢、徐正考的《上古汉语违实条件句违实因素及句法论析》（《语言研究》第 2 期），徐正考、张欢的《两汉指称化条件句的句法、语义及成因探析》（《语文研究》第 3 期），张欢的《上古汉语否定式条件句句法论析》（《语言研究集刊》第二十九辑）三篇文章对先秦两汉时期的违实条件句、否定条件句、指称化条件句等三类条件句的句法特点进行了分析描写，并讨论了其语义、成因等相关问题。朱磊、陈昌来的《〈左传〉动词直接连用的结构类型与组配功能考察》（《古汉语研究》第 2 期）则通过详细的统计分析了《左传》中动词连用的情况。华建光、郑路的《〈左传〉"曰"字句主语的隐现规律》（《上古汉语研究》第四辑）考察指出，《左传》"曰"字句的主语隐现大致遵循"尊者现卑者隐"的修辞原则。王路宁、齐冲的《古汉语"（S）不＋NP"结构探究》（《汉语史研究集刊》第三十二辑）将古汉语"（S）不＋NP"结构分为四个句法小类，辨析了不同小类中的"不"是否具有不同的语法功能，以及"不"后的名词性成分是否发生了变化。

二、中古、近代汉语语法研究

2022 年度中古近代汉语语法研究的专著主要有张美兰的《文献文本异文与明清汉语研究》（商务印书馆，6 月），该书比较了明代文白对应异文、明小说《西游记》与清鼓词对应异文、清代满汉对应异文、官话与方言对应异文，揭示了明清汉语词汇、语法的时间上的历时发展差异与地域上的南北分布差异。

研究论文涉及的领域则比较广，唐五代以后的近代汉语语法研究继续受到关注，同时，以魏晋南北朝为主体的中古时期是汉语发生质变的重要时期，也已成为汉语历史研究的焦点之一。2022 年度发表数十篇论文，其中不乏精品力作。主要表现在以下方面。

（一）句式与结构式

句式与结构式的产生和发展是 2022 年度学者关注的重点，许多论文利用中古近代汉语不同阶段的语言材料来观察某一句式或结构式功能、语义的历时演变。具体来说，既有基于语料对语言现象的细致描写，也有不同理论指导下对演变动因、机制的深入探讨。赵长才的《中古汉语选择问句系统及相关问题的讨论》（《历史语言学研究》第十七辑）基于汉语选择问句从上古到中古时期发生的重大变化，对中古汉语选择问句系统做出了新的句式分类框架，并对各类中古时期存在的选择问句式进行了详细的描写和分析，并就中古汉语选择问句系统中选择连词的确定和来源做了进一步探讨，分析了中古汉语选择问句式中句末语气词的使用情况，对中古选择问句系统理论分类中未出现的几个句式尝试做出了新的解释。陈丹丹的《清代汉语的连动式》（《历史语言学研究》第十七辑）全面且细致地考察了清代汉语连动式的句法分布、语义类型、论元共享、带"了、着、过"等体标记和状语的情况，以及清代汉语连动式的否定式，对清代汉语的连动式做了比较全面系统的描写和总结。

刘华丽的《"著"字使役句的来源与形成》（《语言科学》第 1 期）认为，"著"表使役的直接来源是"附着"动作，当"著"用于"NP₁＋著＋NP₂（＋VP）"句中时，NP₂ 多为高生命度的表人名词，晚唐时期表达"安置、容纳"，宋代表达"派遣、差遣"，进一步引申出"使令"和"致使"义。刘丽媛的《能性式"VO 不 C"的结构来源：重新分析》（《语言科学》第 3 期）基于生成语法理论的"重新分析致变论"，认为唐宋时期产生且常见的"VO 不 C"能性式是由"VO"与"不 C"两个谓词短语形成的具有动补关系的连动式重新分析而来，重新分析的关键是句法上的"时空要素"在两代人的历时传递中发生重新组合，语义上原来按照时间顺序依次呈现的两个因果事件变成"断言"之下时空折叠中的单一事件。赵林晓、杨荣祥的《重动式"（S）VO_1V 到 O_2"的构式化及其历时演变》（《语文研究》第 4 期）关注了产生于宋代并沿用至今的重动式"（S）VO_1V 到 O_2"的构式化及历时演变，认为该构式经由小句整合产生，经历了"分散小句 > 独立构式 > 内嵌构式 > 习语式"的演变过程，且主要发生在言域范畴内，整合过程中"VO_1"经历了语义磨损和小句降级。王平夷、徐毅发的《近代汉语表动作方式义的"V_1 着（O）V_2"格式的形成和发展》（《语言研究集刊》第三十辑）考察了近代汉语 35 部著作，发现表动作方式义的"V_1 着（O）V_2"结构元代出现，清代发展成熟。另有徐英、赵纯凤的《南北朝时期的反复问句》（《历史语言学研究》第十八辑）等。

（二）中古近代汉语虚词研究更为深入细致

重要论文如：朱庆之的《"复"语气强化功能的形成——兼论高主观性语境在语言演变中的作用》（《汉语史学报》第 2 期），汪维辉的《再谈"给（gěi）"的来源——与赵葵欣先生商榷兼论字词关系的复杂性》（《方言》第 3 期），卢玉亮的《中古汉语第三人代词"伊"的来源试析》（《历史语言学研究》第十七辑）。

（三）跨语言视角的中古近代汉语语法研究

特别值得关注的是跨语言视角的中古近代汉语语法研究。张定的《汉语否定极性词及其来源研究》（《古汉语研究》第 2 期）首先介绍了 Klima（1964）、Zwarts（1998）、Ginanakidou（1998）等对英语否定极性词的研究，并结合现代汉语和汉语史以往的研究成果，把汉语的否定极性词分为强、次强、弱三类。从来源来看，这些形式主要集中在极量词、某些动词、情态成分等特定的语义范围，其形成过程中体现出较强的规律。胡斌彬的《汉语恐怕类动词向情态标记的语法化及跨语言考察》（《当代语言学》第 2 期）考察了"恐、怕、恐怕"三个恐怕类动词由心理动词向语气副词语法化的过程、语用环境和句法语义条件，并结合跨方言、跨语言事实探讨了恐怕类词语用作表担心-可能揣测义的认识情态标记和表委婉礼貌语用标记的普遍性及认知基础、语用动因。崔山佳的《类型学视角下吴语"形容词+得+程度副词"考察》（《通化师范学院学报》第 3、5 期）分上下两篇，详细考察了明清白话文献中常用的、分布范围较广的"A 得很""A 得紧""A 得极"，和分布范围较窄的"A 得凶""A 得野""A 得势""A 得猛"等，以及以上形式保留到现代汉语普通话和吴语中的使用情况，同时还介绍了一些现代方言产生的新的"A 得+程度副词"，认为这些用法是汉语尤其是汉语方言给类型学增添的新形式。李桂兰的《汉语方言必要类情态动词"着"的功能和语义演变》(《语文研究》第 4 期)结合近代汉语和汉语方言中"着"的功能,讨论了情态动词"着"的来源和语义演变,认为道义情态动词"着"源于"用"义动词"着",而"用"义动词发展出必要类道义情态动词功能具有语言共性,如近代汉语中的"用(甭)"和汉语方言中的"使"等。

三、语法化与语法语义演变研究

2022 年度,汉语语法化与历史语义语用研究方面成果颇丰,尤其是在论文发表方面。下面从专著和论文两方面进行说明。专著方面,主要有以下 4 部。

金洪臣的《"过"的语法化及相关句式研究》(社会科学文献出版社,9 月)运用语法化相关理论,从句法、语义、语用、认知等层面对"过"的语法化过程与动因等进行了描写与解释。其主要内容包括三方面:(1)探讨了完成体"过$_1$"、经历体"过$_2$"的语法化历程、语法化路径及其语法化动因与机制,并分析了"过$_1$"和"过$_2$"之间的差异;(2)考察了汉语完成体貌系统成员的更替变化及其对完成体"过$_1$"的影响;(3)考察了古汉语中与"过"相关的"V+过趋"、"V+过结"、"不过 X"和"X 不过"几种句式。

雷冬平的《汉语常用双音虚词的语法化研究》(中国社会科学出版社,2 月)以汉语双音节虚词的语法化为研究对象,对这些虚词的语法化环境、路径、语法化链及其动因和机制进行了研究。全书语法化研究侧重对"化"的过程进行细致描写,从具体翔实的语料中体现语言演变的规律。该书既注重个案的描写,也注重类别的归纳;既注重普遍规律的研究,又关注演变例外所体现的规律的探索。该书还特别关注构式框架对双音虚词语法化的影响,如构式省缩、构式配对以及构件融合等学界热门话题在书中都有涉及。

全国斌的《汉语 $V_{定}N_{中}$ 构式的形成与语法化研究》(中国社会科学出版社,7 月)指出,构式有去范畴化结构与范畴化结构两个源结构,构式的形成是结构形变滞后、语义先行和语用驱动等各种因素相互作用的结果。

金大卫、陈珺的《汉语焦点构式中的系词——基于语义演变的历时考察》(中西书局,10 月)基于历史语料库,考察汉语史上主系表构式的语义演变轨迹。在前贤的个例描述基础上,该书从整个汉语史的跨度,揭示出不同阶段的系词统一地呈现出发展为分裂构式的语法化模式,进而提出,主系表和分裂构式在发生学上的紧密关系揭示了两个构式在句法结构上具有同一性,即分裂构式本质上是一种主系表结构。

论文主要集中于以下四方面内容。

(一)汉语史方面的研究

夏海燕的《汉语自反类动词被动标记语法化原因探究》(《古汉语研究》第 3 期)尝试

从认知语义学的研究视点出发，探究汉语中"见""被""吃""着"等被动标记语法化的动因，并揭示语义变化过程中的规律性。指出"被""吃""着"等作为动词使用时，其基本义具有自反性以及由此而产生的受影性，因此可以称之为自反类动词。自反类动词语义中所包含的自反性和受影性正是促使这类动词向遭受义进行语义演变，并进一步演化成为被动标记的主要原因。

石锓、刘念的《从词尾到助词——论助词"地"形成的语用动因》（《湖北大学学报（哲学社会科学版）》第1期）认为，助词"地"是由词尾"地"演变而来的。助词"地"的演变过程是一种逆语法化过程，是语法化单向性的一个反例。这一过程历经类推、功能扩展、重新分析、功能再扩展等多个阶段。

类似的研究还有李建平的《基于出土文献与传世文献互证的量词"匹"的语法化历程及其动因研究》（《西南大学学报（社会科学版）》第5期），董正存、袁也的《伴随副词"一处"的产生及演变》（《中国语言文学研究》第2期）。

（二）与现代汉语相关的研究

江蓝生的《中性词语语义正向偏移的类型和动因》（《中国语文》第4期）指出，中性词语义偏移的类型有构式内语义偏移（甲类）和构式外语义偏移（乙类）两种类型。甲类构式内的动词为"有、是、合乎"义的肯定性评价动词，在构式中起增量作用，因而使中性名词语义向正向偏移。乙类非构式内中性名词和动词的语义偏移一律为正向偏移，具有极强的主观性。其中的中性名词多是"标准、规则"类抽象名词，直接由概念义的 N 转为"合乎 N"的形容词义，其中的中性动词一般都具有较强的目的义，直接由 V 转为"能 V"或"V 的效果好"。甲乙两类的语义偏移发生在不同的句法条件下，但它们都跟"具有、合乎、能够"等语义密切关联，"如意原则"是甲乙两类语义偏移的根本动因。中性词语义正向偏移现象的研究具有理论和实践两方面的意义。李明的《评判动词和羡余否定》（《世界汉语教学》第3期）对"责怪"等评判动词可以带羡余否定组合"不该"等相关现象进行了深入研究，认为这类动词常被误认为预设其后小句补足语所表述的命题 p 为真，其实，评判动词预设大主语认定 p 为真，而非总是预设 p 为真或大主语相信 p 为真。这个问题在认知动词中也存在。对于大主语的评判，说话人可以默认，也可以不表态，但也可以表态反对，这三种情况分别对应叙实、非叙实、反叙实用法。除了评判动词，还有其他一些动词可以与羡余否定"不该"相关；不同动词与羡余否定"不该"的不同关联，同该动词的隐性否定义的强弱有关。

崔希亮的《汉语"算了"的情态意义及语法化动因》（《中国语文》第5期）指出，在前人的研究中"算了"有三种用法：用作动词表"作罢"义，用作语气词表"终止"义，还有一个用作话题切换和以言行事的话语标记。文章主要讨论"算了"的情态意义，并把情态意义分为言者取向的情态与施事取向的情态、主观情态与客观情态、已然情态与未然情态，同时还区分了核心情态意义和边缘情态意义，认为"算了"的核心情态意义是"不得已地放弃某种立场或接受某种选项"。文中还讨论了为什么"算了"既可以表达言者的肯定态度也可以表达言者的否定态度这个矛盾。该文最后探讨了"算了"语法化的过程和动因："算+了（liǎo）罢"重新分析后变成"算了+罢"，最后只留下"算了"，否则无法解释为什么"算"有"作罢"的意思。张谊生的《试论"不再^2"的性质、功能以及"X不再^2"的构式化倾向——兼论"再^2"转向语法化的历程与动因》（《古汉语研究》第1期）指出，"不再^2"与"不再^1"的性质、功能差异在于凝固式与跨层式、陈述性与限制性、定位化与多样化。"不再^2"的表达功效涉及结束与终结的含蓄说明、终止与放弃的无奈归纳、不舍与惋惜的语用情态。"不+再"的演化趋势包括："再"的直陈说明滞留，"X不再"从优势型的四字格式到定型的构式化倾向。

类似的研究还有杨刚、匡鹏飞的《从引述到否认："所谓"的表义条件、历时演变和立场表达》（《世界汉语教学》第2期），史金生、李萍的《"够"类程度副词的语法化》（《历史语言学研究》第十七辑），冉晨、张延成的《意外标记"好好的"的语义演变与语法化》（《语言研究》第4期）。

（三）与汉语方言相关的研究

吴福祥的《晋语复数词尾"每（弭、们）"的多功能性》（《语文研究》第3期）指出，部分晋语的"每（弭、们）"既可以用作人称代词及指人名词的复数词尾，也能以词根身份直接用如第一人称代词。文章认为：第一，这种多功能模式导源于这些方言的第一人称代词复数排除式"我每（弭、们）"在亲属领格位置上发生了"我每（弭、们）→每（弭、们）"这样的删略，从而产生了"每（弭、们）"这种新的亲属领格代词；而在有些方言里，这种亲属领格代词"每（弭、们）"进一步扩展为非领格第一人称代词复数排除式。第二，删略而来的第一人称代词复数排除式"每（弭、们）"如果逐渐替代了原先的排除式复数代词"我每（弭、们）"，那就会造成特定方言里第一人称代词单复数形式不规则的"异根"交替现象。第三，"我每（弭、们）→每（弭、们）"这类删略性演变是一种语法化现象。

陈伟蓉联系现代方言材料和历史上的材料，发表了《从方言的视角看近代汉语被动标记"乞"的来源》（《方言》第4期）。文章通过梳理和比较汉语方言及近代汉语文献中"乞""吃（喫）"的用法，认为近代汉语被动标记"乞"是"吃（喫）"的另一种写法，来自"遭受"义动词，与汉语方言被动标记"乞"来自给予动词不同。

翟占国的《豫皖方言的介词"挨（捱）[ia/iɛ]"》（《方言》第2期）讨论豫皖方言介词"挨（捱）[ia/iɛ]"的用法及语法化过程，指出河南及安徽北部方言中介词"挨（捱）[ia/iɛ]"可表示起点、经由、根据，用法相当于普通话的介词"从"。从方言材料和历史文献来看,"挨(捱)[ia/iɛ]"的语法化过程是:靠近义动词→所在义介词→经由义介词→起始义介词。

类似的研究还有王全华、吴福祥的《山东费县方言"漫"的多功能用法及语义演变》(《方言》第4期),毛文静的《汉语方言处所介词"走"的语法化》(《方言》第4期),敏春芳、肖雁云的《甘肃民勤方言持续体标记"的[tə21]"的来源及其语法化》(《历史语言学研究》第十八辑)。

(四)词汇化及相关问题

刘君敬的《"关心"词汇化的判定标准与触发因素》(《中国语文》第1期)认为,近体诗中的平仄限制使得"关心"之后的NP$_事$有时必须后置。因此,"关心+NP"格式不宜作为判定其成词的标准。对于"关心"连文的用例而言,如果NP$_人$在"关心"之前且NP$_事$不在其前,则"关心"是词。NP$_人$前置是为了满足说话人表达处置的需求。

四、语言接触与语法演变研究

2022年度国内语言接触研究依然是多个语言学分支学科研究的热点,呈现出热点突出、亮点纷呈的特点。从研究内容和方向看,汉语史中的语言接触研究,包括中古译经语言研究、北方阿尔泰语对近代汉语接触影响研究都取得了不少的成果。这些成果或是发掘出以往不曾关注到的由接触引发的语言现象,或是对前贤的研究做出了进一步推进,尤为值得关注的是,近年来随着清代满蒙汉对照文献整理成果的发表,清代满语对北京官话的接触影响研究正在成为热点。同时,这些研究尝试从总体上对汉语同周边语言历时和共时接触加以现象总结和规律探讨,理论概括性有所增强。从研究结论看,大部分文章意在论证某个语言现象是因接触而产生的,但也有个别文章尝试从语言自身发展的角度重新审视一些表面上像是接触导致的语言现象。

2022年度的相关著作主要有陈辉的《论早期东亚与欧洲的语言接触》(修订版)(浙江大学出版社,11月),该书以汉语言文字为中心视点,一方面分别对早期日欧语言接触、汉欧语言接触和朝欧语言接触的历史进行考察综述;另一方面,各选择一篇代表日汉罗马字注音转写体系的应用文和一本代表语言接触成果的最初的双语词典,对耶稣会传教士东来初期的日欧、汉欧语言接触进行实证性分析与考述。另一著作是周晨磊的 Zhoutun(《周屯话》,Routledge出版社,6月)。周屯话是青海省贵德县周屯村百姓使用的方言,受安多藏语的影响很大。该书分为七章:第一章是导言;第二章讨论音系;第三章涉及名词和名词短语(构词、数范畴、格范畴、指称);第四章涉及动词和动词短语(体、情态、连动结构、动补结构、价变、领有和存在);第五章讨论形容词和副词;第六章介绍次要词类(代词、指示词、疑问词、数词、量词、句末语气词、附置词和连词);第七章涉及句子结构(语序、双及物结构、系词句、比较句、祈使句、疑问句、从句和话题结构)。由于语言接触,周屯话表现出若干与汉语共同语不同的类型学特征,总体上兼具汉语词汇和藏语句法。

2022年度与接触有关的论文比较丰富,可分为以下几个方面。

(一)从梵汉对勘看中古译经语言的特点及其对汉语的影响

王继红、全文灵的《中古译经指示代词"如是"的用法》(《古汉语研究》第1期)认为,上古与中古汉语中土文献中的"如是"只有回指用法,从东汉译经开始,佛经译者选择使用"如是"来翻译梵语副词性指示代词evam。因为evam兼具回指与下指两种语义指向,所以佛经翻译文本中的指示代词"如是"增加了下指用法。文章以"如是"在东汉之后新增下指用法为例,展现汉语指示词在中古时期发生的变化与调整,揭示出这不仅为汉语自身发展的结果,佛经翻译所导致的梵汉语言接触也是原因之一。姜南的《从"(我)闻如是"到"如是我闻"》(《历史语言学研究》第十七辑)和《从指称到陈述——试探古汉语"者"字结构的消亡》(《当代语言学》第4期)也是这方面的成果。前者研究指出,汉译佛典的开篇套语"如是我闻"在历史上经历了从"(我)闻如是"到"如是我闻"的转变定型,并且前者更加符合汉语的语序。对于新译与原文语序整齐对应这种与译业发展和译语成熟背道而驰的矛盾现象,文章认为,新译不是简单的语序模仿所致,而是更多受制于语言象似性原则,源自语义的驱动。后者进一步阐释了因受中古译经影响"者"的指称功能逐步移交给句首指示词"若""其""彼"等的观点。文章认为,这一过程的具体步骤有三:一是构造双重指称结构"若/其/彼+VP者",二是在经济原则的驱动下双重标记易发生变化,三是从"VP者s"变为VP,完成从指称向陈述的转变。

张文的《从〈摩诃僧祇律〉语序看中古译经语言特点》(《历史语言学研究》第十七辑)则是对中古译经和元代汉语中的接触现象进行了比较研究,选用语序类型学的10条参项考察中古汉语的语序,发现《摩诃僧祇律》比《百喻经》以及《世说新语》有更多的OV语序特征;同时,《元典章·刑部》比《摩诃僧祇律》的OV特征更强,这与中古译经属于翻译文本接触,而蒙式汉语属于人口接触这两种不同接触类型有关。于方圆的《汉译佛经中"上"的一种特殊使用》(《历史语言学研究》第十八辑)发现,汉译佛经中存在"出/过+名词/代词+上"这一结构,主要对译梵语中从格与比较级构成的比较句,或是"超过"义动词带名词或代词作宾语的组合。文章指出,"出……上"来自译者对梵语超过义动词"abhi-√bhū"的仿译,当"上"不出现时,"出"就表示"超过",但"上"的这种用法只见于佛经文献,并未扩展到当时的汉语里。

沈煜的《〈鼻奈耶〉"取"字处置式及相关语法关系问题初探》(《历史语言学研究》第十七辑)认为,汉语早期处置式"取+[N]+VP"符合本土汉语的话题-说明结构,其中的N大多可以看成谓语动词VP的主语(更宜叫话题),而不是以往认为的VP的提前宾语。文章指出，在中古译经语法研究中，除了充分利用混合语、中介语、二语习得等语言接触理论视角外，也宜充分考虑本土汉语语法的宏观特点，以及佛经翻译者个人在语言背景、翻译理念、翻译态度和翻译风格等方面的微观特点。龙国富、范晓露的《异质语言特殊用法与语言接触——以汉译佛经中全称量化词"敢"之来源为例》（《语言科学》第 2 期）认为，中古汉译佛经中"敢"的全称量化用法源自原典梵语既表充分条件又表全称的 yat kimcid……sa sarva 句式，而该句式汉译为"敢……皆"（相当于"所有……都"），"敢"从而承载了"敢……皆"构式的全称量化义。孟奕辰的《基于梵汉对勘的东汉译经中连词"亦"的再考》（《语言研究》第 2 期）指出，东汉译经中连词"亦"兼有"和""或""若"等义项，通过梵汉对勘发现，并列连词"亦"对应梵文"ca"或巴利文相违释复合词，而选择连词"亦"对应梵文"vā"，文章怀疑"亦"的并列连词和选择连词用法是语言接触下的语义"移植"的结果。

重要相关论文还有朱冠明的《辛岛静志的汉译佛典语言研究》（《汉语史学报》第二十七辑）、方一新和嵇华烨的《从敦煌写本看现存〈普曜经〉的翻译及流传》（《敦煌研究》第 1 期）、王嘉宜的《中古三类佛教文献四言文体的构成差异》（《现代语文》第 8 期）、高列过的《东汉至唐五部小品般若经被动式的历时演变》（《汉语史学报》第二十七辑）等。

（二）北方阿尔泰语对近代汉语的影响

阿尔泰语言对北方汉语的影响一直是汉语史研究的热点，以往的研究在元代汉语与蒙古语的接触方面成果颇多，2022 年度这方面仍然有人关注，如麻彩霞的《蒙古语直译体文献中的羡余现象》（《民族语文》第 4 期）。祖生利、高云晖的《也谈句末时体助词"来着"的来源》（《历史语言学研究》第十七辑）详尽考察了北京官话"来着"在清代文献里的使用情况，进一步深入讨论了北京话重要特色时体助词"来着"的来源。该文指出，"来着"最初出现于清代早期满汉对照文献并在此后的兼汉满语会话教材中大量使用，主要是对应满语的 bi-he 及相关构式的结果，其核心语法意义是"追述已然"。"来着"经由旗人汉语接触后进入了北京官话，它与明清汉语固有的助词"来"及"着（者）"并非继承关系。

2022 年度尤其值得注意的是，对清代语言接触的关注大为增加，出现了不少使用满汉合璧文献来研究近代汉语的成果。张美兰、李沫的《满汉〈清文指要〉使役结构句式表达比较研究》（*Journal of Chinese Linguistics*，第 50 卷第 3 期）考察了满汉合璧本《清文指要》中汉语对译满语使动态词缀"bu"时的表达情况，发现根据满语使役句式的不同，汉译有显性使役、隐性使役和非使役三种策略。且从历时来看，早期汉译本受满文影响大，汉语北京官话改写本则更倾向于清末北方汉语口语表达。孟繁杰、李焱的《从满汉合璧文献看近代汉语平比句标记"的＋C"的来源与发展演变》（《民族语文》第 2 期）讨论近代汉语平比句标记"的＋C"的来源及其发展演变。文章认为，"的一般"受了蒙古语的影响，"的似的/的是的/的一样（的样）"则受到了满语的影响；汉语在对译阿尔泰语系 SOV 语言"属格/时体 + C"平比标记时，用有属格功能的"的"进行对应，并进而影响到因"时体"范畴无法对译而产生的其他"的 + C"平比标记。郭军连的《旗人汉语"来着"的形成及其对北方汉语影响》（《语言科学》第 3 期）基于清代满汉合璧会话书和相关汉语文献，认为"来着"与满语 bihe（－he）及 bihe 构成的语法形式对应，是在满语语法干扰下转译汉语时的创造性用语，最终融入北方汉语的语法体系中，并在语用因素的主导下，从兼具时、体意义的助词发展出表达情态的功能。岳立静、黄维军的《近代汉语后置词"呵"的功能、来源及发展》（《东岳论丛》第 2 期）综合利用近代汉语语料以及方言材料，指出今天山东中西部方言中的后置词"可"是对近代汉语后置词"呵"的继承和发展。而元代直译体材料显示，近代汉语的后置词"呵"与蒙古语中的假定式副动词附加形式在功能和语音上关系密切。相关文章还有李聪聪的《清代满蒙汉合璧文献中的"巴结"》（《汉语史研究集刊》第三十二辑）、孟繁杰、李炎的《从满汉合璧文献看语气词"啊、吧、吗、呢"的出现时间》（《古汉语研究》第 3 期）。

其他方面的重要论文还有：刘国伟的《朝鲜时代汉语教科书中"否咧"的用法及其蒙古语来源》（《民族语文》第 1 期）考察朝鲜时代汉语教科书中"否咧"的用法及其来源。该文指出，"否咧"主要用在名词性、动词性成分之后，充当主语或话题标记，或表示假设关系，还可用在句末表示语气，其用法与蒙古语假设副动词、助动词 bol 对应且读音接近。文章认为，"否咧"是从蒙古语进入汉语再进入朝鲜时代汉语教科书的。此外，杨永龙、张竞婷《接触视角下的汉语历史语法演变研究》（"The Evolution of Chinese Grammar from the Perspective of Language Contact"），载于 *The Palgrave Handbook of Chinese Language Studies*（《帕尔格雷夫汉语研究手册》），在综合前人研究成果的基础上，从古今汉语的语序演变、六朝汉译佛经的语法演变、辽金以后的汉语语法演变三大方面出发，对接触引起的汉语语法演变进行了梳理和介绍。

（三）正在发生的汉语与周边少数民族语言接触研究

汉语与其他语言的接触不仅见于历史时期，现实语言生活中也发生着正在进行状态的语言接触，包括与周边少数民族的语言直接接触以及在习得外语过程中的间接接触所引起的变异。特别值得一提的是，《当代语言学》第 6 期作为语言接触研究专号"语言接触与甘青河湟语言区域特征"刊发了一组研究西北地区正在发生的语言接触和语言变异的文章，《民族语文》和《历史语言学研究》也刊发多篇语言接触研究较高水平的文章。随着对汉语方言正在发生的语言接触研究的不断推进，学者们对接触个案的描写越发系统清晰，涉及的语法范畴不断扩展，讨论演变时兼顾外部的接触影响和内部的语法化路径，同时多种理论方法也被不断应用到汉语方言接触语法的研究之中。2022 年的研究成果以西北汉语方言居多，同时也有一些其他地区汉语方言的接触演变研究。

1. 西北地区正在发生的语言接触与汉语语法演变研究

对西北甘青方言的接触研究集中在几个方言点，如青海甘沟话、五屯话等。在甘沟话方面，杨永龙、张竞婷、赵绿原发表了一系列论文。杨永龙的《青海甘沟话"坐"义动词用作持续体助动词》（《中国语文》第4期）描写、分析了甘沟话的"V着坐"格式，指出"坐"的语法属性是助动词，用于强调动作持续进行或状态持续不变。文章论证了"坐"由"坐"义动词到持续体助动词的演变途径，认为甘沟话的"主＋宾＋谓＋副动词标记＋助动词'坐'＋时体标记"句式及"坐住同词"的语义关联模式是经由语言接触产生的，是语言转用过程中不完全习得带来的干扰。杨永龙另有为《当代语言学》第6期"语言接触研究专号"所写的《导语：语言接触与甘青河湟语言区域特征》，从宏观上对语言接触和河湟汉语研究的历史和相关的一些概念，如接触与接触导致的语言演变的模式、机制，以及语言区域和区域特征等进行了梳理。张竞婷的《青海甘沟话的代词系统》（《历史语言学研究》第十八辑）描写甘沟话的人称代词、反身代词、指示代词和疑问代词，从一个侧面展示了甘沟话的汉语性质及其接触性特征。例如提到，甘沟话中表远指的"尼－"的来源及和语言接触的关系值得更深入的研究。赵绿原的《青海甘沟话多功能语法词"个"的功能及发展》（《当代语言学》第6期）深入探索了青海民和甘沟话"个"各种功能的来源，有不少新的发现："个"与土族语数词"一"nige/ge对应而与汉语通用量词"个"不同；"数＋个＋名/动"中"数个"只有记数义，统一解释了计数的"数个名"和计次的"数个动"。青海五屯话的研究成果主要有李云兵的《五屯话重叠式语义的表征》（《民族语文》第1期），该文具体描写了五屯话量词、动词、形容词的重叠式的构成形式、语义特征以及语义表征。五屯话既保留了以汉语为源语言的特点，又吸收并融合了形态丰富的模式语的特点。五屯话用重叠手段、词汇手段、形态变化手段来表征重叠式语义是其既保留源语言特征又吸收模式语特征的双重体现，这种双重特征跟源语言与模式语的同质性差异有关，同质性越高，双重特征越弱，反之亦然。王双成持续关注着西宁方言的语法接触现象，他的《西宁方言"说""说着"的语法化》（《当代语言学》第6期）讨论了西宁方言的言说动词在语言接触的作用下发生的语法化演变："说""说着"发展出引语标记的用法，还具有了自我表述功能；"说着""话"表示重申和强调；"傢说"也用作引语标记。论文的最后结论是，西宁方言言说动词语法化为引语标记是自身演变路径和语言接触共同作用的结果。王双成另有《藏语"坐、住"义动词的语法化及区域类型特征》（《民族语文》第1期）一文，发现藏语的"坐、住"义动词vdug、sdod、gnas兼有存在动词、系词、持续体等体标记等用法。

对甘肃省接触方言点展开讨论的有敏春芳、付乔的《语言接触视角下甘肃临夏话和东乡语述补结构研究》（《当代语言学》第6期），全文对比分析了甘肃临夏话和蒙古语族东乡语中的述补结构,对存在类型差异又具有接触关系的两种语言中出现的相同结构模式进行了探讨。刘星、敏春芳的《临夏话"们"的非复数用法及"们"的性质新探》(*Journal of Chinese Linguistics*,第50卷第2期)指出,临夏话的"们"不是单纯的复数标记,也不是无语义的词缀或话题标记,它还可以表约量、尊敬、整体、强调等,而这些功能与阿尔泰语系突厥语族语言密切相关,是语言接触的结果。文章将临夏话的"们"视作"大称"标记,指出大称标记与复数标记相关,具有一定的类型学价值。

主要研究成果还有徐丹的《动词"有"的某些用法在北方汉语里的历时演变》(《当代语言学》第6期),莫超、李泽琴的《甘青语言区域汉语方言的"宾动式"再探》(《当代语言学》第6期)等。

2. 其他地区正在发生的语言接触与汉语语法演变研究

近年来甘青地区之外的汉语正在发生的接触演变被越来越多的学者发掘。对于东北及北部地区,杨春宇、石雨良的《论东北方言状态形容词后缀"指小表爱"》(《语文学刊》第2期)主要从三方面说明东北方言状态形容词"减弱性后缀"和阿尔泰语形容词"减弱级后缀"的共性,证明了东北方言和阿尔泰语长期以来存在因接触而形成的语言感染。陈健荣的《从语言接触的视角解释汉语方言介连词"两个"的语法化》(《语言学论丛》第六十五辑)结合移民史和民族分布,从内部演变(发展出副词用法)和外部接触(进一步虚化为伴随介词乃至并列连词)两个维度论证了西南、西北地区汉语方言中介连词"两个"的产生分别受到了土家语、蒙古语族语言的影响。

3. 接触研究的新视角与新方法

意西微萨·阿错的《藏-阿尔泰系语法流的基本特征与新证据》(《当代语言学》第6期)打破传统的汉藏语系、阿尔泰语系的分立观点,提出了"藏-阿尔泰系语法流"的概念,认为藏缅语与汉语只有基本词汇上的历史同源关系,而藏缅语的形态系统的历史却与阿尔泰语联系在一起。陆露、唐贤清的《同源异境视野下汉语方言比较研究的新探索》(《南京师大学报(社会科学版)》第2期)提出汉语方言比较研究中的同源异境视野。文中探讨了同源异境汉语方言比较研究的取向与路径,包括同源方言"异境异变"的影响机制、同源方言"异境同变"的演变过程及层阶关系、同源方言"异境同貌"的保留及其核心特征等内容。李旭平的《再论量词和复数标记不共现原则——从甘青汉语说起》(《当代语言学》第6期)引入形式语法的分析方法探索了量词和复数标记的关系。黄河的《外部因素影响的"滞后效应"——方言引力模型计量研究》(《当代语言学》第6期)在汉语方言研究中应用了基于引力模型的计量实证分析方法,将接触的外部因素对语言系统的影响转化为可行的计量实证分析,论文不同于以往学者的宏观分析,为研究方言受到的接触影响以及语言系统本体和接触因素的相互作用提供了新方法和新视角。

4. 汉语方言间、方言与普通话以及现代外语同汉语的接触

刁晏斌、卢月丽的《机遇与挑战：论当代汉语中的外来因素及其影响》(*Journal of Chinese Linguistics*，第 50 卷第 3 期) 从宏观上论述当代汉语与外语发生的语言接触，指出，当代汉语发生的巨变，主要表现在词汇的整体结构、具体单位以及意义等方面，总体表现为对原有规范一定程度的偏离甚至突破。作者认为这种"趋新性"与西方的影响有关，可以为语言变异与接触等理论提供最新的材料、解释与补充。朱敏霞的《现代汉语正式语体形成过程的计量研究》(《历史语言学研究》总第十八辑) 通过定量与定性相结合的方法，考察了 1918–1949 年不同时期公开发表的典型性正式语篇，发现其中的文言成分和口语成分逐步减少，欧化现象的使用逐渐增多，汉语同印欧语言特别是英语之间发生的语言接触等外部原因不断制约并影响着现代汉语正式语体特征变迁的方向。

现代汉语词汇学及辞书学研究

储泽祥　解　竹

一、概述

2022 年度的现代汉语词汇学和辞书学研究总体上呈蓬勃发展的良好态势。在现代汉语词汇学方面，词义仍是研究重点，词义的形成和演变继续受到关注；构词研究在复合词的研究上取得较多新的进展；新词新语、外来词等词汇分类研究重视产生机制的探究，成果颇丰；词汇理论及方法研究、词语规范研究取得一定进展；国际中文教育领域的词汇研究仍以词汇习得为主，词表研究持续深入；词汇学与其他学科，特别是心理学的跨学科研究尤为突出。

在辞书学方面，释义研究依旧是学科热点，释义理论和释义实践研究继续深入；专项研究紧扣辞书编撰需要，内容丰富，实用性较强；辞书理论和方法研究注重总结过往、古今对比和方法创新，给辞书编撰和辞书研究以较大启发；数字化和融媒体辞书研究从编撰过程数字化、辞书使用数字化及辞书评估数字化三个角度全面铺开；专项辞书和辞书编撰史研究取得较多成果。

二、现代汉语词汇学

（一）词义研究

2022 年度词义研究主要包括词义的形成和演变、多义词、近义词和反义词及词义与句法的互动研究四个方面。其中，词义的形成和演变仍是 2022 年度的研究热点。

1. 词义的形成和演变

词义的形成和演变研究从不同理论视角，利用历时和共时语料，对词义形成和演变的过程及规律进行了探讨。

词汇语义学理论。刘曼的《词义流变与常用词更替研究》（上海辞书出版社，1月）从历时角度详细剖析了八组汉语常用词的词义演变过程，梳理了每组词主要义位间的流变关系。通过上述分析作者发现，新词的产生、多义化、义位增加等因素对常用词更替产生多方面的影响，而多义词在语义场的地位高低与相应义位在词义系统中的地位高低呈正相关。该书突破了以往仅注重词历时更替的研究范式,将常用词历时更替与词义变化结合起来,较好地呈现了词汇演变的复杂性。同类研究还有商怡、武建宇的《"掩映"词义演变中深层隐义素的核心作用》(《语文研究》第2期),韩婷的《"姥"(mǔ):一个进入通语的方言词》(《辞书研究》第3期),赵家栋的《"攧窨"词义来源及其词族字用关系研究》(《辞书研究》第6期),汤传扬的《汉语"浇灌""浇淋"义词的历时演变》(《重庆理工大学学报(社会科学)》第4期)和《汉语"邻居"义词的历时演变与共时分布》(《殷都学刊》第2期)等。

词汇化、语法化理论。葛平平的《汉语双音节比较级程度副词的词汇化机制与动因——以"X加"类为例》(《辞书研究》第1期)一文考察了汉语中"X加"类双音节比较级程度副词的词汇化过程,指出这类副词来源于跨层结构[更/益/愈(Adv)+加(V)+NP]的重新分析和[(X)加+VP/AP]结构的类推,其词汇化的根本动因是现实语用因素的驱使,共同的语义基础以及汉语韵律规则等因素也对词汇化产生了影响。同类研究还有邓宇的《汉语实现事件的概念化和词汇化实证研究》(《解放军外国语学院学报》第3期)。

构式理论。江蓝生的《中性词语义正向偏移的类型和动因》(《中国语文》第4期)根据是否需要依赖于某种特定语境和构式将中性词语义偏移的类型分为构式内(甲类)和构式外(乙类)两类,并指出甲乙两类语义偏移尽管句法条件不同,但都跟"具有、合乎、能够"等语义密切关联:甲类正向偏移的原因是构式内包含肯定性评价动词,起增量作用;乙类一律为正向偏移,其原因是"具有、合乎"等语义隐含其中。因此,作者强调"如意原则"是甲乙两类语义偏移的根本动因。该研究丰富和加深了词汇语义演变规律的研究,在语文教学、辞书编撰中起到了一定的指导作用。

其他理论视角的研究还有修辞视角的池昌海、邢昭娣的《词语理据的修辞求证:以"公主"为例》(《当代修辞学》第2期),语言对比视角的黄树先、张倩的《"口水"词及其派生义》(《民族语文》第2期),汉字形体视角的苏颖的《通过形体结构透视汉字词义演变》(《中国社会科学报》2022年11月15日第3版),语义场理论视角的张定的《汉语否定极性词及其来源研究》(《古汉语研究》第2期),文化视角的周荟、王铭宇的《尊卑观念、敬谦态度与词语状貌、词汇变迁》(《当代修辞学》第3期)等。

2. 多义词

2022年度多义词研究主要包括义项间关系研究和虚词的多义性研究两个部分。

义项间关系研究。王洁的《定中复合平行式多义词的义项关系研究》(《语言教学与研究》第1期)以《现代汉语词典》(第7版)为语料来源,深入到构词语素层面,分析了定中复合平行式多义词两个无衍生关系的义项之间的共时语义关联,指出平行义项的语义范畴有明显的向心趋势,中心语素的入词义深刻影响了平行义项间的关系,而语素的转喻用法和词义的整体转指是语义范畴离心化的重要成因。

虚词的多义性研究。郭锐的《虚词义项划分的原则》(《世界汉语教学》第 4 期)针对现有虚词义项划分缺乏严格操作标准的问题,提出分义项要遵循语义结构同一性原则,合义项应遵循核心义原则,而义项的分合都应遵循无歧义和直接性原则。该文深化了汉语虚词的多义性研究,为词典划分虚词义项提供了参考。同类研究还有张利蕊、姚双云的《"语义镜像法"与词汇的多义性研究——以"其实"的语义为例》(《当代修辞学》第 1 期)。

3. 近义词和反义词

2022 年度的近义词、反义词研究可以分为历时层面和共时层面两类,两个层面的研究各有侧重。

历时层面的研究侧重近义词、反义词词义的形成过程及产生机制。张博的《复合型同音同义词语的形成途径及关系特征》(《中国语文》第 4 期)采用动态观,对含相同构词成分、语音相同且意义和用法也基本相同的复合词和固定短语展开研究,根据同义形成途径将其分为"音近趋同""音近混同""同音替换"三类,并对不同途径形成的词语在理据性、同义度等方面的关系特征进行了分析,指出前两类是语音联想和完形加工双重作用下的词义异化,最后一类则是造词的产物。该文丰富了同义词发展规律的理论研究,为语言规范及辞书编撰提供了依据。同类研究还有潘薇薇的《汉语反义同源单音词语义关系及生成机制探析》(《当代修辞学》第 3 期),董志翘的《"汉语""华语"等词的产生年代及其最后的胜出》(《南京师范大学文学院学报》第 3 期)等。

共时层面的研究侧重近义词的词义特征比较。周韧的《汉语副词语义分析中的概率特征——以一组确认义副词的辨析为例》(《汉语学报》第 3 期)一文运用"语义结构"的概念,在分析现代汉语语料的基础上,揭示了"果然"类副词与"确实"类副词在概率特征上存在的差异:"果然"类副词用于回应事件发生之前对事件实现的可能性做出 0 到 1 之间取值的概率判断;"确实"类副词用于回应对事件真实性做出概率 0 或 1 取值的真伪判断。该文从概率出发辨析近义虚词,为汉语近义词研究提供了新的视角。田静等的《〈全球华语大词典〉异名同实词语的综合考察》(《辞书研究》第 5 期)以《全球华语大词典》为研究对象,对词典收录的 2305 组异名词语进行调查发现,相对于现代汉语上述词语呈现出"同组多词化"的特点。该文还进一步对上述词的词义特点及产生原因进行了分析。同类研究还有跨语言对比视角的余江陵、马武林的《汉英同情义近义名词语义韵对比研究》(《外国语文》第 1 期)。

4. 词义与句法的互动研究

词义与句法的互动研究散见于某类具体词的研究中。刁晏斌的《"无色"指人名词初探》(《汉语学习》第 5 期)分析了汉语中"无色"指人名词表示泛指义、包含强烈的黏着性和对修饰成分有强烈的选择性的表义和句法特点，并对句法功能与语义之间的关系进行探讨，指出从非独立到独立使用的过程中，该类词固有语义特征逐渐模糊甚至脱落。该文为现代汉语词汇发展研究提供了一个新的路径。刘敏芝的《从范围义到程度义——以"天下"等词为例》(《辞书研究》第1期)从句法功能对语义演变影响的视角，对"天下"等词的语义演变过程及原因做出了解释，并进一步证明了汉语中范围义和程度义的语义关联。

（二）构词研究

2022年度的构词研究主要有三个特点：一是引入不同理论进行构词法的研究，二是不同类型复合词的研究全面铺开，三是重视词法与词义、句法的互动关系研究。

1. 构词法

2022年度的构词法研究主要分为研究范式的总结和结合实例的构词理论探讨两个方面。

研究范式的总结。丛进、王东海的《计量与认知：汉语词汇形式结构的实证研究范式》(《南开语言学刊》第1期)梳理了汉语构词实证研究的两大研究范式——计量研究和认知研究的相关成果，总结了两大范式的主要特征：前者侧重语言使用的结构，后者侧重语言使用的过程。此外，作者还就两大范式在实际研究中的互补协作关系和主要理论及应用价值进行了探讨，认为汉语词汇研究已经基本形成定向研究为先导、实证研究为后续的完整链条。

结合实例的构词理论探讨。构式理论和物性结构理论在构词法研究中热度最高。宋作艳的《基于构式理论与物性结构的动名定中复合词研究——从动词视角到名词视角》(《世界汉语教学》第1期)基于构式理论和物性结构理论对汉语动名定中复合词展开研究，指出此类复合词的功能是命名与分类，应关注构式中实现的物性关系，即构式决定了V不表示动作，而是表示功用、施成等物性。该研究从名词视角深刻地揭示了汉语定名中复合词的生成机制，避免了以往从动词视角研究此类复合词带来的问题。宋培杰的《属性领属偏正式名名复合词探析》(《语言研究》第4期)利用物性角色理论，将凸显属性领属关系的常见构式——偏正式名名复合词的语义构词模式概括为"属性主体+属性"，并指出"属性主体"要求是事物还是事件决定了"属性"是否会触发类型强迫，是理解该类复合词词义的关键。相关研究还有宋作艳的《构式词法的特点及其对汉语词法研究的启示——以菜名的命名模式为例》(《语言教学与研究》第2期)以及颜刚的《词法构式"X手"的生成过程与生成机制——兼论词法构式网络中的空位和占位》(《语言教学与研究》第3期)等。

2. 复合词研究

复合词研究包括句法复杂词、同分异构词等不同类型复合词的构成及产生机制的研究。

司富珍的《句法复杂词的结构层级》(《语言科学》第1期)首次提出"句法复杂词"的概念，在形态、音系与句法接口层面，从理论基础和事实验证两方面分析了加缀式、元音变化式、辅音变化式等不同类型句法复杂词的内部结构层级，并对其产生机制进行了理论上的探讨，指出复杂词内部的结构投射原理与短语和句子的投射原理相似，本质上是由句法结构原则所控制和决定的。傅惠钧的《同分异构词的形成条件与机制》（《辞书研究》第3期）对同一个词形可分析为不同结构且分别表示不同意义的词展开研究，在对该类词构成进行分类的基础上指出"动宾－定中"类占绝对优势。此外，作者还从语言内部和语言外部因素两方面分析了该类词形成的条件，并指出其形成机制与潜构的显性化与句法的词汇化有关。其他复合词构词研究还有戚晓杰的《关于种属概念词语法结构类型问题的思考》（《汉语学习》第1期），以及刘芳、王云路的《浅谈词语歧义现象——以"通知"等词为例》（《古汉语研究》第1期）等。

3. 类词缀研究

张未然的《基于认知形态学的汉语类词缀构词研究》（北京大学出版社，7月）利用认知形态学理论框架，从类词缀构词的语义范畴化、认知域分布和类词缀对项的构词识解三个方面，系统地研究了汉语类词缀的构词规律，并深入挖掘了其产生动因，解决了类词缀研究中尚未解决的描写语义分化、构词选择限制等问题，证明了认知形态学和汉语构词研究的适配性，从理论上提高了构词研究的解释性。

4. 词法与句法互动研究

2022年度词法与句法的互动研究成果颇丰。词的判定这一传统问题被再次提及，词汇化视角的构词问题也受到重视，复合词词法与句法的互动关系研究逐步深入。

词的判定。邓盾的《论现代汉语的AABB片段为复合词而非重叠式》（《世界汉语教学》第1期）对现代汉语"打打闹闹、风风雨雨"等AABB片段是不是词的问题进行了深入讨论，主张将其处理为两个重叠式组合而成的复合词，并对这一主张进行了解释和论证，丰富了汉语词的判定研究和类型学研究。刘云的《现代汉语词汇多角度探索》（中国社会科学出版社，3月）从现代汉语"词"的判断问题出发，多角度探讨了现代汉语词汇的特点。

词汇化视角的构词问题。施春宏、陈艺骞的《跨层序列词法化的结构原理及词汇化表现》（《世界汉语教学》第2期）借鉴生成语法关于句法结构关系的认识，重新定位了跨层结构词汇化形成的"跨层序列"的内涵及词法化、词汇化的性质和基本原理，并据此对《现代汉语词典》（第七版）中的跨层词进行分析和重新分类，从理论和实例两方面探讨了汉语跨层结构的词汇化问题，充实了汉语词法学的研究。同类研究还有刘君敬的《"关心"词汇化的判定标准与触发因素》（《中国语文》第1期）。

复合词词法与句法的互动关系研究。蒋梦晗、黄居仁的《汉语动宾复合词的及物性及其用法差异——基于语料库驱动方法的对比研究》（《中国语文》第1期）从不同语言变体之间的差异视角，对比了大陆媒体和台湾媒体材料中动宾复合词的及物性差异，发现动宾复合词的带宾语能力是一个倾向性问题。这一结论支持了严谨的模块假设和名词合并理论，从实证角度为越来越多的动宾复合词转变为及物动词的现象做出了新的解释。同类研究还有李丽云的《现代汉语动补式复合词研究》（社会科学文献出版社，5月），方绪军的《四单音动词并列式的构成、语法性质及表义方式》（《汉语学习》第4期），以及孟凯的《从特殊对应看复合词法中韵律与语义的互动关系》（《汉语学习》第2期）等。

（三）词汇分类研究

词汇分类研究是不同角度对汉语词汇进行划分的词语类聚的研究。从词汇来源视角看，2022年度的现代汉语词汇分类研究主要包括新词新语、外来词和社区词三类。

1. 新词新语

2022年度的新词新语研究十分重视成因的探讨，主要包括新词新语的综合研究、产生机制研究及缩略研究三个方面。

新词新语的综合研究。凌云的《2010－2019年网络流行语研究》（华中师范大学博士学位论文）对2010－2019年的网络流行语的发展历程、生成方式、生成动因及演变规律等进行了全面的研究和探讨。

新词的产生机制研究。孟凯的《新词语的语义压制类型及其交叠与类推——兼论新词语造词机制研究的拓展》（《语言文字应用》第3期）从语义压制视角将新词语产生的方式分为事件压制和功能/特征压制两类，并对两类压制的选择倾向和类推性强弱进行了分析，拓展了汉语新词产生机制的理论研究，在词语意义和形式的适配关系上有很大启发。相关研究还有姚昭璞的《当代新词语动源类后缀定性及成因研究》（《语文学刊》第3期），叶蕴、孙道功的《从"真香"的适应性调整看新词语句法模的新变化》（《语言文字应用》第3期）等。

新词新语的缩略研究。Li Xiaoge 的《新冠时代现代汉语复合词中的第一个语素》["First Morpheme in Compound Words in Modern Chinese Words from Coronavirus Era", *Nauchnyi Dialog*, 11（3）：78－95]以新冠疫情下产生的汉语缩略词为例，研究了缩略词的形成原则及其构成成分之间的语义和句法关系，并强调缩略词第一个语素的选择原则在缩略词形成中的重要作用。同类研究还有 Li Xiaoge 的《新冠时代含有"云格式"结构语义成分的汉语缩略语》["Abbreviated Chinese Words of Coronavirus Era with a Structural-Semantic Component 'in a Cloud Format'", *Nauchnyi Dialog*, 11（3）：202－217]。

2. 外来词

2022年度的外来词研究成果较少，注重实证研究。王巍的《汉语普通话中的英源音译借词研究》（吉林大学博士学位论文）通过借词语料库的研究，确定了英源借词的借入模式为源词与借词在特定音段或音段序列上的对应，并设计多种实验对不同借入模式的成因进行量化分析和解释，基于实验结果提出限定借词表层形式的制约条件及等级排序，从实证角度和形式化层面补充了汉语外来词研究中的音系研究。

3. 社区词

社区词指的是因社会背景、经济、文化等差异而产生的反映某一社会区域特点的词语。2022 年度的社区词研究既有总体情况的梳理，也有具体区域的研究。

研究概况与展望。刁晏斌的《社区词理论：已有进展及进一步研究的思考》(《语文研究》第 2 期) 从普通话标准和大华语标准两个视角，对"社区词"这一概念提出近 30 年来的研究情况进行了梳理和评价，充分肯定已有成果取得的进展，并从建立多维度的层次观、处理好分类问题等五个方面对未来的社区词研究提出建议。

具体区域的词汇研究。王珊、汤蕾的《澳门华语特色词汇研究》(《语言战略研究》第 2 期) 对《全球华语大词典》中标注"用于澳门等地"的 45 个澳门华语特色词的来源、语音特点、构词方式和语义特征等进行了较为全面和深入的研究。通过考察上述词在 LIVAC 语料库中的使用状况，作者发现，大部分澳门特色词义也出现于澳门之外的华语区，体现出华语逐渐融合的趋势，而大多数澳门特色词义在本地的流通具有稳定性。

（四）综述及理论方法研究

田静等的《2018 年现代汉语词汇研究综述》(《江西科技师范大学学报》第 4 期) 和周飞等的《2019 年现代汉语词汇研究综述》(《江西科技师范大学学报》第 5 期) 分别对 2018 年和 2019 年现代汉语词汇本体和应用研究的成果进行了介绍，并对两个年度词汇学研究的总体趋势进行了总结：微观和宏观研究并举，前者更注重研究的交叉性、关联性和延续性；后者则相对重视历时视角，在研究规模和技术上有持续性进步。两篇文章是了解该年度词汇研究总体情况的重要资料。

邓亮、杨坤的《词汇类型学研究：路径与方法》(《外国语文》第 4 期) 简要介绍了词汇类型学的三条主要研究路径——称名学、符意学和词汇－语法界面，并结合实例阐释了解构语义分析、行为语义分析等五种研究方法，为今后词汇类型学研究提供了视角和方法论上的参考。相关成果还有胡平的《词汇类型学与汉语词汇语义研究》(《中国社会科学报》2022 年 9 月 13 日第 3 版)。

（五）词汇学的应用研究

词汇学的应用研究主要体现在词语的规范研究和国际中文教育领域的词汇研究两个方面。词语规范研究与上一年度相比关注度显著下降，但词形规范仍是重点。国际中文教育领域在词汇习得方面继续保持热度，词表研究更加注重专业性，理论探索也更进一步。

1. 词语规范研究

2022 年度词语规范研究包括规范标准的讨论、词形规范、读音规范三个方面。

词语规范标准研究。董思聪、徐杰的《词汇规范的标准问题与方言词汇进入共同语的条件》(《汉语学报》第 3 期)在汉语国际化发展的大背景下，基于民族共同语标准适度多元的理念，建议将现行普通话定义中的词汇标准微调为"以北京话词汇为基础词汇"，并指出方言词汇进入民族共同语的条件是能否进入其区域变体。该文为汉语普通话的词语规范研究及普通话与方言关系研究提供了新的观点。

词形规范。异形词的规范问题仍是研究重点。侯瑞芬的《从 338 组异形词使用情况看异形词规范的原则》(《辞书研究》第 6 期)从使用倾向值和该值所反映的发展趋势两个角度分析了《第一批异形词整理表》中 338 组异形词的使用情况，并指出不同规范效果与异形词规范前的使用频率、发展趋势以及推荐词形选取时的规范原则相关。此外，文章还进一步深化了整理异性词的原则，为汉语异形词规范及辞书编撰提供了重要参考。相关研究还有王迎春的《异形词规范的层次性》(《宁夏大学学报（人文社会科学版)》第 4 期)。

读音规范。朱宏一的《再谈"吐蕃"的读音及其规范》(《辞书研究》第 6 期)对汉语音译词"吐蕃"的读音及规范问题进行了讨论，指出 tǔbō 和 tǔfān 是正音和俗读音的关系，前者存在于藏人的语言中，后者则是错误类推的结果，因此后者才是现代汉语普通话的规范读音。

2. 国际中文教育的词汇研究

2022 年度国际中文教育领域的词汇研究主要包括习得研究、词汇教学研究及面向教学的词汇研究和词表研究。

（1）习得研究

2022 年度的词汇习得研究紧扣汉语特点及教学需要，探讨了不同因素对词义理解的影响。

语言内部因素对词义理解的影响。朱文文、陈天序的《词内结构与字词知识对初级水平汉语学习者词义猜测的影响》(《语言教学与研究》第 1 期)通过对 74 名将汉语作为第二语言学习者的三项纸笔测试发现，词内结构显著影响了学习者的词义猜测，其中偏正结构词语猜测更容易，而学习者的字词知识和词内结构对词义猜测有交互影响。相关研究还有 Yi Wei & DeKeyser Robert 的《阅读中伴随性习得语义透明及不透明的汉语复合词：一种眼动追踪方法》("Incidental learning of semantically transparent and opaque Chinese compounds from reading: An eye-tracking approach," *System*, Jul)。

语言外部因素对词义理解的影响。刘国芝的《二语伴随性词汇习得动机策略研究》(浙江大学博士学位论文)将课堂活动类型变换作为动机变量，通过美国学习者的二语课堂实验证明了动机激活强度、伴随性词汇习得和学习策略的影响具有同一性，开拓了动机策略影响研究的新路径。

学习者因素对词义理解的影响。易维的《个体差异因素对伴随性习得汉语复合词的影响》（《汉语学习》第6期）通过一项61名汉语二语者参与的实验研究发现，学习者二语词汇量、工作记忆容量和语素意识的差异影响了阅读中汉语复合词的伴随性习得效果。相关研究还有陈建林等的《俄－英－汉三语者词汇语义通达模式研究》（《世界汉语教学》第2期）。

综合因素对词义理解的影响。马乃强的《英语母语学习者汉语成语理解习得研究》（北京大学出版社，6月）对汉语成语习得问题展开了较为全面和深入的研究，重点分析了汉语成语的结构特征、语义特征和习得认知特点，并通过实验考察成语熟悉度、分解性和对称性等因素对汉语成语习得的影响，为汉语成语教学提供了较为全面的参考。

此外，王佶旻、何赟的《任务复杂度与汉语二语写作词汇的关系研究》（《汉语学习》第4期）对词汇输出的影响因素进行了研究。该文通过61名留学生参与的实验研究发现，随着任务复杂度的提升，学习者倾向于将注意力集中到语言内容上，对语言形式有所忽视。该结论部分支持了有限注意力模型，对汉语词汇教学有所启发。

（2）词汇教学研究及面向教学的词汇研究

词汇教学研究。孙毅、周锦锦的《认知转喻能力在对外汉语词汇教学中的效用研究》（《华文教学与研究》第3期）用定量和定性相结合的方法验证了培养和运用转喻能力对激发学习兴趣、提高汉语水平的显著影响，为语言学理论应用于汉语教学、提高汉语词汇教学效率提供了有针对性的策略。

面向教学的词汇研究。罗艺的《汉语借词在泰汉语词汇教学中的迁移作用》（《云南师范大学学报（对外汉语教学与研究版）》第3期）从语言接触的视角，对泰语从汉语借入的词语的来源、语义类型以及变化进行了探讨，指出多数借词的音义在泰语中得到保留，有的借词虽发生形义变化，但变化轨迹可循，因此汉语教学中应借助这些联系和规律，充分发挥语言习得正迁移的作用，提高教学效率。同类研究还有张静媛的《面向第二语言教学的现代汉语三音节词语研究》（北京外国语大学博士学位论文）。

（3）词表研究

2022年度的词表研究在上一年度的基础上继续深入，不仅注重理论的探讨，且关注的词表类型也更加丰富，弥补了以往研究的不足。

学术汉语词表研究。张博的《学术汉语词汇的主要特点及教学策略》（《世界汉语教学》第4期）指出，学术汉语词汇具有词义抽象、功能多样、书面语色彩鲜明等特点，最能体现学术语言风格，教学中要充分利用其特点及二语词汇习得规律，贯通学术词语的意义、组合关系和典型语境，酌情使用"语素法"和"语块法"。该文研究视角新颖，为汉语词汇教学和教材编写提供了理论和实践上的指导。相关研究还有王笑然、王佶旻的《经贸类本科专业学术汉语词表研究》（《语言教学与研究》第4期）。

儿童口语词表研究。谢婧怡等的《二语儿童口语词表研制的理念与原则》（《语言文字应用》第 3 期）以儿童口语语料为基础，结合儿童语言发展语料与二语儿童课堂语料，分析了儿童口语中动词与名词的使用特点，并据此探讨了二语儿童口语词表的编制理念与原则，建议词表编写要符合儿童口语语言共性及阶梯型发展特点，为汉语本土化教学用词表的研制提供了参照。

此外，王雨等的《服务国际中文教育的词语搭配知识库建设》（《语言文字应用》第 2 期）一文基于针对性、常用性、规模性、动态性和可控性的构建理念，利用知识抽取相关算法，构建了等级可查、难度可控、应用方便的"国际中文教育词语搭配知识库"。该知识库弥补了原有相关知识库在规模等方面的不足，是国际中文教育的重要教学资源。

（六）跨学科研究

2022 年度的跨学科研究主要集中在词汇学与心理学的跨学科研究上。王永胜等的《词间空格促进从右向左呈现汉语文本的阅读》（《心理科学》第 4 期）利用眼动仪，对缺少相关阅读经验的情境下，词切分线索与读者的阅读和词汇识别的关系进行研究，指出其实验结论支持词切分线索的促进与文本不熟悉干扰之间权衡作用的假设。相关研究还有曹海波等的《词素位置概率在中文阅读中的作用：词汇判断和眼动研究》（《心理学报》2022 年 11 月 29 日），以及刘志伟的《中文阅读的词汇转置效应》（天津师范大学博士学位论文）等。

（七）学术会议

第二十三届汉语词汇语义学国际研讨会于 5 月 14 日至 15 日在线上召开。该研讨会由闽江学院、福建省人工智能学会和北京大学计算语言教育部重点实验室共同主办，中国计算机学会协办，计算机与控制工程学院等共同承办。该届研讨会以"纪念俞士汶教授"为主题，讨论内容涵盖词汇语义学、计算语言学、语料库建设、地方与民族语言等 14 个领域，体现了学科交叉与反映前沿动态的办会宗旨。

三、现代汉语辞书学

（一）释义研究

2022 年度释义研究仍是辞书研究的重点，主要包括同类词的释义研究、个别词的释义研究、释义模式研究、与释义相关的符号研究以及与释义相关的理论和应用研究。

1. 同类词的释义

谭景春的《〈现代汉语词典〉对"满+名"等条目的修订——兼谈词典收词、释义的系统性》（《语文研究》第 3 期）一文通过分析"满+名"双音词的结构、词义及句法分布发现，这类双音词分属不同的构词系统："满腹、满面"等是文言用法的留存，是述宾动词；"满口、满门"等是现代汉语中的自由组合，是定中名词。因此，两类词的词典释义应区别对待，采用不同模式。齐红飞、王东海的《同功能同模式下传信副词的系统化释义研究》（《辞书研究》第 6 期）从词典编纂学角度，运用传信范畴理论分析了《现代汉语词典》（第七版）、《当代汉语学习词典》（张志毅主编）和《新编国语日报词典》这三部词典中的传信副词在传达"断言""释因""推测"等五大传信功能时的释义情况，指出其可优化之处，并利用同功能同模式理论为该类词释义的系统性修订提出建议。相关研究还有袁世旭、郭佳兴的《汉语语文辞书释义对比研究》（商务印书馆，6 月），朱俊玄的《汉语介词句法位置与韵律的互动——兼谈对语文工具书的启示》（《辞书研究》第 2 期），王建莉的《〈汉语大词典〉"通草"组释义系统匡补》（《励耘语言学刊》第 1 期），王楠的《"年纪"和"年龄"的异同及在亲属词等释义中的使用分析》（《辞书研究》第 5 期）等。

2. 个别词的释义

华学诚的《以"一"为例谈谈〈汉语大词典〉的释义修订》（《语言研究》第 4 期）与旧版本对照，整理了《汉语大词典》修订本对"一"义项的增删调整以及对释义内容和表述的修改等情况，指出修订本存在旧版本误列义项没有删除、收录了无关同形词等问题，为词典的下一步修订提供了参考。同类研究还有郑泽芝、宋伯雯的《基于语言使用实态的心理动词"爱"的用法与词典义项划分研究》（《辞书研究》第 3 期），熊加全的《〈汉语大字典〉释义失误指正》（《南京师范大学文学院学报》第 2 期），卜宇钦的《〈汉大〉"戟手""壶手"考辨》（《辞书研究》第 5 期），李灵玢、李尔钢的《"卢鹊"与"卢鹊喧"——〈汉语大词典〉修订札记》（《辞书研究》第 2 期），张干的《"列观"训解——兼正〈汉语大词典〉"列观"条》（《辞书研究》第 1 期），王晓燕的《量词"根"的词典释义探讨》（《辞书研究》第 2 期），魏兆惠的《〈现代汉语词典〉"琚"的注释商榷》（《辞书研究》第 4 期），以及陈孝玲、莫育珍的《词汇语义比较与少数民族语言词典的编纂——以侗台语的几组词为例》（《民族语文》第 3 期）等。

3. 释义模式

王迎春的《〈现代汉语词典〉中名词比喻义的两种主要释义模式——"像……"和"比喻……"》（《殷都学刊》第 1 期）对《现代汉语词典》中名词比喻义的两种主要释义模式"像……"和"比喻……"进行了比较，细化分类，详细阐释了使用条件，并指出"像……"和"比喻……"分别倾向用于相似点语义类型为形状和性质的名词比喻义中，为两种释义模式在词典释义上的优化提供了参考。针对释义模式的研究还有李琪、李红印的《汉语学习词典单双音同义动词释义模式区分度的实证研究》（《汉语学习》第 5 期）和王迎春的《〈现代汉语词典〉转义处理方式——以"指"类提示词相关义项为例》（《北方工业大学学报》第 34 卷第 3 期）。

4. 与释义相关的符号

谭景春的《〈现代汉语词典〉对双斜线"//"在使用上的改进》（《鲁东大学学报（哲

学社会科学版)》第3期)详细说明了《现代汉语词典》第五版对双斜线"∥"在使用上的两点改进及改进后所解决的问题：创建"（-∥-）"符号解决了一个条目中有的义项可离合、有的不可离合的问题；可离合的主谓式双字条目注音由分写改为连写，中间加"∥"，解决了词类标注和双斜线"∥"的关系问题。该文为研究者深入了解词典的编撰理念提供了重要参考，也为读者更好地使用词典提供了方便。

5. 与释义相关的理论及应用研究

在理论方面，崔希亮的《汉语学习词典的元语言问题》(《汉语学习》第6期)对汉语学习词典元语言的研究现状进行了梳理，指出现有研究存在意识不强、词汇提取困难等多方面问题，并针对上述问题提出该领域元语言研究在释义用词、句法、文化等方面需要注意的问题。刘宇红、王怿旦的《释义元语言研究的三个阶段》(《外语学刊》第1期)将释义元语言研究分为从通用词汇到通用学术词汇，再到专门学术词汇三个阶段，并以语言学学科为例，分析了英语和汉语语言学专门领域释义元语言发展的操作方法、发展规律及应用前景。上述研究梳理了释义元语言的发展脉络，为今后的研究提供了理论和方向上的参考。

在应用方面，何洋洋的《基于疼痛描述词释义的疼痛描述语言改进：问题、路径与方案》(《辞书研究》第3期)将自然语义元语言理论用于跨文化语境诊疗中患者描述疼痛的词语释义上，利用元语言释义时词汇和语法简单、在语言中普遍存在的优势，帮助患者展现了疼痛感受的细节，为进一步诊疗提供了重要参考，充分展示了语言学研究成果如何服务于社会。

（二）专项研究

在专项研究上，2022年的成果涉及面较广，包括收词、词形字形、注音、条目排序、成语、文化词、字母词、商标使用等多个方面。

1. 收词

周荐的《专名的性质和语文词典专名词条收立的问题——从〈现代汉语词典〉等词典对专名条目的处理谈起》(《辞书研究》第3期)一文首先梳理了"专名""专有名词""名词""术语"几个术语之间的意义纠葛，并以《国语辞典》《现代汉语词典》的专名收录情况为例，分析了专名词条弃取态度与词典编者对专名性质的认识有关，指出词典采取的不同态度是历时时期不同、意识形态和政治制度不同造成的，强调专名词条的收立要重视历史背景，认真对待、审慎处理。同类成果还有苏颖的《历时变异与现代规范：试论现代汉语词典对"×地"的处理问题》(《辞书研究》第2期)。

2. 词形字形

李志江的《表外字能不能写成繁体字？》(《编辑学报》第1期)针对许多编辑在文稿编辑加工中经常遇到的"表外字能不能写成繁体字"问题进行了讨论，并指出根据《〈通用规范汉字表〉解读》一书的解释，汉字简化要审慎对待，因此一般不再扩大表外字的偏旁类推范围。相关研究成果还有庄卉洁、王雪涛的《〈汉语大字典〉第二版字际关系补充 18 则》（《辞书研究》第 3 期），韩小荆的《从"徽纆"到"徽纏"》（《辞书研究》第 2 期），何茂活的《〈汉语大词典〉异形词条目增补酌议》（《辞书研究》第 1 期）等。

3. 注音

姜岚等的《〈辞海〉（第七版）词条注音拼写实践研究》（《辞书研究》第 2 期）对《辞海》（第七版）注音实践中遇到的问题进行了分类研究，将其注音方法总结为参照文献注音、根据释义注音、根据现实情况注音以及特殊词条具体分析四条，注音规则主要遵循理据性、一致性和实用性原则。该文主张应研究适应当前社会需求的注音方法和注音原则，以完善正词法规则，方便大众识读和注音拼写。相关研究还有王梓赫、刘善涛的《民国时期汉语注音方案在语文辞书编纂中的探索与实践》（《辞书研究》第 5 期），吕永进的《"觉"字"睡醒"义的读音》（《辞书研究》第 3 期）等。

4. 条目排序

陈玉庆的《〈现代汉语词典〉的条目排序问题》（《辞书研究》第 6 期）对《现代汉语词典》音序排列的总原则下不同版本的具体排序规则进行了梳理，并重点分析了轻声和儿化条目处理上的问题，为词典修订提供了参考。

5. 成语

付建荣的《唐宋禅籍俗成语研究（上下编）》（商务印书馆，2 月）分上下两编对唐宋禅籍中 1759 条俗成语展开研究："上编"主要对俗成语的鉴定、面貌、演变等理论问题进行探讨，提出构建"汉语语汇史"的设想，主张用"语义二分法"构建语汇系统；"下编"为上述俗成语进行注释，并简要说明其来源和价值。该书丰富了近代汉语的词汇研究以及汉语语汇史研究，对相关辞书的编撰具有重要参考价值。

6. 文化词

胡文飞、张俊的《汉英词典的文化词研究综述（2001–2020）：回顾与前瞻》（《外国语文》第 1 期）通过文献分析和归纳，系统描述了近 20 年来汉英词典文化词研究的特征和发展趋势：释义结构研究从单一离散走向多维系统，标注体系研究从编者主体走向用户需求主体，例证结构分析从言语转换走向文化映射。此外，该文还建议未来的汉英词典要强化交际功能，凸显语料库的驱动作用。

7. 字母词

原新梅、许杨的《〈现代汉语词典〉第 1~7 版收录字母词的比较研究》（《辽宁师范大学学报（社会科学版）》第 5 期）统计了《现代汉语词典》从 1978 年第一版到 2016 年第七版收录的字母词，对不同版本字母词的语义类别变化情况进行了总结，并指出该词典在词语的筛选收录、条目体系的调整、语源扩注的缺失或冗余等方面存在的问题，对词典的修订有一定的启发。

8. 商标使用

车云峰的《知识产权法视阈下辞书中商标使用问题刍议》（《科技与出版》第 3 期）从知识产权法，特别是《中华人民共和国商标法》出发，深入分析了辞书编校中商标使用存在的用字错误和违法或不规范问题，并在介绍域外辞书商标使用经验的基础上指出，辞书编校人员在商标使用上要提高知识产权意识，遵循合法性原则、"名从主人"原则，明确提示商标地位，慎收、少收。

（三）理论和方法研究

在辞书研究的理论思考和方法探索上，2022 年度成果颇丰，研究视角独特，且注重方法的创新，对编撰实践有较大的指导作用。

1. 辞书编撰理论

刁晏斌的《由"舍今取古"现象看华语词典存在的问题及对策》（《辞书研究》第 4 期）从华语词汇使用中常出现的放弃现代词而使用同义的文言及古旧词现象入手，探讨了词典标"〈书〉"以及加注"旧（时）指（称）"等的合理性与必要性等问题，并基于此建议辞书编撰要处理好《全球华语大词典》与《现代汉语词典》的关系，在释义方式上有所改进，全面反映全球华语词汇面貌。同类研究还有史维生、汪启明的《从〈甘宁青恒言录〉看文献方言的辞书学价值》（《辞书研究》第 1 期），以及袁世旭、郑振峰的《汉语语文辞书规范功能研究》（《汉字汉语研究》第 3 期）等。

2. 辞书研究方法

龚琪峰的《基于共词网络分析视角的词典考古新探——以〈辞海〉为例》（《外语研究》第 4 期）以 1979 和 2019 两版《辞海》中含"资本"词目的释义文本为语料，采用共词分析法，从历时角度对比和分析了两版在知识系统层级性上的不同之处，指出该词在新内涵影响下产生了新的底层逻辑，并据此对综合性辞典在知识的系统性和层级性方面存在的问题进行了分析和探讨。该文在传统词典的考古分析方法上有所创新，弥补了以往辞书研究方法的不足。同类研究还有郑洁的《术语编纂的知识组织方法研究——以语言学词典为例》（《外语学刊》第 1 期）。

（四）数字化和融媒体辞书研究

数字化和融媒体辞书在 2022 年度继续保持热度，研究内容紧扣辞书编撰需要和辞书用户特点，研究视野更加开阔，研究成果日趋深入。

张永伟、马琼英的《面向语文辞书编纂的词语依存搭配检索系统研究》（《辞书研究》第 4 期）一文介绍了辅助语文辞书编纂的依存搭配检索系统，并进行了演示，为语文辞书编纂及相关系统的研制提供了借鉴。岂凡超等的《WantWord：基于神经网络技术的反向词典》（《辞书研究》第 4 期）介绍了世界上首个支持汉语和英汉/汉英跨语言查询的反向词典，该词典可以根据用户输入的自然语言描述反向搜索到与描述一致的词语，在解决暂时性忘词、缓解"网络失语症"、帮助语言学习者学习巩固词汇等方面有重要的实用价值。刘颖的《国际中文教育离不开词典支撑》（《光明日报》2022 年 5 月 8 日第 5 版）通过课题组的国别化实地调查，总结了外向型汉语词典的使用情况，指出尽管手机词典是主流，但此类词典质量参差不齐，查询过程曲折复杂，因此建议提升手机词典质量，在遵循二语习得规律的同时，提高检索、释义等方面的实用价值。

同类成果还有 Sven Tarp、陈汝、耿云冬的《数字词典学视阈下"有意学习"与"附带学习"新探》（《辞书研究》第 6 期），Fang Shuyi & Xu Liangyue 的《〈同源字典〉数据库的创建及其意义》（"Creation and Significance of Database of Dictionary of Cognate Words," *Lecture Notes in Artificial Intelligence 22nd Chinese Lexical Semantics*，PT Ⅱ），张永伟的《辞书落实语言文字规范标准的调查研究——以四部语文辞书为例》（《北华大学学报（社会科学版）》第 5 期），李睿、王衍军的《基于卢与沙鲁斯卡（2017）评估框架的外向型在线汉语学习词典 App 评估研究》（《华文教学与研究》第 3 期）等。

（五）专项辞书与辞书理论史、编撰史研究

专项辞书研究仍是 2022 年度的热点之一，既有编撰思想的归纳和探讨，也有编撰经验的总结。其中，新版《当代汉语学习词典》的相关研究成果最为丰硕，《现代汉语规范词典》的修订情况也有集中讨论。此外，辞书理论史、编撰史研究也取得了一定进展。

1. 《当代汉语学习词典》研究

编撰思想研究。苏新春的《从〈当代汉语学习词典〉看张志毅先生的词典学思想》（《辞书研究》第 1 期）介绍了《当代汉语学习词典》选词从严、义项编排优先考虑义频、义项组织突出词性、释义浅近等方面的优点，对该词典在张志毅词典学思想中的重要地位进行了深入分析，并围绕"学习性"这一特点就该词典的未来发展提出了三个研究课题。仇志群、张志毅的《〈当代汉语学习词典〉编纂理念探析》（《鲁东大学学报（哲学社会科学版）》第 2 期）介绍了《当代汉语学习词典》的定位、收词情况及编撰理念。相关研究还有李仕春的《〈当代汉语学习词典〉——融入世界辞书体系的新尝试》（《鲁东大学学报（哲学社会科学版）》第 2 期）。

编撰经验总结。白冰的《创新 探索 思考——〈当代汉语学习词典〉编纂出版工作总结》（《鲁东大学学报（哲学社会科学版）》第 2 期）在对《当代汉语学习词典》的性质、规模、编纂动因及编撰出版始末等基本情况进行介绍的基础上，以具体词条为例分析了该词典义项细密、释义浅显、例证丰富、用法详尽的特点，并对相关的编纂出版工作进行了反思和总结。

2. 《现代汉语规范词典》修订情况

李行健的《与时俱进，精益求精——〈现代汉语规范词典〉第3版修订述要》（《北华大学学报（社会科学版）》第5期）对《现代汉语规范词典》第3版的修订情况进行了总结，指出此次修订严格贯彻国家语文规范标准，努力反映社会变化，及时修订法律词语，优化百科词释义，为读者提供了一部新时代的规范好用的语文工具书。李行健的《为祖国文化作积累——辞书编纂的艰辛和愉悦》（《光明日报》2022年5月8日第5版）在总结辞书编撰难点的基础上，结合《现代汉语规范词典》的编撰经验，总结了该词典在贯彻相关规范、处理不规范字词、义项排序以及词性标注上的创新之处。

3. 其他专项辞书的研究

江蓝生的《〈现代汉语大词典〉的编纂理念与学术特色》（《语言战略研究》第1期）在对《现代汉语大词典》编写背景及收词情况进行介绍的基础上，详细阐释了该词典"共时性与历时性相结合，规范性与描写性相结合，学术性与实用性相结合"的编撰理念，并从收词特点、释义内容和配例等方面概括了该词典的主要学术特色，是研究者和读者全面、深入地了解该词典的重要文献。

王楠的《小字典发挥大作用》（《光明日报》2022年5月8日第5版）在简要梳理了《新华字典》编撰历史的基础上，对第12版的修订情况及修订意义进行了介绍。

张荣的《〈辞海〉的历史回顾及经验总结》（《辞书研究》第5期）对《辞海》的编撰历史进行了回顾，并围绕"一丝不苟、字斟句酌、作风严谨"的"辞海精神"，将《辞海》的编撰经验及成功原因总结为"架构合理，学科完整""质量为先，内容精善""组织有力，管理科学""不忘初心，读者为本""守正创新，与时俱进"五个方面，为其他辞书的编撰提供了借鉴。

袁毓林、曹宏的《〈动词句法语义信息词典〉知识体系及其检索界面》（《中文信息学报》第8期）介绍了《动词句法语义信息词典》的体系结构、理论背景及对动词的分类，重点介绍了该词典为动词所设置的施事、感事、经事等22种语义角色，以及这些语义角色不同配置造成的20余种句法格式，分析了所考察动词的主要句法功能及词类隶属度，并展示了词典的检索界面，交代了纸质版本的情况，方便读者深入了解该词典的编撰理念。

程少峰的《怎样让字词典更贴合学生》（《光明日报》2022年5月8日第5版）结合《新编学生词典》的编撰实践，提出只有充分考虑到中小学生的价值观、母语学习者身份、认知和学习规律以及使用的教材和所处的生活场景，才能编出贴合学生需求的字词典。

李宇明、陈双新的《为现行汉字画像——田小琳主编〈汉字字形对比字典〉简评》（《辞书研究》第6期）梳理了田小琳教授主编的《汉字字形对比字典》的主要特点，充分肯定了其选用合适的统摄现行汉字的工具、逐个对比中国大陆与中国港台地区字形的差异以及以表格形式清晰呈现差异的鲜明特点，并强调三地汉字字形差异及差异造成的影响并不像想象的那么严重，应积极协商，求同存异、求同化异。

同类成果还有张再兴的《秦汉简帛文献用字计量研究及相关工具书设计》（《辞书研究》第4期），楼兰的《秦汉简帛文献整理的新成果——〈秦汉简帛文献断代用字谱〉评介》（《辞书研究》第4期），以及王继红、马楷惠的《清初〈满汉成语对待〉的义类辞书特征》（《辞书研究》第5期）。

4. 辞书理论史、编撰史研究

王东海、袁世旭的《汉语辞书理论专题史研究》（商务印书馆，6月）从继承传统、参考西方、关注现实三个维度，就汉语辞书理论史研究中的分期、类型学、意义观、释义、当前热点五个核心问题展开研究，着重厘清上述理论问题的发展脉络。该书丰富了汉语辞书理论史研究，为国家层面的辞书规划提供了参考。

史有为的《字典演化四议》（《辞书研究》第2期）从跨国界的视角就中国语文辞书的发展展开深入讨论，认为中国语文辞书结构的发展轨迹是从一元型发展为"字－词"二元型，而字典、辞书等术语则是从专名逐步发展为通名。此外，作者还探讨了外来字符的处理问题，并指出语文辞书内部未来可能在标注项目、类型以及检索方式三个方面发生变化。该文将中国语文辞书的发展史放在更为广阔的背景下进行研究和探讨，视角新颖，给辞书编撰史研究以较大启发。

姜楠的《20世纪以来我国综合性熟语词典出版分析》（《出版广角》第11期）对我国有百余年历史的综合性熟语词典的出版历史进行了梳理，将其发展过程分为探索期、停滞期、迅速发展期及繁荣发展期四个阶段，并指出20世纪以来该类词典出版数量波浪式增长，编撰体例逐步完善，用户范围逐渐扩大，出版类型多元化、系列化，为新的熟语词典开发提供了参考。

（六）辞书学活动和事件

受疫情影响，2022年度辞书学界的全国性会议和活动依旧采取线上线下结合的方式进行，主要有以下几个。

1. 全国语言与术语标准化技术委员会辞书编纂分技术委员会换届成立大会暨年度工作会议于4月24日以线下线上相结合的方式在北京举行。会议为参会委员颁发了委员证书，宣读了第六届全国语言与术语标准化技术委员会辞书编纂分技术委员会换届的批复文件，并就年度工作进行了总结和探讨。

2. 第二届中国辞书高层论坛于11月27日在北京举办，论坛以视频会议形式召开，主题为"学习贯彻党的二十大精神　打造辞书传世精品"。会议共设"辞书精神研究""辞书规范研究""辞书市场研究"等 12 场专题报告。

3. 第八届学习词典与二语教学国际研讨会 12 月 2 日通过线上和线下结合的方式在北京召开。该研讨会由中国辞书学会双语辞书专业委员会与北京外国语大学联合主办，主题为"融媒体时代的词典编纂与使用研究"，来自中国、英国等国内外高校、科研机构和出版社的百余名专家学者围绕新时代双语词典的发展、机遇、挑战等问题进行了深入交流和热烈讨论。

4. 第十三届全国语文辞书学术研讨会暨第七届工具书和百科全书学术研讨会 12 月 10 日通过线上的方式在北京举行。会议由中国辞书学会语文辞书专业委员会、中国编辑学会工具书和百科全书编辑专业委员会、全国语言与术语标准化技术委员会辞书编纂分技术委员会联合举办，人民教育出版社承办，中国社会科学院辞书编纂研究中心、中国大百科全书出版社、全国科学技术名词审定委员会事务中心、商务印书馆协办，会议主题为"辞书百科条目与术语规范"。会议共有 16 场学术报告，对新时代新技术背景下的辞书百科条目与术语规范问题、融媒辞书理论与编纂实践及语文辞书专科条目等问题进行了深入且热烈的研讨。

5. 《现代汉语词典》专科条目研讨会 12 月 25 日在线上举行。会议由中国社会科学院辞书编纂研究中心主办，全国科学技术名词审定委员会事务中心承办。会议就《现代汉语词典》专科条目的编写要求、组织工作以及相关理论问题进行了交流。

6. 《现代汉语词典》专项内容研讨会 12 月 28 日在线上举行。会议由中国社会科学院辞书编纂研究中心、语言研究所语料库暨计算语言学研究中心联合主办。此次会议中现代汉语词典编辑室从 8 个方面对词典编纂工作进行了学术总结，"十四五"重大科研项目"《现代汉语词典》初稿稿片整理与融媒体辞书内容研究"的各子课题负责人就项目总体框架和研究进展进行了汇报。

2022 年度还有几部辞书的出版值得关注，包括《现代汉语规范词典》（第四版）、《辞海》（第七版）缩印本、《现代汉语词典》（汉藏词汇对照版）和《汉语近义词学习手册》。此外，由万有知典公司和北京语言大学《新时代中文学习词典》研发团队共同研发的外向型学习应用程序"JUZI 汉语"也于 2022 年度正式上线，该程序集词典查询、词汇学习等多种功能于一体，为汉语学习者学习汉语提供了帮助，为汉语教师教学提供了丰富的参考资料。

四、总结和展望

2022 年度现代汉语词汇学和辞书学都继续呈现出关注语义的研究取向，总体十分活跃。

具体来说，现代汉语词汇学研究以词义研究为核心，注重理论和实践的结合，关注词汇现象产生的动因，重视理论思考，尝试对词汇现象反映出的规律进行概括，为现代汉语词汇学的发展贡献了有价值的研究成果。未来需要解决的主要问题有：词汇学理论研究仍有待加强，特别是从汉语词汇特点出发构建的现代汉语词汇学理论；跨语言、跨区域的词汇学研究有待丰富和完善；词的文化问题在词的本体和应用研究中重视不够；国际中文教育领域中的词汇教学研究理论基础较薄弱，未来还有较大发展空间。

辞书学研究发展势头良好，释义研究、辞书专项研究、专项辞书研究以及辞书思想史、编撰史研究全面展开，辞书理论和方法的探讨继续深入，数字化、融媒体辞书研究蓬勃发展。未来需要解决的主要问题是：语言学研究成果及辞书理论研究成果与辞书编撰实践的结合应更加紧密和迅速；辞书编撰、使用及评估的数字化研究还处在起步阶段，有待深入；辞书研究和编撰领域的跨学科人才培养还有较大的提升空间。

汉语历史词汇研究

赵长才　肖晓晖　李　明　杨萌萌

汉语历史词汇研究是汉语史研究的一个重要领域，是词汇学的重要分支。该研究主要从历时的角度研究汉语词汇的历史演变，其核心工作为：研究词语的起源、发展和变化，探索词语演化的原因、机制和规律。本文所论"历史词汇研究"是一个较为宽泛的概念，现代汉语之前的汉语史各时期词语、词汇的研究（包括共时描写、历时考察、形音义关系及理据的探究等）大体均涵括在内。词语考释是历史词汇研究的重要基础工作，训诂文献和训诂成果是历史词汇研究的重要依托，古汉语辞书条目的释义和编纂是历史词汇研究的应用和体现。本文将相关研究成果一并附入。

2022年度汉语历史词汇研究取得了丰硕的成果，各分支方向的研究均继续稳步发展。随着各个领域研究的深入和拓展，学界对一些具体问题的认识更为清楚、细致。总的来看，2022年度汉语历史词汇研究延续了近年来的良好发展态势，呈现出以下几个特点或趋势。

第一，宏观研究与微观研究相结合，尤其重视微观层面的个案研究。

第二，重视研究方法的总结和探索。例如，常用词的更替演变是近20年来的研究热点，每年均有大量成果涌现，而近年来开始重视研究中存在的问题，重视对研究方法和研究程序的提炼、总结。

第三，研究视野扩展，语料的利用和甄别越来越受到重视。历史词汇研究的目的在于弄清各历史时期词汇的真实面貌，归纳词语在聚合、组合、演变中所呈现的现象，探索现象背后的规律，追寻规律形成的动因。新材料对于研究的重要性不言自明。从研究视野和语料选择的广度来看，先秦两汉时期新的出土文献是汉语史研究无法忽视的"第一手材料"。中古以降，佛教文献是研究热点，道教文献、民间文书等文献也已逐渐得到重视。域外文献也成为研究者挖掘新材料的重要领域。从语料选择利用的深度来看，随着研究的深入和细化，研究者关注的焦点有二，分别是异文、口语性材料。同义换用的历时性异文材料往往直接体现了词语的历时更替变迁。口语性语料一直为汉语史研究者所重视，近来则出现新的研究趋势，即从语体角度分析文言杂糅文献的口语性成分。

一、词语考释

厘清词语具体用法，考定词语确切含义，是进行词汇研究的前提和基础。词语考释是汉语历史词汇研究的基础工作，也是中国语文学研究的重要传统，历来受到研究者的重视。2022 年度词语考释方面的成果非常丰富，以下择要介绍。

（一）传世文献词语考释

从成果数量来看，上古汉语传世文献的词语考释成果稍显薄弱，中古汉语、近代汉语词语考释成果较为丰富，而且这两个阶段的词语考释研究明显呈现出勃发兴盛的态势。其中，佛教文献词语、俗语词是较为突出的热门研究对象。

1. 上古汉语词语考释

上古汉语传世文献经过历代学者反复研究讨论，词语考释方面要出新意并不容易。目前的研究趋势有二：一是对前人的成果进行总结梳理；二是利用新材料（如出土文献）提出新解，或举出新证据以证成旧说。关于后一点，第（三）部分将集中进行介绍。

黄人二、迟仁清的《〈诗〉"委委佗佗"解——兼谈"联绵字、词"组成之法则》（《华东师范大学学报》第 6 期）对《诗·鄘风·君子偕老》"委委佗佗"的原形读法和语义进行了辨析。从合文符号、重文符号的使用情况来看，"委委佗佗"在早期文本中可能写作"委=佗="，于省吾认为本应读作"委佗委佗"。安大简整理者从之。该文认为，从联绵词的角度来看，当以传统的"重言"读法作"委委佗佗"为正诂，"委委佗佗"指的是"袆衣"上"宛曲而长"的山河图案。

宁镇疆、高晓军的《〈大雅·烝民〉"衮职有阙"申证》（《中国文字研究》第 35 期）重新讨论"衮职"一语的原意。郑笺训"衮职"为"王之职"，"职"是职事、职责义，旧无异议。清代中期以来，则有异说。或读作"识"，义为"章识"；或读作"适"，用作副词。文章梳理了《诗》《书》及金文等早期文献中"职"字的语义和用法，认为表示职事、职责义的"职"早就存在，旧说自有合理性，新说反不可从。

贾雯鹤的《〈山海经〉疑难字词考释》（《中国语言学研究》第 1 辑）对《山海经》十二则疑难字词进行考释，其中多为字句的校勘正讹，亦涉词义的辨析讨论，如《西山首经》"名曰杜衡，可以走马"之"走马"，旧或解作"泄精"之疾，文章认为"可以走马"意同阜阳汉简《万物》之"使马益走"，盖古人以为杜衡有可使马快走之效也。

2. 中古汉语词语考释

孙玉文的《试解〈白头吟〉"鱼尾何簁簁"的"簁簁"》（《中国典籍与文化》第 2 期）讨论《玉台新咏》卷一所录旧题卓文君《白头吟》"鱼尾何簁簁"中"簁簁"（《宋书·乐志四》作"离簁"）一词的语义理解问题。"簁簁"旧有三解：一为摇动貌，二为沾濡湿润，三为鱼跃貌。文章从音义两个方面进行分析，认为"筵筵（离筵）"应理解为摇动貌。

张春雷、钱慧真的《"垄种千口羊"之"垄种"释义商兑》（《语言研究》第3期）对高昂《征行诗》"垄种千口羊，泉连百壶酒"之"垄种"一词进行再讨论，认为"垄种"当读为"龙钟"，乃"行进缓慢、行动迟缓"之义。下句"泉连百壶酒"中的"泉连"应读作"蝉连"，亦是表情态的叠韵联绵词。

佛教译经词语考释热度不减。例如，嵇华烨的《〈胞胎经〉词语考释三则》（《汉语史学报》第26辑）运用同经异译比勘的方法对西晋竺法护所译《胞胎经》中的三个词语"本宿/宿本""博面""经押"的语义进行探讨，并分析了这些词语的构词理据。丁庆刚的《〈摩诃僧祇律〉疑难字词考释》（《新疆大学学报》第4期）对汉译律典《摩诃僧祇律》中因版本异文、俗字误字、方俗词语等造成的疑难字词，如"劳熟""嘲话""协（侠）""厌课""龋齿""挠户"等予以训释考辨。

3. 近代汉语词语考释

近代汉语词语考释成果较多。胡绍文的《〈夷坚志〉名物词考辨四则》（《历史语言学研究》第2辑，总第18辑）对见于《夷坚志》的"窝机""马门""丙穴""猪石子/石子"的意义和理据进行了考辨。王虎、葛威的《〈祖庭事苑〉词语考辨三则》（《汉字汉语研究》第3期）对《祖庭事苑》所收录并训解的三条词语进行考辨，认为"特石"非指大石，而是硬石；"韩情"为"韩青"之借，与"韩卢"为同指异称；"棬挛"指圆圈、圈套。

值得注意的是，近代汉语文献中各类异体字、俗字、讹字、坏字常见，为词语的解读和研究带来障碍。形不明则义不定，所以在实际研究中字形辨识与词语考释这两项工作往往综合进行。张小艳的《敦煌文献字词辑考》（《唐研究》第27卷）从形的辨识、音的通读、义的解析入手，对敦煌文献中十七则字面普通而易致失校、误录、歧解的词语进行辑录考释。郑贤章、屈玉辉的《汉文佛典疑难字词札考》（《汉语史学报》第27辑）通过异文比勘等方法对《英国国家图书馆藏敦煌遗书》中的十条疑难字词进行了考释。刘贺、邓章应的《俄藏黑水城汉文佛经疑难字考释三则》（《中国语文》第2期）考释了三则俄藏黑水城汉文佛经中的疑难字词。李伟大的《影卷疑难字词考释》（《中国语文》第3期）考释了清代皮影戏影卷中的几个疑难字词。马乾、周艳红的《中医古籍疑难字辑考十则》（《汉语史学报》第26辑）对出自中医古籍的十则疑难字进行了考释。这些成果都是以字形辨识为基础，以词义考定为依归，形义结合，缺一不可。

俗语词是近代汉语词语考释的热点。王长林的《禅宗文献俗语词零札（四）》（《南开语言学刊》第1期，总第39期）对七则（组）禅宗文献疑难俗语词进行了考辨。文章认为"鷧鸟""鸖鸖鸟"即鸬鹚；"打蠱蠱"即"打鬨""打哄"的ABB重叠式，意为"说闲话，凑热闹"；"收抗"为收藏义，"抗"或作"伉""闶"，其语源即表收藏义的"亢"；等等。

王长林的《禅宗语录"郑头"考》(《语言学论丛》第 1 期)考察了《虚堂和尚语录》中的"郑头"一词,认为元代赴日僧一山一宁的解释值得信从,"郑头"即加在担子的一头使其两头保持平衡的附加物。徐时仪的《〈朱子语类〉词语探释五则》(《江西科技师范大学学报》第 2 期)从雅俗共存、新旧交融、词与语转化的角度对"黑腰子""没口饱"等语词进行了疏释。雷汉卿、沈贤的《〈三宝太监西洋记通俗演义〉俗语琐记》(《汉语史研究集刊》第 32 辑)考释了《三宝太监西洋记通俗演义》中"扦实""揝""龇牙徕齿""荡"等几则俗语词。胡丽珍的《再释近代汉语俗语词"踏狗尾"》(《励耘语言学刊》第 1 辑,总第 36 辑)列举了学界对俗语词"踏狗尾"("踏"或作"蹋""蹅""啜"等)的各种解释,认为学界对该词认识的不一致是因材料占有不全造成的。杨琳的《俗语词"靶子""蹋狗尾""撅溜子"考释》(《训诂学报》第 5 辑)也讨论了"踏狗尾"的理据。文章还考释了另两个俗语词"靶子""撅溜子"。杨琳的《〈金瓶梅〉难解隐语"三宗最"》(《南开语言学刊》第 1 期,总第 39 期)对《金瓶梅词话》中的三个难破解的隐语"硝子石望着南儿丁口心""寒鸦儿过了就是青刀马""鸦胡石影子布儿朵朵云儿了口恶心"进行了梳理解证。

(二)出土文献词语考释

2022 年度出土文献词语考释成果有几点值得注意。

一是出土文献词语考释以文字的准确识读为前提和基础,因此对字形的新认识往往成为重新理解词义的推动力。

例如李家浩的《关于〈穷达以时〉中旧释为"旮繇"和"旮垚"的释读》(《中国文字学报》第 12 辑)对郭店简《穷达以时》篇中旧释为"旮繇"和"旮垚"的两个词重新加以考证、释读。文章仔细分析了所谓"旮"的字形,认为该字上部并非"九"字,而是"勹"("俯"字初文)的一种特殊写法,应改释为"旨"。文章以一些幽月相通例,证明"繇""说"二字可以通用。因此,简 3"旮繇衣枲盖(褐)"所谓"旮繇"实际是"傅说"的另一种写法。"旮垚"即古书异文"负棘",或可读为"负楅",义同"负轭""负辕"。

又如走马楼三国吴简中常见"菱米"一词,因涉及社会经济和生产制度,引起了研究者较大兴趣,但其词义及具体所指究竟为何,则说法不一。其实,朱德熙和裘锡圭早在 20 世纪 80 年代初已指出马王堆汉墓遣策中的"麤"减省笔画为三个鹿头,写成了"麤"。孙涛的《释"菱米"——兼传世文献以"菱"记{麤}校读例举》(《汉语史学报》第 25 辑),罗小华、伊强的《"菱米"与"菱席"》(《简帛》第 24 辑)均指出,吴简"菱米"实为"麤米",即古书所载的"麤(粗)米""糲",也就是"糙米"。

二是出土文献词语考释的可靠性有赖于研究者对传世文献尤其是训诂资料的熟稔。

王志平的《"槁木三年,不必为邦罕"新解》(《古文字研究》第 34 辑)对郭店简《成之闻之》简 30"槁木三年,不必为邦罕"一句的确切含义进行了讨论,认为"罕"字应读作“期年”之“期”，意谓丧服满一年。这句话要表达的意思是，如果已经为父母服丧三年，就不必为邦君服丧哪怕一年。文章在讨论“期”的词义时，大量引用古书中有关丧制的记载，如“恩服”“义服”的轻重问题，也正是这些材料，有力地支撑了文章的论证，使得文章结论较有说服力。

薛培武的《说楚简中两个“知”的用法》（《简帛》第24辑）讨论上海博物馆藏战国楚竹书《柬大王泊旱》简18“痼瘢智（知）於邦”及清华大学藏战国竹简《赵简子》简8“亦知诸侯之谋”两句中“知”的字义，认为前者义为“显现”，后者既可训为“接，参与”，也可训为“主掌，主管”，文章在论证过程中体现了作者对前人训诂成果的熟悉。

蔡伟的《古文献丛札》（花木兰文化事业有限公司，9月）通过综合运用训诂学、音韵学、古文字学、文献学等方面知识来解释传世文献和出土文献中的语词，作者既能及时跟踪出土文献的最新资料和成果，又充分展示了对古书和训诂的熟稔。

三是从成果数量来看，简帛文献词语研究热度较高，考释成果非常丰富，而甲骨文、金文方面的词语考释相对冷清。

1. 甲骨文词语考释

甲骨文中的“好”字几乎都用为人名，指武丁配偶妇好，一般认为这个用作人名的“好”与后来表示“美、善”义的“好”只是历时同形字。黄天树的《说卜辞“雷风以雨不延唯好”之“好”》（《中国文字博物馆集刊》第3辑）讨论了《甲骨缀合汇编》776“大采日各云自北，雷风以雨，不延，唯好”一句中“好”字的隶定和释义问题，认为此“好”字应理解为“美、善”义。文章观点对旧说是一个很好的更新和补充。

2. 金文词语考释

范常喜的《徐沈尹钲铖铭文新释》（《语言科学》第4期）结合楚简、楚金文等相关内容，对铭文中关键性难句“次㞚𣁋䄅”中的“𣁋䄅”进行了重新疏释，认为应读作“稍钑”，训为长矛与短矛，并指出此句与其后“备至剑兵”相照应，统指将铸好的钲铖备列于矛、剑等长短兵器当中。铭文末句断读作“皿（盟）皮（彼）吉人、亯（享）士，余是尚”，其中的“亯（享）士”即献身之士，“余是尚”是指我尊尚宝有这件钲铖。

黄锦前的《金文“疚子、㲄子、元子”及相关语词训释——从封子楚簠“虩虩叔楚，剌之元子”谈起》（《文献语言学》第14辑）指出，古书“元子”可指长子，但封子楚簠等铭中的“元子”并非此义，“元”应是“美、善”之义。金文中的“疚子”“㲄子”皆应读为“文子”，即“善子、贤子”，与“淑子”“元子”同意。文章进一步讨论了两周金文“元女”“元妹”“元孙”“元兄”等词，认为这些词的意义应结合文例加以具体分析。

3. 简帛等文献词语考释

黄德宽的《清华简〈摄命〉篇“劼姪𡚁摄”训释的再讨论》（《中国语文》第4期）梳

理了学界对清华简《摄命》篇"劼姪㧅摄"一语的不同理解，进而从语篇布局习惯、词义发展规律等方面进一步分析讨论，认为"劼姪㧅摄"不是动词性结构，而是一个称呼受命者的名词性结构；"姪""摄"为同指关系；"劼""㧅"为同义关系且分别充当"姪""摄"的修饰成分，表示"勤勉，敬慎"的意思。

孟蓬生的《老官山医简〈六十病方〉字义拾渖》(《励耘语言学刊》第 1 辑，总第 36 辑) 探讨了老官山医简《六十病方》中"㵕""氾""沦"三个字的意义，认为"㵕取其汁"的"㵕"即《说文解字》的"㵕"字，其义为"过滤"，与见于汉代药学著作的"齐 (济)""㳑""浚""淀""灑"等字同义。"三氾煮之"之"氾"即《说文解字》的"渜"，其义为"温暖"，与"三温煮之"之"温"同义。"赤沦"之"沦"即"淋 (痲)"之借字，训"小便难"。

刘云的《说上博简〈鲍叔牙与隰朋之谏〉之"人之与者而食人"》(《语言科学》第 4 期) 认为，"人之与者而食人"中的"与"应读为"举"，为抚育的意思；其中的"食"应是"给别人吃"的意思；"人之与 (举) 者而食人"的意思就是：人们所抚育的 (婴儿)， (易牙) 却给别人 (齐桓公) 吃。

单育辰的《温县盟书"憯亟视之"解》(《考古与文物》第 4 期) 结合新出的楚简文字，认为温县盟书中"岳公大冢谛亟视之""岳公大冢早谛视之"的"谛"字，应改释为"憯"，是"急速"的意思。

简帛等出土文献中有着丰富的名物词。很多名物词的具体所指不明，有待深入研究。名物词考释讲求以名索物，以物证名，名物相符，涉及词汇史、语源学、物质文化史等。范常喜的《出土文献名物考》(中华书局，5 月) 集中展示了作者近年从事名物词考释的研究成果。罗小华的《严仓遣册简中的"狗子之幹"》(《考古与文物》第 4 期) 认为，"狗子之幹"指以狗子之皮缠束车毂，"幹"很可能就是《说文》中的"幹"，为车毂上的一部分，因声韵相同、含义相近，传世文献中"輨"有时会写作"幹"，后来"輨"词义逐渐缩小，指代毂饰。李洁琼的《两弭、左弭与右弭》(《语言研究》第 3 期) 认为，西北汉简常见"弭"或"橅"字，为弓中央手所扶的部分，而称其为"两弭""二弭"或"左弭""右弭"，是由于"弭"实际是弩的部件部位，用作弩弓时，原弓的中间手握处为弩臂前端所卡住。因此就弩弓而言，中间手握处被分为左右两个部分，即"左弭""右弭"，二者合称"两弭"或"二弭"。欧佳的《说北大汉简〈妄稽〉中的"桃支象笿"及其他》(《简帛研究》二〇二一秋冬卷) 讨论了北大汉简《妄稽》篇中的几个名物词，认为"桃支"即"桃枝"，本是一种竹子的名称，在简文中则指用桃枝竹篾编织而成的席子；"笿"指簦，即熏笼，"象笿"是用象牙装饰或制成的熏笼。

4. 石刻文献词语考释

石刻文献是出土文献的一个重要门类，也是历史词汇研究的重要语料来源，其中以墓志为大宗。近年来新见碑志迭出，汇纂集成式的整理工作也取得了较大成绩，王连龙的《南北朝墓志集成》（上海人民出版社，2021年3月），赵超的《汉魏南北朝墓志汇编（修订本）》（中华书局，2021年11月），仇鹿鸣、夏婧的《五代十国墓志汇编》（上海古籍出版社，8月）等书正式出版。这些大型资料汇编的问世，对石刻文献词语研究有很好的促进、推动作用。例如薛苏晨的《北魏墓志词语考释九则》（《辽宁工业大学学报（社会科学版）》第4期）以《南北朝墓志集成》为语料，结合其他出土墓志、碑刻及传世文献等语言或训诂材料，对"俄然""弁岁""锁闼""投款"等9个词语进行了考释。

墓志作为一种特殊文体，立意于对志主的哀诔与颂美，故不惜堆砌辞藻，大量运用典故。这些典故词语有的是临时组合，有的在古代诗文中频频出现，可以看作凝固的词，已进入书面词汇系统。典故词语数量庞大，有相当一部分未被当代大型语文辞书收录，影响今人对碑志的理解和研究，所以典故词语的考释成为石刻文献词语研究的一个重要课题。周祥的《隋唐墓志文献典故词语考释》（《古汉语研究》第3期）立足墓志材料，考察了"岸树""藏牙""抽笋""泪柏""裒裳""藤鼠""悬蛇""撰屦"等典故词语的结构形式和意义来源。张颖慧的《南北朝碑志典故词考》（《贵州师范学院学报》第4期）对南北朝碑志"宫宇数仞""反风""莫反之哀""东神""破甑""眉案"等十二条典故词语进行了考释，辨其义，正其误，明其源。

（三）利用出土文献解决词义训诂问题

出土文献为汉语史研究提供了大量新材料，也为解决传世文献中的疑难问题提供了新线索、新证据和新视角。随着近年出土文献资料的不断问世，用新材料解决老问题的"新证""对读"式研究早已成为文献学、训诂学、汉语史等研究领域的热点。

有的研究利用词语新义为某些特殊语法现象提出了新的解读视角。《诗经·小雅·小宛》"毋忝尔所生"之"所生"，一般解释为生养自己的父母，但这和"所+Vt"结构表示受事对象的通常用法是相矛盾的。岳晓峰的《〈诗经〉"毋忝尔所生"新解》（《古文字研究》第34辑）注意到，新出楚简材料中"所生"表示不同的意思，如清华简《子产》简28-29"知其所生"与"知其身"相对，"生"是"生存"的意思，"所生"即所以生存之道，相当于上博简《中弓》篇的"所以立生"。据此，他认为"毋忝尔所生"意思是不要辱没了自己的生存之道（立身之本），"生"为生存义，而非生养义。这就为该问题的讨论提供了一个新的线索和视角。

有的研究根据出土文献新知对词语的构词理据进行重新解读。例如董笛音的《论时间词"昧爽"及其构词方式》（《甲骨文与殷商史》新12辑）对时间词"昧爽"的内部构词方式提出新解。依旧训，"昧爽"指将明未明之时。一般认为，"昧爽"为并列式结构，"昧"是不明义，"爽"是明亮义。李宗焜曾论证甲骨文"妹"字为否定词，文章以此为出发点，以"日未中""夜未半"等含否定词的时间词为旁证，主张"昧爽"是带否定词的偏正复合词，"昧旦""昧明"等词也是如此。

有的研究利用出土文献字形相混例来校正古书字词。董志翘的《字形讹混与古书校读——以"面""而""向""回"为例》（《中国语文》第1期）根据石刻文献和写本文献中"面""而""向""回"四字因形近而经常混讹的现象，对古书几处字词进行校读。张鑫裕的《〈吴越春秋〉"固欲""曳心"校读新证》（《古籍整理研究学刊》第6期）认为，《吴越春秋·勾践阴谋外传》"太宰嚭固欲以求其亲"之"固欲"应校读为"面谀"，"宰嚭佞以曳心"之"曳"应为"臾"之讹，读为"谀"。李佳喜的《据出土合文校释〈荀子〉一则》（《出土文献》第4期）根据出土文献合文现象，认为《荀子·蚕赋》"身女好而头马首"句的"女好"可能是"女子"合文的误读。

有的研究以出土文献词语用例为证据来解释古书词义并探讨其源流。胡敕瑞的《释"完""莞"》（《历史语言学研究》第2辑，总第18辑）讨论了《汉书》"完者使守积""有罪当刑者皆完之"等句中"完"字的意义。文章结合秦汉简牍等出土文献，认为前者当读为"髡"，后者应读作"宽"，训为"免"。文章又指出，表示欢笑貌的"莞"与"芫"无关，而与"莧"有关，与"欢"音近相通。

陈剑的《〈尚书·君奭〉"弗克经历嗣前人恭明德"句解（外一则）》（《中国训诂学报》第5辑）认为，"弗克经历嗣前人恭明德"应连作一句来读，不宜于"历"字后断开。根据金文辞例，如毛公鼎铭"麻（历）自今"与直筒叔卣铭"𢍰（继）自今"同义，知"历"可读为"继"。因此"经历嗣"实为三个动词连用，"历""嗣"为"继承"义，"经"为"遵循，效法"义，句意谓"（后嗣子孙）不能遵循效法、继续承嗣前人而奉持明德"。又将《君奭》"殷礼陟配天"之"礼"读作"履"，"殷履"即商汤。

袁金平的《"安堵"与"案署"》（《中国文字学报》第12辑）讨论了《史记》《汉书》等史籍中习见的"安堵"（或作"按堵""案堵"等），通过对旧训及出土文献资料（例如秦汉简牍中"守署""离署""去署"等词用例）的梳理，赞同"安堵"与"案署"为同一词，原形当为"安署"，意为"安处其位"。

此外，吴昊亨的《据战国竹简校释〈荀子·劝学〉之"流鱼"及相关问题》（《简帛》第25辑）认为，《荀子·劝学》"昔者瓠巴鼓瑟而流鱼出听"之"流鱼"当如王先谦等说作"沉鱼"，意为"潜在水中的鱼"。因为楚简"流"字作"𣶒"或"𣴎"，而从其右旁的字又往往读作侵部字。《荀子》"流湎""流淫"也当理解为"沉湎""沉淫"。

可以看到，人们在讨论古书词义时，越来越重视出土文献材料的重要作用。解决古代文献词义训诂问题，不能只在传世古籍中孜孜搜讨，而应将眼光放宽，充分利用出土资料。

不过，出土资料的利用具有一定的复杂性。《左传》两见"荆尸"，杜预解为楚国陈兵之法。楚简出现"鄐屄",秦简有"刑夷""刑尸"等,皆用作楚地月名。有的学者据此将《左传》"荆尸"皆释为楚月名,有的学者则仍有异议。黄杰的《〈左传〉"荆尸"考》(《文史哲》第 2 期)认为,庄公四年之"荆尸"应解为举行某种祭祀,宣公十二年之"荆尸"应解作月名。刘长东的《〈春秋左传注〉"荆尸"解志疑》(《中华文化论坛》第 3 期)则不赞同黄杰的观点,认为《左传》两处"荆尸"都应解作楚月名。王贵元的《楚文字"屄"与楚月名"刑屄"考》(《简牍学与出土文献研究》第 1 辑)则讨论"荆尸"的命名理据,认为"尸"是"屄"的省写,"屄"是"祀"的异体字,"鄐屄"即"刑祀",本指讨伐叛逆的祭祀,后用作此仪式所在月份的月名。

新资料总是能引起学者的高度关注。近年出版的安大简《诗经》以及部分内容得以披露的海昏侯墓汉简《诗经》,引起学界的极大兴趣。与传世本《诗经》对读之研究,蔚然成风。但其中有种倾向值得警惕:尊出土文献而轻传世文献,或径据出土资料而斥传世本为非,或轻易用音近通假之说来牵合二者之不同。有学者已注意到这一现象。邬可晶的《出土〈诗经〉文献所见异文选释》(《出土文献与古文字研究》第 10 辑)指出:"出土本固然有不少保留或接近文本原貌的地方,但也有抄写不慎、传授有讹或有意误读误改之处。我们当然应该充分重视出土文本中的异文,不能随便加以否定;但也没必要过分迷信出土本,不切实际地夸大其价值。"文章从成词、押韵、文意顺适等几个方面列举了出土《诗经》文献中一些可能是误写误记的例子。尤其是《关雎》"参差荇菜,左右芼之"之"芼",安大简作"敎",此处异文,学界讨论较多。文章从音形两个方面进行分析,认为"敎"可能就是误读误传的产物。程浩的《安大简〈诗经〉"同义换用"现象与"窗"字释读》(《文献语言学》第 14 辑)指出,安大简《诗经》异文中音近通假例固然很多,但"同义换用"现象也不容忽视,今本与简本不同之处,不必一概用字形讹误或音近通假来解释。《召南·采蘋》"宗室牖下"之"牖",安大简作"枠",整理者认为可能是"牖"的异体,文章认为"枠"应读为"窗",本义是"天窗",就文意而言,在诗中反较"牖"更为妥帖。

利用出土文献校读传世医籍,是近年值得注意的一个趋势。罗恰的《据战国楚文字校解〈素问〉二则》(《中医典籍与文化》第 4 辑)讨论了《素问》两处字词的解读。"肾者,作强之官,伎巧出焉"之"强"字,作者认为应是"冶"之讹字,因为战国文字中"冶"的一种写法与"强"近似,"作冶之官"语义允洽。"病肾脉来,如引葛"之"葛",当为"索"字之误,二者战国楚文字写法相近。

战国秦汉简帛有很多医药文献,根据这些材料来解决古医书中的疑难字词问题,已取得很好的成绩。近年天回医简的出土,尤其引起学界的关注。顾漫、周琦的《据天回医简校读〈内经〉五则》(《中医药文化》第 2 期)对《黄帝内经》"疹筋""不表不里""快然""去爪""马刀"五则词语进行了校诂、阐发。目前,《天回医简》(文物出版社,11 月)

已正式出版，可以想见，必将引起新的研究热潮。

二、词汇演变研究

（一）词语更替演变研究

常用词更替演变研究仍然是热门的研究领域。理论探索方面，董志翘、孙咏芳的《关于汉语常用虚词更替演变研究的思考》（《中国语言学研究》第1辑）指出，当前常用词更替演变研究基本上以实词为主，虚词的更替演变研究明显滞后，理应引起学界的重视。文章从汉语常用虚词更替演变研究的重要价值、研究现状、注意事项等几个方面展开论述，讨论了研究工作中的一些具体问题。例如，文章认为常用虚词更替演变研究应主要包括四个方面的工作：节选典型的发生过更替演变的常用虚词；描写各组常用虚词的更替演变过程；探究常用虚词更替演变的动因；总结常用虚词更替演变的规律。虚词更替演变具有类型多样化的特点，应综合多个标准（而不是采取词频单一标准）进行分析，在研究中应注意方法和理论的创新。

孙淑娟的《古汉语心理活动概念场词汇系统演变研究》（中国社会科学出版社，12月）对心理活动动词的系统演变进行了研究。该书以"忧虑""思念""猜度""思谋""意欲"五个概念场词汇系统为研究对象，分别从"主导词历时替换""各时期的非典型成员""各成员在现代汉语方言的共时分布"三个方面考察其历时变化，于"主导词历时替换"部分尤为措意，用力最多。该书认为，概念场主导词的演变过程一方面伴随着新旧成员义域的扩大与缩小及使用频率的增减，另一方面又伴随着新旧成员用法的完备与萎缩。同时，义位在义位系统中所处地位的高低、概念在概念场中所占系统份额的多少、词形所承载语义负担的轻重是制约词在相关概念场中获得主导词资格的主要因素。

个案研究论文较多。胡波的《先秦两汉"打猎"义动词更替考——基于出土文献、传世文献与异文材料的综合考察》（《语文研究》第2期）发现，"打猎"义动词在甲骨文中主要用"田"和"狩"，但从甲骨文后期开始，"田"逐渐成为主流。从战国楚简等材料来看，至迟在战国中期，"狩"已完全被"田"取代。从战国晚期的秦简材料来看，"打猎"义动词主要用"猎"。西汉早期之前，"猎"已经成为口语常用词，而"狩"和"田"成了古语词。文章通过实例说明，研究先秦两汉常用词的更替演变，应当结合出土文献与传世文献进行综合考察、相互印证，同时也要重视异文材料的佐证价值。

杨振华的《汉语"倾斜"义词语的历时演变及其原因》（《励耘语言学刊》第1辑，总第36辑）分析了汉语史上表"倾斜"义的词语（"倾""斜""欹""歪"等）的演变情况，指出先秦西汉时期主要用"倾"，东汉魏晋南北朝时期"斜"逐步发展，与"倾"并用，隋唐宋时期"斜"进一步发展壮大，"欹"崛起成为通用词，"倾"逐渐衰落，元明清时期"歪"取代"攲"及"倾"成为"倾斜"义的主要词语，与"斜"共用。演变过程中，书写形式的变化也对词的发展有一定促进作用。

汤传扬的《汉语"邻居"义词的历时演变与共时分布》(《殷都学刊》第 2 期)、《汉语"噙含""叼衔"义词的历时演变与共时分布》(《宁波大学学报（人文科学版）》第 3 期)、《汉语"浇灌""浇淋"义词的历时演变》(《重庆理工大学学报（社会科学）》第 4 期)等文章以基本概念场及其主导词的变化为着眼点，结合历时的梳理与方言分布的考察，对相关词语的更替演变进行了梳理。

贾燕子、崔姗姗的《"首""头"词义历时演变比较研究》(《闽南师范大学学报（哲学社会科学版）》第 2 期)，崔姗姗、贾燕子的《"目""眼"词义历时演变比较研究——兼谈多义词研究对辞典编纂的作用》(《鲁东大学学报（哲学社会科学版）》第 1 期)分别对"首/头""目/眼"两组词的词义历时演变进行了比较，包括两词各个义项出现先后、用法及演变路径和方向等方面的异同。

有的研究关注某个时段内词场或词义系统的变化，并不追求大时间跨度的考察。田瑞的《词汇系统视野下上古宗庙四时祭研究》(《兰州文理学院学报（社会科学版）》第 3 期)从词汇系统角度对上古宗庙四时祭进行考察，认为上古时代是宗庙四时祭的形成、定型期：其源于殷商荐新之"登"祭；周代纳入"尝"祭；春秋战国时期宗庙四时祭形成，但多种祭祀制度并立；汉代定型为"祠、礿、尝、烝"。

（二）词语形音义演变研究

研究词汇的发展，词语的更替固然重要，词形、语音、语义的流变也值得关注。形音义的演变贯穿了词语个体和词际关系的历史。

孙玉文的《"芍、凫茈、荸荠"诸词形音义流变》(《国学研究》第 47 卷)梳理了汉语表达"荸荠"概念之词的变化。据该文考察，先秦已出现"芍""凫茈"。表"荸荠"的"芍"见于《尔雅》，在传世文献中无用例，但在周边民族语中有保留。"凫茈"很早替换了"芍"，在包山简中有用例，在现代汉语方言中还有遗存，不过语音发生了改变。"凫茈"例外音变为"荸脐"，又写作"荸荠"。文章详细讨论了这些例外音变，例如"凫"由阴声变入声。文章论证组成复音词的音节易发生不同于其他单字音的特殊变化，通过表达"荸荠"概念诸词的替换，分析概念如何改变了名称。

梁慧婧的《雷电义拟声词流变考察——兼论拟声词在汉语史上的价值》(《汉语史学报》第 27 辑)以雷电义拟声词为研究对象，描写各历史时期雷电拟声词的形式和特点，探讨拟声词的历史演变规律。从构词上来看，雷电义拟声词从最初的单音节词和叠音式单纯词发展出联绵拟声词，又复沓而成四音节形式；汉魏以后受汉语复合构词潮流的影响，增加并列式复合拟声词；受 ABB 式重叠构词的影响，元代又出现了 ABB 式拟声词。从语音来看，随着汉语语音结构的简化，雷电义拟声词的音节数量有增加的趋势。

很多研究关注词义变化的现象和规律。王云路、梁逍的《谈谈汉语词义演变中的"殊途同归"现象——以"根/跟"的寻找义为例》（《浙江大学学报（人文社会科学版）》第5期）讨论了近代汉语和方言中表示寻找义的"根""跟"，认为二字并非同音假借关系，而是各有来源、殊途同归。"根"最晚在南北朝时期已出现调查义，来源于根部义，在宋元时期寻找义得到广泛使用；"跟"则来源于脚跟义，引申出追随、跟踪义，寻找义大概至明代才出现。田春来的《"从容"的词义演变》（《汉语史学报》第26辑）指出，"从容"最早指"（钟受到）撞击后的姿态、举止"，然后发展出"举动""闲逸舒缓"两个意义。"闲逸舒缓"是其使用时间最长的义项，也是后世诸多词义演变的起点。通过隐喻和转喻机制，"从容"先后衍生出"宽容大度""安详闲雅""闲游闲居""闲语交谈""随便轻率""含蓄委婉"等汉魏时代常见的意义，唐代以后又新发展出"盘桓逗留""宽缓推迟""宽裕富足"三个义项。陈智的《"筑"的词义演变及其动因机制探析》（《汉语史研究集刊》第32辑）说明"筑"之"塞"与"击、打"义大致于中古汉语时期出现，至宋代通用，后随着强势方言北系官话的侵入，其规模迅速缩减，直至发展成现代仅晋语北部地区与南系官话大部分地区仍通用的非连续性分布的结果。雷冬平、李飞燕的《近代汉语"唱"的特殊用法研究》（《语言科学》第2期）指出"唱"的本义是"倡导"，中古汉语中发展出"呼喊"义，到近代汉语中又发展出"大声宣读，唱颂"义。

利用义素分析词义演变的有商怡、武建宇的《"掩映"词义演变中深层隐义素的核心作用》（《语文研究》第2期），该文通过深层隐义素对"掩映"词义演变的语言内部深层原因进行了探析。

从认知角度探讨词义变化的有牟净的《先秦植物词汇的词义演变状况与认知研究》（《东北师大学报（哲学社会科学版）》第1期），该文借助认知语义学的视角来研究植物词语在先秦时期的词义变化情况。文章认为，植物词汇在先秦时期的词义引申以植物范畴向其他语义范畴引申为主，具有不平衡性，发生机制主要是隐喻和转喻。

从词汇化角度探讨词语流变的有张秀松、刘通的《"无奈"的词汇化及后续演变》（《语文研究》第4期），该文讨论了"无奈"一词的形成，认为"无奈"不是"无奈何"的截略，而是由跨层结构经动词向形容词演变的结果。刘君敬的《"关心"词汇化的判定标准与触发因素》（《中国语文》第1期）则讨论"关心"的词汇化，认为近体诗中的平仄限制使得"关心"之后的NP$_{事}$有时必须后置，因此"关心＋NP"格式不宜作为判定其成词与否的标准。

从文化的角度探讨词语流变的有汤洪、任敬文的《"琥珀"语词流变的文化考释》（《四川师范大学学报（社会科学版）》第1期），该文主要考察"琥珀"书写形式的变化及其中的文化观念因素。"琥珀"一词的书写流变,恰好是一个中华民族吸收融合外来文化之后发生文化互动直至本土化的变化历程。

有的语义变化源于语词的误解误用。因语词原初意义晦暗不明,人们望文生义,以致误解误用。这些错误的理解和使用又往往随着时间的推移而被广泛接受,进入词汇系统后被固化下来,即所谓的"习非成是"现象。梳理语词误解误用的过程,探寻误解误用的原因,有助于我们更好地了解语言运用和语义变化的规律。汪维辉、李雪敏的《"卑之无甚高论"的误解误用——兼论辞书存在的问题》(《中国语文》第 2 期)指出:"卑之无甚高论"是一句常用的成语,源出《史记·张释之列传》,"无"作"毋",原意是"放低你的论调,不要过于高谈阔论"。宋人把它误读作一句,用来表示"见解一般,没有什么高明之处"。文章认为,这个误解的关键在于"甚"是个同形字,宋人把"甚$_1$"(音 shèn,义为"很;太;过于")误读成了"甚$_2$"(音 shén,义为"何,什么"),结果导致这句话里的每个字都被重新解读了。

(三)词源及构词理据研究

词源研究主要探求词的原初造词理据和音义状态,是中国传统训诂学的一个重要而古老的课题,积淀了丰厚的研究成果,也是历史词汇学的分支,在现代语言学理论指导下仍然散发着勃勃生机,有着广阔的研究前景。

杨琳的《"找""踩"考源》(《汉语史学报》第 26 辑)探讨了"找""踩"二词的词源和字源。文章认为,表示寻找义的"找"最早见于明代,在此之前写作"抓"或"爪",寻找义来源于抓取义。在抓取对象不确定的语境下,抓取伴随着寻找对象的过程,因此"抓"被重新理解为寻找。"找"字本是"划"字异体,用来代替"抓"表示寻找义的原因在于"找""划""撾""抓""抓"等字都曾有音义互通的情况,字际关系错综复杂。关于表示踩踏义的"踩"字,较早见于明代,或以为来源于"躧",作者则认为来自"跐"的音变分化。具体来说,"跐"因音变而造新字"蹀",又因声旁与音切不完全一致而另造"踩"字。"躧"有时用作"踩",作者认为是一种训读现象,与语音演变无关。

王健的《"盘缠"探源》(《励耘语言学刊》第 1 辑,总第 36 辑)讨论了"盘缠"的命名理据。旧说以为"盘缠"来源于"出门将铜钱盘起来缠在腰间",作者则认为"盘缠"是"盘缠钱"的省略,其来源与唐代裹头、缠头的风俗密切相关,"裹头""缠头"可代指钱财,盘缠的对象是布帛而非铜钱。"盘缠"是一种委婉表达,与"脂粉钱"类似。

冯赫的《指物名词"东西"来源与形成新探》(《历史语言学研究》第 1 辑,总第 17 辑)讨论了指物名词"东西"的来源。关于"东西"的命名理据,历来多有异说。文章赞同该词来源于空间意义的"东西",由空间意义的"东西"变化为指物名词是基于空间有界性的转指。

吴吉煌的《"庄稼"构词理据探析》(《民俗典籍文字研究》第28辑)认为，表示农作物义的"庄稼"一词最早见于明代，其构词理据与表示谷物的"稼"无关。"庄稼"来源于"庄家"，"庄家"本指"庄园，农舍"，也可以用来指人（即"农民"），后引申为"农业生产活动"，又进一步引申为"农作物"。

戴启飞的《"醍醐"新考》(《汉字汉语研究》第4期)揭示"醍醐"之语源。过往研究认为该词为外来词，或以为音译，或以为意译。该文则主张"醍醐"是中土原生的俗语词，最早写作"餻餬"，为偏正结构。"餻"为氐羌之"氐"的增符类化，"餬"意为糊状食物。文章并梳理了"餻餬""醍醐"的形义演变及词际关系。

此外，臧志文、陈建初的《〈本草纲目〉引〈尔雅〉植物异名考源四则》(《古汉语研究》第3期)指出，《本草纲目》引自《尔雅》的植物异名，存在异名与正名非同一植物的错讹情况。游帅的《〈方言〉名物词命名理据辨析三则——兼示同实异名词的理据参照作用》(《汉字汉语研究》第4期)讨论扬雄《方言》所载"羊头""蛭孙""蛂蚧"三词的命名理据，认为在揭示名物词命名理据时，同实异名词的理据具有重要的参照作用。曾昭聪的《方言俗语辞书中的同源词与异形词》(《中国训诂学报》第5辑)着眼于同源词与异形词的辨析，以清末民国方言俗语辞书中所见词汇现象为例，论述同源词与异形词判定问题，并论及同源词与异形词分析在方言词、俗语词研究方面的作用。

汉语在漫长的岁月里，和其他语言有着深入的接触，词汇部分自然含有大量的外来语成分。一些常见词语的语源，需要放在语言接触的背景之下进行考察。与借词、语言接触有关的词源、构词理据方面的研究成果，将在后文第四节第（三）部分加以介绍，此不赘复。

三、语料的利用及词汇史理论探索

（一）异文的利用

古代文献往往辗转相因，不同文献、不同版本之间存在大量异文。异文情况较为复杂，涉及文字、词语、语音、修辞等各个方面，其中有的反映了词语历时更替现象（例如后出文献在转抄或引用较早文献时用新词替换旧词等），有的反映了词汇新旧质成分的并存，有的反映了词汇的地域性差异，所以异文材料一直受到历史词汇研究者的关注。近年来，研究者越来越重视异文的价值，将异文视为历史词汇研究重要的材料和线索。例如汪维辉的《〈老乞大〉诸版本所反映的基本词历时更替》(《中国语文》2005年第6期)，方一新、王云路的《从多版本〈老乞大〉四组异文看通语词与方言词的更替演变》(《语言研究》2018年第1期)等指出，《老乞大》各个版本的异文反映了不同时期词语的更替变化。真大成以异文为切入点对中古词语的历史演变进行了考察（真大成《中古文献异文的语言学考察——以文字、词语为中心》，上海教育出版社，2020年8月）。

张美兰的《文献文本异文与明清汉语研究》（商务印书馆，6月）选择了明代的朝鲜教科书《训世评话》、清代早期满汉双语教科书《清文指要》、明代小说《西游记》、反映清末北京官话的《官话指南》四种不同类型的文献，进行多文本的语言比较研究，探索文白语体变异、历时文体变异、语言接触变异、官话方言变异背景下明清汉语历时演变的种种现象及其规律。这不失为明清汉语研究的新视角，因为明清汉语同一文献常有多种不同版本，形成丰富的异文材料，或有历时演变或更替，如《训世评话》文白语体反映元明时期常用词的新旧兴替，或有共时地域之别，如《官话指南》不同方言对译本所反映的方言词语差异。

边田钢的《考辨佛经异文应当重视佛经音义——以〈六度集经〉〈可洪音义〉异文比勘为例》（《浙江大学学报（人文社会科学版）》第5期）认为，参考《可洪音义》等佛经音义，可以从语言学角度辨正《六度集经》的一系列异文，如"掬寻""褻裹""搏矢"分别当为"探寻""襃褁""擩矢"之形讹，"魖魖"当读为"妖魖"。

（二）词语的时代性及语体分析

语言变动不居，与时推移，而语言各部门之中，词汇最活跃，古今词义多有不同。"以今例古"是最常见的训诂弊病之一。读古书不可望文生义，不可据今天的词义去理解古文这，这是每一位学习研究古汉语的人所熟知的。但是，在实际研究中，人们解读古代文献时仍然难免会受到现代汉语语感的影响。如果不能有效地避免这种干扰，对文献原意的理解就会偏移，发生错误。汪维辉的《古代文献解读中的"当代语感干扰"问题》（《清华语言学》第3辑）就集中谈了这个问题。文章结合以往的研究，举了大量例子，说明受当代语感干扰的情况和原因。王云路的《正确理解古注的必要性——以"奋首"高诱注为例》（《中国训诂学报》第5辑）也谈到理解古注要避免"以今例古"。《淮南子·览冥训》："相携于道，奋首于路，身枕格而死。"高诱注以"摇头"解"奋首"，清季以来学者往往非之。文章认为，高诱注"奋首"为"摇头"不误，后人不信，是以今例古，忽视了词义的古今差异。"摇头"古义不仅指脑袋左右摆动，也包含了头部上下运动等情况。可见，"不可以今例古"虽是老生常谈，却仍有现实意义。

词语具有时代性。有些词语具有鲜明的时代特色，流行于特定时代。这些词语，前人或称为"习语"或"常语"。真大成的《"习语"与古籍考异校读——以〈抱朴子内篇〉为例》（《中国训诂学报》第5辑）以《抱朴子内篇》为例，揭举时代习语、个人习语两方面的例子，探讨习语对判断异文是非、正确校读字词的重要作用。万久富、徐梦婷的《〈宋书〉中时代特色语词试说》（《中国训诂学报》第5辑）则将这类词语称为"时代特色语词"，文章对"出""部""详""虽复""谈义""道人""不办""骆驿继发""摩勒"等例子进行了分析。

利用词语的时代性，通过对文献异文、词语特点等方面的考察来研究语言的年代问题，并进而鉴定语料的时代和真伪，这是汉语史研究领域中为人所关注的题目，并取得过突出的成就。张显成、杜锋的《从句式和词汇史角度考〈素问·灵兰秘典论〉撰定时代》（《中医典籍与文化》第 4 辑）根据《素问·灵兰秘典论》晚见词语（如"脾胃""津液"）产生于东汉，断定该作撰成于东汉时期。

汉语史研究重视反映真实口语的语料，但研究者面对的文献很多都是文白混杂的。如何从语料中挑选出口语性成分，或对词汇进行语体分析，是历史词汇研究需要关注的课题。汪维辉的《词汇的语体差异及其分析——以一篇五代公文为例》（《汉语史学报》第 26 辑）以一篇五代公文《请禁业主牙人陵弱商贾奏》为样本，用分级词表和个案讨论相结合的方式，对其中的词汇进行了穷尽性的语体分析。张家合、张艺的《基于语料库的朝鲜时代汉语教科书语体特征考察——以〈老乞大〉〈朴通事〉为例》（《汉语史学报》第 26 辑）基于语料库的历史汉语研究，通过考察《老乞大》《朴通事》的语言特征，并将其与元明时期的汉语文献进行对比，探寻朝鲜时代汉语教科书的语体特征。真大成的《基于微观史的六世纪上半叶河北"汉儿"口语考察——以侯景会话为中心》（《汉字汉语研究》第 2 期）借鉴"微观史学"的理念，以《梁书·侯景传》、《南史》增补史料及其他相关文献中所记录的侯景会话为研究对象，从微观层面考察其中的口语成分，从而呈现当时北方汉语口语的细节。

（三）词汇史理论探索

汪维辉、史文磊的《汉语历史词汇学的回顾与展望》（《辞书研究》第 3 期）对近几十年来汉语历史词汇学各方面的研究进展进行了述评，对未来的发展做了展望，强调夯实基础和更新观念的重要性。文章列出了 10 项值得期待的研究课题，包括音义关系及其历时演变的规律研究、字词关系研究、《汉语历史词典》的编纂、纵横结合的词汇历史层次研究、历史词汇的语体差异研究、结合现代句法理论的汉语历史词汇学研究、基于特征的汉语历史词汇学研究、汉语历史词汇数据库建设与研究、基于词汇类型学和语义地图方法的汉语语义演变规律研究、汉语词汇多功能模式的历时演变研究。

王贵元的《汉语词汇的发展阶段及其演进机制》（《北京师范大学学报（社会科学版）》第 2 期）认为，汉语词汇发展经历了单义词、多义词、派生词、双音词这四个阶段。由单义词发展为多义词，其演进方式主要有词义离析、词义移植、词义延伸三种。由多义词发展为派生词，其演进方式主要是语音派生和字形派生。语音派生即改变原词音节的部分音素，使原词派生出新词。字形派生可分为字形上有承继关系和没有承继关系两类。

四、专书、专题词语研究

（一）专书词汇研究

"专书研究是断代研究的基础，而断代研究又是整个汉语史研究的基础"（江蓝生《〈东汉－隋常用词演变研究〉序》）。2022 年有多部专书词汇研究成果以专著的形式出版，有的专注于词汇系统的整体描写，有的选择若干个专题加以研究。其中，道教文献词语研究是 2022 年的一个亮点，出版了两本道经字词考释和整理的专著。周学峰的《道教仪经字词校释》（中国社会科学出版社，8 月）从文本校理、疑难词语考释、词语源流考辨、词语构成方式考察、词汇类聚描写等几个方面对道教科仪经籍中的词语进行了梳理和研究。谢明的《宋前道经疑难字词考释》（中华书局，10 月）总结归纳了疑难字词考释的六种方法，对汉末至五代时期道教典籍中的疑难词语进行了系统的整理、考释与研究。该书主要运用训诂学的方法考释字词，比较重视道藏文献相似句式的比较对参，也重视结合同源词来辅助确定词语的意义。

此前另有一本对道教文献词汇进行系统描写的专著。田启涛、俞理明的《早期天师道文献词汇描写研究》（浙江大学出版社，2021 年 5 月）选择六朝时期十种天师道文献作为考察对象，全面描写词汇系统，分析词汇构成和层次，并进行细致的数据统计。在描写词汇成分时，主要综合三个维度进行分类：一是区分全民性的通用词汇、道教特殊词汇；二是按义类将词语区分为名物、行为、性状及其他三种；三是从历时角度将词语分为新质、旧质二类。

其他专书或专题词汇研究的专著如下。

万久富的《〈宋书〉词汇专题研究》（南京大学出版社，8 月）以《宋书》词汇为研究对象，从词汇史视角对以下七个专题展开讨论：时代特色语词、新词新义、谦敬语词、叠字、副词、同素异序词、战争用语词。

聂丹的《〈金关汉简〉戍卒与武备词语研究》（中国社会科学出版社，10 月）对肩水金关汉简中的戍卒称谓词语、武备设施词语进行了集中的研究。因这两类词语的特殊性，该书多结合同质简材料侧重讨论词语具体所指及其形制，并从词汇史、辞书编纂等角度探讨了这些词语的价值。另有王锦城的《肩水金关汉简分类校注》（花木兰文化事业有限公司，3 月）对金关汉简进行集注，虽非词汇的专门研究，但书后附有词条索引，对汉简词语研究大有裨益。

此外，蒋绍愚的《唐宋诗词的语言艺术》（商务印书馆，8 月）虽非词汇研究专著，但书中部分内容也涉及对于近代汉语某些词汇的理解，比如第一章"歧解和误解"谈到"残"在唐代口语中有"剩"义，"锦书"在近代汉语不只是女子写的情书；第二章"意象和意境"谈到诗词中"卧"有隐居义,"伤心"有程度副词义,这些都有助于正确理解诗词的意义和意蕴。

(二)方言词研究

汉语自古多方言,对方言词语的考索和研究也是汉语历史词汇研究的重要课题。扬雄的《方言》作为记录汉语方言词汇的最早最重要文献,其所记载的词语,如何在文献中落实用例,从而使得这些方言词的源流能得到进一步的梳理和廓清,一直是研究者所关注的问题。董志翘的《汉文佛典与扬雄〈方言〉研究——兼及方言词的形、音、义关系》(《四川大学学报(哲学社会科学版)》第3期)对此有所探讨。文章指出,扬雄《方言》中有不少词语难以找到文献用例,研究者应将目光集中到数量巨大且语体趋俗的汉文佛典上来。许多方言词语没有专门记录的汉字,又因语音变化等原因而导致词形多变,搜寻文献用例时必须突破字形障,根据语音线索寻求新词形和用例。

汪启明的《谈谈汉语文献方言词的多义现象》(《中国训诂学报》第5辑)注意到方言词的多义现象,文章以"漏天""瀼""立地""土锉""百丈""竿蔗""甘蔗""詑"等中上古时期文献方言词为例,描写它们在意义上的多义性和层次性,以及使用地域发生的变化,并讨论了异写方言词和跨区方言词等的使用问题。

2022年度方言词研究成果主要集中在对相关文献中的方言词语进行钩稽和考辨方面。例如王耀东的《南北朝隋唐宋方言学史料考论》(科学出版社,8月)第三章"南北朝隋唐方言记载"、第五章"宋代方言记载"对南北朝隋唐宋时期文献所载方言语词进行大范围搜采、汇集,做了大量资料性工作。曾令香的《元代农书所见方言词考释》(《语言研究》第2期)以元代农书《农桑辑要》《王祯农书》《农桑衣食撮要》作为主要研究对象,确定了一些农书中出现的传承方言词和新生方言词。万久富、朱春红的《翟灏〈通俗编〉吴方言词疏证举隅》(《语文学刊》第6期)对《通俗编》所收录的几个典型吴方言词"浜""字相""我侬""艮头""豆凑"等进行了疏证。徐宇航的《〈英华韵府历阶〉官话音系下粤、闽方言词汇的收录》(《汉语史学报》第26辑)考察了19世纪官话词典《英华韵府历阶》的收词情况。张美兰的《官话词汇的不同分布与历史层次——以清末〈海国妙喻〉两个白话比较文本为例》(《中国语言学研究》第1辑)对清末裘毓芳《海国妙喻》两个白话本的不同用词进行了比较。《海国妙喻》原发表于《无锡白话报》,使用的是南京官话的白话文口语词,后被《京话报》用北京官话口语词改写转载。这为南北官话的词语差异研究提供了很好的素材。文章选择了9组词进行细致的分析和讨论。柯蔚南(W. South Coblin)的《十八世纪中国北方官话的样本》(张羽、王继红译,《汉语史研究集刊》第32辑)分析了《清文启蒙》汉语的部分语音、词汇和句法特征,并考察了该书语言与南京地区的南方官话的关系。

另外,《方言类释》是18世纪朝鲜官员所编写的汉语、蒙古语、满语、日语四种语言的词汇集,具有多语言对照词典的性质,其中收录了一批汉语方言词,是汉语词汇史研究的新鲜域外材料。梅雪吟、王平的《韩国朝鲜时代〈方言类释〉所收汉语方言词释例》(《语言研究》第1期),冯璐、王平的《朝鲜时期〈方言类释〉收吴语词的特点及价值》(《辞书研究》第2期)对《方言类释》中所收录的相关汉语方言词分别进行了介绍和讨论。

有的研究涉及对方言词历史来源的考察。例如孙凯、杜小钰的《汉语方言"脖子"义词形的地理分布及其解释——兼论语素"脖"的来源问题》(《汉语史学报》第26辑)依据绘制的方言地图对汉语方言"脖子"义词形的地理分布类型进行了概括与解释,并集中讨论了表示脖子义的语素"脖"的来源问题,提出了调和"脖"起源的内源说与外源说的可能性。

(三)语言接触背景下的词语研究

汉语中有为数不少的借词,其形成和演变与其他语言关系密切,需放在语言接触的背景之下来进行考察。其他语言文献中也存在来自于汉语的借词,这些借词往往保留了特定时代汉语语音、语义信息,可以作为汉语史研究的旁证材料。

有的研究注意到个别常用词具有语言接触背景,从语言接触角度来看,词语的构词理据可以得到较好的解释。例如"弼马温"的命名理据,是一个有趣的话题,涉及语音流变、民俗文化观念等,前人讨论较多。宋洪民、尹义君、丁浩冉的《从蒙、汉语言接触看"弼马温"的音义组合》(《古汉语研究》第3期)指出,从内涵来说,"弼马温"是"避马瘟"的谐音,但谐音双关的借音喻义和字面意义都应该是明确的。而在"弼马温"的字面意思里,"弼"(辅弼)、"马"的意思都很明确,独独"温"字在这里是什么意思,似乎从来没有人能解释。文章认为,"弼马温"从字面来看,其实是蒙汉合璧词,"温"来源于蒙古语,是蒙古语后缀 γul、gül 的汉译,该后缀加于动词后,构成表示从事与该动词相关事情的人的名词,即其作用是将动词转化为名词,类似英语中的后缀 - er。

八哥鸟在汉语文献中原本名为"鸲鹆",据古书记载,为避南唐后主李煜名讳而改称"八哥"。或认为"八哥"及其别名"咧咧鸟"是阿拉伯语"鹦鹉"的对音(罗常培《语言与文化》,语文出版社,1989年9月,第26页)。或认为"八哥"并非外来词,本作"咧哥",来源于"咧咧鸟","咧咧"为鸟鸣声,"咧哥"为拟人化的结果(张绍麒《汉语流俗词源研究》,语文出版社,2000年1月,第92-94页)。陈宏、赵卫的《"八哥"词源考》(《民族语文》第6期)提出新说,认为"八哥"可能是汉语按音译方式从苗语湘西方言借入的。

马菁屿的《论"闻"之"趁"义的来源》(《语言研究》第2期)指出,三国至南北朝时期的译经中多用"曼"表"趁"义,大约可与梵语的原始语尾 mo(原形为 mas,因句内连声变为 mo) 对应。唐以后的中土文献，多用"闻"表"趁"义，今陕西、甘肃、山西、河南部分地区方言中仍使用。"闻"之"趁"义的产生是句法和词法赋予的。"闻"与"曼"古音同，都可用于将来时；与"看"意义相通，都可表听闻、趁义。三个词中"闻"具备音义结合的条件，是以胜出，替代了"曼、看"。

有的研究尝试从语言接触的角度揭示词语所指变化的原因。朱庆之的《中古汉语"床"兼作坐具名的原因——兼论汉译佛经的作用》（《清华语言学》第1辑）认为，"床"在上古汉语里本指卧具，中古时代可指坐具。导致这一变化的原因是，东汉翻译佛经的外来僧人最先用"床"来翻译佛经中指称坐具的词语，这种用法又随着佛经的流传影响到当时的汉语。

有的研究专门考察特定词语在合璧文献中的分布表现。李聪聪的《清代满蒙汉合璧文献中的"巴结"》（《汉语史研究集刊》第32辑）描写了清代满蒙汉合璧文献中"巴结"的意义与分布情况，发现满蒙汉合璧文献中的"巴结"以"辛苦、操劳""努力"义为主，没有出现"奉承、讨好"义的用例，这种情况与部分北方方言类似。

有的研究探寻古代文献借词的原语面貌。李周渊的《支谦译经音译词的原语面貌》（《汉语史学报》第26辑）统计出支谦译经中的音译词约480个，首见于支谦译经的音译词约300个。文章以此300个音译词为研究材料，按照语音性质进行逐一分析，并从印度语音演变的角度来解释支谦译经音译词与梵语音值不对应的情况。彭向前、何伟凤的《汉文史籍中的西夏语词》（《中国文字研究》第35期）从汉文史籍中搜得音义俱全的西夏语词11条，并逐一进行甄别和考辨，尽可能还原出它们在西夏文字中的本字。

有的研究考察汉语借词在其他语言的引入和流转，为汉语历史词汇研究提供外域旁证材料。例如汪维辉、具民惠的《"赤根菜"与"시금치"——韩语中的汉语借词研究之一》（《语言研究》第1期）简述"菠菜"的来源及其在汉语中的名称，重点考察其中一个别名"赤根菜"，认为它在元代以后是一个北方方言词，传入朝鲜半岛后即成为音译的汉语借词，现代韩语叫"시금치 [si-kɨm-tɕʰi]"，即"赤根菜"的音转。文章还详细论证了此词在韩语中的音转过程。

五、训诂学研究

训诂学是中国传统语言学的重要分支，以形音义综合运用为研究手段，以语义和训释为主要研究对象。训诂学在当前的文献语言研究中仍发挥着重要作用，并为历史词汇研究提供资粮。

训诂资料整理方面，刘青松的《古释名辑证》（中华书局，3月）对先秦两汉的释名资料进行了收集整理。所谓释名资料，是指类似刘熙《释名》、解释事物命名来由的训释资料，一般以声训的方式呈现，是探求词源、语音关系、语词流变、字际关系、民俗文化观念等的重要材料。该书将刘熙《释名》之外的先秦两汉时期散见于古书中的释名资料收集汇编于一处，以义类加以编次，并做疏证。

字源研究方面，陈晓强的《形声字声符示源功能研究》（上海古籍出版社，2021 年 11 月）秉承了训诂学综合形音义研究词源的传统，关注形声字声符的示源功能，上篇"通论篇"梳理了相关的理论和方法，下篇"考释篇"以《说文》所收形声字为基础，详细分析了形声字及示源声符材料。

训诂学与出土文献研究结合方面，有两本著作值得关注。一是苏建洲的《新训诂学（第四版）》（五南图书出版股份有限公司，1 月）。作为一本训诂学教材，该书最大的特色就是关注新材料，与古文字学结合紧密，所举例证多为出土文献例证。第四版在原版次基础上补充了新材料、新观点。二是王挺斌的《战国秦汉简帛古书训释研究》（中国社会科学出版社，6 月）。该书总结以往简帛文献词义训释的经验教训，探索词义训释的条例规律，并利用出土文献资料对部分汉字的古义进行了整理研究。该书还从训释标准、两可与阙疑、简帛古书训释的内在差异、简帛古书训释与传世古书训释的差异等方面进行总结，旨在深化简帛古书训释理论。

训诂理论阐释和探索方面，王建莉的《训诂释义研究》（中国社会科学出版社，2021 年 1 月）以古代训释材料为研究对象，以构建训诂释义理论体系为目标，吸收借鉴现代语言学的思想和观念，对训诂释义进行多方面的研究。就释义类型而言，根据文化义的有无，分为语文义的训释和文化义的训释；根据词义的模糊性，分为确切意义的训释和模糊意义的训释。就释义方法而言，分为词训、语训、综合训、类比释义四部分。

另有多篇论文对训诂理论和方法进行了有益的探索。例如冯胜利的《"寡人"词义观念考与"2 + 1"三重证据法》（《中国语文》第 5 期）对上古君侯自称"寡人"的理据进行探讨，在王国维"二重证据法"基础之上提出三重证据法，从地下、地上及古人词义观念上证明"寡人"不是谦称，而是"独一无匹"的君侯尊称。

王立军的《训释系联焦点词的词汇语义特征与上古汉语核心词研究》（《北京师范大学学报（社会科学版）》第 2 期）从训释系联的角度讨论核心词研究。文章指出，对《说文》等四部古代辞书中的直训材料进行多层级系联，可以更为直观、全面地呈现上古汉语词汇的复杂网络关系。其中直接系联关系词数量较多、处于训释系联图焦点位置的词，叫训释系联焦点词。这些训释系联焦点词在各辞书中的具体分布和训释角色存在显著差异，表现出不同的词汇特征，但它们都具有鲜明的核心词语义特征，即易认知性、广义性和多义性，是上古汉语核心词研究应该重点关注的对象。

凌丽君的《论随文注释的系统研究法——以〈毛诗故训传〉为例》（《民俗典籍文字研究》第 28 辑）以《毛诗故训传》为例，对随文注释材料进行系联，借助系联后所形成的各种关系的对比，建立起随文注释的基本训释体例和特殊体例。在基本体例的参照下，可以看到有些词义训释并非沟通词义的共性，而是揭示词义的特点。从训释目的看，这批训释并非为了解决语言障碍，而是或补充文意，或凸显语境特有的语言信息。凌丽君的《论字词训诂与文本阐释的互动关系》（《社会科学战线》第7期）则从理论上阐述了字词训诂与文本阐释的互动关系。

孟琢的《论中国训诂学与经典阐释的确定性》（《社会科学战线》第7期）、《由解释到训诂：先秦文献正文训诂与中国训诂学的发生》（《北京师范大学学报（社会科学版）》第1期）皆是从阐释学的角度讨论训诂学的发生与发展。秦力、钱宗武的《段玉裁、王氏父子〈尚书〉训诂品质异同论》（《民俗典籍文字研究》第28辑）、万茹的《江声〈尚书集注音疏〉训诂方法研究》（《江苏海洋大学学报（人文社会科学版）》第1期）、曹海东的《略论严学宭的训诂学理论与实践》（《长江论坛》第3期）等论文对相关人物或著作的训诂思想、训诂方法进行了总结梳理。

六、词语研究与辞书编纂

古汉语辞书编修研究方面，2022年度有两本专门为《汉语大词典》修订工作建言的专著。赵红梅、程志兵的《〈汉语大词典〉修订脞论》（上海辞书出版社，2021年12月）探讨了《汉语大词典》中收词立目、释义、注音及内容照应等方面的问题，也分析了其他一些能给《汉语大词典》修订提供参考的专书、辞书中的相关问题。例如《齐民要术》《型世言》等书能给《汉语大词典》补充条目、书证等。胡丽珍、雷冬平的《汉语大型辞书编纂、修订研究——以〈汉语大词典〉为例》（中国社会科学出版社，5月）分为上下两篇："通论篇"针对大型辞书的修订提出一些理论和方法，例如语料库语言学视野下大型辞书的释义原则和方法，通过大型辞书内部系统来发现并修复错误的方法；"实践篇"探讨《汉语大词典》在收词、义项、释义、例证等方面的失误，并提出相应的修订意见。

另有多篇论文从释义、条目增补等方面对辞书编纂修订提出了建议。华学诚的《以"一"为例谈谈〈汉语大词典〉的释义修订》（《语言研究》第4期）以高频单音词"一"的释义为例，指出了《汉语大词典》修订本存在的一些问题，比如旧版某些误列义项修订本却照单全收，与"一"义无关的同形词列为义项，没有处理好语境义与词典概括义的关系而使释义过于琐细等。何茂活的《〈汉语大词典〉异形词条目增补刍议》（《辞书研究》第1期）主要讨论了《汉语大词典》修订工作中拟增补的异形词条目的类型、增补需注意的问题以及增补的意义。熊加全的《〈汉语大字典〉释义失误指正》（《南京师范大学文学院学报》第2期），刘祖国、王觅的《〈道教大辞典〉释义辨误》（《中国语言学研究》第1辑）等论文对相关辞书的释义问题进行了指正和考辨。

汉语语音学研究

熊子瑜　李　倩

2022年度国内外的语音学研究在"言语链"语音产出、语音声学和语音感知三大模块的基本框架下，开展了一系列面向多样语言/方言以及多元话者/听者人群的实验研究和理论探索。由于语音学的交叉学科属性，对于一种语音现象的观察不再局限于使用基础语音学研究的常规手段，而以多模态结合的综合视角并深度结合认知科学、脑科学、人工智能等相关学科的研究问题和研究方法正成为语音学研究的新常态。

2022年度中国学者在国内外主要学术刊物正式发表语音学及相关研究论文共160余篇。其中，《中国语音学报》作为中国语言学会语音学分会会刊以及国内唯一的语音学专业学术刊物，2022年共收录论文35篇，并在当年中国社会科学评价研究院进行的第三轮期刊评价工作中，进入中国人文社会科学（AMI）首批核心学术集刊检索目录。《中国语文》《当代语言学》《方言》《声学学报》《心理学报》《民族语文》《语言科学》《语言研究》《南开语言学刊》等重要中文学术刊物收录语音相关论文40余篇。此外，中国学者作为主要作者在 Journal of Phonetics、Journal of the International Phonetic Association、Laboratory Phonology、The Journal of the Acoustical Society of America、Language and Speech、Language, Cognition and Neuroscience、Speech Communication、Brain and Language 以及 Journal of Speech, Language, and Hearing Research 等语音学及相关领域的权威国际期刊发表语音相关论文90余篇。本文将主要针对以上论文的主要内容进行综述。

总体来看，这些研究所针对的语音现象来源呈现多元化发展趋势。除了汉语官话方言、汉语粤方言和英语三大主流研究对象受到多数研究的重点关注外，还涉及世界范围内其他语言，比如龚语（Gungbe）、韩语、日语、萨赖奇语（Saraiki），中国境内少数民族语言，比如白语、侗语、独龙语、鄂伦春语、临高语、蒙古语、苗语、末昂语、彝语、藏语，以及其他汉语方言，比如赣方言、闽方言、吴方言和湘方言。研究对象除了普通健康人群以外，针对生命周期不同阶段各种特殊人群的研究成为热点，包括儿童、老人、听障人群、自闭症谱系障碍人群、抑郁症患者、阿尔茨海默症患者以及不同类型言语障碍人群和脑部疾病患者等。这些研究的内容涉及诸多领域，下文主要根据不同研究中主要研究问题所归属的学科领域分支，将这些研究分为"普通语音学基础研究""语音学相关交叉领域研究""研究方法、评述及其他"三大类，其中普通语音学基础研究包括语音描写和传统的发音语音学、声学语音学以及感知语言学研究，语音学相关交叉应用领域研究包括横跨全生命周期的语音发展研究、第二语言习得中的语音研究、病理语音研究、与语音相关的认知和神经机制研究以及一些其他相关交叉研究。

一、普通语音学基础研究

（一）语音描写

针对某语言或方言进行详细的语音描写是语音学的主要任务之一。2022年中国学者参与的语音描写研究对象主要为汉语方言以及中国境内少数民族语言，少数研究还涉及此前研究较少的外国语言。

在这些语音描写研究中，一部分采用了国际语音协会的描写体例，对语言或方言的完整语音和音系系统进行了梳理，并采用较严格的国际音标体系对整个语音系统的各个要素进行转写。比如史濛辉和陈轶亚的"Lili Wu Chinese"对江苏省苏州市黎里方言的描写［Journal of the International Phonetic Association，52（1）］、陈轶亚和郭莉的"Zhushan Mandarin"对湖北省竹山县方言的描写［Journal of the International Phonetic Association，52（2）］以及Atta, F.、van de Weijer, J.和朱磊的"Saraiki"对在巴基斯坦和印度广泛使用的萨赖奇语进行的描写［Journal of the International Phonetic Association，52（3）］。

另一部分语音描写研究主要采用汉语方言学描写体例，着重聚焦汉语方言或中国境内少数民族语言中某些具体的语音现象，比如曹志耘的《浙江金华汤溪方言的语流音变》对浙江省金华市汤溪方言中语流音变现象的描写（《方言》第2期）、黄晓婷和陈晓锦的《广东省饶平县三饶话的面称变调》对广东省饶平县三饶方言中面称变调现象的描写（《语言研究》第42卷第3期）、桑宇红和冀雪利的《河北涞水方言的连读变调和轻声》对河北省保定市涞水方言中连读变调和轻声现象的描写（《方言》第2期）以及梁锋的《山江苗语的连读变调》对湖南省凤凰县山江苗语中连读变调现象的描写（《民族语文》第1期）。此外，陈忠敏的《论百年前宁波话卷舌音声母》分析了百年前西方传教士、官员所著四份浙江省宁波市方言的记录，讨论了当时宁波方言知=章组声母的读音（《方言》第4期）。

（二）发音语音学研究

在发音语音学基础研究领域，2022年中国学者参与的语音产出研究主要通过对发音器官动作以及发声态的考察，探究了不同语言中普遍存在的发音现象。

比如，针对协同发音现象，Liu, Z.、许毅和谢丰帆的"Coarticulation as synchronised CV co-onset—Parallel evidence from articulation and acoustics"利用电磁发音仪（EMA）收集了产出普通话CV音节时发音器官的运动数据，并同时收集了声学数据。发音和声学结果共同表明，元音和辅音的发音几乎同时开始，该研究因此认为这种同步发音正是造成协同发音现象的根源（*Journal of Phonetics*，90）。

针对声调现象，胡方的《音节时间结构与拉萨藏语的声调起源》通过对藏语拉萨方言音节产出中辅音、元音、声调等发音动作的时间结构关系进行考察，认为声调不是与载调单位抽象连接的自主音段，而是音节产出的有机组成部分。该研究因此让声调重新回归音节，并以此为基础讨论了藏语的声调起源问题（《民族语文》第3期）。史濛辉和陈轶亚的《湘语双峰方言的"清浊同调"——基于语音实验的探讨》从基频、嗓音起始时间（VOT）和声带接触商（contact quotient）三方面讨论了双峰湘方言中清浊声母与阳平低升调共现的"清浊同调"现象。结果显示，所谓的"清浊同调"现象其实存在多种表现，而且存在年龄差异（《中国语文》第6期）。

围绕少数民族语言中常见的松紧对立现象，李煊和汪锋的"A preliminary study on nasalization and phonation：The case of Bai"以鼻化和非鼻化音节同时具有松紧声调对立的两种白语方言（城北和金华）为例，探讨了鼻音化与发声态之间的关系［*Language and Linguistics*，23（1）］。陈树雯的"Tenseness in Northern Yi：An ultrasonic study"通过超声成像数据和声学分析考察了北部彝语五组松紧对立的元音，认为彝语松紧元音的区别不仅仅在于发声类型和共振峰特征，也同时具有类似非洲语言的舌根前伸/舌根后置（［+ATR］／［+RTR］）的区别（《中国语音学报》第17辑）。

此外，时秀娟和石锋的《试论普通话鼻音原理》基于大规模实验数据，探讨了普通话中的鼻音现象（《南开语言学刊》第40期）。Chiu, C.、Weng, Y. 和 Chen, B. 的"Tongue postures and tongue centers：A study of acoustic-articulatory correspondences across different head angles"还关注了发音过程中头部角度对于舌部发音动作（包括舌部姿态和舌中心运动）以及声学表现的影响（*Frontiers in Psychology*，12）。

（三）声学语音学研究

声学研究是语音学基础研究里力量较为集中的领域，也是2022年中国学者参与较深入的领域。中国学者对于普通话和其他汉语方言、少数民族语言中的声调语调现象尤为关注，此外也对不同语言和方言中的各种音段现象进行了探索。

2022年，作为传统优势领域，中国学者对声调的研究对象不断扩大。其中，曾玲、余俊毅和刘新中的《基于系统声学实验的赣语遂川话声调研究》通过声学实验对江西省遂川市方言中声调的共时面貌进行了考察，并采用汉语方言字音实验分析工具分析了遂川方言的古今对应规律（《中国语音学报》第17辑）。朱玉柱和李爱军的《河南武陟方言两字调实验研究》通过声学研究报告了河南省武陟县方言中两字连调组合的基频表现，并探讨了区别连读变调和声调协同发音的标准问题（《中国语音学报》第18辑）。张琦的《烟台话单字调的格局与变异》报告了山东省烟台市方言单字调的声学表现以及不同年龄段发音人在共时层面的变异（《同济大学学报（社会科学版）》第33卷第4期）。冉启斌、于爽和史晴琳的《唐汪话声调问题的声学分析》对甘肃省东乡族自治县唐汪川的唐姓与汪姓居民使用的、具有多语言特征的混合语言——唐汪话的单字调与双音节连调分别进行了声学实验考察（《南开语言学刊》第40期）。莱昂和曹文的《龚语（Gungbe）双音节词中的声调变化》将研究目光转移到同样具有众多声调语言的非洲，报告了非洲贝宁共和国使用的一种高低型声调语言——龚语，主要考察了龚语中双音节词声调变化的声学表现（《中国语音学报》第18辑）。

随着研究涉及的理论问题不断深入，研究者对不同因素在声调实现中的影响作用日益重视。其中，毕一飞和陈轶亚的"The effects of lexical frequency and homophone neighborhood density on incomplete tonal neutralization"以辽宁省大连市方言为例，考察了词频（lexical frequency）和邻近同音字密度（homophone neighborhood density）对于两个降调（阴平和去声）声学表现的影响，探讨了两种影响因素在声调中和演变过程中发挥的作用（*Frontiers in Psychology*, 13）。王文敏和朱晓农的《从声调类型看临高语短调的演化》采用演化比较法考察了海南省临高语中的短调在51个方言点的地理分布、共时差异及其演化历程（《民族语文》第1期）。梁磊、陈冰和王金的《社会语音学视角下的入声共时变异考察》采用音高和时长这两个声学参数对六个汉语方言区代表点的入声共时变异情况以及性别和年龄这两个社会因素的影响进行了考察（《南开语言学刊》第39期）。

对于汉语及类似的声调语言来说，基频除了是声调的重要声学线索之外，也是实现语调的重要手段之一。声调语言使用者如何通过基频信息同时编码词汇层面的声调信息和更高层面的语调信息，历来就是中国学者最为关注的问题之一。

2022年，中国学者对汉语语调问题的研究依然主要围绕普通话中的现象展开。其中，李爱军和李智强的"Prosodic realization of tonal target and f0 peak alignment in Mandarin neutral tone"通过将"重读音节+不同数量（1-3个）轻声音节"的韵律词置于孤立或负载句的条件下，观察在两种语调模式（陈述和疑问）下轻声的声学表现，考察了此前存在较大争议的普通话轻声音高目标问题。该研究认为陈述语调中韵律词末尾的轻声具有一个"低"音高目标，疑问语调下韵律词末尾的轻声具有"中"的音高目标。但轻声音节具体的音高模式会受到语调类型、前字重读声调以及轻声音节数量的影响，来自前字重读声调的影响在较短的声调序列中影响更大，阳平的基频峰值出现的位置以及上声后的轻声也较易受到轻声音节数量的影响［*Language and Linguistics*, 23（1）］。

由于语调与句法、语义、语用的紧密联系，普通话中特殊句式、句法结构以及不同语体下的语调模式也受到关注。其中，张欣阳和陈玉东的《互动视角下陈述疑问句的韵律特征初探》采用普通话自然口语会话语料,对互动视角下"陈述疑问句"的韵律特征进行了分析(《中国语音学报》第17辑)。温宝莹和东鞾妍的《句中"连NP都VP"句式的韵律焦点分析》在韵律格局框架下针对普通话中"连NP都VP"结构位于句中位置的"连"字句进行了声学分析(《中国语音学报》第18辑)。王炤宇和曹梦雪的《普通话无标［ma］字句韵律研究》考察了普通话无标陈述句、无标疑问句、"吗"字句和"嘛"字句的声学表现,探讨了普通话中疑问语气词"吗"与非疑问语气词"嘛"的混淆问题(《中国语音学报》第17辑)。卜小珂、冯卉、昂秋香和陈江潮的"Comparison of the acoustic features of prosodic boundaries in Chinese formal and informal speech"从韵律边界的角度出发,考察了普通话正式和非正式语体韵律的声学特征差异(《中国语音学报》第17辑)。

此外,有少数研究还关注到了汉语方言中的韵律现象。比如Guo,C.和陈飞的"Phonetic realizations of metrical structure in tone languages: Evidence from Chinese dialects"比较了两种不同"词重音"结构的方言(左重结构:长沙方言和成都方言;右重结构:福州方言和厦门方言)中双音节韵律词的时长和音高表现,试图寻找两种"词重音"结构的韵律线索(*Frontiers in Psychology*,13)。张凌的"Syllable isochrony and the prosodic features of stop syllables in Cantonese"对粤方言中含-p、-t、-k塞音韵尾的入声音节进行了声学研究,发现塞音尾音节后会出现额外的声学空白,有时还会使下一个音节的声母被加长[*Language and Linguistics*,23(1)]。Wang, S.-F. 的"The interaction between predictability and pre-boundary lengthening on syllable duration in Taiwan Southern Min"以台湾地区南部的闽南方言为对象考察了可预测性(predictability)和韵律结构对音节时长的影响[*Phonetica*,79(4)]。

当然,中国学者对于韵律问题的关注也不限于汉语中的现象,比如汪成霞、许毅和张劲松的"Functional timing or rhythmical timing, or both? – A corpus study of English and Mandarin duration"基于语料库数据,对比了英语与汉语的音节时长分布,寻找所谓"重音计时"(stress-timed)和"音节计时"(syllable-timed)在时长上的证据。研究发现,由于音节不可压缩,英语不具有等时性倾向,而允许"重音计时"背后的原因也是因为音段时长较为固定,无法在超出其功能用途以外改变音节时长,而普通话确实出现了音节时长相等和短语时长相等的趋势。此外,在英语中,边界前音节的时长会随着间断指数(break index)的增加而增加,但在普通话中,2级间断指数以上边界前音节的时长便不再增加,而是会出现无声停顿的插入。因此,该研究认为,所谓"计时"和时长主要是用于信息编码,而非受节奏控制(*Frontiers in Psychology*,13)。郭嘉和崔思涵的"A contrastive study on phonetic prominence between Mandarin Chinese and English trisyllabic words"基于韵律格局理论,采用语音"突显"的概念对英汉两种语言中三音节词的"词重音"进行了对比声学分析(《中国语音学报》第18辑)。郭嘉的《英语词重音研究的音量比维度分析》采用"幅度积"和"音量比"对英语双音节词三种重音模式的音强表现进行了分析,探究英语词重音模式和音强之间的关联(《南开语言学刊》第 39 期)。秦鹏和丛珊的《鄂伦春语是非问句的两种语调编码方式》还关注到了鄂伦春语中是非问句使用语气助词和不使用语气助词时两种不同的句末语调(《当代语言学》第 24 卷第 4 期)。祖漪清、陆晨、欧珠、朱荣华、刘晨宁、邵鹏飞、录布塔、张校和胡国平的《连续话语中的基本语言运行单元 SE——来自藏语拉萨话连读变调的实验证据》从语音合成的需要出发,以广泛出现连读变调现象的藏语拉萨方言为例,通过跨语言事实说明连调域可以作为连续话语韵律乃至句法分析的关键信息,并提出了"连续话语中的基本语言运行单元 SE（sense element）"作为自然语言最小运行单位的概念(《当代语言学》第 24 卷第 4 期)。

除了声调、语调等韵律相关热门研究领域,中国学者 2022 年在音段研究方面也有不少成果,内容涉及中国境内不同地区汉语方言以及少数民族语言中各种颇具特色的音段现象。比如针对官话方言,Lee-Kim, S. -I. 和 Chou, Y. -C. I. 的"Unmerging the sibilant merger among speakers of Taiwan Mandarin"考察了台湾地区青年官话使用者齿龈－卷舌咝擦音（sibilant）合流的现象。结果表明,在不同言语交际任务中,合流的情况有所不同。在朗读任务中,从完全合并到完全不合并的情况都有,并且合并多发生在男性中,但这些发生合并的发音人在互动任务中产出的齿龈和卷舌音又存在明显差异,反映了心理词典（mental lexicon）里的不同表征。该研究认为,这种抽象语音表征与实际产出间的不匹配是由于接触了语言社群中仍然能够明确区分该对立的使用者,导致将他人的表征也纳入了自我心理词典 [Laboratory Phonology, 13（1）]。张哲璇和吴君如的《绵阳安州话"儿尾"和"儿化"词缀的声学分析》研究了四川省绵阳市安州方言中儿尾和儿化的音系表征以及词汇变异,并比较了两种现象在第一、二共振峰上的声学表现(《中国语音学报》第 17 辑)。唐安琪和 Jiménez, J. 的《四平方言中元音声学研究》考察了吉林省四平方言中五个中元音/o、ɤ、ə、ę、e/的声学表现,并据此探讨了这些元音的音系地位问题(《中国语音学报》第 18 辑)。耿浦洋、卢启萌、郭弘、曾锦华和施少培的《鼻音/m/的话者间频谱差异及其在声纹鉴定中的应用初探》从声纹鉴定应用的需求出发,以汉语普通话鼻音声母/m/为例考察了 11 个频谱特征在话者间的差异性和话者内的稳定性,结果发现/m/的频谱特征具有较好的话者间差异性,对于声纹鉴定中的话者同一判别具有一定参考价值(《中国语音学报》第 17 辑)。

针对吴方言,王非凡和陈忠敏的《上海市区方言后高元音的声学分析——一项正在进行中的合并》考察了不同年龄段上海市区方言两种后高元音音位/o, u/的声学表现,同时将声学表现与主观感知上的音位分合进行了简单比较。结果发现,无论是青年还是中老年发音人,两个元音在声学层面上均表现出相当程度的重合。青年发音人的声学产出与其主观音位感知层面所表现出的"正在进行中的合并"状态存在一定的相关关系(《中国语文》第 2

期）。徐梦寒和吴波的"An acoustic modeling study of fricative levels of high vowels in Chinese"通过提升逻辑回归（Boosted Logistic Regression）、模式识别（Pattern Recognition）等统计手段，考察了江淮官话的两个变体（扬州方言和丹阳方言）以及苏州吴方言中三个摩擦等级（无摩擦、低摩擦和高摩擦）擦音的声学表现（《中国语音学报》第17辑）。Ji, Y.、Hu, Y. 和 Jiang, X. 的"Segmental and suprasegmental encoding of speaker confidence in Wuxi dialect vowels"从音段层面考察了无锡方言使用者如何表达自信、不自信和中性语气的编码机制（*Frontiers in Psychology*, 13）。

针对少数民族语言，王玲和刘岩的《独龙语弱化音节的声学特征和弱化手段》通过系统的词汇分析和语音实验，对独龙语弱化音节的声学参数和语音性质进行了考察（《民族语文》第4期）。龙润田的《侗语的清鼻音和清边音》基于声学特征和语音分布的考察，分析了侗语清鼻音、清边音的演变趋势和历史来源问题（《民族语文》第1期）。赵春明的《伊犁州厄鲁特蒙古语元音格局研究》在格局理论框架下，采用语音实验的方法，分析了新疆伊犁州厄鲁特蒙古语的元音系统（《中国语音学报》第18辑）。王战领的《末昂语的内爆音》考察了末昂语中出现的、普遍存在于壮侗语的浊音内爆现象（《南开语言学刊》第40期）。

还有一部分声学语音学研究采用了社会语音学的研究视角，考察了不同社会属性对语音产出的影响，是声学语音学中较为特殊的一类研究。比如耿浦洋和顾文涛的"Acoustic and perceptual characteristics of Mandarin speech in gay and heterosexual male speakers"考察了社会亚文化社群中（比如同性恋和异性恋男性群体）形成的特异语音特征［*Language and Speech*, 65（4）］。胡涵和顾文涛的《个体依恋风格对亲密话语韵律及嗓音特征的影响》初步考察了依恋风格对亲密话语韵律及嗓音特征的作用规律（《声学学报》第47卷第2期）。李炯乐和 Ng, E. 的"Hong Kong women project a larger body when speaking to attractive men"以香港粤方言人群为例，初步考察了男性交谈对象长相的吸引力对于女性话者发声策略的影响（*Frontiers in Psychology*, 12）。

此外，2022年度有两本关于语调理论的译著值得关注。马秋武和翟红华译、Elizabeth O. Selkirk 原著的《音系与句法：语音与结构的关系》（商务印书馆，7月）在生成语法的理论框架内，对音系与句法之间的关系进行了深入系统的分析与研究，指出了建立在形态句法结构之上的经典生成音系学理论所存在的诸多问题，创见性地提出了形态句法之外的语言的韵律层级结构模式，开创了当今在语言学领域影响巨大的韵律音系学理论。马秋武和王平译、D. Robert Ladd 原著的《语调音系学（第2版）》（商务印书馆，6月）全面系统地阐述了语调语法的性质和本质，并在自主音段-节律音系理论框架下，介绍和阐释了生成音系学中语调音系学的理论框架和分析方法，即语调AM理论和ToBI语调标注系统。作者阐明了语调音系不是语调的语音研究，而是语调的语法研究，语调的语音（特别是实验语音）研究为语调的语法研究提供了坚实的经验基础。

（四）感知语音学研究

在 2022 年中国学者参与的语音感知基础研究中，仍以声调感知问题研究居多，对韵律以及音段的感知问题关注较少。但值得注意的是，即便是声调感知问题，不同研究的具体切入点以及具体研究手段的选择不尽相同，反映出整个学界对于声调感知问题理解的深入化和综合化。

传统的声调感知研究基本是在范畴感知的实验范式下进行的，这种范式通过控制声调基频中的具体参数合成基频连续统，可以考察不同声学参数在人耳对基频曲线进行范畴化过程中的作用。以这种方式考察声调感知问题由于可操作性强，仍然受到许多研究的青睐。比如，刘娟和张梦如的《从升调到降升调的心理感知机制初探》以不同参数组合方式合成了 10 组"降升调"连续统，试图从普遍意义上探索从升调到降升调的感知规律，发现起末点音高以及拐点位置等存在于声调基频曲线上的不同信息在以一种复杂的协同方式影响了"降升"曲线的范畴归类（《南开语言学刊》第 40 期）。武波的《从性别与调阶角度探讨》同样利用该范式探讨了普通话阴平 - 阳平的感知，但该研究着重考察了实验刺激中的性别信息以及调阶信息对范畴感知结果存在的影响（《南开语言学刊》第 39 期）。

除了声学信息本身提供的感知线索外，越来越多的研究还注意到了各种其他因素在声调范畴感知中的作用。比如 Meng，Y.、陈飞、Feng，Y.、彭刚、Zheng，W. 的"Age-related differences of Mandarin tone and consonant aspiration perception in babble noise"考察了多路重合噪音（babble noise）环境下成人和 12 - 14 岁青少年对普通话声调范畴感知和辅音送气特征感知的不同表现，认为声调比辅音送气特征更容易获得（acquired），并且声调感知更稳定，更不容易受到噪声干扰，同时认为范畴感知一定程度上也与听觉语言工作记忆的能力和利用相关［*Journal of Speech，Language，and Hearing Research*，65（9）］。Yang，T.-H.、Jin，S.-J. 和 Lu，Y.-A. 的"The effect of lexicality, frequency, and markedness on Mandarin tonal categorization"考察了词汇性（lexicality）、声调频率以及标记性（markedness）对声调范畴化的影响（*Frontiers in Psychology*，13）。

除了声调的范畴化问题，更多研究关注了不同条件下自然产出声调的辨认和区分如何受到不同控制因素的影响。刘礼泉、黎尔敬、Singh，L.、Kalashnikova，M.、黄俊文、Kasisopa，B.、陈傲、Onsuwan，C. 和 Burnham，D. 的"The tone atlas of perceptual discriminability and perceptual distance：Four tone languages and five language groups"大规模考察了五种母语背景（普通话、新加坡华语、汉语粤方言、泰语、澳大利亚英语）的被试在感知四种声调语言（普通话、新加坡华语、汉语粤方言、泰语）刺激时的表现，探讨了母语背景对于声调的影响。该研究发现,对于声调语言使用者来说,不仅对于母语中的声调具有感知优势,在感知其他声调语言中的声调也比非声调语言母语者具有优势,从而为未来声调敏感度的实证研究提供了一份声调图谱和参考指南(*Brain and Language*,229)。Li,M.、陈晓湘、朱加强和陈飞的"Audiovisual Mandarin lexical tone perception in quiet and noisy contexts:The influence of visual cues and speech rate"考察了在不同环境(安静或嘈杂)和语速(快速、正常和缓慢)条件下,面部表情和手势等其他模态的信息在普通话声调感知过程中的影响,认为综合视听信息对于改善噪声中的声调感知以及调节语速对安静环境中的普通话声调感知都起着至关重要的作用[*Journal of Speech,Language,and Hearing Research*,65(11)]。Wei,Y.、Jia,L.、Gao,F.和Wang,J.的"Visual-auditory integration and high-variability speech can facilitate Mandarin Chinese tone identification"考察了视觉声调辅助信息(即用移动箭头表示声调的音高曲拱)对不同母语背景被试在普通话声调辨认任务中表现的影响[*Journal of Speech,Language,and Hearing Research*,65(11)]。Liu,H.和Gibbon,D.的"Effects of familiarity and dialect experience on the description of tonal variant"考察了声调熟悉度和方言经验对普通话声调感知的影响(*Frontiers in Psychology*,13)。

从以上研究可以看出,大多数的声调感知研究,无论研究方法如何,研究对象始终停留在对单字调的感知问题上,而对于语流中声调如何感知的研究极少。Zhang,H.、丁红卫和李蕙心的"The influence of preceding speech and nonspeech contexts on Mandarin tone identification"考察了普通话双音节词中前字声调对后字声调感知的影响以及导致这种影响的潜在机制。结果表明,相较于前字声调结尾较低(去声)的情况,前字声调的结尾音高较高(阴平和阳平)时后字更有可能被归类为上声。该研究还观察到非言语上下文(前字只保留基频曲拱)对声调感知的影响,但非言语上下文的效应明显小于言语上下文的情况(*Journal of Phonetics*,93)。

相比对声调感知问题的广泛关注,整个学界对于韵律其他方面感知问题的理解和关注度一直偏低,这一方面是由于韵律的复杂性造成的,另一方面也是由于研究方法的限制,但2022年度仍有中国学者在这方面进行了尝试。比如刘敏、陈轶亚和Schiller,N. O.的"Context matters for tone and intonation processing in Mandarin"考察了普通话母语者如何加工基频编码冲突或一致的声调和语调,以及语义语境如何影响这些条件下声调和语调加工的问题,发现句末尾字声调的辨认在疑问或陈述语义语境下几乎都不会受到句子语调的影响,而语调的辨认,尤其是疑问语调的辨认,则会受到尾字声调的影响,且辨认结果与语义语境有很大关系[*Language and Speech*,65(1)]。汤恩泽、龚婕、管晶晶和丁红卫的"Neutral speech prosody imposes perceptive alterations on semantic emotion:Evidence from a large-scale affective rating experiment"通过大规模情感评价实验,在视觉(文字载体)和听觉(语音载体）模态下的三种测试条件以及五个情感维度中分别考察了各条件下的语义情绪感知情况（《中国语音学报》第 18 辑）。此外，苏日古嘎和包桂兰的《蒙古语双音节词重音感知研究》还对蒙古语双音节词进行了词重音的感知研究（《民族语文》第 3 期）。

2022 年中国学者针对音段现象的感知研究为数不多，比如乌兰·阿布尔哈斯木和孔江平的《哈萨克语构形附加成分感知研究》考察了哈萨克语中构形附加成分的感知范畴问题（《民族语文》第 5 期）。李明兴的"Vowel context, place difference, and the perceptual distinctiveness of sibilants"通过加速 AX 辨别任务（speeded-AX discrimination task），考察了四组咝擦音最小对立音节/si-ɕi/、/sa-ɕa/、/si-ʂi/、/sa-ʂa/的感知差异（《中国语音学报》第 17 辑）。

还有一些研究关注了语音感知和产出之间的关系，其中，部分该类研究从感知和产出的关系角度探讨了特定语言/方言中语音对立合并等语言演变现象。比如余梓麟、Lee, C. W. T.、Lan, C. 和莫碧琪的"A new system of Cantonese tones? Tone perception and production in Hong Kong South Asian Cantonese"关注了香港的南亚青年产出和感知汉语粤方言声调的问题。研究发现，南亚粤方言使用者的声调数量比标准香港粤方言的六声系统要少，他们的声调区分能力也比华裔同龄人更差。而且对于南亚语使用者来说，声调区分的准确性与其所产出声调的清晰度（distinctness）之间存在着正相关性，但这种相关性在华裔中并不存在。这些发现都表明，南亚族群的香港粤方言使用者可能已经发展出与华裔同龄人不同的声调系统[*Language and Speech*, 65（3）]。Cheng, L. S. P.、Babel, M. 和姚瑶的"Production and perception across three Hong Kong Cantonese consonant mergers: Community- and individual-level perspectives"比较了香港粤方言使用者中三个长期存在的辅音合并现象（/n/→/l/, /ŋ̍/→/m̩/和/ŋ/↔Ø）在群体层面和个人层面的变异[*Laboratory Phonology*, 13（1）]。冼文婷和杨蓓的《从感知与发音的关系看声调合并——以广西南宁粤语为例》考察了广西南宁粤方言的声调合并现象（《语言科学》第 21 卷第 4 期）。

另外一些感知产出关系研究虽然采用了某语言/方言中的实验材料，但并不针对特定语言中的现象，而是探讨了普遍的感知产出关联机制。比如 Zhang, H.、Wiener, S. 和 Holt, L. L. 的"Adjustment of cue weighting in speech by speakers and listeners: Evidence from amplitude and duration modifications of Mandarin Chinese tone"考察了语音产出和感知中不同权重语音线索的相互作用[*The Journal of the Acoustical Society of America*, 151（2）]。Ning, L. -H. 的"The effect of stimulus timing in compensating for pitch perturbation on flat, rising, and falling contours"以台湾地区南部使用的闽南方言中平调、升调和降调为例，考察了在产出声调时听觉反馈对声调声学表现的影响[*The Journal of the Acoustical Society of America*, 151（4）]。Lee, S. -H.、Torng, P. -C. 和 Lee, G. -S. 的"Contributions of forward-focused voice to audiovocal feedback measured using nasal accelerometry and power spectral analysis of vocal fundamental frequency"考察了听觉反馈对前向聚焦语音条件下嗓音的调控作用[*Journal of Speech, Language, and Hearing Research*, 65（5）]。

二、语音学相关交叉领域研究

由于语音学的交叉学科属性，还有大量研究基于语音学的研究视角和研究方法，对特定领域中的现象进行了语音相关内容的考察。2022年中国学者对于语音相关交叉应用领域的研究主要集中在四大主要方面，包括跨越全生命周期的语音发展研究、第二语言习得中与语音相关的研究、病理语音研究以及与语音相关的认知和神经机制研究。这四个方面属于语音学者近年来较为重视、投入较多也颇具研究积累的领域。除此以外，还有一些研究关注到了常规研究未能发现的问题或采用了与常规研究迥异的研究思路，这些研究问题和方法在未来或将成为新的学术增长点。

（一）全生命周期语音发展研究

人的语言发展是一个从出生到衰老、贯穿整个生命周期的连续过程。观察生命周期不同阶段的语言行为及其变化发展过程是理解人类语言机制的重要方面。但中国学者针对贯穿生命周期的发展研究仍偏重对儿童语音习得的关注，对此后的变化发展过程关注甚少。

其中，吴燕京、Hou, X.、Peng, C.、Yu, W.、Oppenheim, G. M.、Thierry, G. 和张丹丹的"Rapid learning of a phonemic discrimination in the first hours of life"采用功能性近红外光谱技术考察了新生儿在听到语音刺激后神经的可塑性变化，首次发现新生儿在出生后数小时内即表现出对于音位范畴的学习[*Nature Human Behaviour*, 6（8）]。针对生命最初的第一年，陈傲、Peter, V. 和 Burnham, D. 的"Development of neural discrimination of pitch across speech and music in the first year of life, a mismatch response study"考察了以英语为母语的4个月、8个月和12个月的婴儿区分语音和音乐中音高变化时的神经反应，发现此阶段的婴儿音高感知能力在音乐加工和声调加工过程中的发展只是基于特定领域，而非跨领域同步发展[*Language, Cognition and Neuroscience*, 37（9）]。

针对幼儿及学龄前儿童的语音发展，高军的专著《1.5至6岁普通话儿童发音测试（北京地区）使用手册》（中国社会科学出版社，11月）基于普通话儿童大规模语音库，制定了评估儿童发音水平的"1.5至6岁普通话儿童发音标准测试（北京地区）"，其中包括标准测试词表和常模。该书还全面描述了普通话学龄前儿童发音发展的整个过程，包括发展阶段、每个发展阶段的发音偏误分布以及每个发展阶段获得的音位。张司晨和李爱军的"Acquisition of two consecutive neutral tones in Mandarin-speaking preschoolers: Phonological representation and phonetic realization"分析了中国社会科学院语言研究所 CASS_CHILD_WORD 语料库中1.5至6岁的幼儿及学龄前儿童自然产出含有两个连续轻声字结构的语料（例如"妈妈的"），考察了在不同韵律边界上轻声音节的音高、时长等韵律特征的发展模式，发现从音系规则习得方面来说，1岁6个月时产出错误已经非常少，主要在首字为阳平和上声时会出现错误，但从语音实现上来说，学龄前儿童的轻声声学模式与成人仍有差异，呈现出一个逐渐发展的过程（《INTERSPEECH会议论文集》，International Speech Communication Association，9月）。封叶、Kager, R.、黎尔敬和黄俊文的"The ability to use contextual cues to achieve phonological constancy emerges by 14 months"进行了一系列实验，考察了14个月、18个月和24个月的幼儿是否能通过语境信息适应不同发音人的语音差异来进行词汇学习，发现当听到的语音刺激由于发音人不同而发生范畴重叠时，幼儿较难进行语音范畴与词汇的对应，但当语音刺激来自同一发音人时，14个月的幼儿即表现出一定的发音人适应性，能够在学习新词的过程中注意到语音上的细微差异［*Developmental Psychology*，58（11）］。Ma, J.、Wu, Y.、朱加强和陈晓湘的"The phonological development of Mandarin voiceless affricates in three- to five-year-old children"调查了3至5岁普通话儿童塞擦音产出的音系发展规律，发现声母j和q在3岁时就已习得，早于z和c以及zh和ch（*Frontiers in Psychology*，13）。温宝莹和欧阳子薇的《6岁普通话儿童阴平-阳平调的感知探索》利用范畴感知实验范式，考察了母语为普通话的6岁儿童感知普通话中阴平和阳平的模式（《南开语言学刊》第39期）。姚瑶、陈晓湘、陈飞和朱加强的"Musical training enhances categorical perception of speech in preschoolers: Training duration and musical program matter"考察了不同类型音乐训练对于学龄前儿童声调和VOT范畴感知的影响，发现了音乐学习对于学龄前儿童声调和VOT范畴习得的迁移效应，揭示了音乐训练对于语言发展的潜在帮助［*Journal of Speech, Language, and Hearing Research*，65（11）］。Zhang, Y.、Zheng, Y.和Li, G.的"Dialect effects on Mandarin tone perception development"通过对于不同方言（普通话和西南官话）的语言环境中2-6岁儿童普通话声调获得过程的考察，认为使用普通话标准参考语音材料可以准确评估普通话接触程度超过50%的儿童，不论他们的首选方言是不是普通话，但同样的评估材料如果用于普通话接触较少或无接触的儿童来说，则可能造成不准确的评估结果［*Language and Speech*，65（3）］。

此外，Sun, C.、Meng, X.、Du, B.、Zhang, Y.、Liu, L.、Dong, Q.、Georgiou, G. K.和南云的"Behavioral and neural rhythm sensitivities predict phonological awareness and word reading development in Chinese"对47名讲普通话的中国儿童进行了两年的追踪调查，结果表明，儿童9岁时在行为和神经层面体现的节奏敏感度能预测其11岁时的语音意识及这两年期间的发展变化，另外9岁时神经上的节奏敏感度也对11岁时的阅读准确性及两年间的发展有预测性，反映出节奏敏感度和汉语语言能力的关系（*Brain and Language*，230）。Liu,

X.、He, Y.、Gao, Y.、Booth, J. R.、Zhang, L.、Zhang, S.、Lu, C. 和 Liu, L. 的"Developmental differences of large-scale functional brain networks for spoken word processing"还考察了语音和语义独立加工的双通路分离如何发育而成的问题。研究通过采用基于图形理论的脑网络分析，比较了8-12岁的儿童与19-26岁成人在语音和语义判断任务中的神经功能交互结构（*Brain and Language*, 231）。

但与此同时，随着人口老龄化程度持续加深，如何积极应对老龄化挑战、激发老龄社会活力是全社会当前关注的焦点，"十四五"规划也已将"实施积极应对人口老龄化"提升至国家战略的高度，老年人的语音相关研究正逐步引起中国学者的关注。比如 Xu, M.、Shao, J.、丁红卫和 Wang, L. 的"The effect of aging on identification of Mandarin consonants in normal and whisper registers"考察了老年人在正常语音和耳语这两种条件下辨认普通话辅音的情况，发现在非理想的言语感知条件下，听者的能力、语言的独特性以及信号变形的特点都会影响老年人对于言语信号的感知（*Frontiers in Psychology*, 13）。封叶、彭刚和王士元的"Categorical perception of lexical tones in Mandarin-speaking seniors"探讨了典型衰老人群和轻度认知障碍老人普通话声调范畴感知的不同表现，发现65岁以下的典型衰老人群声调感知完好无损；75岁以上也可以保持正常的声调辨认，但声调区分能力较差，这主要与年龄造成的听力水平下降相关。而轻度认知障碍老人的声调辨认也是正常的，只是声调区分能力明显受损，主要可归因于年龄、听力损失以及认知障碍（例如工作记忆和长期语音记忆受损）的叠加效应［*Journal of Speech, Language, and Hearing Research*, 65(8)］。

（二）第二语言语音习得研究

2022年的第二语言语音习得研究主要有三个研究方向：一是关于学习者在第二语言习得过程中产出与感知的特征及相关影响因素，二是对不同形式二语语音训练方法的有效性考察，三是对二语语音习得中产出与感知关系的探索。其中，中国学者对于目的语为汉语和英语这两大世界主要语言的语音习得尤为关注，少数研究还关注了目的语为其他语言的语音习得。

在对于汉语普通话的语音习得研究中，汉语声调的产出与感知一直是关注的重点。在产出方面，江海燕、郭旭宏和张琳的《汉语学习者三字组声调偏误研究——以美国留学生为例》研究了汉语三字组声调偏误问题，对比考察了美国留学生汉语三字组声调表现与汉语母语者的差异，结合汉语四个调类在三字组的首字、中字、末字不同位置的音高表现差异，探究了导致三字组中声调偏误出现的原因，以及如何在学习和教学中避免这些偏误（《国际中文教育（中英文）》第7卷第3期）。秦震的"The second-language productivity of two Mandarin tone sandhi patterns"考察了韩语为母语的普通话学习者对普通话上声连读变调和半上声在真词和假词中的产出，并进一步测试了产出是否随着普通话水平的提高而变化（*Speech*

Communication，138）。季金鑫、李洋和杨小虎的《噪音背景下韩国留学生普通话声调产出调整方式研究》考察了韩国留学生在不同背景音条件下普通话声调音高、音强和时长的调整方式（《汉语学习》第4期）。在感知方面，Pelzl, E.、刘江和齐春红的"Native language experience with tones influences both phonetic and lexical processes when acquiring a second tonal language"考察了越南语母语者汉语普通话的声调识别和单词识别（*Journal of Phonetics*，95）。邹婷、Caspers, J. 和陈轶亚的"Perception of different tone contrasts at sub-lexical and lexical levels by Dutch learners of Mandarin Chinese"考察了荷兰语母语普通话学习者的声调感知，该研究利用序列回忆任务（sequence recall）和听觉词汇决策任务（lexical decision），对比了初级和高级汉语学习者在亚词汇和词汇水平上区分不同声调的能力（*Frontiers in Psychology*，13）。在产出和感知关系方面，陈思、李北、He, Y.、陈树雯、杨一可和Zhou, F. 的"The effects of perceptual training on speech production of Mandarin sandhi tones by tonal and non-tonal speakers"考察了感知训练（perceptual training）对声调语言学习者（汉语粤方言母语）和非声调语言学习者（英语母语）普通话三声变调习得的影响。该研究发现，粤方言母语者产出的普通话三声变调在训练后得到明显的提升，但是英语母语者的提高主要在基频曲线的末尾或拐点位置上，说明英语母语者在感知训练中可能没有注意到整个基频曲线的形状；此外，感知训练对于粤方言母语者在真词和假词中的产出都有改善，但英语母语者在假词中的提升较少（*Speech Communication*，139）。

除声调以外，普通话语音其他方面的习得也得到关注。古力努尔·艾尔肯和艾斯卡尔·艾木都拉的《维吾尔族大学生汉语普通话单元音习得研究——基于共振峰相似度的对比分析》考察了母语为维吾尔语的学习者普通话单元音的习得（《中国语音学报》第17辑）。黄荷婷、王玮、沈慕芬和王朕的《俄语背景留学生习得汉语送气/不送气辅音过程中的产出偏误研究》考察了母语为俄语的学习者普通话送气/不送气辅音的产出（《中国语音学报》第18辑）。刘增慧和景佳的《跨民族语背景双语者对汉语焦点韵律编码的感知研究》考察了不同民族语背景的双语者（包括白-汉、藏-汉、彝-汉、维-汉和纳西-汉双语者）对于汉语普通话焦点韵律的感知（《中国语音学报》第18辑）。温宝莹、潘超超和徐利峥的《葡萄牙学习者汉语陈述句语调习得的实验探索》考察了葡萄牙学习者汉语陈述句语调的产出特征（《国际中文教育（中英文）》第7卷第3期）。

汉语作为第二语言习得的相关研究也促进了国际中文教学领域的思考，包括曹文的《国际中文语调教学当有内容之我见》（《国际中文教育（中英文）》第7卷第3期）、邓丹的《汉语作为第二语言的语调教学浅析》（《国际中文教育（中英文）》第7卷第3期）以及徐坤宇和石锋的《汉语语音教学的捷径——普通话简明音系解说》（《国际中文教育（中英文）》第7卷第3期）。

在英语作为第二语言的习得过程中，各种影响因素受到学者关注。Choi, W. 的"Theorizing positive transfer in cross-linguistic speech perception: The Acoustic-Attentional-Contextual hypothesis"考察了汉语粤方言母语者对英语重音的感知。该研究发现，粤方言母语者在某些情况下比英语母语者更能准确地辨别英语重音。在没有上升音高重音（rising pitch accent）和元音弱化（vowel reduction）的情况下，粤方言母语者对英语重音的辨别能力优于英语听者，反之粤方言母语者的优势就会消失。该结果说明，二语语音感知是受声学、注意力和语境共同影响的（*Journal of Phonetics*, 91）。Liu, S.、Nakajima, Y.、Chen, L.、Arndt, S.、Kakizoe, M.、Elliott, M. A. 和 Remijn, G. B. 的"How pause duration influences impressions of English speech: Comparison between native and non-native speakers"考察了在不同标点符号处的停顿时间对英语口语语音面貌的影响（*Frontiers in Psychology*, 13）。He, L. 的"Characterizing first and second language rhythm in English using spectral coherence between temporal envelope and mouth opening-closing movements"从频谱重心、扩散、滚降、平坦度和熵等非常规参数中也发现了英语学习者与英语母语者产出英语韵律模式之间的差异［*The Journal of the Acoustical Society of America*, 152（1）］。Guo, X. 和陈晓湘的"Perception of English stress of synthesized words by three Chinese dialect groups"（*Frontiers in Psychology*, 13）、Guo, X. 的"Acoustic correlates of English lexical stress produced by Chinese dialect speakers compared to native English speakers"（*Frontiers in Psychology*, 13）、Chen, W. 和 van de Weijer, J. 的"The role of L1–L2 dissimilarity in L2 segment learning-Implications from the acquisition of English post-alveolar fricatives by Mandarin and Mandarin/Wu speakers"（*Frontiers in Psychology*, 13）以及曹冲和李爱军的《粤方言区英语学习者焦点重音产出与感知研究》（《中国语音学报》第 17 辑）都关注了汉语方言背景对于英语语音习得的影响。Zinszer, B. D.、Yuan, Q.、Zhang, Z.、Chandrasekaran, B. 和 Guo, T. 的"Continuous speech tracking in bilinguals reflects adaptation to both language and noise"采用脑电技术关注了母语者及二语者在声学信号受到干扰时的神经差别（*Brain and Language*, 230）。

此外，中国学习者习得其他语言中语音对立的情况也受到了关注，比如 Ren, H. 的"Perception of Japanese singleton and geminate contrasts: A case of Chinese learners with different dialectal backgrounds"考察了中国不同方言背景的日语学习者对于日语单双音对立（singleton and geminate contrasts）的感知差异（*Frontiers in Psychology*, 13）。Ning, J.、彭刚、Liu, Y. 和 Li, Y. 的"The effect of simultaneous exposure on the attention selection and integration of segments and lexical tones by Urdu-Cantonese bilingual speakers"比较了乌尔都语–汉语粤方言双语者、汉语粤方言单语者以及母语为乌尔都语的汉语粤方言学习者感知粤方言声调的表现（*Frontiers in Psychology*, 13）。

（三）病理语音研究

在众多引发语音及言语行为和认知障碍的临床疾病中，2022年度受到中国学者较多关注的主要包括由言语发音感知器官的器质性病变引起的嗓音障碍和听觉障碍、自闭症谱系障碍（主要是儿童）、神经退行性病变引起的阿尔茨海默症与帕金森症（主要是老人）以及失歌症和口吃等影响言语韵律感知和产出的言语障碍。不同研究分别考察了各种病理语音的产出和感知特征、认知神经机制以及可能的检测手段。

有关嗓音疾病的语音研究中，Hong, S.-W.和Chan, R. W.的"Acoustic analysis of Taiwanese tones in esophageal speech and pneumatic artificial laryngeal speech"考察了食道语音（esophageal speech）以及气动人工喉语音（artificial laryngeal speech）患者产出声调的声学特性［Journal of Speech, Language, and Hearing Research, 65 (4)］。方强的"A study on automatic diagnosis of muscle tension dysphonia based on sEMG"提出了一种基于表面肌电数据的肌肉紧张型发声障碍自动诊断手段，发现通过恰当选择任务和分类方法，分类的正确率能够达到80%以上（《中国语音学报》第17辑）。Lin, Y.、Cheng, L.、Wang, Q.和徐文的"Effects of medical masks on voice quality in patients with voice disorders"还考察了外科口罩对于嗓音障碍患者音质的影响［Journal of Speech, Language, and Hearing Research, 65 (5)］。Ding, Y.、Sun, Y.、Li, Y.、Wang, H.、方强、Xu, W.、Wu, J.、Gao, J.和Han, D.的"Selection of OSA-specific pronunciations and assessment of disease severity assisted by machine learning"考察了阻塞性睡眠呼吸暂停（obstructive sleep apnea）综合征患者普通话元音、辅音和声调的产出情况，分析了语音信号与阻塞性睡眠呼吸暂停之间的相关性，并探索了通过语音进行阻塞性睡眠呼吸暂停综合征筛查的可能性［Journal of Clinical Sleep Medicine, 18 (11)］。

2022年度中国学者有关听力障碍患者的语音相关研究，目前关注的重点人群仍为儿童，关注的研究内容不仅涉及声学语音学的内容，也涉及认知神经领域的内容。比如高雍象、吴迪、冯岩、冯叶、王佳汝、余英和田成华的《韵母类型对听障儿童不同塞音嗓音起始时间的影响》考察了韵母类型对听障儿童不同塞音VOT的影响（《听力学及言语疾病杂志》第30期）。石歆苑、吴珊珊和梁丹丹的"Lexical access in preschool Mandarin-speaking children with cochlear implants"通过跨模态的视觉听觉干涉范式（visual-auditory interference paradigm）考察了母语为汉语的人工耳蜗植入学龄前儿童在词汇通达（lexical access）过程中与健听儿童的差异，发现两组儿童都能够成功地通达和产出词汇，且都出现了语音的启动效应，但都没有出现词汇的启动效应。然而，人工耳蜗植入儿童加工语音信息的时间进程要晚于健听儿童，但又由于实验中任务导向的影响，反而能在更短的时间内做出反应［Journal of Speech, Language, and Hearing Research, 65 (12)］。Yang, Y.、Li, Q.、Xiao, Y.、Liu, Y.、

Sun, K.、Li, B. 和 Zheng, Q. 的 "Auditory discrimination elicited by nonspeech and speech stimuli in children with congenital hearing loss" 利用听觉事件相关电位来探索有无听力损失的儿童在听到纯音（1 kHz 与 1.1 kHz）或词汇音（/ba2/与/ba4/）刺激时脑电波中的失匹配负波（mismatch negativity；MMN）、P3a、负波（negative wave；Nc）和晚期判别性负波（late discriminative negativity；LDN）等成分［Journal of Speech, Language, and Hearing Research, 65（10）］。

有关自闭症谱系障碍患者的语音研究是 2022 年的一大热点。自闭症患者在语音产出中通常表现出非典型的音高模式。阎锦婷、陈飞和沙莎的《汉语背景孤独症儿童声调产出特征的实验研究》用图片命名任务考察了母语为汉语的自闭症儿童声调产出情况，发现自闭症儿童基本掌握了普通话四个调类，但掌握程度不同，且同一个声调位于词语前字和后字时可能会产生不同的发音问题（《心理月刊》第 17 卷第 20 期）。徐坤宇、阎锦婷、Ma, C.、Chang, X. 和钱昱夫的 "Atypical patterns of tone production in tone-language-speaking children with autism" 比较了患有自闭症的普通话儿童及其同龄的典型发育儿童产出的普通话重读声调与轻声，认为音高信息加工过程中的缺陷可能是造成自闭症儿童非典型声调产出模式的原因，并推测非典型基频曲拱有可能是由于模仿缺陷造成的（Frontiers in Psychology, 13）。Guo, C.、陈飞、阎锦婷、Gao, X. 和 Zhu, M. 的 "Atypical prosodic realization by Mandarin-speaking autistic children: Evidence from tone sandhi and neutral tone" 调查了普通话自闭症儿童和典型发展儿童产出两字上上变调和两字轻声的情况，发现 8 岁以下的自闭症儿童获得了上上变调规则和轻声变调规则，但在语音实现上与典型发展儿童仍有差异，而这些差异或由神经基础差异造成（Journal of Communication Disorders, 100）。陈飞、Cheung, C. C. 和彭刚的 "Linguistic tone and non-linguistic pitch imitation in children with autism spectrum disorders: A cross-linguistic investigation" 考察了粤方言母语的自闭症儿童和典型发展儿童产出粤方言声调的情况［Journal of Autism and Developmental Disorders, 52（5）］。除了声调，Guo, C.、陈飞、Chang, Y. 和阎锦婷的 "Applying Random Forest classification to diagnose autism using acoustical voice-quality parameters during lexical tone production" 还分析了普通话自闭症儿童的嗓音音质（Biomedical Signal Processing and Control, 77）。祁晶、吴西愉、杨洁和杜佳楣的《自闭症儿童语音情感感知研究》还考察了自闭症儿童感知语音中情感信息的模式。该研究通过对比自闭症儿童与典型发展儿童在识别开心、生气、害怕、伤心四种情感语音的表现，发现虽然在各种情感的混淆情况及识别偏向上自闭症儿童与典型发展儿童的趋势基本一致，但自闭症儿童识别正确率显著弱于典型发展儿童。该研究认为，自闭症儿童在语音情感感知能力上并没有缺陷，其表现较差是其任务执行相关能力较弱而非情感感知缺陷导致（《中国语音学报》第 18 辑）。

对于阿尔茨海默症以及帕金森症等神经退行性病变的语音研究近年来得到越来越多的关注。比如黄立鹤和杨晶晶的《汉语阿尔茨海默病患者口语非流利性研究》对比分析了阿尔茨海默症患者和典型老化同龄对照组"看图说话"任务中口语产出的非流利现象及其心理加工过程,认为语义记忆损伤、视知觉能力下降等是造成阿尔茨海默症患者话语非流利的主要原因(《当代语言学》第 24 卷第 2 期)。范萍、顾文涛和刘卫国的《统一帕金森病评定量表评估无言语障碍帕金森病患者的语音声学特征》用统一帕金森病评定量表评估了无言语障碍帕金森病患者的语音声学特征(《听力学及言语疾病杂志》第 30 卷第 3 期)。

其他受到关注的言语相关障碍还包括失歌症,比如张高媛、Shao, J.、张偲偲和 Wang, L. 的 "The perception of lexical tone and intonation in whispered speech by Mandarin-speaking congenital amusics" [*Journal of Speech, Language, and Hearing Research*, 65(4)],朱加强、Chen, X.、陈飞和 Wiener, S. 的 "Individuals with congenital amusia show degraded speech perception but preserved statistical learning for tone languages" [*Journal of Speech, Language, and Hearing Research*, 65(1)];口吃,比如 Shao, J.、Bakhtiar, M. 和张偲偲的 "Impaired categorical perception of speech sounds under the backward masking condition in adults who stutter" [*Journal of Speech, Language, and Hearing Research*, 65(7)];功能性构音障碍,比如赵风云、周璇、陈楠、王姗姗、沈洁、邓倩和杜青的《功能性构音障碍儿童舌根音发音状况分析》(《中国康复医学杂志》第 37 卷第 2 期);言语失用症,比如 Wong, E. C. H.、Wong, M. N.、Velleman, S. L.、Tong, M. C. F. 和 Lee, K. Y. S. 的 "Lexical tone perception and production in Cantonese-speaking children with childhood apraxia of speech: A pilot study" (*Clinical Linguistics & Phonetics*);以及阅读障碍,比如陈傲的 "Later but not weaker: Neural categorization of native vowels of children at familial risk of dyslexia" [*Brain Sciences*, 12(3)]。

此外,从临床医学和实际应用的需求出发,徐文编著的《喉肌电图临床应用》(人民卫生出版社,11 月)为目前国内唯一专门针对喉肌电图检查技术进行深度解读的原创专著。全书共 17 万字,200 幅原创临床图片,包括大量肌电图和频闪喉镜照片,辅以 18 例详尽分析的临床案例,解读喉肌电图基础知识及临床应用的宝贵经验。徐文译、Calais-Germain, B. 和 Germain, F. 原著的《发音解剖书——如何铸就最美嗓音》(河南科学技术出版社,7 月)以文字描述结合彩色插图的形式,系统而形象地介绍了发音相关的解剖结构及生理功能,包括声道的生理结构、发音原理以及全身骨骼-肌肉系统与发音的关系,全书涵盖艺术、康复科学、运动及医学等多个领域,是一本专业同时又通俗的发音参考书。

(四)语音相关的认知和神经机制研究

在以上三个特定领域的研究中,除了传统的声学和感知研究范式外,部分研究还采用了认知神经科学领域的研究方法和范式,而本节则专门综述那些采用认知神经科学研究视角对非特定领域语音感知和产出现象进行的研究，这些研究主要是在认知神经科学的理论框架内对相关问题进行的探讨。

在语音感知方面，邹婷、刘昱彤和钟惠婷的"The roles of consonant, rime, and tone in Mandarin spoken word recognition: An eye-tracking study"利用眼动追踪技术和视觉世界范式（visual world paradigm）考察了听觉输入的普通话词汇识别过程，综合比对了声母、韵母、声调信息的加工时程和效应（*Frontiers in Psychology*, 12）。Tu, J. -Y. 和钱昱夫的"The role of categorical perception and acoustic details in the processing of Mandarin tonal alternations in contexts: An eye-tracking study"采用眼动追踪技术考察了普通话双音节词中连读变调的加工（*Frontiers in Psychology*, 12）。实际出现的刺激与预期不符一般会引发脑电上的 N400 效应，Politzer-Ahles, S.、Lin, J.、Pan, L. 和 Lee, K. K. 的"N400 evidence that the early stages of lexical access ignore knowledge about phonological alternations"通过考察 160 名被试的较大样本，发现普通话上声字被读作阳平调或阳平字被读作上声调时，均不会对预期不符所产生的 N400 效应造成减弱 [*Language and Speech*, 65（2）]。Zheng, Z.、钱昱夫、Wang, W.、Zhang, Z. 和李卫君的"The cognitive processing of tone sandhi in different information structural status during dialogue comprehension"则聚焦词汇层级的声调加工和信息结构层级的语调加工之间的交互关系，发现普通话母语者感知对话中上声连读变调双字词发音的自然程度在脑电活动上反映为晚期正波的幅值大小，而该词在信息结构中的地位则调整了晚期正波的头皮分布 [*Language, Cognition and Neuroscience*, 37（10）]。通过考察普通话母语者学习粤方言平调的实验，秦震、Jin, R. 和张偲偲的"The effects of training variability and pitch aptitude on the overnight consolidation of lexical tones"研究了个体音高能力和训练材料的多变性对声调学习和巩固记忆的影响 [*Journal of Speech, Language, and Hearing Research*, 65（9）]。林苡、Fan, X.、Chen, Y.、Zhang, H.、陈飞、Zhang, H.、丁红卫和张扬的"Neurocognitive dynamics of prosodic salience over semantics during explicit and implicit processing of basic emotions in spoken words"用脑电技术揭示了情绪词经听觉通道输入的加工动态 [*Brain Sciences*, 12（12）]。Cui, X.、Jiang, X. 和丁红卫的"Affective prosody guides facial emotion processing"要求以普通话为母语的被试在观看不同情绪面孔视觉刺激的同时聆听与四种情绪之一相匹配的情感韵律，并采用眼动追踪技术记录被试的眼动轨迹，考察言语韵律中的情绪信息如何影响了情绪的视觉处理（*Current Psychology*, 42）。

值得注意的是，中国学者在有关复杂语境的语音解码方面有不少成果。Zhou, L. -F.、Zhao, D.、Cui, X.、Guo, B.、Zhu, F.、Feng, C.、Wang, J. 和 Meng, M. 的"Separate neural subsystems support goal-directed speech listening"用功能磁共振技术研究了人如何在分散注意力的嘈杂背景下追踪某个特定说话者的叙述，发现目标导向的语音聆听（即在两个相互竞争的语音输入中注意其中一个）的神经基础包括具有不同跨任务动态活动特性和不同功能目的的独立子系统（*NeuroImage*，263）。Pei，C.、Huang，X.、Li，Y.、Chen，B.、Lu，B.、Peng，Y.、Si，Y.、Zhang，X.、Zhang，T.、Yao，D.、Li，F. 和 Xu，P. 的 "Auditory dominance in processing Chinese semantic abnormalities in response to competing audio-visual stimuli" 报告了汉语视听竞争的神经机制。当视觉通道的文字刺激和听觉通道的语音刺激传达了冲突信息时，汉语母语者的听觉优势非常突出，句子内容发生听觉错配较视觉错配引发更大的 N400 和更多的后枕－顶叶联系（*Neuroscience*，502）。当处于不利的听觉条件下时，说话者的唇部动作有利于听话者进行语音感知，Zhang，L. 和 Du，Y. 的 "Lip movements enhance speech representations and effective connectivity in auditory dorsal stream" 则为这种视听感知促进现象提供了神经方面的解释。他们提出，有效的唇部运动增强了左侧听觉背部通路的区域对音位的神经表征，且嗓音特征（清浊）主要在布洛卡区得到加强，而发音位置在左腹侧前运动皮层和缘上回得到更好的编码，而且在网络连接和环路的微观结构上也发现了对这项功能的支撑（*NeuroImage*，257）。

中国学者还进一步揭示了汉语产出的神经机制。张杰、张偲偲、Politzer-Ahles，S.、Pan，Z.、Huang，X.、Wang，C.、彭刚和 Zeng，Y. 的 "The neural encoding of productive phonological alternation in speech production：Evidence from Mandarin Tone 3 sandhi" 在关于上声连读变调实时规划过程的脑电研究中，发现产出过程的语音替换发生在后词汇的音系和语音编码阶段（*Journal of Neurolinguistics*，62）。Chen，X.、张偲偲、陈轶亚、Politzer-Ahles，S.、Zeng，Y. 和张杰的 "Encoding category-level and context-specific phonological information at different stages：An EEG study of Mandarin third-tone sandhi word production" 则通过图片命名实验发现底层语音形式和表层形式在编码加工的不同时程（*Neuropsychologia*，175）。

关于书写方式与口语产出之间关系的研究，王曼、Shao，Z.、Verdonschot，R. G.、陈轶亚和 Schiller，N. O. 的 "Orthography influences spoken word production in blocked cyclic naming" 要求参与者重复命名图片，其中一半的刺激存在部首重叠，而另外一半则没有重叠。尽管实验中没有显示字型，然而，重叠部首的刺激相较不重叠的刺激存在明显的促进效应，而且与重叠部首的位置无关（*Psychonomic Bulletin & Review*，30）。李梦锐、吴建设、邱寅晨和郎建国的《声调信息在单词视觉识别中的作用》则从感知角度考察了当汉语词汇以视觉刺激输入时，声调信息对词汇识别的作用（《中国语音学报》第 17 辑）。罗颖艺、谭地霄和阎鸣的 "Morphological structure influences saccade generation in Chinese reading" 关注了汉语母语者对三音节词语的视觉加工。研究比较了两种不同结构汉语三字词（即 1＋2 和 2＋1）的阅读眼动模式，发现构词结构这种高阶的语言因素（而不仅仅是低阶的视觉因素）参与了眼跳程序的制定。读者在阅读 1＋2 结构比在阅读 2＋1 结构时，第一注视点落点位置离词首更远，表明汉语母语者在旁视野也能部分提取复杂的构词信息（*Reading & Writing*，30）。

中国学者还进行了多语种认知神经研究。Ma, J.、Fan, X.、Pan, N.、Xu, X.、Jin, Y.、Guo, X.、Jing, J. 和 Li, X. 的"The differences of functional brain network in processing auditory phonological tasks between Cantonese-Mandarin bilinguals and Mandarin monolinguals"对比了同时会说粤方言和普通话的人群与单说普通话的人群，发现两组被试在加工听觉语音（押韵任务）方面的脑功能网络具有相似的有效拓扑结构，但在具体的子网络成分上有所不同，前者在加工粤语时更依赖于发音、语音分析、错误和冲突监测有关的子网络（*Brain Research*，1780）。

语言和音乐之间的关系也受到关注。李贤卓、肖容和梁丹丹的《声调范畴感知和声调复杂度对音乐音高感知的跨领域影响》比较了同属声调语言的汉语和越南语母语者以及属于非声调语言的俄语母语者对于声调和音乐的感知。结果表明，在行为层面母语声调范畴感知模式可以迁移到音乐音高感知中，但复杂声调系统并不能促进跨领域的音乐音高精细感知（《心理学报》第54卷第9期）。Choi, W. 的"What is 'music' in music-to-language transfer? Musical ability but not musicianship supports Cantonese listeners' English stress perception"则以粤语母语者和英语母语者为对象，探讨了声调语言经验和音乐经验对英语重音感知的影响［*Journal of Speech, Language, and Hearing Research*，65（11）］。

此外，"第六届语音学与大脑神经机制高级研讨会"于6月24-26日在线上举办。此次研讨会由上海交通大学外国语学院言语-语言-听力中心主办。上海交通大学医学院附属精神卫生中心副院长兼心理与行为科学研究院副院长李春波主任医师、范青主任医师，外国语学院丁红卫教授、汪玉霞副教授、李菲副教授，电子信息与电气工程学院吴梦玥副研究员，上海外国语大学语言研究院蒋晓鸣教授，美国明尼苏达大学双城分校言语语言听力科学系与神经行为发展研究中心张扬教授，美国德克萨斯大学奥斯汀分校言语语言听觉科学系刘畅教授，香港理工大学中文及双语系彭刚教授，华南师范大学心理学院秦鹏民教授，南方科技大学电子与电气工程系陈霏教授，湖南大学外国语学院陈飞教授，索诺瓦集团中国区创新中心高级总监管晶晶博士等专家做了主旨发言。

（五）其他相关研究

一部分研究通过对大规模语音语料库中的信息进行综合计量研究，试图从类型学视角对某一特定语言/方言中的现象进行分析。比如黄玮和冉启斌的《从声学距离计算看汉语声韵母的特点》通过对汉语普通话声韵母声学距离的计算，对汉语声韵母的特点进行了重新阐释（《中国语音学报》第18辑）。黄玮、于爽、史晴琳和冉启斌的《普通话语句音强变化模式——基于SCS和DBS语料的分析》使用了大样本语料，考察了普通话语句音强的变化模式（《智能计算机与应用》第12卷第2期）。

此类研究还可以对不同语言或方言之间的类型和关系进行度量和比较。比如黄玮、穆汉、许可、冉启斌和梁煜珠的《Swadesh 核心词嗓音声学分析报告——以跨语言/国别平行音频为语料》以 Swadesh207 核心词为语料，考察了 69 个国别发音人的嗓音基频微扰与振幅微扰情况（《语文学刊》第 42 卷第 5 期）。孔超和刘娟的《人类语言信息传递速率的共性——基于 61 种语言大规模语料库的计算》通过 61 种语言的大规模语音文本语料库，探讨不同语言信息传递的速率和策略（《外语教学与研究（外国语文双月刊）》第 54 卷第 3 期）。冉启斌、许可和梁煜珠的《正反义词存在音义关联吗？——基于 100 种语言各 20 对正反义词数据库的分析》以 100 种语言数据作为基本抽样，统计分析了不同语言中正反义词的语音相关性（《中国语文》第 6 期）。原新梅、丁俊、冉启斌的《方言相似度计算与影响因素的量化——以辽宁胶辽官话为例》以辽宁 6 个胶辽官话方言点（大连、杏树、长海、庄河、盖州、丹东）的数据为对象，采用了 ASJP 模式相似度计算法考察了方言的多重影响因素（《语言科学》第 21 卷第 4 期）。赵志靖的《基于编辑距离的江苏方言关系计量研究——对江苏 70 点方言的定量分析》以江苏省 70 个方言点的数据为对象，通过编辑距离和语音距离的计算，考察了方言之间的亲疏/相似关系（《语言研究》第 42 卷第 2 期）。

此外，孔江平的"Active syllable average limit 1000：The phonemic cognitive ability of human"分析了汉藏语系现存口语语料库中 20 种汉语方言、6 种藏语方言、5 种苗语方言，以及勉语、壮语、泰语、黎语、傣语、彝语、缅语、载瓦语、阿昌语的数据，通过信息熵、实际音节空间、音节理论空间和冗余率等参数的计算，结果发现汉藏语系口语中的基础音节大约有 1000 个（"音涯一千"），这些基础音节的实际音节空间以及由声母、韵母和声调组成的理论音节空间反映了人类的音素认知能力、音素系统在语言接触和演化中的动态过程以及音素认知和语义认知的相互依存关系 [*Language and Linguistics*, 23（1）]。章佳琳和李明兴的"The typology of voiceless fricatives across Chinese dialects"以《方言》杂志 1979–2020 年发表的描写汉语方言语音系统的文章为材料，考察了不同方言区共 201 种方言的清擦音，检验前人对擦音类型的结论，同时探索汉语方言中清擦音在 [_i] 和 [_a] 两个元音环境中的发音部位对立，以及不同清擦音与这两个元音的组合情况（《中国语音学报》第 18 辑）。

三、研究方法、评述及其他

（一）研究方法

系统综述（systematic review）和荟萃分析（meta-analysis）是指通过收集、整理与分析前人针对某个研究问题所做的众多实证研究，利用统计的手段，找出该问题或所关切变量之间的明确关系模式。由于这种方法综合客观分析了相关文献中的研究结果，弥补了传统文献综述的不足，全面提高了研究的全面性、严谨性和可重复性，正越来越受到学界的重视。

Zhang, X.、Cheng, B. 和张扬的"A hands-on tutorial for systematic review and meta-analysis with example data set and codes"为有兴趣学习和应用该方法的研究人员提供了一份系统综述和荟萃分析的实用指南。该指南以第二语言学习的研究为例,讨论了综述和分析过程中每个步骤的方法选择和判断要求,并介绍了使用该方法过程中遇到的争议性问题和常见做法[*Journal of Speech, Language, and Hearing Research*, 65 (9)]。该团队还利用类似方法对于不同具体问题进行了分析和探讨,比如 Chen, Y.、汤恩泽、丁红卫和张扬的"Auditory pitch perception in autism spectrum disorder: A systematic review and meta-analysis"对自闭症谱系障碍患者音高感知问题的考察[*Journal of Speech, Language, and Hearing Research*, 65 (12)],Zhang, M.、Xu, S.、Chen, Y.、林苡、丁红卫和张扬的"Recognition of affective prosody in autism spectrum conditions: A systematic review and meta-analysis"对自闭症谱系障碍患者情感韵律感知问题的考察[*Autism*, 26 (4)],以及汤恩泽、Zhang, M.、Chen, Y.、林苡和丁红卫的"Recognition of affective prosody in bipolar and depressive conditions: A systematic review and meta-analysis"对双相性障碍及抑郁症患者情感韵律感知问题的考察(*Journal of Affective Disorders*, 313)。此外,Liu, Y.、Lee, S. A. S. 和 Chen, W. 的"The correlation between perceptual ratings and nasalance scores in resonance disorders: A systematic review"还对发音共振障碍(resonance disorders)患者鼻流量得分(nasalance score)与发音主观印象得分之间的相关性研究进行了综合考察[*Journal of Speech, Language, and Hearing Research*, 65 (6)]。

(二)评述及其他

陈忠敏的《实验音系学综述》对实验音系学研究的历史、特色、方法、范围等进行了详细综述,尤其是对实验音系学在中国的发展脉络进行了梳理(《中国语音学报》第18辑)。Chen, J. 和 Chang, H. 的"Sketching the landscape of speech perception research (2000 – 2020): A bibliometric study"对近20年来言语感知研究领域的6000余篇研究论文进行了梳理和介绍(*Frontiers in Psychology*, 13)。

一些研究对特定语音现象进行了综合介绍和评述,包括陈忠敏的《卷舌音》(《民族语文》第3期)、李智强的《普通话中的语音增强现象》(《中国语音学报》第18辑)、刘岩和王有林的《语音吸引力研究的声学参数及其影响因素》(《中国语音学报》第18辑),以及殷治纲的《汉语节奏研究综述》(《中国语音学报》第18辑)。

还有研究重点关注了特定人群的言语行为特征,包括胡伟、崔程洋和吴梦瑄的《母语、二语以及言语障碍人群言语加工中产出与感知的关系》(《中国语音学报》第17辑),以及 Zhang, M.、Chen, Y.、林苡、丁红卫和张扬的"Multichannel perception of emotion in speech, voice, facial expression, and gesture in individuals with autism: A scoping review"

[*Journal of Speech*, *Language*, *and Hearing Research*, 65 (4)]。

此外，杨玉芳的《〈人类语言的大脑之源〉书评》(《中国语音学报》第 18 辑) 介绍和评价了由 Angela D. Friederrici 著, 陈路遥、孙政辉、国佳和魏岩军翻译的 *Language in Our Brain：The Origins of a Uniquely Human Capacity*，中译本书名为《人类语言的大脑之源》(科学出版社，1 月)。该书原作者 Angela D. Friederrici 教授是国际著名的语言认知神经科学家，德国马普人类认知与脑科学研究所创始人兼神经心理学系主任、欧洲科学院院士。她从 20 世纪 80 年代开始，研究语言加工的认知神经机制，特别是对语言的神经生物学基础和语言能力的获得与发展进行了系统深入的研究。在该书中，她对自己数十年的研究工作进行了梳理和总结，同时将世界各地相关研究领域的成果和进展做了简要的叙述，提出了人类语言加工的认知神经模型、脑网络、语言网络个体发育模型和语言演化的综合观。李倩的《语言学研究中的常见统计误区——〈语言学统计方法：从 R 语言入门〉评介》(《当代语言学》第 24 卷第 1 期) 介绍了 Bodo Winter 的 *Statistics for Linguistics：An Introduction Using R* (Routledge 出版社)。该书可读性较高是其最大优势，而且不同于通用型统计教材，该书主要面向语言学及相关领域的研究者。作者 Bodo Winter 是英国伯明翰大学的青年语言学家，有丰富的语言学数据统计经验，书中也采用了大量作者本人参与过的不同类型的真实研究案例。作为入门教材，该书并不局限于介绍基础统计概念和原理，而是结合了前沿统计中所涉及的数据分析理念，对统计模型和统计检验背后的逻辑做了深入浅出的讲解，循序渐进地为读者架设了一座通向高阶统计的桥梁。

2022 年国际语音学界举办了多场大型综合性学术会议，内容涵盖语音学的各个领域，但也各有侧重。其中，"第十一届国际语音韵律会议"(Speech Prosody) 于 5 月 23 - 26 日在葡萄牙里斯本大学举办。该会议由国际语音交流协会 ISCA 的语音韵律特别兴趣小组 (SProSIG) 主办。会议每两年举办一次，主要关注与语言、心理、社会和技术各方面相关的韵律研究和应用。该次会议的主题是"正确掌握韵律：习得、损伤、干预等"，重点关注了语言习得和发展中的韵律、言语和语言障碍、言语和语言干预以及其他相关领域的研究问题。"第二十三届 INTERSPEECH 会议"于 9 月 18 - 22 日在韩国仁川举行。该会议是世界上规模最大、最全面的口语处理科学和技术会议，涉及从基础理论到高级应用的语音科学和技术各方面相关研究和应用。该次会议的主题为"人类和人性化语音技术"。"第二十五届语音数据库和评估技术协调和标准化国际委员会东方分会"(O-COCOSDA) 于 11 月 24 - 26 日于线上举办。该次会议由越南语言和语音处理协会 (VLSP) 和越南数学高等研究所 (VIASM) 主办。会议每年举办一次，旨在促进开发语音语料库和协调语音输入/输出系统评估方法方面的国际合作，同时交流思想，分享信息，并讨论有关东方语言口语语料库的创建、利用、传播和语音识别/合成系统评估方法的区域问题，以及促进东方语言的语音研究。"第十三届中文口语处理国际研讨会"（ISCSLP）以线上线下相结合的方式于 12 月 11 – 14 日在新加坡国立大学举办。该会议由国际语音交流协会（ISCA）的中文学术小组（SIG-CSLP）主办，是 SIG-CSLP 的旗舰国际会议。会议每两年举办一次，集中讨论汉语口语处理相关的理论和技术最新进展。

作为国内语音学界的重要事件，"中国社会科学论坛（2022 年，语言学）——新时代语音学前沿问题国际研讨会"于 10 月 20 – 22 日在线上举办。中国社会科学论坛是由中国社会科学院推出的中外社科人文交流的高层次学术平台，旨在增进世界对中国的了解，促进中外优秀文明成果的交流。作为 2022 年度"中国社会科学论坛"的一场重要国际学术活动，新时代语音学前沿问题国际研讨会由中国社会科学院语言研究所、北京语言大学、中国语言学会语音学分会联合主办，由语言研究所语音研究室和北京语言大学语言科学院联合承办。该次研讨会紧密围绕新时代语音学前沿问题，邀请国内外知名学者以大会报告方式分享学界的最新研究成果，集中呈现国内外语音研究领域的最新发展动态。报告内容除了有语音学基础研究之外，还有关于言语障碍、心理治疗、汉语语音教学、语音技术，以及关于自闭症儿童和阿尔茨海默症人群的相关研究成果。这些研究关注社会和时代的现实需求，彰显了语音学研究在语言智能、语言教育和语言健康等领域的学术引领作用。

"第十七届全国人机语音通讯学术会议"（NCMMSC）于 12 月 15 – 18 日在线上举办。该会议由中国计算机学会和中国中文信息学会联合主办，是国内语音领域广大专家、学者和科研工作者交流最新研究成果、促进该领域研究和开发工作不断进步的重要舞台。会议每两年举办一次，该次会议由科大讯飞股份有限公司、中国科学技术大学和语音及语言信息处理国家工程研究中心联合承办，会议同时为中国计算机学会语音对话与听觉专委会的学术年会。

为进一步提升办刊质量，加强与作者队伍的沟通交流，推进《中国语音学报》的收稿、审稿和编辑等各项工作，《中国语音学报》编辑部于 6 月 10 – 11 日在线上举办了编委会议及青年学者论坛。该次会议由中国社会科学院语言研究所语音研究室主办，以在线方式举行。北京大学孔江平教授和吴西愉副教授、北京语言大学张劲松研究员、上海交通大学丁红卫教授以及中国社会科学院语言研究所熊子瑜研究员发表了主旨演讲。

此外，记录吴宗济先生生平的《我的百年人生——吴宗济口述史》由商务印书馆（6月）出版发行。该书由鲁国尧策划、吴宗济（生前）口述、崔枢华整理撰写，忠实记录了吴宗济先生极具传奇色彩的百年人生。为纪念该书出版暨吴宗济先生逝世 12 周年，7 月 29 日上午，中国社会科学院语言研究所和商务印书馆在京联合主办了"但使文章能寿世，不求闻达以骄人——《我的百年人生——吴宗济口述史》新书出版座谈会"。座谈会采取线上线下相结合的方式进行。中国社会科学院语言研究所、商务印书馆、科大讯飞股份有限公司等单位的领导和吴宗济先生的亲友故交、新书作者、新书责任编辑等 30 余人参加了会议。

汉语音韵学研究

赵长才　任　荷　程　悦

2022 年度汉语音韵学研究呈平稳发展态势，在上古音研究、中古音研究、近代音研究、汉语语音演变及其规律研究、学术史研究以及音韵学教材、论文集的出版等方面都有可喜的收获和新的进展，下面分别概述。

一、上古音研究

（一）上古声韵调研究

张富海的《试说书母的塞音来源》（《语言研究集刊》第 29 辑）根据谐声材料探讨中古书母的上古来源问题，认为除了清鼻流音来源以外，还有少量的塞音来源，分 *k- 和 *t- 两类，从塞音到擦音书母的演变属于不规则音变。

梁慧婧的《上古之职蒸部唇音的开合口问题》（《上古汉语研究》第 4 辑）通过对上古之职蒸部唇音重韵情况的逐一考证与分析，认为之职蒸部的唇音开合口对立可以取消，这进一步证明了上古时期唇音无开合口之分。

徐志敏的《〈广韵〉入声卷异读字声调分析》（《湖北师范大学学报（哲学社会科学版）》第 5 期）通过对《广韵》入声卷中 1285 个异读字的统计和整理，发现入声与不同声调构成异读的频次差别显著（入声＞去声＞平声＞上声），认为这种差异是由上古时期各韵之间的亲疏关系及部分谐声偏旁决定的。

（二）音义关系研究

王月婷的《变读系统中的"比较"标记——上古汉语方位词的变读规律及不变读原因》（《古汉语研究》第 4 期）系统考察了先秦时期方位词的变读现象，认为方位词的变读所表达的是方位之比较；只有具备"方位比较"的条件，才有变读的可能；"去声"是比较标记。

（三）研究材料与研究方法

梁慧婧的《从材料看白一平－沙加尔和斯塔罗思京两家的上古音构拟》（《文献语言学》第 14 辑）对比了斯塔罗思京（1989）和白一平－沙加尔（2014）的上古音构拟，认为二者的共同点是注重使用方言、亲属语、借词等外部材料，对内证材料的掌握不够全面，对内证材料的分析方式也不是真正的假设-验证法。

宋峰的《"谐声推演法"在上古汉语声母系统研究中的困境和思考》(《石家庄学院学报》第1期)检讨了清代古音学以来用谐声关系研究上古声母遇到的困境,梳理了不同学者在谐声原则认识上的分歧,认为研究上古声母应当重视传世和出土文献中的异文通假等材料。

先秦两汉韵文中运用"语音技巧"(除押韵、平仄外有意安排的非强制性语音手段)的现象近年来得到了学界的关注。严旭的《试论西汉赋中的语音技巧》(《文学遗产》第6期)在对西汉赋字词之间的语音关联做穷尽性分析的基础上,全面提取西汉赋中的语音技巧并加以分类说明,认为这些语音技巧反映了若干西汉时期的语音现象,西汉赋是一批有待全面发掘整理的重要内证材料。

(四)有关具体字的音读及相关问题的讨论

王志平的《"虖"字的音读及其他》(《上古汉语研究》第4辑)和李福言的《"荼"字异读及相关问题研究》(《汉字汉语研究》第3期)通过对具体字异读现象的讨论,探究上古各声母、各韵母之间的音转关系,以及上古音内部或从上古到中古的语音演变。王文讨论古文字中"虖"可读为"乎(呼)""號""虐""毃"等词的现象,认为这是由"虖"字变读而产生的一字多音现象,诸异读之间可以灵活通转,其声母体现了晓、匣、疑母之间的密切关联,韵母则体现了鱼部与宵、药部之间的韵转关系。作者还进一步指出,上述异读之间的音韵纠葛反映了上古音里固有的语音演变。李文指出,"荼"的八种异读之中,声母体现为定、书、以、澄、船、邪、禅、匣诸母之别,反映了上古以母流音塞化、"古无舌上音"、"照三归端"及方音中同部位相转现象,韵母体现为鱼、模、麻诸韵之别,反映了上古鱼部长元音高化、短元音长化、r后接元音央化的现象;由于上古r后低元音不高化,麻韵二等一直保留a的读音,故而《广韵》有"荼"字"宅加切"的读音。

一些学者尝试通过对方言中具体字音读的讨论来探究其所蕴含的上古音信息。郭必之的《闽语"鲤"字所蕴含的古音讯息》(《辞书研究》第1期)认为,闽语"鲤"字的乙类读音(如厦门/tai⁶/、建瓯/ti⁹/等)保存了若干类似上古音的特征——其声母读舌龈塞音而非流音,指向早期汉语的复辅音声母,其韵母则反映了之、咍二韵未分的状态。秋谷裕幸、野原将挥的《闽语中来自 *m·r- 和 *ŋ·r- 的来母字》(《辞书研究》第5期)通过构拟"懒""辣""鲤""蛎""鹿"以及{鸡虱}义词的原始闽语形式,证明 Ostapirat(2011)所提出的定律能够成立,但应修订为:早期上古音 *m·r→*mbr→*ndr→原始闽语 *-dʳ-。

二、中古音研究

(一)中古声韵调及诗歌声律研究

丁治民、李惠超的《"床三"来自"禅"母证》(《古汉语研究》第1期)从《归三十字母例》所显示的床三（船母）与禅母之间的关系入手，根据笺注本《切韵》、两种王仁昫《刊谬补缺切韵》、《篆隶万象名义》、《新撰字镜》中的相关材料，论证了床三是从禅母中分化出来的，从浊塞擦音变为浊擦音属于语音演变中的弱化现象。作者还据此解释了床三与喻四的密切关系及"禅"母的读音问题，认为"禅"母的今音应为 chán。

麦耘的《中古音系研究框架——以介音为核心，重纽为切入点》（《辞书研究》第 2 期）构拟了中古后期韵图的四类介音（一等 -Φ-，二等 -γ-，三等 -i-，四等 -j-）和中古前期《切韵》的四类介音（甲类 -Φ-，乙类 -rγ-，丙类 -ri-，丁类 -j-），在此基础上讨论了从中古前期到后期介音系统的传承与演变、两个时期介音与声母的结合等问题。作者强调，中古音系研究应以介音研究为核心，并从《切韵》的重纽问题切入，理解韵图"等"的含义与形成史。

赵庸的 "Front Vowel Chain Shift and the Vowel Rephonologization in Early Middle Chinese"（*Journal of Chinese Linguistics*, vol. 1）指出中古前期汉语元音发生了前高化链移，继而引起一系列元音的系统重组，表现为：歌 1 歌 3 部、支歌 2 部、脂 2 脂 1 部的分化合并，微 1 微 2 部、之部的前化与合流，至中古形成麻二、佳、皆、麻三、支、脂、齐韵的格局。

李广宽的《晚唐宋初宕摄合口三等字的洪音化》（《古汉语研究》第 3 期）根据《碛砂藏》随函音义中的混切和系联材料，论证了宕摄合口三等字在宋初通语中已完成洪音化进程；音变原因是 i 介音被音节中发音部位靠后的其他音素排斥，继而丢失；中唐–五代–宋初三个时段的佛典音义对"恍"字的注音有显著差异，由此可推知该音变在晚唐五代发生、发展并在宋初完成。

倪博洋的《从庄组三等韵的韵母演变看"内外转"》（《古汉语研究》第 4 期）通过考察庄组三等韵在《切韵》《韵镜》《韵诠》等文献中的表现，并结合朝鲜汉字音、越南汉字音中庄三字的情况，总结出"i 介音失落""高元音低化"和"低元音不变"这三条音变规则；据此提出《韵镜》的"内外转"概念只是对当时某一方言音系庄三字演化的共时分类，不具备明确的语音基础，将此概念用于当代方言研究总会遇到例外。

孙玉文的《例谈古代诗歌内容分层的若干形式标志》（《小学语文》第 5 期）涉及诗歌语音技巧和声律。该文提出诗歌字数、句数、奇偶、押韵、对偶、语音技巧等在诗歌的内容分层中都能成为形式标志，并重点分析了押韵、对偶和排比、语音技巧在诗歌内容分层中的作用。孙玉文的《例谈古代韵文押韵与内容分层的协调问题》（《修辞研究》第 8 辑）论述了押韵对划分韵文层次的作用，并以楚辞、汉乐府、晋赋和唐诗的个案为例，分析今人在分段标点上的不合理。

程悦的《数理统计视角下的五言诗早期声律特征——以宋齐五言诗为样本》（《历史语言学研究》第 17 辑）运用文献研究法、数理统计法和数据分析法研究宋齐五言诗四声字和声调格式的使用倾向，发现各字位的用字倾向整体呈现出平仄互补的局面，第一、四字位偏好使用平声字，第二、三字位偏好使用仄声字；宋齐五言诗都已存在对平仄格式的使用偏好，且高频四声格式有集中于特定平仄格式的趋势，从刘宋到南齐呈现出声调格式逐渐整饬、规律性逐渐增强的变化，这为诗律规则的形成提供了实践基础。

（二）中古音注、韵书及等韵学文献的整理与研究

音注研究方面，对《经典释文》音注的研究一直是学者们关注的重点和热点。2022年度的《经典释文》研究体现出不断细化的特点。杨军的《〈经典释文〉几组喉音的异读与语音纠缠》（《中国语文》第1期）对《经典释文》中晓匣、影云、匣以等声母的异读纠缠情况做了细致考察，发现这些异读是由古代经师对多音字的取舍、不同时代注音材料的羼入、反切用字的讹误等因素所造成的，《经典释文》里实际上不存在晓匣互切、影云互切和匣以互切的现象。武迎晗、杨军的《从"出"的音变历程看今本〈经典释文〉的改撰情况》（《古汉语研究》第2期）指出，"出"本是一个用去入二声区别前后语义焦点的常用异读字，由于在使用过程中发生了补语化，语义焦点前移，因而失去了去声一读，但这一变化发生于陆德明之后，故而《释文》中"出"首音位置的一部分"如字"是改撰的结果。简启贤的《〈经典释文〉写本和传本首音比较》（《北斗语言学刊》第9辑）逐一对比了《经典释文》写本和传本的首音，发现写本和传本首音相异的数量很少，相异的例子对《释文》首音研究的影响有限。岳利民、胡乐霞的《〈经典释文〉中为字头的形近字注音的音切和音义匹配》（《语文学刊》第5期）和黄继省的《〈经典释文·古文尚书音义〉音注异文释例》（《信阳师范学院学报（哲学社会科学版）》第5期）分别辨析了《经典释文》中为字头形近字和为异文注音的现象，提出应注意此类音注的音义配合。

《文选》音注研究方面，2022年度出版了1部整理研究著作。马燕鑫编著的《〈文选〉音注辑考（全二册）》（凤凰出版社，10月）汇辑了《文选》写本、日钞本、北宋本、尤袤本、陈八郎本等音注，并兼采其他音注材料以供比较。高博、邹德文的《朝鲜正德本〈文选〉音注性质及演变过程研究》（《东疆学刊》第2期）延续了近年来对海外《文选》音注文献的发掘研究，归纳了正德本《文选》音的音系，认为这一时期声母不分轻重唇，声调已经出现浊音清化和浊上变去现象，与五臣注的时代地域语音特点不符，应当是后人改动所致。

对中古其他音注材料进行整理、研究或评述的论文主要有郭浩杰、张义的《〈颜氏家训〉所见南北朝时期若干语音现象》（《汉江师范学院学报》第5期），赖逸平、宋华强的《论〈徐邈音切研究〉与〈字林音注研究〉的差异——兼谈二者的创新与不足》（《四川职业技术学院学报》第3期），徐朝东、徐有声的《玄应、慧琳注音差别考察——以日藏一卷本〈四分律音义〉为例》（《清华语言学》第3辑），郑林啸的《〈篆隶万象名义〉中果摄

的注音特点》(《语言研究》第 3 期),张磊的《黑水城〈华严经音〉与日藏〈华严经〉音义书关系考论》(《古汉语研究》第 2 期),韩小荆、梁三姗的《〈可洪音义〉勘误举隅》(《文献语言学》第 14 辑),韩小荆的《〈可洪音义〉勘误举隅(三)》(《中国语言文学研究》第 2 期)等。

  韵书研究与文字学研究、音义书研究和新见文献研究密切相关。赵庸的《中古韵书由音变引起的异体字札考四则》(《中国文字研究》第 1 期)对中古《切韵》系韵书中的四组异体形声字做了考辨,发现其异体关系的形成源于上古到中古汉语通语声类、韵类的规则音变或原有音节的语流音变,字音的改变导致声符的替换,于是产生新字形。作者强调,对中古韵书异体字的考察不能限于共时层面上的文字学分析,还应考虑汉语的历史音变。贺颖的《〈续一切经音义〉引〈切韵〉考述》(《汉语史学报》第 26 辑)全面考察了希麟《续一切经音义》引《切韵》的 623 例(共 541 字),并与《切韵》诸版本及《广韵》进行对比,发现希麟音义所据之《切韵》与残叶、笺本、王本、裴本均有距离,应该是当时流通于辽境内的某种唐传本《切韵》。赵庸的《S.388〈字样〉反切对〈切韵〉的研究价值》(《唐研究》第 27 卷)指出,敦煌写本 S.388 的反切能够佐证《切韵》音系性质,提供轻重唇分化参差和尤韵系唇音读入侯韵系的语音信息。胡海宝的《〈广韵〉"不"字平声一读的性质及源流》(《汉语史研究集刊》第 32 辑)通过对唐诗用韵的考察,发现仄声"不"可用于句中或句末,但平声"不"只出现于句末且表疑问,作者据此推断中古句末"不"的平声一读是由仄声"不"演变而来的,是否定词向句末疑问语气词发展的中间状态。

  对《集韵》的研究有席德育的《〈集韵〉新见又读考》(《古汉语研究》第 2 期),丁治民、李惠超的《〈集韵〉"三维定位法"来自天宝十载〈唐韵〉证》(《语言研究集刊》第 29 辑)和陈晓梅、胡安顺的《〈集韵〉的革新精神刍议》(《中国语言文学研究》第 1 期)。席文将《集韵》新见又读分为六大类十七小类并逐一解释其成因。丁、李文指出,《集韵》的"三维定位法"(将同一个发音部位的小韵聚合在一起)并非首创,而是来源于天宝本《唐韵》。陈、胡文着重讨论了《集韵》在反切上字、反切下字和小韵代表字选择等三个方面的革新,认为其革新较为全面地反映了时音,是研究宋代汉语语音的重要资料。

  2022 年度整理出版了三部早期等韵学的文献,收录于李军、李红主编的《宋元切韵学文献丛刊》,包括杨军校笺、李红补订的《七音略校笺》(凤凰出版社,7 月),杨军的《韵镜校笺》(修订本,凤凰出版社,10 月),以及重新影印并解题的《皇极经世观物篇·声音唱和图》(凤凰出版社,7 月)。

  杨军的《从图表结构及唐代标准音再论〈韵镜〉型韵图的创制年代》(《语言研究》第 1 期)考察了《韵镜》型韵图声母与梵文辅音排列的关系,并将《韵镜》与以《切韵》为代表的中古音系、以慧琳《一切经音义》为代表的唐代标准读书音音系进行比较，据此得出结论：《韵镜》型韵图的产生当在隋至唐初，至迟不晚于天宝年间，其所反映的是《切韵》系韵书的音节系统。

（三）对音、汉字音材料与中古音研究

余柯君的《善金二师密咒全浊声母考》（《语言研究》第 1 期）搜集整理了善无畏、金刚智二位法师的梵汉对音材料，着重探讨其全浊声母字的对音问题，认为二师的全浊声母是一组成系统的浊送气声母，并为之构拟了具体音值。

孙伯君的《十二世纪汉语河西方音声韵特征再探》（《中国语文》第 5 期）利用《五音切韵》"三十六字母"的西夏字标音来探讨西夏人口语中的汉语河西方音，认为其中涉及声母的特征大多延续了唐五代西北方音的语音特征，也有少部分特征属于河西方音在 12 世纪中后期的进一步演化或"党项式汉语"的变读特例，其中涉及韵母的特征则多属于"党项式汉语"的变读。

麦耘、钱有用的《三、四等见系在朝鲜汉字音中的表现及相关问题》（《语言研究集刊》第 30 辑）对朝鲜汉字音中汉语古音三、四等见系字在介音表现上分两类的现象进行了解释，认为这对应于韵图的三等、四等介音；韵图的"等"反映了中古晚期汉语的介音状况，其与《切韵》之间最重要的区别是四等韵产生了/-i/介音，与三等韵的 A 类合流；除朝鲜汉字音外，越南汉字音和慧琳音也为中古晚期汉语三、四等介音的对立提供了证据。

叶晓芬、叶桂郴的《〈磨光韵镜〉中唇音字的读音层次问题探讨》（《古汉语研究》第 1 期）详细梳理了日本释无相文雄《磨光韵镜》中"通""江"两摄所载唇音字，采用文献互证等方法对书中标识的"吴音""汉音""华音"三个系统的唇音字进行讨论，认为《磨光韵镜》中的吴音、汉音系统较多保留了吴语特征，也有较多的漳州话成分，华音系统则基本与传统韵书、韵图的记载相符。

［韩］严翼相的《汉字传入古代韩国的时期和古代韩汉音的特征》（《南开语言学刊》第 2 期）提出，汉字传入古代韩国的时间不晚于公元前二世纪；通过对公元七世纪以前古代韩汉音的音系特点的考察与讨论，认为其音系缺少浊阻塞音声母、送气音声母、辅音韵尾和声调。

（四）综合研究

马德强的专著《汉语中古音研究》（中西书局，11 月）围绕中古音研究领域的若干重要专题进行讨论，分为上下两篇。上篇研究重韵问题，主要讨论重韵的类别与名称、重韵分立的性质和重韵形成的原因；下篇分别讨论了《切韵》音系的性质、重纽、四等韵的介音、《切韵》系韵书、高本汉的中古音研究等专题。

三、近代音研究

（一）共同语的语音演变与音系形成研究

叶荧光的《也谈开一德与开二陌麦的演化》（《古汉语研究》第 1 期）详细梳理考察了近代语音史上"德陌麦"分合演化的基本情况，发现从记录通语音系的韵书韵图来看，《四声等子》以下开一德与开二陌麦即合流，而从记录北音的《中原音韵》等材料来看，开一德与开二陌麦的文读音也是合流的，白读音则是分流的，开一德与开二陌麦的分合可以作为区分官话音与北音的一项重要标志。

麦耘的《谈〈蒙古字韵〉与〈中原音韵〉的几个音系差异——兼论近代官话的"中原为中心，南北为边缘"现象》（《历史语言学研究》第 18 辑）讨论了《蒙古字韵》与《中原音韵》的三个音系差异——全浊声母的表现、三四等的分合、支思韵问题，认为《蒙古字韵》代表元代北部官话，《中原音韵》代表中部官话，与之同时还存在分布于淮河以南的南部官话。

［美］柯蔚南著、褚福侠译的《南音在北方官话音系形成中的作用》（《汉语史研究集刊》第 32 辑）根据朝鲜译音材料，采用历时比较语言学的方法，考察了南京官话于 1421 年随明朝政府迁入北京后，在北方官话环境下的使用与发展情况。作者提出，北音是南音 1421 年流入北京以后，北方人有意模仿南音系统的结果；20 世纪早期，由"北音对早期南音的适应"而产生的北音系统与北方方言的形式稳定融合，成为通语的权威发音。［美］柯蔚南著、孙顺译的《官话简史》（《语言研究集刊》第 30 辑）从语音、词汇、句法三个角度讨论官话的发展史，认为官话从来不是一个实际存在的"方言"，在长达几个世纪的时间里，其词汇和句法保持相对的稳定，而语音在 19 世纪中叶急遽转向了与北京话类似的系统。

董建交的专著《近代官话音韵演变研究》（商务印书馆，2021 年 11 月）基于近代音韵文献和现代方言材料，从声母、韵母、声调等方面，对近代汉语官话的音韵格局和特征、各类型官话方言的演变及其规律进行了细致而深入的归纳与分析，据此论证了近代官话是以中原官话和江淮官话为基础形成的。

（二）韵图与等韵学研究

李军的《〈等韵易简〉等三种等韵文献与清末天津方音》（《古汉语研究》第 2 期）以津门张恩成所著《等韵易简》为主要考察对象，归纳并分析了《等韵易简》《声韵指掌》《韵谱》这三部等韵文献所反映的实际语音系统和语音特征，并与现代天津方言语音进行比较。李军的《〈太古元音〉的实际语音与 18 世纪初的常州方音》（《文献语言学》第 14 辑）对等韵学著作《太古元音》的声韵调系统及其音系特征进行了讨论，认为该书在韵图编撰、韵图内容方面体现出对前期韵图的承袭，但其韵图列字在一定程度上以现实语音为依据，所依据的实际语音是 18 世纪初的常州方言文读音。

石绍浪的《从暗码看〈李氏音鉴〉音系及其性质》(《辞书研究》第 2 期)以《李氏音鉴》"字母五声图"中的李氏暗码为依据，重新归纳、构拟了该书的声韵调系统，将《李氏音鉴》的 13 个主要语音特点与相关韵书、方言进行比较，认为该书的音系性质是李氏为官话制定的标准音，是具有人为加工色彩的理想音系，但该书的音系结构也存在明显缺陷，并未实现其原定目标。

（三）近代韵书、字书、教科书及传教士文献的音系与文献研究

对近年来新出的各类韵书、字书或满语教科书所反映的官话或方言音系进行探讨也是 2022 年度的一个热点。孙志波的《〈韵略字典〉与清代天长方音》(《汉语史研究集刊》第 32 辑)对新发现的《韵略字典》的作者及成书时间进行考订，认为该书仿照《韵略易通》编纂，成书于清康熙朝之后；通过对《韵略字典》声韵调特征的整理与归纳，作者判定该书所记录的是清代安徽天长方言，并据此探讨了清代以来天长方言的语音演变。赵祎缺的《清末抄本韵书〈太极音韵〉所记河洛方音》(《古汉语研究》第 3 期)着重考察清末河洛地区抄本韵书《太极音韵》与《五方元音》相异之处（发生位移或增损的小韵、改动的口呼等），据此归纳出 28 条河洛方音特征，其中多个特征与现代偃师、洛阳方言相同，但也有部分特征相异，这表明现代河洛音系在清末尚未完全定型。周赛华的《抄稿本〈自识字〉所记乾隆年间的苏州话》(《北斗语言学刊》第 9 辑)详细介绍了成书于清乾隆年间的《自识字》一书的音系及其特点，认为该书记录了清代中期的苏州方音，是研究吴语语音史的宝贵资料。李莹娜《〈海篇正宗〉反切音注所见明末闽北方音》(《北斗语言学刊》第 9 辑)对明后期闽北建阳人余象斗所编通俗字书《海篇正宗》里的 6000 余条反切材料进行了考察，指出其中的若干语音现象（如"非组与晓匣母互注"）反映了当时闽北方音的特点。[美]柯蔚南著，张羽、王继红译的《十八世纪中国北方官话的样本》(《汉语史研究集刊》第 32 辑)以《清文启蒙》(1761) 中的汉语会话作为研究材料，从音系、语法、词汇三个角度对其进行考察，认为该书所记录的语言至少有三个不同来源——明清时期标准南方官话、已被普遍接受的北方官话变体和首都地区的本地北方方言。

也有部分论文对明清时期的各类韵书进行整理归纳，并探讨其编纂特点和学术价值。李子君的《官话名义、音系性质众说集萃暨明清官话韵书韵图榜》(《齐齐哈尔大学学报（哲学社会科学版）》第 9 期)通过对明清官话韵书韵图的地毯式探访、甄别与筛选，发现传世的明清至民国完全反映官话音系或部分反映官话语音特征的韵书、韵图共计 177 部，并将其制成"明清官话韵书韵图榜"。作者认为，每一部韵书、韵图都是汉语韵书史、韵图史之中不可或缺的环节，应当纠正"以反映时音多寡为传统韵书、韵图估价"的偏颇认识。秦曰龙、汪银峰的《清代汉语语音史谱系建构——"五方元音一系韵书"胜论》(《清华大学学报（哲学社会科学版）》第 1 期）通过对《五方元音》诸多传世文本的爬梳整理，提出"五方元音一系韵书"概念——指的是在编纂性质上韵图与韵书相配合、音系框架上反映北方话二十声母、十二韵部、五个声调的音韵学及汉语教科书类语言文献——并将诸多"五方元音"系文献归纳为三个系列，讨论了三个系列在编排体系、语音系统等方面的特征及其影响。

李子君、申倩的《〈重编广韵〉支齐灰韵"重编"探赜》（《励耘语言学刊》第 1 期）以支、齐、灰三韵之"重编"为例，详细考察《重编广韵》对《洪武正韵》《广韵》的分并及"重编"时所遵循的语音对应规律，继而将《重编》纳入明代有代表性的官话韵书系列之中，纵深考察支、灰、齐三韵分并的实际，认为《重编》反映了成化至嘉靖时期的某些语音特征，对于构建明代官话语音史来说是有价值的。宋峰的《〈音韵清浊鉴〉的成书意图、编纂法及相关韵学价值》（《语言研究》第 4 期）考察了《音韵清浊鉴》一书的成书意图，采用"透视分离"的研究思路来探讨其特有的编纂方法，认为该书"以简驭繁"的辞书编纂法颇具创意，其所套用的声韵调系统也隐藏了重要的时音信息，学界不应囿于该书"成书复杂"的表象而忽视其固有的韵学价值。

韵书所包含的异读字及其成因一直是汉语音韵学界关注较多的话题。闫顺英的《〈合并字学集韵〉异读产生的原因考察》（《古汉语研究》第 1 期）对《合并字学集韵》中繁杂的异读现象做了细致考察，发现异读产生的原因主要有两大类：其一，源自语音差异，有"整合前代韵书、字书的读音""文白异读""吸收方音""据时音作切同时又保留古音"等情况；其二，源自文字应用，有"字形通借""异体字粘连""繁简字粘连""误认字形""偏旁类推""误认声旁""误读反切"等情况。

通过传教士文献来研究近代方言音系也越来越受到重视。聂志的《法国传教士童文献汉语著作的方言性质》（《励耘语言学刊》第 1 期）具体考察了晚清时期法国传教士童文献所编写的汉语著作的语音、词汇、语法特点及童文献本人的传教经历，认为童著所记录的是晚清时期的贵阳方言，该书在方言史、汉语史、近现代汉语接触史等研究领域及对外汉语教学领域都具有重要的研究价值和借鉴价值。马重奇的《〈汉西字典〉（1604）音系及其音系性质研究》（《古汉语研究》第 4 期）简要介绍了明清西方传教士编撰的三种漳州方言文献《汉西字典》、《福建方言字典》和《福建漳州方言词汇》，继而对《汉西字典》的声韵调系统做了整理，认为其音系综合了明末漳州府海澄、龙溪、漳浦三县的方言音系。

（四）方言音韵史研究

原始方言构拟方面的论文有秋谷裕幸的《原始闽语中的舌叶塞音声母及其相关问题》（《语言学论丛》第 1 期）。该文提出，Norman（1973）所构拟的原始闽语里的舌尖塞音要分成两类，即 $^{**}t$ 系和 $^{**}t^r$ 系（舌叶塞音），$^{**}t^r$ 系声母的构拟可解决闽语中洪音细音交叉的问题；Norman（1974a）所构拟的原始闽语塞擦音和擦音**tš系声母的实际音值也是舌叶音，可改写为**tʃ。

曾南逸的《原始闽语*tš-组声母字在闽南方言中的两类洪细对应》（《中国语文》第6期）指出，原始闽语*tš-组声母的汉字是否具有-i-介音在闽南方言内部并不完全一致，主要限于庄章组字，大致存在两种情况：一部分汉字在泉州、漳州、潮州有-i-介音，但在龙岩无-i-介音；另有一部分汉字在泉州、潮州并无-i-介音，但在漳州、龙岩有-i-介音。作者根据这种差异构拟了原始闽南语，并展示了原始闽南语在各方言点的分化路径和分化条件。

2022年度研究方言声母的文章对知庄章组声母的关注较多。倪博洋的《四川官话知庄章声母的汉语史演变》（《语言科学》第1期）指出，四川官话的知庄章类型可分为"有别型"和"合并型"，"合并型"是在"有别型"的基础上进一步演变而来的。孙宇炜的《晋语并州片方言古知庄章声母的读音类型》（《语言研究集刊》第30辑）指出，古知庄章声母在今晋语并州片方言中的读音类型可分为二分型和合一型，晋语并州片方言知庄章声母的发展演变呈现出"合口的发展快于开口"的特点。王思齐的《论近代江淮官话知庄章声母的演变趋势与南京型方言的形成》（《长春师范大学学报》第3期）以多部明清江淮官话韵书为研究材料，探讨了明清时期知庄章声母在江淮官话地区的演变趋势、规律及南京型方言的形成过程。曾建生的《清远境内勾漏片粤语精知庄章组非擦音浊母擦音化》（《语言研究》第3期）讨论了清远境内勾漏片粤语精知庄章组非擦音浊母擦音化现象，认为这种变化是语言内部因素所引发的自然音变。

方言韵母的研究也有不少新进展。赵彤的《十七世纪以来北京话韵母e、o、uo的演变》（《中国语文》第3期）从读书音与口语音相互影响的角度观察近代北京话的演变，探讨e、o、uo三韵母的演变过程与规律。作者认为，现代北京话是在元代以来的北京口语音系的基础上吸收了部分明清时期的读书音形成的，读书音对口语音的影响主要在字音层面，口语音对读书音的影响则主要在音系层面。陈荣泽的《山西沁县方言古来母［i］韵字读卷舌元音的现象》（《中国语文》第1期）探讨了山西沁县方言古来母［i］韵字读卷舌元音的现象，认为来母［i］韵字与止开三日母字合流读卷舌元音的音变过程是部分汉语北方方言形成卷舌元音的主要途径之一，在汉语方言［ər］音发展史中具有重要的类型学意义。李华斌的《甘陕晋方言的"鱼入支微"与唐五代西北方音》（《语言科学》第2期）探讨了甘陕晋方言的"鱼入支微"现象，认为今甘陕晋方言的鱼韵读如止摄开口是唐五代西北方音的直接后裔，今甘陕晋"鱼入支微"的现象之所以比唐五代西北方音少，是千年来的语言接触造成的。徐建的《安徽贵池方言古入声韵今读卷舌韵母——再论安徽江淮官话边音韵尾的形成机制》（《语言研究集刊》第29辑）讨论了安徽贵池方言深臻曾梗摄入声韵逢知三章组声母今读卷舌韵母［ɚ］的现象，发现贵池方言的卷舌韵母与安徽江淮官话的边音尾韵母存在语音对应关系，卷舌韵母是桐城、枞阳方言边音尾韵母随清末移民扩散到贵池之后产生的语音弱化形式。赵庸的《杭州话古开口三等今读合口的音变——兼论吴语同类现象的形成》(《语言科学》第 3 期) 讨论了杭州话古开口三等字今读合口的音变现象，认为这形成于杭州话音系内部的自发音变，吴语其他方言也有同类型的音变发生，诱发音变的声母为卷舌音或舌叶音。

关于方言声调的研究也取得了一定进展。王莉宁的《汉语方言入声归派的类型及方式》(《汉语学报》第 3 期) 利用"汉语方言地图集数据库" 930 个方言点的材料，对汉语方言入声归派的类型、地理分布与演变方式进行分析，认为古声母的清浊是影响入声归派的重要因素，"低调"也是影响入声韵舒化速度的因素之一。许井岗的《苏鲁毗连地区方言声调的读音类型、分布与演变》(《语言科学》第 2 期) 考察了苏鲁毗连地区的 47 个方言点的舒声调系统、古入声的读音类型与演变，发现舒声调系统有 5 种读音类型，古入声的今读有 10 种读音类型，古入声读音类型在官话方言交界线上的集中分布说明交界线上的方言兼具创新和保守两种特性。黄瑞玲的《词汇扩散与文白层次：潮汕闽语中的浊去归上现象》(《励耘语言学刊》第 1 期) 通过对潮汕闽语古去声字的穷尽性调查，发现潮汕闽语浊去归上现象既与词汇扩散有关，也是文白层次对立的结果。今天浊去字两种声调之间的对立，主要是文白层次之间的对立，发生于文读层的扩散式音变基本已经中断。

马重奇、王进安著《〈八音定诀〉整理及研究》(中国社会科学出版社，4 月) 是"清代民初闽方言韵书整理及研究丛书"中的一种，对反映 19 世纪末厦门方言的韵书《八音定诀》进行了刊谬补缺、音系归纳和语音构拟。

（五）对音、汉字音材料与近代音研究

《华夷译语》是明清两朝编纂的一系列汉语与其他民族语言对音文献中较早的一部分文献，近年来研究者对其关注较多。苏若阳的《洪武本〈华夷译语〉汉字音系的阳声韵系统——兼论其基础方言》(《民族语文》第 3 期) 通过对《华夷译语》音译汉字材料的考察，构拟了其所反映的汉语音系的阳声韵系统，包含 22 个韵母。作者认为，《华夷译语》阳声韵系统所呈现出的特点与《中原音韵》一脉相承，故而《华夷译语》所反映的汉语音系的性质应当是以中原音为基础的通语音系。施向东的《略论故宫清抄本〈西番译语〉对明代乙种本〈西番译语〉的"核正"》(《南开语言学刊》第 2 期) 指出，与明代乙种本《西番译语》相比，清抄本《西番译语》在藏文拼写、译义、对音等方面都做出了核正，一方面纠正了乙种本的讹误，另一方面也反映了汉藏语言从明至清的历史演变。

钟雪珂的《从日本〈东音谱〉看 18 世纪初之闽语语音》(《励耘语言学刊》第 1 期) 以日本《东音谱》所列泉州、漳州、福州三地方言的音译汉字为材料，探讨该书所反映的 18 世纪初闽语的声韵特点，发现其特点大多与 18、19 世纪的闽语方言音韵文献所反映的音系特点相一致，这实现了中日文献的内外互证，对于闽语语音史的建构具有重要价值。

姜复宁的《东皋心越琴谱日汉对音的语音特点与音系性质》(《励耘语言学刊》第1期)通过对17世纪禅师东皋心越所遗"琴谱"里日汉对音材料的分析，归纳其所依据的汉语方言音系的声韵特点，指出琴谱日汉对音所反映的是一种以杭州方言为基础、又出于"求雅存正"的目的加入通语成分而形成的特殊音系。作者呼吁加大对现存日汉对音文献个案描写的力度，以便厘清这些材料的语音特点与音系性质，为汉语语音史研究提供帮助。

四、汉语语音演变及其规律研究

麦耘的《汉语舌齿音声母演化史所见否定之否定规律》(《语文研究》第2期)全面梳理了汉语语音史上各个时期舌音声母与齿音声母之间的关系，发现总会有各种因素突破语言系统的平衡格局，使其走向不平衡状态，继而通过一定契机重新朝平衡状态演化，实现否定之否定；否定之否定的动力来自合乎音理的语音性演化规则和音系性演化规则。

麦耘的《江宕摄入声在近现代读萧豪韵与中古入声字有效摄又音的关系》(《南开语言学刊》第2期)指出，"中古江宕摄入声在近现代一些方言中读萧豪韵"与"中古有一批入声字（包括部分江宕摄入声字）有读效摄的又音"这两种现象虽然都是汉语语音史上的入声舒化，却并无直接关联。前者是近代官话方言入声全面舒化的一部分，后者则从侧面反映了上古入声药、觉部向中古发展过程中部分字发生舒化的词汇扩散过程。

胡鸿雁的《从对音材料看汉语西北方言元音高化的历史层次》(《民族语文》第2期)主要根据梵汉对音材料及少数民族语言与汉语对音材料来探讨汉语西北方言历史上与鼻音韵尾脱落有关的三次元音高化：第一次是8－11世纪发生的鼻音韵尾 -ŋ 的脱落和元音的高化；第二次是11－13世纪发生的鼻音韵尾 -n 的脱落和元音的高化；第三次则发生于13世纪中叶以后，已脱落的鼻音韵尾在外来因素的影响下又加了上去，并在一部分方言点重新发生了元音高化。

王进安、林一鸣的《"古平声字今读仄声"现象摭考》(《古汉语研究》第2期)认为，上古平声字发展为中古的多个平声异读或平仄共存、再到现代的部分音读消失，是顺应语音演变之总体趋势的，现代的部分音读消失应是出于审音的需要。

五、学术史研究

2022年度音韵学史方面的研究有新的进展。

一些论著对清代学者的音韵学研究做出评述。胡森的《清儒合韵说及古韵关系研究论衡》(《汉语史学报》第26辑)详细梳理并检讨了"合韵说"产生与发展的历史，认为应进一步发挥合韵理论的系统性与延展性，构建时地分明的通假字系统，并参证异部通押、通谐等研究成果，使古韵关系更加精审。赵永磊的《王念孙古韵分部研究（外一种）》（上海教育出版社，5月）通过挖掘现存有关王念孙的绝大部分文献资料，重新考察辨析王念孙古韵分部疑案、《经义述闻》作者疑案，指出王念孙古韵二十二部的形成是在其古韵十七部基础上历经古韵二十二部、二十一部，最终定为二十二部。王为民的《满语文对清代汉语音韵学的影响》（《江苏师范大学学报（哲学社会科学版）》第2期）则专门讨论在满语文影响下清代汉语音韵学的变化，包括反切的改良、尖团音的出现、旧有发音部位术语的重新界定、新式韵图的出现等等。这方面的其他较重要的论文还有张民权、许文静的《道光间学者〈广韵〉校勘研究》（《中国语言文学研究》第1期）、孙珊的《段玉裁〈说文解字注〉"古音在某部"的解析》（《牡丹江大学学报》第3期）、刘忠华的《论段玉裁确认〈诗经〉音转字"古本音"的原则与方法》（《北斗语言学刊》第9辑）等。

对近现代学者的音韵学研究进行评述的论文有张民权、赵凯雯的《黄侃巾箱本〈广韵〉校勘及其音韵学研究》（《山西大学学报（哲学社会科学版）》第3期），马德强的《高本汉直线型音韵史研究模式的构建过程探析》（《语言学论丛》第65辑），王为民、田宇的《高本汉采用伦德尔符号的原因及其语音演变研究观》（《中国语言文学研究》第2期），高永安的《"林语堂之谜"及其博士学位论文平议》（《吉林大学社会科学学报》第2期）等。

李无未的《〈韵镜〉学史：分期、研究特点及学术发展趋势（下）》（《华夏文化论坛》第1期）则专门阐述了《韵镜》的研究历史，分析了《韵镜》学在各个历史时期的特点和《韵镜》学史的四条主线及未来学术发展趋势。

一些论文从整体上对中国音韵学研究的未来发展进行了深入思考。乔全生的《中国音韵学研究的未来走向》（《吉林大学社会科学学报》第2期）强调要建设具有时代精神的音韵学话语体系，要着力推进五个方面的研究（"上古音研究要继承传统、推陈出新""中古音研究要突出重点、各个击破""近代音文献要充分发掘、加强整理"等），科学利用传世文献、出土文献、方言口语材料的"三重证据法"来解决音韵学问题，并利用"新的二重证据法"（历史文献考证法和历史比较法）来研究汉语方音史。孙玉文的《汉语史学科建设问题：总体趋势与分支走向》（《湖北大学学报（哲学社会科学版）》第1期）强调汉语语音史研究必须重视音系研究，因而需要掌握大量的共时、历时材料，区分通例与特例、个别与一般；要将共时的音系描写与历时的演变研究紧密结合起来，并在其基础上进行音变规律的理论探讨。

六、音韵学教材、论文集的出版

邢公畹编，刘春陶、倪博洋整理的《汉语音韵演变史教程》（南开大学出版社，5月）

是邢公畹先生于20世纪五六十年代在南开大学中文系讲授"汉语音韵学"课程时的讲义，也是一部简明的汉语语音史著作。该教程除介绍音韵学相关概念及研究方法外，主要以十三辙、《中原音韵》、《切韵》、《广韵》、二十六摄为基本材料，将汉语音韵演变的历史划分为上古、中古、近代、现代四个阶段并细致讲解其演变过程。

张富海的《古文字与上古音论稿》（上海古籍出版社，2021年11月）是作者的论文集，收录了上古音研究方面的论文共10篇。内容涉及释读古文字应注意的语音问题、谐声假借的原则、具体字的声母或韵部归属、特定声母的语音演变等专题。

古文字学研究

王志平　连佳鹏

2022年是不平凡的一年。面对疫情封控等不确定形势，很多学术会议延期或改为线上，很多学术研究成果由于各种原因，未能及时推出。尽管如此，古文字学界仍然克服了种种不利，取得了长足的进步和不俗的发展。古文字学相关成果层出不穷，一派繁荣。

2022年度，为推动和完善有中国特色的古文字学学科体系和话语体系建设，促进古文字学与出土文献研究，一批新的学术平台应运而生。在原有的古文字学期刊和集刊的基础上，又诞生了一批新的专业性集刊，如2022年11月商务印书馆出版的西北师范大学文学院简牍研究中心主办、刘钊主编的《简牍学与出土文献研究》第1辑以及2022年10月中西书局出版的中国社会科学院甲骨学殷商史研究中心编《殷周历史与文字》第1辑等，这些新的研究基地和平台为古文字学者交流新见提供了新的园地和舞台。

古文字学的进步和发展具体体现在以下三个方面。

一、出土文献的著录与整理

2022年，甲骨文、金文、战国文字、简帛文字等都有一些新的出土文献著录与整理，为古文字学研究提供了新的材料。

1. 甲骨文著录与整理

2022年有3项甲骨文著录与整理成果。

（1）蔡哲茂编著《甲骨缀合三集》于2022年2月由台湾万卷楼图书公司出版，收录了作者的190组甲骨缀合成果，除了缀合编号外，尚收录缀合后的甲骨拓片与摹本。图版之后，有各组卜辞的考释文字。为了便于检索，另有缀合所涉及各著录的对照号码表。

（2）黄天树主编《甲骨文摹本大系》于2022年11月由北京大学出版社出版。该书是第一部以摹本的形式按照新的理论和方法综合整理研究甲骨文资料的集大成之作，把原本"庞杂无序"的已刊布的70000多片有字甲骨整理成井井有条的科学资料。全书共43册，由"图版""释文"和"索引"三部分组成，正八开刊印，收录有字甲骨70659片。《甲骨文摹本大系》是目前收录甲骨数量最多的大型甲骨著录书。

（3）故宫博物院编《故宫博物院藏殷墟甲骨文》马衡卷、谢伯殳卷于2022年12月由中华书局出版。马衡卷内容包括故宫博物院藏马衡捐赠甲骨（370 号）和北京大学图书馆藏马衡辑《甲骨刻辞拓本》两部分。其中后者又分为《凡将斋甲骨刻辞拓本》（112 号）和《国学门甲骨刻辞拓本》（471 号）两种，作为附编。谢伯殳卷内容包括故宫博物院藏谢伯殳旧藏甲骨（514 号）和华东师范大学历史系藏谢伯殳等甲骨（140 号）两部分。

2. 金文著录与整理

2022 年，无论是新出土青铜器还是金文工具书，都有最新的整理成果。

（1）姚伯岳、邱玉芬编撰《美国哈佛大学哈佛燕京图书馆藏金石拓片图集》于 2022 年 6 月由广西师范大学出版社出版。该书精选美国哈佛大学哈佛燕京图书馆藏金石拓片 130 余种影印出版，著录各拓本的题名、原称、传拓时代、尺寸等信息。

（2）吴大澂编，吴湖帆重编《愙斋集古录》（全 4 册）于 2022 年 7 月由中华书局出版。该书以上海图书馆所藏民国二十六年吴湖帆重编重装稿本全彩影印出版。重装本此前从未出版，也极少为外界所知，一直收藏于上海图书馆，此为首次出版。

（3）上海博物馆编《宅兹中国：河南夏商周三代文明》于 2022 年 7 月由上海书画出版社出版。书中收录青铜器、玉器、漆器等文物共 300 件左右，包括完整器物图及局部细节呈现，并配有说明文字。

（4）容庚撰集《〈金文编〉稿本》于 2022 年 7 月由中华书局影印出版。该书采取原尺寸彩色印刷工艺，最大限度保留了原貌；稿本中的浮签均单独处理后附于当页，一页多条浮签则予标号，以便对照。

（5）山西省考古研究院编《山西出土青铜器全集·闻喜酒务头卷》于 2022 年 9 月由三晋出版社出版。该书为《山西文物大系》之《山西出土青铜器全集》的第一卷，以墓坑为排序。全书通过精美的照片、拓片、线图、X 光图展示，专业简洁的介绍文字，对青铜器铭文的释读，全方位系统展现了酒务头出土青铜器的全貌。

（6）苏影著《商周金文偏旁谱》于 2022 年 9 月由南京大学出版社出版。该书对商周（至战国末）金文共计 4151 个形体构成的偏旁进行全面系统的整理，收录商周金文偏旁共计 665 个，偏旁大体依《说文》部次编排，正文共计 14 卷。

（7）[日] 林巳奈夫著，[日] 广濑熏雄、近藤晴香译，郭永秉润文《殷周青铜器综览（第三卷）——春秋战国时代青铜器之研究》于 2022 年 9 月由上海古籍出版社出版。该书主要讨论春秋战国时代青铜器的器形演变和纹饰。

（8）吉林大学考古与艺术博物馆编《吉林大学考古与艺术博物馆馆藏文物丛书·青铜器卷》于 2022 年 11 月由上海古籍出版社出版。该书收录吉林大学考古与艺术博物馆馆藏商周到两汉青铜器 136 件，这批青铜器品类丰富，涉及鼎、簋、鬲、盘、卣、壶、钟等礼仪用具，以及铜灯、熏炉等生活用具。

（9）王晖主编《周王畿——关中出土西周金文整理与研究》于2022年10月由三秦出版社出版。该书收集整理西周王畿关中地区自汉代至当今出土的1358件青铜器铭文资料，也是迄今为止对关中地区出土器铭著录数量最为翔实齐全的整理成果，书中对每件器物铭文均提供器物照片、铭文拓本及以往著录情况，对以往著录中的疏误做了订正。

3. 战国秦汉简帛等著录与整理

2022年出版的重要简帛材料如下。

（1）安徽大学汉字发展与应用研究中心编《安徽大学藏战国竹简（二）》于2022年4月由中西书局出版。该书收录《仲尼曰》《曹沫之陈》两篇文献。本辑包括竹简原大图版、放大图版、释文注释，以及附录、字形表、竹简信息表等。

（2）陈松长、谢计康编著《岳麓秦简书迹类编》于2022年4月由河南美术出版社出版。该书将岳麓秦简的所有墨迹按书迹进行分类，按一位书手一册的规模进行汇总和品鉴，尽可能地编选有代表性的彩色图版、红外线图版和局部放大图版，同时在每枚简的旁边附有释文。

（3）赖怡璇著《战国楚简词典（文书卷）》于2022年8月由台湾万卷楼图书公司出版。该书依据《说文》排序将词头分为14章，整理文书类楚简各个词汇的用字习惯，"以词系字"，然后整理此词汇于文书类楚简中记录的字形，以及字义或词义，同时标明不同字形出现的频率，用以整理、比较文书类楚简较常使用的字词关系，以便快速掌握战国楚地时人表达同一个词汇时所使用的文字，了解文书类楚简字、词的对应关系。

（4）清华大学出土文献研究与保护中心编《清华大学藏战国竹简（拾贰）》于2022年10月由中西书局出版。该书收录了长篇战国竹书《参不韦》，主要内容是作为天帝使者的参不韦对夏代开国君主夏启的训诫。这篇竹书共124支简，内容完整，总字数近3000字，这是继清华简《系年》《五纪》之后，整理公布的又一篇超百支简的长篇竹书，是前所未见的先秦佚籍。

（5）中国美术学院汉字文化研究所编，曹锦炎、石连坤、周同祥、鲍强主编《乌程汉简》于2022年10月由上海书画出版社出版。该书收录乌程汉简350枚，年代跨度西汉初期至东汉晚期400余年，书体风格呈现多样的面貌，以隶、草为主，少量还带有汉初秦隶意味。全书分为图版、释文两个部分，其中图版分彩色照片、红外线照片两组。图版和释文编排以内容为序，大致上按纪年简、公务简、信牍、抄书简、习字简、医药简、遣册、道教符箓、图画、文房用具分类。

（6）天回医简整理组编《天回医简》于2022年11月由文物出版社出版。该书包含《脉书·上经》《脉书·下经》《逆顺五色脉臧验精神》《犮理》《刺数》《治六十病和齐汤法》《经脉》《疗马书》等8种西汉医书。在出土的900多支医简上，粗略统计文字20000

多字，兼见篆隶、古隶及隶书。竹书用语中还不乏齐地方言。

（7）荆州博物馆编，彭浩主编《张家山汉墓竹简（三三六号墓）》于2022年11月由文物出版社出版。三三六号汉墓出土了827枚竹简，其中375枚为律令简，拟题为《汉律十六章》，抄写年代当在汉文帝二年至七年（公元前178~前173年），上承张家山二四七号汉墓出土的《二年律令》，下启睡虎地、胡家草场汉律，对研究西汉早期法律篇章布局和律家思想发展具有重要价值。墓中出土另外6种书卷分别为《功令》《彻谷食气》《盗跖》《祠马禖》《七年质日》和遣册。该书分为上、下两册，上册为全部竹简的原大图版和释文，绝大多数图版为彩色影像；下册收录除遣册外6种书卷的放大两倍图版，在图版左侧附不加标点的释文，同时保持原简文中的重文号、合文号、句读符，便于阅读。

4. 玺印、陶文等金石文字著录与整理

2022年出版的玺印、陶文等金石文字的著录与整理如下。

（1）陈介祺、吴大澂编著《陈介祺藏吴大澂考释古封泥》于2022年5月由上海书画出版社出版。该书收录清末金石收藏大家陈介祺藏拓秦汉至南北朝时期422品古封泥印，首次原拓原色原大影印出版。

（2）张书学、李勇慧整理《王献唐金石书画题跋辑存》于2022年7月由华东师范大学出版社出版。该书搜集整理了王献唐所藏所见历代金石文物、书法绘画以及相关著述等所作题跋精品500余篇，1000余则，按钟鼎彝器、古代货币、印玺封泥、刻石碑版、砖瓦陶器、书法绘画、其他等7大类汇编成册，并配有众多珍贵原件图片，其中多为首次公开。

（3）邱永生、刘聪、周波主编《狮子山楚王陵出土西汉官印》于2022年9月由西泠印社出版社出版。该书收录狮子山楚王陵出土西汉楚国官印共226方，以照片、拓片、印蜕、钤印泥饼，配上年代、质地、钮式、尺寸和整理号的方式，完整地呈现了每一方印的所有信息，再现了2000多年前的汉印风貌。

（4）《松荫轩藏印谱简目》编纂组编《松荫轩藏印谱简目》于2022年9月由复旦大学出版社出版。该书著录林章松先生松荫轩所藏历代印谱3000余种。

（5）孙慰祖主编《中国古代封泥全集》于2022年9月由吉林美术出版社出版。该书是较全面反映中国古代封泥发现整理和研究成果的综合性资料总成，分为《图版编》与《研究编》，共计15册。《图版编》11册，是目前辑录封泥遗存时代跨度最大、品类和数量最多的图集，厘为战国、秦、西汉、新莽、东汉、魏晋、南北朝及唐宋8卷，共计收录10163件封泥、约20000张图片。《研究编》4册，从百余年来发表的研究文字中择选出有代表性的65篇纳入其中，以反映伴随封泥的发现而展开的学术探索之路。

（6）王伟、孟宪斌编《秦出土文献编年续补》于2022年12月由商务印书馆出版。该书主要对《秦出土文献编年订补》出版之后新见的秦国玺印封泥和陶文、铜器、兵器等文字资料进行了详尽的搜集整理，按照年代顺序编年条列，主要涉及文字考释、史实考辨、年代考订等，并增加器物图版和铭文照片或摹本。

二、古文字学专著与论文集的新收获

1. 个人专著的新贡献

2022年，古文字学人陆续出版了不少新作。

（1）冯胜君著《清华简〈尚书〉类文献笺释》于2022年1月由上海古籍出版社出版。该书对清华简共14篇《尚书》类文献进行了周密的考证和笺释，而在字形考释、文字训诂、断句编联等方面尤见作者功力，其中不乏新见。

（2）赵平安著《〈说文〉小篆研究（修订版）》于2022年1月由上海古籍出版社出版。该书把《说文》小篆作为传世古文字资料的一种，放在出土古文字资料的背景上，从纵向和横向两个方面进行了全面系统的分析研究。此次修订出版，除改正讹误、替换字形、增加附录外，大幅扩充了第七章的内容。

（3）洪飏著《出土文献语言与文字论丛》于2022年3月由光明日报出版社出版。该书收录作者近年所撰关于出土文献语言和文字学研究的论文38篇，分"甲骨文研究""简帛文献研究""古文字与上古音研究""文字学研究"四个主题，从字形、语音、词汇和语法等方面对出土文献字词进行了考证和辨析，对文字学的相关理论进行了阐释和研究，揭示探讨了《说文解字》相关语言现象。

（4）蔡伟著《古文献丛札》于2022年5月由台湾花木兰文化出版社出版。该书为作者近年来所作文章的一个总结，主要是从语言学角度来研究先秦及秦汉文献。

（5）张传官著《〈急就篇〉新证》于2022年6月由中西书局出版。该书主要内容为结合传世文献与出土文字、实物等资料，对汉代蒙书《急就篇》进行的新证研究。

（6）谢明文著《商周文字论集续编》于2022年7月由上海古籍出版社出版。该书为《商周文字论集》的续编，收入作者近年发表的关于商周文字研究的论文33篇，内容包括甲骨、金文、楚竹书、秦汉文字等考释，以及传世文献字词的新证研究。

（7）季旭昇著《季旭昇学术论文集》（全五册）于2022年由台湾花木兰文化出版社出版。该书收录其先后发表的论文70篇，内容主要涉及甲骨文与楚简的释读。

（8）谢明文著《商代金文研究》于2022年10月由中西书局出版。该书选取220件商代（含"殷末或周初"）金文进行著录考释，以器类为纲，按铭文字数排列，包括"时代""著录""字数""释文""来源""注释"等内容，体例完备，鉴选严谨，释文精审，是目前学习商代金文的最佳图录选。

（9）叶玉英著《出土文献与汉语史研究论集》于2022年10月由中西书局出版。该书收录作者 2005 年至 2022 年在各类学术刊物中发表的 28 篇论文,包括古文字研究,出土文献与历史问题研究,出土文献与汉语语法史、词汇史、语音史研究等。

(10) 李松儒著《清华简〈系年〉集释》(修订本)于 2022 年 11 月由中西书局出版。相较原本,修订本对《系年》各方面的研究论著又增加了 300 余篇(部),有近一半当时无法确释的文字,借助新公布的材料,可以比较确定地释出,或是为释读带来了方向。此外,还有一些可以对《系年》的文字考释或词义加以订正补充的地方。

2. 文字学通识读本的集中出版是 2022 年度的一个特色

(1) 徐超著《古汉字通解 500 例》于 2022 年 7 月由中华书局出版。该书选取 500 个常用汉字作为字例,罗列其甲骨文、金文、《说文》籀文、古文、小篆、楚简帛文和秦简牍文等多种字形,而以甲金字形为基本依据,讲解构形意义和构形方法,说明本义、引申义、假借义等基本用法和文化内涵,揭示形体演变轨迹及其演变规律。

(2) 陈文波著《字说中国:汉字里的生活世界》于 2022 年 9 月由上海古籍出版社出版。该书是一本图文并茂的古汉字普及读物,从甲骨文、金文等再到现在楷书的演变,详述源流,深入浅出地对 300 多个古汉字进行了详细解说。

(3) 葛亮著《汉字再发现:从旧识到新知》于 2022 年 11 月由上海书画出版社出版。该书是一本古汉字通识读本,旨在揭示关于汉字的"常识"中可能存在的问题,探讨分析汉字源流的正确方法,介绍甲骨、金文、简帛等出土文献以及相关研究取得的新知。

3. 专题论文集的新进展

2022 年出版的一些集体论文集也集中讨论了某些古文字专题。

(1) 徐在国主编《安大简〈诗经〉研究》于 2022 年 10 月由中西书局出版。该书为近年来安大简《诗经》研究的回顾总结与集中展示。论文集共收录论文 48 篇,分为"材料综述""字词考释""异文新解"三部分。内容涉及文字考释、词汇训诂、古音系联、字词关系、异文考辨、篇章次序、文本解读等诸多方面。

(2) 邹芙都主编《出土文献与先秦秦汉史研究论丛》于 2022 年 10 月由科学出版社出版。该书由第三届商周青铜器与先秦史研究青年论坛参会论文选编而成,共收录论文 43 篇。内容涉及甲骨文、商周青铜器与金文、简牍等出土文献与先秦秦汉史研究等方面。

三、古文字学论文选题多样,内容丰富,见解新颖

同样,从学术论文角度而言,2022 年的古文字学研究选题多样,内容丰富,涉及古文字学研究的方方面面,新意纷呈,新见迭出。下面,我们从以下五个专题给予概括。

1. 甲骨文研究

李家浩《谈〈说文〉"梧"字说解》(《出土文献综合研究集刊》第 15 辑)根据唐写本

《说文》木部残卷"梏"字说解和甲骨文"梏"的初文"睪"字字形等,认为《说文》"梏"字说解"手械也"应该读为"首械也",是戴在头上的刑具。张惟捷《殷卜辞"虳"字考》(《古文字研究》第34辑)将甲骨文中常用地名、氏族名的🕱释为"虳"。黄锡全《甲骨文中究竟有没有"稻"字》(《出土文献》第4期)认为,甲骨文中旧释为"黍"的字,应以稻穗三叉形作为区别标志,一穗的才是真正的"黍"字,三穗的🌾、🌾应释为"稻",🌾可能为旱稻,🌾为水稻,"秜"可能为再生稻。吴盛亚《释"𢆶"兼论相关部件的通用》(《文献》第1期)通过比对甲骨金文中"斤""戈"的字形,结合甲骨文字中勾廓与线条往往无别的构形规律,并综合考察相关考古出土材料,确认甲骨文中的"𢆶"可释作"戈",对"戈""斤""亏""刀"等字作为部件时的形体做辨析,揭示并分析相关意符之间的通用现象。黄博《甲骨文补说三则》(《出土文献》第1期)第一则认为,甲骨文中的"🕱"字也应释为"遭",上部所从应即"山"形之倒书;第二则指出《合集》19941+中的"🕱"字应释为"盈";第三则讨论了卜辞中"勿鲧……"一语的理解问题,"鲧"当从陈剑先生读为"眚","勿鲧……"意即"不要以为……是灾过"。袁伦强《甲骨文"履"字补释》(《出土文献》第2期)从字形、辞例等方面进行了详细论证,认为旧释为"履"的意见可信从,并新考释出甲骨文中几例"履"字的表意初文。徐宝贵《甲骨文"衰"(蓑)字补释》(《出土文献与古文字研究》第10辑)信从陈汉平之说,将甲骨文用作地名、侯名的🕱字释为"衰"(蓑),认为象古代人们雨天在四肢及身体有关部位捆扎草或草片等物质以御雨的形状。谢明文《释甲骨文中的"🕱"及相关诸字》(《出土文献与古文字研究》第10辑)认为,🕱、🕱为一字之繁简体,从"叩""万/丏"声,可能本是"邻"字的形声异体,并对以之为偏旁的若干疑难字进行了辨析。邓飞《旧释"婏"之甲骨文当释"豩(豨)"》(《语文研究》第3期)分析了旧释为"婏"的"🕱"字各个构件的类型学规律,认为应隶定为"豩",是"豨"的初字。连佳鹏《甲骨文释读两则》(《上古汉语研究》第4辑)对甲骨文"庚"字的几个异体以及《缀汇》780进行了释读。连佳鹏《释甲骨文中从"凥"之字及相关问题》(《甲骨文与殷商史》第12辑)指出,甲骨文"凥"字过去多被误释为"尼",文章通过字形分析指出"凥"的下部所从应为"几",而非俯身之人,并根据"居"和"处"在传世与出土文献中经常互用不别的情况,指出两者应是一字分化,而"凥"字正是其分化的源头。

2. 金文研究

谢明文《谈"宝"论"富"》(《文献》第1期)认为,金文从"宀"、从"玉"或"贝"(或兼从"玉"从"贝")之形应该是"宝""富"共同的表义初文,即屋中藏有玉、贝,它既可以表示"宝",也可以表示"富",后来为了区分读音相近的"宝""富"二字,于是在它们共同的表义初文上添加"桴/缶"声即成"宝"字,添加"畐"声即成"富"字,两周金文中,"富""宝""福"关系密切,彼此可构成糅合字形。晁福林《金文"羁"字补释》(《出土文献》第1期)认为,金文"羁"字所从的音符不当读为"悤",而应当读为"意"。谢明文《吴虎鼎铭文补释》(《出土文献》第2期)认为,吴虎鼎铭文中"履"后旧隶作"弄"之字,应径释作底部加了一横笔的"丰",这一横笔表示的是地面,其形表示在地面上植树以为地界,是"封"的初文。此外,文章还对铭文的其他字词做了补释。宋华强《曾侯乙墓车書铭文新释》(《出土文献》第2期)将曾侯乙墓北室出土的车書铭文"▨"释为"之軝"二字合文,"軝"指车書,最后一字疑释为从金、冊声,读为"键",指车辖。苏建洲《西周金文"干"字再议》(《出土文献研究》第20辑)在前人研究的基础之上,根据宗人簋对▨、▨应释为"干"进行了补释。

3. 战国文字研究

战国文字尤其是简帛文字仍是研究热点。石小力《说战国楚文字中用为"一"的"翼"字》(《中国语文》第1期)认为,战国楚文字中表示"一"的"翟"是羽翼之"翼"的异体,"翟"字所从的"能"形是由甲骨文羽翼之"翼"的象形初文演变而来的。"翟"字从羽,翼声,是为羽翼之"翼"所造的形声字。蒋鲁敬《试说战国楚简中的"戙"字》(《出土文献》第1期)认为,战国楚简中的"戙"字,其"戈"旁应是"弋"旁之讹。由于"弋""聿"音近古通,因此"戙"字应是从泉从聿的"肃"字的异体。张新俊《释清华简〈越公其事〉中的"彶(及)"》(《出土文献》第1期)从楚文字中用作偏旁的"殳""攴"每多相通的规律角度,指出清华简《越公其事》简74中的"彶"可以看作是从"攴"的"伎"字的异构。从上博简中"汲""彶"的异文从"攴"来看,"伎"应当释作"彶"字,在简文中读作"及"。黄德宽《战国齐系文字中旧释"马"字的再探讨》(《汉字汉语研究》第1期)认为,战国齐系文字中旧释为"马"的"▨""▨"字应改释"希",读作"肆"。齐玺所谓"司马"应从唐兰说改释"司肆",是管理市场的职官。文章还讨论了齐系文字中"希"这类字形的来源等问题。张峰《楚简从屯、毛、丰、屰之字辨析》(《江汉考古》第1期)辨析了楚简中屯、毛、丰、屰四者字形及以之为偏旁的合体字。侯乃峰《安大简〈诗经〉中的"蝎"字试析》(《安徽大学学报·哲社版》第6期)认为,安大简《诗经》中三个隶定为"蝎"的字,是"为"由于形体割裂讹变而产生的分化字。黄德宽《清华简三不韦"明"解——兼说金文中的"粦明"》(《出土文献》第4期)认为,清华简《三不韦》篇"龕明"一词中的"龕"字,是由"嬴"字讹变而来的,"嬴"的讹省之形与"能"相同。"嬴明"一词与西周金文的"粦明"和典籍的"钦明"记录的可能是同一古成语。石小力《据〈参不韦〉说"罚"字的一种异体》(《出土文献》第4期)根据清华简,将战国简帛中一个旧释为"刑"的从"网"从"刑(型)"的字形,改释作"罚"。禤健聪《说

"箙"》(《中国文字研究》第35辑）指出战国齐系玺印、封泥中出现的"箙"字，应分析为从"竹""自"声，是表示箭靶义的"臬"字的异体。"职箙"是官名，指掌管箭靶等射击器械或射击训练的职官。黄德宽《〈五纪〉篇"希""俙"的释读及相关问题》（《出土文献研究》第20辑）将清华简《五纪》篇中的希、俙分别释为"希"和"俙"，"俙"读为"肆"。

4. 综合研究

其他方面如综合利用古文字材料进行的文字考释或对汉魏六朝文字进行的考释皆有所创获。孟蓬生《"反丝（绝）为丝（继）"成因试探》（《语文研究》第1期）认为，"反丝（绝）为丝（继）"不符合古文字构形正反无别的通例，不符合先秦文字的用字习惯；"丝""丝"正反无别，而"绝""缵"古音相通，"反丝（绝）为丝（缵）"符合先秦文字的古音和用字习惯；所谓"反丝（绝）为丝（继）"是把"反丝（绝）为丝（缵）"之"丝（缵）"同义换读为"丝（继）"造成的结果，换读大约发生在秦汉之际；经过汉代人转抄的先秦文本存在"丝（缵）""丝（继）"相乱的情况，应当根据相关资料予以校正。张富海《说"井"》（《出土文献与古文字研究》第10辑）认为，"丼"和"井"本来是音义不同的两个字，《说文》误合为一。"井"是水井的象形字，而"丼"可能是"型"的初文。邬可晶、施瑞峰《说"朕""弄"》（《文史》第2期）认为，"朕"是从本象一人"撑篙行舟"之形的字简省分化出来的一个字；"弄"字是象一个"具设""同"中插入璋一类玉器之形的简体，应是古书训"具"的"撰"的表意初文。王亚龙《从"燕国"改名谈到"燕"字的来源》（《北方文物》第1期）指出，出土文献资料中的燕国一般写作"匽"，"燕"字是燕国人为了取悦秦始皇而新造的一个字形，"燕"字与"匽""晏""宴"等字都存在语音与意义上的密切关系。陈剑《张禹碑铭杂识》（《出土文献》第1期）将张禹碑铭旧释"割、举、薙、尔、方、赠、选、永"之字分别改释为"剖、基、蓷、荣（蓂）、艻（艾）、赠、送、示"。张永惠、张涌泉《〈汉魏六朝碑刻异体字典〉疏误举正》（《语言研究》第1期）对《汉魏六朝碑刻异体字典》在收字和释义方面存在的一些错误择取数例加以讨论。谢明文《释古文字中的"茸"》（《甲骨文与殷商史》第12辑）认为，书钟"茸"、晋公盆"茸"，从"耳"得声，应该是"茸"字异体，甲骨文中的诸形可能是"茸"字的表意初文。赵平安《先秦秦汉时代的讹字问题》（《中国书法》第10期）重新界定了先秦秦汉时代的讹字，把讹字定义为书面语言中的错字。在此基础上，探讨了讹字的特性、发现讹字的方法、讹字的类型、历史上对讹字的处理方式、讹字致误的原因等，在一定程度上反映了先秦秦汉时代讹字的概貌和作者对先秦秦汉讹字的总体认识。蔡一峰《用为"迩"之"逐"诸字补说》（《古汉语研究》第3期）对在近年发布的出土文献材料中不断出现"逐"读为远迩之"迩"的用字现象提出了新的看法。他认为这个"逐"和追逐的"逐"是同形字，至于为何能用为"迩"，学者有不同看法，其中以"逐"从"豕"声，与"尔"声字

"迩"音近相通的说法影响最大。该文指出,"豕"实未见有坚强的谐声证据,作为"迩"字异体的"逐"是"邎"的省声字,可以上溯到甲骨文时代。王志平《"每"、"悔"字际关系说略》(《简牍学与出土文献研究》第 1 辑)对于阜阳汉简《周易》等中的"每"与"悔"字的关系做了新的系统梳理。

5. 常用字演变研究

王志平《"闯"字的历史演变》(《中国语文》第 2 期)结合《说文》和《广韵》,指出"闯"字与觇、窥、觑、睒等为同源词族,均有快闪、窥视等义;作"冲"义讲的"闯"当为"撞"之本字。后人望文生义,借用文字构形更为形象直观的会意字"闯"代替了原来的形声字"撞"。薛瑾、周密《"妞"的形义演变与满汉文化关涉》(《汉字汉语研究》第 1 期)认为,从宋代伊始,妞字作为古"敜"的讹误而产生。妞是形声字,最初其形旁"女"并非专指女性,据声符有义原则;其声旁丑也无"丑陋""丑恶"义,而是承接古"敜"的"好"以及宋时的"高丽姓"二义而来。清中叶后,满语与汉语融合,"妞"有了"未婚女孩"之义。

总之,2022 年度的古文字学研究,无论是在出土文献著录与整理,还是在具体文字考释和研究方面,都取得了不俗成绩,古文字学研究继续稳步发展。

汉语方言学研究

谢留文　夏俐萍　徐睿渊　邓　婕　孙宇炜

2022 年，汉语方言学继续立足于本体，调查与研究并重，发掘新材料，研究新问题，研究视野有所拓展，传统研究更加深入，个案研究不乏新见。

邢向东《论汉语方言学在中国特色语言学学科体系、学术体系、话语体系建设中的价值》(《中国语文》第 4 期)阐述了汉语方言学在建设中国特色语言学学科体系、学术体系、话语体系中的重要价值。

2022 年汉语方言调查研究可以从语音、词汇、语法三个方面来阐述。

一、汉语方言语音调查研究

（一）方言音系

学界提供了新的调查材料，集中在赣语、客家方言、吴语、闽语、粤语、晋语。代表性文章有：陈诺、谢留文《江西崇仁方言同音字汇》(《方言》第 4 期)，卢继芳《江西铜鼓（永宁）方言同音字汇》(《方言》第 2 期)，姜晓芳《浙江杭州临平（五杭）方言同音字汇》(《方言》第 1 期)，张燕芬《广东揭阳（榕城）方言同音字汇》(《方言》第 4 期)，黄拾全《广东四会（城中）方言同音字汇》(《方言》第 3 期)，孙宇炜《山西清徐（陈家坪）方言同音字汇》(《方言》第 1 期)。

张振兴《方言记音和语音实验》(《长江学术》第 4 期)认为，现代方言记音和方言语音实验是同时起步的。但方言记音和方言语音研究在本质上还是属于"口耳之学"的范畴。传统的方言记音有效地应用了音位学与音类学的分析方法，实际解决了方言记音和语音研究中的主要问题。现代语音实验使记音和研究增加了现代科学的手段，非常有益于促进汉语方言学的现代化发展。方言记音和语音研究最重要的是语音的分析；语音分析是现代方言语音学发展的动力之源。

（二）方言语音层次分析与语音演变机制的探讨

代表性文章如下。

陈忠敏《历史层次分析与方言的层次分类——以吴语、江淮官话的层次分类为例》(《中国方言学报》第九期)分析古从邪崇船禅诸声母在今江淮官话、吴语的读音层次，并参照北京官话、闽语的相关现象来看这些读音的层次性质，进而对吴语内部各片、江淮官话内部各片做方言层次分类（分区）。文章指出，汉语方言的层次分类（分区）能更好揭示汉语方言的演变历史以及方言间的接触及亲疏关系。

谢留文《浙西南吴语"鸡嗦子"读音的本字——兼论浙西南吴语模、虞韵读如鱼韵白读现象》（《中国语文》第4期）通过对浙西南吴语遇摄模韵读音层次的辨析，指出模韵有读同鱼韵的白读层次，其本字就是一等模韵的"嗦"字。浙西南吴语与江西赣语模韵和虞韵都有读同鱼韵白读的层次，反映了二者早期音韵特征上的密切关系。

沈明《内蒙古张呼片晋语的入声调》（《中国语文》第5期）指出，内蒙古张呼片单字调4个：平声、上声、去声、入声。从来源看，源于深臻曾梗通三四等的，保留入声调；源于咸山、宕江、梗二等的，清入字、文词儿或借入的词（折合成晋语的读音）里用到的浊入字，也保留入声调，土词儿用到的浊入字已经舒化，浊入少数归上声，全浊入多数归平声、次浊入归去声。文章说明该片晋语的入声调曾经分阴入（清入）、阳入（浊入），之后阳入往两个方向变：土词儿多舒化，文词儿或借入的词多归阴入（清入）。浊入按调值舒化归上声、浊入归清入是晋语的方式；全浊入归平声、次浊入归去声，是用了官话方言的方式。

刘祥柏《官话方言歌戈、车遮两韵的分合》（《方言》第4期）指出，官话方言在歌戈韵、车遮韵上存在不同类型的分合关系：两分型、合流型、洪混细分型，这三种类型从分到合的历时发展进程在地理上显示出从南到北逐渐过渡的演变特征。

王莉宁《汉语方言入声归派的类型及方式》（《汉语学报》第3期）利用"汉语方言地图集数据库"930个汉语方言点的材料，指出"入声归平"是最显著的归派类型；"清入归阴调、浊入归阳调"是入声归派的主要方式，说明了古声母的清浊是影响入声归派的重要因素；此外，"低调"也是影响入声韵舒化速度的因素之一。

其他论文还有陈荣泽《山西沁县方言古来母［i］韵字读卷舌元音的现象》（《中国语文》第1期），支建刚《晋冀豫三省交接地带日母字的读音》（《中国语言学报》第二十期），黄瑞玲《揭阳闽语中泥来母的语音层次及其分混特征》（《中国方言学报》第九期），曾建生《清远境内勾漏片粤语精知庄章组非擦音浊母擦音化》（《语言研究》第3期），崔传杏《山东沂水方言的浊音声母》（《方言》第2期），曾南逸《原始闽语﹡ts-组声母字在闽南方言中的两类洪细对应》（《中国语文》第6期），秋谷裕幸《原始闽语中的舌叶塞音声母及其相关问题》（《语言学论丛》第1期），李姣雷、秦鹏《湖南冷水江铎山方言古全浊声母的演变》（《方言》第4期），徐睿渊《湖南嘉禾（珠泉）土话韵母的文白异读》（《方言》第4期），熊燕《官话方言寒桓山删韵的演变》（《方言》第2期），赵彤《十七世纪以来北京话韵母e、o、uo的演变》（《中国语文》第3期），李华斌《甘陕晋方言的"鱼入支微"与唐五代西北方音》(《语言科学》第2期),赵庸《杭州话古开口三等今读合口的音变》(《语言科学》第3期),余颂辉《新湘语覃谈有别的语音层次》(《方言》第4期),田范芬、谢英姑《安徽方言舌尖化再探》(《方言》第2期),徐建《安徽贵池方言古入声韵今读卷舌韵母》(《语言研究集刊》第二十九辑),朱玉柱《河南武陟及周边方言的入声韵》(《语言研究集刊》第二十九辑),付新军、李曼《论客家方言梗摄文读音及相关韵摄的演变》(《语言研究集刊》第三十辑),赵晓阳、沈明《河北邯郸晋语入声的过渡性特征》(《语文研究》第3期),邵慧君、梁施乐《广东粤语的入声格局及舒促对应关系》(《方言》第2期),唐志强《近百年来汉语入声研究回望》(《南京师范大学文学院学报》第2期)等。

(三)连读变调、语流音变与变音

代表性论文如下。

魏钢强《汉语方言数量字组的连调》(《中国语言学报》第二十期)指出,许多方言存在着数词字组和数量字组的特殊变调规律,但从方言连调的整体格局来认识,这种规律并不特殊。数量连调和广用连调的差异源于重音位置的不同,是一种受轻重音影响产生的变调(即重音变调)。

曹志耘《浙江金华汤溪方言的语流音变》(《方言》第2期)全面地梳理了浙江金华汤溪方言里的语流音变现象,分合音、同化、异化、脱落、弱化五类做了详细描写,讨论了语流音变的类型、化石化、追加、还原、超音系现象、习非成是等问题,指出语流音变的本质就是弱化。

赵日新《山东、河南方言的[ɿY]类儿化韵——兼补豫北方言儿化韵的层次》(《中国语文》第1期)以明代中后期至清代的"儿"音为切入点,讨论山东、河南方言中的前高元音型儿化,探讨此类儿化跟"儿"音的密切关系,大致还原了儿化合音的过程。文章指出,明中后期、清初以至今山东西区方言的儿化韵一脉相承,很可能不是卷舌型而是平舌型,即[ɿY]类儿化,进而探讨了豫北方言四类儿化韵的层次关系:[ou]类早于[ɿY]类,[ɿY]类早于[ɯə]类,卷舌儿化是最新的层次。

其他论文还有支建刚《论Z变调》(《中国方言学报》第九期),尤舒翔《福建永安方言短语层面的连读变调》(《中国方言学报》第九期),桑宇红、冀雪利《河北涞水方言的连读变调和轻声》(《方言》第2期),桑宇红、任可娜《河北涉县木井方言阳平上声合流及相关问题》(《中国方言学报》第九期)等。

(四)语言接触与方言归属

代表性文章如下。

戴黎刚《闽语仙游话浊去字例外读阴去的性质》(《莆田学院学报》第4期)认为,在语言接触当中，调类不易发生借用，比声母、韵母更稳固，因此可以根据调类的特殊性判断混合语的底层语言。仙游话与蛮话、蛮讲、燕话、漳平话、龙岩城关话都保留浊去字例外读为阴去的现象，表明仙游话与这些方言一样，也是源自福州话而不是闽南话。

其他论文还有阮咏梅《浙江玉环犁头咀话语音分析——与温岭吴语接触的一个闽语方言岛》（《常熟理工学院学报（哲学社会科学版）》第6期），乔全生、谷少华《再论语言接触视域下晋方言语音的几点变化》（《汉语学报》第1期）。

（五）韵书、对音材料与现代方言

代表性文章如下。

陈忠敏《论百年前宁波话卷舌音声母》（《方言》第4期）分析了百年前西方传教士、官员所著四份宁波方言记录，讨论当时宁波话知三章组声母的读音。文章认为，当时宁波话知三章组声母的读音是卷舌音，并与［ts］组声母形成对立。

其他论文还有秋谷裕幸、野原将挥《闽语中来自*m.r-和*ŋ.r-的来母字》（《辞书研究》第5期），郭必之《闽语"鲤"字所蕴含的古音讯息》（《辞书研究》第1期），钱奠香《清代武汉方言精组和知照组声母的分合演变》（《中国方言学报》第九期）。

（六）方言学与地理语言学、实验语音学相结合的研究

代表性论文如下。

黄河《"结构化程度"与"各向渐变性"》（《中国语文》第3期）以宜兴方言为对象，采用方言测量学的方法探索不同语言变异（音韵、功能词、实词）的各向渐变性的差异，发现了各向渐变性序列（由强到弱）：实词＞功能词＞音韵，并对该序列进行解释，提出各向渐变性与结构化程度成反比这一假说。

朱子璇、陶寰《温州话连读前字清浊塞音对立的实验语音学研究》（《中国方言学报》第九期）利用实验语音学的方法，考察清浊声母在连读前字位置上发音的差异，指出温州话连读前字的清浊声母对立主要表现为闭塞时长上的差别，这与单音节中清浊声母的差异情况类似，而与连读后字时清浊声母对立表现为VOT不同的情况有明显不同。

其他论文还有许井岗《苏鲁毗连地区方言声调的读音类型、分布与演变》（《语言科学》第2期），史濛辉、陈轶亚《湘语双峰方言的"清浊同调"——基于语音实验的探讨》（《中国语文》第6期），彭建国《论气声、浊声与清送气的关系》（《当代语言学》第4期），黄淑芬《诏安客家方言内爆音的特点和来源》（《语言研究集刊》第三十辑），黄玮《通城赣语元音的性别变异浅析》（《智能计算机与应用》第6期），杨玉婷《湘语娄邵片荆竹话系列高元音研究》（《南方语言学》第19辑）等。

（七）方言论著

代表性专著如下。

沈明《晋语语音研究》（商务印书馆，8月）分10章，包括3个方面的内容：分区、分片及各片主要的语音特点；晋语语音系统的面貌和主要特点（文白异读、韵母一二等的分别）的总体性研究；考本字，从演变与层次、语义变调、词音、语法音变等，讨论例外读音的原因。附录描写山西岚县方言音系，归纳演变特点，列出同音字汇。

其他著作有赵学玲《山东方言音韵研究》（南京大学出版社，3月），丘学强、温育霖《方言岛——深圳大鹏话研究》（中国社会科学出版社，5月），王彩豫《鄂南方言的多域声调系统研究》（武汉大学出版社，8月），胡伟《河南滑县方言研究》（中国社会科学出版社，7月），乔全生主编、田范芬编著《近代汉语湘方言文献集成（全三卷）》（商务印书馆，4月），李如龙《福建方言与文化》（福建人民出版社，1月），[美]睦礼逊（William T. Morrison）编著《宁波方言字语汇解》（上海大学出版社，1月），李菲《地理语言学视域下梅州客家方言语音研究》（中山大学出版社，1月）。

另有论文集：胡方、杨蓓主编《汉语方言研究的多维视角：游汝杰教授八秩寿庆论文集》（上海教育出版社，9月），陶寰、盛益民、黄河编《方言比较与吴语史研究：石汝杰教授荣休纪念论文集》（中西书局，10月）。

另外，由商务印书馆出版了《中国语言文化典藏丛书》（曹志耘、王莉宁、李锦芳主编）18种（另有12种少数民族语言）：宾阳（卞成林、韦钰璇、苏丹）、成都（曾为志、吴小龙、禹然）、大连（原新梅、赵建军、刘颖、丁俊）、皋兰（雒鹏）、古田（李滨）、哈尔滨（梁晓玲）、洪洞（王晓婷、赵海英）、环县（谭治琪）、建瓯（邓享璋、吴雪灏、徐文亮）、江永（杨慧君）、开封（赵祎缺）、乐业（嵩崧、李国俊、滕韧、郑敬文）、青岛（戴宗杰）、泰州（顾黔）、湘潭（曾达之）、新化（罗昕如）、苍南（徐丽丽）、连州（严修鸿）。

二、汉语方言词汇调查研究

（一）词义研究

代表性论文如下。

钱曾怡《"做""作"考辨》（《方言》第1期）从"做""作"产生的时代、读音、词性、语体色彩、语法结构和辞书收录等方面对二者进行辨析，并附上"做""作"相关词条在《现代汉语词典》《现代汉语规范词典》《辞海》《汉语大词典》《中文大词典》《新编汉语词典》等6种辞书中的收录情况。文章指出，"作"在周秦文献中多有记载，在各种字书、韵书中也都有所收录；"做"的文献记载多在宋元以后，在明清小说中多见。"作"来自入声，而"做"来自去声。"作"可以在偏正结构的名词中做名词主体，而"做"只能在极少数双音节词中做名词。"作"书面语色彩较浓，四字格成语中常见，其宾语多是单音节词;"做"口语色彩较浓,只有极少数成语用"做",其宾语多是多音节词,在用"得"联系的动补词组中用"做"而不用"作"。

汪维辉《再谈"给(gěi)"的来源——与赵葵欣先生商榷兼论字词关系的复杂性》(《方言》第3期)重申现代汉语常用词"给(gěi)"来自"过与"合音,并针对赵葵欣(2021)提出三点商讨意见,重点讨论了"过与"的使用频率问题。文章认为,"给"的个案反映了字词关系的复杂性:有些同形字很隐蔽,必须摆脱"当代语感干扰",破除字形的外衣,深入到语言里的词(音义结合体),才能了解其实质,探明其来源。我们要研究的是古代的活语言(有声语言),正确的语言文字观事关全局。

张世方《论助词"价"源于"个"》(《方言》第1期)以文献材料和方言语料为依据,考察"价"与"个"在形式、功能上的一致性或发展继承关系,以及语音上歌麻韵的分合关系,认为来自中古假摄二等麻韵的"价"是唐宋以来使用广泛的助词"个"在音义演变过程中的记音字。

此外,张惠英《从汉语方言的"射、污"说起》(《方言》第3期)和聂志平《北京话的"X得慌"》(《方言》第1期)是词义的历时演变研究;姬慧《陕北方言"怂惠"类语义场语义演变考》(《语言与文化论丛》第五辑)和吴芳《试论潮汕半山客话与潮汕闽方言的词汇接触类型》(《语言与文化论丛》第五辑)则是对现代方言词义的共时差异考察。

(二)本字考证

代表性论文如下。

黄小平《也谈客家话的"楼胎ᵌ"》(《语言研究》第4期),认为"胎ᵌ"的本字就是"梯",它是客家先民到达闽越大地后向闽语、粤语借来的词,而"开ᵌ(陔)"类词更早的源头是"隑"。

曹瑞芳、李小平《晋语植物量词"本"的三种读音及用字问题》(《语言研究》第1期)系统展示了现代晋语植物量词"本"的三种读音、文献用字及使用情况,认为"本1"的本字为"本","本2"的本字为"菱",而"本3"为分音词音节之一,用字还应商榷。

汪如东《扬州话中的"冒子"和"落子"》(《中国方言学报》第九期)结合相关文献和方言调查,考察了扬州话中的"冒子"和"落子"(一般贬指苏北里下河话或泰如片口音的人),认为"冒子"本字应为"貊子",反映了古东夷部落之一的貊人逐步融入汉族的历史过程;"落子"则与"莲花落"的艺术形式有关,也可能是"活络"一词的变读。

(三)词汇的地理语言学研究

代表性论文如下。

秋谷裕幸《闽北区方言的笋义词》(《中国语文》第1期)将闽北方言的笋义词分为"笋"、"簪去"、"簪上"和"篓"共四类,认为原始闽北区方言中的笋义词当为单说的

"箩"。

吴继章、李小平《河北方言中的"饥"和"饿"》(《中国方言学报》第九期)调查、分析了河北方言中"饥""饿"及其同义词"摆""白"的地域分布、词义特点、语境分布或句法搭配特点、语音特点等。

孙凯、杜小钰《汉语方言"脖子"义词形的地理分布及其解释——兼论语素"脖"的来源问题》(《汉语史学报》第二十六辑)考察了汉语方言"脖子"义词形的地理分布,并考察语素"脖"的历时来源,是共时和历时研究的结合。

其他论文还有黄河《"结构化程度"与"各向渐变性"——宜兴话的方言测量学研究》(《中国语文》第3期)、黄河《结构方言学对方言地理学的启示——基于共时结构的词形分类》(《语言学论丛》第1期)、赵志靖《基于编辑距离的江苏方言关系计量研究——对江苏70点方言的定量分析》(《语言研究》第2期)、冉启斌、丁俊、原新梅、赵建军《语言距离与地理距离的复杂性——以辽宁境内的胶辽官话与东北官话为例》(《南开语言学刊》第1期)等。

(四) 地名用字

代表性论文如下。

黑文婷、党怀兴、黑维强《黄土高原地名中"圸"的音义及来源》(《语文研究》第2期)考察了黄土高原地名通用词之一"圸",指有坡度、成片的地形,文献中有"圸、土窊、窊、屲、洼、凹、畖"等写法。从地方历史文献看,"圸"表地形"坡"义不晚于五代时期;辞书中将"圸"解释为方言字、词,并注为阴平的 wā。文章认为,作为典型的方言字、词,根据"名从主人"的原则,"圸"应注音为去声 wà,与"圸"同音类的字,中古韵书即有去声祃韵"乌化切"一读。

黑文婷《陕晋地名探源三则》(《汉语史学报》第二十六辑)考察了现今陕晋地图的三组字词并进行了辨析和历史溯源,认为"石磕""社科"当为"舍窠"、树名之后的"卜""朴"当是"木"的语音演变,"圪塔"当为"圪墶",而地名中"某某塔"则为"某某墶"。第一、三组的书写丢失了历史文化信息,第二组保存了语音历史痕迹。

王帅臣《河北保定方言"家"的零音节现象考察》(《中国方言学报》第九期)考察了河北省保定市三音节以上中间带有"家"的地名的实际读音,勾勒出"家"音节经历的"弱化—声母、韵头脱落—韵腹央化、合并—变调、延时—结束"过程。文章认为,零音节现象发生的根本动因在于汉语词汇双音化的大趋势,独特的中间位置和腭化现象也有助推作用。

(五) 地方历史文献中的方言词研究

代表性论文如下。

梅雪吟、王平《韩国朝鲜时代〈方言类释〉所收汉语方言词释例》(《语言研究》第1

期）和冯璐、王平《韩国朝鲜时代〈方言类释〉收吴语词的特点及价值》（《辞书研究》第2期）考察了清代朝鲜编写的朝鲜话和汉满蒙倭的词汇对应手册《方言类释》中的汉语方言词，并与现代汉语方言词进行对比。

徐宇航《〈英华韵府历阶〉官话音系下粤、闽方言词汇的收录》（《汉语史学报》第二十六辑）列举了《英华韵府历阶》中收录的粤、闽方言词汇，认为这些词为研究粤、闽词汇史留下了宝贵材料，也为澳门地区方言多样性面貌提供了语料证据。

曾令香《元代农书所见方言词考释》（《语言研究》第2期）和史维生、汪启明《从〈甘宁青恒言录〉看文献方言的辞书学价值》（《辞书研究》第1期）都对汉语历史文献中的方言词进行了考察，并与现代汉语方言词进行比较研究。

（六）方言辞书编纂

陈瑶《方言词典也可以这样编——评〈福州方言大词典〉》（《辞书研究》第3期）从词条检索和查询模式、收词立目的范围、方言词的注音和音标、方言词的汉字书写四个方面评价《福州方言大词典》（陈泽平、林勤，福建人民出版社，2021），认为《大词典》体例创新又不失严谨，集词典、字典功能于一身，兼具百科词典性质；且充分体现读者视角，真正实现了词典的工具性和实用性。

（七）词汇研究专著

华学诚、游帅译注的《扬雄〈方言〉译注》（中华书局，6月）是"中华经典名著全本全注全译丛书"之一，简称"三全本"《方言》。"三全本"《方言》在《扬雄〈方言〉校释汇证》（修订本）的基础上，对扬雄《方言》做了题解、注释、白话文翻译，共涉及词条675个，并附有扬雄《方言》地名信息表及词语笔画索引。该书对汉语方言的研究有一定的参考价值，也可供一般语言文字工作者、辞书编纂者、民俗学者参考。

三、汉语方言语法调查研究

2022年度的汉语方言语法研究，一方面通过田野调查和深度描写，挖掘了更多的汉语方言语法事实，使汉语方言语法研究范式逐步形成；另一方面，历史语言学、普通语言学、语言类型学、接触语言学等理论的发展，为汉语方言语法研究提供了更多的描写框架与研究思路；同样，汉语方言语法的事实反过来为上述语言学理论的建设提供了事实上的证据，成为这些学科理论发展的有力支撑。

（一）方言语法事实的深度描写

对汉语方言各类语法事实的深度描写，一直是方言语法研究的不懈追求。2022年度的方言语法描写，在词类及构词法、语法结构式及语法范畴、各类语法标记以及句式等的深度描写方面都卓有成效。

1. 词类及构词法

邢向东《关中方言的两种形容词名词化手段》(《方言》第 3 期)描写了关中方言两种形容词名词化的手段,一是添加后缀子,是由 NN 子直接类推而来的;另一种 ABBm 式形容词通过改变词调实现名词化的现象,是屈折构词法,形成的机制为语法类推,实现的句法条件 "是+O",具有强大的构词能力和扩展能力。

李小军、吴才勇《贵州天柱(竹林)酸汤话的介词重叠》(《方言》第 2 期)以及《贵州天柱(竹林)酸汤话的助动词重叠》(《中国语文》第 6 期)详细描写了贵州天柱(竹林)酸汤话的介词重叠与助动词重叠,揭示了汉语方言中除实词重叠以外,虚词的重叠现象,这两类重叠均与焦点标记及表主观大量有密切的关系。

2. 语法结构式及语法范畴

在语法结构式的描写中,与"给予""处置""被动"义相关的句式得到广泛关注。蒋玉婷《广州增城程乡腔客家话的"佢"字句》(《方言》第 4 期)描写了广州增城客家话的代词复指型处置式及其功能发展。朱嫣红《汉语方言的非现实性代词复指型处置式》(《汉语学报》第 4 期)则从非现实性的角度讨论了代词复指型处置式。相关的讨论还有毛文静《论汉语方言给予动词"把"的产生》(《汉语学报》第 1 期)、周婷《广水方言双音节被动标记"把得"及其类型学意义》(《语言研究》第 3 期)、王毅《湖南祁东方言的"□[ₑnan]"字处置式》(《方言》第 1 期)等。

史秀菊《山西方言叠置指示词的两种功能》(《方言》第 2 期)介绍了山西方言指示词的叠置用法。陈秋实《比较视野下的石柱方言定指"名数量"短语》(《当代语言学》第 2 期)指出,石柱方言定指"名数量"短语是短语移位的结果。此外还有张庆文、金佳《语义有定还是语用有定:以澄海话量名短语的两种解读为例》(《语言暨语言学》第 3 期)、林素娥《19 世纪以来指示(代)词"箇"与吴语指示词的系统演变》(《语言学论丛》第六十五辑)等。

3. 各类语法标记

对语法标记功能的细致描写,或者是多功能语法标记的描写是近年来汉语方言语法研究的热门。方梅《"的"字补说——北京话中用作他引标记的"的"》(《世界汉语教学》第 4 期)描写了北京话与"的"相关的表达式。有关言说动词发展为小句或话语标记,如颜铌婷、林华勇《永春方言的小句标记"说"的多功能性》(《语言科学》第 2 期)描写了永春方言"说"作为言说动词和小句标记的用法,张宝《大同方言嗔责义叹词性话语标记"说得/的"——兼与他方言同类/相关现象之比较》(《语言研究》第 4 期)描写了大同方言"说得/的"作为叹词性话题标记的用法。

4. 句式

付欣晴《江西上犹(清溪)方言的"V-NEG 无-NP"正反问句》(《方言》第 4 期)认

为，上犹话的"V 无 NP"中的"无"是具有称代性的否定词，功能类同于普通话的"否"，并认为"V 无 VP"不是"VP – NEG – VP"正反式问句删略的结果。邓婕《湖南泸溪（李家田）乡话的反复问句》（《方言》第 1 期）对乡话的两种反复问句格式"A 不［pa^{21}］A"以及"A 不［pa^{212}］A"进行了分析，并讨论了其扩展形式。

（二）方言语法的语音表现

方言语法参项的语音表现一直以来是方言语法研究的重点和难点，对于解释语法化演变的过程具有极其重要的作用。其中，小称一直是语音语法研究的接口。曹志耘《吴语汤溪方言的量词调及阴去化性质》（《中国语文》第 1 期）指出，吴语汤溪话的量词具有阴去调的形式标记，阴去调还出现于介词、连词、副词、代词以及抽象动词等词语里，其实质就是小称化。陈卫强、王媛媛《广东佛山（南海）粤语的小称变调》（《方言》第 2 期）指出，南海粤语的小称变调很常见，普通发生在名词上，也发生在某些形态词、副词、量词等词类中。张倩《赣南客家话与湘南土话的小称变调》（《方言》第 2 期）推测赣南、湘南、粤北早期可能普遍存在小称变调现象，认为与江西等地的赣语存在某种联系，应该将赣南、粤语和湘南这三地作为一个整体考察。黄晓婷、陈晓锦《广东省饶平县三饶话的面称变调》（《语言研究》第 3 期）提出面称变调，认为是实词叹词化的手段，当面称遇到叹词或表强烈的祈使、命令时，面称规则解除，变成一般的连读变调。

（三）方言语法事实对语言学理论的充实

《当代语言学》（第 5 期）出版的"语言类型学与新描写主义专号"中，通过汉语方言的事实，对库藏类型学中提出的显赫范畴、寄生范畴等课题进行了探讨。如宗守云、唐正大《张家口方言的示证情态与助动词化——兼谈显赫句法操作》描写了张家口方言"见"和"说"的示证标记功能，亲见和听说，成为示证范畴普遍不入库一个难得个案。夏俐萍、周晨磊的《汉语方言（非）现实情态的寄生与去寄生——以处所标记为例》和盛益民的《语义范畴的寄生表达——以绍兴方言体标记"上"寄生表达反预期语义为例》两篇论文都以库藏类型学的寄生范畴为主题，探讨了寄生范畴与目标范畴的关系和差异。

一些重要的语言学理论能够从方言的角度加以证实，并通过汉语方言的事实加以补充和完善。吴福祥《词义感染与删略生义》（*Journal of Chinese Linguistics*，第 3 期）讨论两种词义衍生的过程，即"词义感染"和"删略生义"。文章认为，以往被认定为"词义感染"的实例，多数是删略生义，吴文以大量汉语方言的事实证明了"删略生义"的存在。同时，吴福祥《晋语复数词尾"每（娾、们）"的多功能性》（《语文研究》第 3 期）进一步证实晋语复数词尾"每（娾、们）"的用法源于亲属领格上发生的删略现象。李小军《汉语方所格介词的来源及功能扩展模式》（《语言科学》第 2 期）将方所介词依据语义相近、演变机制相同的原则进行合并，可以分为五类，第一大类内部，各个词的演变路径、机制基本相同，且方所格内部各用法的模式也基本相同，这体现出语义演变极强的规律性。利用汉语方言语法的材料，充实和丰富了汉语语法化词库理论。

（四）方言语法的接触与比较研究

方言语法的接触与比较研究是近年来研究的热点。杨永龙《青海甘沟话"坐"义动词用作持续体助词》（《中国语文》第 4 期）详细描写了"坐"的句法属性、语法意义、来源与演变路径，同时，认为河湟方言"坐"义动作用作持续体助词是对周边少数民族语言语义关联模式与句法格式的复制，是语言接触和语言转用过程中不完全习得带来的干扰。覃凤余、谭向谊《从"坐"到"在"——黔桂地区一项源自苗语扩散的特征》（《语言研究集刊》第三十辑）认为，"坐"发展为"在"义动词及介词用法是从有接触关系的苗语中复制过来的。

周晨磊的专著《周屯话》（Routledge 出版社，2022）是对深受安多藏语影响下的青海省贵德县周屯村话的参考语法，由于语言接触，周屯话呈现出若干与汉语共同语不同的类型学特征，表现出藏语类型和汉语类型之间的过渡。

黄河《"结构化程度"与"各向渐变性"——宜兴话的方言测量学研究》（《中国语文》第 3 期）采用方言测量学的方法，以宜兴方言为对象，发现了各向渐变性序列：实词 > 功能词 > 音韵，并做出了解释。

修辞学研究

祝克懿　储丹丹

一、总论

2022 年，是修辞学界重大事件交汇的一年：陈望道先生诞辰 130 周年；陈望道先生的现代修辞学奠基作《修辞学发凡》问世 90 周年；陈望道先生的《作文法讲义》——我国首部白话作文法专著问世 100 周年；……这一年，又是我国唯一的修辞学期刊《当代修辞学》创刊 40 周年。12 月 20 日，复旦大学中文系、《当代修辞学》编辑部、陈望道研究会共同举办的"纪念《当代修辞学》创刊 40 周年暨第十三届'望道修辞学论坛'学术研讨会"（以下简称"论坛"）召开。论坛主题为"回望历史，纪念刊物发展的峥嵘历程，以更好地推动刊物朝着'新理念、高品质、多范式、大格局'的学科方向发展"。会议议题为"传承与创新的辩证关系""大数据/新文科语境下学术期刊生存与发展面临的挑战""学术期刊如何回应时代、服务社会？""专业期刊如何实现跨学科、跨领域发展？""国内期刊如何与国际学术界接轨？""学术期刊如何构成独特的学术品质？""期刊评价与学术发展""学术期刊论文的写作与发表""修辞批评与学术规范""修辞学术生产与接受的知识体系建构"。在一定意义上可以说，"论坛"实质上成为 2022 年修辞学界、期刊界的一个重要事件，是回顾历史、展望未来的一次学术活动。相信这次活动和《当代修辞学》"学术期刊建设'大家谈'"栏目的开设，会在推动学科建设和提升期刊学术质量，发挥服务国家语言战略、服务学术的社会功能方面带来多重学术效应。

二、修辞学科体系建构

（一）高校修辞教育

高校修辞教育的面向决定了修辞学科的科研定位：通过修辞规律的把握与知识体系的建构培养学术共同体，支撑学科建设与强化人才培养机制，并直接服务于各学科间的教学科研和学界的学术交流。

当下，高等教育强调"新文科"理念，要克服传统文科的局限性，形成学科之间交叉与融合的发展态势，修辞学作为基础教育学科和具备跨学科知识体系的重要性因此凸显。作为教育界和学界的一种共识，修辞学已经延伸到所有学科，涉及人类的一切行为，修辞并非一般理解的辞格之类的语言技巧，修辞教育关涉国民综合素质的全面提升。但由于修辞教育的普适性、急迫性未被真正认识，因此，教学实践并未与理论认知同一。据此次对国内有修辞学教学与研究传统高校的调研，2022年修辞教育基本状况为：（1）根据教学安排，部分已开设的修辞学课程2022年未轮入教学周期；（2）师资缺乏；（3）先进教学理念不断引入，课程建设意识得以强化，新的课程亦不断涌现。这种情形于西方修辞学教学领域尤为明显。这是由于21世纪以来中西对话交流在全球化的语境下全方位开展，学科建设得到了极大的推动，表现为课程建设及教材建设既有继承，也有发展。

下面，仅以部分有修辞学教学与研究传统的高校2022年为本科生、研究生开设的修辞学课程为例，尝试探索修辞学科研究方向的布局、学科地位与师资力量等学科建设功能，以推导目前修辞人才培养机制与修辞学研究的互动共进关系。

（1）复旦大学中国语言文学系："现代汉语·修辞""修辞学""汉语修辞学史""修辞心理学"；外国语言文学学院："演讲与论辩"。

（2）华东师范大学对外汉语学院："新修辞学"。

（3）上海大学外国语学院："英语修辞学""人类行为的修辞学解读"。

（4）上海师范大学人文学院："现代汉语·修辞"；外语学院："英语修辞学"。

（5）上海外国语大学国际教育学院："修辞学""汉语修辞学""修辞分析与教学""西方修辞学"；英语学院："英语修辞学"；俄罗斯东欧中亚学院："俄罗斯实践修辞学"；德语系："德语修辞与演讲技巧"；法语系："法语演讲与修辞""法语文体与修辞"；西方语系："意大利语修辞学"。

（6）浙江大学文学院："修辞学研究"。

（7）浙江师范大学文学院："修辞学与语文教学""汉语修辞研究""修辞学研究""大语言修辞与学科互动研究"。

（8）暨南大学华文教育系："现代汉语修辞学"；应用语言学系："现代汉语修辞""修辞学研究""修辞学理论"。

（9）福建师范大学文学院："广义修辞学""学术文本评点/语篇研究"；外国语学院："修辞学""论辩学"。

（10）郑州大学文学院："修辞话语研究""篇章语言学"；外国语与国际关系学院："英语修辞学""外交修辞与外事翻译""英语文体学""外交话语学""中国特色大国外交话语体系""西方古典修辞学""当代西方修辞学理论与实践""认知修辞学""外交修辞与传播""修辞批评""伯克修辞学思想专题"。

（11）山东大学翻译学院："英语修辞学""西方修辞学"。

（12）烟台大学文学与新闻传播学院："语体与修辞""现代汉语·修辞"。

（13）齐鲁工业大学外国语学院："汉语修辞学""英语演讲""英语辩论""修辞与翻译""日语演讲与辩论"。

（14）云南师范大学文学院："现代修辞学"；传媒学院："当代修辞学"。

（15）阜阳师范大学文学院："修辞学""修辞学关键词""修辞艺术""广义修辞学"。

（16）北方民族大学汉语言文学系："修辞学"。

2022年，上述高校弘扬修辞学传统、开拓理论前沿，根据不同培养对象、培养目标开设必修课与选修课，开展独具特色的修辞教育活动，推动了修辞学术共同体的培养进程，使语言学科的人才培养机制达到相对平衡。修辞教学以课程建设、教材出版促进科研成果转化，形成修辞学进步的基础动力；科研成果反过来以更新的理念和科学的方法带动修辞教学的高水准发展。但是，我国高校的修辞教育总体上未形成与学科地位相适应的规模效应。

（二）学术组织机构的科研工作

学术组织机构指各种学术研究机构、学术团体协会、学术期刊、学会等团体组织，是学科建设、学术共同体及个体发展不可或缺的支撑。机构整体通过不同的结构形式为学术共同体或学者个体搭建平台，后者则通过前者体现的学术认同、社会认同获取身份建构。二者互相推动，提升学术研究水准并形成一定的社会影响力。

1. 学术期刊

（1）复旦大学主办的《当代修辞学》2022年全年出版六期，刊发学术论文45篇，开设的专栏既注重基础性研究，又倡导引领学科前沿，如："风格与辞格研究""修辞学传统""修辞语义语用研究""语篇语义研究""信息修辞研究""中西修辞对话""修辞的结构与功能研究""情感转向与西方修辞""理论探索""外交话语研究""西方修辞学""话语研究""语篇修辞研究""法律语言研究""语体互文研究"等。

"当代修辞学"微信公众号于2019年创办，至2022年，关注量超过一万。公众号聚焦最新的修辞生态与国内外前沿理论，2022年度推文52期，并被多家学术网站、公众号转发。

（2）《阜阳师范大学学报》延续开设"修辞学论坛"专栏的传统，全年推出六个专栏，发表修辞学论文18篇。

（3）《咬文嚼字》编辑部持续开展年度"十大流行语""十大语文差错"的评选活动，在社会各界引发广泛好评。该活动是《咬文嚼字》杂志对社会语文生活经过一年的观察和思考为社会各界准备的"文化大餐"。

2. 修辞研究中心

国内五家修辞研究中心持续开展内涵丰富的科研活动。

（1）上海大学外国语学院"修辞批评研究中心"邀请美国著名修辞学家、国家科技部外专项目专家 Kendall Phillips 为上海大学外国语学院研究生开设修辞学系列讲座（共五讲），并与师生线上互动两次，交流主题为"美国修辞学研究现状""修辞、修辞情景与权力""修辞、文化与全球化""修辞与媒体效果""修辞语境与网络""语篇、语境与关联"。

（2）山东大学（威海）"中美修辞学研究中心"团队成员出版两部西方修辞学教材，发表多篇期刊论文，11 月 12—13 日主办中国修辞学会 2022 年年会。

（3）福建师范大学"修辞与论辩研究中心"9 月 17—18 日举办"首届藤山修辞学论坛暨跨文化叙事论辩国际学术研讨会"。20 多位来自美国、加拿大、葡萄牙及全国多所"双一流"建设高校的国内外著名学者发表主旨演讲，200 多位学者及研究生以线上形式参加了会议。

（4）齐鲁工业大学外国语学院"修辞、话语与传播研究中心"主办的"泰和论坛"开展了系列学术活动 5 期；中心成员获批主持国家社科基金项目 1 项、教育部人文社科研究项目 1 项，发表学术论文 8 篇。

（5）郑州大学"西方修辞与传播研究中心"于 12 月参与组织"新时代·新征程：第二届中原文化国际传播暨翻译学科创新发展研讨会"；主持完成河南省科技厅重点研发与推广（软科学）专项课题"河南省公共服务领域外语标识语英文译写规范"，河南省社会科学规划决策咨询项目"黄河文化与中原特色对外话语体系构建政策协同研究"；入选河南省高校十大新型品牌智库；积极打造"外交话语学""外交文化学"两个新兴特色学科。

3. 学会组织

（1）中国修辞学会、陈望道研究会秉承"研究、继承和发扬陈望道学术思想"、创新发展中国修辞学科的宗旨持续开展丰富多样的学术活动。

（2）"中国修辞学会资料中心"（辽宁丹东）继续展开修辞学研究资料的征集工作。至年底，已收集到众多业内专家学者寄送的专业藏（品）书，其中修辞学类书籍 636 本，杂志 336 本；著名修辞学家吴士文先生藏品 23 件，信件藏品 71 件，相片藏品 26 件，字画藏品 3 幅。资料中心已具有一定规模。

（3）浙江师范大学"语林望道"微信公众号推送原创性文章 56 期，其中学术论文 20 期。

4. 学术会议

（1）5 月 27—28 日，由教育部语言文字信息管理司指导，武汉大学中国语情与社会发展研究中心主办的"迎接二十大，语言文字这十年"系列活动名家讲座第 5 场——中国语言学话语体系建设与国际传播研讨会暨国家语委重大项目"中国语言学话语体系建设与传播研究"开题会成功举办。来自全国 11 个省区的 21 所高校、研究机构及澳大利亚的学者数百人以线上或线下方式与会。会议共举办 6 场大会报告，41 人做专题讲演。会议围绕中国语言学话语体系建设和传播的主题，深入探讨中国语言学话语体系的功能定位、内容特点、研究历史、发展现状及前景规划等，是一次中国语言学话语体系研究的高水准研讨会。

（2）9 月 17—18 日，由福建师范大学主办，福建师范大学外国语学院修辞与论辩研究中心、跨文化研究中心，加拿大温莎大学推理、论辩与修辞研究中心（CRRAR）和《外国语言文学》编辑部等协办的"首届藤山修辞学论坛暨跨文化叙事论辩国际学术研讨会"（Tengshan Rhetoric Forum 2022 & International Symposium on Narrative Argumentative in Cross-Cultural Reasoning）以线上线下结合的方式成功举办。会议深入探讨如何在错综复杂的国际场域言说或讲述中国故事，对现有的流行见解进行再思考，为新时期中国对外传播提供了修辞学与论辩学维度的建议，也为世界各国学者更好理解当代中国和中国学术打开了一扇窗口。

（3）11 月 12 - 13 日，由中国修辞学会主办，山东大学翻译学院承办，上海市语文学会、华东师范大学国家话语生态研究中心、《当代修辞学》编辑部和《文化艺术研究》编辑部协办的"全球性对话与当代修辞学：中国修辞学学会 2022 年学术年会"成功举办。会议认为，中国修辞学研究正从传统的修辞方式研究、个体对话研究转向"人类使用语言全过程"研究和全球性对话研究。中国修辞学人要立足中国现实，融通古今中外，坚持与时俱进，促进中国修辞学和世界修辞学的相互交流与共同发展，形成中外融通的修辞学学术话语。

（4）11 月 20 日，复旦大学中文系、《当代修辞学》编辑部、陈望道研究会共同举办"纪念《当代修辞学》创刊 40 周年暨第十三届'望道修辞学论坛'学术研讨会"。会议包括开幕式纪念活动与学术报告两项内容。学界数百位专家学者汇聚云端，围绕《当代修辞学》的办刊历史和学术期刊可持续发展等相关议题进行了广泛深入的讨论。

（5）12 月 3 日，上海外国语大学语料库研究院与复旦大学《当代修辞学》编辑部共同举办"语料库应用与修辞研究前沿理论工作坊"。会议认为，此次跨学科视域下的理论对话与方法研讨，是科技与人文融合促进创新的有益实践；未来应继续深入探索语料库与修辞学互动融合的多种维度及路径，推动语料库语言学与修辞学拓展研究边界、促进互动融合，衍生新议题、新视角、新方法，从而培育学科新的理论生长点。

（6）12 月 9—10 日，"第六届汉语语言与话语国际研讨会"在澳门大学召开。研讨会包括 9 场主旨报告和 16 个分会场报告，110 名来自美国、英国、荷兰、法国、日本、韩国、葡萄牙、澳大利亚、印度尼西亚以及中国内地、香港、澳门、台湾等国家和地区的专家学者参会演讲，围绕"多语和多元话语：聚焦大中华区及海外华人"主题分享其跨区域国别、跨学科的汉语语言与话语的最新研究成果。研讨会由澳门大学和香港理工大学主办，澳门语言学会、中国逻辑学会语用学专业委员会、国际期刊 Chinese Language and Discourse：An International and Interdisciplinary Journal 协办。研讨会体现了三大特色：论题丰富；理论方法前沿；海内外青年学者踊跃参会，充分显示汉语研究在国际范围内日益深化与广泛的传播力和影响力。

三、修辞专题研究

据不完全统计，2022年出版修辞教学与研究专著（译著）40余部，论文840余篇（源自百度网、读秀学术搜索、中国知网和学位论文数据库的检索结果）。下面拟从"本体研究"与"应用研究"两个维度展开概述与评论。

（一）本体研究

1. 修辞传统

本体研究的学科传承与范畴理论的整体创新是体现一门学科水平的重要标志。2022年，学者们对如何发扬传统以及建构新的理论生长点，开展了多层级、多维度的探索。总体来说，基础研究相对薄弱，缺少对学科体系本质属性探索的代表性成果；创新性也主要体现为在特定语境条件下，如在国家相关的大政方针指导下、新文科背景下、大数据条件下或跨学科语境下对某个学科领域、某种理论范式/学术评价、某种修辞现象/社会事件等运用新的理论视角、新观点进行研讨。而且从宏观理论层面看，修辞学理论体系中关乎传统与现代语言学理念的基本研究范畴仍然是一个尚未达成共识的重大问题，相应地对修辞学科本体研究范畴也有着范围或大或小的界定。为了描写解释的相对准确性，根据对专题研究的历时考察，特将本体修辞范畴界定为：从古代修辞学发展而来和以《修辞学发凡》（以下简称《发凡》）"两大分野"理论为基础建立起来的现代修辞学理论体系，以及下属的核心修辞范畴、语体范畴、风格范畴、语篇范畴和对修辞理论的发展历史及现状进行审视并概括总结的修辞学史范畴体系。

（1）核心修辞

2022年值陈望道《发凡》问世90周年，作为一个重要且有历史意义的修辞事件，其相关研究成为一个焦点论题。胡壮麟的《中国功能语言学的先行者——庆贺陈望道〈修辞学发凡〉问世90周年》（《当代修辞学》第2期）发现，在韩礼德20世纪六七十年代倡导"功能语法"和"系统语法"之前，望道先生已在国内修辞研究中采用"功能"和"系统"概念，并运用功能主义的观点，讨论功能与系统、口述语与书面语、文法学、物质与意义、语篇与语境、标准语和全球语等论题。文章认为，望道先生是我国功能语言学的先行研究者，其功能主义思想具有实用性、理论性和先见性。霍四通的《也谈修辞学的学科定位及发展——重读〈修辞学发凡〉第一篇》（《当代修辞学》第3期）基于《发凡》第一篇"引言"所言:"修辞学的本质就是文体学、语体学;修辞不仅是语言的,更是跨越不同符号系统的认知机制;过去不研究的东西,不代表今天不能研究、不用研究,需要发展新的研究范式开展研究;修辞学不是一门普通的语言学学科,修辞学的初心在于'解决实际问题',担负着促进人类交流沟通、推动社会发展进步的使命"等重要观点展开关于修辞学科体系建构以及生长空间的讨论。段曹林的《关于修辞内容和修辞能力发展研究的省思——纪念〈修辞学发凡〉出版90周年》(《四川文理学院学报》第4期)分析《发凡》中关于修辞内容和修辞能力的相关论述,认为学界对这两个关联领域的研究尚存不足,主张在注重发掘中国修辞学独创性、建设性的同时,积极借鉴西方修辞学及邻近学科的理论方法,推进中国修辞学科发展。张春泉的《〈修辞学发凡〉的术语修辞实践》(《四川文理学院学报》第4期)指出,术语修辞的话语符号建构有其认知和审美动因,并在此基础上形成与之适应与和谐的领域生态。其适应与和谐,常常诉诸规范和变异的运作。运作的结果符号化并成熟稳定后形成特定的言语风格,《发凡》术语的风格要素主要体现为简括与平易。

①积极修辞

积极修辞研究主要体现在辞格研究领域。该类研究在传统修辞格研究的基础上较多借鉴认知科学、语法学、文艺批评等理论拓展研究空间。[加拿大]兰迪·艾伦·哈里斯的《叠辞》(陶友兰、李逸竹译)(《当代修辞学》第1期)对修辞格"叠辞"的理论认知颇具典型性,探究叠辞修辞手法在积极修辞研究中应该具有的中心地位。论文认为,叠词并非单一的修辞手法,包含多种要素,是语言和思维的根基;叠词与隐喻类似,是神经认知模式偏好的语言反应;产生叠词的过程也常常利用语言的象似性;叠词在构词、语言的习得与消解、构式与习语的形成、思维和话语模式的构成方面极具能产性。袁影的《中国辞格论辩观源流考——兼与西方辞格论辩观比较》(《太原师范学院学报(社会科学版)》第2期)从先秦至当代五大历史时期的相关著述中考察论辩性辞格及其论辩功能,并对比西方相应阶段的辞格论辩观,认为中国辞格论辩观较为零散,未能如西方相关专论产生冲击力,系统化辞格的论辩性研究应助推并引领辞格认知论的深入发展。冯广艺的《修辞艺术的巨擘,学术研究的楷模——从〈修辞学发凡〉对〈修辞学讲义〉辞格部分的修改说起》(《四川文理学院学报》第4期)从修辞格的数量、类型、名称和内容等方面阐述了陈望道辞格理论的形成和发展。

"辞趣"是语言传情达意的重要手段,"辞趣"范畴是修辞学的传统研究领域。但"辞趣"作为积极修辞中与"辞格"相对应的理论范畴直至1932年陈望道的现代修辞学奠基作《发凡》问世才得以正式确立。90年来,辞格范畴研究成果丰硕,"辞趣"现象却一直未得到科学的描写与解释,以致形成积极修辞理论体系建构的极度不平衡。祝克懿的《"辞趣"修辞的学科意义与社会文化功能》(《澳门语言学刊》2022特刊)重新审视现代修辞学积极修辞的理论建构与历史发展，专题研究"辞趣"修辞。一则尝试建构并完善"积极修辞"与"消极修辞"两大分野互动共生的理论体系；二则在意趣、音趣、形趣传统研究的基础上考察"辞趣"修辞的识解机制与交际动因，进而探索其在"互联网+"新传媒语境下所推进的学科建设意义与社会文化功能。

②消极修辞

消极修辞研究是极为重要的研究领域，由于其感知体悟的基础性与缺少显性标记的特征又成为一直未有重大突破的研究领域。这种研究现状带来的影响是修辞研究在理论建构方面的不平衡。胡开宝的《消极修辞视域下我国外交话语的历时演变研究——基于语料库的研究》（"论坛"，11月）无论从研究方法还是研究对象的角度看都为消极修辞研究引入一个新的面向，展示跨学科消极修辞研究的可行性。报告以新中国成立以来我国外交话语为考察对象，以陈望道先生提出的消极修辞理论为依据，采用语料库方法，分析我国外交话语的历时演变。报告认为，我国外交话语词汇修辞和句式修辞已发生较大变化，这一现象与我国外交思想和外交政策的变化有着直接的关系，也归因于现代汉语自身的渐变和消极修辞手法在外交领域的高频度运用。除此而外，消极修辞研究零零星星，相关研究多见于学术语篇、公文语篇体裁的论文，虽未采用消极修辞的术语概念，但行文论证仍然遵循消极修辞理念与规律，因为"要使人领会事物的条理、概况，就须把对象分明地分析、明白地记述。"内容方面达到明确、通顺；形式方面达到平匀、稳密（《发凡》，1997：53-54）。故以教学进程、写作指导、科学论文、公文条例、法律文本类为研究对象的论文自觉不自觉都会从消极修辞的角度切入文本分析。如廖巧云的《言据性视域下的英语学术论文作者身份构建对比研究》（《西安外国语大学学报》第1期）对比分析国内英语专业硕士学位论文与国际期刊论文，通过引言与文献回顾、方法、结果与讨论等语步分析，以大量的理据证明两者在精准表意方面存在显著差异。

（2）语体修辞

语体研究是修辞研究的基础，近年来因该领域可挖掘课题的丰富性和切入研究的多维角度，逐渐成为多门学科关注的热点论题。

海外具有代表性的语体研究有［美］道格拉斯·比伯（Douglas Biber）、苏珊·康拉德（Susan Conrad）著，赵雪翻译的著作《语体、语类和风格》（商务印书馆，5月）。该书是一部美国高校的语言学教材，也是一部具有理论深度的语体论著作。作者在中文版序中明确指出，该书是基于语篇的研究方法的著作，目的是"向读者介绍了英语中最重要的几类语篇，以及如何分析这些语篇的方法。该书将语体、语类和风格视为语篇分析的三种方法"，历时考察语体、语类和风格的变迁，描写口语体、书面语体以及新兴的电子语体，又从语体视角分析语言特征与情景语境在功能上的关系，最后落脚到语体研究的新方法——多维度分析法。

据译者考证,早在 1988 年,比伯就在《口语和书面语的语体变异》(*Variation across speech and writing*)一书中介绍过多维度分析法,并采用该方法对英语口语体和书面语体进行分析,归结出"交互性与信息性表达""叙述性与非叙述性关切""所指明确与所指有赖情景""显性劝说型表达""信息抽象与非抽象""即席信息详述"六种研究维度,推导出英语口语语体和书面语体在以上六个维度都存在明显差异。此后,比伯等学者又采用多维度分析法对"网络语体变体""词汇分布和语料库设计""关键词分析中语篇分布的纳入""连续情景空间中的语体概念重构""功能语篇单位的识别与描述——基于 2014 年 BNC 口语语料库"等课题展开系列论证。多维度语体分析法在 2009 年出版时代表了当时语体研究的前沿理念,至今在国内外的语体研究中也颇具指导意义。

许彩云的《汉语语篇多维语体特征研究》(上海三联书店,2 月)所言的多维是从言语行为理论出发,对汉语语篇展开语体特征分析时采用的"言语行为意图""行为媒介""人际方式"多种维度。该书对"语体"概念进行重新界定,理论阐释也有一定解释力:语体是语篇的类型,是实施某种类型言语行为时语言在使用方式及语言形式上所形成"格局"的话语模式。该研究立足于语言使用,注重语体间整体的异同,研讨多维语体特征所要求的语言要素和语言要素间的组配关系,探索进行语体类型研究的可行性和现实意义。

除此理论导向外,语体修辞研究表现为探索语体本体理论建构,或结合语法学、语用学、功能语言学等理论探索修辞现象背后因语体差异形成的语体机制等倾向性,也涉及融媒体时代新兴媒介对表达形式和内容的影响及功能变体。如朱庆洪的《渐变义频率副词的语体分化》(《当代修辞学》第 5 期)运用基于语料库语言学的语体分化研究方法考察"渐、渐渐、逐渐、渐次"等一组表示渐变义的频率副词,指出它们除语义、组合上的差异外,也存在语体分化现象。论文认为,语体属性制导状语标记的隐现,状语标记首先为实现艺术正式语体功能服务,其次可为实现学术演讲类正式独白语体功能服务。施春宏、赵博文的《语体机制的量度效应》(《汉语学报》第 2 期)从语言系统的组成部门和语法系统的单位层级两个方面描写和分析语体机制量度效应在语体语法系统中的作用和表现,在系统梳理已发现的语体现象的基础上进行推导,探索语体变化中的量度调节机制及语体单位的形成动因。赵雪的《一种新的网络评论语体:弹幕语体》(《天津外国语大学学报》第 2 期)分析语体系统中的新成员——弹幕语体,认为弹幕语体具有会话性、评论性、单模态化的特征,是全民语言为适应网民在弹幕语境下的交际需要而形成的功能变体,是弹幕语境类型化的结果。王永、王博涵的《带货直播语体特征论》(《中国广播电视学刊》第 5 期)从修辞学视角对带货直播语体的语言特征进行考察,认为带货直播作为新的消费媒介,重构人与人以及人与互联网之间的交际方式。但其中的语言失范现象值得关注并继续进行规范研究。

（3）风格修辞

风格修辞是近年来国际国内学界再度形成热点的研究领域。仅《当代修辞学》，2021年第1期"风格学研究"专栏就组织了六篇风格专论，2022年又组织三篇。由陈小慰翻译、克里斯托弗·W. 廷德尔所著的《风格与效果——论辩模式与方式的联动》（第1期）聚焦西方修辞学的核心理论之一——论辩风格理论，通过对柏拉图的"对话式风格"与唐纳德·特朗普的"极简主义风格"两个案例的探讨，证实针对论辩模式所选的论辩方式均有助于言说者实现论辩目标的观点。文章认为，风格概念虽难以定义，但该文从论辩的角度进一步说明：风格的一部分可视为"言说者或作者为适应特定论辩模式，对修辞策略进行调整的方式，同时也是针对该论辩模式最有效的策略方式"。黄鸿辉、祝克懿的《体裁风格分析程序及互文生成路径：以笔记小说经典文本的体裁风格为例》（《当代修辞学》第1期）以体裁风格为考察对象，运用互文语篇理论、系统功能语言学和语料库语言学等理论方法，基于汉语学界有关体裁与风格研究的主体认知，整合体裁风格分析程序，考察体裁风格在互文空间功能语义特征的实现与流变，并以历代笔记小说的经典文本为例，从历时和共时认知视角分析其体裁结构的嬗变过程。文章认为，从互文视角探索体裁风格的生成与演化，可以激活文本空间结构意识和语义关联意识，纵向可上溯历史文化互文语境，横向可拓展语言风格研究的新路径。田海龙的《变异社会语言学的风格研究——兼谈与修辞学风格研究的互鉴》（《当代修辞学》第4期）讨论变异社会语言学风格研究的理论方法及特点，认为变异社会语言学和修辞学就风格研究而言，由于研究传统和研究侧重点的差异各有特点，这也构成彼此相互借鉴的基础；变异社会语言学在认识风格的整体体现形式方面可以借鉴修辞学的研究成果，修辞学也可以在探究风格的建构性方面借鉴变异社会语言学的研究成果，以深化关于语言风格的认识，开拓新的研究路径。

还有一些著述也从风格论的宏观层面关注风格的理论建构与实践分析，如李杉、赵俭杰的《〈庄子〉"真假之间"语体风格的生成机制》（《西藏民族大学学报（哲学社会科学版）》第6期）分析《庄子》言语飘忽、真假难辨语言风格"正言若反""三言手法""巧设对话""以文为戏"的四种生成机制，揭示这种"真假之间"的风格是运用从负面或反面进行语言表达的语言策略建构，读者须穿过"表层所指"才能达致"深层喻指"。由刘珊翻译的［美］詹姆斯·彭尼贝克（James W. Pennebaker）的《语言风格的秘密：语言如何透露人们的性格、情感和社交关系》（机械工业出版社，4月）指出，每个人的语言风格都不同，就像每个人的指纹一样。那些能透露信息的词，往往是最短和最容易被人遗忘的。该书是一本讨论日常语言风格的著作，关注语言与人们的性格、情感和社交关系，分析风格主体的认知活动与知识体系在日常语言生活中的功能作用。

（4）语篇修辞/话语分析

2022年可谓是语篇研究、话语研究的大年。经过多年的研究积累，面世的著作、发表的论文体量在全年的研究成果中占比极大。其中，[美] 罗恩·斯科隆（Ron Scollon）、苏珊娜·王·斯科隆（Suzanne Wong Scollon）和罗德尼·H. 琼斯（Rodney H. Jones）所著的《跨文化交际：语篇分析法》（第三版）（外语教学与研究出版社，4月）是直接引介的著作，是"当代国外语言学与应用语言学文库"的升级版，属于主要面向高校英语专业高年级本科生、研究生及英语教师的一套大型系列丛书。该书作为语篇教学的经典教材被引入，其理论价值在于用语篇建构和语篇分析取代文化建构，用跨语篇交际和跨语篇分析取代跨文化交际，更准确地展示不同社会群体（职业、年龄、性别、性向、公司等）的语篇以及个人的交际语篇的特质。其写作理念坚守"社会人""社会文化""语篇系统"间三位一体的辩证关系：我们无时无刻不在亲身参与和经历"跨语篇交际"。"跨语篇交际"所表露出的"文化"差异要远比传统的跨文化交际所表露出的更加有意义，而且这些差异更加宽泛，更加深刻。同时，揭示这样一个事实：所有的参与者都深嵌在多元、多样的语篇系统之中。[澳] J. R. 马丁（J. R. Martin）和[澳] 戴维·罗斯（David Rose）著、王振华以中文导读注释的《语篇研究——跨越小句的意义》（第二版）（北京大学出版社，5月）是语篇语义研究的经典，澳大利亚著名语言学家马丁和他的研究团队在系统功能语言学理论和应用研究方面的力作，为系统功能语言学、话语语义学研究者和话语分析实践者提供了很好的理论指导与实践参考，在国内系统功能语言学界产生广泛且深入的影响。该书继北京大学出版社2007年初版之后又再版，其影响力可见一斑。

国内语篇/话语研究的面向，有运用前沿理论方法对语篇系统本体做专题研究的，如王瑛宇的《对话语篇中的情感意义：情感意义与语境变量的系统配置研究》（北京理工大学出版社，5月）从多种理论维度出发，探讨当下热点论题——情感意义。该书主要讨论两个问题：一、情感意义与其语境变量之间具有怎样的关系，它们之间如何配置；二、情感意义与语境变量之间的配置方式能够体现哪些人际功能，能否为相关人际功能提供合理、有效的解释。研究深化了系统功能语言学领域语义－语境系统的界面关系研究，区分了表层评价和互动性评价的关系，为情感意义范畴的识别提供了有效路径。杜金榜的《语篇信息挖掘研究》（科学出版社，4月）通过阐述语篇信息自动处理的实现路径，提出主体设计，阐述操作方法，例示关键技术，展望未来的实际应用，从理论建构到系统性技术构思展开了系统论述，为实现语篇信息自动处理提供理论依据，是信息自动处理研究的一种探索。林纲的《网络新闻语篇研究》（南京大学出版社，5月）系统总结多家新闻网站新闻语篇的文本结构及其与宏观社会文化语境之间的社会认知作用。该书深入剖析网络新闻语篇的结构要素、结构范畴与推进结构，在此基础上将网络新闻语篇视为社会性过程和结果，从语篇生成与理解角度对网络新闻语篇进行微观与宏观、表层与深层的系统研究，揭示网络新闻语篇在参与社会实践、再现社会事实、构建社会关系三个方面对社会的作用。

论文类型的语篇修辞/话语分析议题广泛，理论方法涉及多学科与跨学科的多个领域。陆俭明在《再议语言信息结构研究》（《当代修辞学》第 2 期）中提出：研究语言信息结构，既要研究句子信息结构，更要研究篇章信息结构；语言传递的信息流中包含众多的信息元素，需要对它们加以组合，确保信息传递的顺畅性、连贯性、清晰性、稳定性。方梅、周焱的《故事讲述中的自由直接引语初探》（《当代修辞学》第 6 期）揭示了自由直接引语使用的限制条件：一方面，话语主体一般为已经被引入话语的人物，属于已激活信息；另一方面，是否采用自由直接引语与互动行为类别密切相关。文章从受述者角度指出，除了语言编码手段之外，多模态资源也是识别自由直接引语边界的重要手段。蒋勇的《存在巨链的梯级修辞功能》（《当代修辞学》第 6 期）认为，存在巨链既是世界各民族中最为广泛流行的关于事物存在秩序的观念之一，也是研究梯级修辞的丰富资源。该文采用信息论将梯级修辞的量级模型提升为概率模型，通过存在物巨链与梯级修辞的交互作用，解答为何存在巨链能够加强语气这一问题。李宗江的《汉语中的后置话语关联成分》（《当代修辞学》第 5 期）发现现代汉语中还有一种后置于前设句或前一话轮末尾的成分，它们读音弱化，语义虚化，表现出显著的投射性，具有话语关联作用。

（5）修辞学史研究

由胡范铸、邓志勇主编的《中国修辞 2020》（上海大学出版社，9 月）以及胡范铸等主编的《中国修辞 2021》（上海社会科学院出版社，10 月）两书均为中国修辞学会出版的修辞学专业性丛刊。两书遴选 2020、2021 年修辞学相关领域的研究成果并汇集成册，旨在总结反馈中国修辞研究在过去两年内的发展态势，展现前沿理论，推动修辞学科的发展和推进修辞学社会价值的拓展。

2. 修辞创新

（1）学术思想创新

学术思想的创新集中体现在汉语修辞学与西方修辞学多层级、多维度对接，建构新的理论视角，并在语体理论、风格理论、语用论辩理论、语料库语言学、传播学、叙事学、翻译学、修辞教育等多学科领域，围绕理论和实践问题不断推出新观点、新思考和新策略，推动学科快速进步。

李克的《外语修辞能力的建构和应用研究》（世界图书出版西安有限公司，12 月）尝试从西方古典修辞学与新修辞学视角出发对修辞能力进行系统探讨，在阐述其内涵、构成要素与应用价值的基础上构建一个逻辑合理的修辞能力概念体系，基于中国外语教育的实践，通过探究修辞能力的表征形式与描述框架来建构修辞本体理论。鞠玉梅的《建构修辞研究的特征及学术走向》(《当代修辞学》第 4 期)探讨建构修辞（Constitutive Rhetoric）这种 21 世纪新兴理论的特征及其发展趋向。该文力主从宏观到微观建构修辞，总结各级各类修辞活动的规则、规范，以探究话语建构规律、指导修辞实践。

①基于语料库建设的修辞研究

近年来，语料库研究发展迅速，传统的语言学、翻译学也积极跟进，进入了包括修辞学在内的其他人文社会学科和自然学科交叉融合的研究领域，成绩令人瞩目。胡开宝、张丽莉的《基于语料库的修辞研究：特征、议题与意义》(《当代修辞学》第 4 期)虽为初拟跨学科研究框架并探索可行性的研究，但已经有相当深度的理论剖析。论文认为，基于语料库的修辞研究本质上是语料库语言学与修辞研究之间的有机融合，其理论特征主要表现为语料库方法的应用、定量研究和定性研究相结合以及微观描写和宏观揭示相结合。该文为基于语料库的消极修辞、积极修辞、修辞接受、视觉修辞和比较修辞等研究拓展了一种新思路。

12 月 3 日，由上海外国语大学语料库研究院与复旦大学《当代修辞学》编辑部共同举办的"语料库应用与修辞研究前沿理论工作坊"是跨学科探索的一个典型案例。学者们关于传统与现代科技结合、跨学科视域下的理论对话与方法研讨，既展示了语料库与修辞学互动融合的多种维度及实现路径，又在一定程度上推动了语料库语言学与修辞学拓展研究边界，促进了学科间互动融合，衍生了新议题、新视角、新方法，在培育学科新的生长点方面强化了学科理论建构的意义。

首先，袁毓林在题为"怎样构建面向事实性表达研究的法律专题语料库？"的报告中讨论构建了法律专题语料库的实现路径：以真实的法庭审判语料为基础，语料库的标注聚集事实、非事实和反事实三种基本信息，并从构式、语段、词汇三个层次挖掘信息特征，最终形成完整的标注体系和标注规范，最后举例说明该语料库在法律智能化等领域的应用。顾曰国在题为"人生叙事多模态语料库与修辞场景元宇宙重构"的报告中，从叙事是人类基本能力这一论点出发，从理论方面阐释人生叙事是在继承"修辞立其诚""修辞即做人"两个古典命题的基础上同时赋予其当代意义。卫乃兴题为"常模语言构型及其修辞功能"的报告阐释了语言共选构型、常模构型及常模构型语境下的消极修辞，指出常模的遵守、操控与利用及所具有的修辞功能，并归结语料库研究通过精密巧妙操控型式所产生的劝诱效应。王建华在题为"网络社会治理语言资源数据库建设刍议"的报告中指出，网络社会治理语言数据库建设的四个特点、五个原则与建立案例库的有效路径。曾毅平题为"现代汉语辞格语料库的建构与功能"的报告指出，现代汉语辞格语料库建设的目的和意义。李德俊题为"面向情感分析的汉语构式语料库构建与应用"的报告阐释了情感分析及其应用价值。王振华题为"社会符号学下的意指"的报告将"意指"置于社会符号学框架下，并运用语域理论对社会符号学下的"意义"展开讨论。霍四通的报告"做还是不做？——以《全唐诗》

为样本库对后悔情感特征的考察"以违实标记"早知"为检索词，对唐诗和日常生活中后悔情绪的表达差异进行认知解释。陈新仁在题为"语料库与人际修辞研究"的报告中基于CCL 语料库，对"说"的人际修辞用法及常规用法进行了系统考察。杨炳钧在题为"情态隐喻视阈下网络游戏话语的符号暴力研究"的报告中，从情态隐喻视角出发，构建包含有语言习性、语言市场、游戏语言在内的 OGD 情态隐喻符号暴力分析框架。雷蕾在题为"情感分析与应用语言学研究"的报告中选取 50 年内 100 多本科技期刊的摘要建立语料库，发现学术文本在过去几十年正面情感倾向逐渐增强。秦洪武在题为"文化隐喻的修辞动因——以儒学跨文化传播为例"的报告中选取 1690—2010 年儒学海外传播的经典文献，分析19 世纪前后儒学传播过程中文化隐喻的使用，总结文化隐喻在儒学海外传播话语中的特征。这些研究成果的集中展示，推进了修辞研究方法的变革，也丰富了语料库研究的内涵。

②情感修辞

情感修辞成为海内外学界近年来普遍关注的问题，学界一般认为是由西方的"情感转向"研究倾向所带动，而修辞学界则认为，情感修辞研究在中国重被重视，实质是回归传统，回归中国修辞传统的行为，是传统理念"修辞立其诚"发展的必然进程。因为古代文论、修辞论中情感研究比重自不待言，陈望道的《发凡》也一再强调"修辞原是达意传情的手段。主要为着'意'和'情'"（1997：3）。只是因为修辞学长期研究中过度关注修辞技巧的工具功能，而遮蔽了这种人类交际中最重要的情感功能。

刘亚猛在《"情感转向"与西方修辞研究的自我更新》（《当代修辞学》第 3 期）一文中指出，当代西方正经历着一个双重意义上的"情感转向"：在公共领域，"后真相"时代的来临及社交媒体在交流实践中开始享有主导地位，使得情感攀升为形塑舆论的显要甚或主要手段；而在学术领域，对"情动"及情感的研究兴趣持续高涨，已经蔚为继"语言学转向""文化转向"之后席卷社会科学及人文学科的又一新潮流。修辞作为学术史上最早对情感做出理论阐述并且深度介入公共交流实践的一门学科，如何因应这一双重转向提出的众多挑战，关系到它在"情感时代"的学科发展前途，也是学界当前正着力探索的方向。

李克、朱虹宇的《人类命运共同体理念的国际传播：共情修辞路径》（《山东大学学报（哲学社会科学版）》第 2 期）从传播学角度延续这种情感修辞的思维路径。该文认为，共情修辞"以情感为切入点，用温和的、非强迫的方式营造共情氛围，鼓励修辞者引导受众情感走向，同时反省自身情感是否符合社会伦理与道德规范"。文章指出，共情修辞的思维框架与实践模式可作为人类命运共同体理念国际传播的实现途径。胡范铸等的《共同体构建视域下"共情修辞"的目标、问题、路径——兼论"元主体""他者意识""话语权补偿"概念》（《外国语》第 6 期）也认为共情是达成人类共同体的构成性要素，"修辞不仅意味着'表达'，还包括'接受'，共情修辞应该具备自觉的'倾听'意识"；"修辞不仅意味着'你/我'的对话，更是'我/你/他'三方的情感感知和响应，共情修辞应该具备自觉的'他者'意识"。何博超的《试析亚里士多德〈修辞术〉Ⅱ.7 的感激哲学：从 kharis 一词的误译谈起》(《中国社会科学院大学学报》第 5 期) 讨论亚里士多德所论述的两种名为 kharis 和 akharistos 的情感应当表示受惠者内心的"感激和不感激"，而非施惠者方面的"慈善和不慈善"或"善意和无善意"。"作为情感的感激是古希腊演说运用的重要手段"，不同于建立在回报义务上的感恩，"而是以'需求'的心理为根本，揭示了受惠者和施惠者之间的独特的、尚待提升的关系"。

③论辩修辞/语义语用修辞

近年来，中西论辩修辞理论多向对接，跨学科横向拓展，形成了理论认知多元且不断深化的局面，尤以论辩修辞与语用修辞的结合为甚。秦亚勋、陈兴仁的《普遍语用学和语用－辨证理论的学理渊源及观念误植》(《外语教学与研究》第 6 期) 认为，普遍语用学和语用－辨证理论分别是德国哈贝马斯和荷兰学者埃墨伦、格鲁登道斯特创立的重要理论范式。两种范式横跨当代语用学与西方修辞学两大领域，共同继承哲学家奥斯汀的言语行为理论施为性内核，分别通过重构言语行为的普遍规范和聚焦作为言语行为复合体的论辩，形成了各自的理论特色。近年来，两大范式都未能摆脱现代主义观念的束缚，误将带有强烈科学主义色彩的"信服"作为言语行为取效的基础，由此提出应以充分彰显"人"的修辞主体性的"说服"取而代之，摒弃纯粹理性的信服程序，转而关注凸显情感协同的"合理性说服"效应。刘亚猛在"藤山修辞学论坛"(9 月) 的主旨发言《"跨文化论辩"的缺憾与救赎》中则对热点论题"跨文化论辩"展示了质疑，视其为一个承载着理想主义憧憬但却已经完全不合时宜的研究方向。它试图为后冷战、全球化时代的国际社会提供一个重新思考各政治意识形态实体之间的话语互动，具有规范性及促"和"倡"合"功能的新框架。然而冷战之后出现的事态却推动着全球话语交流朝着相反的方向发展。考虑到论辩理论界实际上正在发生的"修辞转向"及中国对外话语交流互动的现实状况，用"跨国修辞"置换"跨文化论辩"作为研究国际话语实践的一个更具包容性和相关性的学术框架，将使相关理论真正贴近现实，是对后者的救赎。

[比利时]哈伊姆·佩雷尔曼及露茜·奥尔布莱希茨－泰提卡所著《新修辞学：一种论证理论》(商务印书馆，12 月) 立足于论证实践，分析生活实践中行之有效的 90 余种论据，强调论证应针对受众展开，以受众对论点的接受度作为论证推进的条件。译者杨贝赞誉该书"重新发现古典修辞学传统，将听众由理性思考的大脑还原为有理性、有情感的心灵"，是"研究修辞学、论证理论和法律论证不可或缺的经典文献"(《读书》2023 第 2 期)。詹全旺、王志宏的《语用论辩学视域下的外交话语特征研究——以中美高层战略对话为例》(《外语电化教学》第 5 期) 在语用论辩学的理论框架下，以中美高层战略对话为个案，从

论辩重构、策略操控和论辩评价三方面分析外交话语特征。论文认为，外交话语具有明显的语用论辩特征，论辩重构能有效还原外交话语的动态论辩过程，策略操控分析能清晰辨识论辩双方采用的论辩策略，论辩评价能帮助判断论辩双方的论辩形式与效果，并发现论辩谬误。

  语义语用修辞论域选题多元、论证分析也越来越接近话语的本质特征。张利蕊、姚双云的《"语义镜像法"与词汇的多义性研究——以"其实"的语义为例》（《当代修辞学》第1期）认为，语义镜像法是以翻译法为理论基础借助双语或多语语料库开展研究的一种词汇语义分析新方法。该方法有助于清晰地描写具体词汇在特定语言中的功能，并勾勒出它们如何与同一语言中在语义和语用上类似词汇之间的关联，还能基于跨语言材料描述不同语言中词汇语义之间的联系，代表了词汇多义分析的一种新趋势。储泽祥的《手部动作单音动词隐含论元"手"外现的表意功能》（《当代修辞学》第5期）讨论了单音手部动作动词固有论元"手"的外现情况，指出"手"外现的表意功能主要是语用功能，包括确定语义、表达持续义、细化手部动作描述、形成对举、使韵律和谐和转换话题六种。陈振宇、王梦颖等的《再说"果然"——与（正）预期标记有关的问题》（《当代修辞学》第2期）认为，"果然"在表预期时，其上文或语境中必须要有对个体条件的表述或语义解释；"果然"作为正预期标记兼新信息标记，其涉及的预期是小概率预期，即它既是正预期信息，却又是新信息，所以具有报道的价值，也因此发展出标记的功能。马国彦的《"叫"与引述性否定"什么叫X"》（《当代修辞学》第2期）探讨了引述性否定"什么叫X"格式的形成条件、动因以及"叫"的性质和作用。该文认为，"什么叫X"是针对始发话轮的立场反诘，"叫"是标识立场错位焦点的语用标记。陈禹、陈晨的《个体预期的反意外与无意外：基于构式竞争的视角》（《当代修辞学》第5期）认为，分工的实质是对意外的积极否定与消极否定，实现为反意外与无意外两种预期信息表征。积极否定的对抗维度与消极否定的缺乏维度亦是符号系统中有益的语用/思维工具。

  ④认知修辞

  认知修辞研究注重结合人类认知规律，探索修辞结构与功能语义的深层认知机制。如徐盛桓、黄缅的《"夸张"的表征与非线性研究——兼论夸张评价机制》（《当代修辞学》第3期）即专注于夸张修辞格的深层机理，用表征理论和非线性发展理论论述夸张表达如何表征，如何通过非线性的发展而组织起来以及如何实现评价等，认为夸张所做出的夸饰，是主体在自身经验基础上对现象实体做出的主观体验的结果，这个过程是一个非线性发展的过程，根本目的是要传达出表达者对有关事件的评价。廖巧云、翁馨的《跨学科视域下夸张修辞的识解机制新解》（《当代修辞学》第4期）将"分形论"和"对偶性理论"结合，提出了分析夸张识解机制的"基于分形的对偶推导模型"，并进一步通过案例分析夸张的识解过程，建构夸张修辞的识解框架。吴越的《信息属性和认识权威的编码与分工——以南部吴语瑞安方言的句末引述标记为例》(《当代修辞学》第 5 期)介绍瑞安方言的三个句末引述标记"讲""也讲""恁讲"在编码信息属性和认识权威时的分工。该文认为引述内容的来源，同一内容是否首次被引述，引述时使用言者视角还是言谈双方视角，都影响标记的选择，反映言者对认识权威的宣告或弃权。

⑤视觉修辞

视觉修辞研究方兴未艾。林玉佳、魏武的《认识视觉修辞：理论、方法与实践》(中国传媒大学出版社，2 月)对视觉修辞兴起与发展走向的述评比较到位：21 世纪初的互联网革命为图像传播创造了技术层面的条件，视觉修辞的相关研究也因此获得更多学者的关注和认可，成为修辞学发展的重要脉络。但是，视觉修辞起步晚、在跨学科视野中展开研究、理论基础薄弱、研究方法混乱都是视觉修辞必须面对的现实问题。故该书介绍其理论预期是：从符号学、修辞学、文化研究的视角考察视觉议题的理论发展，借鉴视觉语法、视觉修辞、视觉奇观、视觉叙事、修辞语境、图像霸权的方法与学理，探讨如视频弹幕、网络直播、手机游戏、广告短片等实践案例的文化意义，以为读者构建一个认识"视觉修辞"的解释框架为目的。

由于多模态形式在语言生活中的广泛运用，比较多的视觉修辞研究以新闻短视频、媒介文本、空间文本、图像事件等为研究对象，运用视觉修辞理论探讨国家、城市等形象建构、艺术作品美学分析等。整体偏重应用分析，较少理论探索。理论建构型文章主要包括分析视觉文本的理论源流及学术谱系，通过视觉隐喻、语境等路径，探讨视觉修辞的生产机制及制约因素。如张伟的《符号互文、情境衍义与文化规约——当代视觉修辞的语境参数及其意指实践》(《西南民族大学学报（人文社会科学版）》第 5 期)即从主体性角度探索处于视觉文化时代下的修辞生产方式，指出作为视觉修辞意指实践的规约机制。该文认为，由互文、情景与文化组成的语境圈层不仅揭示了语境介入视觉修辞意义生产的一般结构，对语境论的现代审美实践以及语境作为一种本体论的身份认同同样具有启发意义。刘涛的《图像时代的修辞之道：理解人在修辞意义上的存在方式》(《教育传媒研究》第 1 期)认为，图像之所以能够创造一定的"现实"，本质上是修辞作用的结果，其中的视觉编码"语言"主要体现为视觉修辞"语言"；视觉修辞研究需要超越图像本身的表征世界，聚焦于图像再现的观看结构和修辞实践。朱玉芹的《从叙事到集体记忆：视觉修辞视域下的公共空间研究——以中国大运河博物馆为例》(《传媒》第 23 期)以中国大运河博物馆为例，对空间叙事与结构符码进行了视觉修辞分析，探索了当代公共空间的视觉阐释机制。文章认为，作为视觉体系构成的语言文字和图像元素，以不同的认知维度共同作用于空间意义的生产，其视觉符码在空间的编织具有文化意义，并关联视觉景观和叙事体系。

⑥比较修辞与对比修辞

跨文化视野中的比较修辞研究一直是中西修辞学关注的领域。本体研究主要集中在中外言语交际中的话语结构与功能等方面，相当一部分的研究透过表层的语言结构差异探索造成底层差异的文化特征，进而探索人类语言运用的普遍规律。如陈平的《称名还是道姓？——汉语和英语专名指称功能的对比分析》（《当代修辞学》第 5 期）通过对比分析当代汉语和英语姓名用作指称手段时展现出来的不同特点，揭示深藏在这些现象底层的是相关成分在系统中的对立，核心因素是它们的出现概率与信息量之间的函数关系。该文认为概率因素是描写和解释语言现象的重要手段，概率在语言成分、结构规律和语言运行机制中位于最深层并体现其本质属性和运行规则。王文斌、杨静的《从指元状语的语义指向规律透视汉英时空性特质差异》（《当代修辞学》第 3 期）通过对比分析了汉英指元状语语义指向规律的差异。该文指出造成这一差异的根源是民族思维方式的不同，汉语具有强空间性特质，英语具有强时间性特质。吕行的《中美政治修辞和跨文化传播的比较及分析》（《跨文化传播研究》第 1 辑）认为中国古代与古希腊修辞传统的理论和实践差异对当今中美政治话语修辞和跨文化沟通有着持续影响。王颖频的《中德领导人新年致辞语篇的元话语特征对比研究》（《同济大学学报（社会科学版）》第 1 期）以中德两位领导人的新年致辞为语料探究其元话语运用特征。研究发现，德汉语料在元话语运用上具有明显的共性，两位领导人在演讲中都较多地运用了人际互动元话语，体现了新年致辞作为演讲类政治语篇的元话语语体特征。

⑦政治修辞/国家形象修辞

西方的政治修辞研究近年来主要采用政治哲学、修辞批评视角，而国外学界逐渐热起来的西方宣传理论就是这个维度的研究。2021 年美国学者贾森·斯坦利的《政治修辞：西方宣传话语的哲学批判》（*How Propaganda Works*）（李晓梅、刘易平译，格致出版社，2021 年 8 月）的研究导向也已经相当程度上影响了国内的修辞学研究者，如前述刘亚猛在"藤山修辞学论坛"（9 月）上的主旨演讲《"跨文化论辩"的缺憾与救赎》。该书广泛借鉴语言学、认知科学的研究成果，将语言哲学与知识论作为方法论和分析工具引入政治哲学研究，阐释西方国家的运作机制、宣传与意识形态的紧密关系，讨论宣传对民主制度的侵蚀等。该书曾被美国出版协会授予 2016 年哲学类"专业与学术杰出出版奖（PRISE Award）"，属于哲学方法论指导下宣传话语的功能研究。

吴礼权的《政治修辞学》（暨南大学出版社，10 月）则从语言本位出发，对政治修辞学的相关概念进行界定，考察语言运用中的政治修辞现象，基于语言表达阐释政治修辞学的研究意义、研究方法，对其原则、心理与技巧展开讨论，目的是总结政治修辞的相关规律，为政治家从事政治活动的语言实践提供镜鉴。

为数不少的政治修辞论文选题主要集中在外交话语、共同体建构以及公共话语等领域，往往密切关注时政，研究导向为"语言学学术研究为国家社会语言生活服务"，因此选题往往反映社会语言生活中的热点问题，目的是发掘语言运用规律，提升解决语言问题的有效性。如鞠晨、袁毓林的《从多声性看外交语言中问句的语义隐涵及其推理机制》（《当代修辞学》第3期）以外交部发言人在例行记者会上的发言作为语料，对外交语言中的问句进行了多声性分析，通过多声现象塑造外交语言既礼貌又有力的风格特征。魏慧萍的《历史照进现实——抗疫汉诗外交的超时空话语与当代寓意》（《当代修辞学》第1期）讨论了新冠疫情期间抗疫汉诗复现的外交现象，呈现出重大公共卫生危机中国际援助的亚洲特征。该文认为，汉诗外交是历史元素超时空参与当前现实建构的方式，传递丰富的"潜在话语"，揭示了深层的东亚社会认同根源。赵玉倩、杨明星的《外交隐喻的特殊属性与修辞原理》（《当代修辞学》第3期）考察外交隐喻的特殊属性、生成机制及构建策略，并进一步论证其在政策建构、舆论引导、形象塑造等方面的独特功能。龚双萍的《军事外交话语中国家形象的语用建构》（《外语学刊》第6期）运用互动身份理论和国家形象建构理论对军事外交话语中国家形象的语用建构进行分析，研究中美双方对本国形象自建与他国形象他建等问题。邓仁华、杨帆的《评价框架视阈下中美新冠肺炎疫情报道和国家形象建构研究》（《外语研究》第1期）以评价理论框架为理论基础，对比分析中美两国新冠疫情报道中评价资源的分布及中美国家形象。

⑧互文修辞

当下的互文研究已大大超越此前的一些感性认识，不是简单地视他文本切实地出现在当下文本中所形成的写作影响方式、文本编织方式，而是将互文理念引入语篇领域，作为一种方法论广泛地运用于解读各类文本。下面的研究均将互文本的语义流动现象视为一种动态过程，在文本互动过程中揭示其所反映的世界万物和文本空间中的系统层级关系。

王志军的《语篇副文本的互文机制研究》（中国社会科学出版社，12月）从语篇系统出发，考察了语篇副文本的互文现象及其互文机制。该书以互文语篇理论为指导框架，采用宏观架构和微观剖析相结合的方法，系统考察了学术语篇和文学语篇的副文本系统的配置、副文本与主文本和语篇世界之间的耦合互文方式、互文修辞效果以及耦合互文的认知机制。储丹丹的《学位论文文献综述的元文性分析》（《当代修辞学》第1期）以博士学位论文文献综述为研究对象，借鉴系统功能语言学和互文语篇理论，从篇际互文关系的视角探讨了文献综述文本建构过程中的评论模式，通过元文性功能属性和表现特征的分析，在作者－读者－语境的动态三维空间中确定语篇的意义和功能。尉薇的《通俗科技语体的否定互文性与互动机制研究》（《当代修辞学》第6期）探讨通俗科技语体中否定互文性呈现的关系形态、互动机制以及互文功能。文章认为，通俗科技语体的否定互文性表现为当下文本结合其他文本对前文本的肯定命题或预先假设进行争辩或者否认。否定互文性作为一种解释维度维系着主体间的认知与交际，影响着科学对话的开启及共识的达成，在通俗科技语体中具有前景化背景信息、构建对话空间、体现语体风格、调整语篇信息流的功能。闪洪的《文艺语体交叉渗透的互文类型与实现路径》(《当代修辞学》第6期)通过互文语篇视角，考察文艺语体交叉渗透呈现的两种不同融合方式，揭示了产生语体分化的内因，即语体间不同的语义互涉方式。该文认为，语体交叉渗透是语体创新发展的重要途径，语体互文是促进语体交叉渗透的重要方式，丰富的语义互涉方式决定语体交叉渗透形态及产生新语体的方式不同，而主体交际意图及修辞动因，是促进语体交叉渗透实现的主导因素。

⑨修辞构式

修辞构式研究在向纵深方向发展，论题不再拥堵在对一个一个构式描写解释路径上，而是逐渐集中在总结构式的发展、固化过程，阐释影响其演变的语境因素、制约机制的倾向性，及其在言语交际中的独特功能等方面。如蔡淑美、施春宏的《论构式用变和构式演变》(《当代修辞学》第2期)就具有总结性质，引入构式用变和构式演变这两个概念来探索构式及其系统的变异表现、分析模式和生成机制等问题，重点考察更容易促使构式新特征强化、新构式浮现的机制。该研究尝试改进目前构式研究碎片化的格局，为构式变异研究提供理论和描写框架，深化构式发展空间与实现路径的认知。宗守云、杜静宜的《仿拟构式的形成条件和特殊地位——以"怎一个X字了得"为例》(《南京晓庄学院学报》第3期)认为，"怎一个X字了得"构式是仿拟"怎一个愁字了得"形成的，形式上有原式和仿式、严仿和宽仿等，意义上有高程度、广范围、纯否定等。张海涛、赵林晓的《修辞构式"X式Y"的生成过程及互动机制》(《语言教学与研究》第2期)认为，"X式Y"构式生成、运转及发展是多界面互动机制合力作用的结果，包括构式与构件的双向互动机制、构件之间的互动磨合机制以及形式和意义之间、语义和语用之间、语法与修辞之间等多层面、多界面的互动机制等。

⑩广义修辞

广义修辞研究虽为老课题，但不断结出新的硕果。谭学纯为郑竹群的新作写了一个序：《从仰视他者到平视对话——序郑竹群新著〈《巴赫金全集》话语理论广义修辞学研究〉》(《学术评论》第1期)，该文指出，广义修辞学是一个由修辞技巧、修辞诗学、修辞哲学层层建构的理论框架，越出中国当代学科体制中将修辞学归属语言学科的边界，倡导并践行修辞学研究"融入大生态"；不拒绝纯语言学的理论资源和研究方法，同时向超语言学场域开放。高群的《二十年广义修辞学研究可视化分析》(《阜阳师范大学学报（社会科学版）》第3期)以CiteSpace可视化图谱分析作为技术手段，论证广义修辞学理论建构及其解释力和可推导性。在此基础上探讨广义修辞学正、副文本的互文空间及学科建设方面的积极意义。王晓燕、谭学纯的《战斗的青春》(《中国文学研究》第 3 期)为修辞学研究介入重写文学史的意义空间,以及修辞学－文学研究互相拓展跨界学术生产,构建更为开放的学科生态探索了一种可能性。

(2) 研究方法创新

研究方法创新主要体现为跨学科、多学科研究方法的借鉴和交叉融合运用。

当前学术研究的背景是中国与世界都处于百年未有之大变局,社会在加速发展变化,学术思想、研究范式也在急剧更新。人类的整个知识体系呈现出分化—整合—再分化—再整合的动态运行过程,正在推动知识创新生产朝向更高层次演进。鉴于跨学科、多学科研究范式具有很强的综合性特征,对探索人类社会各种类型的修辞言语行为,扩宽研究对象,推动修辞研究的多维度发展具有很强的适用性和理论解释力,自然成为修辞研究应对新兴理论范式与多样话语实践挑战、服务于国家建设、完成学科使命的研究方法论。

①符号修辞

伊志、李勇忠的《空符号视角下的语言留白美学论》(《当代修辞学》第 6 期)主要讨论修辞系统中"留白"这类重要但停留于传统视角考论的现象。该文从符号系统切入,认为"空符号"作为符号系统中重要的一极,与实符号共同控制着整个符号活动的节奏和流程;空符号制造语言留白,规定了其内涵和外延,使文学作品具有独特的审美韵味;语言留白也常常表现为一个/串或大或小的空符号,贯穿于语言文本的各个层级,透过空符号可以更好地观测、认识与阐释留白这种修辞现象。

②翻译修辞

随着翻译与修辞的交叉研究日渐增多,翻译修辞学这一新兴学科范畴逐渐明晰,通过跨学科研究范式的理论阐释焕发出活力。由陈小慰所著的《翻译修辞学与国家对外话语传播》(浙江大学出版社,10 月)是国内第一本完整论述翻译修辞学的专著,有助于翻译修辞学理论体系的建构。该书一方面系统回应了学科关切,从修辞角度回答了翻译本体论问题;另一方面有效地回应了现实关切,具有提升中国对外话语翻译能力的重要意义。陈小慰的《论翻译的修辞语境》(《上海翻译》第 4 期)作为翻译修辞学的专题研究,从西方修辞学重要概念"rhetorical situation"出发,重新定义了翻译的修辞语境(the "rhetorical context" in translation),并解析了其复杂构成,认为译者对翻译修辞语境的分析和灵活因应是提高译文质量的关键。乐明、余潇慧的《语言计量指标在翻译风格研究中的应用:以意识流小说〈到灯塔去〉为例》(《解放军外国语学院学报》第 3 期)运用计量方法,对不同译本的翻译风格进行量化分析,是风格特征探索的一次有益尝试。赵宇霞的《基于语料库的傅雷翻译风格新探:语言与情感的融合》(《外语电化教学》第 2 期)自建语料库分析傅雷的翻译风格,在量化分析的基础上揭示了傅雷翻译的风格特点及其成因。文章认为,傅雷的翻译对目的语读者而言更具有语言与情感的可接受度。除此风格研究范畴，从语篇范畴切入的翻译研究也不在少数。如刘永厚等的《文本特征视角下学术语篇元话语的中译英策略研究》（《西安外国语大学学报》第1期）从学术语篇的文本特征入手，对《中国社会科学》发表的中英学术论文的元话语类型及翻译策略进行探讨，尝试揭示英译策略的使用规律。刘泽权、丁立的《语篇衔接变异的翻译策略研究——以〈尤利西斯〉第18章为例》（《上海翻译》第1期）发现，意识流语篇在语法衔接、主位推进模式上均存在变异，译本通过显化、省译、转换等方式在一定程度上"抹平"了原文衔接的异质性。

③文艺修辞

文艺修辞是修辞学研究的传统视角，但学者们当下的研究倾向于采用新的视角切入，借鉴前沿的理论方法来推导富有创新意识的结论。何云涛的《清末民初小说语体研究》（中国社会科学出版社，4月）即从核心修辞的语体角度对小说语言展开讨论。该书较为系统地论证了清末民初小说语体在汉语书面语文白消长过程中独特的历史价值，进而探讨社会运行机制的变化如何加速白话取代文言的质变过程。张春燕的《鲁迅话语系统研究》（中国社会科学出版社，6月）多维度切入鲁迅话语，以整体观、系统观解读鲁迅话语中的多重"图式"，于此重新绘制出鲁迅以自反为中枢、悖论而平衡的精神图像。陈静的《〈呐喊〉方言词语特征及其对鲁迅文学语言风格的影响》（《现代中文学刊》第4期）通过穷尽性统计鲁迅小说集《呐喊》中的方言词语，发现其绝大多数来自于吴方言区，在语义上多表示日常生活类概念，在造词理据上以特征性造词最多，在语用上适于口语通俗语体。因此推导出结论：方言词语对鲁迅文学语言风格产生了多方面的积极影响。翁颖萍的《畲族民歌修辞研究》（浙江大学出版社，11月）是少有的艺术修辞专题研究。该书依据多模态数据库，从音乐层面和歌词层面入手，考察其修辞格、语篇修辞、程式语修辞及词曲互动修辞，并展开畲族民歌修辞建构模式的探索，对激活畲族民歌的能产性、抢救和保护畲族音乐也做了修辞功能角度的阐释。

④文化修辞

文化修辞关注的主要是社会文化层面的广义修辞现象。该类研究对于弘扬中华传统优秀文化，具有一定的理论与实践价值。

池昌海、邢昭娣的《词语理据的修辞求证：以"公主"为例》（《当代修辞学》第2期）认为，"公主"及同义族词理据的现有解释是值得商榷的。该文通过历史文献梳理"X+主"结构在篇章中的同指代换机制，指出"公主"类词语应该是限制关系的名词性复合词，构成类似句法上的向心结构，而非主谓（或陈述）类离心结构。周荐、王铭宇的《尊卑观念、敬谦态度与词语状貌、词汇变迁》（《当代修辞学》第3期）指出，汉文化中，尊卑观念、敬谦态度对词语构造、使用与存废等语言现象都有一定的影响，也折射出词汇发展的文化状貌。

孟宪平的《马克思、恩格斯文化思想的修辞方式及现实转换》(《贵州社会科学》第2期)属意识形态领域修辞文化传承认知的类型。文章认为,"语法基础"是马克思、恩格斯文化思想修辞方式的依存形式和方法依据;"句法选择"是马克思、恩格斯文化思想修辞方式的逻辑建构,共同构成了马克思主义文化思想的语义特色。成杰等的《消失在流行语中的"打工人":网络时代青年群体身份认同的话语建构》(《新闻大学》第9期)是及时反映社会语言生活中鲜活修辞现象的典型。文章通过深度访谈,探究"打工人"认同话语的自我建构、群体建构与社会建构,挖掘当代社会文化背景下的新型劳资关系和"打工人"的心理特征。

⑤网络修辞

网络修辞是由"互联网+"技术支持,修辞的载体形式融媒体化形成的修辞现象。网络修辞的一个重要表征是修辞话语产生于与语言现实空间相对应的虚拟空间。

王建华的《网络空间语言:治理研究的三个维度》(《中国社会科学报》,6月10日)从语言治理维度探讨了网络空间语言的特点。文章认为,语言问题是网络社会治理的基础问题,也是网络上最易观察、影响最为明显的问题。文章着重讨论了当下网络语言存在的问题,如语言失范、语言冲突、网络谣言、语言暴力等。这些同网络社会治理密切相关的语言问题,可概括为三个维度:一是网络社会治理中语言的治理,二是网络社会治理中治理的话语,三是网络社会治理中语言的资源。张厚远、金若琰的《诗性精神:网络意识形态安全话语修辞的风格与价值》(《新闻爱好者》第3期)认为,网络意识形态安全话语修辞的风格是在内容生产与出版过程中所表现出来的具有一定稳定性和导向性特征的精神气质,具有信息整合功能,能有效整合异质性的价值观念,建构起人们对当前社会现实的安全认知。蔡骐、赵嘉悦的《作为标签与规训的隐喻——对网络流行语"社恐"的批判性话语分析》(《现代传播(中国传媒大学学报)》第9期)认为,网络流行语"社恐"并未完全脱离其原初的医学定义,本质上还是一种疾病隐喻;作为一种身份标签,它为人们提供了一种快速高效的认知路径,但也在一定程度上遮蔽了个体及语境的差异性,也是社会变迁与媒介技术发展的一种镜像呈现,而且背后的积极社交观念也在对个体进行隐性规训。

⑥多模态修辞

张德禄、张珂的《多模态批评(积极)话语分析综合框架探索》(《外语教学》第1期)的理论建构意义是将多模态批评话语分析理论和多模态积极话语分析理论融为一体,发展出多模态批评(积极)话语综合分析框架。文章认为,批评话语分析和积极话语分析虽源自不同的理论背景,但可以共享同一研究模式,其研究的目标具有相似性:都把研究的目标集中在语言外的社会文化因素上,且可以在研究领域、研究对象和研究目标上互补。禹平、刘卓群的《清三代青花瓷铭文与纹饰的认知特征与图文关系》(《社会科学战线》第 2 期) 从语言学的角度，结合认知科学，对瓷器图文模态的视觉认知特征进行量化分析，揭示了古陶瓷铭文与纹饰在图文系统论中的地位关系和逻辑语义关系。石慧的《新型数字出版物视觉叙事模式与意义建构——以儿童交互式绘本为例》(《出版科学》第 1 期) 基于视觉叙事理论、多模态话语分析理论，探究交互式儿童绘本作为一种具有典型意义的新型数字出版物，基于数字媒介的特征所进行的视觉叙事与传达，视觉系统中的不同模态之间的协同作用，以及多模态话语如何参与交互式绘本的意义建构。

（二）应用研究

修辞应用研究是为探索修辞知识的具体应用效果或达到某一研究目的而进行的科学研究，主要体现为应用修辞理论方法来获取新的知识，建构有效的知识体系，为解决实际问题提供科学的理论依据。而这种将修辞理论发展成为实际应用形式的重要方式，修辞教育功莫大焉！

1. 修辞教育

修辞教育研究主要是关于母语修辞教学、对外汉语修辞教学、双语教学、多语教学等线上线下教学活动的修辞理论探讨，多以课程设置、教案教材编写、科学论文论著、实验报告等科研成果形式呈现。在修辞教育活动中，教学实践奠定了教学理论研究的基础，反之，教学理论又给予教学实践以启示。

从宏观认知角度看，邓志勇、杨洁的《语言的辩证性与修辞学的辩证：修辞学与批评性思维能力培养》(《当代修辞学》第 2 期) 深入讨论了关于辩证思维能力与修辞教育的关系。该文认为，辩证性始终是西方修辞学的核心内涵，而这又同批判性思维存在诸多契合点。语言的辩证性使得修辞成为必要和可能。文章通过"争议点"理论、图尔敏辩论模式与伯克戏剧主义五要素这三种修辞学理论，提出修辞学的辩证性对批评思维的培养有重要启示作用。作者呼吁在国内高校推广和发展修辞教育，认为这有利于大学生批判性思维和创新能力的培养。

在课程建设方面，李克主编的《西方修辞学教程》(世界图书出版西安有限公司，12 月) 代表着学者们对西方修辞学知识体系建构的一种努力。该书出版前曾用作研究生英语语言学专业必修课教材。该书系统介绍了西方修辞学的传统与当今理论与实践，知识体系涵盖西方古典修辞学与西方新修辞学领域内的主要修辞学家的修辞学思想以及代表性的修辞学理论，旨在通过引介西方修辞学理论，加强学生对西方修辞学的理解，指导文本分析、语言学习以及社会交际。袁飘的《西塞罗修辞学特征及其教育理念初探——以〈论演说家〉和〈演说家〉为中心》(《阜阳师范大学学报（社会科学版）》第 6 期) 也是修辞教育维度的专题研究。论文在把握西塞罗个人教育经历和罗马文化教育融合观的基础上，考察西塞罗修辞学的主要特征与教育理念。邓煜的《修辞劝说模式下的科技英语类课程思政建设：以中南大学"铁路科技翻译"课程为例》（《外语与翻译》第 2 期）将修辞劝说模式应用于课程思政建设，并结合科技英语类课程"铁路科技翻译"的建设实践，讨论如何通过人格诉诸、理性诉诸、情感诉诸及时挖掘思政素材、优化教学设计和考核评估。

修辞写作理论研究通过对语篇结构、词汇、交际效果等方面的分析，探索提高写作能力、提升表达效果的规律，为写作教学及语篇写作提供指导和借鉴。冯静、李改梅的《修辞结构理论（RST）提高英语写作能力效果评估》（《汕头大学学报（人文社会科学版）》第 1 期）指出，目前大部分写作课教学忽视了对语篇推进能力的培养。该文依据教学实验，评估了修辞结构理论（RST）对提高英语写作能力的效果，采用 RSTTool3.45 和 SPSS 软件对数据进行采集和分析，得出结论：采用文体分类法讲授修辞结构关系，可使学生增强写作的连贯性、逻辑性。冯文艳的《高校教师话语亲和力研究》（吉林出版集团，8 月）是极有特点的修辞教育个案研究。该书综合运用多种理论方法，系统考察如何提升高校教师话语的亲和力。喻晖、赵秀兰、赵建超编著的《修辞法写作文》（长江少年儿童出版社，12 月），王家珍、赖庆雄编著的《快快乐乐学修辞》（青岛出版社有限公司，12 月），肖维玲的《小学语言修辞手法技巧训练》（延边大学出版社，11 月）等则是以向中小学生普及修辞知识、提升写作能力和口语表达能力为目的的普及性读物。

2. 法律修辞

法律语言作为"践行法制思想的重要载体"，在法庭实践中，准确、明晰消极修辞表达的独特功能为塑造法律语言的科学性、权威性提供了理论依据。上溯修辞发展史，还可知法学与修辞学自古希腊始就具有天然的联系。近年来，随着中西修辞、跨学科修辞研究持续互通互鉴并走向融合，修辞知识已广泛应用于法律语言研究领域。

法律修辞研究多以庭审话语、法律法规文本等为研究对象，已有研究成果一方面推动了法律语言的规范化，另一方面也为普通受众解读法律法规提供了一条相对容易理解接受的知识路径。殷树林、王琳的《基于语料库的当前我国立法语言中权属表达研究》（《当代修辞学》第 6 期）基于现行法律法规构成的语料库，对当前我国立法语言中的权属表达类型进行了分类研究。该文从立法技术规范角度，提出了我国立法语言中权属表达的七种类型，并结合理性原则和习性原则，对六个方面的失范现象进行了分析，为立法语言权属表达提供了行之有效的建议。陈海庆、马泽军的《庭审话语功能及其语调表征研究》（科学出版社，4 月）提出了庭审话语分析的六项原则，即话语语用原则、目的关系原则、批评话语分析原则、话语修辞原则、多模态分析原则和语音语调分析原则。在此基础上，运用田野调查和实证研究的方法，借助 Praat 等语音分析软件，考察了庭审话语的机构性、动态性、有声性和多模态性特征。崔玉珍的《法庭转述话语的论辩研究》（《当代修辞学》第 6 期）探讨了转述话语作为论证成分在法庭论辩话语中的结构语义功能。该文从论辩角度入手考察法庭转述话语的结构类型，指出不同结构类型具有"客观性－主观性"维度的差异；法庭转述话语在结构、语义上的不同影响其在论证结构中的位置，进而实现不同的论辩功能。钟林燕在《司法裁判修辞说理的情感需求和理性限度》（《江西社会科学》第8期）中探讨了陈望道提出的"积极修辞"与"消极修辞"、佩雷尔曼的"听众理论"、亚里士多德的"三诉诸"等修辞理论在法律判决文书中的应用，解析了法律修辞在司法裁判中的两面性，倡导适当应用修辞，提升我国司法的执行力。吕娅、冯露的《修辞批评视域下的刑事被害人话语研究——基于"杭州网络诽谤案"的分析》（《西南交通大学学报（社会科学版）》第4期）以"杭州网络诽谤案"的法律文本为研究对象，运用伯克的戏剧主义修辞批评范式探讨自诉案件被害人的话语运用策略与建构过程。

3. 新闻修辞

2022年，新闻修辞的主题主要关涉媒体话语、融媒体传播、跨文化传播、抗疫叙事、国家认同等话语内容。

吴柳林的《新型主流媒体话语体系建构研究》（人民出版社，4月）结合当下新型主流媒体话语传播现状，较为客观地评估目前新型主流媒体整体话语影响力，并对新型主流媒体话语传播理念、传播主体、传播渠道、话语文本内容进行系统建构，探讨在新媒介环境中提升媒体话语表达的空间和影响力的实现路径。刘涛的《传播修辞学的问题域及其研究范式》（《南京社会科学》第1期）立足修辞认识论这一基本的逻辑原点，提出了传播修辞学（rhetoric studies in communication）这一新兴的跨学科研究领域，重构传播学和修辞学的问题域和知识谱系，解读了二者间天然的渊源关系。朱妍的《民初胡适演讲的舆论传播形态：话语修辞、说理意识、公共空间》（《清华大学学报（哲学社会科学版）》第6期）认为说服能力是演讲获得公众认可的前提保证。立足于听众的情感诉求、道德楷模维系的人格诉求及逻辑思维辐射的理性诉求是胡适演讲说服功能得以实现的话语修辞要素。张瑶的《后真相时代信息传播的话语修辞与传播路径》（《科技传播》第13期）结合近五年来影响较为广泛的社会舆论事件，将后真相时代的信息传播分为四个阶段，并分析各阶段的信息所使用的文本修辞策略及其传播路径。

借助融媒体的技术手段，新闻传播研究成果令人目不暇接，精彩纷呈！开拓出多种理论面向，论题遍及网络语言生活的各个领域。

微博平台信息的科学提取分析。袁周敏的《微博舆情话语研究》（中国科学技术大学出版社，9月）以政务微博平台信息为考察对象，整合新闻传播、修辞学、语用学与话语分析的理论视角，凸显了跨学科特点与现实关切的问题意识。该书考察了微博公共事件中政府、媒体以及微博用户的语言使用，进而探究政府形象与国家身份的话语建构，进一步从政务语言能力建设视角为提升政务微博语言使用，为建构善治善政的政府形象提供语言治理的修辞良策。李宏的《讲好警察故事：新媒体平台上的内容特点与传播效果——以中国警察网新浪微博为例》（《中国人民公安大学学报（社会科学版）》第 6 期）以中国警察网新浪微博为考察对象，筛选出部分样本博文，就其内容特点做回归分析，探究官方微博平台上讲述警察故事的框架特点和传播效应。

关于多模态修辞研究，近年特别关注的视觉修辞研究范式也被运用于新闻报道语篇分析。谢帅光、朱爱敏的《视觉修辞视野下数据新闻报道分析——以新华网、人民网和澎湃网的数据新闻为例》（《新闻世界》第 12 期）以新华网数据新闻、人民网图解新闻和澎湃"美数课"为例，从图像修辞、时空修辞和交互修辞三个方面分析数据新闻的视觉修辞实践。

国家认同建构的话语分析视角新颖。尹梓熹的《网络诠释社群的国家认同建构——知乎"觉醒年代"话题的词屏构建及认同修辞分析》（《传媒观察》第 8 期）以伯克新修辞学的"辞屏"和"认同修辞"为理论视角，采用语料库话语分析与修辞分析结合的方法，探讨知乎"觉醒年代"话题的用户采用了怎样的"辞屏"，并如何通过认同修辞策略构建认同以及形塑了怎样的国家认同。研究发现，诠释社群从价值倾向、情感确认、行为投入三个层次构建国家认同，编织了积极情感和消极情感两套叙事，并进一步通过对立、同情、误同三种修辞策略达到爱国的"同一"。刘涛的《公共修辞：话语实践中的公共利益及其修辞建构》（《西北师大学报（社会科学版）》第 6 期）聚焦于修辞的一种形式——公共修辞（public rhetoric），讨论了公共传播领域修辞的运作机制及理论内涵。文章认为，公共修辞的核心内涵是公共性，一方面公共性的基础内涵是公共利益，公共修辞的功能和目的指向公共利益核心问题；另一方面公共性的实现需要公共空间，因此公共修辞的应用场景主要是公共传播领域。

中西传播修辞的比较研究通过设置多元化的论题，突出新闻传播的主流价值引领，优化不同民族的情感表达，也激发了深层次的评论思考。鞠玉梅的《新闻评论特稿修辞叙事声音比较研究》（《天津外国语大学学报》第 5 期）基于修辞叙事理论并以转述言语为切入点，于中西修辞视角比较了中国作者和英语本族语作者发表于《中国日报》新闻评论特稿的修辞叙事声音。研究发现，两组作者都试图通过转述言语来加强自己的修辞叙事；产生共性的主要原因在于体裁共同的语用修辞特征，存在差异的重要原因在于中西不同的文化和修辞传统。彭华新的《作为网络民族主义修辞策略的"国际绰号"：爱国动员的伦理辨析》（《国际新闻界》第 8 期）聚焦"国际绰号"这种民间话语形式，使得修辞学中的人文主义精神再次得到关注。文章认为，"国际绰号"采用的正是情感动员和情绪说服的修辞策略，用负面义词汇来"蔑视"他国，从而产生民族"共情"，实现爱国动员。作者认为，"国际绰号"是将国际关系"人际化",将国别"拟人化"的修辞方式。同时"国际绰号"也会通过翻译途径进入他国的社交平台,也可能成为一种消极的国际传播。该研究体现了修辞与传播辩证的学理关系:传播通过修辞呈现信息,传播接受亦是修辞行为的归宿与目的。

四、结　语

据不完全统计,对百度网、读秀学术搜索、中国知网和学位论文数据库中相关的研究成果与学术活动的检索结果显示,2022年,出版修辞学著作40余部,发表论文840余篇,举办学术会议、讲座及各类活动数十场。由于线上活动可以实现跨越时空同频共振的"云"对话,一个会议/活动可以邀请几十位学者做主旨报告,受众可达上万人,极大地提升了学术影响力。从成果学术思想呈现的广度与深度看,我们发现:(1)多项成果应为多年研究积淀的产物,属厚积薄发的思想成品,特别是著作,其关于学科概念范畴和理论体系建构的阐发全面而深刻,既关涉学术传统的赓续与传承,又显示为学术生产的体制创新、方法创新;既有宏观层面的整体把握,又有微观、中观视角的精细分析。(2)本体研究的理论视角日益丰富,语篇/话语研究、视觉修辞的多元探索尤为显著。相当多的成果有服务国家、服务学术的高层设计和主题意识,自觉地在新文科、一带一路、大数据、国际社会交流等背景下设置问题、追踪社会热点,研究所展示的社会关切与学术情怀充分体现了修辞研究的价值和意义。(3)为解决社会现实问题,关注政务媒体、社交网络、国家形象建构、外交事务、语言教学、新冠疫情等领域的应用性成果有较大比例。这类研究有很强的时代特征与社会效应,通过学术方式来观照与诠释修辞现象,揭示语言生活自身的逻辑性与规律性。由于这类选题具有高度现实性与紧迫性,有的学者往往因为急就目的,未能深度思考、淬炼思想,基于解读某一理论观点、收集某类数据就做简单的描写分析,结论难免缺乏深刻的价值自觉与充分的学理依据。

篇章语用研究

方 梅 方 迪

2022 年,篇章语用研究在原有的基础上继续推进,呈现出蓬勃发展的良好态势。研究材料方面有进一步拓展,挖掘书面文本的同时,更多关注对话语篇,如日常会话与机构会话、特定行业话语等。研究路径方面,篇章分析、会话分析与互动语言学、语用学、系统功能语言学等多种理论流派稳步发展,质性分析、语料库统计、实验设计等研究方法的运用以及多种分析手段的结合,也为相关问题的描写与解释提供了有效的支撑。研究课题方面,篇章语用研究体现出鲜明的汉语本体意识和应用导向。下面根据研究对象和分析框架具体评介。[1]

一、语法研究的篇章语用视野

随着语法研究的深入,越来越多的学者认识到,汉语语法问题几乎总是与语用因素有着千丝万缕的联系。沈家煊先生就指出,不同于印欧语中语法和语用相互独立,汉语的语法包含在语用之中。这一基本立场的确立,可以启发对汉语语法的基本格局和体系的反思。[2] 张伯江的《汉语句法的语用属性》(商务印书馆,4月)通过多个层面的案例描写阐述,展现了汉语无论是话题结构还是名词短语、各类句法结构,都体现出根本的语用属性,有力说明了篇章视角、语用观照是现代汉语语法研究不可忽视的观察维度。

(一)话题、信息结构与语法结构

句子是微缩的语篇。对于语句结构的认识可以从篇章/话语的观察中获得突破和深化。沈家煊的《哈里斯的话语分析法和中式主谓句》(《现代外语》第 1 期)将 Harris 变形建立对等关系的分析方法[3]运用到汉语话语分析,通过逻辑推衍得出汉语的"主谓句"是等式型主谓句,主语和谓语同属一个对等类;汉语的句法结构就是信息结构,汉语对话互动和

---

[1] 一方面篇章语用作为研究视角,可以讨论普遍的句法语义学问题;另一方面,透过新的材料或理论眼光,也创设出新的研究课题。本文包括上述两类,在具体分类上综合了研究课题和理论背景两条标准。

[2] 这方面主要的论著如下。沈家煊:《名词和动词》,商务印书馆 2016 年版;沈家煊:《超越主谓结构》,商务印书馆 2019 年版;沈家煊:《从语言看中西方的范畴观》,商务印书馆 2022 年版。

[3] Harris, Zelling S., "Discourse Analysis: A Sample Text", *Language* 28 (4): 474–494.

"流水句"现象充分体现了这一特点。文章同时也对语法研究的方法论做出了反思,强调对语言的说明不应以先验范畴为基础。这项研究与沈家煊先生超越主谓结构、探求对言本质的汉语语法探索思路一脉相承——汉语的主谓结构是"指称语的并置"(指语对),对言形式构成了汉语语法的主干。而对言形式的实质就是"话题-说明"结构;话题在汉语里是广义的,指信息传递的"起说"部分。这些对于汉语语法基本格局的思考,也得到了一些学者的呼应。宋柔的《小句复合体的语法结构》(商务印书馆,9月)基于"广义话题"的观念[1]和英汉小句复合体语料库建设,提出"话头-话身"关系和成分共享机制,指出话头话身关系是汉英小句的基本结构关系;话头话身结构的成分共享机制是构建这两种语言小句复合体的基本语法手段。基于英汉小句复合体的对比,书中还设计了一种英汉机器翻译模型,将理论认识的进展应用于实践。尽管赵元任先生将所有表示让步、原因、条件、时间、处所的小句都归入话题[2],但条件小句之外的其他小句,特别是让步、原因等小句,其话题地位并不为学界普遍承认。李晋霞的《试论"副词性小句是话题"》(《语文研究》第4期)指出,通常反对将副词性小句是话题的理由不具有说服力,且将面临句型内部的矛盾,并论证副词性小句具有逻辑意义的认知参照点,可传递新信息的言谈起点,带有互动性的引发性话语单位,这些都是话题的属性。文章还指出,副词性小句是话题,反映了人类语言"对话性"的本质。陈满华的《次话题易位及相关问题》(《中国语文》第6期)以张伯江提出的句法框-棂架构及复杂结构扁平化的相关论述[3]为参照,确定次话题的范围和类型,并逐一考察其易位的规律和特点,总结出三条次话题易位的基本原则。文章还由此讨论了次话题易位的理论意义——揭示出易位的本质、语音表现和影响因素,并更加充分地检验了汉语层次结构源于扁平结构,是并置结构的派生形式。

以上研究说明,篇章语用视角为探寻汉语的构句之法、主干结构,为反思汉语语法的基本格局提供了重要参照和证据。作为主干的话题结构/主谓结构之外,篇章语用与语言结构的双向互动还体现在很多方面。一类研究从具体的语言形式出发,考察它们在不同语体、语篇中的功能浮现与规约化;另一类研究则关注特定语篇、语用因素对语言结构的塑造。

(二)篇章中的功能浮现与规约化

随着学界广泛将研究视野扩大到各类话语/语篇,各类语词和结构式的功能浮现与规约化日益受到关注。中国知网检索结果显示,2022年探讨各类语言形式的篇章功能的研究共计41篇。尽管从具体的研究对象看,这方面的成果较为零散,但众多的个案探索总体上也

---

[1] 宋柔:《汉语篇章广义话题结构的流水模型》,《中国语文》2013年第6期。
[2] 赵元任:《汉语口语语法》,吕叔湘译,商务印书馆1979年版。
[3] 张伯江:《汉语句法中的框-棂关系》,《当代语言学》2018年第2期;张伯江:《复杂句式的扁平化——纪念朱德熙先生百年诞辰》,《中国语文》2021年第1期。

呈现出某些显著的趋势，即尤其注重与特定的语法范畴或语义-语用范畴的关联。以下对其中较为突出的几个方面做出评述。

1. 引述形式及其表达功能

引语具有元语言属性，在语法表现上具有不同于一般言语成分的诸多特点，近年来受到越来越多的关注。方梅的《"的"字补说——北京话中用作他引标记的"的"》（《世界汉语教学》第4期）观察到北京话中存在"的"表示自指的情况，其使用并非句法要求；这类"的"构成的形式带有引述性。文章列举了他引"的"出现的典型环境"V-不-V的"、叠连式"VV的"以及"说的"，结合跨方言材料分析了"的"用作他引的功能及其语法属性。李宇凤的《"所谓"的言实对立与评价否定》（《汉语学习》第6期）探讨了"所谓"表引述评价否定的根源和语用机制，指出评价否定的"所谓"侧重言说表面性质，利用信源对立凸显和实质凸显激活言实对立，从而达到以现实/实质否定表面言说、进行评价否定的语用目的。

引述表达往往具有话语否定或负面评价的功能。马国彦的《与副词"就"有关的两种引述性否定》（《中国语文》第2期）围绕听说双方的推理错位，讨论了源自反问句的"什么就X"和"什么呀就X"，指出它们都明示否定始发话语的言语行为逻辑，但前者凸显反诘，侧重人际互动；后者凸显感叹，侧重言者评价。马国彦的《"叫"与引述性否定"什么叫X"》（《当代修辞学》第2期）从理解的角度分析了"叫"的性质和作用，指出"什么叫X"的反诘是针对始发话轮表达立场。魏雪的《"X你个N"的反驳功能及相关问题》（《汉语学习》第6期）考察了该构式所处的话语模式，指出这类表达式对对方话语的适宜性和可信性做出反驳，转述否定是这类表达的核心。

引述行为与"言说"范畴相关，言说类动词构成的相关结构式也受到一定关注。陈柳蓓的《话语标记"一般说（来）"的语义特征、语用功能及其演变过程》（《语言研究集刊》第三十辑）分析了弱断言类话语标记"一般说（来）"由实义短语发展而来的过程、论辩力交际动因，以及"一般说（来）"相较于"一般"的主观化表现。

引语体现的元语性对于跨语言比较和语言本质理解具有重要意义。张金圈的《从跨语言视角看拟声词、名称词与引语的关联性》（《语言教学与研究》第5期）发现，拟声词、名称词和引语在跨语言材料中经常使用相同的形式，三者都具有一定的元语言属性；它们的典型成员是对声音表象的直接展示，不指向外在客体或表达概念语义。

2. 应答语的形式与功能①

"应答"这一位置对语言形式的分布和意义具有重要塑造作用。其中，否定性应答语尤

---

① 值得注意的是，对于应答语的关注增长，体现出互动语言学所倡导的序列观念得到日益广泛的运用，甚至本节所述的不少研究直接采用互动语言学和会话分析相关概念。但考虑到这些研究大都没有采用自然发生的语料，我们仍将它们与后文"互动语言学和会话分析"部分区分开来。

为引人关注。李宇凤的《交际互动中"没有"的否定功能扩张——基于交互主观目的的语用错位的客观否定》(《语言教学与研究》第6期)指出,"没有"逐步代替"不"实施命题否定和行为否定。两类回应中否定错位的演化方向有差异。命题回应类"没有"的否定错位集中在引发表达与回应命题对象之间,逐步模糊命题对象,成为话题逆接标记。行为回应类"没有"的否定错位集中在命题表达与行为回应否定之间,逐步弱化行为拒绝的强度,最后发展为利他行为的礼貌回应标记。

除了直接用否定词之外,其他作为回应语的语用标记常浮现出否定或负面评价功能。潘先军的《互动话语标记"瞧你说的":从否定内容到否定情感》(《语言教学与研究》第3期)指出,"瞧你说的"从提醒之前说话人注意所说内容,到否定其内容,再到指向之前说话人,表达不满与责备的负面情感;表达否定情感时,显出了较强的女性性别特征。岳辉、郭若祺的《应答语境中"不怎么A"的主观限量及应答模式》(《语言教学与研究》第4期)指出,"不怎么A"表达言者评述的有限程度量,呈现出程度游移性、评价已然性和预期偏离性的特点,并对"不怎么A"的话语模式进行了分析。赵敏的《应答标记"好啊"的预期性及评价立场表达》(《汉语学习》第5期)指出,"好啊"具有应允功能和评价立场功能,不同功能的"好啊"对应不同的序列位置和不同的引发语;其功能是在主观性、评价性和高频效应下出现的。彭水琴、郑娟曼的《预期修正语"那倒是"的序列特征与规约化》(《汉语学习》第5期)讨论了用于回应的"那倒是"的会话模式和预期修正功能,并指出,语势弱化和语境刺激的双重作用使反预期副词"倒(是)"规约化为预期修正回应语。

3. 反问句及源于反问句的构式

反问句以及源于反问句的构式的立场表达功能是学界关注的热点。刘彬的《反问句的语用性质及其语义语用条件》(《汉语学报》第1期)通过对相关语境的分析,说明反问句的否定表达与怀疑心理之间的密切联系,以及启动怀疑原则的动因;同时指出反问句是一种意外表达句式,从语境与言者信念冲突的角度阐述了反问句的语义语用条件。周凌、张绍杰的《反问句否定含义强度及(不)礼貌等级的实验语用学研究》(《外国语》第1期)对反问句作为答语蕴含的否定含义及其与显性/隐性否定的强度等级差异进行了实验考察,验证了反问句的语用否定含义以及礼貌性等级。在以问句为基础的语用标记方面,闫亚平的《"干吗"的负面立场标记演变》(《汉语学习》第2期)指出,"干吗"在反问句中使用是其从询问焦点用法发展出负面立场标记用法的重要演变条件,其机制主要是反问句的句法环境带来的功能悬空与语境吸收。文章还进一步探讨了反问句否定含义对疑问词的浸染。

4. 指代词及相关指称形式的功能扩展

指称的形式和功能一直是语法研究的重要课题。篇章语用视角的研究关注具体指称形式的选择策略，以及指称范畴在话语中的功能扩展。

人称代词的移指是交际中常见的指称策略，往往与特定立场的表达有关。史金生、王璐菲的《虚拟对话与立场构建："你"在互动中的移指用法》（《中国语文》第6期）和张佳玲的《人称代词"你"的移指分析》（《语言教学与研究》第6期）都讨论"你"的移指问题。前者指出，"你"的移指是发话人在心理世界与移指对象（不同的人）进行虚拟对话，是发话人在叙事中整合对话的表现，是戏剧性语言入戏的一种方式，属于言域用法，其交际目的在于构建一致立场；后者则指出"你"移指的功能在于说话人在表达非中性立场时诱使听话人主动认同，分析了移指功能的限制条件，并从移情理论出发对移指的机制做出阐释。

2022年关于语篇中的语词和结构式的研究中的重要趋势，是对其中人际互动成分的关注，特别是立场表达的关注。

指称形式的立场表达研究主要聚焦那些从构成成分看不具备语义透明性的结构。比如，"一个NP"本身是不定指形式，它所构成的特定结构式、句式往往体现主观评价性[①]。史金生、李静文的《"一个X"类构式的负面评价功能及其形成机制》（《语文研究》第1期）讨论了"一个X，Y"（无定NP主语句）"NP一个""好一个X""整个一个X""那/这叫一个X"等的负面评价表达功能，并指出序列位置和构式压制是这类构式的形成机制，而主观量与预期的配搭驱动了构式的负面评价表达功能。"人称代词+一个NP"也一直是学界讨论的热点。《当代修辞学》第4期接连刊登了两篇相关文章。宗守云的《从评价立场看"PP+一个NP"结构的性质》从评价立场表达的要素出发，指出这类结构本质在于说话人基于所指对象的身份及其与相关事件的关联对所指对象做出定性，表达褒扬或贬抑，并从身份高低、事件性质及所处状态以及言者认识等方面具体分析了该结构评价立场的表达。针对以往研究中关于指称性质和语用功能的诸多分歧，殷志平的《再谈"人称代词$_单$+一个NP"的语法性质和语用功能》提出，这一结构的语用功能源于NP表示的身份范畴被赋予"人称代词"所指对象之上，而句子中VP描述行为属性与基于NP所指身份预期属性之间存在契合或偏离，说话人对行为属性的立场也影响其基于预期离合执行的言语行为。

王世凯的《"这样/那样"的信疑用法和语法化》（《语言教学与研究》第1期）观察到"这样/那样"处于句末时发展出信疑助词用法，并从同位后位、语义羡余和语音轻化等方面论证了在互动塑造和语境吸收下实现语法化的机制。

5. 副词、连词、话语小品词的表达功能

立场表达功能的研究还体现在各类虚词上。语气副词（评注副词）之外，其他类别的

[①] 张伯江、李珍明：《"是NP"和"是（一）个NP"》，《世界汉语教学》2002年第2期。

副词浮现出的立场功能是这类研究的亮点。李宗江的《"整天"类时间副词的负面评价表达》(《汉语学报》第4期)指出,"整天"类词语在语篇中通常用作副词,除了表达时间义,还表达对命题的负面评价,它们与负面评价成分的搭配倾向可以用"适度准则"来解释。

连词以及复句结构是语篇研究的重要课题。张谊生的《从延展组合到递进关联:"甚至于""乃至于"及"甚而至于"的功能与演化》讨论了"甚至于""乃至于"的连接功能、关联功能以及语篇功用,并从关联互动的方式、组配连接的音节搭配、递进关联的功能侧重等方面分析了二者的关联配合及其与"甚而至于"的差异。复句的关联不仅涉及连词。徐式婧的《现代汉语条件句关联标记间的互动关系》(《语言研究集刊》第二十九辑)探讨了条件句中从句连词、从句助词、主句连词和主句副词之间的关联规律,指出从句连词的"稳定性"处于核心位置。

通过互动视角审视虚词的表达功能,语气词、叹词等承载丰富话语互动含义的小品词(particle)受到更多关注。匡鹏飞、曹亚敏的《从生理反应到话语组织:叹词"哎哟"的功能演变》(《语言教学与研究》第2期)分析梳理了"哎哟"表达对意外事件的惊讶感受、承担衔接话语、引导听者理解,以及话轮组织与话语修正等不同功能,指出[意外性]是叹词"哎哟"最重要的语义特征。谢心阳的《从现场给予到情景指示——小议兰州方言中的指示叹词"嗟"》(《语言研究集刊》第二十九辑)则讨论了兰州方言中指示叹词"嗟"从用于给予物品时的呼唤到情境指示用法的扩展,揭示了其由给予物品到呈现情境的演变。

语料库语言学和计量方法也广泛用于分析语篇中的特定词语或词类。刘艳春、董家钰的《口语中的连词分布及其制约条件》(《语言教学与研究》第2期)考察了210个连词在四类口语语体(电视访谈、辩论、日常会话、戏剧会话)的分布,并讨论了影响连词分布的条件。张利蕊、姚双云的《"语义镜像法"与词汇的多义性研究——以"其实"的语义为例》(《当代修辞学》第1期)借助双语或多语语料库,以翻译法为基础对"其实"的多义性进行了考察,并阐述"语义镜像法"对词汇语义研究的价值。

此外,还有一些论文从语篇角度出发,探讨预期表达的相关问题。赵彧、白雪飞的《"原来"的反预期性质及其相关问题》(《语言研究集刊》第二十九辑),干薇、陈振宇的《再论"险些、差(一)点"等仅差语的否定式》(《语言研究集刊》第二十九辑),白凌云、孙道功的《反预期标记"谁知道"的用法考察》(《语言研究集刊》第三十辑)等。

(三)句法结构的篇章动因

从语篇组织特征出发探求句法结构的篇章动因,其理论价值在于从用法出发,或从话题延续性角度对短语结构的形式选择做出解释,或从篇章宏观架构看语法结构选择。

方梅的《从话题连续性看三类结构的篇章功能》(《中国语言学报》第二十期)考察了"N 的 V"结构、重动式和非论元名词话题结构作为指称行为的话题结构各自的功能,指出非论元名词话题结构中的话题在篇章中体现核心事件或事物;而重动式和"N 的 V"在篇章中体现行为的延续,二者对先行语境的依赖程度相似,但启后性有所不同。

徐晶凝的《书面叙述语篇中"了$_1$"隐现的语篇架构动因——从述补式 VP 中"了$_1$"的分布说起》(《当代语言学》第 1 期)基于三部第一人称小说语料,考察了述补式 VP 与"了$_1$"的共现规律,指出"述补式 VP + 了$_1$"与叙述语篇的架构之间具有密切关系,说明"了$_1$"鲜明地表现出完整体的语法属性和语篇驱动的特点。这项研究也从语篇全局分析的角度,对"了$_1$"这一汉语语法研究的重要课题提供了新的启示。李晋霞、张钦钦的《消息语篇中无定 NP 主语句的使用特点与篇章地位》(《语言文字应用》第 4 期)在介绍"倒金字塔"消息结构的基础上,着重分析了无定 NP 主语句的出现条件、构成与表达特点及篇章地位。李晋霞的《从篇章语法看叙事语篇的叙述节奏》(《汉语学习》第 3 期)借鉴叙事学的研究成果,将叙事语篇的叙述节奏进行了分类,并分析了叙述节奏的分布规律和模式。

此外,语体特征及特定语体中的语言使用也倍受关注。刘瑞、袁毓林的《对话和叙述语体中反预期信息的类型与差别》(《汉语学习》第 4 期)考察了反预期标记"到头来"和"竟然"在对话和叙述两种语体中的使用,对两种语体中反预期信息类别的系统性差别做出阐述,并分析了"到头来"和"竟然"在叙实性上的差异。殷祯岑、陈昌来的《基于语篇整合的元话语功能分类及其语篇分布》(《汉语学习》第 4 期)对学术语境中的"meta-"词缀的分布进行考察,将语篇的整合确立为元话语(meta-discourse)的核心功能,并对学术论文、电视辩论和散文三类语篇中元话语资源的分布进行了统计与解释。许家金、李佳蕾的《近百年汉语书面语的语域演变研究》(《外语与外语教学》第 4 期)总结了书面语语体在语篇功能、交际距离以及与历史背景的关联等方面的演变规律。

此外,施春宏、赵博文的《语体机制的量度效应》(《汉语学报》第 2 期)从交际距离的量度特征出发,探讨语体语法形式-功能匹配的量度机制。房旭的《近十多年汉语语体语法研究述评》(《语言研究集刊》第二十九辑)基于对 2007-2020 年近百篇相关论文的整理归纳,从理论研究和运用研究两个方面总结现有研究进展,并展望进一步探索的方向。

二、互动语言学与会话分析视角的语言使用研究

近年来,学界对语言对话性、互动性的认识不断加深,而互动语言学和会话分析从真实的自然言谈出发,考察具体交际行为和序列位置中交际双方对于语言的运用和塑造,成为深入理解语言本质的重要研究视角。2022 年互动语言学与会话分析视角下的语言使用研究继续发展壮大,中国知网共收录相关论文 23 篇。其中不仅有针对具体语言成分和会话现象的

个案研究，还有不少对宏观层面体系建构和特定课题研究路径的理论探讨。

方梅主编的《汉语语用标记功能浮现的互动机制研究》（中国社会科学出版社，11月）采用互动语言学的分析思路，基于自然口语对话材料，以在线生成的视角进行观察，通过对不同类型个案的考察，探讨语用标记用法的语境条件和理解机制。与以往研究从词汇化、语法化视角看待语用标记不同，该书将语用标记的序列分布和多模态表现作为形式依据，并结合会话情境、互动过程以及言谈参与者的认识状态等因素，揭示出语用标记的形成不是语法化，而是语用化。单谊的《自然话语中的话语标记研究：以"你知道"为例》（上海外语教育出版社，10月）对机构性会话语境下的话语标记"你知道"进行多维探究，系统分析其位置、韵律、语义和功能之间的互动关系，并探讨该话语标记对具体语境中"话语""发话者""受话者"三者关系的揭示。

（一）自然口语特有的表达形式

自然口语对话本身为语言研究提供了丰富的观察资料。不少基于书面语的语法描写中的"超常"现象，基于自然对话材料，从互动的视角出发，都可以获得新的认识和启发。

副词通常处于状语位置对谓词性成分进行修饰，而在实际对话中却经常出现独用的情况。方梅的《从副词独用现象看位置敏感与意义浮现》（《中国语文》第1期）运用互动语言学视角观察这一现象，发现韵律上可独立且不作为修饰语而独用的副词几乎涵盖了所有语义类别；但多义副词在独用时会发生表达功能的偏移，倾向于主观性解读；并且，独用副词的浮现意义受到其所处的序列位置以及行为类别的影响，呈现出位置敏感和序列特定的特点。李蓉蓉的《"当然了"的标记化功用、演化机制及其动因》（《汉语学习》第5期）指出，副词"当然"与"了"经常配合使用，表明发话人的主观态度，其主观肯定性强于"当然"。

还有研究运用互动语言学视角从自然口语对话中观察独词句。姚双云、吕海燕的《汉语自然会话中名词独词句的互动功能》（《郑州大学学报（哲学社会科学版）》第55卷第1期）指出，名词独词句并不是句法完整句的省缩，而是承担着传递信息、修复话语等独特的互动功能。除了独词句，对话中话轮可能从语句中间截断，形成句法不完整话轮（syntactically incomplete turn, SIT）。姚双云、田咪的《汉语口语中句法不完整话轮的类型、位置与功能》（《语言科学》第4期）对这类现象做了探讨，指出其背后的交际动因。

词汇叠连是对话中的常见现象，即同一语言形式被同一说话人多次重复连用（中间无停顿）。李先银、张文贤的《汉语自然口语对话中的否定叠连》（《中国语文》第3期）考察了否定叠连在行为序列中的分布偏好，探讨了叠连在回应利己行为和回应损己行为时的不同解读倾向及背后的原则，并阐述了否定叠连的复合性，以及"不"与"没有"的对立中和倾向。

以上针对特定形式"超常"用法的研究,都丰富了我们对语言事实的认识,并揭示出特殊用法在互动交际中的独特价值。

(二)语言惯例与互动惯例

互动交际作为语言使用的原初环境,对语言结构及其使用具有塑造作用——对话中的形式选择,往往受到互动交际因素的驱动。所谓"语法",很大程度上来源于互动交际中反复出现的"惯例"(practice)。问与答的形式选择,就是这方面的典型例子。徐晶凝的《寻求特定信息类特指问的回应方式》(《语言教学与研究》第6期)分别对汉语电话谈话和当代大学生日常会话材料进行了调查,发现电话语料中以 VP 零句回应为主;大学生会话语料中 NP 零句回应有所增高,但仍有失礼之嫌。总体上看,回应优先采用与问句具有鲜明形式联结的 VP 零句和整句,问答形式表现出显著的对话句法的平行性,这与之前特指问句回应形式的研究有所不同[①]。

修复(repair)作为一种常见的会话操作,一直都是考察互动中的语法的重要窗口。郑上鑫、乔雪玮、乐耀的《论对位置敏感的嵌入修补》(《语言教学与研究》第6期)[②]考察了发生在话轮转换相关位置(即 TRP,transitional-relevance place)前后的嵌入修复在修复启动项、嵌入框架、嵌入的语法单位和语法功能,以及韵律等方面的不同表现,并从话轮转换相关性和互解(inter-subjectivity)的角度对嵌入修复的位置敏感性做出解释,揭示出局部互动环境下的受话人设计对修复惯例的塑造。指称构建(reference formulation)也是最为基本和重要的交际目的之一。方迪的《自然对话中指称选择的互动功能》(《中国语文》第2期)发现,以往研究中提到的指称距离、话题延续性、可及性等因素无法解释自然口语对话中指称形式选择的一些情形。这些"有标记的"指称选择可分为指称的繁化、宽化和窄化。结合指称形式所在的序列位置和参与的社会行为,文章指出,对话中指称选择可以作为一种有意实施的交际策略,实现行为组织、立场表达等互动功能。

故事讲述(storytelling)作为常见的言语交际活动,一直都是会话分析和互动语言学关注的热点课题。其中出现的语言惯例和互动惯例也受到学者们关注。方梅、周焱的《故事讲述中的自由直接引语初探》(《当代修辞学》第6期)探讨了讲述者化身为情节内人物扮演者对其话语的展现,指出自由直接引语既受到篇章内部因素的制约,如话语主体的引入、引入距离、引语包含的小句数量和复杂度等,也受到互动行为类别的影响;自由直接引语的识别还有赖于特殊音质、身势等多模态特征。互动行为的开端部分是人们识解对方话语行

[①] 谢心阳:《汉语自然口语是非疑问句和特殊疑问句的无标记回应》,《世界汉语教学》2018年第3期。

[②] 标题中的"修补"同样指"repair",为便于综述中保持一致,本文统一称为"修复"。

为、确立及调节自身身份、协商话轮所有权的重要位置。彭欣的《如何开启叙事——基于汉语日常交谈的会话分析研究》(《语言教学与研究》第5期)考察汉语交谈中叙事开启的方式——除了之前文献中报道的故事前序列、故事前言等明启方式，还可以通过多种方式直接开启叙事，体现出准叙事者在多重序列位置、特定话轮转接模式、叙事承载的人际互动功能共同作用下的多元选择。汉语叙事开启的多样性也启示我们，跨语言比较中以语言文化差异作为解释需要更谨慎。

机构性交谈（institutional talk）中的语言使用惯例也受到关注。于国栋、吴亚欣的《阻抗诊疗建议的会话常规研究》(《现代外语》第1期)指出，医疗就诊交谈中，患者/家属通过疑问语气重复型的他发修复（other-initiated repair）阻抗诊疗建议是一种会话常规，这种修复发起属于复合行为，阻抗建议是其执行的"附着行为"。特定场景下的话语研究还有彭卓的《广播情感热线主持人应对建议请求的道义站位研究》(《外语与外语教学》第2期)等。

（三）虚词与结构式的互动功能

互动语言学的发展为很多传统句法语义课题提供了新的视角和启示，一些研究对虚词的分析从探讨语义表达功能扩展到发现虚词的互动行为表达功能。例如，陶红印、高华的《反正：汉语自然会话中的多能"瞬时困境调节装置"》(《语言教学与研究》第4期)基于自然会话中的位置分布和音律表现分析了"反正"的功能，指出其功能为会话中谈话进展（progressivity）的偏好提供了证据；反过来，后者亦是催生"反正"演化的一个重要因素。

语词或结构式的功能与它们在互动对话中的位置分布以及使用模式是互为表里的，功能的扩展与分化背后往往具有互动交际的动因。姚双云、田蜜的《从位置敏感看社会行为格式"像+NP"在会话中的认识调节功能》(《世界汉语教学》第3期)归纳出"像"不同词性所构成的三种话语模式，指出它常位于讲述、告知或评价序列的话轮之中、话轮构建单位之首，并从交际者认识状态的角度探析了"像+NP"格式的互动功能。姚双云的《敏感位置、认识状态对互动功能的影响——以独立话轮"然后（呢）"为例》(《语言教学与研究》第5期)分析了独立话轮"然后（呢）"的互动功能，并以此说明敏感位置和交际者认识状态的影响。田婷的《从位置分布角度看示证语隐现的动因》(《汉语学习》第2期)考察了四类示证语在小句和语调单位中的分布，指出语调单位之首是示证语分布的优势位置；示证语的隐现受到说话人认识立场表达的驱动。

特定会话位置和交际需求也是很多语言形式发生语用化和意义解读规约化的重要条件。姚双云、李卫光的《自然会话中"哪有"的互动功能》(《汉语学习》第5期)考察了作为话语标记的"哪有"在话轮和序列中的分布，指出它具有话语否定、话语修复、话轮转换和话题终结四种互动功能，并分析了互动功能的影响因素。刘红原、姚双云的《复合型话语标记"那个什么"的互动功能与浮现动因》(《语言研究》第2期)指出,"那个什么"可用于占位填充、切换话题和引介例释,其浮现一方面由于组成成分的语义相宜性,另一方面源自交互式语境对最佳关联性假设的要求。

互动的分析视角也为语法研究中处于边缘地位的叹词、语气词等"话语小品词"的研究带来了新的启示。于国栋的《作为汉语言语交际话题过度讯号的"唉"》(《外国语》第2期)指出,"唉"处于长话轮开头,可以引导话题转换和话题改变,并根据序列位置分析了话题过渡的具体表现。

(四)体系建构与理论探索

随着互动语言学和会话分析理论方法广泛用于汉语语法分析,在微观的个案分析基础上也有研究尝试就某一研究课题进行宏观体系建构。杨云的《汉语自然会话中认识立场标记的类别、分布及影响因素》(《语言教学与研究》第6期)将立场标记分为认识义短语、认识义副词、认识义助动词等七类,指出语调单位之首、话轮之中是认识立场标记的典型位置,并分析了特定位置上立场标记的功能倾向,运用统计学模型考察了认识立场表达的影响因素。张文贤的《互动语言学视角下汉语二语教学行为大纲的构建》(《语言教学与研究》第6期)在分析前人教学大纲的基础上,结合互动语言学关于社会交际行为的研究成果,将与教学相关的行为分为"宽行为"和"窄行为",并重点对五类宽行为(询问、请求、评价、告知、建议)进行了解释,说明了宽行为与教学不同层级、典型场景、语言形式的对应关系,并展现了口语教学中的应用实例。基于互动行为的考察,不仅为提高汉语教学质量提供了新的视点,也为汉语本体研究中语言形式与行为的对应关系提供了启示。

从宏观角度出发,也有学者对互动视角下某类语言形式的研究路径或是核心概念论点进行理论反思。吴亚欣的《汉语语气词的会话分析研究路径》(《外国语》第6期)指出,之前对汉语语气词的研究多属于静态研究,对交际中语气词实现的互动功能揭示不够;会话分析关注语言执行的社会行为、话轮设计以及序列位置,可以为汉语语气词研究提供抓手。据此,文章通过具体实例,分步骤展现了对汉语语气词研究的会话分析路径。李梅的《背离还是突破?——会话分析研究的知识论之争》(《现代外语》第2期)对 Discourse Studies(《话语研究》)的专题争论文章进行评述,梳理出相关争议的焦点,指出其本质是会话分析学科属性和方法论的争议,认知论是一种新视角,并非对会话分析研究的背离;同时也应警惕将知识论作为一劳永逸的模式过分套用。于国栋的专著《什么是会话分析》(上海外语教育出版社,2月)以问答形式介绍了会话分析的研究目的、方法论基础和重要研究课题,总结评述了国内会话分析的研究现状,并勾画了未来研究的前景。

三、语用学理论探索与应用实践

（一）理论阐述与探索

语用学理论的发展，使其不断扩展自身的疆域，试图对自然语言的理解，特别是其中的语义不确定性做出恰当解释。2022 年中国知网收录的语用学相关理论探索文章共 8 篇。完权的《语用整体论视域中条件强化的语义不确定性》（《世界汉语教学》第 3 期）以条件句的双向或单向解读为例，在简要回顾实质蕴含论、语用推理、语境分析等语用学理论的局限的基础上，基于语用整体论，将条件句分为单义条件句和多义条件句，指出前者具有偏重性和并置性；后者具有语义不确定性和不可分化性。陈水英、冯光武的《"语用转向"视野下布兰顿推理语义观和规范语用观研究》（《外语学刊》第 2 期）则系统阐释了美国语言哲学家罗伯特·布兰顿以实用主义原则开创的"语用解释语义"研究进路下的语言意义问题。

作为一门关注语言现实的交叉学科，语用学的发展呈现出包容性和融合性特征，这正是冉永平、杨璘璘、刘平的《语用学的包容性及融合性》（《外国语》第 4 期）所阐述的内容。他们根据语用学研究的新兴成果，结合第十七届国际语用学会议（International Pragmatics Conference）的专题内容，具体阐释了全球危机、网络化语境下的包容性问题，以及惯用语境下语用言据的延伸，并总结了语用学研究融合性、开放性以及社会转向的趋势。张绍杰的《语法与语用界面研究的新路径——以语态构式为例》（《现代外语》第 3 期）基于对界面研究的背景介绍，从语法作为语用建构意义资源的解释框架出发，以语态构式（主动态、被动态、中动态）为例，从语用价值、语用隐涵、语用效果三个维度阐释了语法形式/结构与语用意义之间的互动关系。

语用学内部不同派别的理论归属和争议也得到关注。《当代语言学》第 3 期的两篇文章，姚小琴的《语义最小论和语境论的争论与发展》和马欣欣的《索引论：理论、争议与展望》都涉及语义最小论（semantic minimalism）和语境论（contextualism）的争议。前者具体讨论了争议的相关议题，后者阐述了索引论在两派之间的理论归属争议，介绍了索引论近期的发展，并对该理论派别的未来做出展望。秦亚勋、陈新仁的《普遍语用学和语用－辩证理论的学理渊源及观念误植》（《外语教学与研究》第 6 期）指出，普遍语用学和语用－辩证理论都从言语行为理论中汲取养分，前者重构言语行为的普遍规范，后者聚焦言语行为复合体的论辩；但二者皆因未能摆脱现代主义观念的束缚而存在核心观念的误植。文章借鉴当代人文主义对话思想，通过"说服"对"信服"的纠偏，指出两大理论范式应转向以合理性为基础的观念设定，并注重情感的协同效应。类似的研究还有廖德明、李佳源的《预设共同背景论的新进路》（《外语学刊》第 5 期）等。

身份建构是语用学探讨的重要课题。任育新的《身份的联合共构：身份动态建构新探》

（《外国语》第3期）运用联合共构交际模式考察了身份动态建构的过程，阐述了在互动话语中身份的"非终结性"特征，并分析了身份联合共构过程中交际者的参与度、身份建构方式及话语策略。吕金妹的《语用身份研究的新修辞进路》（《外语与外语教学》第2期）则从修辞哲学的层面对身份研究进行了反思。

（二）言语行为研究

从特定的言语行为出发，探讨语言形式和语用表达关系，一直是语用学研究重要的个案研究模式。2022年，中国知网收录的言语行为研究共9篇。张爱玲的《基于言语行为理论的誓言结构和演变研究》（《当代修辞学》第4期）描写了发誓这一复杂言语行为的语用类型，将其分为单方发誓和双方/多方发誓，讨论了发誓事件的要素及其语言实现、誓言表达的结构类型和语篇变异，指出发誓行为的凡俗化引发誓言（或其关键词）语用化为感叹语、话语标记。

言语行为视角为跨语言对比提供了基础。鞠晨、吉田泰谦、袁毓林的《汉、日语中愿望的事实性及其表达特点》（《外语教学与研究》第4期）考察了汉语和日语愿望表达中的事实性问题，指出由于缺乏事实性标记，两种语言愿望表达都存在事实性模糊的问题，且对此的解决策略相似——都用情感表达来传递愿望的反事实意义，都倾向用条件愿望句来表达反事实愿望。唐燕玲、刘立立的《基于语料库的英汉愿望类违实条件句的认知对比研究》（《外语教学与研究》第5期）则具体以"if only…"和"要是……就好了"为例，对英汉愿望类违实条件句的句法结构、语义内涵、语用功能等进行对比分析，指出相较于英语，汉语的违实条件句单句化程度高、句法位置固定、语境依赖度较高，并从主观性和主观化角度对两种语言的差异做出了解释。

对于言语行为的讨论也往往在特定媒介和语域（register）中展开。王玲、张孟洁的《即时通讯工具中请假言语行为结构序列与言语策略研究》（《当代修辞学》第4期）分析了在校本科生及研究生通过微信请假的言语行为特征，比较了微信请假相较于面对面请假在言语成分和言语策略上的异同，指出单一策略中的需求陈述型是最常被使用的策略。袁周敏、柳良子、蒋超的《政务道歉的程式性与仪式性特征》（《现代外语》第6期）从道歉策略的构成和以言行事指示手段策略出发，探讨了政务道歉文本的语用特征，指出以言行事指示手段是最常用的道歉策略，并倾向以强度副词"深"与"诚恳"类词汇来增强道歉语力。在此基础上，文章从机构性危机应对的角度阐述了政务道歉的程式性和仪式性。刘风光、石文瑞的《伦理语用学视域下中美政治谴责言语行为对比研究》（《外国语》第3期）以中美政治媒体话语为材料，从主题内容、语言形式两个维度探讨中美谴责言语行为的异同，分析了中美谴责主题以及调整谴责语力的外部策略等方面的显著差异。类似的政治语篇研究还有刘风光、石文瑞的《政治言语行为的理论特征及实践阐释》（《外语学刊》第3期）等。

专著方面，张光华的《汉语"人际支持性"言语行为标记研究》（中国社会科学出版社，4月）以"新言语行为分析"和语言元功能理论为基础，从言语行为的核心概念出发，结合具体语料分析具有人际功能的话语标记或语用标记（该书称"人际支持性"言语行为标记），尝试从整体上构建对此类标记的分析框架，并在此框架下对具体标记的功能与用法进行分析。刘慧的《现代汉语评价系统研究》（暨南大学出版社，6月）对表达评价言语行为的语言形式进行了总体梳理，搭建了汉语评价系统的框架，并对具体的部分做出微观描写，勾勒出现代汉语评价系统的面貌。

具体研究之外，也有学者运用言语行为理论对某类课题做出系统阐释，或是结合其他理论方法对言语行为做出总体探讨。王鑫、温仁百的《话语角色理论的批评与探索——基于言语行为理论的产出型话语角色分析》（《西安外国语大学学报》第3期）基于对Goffman、Levinson和Thomas的话语角色①理论的批评阐述，指出产出型话语角色的话语机制在于，若干意志主体以不同程度在言语行为不同层面上的支配，并结合Austin的言语行为三分说，尝试建立能够解决现有问题的产出型话语角色阐释模型。姚晓东、宋成方的《示诚性元语用表达的信任协商与话语责任》（《现代外语》第1期）从可信性建构与责任归因角度，对CCL语料库中的元语用示诚标记（如"说真的"）进行了分析，探究这类成分如何影响交际者之间的信任关系协商，并制约交际者的言语行为和会话责任，从而使元语用标记的研究拓展到道义因素的观照。

苏杭、卫乃兴的《局部语法视域下的英语言语行为研究》（《外语教学与研究》第6期）采用语料库语言学的局部语法概念，系统探讨了英语言语行为的标注、言语行为局部语法的建构以及言语行为对比分析，指出局部语法为言语行为研究提供了新视角和可行路径，有助于系统描写言语行为的词汇语法实现形式，从而建构其局部语法并推进对比言语行为分析。

（三）机构话语、媒体话语和特殊人群的话语

语用学理论还服务于对机构话语的观察，体现对于社会生活和具体行业的贡献。2022年中国知网收录的相关文章共11篇。崔玉珍的《法庭转述话语的论辩研究》（《当代修辞学》第6期）从论辩理论出发，探讨了作为法庭论辩论证成分的转述话语的结构、语义和功能。文章将法庭转述话语分为字面转述和自由转述两大类，指出不同结构类型具有"客观性－主观性"维度的差异；而结构、语义上的不同影响转述话语在论证结构中的位置和功能，结构、语义和功能具有相应的主观化倾向。

外交话语的形式和风格也受到相当的关注。鞠晨、袁毓林的《从多声性看外交语言中问句的语义隐涵及其推理机制》（《当代修辞学》第3期）从多声性理论出发，以2019年

---

① 话语角色，主要探讨互动者与话语信息之间的关系问题。

12月外交部发言人例行记者会上的发言为材料，具体分析了其中问句的多声现象和语义隐涵，指出这些不同来源的声音表达了不同观点，通过明确否定某些观点而肯定了与其相反的观点。这种多声现象塑造了外交语言既礼貌又有力的风格。毕卓、刘风光的《基于仪式规程理论的外交话语冲突性回应策略研究》(《现代外语》第6期) 则以例行记者会上的问答语料为对象，讨论冲突性回应的实现方式，并对其仪式特征进行了分析。马倩、文秋芳的《合作型与对立型外交话语的话语空间对比分析》(《外语学刊》第3期) 基于"空间－时间－价值话语"框架探究了两类话语的话语空间差异。以上研究都对中国外交话语体系建设提供了有益的参考。

联系社会生活实际，危机语境下人们的社会交往与情感表达面临挑战。甄凤超的《词项框架下话语对象的意义建构及其路径分析》(《外国语》第2期) 就以"美国新冠病毒话语"为语料，探讨在词项框架下构建话语对象 virus 意义的方法和路径。文章发现，以 virus 为搭配核扩展出的大量词语构成的复杂意义网络图，可以清晰展现美国在线报纸杂志在建构话语对象时，使用的各种意义表述、呈现形式以及隐含的态度意义。史维国、赫子桐的《设问式标题句的句法语义构成、语用功能及信息传播策略》(《语言文字应用》第4期) 则从具体语言表达策略出发，考察了标题句的设问类型与新闻类型的对应性，并从传播角度阐释了其在新闻媒体中高频使用的动因。

网络语言生活早已成为语言使用的重要平台。雷容的《人际语用学视域下网络话语研究的新趋势》(《现代外语》第5期) 结合国际前沿成果和国内代表性研究，梳理了网络话语人际语用学研究的新议题以及传统议题的新发展，包括全球化背景下的身份建构、人际不礼貌，以及人际情感等问题，并归纳了相关研究呈现的社会性和融合性趋势。朱武汉的《请求电子邮件中身份建构的人际语用研究》(《现代外语》第4期) 则对一类具体话语——大学生撰写的请求邮件的身份建构进行了探究。网络话语的研究还有陈崇国、董保华的《冲突性网评中立场表述的语用分析》(《外语学刊》第2期)，汪少华、彭雨欣的《混搭·整合·移情——网络谐音类中英混搭成语的认知语用机制研究》(《西安外国语大学学报》第4期) 等。

身份建构的研究还涉及日常生活的其他场合。徐学平、李依的《冲突话语管理中语用身份的话语建构与磋商》(《现代外语》第5期) 以高校与学生家庭之间真实的冲突性对话为语料，剖析家校交际中交际双方对于多重语用身份的建构、既冲突又合作的动态过程中身份磋商的语用策略，以及身份构建与磋商的语境限制因素。同样研究冲突话语的还有王美琪、何春燕的《人际语用学视角下冲突会话中的关系元话语研究》(《外国语》第3期)，该文将人际语用学的关系管理模式纳入关系元话语研究，以收录的自然冲突话语为对象，探究关系元话语的表征形式、语用动因和语用效果。

还有一些研究探讨老龄化社会的语言问题。如黄萍、焦健的《老年维权话语研究的内涵、议题和路径》(《外国语》第6期)突破以往社会学、法学的研究维度,阐述了老年维权问题的语言本质,呼吁相关研究的语言转向,并且提出适用的质性研究和整合性多模态研究路径,以及具体的语言学分析方法。

总之,语用学研究者在继续推进相关理论探索和个案研究的同时,也愈加明显地展现出对特定社会群体、社会问题中的语言运用的关注。这无疑将进一步促进语用学与相关人文社会科学的交叉融合——上述研究作者的背景已经在一定程度上说明了这一点。①

四、文本分析及其应用

文本分析主要以系统功能语言学及其前沿分支为理论背景。这类研究关注文本呈现的系统性、互文性、发展性和语篇内部关系。2022年,基于上述理念的文本分析持续推进,中国知网收录相关论文20篇,主要以特定课题的宏观系统研究为主,也有个别针对具体语言形式或语篇特征的研究。

(一)理论深化与路径探索

石春煦的《身份研究:积极话语分析和批评话语分析的互补性》(《外语学刊》第3期)从研究路径、研究问题、研究重点等维度对积极话语分析和批评话语分析两个视角各自的优势特点和提升空间进行比照性分析,阐述了二者的互补性对于研究身份内容、身份建构过程以及身份建构资源的促进。周今由、于晖的《系统功能语言学对符号研究的贡献》(《外语学刊》第6期)梳理阐述了系统功能语言学为符号研究带来的理论发展以及对教学法应用上的创新和拓展。一些学者运用系统功能语言学相关理论对语法具体研究领域的路径进行探索。王品的《系统功能类型学视域下的语法描写范式——以语气系统为例》(《外国语》第5期)阐释了系统功能类型学的语法描写研究范式,并结合语气系统的研究做出了具体说明,指出上述原则的描写既能抓住语言间的共性,又能体现各语种的个性特点。

语法隐喻是认知语言学关注的重要课题。杨忠的专著《系统功能语言学视阈的语法隐喻研究》(上海外语教育出版社,8月)则遵循系统与语篇相互参照的方法论,依托语料库的频率分析,讨论了语法隐喻与词汇隐喻的区别与联系、语法隐喻在政治话语建构中的作用、英汉语法隐喻的共性与差异等问题。

语篇的多模态特征日益受到关注。瞿桃、王振华的《冲突性磋商话语的多模态设计研究》(《现代外语》第6期)吸取了系统功能语言学和社会符号学的理论精华,针对冲突性磋商话语的多模态设计研究提出了一个分析框架,并以"中国庭审公开网"上的一个庭审

---

① 本节提到的多篇研究成果是由语用学研究者与国际政治、法学等方面的研究者合作完成的。

片段为例，运用该框架进行了案例分析。韩艳方的《多模态话语中模态协同的多维分析：系统功能视角》（《外语学刊》第1期）从宏观、中观和微观三个层面，探讨了模态协同在语境、符号分工、符号可供性和表达/媒介等维度的体现及其特点。《北京第二外国语学院学报》2022年第2期设立了"多模态研究"专栏，其中的6篇文章分别探讨了多模态隐喻、多模态话语治理、特定身份或话语的多模态建构，以及多模态语法研究，具体涉及社会主义核心价值观海报、社交媒体话语、法治话语、短视频、纪录片等多种话语传播媒介。此外，多模态文本分析的探讨还包括赵海燕、王振华的《律师身份的多模态符际建构》（《现代外语》第5期），王正的《动态多模态语篇批评话语分析模式的构建与应用》（《西安外国语大学学报》第4期）等。

（二）本体实践与应用

文本分析的相关理论对不同语篇的分析持续深入，为语法现象的研究提供了必要的补充；同时也与其他分析手段相结合，应用于具体领域/行业话语的分析中。

其中，情感态度表达成分受到格外关注。娜仁图雅的《"可"字句的情感语义表达及识别研究》（《语言研究》第3期）指出，"可"字句情感语义的多样性增加了其文本情感的识别难度；面向文本情感分析，对含有"可"字的句子的情感语义进行筛选、归类和分析，总结了"可"字句的情感调节方式，从而为情感句分析补充新的计算指标。在一般研究中，表达情感态度以及表达语篇程序意义的成分被归入语用标记语和/或话语标记语[①]。余乐斌、肖好章的《多模态交互教学环境下符义和符用框定研究：生态符号学视角》（《西安外国语大学学报》第3期）则指出，这类成分的研究尚未囊括实义词链和非语言符号标记，不适应新媒体/互联网时代的多模态交互教学。文章对上述传统术语体系尝试进行重构，提出符义框定和符用框定这对术语，并通过示例分析说明，这对术语同时存在于语言内和非语言模态中，二者分别存在语法化和视觉语法化，乃至符用化现象。情感人际表达的应用研究还有王家锋、肖开容的《小学教师课堂用语情态及人际意义研究》（《语料库语言学》第1期），李战子、屈静雯的《微信点赞的评价意义和评价行为探究》（《外语与外语教学》第4期），柯贤兵、谢睿妍的《基于介入系统的法庭调解话语博弈策略研究》（《外语学刊》第3期）等。

"自反性"是语言的重要特征，也使得元话语、元语用（功能）等成为文本分析的重点。于华的《数学科普文本中的英语介入标记语研究》（《语料库语言学》第1期）以数学

---

① "话语标记（语）"和"语用标记（语）"是一对内涵宽泛、边界模糊的概念，无论中外学界，不同的研究者对其界定和使用都有很大不同。在此我们将两组术语并列，着眼于它们关注语篇意义和人际意义的共性，并不特别区分二者的不同。

科普著作作为材料，运用语料库语言学的方法，统计分析了介入标记语在奇偶章节中的分布、语用功能和使用特征；通过比较奇偶章节的异同，文章讨论了科普文本的语篇特征和介入手段。娄宝翠的专著《基于语料库的学术英语元话语对比研究》（中国社会科学出版社，3月）也是结合语料库方法针对元话语的研究成果。

宏观语篇特征方面，郭笑甜、何伟的《语篇信息重构视角下的易读度研究——以〈桃园三结义〉为例》（《西安外国语大学学报》第 4 期）从主位理论出发，从语篇意义角度对《桃园三结义》原著和改写文本的易读度因素进行了探讨，包括小句主述结构、语篇的超主位和宏观主位、主位推进模式等。储丹丹的《学位论文文献综述的元文性分析》（《当代修辞学》第 1 期）从元文性的理论视角出发，以博士学位论文中的文献综述为研究对象，借鉴系统功能语言学和互文语篇理论，基于元文性的动态层级关系的阐释，分析综述中显性、隐性元文关系及其语篇功能，提取综述文本建构过程中的评论模式，主张在动态语篇关系中把握意义的生成与理解。

新闻媒体的文本研究和话语建构具有重要的现实意义。常芳玲的《国内不同导向媒体新冠肺炎疫情报道批评话语分析》（《语料库语言学》第 1 期）从"描写""阐释""解释"三个层面出发，分别对国内受众导向的《人民日报》和国外受众导向的《人民日报》（海外版）疫情报道进行了分析，揭示不同导向媒体报道的特色，以及背后隐藏的意识形态问题。中外媒体语篇形成了不同的话语生态，为跨语言、跨文化比较提供了重要窗口。这方面的研究包括：张慧、杨连瑞的《中美气候变化新闻语篇中态度资源的生态话语分析》（《外国语》第 5 期），史兴松、牛一琳的《中美企业社会责任话语立场构建对比研究》（《现代外语》第 1 期），魏榕的《中外媒体中国形象的生态话语对比》（《现代外语》第 3 期），吴让越、赵小晶的《评价理论视域下的和谐话语体系对外传播研究》（《外语学刊》第 2 期）等。

总体上看，2022 年篇章语用研究呈现出理论背景多元、研究范围拓展、应用前景广阔的特点。一方面，篇章语用为语法研究提供了重要的视角，对促进语言事实描写的精细化、认识的系统性和综合性，以及研究方法的理论创新都大有裨益。另一方面，篇章语用也展现出对于社会生活特定领域的助益，以及与社会学、传播学、信息技术、认知科学、哲学等学科或领域的交叉融合。应用到语法分析的研究还需要在汉语事实中不断检验、调整、规范，而应用向的研究则需要在宏观研究和系统阐述的基础上拓展更多案例的考察，从而使篇章语用研究的成果真正惠及具体行业和日常生活。

计算语言学和自然语言处理研究及应用

胡钦谙

一、前 言

ChatGPT 的出现标志着计算语言学与自然语言处理领域取得了具有划时代意义的技术突破。2022 年,海内外华人学者在计算语言学及自然语言处理领域发表大量研究成果,其中不乏极具创新性的新思路,学术影响力持续稳定上升。本文旨在对华人学者在大型语言模型(Large Language Model,LLM)研发,以及利用语言模型完成自然语言理解及生成任务上的相关研究成果进行梳理。在这些研究中,大型语言模型和对话系统是 2022 年最炙手可热的研究课题;篇章级处理正在成为新的研究热点;而注意力机制、图神经网络仍然是自然语言处理任务性能改进的主要技术手段。

二、大型语言模型

(一) GLM-130B

清华大学、智源研究院唐杰团队发布了 GLM-130B 模型〔《GLM-130B:开放的双语预训练模型》Zeng, Aohan(曾奥涵), et al. "GLM-130B: An Open Bilingual Pre-trained Model." *arXiv preprint arXiv*:2210.02414(2022).〕。GLM-130B 是一个开源的汉英双语双向语言模型(https://github.com/THUDM/GLM-130B),含 1300 亿参数,其预训练持续了 60 天,使用 96 个 DGX-A100(40G)节点,等价花费 490 万美元的云服务费用。

GLM-130B 采用通用语言模型(General Language Model,GLM)作为底层架构。整个预训练总量的 95% 采用自监督预训练,剩余 5% 采用多任务指令预训练(multi-task instruction pre-training)〔其他文献中亦称为指令微调(instruction tuning)〕。其中,自监督预训练采用自回归填空作为主要预训练目标,使用了从网络爬取的 2.5T 语料,包括 1.2T 来自 Pile 的英文语料和 1.3T 中文语料;而多任务指令预训练使用的数据集是从 T0 和 DeepStruct 中收集和转换的,含多种自然语言理解及生成任务,富有多样性。

评测结果表明,GLM-130B 是一个强大的零样本学习器。在英语方面,其性能优于

BLOOM－176B 和 OPT－175B，与 GPT－3 175B 表现相当。在中文方面，则优于百度 ERNIE 3.0 Titan（260B）。

（二）ChatGPT 相关技术

符尧等追溯了 ChatGPT 的技术演化历程，绘制出技术演化图，如图 1 所示（《GPT 如何获得能力？追溯语言模型涌现能力的来源》"How does GPT Obtain its Ability? Tracing Emergent Abilities of Language Models to their Sources"，https：//franxyao.github.io/blog.html，2022）。

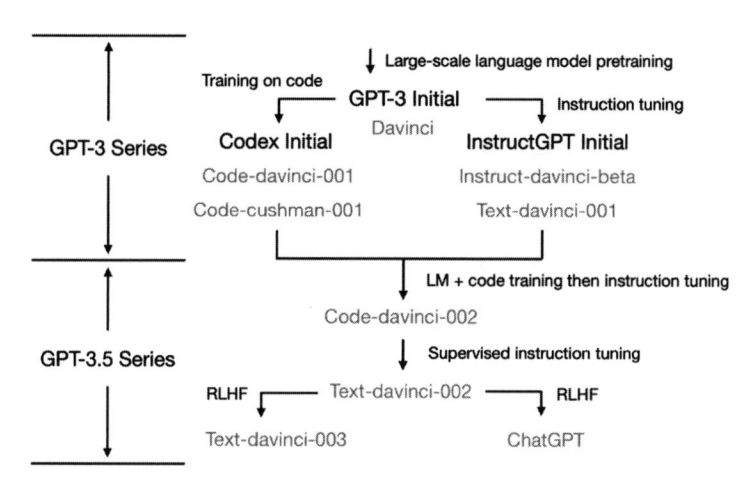

图 1　ChatGPT 技术演化图

OpenAI 在 ChatGPT 等大型语言模型的预训练实践中，不同模型之间的关键技术演化路径可以归纳为代码预训练、指令微调和基于人类反馈的强化学习（Reinforcement Learning from Human Feedback，RLHF）三类。

1. 代码预训练

目前基于大型语言模型的推理研究，主要有两种思路。第一种思路是增强模型的复杂推理能力。2022 年，有大量研究观察到一个有趣的现象，代码预训练这项工程实践显著地增强了模型的复杂推理能力。DeepMind 李宇佳等使用代码预训练建造了 AlphaCode。与 OpenAI 的 Codex 相比，该系统允许输入更长的任务描述，生成更为复杂的代码［《使用 AlphaCode 生成竞赛级代码》Li, Yujia, *et al.* "Competition-level Code Generation with AlphaCode." *Science* 378.6624（2022）：1092－1097.］。

第二种思路是解锁（unlock）模型已有的推理能力。思维链（chain-of-thought，CoT）的提出是 2022 年推理研究的重大进展。谷歌 Jason Wei 等最早明确提出思维链概念，著有《思维链提示可引发大型语言模型的推理》（Wei, Jason, *et al.* "Chain-of-Thought Prompting Elicits Reasoning in Large Language Models." *Proceedings of Thirty-Sixth Conference on Neural Information Processing Systems.* 2022)。思维链的工作原理如图 2 所示。其创新之处在于向提示样本中添加了推理过程的文字描述。思维链的提出将大型语言模型在 GSM8K 任务上的推理正确率提升至 63.1%。

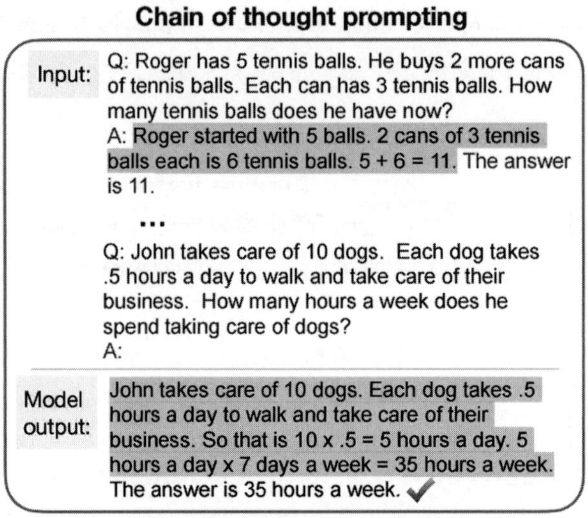

图 2　思维链提示

在后续的研究中,研究者不断受到人类思维过程的启发,逐渐细化推理过程,不断挑战更高难度的推理问题。谷歌 Xuezhi Wang 等提出了自洽的思维链［《自洽可改善语言模型中的思维链推理》Wang, Xuezhi, et al. "Self-consistency Improves Chain of Thought Reasoning in Language Models." *arXiv preprint arXiv*:2203.11171（2022）］。模型对多条思维链的输出进行投票,从多种解法中筛选出最有可能的回答。该方法类似于集成学习,其背后的动机也很直观。正所谓条条大路通罗马,一道题通常有不止一种解法,而这些不同解法均指向唯一的正解。

谷歌周登勇等在《从最少到最多的提示可在大型语言模型中实现复杂推理》中采用了分治的思想［Zhou, Denny, et al. "Least-to-most Prompting Enables Complex Reasoning in Large Language Models." *arXiv preprint arXiv*:2205.10625（2022）］。该研究使用"To solve..., we need to first solve..."的指令,引导模型将复杂问题拆解为一系列相对简单的子问题。通过不断拼接子问题的回答,最终求解复杂问题。

此外,为降低提示样本的人工撰写成本,张倬胜等在《大型语言模型中的自动思维链提示》中提出了利用零样本思维链自动构造提示样本的方法,构思巧妙［Zhang, Zhuosheng, et al. "Automatic Chain of Thought Prompting in Large Language Models." *arXiv preprint arX-*

iv：2210.03493（2022）]。

张倬胜等在《语言模型中的多模态思维链推理》中对2022年思维链的代表性工作进行了汇总（见表1）[Zhang, Zhuosheng, et al. "Multimodal Chain-of-thought Reasoning in Language Models." arXiv preprint arXiv：2302.00923（2023）]。

表1 思维链研究汇总
Multimodal Chain-of-Thought Reasoning in Language Models

Table 1. Typical CoT techniques (FT: fine-tuning; KD: knowledge distillation). Segment 1: in-context learning techniques; Segment 2: fine-tuning techniques. To the best of our knowledge, our work is the first to study CoT reasoning in different modalities. Besides, we focus on 1B-models, without relying on the outputs of LLMs.

Models	Mutimodal	w/o LLM	Model / Engine	Training	CoT Role	CoT Source
Zero-Shot-CoT (Kojima et al., 2022)	✗	✗	GPT-3.5 (175B)	ICL	Reasoning	Template
Few-Shot-CoT (Wei et al., 2022b)	✗	✗	PaLM (540B)	ICL	Reasoning	Hand-crafted
Self-Consistency-CoT (Wang et al., 2022a)	✗	✗	Codex (175B)	ICL	Reasoning	Hand-crafted
Least-to-Most Prompting (Zhou et al., 2022)	✗	✗	Codex (175B)	ICL	Reasoning	Hand-crafted
Retrieval-CoT (Zhang et al., 2022)	✗	✗	GPT-3.5 (175B)	ICL	Reasoning	Auto-generated
PromptPG-CoT (Lu et al., 2022b)	✗	✗	GPT-3.5 (175B)	ICL	Reasoning	Hand-crafted
Auto-CoT (Zhang et al., 2022)	✗	✗	Codex (175B)	ICL	Reasoning	Auto-generated
Complexity-CoT (Fu et al., 2022)	✗	✗	GPT-3.5 (175B)	ICL	Reasoning	Hand-crafted
Few-Shot-PoT (Chen et al., 2022)	✗	✗	GPT-3.5 (175B)	ICL	Reasoning	Hand-crafted
UnifiedQA (Lu et al., 2022a)	✗	✓	T5 (770M)	FT	Explanation	Crawled
Fine-Tuned T5 XXL (Magister et al., 2022)	✗	✗	T5 (11B)	KD	Reasoning	LLM-generated
Fine-Tune-CoT (Ho et al., 2022)	✗	✗	GPT-3 (6.7B)	KD	Reasoning	LLM-generated
Multimodal-CoT (our work)	✓	✓	T5 (770M)	FT	Reasoning	Crawled

2. 指令微调

谷歌 Jason Wei 等认为，零样本指令微调的难点在于指令具有无法穷举的性质。因此，他们把研究的关注点放在提升 FLAN 模型对指令理解的泛化能力上[《微调后的语言模型是零样本学习者》(Wei, Jason, et al. "Finetuned Language Models are Zero-Shot Learners." *Proceedings of International Conference on Learning Representations* 2022.)]。他们在超过60个自然语言处理数据集中，为每个数据集设计了10个指令模板，对 FLAN 进行多任务训练。随后，给模型输入一个未曾见过的全新指令，观察模型完成该任务时的表现，以判断模型对指令的理解是否具备举一反三的能力。实验结果表明，多任务指令微调确实可以显著提升模型在理解零样本指令上的泛化能力。

王义中等在《超级自然的指令：在1600多种 NLP 任务上通过陈述式指令进行泛化》中将任务数量进一步大幅拓展至超过1600个[Wang, Yizhong, et al. "Super-natural Instructions：Generalization via Declarative Instructions on 1600 + NLP Tasks." *Proceedings of the* 2022 *Conference on Empirical Methods in Natural Language Processing.* 2022]。上述研究归纳了用于增强指令理解泛化能力的各种措施，包括增加多任务的任务数量、数据多样性、增加模型规模，以及使用思维链等。

3. 基于人类反馈的强化学习

对于像 ChatGPT 这样的通用领域的对话系统而言，如果模型输出所体现出的价值取向与人类产生严重背离，那么对相关研发的打击有可能是致命的。2022 年，各研究机构不约而同地在使得大型语言模型更好地遵循人类偏好的方向上发力，展开对齐研究（alignment research）。

百度在 Diamante 对话模型中，在人工标注的基础上采用了不同于 ChatGPT 的非强化学习方案。他们将强化学习方案替换成对监督学习的损失函数进行修改，在中文数据集上取得良好效果［《使用人工反馈改善开放域聊天机器人》Lu, Hua, et al. "Towards Boosting the Open-Domain Chatbot with Human Feedback." *arXiv preprint arXiv*：2208.14165（2022）］。

中国科学院计算所程学旗团队发表《语言模型攻击性的自动评价方法》（《中文信息学报》第 1 期）。该方法采用可控文本生成技术，诱导语言模型产生攻击性文本，并自动对其进行评价。

王弘睿、于东在《面向机器道德判断任务的细粒度中文道德语义知识库构建》（《中文信息学报》第 7 期）中构建了细粒度中文道德语义知识库，共含 15371 个词，用于判断机器道德伦理。

综上，在代码预训练的基础之上，思维链唤醒了模型的复杂推理能力；指令微调激发了模型理解用户指令的能力，以及其在多任务上的泛化能力；基于人类反馈的强化学习增强了模型模仿人类偏好的能力。

实际上，Anthropic 于 2022 年 4 月发表论文《利用基于人类反馈的强化学习训练有用且无害的助手》［Bai, Yuntao, et al. "Training a Helpful and Harmless Assistant with Reinforcement Learning from Human Feedback." *arXiv preprint arXiv*：2204.05862（2022）］。该方法在产品形态和技术框架上，与 ChatGPT 如出一辙，并且先于 ChatGPT 发表。它与 ChatGPT 的主要区别在于采用在线学习，以周为单位采集新的用户反馈，迭代更新奖励模型和语言模型，实现模型的终身学习。

（三）涌现与顿悟

近年大型语言模型的研发以"大力出奇迹"的工业风改进为主要思路，不断扩张模型规模。而随之出现的大型语言模型的涌现（emergence）与顿悟（grokking）现象，是近年自然语言处理研究最重要的发现之一。

刘子鸣等发表《向理解顿悟迈进：一种表示学习的有效理论》［Liu, Ziming, et al. "Towards Understanding Grokking: An Effective Theory of Representation Learning." *Advances in Neural Information Processing Systems* 35（2022）：34651-34663.］。他们通过实验发现，在小数据集上训练大型语言模型的过程可以清晰地划分为四个阶段。

（1）初始时，模型处于困惑（confusion）阶段。模型在训练集及验证集上的正确率都接近 0。

（2）随着优化继续进行，模型进入记忆（memorization）阶段。一旦模型把训练数据记忆清楚，在训练集上的正确率就陡然接近 1。但是这种死记硬背并不代表模型真正具备了演算能力，因此在验证集上的正确率依旧保持 0。此时模型开始过拟合。

（3）随后，在顿悟阶段，模型终于发现了演算的规律，具备了泛化能力。此时模型在验证集上的正确率陡然接近饱和。

（4）最后，模型处于理解（comprehension）阶段，达到模型的理想状态。

作者由上述实验得出结论，当数据的内在结构可以被模型学习并良好表征之时，就是泛化发生的时机。

张俊林在《大语言模型的涌现能力：现象与解释》（https：//zhuanlan.zhihu.com/p/625632722）中，尝试从顿悟的角度解释大型语言模型的涌现能力。对比涌现和顿悟的性能曲线可以发现，涌现关注的是模型规模与泛化之间的关系，而顿悟关注的是模型训练优化与泛化之间的关系，它们把关注点都放在模型突然之间具备的泛化能力上，而且从曲线走势来看，两者也非常接近。

目前，涌现与顿悟之间的关联仍然是一个开放性的研究问题。

（四）研究范式的变迁

张俊林在《通向 AGI 之路：大型语言模型（LLM）技术精要》中探讨了预训练模型出现后，自然语言处理研究范式的三次转换（https：//zhuanlan.zhihu.com/p/597586623，2022）。

（1）随着 BERT 和 GPT 的出现，自然语言处理形成了"预训练＋微调"的两阶段研究范式。

（2）随着 GPT-3 的出现，自然语言处理出现了少样本提示的研究范式。

在少样本提示范式下，单纯的自编码方案已鲜有大型语言模型采用；而自回归方案逐渐占据统治地位，特别是仅采用解码器（decoder-only）的生成式模型最为常用。

不少研究从工程实践及理论的角度为大型语言模型选择自回归方案提供了依据［《为什么现在的 LLM 都是 Decoder-only 的架构？》苏剑林. https：//kexue.fm/archives/9529，（Mar. 17，2023）］。

（3）2022 年，随着指令微调对模型零样本泛化能力带来的提升，最终用户可以使用指令这种更加自然的方式直接与 ChatGPT 等大型语言模型进行交互。

斯坦福大学的 Percy Liang 等在《语言模型的全面评估》中，对 30 种主流的大型语言模型的表现进行了评测，其中包括清华大学发布的 GLM-130B 汉英双语模型，它是亚洲唯一入选的大模型（见表 2）［Liang, Percy, et al. "Holistic Evaluation of Language Models." *arXiv* preprint arXiv：2211.09110（2022）］。

表2 参与评测的30种大型语言模型

Model	Model Creator	Modality	# Parameters	Tokenizer	Window Size	Access	Total Tokens	Total Queries	Total Cost
J1-Jumbo v1 (178B)	AI21 Labs	Text	178B	AI21	2047	limited	327,443,515	591,384	$10,926
J1-Grande v1 (17B)	AI21 Labs	Text	17B	AI21	2047	limited	326,815,150	591,384	$2,973
J1-Large v1 (7.5B)	AI21 Labs	Text	7.5B	AI21	2047	limited	342,616,800	601,560	$1,128
Anthropic-LM v4-s3 (52B)	Anthropic	Text	52B	GPT-2	8192	closed	767,856,111	842,195	-
BLOOM (176B)	BigScience	Text	176B	BLOOM	2048	open	581,384,088	849,303	4,200 GPU hours
T0++ (11B)	BigScience	Text	11B	T0	1024	open	305,488,229	406,072	1,250 GPU hours
Cohere xlarge v20220609 (52.4B)	Cohere	Text	52.4B	Cohere	2047	limited	397,920,975	597,252	$1,743
Cohere large v20220720 (13.1B)[58]	Cohere	Text	13.1B	Cohere	2047	limited	398,293,651	597,252	$1,743
Cohere medium v20220720 (6.1B)	Cohere	Text	6.1B	Cohere	2047	limited	398,036,367	597,252	$1,743
Cohere small v20220720 (410M)[59]	Cohere	Text	410M	Cohere	2047	limited	399,114,309	597,252	$1,743
GPT-J (6B)	EleutherAI	Text	6B	GPT-J	2048	open	611,026,748	851,178	860 GPU hours
GPT-NeoX (20B)	EleutherAI	Text	20B	GPT-NeoX	2048	open	599,170,730	849,830	540 GPU hours
T5 (11B)	Google	Text	11B	T5	512	open	199,017,126	406,072	1,380 GPU hours
UL2 (20B)	Google	Text	20B	UL2	512	open	199,539,380	406,072	1,570 GPU hours
OPT (66B)	Meta	Text	66B	OPT	2048	open	612,752,867	851,178	2,000 GPU hours
OPT (175B)	Meta	Text	175B	OPT	2048	open	610,436,798	851,178	3,400 GPU hours
TNLG v2 (6.7B)	Microsoft/NVIDIA	Text	6.7B	GPT-2	2047	closed	417,583,950	590,756	-
TNLG v2 (530B)	Microsoft/NVIDIA	Text	530B	GPT-2	2047	closed	417,111,519	590,756	-
GPT-3 davinci v1 (175B)	OpenAI	Text	175B	GPT-2	2048	limited	422,001,611	606,253	$8,440
GPT-3 curie v1 (6.7B)	OpenAI	Text	6.7B	GPT-2	2048	limited	423,016,414	606,253	$846
GPT-3 babbage v1 (1.3B)	OpenAI	Text	1.3B	GPT-2	2048	limited	422,123,900	606,253	$211
GPT-3 ada v1 (350M)	OpenAI	Text	350M	GPT-2	2048	limited	422,635,705	604,253	$169
InstructGPT davinci v2 (175B*)	OpenAI	Text	175B*	GPT-2	4000	limited	466,872,228	599,815	$9,337
InstructGPT curie v1 (6.7B*)	OpenAI	Text	6.7B*	GPT-2	2048	limited	420,004,477	606,253	$840
InstructGPT babbage v1 (1.3B*)	OpenAI	Text	1.3B*	GPT-2	2048	limited	419,036,038	604,253	$210
InstructGPT ada v1 (350M*)	OpenAI	Text	350M*	GPT-2	2048	limited	418,915,281	604,253	$168
Codex davinci v2	OpenAI	Code	Unknown	GPT-2	4000	limited	46,272,590	57,051	$925
Codex cushman v1	OpenAI	Code	Unknown	GPT-2	2048	limited	42,659,399	59,751	$85
GLM (130B)	Tsinghua University	Text	130B	ICE	2048	open	375,474,243	406,072	2,100 GPU hours
YaLM (100B)	Yandex	Text	100B	Yandex	2048	open	378,607,292	405,093	2,200 GPU hours

在其长达163页的评测报告中，作者采用7种评测指标，对30种主流的大型语言模型在42种场景下的表现进行了综合评估。所有模型全部采用提示的方式输入，并公开了评测所使用的指令（https：//crfm.stanford.edu/helm/v1.0）。尽管评测结果显示，零样本提示的性能仍然弱于少样本提示，但这很有可能是因为该研究并未将InstructGPT、ChatGPT等最新模型纳入评测集。

三、自然语言理解

大型语言模型的研发需要雄厚的经济及技术实力。对绝大多数科研人员来说，以这些大型语言模型作为工具，解决自然语言理解与生成的实际问题亦为可行的研究之道。本节将对自然语言理解从语言学分析、知识图谱、信息抽取、文本分类与聚类、信息检索与推荐、问答与阅读理解等方向进行综述①。2022年，语言学分析、信息抽取、情感分析及阅读理解依然延续往年热度，是自然语言理解的研究热点。

---

① 为表述简洁，这些任务的生成式相关研究也纳入本节一并讨论。

（一）语言学分析

1. 认知研究

中国科学院自动化所宗成庆团队发表《基于语言计算方法的语言认知实验综述》（王少楠等，《中文信息学报》第 4 期）。作者认为，以往工作大多基于严格控制的实验设计、针对特定语言现象而展开，导致研究结论趋于碎片化。深度学习的出现有助于开展全面的高生态效度的人脑语言理解实验，该文对语言认知实验进行了总结。

2. 语言表示

文本表示是自然语言处理的必要性和基础性工作。赵京胜等发表《自然语言处理中的文本表示研究》（《软件学报》第 1 期），对文本表示的基本原理、自然语言的形式化、语言模型以及文本表示的内涵和外延等进行了探讨。

3. 词法分析

郑婳等的《基于词信息嵌入的汉语构词结构识别研究》（《中文信息学报》第 5 期）采用语言学视域下的构词结构标签体系，针对《现代汉语词典（第五版）》的 8684 个多义词，构建了汉语构词结构数据集。

4. 句法分析

（1）依存句法分析

在资源建设方面，北京语言大学荀恩东、饶高琦团队发表《基于组块分析的汉语块依存语法》及《汉语块依存语法与树库构建》（钱青青等，《中文信息学报》第 8 期及第 7 期），提出了以谓词为核心的块依存语法。该语法在句内及句间寻找被谓词支配的组块，构建句群级别的句法分析框架；并针对汉语语义特点，对分析方式和规则进行了创新。他们构建的块依存树库约含 180 万字。此外，北语杨尔弘团队构建汉语学习者依存句法树库，用于研究二语偏误（师佳璐等，《汉语学习者依存句法树库构建》，《中文信息学报》第 1 期）。

（2）成分句法分析

在资源建设方面，北京语言大学杨尔弘团队发表《句式结构树库的自动构建研究》（谢晨晖等，《中文信息学报》第 2 期）。该文通过规则方法，将宾州中文树库（CTB）转换为句式结构树库。该文荣获第二十一届中国计算语言学大会（CCL 2022）最佳论文奖。

袁毓林等发表《〈动词句法语义信息词典〉知识体系及其检索界面》（《中文信息学报》第 8 期），介绍了《动词句法语义信息词典》的体系结构及理论背景等。

（3）树邻接句法分析

陈鸿彬等提出一种基于词汇化树邻接语法的数据增强方法，通过句法树之间的"接插"和"替换"操作生成新的句法树（《句法分析中基于词汇化树邻接语法的数据增强方法》，《中文信息学报》第 10 期）。

5. 语义分析

(1) 语义角色标注

在资源建设方面，中国科学院计算所曹存根团队提出一种半自动的细粒度汉语语义角色标注方法（宋衡等,《一种细粒度的汉语语义角色标注数据集的构建方法》,《中文信息学报》第12期）。

苏州大学张民团队发表《快速准确的作为基于词的图解析的端到端基于片段的语义角色标注》[Zhou, Shilin（周仕林）, et al. "Fast and Accurate End-to-End Span-based Semantic Role Labeling as Word-based Graph Parsing." *Proceedings of the 29th International Conference on Computational Linguistics*. 2022.]，提出一种基于词的图解析方法，将片段图解析方法的搜索空间从 O（n^3）降低到 O（n^2），显著提升了模型的训练和解码效率。该文荣获 COLING 2022 最佳长文奖。

武汉大学姬东鸿团队提出基于动态句法剪枝机制的端到端模型，并将其用于中文语义角色标注任务（费豪等,《基于动态句法剪枝机制的中文语义角色标注》,《计算机学报》第8期）。

框架语义角色标注（Frame Semantic Role Labeling）任务是基于 FrameNet 标注体系的语义分析任务。王晓晖等通过向 Bi-LSTM 模型引入自注意力机制，捕获句法信息，完成汉语框架语义角色标注任务（《基于 Self-Attention 的句法感知汉语框架语义角色标注》,《中文信息学报》第10期）。

(2) 抽象语义表示

抽象语义表示（Abstract Meaning Representation，AMR）任务是以单根有向无环图的形式表示句子语义。肖力铭等提出一种可处理中文概念对齐和关系对齐信息的 AMR 评测指标 Align-Smatch（《基于概念关系对齐的中文抽象语义表示解析评测方法》,《中文信息学报》第1期）。

黄子怡等提出一种成分句法分析与 AMR 的联合训练方法，该方法显著提升了两种任务各自的性能（《基于联合学习的成分句法与 AMR 语义分析方法》,《中文信息学报》第7期）。

(3) 复句关系识别

华中师范大学多个团队在《中文信息学报》发表多篇论文：《基于 DPCNN 模型与语句特征融合的汉语因果类复句关系自动识别》（杨进才等，第9期）、《结合注意力机制与图卷积网络的汉语复句关系识别》（郑浩等，第11期）、《基于 ERNIE-Gram 和 TinyBERT 混合模型的复句关系体系转换》（杨进才等，第12期），分别从有标广义因果复句、无标复句，以及复句关系分类体系之间的转换等角度，对汉语复句关系进行了探索。

6. 篇章分析

苏州大学多个团队在《中文信息学报》发表多篇论文：《基于注意力掩码语言模型的隐式篇章关系识别》（窦祖俊等，第 10 期）、《基于高困惑样本对比学习的隐式篇章关系识别》（李晓等，第 11 期）、《融合全局和局部信息的汉语宏观篇章结构识别》（范亚鑫等，第 3 期）、《基于指针网络的汉语宏观篇章结构双向解析方法》（何垅旺等，第 11 期）、《基于多层局部推理的汉语篇章关系及主次联合识别》（邢雨青、孔芳，第 7 期）、《融合全局语义信息和结构特征的篇章功能语用识别方法》（杜梦琦等，第 11 期），采用各种深度学习模型进行篇章结构分析。

论辩挖掘以识别自然语言中的论辩结构为目标。西湖大学张岳团队对深度学习在论辩挖掘任务中的应用进行了综述（石岳峰等，《深度学习在论辩挖掘任务中的应用》，《中文信息学报》第 7 期）。

（二）知识图谱

1. 知识图谱构建

（1）自动构建

构建非确定性知识图谱是知识图谱研究的新兴课题。在非确定性知识图谱中，每个事实三元组都有一个置信度与之对应。中国科学院自动化所赵军团队发表《基于 Beta 分布和半监督学习的非确定性知识图谱嵌入模型》（徐遥等，《中文信息学报》第 10 期），使用基于多模型的半监督方法训练非确定性知识图谱嵌入模型。

清华大学孙茂松团队发表《概率式关联可信中文知识图谱——"文脉"》（李文浩等，《中文信息学报》第 12 期），利用维基百科的内部链接搭建边，构造了一个带边权的概率式中文知识图谱（https：//github.com/THUNLP-AIPoet/ParCKG）。

（2）半自动构建

蒋逸等发表《基于互联网群体智能的知识图谱构造方法》（《软件学报》第 7 期），提出一种利用互联网群体智能，在"自由探索 – 自动融合 – 主动反馈"的回路中协同式地构建知识图谱的方法。

2. 知识图谱表示

杨东华等发表《面向知识图谱的图嵌入学习研究进展》（《软件学报》第 9 期），对知识图谱中的图嵌入算法进行了综述。

张金斗等发表《一种结合层次化类别信息的知识图谱表示学习方法》（《软件学报》第 9 期），提出一种利用偏序关系对实体类别的层次化结构进行建模的知识图谱表示学习方法。

3. 知识图谱融合

张富等发表《实体对齐研究综述》（《计算机学报》第 6 期），从实体对齐过程中的嵌入、交互和对齐三个阶段，对实体对齐方法进行了综述。

4. 知识图谱推理

中国科学院程学旗团队发表《知识图谱可解释推理研究综述》（侯中妮等，《软件学报》第 12 期），从事前、事后、全局、局部等多个维度对知识图谱的可解释推理研究进行了综述。

浙江大学陈华钧团队发表《基于知识协同微调的低资源知识图谱补全方法》（张宁豫等，《软件学报》第 10 期），融合知识图谱中的显式结构化知识和语言模型中的隐式事实知识，对低资源知识图谱进行补全。

（三）信息抽取

文档智能指计算机自动阅读、理解以及分析商业文档的过程，涉及信息抽取等技术。微软亚洲研究院崔磊等发表《文档智能：数据集、模型和应用》（《中文信息学报》第 6 期），对文档智能进行了综述。

1. 命名实体识别

张汝佳等发表《基于深度学习的中文命名实体识别最新研究进展综述》（《中文信息学报》第 6 期），对中文命名实体识别研究中的深度学习模型按照网络架构进行了分类。

《基于两段高速网络的命名实体识别》（陈淳等，《中文信息学报》第 3 期）及《基于多级别特征感知网络的中文命名实体识别》（宋威等，《中文信息学报》第 9 期）均采用 Highway 网络融合字词信息，提高中文命名实体识别性能。

《基于自动弱标注数据的跨领域命名实体识别》（方晔玮等，《中文信息学报》第 3 期）以及《动态迁移实体块信息的跨领域中文实体识别模型》（吴炳潮等，《软件学报》第 10 期）以增强模型领域自适应能力为目标，将模型从通用新闻领域向金融等垂直领域进行迁移。

2. 关系抽取

胡晗等发表《小样本关系分类研究综述》（《中文信息学报》第 2 期）。针对小样本场景，该文根据度量方法将关系分类方法分为原型式和分布式两类进行综述。

属性抽取是关系抽取的一种。苏州大学张民团队发表《基于预训练语言模型的商品属性抽取》（《中文信息学报》第 1 期），构建了面向电商的多领域商品属性抽取数据集，在多种预训练语言模型上进行了领域内和跨领域属性抽取实验。

3. 事件抽取

复旦大学计算机学院张奇、黄萱菁团队发表《基于变分信息瓶颈的用于事件论元抽取的多格式迁移学习模型》［Zhou, Jie（周杰）, *et al.* "A Multi-Format Transfer Learning Model for Event Argument Extraction via Variational Information Bottleneck." *Proceedings of the 29th Inter-*

national Conference on Computational Linguistics. (2022).］，提出一个基于变分信息瓶颈的多格式迁移模型，在不同格式的结构化知识之间进行迁移。该文荣获 COLING 2022 杰出论文奖。

苏州大学多个团队围绕事件抽取发表多篇论文。陈敏等发表《基于阅读理解框架的中文事件论元抽取》（《中文信息学报》第 10 期），将事件论元抽取建模为机器阅读理解任务，即将论元角色转换为自然语言描述的问题，然后通过在语境中回答问题进行论元抽取。此外，还有程昊熠等发表《基于跨语言数据增强的事件同指消解方法》（《中文信息学报》第 3 期），李中秋等发表《基于实体画像增强网络的事件检测方法》（《中文信息学报》第 8 期）。

4. 情绪原因抽取

情绪原因抽取以表述情绪产生及变迁原因的子句为抽取目标，是信息抽取的新兴课题。徐秀等的《基于上下文和位置交互协同注意力的文本情绪原因识别》（《中文信息学报》第 2 期）以及冯浩甲等的《Sen-BiGAT-Inter：情绪原因对抽取方法》（《中文信息学报》第 5 期）都是通过优化注意力机制提升情绪原因抽取系统的性能。

（四）文本分类与聚类

1. 情感分析

清华大学马少平团队发表《中西方媒体报道各国疫情的对比及情感分析方法研究》（陈雪松等，《计算机学报》第 5 期）。该文收集到 26 万余条中西方媒体对十个国家疫情情况的报道。研究表明，报道中国疫情时，西方媒体的消极文章比例显著偏高；较西方媒体，中方媒体在报道不同国家疫情时，与实际疫情一致性更高，态度更客观。

目前，细粒度情感分析已经成为情感分析研究的主流。值得注意的是，2022 年出现大量采用图卷积神经网络进行细粒度情感分析的研究，仅《中文信息学报》就发表了 6 篇，在顶级国际会议中也不乏类似做法，如北京邮电大学王小捷团队的《用于方面情感分析三元组抽取的增强的多通道图卷积网络》［Chen, Hao, *et al.* "Enhanced Multi-channel Graph Convolutional Network for Aspect Sentiment Triplet Extraction." *Proceedings of the 60th Annual Meeting of the Association for Computational Linguistics（Volume 1：Long Papers）*. 2022.］，以及《SSEGCN：用于方面情感分析的句法及语义增强的图卷积网络》（Zhang, Zheng, Zili Zhou, and Yanna Wang. "SSEGCN：Syntactic and Semantic Enhanced Graph Convolutional Network for Aspect-based Sentiment Analysis." *Proceedings of the 2022 Conference of the North American Chapter of the Association for Computational Linguistics：Human Language Technologies*. 2022.）。

对话情感分析要考虑到说话者个人的情感惯性，也要考虑到说话者之间的情感传递。苏州大学张民团队发表《基于多方注意力建模的对话情感分类》（陈晨等，《中文信息学报》

第 12 期），以构建具有移情功能的对话系统为目标，采用多方注意力机制对不同说话者之间的交互进行建模。

2. 幽默识别

幽默识别是文本分类的新兴研究课题。张瑾晖等发表《基于多粒度语义交互理解网络的幽默等级识别》（《中文信息学报》第 3 期），将幽默等级识别建模为自然语言推理任务，将幽默文本划分为"铺垫"和"笑点"两部分，捕获幽默文本中语义的关联和交互。

徐洋等发表《基于 BERT 的强化语境与语义信息的对话幽默识别模型》（《中文信息学报》第 4 期），结合对话的结构特征进行幽默识别。

3. 小说对话人物识别

小说对话人物识别是将说话者识别为小说中某个具体人物，是有声小说自动语音合成的基础。王子等发表《基于 Rule-BertAtten 的中文小说对话人物识别方法》（《中文信息学报》第 3 期）采用规则和注意力机制的方法识别小说中的对话人物。

（五）信息检索与推荐

北京语言大学王治敏团队发表《基于词语聚类的汉语口语自动推送素材研究》（杨冰冰等，《中文信息学报》第 6 期），以口语词汇聚类结果为基础，构建了一个包含 15 个一级话题、102 个二级话题及 81 个交际场景的汉语口语话题－场景素材库。

中国科学院计算所程学旗团队发表《基于引用－作者联合传播的学术影响力度量》（李思莹等，《中文信息学报》第 7 期），提出一种科研人员学术影响力度量方法，综合考量了论文引用关系以及科研人员在学术影响力传播中的作用。

（六）问答系统

清华大学孙茂松团队发表《中文开放域问答系统数据增广研究》（杜家驹等，《中文信息学报》第 11 期），提出几种能够提高开放域问答系统鲁棒性的数据增广方法。

问答系统的问题生成是指在给定语境下，根据目标答案自动生成相应的疑问句的任务。苏州大学张民团队发表《面向问题生成的预训练模型适应性优化方法研究》（苏玉兰等，《中文信息学报》第 3 期），针对预训练模型在解码阶段存在的"暴露偏差"和"掩码异构"问题，提出基于随机抗噪和迁移学习的训练方法。

多跳问题生成是指聚合多段离散文本，进行复杂推理后生成疑问句的任务。复旦大学张奇团队发表《基于佐证图神经网络的多跳问题生成》（庞泽雄等，《中文信息学报》第 5 期），通过图神经网络从离散文档中提取若干关键句，辅助问题生成。

（七）阅读理解

多跳阅读理解需要阅读多个文档等整合多处线索。中国科学院计算所程学旗团队发表《多跳式文本阅读理解方法综述》（倪艺函等，《中文信息学报》第 11 期），根据推理方式的不同，将多跳阅读理解模型分为基于结构化推理、基于线索抽取及基于问题拆分等三类，总结了各类模型的优劣。

哈尔滨工业大学刘挺、秦兵团队发表《面向文本推理的知识增强预训练语言模型》（熊凯等，《中文信息学报》第12期），提出一个知识增强的预训练语言模型，将预训练语言模型与图以及图结构的知识相结合，用于阅读理解与脚本事件预测。

中国科学院自动化所刘康、赵军团队的《基于自适应知识选择的机器阅读理解》（李泽政，《中文信息学报》第6期），提出一种自适应选择外部知识源的知识增强机器阅读理解方法。

琚生根等发表《融合预训练语言模型的成语完形填空算法》（《软件学报》第10期），在成语完形填空任务中，将问题从基于语境的不对称匹配过程转化为填空与候选答案之间的对称匹配过程。

阅读理解研究在教育领域有着广泛应用。黄振亚等发表《面向学科题目的文本分析方法与应用研究综述》（《中文信息学报》第10期），介绍了包括机器阅读理解、数学题问答、题目质量分析、文章自主评分等在内的多种典型任务。《中文信息学报》第4期发表专题"面向类人智能的教育认知关键技术"，包括《高考语文阅读理解自动答题系统》（谭红叶等）、《面向高考历史科目试题的自动答题系统》（边宁等）、《基于论证关系判别的议论文句子排序研究》（冯骁骋等）、《基于抽象事理图谱的因果简答题求解方法》（陈越等）、《利用深层语言分析改进中文作文自动评分方法》（魏思等）、《融合通用题目表征学习的神经知识追踪方法研究》（魏思等）等六篇文章。

四、自然语言生成

近年来，随着仅采用解码器（decoder-only）的生成式语言模型逐渐成为大型语言模型的主流架构，自然语言生成特别是对话系统的研究热度不断上升。本节将从机器翻译、对话系统、文本摘要、对抗文本生成以及文本风格迁移等方向对相关研究进行汇总。

（一）机器翻译

阿里达摩院金榕团队发表《学习泛化到更多：神经机器翻译的连续语义增强》［Wei, Xiangpeng, et al. "Learning to Generalize to More: Continuous Semantic Augmentation for Neural Machine Translation." *Proceedings of the 60th Annual Meeting of the Association for Computational Linguistics（Volume 1: Long Papers）*. 2022.］。该文基于模型的泛化能力受训练时并行数据量的影响很大的观察，提出一种称为连续语义增强（Continuous Semantic Augmentation，CSAN-MT）的数据增强方法，为每个训练实例增加一个邻接语义区域，该区域可以覆盖语义相同的多种文本表述变体，获得显著性能提升。该文荣获ACL 2022杰出论文奖。

苏州大学熊德意团队发表了《机器翻译译文质量估计综述》（邓涵铖等，《中文信息学报》第 11 期）。机器翻译译文质量估计（Quality Estimation，QE）是指在无人工参考译文的情况下，估计机器翻译的译文质量。该文对相关研究的代表性工作进行了梳理。该团队还发表《用预定义双语对增强神经机器翻译》（王涛等，《中文信息学报》第 6 期），使用特定向量区分预定义双语对和其他翻译文本，将预定义双语对融入神经机器翻译。

篇章级机器翻译借助跨句的语境信息提升翻译质量。中国科学院自动化所宗成庆团队发表《基于篇章结构多任务学习的神经机器翻译》（亢晓勉等，《软件学报》第 10 期），提出一种篇章翻译模型，在神经机器翻译的编码器–解码器框架中显式地对篇章依存结构进行建模。类似的研究还有陈林卿等的《层次化结构全局上下文增强的篇章级神经机器翻译》（《中文信息学报》第 9 期）。

（二）对话系统

1. 对话理解

魏鹏飞等发表《基于深度学习的口语理解联合建模算法综述》（《软件学报》第 11 期），对口语场景下意图识别和槽填充进行联合建模的深度学习方法进行了综述。

与之相关的还有马天宇等发表的《基于 BERT 的意图分类与槽填充联合方法》（《中文信息学报》第 8 期），使用关联网络使得意图分类与槽填充任务建立直接联系并共享信息。

2. 对话策略学习

赵梦媛等发表《对话推荐算法研究综述》（《软件学报》第 12 期）。对话系统关注用户的实时反馈，是改进传统推荐系统的有效手段。该综述重点关注的是对话推荐系统的后台对话策略与推荐逻辑。

3. 对话生成

普林斯顿大学陈丹琦团队发表《抛弃黄金标准：重新评估对话问答》［Li，Huihan，*et al.* "Ditch the Gold Standard：Re-evaluating Conversational Question Answering." *Proceedings of the* 60*th Annual Meeting of the Association for Computational Linguistics*（*Volume* 1：*Long Papers*）*.* 2022.］，首次对最先进的对话问答系统进行了大规模人类评估，通过人类与模型对话判断回答正确与否。该研究发现人机对话的分布与人–人对话的分布有很大不同，并提出了一种问题改写方法。该文获 ACL 2022 杰出论文奖。

哈尔滨工业大学车万翔团队发表《任务型对话系统中的自然语言生成研究进展综述》（覃立波等，《中文信息学报》第 1 期），对近 10 年任务型对话系统中的自然语言生成模块（ToDNLG）的发展脉络、前沿挑战与开源资源进行了梳理。

苏州大学周国栋团队发表《基于对话结构的多轮对话生成模型》（姜晓彤等，《软件学报》第 11 期），在编码器–解码器模型的基础上，使用图神经网络对对话结构进行建模，刻画对话语境中的关联逻辑。

此外，苏州大学还在《中文信息学报》发表了多篇对话生成相关的论文：《基于对话约束的回复生成研究》（管梦雨等，第 8 期）、《对话中融入丰富历史信息的回应选择》（司博文等，第 5 期）、《使用共指消解增强多轮任务型对话生成》（张诗安等，第 9 期）。

（三）文本摘要

指针网络是目前用于生成式文本摘要的主流模型。相关论文有《一种融合义原的中文摘要生成方法》（崔卓等，《中文信息学报》第 6 期）、《Senti-PG-MMR：多文档游记情感摘要生成方法》（梁梦英等，《中文信息学报》第 3 期）、《融合上下文信息和关键信息的文本摘要》（李志欣等，《中文信息学报》第 1 期）。

（四）对抗文本生成

社交网络对抗是指以维护网络安全为目的的社交网络内容的自动生成投送与检测反制。刘晓明等发表《在线社交网络文本内容对抗技术》（《计算机学报》第 8 期），对社交网络平台文本内容的攻防对抗进行了综述。

（五）文本风格迁移

文本风格迁移指在保留文本内容的基础上，通过编辑或生成等方式更改文本在情感、时态和性别等方面的风格或属性。陈可佳等发表《文本风格迁移研究综述》（《软件学报》第 12 期），对文本风格迁移进行了综述，重点介绍了无监督学习的文本风格迁移方法。

佐治亚理工大学杨迪一团队发表《通过文本重构引发积极观点》［Ziems, Caleb, et al. "Inducing Positive Perspectives with Text Reframing." *Proceedings of the 60th Annual Meeting of the Association for Computational Linguistics（Volume 1：Long Papers）*. 2022.］，提出一种将输入文本转换为与原文含义没有冲突的更为积极的观点的方法。该文构建了一个大规模基准"积极心理学框架（Positive Psychology Frames）"，含 8349 个句子对和 12755 个结构化标注，涉及六种重构策略。该文荣获 ACL 2022 杰出论文奖。

五、其他前沿进展

（一）书籍

《动手学强化学习》（张伟楠、沈键、俞勇著，人民邮电出版社，2 月）包括强化学习的基本概念和表格型强化学习方法；深度强化学习的思维方式、深度价值函数和深度策略学习方法；以及深度强化学习前沿等内容。该书提供配套的 Jupyter Notebook 文档和视频课程（http：//hrl.boyuai.com），理论扎实、落地性强。

复旦大学邱锡鹏与百度飞桨教材编写组合著《神经网络与深度学习：案例与实践》（机

械工业出版社，8月）。该书是邱锡鹏著《神经网络与深度学习》的配套实践书。

天津大学熊德意与华为李良友、张檬合著《神经机器翻译：基础、原理、实践与进阶》（电子工业出版社，7月）。该书覆盖神经机器翻译的基础知识、经典框架、原理技术、实践方法与技巧及前沿研究方向等。该书的一大特色是每章均附短评一篇，介绍相应章节神经机器翻译技术背后的历史、思想等，使读者对相关技术不仅知其然，而且知其所以然。

约翰斯·霍普金斯大学菲利普·科恩（Philipp Koehn）著，中国科学院自动化所张家俊、赵阳、宗成庆译《神经机器翻译》由机械工业出版社出版，是神经机器翻译的入门书籍，内含Python代码示例。

达观数据王文广著《知识图谱：认知智能理论与实战》由电子工业出版社出版。该书内容包括知识图谱模式设计的方法论——六韬法、知识图谱构建、知识存储、知识计算、知识推理，以及知识图谱在金融、医疗和智能制造等行业的应用场景等。

冯建周主编《自然语言处理（普通高等教育人工智能专业系列教材）》（中国水利水电出版社，4月）是一本自然语言处理的入门教材，主要面向高年级本科生和低年级研究生。

（二）国内会议

第二十一届中国计算语言学大会（The 21st China National Conference on Computational Linguistics，CCL 2022）于10月在江西南昌举行。大会共邀请五位知名学者做特邀报告，包括中国科学院院士管晓宏、清华大学惠妍讲席教授马维英、中国人民大学教授文继荣、阿里巴巴达摩院人工智能科学家杨红霞以及澳大利亚墨尔本大学教授Trevor Cohn等。腾讯AI Lab王琰等，清华大学周浩，上海交通大学王瑞，以及中国科学院自动化所刘静在CCL 2022开设了专题讲座。北京语言大学杨尔弘团队《句式结构树库的自动构建》（谢晨晖等）及哈尔滨工业大学秦兵团队《面向话题的讽刺识别：新任务、新数据和新方法》（梁斌等）荣获最佳中文论文奖。Chengren Mu et al. "TCM-SD：A Benchmark for Probing Syndrome Differentiation via Natural Language Processing" 荣获最佳英文论文奖。此外，大会还组织了包括第二届中文抽象语义表示解析评测（CAMRP 2022）、第二届中文空间语义理解评测（SpaCE 2022）以及汉语学习者文本纠错评测（CLTC 2022）等在内的共计14项技术评测。

第十七届中国中文信息学会暑期学校暨前沿技术讲习班于7月在线上举办。讲习班共举行八场特邀报告。报告内容包括神经符号方法在自然语言处理领域的研究进展（加拿大阿尔伯塔大学牟力立、四川大学刘祥根）、自然语言处理中符号和统计方法的神经网络化（上海科技大学屠可伟）、联邦学习的攻与防（微软吴方照）、自然语言处理算法鲁棒性研究（复旦大学张奇、桂韬）、迈向大规模高效自然语言处理（复旦大学邱锡鹏）、Delta Tuning：大模型的小参数高效微调（清华大学刘知远）、基于预训练模型的对话语言理解（哈尔滨工业大学车万翔），以及预训练语言模型的压缩和加速（华为侯璐）等。

全国知识图谱与语义计算大会（CCKS2022）于 8 月在河北秦皇岛召开。大会邀请了清华大学孙茂松、首尔大学 Hong-Gee Kim 以及爱丁堡大学 Mark Steedman 等做特邀报告。大会组织了 5 个主题共计 14 个评测任务，并举办了工业界论坛。

第十八届全国机器翻译大会（CCMT）于 8 月在西藏拉萨召开。大会邀请了华为刘群以及微软段楠做特邀报告，并组织了机器翻译评测。

第一届自然语言生成与智能写作大会（NLGIW2022）于 4 月在苏州召开。大会邀请了百度吴华、IDEA 研究院张磊及荷兰乌得勒支大学 Kees van Deemter 做特邀报告。大会组织了包括面向事实一致性的生成评测、基于大纲的条件故事生成等在内的 4 项技术评测。

（三）国际会议

ACL 2022（60th Annual Meeting of the Association for Computational Linguistics）于 5 月在爱尔兰召开。4 篇由华人团队撰写的论文荣获杰出论文奖，包括佐治亚理工大学杨迪一团队《通过文本重构引发积极观点》、阿里达摩院金榕团队《学习泛化到更多：神经机器翻译的连续语义增强》、普林斯顿大学陈丹琦团队《抛弃黄金标准：重新评估对话问答》，以及香港大学联合华为陶超凡等的《通过量化压缩生成式预训练语言模型》［Tao, Chaofan, *et al*. "Compression of Generative Pre-trained Language Models via Quantization." *Proceedings of the 60th Annual Meeting of the Association for Computational Linguistics*（Volume 1：Long Papers）. 2022.］。此外，该会议组织的讲座中有 3 个由华人学者主讲，包括微软 Chenguang Zhu 等主讲的《自然语言处理中的知识增强方法》（Knowledge-Augmented Methods for Natural Language Processing），Facebook 顾佳涛及微软谭旭主讲的《非自回归序列生成》（Non-Autoregressive Sequence Generation），以及佐治亚理工大学杨迪一等主讲的《向有限的文本数据学习》（Learning with Limited Text Data）。

COLING 2022（The 20th International Conference on Computational Linguistics）于 10 月在韩国召开。苏州大学张民团队荣获 COLING 2022 最佳长文奖。复旦大学计算机学院张奇、黄萱菁团队《基于变分信息瓶颈的用于事件论元抽取的多格式迁移学习模型》荣获 COLING 2022 杰出论文奖。

语料库研究与应用

张永伟 刘 婷

2022年度，语料库建设、语料库分析与管理工具研制和以语料库作为工具的语言研究均涌现出诸多成果。各种语料库主题均更加细化；句法信息检索和词语搭配等语料分析功能受到更多关注；语料库管理工具向集成化方向发展，发展趋势是将语料库的切分标注同语料管理相结合；翻译、语言学研究、语言教学、语言习得、语言障碍等领域广泛应用语料库方法开展研究，取得了丰硕的成果。

以下先介绍2022年度中国语料库建设的基本情况，汉语语料库建设、平行语料库建设、中介语语料库建设和综合语料库建设，然后简要综述语料库分析工具和语料库管理工具的新进展，最后分研究领域综述语料库的应用情况。

一、语料库建设情况

2022年度国家社科基金立项中涉及语料库的项目有18个，立项数量与2021年持平。其中，重大项目3项、重点项目1项、一般项目11项、青年项目1项、西部项目2项。18个项目中，6个项目以语料库建设为主，1个项目以语料库分析工具研制为主，其余项目均是基于语料库的研究或者语料库驱动的研究。语料库建设为主的项目分别为重大项目"我国失语症患者语料库建设及其语言能力评估研究""白话报刊多层标注语料库建设与研究（1815—1949）""元明清至民国北京话的语法演变研究与标注语料库建设"，一般项目"中国古代文学经典文本汉蒙平行语料库的建设研究""马克思主义中国化经典文献汉英平行语料库建设及其综合研究""新时代中国特色的人民调解话语人际互动研究与多模态语料库建设"。

在语料库建设方面，2022年度没有新的大规模通用型汉语语料库发布。语言信息处理领域新建了多个专用型语料库；平行语料库与中介语语料库有所发展，但关注中介语语料库建设的机构较为单一；多模态语料库建设缺少突出成果。

1. 汉语语料库建设

2022年度新发布的大规模汉语语料库较少。北京语言大学在11月发布了国家语言资源动态流通语料库（Dynamic Circulation Corpus，DCC）2.0，该语料库在原1.0版本上进行扩充，目前包括报刊、教材等领域的语料。石玉敬、刘伟、葛晓舒等的《〈黄帝内经〉文本语料库的构建与应用研究》(《计算机时代》第 12 期) 建设了《黄帝内经》中医古籍切分标注语料库，对全书 156507 字进行人工标注；舒蕾、郭懿鸾、王慧萍等的《古汉语词义标注语料库的构建及应用研究》(《中文信息学报》第 5 期) 建设了 3.87 万条标注数据、117.6 万字的古汉语词义标注语料库，丰富了古代汉语领域的语言资源。

"语言特区"指可以合理合法地突破主流常规语言规则约束的语言运用特定领域，是基于特殊领域中的语言创新现象所提出的一种新的研究理念。刘彬、覃业位、唐仪的《"语言特区"研究理念的形成、发展与展望——兼谈语言特区语料库的建设》(《语言文字应用》第 2 期) 介绍并展示了"语言特区"语料库的建设工作（包括该语料库的语料搜集标准和标注规范、语料分类标准等）。该语料库从各类诗歌、标题口号、网络语言中挖掘和搜集各类语言特区现象，是首个针对各类突破常规语法规则的特殊现象所建立的专门语料库。

命名实体识别是自然语言处理的基础任务之一，不同应用领域之间实体的差异较大。不同领域的学者建立了多个特定领域的命名实体识别语料库。张春菊、张磊、陈玉冰等的《基于 BERT 的交互式地质实体标注语料库构建方法》(《地理与地理信息科学》第 4 期) 提出了一种基于 BERT 的交互式地质实体标注方法，并基于该方法构建了一个用于地质领域实体识别的标注语料库。该语料库规模为 63 万余字，包含句子 11039 句，实体 6657 个，其中矿区、矿床、矿段和矿体实体数量分别为 765 个、4358 个、468 个和 1066 个。区域地质调查报告是全面反映区域地质调查工作成果的重要技术文件。马凯、田苗、谭永健等的《基于四份区域地质调查报告构建的命名实体识别试验数据集研发》(《全球变化数据学报（中英文）》第 1 期) 构建了一个基于四份区域地质调查报告的命名实体识别语料库，该语料库共包含四份区域地质调查成果报告，对地质时间、地质构造、地层、岩石、矿物和地点六类典型的地质命名实体进行了标注。该语料库包含标注句子 10803 句，已标注字数为 100106，未标注字数为 598406。常洪阳、昝红英、马玉团等的《脑卒中疾病电子病历实体及实体关系标注语料库构建》(《中文信息学报》第 8 期) 提出了适用于脑卒中疾病电子病历文本的标注体系和规范，并通过多轮人工标注和校正工作，构建了脑卒中疾病电子病历实体及实体关系标注语料库（SEMRC），共包含 10594 个命名实体和 14457 个实体关系，实体名标注一致率和实体关系标注一致率分别为 85.16%、94.16%。

语义标注语料库是最难建设的一种语料库。语义标注可能涉及语言的多个层面，如词义、句子的语义角色等。舒蕾、郭懿鸾、王慧萍等的《古汉语词义标注语料库的构建及应用研究》(《中文信息学报》第 5 期) 设计了针对古汉语多义词的词义划分原则，并对常用古汉语单音节词进行词义级别的知识整理，据此对包含多义词的语料开展词义标注。现有的语料库包含 3.87 万条标注数据，规模超过 117.6 万字，丰富了古代汉语领域的语言资源。宋衡、曹存根、王亚等的《一种细粒度的汉语语义角色标注数据集的构建方法》(《中文信息学报》第 12 期）提出了一种基于半自动方法的细粒度的汉语语义角色数据集构建方法，并构建了一个实用的语义角色数据集。该数据集完成了 9550 条汉语语句的语义角色标注，其中含有 9423 个中枢语义角色，29142 个主要周边语义角色，3745 个辅助周边语义角色，172 条语句被进行了双重语义角色标注，104 条语句被进行了不确定语义事件的语义角色标注。

2. 平行语料库建设

在双语平行语料库建设方面，语料库以特定领域或特殊用途为主。蒋丽平的《非物质文化遗产汉英平行语料库的创建与应用》（《中国非物质文化遗产》第 2 期）介绍了广东非遗双语语料库的建设。王莉娜的《两岸三地英汉财经平行语料库的建设与应用构想》（《上海翻译》第 2 期）在梳理了财经翻译的内涵范畴和研究脉络的基础上，提出了建设两岸三地英汉财经平行语料库的构想，建成后可用于财经领域翻译学、语言学、术语学等研究。胡富茂、宋江文、王文静的《多模态旅游翻译语料库建设与应用研究》（《上海翻译》第 5 期）探讨了旅游翻译语料库的构建方法和技术路径。该语料库是多媒体语料库，涉及文本、图像、音频和视频四种媒体，包含汉英双语平行语料库 50 余万字、八大古都旅游文本汉英双语平行语料库及与文本语料对应的音视频和图像材料。于淑芳的《皖西红色文化双语语料库的构建及应用》（《皖西学院学报》第 1 期）介绍了皖西红色文化双语语料库建设。文璟、赵毅、郑赛芬的《旅游外宣汉英平行语料库的创建与应用——以无锡市为例》（《海外英语》第 6 期）介绍了无锡市旅游外宣汉英平行语料库的创建。李艳翠、冯继克、来纯晓的《汉英篇章衔接对齐语料库构建研究》（《中文信息学报》第 4 期）建设了规模为 200 个对齐文档的汉英篇章衔接对齐语料库。裘白莲、王明文、李茂西等人的《"细粒度英汉机器翻译错误分析语料库"的构建与思考》（《中文信息学报》第 1 期）将人工译后编辑与错误分析结合起来，对译后编辑操作进行错误标注，采用自动标注和人工标注相结合的方法，构建了一个细粒度英汉机器翻译错误分析语料库。

在多语平行语料库建设方面，王克非的《以汉语为中心语的多语汉外平行语料库集群的研制与应用》（《外语教学》第 6 期）介绍了以汉语为中心语的多语汉外平行语料库集群的设计、研制及应用，既可分别作为 10 个语种与汉语的平行语料库，又可集合成一个整体，运行在一个多语兼容和统一的共享分析检索平台上。刘妍、熊德意的《面向小语种机器翻译的平行语料库构建方法》（《计算机科学》第 1 期）从机器翻译实践者和研究者角度出发，介绍了经济高效的人工构建小语种平行语料库的工作，最终构建了波斯语到汉语、印地语到汉语、印度尼西亚语到汉语各 50 万条高质量平行语料。

3. 中介语语料库建设

由北京语言大学建设的全球汉语中介语语料库（1.0 版）持续受到关注。张宝林、崔希亮的《"全球汉语中介语语料库"的特点与功能》（《世界汉语教学》第 1 期）进一步介绍了该语料库的特点与功能。《国际中文教育（中英文）》第 2 期设立了"汉语中介语语料库建设的反思与前瞻"专栏。该专栏共收录 4 篇中介语料库建设相关的论文：（1）尤易、曹贤文的《20 年来国内外学习者语料库建设及应用研究分析》运用 CiteSpace 文献计量分析工具，分析了 20 年来国内外学习者语料库建设及应用研究状况，探究了学习者语料库研究领域的发展趋势、核心作者及合作关系、核心期刊、研究热点、研究前沿等问题；（2）赵焕改的《需求导向的汉语继承语学习者语料库建设研究》着眼于语料库的使用需求，从汉语继承语学习者语料库建设的必要性，语料的追踪性、同质性、真实性、共享性、可比性以及平衡性等方面探讨汉语继承语学习者语料库的建设，以期能为汉语继承语学习者语料库的建设提供参考，为中介语对比分析提供新的角度和数据；（3）刘运同的《汉语口语中介语语料转写若干问题探讨》对汉语口语中介语语料库建设中口语转写的基本单位、主要内容、标点符号的使用、策略等关键问题进行了讨论，并提供了可行的建议；（4）张宝林的《扩大汉语中介语语料库语料来源的途径》探讨了中介语语料库分布不平衡的原因，并给出解决途径和前提条件。该专栏为解决当前汉语中介语语料库建设的诸多问题提供了思考和借鉴。此外，张宝林的《汉语中介语语料库建设研究》（商务印书馆，12 月）对 HSK 动态作文语料库、全球汉语中介语语料库的设计与功能进行详细讨论，对通用型汉语中介语语料库标注规范、建设标准、软件系统研制等也分别进行了详细讨论。

北京语言大学师佳璐、罗昕宇、杨麟儿等的《汉语学习者依存句法树库构建》（《中文信息学报》第 1 期）建设了汉语学习者依存句法树库，对非母语者的语料提供依存句法进行了分析。北京语言大学的汉语中介语语料库队伍建设较好，成果也比较具有代表性。

4. 综合语料库建设

在综合语料库建设方面，大连外国语大学的国家语委中国东北亚语言研究中心发布了东北亚语言动态资源库，该语料库包括单语通用、双语平行、多语对齐、专门用途等 10 种类型，涉及 10 个领域，涵盖 11 个语种，总容量达 38 亿词。其中，东北亚国家特色语料库容量达 5 亿词。

2022 年 12 月 27 日，在第七届语言服务高级论坛上，"国家语言资源服务平台"正式上线。该平台是由教育部语言文字信息管理司委托、国家语言资源监测与研究网络媒体中心建设和运行维护的全国性、综合性在线开放资源服务平台，面向社会提供语言文字资源服务的搜索及链接服务。平台汇聚近 50 家单位提供的近百项高质量语言资源，并聚焦社会需要和实际应用建设近 20 项语言服务。

二、语料库分析与管理工具研制

1. 语料库分析工具研制

语料库分析工具是语料库建设的重要组成部分，部分语料库分析工具同语料库一起发布。比如北京语言大学的文心语料库检索平台同国家语言资源动态流通语料库一起发布，大连理工大学的多语种语料库检索及管理平台同东北亚语言动态资源库一起发布，等等。

句法信息检索逐渐受到重视。张永伟、刘婷、刘畅等的《融合句法信息的文本语料库检索方法研究》（《数据分析与知识发现》第 11 期）在大规模文本语料库句法信息检索方法上进行了探索，提出了句法信息线性化索引，直接提供检索时条件匹配所需的各种信息，从而提升检索速度的方法，有助于在大规模文本语料库中快速地检索词法信息、依存句法信息和成分句法信息。刘鼎甲、张子嫄的《句法分析与语料库的研制和应用：回顾与前瞻》（《外语电化教学》第 6 期）通过梳理句法标注的源流，回顾了国内外句法标注语料库研制的进展与实证研究，指出多用途句法标注体系研究、多语句法标注语料库的研制等是亟待解决的问题。北京语言大学的文心语料库检索平台借助 Odinson 框架实现了依存句法信息的检索。

语料库搭配分析工具不断涌现。王雨、肖叶、荀恩东等的《服务国际中文教育的词语搭配知识库建设》（《语言文字应用》第 2 期）采用了知识抽取相关算法，获得了 140 余万条词语搭配知识，构建了等级可查、难度可控、应用方便的国际中文教育词语搭配知识库。张永伟、马琼英的《面向语文辞书编纂的词语依存搭配检索系统研究》（《辞书研究》第 4 期）根据语文辞书编纂特点，提出词语搭配检索应具备的核心功能，研制了辅助语文辞书编纂的依存搭配检索系统，支持依存搭配的实时检索与分析。

2. 语料库管理工具研制

语料库管理工具逐渐升级，功能往集成化方向发展。中华书局发布了"古籍智能整理平台"，为古汉语语料库的建设提供了便利。张永伟、刘沛鑫、程璐等的《多媒体、多模态语料库协作管理平台的设计与实现》（《语料库语言学》第 1 期）介绍了专供语料库建设者使用、支持多用户在线协作的多媒体、多模态语料库管理平台。杜晓明、袁清波、杨帆等的《军事指控保障领域命名实体识别语料库的构建》（《计算机科学》第 S1 期）设计并实现了一个命名实体识别语料库构建系统，支持数据预处理、标注体系、自动标注、标注分析和编码转换五大功能模块，可以在军队专用电脑上对各种原始装备手册进行自动化处理，快速生成命名实体识别模型训练所需语料库。廉张军的《基于语料库的翻译实验室云平台建设及教学模式探究》（《实验室研究与探索》第 5 期）以西安科技大学翻译实验室云平台和翻译硕士研究生课程"计算机辅助翻译"为研究对象，系统阐释了该云平台建设的重要意义，探索语料库辅助和项目辅助两种教学模式，调查项目辅助的教学模式下学生的学习效果。

三、语料库在语言研究中的应用

语料库的应用范围十分广泛。翻译、语言研究、语言教学、语言习得、语言障碍等领域凭借语料库技术的应用，形成新的研究切入点，发展出新的研究方法。

1. 翻译

2022年度，语料库方法在翻译领域具有重要作用，语料库翻译研究采用语料库研究范式，依据语言学、文学及翻译学理论，系统分析翻译本质、翻译过程和翻译现象等内容。2022年度，基于语料库的翻译研究代表性成果如下。

在笔译研究方面，多数成果集中在利用语料库研究方法，对不同译本进行对比研究。如王洪涛和杨帆的《基于类比语料库的〈文心雕龙〉三个英译本对比研究：兼以社会翻译学视角的解析》(《西安外国语大学学报》第4期)基于自建的英语类比语料库，揭示了三个英译本在类符形符比、词汇密度、词汇频度、平均句长、情感极性、情感级数等六个层面上的语言、文体、情感特征。孔德璐和张继东的《基于平行语料库的 Tess of the D'Urbervilles 三译本四字格的对比研究》(《翻译研究与教学》第2期)基于自建的平行语料库，从语言使用层面和词汇分布层面对译文进行实证研究，分析译本的不同风格及四字格的使用情况。赵宇霞的《基于语料库的傅雷翻译风格新探：语言与情感的融合》(《外语电化教学》第2期)基于自建语料库，从词汇、句法、语篇层面对比傅雷、韩沪麟和郑克鲁三个汉译本，进而分析傅雷的翻译风格。张旭冉、杏永乐、张盼和戈玲玲的《〈道德经〉四个英译本的翻译风格对比研究——基于语料库的统计与分析》(《上海翻译》第3期)自建《道德经》英汉对比平行语料库，从词汇和句法两个层面对比分析四译本的翻译语言特征，探索译者所处的时代与译者身份对译文翻译风格的影响。

部分成果基于语料库对大量翻译实例进行研究，探寻翻译策略。如田绪军的《基于语料库的〈政府工作报告〉中情态动词英译操作规范研究》(《上海翻译》第5期)基于汉英平行语料库，依据翻译规范理论，研究情态动词英译状况和趋势，探讨译者在英译过程中主要遵循的操作规范。赵会军和林国滨的《机器翻译词语漏译的语料库语境策略研究》(《外语教学与研究》第2期)综合语言学、机器翻译、语料库技术等多学科理论和技术，从机器翻译译后和机器翻译应用两个角度总结漏译的语言学应对策略。夏云的《基于历时语料库的汉译语言虚义动词演化研究——以"进行"为例》(《外语教学与研究》第2期)采用英汉翻译历时平行语料库，研究汉译语言中虚义动词使用特征的演化，探讨其语义和结构特征的变化、双语对应情况以及受英语影响的程度和方式。

语料库语言学和翻译批评研究呈现交叉融合的新思路和新趋势，也有学者通过将定量的语料库语言学和定性的翻译现象分析有机结合，使用语料库评估翻译质量，从而指导翻译实践。如王国凤和刘艺林的《语料库辅助的翻译批评和翻译质量评估》(《翻译研究与教学》第2期)研究了语料库辅助的翻译批评与语料库翻译学、语料库翻译批评学之间的区别，并探讨语料库辅助的翻译批评的研究范畴，提炼出其研究设计。

利用语料库开展的口译研究主要聚焦于口译的特有属性，如李洋和邓轶的《口译中语块频率效应的语料库研究》（《中国翻译》第4期）基于交替传译语料库，借鉴语料库语言学家对语言使用中语块趋向的共识以及心理语言学家对语言加工中语块优势的结论，研究了高频语块对提高口译效率和质量的证据。

2. 语言学研究

利用语料库开展的语言学研究分为证实类研究和数据驱动类研究。证实类研究利用语料库数据验证提出的假设，如尹旭的《基于语料库的词类历时过渡性演变分析——以部分带后缀 -ач（-яч-），-уч-（-юч-）的俄语形容词为例》（《外语学刊》第4期）基于俄罗斯国家语料库和各时期俄语词典，分析俄语形动词构形词缀到形容词构词词缀的过渡过程。数据驱动类研究根据语料库数据总结规律，如蒋梦晗和黄居仁的《汉语动宾复合词的及物性及其用法差异——基于语料库驱动方法的对比研究》（《中国语文》第1期）对中文 Gigaword 标注语料库中的两岸新闻语料进行分析，发现台湾地区动宾复合词在及物频率、搭配限制上表现出更高的及物性。孔蕾和秦洪武的《汉英词性块对比：数据驱动的研究》（《解放军外国语学报》第2期）调查汉英词性块分布特征，发现汉语和英语在词性功能、语义关系和语法手段上存在显著差异。孔超和刘娟的《人类语言信息传递速率的共性——基于61种语言大规模语料库的计算》（《外语教学与研究》第3期）利用大规模语音、文本语料库数据计算61种语言的信息速率，发现不同语言的信息传递策略表现为词汇层级上的一致性和音节层级上的多样性。张家合的《基于语料库的汉语程度副词历时研究：兼与英语比较》（中国社会科学出版社，7月）依据大型标记语料库数据，考察汉语程度副词的历史演变、搭配特征以及与英语的异同。娄宝翠的《基于语料库的学术英语元话语对比研究》（中国社会科学出版社，3月）对比分析中国学习者学术英语语料库和国际权威期刊论文语料库中元话语的使用特征。

基于语料库的批评话语分析研究，如董记华和董帅的《基于语料库的中国共产党网络媒体话语的历时研究》（《外语研究》第5期）创建英文网络媒体历时语料库，从主题特征、情感态度视角探究英文网络媒体对中国共产党话语宣传的嬗变特征。章敏和袁曦临的《图书馆媒介形象变迁的话语分析研究——基于1949-2020年〈人民日报〉相关报道》（《新世纪图书馆》第9期）借助 WordSmith 工具，对《人民日报》历年的图书馆相关新闻报道进行主题词、搭配词和词簇分析。刘鼎甲的《基于语料库的多方话语历时对比研究——以"中国梦"在美英印的传播与接受为例（2012-2020）》（《外语教学》第1期）采取基于语料库的用法波动分析方法，结合"中国梦"在美英印三国的报道语料，分析中国国家形象建构、传播和接受的趋势变化。熊文新的《新闻报道主观性的语言学透视——一种结合语料库驱动和批评话语分析的方法》（《现代传播（中国传媒大学学报）》第5期）采集国内不同媒体有关油价变动的新闻文本，验证媒介传播框架视角下的新闻倾向性问题。曾开富、王孙禹、陈丽萍的《中美研究型大学工程教育制度与理念研究——基于语料库的批判话语分析方法》(《华东师范大学学报（教育科学版）》第 8 期）自建中美工学系语料库，根据热词、词丛和搭配现象，分析中美工程教育制度和理念的异同。

3. 语言教学

语料库在语言教学领域的研究主要围绕英语教学方法研究展开。陈秀春的《大学英语词汇教学：基于语料库的方法》(《对外经贸》第 7 期）从词频统计、词语搭配、语境共现以及语义韵四个方面来探讨语料库在大学英语词汇教学中的积极作用，旨在进一步丰富和推进语料库在英语词汇教学应用方面的研究，并为词汇教学的积极探索提供有益启示。段冰霜的《基于机读语料库的商务英语翻译教学》(《英语广场》第 9 期）以商务英语翻译教学为主要研究方向，以机读语料库为教学载体与平台，通过对机读语料库的多元化应用，提高学生在商务英语翻译课堂的活跃性，进而提升商务英语专业学生对英语翻译课堂的喜爱度，提升商务英语教师的综合教学能力。

4. 语言习得

2021 年语料库方法在汉语习得的研究数量达到历年最多，2022 年开始减少。语料库方法在汉语习得中的研究依然以硕士学位论文为主，选题上以偏误分析、偏误研究为主。刘月的《基于 HSK 动态作文语料库的时间介词"从""自""自从"的偏误研究》（上海师范大学硕士学位论文）以 HSK 动态作文语料库为基础，分析留学生对时间介词"从""自""自从"的偏误用例，统计偏误类型，讨论偏误原因。骆丽雪的《基于语料库的韩国学生汉语动宾结构习得偏误分析——以"体宾动词 + 宾语"结构为例》（广西大学硕士学位论文）采用对比分析与偏误分析的方法，以 HSK 动态作文语料库与全球汉语中介语文本语料库中韩国学生习得汉语"体宾动词 + 宾语"结构的偏误语料为研究对象，通过对偏误语料的归类和偏误成因分析，探讨韩国学生习得汉语"体宾动词 + 宾语"结构产生偏误的规律，并在此基础上提出有关教学方面的建议。两位硕士研究生的研究对象和研究方法均具有代表性。

基于特征的自然语言处理技术二语文本可读性分析、文本质量分析领域保持了一定的生命力。杜月明、王亚敏、王蕾的《汉语水平考试（HSK）阅读文本可读性自动评估研究》(《语言文字应用》第 3 期）基于汉语二语文本可读性的特征集合，引入特征选择算法，实现了汉语水平考试（HSK）阅读文本可读性的自动评估。程勇的《基于语法丰富性的汉语二语写作质量分析研究》(《语言教学与研究》第 5 期）提出了包含了语法多样性、语法复杂性以及语法正确性三个维度的语法丰富性评估指标，并验证了该指标对二语写作中的语法产出质量进行评估的有效性。

5. 语言障碍

在语言障碍领域也借助语料库方法开展研究。程燕华的《汉语孤独症儿童口头叙事语篇中的多模态指称行为研究》（浙江大学博士学位论文）采用基于语料库的对比研究方法，选取了生理年龄为6到7周岁的孤独症儿童与正常发展儿童各30名作为被试，采集其口头叙事语篇，自建了汉语高功能孤独症儿童与正常发展儿童多模态叙事语料库。基于该语料库，作者分析了汉语高功能孤独症儿童与正常发展儿童的多模态指称行为的异同，从指称视角揭示了孤独症儿童的交际特异性和语用障碍，该研究结果有助于后续汉语孤独症的早期诊断和干预方案的制定。

周彦每的《发展性语言障碍儿童汉语动词论元结构习得实证研究》（山东大学博士学位论文）通过国际语料库方法的运用对儿童的诱导性语言产出视频进行数据提取和分析，其实验的被试对象分成发展性语言障碍儿童主体实验组、年龄匹配正常语言发育儿童对照组和年龄偏小正常语言发育儿童对照组三个组别，每组各有10名儿童。根据对实验语料的定量分析和质性分析，此文解释了发展性语言障碍儿童在习得过程中汉语动词论元结构的产出和识解表征、影响因素及深层认知损伤机制，得出有限的语言加工能力和基于用法的相关抑制因素可能是导致发展性语言障碍儿童复合动词论元结构发展缓慢的主要原因。

周德宇、黄立鹤的《语用障碍多模态补偿的功能与机制》（《现代外语》第46卷第1期）基于作者等人自建的"老年人话语多模态语料库"（Multimodal Corpus of Gerontic Discourse，MCGD）进行了语用障碍中的多模态补偿现象、外在形式及相应语用功能的分析，并阐释了相应的内在神经认知机制。通过对语料的分析将多模态补偿外在表现类型分成个体和人际补偿、语言层级间补偿和符号模态间补偿三种。对于语用障碍的现象、机制原理等的研究，对于语用学的理论研究和医学语言障碍早期诊断都有很大价值。

赛萧鸿的《初期阿尔兹海默症老人"回忆障碍"多模态话语分析——以综艺〈忘不了餐厅〉为例》（《今古文创》第15期）采用《忘不了餐厅》第一季5位患有初期阿尔兹海默症的老人的口语建立语料库，并进行多模态话语分析，得出阿尔兹海默症老人在发生回忆障碍时其话语具有非流利性的特点，主要体现在口语冗余性重复、填塞语、话语缺损和口误这四种情况，且存在肢体动作密度大的特点，伴有相关手势、动作和表情。

程振、蒋作、潘文林等的《基于ResNet模型的儿童口吃类型识别研究》（《云南民族大学学报（自然科学版）》第2期）对21名正常幼儿园儿童进行语音采集，并在该语音基础上进行重复音、延长音和感叹词等合成口吃语音类型的填充，由此构建儿童口吃语料库。基于LibriStutter语料库和构建的儿童口吃语料库得到不同口吃类型的语谱图数据，使用卷积神经网络ResNet模型对口吃语谱图进行识别。实验模型在中文口吃数据集上的检测准确率达到了93.07%，可有效识别不同口吃类型。

目前将语料库方法应用到语言障碍领域的研究方兴未艾，在对语料的采集、加工和处理后，可以提取相应的特征，继而进行更多的量化研究。但由于语料获取方式、实验对象及组别分类等的差异，语言障碍领域需要解决的问题尚未得出普适性的结论，且存在语料不够丰富均衡、测试内容及方式不够全面等问题。

四、学术会议与学术活动

同往年相比，2022 年度语料库语言学相关学术会议较少。北京大学数字人文研究中心等承办了"古籍智能信息处理"系列专题研讨会，内容涵盖古籍数字化平台建设、历史地理信息系统的建设、OCR 技术、专题语料库建设、数字化与汉字编码字符集、自然语言处理等诸多方面。1 月 6-8 日，广东外语外贸大学等开设了第六期语料加工技术与语言资源管理工作坊，对语料库研究的基本概念和主要工具、语料库的构建与应用等方面进行培训。4 月 23 日，上海外国语大学语料库研究中心与《上海翻译》编辑部以及《语料库研究前沿》编辑部组织举办了首届"语料库与应用翻译研究论坛"，论坛主题围绕译学理论研究、语料库与典籍翻译研究、语料库与话语翻译研究、语料库与国际传播研究四大板块，推动了语料库翻译学与应用翻译研究的融合。12 月 3 日，上海外国语大学语料库研究院与复旦大学《当代修辞学》编辑部共同主办的"语料库应用与修辞研究前沿理论工作坊"举办，加强了语料库应用与修辞学研究融合发展，推动了跨学科、多维度的前沿理论探讨。12 月 17 日，中国社会科学院语言研究所语料库暨计算词典学研究中心举办了 2022 汉语语料库建设研讨会，会议主题为古代汉语语料库建设与应用，该会议对古代汉语语料库建设的方法、技术、工具等进行了讨论。

总体上看，2022 年度语料库语言学在多个方向上均有丰硕的成果。语料库语言学的研究热点主要围绕概念隐喻、偏误分析、英译、翻译、翻译策略、英语写作、翻译风格、深度学习、机器学习、知识图谱、文本分类等展开，充分体现了跨学科特点。未来需要重视的方向是历时语料库、多语平行语料库、古代汉语切分标注语料库的建设，以及句法信息检索技术、语义检索技术的研究与应用。

社会语言学研究

王春辉　董洪杰　张振达

2022 年的中国社会语言学研究可以从宏观与微观的九大方向进行综览：国家通用语言文字、语言政策规划、国家语言能力、语言教育、语言国际教育与传播、语言服务与语言生活、语言变异、话语分析、学科发展。中国现代语言规划 120 周年、语言与共同富裕、数字时代的语言生活等成为 2022 年度的亮点。

一、国家通用语言文字研究

研究主要聚焦四大类，即宏观层面的理论思考、铸牢中华民族共同体意识、区域推广和教育教学、社会生活方面。

（一）宏观层面的理论思考

李宇明《论普通话的推广方略》(《中国语文》第 4 期)指出，推普方针是普通话推广的政策核心，当前的推普方针要适应语言生活的新态势，由重视普及到"普及与提高相结合"，由重视口语到"口语与书面语相结合"。姚喜双《加大国家通用语言文字推广力度》(《语言文字应用》第 4 期)认为，加大国家通用语言文字推广力度，必须要系统学习领会习近平总书记关于语言文字工作的重要论述，提高其对中国式现代化建设重要作用的认识，把握好习近平新时代中国特色社会主义思想的世界观和方法论，做到"六个必须坚持"，努力构建国家语言文字事业新发展格局。刘朋建《新阶段国家通用语言文字推广普及的三大重点》(《语言战略研究》第 5 期)认为，新阶段推广普及国家通用语言文字应聚焦重点区域，聚焦重点人群，聚焦优化服务保障。周作明、薛涛、李佳熙《试论国家通用语言文字推广的史理与学理》(《语言文字应用》第 4 期)认为，中华民族多元一体格局演进成就了汉语汉字的通用语言文字地位，新中国国家通用语言文字推广普及工作是中华民族通用语言文字推广历史的赓续发展和超越，这是理解当前推广普及工作的历史渊源；国家通用语言文字是各族儿女交流沟通的工具，是中华民族共享共有的文化符号，记载并传承着中华民族共同的历史文化，这是推广普及国家通用语言文字的学理内涵。袁钟瑞《树立语言文字的主权意识、法治意识和规范意识》(《汉字文化》第 1 期)用大量实例从正反两方面论述了树立语言文字的主权意识、法制意识和规范意识的重要性，强调树立这"三性"是做好语言文字工作的前提。

（二）铸牢中华民族共同体意识

欧运波《在国家通用语言文字教学中铸牢中华民族共同体意识》（《国家通用语言文字教学与研究》第2期）指出，提高中华民族共同体意识的根本途径是加强对中华文化的认同，而中华文化认同的基础是国家通用语言文字，因此学习国家通用语言文字是增强中国文化认同的有效途径，同时也是铸牢中华民族共同体意识的坚实基础。王敏《铸牢大学生中华民族共同体意识视域下的国家通用语言学习探究》（《国家通用语言文字教学与研究》第5期）认为，学好用好国家通用语言文字是铸牢大学生中华民族共同体意识的重要前提和条件，各地区要注重打造全方位、全覆盖的宣传体系，加强学校重阵地建设，强化对大学生国家通用语言文字应用能力和学习能力的培训，进一步加强推广和普及国家通用语言文字，持续提升国家通用语言文字普及率，实现铸牢大学生中华民族共同体意识的目标。

（三）区域推广和教育教学

主要是涉及民族地区的推广和教育情况。黄行《论中华民族通用语的民族变体》（《云南师范大学学报（哲学社会科学版）》第1期）认为，可以将"国家通用语言"进一步构建解读为"中华民族共同体通用语"或"中华民族通用语"，而其在民族地区推广普及的实践中，面临着一些不同于汉语方言地区普通话推广的标准、理论和政策问题。黄行《我国民族地区与时俱进的推普政策》（《云南师范大学学报（哲学社会科学版）》第6期）指出，推广普通话是我国作为统一多民族国家在民族地区进行语言管理的一项重要举措，而《云南师范大学学报（哲学社会科学版）》"语言国情研究"栏目自2008年创栏以来，就十分关注和重视普通话及相关政策的研究。马永全、桑国元《国家通用语言文字在民族地区的使命承载及深化普及路径》（《民族教育研究》第1期）提到，国家通用语言文字在民族地区承载着重要的使命，虽然当前民族地区在推广普及国家通用语言文字工作方面取得了重要成效，但依然面临许多困境，新时代民族地区要通过增强国家通用语言文字普法教育、强化学校主阵地功能发挥、拓宽语言使用空间场域等措施，进一步深化普及国家通用语言文字教育。姜昕玫《民族地区国家通用语言文字协同推广的机理与路径》（《民族教育研究》第2期）分析了民族地区国家通用语言文字推广与协同理论的契合，并提出了推进国家通用语言文字协同推广的具体路径。韩铁刚、王阿舒《民族地区国家通用语言文字教育：理论逻辑与实践路径》（《民族教育研究》第2期）阐述到，民族地区国家通用语言文字教育基于政策实践，在教学系统、教学目标、教学内容和教学策略等方面均发生了深刻的历史嬗变，其理论逻辑表现为以教育性教学解决属性问题，以发展性教学解决场域问题，以社会性教学解决过程问题，相应的在实践层面也发生了变化。李玲、孙倩文、黄宸、贾永仪《民族地区青壮年推普政策执行评估指标体系构建——基于整体性治理理论》（《民族教育研究》第

4期）在整体性治理理论关照下，提出民族地区推普政策执行应以满足公民的语言应用需求为导向，强调组织结构的整合性与协调性，注重制度化管理和信息技术运用，并基于此构建了由"价值理念""组织结构""运行机制""策略工具"4大领域13个维度31项具体指标组成的民族地区青壮年推普政策执行评估指标体系。李瑞华、陈诗琪《少数民族学前儿童国家通用语言能力测评体系的建构——测评工具分析的视角》（《民族教育研究》第3期）对当前少数民族学前儿童国家通用语言能力测评的目标取向与价值功能、内容维度与指标建构、范式确立与方法选择几个方面进行了探讨。王寅《乡村中学国家通用语言文字普及状况调查研究——以凉山州盐源县为例》（《国家通用语言文字教学与研究》第2期）采用随机抽样的方式调查盐源县四所中学学生普通话的普及情况，发现该县的普通话普及成效较好，学生对普通话的接受程度较高，但在学习过程中仍然存在一些问题，在普通话的掌握程度上还有待提高。赵婷婷《语言教育助力乡村振兴：青海省茶卡镇蒙古族的个案》（《民族教育研究》第4期）经过调查发现，在民族较聚居且使用本族语言文字的民族地区，注重家庭语言教育规划，强化学校语言教育的辐射作用，拓展社会语言教育及其延伸功能，以此创设多元化的语言教育环境，是助力乡村振兴的有效路径。迪丽努尔·吾普尔《试论学习国家通用语言中存在的问题及应对策略》（《国家通用语言文字教学与研究》第3期）认为，有效学习和运用国家通用语言是维护民族团结的一个有力举措，让各个民族之间可以实现"无障碍"交流。覃其文、侯莉敏、郑孙萍、罗兰兰《广西学前儿童的国家通用语言词汇发展研究》（《民族教育研究》第1期）通过对广西壮族自治区学前儿童的国家通用语言词汇能力发展的实证研究发现，少数民族聚居地区学前儿童国家通用语言词汇发展呈现良好的年龄发展态势，母语为普通话的学前儿童词汇能力发展最优，城镇地区学前儿童词汇能力发展显著优于农村地区学前儿童，公办幼儿园的学前儿童及班级中师幼互动质量越高的学前儿童其词汇能力发展越好，父母受教育水平与学前儿童词汇能力发展显著正相关。贾媛、李彬《新疆维吾尔族学前教师国家通用语言语音特征抽样研究》（《语言文字应用》第4期）对新疆南疆地区学前维吾尔族教师的国家通用语言进行抽样调查，采用声学语音学的研究方法，通过构建较大规模语音库，探究其声调和连读变调的发音特征。结果显示，调查对象在单字调、双字调和三字调中均存在发音问题，其中"民考民"教师的发音问题明显高于"民考汉"教师。也有的研究从历时视角进行考察。孙伯君《汉字对民族古文字的创制和书写的影响》（《云南师范大学学报（哲学社会科学版）》第1期）指出，民族古文字不仅丰富了文字的定义，其中很多汉字系文字采用汉字字形和笔画，并创造性地借用"六书"造字法造字，也丰富了汉字"六书"理论，此外民族古文字在行款、雕版与活字印刷等方面均受到汉字书写的广泛影响。黄莹洪、李锦芳《古代汉语书面语在少数民族中的变体——以滇桂琼瑶族、苗族"读书音"为例》（《云南师范大学学报（哲学社会科学版）》第1期）

以经书音为重点，比较了滇桂琼三地音系语音特点的共性和差异，并论证了使用国家通用语言文字有助于各民族交流交融、共同发展进步，有利于铸牢中华民族共同体意识。

（四）社会生活方面

康慧琳《普通话能力对农民主观幸福感的影响》（《语言战略研究》第1期）利用《中国劳动力动态调查》中有关主观幸福感的数据，研究发现普通话能力对农民的主观幸福感有显著的提升作用，经济资本、社会资本和信息技能是重要的中介机制，在控制住以上中介效应后，普通话的直接作用仍然显著。张卫国、张威、程实《语言经济研究中的因果推断研究——以普通话能力与农民创业关系为例》（《语言文字应用》第3期）以2016年中国劳动力动态调查数据为样本，利用经济学计量回归方法对普通话能力对农民创业的影响及其机制进行了实证分析，发现农民的普通话能力与其创业行为之间具有因果关系，普通话能力可以增加社会网络、提高信息获取能力、缓解正规融资约束等，从而促进农民的创业行为。陈怡媛《国家通用语言文字研究——以网络童装店铺名用字分析为例》（《国家通用语言文字教学与研究》第9期）以月销量为依据，以淘宝网月销量为前300的淘宝童装店铺的名称作为研究对象，分析了淘宝童装店铺名称的语言特征、淘宝童装店铺名称特点以及其文化特征。

二、语言政策规划研究

语言政策规划依然是研究的热点，涉及语言治理视角、语言安全视角、国际组织的语言政策、区域国别语言政策、语言教育规划、本体规划、领域语言规划、规划学科发展等八个方面。

（一）语言治理视角

郭亚东《世界卫生组织多语治理的理念与实践》（《中国语言战略》第2期）发现，世卫组织多语信息传播格局基本形成，多语实践结构层次多元并行，多语服务的价值取向更加客观，多语治理依然面临现实挑战。张智义、倪传斌《全国两会语言类提案分析（2020－2022年）》（《中国语言战略》第1期）梳理了语言政策研究中的一些核心构念，然后结合这些核心构念对2020－2022年度全国两会的语言提案进行了分类，接着分析了语言提案中和语言政策相关的重要语言关系，以及和时代特征、社会需求的关联，最后从两会语言提案连接社情民意和大政方针角度分析语言提案是语言政策中观研究的理想视角。郭书谏、沈骑《全球化时代语言治理的后现代转向》（《西安外国语大学学报》第1期）聚焦美国官方的语言立法文件和科技公司的社区语言规范，从多重视角探讨全球化时代语言治理实践的后现代转向及其影响。王世凯《语文现代化的国家语言治理视角》（《北华大学学报（社会科学版）》第5期）认为，130年语文现代化成败并存，这为新时代的国家语言治理提供了有益的启示，我国的国家语言治理要注重治理主体的科学构成与良性互动，要坚持国家在场观，要秉承国家语言治理的基础观、全球观和大服务观。王世凯《论国家语言治理》（《克拉玛依学刊》第 4 期）分析国家语言治理是基于语言治理和我国国家治理提出的概念，是"针对语言进行的治理"，内含于国家治理，具体是指以语言问题、语言贫困、语言资源、语言生活、语言权利、语言生态等语言治理问题为治理对象，由政党、政府、社会组织、个人等组成多元共治主体，采取强制、协商、教育、引导、政治、经济等多样化手段，通过法治与德治结合，立法、政策、规划、规范、标准结合，"政"与"策"结合的多层多元治理方式，依照党委领导、政府主导、民主协商、社会协同、公众参与、法治保障、德治先导、科技支撑的治理模式，管理语言事务，调控语言资源，以解决语言问题、消除语言贫困、提高资源效益、和谐语言生活、保障语言权利、提升语言活力、保护语言生态，实现语言治理现代化的过程。葛东雷、蒙永翠、朱丹《法治视域下的语言治理：内涵、困境与路径》（《克拉玛依学刊》第 4 期）认为，语言治理法治化是指在依法治国的背景下对语言进行法治化治理，语言治理法治化是涉及语言因素的法治化公共事务治理，具有法治性和公共性特点；语言治理法治化的基本内涵体现在法治与语言、语言与治理、法治与治理之间的关系上；语言治理法治化的困境体现在法律法规体系的不完备性、语言主体依法管理监督的不充分性、语言治理客体依法参与的不适应性。

（二）语言安全视角

曾婷、黄忠廉《语言安全视角下中亚多语战略实施困境分析》（《西安外国语大学学报》第 3 期）指出，多语战略在帮助中亚国家走上国际化发展道路的同时，也引发了中亚各国的"语言自身安全"（主体语言安全、少数民族语言安全）和"语言关系安全"（国语与俄语关系安全、国语与英语关系安全）问题。李茜、梁露《国家安全视阈下的约旦语言现状与语言政策分析》（《西安外国语大学学报》第 2 期）分析了约旦以民族国家认同与权力认同为导向制定语言政策，在国家认同与国家安全背景下对少数民族语言实行隐性政策，在多元文化和权力认同基础上实行英语为主导的外语教育政策。陈美华、欧阳西贝《语言生物识别信息的特征及其安全保护》（《语言政策与规划研究》第 2 期）较系统地阐述了语言生物识别信息的定义、特征、应用和相关研究，指出语言生物识别信息在当今社会中的重要地位；同时结合分析现有案例，阐述当前语言生物识别信息安全的情况，突出保护语言生物识别信息的迫切性。

（三）国际组织的语言政策

赵守辉《国际组织及跨国机构的语言政策与实践：趋势、动因与焦点》（《云南师范大学学报（哲学社会科学版）》第 2 期）指出，国际组织语言政策的研究近年来出现了明显增加趋势，这既是经济贸易全球化和人类共同关心事物治理地区化国际化的产物，更是语言政策研究走向深入及精细的必然结果。张天伟、陈练文《国际组织语言政策与国家语言能力建设》(《云南师范大学学报（哲学社会科学版）》第2期)认为，国际组织在语言使用的实用性和多样性中寻找平衡，在显性语言政策中隐含着隐性的价值取向，我国当前应当以国际组织为抓手，通过推动中文进入国际组织官方语言或工作语言、推进国家通用语相关国际标准推广工作、提高国际组织任职人员数量和比率等方面提升中文的国际影响力，进而提升我国的国家语言能力。李英姿《联合国基于性别平等的语言政策：缘起、内容及影响》(《云南师范大学学报（哲学社会科学版）》第2期)探讨了联合国关于语言性别平等的政策法规产生的背景、具体内容以及对其他国家和国际组织等机构的影响，认为中国未来应充分发挥在联合国等国际组织语言政策相关文件制定、修订、评估等方面的作用，提高中国在语言治理议题包括语言性别平等方面的参与度和实践能力，进而提升中国语言治理规范的全球话语权，并推动区域合作和区域/全球治理的发展。王辉、赵双花《跨国公司语言管理研究——兼论跨国公司的中文语言管理策略》(《云南师范大学学报（哲学社会科学版）》第2期)厘清了"语言管理"和"跨国公司"两个核心概念，对国内外跨国公司语言管理研究进行了述评，构建了跨国公司语言管理框架，探讨了中文作为跨国公司通用语的必要性，并从主体策略、规划策略、设计策略及实施策略4个方面阐释了中文作为跨国公司通用语的语言管理策略。栾婷、傅荣《法语国家组织与法语在国际组织中的影响力》(《中国语言战略》第2期)指出，法语国家组织主要通过"纲领指导、项目落实"的行动模式来努力促进法语在国际组织中的地位，其行动特点有：(1) 始终重视语言培训；(2) 利用现有资源为法语服务，逐渐将培养法语国际公务人员的责任下放；(3) 适时调整政策与行动，与时俱进，保证政策的最优效果。张慧玉、柯瑶《世界500强中国企业多语种网站建设及语言选择机制研究》(《语言政策与规划研究》第2期)分析了143家世界500强中国企业的多语官方网站建设及语言选择情况，试图通过实证数据呈现官方网站建设现状并揭示其官方网站语言选择的规律及影响因素，并就企业多语种网站的发展提出了相应建议。张洁、杨红艳、李佳《国际奥委会的语言管理问题研究》(《语言政策与规划研究》第2期)对国际奥委会的语言政策、语言意识形态进行历史梳理，分析国际奥委会对奥运语言生活的主要语言管理行为及影响，并在此基础上探讨国际奥委会语言管理的关键问题。方小兵《联合国教科文组织语言政策的形成、变迁与影响》(《语言战略研究》第2期)通过对该组织公约、建议书和宣言的形成机制的考察发现，在将提案转化为国际准则性文书过程中，政府推动和专家贡献起着关键作用；国际环境和流行思潮等因素对国际组织语言政策的变迁起着重要作用；国际组织与成员国在互动过程中相互影响，并在博弈中达成妥协。张治国《国际民航组织语言政策：多语和单语的博弈与平衡》(《语言战略研究》第2期)国际民航组织的语言政策分为多语的行政语言政策和单语的航空语言政策两种，国际民航组织需要在政策制定、政策实施、政策成分表现3个方面处理好多语和单语的博弈与平衡。莉萨·J. 麦肯蒂－阿塔利尼斯《当前国际组织语言政策面临的挑战》(《语言战略研究》第2期)认为,审查联合国在语言方面的监管原则、条款规定和语言实践的时机已经成熟,建议对该组织现行语言制度进行评估和改革。张慧玉、安雨晨《国际组织语言权力博弈的非政治经济影响因素》(《语言战略研究》第2期)考察了6694个国际组织的语言数据,对其中的国际组织联盟、全球性国际组织、洲际性国际组织和区域性国际组织的语言选择机制,尤其是各类组织中使用频率较高的非通用语言进行探究。结果显示,影响范围是塑造国际组织语言权力博弈的重要因素。邬美丽《世界贸易组织的语言规划》(《北华大学学报(社会科学版)》第1期)指出,世界贸易组织的语言规划是自上而下的、显性的,选择并确立英语、法语及西班牙语为其工作语言,符合该组织的特点和宗旨,但也存在语言权力失衡、语言多元化不够充分、多语言语用和管理能力不足等弊端,中国应谋求将汉语纳入世界贸易组织的工作语言系列。庞超伟、张探、肖蓉《国际组织人才跨文化能力现状调查与分析——以联合国维和人员为例》(《外语学刊》第5期)采用定量和定性结合的方法,利用前期构建的跨文化能力理论模型及相应的量表和访谈提纲,对联合国维和人员跨文化能力的现状进行研究。

(四)区域国别语言政策

穆军芳、马建静、王琪《马尔代夫的语言生态与语言政策》(《中国语言战略》第2期)根据豪根提出的语言生态理论,基于社会环境考察了马尔代夫的语言生态,发现马尔代夫的语言生态相对单一,但呈现出多样化的发展趋势;语言政策在重视国语迪维希语的基础上,注重通用语言英语的发展。王珑兴、郑咏滟《语言地位视角下安第斯共同体四国语言法律的历史结构性分析》(《西安外国语大学学报》第1期)以四国语言法律条文为索引,深入剖析安第斯共同体国家语言政策中的历史性和结构性因素,进而分析因素间的相关性。王烈琴、郭黎波、李卓阳《多语现象、语言政策与语言意识形态——以马来西亚和缅甸为例》(《西安外国语大学学报》第3期)从历时与共时角度梳理、对比分析两国自殖民时期以来在其国语、英语和华语政策上的异同,挖掘两国语言政策背后的语言态度与语言意识形态。何杰《进入21世纪以来阿富汗的外语教育政策与实践分析》(《语言政策与规划研究》第2期)指出,进入21世纪以来,阿富汗致力于国家社会重建,对外语教育进行了规划,取得了一定成效,中国可进一步优化阿富汗的中文教学机构布局。李娜、林书傲《英国EAL语言教育评估体系发展及启示》(《语言政策与规划研究》第2期)考察了EAL教育在英国日益受到政府、教育部门的重视与关注的情况,并为我国提供了借鉴。杜雯《委内瑞拉语言规划的特点及其启示》(《语言政策与规划研究》第2期)从生态语言学视角出发,描述拉丁美洲国家委内瑞拉的语言现状,并从地位规划、本体规划和习得规划三方面梳理委内瑞拉的语言政策,分析其语言规划中的关键制度——双语教育的特点,并总结其启示意义。张治国、刘振《柬埔寨语言生态及语言政策研究》(《语言政策与规划研究》第1期)分析了柬埔寨的语言生态及语言政策。张方方、庞若洋《认同视角下的安哥拉语言政策研究》(《语言政策与规划研究》第1期)分析了历史和当下安哥拉语言教育所面临的问题,并提出了语言政策的相关建议。张治国《中亚五国语言生态及政策的共性研究》(《北华大学学报(社会科学版)》第1期)梳理中亚五国独立后的共同语言生态变化及特点,探究它们共有的语言政策概况,分析这些语言生态与语言政策之间的互动关系。郑崧《乌干达初等教育教学语言政策评析》(《北华大学学报(社会科学版)》第1期)认为,乌干达当前的初等教育教学语言政策可以归纳为"早退出过渡模式",这一政策在实施过程中面临着政治与教育上的双重挑战,为此乌干达政府需要进一步调整语言政策,加强协调,改进评估。张慧、张玉双《西班牙语国际推广机构的语言声誉规划探析——以塞万提斯学院为例》(《西安外国语大学学报》第1期)基于语言声誉规划理论,采用计算机辅助分析研究方法,以塞万提斯学院年报为研究对象,梳理该机构在官方、机构、团体、个人多层面互动进行西班牙语声誉规划的成功经验,总结并分析其声誉规划的策略与机制。李茜、梁露《国家安全视阈下的约旦语言现状与语言政策分析》(《西安外国语大学学报》第2期)指出,约旦以民族国家认同与权力认同为导向制定语言政策,在国家认同与国家安全背景下对少数民族语言实行隐性政策,强调以阿拉伯语为主体的多元语言政策。马承志、马强《波斯语在南亚的地位与影响》(《西安外国语大学学报》第2期)指出,波斯语作为行政和文学语言传入南亚,持续发展后逐渐消退,其在南亚的历史境遇,既是南亚社会发展的历史缩影,也是南亚文化学习、吸收和独立创新的过程。

(五)语言教育规划

1. 国内层面的研究。韩亚文、李丹《来华留学生语言教育政策:演变、特点和动因》(《中国语言战略》第2期)基于对历史文献和资料的文本分析,考察新中国成立以来来华留学生语言教育政策的发展和特点,探讨这些语言教育政策演变的动因。杨媛媛、李凯蕾《国家安全视域下中国少数民族语言教育发展路径研究》(《克拉玛依学刊》第5期)指出,应大力推广普及国家通用语言文字,科学保护与传承少数民族语言文字,全面开展多语种外语教育等。徐浩《我国高校外语专业教育习得规划的设计、布局与教学问题》(《外语教学》第1期)以外语复合型人才培养和非通用语种建设为例,从语言习得规划的角度对上述问题展开分析,并提出改进建议。张治国《全球治理视域下我国外语语种规划研究》(《外语教学》第4期)梳理了语种规划的定义、属性、分类和外语选择标准,然后据此统计了我国建交国家及未建交周边国家的官方语言及其分值,最后再根据各语言的分值等因素将它们分为8个等级。张蔚磊、王辉《微观语言规划理论及其对我国外语教育规划的启示》(《外语研究》第1期)概述了语言政策和规划的三个维度,剖析了微观语言规划和宏观语言规划的关系，详析了微观语言规划与宏观语言规划的微观执行的关系，深入探讨了学校教育中的微观语言规划，从微观语言规划视角审视我国外语教育规划并提出建议。常俊跃《中国外语教育：基本概念、本土实践及指导理念》（《外语研究》第3期）辨析了我国外语教育的一些基本概念，梳理了我国外语教育的本土实践，探究了实践背后的指导理念。

2. 国际经验的介绍和借鉴。杜栩涵、陈美华《荷兰外语教育政策：价值取向、演进与启示》（《中国语言战略》第2期）选取荷兰外语教学作为参考对象，通过官方数据分析、法律文献研读，在概述荷兰外语教学现状及特点的基础上，探究该国外语教育规划的价值取向、在该理念下课程的设置与管理及其对民众多语种意识和外语能力的深远影响。栾婷、傅荣《欧洲委员会语言教育政策评析》（《北华大学学报（社会科学版）》第1期）认为，欧洲委员会自成立至今关于语言教育政策有三个主要行动方向：建构统一的语言能力评估标准、革新教学理念与教学方法、保护和发展语言和文化多样性，其在制定、推动欧洲语言教育政策过程中更多是发挥智囊团的作用，用新理念支持、引导着欧洲语言教育政策的发展。王娟、曲志强《日本基础教育母语教育评价体系评析》（《北华大学学报（社会科学版）》第1期）指出，进入21世纪以来，日本基础教育母语教育评价体系的改革在学习过程评价和学习成果评价两方面取得一定的成效，但也暴露出一定的问题：教师的主观判断对评价结果的影响程度高；平民教育与精英教育之间的评价体系存在断层；部分评价工作商业化。邓世平、王雪梅《基于企业需求调查的"一带一路"关键土著语言教育规划》（《外语电化教学》第2期）通过问卷调查与访谈相结合的方式，对"一带一路"沿线国家或地区中方企业的关键土著语言需求进行了深入调查，并提出了关键土著语言教育规划框架。

（六）本体规划

江蓝生《〈现代汉语大词典〉的编纂理念与学术特色》（《语言战略研究》第1期）提出了共时性与历时性相结合、规范性与描写性相结合、学术性与实用性相结合等新的编纂理念，具有四个方面的学术特色。张淑娜、陈丽云、严世芸《术语学视域下的术语标准化》（《中国科技术语》第1期）认为，术语标准化的主要问题是术语的单义性要求和人文社科术语的标准化，中医术语呈现极鲜明的人文性，解决术语单义性要求的问题和人文社科术语标准化的问题有利于中医术语标准化的顺利开展。刘春燕《信息与文献标准化术语管理研究》（《中国科技术语》第1期）统计分析了国际标准化组织ISO/TC 46技术标准中对ISO 5127术语的引用，修正了ISO 5127信息与文献术语概念体系，分析了开展ISO/TC 46信息与文献领域术语管理的必要性和可能性，并提出了在ISO/TC 46领域开展术语管理的基本建议。徐滋含、吴芳《形象性应成为术语定名原则之一》（《中国科技术语》第1期）从地质学术语中的"亲"与"嫌"两个构成要素入手，初步探讨术语定名和汉译中的形象性问题，尝试提出了促成术语形象性的三种生成方式——摹状、拟人和隐喻，认为形象性对于术语系统尤其是汉语术语系统具有重要意义，应当成为定名原则之一，并提出这些原则应当按照由微观到宏观的次序进行参照。李龙《论文字政策与文字规划》(《汉字文化》第 13 期)以世界上主要的文字为例，对文字政策和文字规划的内容、意义和理论方法等方面进行了讨论。

(七) 领域语言规划

沈骑、张冰天《试论科技领域的语言竞争与语言规划》(《语言文字应用》第 4 期)回顾了世界主要科技语言演化的历史，分析了当今世界主要科技语言竞争问题，基于语言竞争理论，从三个维度审视科技领域的语言竞争及其导致的语言问题，最后基于语言规划的四个维度提出了中国科技领域语言规划建议。穆雷、李雯、刘馨媛《新型冠状病毒肺炎疫情应急语言术语翻译和管理》(《北京第二外国语学院学报》第 1 期)描述了国内外应急语言术语翻译和管理研究的现状，以国内外应急语言相关概念的对比分析为例，提出对我国应急语言术语翻译和管理的 3 点建议。李苏鸣《军事语言能力研究若干问题简说》(《语言政策与规划研究》第 2 期)认为，需要在军事语言能力基本概念、战斗力属性、层次结构、核心要素等基础理论方面做更加深入的研讨，同时要高度重视围绕国家安全战略和军事战略需求提高军事语言能力的实践探索。梁晓波《进入 21 世纪以来异军突起的国外语言与战争研究》(《语言政策与规划研究》第 2 期)归纳总结了语言与战争的总体研究、国防语言战略与规划、具体战争中的语言运用、战争话语、战争中的翻译和翻译行动、反恐战争中的语言等六类研究。马晓雷、陈颖芳《建构具有军事特色的军校外语教学体系》(《语言政策与规划研究》第 2 期)指出，军队院校应强化外语教学军事特色，厘清外语能力目标内涵，打造模块化课程内容，改进教学模式方法，优化教学评价指标，在高素质新型军事人才培养中发挥更大作用。梁砾文、高振兴《民航领域的语言安全规划研究》(《语言政策与规划研究》第 1 期)以民航语言安全问题为中心，系统分析近五年来民航领域不安全事件的特点，明确语言在民航语言安全规划措施中起到的作用，并将民航语言问题及民航语言安全规划措施与民航安全管理体系相结合，建构民航语言安全规划的研究框架。阎莉、文旭《基于语言命运共同体建设的跨境语言规划：框架与意义》(《山东外语教学》第 1 期)以语言生态观为指导，以中华民族语言命运共同体建设为着眼点，聚焦我国本土跨境语言的价值，从地位规划、本体规划、教育规划、服务规划等维度构拟跨境语言规划框架及内容。魏晖、翟占国《语言文化交流在铸牢中华民族共同体意识中的作用及机理》(《语言规划学研究》第 1 期)认为，发挥语言文化交流在铸牢中华民族共同体意识中的作用，可以通过加强国家通用语言文字教育、培育践行社会主义核心价值观、重视少数民族文化传承与保护、加强少数民族地区社区建设等方面体现。康翠萍、宁爽《国家通用语言文字政策的演变逻辑与功能定位——基于〈国家通用语言文字法〉实施以来的政策内容考察》(《民族教育研究》第 3 期)认为，以国家通用语言文字法为指导的政策表现出明显的承接性、实效性、协同性等特征，体现出以"书同文、语同音、人同心、系国运、铸民魂、筑国梦"为基本功能的政策演变逻辑与价值目标。仰国维、邱丽君《〈中华人民共和国国歌〉国家通用手语方案研究》(《语言规划学研究》第 1 期)参照语言学和翻译学的理论知识,确定了三个编制原则,并将译出的国歌手语符合歌词原意始终放在首要的位置。

(八)规划学科发展

刘海涛《关于语言规划学科的几点思考》(《外语与外语教学》第 6 期)指出,语言规划是一个问题驱动的语言学分支学科,语言规律是语言规划的学科基础,语言规划的本质是有意识地驱动语言的演进,使其更好地服务于人,服务于社会,服务于国家。语言规划研究应该重视理论模式的作用,寻求具有普遍意义的人类有意识影响的语言演变规律,并使用这些规律解决现实世界的语言问题。沈骑、刘思琪《数智时代语言规划研究的范式转换与方法创新》(《外语与外语教学》第 6 期)通过对语言规划研究的范式变迁与研究方法的历史演进进行梳理和评价,分析数据驱动的语言规划资源范式在该学科的应用现状,展望数智时代语言规划的研究问题及研究方法,为数智时代开展语言规划研究提供借鉴和参考。刁晏斌《沿着先贤开创的语文现代化道路不断前进——为纪念中国语文现代化运动 130 周年而作》(《北华大学学报(社会科学版)》第 5 期)在卢戆章《一目了然初阶》出版、中国语文现代化运动 130 周年之际,围绕"守正"与"创新"、"现代"与"传统"、"实践"与"理论"三个方面讨论了中国语文现代化。

三、国家语言能力研究

国家语言能力研究主要涉及国家语言能力研究的理论与方法、国防语言研究、学术话语体系研究和外语能力与对外传播话语体系研究四个方面。2022 年度的国家语言能力研究表现出注重理论与方法的探索,实证性强、政策参考导向明显等特点。

(一)国家语言能力研究的理论与方法

2022 年度的几项研究对国家语言能力研究的理论与方法从不同角度进行了阐述。李宇明《国家语言能力提升》(《语言规划学研究》第 1 期)指出了国家语言涉及的行政、外事、军事安全、新闻舆论、科技教育、经济贸易等六大领域,并提出制定国家安全语言战略、指导公民的第二外语选择和提升领域语言能力等提升国家语言能力的若干举措。陈艳红《国家语言能力系统论》(中国人民大学出版社,7 月)从信息论和系统论两个视角探讨国家语言能力的本质属性、演化动力和机制以及宏观调控原则等。文秋芳《中国特色的辩证研究范式——以国家语言能力研究为例》(《语言文字应用》第 4 期)解释了辩证研究范式的内涵,并以国家语言能力理论构建为例说明了该范式的应用。沈骑、刘思琪《中国 ESG 话语能力建设的基本问题与研究路径》(《云南师范大学学报(哲学社会科学版)》第 1 期)

基于话语传播学的理论，提出国家话语能力建设的 5 大要素：话语传播主体、传播内容、传播渠道、传播对象及传播效果，并分析了中国 ESG（环境、社会、治理）话语能力建设的 5 个基本问题领域，提出了 5 个研究路径。卓丽、夏登山《国家话语元语用立场分析框架构建》（《中国外语》第 2 期）立足元语用立场概念提出了国家话语的元语用立场分析框架，并通过具体案例分析，证实该框架具有较强的可行性和较高的研究价值。张天伟《国家语言能力指数体系的发展与比较研究》（《外语研究》第 4 期）分析了国家语言能力指数体系的发展，并对比了 2011 年和 2021 年国家语言能力指数体系，说明了新指标体系的优越性。

（二）国防语言研究

国防语言指服务于国防以及维护国家安全所需要的语言。国防语言能力指的是一个国家为满足国防相关领域的需求，在语言储备、建设、发展、运用和保障方面的能力的总和。国防语言研究是 2022 年度国家语言能力研究的一个重要方向。梁晓波《中国军事语言研究：概况与重点领域》（《语言战略研究》第 6 期）分析了知网 3530 篇军事语言研究文献，梳理了中国军事语言研究的发展脉络、研究热点、研究主体以及学科发展阶段。杨鲁《〈中国人民解放军军语〉编纂的历程、特色和创新》（《语言战略研究》第 6 期）将《中国人民解放军军语》编纂历程划分为萌芽时期、草创时期和发展时期，提炼了《中国人民解放军军语》编纂的时代特色、我军特色和实践特色。马晓雷、文月、张韧《战争叙事视角下的军事语言协同能力研究》（《语言战略研究》第 6 期）认为，军事语言协同能力应结合战争叙事的总体框架，考虑语言运用在实施战争行为、描述战争进程、组织战争行为和影响受众认知中的作用，并以伊拉克战争为例说明语言运用在标定关键节点、框定发展脉络、策应军事行动、营造感染效果等方面对战争叙事推进的协同效应。李洪乾、李常荣《联合国军事观察员跨文化交际的现状、问题和思考》（《语言战略研究》第 6 期）指出，联合国军事观察员在跨文化交际方面存在语言能力不足、对象国文化缺失以及交际策略单一等问题，并提出关于中国联合国军事观察员跨文化交际能力培养途径的建议。

（三）学术话语体系研究

学术话语权是话语权的重要组成部分，话语权的发展会直接影响国家的学术竞争力，也会影响其在世界知识体系中的地位。《语言战略研究》推出的几项研究均与学术话语体系建设相关。文秋芳《论外在学术语言和内在学术语言——兼及中国特色学术话语体系构建》（《语言战略研究》第 5 期）提出外在学术语言与内在学术语言这一对新概念，并以亲身经历为例，展现自我学术思维对语言依赖状况的变化过程，反思内在学术语言对学术创新带来的正负面影响。张天伟《学术评价中的语言因素及影响机制》（《语言战略研究》第 5 期）考察了国内外 4 种权威的大学排名体系中与语言相关的评价指标和国内不同类型高校对教师学术能力的考核标准，发现学术评价中的语言政策具有隐性特征，语言政策在学术评价中的动态调整体现了能动性与客观世界的互动关系。张治国、崔楠楠《中国学术语言的中英文地位问题》(《语言战略研究》第 5 期)通过统计对比中英文作为学术语言的相关数据，分析中文在学术英语影响下的地位状况。调查结果显示，中文的国内学术地位存在一定的安全隐患，并提出加强中文作为学术语言的对策研究、制定和实施多维实用的学术语言政策等对策。赵世举、郑蒙《术语与科技话语能力建设：法国的实践及启示》(《语言战略研究》第 5 期)通过分析法国在术语管理体制机制建设方面的案例，凝练了其以"服务"为核心理念、相关主体互动协同的术语建设模式，并说明了该模式对中国术语建设的启示。沈骑、孙雨《从〈语言政策〉期刊看中国语言规划研究的国际话语权》(《语言战略研究》第 5 期)考察了国际学术期刊《语言政策》创刊 20 年来研究性文章的来稿及录用情况、关键概念、文章引用文献及被引用情况，发现中国语言政策国际话语权有所提升，但与中国国际学术话语构建的目标尚有一定差距，进而提出了提升问题意识、创新意识、使用意识和战略意识的建议。

（四）外语能力与对外传播话语体系研究

外语能力建设与对外传播话语体系密切相关，且都属于国家语言能力建设的范畴。2022 年度几项研究均与此相关。张立伟《国家语言能力框架下专业外语教育核心素养培养路径研究》(《外语学刊》第 6 期)将专业外语教育中的关键能力定义为核心素养，通过分析 OECD（Key Competencies）、美国（21st Century Skills）及日本（21 世纪型能力）等所采用的核心素养概念，探索国家语言能力框架下我国专业外语教育核心素养的培养路径。陆丹云《美军 21 世纪外语新战略：理念更新、体系构建和机制保障》(《语言政策与规划研究》第 2 期)分析了 21 世纪的外语新战略形成过程中的规划演变、方案调试和技术更新，并从理念更新、建设体系和机制协同三个方面分析了该战略的特点。杨丹《以"101 工程"非通用语振兴计划服务国家语言能力建设》(《外语界》第 1 期)论述了非通用语振兴计划的时代价值、战略目标、实施路径和合作机制，并指出非通用语振兴计划彰显人类语言共同体理念，助力提升国家语言能力和构建人类命运共同体。周大军、邵宗宝《军事领域外语能力的资源规划与建设：美军的经验及其启示》(《语言政策与规划研究》第 1 期)分析了美军在外语本体、人力、应用、技术等资源领域的规划和建设经验，认为我国军队可从外语资源战略规划、本体资源布局、人力资源管理与质量测评、训练激励机制、资源开发利用等方面获得启示。周大军、任苗苗《军事外语能力建设的现状与反思》(《语言政策与规划研究》第 1 期)从军队外语资源基础、军队外语能力的管理、军人外语能力的培养体系等三个方面考察了我军的外语能力建设现状，并针对军事外语能力建设在顶层战略、管理体系、培训体系、技术支撑等方面存在的制约性问题提出了相应对策。张威、白一博《中国特色对外话语在英语世界的译介与传播——背景、主题与价值》(《中国外语》第 6 期)介绍了新中国成立 70 多年来中国特色对外话语在英语世界译介与传播研究的核心主题、设计框架和具体内容，说明该研究在学术创新、学科发展和社会服务等方面的价值，期待推动中国话语对外译介与传播研究的持续发展。吴让越、赵小晶《评价理论视域下的和谐话语体系对外传播研究》（《外语学刊》第 2 期）通过自建新华网（英文版）涉贫新闻报道语料库，分析扶贫话语传播的共性与规律。研究发现，新华网对扶贫减贫话语对外传播多使用积极态度，遵循和谐话语分析的"以人为本"假定和"良知""亲近""制约"三原则。

四、语言教育研究

2022 年，中国语言文字事业开启"第二个百年"新征程。语言教育作为中国语言文字事业发展的核心，也进入了高质量发展新阶段，国家提出要满足人民日益增长的优质语言教育需求。相应地，2022 年度，语言教育研究重点从语言教育的作用和意义、数字化技术与资源服务、教育理论与实践等方面探讨了国家通用语言文字教育、基础语文教育教学、外语教育的提质增效问题。

（一）国家通用语言文字教育

推动国家通用语言文字教育质量提升是我国语言文字事业发展的核心任务之一。2022 年，《国家通用语言文字普及提升工程和推普助力乡村振兴计划实施方案》《关于加强高等学校服务国家通用语言文字高质量推广普及的若干意见》以及"全国语言文字工作会议""迎接二十大　推动新时代国家语言文字事业高质量发展论坛"，皆强调了国家通用语言文字教育的重要意义和作用。2022 年度相关研究进一步阐明国家通用语言文字教育在铸牢中华民族共同体意识、乡村振兴中的重要意义，探讨国家通用语言文字教育质量提升的问题与方略。

菅志翔、马戎《语言、民族国家建构和国家语言政策》（《学术月刊》第 9 期），柳劲松、何煦《国家通用语言教育政策获得感影响因素——基于湖北省 W 市西藏中学的调研》（《中南民族大学学报（人文社会科学版）》第 3 期），彭慧敏、薛南《少数民族地区中小学国家通用语言教育政策执行支持与执行重点——以青海省为例》（《青藏高原论坛》第 2 期）指出，在少数民族地区推广国家通用语言教育是保障人民接受教育的基本权利，能够带动当地经济发展、加强社会群体间沟通协作，普及和落实国家通用语言教育政策，对于铸牢中华民族共同体意识有重大现实意义。韩彦、李双龙《理性视角下民族地区国家通用语言教育：价值依据与实践路径》（《民族高等教育研究》第 6 期）指出，加强国家通用语言教育的价值依据，提出需要从意识层面、政策层面、服务保障等方面加强国家通用语言教育。银晴、田静、苏新春《语言何以助力乡村振兴》（《语言战略研究》第 1 期），韩江华《民族地区乡村国家通用语能力建设与乡村振兴：互生互助与实现路径》（《西北民族大学学报（哲学社会科学版)》第6期)，赵婷婷《语言教育助力乡村振兴：青海省茶卡镇蒙古族的个案》（《民族教育研究》第4期）探讨了国家通用语言教育与乡村振兴的关系，指出乡村国家通用语言能力建设是乡村振兴的必然要求，创设多元化的语言教育环境，是助力乡村振兴的有效路径。阿依古力·斯迪克《国家通用语言教学发展与创新探讨》（《文学教育（下）》第1期）调查发现民族地区高职院校还存在国家通用语言水平低的问题，亟待提高高职院校国家通用语言教学发展水平。李瑞华、陈诗琪《少数民族学前儿童国家通用语言能力测评体系的建构——测评工具分析的视角》（《民族教育研究》第3期）基于少数民族学前儿童国家通用语言发展大规模质量检测的现实需求，讨论了少数民族学前儿童国家通用语言能力测评体系的建构问题。张媛媛《乡村振兴背景下中国农村中小学教师普通话能力实证研究——基于河南省的调查》（《河北师范大学学报（哲学社会科学版）》第3期）调查发现中国农村中小学教师国家通用语言文字能力仍存在地区差异大、普通话使用范围有限、普通话一级教师数量少、对国家通用语言文字政策法规知晓度低等问题。张戈、李雪婷、吴艳梅《"互联网＋"背景下民族地区国家通用语言教育质量的提升路径研究》（《青海民族大学学报（社会科学版）》第3期）提出打造便捷有效、科学合理的"互联网＋"国家通用语言教育立体系统等路径。除此之外，类似研究还有杨常宝《中华民族共同体建设语境下的推广普及国家通用语历程考察》（《中华民族共同体研究》第6期），周金生、王俊杰《论国家通用语言文字教育提质增效之道》（《中国高等教育》第17期），贾超、陈岩杰、常永才《技术整合下民族地区国家通用语言文字教育的逻辑起点、理论模型与技术路径》（《西藏民族大学学报（哲学社会科学版）》第4期）等。

（二）基础语文教育教学

提升全民语文素养、提高语文教育教学水平，是语言文字事业高质量发展的重要内容。2017年以来，新一轮语文课程改革启动，统编教材的推行有力推动了语文知识教学回归。2022年度，《义务教育语文课程标准（2022年版）》发布，再次强调语文教育工具性与人文性的统一。相关研究围绕基础语文教育教学改革，重点解读新课标，阐释语文知识体系，探讨统编教材运用。

申宣成《义务教育语文课程标准修订：背景、内容与实施》（《全球教育展望》第6期），荣维东、唐玖江《〈义务教育语文课程标准（2022年版）〉的主要变化、学理依据与实施策略》（《课程·教材·教法》第9期），董小玉、刘晓荷《〈义务教育语文课程标准（2022年版）〉的新变化、新方向与新要求》（《天津师范大学学报（基础教育版）》第6期），董蓓菲、闫琳《〈义务教育语文课程标准（2022年版）〉文化教育图谱》（《课程·教材·教法》第10期）整体解读了《义务教育语文课程标准（2022年版）》的修订背景和过程、学理依据、主要内容变化、方向要求、实施情况等。王荣生《"语文学习任务"的含义——语文课程标准文本中的关键词》（《中国教育学刊》第 11 期）和《"语文学习任务群"的含义——语文课程标准文本中的关键词》（《课程·教材·教法》第 11 期），文艺、崔允漷《语文学习任务究竟是什么？》（《课程·教材·教法》第 2 期），郑桂华《义务教育语文学习任务群的价值、结构与实施》（《课程·教材·教法》第 8 期）重点解读了新课标中"语文学习任务""语文学习任务群"的含义、价值、结构与实施。《语言文字应用》第 1 期设立"中小学语文知识体系研究"专栏，苏新春、赵树元《语文素养教育时期不可忽略语文知识教学》，朱于国、姜向荣《关于构建语文课程知识体系的思考》，孙园园《中小学语文知识的多维建构》指出了语文知识的重要性，并解释何为语文素养以及语文课程知识体系构成。另外，刘飞、黄伟《新课程理念下语文课堂教学体系重建——基于〈义务教育语文课程标准（2022 年版）〉的分析》（《天津师范大学学报（基础教育版）》第 4 期）指出，语文课程体系重建应立足核心素养、基于任务群、依托学习情境、聚焦学习过程。皮连生、吴红耘《论语文教学的三个问题》（《中国教育科学（中英文）》第 1 期）基于认知科学语文教学论提出语文教学中的知识类型，并构建与之相应的四类语文新课型。陈先云《如何用好统编小学语文教材》（《民族教育研究》第 5 期）、《统编小学语文教科书中语文要素的内涵及其特点》（《课程·教材·教法》第 3 期）整体论述了统编语文教材的编排特点、内容特征和教学设计原则。魏小娜《认知写作：写作形式、价值取向与教学策略——基于统编版语文教材写作编写的思考》（《天津师范大学学报（基础教育版）》第 1 期）、郭子超《传统文化视域下文言文教学的"义理阐释"及其实现策略——以统编版初中语文教材〈论语十二章〉为例》（《天津师范大学学报（基础教育版）》第 2 期）、郑新丽《语文教学厚植学生国家认同感的策略研究——以统编版高中语文教材为例》（《天津师范大学学报（基础教育版）》第 5 期）、胡斌《单元学习任务前置教学模式中课的教学设计——以高中语文统编教材文学阅读与写作任务群为例》（《课程·教材·教法》第 5 期）通过阅读、写作等课程的教学案例，讨论了统编教材的实际运用，特别是结合统编教材的语文教学设计和教学策略。

（三）外语教育

外语教育改革一直是语言教育研究的热点话题。2021 年，外语学界集中回顾了中国共产党引领的百年外语教育实践。2022 年度相关研究坚持守正创新，以新时代为着眼点，重点基于国内外经验探究新阶段中国外语教育的发展方向、融合数字化技术促进外语教育教学转型、结合国家发展需求讨论外语教育中的国家意识培养。

姜亚军《试论我国外语教育的中国特色》（《外语教学》第 5 期）、常俊跃《中国外语教育：基本概念、本土实践及指导理念》（《外语研究》第 3 期）、郑燕虹《守正与创新：新时代外语教育之思考》（《中国外语》第 5 期）梳理和总结了中国外语教育的基本概念、历史与现状、指导理念和实践特色。杨丹《中国外语教育的三个转向》（《语言战略研究》第5期）指出了外语教育创新面临的挑战，并提出新时代中国外语教育的三个转向。王守仁、何宁《立足新时代，开拓中国特色高校外语教育的广阔前景》（《外语电化教学》第4期）提出新时代高校外语教育应坚持服务国家，重视国际传播能力培养，构建中国特色高校外语教育新体系。束定芳《上海基础外语教育新生态构建："融合""服务""引领"——上海市英语教育教学研究基地的实践与创新》（《外语界》第6期），庞闻、葛睿、王仁风《西部高等外语教育协同发展：现实困境、模式选择与实施路径》（《外语教学》第6期）介绍了中国区域外语教育创新实践经验和发展路径，包括上海基础外语教育新生态构建和西部高等外语教育协同发展。肖华锋《美国外语教育的历史考察》（《四川大学学报（哲学社会科学版）》第6期）梳理了美国外语教育的历史发展，总结了美国、英国外语教育的历史经验教训。

黄立波《大数据时代背景下的语言智能与外语教育》（《中国外语》第1期），张帅、唐锦兰、王琦《教育技术在外语教育学中的内涵、定位及作用》（《外语教学》第4期），苏红、王银泉《数字人文时代高校智慧型外语教师信息素养提升策略研究》（《外语电化教学》第2期），孙有中、唐锦兰《人工智能时代中国高校外语教师队伍建设路径探索："四新"理念与"四轮"驱动模式》（《外语电化教学》第3期），王大鹏《高校VR英语课堂构建——评〈基于虚拟现实的计算机辅助语言教学研究〉》（《中国教育学刊》第9期），张忠华、王冀鲁、朱向荣等《基于区块链技术的学分银行系统的设计与实现——以北京外国语大学的"外语教育创新"项目为例》（《现代教育技术》第9期）等论述了数字时代外语教育的创新发展，并探讨了大数据、人工智能、虚拟现实、辅助机器人、区块链等各种技术在外语教育教学中的应用及其对外语教育的影响。除此之外，2022年度外语教育研究还聚焦国家意识与外语教育实践的关系，强调国家意识培养应融入外语学科发展、外语课程建设、外语教材设计、外语教育话语实践等各个方面。相关成果包括：杨枫《国家意识与外语课程思政建设——兼论新文科视野下的外语教育实践》（《外语教学理论与实践》第2期）、《国家意识的外语教育话语实践》（《当代外语研究》第2期）、《外语教育国家意识的时代困境、内涵结构与实践路径》（《外语与外语教学》第2期），曲卫国《国家意识与学科发展》（《当代外语研究》第1期），王银泉《外语教育国家意识与外语学科跨学科融合发展》（《当代外语研究》第1期），王靖潭《国家话语能力视阈下外语学科国家意识教材观》（《当代外语研究》第1期），王俊菊、魏鲁鸿《外语教育视野下的国家意识培养》（《当代外语研究》第2期）。

教育是立国之本，是百年大计。2022年度语言教育研究，站在历史交叉点上，探究中国语言教育的第二个百年发展大计，宏观、微观并重，历时、共时并行，国内、国际兼顾，探寻中国语言教育的"守正创新"之路。

五、语言国际教育与传播

2022年12月，国际中文教育大会暨首届中外语言交流合作论坛开幕，强调语言学习交流在推动构建人类命运共同体中的重要作用。2022年度国际中文教育研究立足世界百年未有之大变局和疫情后中文国际传播的国际现实，在充分挖掘国际中文教育重要意义基础上，推动国际中文教育的区域国别研究，探讨国际中文教育的未来发展，解决国际中文教育"三教"问题。

（一）国际中文教育的区域国别研究

孙春兰在2022年国际中文教育大会上指出，目前全球有180多个国家和地区开展中文教学，81个国家将中文纳入国民教育体系，开设中文课程的各类学校及培训机构8万多所，正在学习中文的人超过3000万。中文的国际地位日渐提升、应用领域不断拓展，2022年度相关研究深入分析不同区域、国家的中文教育教学情况，真实反映中文教育的国际现状。

尹冬民、唐培兰《中文纳入各国国民教育体系发展状况研究》（《语言文字应用》第4期）对世界各国中文纳入国民教育体系的发展状况做了整体梳理和较为全面的呈现。贺莉娜、吴应辉《21世纪韩国中文教育发展历程与现状》（《华文教学与研究》第1期）回顾了21世纪韩国中文教育发展的历史和现状，提出中韩合作的方向。余烁、陈志伟、楚琳《德国中文教育促进中德人文交流的功能、挑战及发展路径》（《民族教育研究》第4期）认为，德国中文教育体系具有多元交织叠加特征，指出了德国中文教育在师资学员、空间资源等方面的问题，并提出相应的发展路径。王添淼、刘薇、赵杨《欧洲〈教师语言教育能力指南〉及对国际中文教师标准的启示》（《汉语学习》第1期）说明了欧洲《教师语言教育能力指南》对完善国际中文教师标准的启示。李秋杨、陈晨、奥斯卡·费尔南德斯·阿尔瓦雷斯《西班牙中文教育本土化特征、动因与发展策略》（《语言文字应用》第2期）分析了西班牙中文教育本土化特征，指出西班牙中文教育得益于当地良性互动的语言价值、语言选择和语言政策，并提出了发展策略。孟源、李宝贵、史官圣《意大利基础教育阶段中文教育政策演进及其影响》（《语言文字应用》第3期）指出，意大利中文需求的快速增长是意大利中文教育政策演进的主要原因，这些政策有力促进了中文教育在意大利的当地化、低龄化和规范化发展。王睿昕、吴应辉《中文教育在马来西亚教育体系内外发展现状及特征研究》（《四川师范大学学报（社会科学版）》第2期）探究了马来西亚的中文教育体系发展现状，指出该国中文教育体系内外呈现出国家政府和华人组织"董总教"对中文教育协同促进的发展特征。李宝贵、魏禹擎《中文纳入埃及国民教育体系的动因、模式与优化路径》（《民族教育研究》第3期）探讨了中文纳入埃及国民教育体系的动因、模式和优化路径。另外，李宝贵、刘家宁《区域国别中文国际传播研究：内涵、进展与优化策略》（《语言文字应用》第 2 期），梁宇《区域国别中文教育研究的内涵、内容与路径》（《河南大学学报（社会科学版）》第 2 期）就区域国别中文教育研究的内涵、现状、内容与路径做了理论性探讨，提出区域国别中文教育的研究方向和策略。

（二）国际中文教育的未来发展

随着中国国际影响力的增强，中文的国际地位日益提升，但是受疫情影响，近三年的国际中文教育和汉语国际传播却面临各种挑战。2022 年度相关研究对国际中文教育的局势、问题和现状做了深度挖掘，探讨国际中文教育的未来发展之路。

《语言战略研究》第 1 期设立"国际中文教育工程化问题'大家谈'"栏目，探讨国际中文教育工程化的必要性和可能性、核心内涵、基本特征、问题挑战、实施方略、技术方法、人才团队建设等。崔希亮《新时代国际中文教育面临新的课题（代主持人语）》（《云南师范大学学报》第 3 期）说明了国际中文教育的历时变化、目前的国际形势以及今后的研究课题。陆俭明《新时代国际中文教育理念创新和实践探索的若干思考》（《语言教学与研究》第 4 期）提出新时代国际中文教育理念创新，探讨国际中文教育的核心教学内容、任务分工、教材建设、专业建设、孔院定位和发展等问题。吴应辉《国际中文教育新动态、新领域与新方法》（《河南大学学报（社会科学版）》第 2 期）、《新时代国际中文教育服务强国战略八大功能与实现路径》（《云南师范大学学报（哲学社会科学版）》第 3 期）介绍了国际中文教育的最新动态，提出国际中文教育研究的八大领域、三种研究方法以及新时代国际中文教育服务强国战略的八大功能和六条路径。禹平、魏然《新时期国际中文教育的机遇、挑战与应对》（《中国高等教育》第 1 期）分析了新时期国际中文教育的机遇、挑战和应对策略。惠天罡《国际中文教育供给侧优化的理论依据与发展路径》（《首都师范大学学报（社会科学版）》第 1 期）根据语言经济学理论提出国际中文教育供给侧优化的理论依据，并提出了以用户需求为导向的具体改革路径。赵成新《国际中文教育学科发展之路》（《学位与研究生教育》第 10 期）探讨了新时代国际中文教育学科发展面临的挑战和应采取的策略。胡范铸、张虹倩、陈佳璇《后疫情时代中文国际教育的挑战、机缘和对策》（《华文教学与研究》第 2 期）提出后疫情时代，国际中文教育走出困境需要强化"国际理解"意识，坚守"构建人类命运共同体构想"，坚持"以全球语言教育促进国际理解"，采取多元举措。王治敏、胡水《交叉学科背景下国际中文教育学科发展的困境与出路》（《华文教学与研究》第 1 期）提出国际中文教学与学科设置的不足，认为需要使国际中文教育独立为一个特色交叉学科。段鹏《历时、共时及经验：国际中文教育及传播应用研究》（《西北师范大学学报（社会科学版）》第 4 期）提出了国际中文教育高质量发展的实质是提升汉语文化教育事业的国际传播效果，并整合梳理了国际中文教育的创新发展路径。杨绪明《民族地区国际中文教育现状及区位语言文化资源开发——以广西壮族自治区为例》（《语言教育与研究》第3期）提出依托民族语言文化跨境沟通纽带、利用地缘条件、面向细分市场、凸显民族特色、专业定位恰当的国际中文教育学科发展和人才培养模式。何干俊《新时代推动汉语国际传播能力建设的路径》（《中南民族大学学报（人文社会科学版）》第7期）提出要从受众为本位的传播观念、传播文化追求、网络传播渠道三个方面开展新时代汉语国际传播能力建设。

除此之外，2022年度研究还集中论述数字化技术、信息化建设在国际中文教育发展中的重要作用，代表成果包括：马箭飞《国际中文教育信息化建设成效及发展方向——在国际中文智慧教育工程成果发布会上的讲话》（《世界汉语教学》第3期），刘利、刘晓海《关于国际中文智慧教育的几点思考》（《语言教学与研究》第5期），金晓艳、赫天姣《国际中文教育数字革命的现实与进路》（《当代外语研究》第6期）等。

（三）国际中文教育的"三教"问题

教师、教材、教法是国际中文教育的长期的研究主题，是落实国际中文教育创新发展的抓手。2022年度研究关注国际中文教育师资现状及培养、教育评估标准体系建设以及教材研发问题。

崔世鹏、贺宇《国际中文教师工作投入现状、成因及建议》（《华文教学与研究》第4期），冯舸、吴勇毅《试论外派中文教师的角色定位》（《教师教育研究》第5期），冯凌宇、王萍丽、胡梦怡《新时代外派国际中文教师身份认同状况调查——以英国外派国际中文教师为例》（《民族教育研究》第3期），杨薇、郭可冉《亚非国家本土中文教师专业发展现状与对策分析》（《民族教育研究》第1期）集中探究了海内外国际中文教师的现状，包括教师的能力素养、角色定位、身份认同、工作实况等，并提出了师资培养对策。宋晖《论国际中文教育的"师范性"》（《中国大学教学》第5期）给出了国际中文教师资格认定方面的建议。高皇伟《国际中文教师教育的演进及特征》（《河北师范大学学报（教育科学版）》第6期）提出了国际中文教师教育的四大演进范式。蔡武、陈武元、朱宇《共生视角下两岸对外汉语教育共同体构建研究》（《台湾研究集刊》第4期）指出，要加强两岸国际中文教师培养领域的合作和交流。

2022年度研究关注国际中文教育标准制定和解读。2022年，中外语言合作交流中心发布了《国际中文教育中文水平等级标准（英文版）》（上海外语教育出版社），北京语言大学出版社也出版了以该标准为主题的系列成果，包括《国际中文教育中文水平等级标准：词汇速记速练手册》《国际中文教育中文水平等级标准：汉字书写手册》《国际中文教育中文水平等级标准：语法学习手册》《基于新标准体系的国际中文教育教学语法资源建设研究（上、下册）》等。宋继华、马箭飞、朱志平等《职业中文能力等级标准的构建》（《语言文字应用》第 2 期），孟源、商若凡《意大利基础教育阶段中文教育政策演进及其影响》（《中国职业技术教育》第 9 期）探究了职业中文能力等级标准的构建问题。梁宇、王祖嫘、邵亦鹏《基于数据库的海外中文教育标准体系建设研究》（《天津师范大学学报》第 1 期）指出海外中文教育标准体系建设的不平衡性问题，提出以课程标准研制为主，提倡"外办中助"的标准建设机制，加强标准体系调研评估。王文军、陆小兵《新时代国际中文教育质量评价指标体系构建研究》（《云南师范大学学报（哲学社会科学版）》第 6 期）构建了新时代国际中文教育质量评价指标体系，包括 10 个二级指标和 22 个三级指标。

在国际中文教材方面，王雷、陈鸿瑶《国际中文教材的选题要领和编制策略——以"丝路汉语"系列教材为例》（《出版广角》第 2 期）论述了新时代国际中文教材的选题要领、编制策略。戴军明《国际中文教育转型期中文教材研发出版的思考》（《出版广角》第 8 期）指出，目前国际中文教材存在质量参差、标准引领有待加强、融媒体化不足、专门教材不足、国别化与语别化少等问题，并基于此提出教材改革策略。梁宇《国际中文教材国家形象自塑的二元表达》（《云南师范大学学报（哲学社会科学版）》第 3 期）提出国际中文教材应塑造"内刚外柔"的中国形象，凸显"可爱"的叙事特点、塑造可爱的中国人物、采取易于国际理解的话语实践，完善中国形象的外显柔性表达。曾立英、王弘睿《国际中文词汇大纲和教材中的道德词汇研究》（《首都师范大学学报（社会科学版）》第 4 期）评估了国际中文教材中的道德词汇设置状况并给出对策分析。

整体看来，2022 年度国际中文教育研究更加强调国际视野，介绍疫情后国际中文教育面临的世界局势，客观分析新时代国际中文教育的问题、挑战和机遇，从宏观、微观各层面探讨国际中文教育的未来发展。

六、语言服务与语言生活研究

2022 年 12 月，新一批的中国语言生活皮书在第七届语言服务高级论坛上发布，全面、客观地呈现语言生活最新动态。围绕这些动态热点，2022 年度语言生活研究重点聚焦数字时代语言生活、语言助力乡村振兴与共同富裕、语言服务以及语言景观研究。

（一）数字时代语言生活

2021 年，《国民经济和社会发展第十四个五年规划和 2035 年远景目标纲要（草案）》提出，我国正在步入数字时代，要加快"数字化转型"，推动"数字中国"建设。2022 年，全国语言文字工作会议提出，以语言文字数字化建设推动教育和语言文字事业高质量发展。2022 年度语言生活研究关注数字技术对人们语言生活的影响，探讨数字时代的语言生活形态。

王春辉《数字时代语言伦理的新形态和新表现》（《社会科学战线》第 12 期）指出，语言伦理在数字写作、人机交互等多个方面都呈现了新形态，需要开展数字时代语言伦理治理工作。陈丽湘《数字化引领语言文字生活新形态》(《光明日报》4月6日第2版）指出，推进语言文字数字化建设将引领社会语言文字生活新形态，阐释了语言文字数字化建设的内涵、逻辑与路径。《语言战略研究》第2期设立"语言跨界谈　专家谈'元宇宙'"栏目，解读了"元宇宙"的概念内涵、基本原理、技术基础、运行逻辑以及未来对人类（语言）生活的影响；第3期设立"线上语言生活"专栏，《"线上语言生活"多人谈》等7篇文章讨论了网络文学、直播带货语言互动、国际在线语言康复、网络语言社群等网络语言生活现象、特点及其研究发展；第4期"语言数据与数字经济"专栏刊发包括主持人语的6篇文章，从不同侧面论述了语言数据的内涵和重要性，解读了语言数据安全、语言数据的经济属性、语言智能技术与语言数据治理技术、数字时代的语言技术与语言保护以及语言数据与数字经济的关系；第6期"'迎接二十大，语言文字这十年'多人谈"栏目刊发王立军《信息时代语言生活亟须加强汉字规范》、何婷婷《语言文字数字化是数字经济发展的重要推进力》两篇文章，指出数字时代汉字规范的必要性以及语言大数据对于数字经济发展和数字社会治理的重要意义。

（二）语言助力乡村振兴与共同富裕

2021年，国家提出拓展巩固脱贫攻坚成果要与乡村振兴有效衔接。2022年，《国家通用语言文字普及提升工程和推普助力乡村振兴计划实施方案》发布。2022年度"语言与经济"的相关研究紧跟时代形势和国家战略需求，从语言扶贫转向语言助力乡村振兴和共同富裕。

《语言战略研究》第1期设"语言与乡村振兴"专题研究，收《乡村振兴：中国语言学需要直面的历史性课题》《"语言与乡村振兴"多人谈》等7篇文章，宏观论述语言助力乡村振兴研究的重要性、语言与乡村振兴的关系、语言助力乡村振兴的机理等；微观上，有深入县域、村域语言生活的实证研究，探讨方言、普通话、乡村地区语言使用等在乡村振兴战略中的地位、价值和作用。《云南师范大学学报（哲学社会科学版）》第4期"语言国情研究"专栏亦刊载4篇文章，阐释语言文字在乡村振兴和共同富裕中的作用，包括二者的关系和语言文字所发挥作用的具体类型、语言助力共同富裕的逻辑和路径等。除此之外，相关研究成果还包括：王玲、谭雨欣《共同富裕背景下农村空巢老人语言服务研究》(《河汉大学学报（哲学社会科学版）》第2期）、杜敏、姚欣《乡村振兴新语境与农民语言能力的新构成》(《西北大学学报（哲学社会科学版）》第3期）、王娟、党怀兴《乡村振兴背景下民族地区发挥语言经济效能路径的再探讨——基于西藏林芝市M县的个案研究》(《西藏民族大学学报（哲学社会科学版）》第4期）、刘志刚、杜敏《乡村振兴背景下农牧民国家通用语言能力及其建设——以甘肃省夏河县调查为例》(《陕西师范大学学报（哲学社会科学版)》第 4 期),李冬青、付妮《语言扶贫助力乡村振兴的理论逻辑与实践路径——以广西为例》(《社会科学家》第 9 期)等。

(三)语言服务研究

2021 年,语言服务研究聚焦应急语言服务及翻译服务发展。2022 年度语言服务研究在前期成果基础上细化、下沉,倡导提供多样化的语言服务、满足各类语言需求。主要体现为不同区域、不同领域和面向不同群体的语言服务,主要涉及翻译服务、应急语言服务和无障碍语言服务。

屈哨兵《语言服务聚焦新时代》(《语言战略研究》第 5 期)指出,新时代语言服务聚焦效应体现在新时代国家语言文字事业规划、语言服务研究格局、社会主义现代化强国战略三个方面。《江汉学术》第 3 期"领域语言研究"专栏刊发 3 篇文章:王春辉《主持人语:建构分场景分地域的应急语言服务体系》提出应急语言服务体系的构成以及分场景、分地域两个子体系的整合建构;梁砾文、赵蓉晖《高风险行业的"日常"应急语言规划及启示——以中国民航业为考察中心》讨论以民航为代表的高风险行业的"日常"应急语言规划问题;滕延江、王立非《突发公共事件中应急语言服务的伦理考量》提出,应坚持信息伦理、技术伦理和关系伦理等伦理原则,健全突发公共事件应急语言服务机制体制。除此之外,应急语言服务研究还包括:王辉、林黎《应急语言服务质量标准体系构建研究》(《北华大学学报(社会科学版)》第 1 期),王玲《重大突发公共事件涉外应急语言服务的基本问题——内涵、构成及服务策略》(《陕西师范大学学报(哲学社会科学版)》第 6 期)等。在区域、领域语言服务方面,任杰、王立非《长三角区域语言服务竞争力指数评价与分析》(《语言文字应用》第 2 期)提出针对长三角一市三省的六维度语言服务竞争力指数评价体系。崔启亮、郑丽萌《京津冀协同发展的语言服务企业调查分析及启示》(《语言服务研究》2022 年辑)调查了京津冀协同发展的语言服务企业现状并提出转型建议。除此之外,还包括一系列翻译行业的语言服务研究,文献较多,此处不再罗列。关于无障碍语言服务,李宇明《构建信息无障碍社会》(《语言战略研究》第 2 期)、《无障碍社会的语言之功》(《语言战略研究》第 5 期)指出,应围绕生活无障碍、信息无障碍建设,为老年人和特殊人群提供语言服务。邓坤宁、王海兰《面向信息无障碍的精准语言服务》(《中国语言战略》第 2 期)提出,语言服务是信息无障碍建设的核心内容,应树立面向信息无障碍的精准语言服务意识。倪兰、和子晴《上海手语翻译服务需求与现状调查》(《中国翻译》第 4 期)调查了上海手语服务需求及手语翻译现状,指出手语翻译人才培养、手语翻译教育培训、认证标准等问题,并提出相关对策建议。

(四)语言景观研究

2021 年语言景观研究以跨学科、跨领域、跨国别、跨时间为特点,探讨各种理论和方法在语言景观调查中的应用。2022年度研究更加具体，主要聚焦城市文明和城市语言景观调查研究。

《北华大学学报（社会科学版）》第4期设立"语言资源与语言景观"专题，刊发武晓平《场所符号学视域下长春城市公园的语言景观特征》、关英明《城市公共空间宣传语言景观调查研究——以沈阳市为例》两篇文章，调查了长春市公园语言景观特征和沈阳市公共空间宣传语言景观。《中国社会语言学》2019年辑（2022年出版）也主要刊发了王帅臣《京张两地城市语言景观的状况、问题及建议——以北京市延庆区和张家口市区的公示语景观为例》、何丽《三里屯语言景观与国际化城市核心区街区建设》两篇文章，调研了北京市、张家口市和三里屯的公示语景观和核心街区的语言景观建设等问题。此外还有袁伟、丁元《城市语言文明视角下的小区名称标牌语言景观调查》（《中国语言战略》第2期），巫喜丽、战菊《历史文化街区语言景观研究——以店名标牌为例基于语言文明建设》（《中国外语》第4期），窦贤路、付文莉、卢德平《商业店铺符号在认知层面的事件表征分析：以北京市五道口店铺语言景观为例》（《语言政策与规划研究》第1期），凌晨《黑龙江省边境口岸城市语言景观俄译现状研究》（《黑河学院学报》第12期），刘齐生、杜禹《德据青岛时期再疆界化进程中的符号景观话语分析》（《外语学刊》第1期），王晓军、巴丽蓉《四维空间视域下语言景观的语言管理研究——以天津市两个街区为例》（《语言服务研究》2022年辑）。

随着时代的发展、科技的进步，语言生活形态不断更新，新的语言现象持续涌现。"关注生活实态、具有生活意识"已经成为中国应用语言学研究的特色。2022年度语言生活研究继续发扬这一特色，持续回应社会关注的语言热点，解答社会普遍关注的语言问题。

七、语言变异研究

广义的语言变异研究将语言要素、语言接触和语言演变等话题置于广泛的社会背景之下，观察语言在不同层面与社会互动的关系。2022年度主要涉及学术史梳理、语言文字变异与变化研究、词汇变异专题研究、欧化汉语研究等四个方面，呈现出城市研究导向、词汇导向、语言接触导向三个突出特点。

（一）学术史的梳理

2022年度有两项研究均对变异社会语言学研究发展脉络及相关理论进行了有益的梳理。田海龙、赵芃《变异社会语言学研究的新发展》（《现代外语》第6期）梳理了21世纪以来变异社会语言学研究的新发展，强调了语言变异的建构性和进行变异研究的跨学科性。李素琼《方言接触与语言演变——从特鲁吉尔到柯斯威尔》（《山东外语教学》第5期）总结了以特鲁吉尔（Trudgill）和柯斯威尔（Kerswill）为代表的英国语言变异学派在语言演变和城市方言领域的理论产出和学术贡献,特别提到了被中国社会语言学界广泛引用的"言语社区"概念的源流及其内涵。

(二)语言文字变异与变化研究

2022年度的语言文字的变异与变化研究主要关注微观语言变异、城市语言接触与演变以及汉语书面语的历时演变。梁磊、陈冰、王金《社会语音学视角下的入声共时变异考察》(《南开语言学刊》第1期)调查了汉语方言入声共时变异情况,发现汉语方言入声的共时表现共性与个性并存且处于不同的发展阶段。郭骏《城市语言研究论稿》(社会科学文献出版社,9月)将2003—2019年发表的论文集结成册,其中涉及溧水方言的语言变异分析以及普通话和城市方言的关系论述。董洪杰《西安坊上回族语言变异与身份认同研究》(商务印书馆,10月)在系统考察西安坊上回族社区的语言生活及变体类型的基础上,以坊上话、西安话和普通话三类变体为观测对象,综合运用多种调查方法,阐述了坊上回族汉语变体和变异项目选择及其身份建构之间的互动关系。李金凤、周宇亮、贺天琪《珠三角地区粤味普通话分布调查研究》(《语言战略研究》第2期)调查了粤方言区粤味普通话现象,通过异质语音及词汇使用的调查,发现不同城市普通话水平的不均衡的特点及其与当地经济发展水平的相关性。许家金、李佳蕾《近百年汉语书面语的语域演变研究》(《外语与外语教学》第4期)借助多维分析法观察了百年间现代汉语书面语的语域演变,发现汉语书面语语域总体呈现语篇功能明晰化、交际距离趋近化和历史时期关联性三大特征。

(三)词汇变异专题研究

词汇是社会变化的探测器,和往年一样,2022年度的词汇专题研究仍然是语言变异现象的主要切入点。2022年度几项词汇变异专题研究值得关注。刁晏斌《社区词理论:已有进展及进一步研究的思考》(《语文研究》第2期)梳理了近30年来社区词概念在词汇研究中的应用,并从研究视角、概念界定和理论构建等角度进行了评述和展望。王珊、汤蕾《澳门华语特色词汇研究》(《语言战略研究》第2期)基于《全球华语大词典》和LIVAC汉语共时语料库对45个澳门华语特色词展开研究并发现华语逐渐融合的趋势,从稳定性和变化性等角度分析了澳门词的使用状况。邱春安、严修鸿《梅县农村客家话词汇使用现状调查研究》(《语言战略研究》第2期)从代际、城乡和普通话与方言的关系等视角对梅县农村地区客家话词汇的使用进行了分析,并谈及客家方言文化的传承和保护问题。付义荣《闽南农村亲属称谓的变异与变化》(《语言战略研究》第2期)调查发现,闽南农村地区的父母称谓使用呈现"爸妈化"和"简单化"的特点,并从社会流动性、地域文化及亲属称谓的特殊性等角度探究了原因。原新梅、许杨《〈现代汉语词典〉第1—7版收录字母词的比较研究》(《辽宁师范大学学报(社会科学版)》第5期)考察了《现代汉语词典》第1—7版收录字母词的收录数量、收录原则及语义类别的变化,提出了修订建议。汪美琼

《模因理论下"老铁"探究》(《黑河学院学报》第 1 期)基于模因理论分析了"老铁"的来源及其复制、传播和语义演变的过程,并探讨其成为强势模因的外部环境和内在生成机制。周远航《流行语"飒"的词义演变考察——兼论网络用语的流行规律》(《黑河学院学报》第 1 期)分析了"飒"在网路平台的使用,发现其语义范围缩小,单音节语素化的演变趋势,指出"飒"的流行为旧词产生新义,具有时代性。

(四)欧化汉语研究

汉语欧化问题是语言接触引发的语法变异问题。刁晏斌《华语的欧化与欧化的华语》(《长江学术》第 2 期)指出,华语与普通话在欧化程度、欧化方式、欧化阶段与欧化来源方面存在差异,并由此从华语研究和普通话研究两个角度阐释了"欧化华语"的研究价值。张耀勇《汉语欧化形成机制探究——以英汉语科技文体对比为视角》(《辽宁师范大学学报(社会科学版)》第 5 期)发现汉语科技文体通过翻译借用了英语科技文体的某些特征,包括特征增加、特征保留和特征转用,但欧化程度及范围有限。

八、话语分析研究

话语研究是社会语言学中较为活跃的领域。2022 年度话语分析研究涉及话语研究理论与方法、多模态话语研究、话语与形象建构、媒体话语研究和政治话语研究等五个方面,表现出"注重理论和方法引介""多模态方法主导""话语领域特征鲜明""外语期刊为主要阵地"等特点。

(一)话语研究理论与方法

王立非、邓春雨《国外数字话语研究进展分析(2011 – 2020)》(《西安外国语大学学报》第 4 期)统计分析了 2011 – 2020 年间 SSCI 期刊刊发的数字话语研究论文,发现发表数量总体上升,热点话题多元化、微观化以及实证研究方法占据主导地位,定性研究居多等特点。雷茜《超学科视域下的多模态话语创新研究模式探索》(《外语教学》第 1 期)梳理了多模态话语研究,概括出四大话语创新发展模式,进而提出了超学科多模态话语创新研究模式,并结合案例说明了这一模式的基本研究路径。潘海英、袁月《超语研究发展与外语教育研究新范式》(《外语教学》第 5 期)以 Web of Science 核心合集为数据来源,统计了 2010 年至 2022 年超语相关研究论文,指出超语研究主要关注超语概念和理论的发展以及超语的多语实践研究,尤其是超语在双语或多语教育领域的应用。郑咏滟、安宁《超语研究十年回顾:理论、实践与展望》(《外语教学》第 5 期)检索了 2010 年至 2021 年 9 月发表的中外文期刊文章 439 篇,分析了超语的理论发展脉络和不同情境的超语实践研究,并特别关注了理论超语和教学超语两大类别。张丹清、黄国文《从话语时空性到话语生态分析》(《外语教学》第 1 期)通过实例分析表明,将特定话语视作一个意义生态系统,引入进化思维对话语时空动态进行生态分析，能够扩展话语生态分析的语言服务功能。黄立鹤、曲惠宇、杨晶晶《老年话语的计算机自动文本分析：进展与前景》(《语言战略研究》第 3 期) 介绍了 Coh-Metrix 和 LIWC 这两种自动文本分析工具在国外老年语言学研究中的应用、特点及临床意义，并提出了未来研究发展方向。

（二）多模态话语研究

高一虹、秦苑《安宁家庭会议中医生及团队互动的多模态分析》(《解放军外国语学院学报》第 6 期) 基于录像数据对安宁疗护家庭会议进行多模态分析。结果显示，医生采用医学影像资料、布局、语言、目光交流、副语言等实现充分告知、深度聆听、积极建构的功能，并称上述功能为安宁疗护团队"死亡话语素养"的构成要素。孟玲、孙铭徽《虚拟现实技术辅助下的善别：韩语纪录片〈再次遇见你〉多模态互动分析》(《解放军外国语学院学报》第 6 期) 以高层活动、模态配置和多模态互动意义为视角对韩语纪录片《再次遇见你》中虚拟现实技术辅助下的善别进行了分析。研究指出，重逢内嵌了 5 种由不同模态结构配置实现的高层活动，其中布局是最重要的模态。张德禄、张珂《多模态批评（积极）话语分析综合框架探索》(《外语教学》第 1 期) 梳理了话语分析领域 8 种话语分析模式，并提出了一个把多模态批评话语分析理论和多模态积极话语分析理论融为一体的多模态批评（积极）话语综合分析框架。袁小陆、乃瑞华《"文化中国"国际传播多模态话语意义建构研究》(《外语教学》第 5 期) 借助"文化中国"国际传播多模态分析框架，从文化层面、语境层面、内容层面和表达层面对 BBC 纪录片《中国新年：全球最大的庆典》进行多模态话语分析，并指出了该纪录片"文化中国"国际形象传播多模态策略。瞿桃、王振华《冲突性磋商话语的多模态设计研究》(《现代外语》第 6 期) 借助系统功能语言学和社会符号学的理论框架，提出了结合语境、语义、词汇、语法等语言特征分析和多模态理念的冲突性磋商话语的多模态研究框架。刘宏伟、张馨雨《多模态互动下的电影双重叙事模式》(《西安外国语大学学报》第 3 期) 梳理了基于多模态互动的电影叙事研究中外显叙事和内隐叙事两种叙事模式及各自特点。

（三）话语与形象构建

陈新仁、金颖哲《形象建构的内涵、类型与话语实践》(《外语教学理论与实践》第 3 期) 阐述了形象建构的内涵、类型和话语实践方式，指出了目标、手段和过程三类话语构建形象的实现方式，同时分析了构建的取向类型和语域问题。杨绪明《多语竞争中的中国语言形象建构研究》(中国社会科学出版社，5 月) 认为，语言所彰显的认知形象是国家形象的组成部分。通过对英语、法语、孔子学院等个案分析和对语言形象感、中国语言形象现状等问卷统计，剖析了中国语言形象的现状、成因及构成要素，提出中国语言形象的生成机制与建构策略。魏榕《中外媒体中国形象的生态话语对比研究》(《现代外语》第 2 期) 结合系统功能语言学和生态哲学观,比较分析中外媒体在中国形象建构过程中生态化及物性资源表征有益性、中性与破坏性的共性和差异。陈慧、卢卫中《中美媒体对中国形象隐喻建构的对比研究——以中美贸易战报道为例》(《北京第二外国语学院学报》第6期)通过分析中美主流媒体关于两国贸易战的语料,发现两国媒体使用战争隐喻和竞赛隐喻比例不同,进而塑造了正反两面的中国形象。崔惠玲、李嘉欣《国家形象的话语建构:韩国主流媒体的涉华报道研究》(《中国语言战略》第1期)分析《中央日报》和《韩民族日报》疫情期间涉华报道话语,指出韩国媒体从国家利益和民族主义语境出发,通过各类话语的互动,塑造了"强大、强势和落后"共存的中国形象。董岩《典籍译本封面语—象符号的中国形塑与国家对外话语策略探析》(《外语学刊》第3期)对《金瓶梅》英译本封面进行了社会符号学分析,发现5种语象互动关系及文化符号的运用对国家形象的塑造发挥作用,并提出对外话语策略构想。龚双萍《军事外交话语中国家形象的语用建构》(《外语学刊》第6期)在分析中美发言人在2014－2019年香格里拉对话会中互动性演讲的基础上指出军事外交话语的国家形象的建构具有动态性,并进一步分析了国家形象的建构中各类实现方式。

(四)媒体话语研究

徐玉苏、钱毓芳《中美贸易战社交媒体话语的情感倾向及主题焦点研究》(《外语教学理论与实践》第2期)通过对贸易战期间Twitter相关英文推文进行情感倾向分析和主题建模,结果表明,中美贸易战未得到民意支持,社交媒体的态度较为消极。《外语学刊》推出三篇媒体话语研究:景晓平《新媒体语境下老年人身份建构的人际语用研究》(《外语学刊》第2期)基于老年人微信朋友圈的语料,从人际语用学视角分析老年人在微信互动中的身份构建。研究指出,老年人在微信朋友圈与自我和他人展开丰富的对话,构建积极健康的身份;陈崇国、董保华《冲突性网评中立场表述的语用分析》(《外语学刊》第2期)以"大学生起诉上海迪士尼"的新闻报道引发的冲突性网评为语料,分析冲突性网评中的立场表述问题。研究发现,立场表述失当可能引发冲突回应,产生离情效应,破坏网络人际关系;任伟、郭亚萍《微信朋友圈自夸言语行为的语用研究》(《外语学刊》第2期)调查了青年微信朋友圈中的自夸言语行为,发现青年人的自夸策略分为隐性自夸、不加修饰的显性自夸以及加以修饰的显性自夸,使用频次依次递减。冯德正、苗兴伟《新闻评论中批判性态度的话语建构》(《现代外语》第2期)借助批判性态度建构的理论框架,分析了2019年底《人民日报》与新华社新闻评论对香港暴力示威者和美国政客的话语策略。分析发现,新闻评论可通过显性评价、修辞手法、语义增强、认知反差、细节铺陈等话语策略引发读者的批判性态度共鸣。朱武汉《请求电子邮件中身份建构的人际语用研究》(《现代外语》第4期)以中国研究生撰写的请求电子邮件为语料分析大学实践社区身份构建及其人际语用机制。结果显示,交互原则、站位原则、指示原则和人情原则等人际语用原则维持或加强了中国传统文化背景下师生和谐的人际关系，体现了人际关系的积极情感表达和人际评价取效。董记华、董帅《基于语料库的中国共产党网络媒体话语的历时研究》（《外语研究》第5期）采用语料库方法和情感态度分析工具分析50年以来中国共产党网络媒体话语的嬗变，发现了主题特征鲜明和情感态度中立两个总体性特征。马若宏、杜敏《直播带货新业态拟态语境及话语特征分析》（《语言战略研究》第2期）以电商平台的直播内容为语料，分析直播拟态语境下带货话语的多模态层次分布、区域功能及主播营销话语的结构功能，并指出当前直播话语的结构范式能满足基本营销需求，但存在同质性较高等问题。李瑶、宋璐、毋育新《突发性公共事件中的网络话语礼貌研究》（《西安外国语大学学报》第2期）以新浪微博新冠肺炎疫情相关新闻的评论为语料，分析了突发性公共事件中网络话语礼貌类型的关联以及交际目的、事件相关信息及交际者心理状态等影响因素。靳琰、杨毅《基于批判性话语分析的自媒体网络语言暴力事件解构》（《外语电化教学》第2期）基于费尔克拉夫的三维模型和微博语料，分析了网络语言暴力的衍生与互动过程。研究发现，暴力语言的表征主要借助关系过程得以实现。

（五）政治话语研究

朱黎黎、丁建新《政治话语的协商架构分析》（《现代外语》第2期）通过分析《华盛顿邮报》网站上有关美国政府贸易保护政策的公众辩论文章，探讨了贸易保护政策的协商架构，并提出了政治话语的协商架构图式。毕卓、刘风光《基于仪式规程理论的外交话语冲突性回应策略研究》（《现代外语》第6期）通过分析中国外交部例行记者会转写文本语料，发现外交冲突性回应策略"趋异性"与"求同性"并存，发言人以此实现"趋异取向"的调和，进而加强与不在场第三方受众的关系联结。刘风光、刘诗宇、Dániel Z. Kádár《基于互动仪式理论的政治规避话语研究》（《外语研究》第4期）以2018－2019年美国白宫媒体记者会的语料为例，探究政治规避话语的运作模式及功能。研究发现，语言形式层面和互动言语层面的规避实现方式体现了程式化信息传递、权利义务强化以及潜在受众关系联结。刘文宇、胡颖《政治话语中复合意象图式类型及隐喻映射作用研究——以卡梅伦的"脱欧"话题演讲为例》（《外语与外语教学》第1期）以英国前首相卡梅伦有关"脱欧"议题的政治演讲为例，探究政治话语中复合意象图式的常用类型及其隐喻映射机制。刘宏、李明徽《国内政治话语翻译研究文献计量分析：问题、热点与趋势（2000－2021）》（《外语与外语教学》第4期）对国内2000－2021年间发表的政治话语翻译研究论文进行计量分析。文章梳理了研究三大分期和四大主题，同时指出了政治话语翻译与政治话语传播研究"脱节"、定量研究缺失等问题。闫克《"X共同体"词族：当代政治话语建构的成功案例》（《语言战略研究》第4期）分析了政治话语中"X共同体"词族萌芽、生长、自发拓展、自觉拓展4个阶段，并认为这一案例展示了政治的语言性和语言的政治性，是一次成功的话语创新。刘立华、劳馨贤《政治话语研究的新路径——作为辩证推理的批评话语分析》（《天津外国语大学学报》第 4 期）从理论基础、批评转向、论辩特征三个角度梳理 Norman Fairclough 的话语研究，指出其辩证推理模式具有关注政治话语体裁、侧重话语的行为指向功能、聚焦政治话语的辩论性特征和说服性等特点。

九、学科发展

田海龙《"语言"与"社会"的互融：社会语言学的核心课题与理论聚焦》（《山东外语教学》第 5 期）通过梳理社会语言学经典和前沿文献，发现社会语言学已经将"语言"与"社会"互融为一个整体进行研究，而将二者融为一体的"胶粘剂"则是"语言意识形态"概念，以及后续发展出的一套新概念和新理论。付义荣《试论中国农村社会语言学研究的对象与内容》（《语言文字应用》第 2 期）指出，中国需要加强农村的社会语言学研究，此类研究以中国境内的村、乡、镇等空间发生的社会语言学事实作为自己的研究对象，其内容包括事实记录、问题研究、方法研究与理论研究等。田海龙《从社会语言学的起源看应急语言服务的学科属性》（《语言政策与规划研究》第 2 期）基于社会语言学源于语言学家对社会生活中语言问题的研究这一观点，提出应急语言服务属于社会语言学研究范畴的命题，认为应急语言服务尽管有语言应用方面的特点，但在本质上更接近社会语言学的学科特征。马嫣、赵蓉晖《历史社会语言学述评》（《外语学刊》第 1 期）对历史社会语言学做出概要性述评，明晰其发展历程和学科定位，对比历史社会语言学和一般社会语言学的研究方法，分析其研究意义及存在的问题。李素琼《英国社会语言学五十年述评》（《语言政策与规划研究》第 1 期）指出，半个多世纪以来，英国社会语言学在方言接触与演变、社会语音、语言习得、媒体对语言的影响、地域差异、比较社会语言学、地域变异、双语、少数民族与语言选择等领域都取得了可观成就，但以特鲁吉尔和柯斯威尔为代表的变异社会语言学一直是主流，特色是方言接触引起的各种演变，尤其是城市移民语言演变及新变体的形成。杨鲁《军事术语学的学科形成与发展》（《中国科技术语》第 4 期）提出军事术语学是研究军语的结构、形成、特征、作用和军语的编纂、管理、使用及其发展规律的一门新兴学科，该学科经历了漫长的酝酿、积累、探索和"破土而出"的过程。

语言文字工作

张 洁

2022年我国各行各业都在学习、宣传、贯彻党的二十大精神,开启建设中国式现代化、全面推进中华民族伟大复兴的新征程。党的二十大对"办好人民满意的教育"作出了专门部署,强调要加大国家通用语言文字推广力度。习近平总书记在殷墟遗址考察时指出,"中国的汉文字非常了不起,中华民族的形成和发展离不开汉文字的维系"。他强调,中华优秀传统文化是我们党创新理论的"根",我们推进马克思主义中国化时代化的根本途径是"两个结合"。我们要坚定文化自信,增强做中国人的自信心和自豪感。党的二十大的战略部署和习近平总书记的重要讲话精神,为语言文字事业践行"两个结合"、服务教育强国和文化强国建设指明了方向。这一年,语言学界深入思考阐释语言文字与中国式现代化的关系,系统探讨新征程上语言文字事业面临的形势与任务、高质量发展的路径与方略,语言文字工作主要围绕着以下五个方面展开。

一、迎接二十大,全面总结新时代语言文字事业奋进历程与重大成就,提炼指导理念与发展经验,谋划未来发展方向

(一)6月28日,教育部举行"教育这十年""1+1"系列发布采访活动第六场新闻发布会,主会场在教育部,分会场在广西壮族自治区。会议回顾了党的十八大以来语言文字事业改革发展成就,广西壮族自治区语委介绍了广西语言文字事业发展的成就与经验;北京语言大学介绍了学校立足语言文字核心事业打造学校竞争优势,主动服务国家语言文字事业发展的成就与经验;清华大学黄德宽教授阐释了党的十八大以来语言文字战线所取得的新的发展成就的鲜明特点。

(二)国家语委从6月到9月连续举办六场"迎接二十大,语言文字这十年"系列名家讲坛,阐释语言文字事业十年来的发展理念。6月30日,北京语言大学李宇明教授、武汉大学赵世举教授和北京外国语大学文秋芳教授以"胸怀国家,情系人民——新时代语言文字事业的理念与情怀"为主题作报告;7月14日,教育部语言文字应用研究所所长刘朋建、厦门大学苏新春教授和首都师范大学周建设教授以"助力铸牢中华民族共同体意识——国家通用语言文字推广普及这十年"为主题作报告;7月28日,暨南大学郭熙教授、浙江师

范大学曹志耘教授、广州大学屈哨兵教授以"构建和谐语言生活——语言资源与语言服务研究实践这十年"为主题作报告；8月11日，北京师范大学王立军教授、顾定倩教授，华中师范大学何婷婷教授以"服务社会语言文字应用——语言文字规范化标准化信息化这十年"为主题作报告；8月31日，上海外国语大学赵蓉晖教授、北京外国语大学王文斌教授以"助力人类命运共同体建设——语言文字国际交流合作这十年"为主题作报告；9月16日，以"坚定文化自信——中华优秀语言文化传承弘扬这十年"为主题采取圆桌对话形式，由北京语言大学王莉宁教授担任学术主持，邀请清华大学黄德宽教授、北京师范大学韩震教授、郑州大学李运富教授、首都师范大学叶培贵教授进行学术讨论和交流。

六场名家讲坛全面宣传、展示了党的十八大以来语言文字事业取得的历史性成就和跨越式发展。

（三）作为"迎接二十大，语言文字这十年"系列活动，国家语委科研办创新实施"重大项目＋"管理模式，通过邀请有关领域知名专家作报告、召开学术会议等形式，充分发挥重大项目引领作用，广泛调动学界聚焦相关领域开展研究的积极性，内容涉及与语言文字工作相关的很多方面。4月8日，中国人民大学温铁军教授作报告《生态文明与乡村振兴——人文学者的使命与担当》；5月12日，北京大学王逸舟教授作报告《中国外交的新趋势与新挑战》；5月24日，北京师范大学黄荣怀教授作报告《教育数字化转型：发展基础与核心关切》；5月26日，中国科学院郭华东院士作报告《空间技术助力文化遗产可持续发展》；6月1日，海南省委党校常务副校长王和平教授作报告《建设具有世界影响力的中国特色自由贸易港》；5月27日，近50位知名专家学者围绕中国语言学话语体系建设和传播主题，深入探讨中国语言学话语体系的功能定位、内容特点、研究历史、发展现状及前景规划。国家语委同时还举办了几个重大科研项目的开题评审，包括"语言文字事业服务乡村振兴战略的路径与举措研究""我国语言文字治理体系现状及创新研究""基于数字化的红色文化资源开发与有效传播""历史文化名城名镇名村语言景观调查研究""中国语言学话语体系建设与传播研究""海南自由贸易港语言服务研究"等。

"迎接二十大，语言文字这十年"的系列活动，全面总结新时代语言文字事业奋进历程与发展成就，共话语言文字事业高质量发展壮阔前景，为迎接党的二十大胜利召开营造了良好氛围。

（四）迎接二十大，推动新时代国家语言文字事业高质量发展论坛于9月29日在京举办。论坛以线下线上相结合的形式进行，由中国语言资源开发应用中心和《语言战略研究》编辑部主办，教育部副部长田学军、中国出版集团有限公司总经理常勃出席并讲话，中宣部出版局负责同志出席论坛。

田学军指出，党的十八大以来，语言文字战线深入贯彻落实习近平总书记关于教育的重要论述和关于语言文化的重要指示批示精神，认真贯彻党中央决策部署，砥砺奋进、开拓创新，推动语言文字事业取得跨越式发展和历史性成就。他强调，语言文字战线要坚持以习近平新时代中国特色社会主义思想为指导，认真贯彻党中央、国务院关于语言文字工作的决策部署，落实全国语言文字会议精神，推动语言文字事业高质量发展，满足人民日益增长的优质语言教育和语言服务需求，为加快推进教育现代化、建设教育强国、办好人民满意的教育，为全面建设社会主义现代化国家提供有力支撑。

常勃介绍了中国出版集团各成员单位在积极参与中国语言文字事业建设中取得的成绩，如出版《中国大百科全书》第三版、《中国语言文化典藏》、《中国濒危语言志》等，并表示，中国出版集团及旗下各家出版机构将积极配合包括语言文字领域在内的学界的学术研究推进和事业发展，履职尽责，担当作为，出版更多与新时代相匹配的学术精品。

参会专家的主旨报告，就如何在铸牢中华民族共同体意识下继续推广普及国家通用语言文字，数字化时代如何构建语言文字工作治理体系并提高治理能力，如何实现语言文化在新时代的传承发展，如何发展语言服务，如何实现语言教育的数字化转型，如何通过语言文字国际交流合作助力人类命运共同体建设等具有重大的学术价值和现实意义的时代命题做了交流探讨。大家认为，国家通用语言文字在铸牢中华民族共同体意识的过程中，发挥了基础性、平台性和支撑性作用，为中华民族的伟大复兴作出了自己应有的贡献。新时代语言文字事业必须要有自己的使命担当，要积极构建和谐的语言生活，提升公民和国家的语言能力，保护和开发语言资源，提供精准的语言服务，促进社会沟通无障碍。同时，要以更开阔的视野、更积极的行动迎接百年未有之大变局，助力人类命运共同体的构建。

在多人谈环节，学界专家与地方语委代表就语言文字工作展开了热烈的讨论交流。大家聚焦数字化时代的语言生活，从数字化对语言和语言学研究的影响、语言文字信息化工作、智能语言服务、术语建设、融媒辞书发展、古文字研究传承、语言文字教育、特殊人群语言服务等方面发表各自观点；又从高质量推进区域语言文字工作切入，聚焦语言文字工作如何服务区域建设，科技如何助力推进语言文字治理体系构建等话题，分享区域语言文字治理经验，畅谈语言文字事业如何服务于国家的发展大局。

教育部语言文字信息管理司司长田立新在大会总结中强调，要坚持以习近平时代中国特色社会主义思想为指导，心怀"国之大者"，充分认识做好新时代语言文字工作的重要性和紧迫性，积极适应新变化、新需求，准确识变、科学应变、主动求变，不断提高贯彻新发展理论、构建新发展格局的能力和水平，推动语言文字事业高质量发展，为实现文化强国、教育强国和中华民族伟大复兴的中国梦作出新的更大贡献。

（五）中国社会科学院语言研究所所长张伯江在中国社会科学网上发表的文章《哲学社会科学这十年之语言学：新时代语言学的学科建设和学术创新》指出，新时代是哲学社会科学大发展的时代,也是我国语言学知识体系构建取得重要突破的时代。十年来,语言学以服务于社会主义现代化国家建设和中华民族伟大复兴为宗旨,积极推进与我国综合国力相适应的语言文字事业全面发展。语言学各分支学科在新时代的学科建设和学术创新,既标志着哲学社会科学学科体系、学术体系、话语体系的构建走向成熟,也表明语言学在助力文化强国建设事业中的培元、强基、铸魂作用得到了很好的发挥。

（六）11月,国家语委召开学习贯彻党的二十大精神座谈会。教育部副部长田学军出席会议并讲话。国家民委、中央军委训练管理部、共青团中央有关负责同志,国家语委咨询委员代表,语用所、语合中心、北京大学、首都师范大学有关负责同志发言。部分国家语委委员单位、教育部有关司局和直属单位、北京市教委、部分京内高校有关负责同志参会。会议要求语言文字战线准确把握党的二十大精神的核心要义和习近平总书记在殷墟遗址考察时的重要讲话精神,深刻领悟"两个确立"的决定性意义,准确把握"两个结合",增强贯彻落实习近平新时代中国特色社会主义思想的思想自觉、政治自觉、行动自觉,增强做好语言文字工作的使命感、责任感、紧迫感。

会后,田学军在《人民日报》上发表署名文章,教育部语言文字应用管理司、语言文字信息管理司有关负责同志在由教育部直属机关党委、教育部新闻办、中国教育报刊社联合开设的"学习贯彻党的二十大精神笔谈"专栏上发表学习贯彻党的二十大精神的专题文章。

田学军的文章回顾了新时代十年语言文字事业在国家通用语言文字推广普及、传承弘扬中华民族优秀语言文化、语言文字规范化标准化信息化建设、语言文字国际交流合作、国际中文教育创新发展、加快推进语言文字工作治理体系和治理能力现代化等方面取得的历史性成就。他指出,我国语言文字事业之所以能取得历史性成就,根本在于以习近平同志为核心的党中央的坚强领导,在于习近平新时代中国特色社会主义思想的科学指引。党的二十大对语言文字事业提出了新任务新要求,需要语言文字战线不断增强服务党和国家工作大局的能力,以服务铸牢中华民族共同体意识、服务实现全体人民共同富裕、服务促进人的全面发展、服务提升国家文化软实力等为重点,通过加大国家通用语言文字推广力度、增强语言文字事业对国家重大发展战略的支撑保障能力、进一步传承弘扬中华优秀语言文化、加强语言文字基础能力建设、强化国际语言文化交流、健全语言文字工作体制机制等方式,为全面建成社会主义现代化强国提供语言文字支撑。

教育部语言文字应用管理司司长周为在专题文章中提出,语言文字事业具有基础性、全局性、社会性和全民性的特点,是国家综合实力的重要支撑。语言文字事业高质量发展需从六个方面着力:一是坚持用习近平新时代中国特色社会主义思想指导语言文字事业改革发展,始终坚持人民至上、自信自立、守正创新、问题导向、系统观念、胸怀天下;二是高质量推广普及国家通用语言文字,服务落实立德树人根本任务;三是传承弘扬中华优秀语言文化，服务铸牢中华民族共同体意识教育，坚定文化自信自强；四是探索语言文字事业数字化赋能新举措，充分发挥语言文字信息技术在数字中国建设中的基础支撑作用；五是加强语言文化交往交流交融，不断提升国家文化软实力和中华文化影响力；六是构建语言文字工作治理新格局，建设适应现代化要求的语言文字工作治理体系和治理能力。

教育部语言文字信息管理司司长田立新在专题文章中提出，语言文字是文化的基础要素和鲜明标志，是文化传承、发展、繁荣的重要载体，语言文字战线全面学习、全面把握、全面落实党的二十大精神，要学深悟透习近平总书记重要讲话精神和"两个结合"的深刻内涵，需重点做好三方面工作：一是语贯古今，字载中华。深刻认识语言文字在中华民族发展史中的重要意义，通过深入实施开展古文字与中华文明传承发展工程与中国语言文字资源保护工程，让跨越千年的中华语言文字永存后世、永久流传。二是语融民心，字铸中华。不断增强语言文字事业在铸牢中华民族共同体意识中的使命担当，通过加强语言政策规划的前瞻性研究、不断提升国家通用语言文字普及质量、加强语言文字规范化标准化信息化建设、探索语言文字事业数字化赋能等系列举措，增强支撑保障能力。三是语睦中外、字美中华。充分发挥语言文字在推动构建人类命运共同体中的重要作用，通过深入实施中华思想文化术语传播工程、持续与"一带一路"沿线国家和地区开展多语种国际版权合作、持续拓展双边和多边语言文化交流合作、加强全球视角下的国际中文教育创新发展等方式，打造语言文化交流品牌，推动中华文化更好走向世界。

二、进一步普及推广国家通用语言文字

2022年继续大力推广国家通用语言文字，"推普攻坚""推普助力乡村振兴""国家通用语言文字高质量普及"三大行动扎实推进。

（一）启动国家通用语言文字推广普及工作表彰。

党的十八大以来，以习近平同志为核心的党中央着眼党和国家事业发展全局，大力推广普及国家通用语言文字。全国语言文字工作战线坚决贯彻习近平总书记关于推广普及国家通用语言文字的重要指示批示精神，认真落实党中央、国务院决策部署，心怀"国之大者"，知重负重、开拓创新、攻坚克难、担当奉献，国家通用语言文字推广普及取得历史性进展和标志性成绩。截至2020年，全国范围内普通话普及率达到80.72%，创造了统一的多民族、多语言国家推广通用语言文字的成功典范，为实现第一个百年奋斗目标、服务铸牢中华民族共同体意识、建设高质量教育体系和增强国家文化软实力奠定了坚实基础。为激励先进、选树典型、强化示范引领，营造学习使用国家通用语言文字的浓厚氛围，经国务院批准，教育部、国家语委决定开展"国家通用语言文字推广普及工作表彰"，于8月18日印发表彰通知，对国家通用语言文字推广普及先进集体和先进个人评选表彰工作作出部署。这是《国

家通用语言文字法》颁布 22 年来首次开展的国家通用语言文字推广普及工作表彰。教育部成立由有关部门组成的表彰工作领导小组，负责评选表彰工作。表彰坚持聚焦重点，突出政治引领；坚持优中选优，突出实绩实效；坚持面向基层，突出一线规则。评选表彰范围覆盖面广，横向涵盖国家语委 30 个委员单位，纵向涵盖国家、省、地、县、乡镇、社区等，将评选出 180 个左右的先进集体、300 名左右的先进个人，充分体现推普工作的基础性、全局性和社会性特点。

（二）开展"推普助力乡村振兴"全国大中专学生暑期社会实践志愿服务活动。

为深入贯彻习近平总书记关于教育的重要论述和关于语言文字工作的重要指示批示精神，深入学习习近平总书记在庆祝中国共产主义青年团成立 100 周年大会上的重要讲话精神，落实教育部、国家乡村振兴局、国家语委印发的《国家通用语言文字普及提升工程和推普助力乡村振兴计划实施方案》，加大民族地区、农村地区国家通用语言文字推广力度，服务铸牢中华民族共同体意识，助力乡村振兴战略实施，根据《关于开展 2022 年全国大中专学生志愿者暑期文化科技卫生"三下乡"社会实践活动的通知》要求，教育部语言文字应用管理司、共青团中央青年发展部于 2022 年暑期开展"推普助力乡村振兴"全国大中专学生暑期社会实践志愿服务活动，引导和教育广大青年学生志愿服务乡村推普工作，在实现中华民族伟大复兴中国梦的新征程上奋勇前进。7 月 18 日，志愿服务活动出征仪式在江苏师范大学以线上线下相结合的方式举行，教育部语言文字应用管理司、共青团中央青年发展部实践教育处相关负责人在线上出席仪式。教育部语言文字应用管理司副司长王晖在讲话中指出，"十四五"期间，教育部、国家语委联合国家乡村振兴局实施《国家语言文字普及提升工程和推普助力乡村振兴计划》，帮助乡村广大群众增强就业能力，提高科学文化素质，通过推普服务乡村旅游、资源开发、传统村镇建设、电商人才培养，繁荣发展乡村旅游文化，助力培育乡村经济新的增长点。希望志愿服务团队的同学们把这次实践活动作为深入基层，了解国情、民情，了解教情、语情的机会，深入最广阔的中西部民族地区、农村地区，切实了解基层群众的语言文化需求和推普现状，用心用情推广普及国家通用语言文字，争做推普助力乡村振兴的青年使者。

2018 年至今，"推普"系列社会实践志愿服务活动影响力、覆盖面持续扩大，已经成为国家通用语言文字普及推广的品牌活动。2022 年的活动在往年大学生的基础上扩大到大中专学生，得到全国 1068 所学校的积极响应，共有 2989 支志愿服务团队 30000 余名大中专学生报名参加，最终遴选出包括北京师范大学、同济大学、中央民族大学、鲁东大学、江苏师范大学、北京工业职业技术学院等 622 所学校在内的 958 支志愿服务团队，近万名学生奔赴 31 个省份的 712 个县的民族地区和农村地区，开展形式多样的普通话推广活动，主要聚焦中西部普通话普及率较低的民族地区、农村地区，聚焦国家通用语言文字应用能力较弱的学前儿童、中小学生、青壮年劳动力、基层干部、留守妇女等人群，助力乡村振兴战略实施，服务铸牢中华民族共同体意识。

（三）教育部、国家语委、中央宣传部等九部门发布《关于开展第25届全国推广普通话宣传周活动的通知》（以下简称《通知》），定于2022年9月的第三周举办第25届全国推广普通宣传周（以下简称"推普周"）。《通知》指出，推普周活动的指导思想是习近平新时代中国特色社会主义思想；活动主题是推广普通话，喜迎二十大；活动内容是组织开展全国性宣传活动，指导开展全社会宣传活动，创新开展特色化宣传活动；工作要求是加强统筹谋划，精心组织部署，聚焦重点工作，务求取得实效，挖掘典型案例，持续深入宣传，统筹发展和安全，严守各项要求。

9月8日，以"推广普通话，喜迎二十大"为主题的第25届推普周在云南省怒江傈僳族自治州泸水市开幕。

教育部党组书记、部长，全国推普周领导小组组长怀进鹏视频致辞。教育部党组成员、副部长，国家语委主任，推普周领导小组副组长田学军和云南省人民政府党组成员、副省长，省语委主任张治礼出席开幕式并讲话。

怀进鹏指出，党的十八大以来，习近平总书记多次对语言文字工作作出重要指示批示，为新时代语言文字工作特别是推广普及国家通用语言文字指明了方向，提供了根本遵循。怀进鹏强调，自1998年国务院批准设立推普周以来，推普周在宣传引导社会语言文字规范使用、提高人民群众语言文化素养和提升国家文化软实力等方面发挥了积极作用，成为国家语言文字工作高质量发展的重要平台。在新征程上，要牢记习近平总书记的殷切嘱托，用好推普宣传周平台，凝聚推广普及国家通用语言文字的高度共识。要聚焦铸牢中华民族共同体意识，在全社会营造和谐健康的语言环境。要肩负起新时代的光荣使命，积极探索数字化赋能新思路新举措，着力提升国家通用语言文字普及程度和质量，服务教育强国、文化强国建设。

田学军对推广普及国家通用语言文字提出工作要求，指出要坚决扛起宪法赋予的法定责任，以人民为中心、以新发展理念为指导推广普及国家通用语言文字，持续深化体制机制改革，推动语言文字事业高质量发展取得新进展。

张治礼表示，云南省将全面加强新时代民族地区国家通用语言文字推广普及工作，谱写民族团结进步的示范区建设新篇章。

开幕式前后，田学军一行深入福贡县老姆登村、第一中学、石月亮乡依陆底幼儿园，贡山县独龙江乡九年一贯制学校，怒江州减贫中心以及泸水市和谐社区幼儿园、和谐社区扶贫车间调研，分别了解推普助力乡村振兴、国家通用语言文字教育教学、易地扶贫搬迁安置社区青壮年劳动力和基层干部学习使用国家通用语言文字情况。调研期间，田学军同志看望了人民楷模高德荣同志。

推普周期间,推普周领导小组各成员单位和全国各地、各行业系统,国家语言文字推广基地等也围绕该届推普周主题,开展推普"智能+"展示、典型案例宣传展示、普通话测试员专业化队伍推普志愿服务、系列新媒体"云上活动"等,以实际行动迎接党的二十大胜利召开。

(四)11月18日,为贯彻落实党的二十大报告提出的"加大国家通用语言文字推广力度",教育部、国家语委印发《关于加强高等学校服务国家通用语言文字高质量推广普及的若干意见》(以下简称《意见》)。《意见》是第一个对高等学校国家通用语言文字工作作出系统部署的文件。

2020年,全国普通话普及率达到80.72%,实现了普通话基本普及的目标,高等学校在其中发挥了重要作用。在全面建设社会主义现代化国家的新征程上,加大国家通用语言文字推广力度,实现普及程度和质量的提升,需要进一步发挥高等学校的示范引领作用。《意见》从人才培养、科学研究、社会服务、文化传承创新、国际交流合作等高等学校五大职能入手,对高等学校做好国家通用语言文字高质量推广普及工作作出部署,提出了全面加强国家通用语言文字教育教学、主动融入推普助力乡村振兴和文化强国建设、积极探索推普服务社会应用和人民群众需求新手段等三大任务十项举措,并提出创新高等学校语言文字工作体制机制等保障措施。

《意见》的出台,将激励高等学校增强责任感使命感,利用自身资源优势,在高质量推广普及国家通用语言文字中发挥更大作用,为办好人民满意的教育、培养造就大批德才兼备的高素质人才、更好服务铸牢中华民族共同体意识奠定坚实基础。

三、语言文字规范化标准化信息化数字化建设

(一)教育部、国家语言文字工作委员会发布《中小学生普通话水平测试等级标准及测试大纲(试行)》文件,自2022年12月15日起试行。

《中小学生普通话水平测试等级标准及测试大纲(试行)》由教育部语言文字应用研究所(国家语委普通话与文字应用培训测试中心)组织研制,由国家语委语言文字规范标准审定委员会审定。在广泛调研和大规模试测基础上研制,力求与中小学生的心智特点和学业要求相适应,与义务教育语文课程标准和教学实践相结合,与普通话水平测试有效衔接。该规范将中小学生的普通话水平划分为6级,规定了测试的内容、范围、试卷构成和评分标准等,适用于义务教育阶段小学五年级及以上学生普通话水平的测评或评估监测。

(二)1月8日,外语中文译写规范部际联席会议专家委员会发布第十二批推荐使用外语词中文译名。此次拟推荐的外语词中文译名包括信息技术类12组、媒体网络类5组、信

息通信类 2 组、金融财经类 1 组、组织机构类 1 组。5 月 12 日，外语中文译写规范部际联席会议专家委员会审议通过第十三批 12 组推荐使用外语词中文译名。此次推荐使用的外语词中文译名以广电行业为主要范围，选自《中国广播电影电视发展报告》（2018－2020）、《中国视听新媒体发展报告》（2018－2020）等。中文译名及用例均主要来自人民网、光明网、新华网、国家广播电视总局官网以及各地广播电视机构的专业部门网站。审议会专家认为，两批译名筛选工作细致、方法科学，在网络语料和数据库核查分析的基础上，充分征询专家和相关行业部门意见，兼顾了译名的科学性和通用性，有利于译名的推广应用。外语中文译写规范部际联席会议专家委员会推荐在社会生活各个领域使用规范的外语词中文译名。

（三）为进一步规范出版、影视及相关新媒体等大众传播媒介汉字使用，中国出版协会、中国报业协会、中国期刊协会、中国音像与数字出版协会、中国版权协会、中国印刷技术协会、中国广播电视社会组织联合会、中国网络视听节目服务协会、中国电影家协会、中国书法家协会、中国中文信息学会共 11 家协会、学会日前联合发布《关于规范使用汉字的倡议》（以下简称《倡议》）。

《倡议》指出，汉字是传承中华文明的重要载体，是中华文化的根，是最具代表性的中华优秀传统文化标识。规范使用汉字、表现汉字之美，需要全社会共同努力。各协会、学会将加强引导，推动行业把汉字美的特征展示出来，反对为了迎合市场而粗制滥造、牵强附会、无序传播、贻误大众，大力弘扬汉字所蕴含的中华文化精神，更好地服务人民群众美好文化生活新期待和经济社会高质量发展需要。

（四）经国务院第 147 次常务会议修订通过的《地名管理条例》自 5 月 1 日起施行。修订后的条例共 7 章 44 条，对地名管理做出了全面、系统的规定。

一是明确管理原则。条例规定，地名管理应当坚持和加强党的领导，有利于维护国家主权和民族团结，有利于弘扬社会主义核心价值观，有利于推进国家治理体系和治理能力现代化，有利于传承发展中华优秀文化。地名应当保持相对稳定。

二是健全体制机制。条例按照统一监督管理、分级分类负责的原则，规定国务院民政部门负责全国地名工作的统一监督管理，规定县级以上人民政府应当建立健全地名管理工作协调机制。

三是加强命名更名管理。条例进一步完善地名命名规则，明确地名命名更名应当提交的申报材料及开展综合评估、专家论证、征求意见等要求，分级分类规定地名命名更名批准程序。

四是规范地名使用。条例规定，地名用字、读音、拼写等应当符合规范，国务院民政部门统一建立国家地名信息库。

五是强调文化保护。条例规定，具有重要历史文化价值、体现中华历史文脉以及有重大社会影响的国内著名自然地理实体的命名更名，报国务院批准。

（五）国家标准化管理委员会、工业和信息化部、国家语言文字工作委员会在京联合召开《信息技术 中文编码字符集》（GB 18030－2022）强制性国家标准发布宣贯会。国家市场监管总局党组成员、副局长、标准委主任田世宏，工业和信息化部党组成员、副部长张云明，教育部党组成员、副部长、国家语委主任田学军出席会议并讲话。

田世宏指出，以习近平同志为核心的党中央高度重视国家通用语言文字推广普及工作。语言文字规范化、标准化、信息化建设，是落实党中央、国务院决策部署的具体举措。文字编码是信息化的重要基础，标准化是文字编码发挥作用的重要路径。无论是传承与发展中华民族传统文化，还是实现政务服务"网上办""掌上办"，都需要中文编码标准化。下一步，国家市场监管总局（标准委）将会同有关部门，不断强化标准实施，持续推进标准创新，统筹优化标准体系，深化标准国际合作，切实推动语言文字标准化工作实现新发展、迈上新台阶。

张云明指出，近年来，在党中央、国务院的坚强领导下，我国语言文字信息化工作取得了显著成效，语言文字信息技术标准体系日趋完善，语言文字信息技术产业化稳步推进，少数民族语言文字信息化效果显著。下一步，工业和信息化部将会同有关部门，加快推动语言文字信息技术标准化发展，促进语言文字信息技术产业化应用，推动语言文字信息技术成果更好地惠及人民群众。

田学军指出，《信息技术 中文编码字符集》是贯彻落实《国家通用语言文字法》、推动《通用规范汉字表》在社会各领域实施的重要举措，是坚定文化自信、促进中华优秀传统文化传承发展的切实需要，是坚持以人民为中心、为群众办实事的具体体现。下一步，教育部、国家语委将进一步加强与有关部门的合作，协同推动《信息技术 中文编码字符集》标准的贯彻落实，不断满足人民群众高质量的语言文化需求。

《信息技术 中文编码字符集》是中文信息技术领域最重要的基础性标准，对汉字和我国多种少数民族文字进行了统一编码，需要进行中文处理的信息系统均需应用此类编码标准，因此标准实施场景丰富、应用范围广泛，标准首次发布于2000年，2005年第一次修订，支撑了我国中文信息处理和交换需要。

新版《信息技术 中文编码字符集》强制性国家标准于2023年8月1日正式实施，共收录汉字87887个，比上一版增加录入了1.7万余个生僻汉字，不仅收录国务院发布的《通用规范汉字表》全部汉字，还可覆盖我国绝大部分人名、地名用生僻字以及文献、科技等专业领域的用字，能够满足各类使用需求，为传承中华文化、增强中文信息处理能力、满足姓名生僻字人群用字需求提供强有力的标准保障。

中国电子技术标准化研究院对标准内容进行解读，公安部和中国人民银行代表标准应用单位发言，国务院办公厅电子政务办公室、民政部、人力资源和社会保障部、国家电子文件管理部际联席会议办公室等有关部门、标准起草单位等近50人参加了会议。

（六）8月26日，经世界汉语教学学会团体标准委员会审定，《国际中文教师专业能力标准》（T/ISCLT 001－2022）（以下简称《标准》）由世界汉语教学学会发布，自发布之日起正式实施。

《标准》是世界汉语教学学会首个以团体标准形式发布，规范引领国际中文教师培养、培训、能力评价与认定及教师专业发展的准则，也是教育部中外语言交流合作中心继2021年发布《国际中文教育中文水平等级标准》后推出的又一重大标准。《标准》的发布对加快构建国际中文教育标准体系、提高标准服务质量、提升标准国际化水平、促进国际中文教育高质量发展具有重要意义。

为适应国际中文教育事业民间化、市场化、国际化需求，《标准》由教育部中外语言交流合作中心发起，北京大学、北京语言大学、天津师范大学、中国有色金属工业人才中心、埃及开罗大学孔子学院、澳大利亚中文教师联会、柬埔寨皇家科学院、美国国际文教学会、日本青少年育成协会、西班牙汉语教师及教学协会等来自13个国家的28所高校、社会团体、企业机构联合起草。

《标准》适应新时代国际中文教育发展新趋势新要求，突出师德为先、素养为基、学习者为本、跨文化能力为重等国际中文教师发展理念，以中文作为第二语言教学、教师专业发展、教师评价等理论为基础，参考借鉴多国语言教师标准，继承和发展了《国际汉语教师标准》（2012年版），是国际中文教育领域的最新成果。

《标准》研制历时3年，广泛征求300余位中外专家学者、5000余名各国中文教师、国际中文教师志愿者，以及100余家各国中文教育人才培养单位的意见和建议，开展大规模调查研究，组织学术研讨会、讨论会、工作会百余次，经过反复研究、充分论证修改，并经来自国际中文教育、中国标准化组织和国际标准化组织的专家组成的标准化技术工作组审查修改后完成。

《标准》突出以学习者为中心的理念，强调教师终身发展，突出教师跨文化交际能力与数字技术应用能力，以国际中文教师胜任力模型为基础，通过专业理念、专业知识、专业技能、专业实践和专业发展5个一级指标和16个二级指标将国际中文教师应具备的知识、技能、态度以及专业发展等能力划分为初级、中级、高级三个水平，对每一级水平进行了详细描述。同时，《标准》将《国际中文教师专业能力分级认定规范》作为规范性附录，规定了国际中文教师分级认定的评价指标和认定标准，进一步增强了《标准》的指导性、实用性。

《标准》适用于国际中文教育教学各方面，可对国际中文教师的教育教学活动进行科学有效的指导，可为国际中文教师专业能力认定与评估、国际中文教育培训等提供依据和规范，也可为国际中文教师专业发展、职业生涯规划提供依据，还可为中外各类学校、教育机构和企事业单位，不同层次的国际中文教育和"中文+"人才培养、课程设置、教育实践、招聘选拔等提供参考。

（七）5月22日，中共中央办公厅、国务院办公厅印发了《关于推进实施国家文化数字化战略的意见》（以下简称《意见》），并发出通知，要求各地区各部门结合实际认真贯彻落实。

《意见》明确，到"十四五"时期末，基本建成文化数字化基础设施和服务平台，形成线上线下融合互动、立体覆盖的文化服务供给体系。到2035年，建成物理分布、逻辑关联、快速链接、高效搜索、全面共享、重点集成的国家文化大数据体系，中华文化全景呈现，中华文化数字化成果全民共享。

《意见》提出了8项重点任务。一是统筹利用文化领域已建或在建数字化工程和数据库所形成的成果，关联形成中华文化数据库。二是夯实文化数字化基础设施，依托现有有线电视网络设施、广电5G网络和互联互通平台，形成国家文化专网。三是鼓励多元主体依托国家文化专网，共同搭建文化数据服务平台。四是鼓励和支持各类文化机构接入国家文化专网，利用文化数据服务平台，探索数字化转型升级的有效途径。五是发展数字化文化消费新场景，大力发展线上线下一体化、在线在场相结合的数字化文化新体验。六是统筹推进国家文化大数据体系、全国智慧图书馆体系和公共文化云建设，增强公共文化数字内容的供给能力，提升公共文化服务数字化水平。七是加快文化产业数字化布局，在文化数据采集、加工、交易、分发、呈现等领域，培育一批新型文化企业，引领文化产业数字化建设方向。八是构建文化数字化治理体系，完善文化市场综合执法体制，强化文化数据要素市场交易监管。

《意见》要求，在数据采集加工、交易分发、传输存储及数据治理等环节，制定文化数据安全标准，强化中华文化数据库数据入库标准，构建完善的文化数据安全监管体系，完善文化资源数据和文化数字内容的产权保护措施。加快文化数字化建设标准研究制定，健全文化资源数据分享动力机制，研究制定扶持文化数字化建设的产业政策，落实和完善财政支持政策，在文化数字化建设领域布局国家技术创新中心、全国重点实验室等国家科技创新基地，支持符合科创属性的数字化文化企业在科创板上市融资，推进文化数字化相关学科专业建设，用好产教融合平台。

《意见》强调，各地要把推进实施国家文化数字化战略列入重要议事日程，因地制宜制定具体实施方案，相关部门要细化政策措施。各地区各有关部门要加强对《意见》实施情况的跟踪分析和协调指导，注重效果评估。

四、传承弘扬中华民族优秀语言文化

（一）4月11日，中共中央办公厅、国务院办公厅印发《关于推进新时代古籍工作的意见》（以下简称《意见》）。《意见》提出，做好古籍工作，把祖国宝贵的文化遗产保护好、传承好、发展好，对赓续中华文脉、弘扬民族精神、增强国家文化软实力、建设社会主义文化强国具有重要意义。要深入推进中华优秀传统文化创造性转化、创新性发展，加强古籍抢救保护、整理研究和出版利用，促进古籍事业发展，为实现中华民族伟大复兴提供精神力量。主要目标是，古籍工作体制机制更加完善，标准规范体系基本健全，工作水平有效提升，古籍保护传承、开发利用成效显著，人才队伍发展壮大，古籍工作在传承和弘扬中华优秀传统文化中的地位更为凸显、作用更加突出，古籍事业繁荣发展。《意见》还就完善古籍工作体系等提出了要求。

（二）9月29日，中国语言资源保护工程《中国语言文化典藏》（第二辑）20册发布。《中国语言文化典藏》是教育部、国家语委重大语言文化工程"中国语言资源保护工程"的标志性成果，获得国家出版基金项目资助，先后列入"十三五""十四五"国家重点图书出版规划项目。《中国语言文化典藏》目前已出版2辑50册，调查范围涵盖全国21个省级行政单位，包括汉语方言文化典藏37册和少数民族语言文化典藏13册，具有原创性与抢救性并存、系统性与规范性兼备、学术性与可读性并重的特点。这是在迎接二十大，推动新时代国家语言文字事业高质量发展论坛上发布的。

五、进一步提高语言文字服务能力，服务于国家重大需求

加强国家语言服务能力建设是全面建设社会主义现代化强国的应有之义，是语言文字战线贯彻落实总体国家安全观的重要举措，是提升国家语言能力的必然要求，也是全面提升新时代语言文字工作水平的有力抓手。2022年，语言文字战线进一步将《国务院关于印发十四五国家应急体系规划的通知》提到的"提升应急救援人员的多语言、多语能力。依托高校、科研院所、医疗机构、志愿服务组织等力量建设专业化应急语言服务队伍"，以及《国务院办公厅关于全面加强新时代语言文字工作的意见》提到的"加强国家应急语言服务""建立语言服务体制机制，建设国家语言志愿服务队伍"的要求落实到实处。

（一）《冬奥会体育项目名词》一书由商务印书馆出版。该书是教育部、国家语委与北京冬奥组委联合启动的"北京冬奥会语言服务行动计划"的重要成果，是一本面向2022年北京冬奥会和冬残奥会的多语种纸质术语手册，主要为北京冬奥会的口笔译人员、志愿者、运动员、裁判员、新闻媒体工作人员等提供服务。《冬奥会体育项目名词》作为涵盖8个语

种的奥运会语言服务手册，包含核心竞赛项目术语名词 3000 多条，涉及北京冬奥会和冬残奥会全部竞赛项目，覆盖中、法、英、俄、德、西、日、韩/朝 8 个语种，在奥运会历史上还是首次。此外，商务印书馆解决了语境信息资源选取、选词时效性、多语种同步变动等诸多技术性、专业性问题，与北京语言大学"冬奥术语库"一起，成功实现纸电联动的融媒体联合出版，填补了国内目前没有与冬奥会相关的术语查询平台和相关图书的空白。

（二）国家应急语言服务团在京成立。

4 月 28 日，教育部、国家语委、应急管理部、国家民委、共青团中央共同指导 29 家高校、企业、协会组织等召开成立大会，联合发起成立国家应急语言服务团，制定了《国家应急语言服务团三年行动计划（2023－2025）》。国家应急语言服务团是由志愿从事应急语言服务的相关机构和个人自愿组成的公益联盟组织，主要针对各类突发公共事件应急处置及国家其他领域重要工作中急需克服的语言障碍，提供国家通用语言文字、少数民族语言文字、汉语方言、手语、盲文、外国语言文字等方面的语言服务。从抗击疫情实践中发展起来的我国应急语言服务，为打赢疫情防控阻击战作出了重要贡献，成为国家应急语言服务团建设的基础力量，是语言文字战线积极服务国家重大需求的生动案例，充分展现了语言文字工作者的家国情怀和"奉献、友爱、互助、进步"的志愿服务精神，体现了语言文字战线的使命担当。国家应急语言服务团的成立标志着我国应急语言服务翻开了新篇章。

（三）《疫情防控应急手语 100 句》正式上线发布。

这是在教育部、国家语委指导下，国家应急语言服务团成员单位中国聋人协会、国家手语和盲文研究中心、国家通用手语数字推广中心牵头研制的。在抗击新冠肺炎疫情的过程中，部分听力残疾人无法通过电视、广播、新媒体等渠道，及时完整地获取科学、权威的防护信息和疫情通报，特别是老年听力残疾人和识字不多的听力残疾人对此类需求尤为迫切。研制团队面向一线实际需求，对全国 22 个城市不同年龄、身份、文化背景的手语使用者进行访谈，遴选听力残疾人在新冠肺炎疫情防控过程中最急需的手语语句，以国家通用手语为基础，通过全国 12 个手语采集点征集手语打法，历经 5 次专家会审完成研制。该成果也可用于医护人员、社区防疫人员快速学习掌握应急手语。《疫情防控应急手语 100 句》直面社会迫切需求，充分尊重听力残疾人手语使用者群体的语言权益，体现了党和国家对残疾人群体的"格外关心，格外关注"，展现了我国应急语言服务工作的新成效，是伟大抗疫精神的生动实践。

（四）"国家语言资源服务平台"上线。

在第七届语言服务高级论坛上，教育部语言文字信息管理司、国家开放大学、华中师范大学、广州大学等单位负责同志和专家学者，在北京、广州、武汉三地联动，共同启动"国家语言资源服务平台"上线（网址为 https：//fw.ywky.edu.cn/）。这是由教育部语言文字信息管理司委托、国家语言资源监测与研究网络媒体中心建设和运行维护的全国性、综合性在线开放资源服务平台，面向社会提供语言文字资源服务的搜索及链接服务。该平台以服务教育数字化战略行动为目标，秉持"开放、共享、智能、服务"建设理念，深入分析教育教学、科学研究、文化传承、社会应用中急需的语言文字需求，汇聚了近50家单位提供的近百项高质量语言资源。平台聚焦语言规范服务、汉字信息服务、精品字库服务、语言翻译服务、应急语言服务、手语盲文服务等近20项语言服务。其中，语言规范服务汇集60余种规范标准，为教师、学生以及新闻媒体等公共服务行业的语言文字工作者掌握应用语言文字规范提供便捷服务。应急语言服务针对各类突发公共事件，提供涵盖国家通用语言文字、手语、盲文、外语等语言服务，包括多语种疫情防控外语通、疫情防控应急手语一百句、多语多言宣讲消防安全知识等。

（五）发布"语言服务助力数字中国倡议"。

在12月27日至28日举办的第七届语言服务高级论坛的闭幕式上，教育部语言文字信息管理司、广东省教育厅指导的国家语委国家语言服务与粤港澳大湾区语言研究中心和大湾区有关学术机构、企事业单位联合发起成立了"粤港澳大湾区语言生活与语言服务建设联盟"。与会语言文字工作者深入学习贯彻党的二十大精神，就语言服务助力数字中国建设达成共识。广州大学教授、国家语言服务与粤港澳大湾区语言研究中心主任屈哨兵代表大会向教育界、学术界及全社会发出"语言服务助力数字中国"的六点倡议：

以高质量的语言服务助推教育数字化战略行动。语言文字信息化是教育信息化的重要基础。提升国家语言文字信息化服务水平，支持国家语言资源服务平台建设，坚持开放、共享、智能、服务，汇聚各类高质量语言资源和优质语言服务，服务教育数字化战略行动，以此助力教育强国、人才强国和文化强国建设。

以高质量的语言服务助推数字技术创新。语言数据是数字技术创新发展的助推器，语言智能是数字技术突破创新的关键领域。发展语言资源服务以提升关键资源供应保障能力，发展语言数据和语言智能产业以完善现代化产业体系，以此助力科技强国和平安中国建设。

以高质量的语言服务助推数字经济发展。语言文字是重要的经济资源，语言数据是数字经济的关键生产要素。增强语言经济意识，大力发展语言产业，加强语言标准化、资源化、多元化和智能化服务，促进数字产业化和产业数字化发展，以此助力数字经济与实体经济的深度融合。

以高质量的语言服务助推数字社会建设。语言服务是社会服务的重要组成部分。重视利用语言文字为国家现代化进程服务，是百年来我国数辈学人的优良传统。推动数字化语言服务共建共享，推进线上线下语言服务融合发展，扩大优质语言服务资源辐射范围，促进社会信息无障碍，以此助力智慧城市和数字乡村建设，服务铸牢中华民族共同体意识。

以高质量的语言服务助推数字政府建设。语言文字是数字治理的重要抓手。提升语言文字信息处理和语言智能服务水平，在服务机制、服务体系、服务平台、服务领域、服务功能、服务队伍、服务能力等方面增强有效服务供给，以此助力数字政府服务效能升级，营造良好数字生态。

以高质量的语言服务助推国家区域发展和全球的数字合作。提升面向国家重大区域发展战略的语言服务能力，助力京津冀、长三角、长江经济带、粤港澳大湾区、海南自由贸易港等区域的建设发展。提升国际语言服务能力，助力全球数字合作互利共赢，服务"一带一路"倡议，发挥语言服务在构建网络空间命运共同体中的积极作用，以此助力文明交流、互鉴与共存。

倡议呼吁，社会各界携起手来，共同开创语言服务新模式新路径新格局，服务数字中国，赋能数字中国，为全面建设社会主义现代化国家、全面推进中华民族伟大复兴贡献语言之力！

文章选登

中共中央办公厅　国务院办公厅印发
《关于推进新时代古籍工作的意见》

新华社北京4月11日电　近日，中共中央办公厅、国务院办公厅印发了《关于推进新时代古籍工作的意见》，并发出通知，要求各地区各部门结合实际认真贯彻落实。

《关于推进新时代古籍工作的意见》全文如下。

做好古籍工作，把祖国宝贵的文化遗产保护好、传承好、发展好，对赓续中华文脉、弘扬民族精神、增强国家文化软实力、建设社会主义文化强国具有重要意义。党的十八大以来，以习近平同志为核心的党中央站在实现中华民族伟大复兴的战略高度，对传承和弘扬中华优秀传统文化作出一系列重大决策部署，古籍事业迎来新的发展机遇。为深入推进新时代古籍工作，现提出如下意见。

一、总体要求

1. 指导思想。以习近平新时代中国特色社会主义思想为指导，深入贯彻党的十九大和十九届历次全会精神，坚持中国特色社会主义文化发展道路，把马克思主义基本原理同中国具体实际相结合、同中华优秀传统文化相结合，深入推进中华优秀传统文化创造性转化、创新性发展，加强古籍抢救保护、整理研究和出版利用，促进古籍事业发展，为实现中华民族伟大复兴提供精神力量。

2. 工作原则。坚持和加强党的全面领导，健全党委领导、部门分工负责、社会协同推进的工作体制机制，把党的领导贯彻到古籍工作的全过程、各方面。坚持正确方向，以社会主义核心价值观为引领，把中华优秀传统文化的精神标识和具有当代价值、世界意义的文化精髓提炼出来、展示出来。坚持统筹布局，加强顶层设计和规划部署，确保古籍工作协调衔接、一体推进。坚持社会效益优先，提高古籍工作质量，始终把社会效益放在首位，实现社会效益和经济效益相统一。坚持守正创新，古为今用、推陈出新，服务当代、面向未来，进一步激发古籍事业发展活力。

3. 主要目标。古籍工作体制机制更加完善，标准规范体系基本健全，工作水平有效提升，古籍保护传承、开发利用成效显著，人才队伍发展壮大，古籍工作在传承和弘扬中华优秀传统文化中的地位更为凸显、作用更加突出，古籍事业繁荣发展。

二、完善古籍工作体系

4. 加强古籍工作领导体制建设。全国古籍整理出版规划领导小组履行全国古籍工作统筹协调职责，负责制定实施国家古籍工作中长期规划，统筹抢救保护、整理研究、编辑出版以及古籍数字化、古籍普及推广、古籍人才培养等工作，推进古籍重大项目，组织古籍工作督查考评。健全全国古籍整理出版规划领导小组工作机制，加强古籍专项工作议事协调，更好发挥全国古籍整理出版规划领导小组办公室职能作用。各地要结合实际完善古籍工作体制机制，加强省级古籍工作的统一领导和组织协调。

5. 强化古籍工作部门职责。各有关部门要高度重视古籍工作，切实履行古籍工作职责。中央宣传部发挥在全国古籍工作中的牵头作用，发挥国家版本馆在中华古籍版本传承发展工作中的重要作用。文化和旅游部、教育部、国家民委以及相关专业古籍出版单位承担其职责范围内的古籍保护、整理研究、编辑出版等工作，发挥古籍工作主阵地作用。文物、中医药、宗教、法律、农业、林草、水利、社会科学、科学技术、档案、方志、古地图等工作主管部门加强本领域古籍工作。根据地域分布、资源特色、专业优势，加强全国范围内古籍存藏保护、整理研究、编辑出版的优化布局和组织协调。加强省级古籍保护中心、少数民族古籍整理研究部门等古籍工作专业机构建设。

6. 汇聚古籍行业发展合力。统筹事业和产业两种形态、公益和市场两种资源、国有和民营两种力量、国内和国外两个市场，推动形成古籍行业发展新局面。把握古籍事业发展规律，加强古籍工作各环节衔接配合，促进抢救保护、整理研究、出版利用共同发展。加强有关行业协会、学术团体和智库建设，鼓励社会各界积极参与古籍事业，营造全社会共同关心支持古籍工作的良好氛围。

三、提升古籍工作质量

7. 提高古籍保护水平。持续推进中华版本传世工程和中华古籍保护计划，深入开展古籍普查，加强基础信息采集，完善书目数据，编纂总目提要，摸清国内外中华古籍资源和保存状况。加强古籍存藏基础设施建设，改善保存条件，做好异地、异质灾备保护，确保古籍资源安全。加大珍贵古籍保护力度，开展国家、省级珍贵古籍和古籍重点保护单位评选工作，对入选的古籍和单位实施动态管理。制定古籍类文物定级标准，国有古籍存藏单位按照有关规定完成古籍类文物定级建档工作，加强古籍类文物保护。提升古籍修复能力，加强濒危古籍抢救性修复。加强国家版本馆古籍版本资源建设，做好散落失管古籍的征集保藏。推动少数民族文字古籍文献的抢救保护。强化古籍保护基础性研究，发挥科技保护支撑作用，推动古籍保护关键技术突破和修复设备研发。

8. 提升古籍整理研究和编辑出版能力。根据不同类型古籍的具体情况，有针对性地做好整理研究和编辑出版，防止低水平重复。加强传世文献系统性整理出版，推进基础古籍深度整理出版，加快出土文献整理研究成果出版利用。推进古籍文献通代断代集成性整理出版，推动少数民族文字古籍文献整理研究和译介出版。深化古籍整理基础理论研究，总结在长期实践中形成的古籍整理理论和方法，完善我国古籍整理研究和出版范式，构建古籍整理出版理论研究体系。

9. 加强古籍工作科学化规范化管理。编制实施国家古籍工作中长期规划，建立健全多层次规划体系，做好古籍分类分级保护和分类分层次整理出版。完善古籍项目立项、成果出版的同行推荐和专家评审制度，加强对古籍工作专项经费和有关文化、科研、出版基金资助古籍项目的统筹协调，健全古籍项目绩效评估制度。加强古籍工作标准体系建设，制定修订相关国家标准，完善古籍保护、修复、整理、出版、数字化等工作规范，健全古籍公共服务、出版物、网络服务等质量检查制度。

四、加快古籍资源转化利用

10. 挖掘古籍时代价值。将古籍工作融入国家发展大局，注重国家重大战略实施中的古籍保护传承和转化利用。系统整理蕴含中华优秀传统文化核心思想理念、中华传统美德、中华人文精神的古籍文献，为治国理政提供有益借鉴。围绕铸牢中华民族共同体意识，深入整理反映各民族交往交流交融历史的古籍文献，挖掘弘扬蕴含其中的民族团结进步思想，引导各族群众树立正确的中华民族历史观。深度整理研究古代科技典籍，传承科学文化，服务科技创新。梳理挖掘古典医籍精华，推动中医药传承创新发展，增进人民健康福祉。传承中华农耕文明优秀成果，服务乡村振兴。

11. 促进古籍有效利用。统筹好古籍文物属性与文献属性的关系，各级各类古籍存藏机构在加强古籍保护的基础上，提升利用效率。完善古籍资源便捷使用机制，鼓励古籍存藏机构向社会公众提供古籍资源服务，提高古籍资源开放共享水平，激发古籍保护利用工作活力。加强古籍保护和整理出版成果的整合利用，建设中国古籍版本目录知识系统，着力构建古籍知识服务体系。

12. 推进古籍数字化。建立健全国家古籍数字化工作指导协调机制，统筹实施国家古籍数字化工程。积极对接国家文化大数据体系，加强古籍数据流通和协同管理，实现古籍数字化资源汇聚共享。支持古籍数字化重点单位做强做优，加强古籍数字化资源管理和开放共享。统筹古籍数字化版本资源建设与服务，推进古籍专业数据库开发与利用。积极开展古籍文本结构化、知识体系化、利用智能化的研究和实践，加速推动古籍整理利用转型升级。

13. 做好古籍普及传播。加大古籍宣传推广力度，多渠道、多媒介、立体化做好古籍大众化传播。持续推进古籍进校园工作，将中华优秀传统文化教育贯穿国民教育始终。提高古籍普及出版质量，做好经典古籍精选精注精译精评。积极倡导古籍阅读，开展经典古籍优秀版本推荐。加强古籍题材音视频节目制作推介，提供优质融媒体服务。支持各级各类古籍存藏机构和整理出版单位开展古籍专题展览展示，鼓励古籍文创产品开发推广。加强古籍工作对外交流合作，充分利用海外文化平台开展古籍对外宣传推广活动，加大展示展销力度，推动古籍图书对外版权输出，做好中华优秀典籍翻译出版工作。

五、强化古籍工作保障

14. 加强组织领导。各级党委和政府要充分认识推进新时代古籍工作的重要意义，将古籍工作纳入经济社会发展规划，加强组织领导和工作部署。各级党委宣传部门要加强统筹指导，整合资源力量，形成工作合力。各有关部门和单位要按照职责分工，细化目标任务，采取有力措施抓好工作落实。

15. 推进古籍学科专业建设。进一步优化我国古籍相关学科专业布局，加强课程体系建设，完善涵盖古籍保护、整理研究、编辑出版和数字化的古籍相关学科专业体系。深化古籍学科理论构建，编写专业教材，强化实践教学，鼓励在文史哲、中医药等相关学科专业教学中增加古文献相关教学内容，鼓励有条件的院校设立民文古籍与汉文古籍兼修的古文献相关学科专业。加强学科交叉融合，推动古籍学科与材料技术、信息技术、人工智能等领域学科融合发展。

16. 强化人才队伍建设。加强古籍存藏保护、整理研究和出版专业机构建设，扩大古籍保护修复人才规模，加强古籍整理研究机构力量，健全少数民族古文字人才传承机制，建设少数民族文字古籍专业人才学术交流平台，加强古籍专业出版队伍建设。完善用人机制，保障古籍工作相关人员工作待遇。强化古籍人才培训，实施古籍人才培训计划，设立全国古籍人才培训库，建设古籍人才培训基地和古籍整理研学一体的培训平台。健全评价机制，科学评价古籍工作质量，完善古籍工作成果评价办法，加强古籍优秀成果评选推荐工作。职称评定、评奖推优、科研成果认定、效益评估等政策要向古籍工作人员倾斜，对主要承担古籍工作的国有文化企业加大社会效益考核占比，对国有文化企事业单位主要承担古籍重点项目的业务部门可不考核经济效益。

17. 完善法治保障。在制定修订文化、教育、科技、卫生、语言文字、出版等领域相关法律法规时，注意体现繁荣发展古籍事业相关内容。鼓励有条件的地方出台加强古籍工作的地方性法规。加强对相关法律法规实施情况的监督检查，加大对古籍工作领域合法权益的保护力度。

18. 加强财税政策支持。中央和地方财政结合实际予以重点支持,将古籍工作相关经费纳入年度预算。统筹利用现有资金渠道,完善投入机制,调整优化支出结构。继续落实好支持古籍事业相关税收优惠政策。支持和引导公民、法人和其他组织以捐赠、资助、依法设立基金会等形式参与古籍保护传承。

(来源:新华网,http://m.news.cn/2022-04/11/c_1128550650.htm.)

教育部 国家乡村振兴局 国家语委关于印发《国家通用语言文字普及提升工程和推普助力乡村振兴计划实施方案》的通知

教语用〔2021〕4号

各省、自治区、直辖市教育厅（教委）、乡村振兴局、语委，新疆生产建设兵团教育局、乡村振兴局、语委：

为深入贯彻落实习近平总书记关于教育的重要论述和关于语言文字工作的重要指示批示精神，贯彻落实《中共中央 国务院关于实现巩固拓展脱贫攻坚成果同乡村振兴有效衔接的意见》和《国务院办公厅关于全面加强新时代语言文字工作的意见》，教育部、国家乡村振兴局、国家语委研究制定了《国家通用语言文字普及提升工程和推普助力乡村振兴计划实施方案》。现印发给你们，请认真贯彻执行。

教育部 国家乡村振兴局 国家语委
2021年12月23日

国家通用语言文字普及提升工程和推普助力乡村振兴计划实施方案

推广普及国家通用语言文字，是铸牢中华民族共同体意识的重要途径，是建设高质量教育体系的基础支撑，是实施乡村振兴战略的有力举措，对经济社会发展具有重要作用。为加大国家通用语言文字推广力度，提升普及程度和质量，落实国家语言文字事业"十四五"发展规划相关要求，制定本实施方案。

一、总体要求

（一）指导思想

以习近平新时代中国特色社会主义思想为指导，全面贯彻党的十九大和十九届二中、三中、四中、五中、六中全会精神，落实全国语言文字会议部署，坚持以服务铸牢中华民族共同体意识为主线，按照"聚焦重点、全面普及、巩固提高"的新时代推广普通话工作方针，全面推行国家通用语言文字教育教学，实现巩固拓展推普脱贫攻坚成果同乡村振兴有效衔接，全面提高国家通用语言文字普及程度和质量，推动国家语言文字事业高质量发展。

（二）基本原则

——系统谋划、统筹推进。基于国家通用语言文字推广普及不平衡不充分的现状，系统谋划国家通用语言文字普及提升工作，统筹推进区域、城乡协调发展。

——突出重点、精准施策。精准聚焦民族地区、农村地区，重点关注学前儿童、教师、青壮年劳动力、基层干部等人群，一地一策、一类一策，专项推动、重点突破。

——尊重规律、协同创新。遵循语言文字工作规律，稳中求进、提质增效，加强部门协同、上下联动，拓展工作路径，创新工作手段。

（三）工作目标

按照立足新发展阶段、贯彻新发展理念、构建新发展格局、推动高质量发展的要求，经过五年努力，实现国家通用语言文字普及程度和质量全面提升。

到 2025 年，全国范围内普通话普及率达到 85%；基础较薄弱的民族地区普通话普及率在现有基础上提高 6—10 个百分点，接近或达到 80% 的基本普及目标。推普脱贫攻坚成果得到巩固拓展，推普助力乡村振兴作用彰显。国家通用语言文字教育教学质量持续提升，国民语言文字应用能力和语言文化素养不断增强，社会用语用字更加规范，网络语言环境持续向好，语言服务能力显著增强。

二、重点任务

准确分析、明确定位，坚持目标方法效果统一，实施三大行动。聚焦民族地区，服务铸牢中华民族共同体意识，集中力量开展推普攻坚行动；聚焦农村地区，巩固推普脱贫攻坚成果，助力乡村振兴战略，实施推普助力乡村振兴计划；聚焦普通话普及率已达到 85% 的省份和基础较好的城市地区，以更全面更充分普及为目标，开展国家通用语言文字高质量普及行动。

（一）民族地区推普攻坚行动

1. 推进学前儿童学会普通话。实施"童语同音"计划，为学前儿童进入义务教育阶段学习奠定良好语言基础。巩固全面使用国家通用语言文字保育教育成果，组织开展幼儿园教师、保育人员普通话专项培训，完成国家级示范培训 4 万人次，省、市、县培训同步开展，做到应培尽培。教师坚持使用普通话与幼儿交流，鼓励幼儿在日常生活和游戏中大胆说普通话，营造用普通话日常交流的环境。总结"百园千师万家"项目试点经验，广泛开展园对园、师对师、家对家结对帮扶和"小手拉大手""大手拉小手"学讲普通话活动。支持继续在四川省开展"学前学会普通话"行动项目。

2. 提升教师国家通用语言文字教育教学能力。严格落实教师持教师资格证书、普通话等级证书上岗制度。实施国家通用语言文字示范培训计划,通过脱产培训、送培送教、远程自学等方式,对未达标的教师开展专项培训。加强语言文字规范标准培训,将教师国家通用语言文字教育教学能力培训纳入"国培计划""省培计划"等项目。

3. 加大青壮年劳动力普通话培训力度。持续推进"职业技能+普通话"教育培训,灵活合理设计内容和方式。鼓励研发口袋书、资源包、实用培训教材等,充分利用"互联网+"、广播电视"村村通"等,扩大培训规模,提升培训效能。因地制宜,积极推动青壮年劳动力普通话培训纳入当地人力资源社会保障、农业农村、文化和旅游、共青团、妇联等相关部门培训项目。

4. 增强基层干部国家通用语言文字应用能力。基层干部要带头学、说普通话,切实发挥表率作用。采取多种举措,通过专项培训、集中学习、"一对一"互帮互学等方式,普遍提升基层干部使用国家通用语言文字开展工作的能力。落实国家机关工作人员普通话水平应当达到国家规定的等级标准的法定要求。

(二)推普助力乡村振兴计划

1. 服务乡村教育振兴。促进国家通用语言文字教育与"五育"融合发展,服务落实立德树人根本任务。结合乡村温馨校园建设,加强乡村中小学经典诗文教育、规范汉字书写教育,推广开设诵读、书法、篆刻等语言文化"第二课堂",丰富乡村校园文化,助力把乡村中小学校打造为乡村文化中心。推动师生在校园内使用普通话进行日常生活交流,营造良好的普通话学习环境。选树一批乡村书香校园,推介乡村学校推广普及国家通用语言文字的典型案例和经验。

2. 繁荣发展乡村语言文化。实施经典润乡土计划,因地制宜开展国家通用语言文字和中华经典文化乡村行活动。大力弘扬社会主义核心价值观,挖掘整理乡规民约、地方戏曲、俗语民谣等乡村优秀语言文化资源,创造性开发文学、书画、歌舞、戏剧等文艺作品,通过诵、写、演、唱等形式创新演绎。引导乡村规范使用国家通用语言文字,结合乡村生态文明建设和人居环境整治,打造一批以诗词、书法、楹联等语言文化内容为主的特色乡村和品牌项目,提升乡村语言文化品位。

3. 助力乡村产业振兴。依托田园风光、村落建筑、非物质文化遗产、红色旅游等特色资源,注入语言文化内涵,积极探索语言文字助力乡村产业发展的特色模式。聚焦农村电子商务、农业手工业、旅游康养、文化创意等产业,发挥语言文化在创新设计产品包装、宣传广告、景观文化等方面的独特作用,提升产业、产品附加值。开展语言志愿服务,帮助乡村招商引资、品牌打造、产销对接。树立一批语言文化助力乡村产业振兴典型。

4. 提高乡村人才语言文化素养。培育乡村语言文化宣传骨干。将国家通用语言文字培训纳入高素质农民培育工作。通过新时代文明实践中心（所、站）、农民夜校、乡村文化大院等平台，支持采取固定服务和流动服务相结合的形式，为农村电商人员、旅游服务人员、进城务工人员、农村妇女、易地扶贫搬迁安置点群众等，提供国家通用语言文字培训服务。

5. 助力乡村治理体制建设。以提升农村基层干部普通话沟通能力为切入点、突破口，做到培训一人带动一村，进一步提升乡村整体普通话普及程度和水平。支持有条件的地区在考察考核农村基层干部时，注重了解其国家通用语言文字应用能力，对尚未达到相关要求的有针对性地加强培训。

（三）国家通用语言文字高质量普及行动

1. 全面提升国家通用语言文字教育教学质量。进一步发挥学校作为语言文字工作基础阵地作用，落实国家通用语言文字作为教育教学基本用语用字的法定要求，全面推行国家通用语言文字教育教学，全面推行使用国家统编教材，加大教学质量支撑力度。将语言文字规范化要求纳入学校、教师、学生管理等教育教学各环节和评估评价体系，确保2025年底前完成学校语言文字工作达标建设。加强师范生和教师"三字一话"（钢笔字、毛笔字、粉笔字和普通话）教学基本功和教学技能训练，开展教师普通话水平和使用情况动态监测，将中小学生普通话水平纳入国家义务教育质量监测内容，发布《中小学生普通话水平测试等级标准》。实施高校语言文字工作提升计划，支持高校加强语言文字相关学科专业建设、教师队伍建设和科学研究等。

2. 提升社会语言文字规范化水平。将语言文字规范化要求纳入行业管理、城乡管理和文明城市、文明村镇、文明单位、文明校园创建内容。加强地名用字、拼写和企业名称、商品名称、广告的用语用字管理。加强网络语言监管与引导，建设健康文明的网络语言环境。深入实施中华经典诵读工程，集聚社会资源和力量，开展全民诵读、语言文化讲堂和研修研学等活动，增强国民语言文字应用能力和语言文化素养。打造中华经典诵写讲特色乡镇、社区、学校、军营等，展示基层传承弘扬中华优秀语言文化的典型经验和风采。

3. 提升语言文字科技赋能水平。发挥科技支撑和引领作用，支持有条件的地区和高校、科研机构、企业开展语言智能技术研究，着力在自然语言处理、机器写作、机器翻译、机器评测等领域取得实质性成果。充分利用智能语音、大数据分析等技术，提升国家通用语言文字学习效能。升级普通话水平智能评测技术，完善测试管理系统。面向国家信息化发展和社会应用需求，分类整合国家通用语言文字学习资源，完善国家通用语言文字培训平台、全球中文学习平台，加强语言知识库、语料库和资源平台建设。

4. 提升语言服务国家和社会能力。建设300个国家语言文字推广基地，鼓励建设省级基地，提供语言文字咨政、培训等服务。发挥东西部协作、对口支援机制作用，支持推广国家通用语言文字。持续开展大学生推普志愿服务活动，组建普通话水平测试员语言服务团。实施第二期国家手语和盲文规范化行动计划。面向老年人、残疾人、外籍人员等，提供社会生活、智能产品使用等语言服务。为重大赛事、展览、会议、活动等提供高质量语言服务保障。加强应急语言服务。支持内地与港澳、大陆与台湾语言文化交流，为港澳地区普通话学习提供服务。

三、工作保障

（一）加强组织领导。坚持党的领导，推动地方各级政府将国家通用语言文字推广普及纳入议事日程，纳入政府相关工作绩效管理目标和履行教育职责评价体系。教育部、国家乡村振兴局、国家语委牵头抓总，适时对各地工作进展情况开展调度。国家语委有关委员单位要结合工作职责，积极推动实施本方案。省级教育（语言文字工作）部门、乡村振兴部门要加大统筹力度，强化资金保障，细化工作举措，加强本地区工作督促指导。

（二）加大宣传力度。坚持集中式与常态化宣传并举，提升宣传时效。用好全国推广普通话宣传周活动等平台，创新宣传方式，充分利用融媒体手段，制作推普短视频、微课、公益广告、文创产品等，加强语言文化品牌项目、优秀案例、特色乡村宣传展示，对推普用普学普突出地区、集体和个人进行宣传表扬。充分挖掘、提炼工作中涌现出的典型经验、做法，加强国家通用语言文字法律法规和政策宣传解读，营造良好推普氛围。

（三）推进法制建设。积极推动修订国家通用语言文字法，指导地方依据国家通用语言文字法修订完善相关地方性法规规章，巩固国家通用语言文字主体地位。落实新修订的普通话水平测试管理规定，健全普通话测试管理制度。将语言文字规范化要求纳入相关法律法规。

（四）强化评估监测。要将推广国家通用语言文字作为教育、乡村振兴督导评估的重要内容，加强督导检查，确保按时完成各项任务。开展国家通用语言文字使用情况调查。重点开展党政机关、互联网等新媒体、"窗口"行业等领域用语用字规范化监测，定期发布监测结果。

（来源：中华人民共和国教育部网站，http：//www.moe.gov.cn/srcsite/A18/s7066/202201/t20220106_592708.html.）

教育部　国家语委关于加强高等学校服务国家通用语言文字高质量推广普及的若干意见

教语用〔2022〕2号

各省、自治区、直辖市教育厅（教委），新疆生产建设兵团教育局，部属各高等学校、部省合建各高等学校：

学校是语言文字工作的基础阵地，高等学校在其中发挥着重要作用。长期以来特别是党的十八大以来，高等学校语言文字工作取得了长足进展，但也存在着从更高站位推广普及国家通用语言文字发挥作用不够充分，大学生语言文字应用能力不足，语言文字科学研究不能完全适应社会语言生活新发展，学校语言文字工作体制机制不够健全等问题。为贯彻落实党的二十大精神，深入贯彻《国务院办公厅关于全面加强新时代语言文字工作的意见》，进一步加强高等学校语言文字工作，充分发挥高等学校在服务国家通用语言文字高质量推广普及中的作用，现提出如下意见。

一、总体要求

以习近平新时代中国特色社会主义思想为指导，深入贯彻落实党的二十大精神，全面落实习近平总书记关于教育的重要论述和关于语言文化的重要指示批示精神，立足服务铸牢中华民族共同体意识，坚持服务国家发展大局和人民群众需求、坚持立德树人根本任务、坚持特色示范引领、坚持数字化赋能和创新驱动，聚焦高质量推广普及国家通用语言文字，将语言文字工作与高校人才培养、科学研究、社会服务、文化传承创新和国际交流合作等有机融合，更好服务教育和语言文字事业高质量发展，为教育强国和文化强国建设贡献力量。

二、全面加强国家通用语言文字教育教学

（一）提高大学生语言文字应用能力。学生应具有"一种能力两种意识"（即语言文字应用能力和自觉规范使用国家通用语言文字的意识、自觉传承弘扬中华优秀语言文化的意识），高校要将其纳入学校人才培养方案，明确语言文字应用能力及标准并纳入毕业要求。

强化学生口语表达、书面写作、汉字书写、经典诗文和书法赏析能力培养,促进语言文字规范使用。支持高校开设大学语文、应用文写作、口语表达、经典诵读等语言文化相关课程。加强语言政策和语言国情教育。强化语言文明教育,引导学生养成良好语言习惯,自觉抵制庸俗暴戾语言。加大普通话培训测试力度,为毕业生就业从事相关职业达到国家规定的普通话水平提供支持。

(二)提升教师语言文字教育教学能力。教师应熟悉党和国家语言文字方针政策及相关法律法规,熟练掌握相关语言文字规范标准,自觉落实国家通用语言文字作为教育教学基本用语用字的法定要求,具有坚定的文化自信,将推广普及国家通用语言文字与传承弘扬中华优秀语言文化有机融入课程思政。落实国家关于高校教师任职资格的普通话等级要求,鼓励具有副教授以上职称或博士学位的教师参加普通话水平测试并达到二级乙等及以上水平。鼓励教师积极参与语言文化类国家统编及相关规划教材、一流课程与教学成果的申报与建设。将参与推广普及国家通用语言文字作为教师社会服务考核的重要内容。分层分类开展培训,提升教师队伍语言文化素养。

(三)加强学校语言文字规范化和校园文化环境建设。将语言文字规范化要求纳入课堂教学质量监控、教材审查和学位论文抽检范围。除国家另有规定外,学位论文应当使用国家通用语言文字撰写。加快推进学校语言文字工作达标建设,2025 年前须完成达标建设任务。充分发挥环境育人功能,加强校园语言文化环境建设,突出国家通用语言文字主体地位,弘扬社会主义核心价值观。将语言文字规范化建设纳入文明校园创建内容。建设书香校园,打造校园语言文字品牌活动,实现"一校一品牌"。加强语言文化类学生社团建设。

三、主动融入推普助力乡村振兴和文化强国建设

(四)服务全面推进乡村振兴。鼓励高校积极参与实施国家通用语言文字普及提升工程和推普助力乡村振兴计划,助力扎实推动乡村产业、人才、文化、生态、组织振兴。因校制宜、整合资源,面向农村和民族地区教师、青壮年劳动力、基层干部等重点领域人群和社会大众,开展国家通用语言文字能力提升、"普通话+职业技能"等培训。积极参与经典润乡土计划,服务区域经济发展和乡土文化传承,发挥学科专业优势,发掘整理地方特色语言文化资源,探索语言技术、语言生态、语言经济助力乡村产业发展、乡村文化振兴和建设宜居宜业和美乡村的特色模式。

(五)传承弘扬中华优秀语言文化。加强中华优秀语言文化的研究阐释、教育传承及创新传播,推动中华优秀传统文化创造性转化、创新性发展。传承经典诗文、书法、篆刻、曲艺等优秀语言文化,创建语言文化推广项目品牌。加强线上线下、开放共享的语言文化类优质课程与名师讲座建设。深入实施中华经典诵读工程,积极参与诵写讲师资队伍、经典诵读

课程和教材体系建设，积极开展节庆日诵读活动。实施中华思想文化术语传播工程，积极参与思想术语的整理、译写、研究及传承教育。积极参与和支持古文字与中华文明传承发展工程建设，加强古文字研究相关人才培养和学科建设，举办古文字知识宣传教育活动。

（六）增进与港澳台语言文化交流。支持开展粤港澳大湾区语言服务和科学研究，为港澳地区开展普通话教育、普通话水平测试、经典文化传播等提供支持服务。鼓励与港澳地区高校建立国家通用语言文字教育合作机制。加强与港澳台地区在中华优秀传统文化、中文信息技术、语言文字科学研究和人才培养等方面的交流合作。

（七）深化语言文化国际交流合作。立足学校特色和区位优势，加强与国外高校、研究机构、国际组织的语言文字交流合作。鼓励有条件的高校参与建立海外普通话培训测试机构。提倡学术成果中文首发，提倡以学校为主举办的国际学术交流活动和国际学术会议将中文作为主要语言。鼓励参与语言文字国际标准化工作，支持有关专家在国际组织机构担任职务、发挥作用。

四、积极探索推普服务社会应用和人民群众需求新手段

（八）增加国家通用语言文字服务社会供给。建好建强现有高校普通话水平测试站点，新建一批测试站点，主动面向社会人员开展普通话水平测试。加强国家通用语言文字宣传推广和语言志愿服务、应急语言服务、特殊人群语言服务等。探索与中小学、幼儿园、地方政府、社区街道等建立长效合作机制，积极开展国家通用语言文字教育教学质量提升结对帮扶、社会应用监测等活动。充分利用新媒体平台，加强国家通用语言文字知识普及和政策宣传，满足社会大众提高生活品质的语言文化新需求。

（九）推动语言文字科学研究聚焦社会应用。加强有组织科研，推动语言文字与人工智能、大数据、云计算等相关学科的深度融合，在语言文字信息技术关键领域有所突破。落实国家语委"十四五"科研规划，提升语言文字科研创新力、服务力和影响力。打造一批语言文字类一流学科与科研成果。以国家语言文字推广基地、国家语委研究基地为引领，建设一批语言文字应用研究高地、决策咨询智库。引导高校围绕国家通用语言文字普及质量提升、推普与铸牢中华民族共同体意识关系、网络空间语言新现象、社会领域应用新需求、面向区域协调发展的语言服务等重大问题开展研究，重点从法理、学理、事理角度做好推广国家通用语言文字政策的研究阐释。推动语言文字科研成果向教育教学、决策咨询、社会应用等方面转化。

（十）探索数字化赋能推普新举措。创新数字化智能化推普新模式，提升国家通用语言文字学习使用效能。鼓励高校语言文字科研成果与教育数字产业之间的转化、融合、赋能。积极建设国家通用语言文字数字化资源、教学和科研平台。支持全球中文学习平台和国家语

言资源服务平台建设。鼓励建设特色鲜明的语言资源库、语言博物馆，逐步实现与中国语言文字数字（网络）博物馆、地方文化馆和科技馆等的互联互通。

五、创新高校语言文字工作体制机制

（十一）强化组织领导。学校党委、行政要加强对语言文字工作的领导，将语言文字工作纳入学校党委会或校长办公会议事日程。建立健全"党委领导、行政主导、语委统筹、部门（院系）协同、全员参与"的管理体制。成立由校领导任主任、行政管理部门牵头、有关职能部门和部门（院系）负责人以及专家任委员的语言文字工作委员会。将语言文字工作经费纳入学校年度预算，给予人员、设施条件等保障。各级教育行政部门要加强统筹协调，在政策、经费、项目等方面给予支持。

（十二）推进队伍建设。加强语言文字工作专兼职干部、普通话水平测试员队伍建设，定期开展培（轮）训。整合不同专业的人才资源，建立一支能力突出、经验丰富的国家通用语言文字推广团队。建立由教学、科研、管理人员组成的语言文字专家库。鼓励举办高校语言文字工作论坛、国家语言文字推广基地联盟会议等，促进经验交流和人才培养。

（十三）加强制度保障。逐步建立高校语言文字工作报告制度，按照学校隶属关系向上级教育行政部门报送年度报告（部省合建高校同时报教育部及省级教育行政部门），相关内容作为学校人才培养质量报告组成部分。各级教育行政部门将高校语言文字工作纳入教育督导，强化结果应用。健全考核评价机制和激励机制，依法依规表彰为语言文字事业发展作出突出贡献的组织和个人。

教育部　国家语委
2022 年 11 月 18 日

（来源：中华人民共和国教育部网站，http：//www.moe.gov.cn/srcsite/A18/s7066/20221128_1006812.html.）

《现代汉语大词典》的编纂理念与学术特色

江蓝生[*]

(中国社会科学院语言研究所 北京 100732)

提 要:《现代汉语大词典》是在现代语言学理论、辞书编纂理论指导下,以丰富、扎实的文献和口语语料为基础,以《现代汉语词典》为参照而编纂的一部系统记录百年现代汉语词汇面貌的大型原创性语文词典。相较于《现代汉语词典》,提出了新的编纂理念:共时性与历时性相结合,规范性与描写性相结合,学术性与实用性相结合。学术特色主要体现在4个方面:(1)收词兼顾普方、雅俗、新旧,体现规范性,增强描写性、查考性和学术性,全面呈现百年汉语词汇面貌;(2)释义提供准确的概念义之外,还尽量提供附加义、搭配义和相关的语用信息和文化信息,以使释义更详确,内涵更丰富;(3)配例丰富多样;(4)收录清末民国旧词语。

关键词:现代汉语史;大现汉;描写性;原创性;辨析和提示

一、引 言

由中国社会科学院语言研究所历时 16 年编纂的 5 卷本《现代汉语大词典》快要出版了。这部词典收词约 15.6 万条,字数约 1200 万,无论在规模上还是词典性质和内容上都跟《现代汉语词典》有诸多不同,是一部原创性的大型语文词典。下面谨向学界同人概要介绍一下本词典在学术上的新思考、新作为。

1978 年,由我国著名语言学家吕叔湘、丁声树先生先后担任主编的《现代汉语词典》(以下称《现汉》)正式出版发行,这是第一部确定现代汉语词汇规范的中型语文词典,在我国辞书史上具有里程碑意义。《现汉》出版至今经过 7 次修订,质量不断提升。但《现汉》是一部中型语文词典,不能完全满足读者查考的需要,因此,编纂一部原创性强的大型现代汉语词典就是一项必要而紧迫的任务。早在 20 世纪六七十年代,吕、丁二位先生就

---

[*] 作者简介:江蓝生,女,中国社会科学院研究员、学部委员,中国社会科学院大学语言系教授,《现代汉语大词典》主编。先后主持修订了《新华字典》第 11 版和《现代汉语词典》第 6 版。主要研究方向为汉语历史语法与词汇,兼攻词典学与汉语辞书编纂。电子邮箱:jiangls@cass.org.cn。

提出由语言研究所编纂一部收词量更大、内容更丰富的《现代汉语大词典》的计划，但由于种种原因，曾经3次上马，都半途而止了。

作为汉语语言史的一个分期，学界对现代汉语的起始时期大致有宽严两种不同的看法。宽者认为可以18世纪《红楼梦》的诞生为标志和起点，严者定为1919年前后的五四运动时期。本词典采纳后一种看法。词汇是反映社会和时代变化最敏感的神经，随着社会的发展变化而发展变化。五四运动以来的一百多年间，中国社会经历了推翻三座大山的新民主主义革命以及社会主义制度的建立和发展等一系列翻天覆地的变革，经过改革开放，从过去封闭、半封闭的社会样态步入当今全球化、信息化的时代，其间汉语词汇面貌的变化幅度之大是前所未有的。新词新义的不断涌现和旧词旧义的式微或消亡就像一面镜子，折射出这段历史过程中政治、经济、文化和社会生活方方面面的巨大而又细微的变化。从语言文字方面来看，一百多年来，我国先进的知识分子在进行社会变革的同时也筚路蓝缕地为促进语言的共同化、文字的简便化和文体的口语化做出了贡献，如清末开始的白话文运动、国语运动等。新中国成立后，党和政府高度重视国家语言文字规范化工作，确定了文字改革的3项任务：简化汉字、推广普通话、制定和推行《汉语拼音方案》。2001年1月1日，《中华人民共和国国家通用语言文字法》施行，确定了普通话和规范汉字作为国家通用语言文字的法律地位，标志着国家的语言文字规范化、标准化工作开始走上法制的轨道，进入一个新的发展时期。在这样的时代背景下，编写一部现代汉语大词典就是一项意义重大的文化建设工程。一部大型现代语文词典，既是一部用语词描述的现代社会发展史，更是我国语言文字运用状况在这一时期的记录，对于赓续、弘扬中华优秀文化，引导准确、规范地使用祖国语言文字具有不可替代的重要作用。在我国进入中国特色社会主义的新时代，在建立中华民族文化自信、以更加昂扬的姿态屹立于世界民族之林的新阶段，在走向中华民族伟大复兴的新征程上，这样一部大型现代语文词典是不可或缺的。

二、编纂理念

这部《现代汉语大词典》（以下简称《大现汉》）的编写准备工作从2005年春夏季开始，2006年年初正式启动。上马伊始，我们就赋予它较高的学术定位：在现代语言学理论、辞书编纂理论指导下，以丰富、扎实的文献和口语语料为基础，以《现汉》为参照而编纂的一部系统记录百年现代汉语词汇面貌的大型原创性语文词典。它的编纂理念和学术思想主要体现在以下3个方面。

（一）共时性与历时性相结合

"现代汉语"作为一个共时语言概念，又具有历时性，观察现代汉语的词汇系统，不能把眼光仅停留在当代几十年，还需要对它的起始阶段甚至与其相邻近的清末乃至更早一些的历史阶段给予必要的关注,用历史观照现实。基于"现代汉语史"的观念,本词典把五四运动以来一百多年的现代汉语看作一个与社会的变迁息息相关的动态发展变化的历史时期(可分为中华人民共和国成立前和成立后两大时期,新中国成立后又可以改革开放为界分为前后两个阶段)的产物,在这些不同的时期和阶段,汉语词汇的面貌变化很大,差异十分明显。本词典着力在共时中动态地记录和反映词汇的历时变化,突破共时词典静态描写的范式。

(二)规范性与描写性相结合

跟《现汉》侧重规范性不同,《大现汉》既体现规范性(贯彻国家语言文字等有关的规范标准),又十分重视描写性,在收词上突出词典的描写记录功能,秉持"守正、存故、纳新、多元"的原则。

守正:以普通话词汇系统为核心和支柱,注重收录传承中华优秀传统文化和社会主义核心价值观,反映百年来中华民族的革命史、斗争史以及中国共产党领导的革命和建设奋斗史的有关词语。

存故:搜集记录清末至新中国建立以前的旧词语,包括当代已经衰落或消亡,但在现代汉语的某个时期曾经使用过的旧词旧义旧用法,以反映词汇的历时演变。

纳新:动态搜集当今时代层出不穷的反映新事物的新词新义新用法,特别是反映新时代中国特色社会主义的新思想、新理论、新实践等的新词语,使本词典具有鲜明的时代特色。

多元:有选择地收录书面语之外的口语词与惯用语、通用度较广的方言词以及港澳台地区的社区词,以反映祖国语言丰富多彩的面貌。

(三)学术性与实用性相结合

本词典把以科学性为前提的学术创新作为追求的目标,把传承中华优秀传统文化、服务语文教学和语言研究作为终极目的。从本词典的整体架构设计如"提示"栏、"辨析"栏、《条目倒序索引》的设立、配备,到收词、释义、配例等各个具体环节,无不贯穿着将学术与应用紧密结合的旨趣。在编写过程中,我们始终坚持以研究为先导,把研究与编写相结合,凡一音一义的确定或修改,都要经过细致的考察和充分的讨论。我们一改把辞书学作为单纯的经验性学科的思路,力求在综合吸收、融会贯通语言学理论上有所突破,在反映国内外有关最新研究成果上做得更及时稳妥。比如,借鉴词汇化、语法化研究的新成果,增加由短语或句法结构创造的新词;借鉴功能语言学的理论,在释义中注意语用标注等微观结构方面的处理以及提供相应的文化信息和交际语境;借鉴社会语言学关于地区变异和社会变异的研究成果,为方言词、地区词标注相关信息等。可以说,本词典的学术性体现在实用性中,实用性以学术性为支撑,二者相辅相成,融为一体。

为了实现上述编纂理念,充分掌握语料是前提。无论是编写前还是在整个编写过程中，我们都十分注意持续动态地搜集资料，不断夯实资料基础。一方面利用大型平衡语料库、有关数据库以及互联网搜集语料，进行词频统计、词义分析、词性标注、例证筛选等；另一方面从旧时和当代书籍报刊中人工勾乙搜集第一手资料。我们还广泛借鉴参考了众多已经出版的各类辞书及有关资料，力求最大限度避免收词上的重大疏漏。总之，我们的目标不仅是编写一部《现汉》的扩容版，更要编成一部具有丰富学术含量的《现汉》升级版和创新版。

三、学术特色

以上编纂理念是在吕叔湘先生辞书学思想的启发下形成的。吕先生在不同场合都强调，编写辞书或教材最忌雷同，要编，就要突破前人；要编，就要有特色、有新意，否则就没有必要编。我们遵循这一教导，一方面，以《现汉》为学习的榜样，在主要体例和一些词语的释义上继承和吸取《现汉》成熟的成果；另一方面，在总体设计和编写上又有许多不同于《现汉》的鲜明特色。下面从4个方面概括介绍本词典的主要学术特色。

（一）收词

《现汉》是一部以确定词汇规范为宗旨的中型语文词典，而本词典则是规范性与描写性并重，这一性质上的不同决定了收词面貌的很大差异。本词典的原则之一是体现共时中的历时变化，即"存故"，要尽可能使这百年中已退居幕后或销声匿迹的词语能留下些许雪泥鸿爪。因此，《现汉》不收的或以往各版删除的那些旧词旧义却是本词典要保存的。同时，也是由于重视描写性，本词典在"纳新"方面比《现汉》更具开放性、前沿性。改革开放以来的词语新鲜活泼，贴近民众生活，反映时代巨大变化，是"纳新"的重点；近二三十年来汉语词汇学、语法学研究取得了众多新成果，把这些新研究成果体现在词典收词、释义、配例等各个环节，是语文辞书与时俱进、不断创新的必然要求，因而自然也是"纳新"的重要组成部分。

现代汉语词汇系统主要由书面语词汇和口语词汇两大部分组成，书面语以口语为基础，又是口语的发展。以往的语文词典一般比较重视收录书面语词汇，对群众口耳传用的口语词收录有限（或因受篇幅上的限制）。《大现汉》作为规范性与描写性并重的大型语文词典，应该更大限度地反映实际语言生活中词汇使用的真实而生动的面貌，因而，注意收录贴近生活的口语常用词和惯用语成为本词典收词的一个鲜明特色，如本词典收录了口语叠合词（家伙什儿、立时刻、一块堆儿）、表情态的词（搞不好、该不是、横不能），以及一些口语常用的感叹词、虚词和固定短语。略举几例：

【那家伙】 连 表示夸张的感叹语气：受阅仪仗队出现时，~，走得那叫一个整齐

|这么重的箱子，~，一路扛着，累得够呛|不知从哪儿飞来的鸟群布满了整个天空，~，黑压压的，天突然暗了很多。

【不说】❶ 连 表示让一步，相当于"即使不"：咱们所研究骨干老化的情况~十分严重，至少有八九分严重|他们俩关系挺近，~是青梅竹马，也算是发小儿了。❷ 连 用在递进复句的前一个分句中，相当于"不但不"：一天到晚为了你累死累活的，~体谅点儿，还弄得我欠你什么似的|师傅对他那么好，他~知恩图报，反而处处跟师傅过不去。❸ 助 用在前一个小句的末尾，表示后面的情形更进一步：赌博的几百块钱被派出所没收了~，还被拘留了半个月。

【你像】〈口〉举例用语，用在具体事例前边，起连接上下文的作用：我们家是多民族的，~我是满族，我爱人是蒙古族，儿媳妇是汉族|锻炼身体有很多种方法，~跑步、游泳，还有跳绳、打太极等。

再以"老"字头为例，其下收了"老几位、老俵、老抠儿、老赖、老泡儿、老呔儿、老小孩儿"等其他语文词典一般不收的鲜活的口语词。

汉语的合成词绝大多数是在词汇层面形成的，但是也有相当数量的合成词是在短语或句法结构（包括跨层结构）层面因前后两个成分经常邻接而逐渐凝固为合成词的，注重收录这类由短语词汇化和非句法结构的跨层词汇化生成的词语则是本词典收词的又一特色。这首先是基于对《现汉》收词传统的继承，其次是对近二三十年中语言学界关于词汇化、语法化和构式语法理论研究成果的借鉴和吸收。早在20世纪五六十年代《现汉》编写之时，虽然那时国内还没有流行"词汇化、语法化"这类概念，但吕叔湘、丁声树二位先生就将一批非由一般造词法产生的上述特殊词语收进词典，最典型的例子就是助词"的话"，自1960年的试印本开始，跨层结构"的话"就以词的身份"堂而皇之"地入典。《现汉》各版本中，收录了数量可观的各类词汇化词语，例如："X是"（别是、莫不是、硬是）、"X为"（不失为、稍为）、"X说"（虽说、再说）、"X于"（不下于、归于、基于）、"X乎"（不外乎、无怪乎）、"X自"（敢自、尽自）、"X不"（好不、要不、再不）、"之X"（之前、之后、之所以）等，不胜枚举，开了收录短语词汇化和跨层结构词汇化词语的先河，其睿见卓识，令人佩服。本词典一方面补充《现汉》收之未全的这类词语，另一方面也注意发掘新的词汇化生成的词，如"得过"（这部电影还得过）、"的过"（他没来看你，是离家远的过）、"的好"（遇事不如求自己的好、在生人面前也不知说什么的好），也注意收录由构式产生的词语，如"爱谁谁、爱咋咋、哪儿跟哪儿、谁跟谁、难不成"等。此外，对短语词汇化后发生再词汇化的词语，例如言说类动词"说"所构成的"X说"区别情况酌量收录或标注词类,如"按理说、比方说、不要说、难道说、如果说、虽然说、再怎么说"等。由于词汇化的发生是一种渐进的变化过程,哪些结构已完成这种变化而质变为一个词汇单位,哪些结构还处在量变的过程中,有时并无可靠的指标来衡量。本词典采取比较谨慎的态度,对于还不十分肯定的,有的缓收,有的缓标词类。

本词典还收录了一些通行地域较广的方言词和在港澳台地区流通、反映该社会区域的社会制度和政治、经济、文化背景的词语,收录了一些具有查考价值的书面语词和与群众生活关系较密切的科技和哲社专科词语(涉及计算机网络、金融证券、保险税收、住房交通、环境保护、医药卫生等诸多方面),有选择地收录了一些重大历史事件和各时期的时政类词语,体现了多元化的收词原则。总之,收词秉持普方、雅俗、新旧兼顾,体现规范性,增强描写性、查考性和学术性,全面呈现百年词汇面貌。

(二)释义

结构语义学认为词义是一种结构,释义就是解构,用元语言解释目标语言。一部词典核心的、最重要的部分就是释义,本词典在吸取《现汉》释义简明、准确这一优点的基础上,更加重视在提供准确的概念义之外,还尽量提供附加义和搭配义等相关信息,提供必要的语用信息和文化信息等,以使释义更详确,内涵更丰富。下面举例式地略做介绍。

1. 释义的精确化、丰富化

(1)提供词义的句法环境,这对于虚词释义来说尤为必要。相比于一般语文词典多用同义词、近义词对释,《大现汉》则多采取提供句法环境的详释,以下举例对比,一看可明(所举例句除非必要,一般省去注音,例句也酌减。《现汉》均指第 7 版,《规典》均指《现代汉语规范词典》第 3 版):

【而已】 助 罢了:如此~,岂有他哉 | 我只不过是说说~,你不必过于认真。(《现汉》)

【而已】 助 ❶用在陈述句的末尾,常跟"只是、(只)不过、只有"等词前后呼应,加强限定语气,表示只是这样,没有别的:……| 我跟他打了个招呼,只是出于礼貌~。❷用在数量词语后面,有强调少或小等意味:个人只不过是大海中的一滴水~| 刚工作时,每个月的工资只有 4000 来块~|……。(《大现汉》)

却❺去、掉:冷~|忘~|失~|了~|抛~。(《现汉》)

却❺用在动词、形容词后,表示结果,相当于"去、掉":……。(《大现汉》)

下面两例是《现汉》未收而《大现汉》增收的,从中也能看出《大现汉》在虚词释义中对提供相应句法环境的重视：

【才怪】助❶与"不"或"没有"搭配使用，表示确信、肯定的语气：要是让同学知道了这个馊主意是我出的，他们不骂死我~（肯定骂死我）｜两碗饭，一大盘红烧肉，再加一个白菜豆腐汤，吃不饱~呢！（肯定能吃饱）……❷与"要"（假设连词）搭配使用，表示确信事件不会发生：这次数学考试很多题都不会做，要能及格~｜就凭他这德行，人家姑娘要能看上他~呢！

【等下】连❶用在祈使句后一分句的开头申诉理由，相当于"不然；否则"：赶快走吧，~该迟到了！❷用在后一小句的开头，表示假设，相当于"要是；如果"：你老招她，~哭了，我可哄不了。

(2) 释出词语的语义背景或隐含义

【按说】副依照事实或情理来说：这么大的孩子，~该懂事了｜五一节都过了，~不该这么冷了。(《现汉》)

【按说】副依照事实或情理来说（应该如何，隐含实际跟常理相反或对实际情况没有把握）：……｜都这么大岁数了，~该歇歇了｜……我只是批评他两句，~不会想不开吧。(《大现汉》)

按，《现汉》的释义容易使非母语学习者误用（*大家都按说反映了情况），《大现汉》在括注中弥补了词的隐含要素，更加准确到位。

【好端端】(~的) 形 状态词。形容情况正常、良好：~的，怎么生起气来了？｜~的公路，竟被糟蹋成这个样子。(《现汉》)

【好端端】形 好好儿的；无缘无故的：前天还~的，怎么今天就病了呢？(《规典》)

【好端端】(~的) 形 状态词。形容情况正常、良好（用于已经出现或者预计可能会出现某种非理想状况的情况下）：~的人，怎么突然就被病魔折磨成这个样子了？｜一片~的庄稼，顷刻间全让山洪给淹了｜她不愿~的家就这么散了｜怎么突然吵起来了？刚才俩人还有说有笑、~的。(《大现汉》)

按，《现汉》未给出隐含义，容易使学习者误用（*家里大人小孩都好端端的）。《规典》释义同样不完整，而且"无缘无故"无法带入所举例句。《大现汉》的括注释出了这个词使用时的特定语义背景，提高了释义的精确度。

（3）释出词义动态演变的过程

【一塌糊涂】乱到不可收拾；糟到不可收拾：闹得~｜烂得~。（《现汉》）
【一塌糊涂】形容混乱到极点；糟糕到极点：账目~｜脏得~。（《规典》）

《大现汉》释为：

【一塌糊涂】❶形容乱到不可收拾，糟到不可收拾：好久没打扫屋子了，地上、床上到处~｜战乱连年不息，经济形势~｜他瞎指挥，把事情搞得~。❷用在"得"字后做补语，表示程度很深：这一阵天天加班，忙得~｜这台电脑上网速度慢得~。提示▶吴方言还可以用于如意的事情：接到录取通知书，开心得一塌糊涂。

按，《大现汉》义项❶是字面义，做谓语；义项❷是虚化义，做补语，表程度；"提示"揭示吴语可用于如意的事，丢掉该词语原有的贬义色彩，语法化程度更高。

（4）释出词语的感情色彩

【乞求】动 请求给予：~施舍｜~宽恕。（《现汉》）
【乞求】动 请求对方给予：~原谅。（《规典》）
【乞求】动 请求给予（多指态度卑下）：向别人~施舍｜~对方的宽恕｜是我错怪了您，~您的原谅｜和平谈判是打出来的，而不是向敌人~来的。（《大现汉》）

按，"乞求"不是一般的请求给予，不能说"*乞求你帮我一个忙｜*乞求老师指导论文写作"等，因此释出其感情色彩是必须的要求。

【莫名其妙】没有人能说明它的奥妙（道理），表示事情很奇怪，使人不明白。（《现汉》）
【莫名其妙】没有人能说出其中的奥妙。形容非常奥妙。（《规典》）
【莫名其妙】没有人能说出它的奥妙（道理），表示事情很奇怪或不合常理，使人难以理解（多用于负面的事。名：说出）：同学们正在说笑，她忽然哭了起来，大家都感到~｜我也没惹他，他就~地冲我发火。(《大现汉》)

按，《现汉》和《规典》的释义不够到位，容易引起歧解（*广阔无垠的宇宙使人类莫名其妙）。《大现汉》增加了"不合常理""多用于负面的事"，就限定了这个词语的适用范围和感情色彩。

(5) 释出词义来源、得义之由

【盘缠】路费。古时人出行时多把钱用布缠束在腰间，故称。

【鸽子英文】旧时指夹杂着汉语词汇或语法的不地道的英语。语言学上把不同语言混合而成的混合语叫皮钦语，英语皮钦 pidgin 与鸽子 pigeon 的读音相同，故称。

【周吴郑王】〈方〉本是《百家姓》里相邻的四个姓，其中的"周郑"谐音"周正"，因而借指周正或郑重：小伙子长得~，没的说｜你别这么~嘛，谈点心里话｜平日里穿衣不讲究，今儿怎么打扮得~的哎！○北方方言。

(6) 释出近义词的微小区别

连词"以期"和"以图"词义相近，有时可以通用，如"公司决定进行产业结构调整，以期/以图获得更大的发展。"但二者在词义和语义色彩上也有差别：

【以期】连用在下半句话的开头，表示下文是前半句所希望达到的目的：大家再加一把劲儿，~按时按质完成任务｜命令部队穷追猛打，~彻底消灭敌人｜要真抓实干，百折不挠，~实现我们的既定目标。

【以图】连用在下半句话的开头，表示下文是前半句所说图谋达到的目的（多含贬义）：……他隐瞒了自己曾介入此事的经过，~逃避责任｜老二瞒着家人把父母的房产过户到自己名下，~独占这处房子。

"干脆"和"索性"用作副词时词义极其相近，很难区分，大多可以替换，故不少语文词典释义时都落入互训或变相互训的套子。《大现汉》试解释如下：

【干脆】❷副表示果断决定（多在左右为难的情况下）：那人不讲理，~别理他｜再等就赶不上这趟车了，~咱们先走，让他们坐下趟车｜现在要想找个合适的保姆太难了，有的同事~辞职在家照顾孩子。

【索性】副 表示顺着情势做决断（含有"既然……，那就……"的意思）：这本书既然已经开始看了，~就把它看完｜今天起晚了，又不太舒服，~不去上班了｜时间不早了，~在我家吃了晚饭再回去｜到郊区玩觉得不过瘾，~去外地旅游一趟。

2. 义项的增补

根据实际使用情况，补上漏收的或新出现的义项是本词典释义的一项重要而颇有学术含量的工作，所补或新增义项近万处。

（1）从合成词中概括语素义，有多个组合的语素应立义项。例如：从"隆胸、隆鼻"给"隆"概括出"使凸出"义，从"闪婚、闪离、闪送、闪付"给"闪"概括出"速度很快"这一新义，根据方言词"刷白、刷亮、刷溜、刷平"等，给"刷"（shuà）概括出"用在单音节形容词前，表示程度非常高"的义项。

（2）从简称复音词的构词语素中提炼出并合的语素义。例如，在"国企、私企、民企、外企、企改、企管"这些简称词中，"企"是"企业"的并合语素，这种并合语素的组合能力很强，应该为"企"概括出一个独立的语素义"企业"，即"企^2"：

企^2 指企业：国~｜私~｜民~｜外~｜~改｜~管。

（3）为一些语素化了的音译单纯词的构词音素单立字头或语素义项。一些音译单纯词的构词音素如果语素化了，具有组词能力，则单立字头或语素义项。早在十年前，《新华字典》第11版（2011）首次为"的士"的"的 dī"和"拜拜"的"拜 bái"定音和单立字头；《现汉》第6版（2012）首次为"巴士"的"巴"（大巴、中巴、小巴）单立字头，在"模"字头下为"模特儿"的"模"（名模、男模）设立义项，为复音词"粉丝"（fans）单立词条。《大现汉》在《新华字典》和《现汉》的基础上，又为"粉"和"迪"（迪吧、迪厅、蹦迪，英 disco）单立字头，显示出语文辞书收词立义跟进实际语言生活的理念。外来词构词音素的语素化、汉化是汉语词汇系统不断丰富的外来源泉之一。

（4）补充语义正向偏移义。所谓语义正向偏移，是指某些原为中性义的动词或名词，语义向符合行为主体的主观愿望的一面倾斜的现象，由人的如意心理因素促动，是汉语词义演变的规律和路径之一。例如："运气"本是中性名词，但可以说"我今天真运气"，"运气"语义偏移为"好的运气"，相当于"幸运"。又如"环保"本为环境保护的中性义，但可以说"这种建材很环保"，"环保"偏移为褒义"符合环保要求的；具有环保性质的"。"标准"本指衡量事物的准则，但可偏移为"合于准则"的褒义，如"标准音""他的发音很标准"。"管事"本为负责管理事务之义，偏移为"能管事，管的效果好"的褒义，如"这药很管事儿，保你吃了见好"。凡此种种，不一而足。我们在前贤研究的基础上，对A）中性词为什么会发生词义偏移，B）中性词为什么会发生词义的正向偏移，C）为什么少数中性词会发生词义的负向偏移等问题，进行了较为全面深入的研究。根据研究的结果，有意识地把这一汉语词义演变的规律运用到本词典的义项设置和义项排序上，即把不依赖于组合式而独立偏移为褒义的词义立为义项，并按照先中性后褒义的顺序排列义项。例如：为名词"本事"（本领）增加正向偏移形容词义"有本事"（甭管什么难题他都做得出来，你说他~不~？∣在这群人里头，顶数小李~）；为动词"搭"（❼搭配；配合）增加正向偏移义❿形相称；般配（这个手包的颜色跟你的衣服挺~的∣运动鞋跟西服一点儿都不~）；把《现汉》【合算】（❶形所费人力物力较少而收效较大。❷动算计②）的义项顺序调整为动词在前，形容词在后。

（5）补充因误解误用而产生的新义。如果某词语的误解义被社会大众普遍使用，达到了约定俗成的程度，则增为新义。如"炙手可热"原义为"手一挨近就感觉热，形容气焰很盛，权势很大"，但近些年来又有了如下用法："手机新产品炙手可热，不到半天就销售一空""高端科技人才炙手可热，各大企业争相聘用"。鉴于新用法比较普遍、稳定，本词典为此成语增加了第二个义项"形容受欢迎，抢手"。

再如"怼"，本是"怨怼"义，读去声，但是近些年来被广泛读作上声，词义也跟原义大不相同。本词典正视这一语言现象，为它新立上声字头：

怼（憝）duǐ 动 用言语或行动进行对抗、反击等：他不服领导，当面~了主任∣一言不合，两人就~起来了。提示▶"怼"本读 duì，为怨恨义，读作 duǐ 的"怼"是借字，它的本字为"撆"（duǐ）。

撆 duǐ〈方〉动❶杵；捅：……。❷顶撞；用言语对抗：……他的话太不近情理，我忍不住~了他两句……。

（6）为某些单音节动词增补非自主用法的消极结果义。某些单音节动词，如"蹭、杵、刷、磕、碰、烧、摔、捂"等具有类别性的非自主用法的消极结果义，应该在释义中体现，例如：

杵❹动（细长的东西）因猛戳或捅另一物体而本身受伤或损坏：手指头~了∣笔尖~了。

捂（：搗）wǔ 动❷粮食、食品等因遮盖或封闭得过于严密而发霉变质：粮食~了，不能吃了｜这馒头~了，都发霉了。

经查，上述单音节动词"杵、捂"等的消极结果义，一些主要的语文词典都没有收。

（7）增补漏收的虚词用法和词义。助词"似的"《现汉》收了表示相似和表示不肯定的判断语气两个义项（《规典》仅有表示相像一义），本词典还增补了第三个义项：

【似的】❸用在小句末尾，表示否定语气，指出对方的看法是一种错觉（多含不屑意）：我才没吃醋呢，多爱搭理你~｜你别以为自己多了不起~。

副词"未必"除了表示不一定外，还补了一个加强反问语气的义项：

【未必】❷〈方〉加强反问语气，相当于"难道"：你~连他也不认识啦？……｜你们谁都瞧不起我，~我就那么没有用？〇散见于北方、南方方言。

3. 设置"辨析"栏目

为了帮助读者精准地掌握一些常用同义词、近义词的细微差别，提高本词典的实用性，我们设置了"辨析"栏目，提供了1400余组常用实词辨析和虚词辨析。因为不是专门的辨析词典，所以内容着重辨析同中之异，不求面面俱到。例如：

辨析 罢了：而已 （1）"罢了"能做动词，单独成句；"而已"只能做助词。（2）做助词时二者都用于陈述句末尾，都常跟"只是、不过"等副词前后呼应，加强语气，表示只是这样，没有别的。如：我只是尽了自己的职责罢了/而已｜我不过问问罢了/而已，没有别的意思。但"罢了"强调的是没有什么了不起，把事情的程度往轻里说，而"而已"强调的是在某一范围内，把事情往小里、少里说。（3）"罢了"多强调没有什么了不起，故有时进而含嘲笑、轻蔑的语气，表达这种感情一般不使用"而已"。如：过去咱穷山沟想致富，那不过是异想天开罢了。（4）"而已"用在有数量词语的句子末尾有强调少或小的意味，如：全年收入也就三万多块钱而已｜老人没什么文化，充其量认识百把个字而已｜他参军时还只是个十几岁的孩子而已。"罢了"一般没有这种用法和语义。

同义词、近义词的"辨析"有相当的难度，尤其是虚词，虽经多次修改，应仍有提高的余地。

4. 设置"提示"栏目，提供相关的语用信息、文化信息

打 dá❶ 量 十二个为一打：一~手绢｜两~铅笔。[英 dozen] 提示▶（1）"打"旧时全译为"打臣"，简化为"打"。（2）旧时量词"打"也用于人，如"希望有一二打的人，真正以公众利益为心"。

底…… 提示▶五四以后，曾有一段时间（20世纪20—40年代）流行用"底"做领属性定语的标记，用"的"做非领属性定语的标记，如：用真正的马克思主义底方法来研究它｜财产和叛逆造成了他底顺利的境遇。

【垃圾】lājī…… 提示▶民国时期根据当时的北京音将此词的读音定为 lèsè，现在南方有些地区和台湾地区沿用此读音。

【无微不至】…… 提示▶旧时"无微不至"是个中性词，也可以用于贬义，如：用尽心机，无微不至｜他把各方面的不满都骂了一遍，无微不至。

5. 为方言词、社区词标注所属大方言区或地区

本词典收录以官话区方言为主的一些常见方言词语，也收了一些较有代表性的南方方言词语，为了读者查考的需要，见诸文学作品或教科书的一些方言词语也在收录之列。除了在方言词前标注"〈方〉"外，还在释义后标注了所属方言区。最初，我们的做法是根据已出版的综合性的方言大词典和其他各种单地方言词典等资料为所收方言词标注其通行的省份，但由于各地方言资料多寡不一，标注不平衡和多有缺漏的问题凸显出来；更主要的是，本词典不是专门的方言词典，既做不到也无必要逐一列出所有的使用省份，何况，方言通行区域和行政区划的省份并不完全匹配。于是改弦易辙，采取从粗不从细的原则，把方言词的归属划分为"北方方言"（包括西南官话和江淮官话）、"南方方言"和"散见于北方、南方方言"三大类。这样标注虽然比较笼统粗略，但也基本够用，不容易出现硬伤。总的来说，在方言词的标注问题上，我们认为一是标比不标强，标，毕竟能为读者多提供一些信息；二是从粗不从细，细了肯定有缺漏，也跟本词典的定位不相符。

本词典收录了若干通行于港澳台地区的社区词。所谓社区词，是指在一定社会区域流通，反映该社会区域的社会制度和政治、经济、文化背景的词语（详见田小琳《香港社区词词典·说明》）。这些词语的性质与当地使用的方言词有别，不作为方言词对待。

6. 标注词类

本词典参照《现汉》的词类标注体系，吸收学界现代汉语语法研究的成果，在区分词与非词的前提下，为所收的词做了全面的词类标注。面对体量超大、形式复杂多样的词语，

上述工作的繁难程度可想而知，要想做到没有疏误，谈何容易！每遇难点，我们都从调查语料入手，细加分析，反复斟酌，尽可能保持系统内部的一致性，尽量做得稳妥些，希望能给读者的学习和研究提供一些参考或帮助。

（三）配例

配例承载着丰富的语义、语法、语用信息，对于印证、辅助释义和呈现被释词的句法功能和语用背景等具有不可或缺的作用。黄建华在《词典论》中说："现代的语文词典应是'句子词典'"，"要尽可能将词放在一定的上下文语境中去描述。也就是提供词的各种用法、搭配的具体例子。"基于同样的认识，我们十分重视配例环节，丰富多样的配例成为本词典的又一特色。在思想内容方面，要求配例应有客观、正面、积极的意义；在形式上的具体要求已在《凡例》中说明，此处不再赘述。

需要说明的是，由于本词典不直接原样引用书证，所以特别要求旧时词语的配例要尽量贴靠书证，以存其真。例如"必定"一词，《新青年》资料为："中国要想政象清宁，当首先排斥武力政治。……必定这一层办得到，然后才配开口说到什么政治问题。"[1] "必定要叫治国护国两个阶级离开物欲的生活，才可以免去自私自利的弊害。"[2]《大现汉》据此增设连词义项，并配例如下：

【必定】❶副……❷副……❸连必须，表示必要条件（常跟"才"呼应，多见于民国时期）：中国要想政象清宁，当首先排斥武力政治。~这一层办得到，然后才配开口说到什么政治问题 | ~要叫治国护国两个阶级离开物欲的生活，才可以免去自私自利的弊害。

方言词，尤其是一些南方方言词，如果按实际语言配例则很难懂，本词典有时加括注，有时不得不暂付阙如。

据不完全统计，《大现汉》的配例应不少于 40 万数，这些配例在语义和语用两方面都对释义起到了形象、直观的演示作用。

（四）晚清民国旧词语的收录

基于"存故"原则而收录的晚清民国旧时词语也是本词典的一大特色，对于词汇史研究具有重要参考价值。经初步观察，这类词语呈现出如下特点。

1. 晚清民国时期处于由文言向新白话过渡的阶段，书面语中古旧词语和辞藻比重较大。

---

[1] 见陈独秀《今日中国之政治问题》，《新青年》1918 年 7 月 15 日，第五卷第一号。
[2] 见高一涵《共产主义历史上的变迁》，《新青年》1921 年 6 月 1 日，第九卷第二号。

为反映时代特征,也为了给读者查考提供方便,本词典适当从宽收录此类书面语词,如"讹舛、荒嬉、继踵、莅位、请益、台端、秀颀、沾溉、诸凡"等。

2. 复音词构词语素位置尚不固定,文献中同义并列异序词数量众多,如"安慰"与"慰安"、"爆炸"与"炸爆"、"驳斥"与"斥驳"、"刺激"与"激刺"、"叛逆"与"逆叛"、"印刷"与"刷印"等。为了反映这一客观语言事实,本词典将其中的同义并列异序词分为正序【AB】和逆序【BA】两类,在正序条目注音后的圆括号中加斜线列出其逆序词,如【驳斥】bóchì(/斥驳),在正序词目【AB】下释义,逆序词目【BA】下只需直注 AB 即可。

3. 跟当代同指异名现象多见,如(前者为旧时名称)"白兵战(白刃战)、胡弓(小提琴)、除幕(揭幕)、避妊(避孕)、怀妊(怀孕)、德智力(德智体)"等。科学门类的称呼也与今不同,如"格致学(物理学,也泛指物理学、化学等自然科学)、计学、生计学、资生学、富国学(经济学)、理则(逻辑)、群学(社会学)、算学(数学)、智学(哲学)"等,不一而足。凡属晚清民国时期特有的事物或名称、说法,释义中加"旧时"或"旧称";凡词义仅见于民国时期,现已不再使用的,则在释义中用括注或提示加以说明。例如:

【工银】名 旧时指工人的工资。

【智识】名 知识(多见于民国时期)。

所² ❺ 副 全;完全,往往表达说话者对事件的主观态度,起加强语气的作用(多用于负面事件):皆因是心里有事,前半夜~没睡 | 混得~不成啦! 提示▶多见于清代和民国时期,现已不用。

4. 一些词语的词义、用法、色彩跟今天有异,如"爱情(旧时也泛指爱的感情)、保重(保护重视)、出产²(分娩)、补助(补充辅助)、勤劳(劳动)"。还有的旧词旧义从古代某个时期沿用到民国时期,但现今已经基本不再使用了,这类词语也值得收录和说明,如"繁华(奢侈豪华)、设备(设置配备)"。

5. 晚清民国时期西风东渐,西方语言词语大量涌入中国,产生了许多源自西方的外来词,本词典从大量有关资料中加以爬梳,收录旧时(主要为晚清民国时期)使用过而现在已经不用或词形有变化的词语近千条。

早期外来词的特点之一是以音译词为主,如"德谟克拉西(民主,英 democracy)、赛因斯(科学,英 science)、德律风(电话,英 telephone)、烟士披里纯(灵感,英 inspiration)、狄克推多（独裁，英 dictator）、巴律门（议会，英 parliament）、康八度（买办，葡 comprador）、奥伏赫变（扬弃，德 aufheben）、苦迭达（政变，法 coup d'État）"；也有少数略似音译加意译的词，如"水门汀（水泥，英 cement）、爱力尔基（能量，德 Energie）、壁里砌（俄式壁炉，俄 печь）"，纯意译词极为少见，如"胡弓（小提琴）、英斗（计量单位蒲式耳）"。

特点之二是所译之词，词无定形，一般都有两种或两种以上，多的竟至七八种。如"钢琴"一词，有资料可查的至少被译作"披亚诺、披耶那、披耶挪、披霞娜、批阿娜、披娅娜"等；英美制谷物计量单位（bushel）既有音译"蒲式耳、婆式、婆式尔、布歇尔、布希尔、巴歇尔、蒲塞尔"等，又有意译的"英斗、外国斗"。对于这些词形繁多的外来词，本词典采用以简驭繁的体例做了处理。

特点之三是音译词部分反映了上海话的语音，如"钢琴"（英 piano）被译作"披霞娜"（"霞"在上海话中读[iɑ]），"水门汀"（英 cement）首字译作"水"（上海话"水"读[sʅ]）等。这跟上海特别是上海的租界是中西文化密切交流的地方有关。

随着 19 世纪末知识界人士大量赴日本留学，日语中科技、哲社类汉字词（借形词）急速传入汉语。早期借自于日语汉字词的借形词数量很多，被视为准外来词。随着时代迁延，国人已感觉不到它们跟日语的联系，本词典对这类词语不加语源标注，只给日语音译词，如"寿司、榻榻米"等标注语源。

四、结　语

本词典的学术特色不限于上述种种。比方说，在第 5 卷备有《条目倒序索引》，这不仅使词语检索多了一条快捷的路径，也为语文学习和语言研究提供了更多的方便。不妨以"爱"字头为例，其下按音序排列了"宝爱、垂爱、错爱、厚爱、怜爱、溺爱、偏爱、情爱、抬爱、心爱、性爱、至爱"等多达 101 个"X 爱"倒序词或词组。其中有的结构不同（偏正、并列、主谓），有的词类不同（动、名、形），还有的词义色彩（褒、贬、中）不同，而且有些词，如"错爱、垂爱、厚爱、抬爱"的行为主体只能是他人。《条目倒序索引》是本词典力求将学术性与实用性相结合的又一具体体现。

从上面的介绍可以看出，我们编这部词典的态度是严肃认真的，是有较高的学术追求的。我们的初心是要编成一部汇聚和反映我国学者集体智慧的、具有学术原创性的大型语文词典。它既可以用于语文学习和教学，也能以其学术含量为语言学研究提供参考，其价值，相信学界和读者当有公论。

《辞源》第一版主编陆尔奎先生在该书前言《辞源说略》中引友人的话说，"一国之文化，常与其辞书相比例"。陆先生据此断言："国无辞书，无文化之可言也。"诚哉，斯言！

但是，国之辞书不能仅以数量计，更要以质量、以创新论。如果模仿、抄袭、重复、雷同之作充斥，那也同样无文化之可言。明末清初大学者顾炎武《日知录·著书之难》条说："若后人之书，愈多而愈舛漏，愈速而愈不传，所以然者，其视成书太易而急于求名故也。"一语道破要害。

一个大型集体项目能坚持16年而终有结果是很不容易的，其间一波三折，遇到的困难和经受的煎熬难以言宣，是强烈的社会责任感让我们以坚忍的毅力坚持到最后。当这部"折磨人"的大词典终于要面世时，我们一方面如释重负，庆幸为社会、为读者做了一件有益的事情，可以向吕先生和丁先生交卷了（尽管晚了很多年）；另一方面，又像一个学生等待老师的评判一样，为尚存的不足和问题而惶恐不安。辞书编纂是一个永远有遗憾、很难达到完美的工作，一部大型词典通常需要用几十年甚至更多的时间打磨才能臻于成熟、完善。即使是一部成熟的词典也不能一劳永逸，仍要随着时代和语言生活的变化而不断修订改进。正因为此，这部大词典的出版就像一个孩子的诞生，它的母亲并不能真正地如释重负，而是要持久地关注它，培育它。我们将恭谨地倾听广大学者和读者的意见，不断提高自己的学术修养，争取在今后的修订中，让它变得更成熟，更有用，更好用。

参考文献

刁晏斌：《现代汉语史》，福建人民出版社2006年版。

刁晏斌：《现代汉语史概论》，北京大学出版社2006年版。

顾炎武：《日知录集释》，黄汝成集释，中华书局2020年版。

贺阳：《现代汉语欧化语法现象研究》，商务印书馆2008年版。

黄建华：《词典论》，上海辞书出版社1987年版。

江蓝生：《中国社会科学院学术大师治学录·吕叔湘》，中国社会科学出版社1999年版。

李行健：《现代汉语规范词典》（第3版），外语教学与研究出版社、语文出版社2014年版。

陆尔奎：《辞源·辞源说略》（第一/三版），商务印书馆1915/2015年版。

罗竹风：《汉语大词典》（第一版），汉语大词典出版社1986-1993年版。

孙德金：《现代书面汉语中的文言语法成分研究》，商务印书馆2012年版。

田小琳：《香港社区词词典》，商务印书馆2009年版。

中国社会科学院语言研究所词典编辑室：《现代汉语词典》（第1/3/5/6/7版），商务印书馆1978/1996/2005/2012/2016年版。

中国社会科学院语言研究所：《新华字典》（第11/12版），商务印书馆2011/2020年版。

（原文刊于《语言战略研究》2022年第1期）

衬字和变文*

沈家煊

（中国社会科学院语言研究所，电邮：jiaxuanshen@sina.com）

提　要：本文从一个文本的分析着手，展开说明汉语以整齐对称的骈文为本，散文是骈文加衬字的"变文"。分析的内容涉及衬字的类别和变文的方式。近代和现代的汉语白话也是从骈文蜕化而出，是变化程度较高的变文；变化程度虽然高了，但仍然带有骈文的胎记。文之有骈俪，因于自然，不管如何变化，汉语的组织是以对言格式为主干。变化寓于整齐，认识这一点，对认识语言的本性，对如何改善当今的白话文表达都有重要的启示。

关键词：衬字；变文；骈文；散文；白话；对言格式

1. 一个文本

苏州一所中学，师生到北京游览，回校后语文老师布置作业，让写一篇作文，题目为"北京的胡同苏州的桥"。下面是写得不错的一篇。文后老师给八字评语：起承转合，简短意到。

北京的胡同苏州的桥

　　北京的胡同苏州的桥，一样古老一样妙，都是举世无双美名标。

　　你看长长的胡同人影少，四合院里静悄悄。莫看它已是龙钟之态衰老样，但历朝兴亡尽知晓。想当初帝王将相轿马过，皇城根下多热闹，小胡同出尽风头独领风骚。在那列强横行京城时，同胞遭难国土焦，小胡同也忧国忧民受煎熬。直到雄鸡一唱天下白，彩霞满天旗儿飘，小胡同重又换新貌。

　　苏州是小桥流水知多少，都是能工巧匠细雕琢，千百年来风风雨雨，改不了典雅玲珑古风貌。忆当年是，车轮滚滚桥上过，留下了条条伤痕道道槽，历尽了人间沧桑与辛劳。还有那才子佳人桥上坐，桥下小舟轻轻摇，摇出那万种风情万种娇。看今朝是，桥下潺潺清泉流，桥头迎风柳丝飘，天堂胜景分外娇。

---

* 本文初稿在第八届现代汉语句法语义前沿研讨会（2021年11月20–22日）上报告过。

北京的胡同苏州桥，它们一样古老一样妙，是文化传承到今朝。

游后作文云云是出于假想，实际这篇文字是一则同名的苏州弹词开篇，上海评弹团的范林元、冯小瑛弹唱，在徐（云志）调中掺入京韵大鼓的调调，南北交融，悦耳动听，是弹词开篇的精品。我只做了三处小改动："雕琢"原为"琢雕"（为押韵），"独领风骚"原为"独领骚"，"风风雨雨"原为"风风雨"（唱的时候"雨"字拖腔）。其实不改也罢，因为许多双音词可以"回文"，单双音节能弹性变换，重叠式也可以视为一个音节的延长。

2. 衬字的类别

苏州弹词以"4+3"节奏的七字句为主干，附带衬字。不难发现，这则弹词如果把衬字去掉，就是整齐的七字句骈文。反过来，如果把整齐的七字句骈文加上衬字，就成为一篇现代的散文。下面把衬字放在括号里，看看衬字是些什么字。分隔线"｜"表示断连。

北京（的）胡同｜苏州（的）桥，一样古老｜一样妙，（都是）举世无双｜美名标。（你看）长长（的）胡同｜人影少，四合院里｜静悄悄。（莫看它已是）龙钟之态｜衰老样，（但）历朝兴亡｜尽知晓。（想当初）帝王将相｜轿马过，皇城根下｜多热闹，（小胡同）出尽风头｜独领骚。（在那）列强横行｜京城时，同胞遭难｜国土焦，（小胡同也）忧国忧民｜受煎熬。（直到）雄鸡一唱｜天下白，彩霞满天｜旗儿飘，（小）胡同重又｜换新貌。（苏州是）小桥流水｜知多少，（都是）能工巧匠｜细琢雕，千百年来｜风风雨，（改不了）典雅玲珑｜古风貌。（忆当年是）车轮滚滚｜桥上过，（留下了）条条伤痕｜道道槽，（历尽了）人间沧桑｜与辛劳。（还有那）才子佳人｜桥上坐，桥下小舟｜轻轻摇，（摇出那）万种风情｜万种娇。（看今朝是）桥下潺潺｜清泉流，桥头迎风｜柳丝飘，天堂胜景｜分外娇。北京（的）胡同｜苏州桥，（它们）一样古老｜一样妙，（是）文化传承｜到今朝。

衬字大多是虚词，但也包含实词，可分以下几种。

1）的 是 那（都起增强指示的作用）；2）在（介词）；3）它们（代词）；4）都是 已是 也 还有（副词）；5）但 直到（连词）；6）了（助词）；7）你看 莫看它 想当初 忆当年 看今朝（看想类起头词）；8）小［胡同］（修饰性缀词）；9）苏州 小胡同（实词，全文或局部的话题）；10）改不了 留下了 历尽了 摇出那（实词与虚词的组合，意义隐含于上下文）。

"的"字跟指示词"这、那"一样起增强指示的作用,参看完权(2018);"是"本来是指示词,至今还这么用(如"是为序""如是而已"),所以"的、是、那"可以归为一类。因为是"增强"指示,所以只有在说话人觉得需要增强的时候才加上。介词和代词经常省去不用。副词在汉语里是半虚半实之词,经常可用可不用。连词在汉语里没有独立的地位(赵元任,1968/1979),行文中更是不必使用;"莫看它……但……"可视为关联连词。用在句首的看想类起头词多为三字组①,作用是增强与听者读者的互动。话题具有延续性,延续的话题不必重复,但为了强调也可以重复,如两处的"小胡同"。后段"苏州是"这个衬字似不可少,因为话题发生转换,但是跟话题延续相比是特殊情形,而且起承转合的文本格式已经预示话题的转换。许多修饰性缀词是赘词,如"小胡同""大马路"。最值得注意的是意义可以从上下文推出的四个实字与虚字的组合,其中的"摇出那"直接承接上文"轻轻摇"。用印欧语的句法眼光,这样的句子虽然是无主句或主语承前省略,但还是以动词为中心,属于动宾结构:

(改不了)典雅玲珑古风貌。　　(历尽了)人间沧桑与辛劳。
(留下了)条条伤痕道道槽。　　(摇出那)万种风情万种娇。

但是在汉语里,这几个动词性三字组却成了附加的衬字,句子的主干是名词性的七字句。这好像令人费解,但如果我们承认汉语以名词为本、以对言为本(沈家煊,2016、2019a),这个现象就容易理解了。还可以这样来看:语义上宾语也是对动词的补充说明(朱德熙,1985:51-53),因此动词和宾语也属于广义的话题和说明的关系,既然作为话题的动词其所指隐含于上下文,那么用作衬字也就不奇怪了。②注意衬字"了"和"那"在排比句里互文③,而且演唱者实际把"摇出那"唱成了"摇出了(唱 liao)",这是因为"了"根本上也是一个增强指示的字(沈家煊,2021)。过去说汉语语法虚词重要,但是从衬字大多为虚词看,似乎虚词又不重要。④过去说虚词实词二分对立,但是从衬字包含虚词和实词,还包含虚实词的组合看,似乎又不那么对立。⑤汉语语法学界过去有一种看法,

---

① 还有说类起头词,如"常言道""听我言""说是"等。
② 动词带"了"相对宾语也是话题,详细参看王伟(2020)和沈家煊(2021)的论证。
③ 只有"改不了"的"了"不能用"那"替代,但可说"改不了那"。
④ 朱德熙(1985)指出,印欧语里虚词不大能省,汉语却经常省去,所以汉语虚词重要的说法相当含糊。
⑤ 要解决这两个矛盾,应该重新认识究竟什么是汉语的语法,重新认识中西语言"虚实"之异同,参看沈家煊(2020a)。最近董秀芳、余超(2021)发现重叠构词中的衬字多有意义较实的词或保留实义,如"实打实""土里土气""稀脏八脏"等,这些形式可视为重叠式形容词的变体。可见汉语造句和构词都采用加衬字的方法,而且虚实都不那么对立。

衬字是不带意义的,只是跟韵律或节奏有关。这个认识并不符合弹词鼓词艺人和听众的衬字观念,是把韵律节奏和语法语义人为地对立起来。韵律节奏实际是汉语(大)语法的组成部分(沈家煊,2017a)。

3. 骈文的变文

本文的目的是想说明,汉语以整齐对称的骈文为本,散文和白话是骈文加衬字的"变文"。"变"是持续不断的,但有程度之别。郑振铎(1954:348-349)讲到弹词和(敦煌)变文的关系,指出:弹词的开始,也和鼓词一般,是从变文蜕化而出的。其句法的组织,到今日还和变文相差不远。其唱词以七字句为主,而间有加以三言衬字的,像"常言道,惺惺自古惜惺惺。"(《珍珠塔》),也有将七字句变化成两个三言句的,像"方卿想,尚朦胧,元何相待甚情厚。"(《珍珠塔》)变文之"变",当时指"变更"了佛经的本文而成为"俗讲"之意;变文是指变更了的文体,一种散文和韵文组合的讲唱体,讲的部分用散文,唱的部分用韵文。后来"变文"成了一个专称,或简称"变",就不限定是敷演佛经故事了。概言之,佛经是四言韵文,弹词(七字句为主)和鼓词(四六句为主)是四言韵文的变文。弹词原来是讲的部分用散文,唱的部分用韵文,后来是唱的部分(加衬字)也骈散组合,变的程度提高了而已。七字句和四六句再加衬字,成为变文的变文,就接近于近现代的白话了。

谈到敦煌变文,郑振铎(1954:第六章)还说:发现敦煌变文、发现变文这一种文体、找到变文这个正确名称之后,有关我国文学史的诸多疑问才渐渐得到解决,我们才在古代文学和近代文学之间得到了一个连锁,才知道宋元话本和六朝小说与唐代传奇之间并没有因果关系,才明白千余年来许多支配着民间思想的宝卷、鼓词、弹词一类的读物,其来历其实是这样的。这个发现使我们对于中国文学史的探讨,面目为之一新,意义是异常的重大。

岂止对中国文学史的探讨意义异常重大,对汉语史和汉语性质的探讨,意义也异常重大。近代和现代的汉语白话也是从骈文蜕化而出[①],是变化程度较高的变文;变化程度虽然高了,但仍然带有骈文的胎记。老舍(1982:4)谈到北方的评书,说"俗有新旧之分,历史使文渐渐变俗"。试到茶馆听评书,满口四六句儿,而听者多数赤足大汉,何以津津有味,天天来听?因为"赤胆忠心""杏眼蛾眉""生而何欢,死而何惧""君子之德风,小人之德草"等言辞,历史悠久,由文而俗,现成有力,一经使用,图像明朗,引起反应。

评书鼓词多为四六句,变化的种类和范围比弹词的七言句大,加衬字更接近于说白。试

[①] 我们不严格区分骈文和韵文,骈文重对称,韵文重押韵,对称不必押韵但有韵味,押韵也是一种对称。

以京韵大鼓《伯牙摔琴》（骆玉笙演唱）中的一段为例，括号里的是衬字，也表示单双音节变换，如"果（然）不失信"。基本的四六句为"3＋3＋4"节奏，也用"｜"来表示。

哭一声｜钟贤弟｜死去（的）魂灵，自去岁｜结金兰｜时刻挂心。因此上｜辞王家｜回家养静，实指望｜保贤弟｜为官上进，不料（哇）想｜贤弟你｜命归阴间，撇下了｜二双亲｜依靠何人？叹贤弟｜满腹才｜（你）未（呀）得上进，（可叹那你）不爱名｜不爱利，（你）不做官员｜孝养双（啊）亲。每日（呀）里｜上高山｜（把）砍（哪）柴苦奔｜（这不）砍柴苦（哇）奔。（我那钟贤弟呀！）哭罢时｜唤童儿｜对坟头｜把瑶琴｜给我摆定，我在此｜抚一曲｜（如同是）会会灵魂。有童儿｜在坟前｜（忙）把瑶琴稳，俞伯牙｜跪（在了）坟前（哪）｜不住（的）抚（瑶）琴。叹贤弟｜才高命短｜未得上进，你好比｜那颜回｜命早归阴。去岁在此｜咱们弟兄｜把琴论，到了今春｜（这是）为何独撇｜兄一人？（细思想）再抚此琴｜无高论，贤弟（你）不在｜少知音。愚兄我｜今日在（哪）｜坟前调琴（韵），从此以后｜（我是）｜再不能够｜抚瑶琴。抚罢了｜站起身｜将心一狠，举起（了）瑶琴｜摔在了｜地埃尘。伯牙摔琴｜不要紧，（只吓得）钟爷在（一）旁｜不住地｜尊大人。（说）小儿命短｜前世造定，大人何必｜过伤心？（是）这等义气｜（我）感情不尽，我（的）儿阴灵｜也感大恩。（伯牙劝）虽然贤弟｜一命尽，我替贤弟｜孝双亲。（唤从人）（将）带来（的）礼物｜忙抬进，回头再送｜奉养（的）银。说罢告辞｜（他）果（然）不失信，回船送（了）来（哪）｜五百纹银。

这段唱词抽去衬字，"3＋3＋4"四六式（开头七句都是）的变式计有：

3＋3＋4＋4	不爱名，不爱利，（你）不做官员｜孝养双（啊）亲。
3＋3＋3＋3＋4	哭罢时｜唤童儿｜对坟头｜把瑶琴｜给我摆定。
3＋4＋4	叹贤弟｜才高命短｜未得上进。
3＋3＋4	我在此｜抚一曲｜（如同是）会会灵魂。你好比｜那颜回｜命早归阴。
4＋3＋3	举起（了）瑶琴｜摔在了｜地埃尘。①
4＋4＋3	去岁在此｜咱们弟兄｜把琴论，到了今春｜（这是）为何独撇｜兄一人？从此以后｜（我是）｜再不能够｜抚瑶琴。
4＋4＋4＋4	这等义气｜（我）感情不尽，我（的）儿阴灵｜也感大恩。

---

① 此句一个"了"是衬字，一个"了"不是衬字，也说明虚实不是二分对立。

4+3+4+3	再抚此琴丨无高论,贤弟(你)不在丨少知音。虽然贤弟丨一命尽,我替贤弟丨孝双亲。带来(的)礼物丨忙抬进,回头再送丨奉养(的)银。
4+3+4+3+3	伯牙摔琴丨不要紧,(只吓得)钟爷在(一)旁丨不住地丨尊大人。
4+4+4+3	小儿命短丨前世造定,大人何必丨过伤心?
4+4+4	(他)果(然)不失信丨回船送(了)来(哪)丨五百纹银。

可以发现,不管怎么变,都有"对"在其中①,变化都是寓于整齐的对言之中。变化为七字句"4+3+4+3"的最多,为什么?我想这是达到变化与整齐的最佳平衡。这些变式对称句再加上衬字就成了说白或接近于说白。弹词和鼓词中的说白也是韵味十足,跟唱词融为一体,区别不大,试看《伯牙摔琴》间插的说白,抽去衬字(也含四字语,如"心中暗说"和"忙唤童儿")就是"4+4+4+4+4+4":

【白】伯牙一见丨琴弦均断,(心中暗说,不好!)莫非贤弟丨身有不测?(忙唤童儿,)将琴收起,丨(各自)安歇去吧!

4. 为什么偏偏是数字4?

七字句也好,四六句也好,都从四字句蜕化而出。为什么说四字句是根本?为什么偏偏是数字4?现在对语言的本性有一种看法,说语言根本是计算。如果是这样,那么这个问题值得深究,任何从计算来探究语言本性的工作都不能回避这个问题。外国人不予重视情有可原,中国人不能不予重视。按照沈家煊(2019b)的论证,汉语以单音节为本,单音节在"音形义用"上等价,由此决定二字组为"1+1"对等式,而不是像英语那样二音组为偏正不对等式,可比较"国家"和 country、"数量"和 amount,进而决定四字组为"2+2"对等式而不是"1+3"或"3+1",这又决定了五字句的节奏为"2+3"而不是"3+2",七字句的节奏为"4+3"而不是"3+4",也决定了三字组一般要"3+3"成对。对语言的本性还有一种看法,说语言根本是建立在对话基础上的"互文",是"组合关系"和"类聚关系"这两种关系的交织;而最典型最简单的互文,如"人来车往""你死我活""风风雨

---

① 只有一句"小儿命短丨前世造定,大人何必丨过伤心?"为"4+4+4+3",似不成对,但"前世造定"可变换为"前世定","过伤心"可变换为"过于伤心"。

雨"等，是通过四字组来实现的。① 这种互文四字组看似"2＋2"实为"2×2"，是乘法不是加法，而数字中唯有4既是一个数（最小偶数2）的自加又是这个数的平方。

如何把计算和互文结合起来考虑，不禁使人想到音乐。古希腊数学家毕达哥拉斯对音乐理论的贡献是发现了和谐音程的数学关系，巴赫的音乐长于重复和变化，尤其是长于复调②，有"音乐家中的数学家"之称（蔡天新，2021）。要深究汉语的数学关系，不妨从典型的骈文为什么偏偏是四字文着手。

5. 认识"变化寓于整齐"的意义

《文心雕龙》的《丽辞篇》，黄侃（1962：163）归纳说：文之有骈俪，因于自然，依于天理，非由人力矫揉而成，不以一时一人之言而遂废；奇偶适变，也不牢经营，应偶则偶，应奇则奇。叶斯帕森（Jespersen，1922：429－432）谈语言起源，说初民用诗性的语言表达思想，正如文学中诗先于散文一样，诗的语言也先于散文的语言，语言植根于生活的诗性。朱光潜（1981：87－140）从语言心理谈同一论题，语言是时间的行为，说出的话稍纵即逝，需要反复呈现，才能给接收者留下深刻印象，需要音韵和谐对称才便于记忆。可是一成不变的整齐形式又容易让人厌倦，于是需要在重复和对称中有所变化，使它活跃流动有弹性，散文才逐渐演化出来。总之，散文由诗解放出来，从韵文变化而来，今天的白话文仍是韵文的变文或变文的变文，而加衬字是变的一种重要手段（另一重要手段是单双音节的弹性变换③）。

语言寓变化于整齐，认识这一点，有双重意义。一是加深我们对语言本性的认识：语言本来传情达意不可分，语文之有骈俪"因于自然，依于天理"。就中西语言的比较而言，笔者提出"正对/偏对"这对概念（沈家煊，2019a、2020b），"正"与"偏"相对而言，是程度有别，不是二分对立。例如，下面左列正对遵循"半逗律"（逗号居中，左右字数大致相等），右列是按欧式主谓结构断连的偏对：

---

① 拿"人来车往"来说，"人"与"来"、"车"与"往"是组合关系，"人"与"车"、"来"与"往"是类聚关系，两种关系交织。从互文看语言，组合关系和类聚关系是相依相存，不能各自独立的。

② 复调中的"卡农"（canon），巴赫和贝多芬等作曲家都采用，其特点有如汉语的"回文诗"，第一声部末尾九小节恰好是第二声部开头九小节的"逆行"。语言的回文和音乐的逆行是"互文互音"的典型表现。

③ 韵文变散文，跟双音化有关，双音化大大增加了变化的多样性。另外，双音化本身是一种"对言化"，因此也能使不太整齐变得更整齐，例如"举世无双美名彪（扬）"和"出尽风头独领（风）骚"两句。总之，骈俪自然，奇偶适变。

正对	偏对
（它已是）龙钟之态｜衰老样	它｜已是龙钟之态衰老样
（在那）列强横行｜京城时	在｜那列强横行京城时
我替贤弟｜孝双亲	我｜替贤弟孝双亲
叹贤弟｜才高命短	叹｜贤弟才高命短
回船送来｜五百纹银	回船｜送来五百纹银
（我是）｜再不能够｜抚瑶琴	我｜是再不能够抚瑶琴

在汉语里正对形成对言格式，在英语里偏对形成主谓结构。正对和偏对都是对言，因此欧式主谓结构可视为对言式的一个特例。英语的句子虽然已经被主谓结构锁定，但是仍然带有语言原始的胎记，例如奥运会口号"One world, one dream"。有人质疑说，按左列的断连方式，分出来的不像个语法语义单位，这是全按欧式主谓结构来判断语法语义单位，是对汉语的严重误解，也就无从认识语言本性。

骈文衍化出散文，但骈文不会完全被淘汰。赵元任（1975/2002）指出，近期还有人用一成不变的四字一句来写叙实性主题的散文，如章炳麟。还有著名川剧作家魏明伦是当代写骈文的高手。指出这一点并不是赞成他们，只是说明"这样的事情可能发生，并且一直在发生"。沈家煊（2019a：209）说，为什么这样的事情可能发生并且一直在发生？为什么散体文总是可以改写为骈体文？这个问题才是触及汉语本质和语言本质的问题，值得从学理上深思探究。

二是对如何改善当今的白话文表达不无重要的启示。白话文也要照顾节奏和韵致，而且完全可以做到。评弹名家严雪亭擅长"白话开篇"，全是口语白话，仍然是七字句加衬字。试看沪剧《罗汉钱》"燕燕做媒"一段对唱，道地的方言对白，也无非七字句、五字句加衬字[①]。（沪语侬即你，迪即这，里厢即里面）

燕：燕燕也许｜太鲁莽，有话对侬｜婶婶讲，我来｜做个媒，保侬｜称心肠，人才相配｜门户相当。（问婶婶呀）我做媒人｜可像样，（问婶婶呀）我做媒人｜可稳当？

飞：燕燕侬是｜（个）小姑娘，侬做媒人｜勿像样。

燕：只要｜做得对，管啥｜像勿像，我来试试｜也无妨。

飞：（燕燕姑娘）我就听侬｜讲一讲，（我家艾艾）许配哪家｜年青郎？

[①] 这里的衬字除了呼语，还有通用量词"个"、叹词"哎呀"、助词"来"等，可作为上面衬字类别的补充。

燕：婶婶啊｜侬听好，就是同村（的）｜李小晚。

飞：（哎呀）迪门亲事｜不妥当，配了｜迪门亲，村里厢｜有人讲，年轻姑娘｜太荒唐。

燕：（叫婶婶呀）婚姻只要｜配相当，（配相当呀）管啥人家｜背后讲。（婶婶呀）我也（来）学（一）学｜五婶娘，迪门亲事｜世无双，小晚人才｜生得好，村里哪个｜比得上，放了犁｜就是镐，劳动生产｜好榜样。（而况且）小晚艾艾｜早相爱，正好一对｜配成双（配成双）。

获茅盾文学奖的当代长篇小说《繁花》，上海话改写为上海普通话，奇偶适变，读来有跟着律动的快感（沈家煊，2017b）。再看作家王蒙在新作《生死恋》里使用的现代汉语：

时间，你什么都不在乎，你什么都自有分定，你永远不改变节奏，你永远胸有成竹，稳稳当当，自行其是。你可以百年一日，去去回回，你可以一日百年，山崩海啸。你的包涵，初见惊艳，镜悲白发，生离死别，朝青暮雪。你怎么都道理充盈，天花乱坠，怎么都左券在握，不费吹灰之力。伟大产生于注目，渺小产生于轻忽，善良产生于开阔，荒谬挤轧于怨怼，爱恋波动于流连，冷淡根源于厌倦。激情是你戏剧性的浪花，平常是你最贴心的归宿。今天常常如昨，照本宣科，明天常常不至，交通塞车。终于雷电轰鸣，天昏地暗，红日东升，艳阳高照。丑恶来自贪婪，美丽出于纯粹。

里面充满各种对言形式（四字语、重叠式、对偶、排比等），评家都是好评，誉之为作家中的"语言英雄"、小说界的"贝多芬"，既行云流水又力透纸背，打通了小说与散文、古代与现代、创作与评论之间的界限，把小说带到了一个新的高度和境界。余光中（1987）曾批评现代汉语过度西化，说写文章过度使用四字成语固然不好，但是如果一个四字成语不见，问题更严重，破坏了汉语的生态和常态，显得冗赘生硬、迂回作态、捉襟见肘。有人不说"这本传记引人入胜"，而说"这本传记的可读性颇高"，不说"这篇文章富有远见"，而说"这篇文章颇具前瞻性"，不说"出于好奇"，而说"由于好奇心的驱使"；许多年轻人只会说"有很多的问题产生"，不会说"问题丛生"，只会说"不是一句话能说清楚的"，不会说"一言难尽"，等等。

有人质疑说，骈文俪词是文学语言，不是一般语言，我们应该首先研究一般语言的规律。且不说这么质疑的人跟其他语法学家一样，论文的例证大量出自文学作品，有作家王安忆在《漂泊的语言》里讲到一件事：一位作家到山村采访，见一老妇在织布，问"从纺纱到织成布的整个过程要花多长时间？"老妇先是听不懂，连讲带比划了几次才听懂，回说"你说的是连纺带织啊"。作家听到"连纺带织"这个四字语惊愧不已。作家没有用文学语言，但是老妇听不懂，而文盲老妇倒是文学语言信口而出，岂不怪哉？

适度的西化对汉语有益，过度的西化造成病态。我们拿余光中的一段话做结束语："中文发展了好几千年，从清通到高妙，自有千锤百炼的一套常态。谁要是不知常态为何物而贸然自诩为求变，其结果也许只是献拙，而非生巧。变化之妙，要有常态衬托才显得出来。一旦常态不存，余下的只是乱，不是变了。"

参考文献

蔡天新：《欧拉与巴赫》，《南方周末》2021 年 11 月 4 日 C23 科学版。

董秀芳、余超：《汉语中的衬音重叠及其性质》，《语言学论丛》（第六十四辑），商务印书馆 2021 年版。

黄侃：《文心雕龙札记》，中华书局 1962 年版。

老舍：《老舍曲艺文选》，中国曲艺出版社 1982 年版。

沈家煊：《名词和动词》，商务印书馆 2016 年版。

沈家煊：《汉语"大语法"包含韵律》，《世界汉语教学》2017 年第 1 期。

沈家煊：《〈繁花〉语言札记》，二十一世纪出版社集团 2017 年版。

沈家煊：《超越主谓结构——对言语法和对言格式》，商务印书馆 2019 年版。

沈家煊：《说四言格》，《世界汉语教学》2019 年第 3 期。

沈家煊：《汉语"虚实"跟欧语"虚实"有什么不同》，第九届现代汉语虚词研究与对外汉语教学国际学术研讨会（宁波大学，2020 年 10 月 31 日至 11 月 1 日）报告。

沈家煊：《"互文"和"联语"的当代阐释——兼论"平行处理"和"动态处理"》，《当代修辞学》2020 年第 1 期。

沈家煊：《名词"时体态"标记：理论挑战和应对方略——兼论汉语"了"的定性》，《当代语言学》2021 年第 4 期。

完权：《"的"的性质与功能》（增订本），商务印书馆 2018 年版。

王伟：《说"了"》，学林出版社 2020 年版。

余光中：《怎样改进英式中文？——论中文的常态与变态》，《明报月刊》1987 年 10 月。

赵元任：《汉语口语语法》，吕叔湘译，商务印书馆 1968/1979 年版。

赵元任：《汉语词的概念及其结构和节奏》，王洪君译、叶蜚声校，《赵元任语言学论文集》，商务印书馆 1975/2002 年版。英文原文 Rhythm and Structure in Chinese Word Conceptions，《考古人类学学刊》第 37—38 期合刊。

郑振铎：《中国俗文学史》，作家出版社 1954 年版。

朱德熙：《语法答问》，商务印书馆 1985 年版。

朱光潜：《艺文杂谈》，安徽人民出版社 1981 年版。

Jespersen, Otto, 1922, *Language: Its Nature, Development and Origin*, London: George Allen & Unwin Ltd.

（原文刊于《中国语文》2022 年第 5 期）

论普通话的推广方略*

李宇明

(北京语言科学院,中国语言文字规范标准研究中心,
电邮:p55066@blcu.edu.cn)

提　要: 普通话是现代汉民族共同语,也是国家通用语言。推广普通话,是在历史基础上形成的国家语言政策,是"书同文""语言统一"的当代体现。推普方针是普通话推广的政策核心,1955年以来推普方针多次微调,但基本上都是侧重于普通话的口语普及。这与那一时期的语言生活状况是契合的。而今,语言生活发生了重大变化,社会的普通话意识空前浓厚,普通话口语的普及率已超过80%,社会文化程度大幅度提高,学习和使用普通话的条件大幅度改善,社会生活对人的语言能力提出了更高要求。因此,推普方针也要适应语言生活的新态势,由重视普及到"普及与提高相结合",由重视口语到"口语与书面语相结合"。只有这样,才能充分发挥普通话的信息沟通、文化传承、国家认同、促进社会进步等国家通用语言的职能。

关键词: 普通话;推广方略;普及;提高;口语;书面语

普通话是现代汉民族(海外称"华族")的共同语,是中华人民共和国的国家通用语言;同时,也是许多国际组织的官方语言或/和工作语言,在国际社会中代表中国行使语言职能。普通话在历史上或在有些地区称为"国语",海外也称"华语",对外也称"汉语""中文"等。为行文方便,非必要时本文一般使用"普通话"。

---

* 笔者就本文部分内容,曾以"推广普通话,普及与提高须统筹兼顾"为题,在"高校语言文字工作论坛"(2021年9月23日,北京师范大学)上发言。本研究得到国家社科基金"加快构建中国特色哲学社会科学学科体系、学术体系、话语体系"研究专项项目"新时代中国特色语言学基本理论问题研究"(项目编号:19VXK06)、国家社科基金重大项目"'两个一百年'背景下的语言国情调查与语言规划研究"(项目编号:21&ZD289)和北京语言大学校级重大专项"中国语言文字规范化标准化学术史研究"(项目编号:21ZDJ04)的支持。

语言规划需要学术的指导与支撑。《中国语文》创刊70年来,尤为关注汉语、汉字研究,对现代汉语语音、词汇、语法的规范化,在普通话推广、汉字改革与整理、汉语拼音方案的制定与推行等语言规划领域,发表了许多有分量的论文,长期予以学术支持。特以本文祝贺《中国语文》创刊七十周年。

推广普通话（简称"推普"），是在中国悠久历史的基础上形成的国家语言政策，是"书同文""语言统一"的当代体现，是促进社会沟通无障碍的基础工程，对中华民族共同体的紧密团结、各民族各地区人民生活的进步、社会各领域事业的发展等，皆有不可替代的重大意义。

推广普通话必须从语言生活的实际出发，目的是提升语言生活的品位，要符合语言生活现实，满足语言生活需求，引导语言生活发展。不同时期有不同的语言国情，不同地区、不同领域、不同职业有不同的语言生活，故而推广普通话也应因时因地因人群而各有其重点与方略。据此也可以理解我国推普方针的逐渐演变，推普方略因时因地因人群而有所调整。

本文主要回顾中国推普方针的历史演变，并建议今后推广普通话应当普及与提高相结合，口语与书面语相结合。

1. 推普方针的历史演变

1911年，清朝学部中央教育会议议决《统一国语办法案》，这是中国近代史上政府通过的第一个语言规划文件。《统一国语办法案》吸收了切音字运动的成果，明确了北京话在国语中的地位；认识到国语应当包括语音、词汇、语法三部分内容，树立了"雅正通行"的国语标准；充分重视音标在国语推行中的重要性，确定了较为科学的音标制定原则；设计了编写国语教材、编写国语词典、设立国语传习所、添加国语课程、将国语作为教学语言等国语推广办法（参看李宇明，2012）。《统一国语办法案》在清末虽然只发挥了舆论作用，未能真正实施，但它在后来的历史上却发挥了一定作用，且至今仍不断被人提起，品评它的语言规划学思想和统一国语的方略。

《统一国语办法案》直接影响了民国初年的语言规划。后经白话文运动、国语运动等一系列语言文化活动，语言生活发生了很多变化："新国音"成为国语标准音，白话文替代文言文成为正规语体，制定了注音符号和《国语罗马字拼音法式》，改中小学"国文科"为"国语科"，出版国语辞典，广播、电影、戏剧等一般都采用北京语音，在全国大中城市中已经形成了在不同程度上接近北京语音的"普通话"。[①]

1949年，中国历史进入新纪元，推广全国通用的普通话一直是重要的国家行为，甚至发展为国策。六七十年来，推普方针既一以贯之，又与时有变。这种发展变化，可以分为三个阶段。

1.1 由"八字方针"到"十二字方针"

1955年10月15日至23日，全国文字改革会议在北京召开，教育部部长张奚若做了题

[①] 参看苏培成（2010）第二章"前奏（1892-1948）"、吴玉章（1955）、张奚若（1955）、顾之川（2021）第二章"语文课程发展追溯"。

为《大力推广以北京语音为标准音的普通话》的会议报告。这个报告是早年我国推普的重要文献，张奚若在报告中把"普通话"表述为"以北方话为基础方言、以北京语音为标准音"的"汉民族共同语"，而且提出"重点推行，逐步普及"的推普方针。这"八字方针"是符合当时语言国情的，那时普通话的标准刚刚提出，还在确定完善之中，全国会说普通话的人数不多，文盲占人口的绝大多数。推普是长期而艰巨的任务，受制于年龄、文化、需求等多种不易短期改变的因素，只能抓重点地区和重要人群，逐步普及。当时确定的推普重点是：方言较为复杂的南方方言区、城市、学校、青少年，以及一些接触民众较多的部门（如商业、服务业、铁路、交通、邮电等部门）和当时所谓的"五大员"（营业员、服务员、售票员、列车员、广播员）。

1957年6月25日至7月3日，教育部和中国文字改革委员会联合在京召开全国普通话推广工作汇报会议，教育部副部长韦悫在总结报告中将推普方针增补为"大力提倡，重点推行，逐步普及"，"八字方针"由此调整为"十二字方针"（王均，1995：279；费锦昌，2021：216）。这一调整其实并没有改变推普方针的基本内容，加上"大力提倡"四字，主要是表明国家推广普通话的积极态度，在当时"方言意识"极为浓重的情况下，加此四字非常必要。

1.2 "新十二字方针"

1986年1月，全国语言文字工作会议在京召开。会议认为"大力提倡，重点推行，逐步普及"的推普方针是正确而适用的，但也看到了国家语情的变化，工作重点应有所调整（刘导，1986：25）。会议纪要在阐述新时期语言文字工作的方针时，提出了要"大力推广和积极普及普通话"；在专论推广普通话时，明确"重点应当放在大力推行和积极普及方面"（全国语言文字工作会议秘书处，1987：3、5）。会议还首次提出，20世纪末要使普通话成为教学用语、工作用语、宣传用语和交际用语，这实际上也是对语言使用的"四大领域"提出的要求。

1992年2月，《国家语言文字工作十年规划和"八五"计划纲要》发布，将推普方针明确调整为"大力推行，积极普及，逐步提高"（转引自王均，1995：845–854）。"新十二字方针"显然是在1986年"大力推行和积极普及"认识的基础上形成的，与原有"十二字方针"比较，有如下三个特点：

第一，把"大力提倡""重点推行"合并为"大力推行"，表明要加大推普力度。1982年通过的《中华人民共和国宪法》第十九条已明确规定"国家推广全国通用的普通话"。有了宪法的规定，推广普通话就不再是"提倡"的问题，也不只是在重点领域推行的问题。

第二，把"逐步普及"调整为"积极普及"，是要求推广普通话的步伐要更快，与"大力推行"的方针是相匹配的。

第三，非常及时地提出了"提高"的问题。此时显然已经认识到，推广普通话有"普及"

和"提高"两个方面，普及与提高应相互结合。"逐步提高"的"逐步"二字，表明提高不能一蹴而就，需要一步一步进行；"积极普及"的提法，也说明推普的重点仍在普及方面。

1997年12月，全国语言文字工作会议在京召开，会议要求推广普通话要"在普及的基础上提高，在提高的指导下普及"（许嘉璐，1997：310）。这是在1992年制定的"新十二字方针"的基础上进一步阐述了普及与提高的辩证关系，不再刻意强调哪方面需"积极"哪方面需"逐步"，体现了对普及与提高的关系的某种新认识。这次会议的另一大亮点是首次提出了普通话普及的时间表，要求"普通话于2010年以前在全国范围内基本普及，2050年以前在全国范围内普及"。

2000年10月31日，《中华人民共和国国家通用语言文字法》颁布，国家有了第一部语言文字法律。从此时开始，"普通话"法定为"国家通用语言"，"规范汉字"法定为"国家通用文字"，推广普通话进入"依法推广"的新阶段。世界各国的语言政策都有显性与隐性之分。普通话和规范汉字的身份变化，是将它们的隐性职能显性化，普通话和规范汉字此前也在发挥着族际交际的作用。但是，将以往的隐性语言政策通过法律转化为显性语言政策，也是意义深远、作用巨大的。

2006年的《国民经济和社会发展第十一个五年规划纲要》写入了"大力推广普通话"，这是国家"五年规划纲要"在推普上的首次用墨。2011年，中国共产党十七届六中全会通过的《中共中央关于深化文化体制改革推动社会主义文化大发展大繁荣若干重大问题的决定》，明确指出要"大力推广和规范使用国家通用语言文字"。中国共产党在全体会议上讨论语言文字问题，这在历史上是不多见的。这一决定明确提出了"规范使用"普通话的要求，"规范使用"也可以看作对推普方针中"提高"的一种具体要求。

2016年，《国家语言文字事业"十三五"发展规划》指出，"到2020年，在全国范围内基本普及国家通用语言文字"。这个时间表比1997年的设想（2010年以前在全国范围内基本普及普通话）推迟了十年，可见推普之艰难，可见社会工程实施之困难。2017年，《国家通用语言文字普及攻坚工程实施方案》，把"在全国范围内基本普及国家通用语言"的标准，"具体设定为全国普通话普及率平均达到80%以上"。

1.3 "新时期十二字方针"

2020年10月，全国语言文字会议召开，这是从1955年10月全国文字改革会议算起第4次全国语言文字会议。会议制定了"聚焦重点，全面普及，巩固提高"的推广普通话的"新时期十二字方针"[①]，取代了执行达28年之久的"新十二字方针"。

---

① 见《国务院办公厅关于全面加强新时代语言文字工作的意见》，2020年9月14日成文，2021年11月30日发布。

"全面普及，巩固提高"是新时期对推广普通话的新要求。"全面普及"是"量"的要求，"基本普及"的普及率为80%，"全面普及"的普及率应当更高，具体的数据要求是到2025年普及率要达到85%，到2035年普及要更全面、更充分，这样才能实现1997年提出的"2050年以前在全国范围内普及"的推普目标。① "巩固提高"是"质"的要求，意思是普及之后还要及时巩固，推普不能"一阵风""走过场"；同时还要重视在普及的同时提高质量，提升水平。

"聚焦重点"是工作方略，是对1955年"重点推行"方略的继承和六七十年来推普经验的总结；同时也是认识到"基本普及"之后普通话推广的"攻坚"性质，需要分类指导、精准施策。

1.4 推普方针呈现的推普特点

1955年以来，推普方针不断与时俱进，数度调整。由推普方针的调整可以看出我国的推普工作呈现如下特点。

第一，以普及为主，兼顾提高。

第二，由逐步普及，到积极普及，再到全面普及，表现出推普的进程与力度；从对普及的一般描述，到制定普及的时间表、用普及率80%来定量描写"基本普及"，表现出推普工作由软到硬、由定性到定量的发展，逐渐精准化，可定量检验。

第三，重视普通话口语的推广。

第四，一直重视重点地区、重点人群的推普工作，体现推普的效率意识。推普的重点一直是如下三类：1）推广普通话较为艰难的地区，如农村地区、西部地区和民族地区；2）最需要使用普通话或较易学习普通话的人群，如城市居民、教师、学生、播音员、演员、窗口服务行业人员、军人等；3）能够在推普中起模范带头作用的领域和人群，如公务领域、新闻出版领域、广播影视领域、文化艺术领域、学校教育领域等。

2. 普通话包括口语和书面语

"普通话"虽然带有"话"字，但不能只理解为口语，更不能只理解为语音。"话"在

---

① "全面普及"不应理解为普通话普及率达到100%。其一，小孩、老人、有严重语言障碍者（如盲、聋等）、因某种原因而失去学习普通话机会者等人群的存在，普及率就不可能达到100%。其二，一个人可以掌握方言、民族语言和普通话，成为"双言双语人"，但是在推广普通话的过程中必然会产生一些不会使用方言或民族语言的"普通话单语人"，在社会交际空间上也可能挤压甚至严重挤压方言和民族语言的使用空间，从而可能引发语言矛盾。其三，除单语国家外，世界上还没有将国语或官方语言普及到100%的先例。因此，普通话普及率能够达到何种水平，从社会安全的角度看应当控制在什么水平，是一个值得研究的重大课题。

汉语中有多个意思：

　　A. 表示"说、谈"，是说话行为。

　　B. 口语。说出来的内容，即"口语"。

　　C. 口语体的书面语。口语用文字记录下来，稍作加工，就成了以口语为基础的书面语，或称口语风格的书面语，或称口语体的书面语。"白话文、白话诗、话本"都是与"文言、文言文"相对的特殊语体的名称，其中的"话"，指称的就是口语体的书面语。

　　D. 书面语。"诗话、词话"都有两个意思：第一个意思是指元明时期流行的说唱艺术及其脚本，"话"的意思同C；第二个意思是指对诗和诗家、对词和词家的评论，如《沧浪诗话》《人间词话》等。第二个意思的"话"就不能理解为C，虽然"诗话、词话"的文本多为随笔性质，但也不是"白话"。这种用法的"话"，已经趋向于一般的书面语。

　　E. 语言。如"实话、话柄、话题"中的"话"，是一般的"语言"的意思，不能只解释为口语，书面语也有实话、话柄、话题。特别是"话题"，还可以是语法学上的术语，其中的"话"就更是"语言"的意思了。

　　对以上事例的分析表明，"话"起码有"说话行为、口语、口语体的书面语、书面语、语言"等多种含义、多种用法，虽然其间具有意义引申关系，且都带有言说或口语的意义倾向。

　　作为术语的"普通话"中的"话"，不能仅仅理解为"口头语言"，应当作"语、语言"理解。《国家通用语言文字法》第二条："本法所称的国家通用语言文字是普通话和规范汉字。""普通话"作为国家通用语言，不管是理论上还是事实上，都不可能只是口语，而不包括书面语，甚至书面语的作用在国家治理中更为重大。

　　类似"普通话"的例子还有"中国话"，它也包含口语和书面语。吕叔湘在《语文常谈》的《序》中写道："还有人说，'中国话'就是没有'文法'，历来文学家都不知道什么叫'文法'却写出好文章；可是他回答不上来为什么有的话公认为'通'，有的话公认为'不通'，后者至少有一部分是由于不合'文法'。"（转引自于根元，1996：105）。吕叔湘在谈论"中国话"时，用了"文法""好文章"等词语，说明"中国话"也不只是口头语言。与之相对的是，"X文"也不一定只是指书面语。汉语在国外也称为"中文"，原来称为"汉语国际教育"的，最近也常称为"国际中文教育"。这里的"中文"显然不只是书面语，也应包括口语，哪有教外国人学"中文"，不教口语的？"中文"就是中国的国家通用语言，就是汉民族共同语，就是普通话。可见，一个名称虽缀上"话、语、言、语言、文"等，但都可以指称语言学上所谓的"语言"。

　　其实，在1955年、1956年定义普通话时，语言规划者已考虑到口语和书面语两个方面。1956年发布的《国务院关于推广普通话的指示》的一些相关表述（转引自王均，

1955：765－768），本文将它们摘录下来，重编序号列出如下。

1）汉语统一的基础已经存在了，这就是以北京语音为标准音、以北方话为基础方言、以典范的现代白话文著作为语法规范的普通话。

2）全国各报社、通讯社、杂志社和出版社的编辑人员，应该学习普通话和语法修辞常识，加强对稿件的文字编辑工作。文化部应该监督中央一级的和地方各级的出版机关指定专人负责，建立制度，训练干部，定出计划，分别在二年到五年内基本上消灭出版物上用词和造句方面的不应有的混乱现象。

3）为了帮助普通话的教学，中国科学院语言研究所应该……在1958年编好以确定词汇规范为目的的中型的现代汉语词典……

4）国务院设立推广普通话委员会，……文化部负责出版物上的语言规范化工作、有关普通话书刊的出版和留音片、电影片的生产……

在1）中，明确普通话的语法规范是"典范的现代白话文著作"，用著作使用的语法体系作为普通话的语法规范，意味着普通话是包含书面语的；"典范的现代白话文著作"既是普通话口语的语法规范，也是普通话书面语的语法规范。在3）中，要求编写可以确定普通话词汇规范的现代汉语词典，目的是"帮助普通话的教学"。事实上，依照国务院要求编写的《现代汉语词典》，收词不仅是口语的，多数甚至是书面语的，收录的只在口语中使用的词反而要标明"口"。这从一个侧面说明普通话的词语规范包括口语和书面语的规范，回证"普通话的教学"也应当包含普通话的口语教学和书面语教学。在2）和4）中，明确说明推广普通话也包括"出版物上的语言规范化"，包括"消灭出版物上用词和造句方面的不应有的混乱现象"。"普通话书刊"、出版物文章等基本上都是书面语。

上面的讨论旨在说明普通话包括口语和书面语。普通话作为汉民族共同语，作为现代汉语的标准语，作为国家通用语言，作为在国际上代表中国行使语言职能的中文，也不可能只有口语没有书面语。在论述现代汉语的著作或论文中，多数都会谈及现代汉语的口语与书面语的关系，但直言普通话既包含口语也包括书面语的文献的确不常见，笔者所见只有汪平（2013）和李晓梅（2012）两篇论文。汪平（2013）明确谈到普通话有口语和书面语，并主要在词汇层面考察了普通话书面语、口语和方言的情况。李晓梅（2012）谈警务领域的普通话推广，谈到警务用语中的口语和书面语。

推普讨论很少直接谈普通话的书面语问题，原因也许是：第一，觉得这是个"不言自明"的问题；第二，没有意识到这是一个问题；第三，推广普通话的主要困难在于口语和语音，主要精力应放在口语和语音上；第四，认为普通话就是"话"，就是口语或语音。如果原因是前三者，那是方法论层面的问题；如果是第四条，那就是认识层面的问题了，就是真问题、大问题了。

3. 对当前推广普通话的两点思考

当前与普通话推广相关的语言国情，主要有三个方面：第一，普通话意识浓厚。普通话的重要性全民皆有共识，儿童学习普通话已经成为多数家庭语言规划的内容（参看王玲，2016）。普通话具有显著的社会声望，国家也有一系列的推广普通话的法律、政策与举措。第二，社会语言文化素质大幅提高。我国的义务教育得到普及，高等教育毛入学率已经达到 57.8%[①]，普通话普及率已经超过 80%，有文化的双言双语人已成为社会主体。第三，普通话学习和应用的条件良好。大中城市、主要领域、主要场合、主要媒体都使用普通话作为交际语言；平面媒体、有声媒体、网络媒体提供了充沛的普通话学习资源；现代语言技术为普通话学习和应用提供了更为便捷的新手段。

在此种语言国情的基础上，我国的推普事业应该进行两个方面的调适：第一，普及与提高相结合。过去推普的重心在普及，是"以普及为主，兼顾提高"；今后应适当重视提高，"普及与提高并行"，甚至是"在普及基础上积极提高"。这与 1997 年全国语言文字工作会议提出的"在普及的基础上提高，在提高的指导下普及"的精神是一致的，只不过是在工作重心上由"普及"向"提高"的方面适当做些移动。第二，口语与书面语相结合。过去，推广普通话基本上强调的是口语，甚至是语音，今后应由重视口语到口语与书面语统筹兼顾。

3.1 普及与提高相结合

普通话的普及仍然是比较艰巨的任务，在西部地区、农村地区、民族地区是具有"攻坚"意义的重点。需结合乡村振兴抓推普，注意把语言扶贫的经验、举措引入到乡村振兴中，用语言助力乡村产业、人才、文化、生态、组织等"五大振兴"，助力农业转型升级产生的新职业、新需求。依靠基础教育抓推普，在基础教育期间就应使儿童和青少年具有"双言双语"或"多言多语"能力，通过提升语言能力来阻断贫困的代际传递。用现代语言技术助推普，帮助农牧民掌握现代语言技术和普通话，便利获取发展农牧业和乡村产业的技术、知识和信息，通过推普帮助改变个人的精神风貌，帮助改变地区的社会经济面貌。

普通话的普及，还要放眼港澳台地区和海外。帮助港澳地区的民众学习和使用普通话，帮助台湾同胞了解普通话和规范字，以拓展深化内地与港澳、大陆与台湾的语言文化交流。海外华人社会也在努力开展华语教育，以维持祖语。身居海外的中国公民，期盼子女能够在国外接受母语教育。许多国际组织、国际领域都表现出中文需求。许多国家开展了中文教育

---

① 2022 年 4 月 21 日，国务院新闻办公室发布《新时代的中国青年》白皮书。白皮书指出，2021 年，中国义务教育巩固率达 95.4%；高中阶段毛入学率达 91.4%；高等教育毛入学率达 57.8%。

甚而把中文纳入基础教育，许多年轻人来华接受中文教育或通过中文接受教育。中国不仅要重视普通话的国内推广，也需要支持海外华人社会的母语传承，支持海外国际学校的建设，支持国际中文教育，支持国际社会使用中文。

就提高来说，首先是已经普及普通话的地区和人群，要对其普及成果不断进行巩固。巩固的路径主要有三条：第一，进一步提升口语能力。在已经具有的普通话口语能力基础上，进一步提升听和理解普通话口语的能力，提高说话人语音的可懂度和口语表达能力。第二，发展读写普通话的能力。要认识一定数量的常用汉字，逐步获得阅读和写作能力，实现中文脱盲。读写能力在信息交换和当今的生活、生产中意义重大。第三，具有利用智能手机进行普通话信息交流的基本能力。语言文字只有常用才能熟练，才不会遗忘。把普通话用起来，是巩固普通话普及成果的最好途径，也是推普的目标所在。

对全民来说，普通话的提高有三个要求：第一，规范使用。即发音要规范，用字要规范，词汇、语法要规范。第二，得体运用。具备较好的语体能力和语用能力，能够根据交际意图、交际对象、交际环境等得体使用普通话。第三，载体适应。语言交际多是凭借一定载体进行的，如平面媒体、有声媒体、网络媒体、融媒体等，语言能力包括适应这些媒体、使用相应语言技术的能力。现在，电子产品已经逐步介入社会语言交际活动，载体适应也应包括进行"人－机"语言交际的能力。

东部地区、城市地区是普通话提高的重点地区，教育、行政、新闻出版、广播电视、互联网媒体、窗口行业等是普通话提高的重要领域。对重点地区、重点领域应有更高的要求。普通话不仅是口语，还是以规范汉字为载体的有着悠久历史传统和现代语言标准的书面语。普通话的提高，也包括普通话书面语水平的提高。

3.2 口语与书面语相结合

在中华民族形成、发展的数千年历史中，汉语，特别是书面汉语，发挥了重要作用。汉语和汉字不仅汉族在使用，少数民族也不同程度地学习和使用，在共同使用汉语汉字的过程中，在汉族与多民族相互交往和共同生活、生产中，逐渐形成了共同的文化基因和集体记忆，形成了中华民族共同体。而且汉语汉字还远播域外，形成了有相同相似文化习俗的地域共同体，或称"汉字文化圈"。

清朝末年，切音字运动兴起，开启了中国现代语言规划的宏伟事业。经过白话文运动、国语运动，特别是新中国的语言文字规范化工作，确定了现代汉民族共同语的规范，即：

1）语音规范：以北京语音为标准音；

2）文字规范：规范汉字，具体以《通用规范汉字表》（2013年）为基准；

3）词汇规范：以北方方言为基础，具体以《现代汉语词典》为基本规范；

4）语法规范：以典范的现代白话文著作所蕴含的语法体系为规范；

5）语体规范：以现代白话文为基准。

这些规范，实现了现代意义上的国家语言的统一和文字规范。口头语言的统一，口头语言与书面语言大体一致，是历史上所不曾有过的。汉语口语与书面语的历史分合关系，可以解释古代语言规划为何主要是文字统一和书面语教育，百多年来语言规划为何重点在语音和口语，同时也可说明推广普通话要口语与书面语相结合的可行性和必要性。其可行性是口语和书面语已经大体一致，改变了古代言文分离的状况；而且普通话的口语推广达到了80%以上，可以顾及普通话的书面语问题。其必要性是几千年历史所表明的书面语在治国理政、人民生活等方面的重要意义，口语与书面语在当今语言生活中相辅相成，书面语有许多不同于口语的特殊性因而需要专门学习。

认真梳理百多年的历史，人们会发现，普通话书面语的教育与规范，从未离开语言规划者的视野，从未离开中国的语言生活。1904年实施"癸卯学制"，语文开始独立设科以来，学校的国语国文教育、语文教育，一直担负着国语、普通话（国家通用语言文字）的教育任务，包括口语和书面语；1935年的简体字运动，新中国的文字改革与整理，扫盲运动，语法、修辞、文风等内容的社会普及教育，关于公文、新闻出版等领域语言文字的规范要求，都是语言生活中推广国语、普通话（国家通用语言文字）的有机组成部分，也包括口语和书面语。

明确把书面语纳入普通话推广事业，意义重大。第一，对普通话已经普及的地区和领域，有了提高的新方向、新要求。第二，对西部、农村、民族地区的推普有了"巩固提高"的新导向。第三，推动全国的语言文字事业迈上一个综合性的新台阶。语言文字规范标准的制修订、学校语文教育、普通话测试与社会推广、各个工作岗位的语言能力要求、各个领域语言生活的要求，都要综合考虑口语和书面语，使普通话在社会文化建设、信息无障碍社会建设、语言文明传承、国家认同、社会治理等事业中扮演更重要的角色。第四，为港澳地区的推普寻找更多的共识和路径。港澳地区中文的书面语也是国语运动、白话文运动的产物，与普通话书面语基本一致，主要差别是汉字使用的不同，常用一些社区词语、英语借词也较多。港澳地区推广普通话，不只是学习普通话的语音，更在于提升中文的口语和书面语水平。提升中文的书面语水平，本来也是港澳教育界的努力目标。第五，海峡两岸的通用语基本一致，差别主要在文字和一些词汇上，两岸的语言文字协调及其对海外的华语（文）教育没有根本障碍。此外，在海外华语（文）教育、国际中文教育等海外中文传播的事业上，综合考虑口语和书面语，对于教学目标、教学路径、教学测试等方面也都有一定意义，比如会引发重视识字教育、重视书面语阅读甚至是写作教育等新思考。

总之，推广普通话要重视普及，也要顾及提高，普及与提高并行（李宇明，2017）。推广普通话不仅要推广规范的口语，还要重视书面语的教育与使用。当普通话口语普及到一定程度时，提升重点领域、重点人群乃至全民的书面语水平，意义更为重大。政令的传达、文化的传承、教育的昌明、科技的发达，书面语的作用是最为强大的。

4. 结语

推广普通话，是历史上"书同文""语言统一"的当代体现。历史上言文分歧严重，主要是书面语在发挥民族共同语和族际交际语的作用。清朝末年，以切音字运动为代表的现代语言规划和以"癸卯学制"为标志的教育制度现代化，开启了百多年来现代国家语言统一与教育的新征程。语言生活的如此状况，口语统一、汉字改革与规范自然成为语言规划的重点。1955 年以来的推普方针，皆以普通话口语的普及为主线，六七十年来推普方针虽数度微调，由"八字方针"到"十二字方针"，由老"十二字方针"到"新十二字方针"再到"新时期十二字方针"，但都是语言态度、推普力度、推普重点等方略层面的调整。

而今，语言国情发生了重大变化，普通话口语基本普及，社会文化程度大幅度提高，学习和使用普通话的条件大幅度改善，社会生活对人的语言能力有更高要求。我国的推普方针也须适应语言国情的变化，由重视普及到"普及与提高相结合"，由重视口语到"口语与书面语相结合"。也只有这样，才能使普通话充分发挥好信息沟通、文化传承、国家认同、促进社会进步等国家通用语言的职能。

参考文献

费锦昌主编：《中国语文现代化百年记事（1892—2013）》，商务印书馆 2021 年版。

顾之川：《语文课程与考试论》，山东教育出版社 2021 年版。

李晓梅：《推广普通话，促进警务现代化》，《网络导报·在线教育》2012 年第 29 期。

李宇明：《清末文字改革家论语言统一》，《语言教学与研究》2003 年第 2 期（百期纪念刊）。

李宇明：《纪念〈统一国语办法案〉颁布一百周年》，《澳门语言学刊》2012 年第 1 期（总第 39 期）。

李宇明：《推广普通话：普及与提高并行——〈中国语言生活状况报告（2017）〉》，国家语言文字工作委员会组编《中国语言生活状况报告（2017）》，商务印书馆 2017 年版。

刘导生：《新时期的语言文字工作》，全国语言文字工作会议秘书处编《新时期的语言文字工作——全国语言文字工作会议文件汇编（1986 年 1 月）》，语文出版社 1987 年版。

全国语言文字工作会议秘书处（编）：《新时期的语言文字工作——全国语言文字工作会议文件汇编（1986 年 1 月）》，语文出版社 1987 年版。

苏培成主编：《当代中国的语文改革和语文规范》，商务印书馆 2010 年版。

汪平：《试论书面语与口语、方言、普通话的关系》，《中国方言学报》2013 年第 3 期。

王均主编：《当代中国的文字改革》，当代中国出版社 1995 年版。

王玲：《语言意识与家庭语言规划》，《语言研究》2016 年第 1 期；又见李宇明主编《家庭语言规划研究》，商务印书馆 2022 年版。

吴玉章：《文字必须在一定条件下加以改革》，全国文字改革会议秘书处编《全国文字改革会议文件汇编》，1955 年。

许嘉璐：1997《开拓语言文字工作新局面，为把社会主义现代化建设事业全面推向 21 世纪服务》，教育部语言文字信息管理司编《新时期语言文字法规政策文件汇编》，语文出版社 2005 年版。

于根元：《二十世纪的中国语言应用研究》，书海出版社 1996 年版。

于根元主编：《新时期推广普通话方略研究》，中国经济出版社 2005 年版。

张奚若：《大力推广以北京语音为标准音的普通话》，全国文字改革会议秘书处编《全国文字改革会议文件汇编》，1955 年。

（原文刊于《中国语文》2022 年第 4 期）

复合型同音同义词语的形成途径及关系特征*

张 博

提 要：复合型同音同义词语指含相同构词成分、语音相同且意义和用法也基本相同的复合词和固定短语。经考察，这类同义词语主要经由"音近趋同""音近混同""同音替换"三种途径形成，受到语音联想和完形加工的共同作用。同义化路径不同的词语在理据性、同义度、组合关系、语体分布及使用频度等方面显现出不同的关系特征。通过形成途径观察同义词关系特征的研究视角，有利于丰富同义词发展规律的理论知识，树立同义关系的动态观，为语言规范和语文词典处理相关问题提供指导和依据。

关键词：同义词；复合词；音近趋同；音近混同；同音替换

1. 引言

汉语单音节词中几乎没有语音相同的同义词，单音节同音同义成分大抵是同词异字，包括异体字（耕—畊、群—羣）、古今字（反—返、伎—技）、本字通假字（叛—畔、慧—惠）。而现代汉语书面语中，却有不少含有相同构词成分、语音相同[①]且意义和用法也基本相同的复合词和固定短语，例如"包含—包涵、会合—汇合、界限—界线、效法—效仿、触目惊心—怵目惊心、信口开合—信口开河"等，本文将其统称为复合型同音同义词语[②]。

学界以往对个别复合型同音同义词语[③]和其特定类别有过一些研究，关注的主要是词形规范（薛克谬，2000；王艾录，2009；谭景春，2020 等）、词义辨析（郭正彦，1986；应雨田，1996 等）、同义与异形的区别（刘中富，2012）、构词方式和词性的异同（朱英贵，1996）、同义词释义（谭景春，2020 等）等问题。本文的旨趣与以往研究不同，重点探讨

---

* 本研究得到国家社科基金重大项目"汉语文本可读性测评和分级的跨学科研究"（项目编号：17ZDA305）和北京语言大学梧桐创新平台项目（中央高校基本科研业务费专项资金，项目编号：20PT01）资助。本文修改过程中还先后得到朱庆之、杨亦鸣、李加、常新茹、刘志远、英凤来、戴俊豪等老师和同学的有益建议及审稿专家的宝贵意见，谨此一并致谢。

① 本文所说的"语音相同"以普通话读音为准，是一个相对宽泛的概念，除了声韵调全同之外，也包括少量声母或韵母微殊、声调有别的情况。

② 有些类别不含固定短语，为行文简洁，也称"复合型同音同义词"。

③ 以往研究尚未使用"复合型同音同义词语"这个类名。

的问题是：汉语中大量存在的复合型同音同义词语有哪些形成途径？其同义化的作用机制是什么？从同义词的关系特征来看，经由不同途径形成的复合型同音同义词语在理据性、同义度、组合关系、语体分布及使用频度等方面有什么特征？通过大量实例考察，本文发现复合型同音同义词语主要有三条形成途径："音近趋同""音近混同""同音替换"。下文将以此为纲，对上述问题进行分析论述，从一个侧面揭示汉语词汇同义化的复杂性和规律性，希望能丰富对词语同义化途径及作用机制的认识，推进词语变异和词语创新关系的理论探讨，并为语言规范和语文辞书合理对待复合型同音同义词语提供一些参考建议。

2. "音近趋同"形成的同义词及其关系特征

汉语复合构词法极为发达，同一个语素常可与多个同义语素分别构成复合词，例如，"合"可与表聚集、会合义的"凑①""汇""会""集""纠②""聚""总③"构成"凑合""汇合""会合""集合""纠合""聚合""总合"。观察同一语素与同义语素所构复合词的语义关系可以发现，相比较而言，同一语素与同音（或音近）语素所构复合词的语义最易趋同，形成同音同义词。例如，"汇合""会合"语音相同，"汇合"原指水流会合，"会合"则泛指聚集、聚合，多用于人、军队、阴阳、风云等。然而晚近"汇合"也常用于水流以外的事物或人，成为"会合"的同义词。例如④：

（1）原来，他们早就到了停车场，我们也飞快地跑到停车场跟大家汇合。
（2）红二、六军团汇合后，李达同志调二军团任职。
（3）"中途号"也正在开往北部湾途中，准备与其他四艘汇合。

而语音不同的"凑合""集合""纠合""聚合""总合"等，不论彼此之间还是与"汇合""会合"都有较为明显的意义和用法差异。

再如，"消"与表失去、消失、丢失义的"泯""去⑤""散""失""逝""亡"分别构成复合词"消泯""消去""消散""消失""消逝""消亡"，其中，"消失""消逝"语音相近，同义度最高，在很多语境中可互换。（"/"前为BCC语料库中的原词，"/"后为替换词）

---

① 《说文》："凑，水上人所会也。"段玉裁注："引伸为凡聚集之称。"
② 《说文》："纠，绳三合也。"段玉裁注："凡交合之谓之纠。引伸为纠合诸侯之纠。"
③ 《说文》："總，聚束也。"段玉裁注："谓聚而缚之也。"
④ 本文所用语例若未注明出处，皆取自北京语言大学"BCC语料库"（http：//bcc.blcu.edu.cn/）。
⑤ 《史记·李斯列传》："胥人者，去其几也。"司马贞索隐："去犹失也。"

(4) 然而你一旦抬起头来看见近旁的电脑,这种感觉便随即<u>消逝</u>/<u>消失</u>。
(5) 那白骏马披着夜露,<u>消逝</u>/<u>消失</u>在朦胧的月色里。
(6) 黄沙的魔掌抹掉了这里的每一丝绿色,生命从这里<u>消失</u>/<u>消逝</u>。
(7) 中国古代曾盛极一时的西夏文化在公元 13 世纪突然<u>消失</u>/<u>消逝</u>。

语音相异的"消泯""消去""消散""消亡",尽管概念义与"消失""消逝"相近,都可表示逐渐减少以致不复存在,但却不能在上列句中替换"消失"或"消逝",搭配倾向各异。"消泯"多用于记忆、仇怨、伤痛、恐惧等心理现象,"消去"多用于病痛、声音、寒气或暑热、怒气火气等,"消散"多用于云雾烟尘,"消亡"多用于生命、物种、制度等,各词在搭配关系上的选择限制表明彼此之间同义度较低,通常不会被视为同义词。

从理论上说,同一语素与多个同义语素以同样的结构方式构成的复合词,形成同义词的机遇应当是均等的,可为什么语音相同相近的复合词在语义及用法上更易趋同,成为同义词?我们推测,这当与大脑词库词汇储存和表征的格式塔效应(gestalt effect,亦称"完形效应")有关。尽管多有研究证明,在大脑词库中占有中心位置的是词的意义的表征,大脑词库的组织模式主要是基于语义联系(杨亦鸣、曹明,2000;杨亦鸣等,2001)。可格式塔理论提示我们,一切经验现象中都存在"完形"特性,大脑词库中词语的语义和语音、形体等知识也不应该是彼此独立或分离的。根据格式塔心理学接近性(proximity)和等同性(equality)定律,"当场包含了若干相等部分时,相等部分中具有更大接近性的一些部分将组织成较高的单位(对子)"。"场内的两个部分将按照它们的接近程度和等同程度彼此吸引",接近度和等同度越高,越能彼此产生影响,相互作用(Koffka,1935/1997:214 - 217)。同一语素与同音同义语素构成的复合词比起与异音同义语素构成的复合词来说,不仅语义接近,而且语音也相同或相近,整体上接近性和等同性的程度更高,在大脑词库中的联系更为密切,在进行目标词检索时,与其贮存在一起的含同素且音义相近的另一个复合词有可能被激活,被提取使用。长此以往,就会使二者的意义和用法逐渐趋同,变成同义词。

我们将同一语素与同音同义语素复合而形成的这类同义词简称为"音近趋同"类。"音近趋同"类同义词有不少,例如:

包含——包涵　悲痛——悲恸　边沿——边缘　叱责——斥责　储存——贮存　传播——传布　发掘——挖掘　贯穿——贯串　交纳——缴纳　矫正——纠正　截止——截至　祈求——乞求　相关——相干　阻塞——堵塞

从二者的关系来看,"音近趋同"类同义词的主要特征是:

1)在同一义位上,两个复合词的构词模式相同,语义结构一致,都是有理据词。

2)同义度较高,语义及用法存在部分重叠(overlap),因此常可用于相同的语境或与相同的词语搭配,如例(4)-(7)。

3)尽管语义及用法存在部分重叠,但两个复合词在组合关系上仍有一些特异的选择限制或搭配倾向,这通常是由同音近义语素的本源义滞留①决定的。

例如,"汇"的本义是水流汇合,不同的水流汇合后会交融在一起,隐含[交融]语义特征。因此,"汇合"常用于可交融的事物,如"乌云在无声的静寂中汇合""多元文化的汇合"。"会合"则罕见与"乌云""文化"这类词语搭配。《说文》"会,合也",段玉裁注:"《礼经》:器之盖曰会。为其上下相合也。"据此可知,"会"的本义中隐含[二者/双方]义。尽管"会""合"复合后可指多人或多种事物聚集到一起,但聚集到一起的主体如果是二者或双方,通常限用"会合",不用"汇合"。例如,"我保证一定会到伦敦跟你会合/＊汇合。""在他们两人会合/＊汇合了之后,雨就开始下了起来。"

再如,"包含"既可与有界名词搭配,如例(8),也可与无界名词搭配,如例(9);而"包涵"通常只与无界名词搭配。

(8)该球鞋里面包含一个检测脚踝的感应器。

(9)小小的眼线里包含着大学问。

(10)凡事具有两重性,经济全球化也不例外,它是包涵利弊两重因素的"双刃刀"。

(11)字里行间,包涵了这位爱国将军的多少忧虑、悲哀、愤怒和希冀呵!

原因在于,"涵"本义为"水泽多也"(《说文》),引申指浸润、容纳。由于水是无界事物,其所浸润容纳的事物往往是难以数计的,故"包涵"的主体和对象通常都是无界名词。然而"含"的本义是"嗛也"(《说文》),即把东西放在嘴里,不咽下也不吐出。由于口腔内部是一个有界空间,其所含对象可以是无界事物,如饴、血("含饴弄孙""含血喷人"),也可以是有界事物,如玉、珠(《庄子·外物》:"生不布施,死何含珠为!")。因此,"含"与"包"构成的复合词"包含"可与有界名词搭配,无论表示包含者还是被包含者的名词都可以是有界的。

---

① 关于本源义滞留,可参张博(2020)。

3. "音近混同"形成的同义词及其关系特征

"音近混同"与前文"音近趋同"的词都是由同一语素与同音（或音近）语素构成的复合词。其区别在于，两个"音近趋同"复合词中的同音语素是同义的，因此整词的意义在发生同义化之前就较为相近；而"音近混同"复合词中的同音语素不是同义语素，同义化之前词义关系相对较远，只是由于语言社团经久频发的混用，意义原本不同的复合词较为固化地拥有了与之同音且含同素的另一个复合词的意义，使二者成为同音同义词。我们将这类由混用形成的复合型同音同义词简称为"音近混同"类。

例如，古汉语中"法"表效法（如"法先王"），"仿"表模仿，意义不同；二者分别与"效"构成的"效法""效仿"意义较远。"效法"指因尊崇而师法，搭配对象是圣贤或奉为圭臬的准则、方略、品德、风格等，与"宗法""师法"同义。例如：

（12）成象之谓乾，效法之谓坤。（《易·系辞上》）

（13）倘天子改恶从善，而效法尧、舜之主，大王此功，万年不朽矣。（《封神演义》第二八回）

（14）老杜于诗学，世以谓前无古人，后无来者；然观其诗大率宗法《文选》。（宋·胡仔《苕溪渔隐丛话前集·杜少陵四》）

（15）公一代巨儒，德业文章，皆可师法。（金·王若虚《扬子法言微旨序》）

"效仿"则与"仿效""摹仿""摹拟"等同义，意思是照着某人或某物的样子做，所仿照的不一定是正面的人或事物。例如：

（16）又闽中一先辈尤甚，与家人言"无"必曰"有"，"死"必曰"生"，……至今乡曲以为话柄，然转相效仿者不无其人也。（明·谢肇淛《五杂俎·人部三》）

（17）却得郎君钟情马家女子，思慕真切，故尔效仿其形，特来配合。（《二刻拍案惊奇》卷二十九）

（18）比来天下奢靡，转相仿效。（《三国志·魏志·徐邈传》）

（19）学书当自成一家之体，其摹仿他人，谓之奴书。（宋·欧阳修《学书自成一家说》）

（20）文通诗体总杂，善于摹拟。筋力于王微，成就于谢朓。（南朝梁·钟嵘《诗品》卷中）

"效法""效仿"因语音相近而混用，在现代汉语中，"效仿"可表示因尊崇而师法，反之，"效法"也常用来表示照着某人或某物的样子做。例如：

(21) 免疫是人类效仿自然的伟大发明。

(22) "一带一路"倡议为全球合作设立了新标准，……应当被全球其他国家效仿。

(23) 你自以为长得实在太漂亮了，也想给他效法一下西子捧心、美人颦眉？

(24) 我怔住，娴娜的风度呢，怎么搞的？她竟效法一哭二骂三上吊。

为什么说"效法""效仿"是因混淆形成的同义词，而不是词义相向引申的结果呢？证据是，与"效仿"同义的"仿效""摹仿""摹拟"等词，都没有发展出因尊崇而师法之义，只有与"效法"音近的"效仿"产生了这个意义，并可以在一些"效法"出现的语境中替换它；反之，与"效法"同义的"宗法""师法"也都没有引申出照着某人或某物的样子做这个意思，只有与"效仿"音近的"效法"产生了这种意义。

有些音同（或音近）复合词中的同音语素及整词的意义原本明显不同，例如，"终""中"意义完全不同，"终止"本指结束、彻底停止，"中止"则指中途停止（之后可继续进行），可二者混用的情况时常可见。例如：

(25) 在谈判中，美方却不断采取种种无耻手段，拖延和破坏谈判，以至完全中止谈判。（《人民日报》1953 年 1 月 12 日）

(26) 日本共产党委员长志位和夫发表讲话说，首相应当遵守宪法，今后必须彻底中止参拜靖国神社。（新华网东京 2004 年 4 月 7 日电）

(27) 8 月初，美国国会决定暂时终止向国际空间站美属居住舱的研制工作拨款。（《人民日报》2001 年 8 月 16 日）

(28) 比赛终止了 30 分钟后重新开始，最后陆军队以 34∶30 战胜海军队。（《人民日报》1998 年 12 月 7 日）

上列"终止""中止"的混用实例都出自重要媒体。此外，在某些专业术语中也存在二者混用的情况。例如，百度百科"中止妊娠"条下通过"特别注意"，提示"中止妊娠"与"终止妊娠"有本质的不同，终止妊娠是指胎儿自然地脱离母体，而中止妊娠常常指人为或意外的流产。① 可同样是百度百科，"终止妊娠"条却说："终止妊娠就是结束怀孕的意思。一般是由于意外怀孕，胎儿有严重生理缺陷，孕妇患有妊娠期疾病，或因各种原因引起

---

① https://baike.baidu.com/item/中止妊娠/2653788。

的发育异常而采取的医学方法。"① 这两个术语的界说及大量语料实例都表明，在表示"人为"地结束怀孕这个意义时，"中止妊娠"和"终止妊娠"常常混用。这一实例使我们认识到，对于"终止""中止"这类同音语素义及词的本义明显不同的复合词，尽管语言学者很难认可它们为同义词，可大众语感却难以觉察二者的差别，使用时任取其一，从而使其在频发的混用中形成事实上的同义化趋势。

常见的"音近混同"类同义词再如：

处世—处事 大器—大气 分辨—分辩 法制—法治 肤浅—浮浅 伏法—服法 界限—界线 邻近—临近 毛糙—毛躁 牟取—谋取 权利—权力 试验—实验 心酸—辛酸 心机—心计

与"音近趋同"同义词相比，"音近混同"同义词除了同音语素不同义且同义化之前词义关系较远之外，还有两个特点：

1）异构混同。"音近趋同"同义词都有相同的结构，而有些音近混同类同义词是异构词。如：处世_动补_—处事_动宾_、法制_并列_—法治_状中_、牟取_并列_—谋取_状中_、心酸_主谓_—辛酸_并列_、终止_并列_—中止_状中_等。

2）异类混同。"音近趋同"类同义词的语法属性完全相同，而有的音近混同类同义词本是异类词。如：大器_名_—大气_形_、法制_名_—法治_动_等。

从音近混同类同义词内部来看，其关系特征与混用方向相关。

双向混用同义词的特征是：

1）在两个义位上形成同义关系。如"效仿""效法"在"因尊崇而师法"和"照着某人或某物的样子做"这两个义位上都是同义词。

2）出现于多种相同的组合关系中。如"中止""终止"都有受"完全""暂时"等副词修饰的用例，都可带宾语"合同""妊娠"等，也都能跟含时量成分的短语搭配，如："今年春夏之交发生的非典疫情，让我们终止了20天的教学。""中止了4个多月的巴以和谈再度以新的方式进行。"

单向混用同义词的特征是：

1）通常只在一个义位上形成替换关系。例如，只有"伏法"在"服从法律制裁"义上替换"服法"，而无"服法"在"被执行死刑"义上替换"伏法"。但如果当用词为多义词，误用词也有可能在多个义位上替代当用词。例如，形容词"大气"有两个义项：❶气

---

① https://baike.baidu.com/item/终止妊娠/4945903.

度大、气势大；❷（样式、颜色等）大方、不俗气。在这两个义项上，都有用名词"大器"替代的情况：

(29) "全聚德"和"东来顺"却是正宗的，这是北京人<u>大器</u>的地方。

(30) 话语铿锵，显出他一贯的<u>大器</u>。

(31) 脸是圆圆的，下巴微尖，小嘴两边各有一个小小的酒窝，含蓄而不显俏，如两粒幽静的丁香，绝对要算是一个小美女，是<u>大器</u>的美，大方的美。

(32) <u>大器</u>的设计以及金属外观、特殊文字盘设计，都让人眼睛一亮。

2）混同使用通常限于特定搭配。例如，"认罪＋服法/伏法""处世/处事＋为人""为人＋处世/处事""心机/心计＋之深/颇深/很深"。

从"音近混同"类同义词的关系特征来看，这类同义词的形成明显受到同音联想的作用。同音联想可以使语言使用者忽略意义、结构、语法属性等方面的显著差异，混用义远、异构、异类的同音复合词。然而，仔细观察"音近混同"同义词实例，不难发现这类同义词的形成也与格式塔原则作用下的完形加工有关，而不单是语音联想的结果。证据是，尽管混淆双方的整体义较远，但还是有一定程度的关联。例如，"大器"所指称的钟鼎等宝物和堪当大任的人，分别具有气势大和气度大的特征；"终止"和"中止"都是停止；"伏法"与"服法"都用于法律域。如果只是语音相同相近且含同一语素，而词义完全无关，如"大气"与"大旗"、"中止"与"中指"、"伏法"与"服法"（服用方法），则不可能发生混淆，即便有人偶尔误用，也没有规约化的可能。由此推论，两个复合词语音相同，有同一语素，意义也有一定程度的关联，这为完形加工提供了条件，语言使用者从整体上感知词语，在提取词语或识解词义时可能忽略局部特征，导致形成音近混同类同义词。

4. "同音替换"形成的同义词语及其关系特征

"音近趋同"和"音近混同"两类同义词都是汉语中已有的两个复合词发生同义化的结果，两个复合词之间没有源流关系；而另有些复合型同音同义词语则有源流关系，即先有词语甲，后用音同（或音近）但意义相远或无关的成分替换其某个成分，形成词语乙，乙与甲的意义相同。我们将这类同音成分替换形成的复合型同音同义词语简称为"同音替换"类。

例如，"触目惊心"指看到某种严重情况而引起内心震惊。

(33) 因令制素成图，直书其事，庶王公观览，<u>触目惊心</u>。（《旧五代史·周书·世

宗纪》注引《五代会要》)

（34）建筑垃圾和生活垃圾随处可见，生态毁坏触目惊心。

后"触"被"怵"替换，形成"怵目惊心"，意义与"触目惊心"相同。

（35）飞蝗为害的惨景，使人怵目惊心。
（36）高耸的山峦和垂直辟开的石壁上迎面写着怵目惊心的大标语：险道！开慢车！安全行驶！

"触目"的"触"指接触，"怵"则指恐惧害怕，二者意义无关。意义无关的成分之所以能发生替换，无疑是受到同音联想的作用。那么，这种现象能否被视为"同音通假"呢？我们认为，虽然形成复合型同义词语的同音成分替换与同音通假都是基于同音联想产生的语言现象，但二者却有本质的不同。

从用字的角度来说，通假纯然是将汉字作为表音符号来使用的，即：用一个汉字去记录与之同音的词时，既未顾及通假字的字义是否与本字的意义相同，也不关注通假字的意义是否与语境义相谐。例如，"故秦之盛也，繁法严刑而天下振；及其衰也，百姓怨望而海内畔矣。"（贾谊《过秦论》）"畔"通"叛"，"畔"的田界义与"叛"的背叛义毫无联系，也与民怨沸腾诸侯叛离的语境义无关。形成复合型同音同义词语的同音成分替换则不同。尽管替换成分的意义与被替换成分自身的意义无关（如"怵"与"触"），但却与词语的整体义及其所处语境的意义密切相关，而且是大体协调契合的。例如，"触目"只是"惊心"的前因，"惊心"才是整个固定短语的语义重心所在，"怵"的恐惧害怕义正与"触目惊心"所表达的极度震惊相近相关。"怵"替换"触"体现了格式塔定律（gestalt law）对记忆的支配作用。当原词语的"记忆印迹"（physiological engram）变得模糊时，会依据格式塔定律而经历变化。原先的格式塔被转化了，这种转化把格式塔视作整体（参看 Koffka，1935/1997：645），使原词语历经改变而不失其完形特性。由此而论，用词者在众多同音字（"处、畜、蓄、怵"等）中单单提取"怵"作为替换成分，并不纯然是用它记音的，也是表意的。因此，这种同音成分替换不宜简单地视为基于同音联想的通假，而是受同音联想和格式塔定律共同作用的词语创新。

从解词的角度来说，通假字使读者无法通过文字直接通达其所记录的词及词义，需以字音为线索，破假借，寻本字，求本义。在很多情况下，受语境支持度低及望文生义的识解习惯影响，同音通假往往会妨碍读者准确索得本字本义，导致误解文意，须经专门研究才能求得正解。例如，《诗·秦风·终南》"终南何有？有纪有堂。"毛传曰："纪，基也。堂，毕道平如堂也。"王引之《经义述闻》卷五"有纪有堂"条首先指出,"'终南何有'设问山所有之物耳。'山基'与'毕道'仍是山,非山之所有也。"接着援引大量证据证明,"纪"读为"杞","堂"读为"棠",皆木名也。"纪、堂,假借字耳。"经过王引之这番考据,才使诗句的千年误解涣然冰释。而"怵目惊心"之类复合型词语中的替换成分,一方面与被替换成分同音;另一方面又与词语的整体义及上下文义相谐,当读者将注意力集中于理解词语整体义及上下文义时,可能意识不到替换语素在整个词语中有什么违和感。例如,"目"是视觉器官,本不能产生"怵"这种心理反应,但不少读者浑然不觉"怵""目"之间的语义冲突,不仅识词明义,甚至相沿袭用,使语言中产生一个与原词语形式不同但意义相同的词语。这表明词语的识解也在一定程度上依赖于完形加工。

下列"同音替换"类同义词都有源流之别,前者为原式,后者为变式:

鼎力—顶力　蛊惑—鼓惑　埋单—买单　年青—年轻　耍花枪—耍花腔　按部就班—按步就班　席卷—袭卷　业障—孽障　必恭必敬—毕恭毕敬　变本加厉—变本加利　独当一面—独挡一面　故步自封—固步自封　莫名其妙—莫明其妙　切切私语—窃窃私语　信口开合—信口开河

"同音替换"类同义词的主要特征是:
1) 多为固定短语
　　直观地看,由同音替换而发生同义化的多是固定短语。这是因为,在人们的意识经验中,具有结构凝固性和意义整体性且词形较长的固定短语,比起依据词汇规则生成且词形较短的双音节复合词来,显现出更强的整体性;即便发生同音成分替换也仍能保持较好的完整性,在格式塔原则的作用下,人们仍能把产生局部变异的形式作为整体来知觉,识别出原式所表达的意义。

2) 原式与变式的理据性强弱不同
　　Bussmann(1996:774)对"理据"的定义是,如果一个词的整体义能从其成分义的总和中推导出来,那么,这个词就是有理据的。他还指出,理据是有层级的,包括充分理据(full motivation)、部分理据(partial motivation)和完全词汇化(complete lexicalization)。据此分析,在"同音替换"类同义词中,原式的构成要素之间有合乎逻辑的语义关系,整体义可从成分义和结构关系中推导出来,具有可解释性,因而原式是有充分理据的;而变式是在原式的基础上通过同音成分替换而来,这会导致替换成分和原有成分之间的语义关系变得不合逻辑,不可解释,因而可能只有部分理据(如"怵目惊心"),甚至无理据。

例如,"鼎力"原指举鼎之力,大力。因为在古代能举起重鼎标志着具有超乎寻常的大力气,《史记·项羽本纪》:"籍长八尺余,力能扛①鼎,才气过人,虽吴中子弟皆已惮籍矣。""鼎力"表示大力,是有理据的复合词,多为敬辞,用于请托或表示感谢时,"只是还有两件事,要请前辈和石老施主鼎力相助。""扑天雕大喜欲狂,不住行礼道:'谢谢老弟鼎力成全,在下感激不尽。'"后"鼎力"的"鼎"被同音的"顶"替换,变成"顶力",也表示大力,既可用为敬辞("认识的两个'90后'女孩争着要过来帮忙,本人十分感动,谢谢你们的顶力支持!"),也常用于自己和他人,不作为敬辞("这样的广告才够创意,顶力转起!")。经由同音替换而来的"顶力",整体义不可由语素义推导出来,语素义之间的语义关系不可解释,是无理据词。

这里引出一个问题。通常情况下,理据性强的词语语义透明度高,有助于语言使用者由成分义通达整体义,因而在与弱理据或无理据词语的竞争中具有优势。例如,无理据的音译词多会让位于有理据的汉语固有词或新造词:塔布(taboo)→禁忌、扑克胜(boxing)→拳击、开麦拉(camera)→照相机。可理据性强的原式为什么会遭遇同音成分替换而形成一个理据性弱的变式呢?究其原因,通常是原式的理据性发生了由强转弱的降级变化。

"埋单"的理据弱化最为典型。《咬文嚼字》曾特设"百家会诊"专栏,讨论在餐馆吃完饭"结账",到底应该说"埋单"还是"买单"?八位学者参与了讨论,其中,有关"埋单"的得名之由有多种解说(厉国轩等,2004),可见"埋单"的理据已湮泯难明,连专家都难给出定论,在大众(尤其是非粤语区人群)语感中就更是毫无理据了。尽管"买"替换"埋"构成的"买单"也是一个无理据词,但"买"与"埋单"的整体义(结账付款)毕竟有些关联,因此"买单"更易于被非粤语区的汉语人群所使用。

再如,"耍花枪"本是一个理据性很强的短语,指舞弄或使用花枪("既耍大刀,又耍花枪"),由于花枪的枪法刁钻多变,具有迷惑性和欺骗性,"耍花枪"由武术域投射到言行域,喻指用计谋或语言蒙人。

(37) 阿庆嫂真是不寻常,我佩服你沉着机灵有胆量,竟敢在鬼子面前耍花枪。

(38) 我阿郎没有别的长处,就是说话老实,说一就是一,说二就是二,从来不耍花枪。

在这个意义上,"花枪"被"花腔"替换,形成"耍花腔",也表示用计谋或语言蒙人。

---

① 《说文》:"扛,横关对举也。"段玉裁注:"以木横持门户曰关。凡大物而两手对举之曰扛。项羽力能扛鼎。谓鼎有鼏,以木横贯鼎耳而举其两端也。即无横木而两手举之亦曰扛。"

(39) 乔小龙最后一次走进吴淮生的办公室，想劝他悬崖勒马，但是吴淮生还在和他耍花腔。

(40) 咮在老夫面前耍花腔！今天下午你俩在茶棚里的高谈阔论，咱全都听见了。

"耍"在舞弄或使用的意义上，隐含［挥舞］义，故能与"花枪"及"大刀""长枪""棍""棒""金箍棒""长矛""火龙锤"等组合，因为这些词指称的都是挥舞着使用的武器；可"花腔"表示的不是可挥舞之物，其词义中未隐含［挥舞］义，不符合"耍"的语义选择限制。它之所以能替换"花枪"，一个重要的前提是，由于跨域使用和词义引申，原式"耍花枪"的理据性变弱，从"耍"和"花枪"的字面义不易直接推导出用计谋或语言蒙人的意思。"耍花枪"理据的间接化和模糊化，为"花腔"替换"花枪"提供了条件，加上"花腔"在唱法上曲折多变，与"花枪"枪法刁钻多变有相合之处，因此，尽管"花腔"不可"耍"，尤其是"花腔"与蒙人骗人无关，但人们似乎不太在意"耍"与"花腔"之间的语义冲突，在表达用计谋或语言蒙人的意思时常使用"耍花腔"。

通过分析"埋单—买单""耍花枪—耍花腔"等"同音替换"类同义词可以看到，理据性的强弱具有相对性和可变性，是因人而异、因时而异的。词语整体义或成分义的发展、专业词语和方言词的跨领域跨地域使用以及社会文化变迁等都有可能导致原式的理据由清晰变得模糊，从而为同音成分替换提供条件。汪维辉、顾军（2012）已关注到相关现象，认为"词的误解误用义产生的根本原因是'陌生化'（包括词义、词的内部形式等的陌生化）"。本文赞同这一观点，词语理据性弱化会导致词语内部形式陌生化，二者是密切相关的。

3）变式的语义多有扩展或偏离

"同音替换"发生之初，变式与原式大多完全同义或同义度很高，但不少变式的意义及搭配关系在使用中有所扩展，例如"买单"不限于表示付款，还常喻指付出代价或承担责任，用于"为……买单"的结构中（如"为自己的错误买单""一旦发生交通事故，谁都没法为孩子的安全买单"）。还有一些变式略微偏离了原式的意义和用法，使原式与变式各有语义侧重和搭配倾向。例如，"必恭必敬"侧重内心虔敬（"奉事老姑，夙兴夜寐，必恭必敬"），"毕恭毕敬"则侧重神态恭敬；"切切私语"侧重于声音小，"窃窃私语"则凸显私密性；"席卷"指像卷席子一样把东西全都卷入（"他看房东全家外出，拿了房东放在厨房的钥匙，潜入卧室将细软席卷一空"），"袭卷"则多指来势猛烈地冲击（"风从东南海上袭卷过来，潮涨二丈多高"）；"独当一面"侧重单独担当，"独挡一面"常指单独应对（"庄内各道关卡上能独挡一面的一流高手，还有数十余众"）；"信口开合"侧重指随意乱说（"那是我信口开合，姐姐何必认真"），"信口开河"还附加了滔滔不绝的意思；"按部就班"侧重于条理布局（"使香港特区的各项工作有条不紊、按部就班地开展"），"按步就班"则侧重于程序步骤("要建立一套<u>按步就班</u>的制度,按时点名,不上课要请假,定期测验,定期升级等");"变本加厉"侧重指程度上更加严重,"变本加利"常含数量增加义("资本较大的商贩与商贩又相互炒来炒去,<u>变本加利</u>,最后麻价炒上去了,麻的质量炒下来了")。综合分析发现,决定变式语义扩展和偏离方向的是替换成分的意义,也就是说,变式语义扩展和偏离是人们基于替换成分识解词义、使用词语的结果。

4)晚近变式在俗常语体中的常用度高于庄雅语体

较早产生的变式沿用至今的,在不同语体中都比原式常用,例如,BCC"报刊""多领域"子库①中,变式"年轻""孽障""毕恭毕敬""窃窃私语""信口开河"都比其原式"年青""业障""必恭必敬""切切私语""信口开合"频次高。而晚近形成的"同音替换"类同义词语多以原式为常用,但值得注意的是,变式在BCC"多领域"子库中的占比普遍高于原式在该库中的占比。②

表1 "同音替换"类同义词原式与变式的语体分布

原式	报刊		多领域		变式	报刊		多领域	
	频次	比重(%)	频次	比重(%)		频次	比重(%)	频次	比重(%)
按部就班	652	32.8	1338	67.2	按步就班	933	43.1	123	56.9
变本加厉	3694	70.7	1532	29.3	变本加利	0③	0	33	100
触目惊心	2236	40.2	3325	59.8	怵目惊心	147	25.3	435	74.7
鼎力	951	33.2	1913	66.8	顶力	0	0	176	100
独当一面	357	31.5	777	68.5	独挡一面	41	19.2	172	80.8
蛊惑	1820	47.1	2043	52.9	鼓惑	7	18.9	30	81.1
故步自封	851	77.9	241	22.1	固步自封	856	52.4	778	47.6
埋单	430	27.5	1136	72.5	买单	599	11.5	4615	88.5
莫名其妙	1434	6.2	21622	93.8	莫明其妙	172	19.2	723	80.8
耍花枪	32	28.6	800	71.4	耍花腔	14	53.8	12	46.2
席卷	4270	50.2	4242	49.8	袭卷	5	4.3	112	95.7
均值	1520.6	40.5	3477.2	59.5	均值	193.4	22.5	655.4	77.5

除"按部就班—按步就班""莫名其妙—莫明其妙""耍花枪—耍花腔"三组外,其他

---

① 据BCC语料库主研人员之一饶高琦老师介绍,BCC"多领域"子库主要包含四类语料:微博、科技、报刊、文学(后两类语料分别抽取于"报刊"和"文学"子库),四类语料数量大体均衡,因此,从文体的角度来说,该库语料属综合性文体。

② 同义词检索时排除了无关语例,如"顶力各为50吨的千斤顶"中的"顶力","既要大刀,又要花枪"中的"耍花枪"等。

③ BCC"报刊"库中"变本加利"出现2次,都是作为纠正错别字时列举的误例,故实际用例为"0"。

— 331 —

变式在多领域子库中的比重都高于原式在多领域子库中的比重。如果排除多领域子库中一半左右的报刊、科技类庄雅体语料，变式在微博及文学作品中的比重更高，这体现出变式在俗常语体中的常用度显著高于庄雅语体。

晚近变式在俗常语体中的常用度高于庄雅语体，当与两个因素有关。首先，语言演变的普遍规律是，日常语言发展变化较快，庄雅正式的书面语则相对保守，其变化总是滞后于日常语言。其次，在语言使用方面，报刊文章和学术论著的选词用字较为严格地依据语言规范和语文词典。《异形词整理表》和《现代汉语词典》等遵循"通用性""理据性"原则以及审慎吸收新词的策略，通常将原式定为推荐词形、变式处理为非推荐词形或不予收录，这对于庄雅语体较多使用原式、较少使用变式起到一种导向作用。

5. 结语与余论

同一语言词汇系统中的同义词是如何形成的？通常的认识是，主要来自词义引申，即，"两个（及以上）词语在意义引申的过程中殊途同归，在某一个义位上形成同义关系，成为同义词"（张博，2020）；还有一些跨系统同义，包括对应同一概念的本族词和外来词同义，如"出租车—的士"；通语词与进入通语的方言词同义，如"骗—忽悠"；同一语言中来自不同地域的词同义，如现代英语中的"英—美"同义词 lift—elevator（电梯）、petrol—gasoline（汽油）、tube—subway（地铁）等（劳允栋，2004：517）。本文的探讨揭示，词语同义化的途径复杂多样，不同类型的同义词语可能经由不同的途径形成。

汉语中含有相同构词成分且语音相同的复合型词语主要经由"音近趋同""音近混同""同音替换"三种路径实现同义化，所形成的同义词显然不属于跨系统同义，也不是词义引申殊途同归的结果。"同音替换"同义词是造词的产物，从来源上说与词义引申无关；"音近趋同"和"音近混同"的过程中虽然会有某些词语发生词义变化，但那是语音联想和完形加工双重作用下的词义异化，而不是由隐喻转喻认知模式制约的词义引申。

通过探讨同义词形成途径及其作用机制，分析同义化路径不同的复合词语的关系特征，我们对语言规范和词典编纂中与同义词形成发展相关的几个问题有了进一步思考。

1）词语的同义关系具有动态性

同义化是一个动态过程，语言中的同义词都会经历"无/非同义→有限同义→同义并存→同义解体"的发展历程。在"无/非同义"阶段，一个概念只用一个词来指称，没有与之同义的词；或者后来同义的词语在该阶段并不同义，如"效法"与"效仿"在上古汉语中就不是同义词。"有限同义"是同义词形成的初始阶段，两个词语在同一义位上的使用频度悬殊，其中一词的组合关系或语体分布较为受限。"同义并存"阶段两个词语的使用频度没有明显差异，但在语义侧重、搭配倾向或附属意义等方面有细微差别。"同义解体"是同义词发展的最后阶段。受语言经济原则制约，已有的同义词可能会发生同义关系解体。有的同义词在竞争中分出胜负，一方继续使用，一方不再使用；有的同义词一方或双方的意义发生变化，词义渐远，不再同义。

已往现代汉语同义词研究较少关注同义关系的动态发展，动态观较为淡薄，一个突出的表现是，习惯将"音近混同"形成的同义词视为词汇错误，将"同音替换"形成的同义词视为异形词。我们承认，"音近混同"初始，该用甲词用了乙词，确实是词语误用，但当混用达到一定程度时，即便处于"有限同义"阶段，也应纳入同义词研究的范围。将"同音替换"而来的变式与原式一律视为异形词则会面临两个问题：一是有些变式与原式的读音并不完全相同（如"埋单—买单""业障—孽障"），不符合异形词"声母、韵母和声调完全相同"的特征，词典只能用同义词对释的方式释义，如："【埋单】动买单。""【孽障】名业障。"这就使同样是来自成分替换产生的同义词在词典中有不一致的处理，即：同音的被处理为异形词，不同音的则被处理为同义词。二是不少变式的语义相较原式有所扩展或偏离，这类词从意义的角度说也不符合异形词意义完全相同的特征，应当视为同义词。

2）视为"同义"与辨析引导并行不悖

将由"音近混同"和"同音替换"发生同义化的词语视为同义词，是基于语言使用的现实情况，并不代表我们认可词语混用、认可成分替换，而是为了对实际进入"有限同义"和"同义并存"阶段的词语进行辨析。通过辨析，帮助语言使用者明了"音近混同"类词语各自的意义和用法，"同音替换"类词语原式的构词理据以及变式与原式在意义和用法上的差异，从而引导人们准确地理解词义，恰切地使用词语。本文所列举的16个"音近混同"类同义词中，有11组都被《同义词大词典》（程荣，2010）收录，表明编者能够正视"音近混同"导致的同义化现象，为克服混用、引导规范起到了积极的作用。

3）语言规范和词典修订应关注同义词的规约化程度

《第一批异形词整理表说明》"把通用性原则作为整理异形词的首要原则"，指出"这是由语言的约定俗成的社会属性所决定的"。我们非常赞同这种正确的语言规范原则，只是提请注意，所谓"通用性"也是因时而异的。例如，2003年公布的《264组异形词整理表（草案）》中，以"故步自封"为推荐词形，"固步自封"为非推荐词形，《现代汉语词典》也据此将二者处理为异形词。然而，根据BCC语料库历时检索数据，2003年至2015年间[①]，"固步自封"在各年份语料中的频次都高于"故步自封"，该时段语料中累计频次为147，而"故步自封"的累计频次只有13。这表明，尽管有异形词整理表和语文词典进行规范引导，还是阻挡不了语言社团对"固步自封"的使用偏好，人们倾向用它形容僵化不变，

---

① 该库历时检索的时限为1946 – 2015年。

用原式"故步自封"形容因循守旧，二者已由异形词转变为同义词。这个案例启发我们，不论语言规范还是词典修订，都应密切关注词语"非同义→有限同义→同义并存"的进程，根据同义词语规约化程度的变化，适时调整语言规范标准和词典的收词、立目及释义。

参考文献

程荣主编：《同义词大词典》，上海辞书出版社2010年版。

郭正彦：《近音易混词语辨析》，语文出版社1986年版。

劳允栋编：《英汉语言学词典》，商务印书馆2004年版。

厉国轩等：《"埋单"还是"买单"？》，《咬文嚼字》2004年第11期。

刘中富：《汉语同义成语和异形成语的区别与释义问题》，《辞书研究》2012年第6期。

谭景春：《"作料""佐料"的词义和释义及相关问题》，《中国语文》2020年第3期。

谭景春：《语义理据对选取异形词推荐词形的重要性——以"毕恭毕敬—必恭必敬""翔实—详实"为例》，《辞书研究》2020年第6期。

汪维辉、顾军：《论词的"误解误用义"》，《语言研究》2012年第3期。

王艾录：《论古今白字的产生及其给汉语带来的严重影响》，《盐城师范学院学报（人文社会科学版）》2009年第4期。

薛克谬：《谈〈现代汉语词典〉对通假异形词语的处理》，《河北大学学报（哲学社会科学版）》2000年第1期。

杨亦鸣、曹明：《基于神经语言学的中文大脑词库初探》，《语言文字应用》2000年第3期。

杨亦鸣、曹明、沈兴安：《国外大脑词库研究概观》，《当代语言学》2001年第2期。

异形词研究课题组编：《第一批异形词整理表说明》，语文出版社2002年版。

应雨田编著：《同音易混词语辨析词典》，中国书籍出版社1996年版。

张博：《本源义滞留：现代汉语同义词语义侧重与搭配倾向的重要致因》，北京师范大学民俗典籍文字研究中心编《民俗典籍文字研究》（第25辑），商务印书馆2020年版。

中国版协校对研究委员会 中国语文报刊协会 国家语委异形词研究课题组《咬文嚼字》编委会：《264组异形词整理表》（草案），《咬文嚼字》2003年第11期。

中国社会科学院语言研究所词典编辑室编：《现代汉语词典》（第7版），商务印书馆2016年版。

朱英贵：《论汉语双音节同音词的内部分类》，《攀枝花大学学报》1996年第4期。

Bussmann, Hadumod, 1996, *Routledge Dictionary of Language and Linguistics*, translated and edited by Gregory P. Trauth and Kerstin Kazzazi. London：Routledge.

Koffka, Kurt, 1935, *Principle of Gestalt Psychology*. New York：Harcourt Brace Jovanovich. [中译本《格式塔心理学原理》（上、下册），黎炜译，浙江教育出版社1997年版]

（原文刊于《中国语文》2022年第4期）

从副词独用现象看位置敏感与意义浮现*

方 梅

(中国社会科学院大学/中国社会科学院语言研究所,电邮:fangmei@cass.org.cn)

提 要:在汉语自然口语对话中,有些副词可以在韵律上独立且不作为动词或形容词谓语的修饰语而独用。从语义类别来看,可独用的副词几乎覆盖了副词所有语义类别。但独用的时候,多义副词会发生表达功能的偏移,意义偏向于主观性的解读;在其基本词汇意义之外,增加了行为解读,用于评价或者请求、建议等互动行为。独用副词所处会话序列的行为类别以及它在序列中的位置,都影响其意义解读,其浮现意义解读具有位置敏感(positionally sensitive)和序列特定性(sequence-specific)的特点。

关键词:副词;独用;浮现义;互动行为;位置敏感;序列特定性

1. 引言

对副词的用法分析有两种思路。一种思路是从意义入手进行研究,如程度副词、方式副词、范围副词、时间副词、否定副词、语气副词等,这也是目前多数汉语语法研究著作在研究副词的用法时所采用的分析角度;另一种思路是从句法分布入手分析其功能,分为饰谓副词和饰句副词两类(如 Li 和 Thompson,1981;尹洪波,2013;杨德峰,2016;方梅,2017等)。饰谓副词修饰谓语,其限定范围在句子之内;而饰句副词修饰的是整个句子,其限定范围大于小句。

20 世纪 80 年代,陆俭明(1982、1983)注意到,在口语中,副词可以不依赖动词或形容词而"独用"。独用的副词,有的是单独使用,不与其他词汇共现,如"马上";有的是与主语共现,但没有谓语形容词或动词,如"你马上"。能独用的副词内部,独立性也有所不同,有的要求与语气词共现,如"尽量吧"。副词独用常出现于问话、答话、接话、祈使句、自述句。需要说明的是,陆文讨论的独用副词是指上述句法形式可以独立享有一个句调

---

* 本文为国家社科基金重大招标项目"汉语自然口语对话的互动语言学研究"(项目编号:20&ZD 295)的阶段性成果。文章初稿曾在第二十次现代汉语语法学术讨论会暨纪念朱德熙先生百年诞辰国际学术讨论会(北京大学,2020 年 12 月)和第四届互动语言学与汉语研究国际学术讨论会(首都师范大学,2021 年 4 月)报告,感谢陶红印、李晓婷、陆镜光、乐耀、方迪等与会学者的意见和建议。文中不妥之处由笔者负责。

的情况，或者享有一个完整语调单位（其后有明显的停顿）的情况。如果一个副词在话语中没有被修饰的谓语，但是它的语调显示的是"话没说完"，不属于独用副词。①

此后，关文新（1992）专门考察了独用副词（关文称为"自由副词"）的语义性质、语用环境及句法特点，指出这种用法的副词表示判断（肯定或否定）或要求谈话对方予以判断。李泉（2001、2002）补充了22个独用的副词，认为独用副词共计87个，占其圈定副词总数的13.06%，并依据分布对可独用副词进行了再分类。罗耀华（2010）则基于陆文和李文的列举，界定出总共77个独用副词用于考察，并从句法规约、语义规约、语用规约及成句能力等多个方面详细描写了副词独用的现象（文中称为"副词性非主谓句"）。在这些考察中，陆文偏重于现象描写；李文侧重于副词类别描写。另有一些学者对某一个或某一类副词的独用现象进行了专门的研究，并尝试对该现象做出一定的分析解释。张谊生（2004）及刘洋（2015）都关注了"不"独用的情况②。前者研究主要考察"不"字独用的否定和衔接功能，偏重语义和语用分析；后者则从"不"的独用性质、功能和演化方面进行了更深入的考察。罗耀华、齐春红（2007）和罗耀华、朱新军（2007）考察了副词性非主谓句的成句规约，并分别对语气副词"的确"和"确实"的独用情况进行了描写。罗耀华、刘云（2008）考察了揣测类语气副词的独用现象，并从主观化角度对该类副词由命题功能向言谈功能的转变做了分析。王金鸽（2016）基于对语料库的考察，研究了副词"果真"的独用现象，主要关注该副词的分布和语用功能。

不难看出，先行研究已经注意到，1）副词独用具有显著的语体偏好，是口语对话中的常见现象；2）副词独用与它在修饰语位置上不同，具有与述谓语相似的表达功能；3）副词独用时，在解读上主观性较强；4）否定副词的独用，特别是叠用，具有语用否定的特性。我们通过对自然口语对话的考察印证了上述基本观察，也发现了一些前人研究未论及的现象。

从上述各家研究已列举的副词看，评价副词可以独用的数量最多。此外，当我们在副词独用实际发生的对话语境中进行观察时，发现这一现象所反映的用法规律还有更多的侧面。

---

① 自然口语对话中，副词后面没有出现谓语动词或形容词还有其他的情况，比如，副词虽然韵律独立，但是其自身并非构成完整句调，如"反正，他说他也坚持不太下去"。再如，副词产出时，在完成一个完整语调单位曲拱之前，该语调单位有可能被截断。本文暂不讨论上述两类情形。高华和陶红印（Gao and Tao, 2021）讨论到副词"反正"在自然口语中的韵律表现及其相关互动功能，可以参看。

② 张谊生（2004）通过对"不"独用的分析，指出这类用法可以用作语用否定，不是否定句子的真值条件，而是否定句子命题的相关隐含，即，否定"适量准则"的隐含义、否定"适宜条件"的隐含义、否定"有序准则"的隐含义、否定"相关预设"的隐含义。关于独用的"不"的词类归属，张文认为，从基本句法功能看归入谓词甚至叹词，连词也未尝不可，但从语言发展的倾向看还应算作副词。

第一，从互动交际角度看，相同的词汇形式，独用时与它做修饰语的时候表达功能全然不同。以往研究中所谓主观性较强的解读，源于在回应语位置的行为解读。

第二，有些副词单独使用与它跟语气词共现使用的时候，具有不同的话语功能。

第三，独用副词在会话序列中的位置会影响其解读。相同的词汇形式，出现在始发话语还是回应话语，会有不同的解读。

2. 语义偏移

从语义类别来看，不做修饰语而"独用"的副词，几乎覆盖了所有类别。下面是李泉（2001、2002）按照副词意义类别列出的能单用的（指单独成句、单独做谓语）副词。表达时间、否定、语气、范围、程度、方式等各类副词都有独用的情况，其中语气副词数量所占比例最高。

时间副词（14）：本来、迟早、刚刚、同时、快、立刻……

否定副词（8）：甭、别、不、不曾、不必、没、没有、未必

语气副词（32）：必须、大概、大约、当然、的确、幸好……

范围副词（10）：不止、顶多、全都、一概、至少、总共……

程度副词（3）：差不多、差点儿、有点儿

方式副词（20）：从头、亲自、顺便、好像、轮流……

此外，我们注意到，多义副词独用的时候会发生表达功能的偏移。下面分别讨论。

2.1 多义副词

以往研究所列举的独用副词中，语气副词所占数量最多。

先看"本来"。《现代汉语词典》（第7版）中，"本来"有两个意思，见下：

①原先；先前：他本来身体很瘦弱，现在很结实了。｜我本来不知道，到了这里之后才听说有这么回事。②表示理所当然：本来就该这么办。

上述第一个义项"先前"是时间义，第二个义项"理所当然"表达言者的判断，是认识义。

陆俭明（1982）敏锐地注意到，"本来"有两个意思：（A）原先，先前；（B）按道理就该这样。而当"本来"独用时，不表达（A）时间义，而是表达（B）。

（1）"小李病了好几天了，我得看看他去。"
    "<u>本来嘛</u>，你再不去看他真有点不像话了。"（转引自陆俭明，1982）

换句话说，尽管"本来"的词汇意义有两个，但独用的时候意义偏向于主观性的解读。

例（1）这个案例中"本来"与"嘛"共现，语气词"嘛"表示"道理显而易见"（《现代汉语词典》第 7 版，87 页）。与语气词"嘛"的共现，从侧面证明了此处"本来"具有主观认识义解读。在陆文描述的现象中，有相当一部分副词，在修饰语位置和独用的时候，意义相同，比如评价类、道义类等。而独用与做修饰语时解读的不同是我们特别关注的。

2.2 浮现义

在独用的语境中，副词词汇意义之外增加了语境解读。比如，原本不具有认识意义的副词增加了认识义解读，或不具备行为义的副词增加了行为解读等。

以"不止"为例。"不止"表示"超出某个数目或范围"（《现代汉语词典》第 7 版，113 页），是表范围的副词。《现代汉语词典》例子如下：他恐怕不止六十岁了｜类似情况不止一处出现。从词汇意义角度看，"不止"并没有像"本来"那样在词典中明确分为两个义项。然而，独用的时候，则偏移向言者的认识。例如：

(2) A：你有多高？
　　B：一米六吧。
　　A：你不止，不止。①

上例中，A 问句是寻求未知信息的，B 针对 A 的疑问焦点予以回答"一米六吧"，A 回答"你不止，不止"，在回应语位置除了客观数值范围解读之外，还有主观认识解读，即，言者认为不限于这个数值范围，这里可以换成"你不像，不像"。换句话说，这里独用的时候有认识解读，表达言者的推断，这种解读更接近评价副词。这个评价解读是回应语位置所赋予的浮现意义。

另一方面值得关注的是，独用副词高频出现在回应语位置，其会话位置分布本身会带来主观性解读。我们来看时间副词"赶紧"。《现代汉语词典》（第 7 版）中"赶紧"的解释是"抓紧时机，毫不拖延"。"赶紧"用于祈使句的时候可以不依赖被修饰的动词，例如：

(3) "赶紧啊，老张。别误了车。" （转引自陆俭明，1982）

祈使句的基本功能是表达请求。显然，这一例中，"赶紧啊"是在催促"老张"，无论有没有语气词"啊"，这个解读不会变，请求行为的解读可以说是句式所赋予的。另外，

---

① 上例中，但是此处的"不止"不是动词用法。动词"不止"的意义是"继续不停：大笑不止｜流血不止"（《现代汉语词典》第 7 版，113 页）。

"赶紧"的词汇意义隐含着行为义。

总量上看，独用副词以认识义解读居多；另一方面，在独用的时候，多义副词会发生表达功能的偏移，意义偏向于主观性的解读。[①]

接下来的问题是，这种意义解读的浮现条件是什么？我们发现，意义的解读与独用副词在对话中的序列位置[②]密切相关，它处于始发语位置和回应语位置时会有不同的解读。

3. 序列组织与浮现义

会话是由序列组织起来的。所谓序列组织（sequence organization）指通过话轮所执行的某种行为过程的组织结构，它将话语本身和组成话语的话轮组织连贯起来（参看 Schegloff, 2007：2）。对于序列组织的研究关注会话交际行为的实际过程。

序列组织构建的基本单位是相邻对（adjacency pair）[③]。如果其前件是提问、请求、给予、邀请、宣称之类的话语类型，用于发起交谈；那么相应的，其后件则是承认或否认、同意或不同意、应允或拒绝、接受或婉拒之类的话语类型。有些话语类型既可以充当相邻对前件也可以充当后件（如抱怨可发起序列，也可用于对询问的回应）；相同的话语类型还可以同时充当相邻对前件和后件（如评价；Schegloff, 2007：14）。

一个话轮构建单位、一个话轮或是一个行为的产出和解读，既基于其前的结构，也会影响到其后的结构。一个语言形式所处的序列类型以及在会话序列中的位置，在很大程度上决定了我们如何解读它的意义（Stivers, 2013；Heritage 和 Sorjonen, 2018）。

我们通过观察发现，浮现义的产生与对话中序列的行为类别密切相关。

3.1 位置敏感

会话中序列的编码形式与互动行为之间并非完全对应。以时间副词"马上"为例。

（4）A：咱歇会儿再走吧。　　　　　B：不行，<u>马上</u>！再不走就走不成了。

上例中，虽然"马上"后面没有动词，但是仍然可以解读为一个祈使句，即"我请你

[①] 陶红印先生在会议讨论时提示，这个趋势应该符合 Traugott 等人对语法化整体趋势的论述，因为副词独用也可以看作是一种语法变化趋势。主观性的逐步增强应该是可预见的。

[②] 序列位置指行进中的会话中随话语行为推进所产生的位置先后关系，比如起始（initiation）位置、回应（response）位置等，说话人在不同序列位置通过话语施行不同的行为。会话序列模式可以描述为 ab-abab，a 和 b 都是会话参与者（participants；Sacks, 1992；Schegloff, 1968；Stivers, 2013）。

[③] 相邻对是构成一组成对行为的两个相邻话轮所组成的基本序列，也叫根序列（base sequence；Schegloff, 2007：29）其中第一话轮叫前件（first pair part），后一话轮叫后件（second pair part）。

立刻做某事"。这里,赋予"马上"行为解读的重要语境因素是相邻对前件 A 的行为特征——请求,B 是回应语,是对 A 请求的拒绝。这类副词独用作祈使句解读的现象,在先前的研究中被视作主观性强的表现,我们认为,其言者意志的解读源于回应语位置。

我们注意到,同一个副词,用在发起话语还是回应话语,会带来不同的功能解读。下例中的"马上"是典型的副词独用。它表短时的意义仍在,但是语境中却有浮现意义,即"马上(就做)"。例如(自然口语对话中的转写符号见文末说明):

(5) A：我每次以管理员的身份运行一个东西就被有的电脑所阻碍。
　　 B：你就同意啊,你就允许啊。
　　 A：好,<u>马上</u>,等着,我正在下载...

上例的"马上"出现在对前 B 所提出建议(suggestion)① 的回应话轮,有浮现义"立刻做",具有行为解读。

与"马上"相似的是副词"赶紧"。对话中,既有其基本义解读,也有浮现义解读。

(6) B：天呐..我不想给那些小孩儿上课了..这小孩儿...陈 XX..两节课...
　　　 他..他..他能好好的坐那儿坐半个小时都谢天谢地了...两节课两个小
　　　 时..他能坐半个小时我都要..感激涕零
　　 A：@@给他跪了。
　　 B：对...他经常坐不住的..这个人...我不想给他上课...呃呃呃呃呃..
　　　 我又不能不去。
　　 A：什么时候..<u>赶紧</u>..撤了撤了

这里,独用的"赶紧",是在催促对方立刻去做。既有短时义解读,也有行为解读。

在陆俭明(1982、1983)的用例中,多数是独用副词出现在回应语位置的。我们认为,一方面,独用副词的功能在一定程度上受制于基本语义。另一方面,独用副词的解读也体现出位置敏感(positionally sensitive)② 的特点,即,这类浮现意义的解读条件是用作回应语。

3.2　序列特定性

接下来的问题是,回应语位置一定会产生上述浮现意义吗?我们的观察发现,对话的序

---

① 作为建议,未来行为的实施者和受益者都是言者之外的其他人(Couper-Kuhlen, 2014)。
② 会话序列位置敏感的语法观是 Schegloff(1996)提出并倡导的对会话行为中语言形式的分析视角。

列类型也具有影响力，也就是说，从交际行为角度看，这一段对话究竟是在做什么。或者说，除了位置敏感之外，回应语序列特定性（sequence-specific）[①]的特点同样影响着意义解读。

从互动行为角度看，会话中的基本行为有告知、评价、恭维、自贬等等。值得注意的是，对互动行为的观察和分析不能仅仅依赖单一语句。例如，从互动行为角度看，下面一段对话是一个建议序列（A 建议 B 买微波炉）。

（7）A：我听毛毛说你想买微波炉是吧。
　　　B：.. 噢。
　　　A：我觉得那挺有[₁用的₁]
　　　B：　　　　　[₁我觉得₁] 好像比较[₂方便，因为我看张志娟他₂] 们家
　　　A：　　　　　　　　　　　　　　　[₂我－而且像咱们家这种₂]
　　　　中午，中午好像 .hh 又不太爱做饭的就用这挺好的我觉得，
　　　　.. 所以－欸我[₁觉得你就去₁] 买一个不就完了吗::?
　　　B：　　　　　[₁对::₁]
　　　A：你还等什么 [₂呢₂]?
　　　B：　　　　　[₂啊₂]?
　　　A：.. 你就去买一个呗。

说话人 A 提出建议是从一个含有"是吧"的附加问句开始的[②]。在 B 并未给出积极的回应后，A 在第 3 行发起了评价"我觉得那挺有用的……"。到了第 7 行，说话人 A 说"你还等什么呢？"，但是这句话不是一个寻求未知信息的，尽管句法形式上看是疑问结构，却只能解读为反问句。B 回应并不积极，直到第 9 行，A 直接给出了一个建议"你就去买一个呗"。在这一例中，只有从序列过程看，才能理解整个言谈的行为类型。

我们注意到，副词独用浮现义的出现条件也受到序列类型的影响。作为求取信息的问句的回应语，独用的副词保留其基本概念解读。像下例子中的"马上"，虽然是副词独用，也出现在回应语位置，"马上"只有时间义解读，并没有产生催促对方"立刻做"的行为解读。

[①] Thompson 等（2015：17）结合 Schegloff（1996、2007）的研究，指出回应（response）具有位置敏感性和序列特定性。回应具备两个关键性特征。其一，它承接始发行为；其二，回应是被规定了类型的（typed）。

[②] 会话分析中，对这类引导性话语称为前序列（pre-sequence）。

(8) A：@ <@我不喜欢被人表扬，我宁愿被人损@ >
　　B：<@你@ >，你说什么？
　　A：下好了没？
　　B：马上。
　　A：我的天啊。
　　B：就剩［43兆了］
　　A：　　［这什么］鬼网速啊，XXXXXX这个网能看好网页吗？
　　B：不，马上。

上面例（8）是一个信息求取的"提问－回答"序列，其中的回应语"马上"只是表达时间概念，不含有行为解读。对比下面例（9），这是一个"建议－接受"序列，"我马上"是对说话人B更早的话语所发出的建议"跟她们说参加培训"的回应。除了表达时间外，还有行为解读，即接受对方建议并立刻去做。

(9) B：我说哦，想不起来了，然后我们就开始扯，我看见她想吐的事情。
　　D：嗯嗯。
　　B：然后...我就忘了，其实我当时想说的那句话是，你一定要就是...跟她们说一下就是说愿意花时间，愿意那个来参加培训。
　　D：对，好。
　　B：因为大家－－
　　D：我...我马上－－

就回应语来说可分为两类：1）为对方提供未知信息内容；2）不提供未知信息。虽然都处于回应位置，但例（8）是针对对方未知信息的回应，而（9）是就对方提出建议的回应。形式上相同，但因处于不同的序列行为而解读不同。例（8）只是表达时间，而例（9）还具有行为解读。

下面我们来看范围副词"差不多"。副词"差不多""表示相差很少；接近"。如：差不多等了两个小时/头发差不多全白了/走了差不多十五里山路（《现代汉语八百词》，111页）。无论上述哪个用法，"差不多"表达范围都是指数量上的接近。但是下面的例子中，解读有所变化，不是指数量，而是指属性，说"差不多"，表达的是"大体上属于（某一类）"。

（10）A：你是宅男吧？

B：嗯，算－算是宅男。…（2.0）宅男就是，就是不出门儿？

C：[哈哈。

A：[对啊。

B：差不多吧。

上例属于评价序列。A通过"你是宅男吧？"发起评价，B虽然用"算－算是宅男"回答，但对何为"宅男"提出确认；在得到肯定的回答后，说了"差不多吧"。①从互动行为的角度看，这里的"差不多"在传递言者B略有保留的一致性立场。

我们注意到，在陆俭明（1983）讨论的65个能单说的副词中，有38个可以不借助语气词单独做谓语。从行为角度分析，这些副词主要分属表达请求、建议、禁止、婉拒和评价几类，其中表达评价的23个，所占比例最高。

1）请求：快、马上

2）建议：趁早、亲自、顺便、一块儿、一起、同时、互相

3）禁止：别、不、不必

4）婉拒/客套（可叠用）：别、没、没有

5）评价：必须、差不多、差一点、迟早、当然、敢情、刚好、何必、何苦、没准儿、难免、未必、幸好、也许、偶尔、照常、照旧、照样、自然、早晚、准保、一共、总共

方梅（2017）发现，一些结构形式，其言者态度的评价解读是高度依赖回应语位置的。上文对独用副词的考察说明，回应这一序列位置，不仅仅对那些规约化程度较高的构式来说是敏感位置，对于类似"独词句"一类表达形式的意义解读也同样重要。②

4. 语气词的隐现

陆俭明（1983）已经注意到，能单说的副词不一定都能单独做谓语。副词单独做谓语时有两点值得注意：一是其主语大多由代词（人称代词或指示代词）充任，二是有些副词

---

① 张谊生（2000）曾经注意到，范围副词都带有一定的主观性。我们认为，所谓"主观性"有所不同，对数量的估量体现言者的认识，而对程度的评价主观性更强。

② 陶红印（Tao，2007）在讨论英语副词absolutely独用的言谈来源时也注意到互动语用（interactive pragmatics）倾向与位置、序列结合的趋势：中性词语（如absolutely）在接话时意义可以朝正面偏移，因为正面回答是谈话的偏爱形式。这个趋势也经常有相关共现形式的辅助。如"you are absolutely right""yeah, absolutely"等，其中的right, yeah等就是相关的（具正面肯定意义的）共现形式。这种高频组合长期使用，导致光杆、中性的absolutely也能负载正面意义解读。

做谓语时还可以受另一副词（如"也、倒、还"等）的修饰。

我们发现，独用的副词与语气词共现的情况可以分为三类。

1）依赖语气词才能独用。以往研究中注意到这类"副词+语气词"的解读是述谓性的。

2）单独使用与跟语气词共现使用，具有不同的话语功能。

3）完全不必依赖语气词。

上述三类用法中，第二类情形下，语气词的作用在于固化其语境意义解读；第三类现象主要见于回应语，副词的意义不同，在对话中执行不同的言语行为。

独用副词与语气词共现时有两类情况。

1）就行为类别而言，无论有无语气词，都同样被解读为某一类互动行为。

2）有无语气词的共现，决定了该话轮的互动行为类别。①

4.1 可选性

下面先来看上文所述第一种情况。即，独用副词可以与语气词共现，也可以单独使用。无论有无语气词，都同样被解读为某一类互动行为。例如，（12）和（13）中有语气词，但与（11）相同，都具有评价解读。

(11) A：唉...我上次没报名好像是，没报，我以为是那个...就是你们那个学生会的人报。

B：学生会的人是必须得报，然后党员也得报，如果你表现好的话，还有什么，哎，可以选什么优秀党员呀，还可以成为什么党员呀，@小丽呀和小梅也报了。

A：哦..<u>难怪</u>。反正我没报。

(12) C：...我记得开学来的时候..起码花了一个小时哦。

A：@@@

B：现在我觉得走过来，约走了一个小时。

C：前面是学姐啊。

A：...她住东区。

C：哦，<u>难怪呢</u>。算了..不跟她一起走了。

(13) A：反正..我们那会儿整个班学习氛围都特别好。

B：对呀。

---

① 关于互动行为类别的分析，可参看 Couper-Kuhlen（2014）。

A：所以考教师资格证..

　　B：难怪啊。

　　A：基本上考的都过。

上面三例中都是告知（informing）序列。其中，(11) 和 (12) 含有"难怪"的回应语都以新知接受标记（news receipt）"哦"开启。相对于 (11) 中的"难怪"后面没有语气词，(12)"难怪呢"语气缓和。(13) 不同于 (12)，一是话轮之首没有"哦"，二是"难怪"后面的语气词的改变，用的是"啊"。如果仔细分析，(11)(12)(13) 之间在交际互动角度有所分别。但是，解读上的细微差别，应是语气词的共现造成的，其行为解读上的差异是"副词＋语气词"的整体效应。

接下来看"尽量"。下面例子是"尽量"出现在请求（request）序列。其中 A 是售楼中介人员，B 是购房者。B 希望提供帮助，使自己买到首付比较低的房子。例如：

　　(14) A：用公积金吗？

　　　　B：是啊。……一百四十四平米以上的，首付三成。

　　　　A：哎，那好多楼盘都是三成的要。

　　　　B：一百四，一百四十四平米。很大了。

　　　　A：对啊。我知道啊，就是很，我是说，就是：实际上很多楼盘好像都是要的三成吧……因为我堂弟嘛。买了个房子，就是：付了三成。

　　　　B：尽量吧。找那种两成的房子。

"尽量"表示"力求达到最大限度"（《现代汉语八百词》，308 页），其词汇意义本身已经含有"承诺"义。"尽量"后面有语气词的时候，作为回应语仍旧是承诺，保持其原有行为属性不变。

4.2　强制性

有些副词独用，必须与语气词共现。那么，这其中有什么规律呢？我们的初步考察发现，有两类情况。

1）当求取未知信息或确认信息时，语气词是必须使用的。如例 (15)：

　　(15) A：改名儿，必须改名儿。

　　　　B：必须吗？... 我觉着我这名字，

— 345 —

这一例中,"必须吗"是针对说话人 A 提出的"改名儿"的提议,同时寻求对方的进一步解释。这种用于追问的独用副词,"吗"是必不可少的。

2)语气词具有固化行为解读的作用。

求取信息序列之外,处于其他行为序列中的相邻对,语气词的作用在于固化浮现意义,使回应行为的类型更加明确。接下来,我们通过独用的"必须"来看序列类型对意义浮现塑造。

下面是"邀约－承诺"序列的例子。"必须"是表达道义情态的副词。《现代汉语八百词》解释为"表示事实上、情理上必要",比如"我们必须坚持真理""这件事别人办不了,必须你亲自去"。而例(16)的"必须的"与用作修饰语的"必须"不完全相同:

(16) A:对啊,你上午还要收拾东西吧。等你再回来,我们就武大见。
　　　B:<u>必须的</u>!... 喝什么汤呢?

例(16)中 A 说"等你再回来,我们就武大见",向 B 发出邀约,B 接受邀约的回应用了"必须的"。不表示"事实上、情理上必要",而仅仅是接受邀请("武大见")。与副词共现的语气词使得回应语的浮现意义得以彰显。

下面例(17)中,"必须+语气词"用作对评价的认同。

(17) A:你一个人吃四个人份的凤爪啊?
　　　B:吃不完带走嘛。
　　　A:你也是蛮厉害的!
　　　B:<u>必须哒</u>。

例(16)和(17)中,"必须"都出现于回应语,但是"必须"所处序列的行为类别不同。在例(16)中,A 与 B 构成"邀约－接受/承诺"相邻对,例(17) A 与 B 构成"评价－认同"相邻对。例(17)中"必须哒"表示对对方恭维的认同和强确认。

下例与例(17)相似,对评价的认同时用了"必须的啊",其中"的"与"啊"没有合为一个音节。

(18) 男:呃,道可道,非常道。名可名,非常名。
　　　女:哎,解释一下。
　　　男:呃,.. 这个呢,我跟你解释了啦,那就是等于什么都没解释。

女：这只可意会不可言传，是吧？

男：是的。

女：那你蛮高深啊，这个学问！

男：**必须的啊**！<@ 因为，我什么都不会。@ > 就是这样，糊弄人就是这样糊弄人的。

女：呵呵。你就糊弄我，是吧？

男：不是啊！我跟你说了，没有糊弄你嘛！不跟你说，就糊弄你嘛！你自己好好体会。

女：我体会不了，智商太低！

有些是非问句，表面看是求取信息，但是所求取的信息不是针对事件的真实性，而是受话人的判断或评价。下例中，B 就某人邀约的可能性提问，C 对 B 的回应"那必须呀"的解读不是道义情态，而是事理意义解读。

(19) C：对。发生 [了很多事，然后然后我就觉得]

A：　　　　[<@ 然后 XX 在，等我的大餐，大餐@ >]。

C：<@ 我就觉得有一顿大餐已－已然在向我们招手了你知道吗@ >。

B：你觉得他是跟她在一起了会请我 [们] 吃饭的人吗？

C：　　　　　　　　　　　　　　[嗯]。

C：那 [必须呀]。

A：　 [必须的]，会的。

可见，序列的行为类别对语句的整体意义解读非常重要。而语气词的使用则起到固化特定序列位置上的解读的作用。以至于，在副词之后会有事态助词"的"与互动性语气词连用的情况，进而固化成一个语气词。如例（17）"必须哒"中的"哒"是"的＋啊"的合音形式，其中的"的"应是句末语气词"的"，因为我们在修饰语位置不能说"必须的"。"的＋啊"是事态语气词后续互动语气词（语气词的功能分类可参看方梅，2016），其高频使用导致一个新的语气词浮现。而与"必须"的道义情态表达相对，作为回应语的"必须哒"表达评价。

有的时候，我们还能看到语音未融合的例子。例如：

(20) A：看脸的时代。

C：就那个山下智久。

A：...如果有个人骑个车，然后不小心撞了你一下，

C：..嗯。

A：你本来是很生气的，结果一看脸，啊好帅啊你会立刻原谅他吗？

B：不啊－－

C：［没有啊］

B：［XXXX 啊］

C：<u>赶紧的呀</u>，［刚刚］

B：　　　　［要］手机号啊，微信呀－－

调查中发现，"赶紧"后有三种形式，"赶紧的、赶紧哒、赶紧的呀"。"哒"是"的+啊"的合音，而"赶紧的呀"似乎有些特殊。其中的"的"不同于"必须的"里的"的"，不是句末事态语气词。在现代老派北京话里，还能发现祈使句"赶紧着"。例如：

（21）二大爷：这事情是你引起的，你把钱先给退给大家，完了以后，你再找秦淮茹去要去，你不赔。

　傻　柱：也是，可以。

　大　茂：<u>赶紧着</u>，要不过后他就不认账了。（《情满四合院》）

我们认为，这是因为"赶紧的"的"的"是祈使句"赶紧着"的"着"语音弱化的结果。换句话说，"赶紧"一定程度上保留了其动词用法，这类来源于动词的副词，其后的语气词残存了"着"的痕迹。①

综上所述，当副词的词汇意义本身与其所处序列的行为类型相吻合的时候，语气词是否与独用副词共现，具有可选性。而当副词的词汇意义本身与其所处序列的行为类型不一致的时候，语气词与副词共现可以突显和固化浮现意义，此时副词必须与语气词一起用。②

---

① 《现代汉语词典》（第7版）中"赶紧"标为副词，解释为"抓紧时机，毫不拖延"。"VP着"在近代汉语中是常见的祈使句。

② 副词后附句末语气词在口语中相当活跃，除了"必须、赶紧"等副词外，"简直"也可以后附"了"，说成"简直了"（吴春相、曹春静，2018）。其意义与"简直"做状语时也有所不同，用作回应语，表达言者的评价。

5. 结语

吕叔湘先生在《汉语语法分析问题》中指出，句子分为始发句和后续句两类，问话不一定在始发句，答话却一定在后续句（吕叔湘，1979：54）。我们的研究也说明，回应语具有独特的规约化表现；有些在自叙语境中不合语法的结构形式，在对话中作为回应语却是最为自然的（方梅，2018：351-352）。

以往的研究虽然提及副词独用具有主观性，但是副词独用现象的本质特征还没有充分认知。我们的考察发现，副词独用至少包含三种情形。

第一类，从其本身的基本意义看，该副词是语气副词或评价副词。这类副词无论在任何位置上，都带有言者判断的解读。

第二类，从其本身的基本意义看，该副词是时间副词、范围副词等意义，但是在特定语境中获得了认识意义解读，语境中解读为言者认为具备某种特征。

第三类，从其本身的基本意义看，该副词是时间副词、范围副词等意义，但是在特定语境中获得了浮现意义，解读为言者请求/希望如何去做，增加了行为意义解读。

总体上看，一方面，独用副词的功能扩展在一定程度上受制于其基本词汇语义；另一方面，独用副词的解读也体现出位置敏感和序列特定性特点。独用副词在序列中的位置以及它所处会话序列的行为类别，都影响其意义解读。

副词独用现象本身并非汉语所独有，在对英语等其他语言的对话研究中已经发现，相对于其修饰语位置的用法，独用时的副词解读会产生理解偏好，如英语的 absolutely（Tao，2007、2020）。但是，评价副词之外其他语义的副词，因在回应语位置独用而产生的主观化解读和行为解读，目前还很少见到论及。

Thompson 等（2015：11）提出，在会话互动中，回应语倾向于简约形式，高频形式有如下几类：1）小品词（particle），主要是词义空灵，有回应功能的单词，包括一些副词、叹词，如："oh、sure"等；2）词汇（实词）或词组（lexicon/phrase），如："Germany" "In China City?"等；3）简式小句（minimal clause），主要是由人称代词和助词两部分构成的陈述或疑问式，如："I will" "does she?"等；4）扩展小句（expanded clausal），所谓"扩展"，因具体的序列环境而定，既可以是对发起行为的语言形式的扩展，也可以是对相近回应形式的扩展；5）级差小句（graded clause），从语义上来看，相较发起行为而言，回应行为既可以是升级的（upgraded）也可以是降级的（downgraded），比如作为二次评价的形式"It's gorgeous."是对首次评价形式"It's very pretty."的升级回应；6）无关联小句（unrelated clausal），如"Are you gonna buy a house?"作为对告知信息"We're looking at houses."的回应，它是重新改述（reformulate）自己的推测（由看房推测买房），"无关联"主要指回应形式没有再次使用发起行为的语言形式。在上述六种语法格式中，前三类在句法形式上是小于小句的。换言之，在有句法形态的语言中，回应语位置也有可能使用类似汉语"零句"的句法，甚至是常见的现象。

汉语口语中"副词＋语气词"构成回应语的现象丰富了简约形式类型的认识①。汉语自然口语对话中的副词独用的现象，进一步说明位置敏感因素对于浮现语法的塑造作用。

附录　文中所用转写符号说明

符号	说明
。	当前说话人话语的结束
，	话语未完
？	疑问语调
(.)	短停顿标记，小于等于0.2秒，不标停顿时长。
..	中停顿标记，停顿时间在0.3–0.6秒之间，包括0.3和0.6秒，不标停顿时长。
…(0.7)	长停顿标记，圆括号内标注时长，等于或长于0.7秒。
[　]或[₁　]₁	话语交叠，括号下角数字为交叠编号。
-	一个词完整产出之前被截断。
- -	完成一个完整语调单位曲拱之前，该语调单位被截断。
:	语音拖长，冒号越多表示拖长时长越长。
hh	吸气
XXXX，<X　X>	模糊音，一个X代表一个音节，或有猜测的内容标在尖号内两个X之间。
@@@，<@　@>	笑声，一个音节一个@，边笑边说的话语在尖号内两个@之间。

参考文献

方梅：《再说"呢"——从互动角度看语气词的性质与功能》，《语法研究和探索（十八）》，商务印书馆2016年版。

方梅：《负面评价表达的规约化》，《中国语文》2017年第2期。

方梅：《饰句副词及相关篇章问题》，《汉语学习》2017年第6期。

方梅：《浮现语法：基于汉语口语和书面语的研究》，商务印书馆2018年版。

关文新：《自由副词初探》，《吉林大学社会科学学报》1992年第3期。

李泉：《汉语语法考察与分析》，北京语言大学出版社2001年版。

李泉：《从分布上看副词的再分类》，《语言研究》2002年第2期。

刘洋：《"不"独用的性质、功能与演化研究》，硕士学位论文，上海师范大学，2015年。

---

① 陶红印（Tao，2020）在对回应语的研究中提出，广义的简约形式在话语中呈现有倾向的语义语用解读，包括副词独用、连词对象缺失甚至名词动词的意义偏移等，都有话语位置、语用规律、频率因素等影响。

陆俭明：《现代汉语副词独用刍议》，《语言教学与研究》1982 年第 2 期。

陆俭明：《副词独用考察》，《语言研究》1983 年第 2 期。

陆俭明、马真：《现代汉语虚词散论》，语文出版社 1999 年版。

罗耀华：《现代汉语副词性非主谓句研究——副词成句问题探索》，华中师范大学出版社 2010 年版。

罗耀华、刘云：《揣测类语气副词主观性与主观化》，《语言研究》2008 年第 3 期。

罗耀华、齐春红：《副词性非主谓句的成句规约——语气副词"的确"的个案考察》，《汉语学习》2007 年第 2 期。

罗耀华、朱新军：《副词性非主谓句的成句规约——语气副词"确实"的个案考察》，《云南师范大学学报（哲学社会科学版）》2007 年第 3 期。

吕叔湘：《汉语语法分析问题》，商务印书馆 1979 年版。

吕叔湘（主编）：《现代汉语八百词》，商务印书馆 1980 年版。

齐沪扬：《语气副词的语用功能分析》，《语言教学与研究》2003 年第 1 期。

王金鸽：《基于语料库的副词"果真"独用研究》，《现代语文》2016 年第 5 期。

王永华：《语气副词"当然"的多角度考察》，硕士学位论文，广西师范大学，2008 年。

吴春相、曹春静：《论新兴结构"简直了"形成的机制与动因——兼论"副词+语气词"独用在当代汉语中的新发展》，《当代修辞学》2018 年第 3 期。

徐洁：《再肯定连接成分"的确"多视角研究》，硕士学位论文，西南大学，2009 年。

杨德峰：《也说饰句副词和饰谓副词》，《汉语学习》2016 年第 2 期。

尹洪波：《饰句副词和饰谓副词》，《语言教学与研究》2013 年第 6 期。

张雪平：《汉语成句问题研究述评》，《汉语学习》2007 年第 5 期。

张谊生：《副词的篇章连接功能》，《语言研究》1996 年第 1 期。

张谊生：《现代汉语副词研究》，学林出版社 2000 年版。

张谊生：《"不"字独用的否定功能和衔接功能》，《乐山师范学院学报》2004 年第 8 期。

中国社会科学院语言研究所词典编辑室：《现代汉语词典》（第 7 版），商务印书馆 2016 年版。

Couper-Kuhlen, Elizebeth, 2014, What Does Grammar Tell us about Action? *Pragmatics* 24（3），623 - 647.

Couper-Kuhlen, Elizabeth and Margret Selting, 1996, *Prosody in Conversation*：*Interactional Studies.* Cambridge：Cambridge University Press.

Couper-Kuhlen, Elizabeth and Margret Selting, 2018, *Interactional Linguistics.* Cambridge：Cambridge University Press.

Fox, Barbara A. , Sandra A. Thompson, Cecillia E. Ford and Elizabeth Couper-Kuhlen, 2013, Conversation Analysis and Linguistics. In Jack Sidnell & Tanya Stivers（eds.），*The Handbook of Conversation Analysis*，726 - 740. Oxford：Wiley-Blackwell.

Gao, Hua and Hongyin Tao, 2021, Fanzheng "Anyway" as a Discourse Pragmatic Particle in Mandarin Conversation：Prosody, Locus, and Interactional Function. *Journal of Pragmatics*，173，148 - 166.

Heritage, Jonh, 1984, A Change-of-state Token and Aspects of Its Sequential Placement. In J. Maxwell Atkinson and John Heritage (eds.), *Structures of Social Action: Studies in Conversation Analysis*, 299–345. Cambridge: Cambridge University Press.

Heritage, John and M. Sorjonen, 2018, *Between Turn and Sequence: Turn-Initial Particles Across Languages*. Amsterdam: John Benjamins.

Hopper, Paul J., 1987, *Emergent Grammar*. Berkeley Linguistics Society 13: 139–157.

Hopper, Paul J., 2011, Emergent Grammar and Temporality in Interactional Linguistics. In Auer Peter and Stefan Pfänder (eds.), *Constructions: Emerging and Emergent*, 22–44. Berlin: De Gruyter.

Li, Charles N. and Sandra A. Thompson, 1981, *Mandarin Chinese: A Functional Reference Grammar*. Berkeley: University of California Press.

Sacks, Harvey, 1992, *Lectures on Conversation: Volumes* Ⅰ、Ⅱ. Oxford: Blackwell Publishing.

Schegloff, Emanuel A., 1968, Sequencing in Conversation Opening. *Ameracan Anthripologist* 70: 1075–1095.

Schegloff, Emanuel A., 1996, Turn Organization: One Intersection of Grammar and Interaction, In Elinor Ochs, Emanuel A. Schegloff, and Sandra A. Thompson (eds.), *Interaction and Grammar*, 52–133. Cambridge: Cambridge University Press.

Schegloff, Emanuel A., 2007, *Sequence Organization in Interaction: A Primer in Conversation Analysis, Volume 1*. Cambridge: Cambridge University Press.

Selting, Margret and Elizabeth Couper-Kuhlen, 2001, Studies in Interactional Linguistics. Amsterdam/Philadelphia: John Benjamins Publishing Compang.

Stivers, Tanya, 2013, Sequence Organization. In Jack Sidnell & Tanya Stivers (eds.), *The Handbook of Conversation Analysis*, 191–209. Oxford: Wiley-Blackwell.

Tao, Hongyin, 2007, A Corpus-Based Investigation of *Absolutely* and Related Phenomena in Spoken American English. *Journal of English Linguistics* Vol. 35 No 1, 5–29.

Tao, Hongyin, 2020, Fumiulaicity without Expressed Multiword Units. In Ritva Laury and Tsuyoshi Ono (eds.), *Fixed Expressions: Building Language Structure and Social Action*, 71–98. Amsterdam: John Benjamins Publishing Compang.

Thompson, Sandra A., Barbara A. Fox and Elizabeth Couper-Kuhlen, 2015, *Grammar in Everyday Talk Building Responsive Actions*. London: Cambridge University Press.

（原文刊于《中国语文》2022 年第 1 期）

主谓主语句还是主谓谓语句?

刘探宙

(中国社会科学院大学/中国社会科学院语言研究所, 电邮: liutzh@ cass. org. cn)

提 要: 汉语里主谓结构可不可以做主语?"他说话很快"应该看成主谓主语句还是主谓谓语句?结构主义语法时期这个问题没有得到明确的回答。《马氏文通》系统引入西方语法的主谓概念时,遇到了主谓观念与汉语子句/短语边界不清的矛盾,于是借用传统诵读单位"读""顿"来称说。结构主义语法原则不支持主谓主语句,而汉语论者又从未将其灭绝,原因就在于"主谓主语"反映了汉语的韵律现实。汉语里主谓关系不是第一性的,对言语法容纳了主谓主语和主谓谓语两种切分,更好地揭示了汉语特性跟语言共性的关系。

关键词: 主谓主语; 主谓谓语; 读; 对言语法

1. 主谓谓语和主谓主语之谜

汉语存在大量的主谓谓语句,这早已是汉语语法学者的共识。主谓谓语句从始受关注,到逐步被确认为汉语的一个重要特点,是汉语结构主义语法最突出的理论贡献之一[①]。按照层次分析法,下面这组典型的主谓谓语句,下标为 1 的名词俗称"大主语",是全句主语; 下标为 2 的名词俗称"小主语",和下标为 3 的谓语组成主谓结构,充当全句的谓语:

 (1) a. 烟酒$_1$ | 我$_2$ 都不沾$_3$。　　b. 新冠病毒$_1$ | 传染性$_2$ 很强$_3$。

那么汉语有没有主谓主语句呢? 这个问题似乎不是问题。因为从黎锦熙(1924/1954)第一部白话文语法起,就有"包孕句"的说法,即主谓完备的句子形式包孕在句子里做主宾语。率先使用"主谓主语"名称的是赵元任(Chao, 1948)[②],他首次打破那种沿袭西方

---

[*] 本文获国家社科基金项目"汉语句式分析的形式方法和功能方法比较研究"(项目编号: 21BYY034)资助。谨向匿名审稿专家致以诚挚的谢意! 文责自负。

[①] 刘探宙(2018)系统追溯了汉语学界对主谓谓语句的认识过程。

[②] Chao(1948)中谓语的种类"主谓谓语"花的篇幅稍多,主语的种类"主谓主语"只用了一行:"完整句当主语用的例子:'冰比水轻是真的 | 他不来很好'。"(李荣编译本第 193 - 194 页)到 Chao(1968: 86 - 87),主谓主语的例子多了几个。

以谓语为中心观察句子类型的习惯做法，尝试从主语视角审视汉语的句类。进入结构主义语法时代，一些学者比照着"主谓谓语句"的名称命名了"主谓主语句"，并就此进行了专题探讨（早期如刘宁生，1983；于滋勇，1985；贾甫田，1987；李子云，1992；丁全，2001）。下面的句子被视为主谓主语句，前两项先结合为主谓结构，做全句主语，再和第3项的全句谓语组合成句：

(2) a. 他$_1$ 不来$_2$｜也成$_3$。
　　b. 东西$_1$ 扔得地下$_2$｜不好$_3$。（摘自 Chao，1968：87）
　　c. 我的朋友$_1$ 设计服装$_2$｜还是有两下子的$_3$。

随着主谓主语句研究的展开，让人迷惑的问题逐渐暴露出来。我们都知道，汉语结构主义语法还有另外一个重要的理论贡献——明确了汉语动词性成分能直接做主宾语（朱德熙，1982：101；1985：2）。这样，用结构主义立体层次观检视（2）这样的句子，疑点就来了：既然都是主谓关系，如何判断第2项到底是对第1项的说明（做谓语），还是做第3项的说明对象（做主语）？以（2）为例，第2项的动词性成分"不来""扔得地下""设计服装"完全具备直接做主语的能力，无论从语法功能上还是意义上看，都既能和前面第1项的"他""东西""我的朋友"构成主谓关系，也能作为谓词性主语与第3项"也成""不好""还是有两下子的"构成主谓关系。如果将其处理为主谓谓语句，证据也相当有力。

实际上，结构主义语法的倡导者和力行者，遇上与（2）类似的句子，也都优先考虑为主谓谓语句。下面一组符合主谓主语句标准却被辨识为主谓谓语句的例子，分别摘自朱德熙（1982：107）、吕叔湘（1986）、张伯江（2018）：

(3) a. 他$_1$说话$_2$太快$_3$。　　　　b. 他们$_1$做调查工作$_2$很有经验$_3$。
　　c. 他$_1$学习$_2$很努力$_3$（，就是性子太急）。　d. 他们$_1$认识$_2$很早$_3$。

怎么看待这个问题？当第2项是谓词性成分的时候（有时也可以是名词性的），它到底是该跟前面的主语先结合为主谓主语，还是跟后面的成分结合为主谓谓语？

这个问题其实很早就有人注意到了，有些学者提到了一些区分的手段，其中最有力的形式依据是朱德熙（1982：107-108）提出的停顿和语气词辨别法。比如例（4）这个简单句，如果不加任何标点标识，自然停顿一般出现在"平和"之后，而不是"心态"

之后①，由此可断为主谓主语句：

(4) 心态₁平和₂非常重要₃。——*心态^平和非常重要。

这种方法存在一定的问题。首先，停顿和语气词这种形式手段，并不总是有效。(4) 这样能区别出来的情况固然有，但 (2) 和 (3) 的对比显示，停顿落在第1项后面和第2项后面都行（吕叔湘，1986），靠这个手段根本区分不出来。

其次，在汉语中，自然停顿是重要的韵律调节手段，可以随长度而变。在主谓这个框架下，靠停顿测试主语，必然会导致句子长度不同主语也不同。以 (4) 为例，如果我们将第1项主语加长，自然停顿往往也随之发生变化，从而主谓关系和结构模式就从主谓主语变成了主谓谓语。比较相应的英语句子，主谓关系稳定不变，不受主语长短影响。如下：

(5) a. 心态平和^非常重要。——从业者的心态^平和非常重要。
    主谓主语　　　　　→　　　　　主谓谓语
   b. Peace of mind is very important. —Peace of mind is very important for practitioners.

汉英这种差异让我们不禁思考，是汉语主谓定义有异于英语，还是主谓框架与汉语的组句机制不相契合？可见停顿只是个表面依据，主谓主语和主谓谓语之争，可能另有更本质的语言机制在起作用。

有人会想，两种情况并存不行吗？到底是主谓主语句还是主谓谓语句有什么要紧？很要紧。因为主谓关系在任何一种语言中都是关涉体系的大问题，它折射了不同语言使用者的组句方式、基本单位、思维习惯，甚至是文化传统。主谓概念及其关系是哲学家思考的起点，涉主谓，无小事。在同一个语法框架里，如果主谓主语和主谓谓语在分析上能发生冲突，意味着主语和谓语的界定不清，我们需要正视这种矛盾，探索这两种分析思路背后的理念和机制，这就是我们研究的意义。

2. 当汉语传统句读邂逅西方主谓层次

上面谈到，主谓谓语和主谓主语这两个概念是汉语结构主义语法的产物，名称直接反映

---

① 匿名审稿专家指出，停顿落在"心态"后也可以，即："（说到）心态，平和非常重要。"根据宋柔 (2008)，标点是汉语句分析重要的依据。文本材料如果有逗号，逗号在哪儿停顿就在哪儿。如果停顿落在"心态"之后，就是主谓谓语句。我们此处采取自然停顿析句。

了 20 世纪后半叶人们对汉语的主谓框架和框架内组织成分的认识。而汉语主谓框架的确立，源自《马氏文通》（以下简称《文通》）。在《文通》的语法体系中，"读"的概念以及"顿""读""句"之间的相互关系，跟后来结构主义语法所说的"主谓主语"，从定义上看有显而易见的关联。为了阐明这种相关性，我们先从"句""读"这对概念说起。

2.1 传统"句读"与马氏"句读"

在马氏把主谓二分的观念引入汉语之前，"句读"是古人识文断句的依据。古书没有标点，点断经籍的工作就叫"句读"。早先"句""读"不加区分，是同义复语①，到唐代以后才有区别："凡经文语绝处谓之句；语未绝而点之，以便诵咏，谓之读。"（唐·湛然《法华文句记》）可见唐后"句读"是用来判断在哪儿停顿、停顿多久的单位——话说完了、可以终止的就是"句"；话没说完、小停顿一下的就是"读"。由此我们能判断传统句读有两大重要特点：1）句读是方便诵读的韵律单位；2）句读法是按线性顺序铺排的，纯粹根据停顿、句义、辞气点断，没有复杂的层次在里头。

宋元以后，"句读之学"渐成显学（季永兴，1999）。马氏精通古汉语，"'小学'根底很好"（王力，1981：174），因此深受传统句读（章句）的影响。有了这样的基础，当他从西方语法体系中吸收主谓两分观时，"句读"概念也就赋予了现代语法意义："凡有起词、语词而辞意②已全者曰句，未全者曰读。"（马建忠，1898/1998：385）这里的"起词"和"语词"就相当于西语文法的"主语"和"谓语"。对比上面所说的传统句读，这个界定实际上就多了一条标准：主谓齐备。但它意义重大，因为这就意味着层次观的引进。尤其是《文通》在陈述"读"的用法时（见《文通》"句读论·彖六"），说"读"可以用为起词、止词、转词、司词（即做主宾语），还可以做"偏次之读"（定语）。按照马氏界定的这些标准栅格，"句读"概念的性质发生了变化，由诵读单位变成语法单位，而"读"这个定义为主谓齐备的形式，可以在"句"中做句子的组成成分，这一信息显示出明确的层次观。

由此，我们似乎很容易推断：早在 120 多年前标志语法学初创的《文通》里，就已经有了相当于"主谓主语"的思想雏形。主谓主语观看似伴随西方主谓二元对立的层次观一起舶来，然而汉语事实的复杂性远远超出了马氏设定的这些西化的栅格。下面几个矛盾冲突很好地体现了这种复杂性。

---

① 黄侃在《文心雕龙札记》中提到先秦句读时有云："故知读亦句之异名，连言句读者，乃复语而非有异义。"（黄侃，1927/2000：129）

② 又说"辞气"（马建忠，1898/1998：410），《文通》里两者不分，辞意亦属广义"辞气"（袁本良，1999）。

2.2 中西冲突的句读观及其内部关系

冲突一：主谓兼备条件和汉语无主句读

上面的"推断"完全是从马氏"界说"（即定义）得出的。我们看实际情况：在全书 7031 个例句、18 段例篇的具体语料分析中，"读"和"句"不合定义的情况非常多。判定为"读"但是主语不出现的情况占相当大的比例——全书近 600 个标明的"读"中，去除"者、所、之"字名词短语，真正符合"主 + 谓"条件的"读"，据我们统计不足六分之一，而这里头明确标为起词（主语）的"读"不足 10 例，择举如下：

(6) a. 楚王汰侈已甚，子其戒也。（《左传·昭公五年》）
    b. 其行己也恭，其事上也敬，其养民也惠，其使民也义。（《论语·公冶长》）
    c. 甚矣，吾衰也！（《论语·述而》）

悬殊的比例表明，汉语的无主"读"随处可见（如"当在宋也，予将有远行"），而做主语的"主谓读"虽然有，却是极其受限的。因此《文通》在"句读论·彖一"花了很大笔墨阐述汉语起词（主语）不出现的各种情况，认为这一特点是"华文所独"。这样，西化栅格中这个"主谓"条件在邂逅汉语传统句读之初就蜂房不容鹄卵。马氏"句"和"读"在标注真实语料时，很大程度上依据的还是传统的"辞气"标准。

冲突二：句法单位和韵律单位

既然传统名称"句"和"读"被刷新了内涵，定性为句法单位，那么原来人们所习惯的诵咏功能由谁承担呢？《文通》专门设立了"顿"。从定义上看，"顿"是纯粹的韵律单位："凡句读中，字面少长，而辞气应少住者，曰顿。顿者，所以便诵读，于句读之义无涉也"（见《文通》"句读论·彖五"），"顿者，集数字而成者也。盖起词、止词、司词之冗长者，因其冗长，文中必点断，使读时不至气促"（见《文通》"实字卷之二·代字二之二"）。

看得出来，马氏本来是力图将句法单位和韵律单位区分开来，因此才设立了不同的概念。在对下面这个句子的解说中，我们能看出马氏是把韵律性"顿"和句法性"句"看作不同视角的两套单位，才说这也行那也可的：

(7) 今陛下昭至德，开大明，配天地，本人伦，劝学与礼，崇化厉贤，以风四方，太平之原也。（《汉书·儒林传》）——"陛下"后，三字者四，四字者二，要皆为语词，谓之为顿也可，谓之为句也亦可。

但是具体分析的时候，韵律性的"顿"却又常常同句法性的"读"等单位并提，共同承担句法组成成分的功能。比如在列举什么样的成分能充当主、宾、表语时，总是将"<u>名、代、顿、读</u>"四者并举；而谈到有哪些成分可以做"顿"时，又指出动宾（"<u>外动偕其止词</u>"）成分可以充任"顿"，比如下面画线的"动宾"，《文通》认为是"顿"做主语（"<u>起词</u>"）：

(8) <u>伐叛</u>，刑也，<u>柔服</u>，德也。（《左传·宣公十二年》）

这就和无主的"读"难以区分了。韵律性的"顿"到底是否同时也是句法单位，百余年来《文通》的研究者一直众说纷纭（孙玄常，1984；任胜国，1987；刘子瑜，1993；蒋文野，1994；邵霭吉，1999；庞晨光，2001；刘志祥，2006；郑益兵，2006）。

另外，马氏沿用传统"句"和"读"这两个概念，不管怎么旧瓶装新酒，都必定还带着诵读停顿功能的痕迹，也就是说，这两个句法单位是不可能完全洗白其固有的韵律性的。因此吕叔湘、王海棻（1986）认为"句、顿、读"是表示大、中、小停顿的单位。

韵律单位和句法单位的难解难分，实际上会影响到我们判别例（6）那样的"读"到底是什么性质。如果说传统句读由一分为二，是取汉语韵律的需求，那么在引进西方主谓观后的由二而三（句、读、顿），则对自身的语法分析体系造成了相当负面的后果，这就是《文通》在句读分析上混乱和不自洽的本质原因。

冲突三：马氏句与读的关系

在接受了富有西学内涵的重构后，《文通》中句和读之间的关系变得扑朔迷离。如果说"句"在西方语法体系中还有个表面上看似对应的概念"sentence"，那么"读"却没有明确的对应者，文献对这一点多有论述（如孙建元，1991；邵霭吉，1998）。在《文通》的七八千个标注例句中，有时候"读"被标为"句"的组成成分，因此是"句"的下级单位；有时候，"读"和"句"是平行的单位，由于辞气未完，"读"多半出现在"句"的前面，即"读先乎句"。吕叔湘、王海棻（1986）称前者为"读$_甲$"，后者为"读$_乙$"。同样地，"句"也是有时指的是语词（谓语），吕叔湘、王海棻称为"句$_半$"；有时指的是整句，称为"句$_全$"。如：

(9) 读$_甲$：<u>吾少也贱</u>。（《论语·子罕》）——"读"做起词（主语）
读$_乙$：<u>既见其著书</u>，欲观其行事，故次其传。（《史记·管晏列传》）——"读""句"平行，"读"在前
句$_半$：吾少也<u>贱</u>。（《论语·子罕》）——"句"做语词（谓语）

句_全：以大事小者，乐天者也。（《孟子·梁惠王下》）——"句" = 起词 + 表语（主谓完整）

比起传统句读关系的简单明确，这些加入西方句法观的马氏句读关系看起来错综复杂，似乎很难理出头绪。其实，马氏身处清末，作为一个小学功底深厚的人，必然深受中国古代虚实观的影响。如果按照虚实关系推想，马氏句读脉络也非常简单明晰：中国古代名词为"实"，动词、形容词都为"虚"（郭绍虞，1979），照此推理，起词就为"实"，语词应为"虚"①，即做起词的"读_甲"为"实"，做语词的"句_半"为"虚"，虚实相对。对照（9）"读_甲"和"句_半""吾少也贱"，判定为"读"的"吾少也"为"实"，判定为"句"的"贱"就为"虚"。

鉴于上面三个因为引进西方主谓观导致的中西冲突，我们可以得出一个结论，就是 2.1 根据定义（即"马氏界说"）推出来的所谓"主谓主语雏形"，不是真正基于西方"主谓对立"句法观基础上的主谓主语，《文通》的"读做起词"，包含了太多韵律性和虚实对待性等传统语文学的观念。我们现代研究名词从句也好、主谓主语也好，其实不能简单追溯到《文通》。

2.3 汉语结构主义语法之前的相关认识

《文通》之后，以白话文为对象的现代汉语语法研究从黎锦熙的《新著国语文法》（以下简称《新著》）开始。应该说《新著》的句法观才真正是对英文的模仿，因为《新著》中出现了"包孕复句"（黎锦熙，1924/1954：250）的概念，对应英语的 sentence。这样，主谓形式做主语，也就有了正式的归属："主语"名词句，对应英语的 clause。后世关于主语从句的研究，其实正该追根于此。不过，英语有形式标记"that"做包裹，黎氏于是也相应地用汉语的形式标记——引号（" "）来打包，并专门为打包的部分注解"用法完全和实体词一样"。如：

（10）"他不来"是一件怪事。（摘自黎锦熙，1924/1954：250）

也就是说，"他不来"作为一个引用语是一个名词。

《新著》之后，凡是句法观受西方影响或持普遍语法观的语法著作或论文，都采用"包孕句""名词子句"或"主语从句"的说法，一直延续到今天的研究，比如高名凯（1948：473）、M. K. 鲁勉斋（1961）、曹逢甫（2005：304）等等，只不过《新著》后的这些著作，

---

① "读_乙"和"句_全"也是虚实相对，与本文关系不大，故不复赘言。

将用例一再扩散,并且不再用引号打包,引发了后来的困扰。

倒是王力的《中国现代语法》(王力,1943)和《中国语法理论》(王力,1944),尽管明确提到了句子形式(即主谓形式)做句法成分,但都回避做主语的用法,例句一个也没涉及。而同期的《中国文法要略》(吕叔湘,1942/1990),能看得出深受《文通》的影响,该书把"读"改称为"词结",并明确指出"词结作叙事句起词,在白话里也不多,在文言里更少。但词结作止词,在文言和白话里都很普通"(吕叔湘,1942/1990:91)。

上面的论述让我们看到,结构主义语法在中国兴起之前,与主谓主语类似的相关现象可以从"读""名词子句""词结"和"句子形式"的名称觅到影踪,但性质上似有若无、数量极少,基本上被识别为一种特殊的"名词"。

3. 结构主义层次观中主谓主语句的地位

结构主义语法对汉语的影响始现于赵元任(Chao,1948)。我们前面提到,"主谓主语"的概念自此正式提出。1952年中国科学院语言研究所语法小组在《中国语文》上连载的《语法讲话》[①],首次在语法体系建构中大规模地运用结构主义原则,不过全文并未提及"主谓主语"概念,只在个别例子分析中有所运用。陆志韦(1963)算是再次正视了这种现象,该文将主谓式主语归总到"谓语结构的主语"中,这个观念影响了结构主义经典之作《语法讲义》(朱德熙,1982),该书将主谓主语归为"谓词性主语",直到沈家煊(2021),依然沿用这种归纳法。

正式把包含这种现象的句子单立为一种句型并名之以"主谓主语句"的,我们所见最早是贾甫田(1987)。从结构主义语法时代开始,以主谓主语句为主题的讨论多了起来[②]。那么这些文献中提到的主谓主语句究竟是不是和其他句型一样,在结构主义语法体系中有独立的地位和意义呢?下面我们深入具体的实例,看看这些主谓主语句的判定。

3.1 主谓主语现象的认定

从道理上说,结构主义语法不应该排斥主谓结构做主语这一名目。因为结构主义的句法观是以词组为本位的,一方面词组可以直接成为句子;另一方面词组的构成成分也可以是词组。这样看,"主谓结构"作为一种普通的词组,是有资格充任主语的。

---

① 后集结成书:丁声树等(1961)。
② 半个多世纪以来论及同类现象的文献有:M. K. 鲁勉斋(1961)、刘宁生(1983)、徐复岭(1984)、于滋勇(1985)、马清华(1986)、陈建民(1986)、贾甫田(1987)、宋玉柱(1988)、李子云(1992)、王宗联(1993)、李敏(1995)、张瑞宣(1998)、咸晓杰(1998)、侯友兰(1999)、丁全(2001)、丰爱静(2005)、张金亮(2006)、石定栩(2006)、陶言敏(2007)、王小穹(2008)、李艳群(2012)、唐正大(2013)、舒敬东(2018)等。

然而在"动词中心"观强势影响下总结出来的很多句型，谓语都很复杂，谓词项不止一个，这就与第二、三项都是动词性成分的主谓主语现象形成竞争，划界问题成了一些文献必不可少的讨论内容，如宋玉柱（1988）、李子云（1992）、王宗联（1993）等等。这些文献都力图将一些"疑似"为"主谓主语"的句子排除出去，力图将主谓主语句和其他复杂谓语句型区分开来。也就是说，一个词语串的头两个成分，孤立地看，可以认为是形成了主谓结构，但事实上第二个成分可能并不是与第一个成分优先组合的。文献举出的竞争句型有连谓式、紧缩句、复句和主谓谓语句几种，如下：

(11) a. "你端一杯水给我喝"不是以"你端一杯水"为主语的主谓主语句，而是连谓式；
b. "我一喝就醉"不是以"我一喝"为主语的主谓主语句，而是紧缩句；
c. "人家三年没正经开支，不也挺过来了"不是以"人家三年没正经开支"为主语的主谓主语句，而是复句；
d. "我妈妈说话很慢"不是以"我妈妈说话"为主语的主谓主语句，而是主谓谓语句①。

而可以认作主谓主语句的，他们总结出以下特点：1）句子谓语（即大谓语）方面的特点是，当句子主语是一个主谓结构时，句子谓语的核心往往是下面这样的成分："是"、能愿动词、使令动词、"证明、标志、表示"等动词、描述性形容词、"行不行、是吗"等形式；2）句子主语（即大主语）方面的特点是：主谓主语内部不能有停顿，主谓主语后不能带"了、着、过"等。

但是，经过这些排除，剩下的就都是主谓主语句了吗？我们从相关文献以及各种语法专著、教材中尽可能穷尽地收集他们讨论到的例句，共计829个。下面我们将其归纳为四类进行讨论。

3.2 四类所谓的"主谓主语句"

3.2.1 有逗号为标志的明显停顿，就是主谓主语吗？

在829个判定为主谓主语句的实例中，被逗号分成两部分的实例有两种：一种是逗号之

---

① 有人从各项间语义关系入手辨别主谓主语和主谓谓语，比如李敏（1995）提到"他工作很认真"中"工作""认真"都跟"他"发生语义关系，因此视为主谓主语句；而"小明进步很快"只有"进步"跟"很快"发生语义关系，"小明"没有，因此视为主谓谓语句。匿名审稿专家也提到了类似的辨别建议，即前两项是否能换位置：工作他很认真；*进步小明很快。但审稿专家的认识相反，认为不能互换位置的更有理由看作"主谓主语句"。因此我们认为仅靠三项之间的语义关系来辨别主谓谓语句和主谓主语句，得不出可靠的结论。下文还会就两者的对待方式展开讨论。

后的部分有复指代词（这、那）充当主语；一种是零形主语，即没有主语。前者如下：

(12) 悠久的历史文物同优美的自然风景浑然融为一体，这就是著名的晋祠①。
(13) 飞沙像山一样压下来，那在大戈壁里是不稀罕的。

按照他们的逻辑，"这""那"是后面句子的主语，而它们在语义上复指逗号前的主谓形式，因此逗号前的部分被认定为主谓主语。

这个逻辑很有问题，语法属性和语义同指是两回事。隔开的两个成分，不能因为它们语义上同指，就断定其语法属性也一样。比较下面这个例子：

(14) 刚结婚那阵儿，我很少干家务事，就为这，妻子没少数落我。（《人民日报》1995 年 5 月 19 日）

我们总不能说因为宾语位置的"这"和画线部分的主谓结构语义同指，就称这个句子是主谓宾语句吧？因此（12）（13）这类句子，后来已经被普遍认为是复句的两个分句了。

再看复指代词不出现的一类，即逗号后部分是零形主语的句子。例如：

(15) 远处传来狗叫声，Ø 证明大山深处还有人家。
(16) 我和阿眉吹了，Ø 不是正合他心思吗？
(17) 云层在有力、热烈地沸腾，Ø 仿佛是股被释放出的巨大的能量在奔驰，前掣后拥，排山倒海。

与有形的"这、那"同理，他们认为后面的零形主语回指的也是逗号前的"主谓主语"。同样，我们也可以质疑：为什么以下各例中零形式出现在宾语（Ø$_1$、Ø$_3$）、定语（Ø$_2$）位置上，就都说成是复句而不是主谓宾语句、主谓定语句了呢？如下：

(18) 哪里有蘑菇圈，老乡们都知道 Ø$_1$。（汪曾祺《黄油烙饼》）
(19) 一次德福同志的父亲来北京看望德福，我连一点 Ø$_2$ 信儿都不知道，直到人走了我才听说 Ø$_3$。（吴善元《我给团中央五任第一书记开车》）

---

① 下文的例句，如果包含在从文献中搜集到的 829 个实例之内，我们就不再标注语料来源。

可见依照语义同指、回指来定性语法身份是行不通的。按照结构主义语法原则,这一类所谓的主谓主语句应该一致处理为包含两个承接小句的复句。

有时候,逗号可以当作引号来用,用以表明前面部分是一个引语或者成论,属于这种情况的,我们下面讨论。

3.2.2 引述、论断、俗语是主谓主语吗?

以下几例被断为主谓主语句的句子,画线的主谓形式或者是俗语、惯用语,或者是成论、引述,或者是新闻、消息。

(20) <u>冰比水轻</u>是真的。
(21) <u>他是北京人</u>没问题。
(22) <u>无麻手术成功</u>等于爆发一个精神原子弹。

这些句子有个共同的特点,画线部分是已知信息,我们完全可以认为这些句子画线部分之后隐含了一个同位项,回指前面这个已知命题,我们或者可以将其补出来,或者可以添加"的 N"形成同一性定中结构,意义都没有改变。如下:

(20') <u>冰比水轻</u>**这个说法**是真的;<u>冰比水轻</u>**的说法**是真的。
(21') <u>他是北京人</u>**这个判断**没问题;<u>他是北京人</u>**的想法**没问题。
(22') <u>无麻手术成功</u>**这一消息**等于爆发一个精神原子弹;
<u>无麻手术成功</u>**的消息**等于爆发一个精神原子弹。

要注意的是,(20')-(22')黑体字的同位项或同指成分是"说法""想法""判断""消息"这样的名词,说明这种同指是言域(参看沈家煊,2003)的,我们可以称之为"言域同指"或"命题同指"。对比如下"非言域同指"和"言域同指"的情况:

(23) a. <u>他走路</u>太快了。　　b. *他走路这个消息/判断/说法太快了。
(24) a. <u>脸色苍白</u>不好。　　b. 脸色苍白这个说法不好。

上面两例都曾被相关文献断为主谓主语句。(23b)显示,a 画线部分不能用言域同指项回指,(24a)画线部分虽然能用言域同指项回指(如24b),但是 b 意思变了。

以上情况说明,(20)-(22)句的画线部分,其实是以同一性定语所指转喻整个同一性定中结构所指,或者说以同位项所指转喻整个同位同指结构所指。它们的句法性质是名词,而不是主谓结构,在标准行文中都应该加标引号(吕叔湘、朱德熙,1979:268-275),只不过汉语在叙述语篇的推进中,引语和叙述常常任意切换、混合①,引号还常常简单地用逗号代替,形成了可断可连的流水句(吕叔湘,1979:27-28)模式。

引语的内部构造是另一个句子的事情,和它所在的整个句子的结构是无关的,因此《新著》强调引语相当于一个名词是很恰当的。(20)-(22)都是名词主语句。

3.2.3 凝固度高的主谓形式,是主谓主语吗?

还有一个比较集中的类别:做主语的主谓形式结构凝固度高、音节较少。如下:

(25) 嘴欠是一种社交绝症。　　(26) 身体好是最重要的条件。
(27) 手拉手说明他们关系亲密。 (28) 脸色苍白不好。
(29) 新事新办要大力提倡。　　(30) 大禹治水是古代的传说。

上面几个句子的画线部分,从两个字到四个字,内部紧凑,凝固程度高,在语言中总是整体使用,不能拆分。尤其是像"嘴欠""手拉手""新事新办""大禹治水"等,虽未收入词典,但已经耳熟能详。这首先意味着这些成分词汇性很强,相应地,其主谓形式的句法性特征就很弱,比如丧失了主谓句法关系最突出的特点——结构松散、可以停顿。

我们还可以通过添加一些非言域同一性成分看清它们的词汇性:

(31) 嘴欠这种症状是一种社交绝症;手拉手这个行为说明他们关系亲密;新事新办的风气要大力提倡;大禹治水的故事是古代的传说。

因此,这类主语成分可以视为复合词或复杂词,而词汇的内部构造与整个句子的结构是无关的。

3.2.4 能解读成主谓谓语句的,属于两可吗?

下面这些例句里的画线部分,有些学者认为是主谓主语内的小谓语。但是,如果我们按汉语更常见的主谓谓语句去解读,又无一不可以解读为主谓谓语内的小主语:

(32) 我朋友设计服装还是有两下子的。(33) 我只洗洗衣服还不行吗。
(34) 我干这个工作已经十九年了。　　(35) 你说话要看场合。

---

① 这是由于汉语口语受戏剧语言的影响,有"出入戏"无缝切换(参看张伯江,2017)、"演""说"一体结合(刘探宙,2021)的特点,因此引号在叙述语篇中就不是那么重要了。

(36) 他考研究生行吗？　　　　　　(37) 生产队种花生种得不少。
(38) 老马蔑视大师兄是肯定的。　　(39) 你不讲课是因为你没有能力讲下去了。

这种情况是最值得讨论的。在我们考察的 829 个用例中，这种情况占了将近七成。以下是我们对上述四类情况的统计表。

表1　文献中四类"主谓主语"数量及占比表

类别	有逗号，有明显停顿	引语	类复合词	两可分析
数量	155 {逗号后有主语 40 / 逗号后零主语 115}	41	68	565
占比	18.7%	4.9%	8.2%	68.2%

根据这个统计结果，我们可以清楚地观察到一个事实：在持主谓主语观的文献引例中，有三成多的实例可以排除出去，因为按照结构主义层次观，它们有的可以分析成复句，有的可以视为名词或复合词，而另外近七成的实例，并不排斥主谓谓语句的分析。

下面，我们进一步讨论一下这些两可分析的例子是不是真正两可。

3.3　层次观下"主-主-谓"分析的可行性

像（32）-（39）这些例子，分析为"主-谓-谓"好，还是分析为"主-主-谓"好呢？我们可以从以下三个方面考虑。

第一，英语那样的语言里确有主谓结构做主语的实证，证据就是从句形式标记 that：

(40) That she likes me makes me happy.

汉语没有 that 这样的形式标记。相关文献提到一些非直接的推测手段（见3.1），如大谓语以"是"、能愿动词、使令动词等做谓语核心，但是这些既非充分也非必要条件。下面以"是"充任谓语核心为例：

(41) 一个热情的文学青年$_a$ 撞上一个或两个热情的作家$_b$，真是件令人恐怖的事。

这句的前两项比较松散，由于没有"that"那样的打包标记，我们没有依据证明"是"的主语论元到底是 a + b，还是只是 b。前文也说到过，按照结构主义语法原则，谓词性的 b"撞上一个或两个热情的作家"有资格做主语，说它充当"是"的论元完全可行。

第二，张金亮（2006：14）提出，现代汉语中有一部分主谓宾可以派生出主谓主语句。派生的基本操作如下：

（42）小梁 | 已经无希望录取本科了。　→　小梁录取本科已无希望了。
（43）她 | 非常适合穿这种式样的衣服。　→　她穿这种式样的衣服非常适合。
（44）你 | 不应该这样做。　→　你这样做不应该。
（45）你 | 是不是在搞创作？　→　你在搞创作是不是？

张文没有交代把左列看成基础式、右列看成变换式的理由，但这种变换方式至少说明，"小梁录取本科"并不是入句以前的一个固有组合。如果我们把左右两列都看成以"小梁"等词为主语的话，则二者之间只是谓语内部的成分次序不同而已：左列是"述宾谓语"，右列是"主谓谓语"。这个所谓主谓主语句的派生解读，反倒给主谓谓语句的合理性做了证明。

第三，处理成主谓主语句还是主谓谓语句，不是简单的名目选择问题，而是涉及基本语法观的方法论意义上的大问题。

结构主义语法的代表作，从丁声树等（1961）到朱德熙（1982）都没有专门把主谓主语当成一个重要的类型讨论①，甚至可以说是闪烁其词。而对主谓谓语则大书特书，认为是汉语最重要的句子类型之一。吕叔湘（1986）讨论了几种第二个词项是动词的主谓谓语句的条件，确有提到主谓主语和主谓谓语兼可的情况，但可以看出，该文是倾向于尽量看成主谓谓语句的。他说理的方式，有从句法角度论证的（并列证据），也有从意义角度说明的（语境和事理）。陆俭明（1990）也认为主语套叠（即主谓谓语）的能力要远远高于谓语套叠（即主谓主语）的能力。这种种不对称是耐人寻味的。

其实，这是因为"主谓主语"的处理方式有违结构主义语法的基本原则。我们知道，西方语法体系的主谓观甫一开始就秉持"动词中心"的原则，源自西方的结构主义语法理论亦不例外，他们强调语言的递归性，"主－主－谓"才是与此相和谐的分析模式，即对于连续多个有做主语潜质的成分来说，层层向右剥离，剥离下来的大主体还是主谓结构。这种"剥洋葱式"的层次分析模式很好地体现了递归的本质。而"主－谓－谓"的分析思路是，切出主语后，若发现与其有关的动词性成分，不是向右剥离，而是向左回头贴补，使左边的

---

① 匿名审稿专家认为这跟汉语句型句式的划分一直重视和依据谓语的类型有关，如双宾句、兼语式等。

成分成为一个意思完整的整体。① 这种逆向的递归模式，出发点是"主语/话题中心"，打包过程是依据意义进行回溯，跟"动词中心"理念下不依赖意义回溯的右向递归在本质上是不同的。假如一个语法体系在主谓这种基本建构下容许本质不同、方向相反的两种递归，势必会复杂化，造成理论的不自洽，这就是造成主谓主语句和主谓谓语句矛盾而模糊的根源。

从丁声树等（1961）到朱德熙（1982）都认同赵元任的两个基本看法：一是汉语动词性成分可以直接做主语；二是汉语不以词项之间的语义联系来认定主谓关系。从这两点来看，认同主谓主语的，不是出于词性（动词）的考虑就是出于语义关系（谓词对前面体词的陈述）的考虑，基本没有给出什么强有力的句法证据。因此，截至结构主义时期的汉语句法观念是排斥主谓主语现象的。

4. 主谓主语句和对言语法

数十年来，汉语语法学界的基本共识是建立在赵元任、丁声树、朱德熙等奠定的结构主义语法体系上的。如上所述，如果把结构主义语法原则贯彻到底，主谓主语的范围应该是极受限制的，但在各种教材和相关论述中，认可主谓主语分析法的也绵延不绝。这是为什么呢？

4.1 从自然语音停顿看主谓主语的形成

我们注意到，有些句子，按照朴素的语感，自然停顿往往发生在一个完整的主谓形式之后，而不一定是主语之后。下面左右两列句子，左边是主谓谓语句，自然停顿发生在主语后面，但与它们结构成分相近、意思也相近的右列句子，自然停顿却发生在主谓形式之后：

(46) a. 这孩子^| 说话迟。　　　　　　b. 这孩子说话^| 有点太迟了。
　　　从业者的心态^| 平和非常重要。　　心态平和^| 非常重要。
　　　小王她男朋友^| 白头发好几年了。　他白头发^| 好几年了。

左右两列，从句法上说，没有做不同切分的理由，但是在实际话语中，较明显的停顿却出现在不同的句法位置上。再进一步观察，可以看出，自然停顿总是出现在句子前后两部分字数大致相等的地方。这反映了说话人有"等重"的心理，即对称的心理。右列例句的停

---

① 石定栩（2006）从生成语法的角度把"我等了你十年了"这样的句子称为双重小句，即将"我等了你"视为一个CP，"十年"视为谓语，它和"我等了你"又构成另一个更大的CP。他指出，"数量谓语的递归可以无限制地进行下去"，如：[[[[病人每天便血] 两三次] 达半年多] 已经好几次] 了。这个观点本质上就是主谓主语句的处理方法，而这种递归方式就是逆向贴补的意义回溯。

顿之处切出的句首部分，恰好是一个主谓结构。由此，我们得到一个初步认识：汉语主谓主语分析的本质，其实是人们利用自然停顿所做的自然切分、韵律切分。

这就带来一个问题：以自然停顿为标准切出来的句首部分是否都能认定为主语？换句话说，西方定义的主谓句法框架是否能契合于汉语的韵律切分？

4.2 主语确认与主谓句法框架的冲突

我们知道，主谓两项之间的关系一般是松散的，而动宾之间的关系则相对紧密。但是在实际语言使用中，当宾语是需要强调的、比较长的数量结构时，动和宾之间的停顿时间常常超过主谓之间的停顿。看一下这两个真实口语片段：

(47) 甲：疫情现在这么严重，你们快备点粮食别出门了！

乙：放心吧。<u>我妈一口气买了^，一百斤大米五十斤面</u>。

(48) 甲：刚看一新闻，说疫情期间，有家四川人滞留在湖北亲戚家，吃掉好几头猪。

乙：我也看到了，<u>九口人四十多天吃掉亲家^，三头猪三十只鸭、几百斤大米</u>。

上面两例中划线的句子，从主谓框架的视角看，有主、有动、有宾，但最大的自然停顿并不是发生在主语"我妈""九口人"之后，而是在"^"号标示的动和宾之间。那么，按韵律切出来的"NP＋VP"词语串——"我妈一口气买了""九口人四十多天吃掉亲家"，能看作主谓主语吗？如果依照主谓句法框架，动和宾切开分别归到主和谓两部分，恐怕很难让人接受。

因此，自然停顿切出来的句首部分，既有可能恰好是句法上的名词主语，也有可能恰好是具有主谓关系的词组，还有可能根本就不是主谓框架里的合法句法单位。陆志韦（1963）在一个脚注里提到，"我们先读论语孟子"这个句子，"有人会把头一刀砍在'读'的后边"。这种"砍法"其实也是依照自然停顿，"是中国传统的句读法"（沈家煊，2021）[①]。这里的"我们先读"按层次切分法则同样不是合格的直接成分。这应该是汉族人长达几千年的古诗文传统根深蒂固的影响。

[①] 匿名审稿专家指出，"我们先读论语孟子"一句，过去不仅忽视了分析为主谓主语句的可能，也忽视了分析为主谓谓语句的可能（"先读"为小主语）。我们在第一部分提到，按照后来学界达成共识的朱氏理论成果——"谓词性成分可以直接做主语"，除了可以推断出动词性中间项有做主语的资格（即"主－主－谓"分析模式）外，还可以有另外一种推断：所有的"主动宾"句，都可以分析成主谓谓语句，因为动词有做主语的资格，而宾语也可以看作对前面"小主语"的陈述说明，比如"我们先读论语孟子"，"论语孟子"就可以看作对"先读"的说明，从而形成名词性谓语。这一推断对于结构主义语法系统是一种极大的挑战。

如果我们把视角再拓展一下，还有更难处理的情况。田婷（2021）在谈到互动口语中"对"的话语功能时，有如下两个例子对我们很有启发：

（49）播主：<u>还有那个精华，角质层偏厚，混油皮还有油皮，这一类就是比较容易出现问题的小伙伴来使用</u>，对，然后这一瓶呢，它是对于所有肤质的。

（50）冉：<u>所以你就看见，每次都是，哎，一摊水，然后在上面，有一些小粒儿粒儿。</u>

　　<u>刘：嗯。</u>

　　冉：对。然后完了那个还挺不好扫，你说你怎么扫……。

（49）中的"对"其实是说话人独白过程中小结性的自我肯定，即"我前面说得对"，画线部分可以视为自我肯定的命题，即"对"的主语。"对"的出现，标志着前面有较大的停顿。（50）中的"对"则是说话人鼓励性地肯定对方的回应，即"你对我的话理解得对"，画线的一组对话整体充当"对"的主语，说话人的回应更意味着告一段落的大停顿。

那么，这样超线性互动中的"主语"能叫主谓主语吗？当我们用主谓分析框架来套汉语时，总会遇到套不下的情况。汉语与韵律吻合的自然切分可能有更合适、更包容的分析框架。

4.3　从对言语法视角看主谓主语

上面这些问题，如果从沈家煊（2019）提出的"对言语法"（*dui*-speech grammar）视角看，可以得到很好的解答。"对言语法"是一个系统完整的语法体系，它基于赵元任、吕叔湘、朱德熙等前辈的一些精辟论断，对汉语的主谓关系进行了深刻反思。其核心语法观就是："印欧语法以主谓结构为主干，主谓结构是以续为主，续中有对；汉语大语法以对言格式为主干，对言格式是以对为本，对而有续。"（沈家煊，2019：81）这里所谓的"格式"，是比"结构"更高、更宽泛的概念。对言格式泛指成对出现的"规格样式"。而"对言"兼具两个意思，一是指对话，对话是"格式"形成的根；二是指对称，即成对的言辞表达。

具体说来，对话观来源于赵元任。主语加谓语的整句是由一问一答两个零句组成的，这是赵元任（Chao，1968：82）提出的。对言语法在此基础上更进一步指出，"一问一答应理解为广义的引发－应答"（沈家煊，2019：73）。无论是一问一答还是"引发－应答"，都是非静态、非线性的，是竖向对应的。也就是说，横向的主谓接续关系（我们简称"横对"）来源于竖向的问答对应关系（我们简称"竖对"）。我们用对言语法举例分析，下面一句主谓接续的句子来自甲和乙竖向的问答对话：

(51) a. 他是谁你大概不知道。
　　　b. 甲：他是谁？　　　　乙：你大概不知道。

"他是谁"是上一话轮提到的说法，是已知的话语信息，也是引发语；"你大概不知道"是答话人关于"他是谁"这个问题的评论说明，是应答语，它接续在引发语之后形成（51a）这个主谓句。这句的引发语碰巧是主谓结构。

我们再看对称观。对称指的是横对，典型的情况就是前后两部分等重、对称，对言语法称之为"正对"："汉语句子有一种'半逗'倾向，即逗号放在句子的一半处，也就是句子的中间位置，左右的字数大致相等，节奏感强。"（沈家煊，2021）上面例（46）两组句子都是正对，自然停顿契合主谓切分。但是自然停顿隔开的句首部分，有时并不是合法的直接成分，如：

(52) 我妈一口气买了，一百五十斤大米。

如果将前半部分"我妈一口气买了"视为主谓主语，不太符合我们所习惯的主谓框架里的主语界定。但在对言语法框架里，它和"一百五十斤大米"却是成对的言辞表达，两者构成对言格式。以对言语法的眼光来看，由于竖向对话（引发－应答）的横向相续是形成对言格式的本质，对言格式不光有主谓框架中的直接成分对，一定还包含其他言辞对，不光单句（47）（48），超越单句的（49）（50）也都是语言使用中的对言格式。对言格式和主谓单句的扭曲对应如下图：

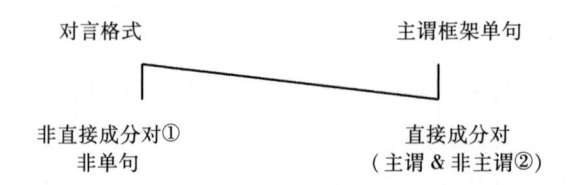

```
    对言格式              主谓框架单句
        └──────┬──────┘
               │
  非直接成分对①        直接成分对
    非单句              （主谓 & 非主谓②）
```

这种扭曲对应实际上反映的是一种包含关系：对言格式包含、容纳主谓结构，而主谓结构不能覆盖对言格式。对言格式有偏对也有正对，偏对里有主语简单的主谓句，如"我｜今天就能做完"，也有主语复杂的、非主谓结构能容纳的情况，比如（47）-（50）。前后字

---

① 非直接成分对，就是停顿前后两部分不成结构，例（52）就是非直接成分对。
② 非主谓对如：1）定中：老师说的，重要的话；2）述补：气得他，直跳脚；3）述宾：怎么买了一条，这么短的裤子；4）状中：圆圆地，画个圈。

数差不多的就是正对，正对还含有主谓框架容纳不了的东西。

如果非要用主谓框架去比拟对言格式，那么将对言格式正对的前半部分视为主语也未尝不可，不过这样的话，主谓主语的范围就将大幅增加。沈家煊（2021）把对言语法里的主谓称为"中式主谓"，以区别于主谓框架的"西洋式主谓"，该文列举了不少这样的例子：

(53) a. 政府对资本家，已经菩萨心肠。 b. 先君见背，已三年多了。
c. 秦小姐最后选定，蓝印花布旗袍。 d. 两个月讨回，足足二百两。
e. 你看我热得，一身的汗。 f. 雨终于下了，一个透。

(54) a. 我娘气急，胸口一闷。
b. 沪生看表，四点一刻。
c. 阿宝拆开纸包，一件米色细绒线鸡心领背心。
d. 你是骗钱，我是骗人，一样的骗。

(53) 的句子是主谓单句，停顿发生在动词和它的宾语、补语之间。如4.2所言，宾、补成分多为数量结构，往往是需要强调的焦点成分。(53) 的句子都可以取消停顿连说；(54) 的停顿则不能取消，因此更像两个或三个短小单句。可见对言格式是能超越单句的，只要是成对的表达，都是对言格式。

对言语法对主谓关系反思的意义，首先在于它从对话互动的角度看主谓结构，突破了静态的结构分析，认识到汉语的句子是"用句"；其次是认识到汉语的主语和谓语有对应关系，简单说就是，两者的横接关系来自竖对，竖对的本质是"引发-应答"，因此主和谓就是引发和应答并置的指语对（沈家煊，2019：150）。

若以中式主谓结构（对言格式）取代欧式主谓结构，汉语的语法结构和韵律结构就能高度一致。而对言语法的优势，正在于充分尊重了汉语以自然停顿为形态的松紧韵律调节，顺应了汉语使用者对称、等重的语言心理机制，体现出中国传统诗词韵文句读对汉语构句的深刻影响，照顾到中国长达几千年的文化传统和思维习惯。

主谓主语句和主谓谓语句之间的矛盾，本质上是由于"名$_1$-动$_2$-动$_3$"三项在主谓框架里发生了递归碰撞。对言语法主张线性锁链状的"链接对"结构，也就是中间项"动$_2$"身兼双职：向前陈述"名$_1$"、向后提示"动$_3$"。这样，层次观难以处理的矛盾就得以消解。

本文第3节用结构主义的原则检验"主谓主语"说，得出了比前辈和时贤更严格的范围约束；本小节用对言语法的观点看相关现象，又把"主谓主语"现象的范围大大扩充了，比前人讨论过的任何类型都更多样。这说明什么呢？

我国古代没有现代意义的语法学，以马建忠和黎锦熙为代表的学者引进了西方语言学主谓结构的概念，加深了我们对汉语句子逻辑关系的认识。结构主义语法增强了我们对句法层次的了解，进一步看清了汉语语法的个性以及跟语言共性的关系。对言语法全面吸收了《文通》以来汉语语法研究的经验，秉持语言类型学眼光，把揭示汉语本质的传统文论"对言学说"跟现代语言学的主谓观结合起来，得出了既有普遍意义，又准确把握汉语特点的解释方案。

我们对"主谓主语"这一名目的否定，既是经过了结构主义原则的逻辑推导，又是在对言语法背景下对汉语句子"起说－续说"关系的全新认识。

参考文献

曹逢甫：《汉语的句子与子句结构》，王静译，北京语言大学出版社2005年版。

陈建民：《现代汉语句型论》，语文出版社1986年版。

丁全：《试论主谓主语句》，《陕西师范大学学报（哲学社会科学版）》2001年第3期。

丁声树、吕叔湘、李荣、孙德宣、管燮初、傅婧、黄盛璋、陈治文：《现代汉语语法讲话》，商务印书馆1961年版。

丰爱静：《现代汉语主谓结构作主语考察》，硕士学位论文，华中科技大学，2005年。

高名凯：《汉语语法论》，开明书店1948年版。

郭绍虞：《汉语语法修辞新探》，商务印书馆1979年版。

侯友兰：《小主语是动词性的主谓谓语句与主谓主语句的同异》，《绍兴文理学院学报（哲学社会科学版）》1999年第4期。

黄侃：《文心雕龙札记》，周勋初导读，上海古籍出版社1927/2000年版。

季永兴：《〈马氏文通〉与句读之学》，《古汉语研究》1999年第2期。

贾甫田：《主谓主语句简说》，《逻辑与语言学习》1987年第1期。

蒋文野：《〈马氏文通〉"顿""读"简论》，《南京大学学报（哲学社会科学版）》1994年第4期。

黎锦熙：《新著国语文法》，商务印书馆1924/1954年版。

李敏：《"小主语是动词性的主谓谓语句"再分析》，《世界汉语教学》1995年第1期。

李艳群：《现代汉语主语从句问题研究》，硕士学位论文，辽宁大学，2012年。

李子云：《谈主谓主语句》，《安徽教育学院学报（社会科学版）》1992年第2期。

刘宁生：《汉语口语中的双主谓结构句》，《中国语文》1983年第2期。

刘探宙：《汉语句类观嬗变的中西影响》，《中国社会科学评价》2018年第2期。

刘探宙：《动作直示结构式"这么一V"的互文性——从与"这一V"的对比说起》，《语言教学与研究》2021年第3期。

刘志祥：《〈马氏文通〉之"顿"小议》，《四川教育学院学报》2006年第3期。

刘子瑜：《论〈马氏文通〉的句读》，《苏州大学学报（哲学社会科学版）》1993年第3期。

陆俭明：《汉语句法成分特有的套叠现象》，《中国语文》1990年第2期。

陆志韦：《从"谓语结构"的主语谈起》，《中国语文》1963年第4期。
吕叔湘：《中国文法要略》，商务印书馆；又见《吕叔湘文集》第一卷，商务印书馆1942/1990年版。
吕叔湘：《汉语语法分析问题》，商务印书馆1979年版。
吕叔湘：《主谓谓语句举例》，《中国语文》1986年第5期。
吕叔湘、王海棻编：《马氏文通读本》，上海教育出版社1986年版。
吕叔湘、朱德熙：《语法修辞讲话》，中国青年出版社1979年版。
M. K. 鲁勉斋：《现代汉语的句子形式主语》，商务印书馆1961年版。
马建忠：《马氏文通》，商务印书馆1898/1998年版。
马清华：《补充两种双主谓结构句》，《汉语学习》1986年第4期。
庞晨光：《〈马氏文通〉的"顿"和"读"》，硕士学位论文，陕西师范大学，2001年。
戚晓杰：《是双主语句，还是主谓主语句?》，《青岛教育学院学报（综合版）》1998年第1、2期。
任胜国：《论〈马氏文通〉的"顿"和"读"》，《烟台师院学报》1987年第1期。
邵霭吉：《论〈马氏文通〉之"读"》，《江苏教育学院学报（社会科学版）》1998年第1期。
邵霭吉：《论〈马氏文通〉之"顿"》，《镇江师专学报（社会科学版）》1999年第1期。
沈家煊：《复句三域"行、知、言"》，《中国语文》2003年第3期。
沈家煊：《超越主谓结构——对言语法和对言格式》，商务印书馆2019年版。
沈家煊：《动主名谓句——为朱德熙先生百年诞辰而作》，《中国语文》2021年第1期。
石定栩：《动词后数量短语的句法地位》，《汉语学习》2006年第1期。
舒敬东：《不是主语缺失，而是主谓短语充当了主语》，《学语文》2018年第6期。
宋柔：《现代汉语跨标点句句法关系的性质研究》，《世界汉语教学》2008年第2期。
宋绍年：《〈马氏文通〉研究》，北京大学出版社2004年版。
宋玉柱：《双主谓结构句和连谓式》，《中国语文》1988年第5期。
孙建元：《〈马氏文通〉的句读论》，《古汉语研究》1991年第2期。
孙玄常：《马氏文通札记》，吕叔湘校批，安徽教育出版社1984年版。
唐正大：《类指性、话题性与汉语主语从句——语言内部象似性视角》，《汉藏语学报》（第7期），商务印书馆2013年版。
陶言敏：《现代汉语主语从句研究》，硕士学位论文，华东师范大学，2007年。
田婷：《讲述行为与"对"的序列结束功能》，《语言教学与研究》2021年第6期。
王大年：《季刚先生的句读理论是研究古代韵文语法的指南》，《民俗典籍文字研究》2016年第1期。
王力：《中国现代语法》，商务印书馆1943年版。
王力：《中国语法理论》，商务印书馆1944年版。
王力：《中国语言学史》，山西人民出版社1981年版。
王小穹：《论主谓主语句的构句特点》，硕士学位论文，华中科技大学，2008年。
王宗联：《论主谓短语作主语和谓语》，《四川师范学院学报（哲学社会科学版）》1993年第4期。
徐复岭：《双主谓结构句和连谓式》，《中国语文》1984年第5期。

于滋勇:《主谓短语作主语的一般特点》,《语文教学通讯》1985年第12期。

袁本良:《〈马氏文通〉的辞气论》,《古汉语研究》1999年第2期。

张伯江:《语言主观性与传统艺术主观性的同构》,《中国社会科学评价》2017年第3期。

张伯江:《汉语句法中的框-棂关系》,《当代语言学》2018年第2期。

张金亮:《主谓主语句考察》,硕士学位论文,东北师范大学,2006年。

张瑞宣:《论主谓短语的性质》,《广东教育学院学报》1998年第1期。

郑益兵:《〈马氏文通〉中"顿"与"读"的思考》,《哈尔滨学院学报》2006年第9期。

朱德熙:《语法讲义》,商务印书馆1982年版。

朱德熙:《语法答问》,商务印书馆1985年版。

Chao, Yuen Ren, 1948, *Mandarin Primer*. Harvard University Press.《国语语法大纲》,斐溥言释述,董同龢校阅,《国语日报·语文乙刊》1951年第104-153期;李荣编译本《北京口语语法》,开明书店1952年版。

Chao, Yuen Ren, 1968, *A Grammar of Spoken Chinese*. University of California Press.

(原文刊于《中国语文》2022年第4期)

青海甘沟话"坐"义动词用作持续体助动词[*]

杨永龙

(中国社会科学院大学/中国社会科学院语言研究所,电邮：yangyl@cass.org.cn)

提　要：在青海甘沟话和周边汉语方言中有一个表示持续和进行的"坐"。本文通过录音转写语料和调查问卷,分析和探索了"坐"的句法属性、语法意义、来源、演变路径及其与周边少数民族语言的关系。主要结论是：(1)"坐"用于"V 着坐"格式中,其语法属性是助动词；(2)"坐"的语法功能是强调动作持续进行或状态持续不变；(3)"坐"来源于"坐"义动词；(4) 从"坐"义动词演变为持续体标记在周边 SOV 语言中比较普遍,其间可能经历过语义泛化过程,涉及"坐住同词"、泛化为"居处"动词等；(5) 河湟汉语"坐"义动词用作持续体助动词是对周边少数民族语言的语义关联模式和特定句法格式的复制,动因是语言接触,是语言转用过程中不完全习得带来的干扰。

关键词：持续体；助动词；"坐"义动词；河湟语言区域；甘沟话；语言接触

甘沟话是青海民和回族土族自治县甘沟乡的通用语言,因处于汉语与阿尔泰语、安多藏语接触的前沿地带,呈现出一系列接触性语言特征,如 SOV 语序,用后置格标记等。对此,Zhu 等(1997)、杨永龙(2015、2019)、张竞婷、杨永龙(2017)、赵绿原(2021)等曾做过一些研究。本文将揭示甘沟话"坐"义动词用作持续体助动词现象,并结合周边少数民族语言探索其来源和演化路径。汉语"坐"义动词用作持续体标记以往鲜有关注,但是 Heine 和 Kuteva(2002)归纳有如下语法化路径：SIT（to sit, to stay）> CONTINUOUS。那么,甘沟话中"坐"义动词用作持续体助动词是汉语自主演变的结果还是与语言接触有关？这也是本文要讨论的问题。

本文材料除特别注明者外皆依据甘沟话录音转写语料和田野调查问卷,并得到了韩玉忠、李英子、石登文等甘沟话母语使用者的大力帮助。

---

[*] 本研究得到国家社科基金重点项目"历史语法视角下的青海甘沟话语法研究"(项目编号：14AYY014)的资助。本文初稿曾在国内外学术会议和一些高校宣读,写作中曾与罗端、雷汉卿、高顺全、莫超、雏鹏、敏春芳、王双成、马玉红、张竞婷、赵绿原、韩玉忠等同行讨论,并就蒙古语有关问题请教过呼和教授,《中国语文》编辑部匿名审稿专家提出了中肯详细的修改意见,谨在此一并致以诚挚谢意！

1. "坐"所在句法格式和"坐"的语法属性

在青海甘沟话中有个读去声的[tsuə˺],处于"V+着+tsuə˺"格式中,表示动作进行或状态持续。根据下文考证,这个tsuə˺来源于动词"坐",为叙述方便下面直接写作"坐"。例如:

(1) 嗳傢昨儿个后晌电视看着坐了。(他昨天下午一直在看电视)

(2) 嗳傢电视看着坐着哩。(他一直在看电视)

(3) 嗳傢明朝儿电视看着坐哩。(他明天将要一直看电视)

(4) 嗳傢电视看着坐着哩吗?(他是不是一直在看电视)

(5) 嗳傢电视没看着坐。(他不是一直在看电视)

甘沟话是动词居末的SOV语言,上面句子主干部分是由V构成的小句"嗳傢电视看"(他看电视)。"坐"用在谓语动词之后,其间必须有"着"连接。"坐"后面一般要带上时体助词"了""着哩""哩"等①,如前三例;时体助词后面可以再加语气词,如(4);在祈使句和否定句中"坐"可以结句,如(5)。本来句子主干加时体助词或语气词就可以独立成句,所以上面例子中"着坐"可以删除而不影响句子的成立,当然意思会有变化。如:

(6) 嗳傢昨儿个后晌电视看(~~着坐~~)了。(他昨天下午看电视了)

(7) 嗳傢电视看(~~着坐~~)着哩。(他正在看电视)

(8) 嗳傢明朝儿电视看(~~着坐~~)哩。(他明天将要看电视)

(9) 嗳傢电视看(~~着坐~~)着哩吗?(他在看电视吗)

(10) 嗳傢电视没看(~~着坐~~)。(他没看电视)

那么,"着"和"坐"是什么关系?"着坐"是不是已经凝固为一个整体?

甘沟话中"着"有个常见用法是附着在次要动词或状语从句之后,连接次要动词与主要动词或状语从句与主句,构成"$V_{1(次要动词)}$着+$V_{2(主要动词)}$"或"$C_{1(状语从句)}$着+$C_{2(主句)}$"。因为动词居末,"$C_{1(状语从句)}$着"形式上也是"$V_{1(次要动词)}$着"。这类"着"可称作副动词标记。

---

① 甘沟话的"哩"可以单独用作时体助词,有两类,其一是未完整体标记,其二是将来时标记。"哩"还可用在"着哩[·tʂʅ·li]"中一起表示时体,且常合音为[·tʂəi]。在语料转写中[·tʂəi]也常写作"着"(参看赵绿原,2021)。

副动词（converb）是阿尔泰语言研究中常用的一个术语，指动词的非限定形式（non-finite），主要用作状语性从属成分[①]，具有一般动词的语法特征，如带宾语、受副词修饰，但是不能做简单句或主句的谓语。阿尔泰语言有丰富的副动词标记，在河湟汉语中连用动词或小句之间往往也有副动词标记来连接，常用的有"着"和"是"[②]。如甘沟话：

（11）嗳傢车开着县上去了着桌子个买着来了。（他开车去县城买来了一张桌子）

（12）尼么是丫头一天饿着不成是，园子里看去是，苞谷两个种下着说。（那样的话，有一天姑娘饿得不行，就去园子看，看见种了两棵玉米）

就"V+着+坐"格式而言，在"坐"虚化之前"着"属于副动词标记，表明其前动词是副动词，其后的"坐"才是主要动词。如例（1），不计"昨个后晌"，句子主干是"嗳傢坐了"；而"电视看着"是状语，不同语境中可表示伴随状态、方式、目的等。句子原本意思可能是"他坐着看电视了"，或者"他为了看电视而坐"。因此，其原本的句法结构是：

（13）嗳傢 [[[[电视看]　着] 　 坐] 了]
　　　 主　　 状语从句-副动　谓　时体标记

但实际上本文所讨论的"坐"已经语法化，没有具体实在的词汇意义；句子的主要动词是前面小句中的动词，"坐"只是表示持续、进行的功能词。如例（1）要表达的意思是，昨天下午他一直处在看电视的状态之中，跟坐不坐没有必然联系，不排除站着看、躺着看等。一个很好的证明是，这类句子"坐"前动词可以在语义上与"坐"义相抵牾，同时主语所涉及的是不会坐的事物。如亮灯、下雪与坐抵牾，"灯"和"雪"也不会坐：

（14）教室的灯一晚夕亮着坐了。（教室里的灯一晚上都在亮着）

（15）雪下着坐着哩。（雪一直下着呢）

虽然"坐"已经语法化，但其前身的句法特征还是带了过来，如后面可跟时体助词，前面已经提升为主要动词的 V_1 后面还带着原来的副动词标记"着"。就"坐"虚化之后的

[①] Haspelmath（1995：3）把副动词定义为"主要功能是标记状语性从属成分的非限定动词形式"。
[②] "是"多用在状语从句之后，所以我们也称之为"状语从句标记"。（张竞婷、杨永龙，2017）

句子结构而言,可以重新分析,有以下两种可能的分析方法。

第一,把"着坐"看作一个整体,分析为动态助词或动词后缀,语法属性类似于普通话动词后的"了""着"和已经虚化的具有时体意义的"起来"等。而其后的"着哩""了"句法属性类似于普通话的事态助词或表时态的语气词"了""来着"。即:

(16) 嗳傢 [[[电视 看] 着坐] 了]
　　　主　　　宾　 谓　动态助词　事态助词

如此则"[[[看]着坐]了]"在结构上与"[[[打]起来]了]"平行。不过"起来"有直接结构关系,"着坐"则是跨层结构。跨层结构可以凝固成词,如"的话"(参看江蓝生,2004),但一个重要前提是在韵律上两者间的边界已经消失。然而甘沟话中"着坐"中间略微有语音停顿,"着"是连着前边动词读的,即读作"V 着 | 坐",而不是"V | 着坐"。这说明"着"还是前面动词的后附成分,"坐"是独立的。也许将来有一天"着坐"之间语音边界消失,可以重新分析为一个整体,届时把"着坐"一起看作动态助词也未尝不可。①

第二,把"坐"看作助动词。助动词是与词汇动词(lexical verb)联合使用的动词,词汇动词表达词汇意义,助动词表达时体情态等功能意义。从跨语言角度看,助动词在表达功能意义的同时携带与谓语相关的形态信息,如标记区别的人称、数、时体情态、否定等;而与助动词一起使用的词汇动词则可能是非限定形式,常带有名词化、不定式、分词或动名词标记(Heine,1993:23-24)。作为基本语序是 SVO 的汉语普通话,助动词用在词汇动词之前,如"能去""可以吃",助动词与词汇动词都没有形式变化。但同样是 SVO 语言的英语,在 She is sleeping 中,表达时体的助动词 is 有人称、时态变化,其后的词汇动词 sleep 则是非限定形式(sleeping)。在 SOV 语言中,助动词后置于主要动词,词汇动词同样可用非限定形式,而语义上已经虚化了的助动词则用限定形式。如保安语(布和、刘照雄,2009:356;对译和标注略有增补;下同):

(17) mənə　təruŋ　etə-sər　sou　nə. (我的头仍在疼。)
　　　我的　　头　　疼-副动　坐　现在时

---

① 根据力提甫·托乎提(2009)、赵明鸣(2015),现代维吾尔语的持续体助词 -(I)wat,源于古代的 -(I)p yat。-(I)p 原本是副动词标记,yat 原本是"躺"义动词。二者在长期使用过程中语音边界消失,通过语音变化融合为一个整体。如 yeziwat "正在写",源自 yaz "写" + -ip(副动词标记) + yat "躺"。

保安语这里有一个表持续的助动词 sou "坐",前面的词汇动词带副动词标记,sou 的后面则有时体成分。下文还将谈到,甘沟话周边的土族语等也都是这样。这句话用甘沟话说就是:"我的头疼着坐着哩。"结构上正好与保安语平行。

把"坐"看作助动词,还有一个内证和一个旁证。内证是否定词的位置,前述例(5)是把否定词加在动词前;其实也可以直接加在"坐"前,能被否定正是助动词的特点之一:

(18)嗳傢电视看着没坐。(他不是一直在看电视)

旁证是,甘沟话的情态表达也用类似句法结构(杨永龙、赵绿原,2021),如:

(19)你这个吃是成哩,尼个吃是不成。(你可以吃这个,不可以吃那个)

"你这个吃"是主宾谓,"是"是副动词标记,"成"是助动词,其后可以有时体标记"哩",其前可以受"不"修饰。

可见,甘沟话已经虚化的"坐"是助动词,"着"是副动词标记[1]。其所在句法结构是:

(20)嗳傢 [[[[电视 看] 着] 坐] 了]
　　　主　　　宾　　谓　副动　助动词　时体标记

2. "坐"的语法功能

"坐"的语法功能是强调动作的持续进行或状态持续不变,本文统称为持续。从"坐"所搭配的动词的语义特征看,"V+着+坐"的V可以是[+动态][+持续]的活动动词,如"写""刮":

(21)我信啊写着坐着哩。(我一直在写信)
(22)风一直刮着坐了。(风一直在刮)

---

[1] 当然,既然"着"由原来的附着在次要动词后面变成现在的附着在主要动词(词汇动词)后面,还叫"副动词标记"有些矛盾,也可以改称为"非限定形式标记"。叫什么只是术语问题,不影响本文的结构分析。

也可以是[-动态][+持续]的状态动词,如"挂""扯心(操心)":

(23) 尼个画墙上挂着坐着哩。(那幅画一直挂在墙上)

(24) 那会儿我一老娘家啊扯心着坐着哩哎。阿妈一个病,家里兄弟尕,钱没人挣。(那时候我总是牵挂娘家。妈妈一生病,弟弟又小,就没人赚钱了)

还可以是形容词用作状态动词,如"少":

(25) 嗳傢家的羊见天少着坐着哩,一天一个遗着哩。(他家的羊每天都在减少,一天丢一只)

但不可以是[+动态][-持续]的终结动词,如"死":

(26) *尼个鸡娃死着坐着哩。(那一只小鸡在死)

概括起来,"坐"所搭配的动词具有[±动态][+持续]的语义特征,这与现代汉语表持续的"着"所处句法环境相同(参看戴耀晶,1997),也与甘沟话的"着哩"基本一致(赵绿原,2021)。问题是,"坐"可以与"着哩"同现,那么是不是持续意义的承担者可能是"着哩"而不是"坐"?检验的办法是把"着哩"去掉或换成别的时体标记之后,句子是不是还具有持续体意义。如下面两例,分别换成表已然的"了"、表未然的"哩"。其结果是有"坐"就有持续义(a句),没有"坐"则没有持续义(b句),这说明"坐"确实具有表持续的功能。

(27) a. 我昨个后晌电视看着坐了。(我昨天下午一直在看电视)
　　　b. 我昨个后晌电视看了。(我昨天下午看电视了)
(28) a. 明朝后晌我电视看着坐哩。(明天下午我将一直看电视)
　　　b. 明朝后晌我电视看哩。(明天下午我将看电视)

一般来说持续与完成是矛盾的,前者属于未完整体,是从事件的内部来观察事件的进程;后者属于完整体,是把事件作为一个整体从外部来观察(Comrie,1976:3,16;戴耀晶,1997:7)。但是(27a)既有表持续的"坐"又有表已然的"了",似乎是矛盾的。原因是甘沟话的"了"兼有时意义的过去和体意义的完成,这里更突出的是过去时意义,是把过去持续了一段时间的事件作为一个整体来加以描述。而（28）则涉及将来发生的未然事件，正与（27）在时间意义上相对。从时制的角度看，"坐"表持续既可用于现在，也可用于过去和将来。

既然"坐"和"着哩"都表示持续，那么二者有什么区别？大体上说，"着哩"相当于普通话的"在"和"着"，而"坐"相当于普通话的"一直在"。"坐"更强调动作持续之"不断"或状态持续之"不变"，是主观性层面对持续的强化①。例如：

（29）a. 门关着哩。（门处于关闭状态）b. 门关着坐着哩。（门一直处于关闭状态）

"门关着哩"是说门处于关闭状态，而"门关着坐着哩"则是强调门一直处于关闭状态，似乎持续时间更长②。当然这个"持续时间更长"是主观的，是说话人的感觉。有时候如果说话者感觉时间太长，超出预期的量，可能还会有不满或负面评价意义。如：

---

① 这里吸收了编辑部匿名审稿专家"是一种主观性层面的强化"的概括，在此致以诚挚谢意。
② 在甘沟话中，为了强调持续的时间长，在形式上还可以进一步通过"坐"的重叠来体现。如：
（1）嗳傢电视看着坐着坐着哩。（他一直在看电视）
（2）这个暑假我工打着坐着坐了。（这个暑假我一直在打工。）
这种现象还需要进一步考察和解释。有两种可能值得考虑：
其一，可能是"坐"动词性特征的遗留。在甘沟话及周边语言中动词重叠表示量的增加是常见的语法现象，其特点是动词后加上副动词标记然后重叠，构成类似"V着V着……"结构。如蒙古语中带连接形式的副动词重叠可以表示持续、长时间持续（清格尔泰，1991：326）：
（3）saɣu ɣsaɣar saɣu ɣsaɣar　　　yadačil - a.
　　　坐 着　　坐 着（长时间坐着）累了。
青海汉语也有类似现象，如（任碧生，2006：63）：
（4）几个沟深得很，我走者走者走者，再走不上来。
其二，也可能是持续体助动词的重叠或连用。在敦煌藏语文献中，表示持续的助动词 mchi "住"可以重叠，如（引自王志敬，2010）：
（5）myi gnyis vkhyams ste mchi mchi. （索旺 160）（两个人在不停地游逛）
　　　人 两　游逛　关联 住　住
而在蒙古语中，表示持续的 bai 原本是居处、在的意思，可以置于主要动词加副动词标记 -jᵾ 之后，后加 n - a 表示持续和进行，如 čina - jᵾ bain - a（正在煮）。（清格尔泰，1991：350）-jᵾ bain - a 还可以加在表持续的 saɣu "坐"之后，如（清格尔泰，1991：353；对译和标注承蒙呼和教授见教）：
（6）basa la man - I　qarau - jᵾ　saɣu - jᵾ　bain - a　sᶤde.（还是等待我们呢呗。）
　　　还 又 我们-宾格　盼望-副动　坐-副动　　在　语气词
"坐""住""在"相关，这里 bai "在"与 saɣu "坐"源义相关，又都表示持续，应该处于不同的结构层次。

— 381 —

(30) 个娃娃一后晌家门上耍着坐着哩，啥也不做。（这小孩下午一直在家门口玩，啥也不做）

但是"坐"本身与不满或负面评价无关，只是主观上强调动作持续不断或状态持续不变。因此，同样的句子在另外的语境中则可能有正面评价义。如：

(31) 个娃娃一后晌家门上耍着坐着哩，阿妈啊不磨结。（这小孩下午一直在家门口玩，不磨他妈）

动作本身一直延续会占去某一时间段的全部，以至于没有时间进行别的动作。例如：

(32) a. 电视看着夔坐。（不要一直看电视）
　　　b. 电视看着坐。（你一直看电视吧）

（32a）意思是不要老看电视，而不去做家务、做作业等；而（32b）则是要求听话人一直处于看电视的状态中，不必去干别的事情。比如家里来了客人，主人去准备饭菜，让客人自自在在地看电视，不用帮忙，不要拘谨之类，就可以说（32b）。

如前所述，"坐"可以被否定。从意义上看，这个否定不是对持续加以否定，而是对持续的强化加以否定①。如下面的对话，"看着没坐"否定的是一直看，而不是看着。

(33) 甲：嗳傢电视看着坐着哩吗？（他是不是一直在看电视）
　　　乙：看是看着哩嘛，看着没坐。（看是在看，但不是一直在看）

"坐"还有一个相关用法，即表示动作频繁发生或事件出现频率高，相当于"经常""总是"，可称之为"频现体"（frequentative）。频现与持续既有关联也有区别，如动作持续，往往是指一个动作延续不断，而频现则是一组动作一个一个地出现。比如看电影，一部电影两小时，从头看到尾，这是持续；而一个月中很多次去看电影，这是频现。因此有：

---

① 高顺全（2003）指出，汉语的进行体、持续体没有专门的否定形式，甘沟话"V着哩"也是如此，但是"V着坐"有专门的否定形式。

(34) a. 今儿个上午嗳傢电视看着坐着哩。(今天上午他一直在看电视) ——持续
　　　b. 这个月嗳傢一老电视看着坐着哩（这个月他老是看电视）——频现

所以"坐"经常与副词"一老"（总是）、"见天"（每天）同现，当然这些副词并不是必需的。例如：

(35) 阿妈啊一个不看去是，我也阿妈啊见天思想着坐着啊；一个看去是，交通也不方便啊，车也不方便啊。（要是不去看一下妈妈的话，我天天想念；要是去看一下的话，交通也不方便，坐车也不方便啊）

(36) 阿妈病下没人看、没人管是，我见天阿妈啊扯心着坐着呗。（妈妈生病了没人看、没有人管，所以我每天心理牵挂着妈妈）

(37) 尼个瘪扲扲［pi tɕia tɕia］豆瓜啊般的两个猪啊一老好的喂着坐了嘛。（像瘦瘪瘪的扁豆一样的那两头猪，一直喂的是好东西）

(38) 嗳傢家啊旦想啊是，嗳傢就家里电话打着呗。弄么再几天了啊一个，几天了啊一个，一老打着坐着哩啊。（她一旦想家就会给家里打电话，就那么几天一个，几天一个，经常打着呢）

前面曾说"V+着+坐"中 V 不可以是 [+动态] [−持续] 的终结动词，如"死"等，那是就个体而言的。如例（26）"尼个鸡娃死着坐着哩"不能说，但是如果就群体而言，有一群小鸡，频繁发生小鸡死掉的事件，就可以说。此时不是指具体某只鸡处于"死"的持续状态之中，而是一群鸡频繁出现死的情况。如：

(39) 嗳傢家的鸡娃们（一老/见天）死着坐着哩。（他家的那些小鸡（总是/每天）不停地死）

"敲（锣）、打（鼓）"等作为单一动作往往不能一直持续，这一点很像"死"一类的终结动词。但是"死"不能频现或反复，"敲（锣）、打（鼓）"可以。当普通话说"打着鼓"时，其实不是一个具体动作的持续，而是"打"的动作频繁发生。如果把频繁发生的一组动作看作一个整体，从内部加以观察，那也可以算作持续。因此学者们一般也把"打着鼓"看作动作持续（戴耀晶，1997：84-88）。可见持续与频现、反复都是密切相关的，而且可以源自相同的词汇形式（Bybee 等，1994）。甘沟话的例子如：

（40）我嘣嘣嘣的鼓打着呗，光明的舞跳开了是，我将两挂打给着呗；尼个李家的上去着演是，我嘣嘣嘣的打着坐着呗。(我嘣嘣嘣的打着鼓，要是光明村的人开始跳舞的话，我就只打两下；要是李家村的人上去演的话，我就嘣嘣嘣的一直打)

综上所述，甘沟话"V+着+坐"中"坐"的基本语法意义是主观上强调状态的持续和动作的进行，同时也可以强调动作的高频出现。

"坐"强调持续和频现不仅见于甘沟话，也见于河湟地区的其他方言，据初步调查，青海的乐都、循化、互助、化隆、大通，甘肃的唐汪、临夏、临潭等地都有这种用法的"坐"①。而且在河湟地区的一些少数民族语言中也有"坐"义动词兼表持续的现象。当然各方言或各语言在具体语法意义和用法方面可能并不完全相同。

3. "坐"的来源

为什么说甘沟话表持续的 tsuə 来源于"坐"，而不是别的，比如"做"？"做"虚化为助动词或助词，在世界其他语言和中国少数民族语言中都很常见，如英语的助动词 do。但是，有两个证据显示它应该不是"做"而是"坐"，一个是语音上的，一个是语义上的。

3.1 语音证据

从语音看，动词"坐"中古音为从母果韵，"做"是精母箇韵。在甘青地区二者语音关系有三类：一是音同，如青海循化、同仁、甘肃兰州等地都读［tsuə ˠ］（张成材，2006：30）。二是音异，如青海西宁、湟中、湟源、大通、平安、互助、门源、化隆、贵德、乐都等地，"坐"读［tsu ˠ］②，而"做"读［tɕy ˠ］或［tsʅ ˠ］（张成材，2006：30）；甘肃的许多地方也不同音，"坐"读［tsuo ˠ］或［tsʰuo ˠ］，"做"读［tsu ˠ］或［tsou ˠ］（雒鹏教授见告），包括唐汪话也是"坐"［tsuo］"做"［tsu］不同音（罗端先生见告）。三是交叉，甘沟话"坐"音［tsuə ˠ］，"做"有文白两读，文读为［tsuə ˠ］，如"大领导做着"（做大领导）；白读为［tsu ˠ］，如"饭做着"（做饭），甘肃的临潭话与甘沟话一致。可列表简化如下：

---

① 青海的几个方言点承蒙雷汉卿教授代为核实，雷教授是青海乐都人；甘肃的几个点承蒙敏春芳教授代为核实，敏教授是甘肃临潭人。
② 中古果摄和入声铎末等一系列普通话读 uo 韵的字，如"多、朵、夺、拖、脱、左、坐、座、作、搓、错、挪、罗、落"等这些地方都读为 u 韵。（张成材，2006：27-35）

表 1　甘青方言"坐""做"语音关系简表

	音同	音异	交叉
坐	[tsuə]	[tsu]	[tsuə]
做	[tsuə]	[tɕy]、[tsʅ]	[tsuə] 文 ~ [tsu] 白

调查发现，在"坐""做"音异地区，如果有持续体标记，这个标记与"坐"同音，如乐都、唐汪；在"坐""做"交叉的地方，如果有持续体标记，这个标记与动词"坐"同音，同时和"做"的文读同音而与白读不同，如甘沟、临潭。这说明可以排除持续体标记"坐"源于"做"。至于是不是源于"坐"，同音只是基础，还需要看是否有语义上的关联。

3.2　语义关联

从语义关联看，河湟汉语周边阿尔泰语系的蒙古语、土族语、保安语、东乡语、东部裕固语，都可以见到"坐"义动词用作持续体助动词现象。相关论述如下：

蒙古语："saɣuqu 这个动词作为实义动词用时表示'坐'，'住'，'落'等等。如果用在实义动词副动形式后边充当助动词，则具有'继续体'的语法意义。"（清格尔泰，1991：353）

土族语："作为主要动词，sao 义为'坐'或'居处'，助动词 sao 有两个语义功能，其中之一是作为继续、持续事件的标记。"（Slater，2003：136）

保安语："情貌助动词 uărə-'完了'，sou-'正在'，是由动词 uărə-'完毕，完结'，sou-'坐，住'意义虚化而来的。……sou-表示某个行为状态的持续。"（布和、刘照雄，2009：358）

东乡语："sɑu-'坐，住'，与蒙古书面语 saɣu-'坐，住'同源，当作助动词时，用在并列副动词后面，表示正在进行的过程。"（布和，1986：178）

东部裕固语："在东部裕固语的动词中，还有部分动词在句子里不表达具体的词汇意义，而只表达某种抽象的语法意义，不单独作句子成分，而是作助动词用。""suu-'住，坐'，用于词干或顺序体副动词之后。"（照那斯图，2009a：406–407）

这些语言都属于蒙古语族，"坐"义动词 saɣuqu、sao、sou、sɑu、suu 应有共同来源，虽然语音可能略有区别，但都是从"坐"义动词演变为持续体标记。在突厥语族的维吾尔语、哈萨克语中，不仅"坐"义动词可以演变为持续体标记，而且"躺""站""走"也都可以用作持续体标记。尤其值得注意的是，这些词尚保留着比较明显的词汇意义。相关论述如下：

维吾尔语:"tur'站、立'这个助动词主要表示动作的持续、反复、瞬时或短暂性。……oltur'坐'同 tur 表示的意义基本相同。它一般多表示持续性的动作是在坐着进行的。"(赵相如、朱志宁,2009:69)

哈萨克语:"哈萨克语中的动词 otər'坐',tur-'站',ʤyr-'走',ʤatər-'躺'(来自 ʤɑt-'躺')用作助动词时也可称为不完全助动词,即它们在和副动词结合时在赋予主要动词以持续色彩的同时,还表明动作之主体在进行该动作时所持的状态或是坐着、或站着、或走着、或躺着。"(耿世民、李增祥,2009:195)

从更大范围来看,Bybee 等(1994:127-133)已经注意到一些语言的进行体标记来源于"坐"义动词,如南美希瓦罗语(Jivaro)、北美达科他语(Dakota)、奥哈姆语(O'odham)、澳洲阿利亚娃拉语(Alyawarra)等。Heine 和 Kuteva(2002)归纳有"SIT(to sit, to stay)> CONTINUOUS"("坐"(坐,居处)>持续体)的演变路径,涉及的语言有十余种,如约尔努语(Yolngu)、津巴语(Djinba)、杰南语(Djingang)、杰瓦里语(Jiwarli)、迪奥拉福格尼语(Diola Fogny)、曼武语(Manvu)等,这说明从"坐"义动词演变为持续体标记现象在世界语言中相当常见。当然,相对于这些一般人既难听说也不知处于何地的语言来说,河湟汉语周边的少数民族语言中存在相同的来源则显得更为直接和弥足珍贵,这促使我们推断,甘沟话以及河湟汉语中表持续的"坐"正是来自动词"坐"。

4. 演变路径

4.1 两种可能的路径

持续体助动词"坐"是直接从"坐"义动词演变而来,还是要经历中间阶段?前一种路径是:"坐"义动词 >"坐"义动词/持续体助动词 > 持续体助动词。从维吾尔语和哈萨克语的情况来看,这种路径可能是存在的。"坐"表持续仍与"坐"的状态有关,"站""躺""走"也类似。如维吾尔语的 oltur(坐)(引自赵相如、朱志宁,2009:69):

(41) ular   seni   saqlap   oltur-idu.(他们正在(坐着)等着你呢。)
     他们   把你   等候   (助动词)

另一种路径是要经过中间的泛化阶段。"坐"属于姿势动词(postural verb),词义很具体。词义越具体越不容易语法化,越抽象越容易语法化。汉语持续体标记的来源大多是处所类词语,如"在""里""在里"以及吴语的"勒里""勒浪"等(吕叔湘,1941)。汉语持续体标记虽然有的源自"定""紧""稳"之类意义比较具体的形容词，但那是在特定句式中虚化为动相补语之后才进一步语法化为持续体标记的（杨永龙，2005）。我们从赵明鸣（2015）讨论维吾尔语动词 yat"躺"演变为持续体标记的论述中可以看到，在古代文献中 yat 除了"躺、卧、睡"这个义项外，还有一个义项是"在，位于，逗留，居住"。从"在、位于"演变为持续体标记是跨语言普遍存在的现象，也是东南亚语言中常见的演变路径。Matisoff（1991：415）曾根据汉语、拉祜语、缅甸语等七种语言的共时表现，概括出东南亚语言持续体的语法化路径：

（42）居住、处在（dwell, be in/at a place）＞持续/进行体 continuative/progressive→"在"义前置词（in/at）

这个路径的前端 dwell（居住）和 be in/at a place（处在）可以分开，"处在"比"居住"更为虚化。后端从"持续/进行体"到"前置词"与语法化的一般路径也不太一致。因此，吴福祥（2010）通过更多语料的考察对此进行了修订："藏缅语的'居住'义语素的演化路径是'"居住"义动词＞处所/存在动词＞持续体标记'，而非藏缅语的演化路径是'"居住"义动词＞处所/存在动词＞处所介词＞持续体标记。'"Matisoff 和吴福祥没有涉及阿尔泰语言和西北汉语，也没有涉及"坐"义动词到持续体的演化。有意思的是，在西部地区，"坐"和"居住"可以联系起来。

4.2 坐住同词

在河湟地区"坐"义动词与"居住"义动词是不分的，"坐"也表示居住。这种现象可称之为"坐住同词"。如甘沟话，没有"住"这个词，虽然作为词素可以在"暂住证""住所""住院部"中出现，读［tʂuˀ］，但属于近期从普通话借过来的。平时"在哪儿住""在县城住"，就说："阿里坐？""县上坐。"西宁、兰州，甚至成都、贵阳、昆明等地都可以见到坐住同词现象。如：

（43）西宁：坐娘家。（张成材，1994：84）

兰州：对面庄子上坐了七八户人家。（张文轩、莫超，2009：136）

贵阳：你在哪点哪里坐？（汪平 1994：97）

成都：赶场的人看见一个孩子可怜地在路上啼哭，便问孩子姓什么，在哪里坐。（许宝华、宫田一郎，1999：2780）

昆明：他家坐东寺街。（许宝华、宫田一郎，1999：2780）

近代汉语"坐"也可当居住讲：

（44）华屋坐来能几日？夜台归去即千秋。（刘禹锡《酬乐天见寄》）｜一坐西林寺，从来不下山。（皎然《怀旧山》）（引自许宝华、宫田一郎，1999：2780）

（45）柳应规以儒素进身，始入省便坐新宅，殊不若且税居之为善也。（赵璘《因话录》）｜燕子时来往，从坐不经冬。（《敦煌变文集·燕子赋》）（引自江蓝生、曹广顺，1997：467）

坐住同词在河湟地区少数民族语言之中也普遍存在，上节已经显示，蒙古语的 saɣuqu、土族语 sao、保安语 sou、东乡语 sɑu、东部裕固语 suu 都用作"坐"义动词，同时也表示"居住"义。不仅阿尔泰语言如此，在藏缅语族中也能见到。表2 除藏语玛曲话据周毛草（2003）外，皆整理自孙宏开、丁邦新、江荻、燕海雄主编（2017）。

表2 藏缅语族语言"坐住同词"

语言	坐	住	语言	坐	住
藏语阿里克话	wdat	wdat	拉坞戎语业隆话	rje^{55}	rje^{55}
藏语巴塘话	$ndu\textsci{}^{231}$	$ndu\textsci{}^{231}$	木雅语六巴话	mbi^{53}	mbi^{53}
藏语拉萨话	$tɛ^{132}$	$tɛ^{132}$	哈尼语绿春话	dzo^{55}	dzo^{55}
藏语玛曲话	ndək	ndək	哈尼语墨江话	$tʃvi^{55}$	$tʃvi^{55}$
尔龚语道孚话	ndzu	ndzu	纳西语大研镇话	$dzɿ^{21}$	$dzɿ^{21}$
尔苏语则洛话	$ne^{33}zi^{53}$	$ne^{33}zi^{31}$	怒苏语棉谷话	$ȵi^{33}$	$ȵi^{33}$
嘉戎语卓克基话	ka ȵi	ka ȵi	彝语撒尼话	$ȵi^{33}$	$ȵi^{33}$
拉坞戎语观音桥话	rje^{53}	rje^{53}	仙岛语仙岛寨话	nai^{55}	nai^{55}

"坐"是具体的身体姿势，而"居住"则离不开处所，"坐"跟"住"完全是两个不同的概念。但是在居无定所、逐水草而居的远古时期或者游牧民那里，坐在哪儿、住在哪儿、待在哪儿是密切相关的。因此坐住同词可能是游牧文化在语言中的活化石。

4.3 从姿势动词到持续体标记

从"坐"义动词演变为持续体标记，这个问题不仅与本文论题相关，也牵扯到更为普遍的跨语言的演变路径问题。Bybee 等（1994）5.1 节概括出进行体的五类来源：处所、"是"+非限定形式、位移、重叠、其他（另有未知来源一类）。其中处所类在世界范围内最为普遍，表达形式有助动词和前后置词。他们指出，助动词可能源于"坐""站""躺"等特定姿势动词，或义为处在某处而不涉及姿势的动词如"在"（be at）、"处在"（stay），或具体一些的"居住"（live）、"定居"（reside）类动词。他们似乎是把这三类动词看作进行体的不同源头，但是，从中国西北汉语和东南亚语言来看，三类动词之间可以两两关联，甚至用同一个词表示这三个意义。Matisoff（1991）把"居住"（dwell）和"在、处在"（be in/at a place）放在一起，赵明鸣（2015）把"在、位于、逗留、居住"归为一个义项，加上前面讨论的坐住同词，都表明了三者的密切联系。在汉语史上"居"就兼具这三个义项，下面是《汉语大词典》的解释：

(46) ❶踞坐；坐。《论语·阳货》："居！吾语女。"邢昺疏："居，由坐也。"❷居住。《易·系辞上》："君子居其室。"❹处在、处于。《易·乾》："是故居上位而不骄，在下位而不忧。"

但"居"没有演变为持续体标记。而甘沟话的"坐"可以表示坐这个姿势，可以表示居住这种行为，还可以表示处于、待在那儿这样一个比较抽象的状态，还可以表示持续：

(47) 坐：各傢各傢的位置上坐着。（各自坐在自己位置上）
　　　住：五年嗳傢的阿姑的家里坐着，阿爸的家里没坐。（五年都住在他姑姑家，没在叔叔家里住）
　　　处在：家里一老蚕坐着坐。（不要老是待在家里）
　　　持续：天阴着坐着哩。（天一直阴着呢）

因此，我们认为甘沟话的"坐"从姿势动词发展为持续体助动词的路径是：

(48) 坐（sit）＞居住（dwell）＞处于（stay/be in）＞持续/进行体（continuous/progressive）

5. "坐"表持续与语言接触的关系

"坐"在唐代就有"居住"义，但没有变成持续体标记；西北以外的汉语方言也没有从"坐"义动词到持续体标记的演变；历史上的"居"有坐、居住、处于义，但是没有走到持续体标记这一步。"坐"能够在河湟地区用作持续体标记，除了语言内部的原因之外，与语言接触这种外力的促成有没有关系？答案是肯定的。

如前所述，表持续的"坐"所处的句法结构是："主＋宾＋谓＋副动词标记＋助动词'坐'＋时体标记"，这种结构在非SOV语序的汉语方言难以见到，但是在河湟少数民族语言中是常规标配。除了前述保安语外，也见于周边阿尔泰语系的其他语言，如①：

(49) ude xuainonaa sa Gə-dʑə sauu. （在门后守吧。）（土族语；照那斯图，2009b：206）
门后　　　守－副动　坐
甘沟话：门后守着坐。

(50) hə ki-də-nə　　　uarada-dʐɯ sao dzɯwo. （他在自己家里叫喊着。）（东乡语；刘照雄，2009：146）
他　家－位格－反身领属　喊－副动　坐　进行体
甘沟话：嗳傢家里囊喊着坐着哩。

(51) onoon ʥundə bu χoonə adla-ʁa suu wa. （今年夏天我放羊了。）（东部裕固语；照那斯图，2009a：408）
今年　夏天　我　绵羊　放－副动　坐　过去时
甘沟话：今年夏天我羊哈放着坐了。

与"坐"相关的否定词，土族语中也可以直接放在助动词之前，与甘沟话一致。如（清格尔泰，2010：184）

(52) tɕ ə bos-a： bi： sau. （你不要站着。）
你　站－副动　不要　坐
甘沟话：你站着夒坐。

在藏语中这种结构见于更早的材料。据王志敬（2010），敦煌藏语文献中居住义动词mchi、bzhugs、vdug用在"V1＋关联词＋V2"中V2的位置，用作持续体和频现体标记。如mchi：

(53) gleng zhing mchis （陈王）（说着）
说　关联　住

(54) prinyig dang skyesrangs rgyundu vdrul zhing mechis. （经常运送信件和礼物）
信件　和　礼物　经常　运送　关联　住

---

① 不同著作记音形式不尽相同，如土族语的"坐"，有 sau、sauu、sao 的不同，引用时一仍其旧。

藏语也是 SOV 语序，其关联词类似于阿尔泰语言的副动词标记。王志敬（2010）用"住、居、待"解释 mchi、bzhugs、vdug 的词义，但有一处用"坐"来对译 bzhugs。这说明古藏语中这些动词也是兼有"坐""住""待"义，同时又可用作持续体标记。

由此可见，甘沟话以至河湟汉语方言"坐"义动词用作持续体标记，无论从语义关联模式还是从句法结构看，都与周边的 SOV 语言有关，相当于直接把周边藏语和阿尔泰语言的语义关联模式和句法格式一并复制到汉语之中。这种复制更为深层的动因就是该地区长时期的深度接触，具体来说是因为 Thomason（2001）所说的语言转用导致的干扰（shift-induced interference）。语言深度接触最终可能导致一些少数民族母语使用者不说母语而转用汉语，在转用汉语的过程中，由于不完全习得，便把母语中的多义模式及其相关表达格式带到了汉语之中。复制及转用干扰是甘沟话"坐"义动词用作持续体助动词最重要的外部原因，也是河湟汉语一些接触性语法特征产生的重要原因（杨永龙，2019）。

当然，这种复制也绝不是完全照搬，而是要根据汉语自身的特征加以调整和选择。这在我们以往讨论的甘沟话语法现象中多有所见。从本文也可以看到，在复制过来的"坐"与北方汉语常用的"着哩"之间需要调整，使得二者各司其职："着哩"是助词层面体标记，是表示一般意义的持续/进行；而"坐"则是助动词层面的体标记，具有主观强化功能。在与持续体相关的否定句中，否定成分位置有两类：一是放在助动词之前，如例（18）"嗳傢电视看着没坐"，这显然更接近被复制语原来的句法结构，反映出更明显的混合状态和较早的层次；一是放在主要动词之前，如（5）"嗳傢电视没看着坐"，这更加符合汉语的句法结构，反映了较晚的层次。两类结构并存一段时间之后，可能会选择更符合汉语的句法结构。

参考文献

布和编著：《东乡语和蒙古语》，内蒙古人民出版社 1986 年版。

布和、刘照雄编著：《保安语简志》，《中国少数民族语言简志丛书》修订本·卷陆，民族出版社 2009 年版。

戴耀晶：《现代汉语时体系统研究》，浙江教育出版社 1997 年版。

高顺全：《进行体、持续体的否定及相关问题》，《世界汉语教学》2003 年第 4 期。

耿世民、李增祥编著：《哈萨克语简志》，《中国少数民族语言简志丛书》修订本·卷伍，民族出版社 2009 年版。

江蓝生：《跨层非短语结构"的话"的词汇化》，《中国语文》2004 年第 5 期。

江蓝生、曹广顺编著：《唐五代语言词典》，上海教育出版社 1997 年版。

力提甫·托乎提：《论维吾尔语体助动词的功能》，《民族语文》2009 年第 1 期。

刘照雄编著：《东乡语简志》，《中国少数民族语言简志丛书》修订本·卷陆，民族出版社 2009 年版。

罗竹风主编：《汉语大词典》，汉语大词典出版社 1986–1993 年版。

吕叔湘：《释〈景德传灯录〉中"在""着"二助词》，原载《华西协和大学中国文化研究所集刊》一卷三期，收入《汉语语法论文集》（增订本），商务印书馆1984年版。

清格尔泰：《蒙古语语法》，内蒙古人民出版社1991年版。

清格尔泰编著：《土族语和蒙古语》，《清格尔泰文集》第七卷，内蒙古科学技术出版社2010年版。

任碧生：《青海方言语法专题研究》，青海民族出版社2006年版。

孙宏开、丁邦新、江荻、燕海雄主编：《汉藏语音和词汇》，民族出版社2017年版。

汪平：《贵阳方言词典》，江苏教育出版社1994年版。

王志敬：《藏语动词语法化研究》，《西藏大学学报》2010年第4期。

吴福祥：《东南亚语言"居住"义语素的多功能模式及语法化路径》，《民族语文》2010年第6期。

许宝华、宫田一郎主编：《汉语方言大词典》，中华书局1999年版。

杨永龙：《从稳紧义形容词到持续体助词——试说"定"、"稳定"、"实"、"牢"、"稳"、"紧"的语法化》，《中国语文》2005年第5期。

杨永龙：《青海民和甘沟话的语序类型》，《民族语文》2015年第6期。

杨永龙：《甘青河湟话的混合性特征及其产生途径》，《民族语文》2019年第2期。

杨永龙、赵绿原：《青海甘沟话的情态表达与相关形式的来源》，《当代语言学》2021年第4期。

张成材：《西宁方言词典》，江苏教育出版社1994年版。

张成材编著：《中古音与青海方音字汇》，青海人民出版社2006年版。

张竞婷、杨永龙：《青海民和甘沟话的状语从句标记"是"及其来源》，《语文研究》2017年第2期。

张文轩、莫超：《兰州方言词典》，中国社会科学出版社2009年版。

赵绿原：《青海甘沟话的三分时体系统》，《方言》2021年第4期。

赵明鸣：《维吾尔语动词yat-"躺"的语法化》，《民族语文》2015年第3期。

赵相如、朱志宁编著：《维吾尔语简志》，《中国少数民族语言简志丛书》修订本·卷伍，民族出版社2009年版。

照那斯图编著：《东部裕固语简志》，《中国少数民族语言简志丛书》修订本·卷陆，民族出版社2009年版。

照那斯图编著：《土族语简志》，《中国少数民族语言简志丛书》修订本·卷陆，民族出版社2009年版。

周毛草：《玛曲藏语研究》，民族出版社2003年版。

Bybee, Joan L., Revere D. Perkins, and William Pagliuca, 1994, *The Evolution of Grammar*: *Tense, Aspect and Modality in the Languages of the World*. Chicago: University of Chicago Press. （中译本《语法的演化：世界语言的时、体和情态》，陈前瑞等译，商务印书馆2017年版）

Comrie, Bernard, 1976, *Aspect*. Cambridge: Cambridge University Press.

Haspelmath, Martin, 1995, The Converb as a Cross-linguistically Valid Category. In Haspelmath, Martin and Ekkehard König (eds.) *Converbs in Cross-linguistic Perspective*: *Structure and Meaning of Adverbial Verb Forms—Adverbial Participles, Gerunds*, 1–55. Berlin & New York: Mouton de Gruyter.

Heine, Bernd and Tania Kuteva, 2002, *World Lexicon of Grammaticalization*. Cambridge: Cambridge University Press. （中译本《语法化的世界词库》，龙海平、谷峰、肖小平译，世界图书出版社 2012 年版）

Heine, Bernd, 1993, *Auxiliaries: Cognitive Forces and Grammaticalization*. New York: Oxford University Press.

Matisoff, James A., 1991, Areal and Universal Dimensions of Grammatization in Lahu. In Elizabeth C. Traugott and Bernd Heine (eds.), *Approaches to Grammaticalization*, Vol. II, 383–453. Amsterdam: Benjamins.

Slater, Keith W., 2003, *A Grammar of Mangghuer: A Mongolic Language of China's Qinghai-Gansu Sprachbund*. London and New York: Routledge Curzon.

Thomason, Sarah G., 2001, *Language Contact*. Edinburgh: Edinburgh University Press.

Zhu, Yongzhong, Üjiyediin Chuluu, Keith Slater, and Kevin Stuar, 1997, Gangou Chinese Dialect: A Comparative Study of a Strongly Altaicized Chinese Dialect and its Mongolic Neighbor. *Anthropos* 92: 433–50.

（原文刊于《中国语文》2022 年第 4 期）

内蒙古张呼片晋语的入声调

沈 明

(中国社会科学院大学/中国社会科学院语言研究所,电邮:shenming@cass.org.cn)

提 要:内蒙古张呼片晋语分布在内蒙古中部13个市县旗,单字调4个:平声、上声、去声、入声。从来源看,源于深臻曾梗三四等通的,保留入声调;源于咸山、宕江、梗二等的,清入字、文词儿或借入的词(折合成晋语的读音)里用到的浊入字,也保留入声调,土词儿用到的浊入字已经舒化,浊入少数归上声;全浊入多数归平声,次浊入归去声。说明该片晋语的入声调曾经分阴入(清入)、阳入(浊入),之后阳入往两个方向变:土词儿多舒化,文词儿或借入的词多归阴入(清入)。浊入按调值舒化归上声、浊入归清入是晋语的方式;全浊入归平声、次浊入归去声,是用了官话方言的方式。

关键词:内蒙古张呼片晋语;浊入归上声;浊入归清入;全浊入归平声;次浊入归去声

1. 引言

1.1 内蒙古张呼片晋语的声调

张呼片晋语分布在内蒙古中部13个市县旗和河北西北部17个市县。(《中国语言地图集》第2版,2012)本文讨论内蒙古区内13个市县旗的晋语。该片晋语的西面与西南是大包片晋语,东南与河北省内的张呼片相连成片,东边是东北官话,东南是北京官话。

该片晋语的单字调有4个,平声、上声、去声、入声。请看表1(察哈尔右翼前旗,简称"察右前旗",中旗、后旗依此类推。乡镇名用小字跟在市县旗的后面)。

表1 内蒙古张呼片晋语的单字调

	平声		上声		去声		入声	
	浊	清		浊			清	浊
	麻陈	高开	古口	老	舅	让旧	教	湿	日直
呼和浩特	31		53		55		ʔ43	

---

*本文为国家社科基金重大项目"汉语方言母语深度调查研究"(项目编号:21&ZD303)、中国社会科学院语言研究所重大项目"汉语方言母语深度调查"的阶段性成果。

续表

	平声		上声			去声		入声	
	浊	清		浊		清		清	浊
	麻陈	高开	古口	老	舅	让旧	救	湿	日直
凉城 岱海	21		53			24		ʔ32	
兴和 张皋	31		53			24		ʔ5	
商都	31		53			35		ʔ43	
卓资	22		53			14		ʔ54	
乌兰察布	11		53			45		ʔ2	
丰镇	212		53			24		ʔ54	
察右前旗	312		53			35		ʔ43	
察右中旗 四义和	31	11	53			35		ʔ3	
察右后旗	11		53			35		ʔ5	
化德	31		53			35		ʔ45	
太仆寺旗	41		55			214		ʔ21	
二连浩特	21		53			24		ʔ33	

入声调只有一个,是从来就没分化过,还是先分后合的?有些古入声字已经舒化,舒化方式哪些是晋语的,哪些是官话方言的?这是本文要讨论的两个问题。

1.2 两个相关说明

1.2.1 内蒙古张呼片晋语的形成

跟晋中、晋北、陕北一带的汉人持续"走西口"有关。"西口"一般指山西省右玉县杀虎口,是晋商、陕商出关与蒙古进行贸易的地方。顺治七年(1650),清廷在杀虎口设税关,次年设监督一员,经收课税。"康熙九年清廷将古北口、罗文峪、冷口及张家口外大片土地拨给镶黄、正黄等七旗兵丁作为庄田。"(曹树基,1997:486)旗人招募汉人从事耕垦。"先是春来秋归,谓之雁行客户,后来便定居下来。"(侯精一,1988/1999)清代至民国,晋北、陕北、冀北一带的农民呼朋引类,前往呼和浩特(旧称"归化")、察哈尔、土默特、鄂尔多斯等地谋生。

该片晋语,明末清初由山西晋中一带(今晋语并州片)的商人或犯人带入,清末民初由晋东北忻州(今五台片晋语)、晋北天镇一带(今大包片晋语)的农民持续带入。也就是说,这一带的方言,最初是当时晋中一带的晋语,后来又融入了晋北一带的晋语。比如,察右后旗的发音合作人唐春秀说:她父亲是20世纪20年代后期从山西天镇迁到当地的。她在当地出生、长大。自己说的当地话,跟她父亲说的老家话(天镇话)不一样。她提到周围的人尽是"南方"来的。她说的"南方"指晋东北忻州一带。

考察该片晋语的入声调，需要参照源方言并州片、五台片、大包片的情形。五台片五台、忻州、原平、定襄、阳曲等与吕梁片汾州小片密切相关，一些重要的语音特征完全相同（沈明、秋谷裕幸，2018）。为说明五台片等点的情形，把吕梁片汾州小片岚县、兴县放在一起比较。

1.2.2　称说、符号所指

1) 入声调的演变方式

包括入声调类合流、入声舒化。晋语入声调类合流，指全浊入合流到清入。

入声按调值舒化，指入声舒化后归调型相同、调值相近的舒声调；按调类舒化，指入声舒化后归某个调类，不管原来的调型、调值是什么，比如官话方言的全浊入，一律归阳平（平声）。（曹志耘，2002）

入声按音值舒化，指韵母、声调都归音值、调值相近的舒声韵、舒声调；按音类舒化，指韵母、声调按官话方言的韵类、调类归派方式舒化。

入声按调值或音值舒化、入声调类合流，是晋语的方式；入声按调类或音类舒化，是用了官话方言的方式。

2) 入声韵的等

咸山有一二三四等，宕江合起来有一二三等，曾梗合起来有一二三四等（深臻与曾梗三四等通合流，按四呼今读［*əʔ iəʔ uəʔ yəʔ］）。

韵母分等，指主要元音一、三四等［*ə］与二等［*a］不同（沈明，1999），简称分一二等。该片晋语古入声韵今读，宕江不分等；今收喉塞尾［-ʔ］的，咸山不分等，曾梗分一二等，比如察右后旗：墨 miaʔ5 ≠ ≠ 麦 miaʔ5｜则 tsəʔ5 ≠ 窄 tsaʔ5｜刻 kʰəʔ5 ≠ 客 kʰaʔ5/ tɕʰiaʔ5。今归舒声韵的，咸山分一二等，一等包括开口见系、合口、三四等，二等包括一等非见系；曾一等还包括臻一等、深臻曾梗三（四）等。下文举例时，有时用三（四）等字来代表一等的读音。

3) 符号

本文用音位归纳的方法，在音标左上角加"*"表示代表音。[*a] 包括 [ɑ ʌ ɒ]，[*ə] 包括 [ɤ o ə]，等等。

举例时舒入两读的用"/"隔开。"——"表示暂未找到例子。汉字右上角"="表示同音字。

2. 内蒙古张呼片晋语古入声字今读音

该片晋语口语里常用的古入声字，来源于深臻曾梗三四等通的，今读入声调。来源于咸山、宕江、梗二等的，略显复杂，文词儿或借入的词里用到的，今读入声调；土词儿里用到的，清入保留入声调，浊入多归舒声调。

2.1 今读入声

	湿失拾实食石	急吉激集极	督毒独	戌宿俗
察右后旗	səʔ5	tɕiəʔ5	tuəʔ5	ɕyəʔ5
兴 和	səʔ5	tɕiəʔ5	tuəʔ5	ɕyəʔ5
卓 资	səʔ54	tɕiəʔ54	tuəʔ54	ɕyəʔ54
凉 城	səʔ32	tɕiəʔ32	tuəʔ32	ɕyəʔ32
呼和浩特	səʔ43	tɕiəʔ43	tuəʔ43	ɕyəʔ43
	褶扎作窄择	甲接节捷截	豁霍	决脚角绝
察右后旗	tsaʔ5	tɕiaʔ5	xuaʔ5	tɕyaʔ5
兴 和	tsaʔ5	tɕiaʔ5	xuaʔ5	tɕyaʔ5
卓 资	tsaʔ54	tɕiaʔ54	xuaʔ54	tɕyaʔ54
凉 城	tsaʔ32	tɕiaʔ32	xuaʔ32	tɕyaʔ32
呼和浩特	tsaʔ43	tɕiaʔ43	xuaʔ43	tɕyaʔ43

2.2 今读舒声、入声或舒入两读

	炸咸开二崇	闸咸开二崇	铡山开二崇	杂咸开一从
察右后旗	tsa53 油~糕	tsa53 ~皮	tsa53 ~刀	tsa11 ~碎
兴 和	tsa53 ~花生	tsa53 ~门	tsa31 ~刀	tsaʔ5 羊~
卓 资	tsa53 油~	tsa53 ~门	tsaʔ54 ~刀	tsa22/tsaʔ54
凉 城	tsa53	tsa53 ~门	tsa21	tsa53/tsaʔ32
呼和浩特	tsa31/tsaʔ43	tsa31 ~门	tsaʔ43 ~刀	tsaʔ43
	盒咸开一匣	匣咸开二匣	碟咸开四定	乏咸合三奉
察右后旗	xɤ11 ~子	ɕia11 ~子	tie11 ~子	fa11 ~了
兴 和	xɤ31	ɕia31	tiɛ31 ~子	faɛ31 ~了
卓 资	xaʔ54 ~子	ɕia22/ɕiaʔ54 风~	tiɛ22 ~子	faʔ22 ~了/faʔ54 缺~
凉 城	xɤ21 ~子	ɕia21 ~子/ɕia32 风~	——	fa21 ~了
呼和浩特	xɤ31 ~子	ɕia31 ~子/ɕiaʔ43 风~	tie31 ~子	fa31 ~了/faʔ43 缺~
	砸山开一从	拔山开二并	舌山开三船	滑山合二匣
察右后旗	tsa11 ~根基	pa11 ~萝卜	sɤ11 ~头/saʔ5 口~	xua11 ~头
兴 和	tsa31	pa31 ~萝卜	sɤ31 ~头	xua31 ~倒
卓 资	tsa22	pa22 ~萝卜/paʔ54	sɤ22 ~头/saʔ54 口~	xua22 ~倒
凉 城	tsa21	pa21 冰凉	sɤ21	xua21 ~倒
呼和浩特	tsa31	pa31 ~萝卜	sɤ31 ~头/saʔ43 口~	xuaʔ43 ~倒

续表

	罚山合三奉	薄宕开一并	凿宕开一从	嚼宕开三从
察右后旗	fa11 ~钱	pɤ11 ~厚	tsɔu11 ~子	tɕiɔu11 ~烂
兴和	fa31 ~钱	pɤ31 ~厚	tsau31 ~子	tɕiau31 ~烂
卓资	fa22 ~钱/faʔ54 惩~	pɤ22 ~厚	——	tɕiɔ22 ~烂
凉城	fa21 ~钱	pɤ21 ~厚	tsɔ21 ~子	tɕiɔ21 ~烂
呼和浩特	fa31 ~钱	pɤ31 ~厚	tsɔ31 ~子	tɕiɔ31 ~烂
	着宕开三澄	勺宕开三禅	镯江开二崇	学江开二匣
察右后旗	tsɔu11 睡~	sɔu11 ~子	tsuɤ11 ~子	ɕiɔu11 ~话/ɕyaʔ5 上~
兴和	tsau31 睡~	sau31 ~子	tsuaʔ5 好~ /ɕyaʔ5 ~习	ɕiau31 好~/ɕyaʔ5 ~习
卓资	tsɔu22 睡~	sɔɔ22 ~子	tsuɤ22 ~子	ɕiɔɔ22 好~/ɕyaʔ54
凉城	tsɔ21 睡~	sɔ21 ~子	tsuo21 ~子	ɕiɔ21 ~会/ɕyaʔ32 ~校
呼和浩特	tsɔ31 睡~	sɔ31 ~子	tsuɤ31 ~子	ɕiɔ31 ~习/ɕyaʔ43 ~习
	白梗开二并	捺山开一泥	落宕开一来	络宕开一来
察右后旗	pɛ11 ~天	na53 ——~/naʔ5 撇~	lɔu35 ~窝鸡/luaʔ5 ~枕	lɔu35 ~子
兴和	pɛi31 ~天	naʔ5	lau24 ~不是/luaʔ5 ~枕	luaʔ5 ~子
卓资	pe22 ~天	naʔ54	luaʔ54	luaʔ54 ~子
凉城	pɛ21	——	lɔ24 树叶~了/luaʔ32 ~后	lɔ24 ~子/luaʔ32 联~
呼和浩特	pɛ31 ~天	naʔ43	lɔ55 ~窝鸡/luaʔ43 ~后	luaʔ43 ~子

注：察右后旗，闸皮：自行车刹车闸上的胶皮。杂碎：羊杂儿。络子：套在妇女发髻上的网状物。察右后旗、卓资、呼和浩特，口舌：背人议论是非（这几天走背运嘞，招唠口舌咧）。

咸山、宕江、梗二等浊入字，今读入声还是舒声，或舒入两读，各点辖字不一，说明古入声字的变化方式或速度不完全相同。

2.2.1 浊入舒化后的声调

有两种：一是浊入都归上声；二是全浊入归平声，次浊入归去声。考察这个问题，需要参考源方言并州片、吕梁片、五台片、大包片的单字调舒入调型对应关系。请看表2。

表2 并州片、吕梁片、五台片、大包片晋语的单字调

片	古声调	平声		上声		去声		入声	
	古声母	浊	清		浊		清		浊
	方言点	麻陈	高开	古口	老	舅	让旧	救	湿	日	直
并州	平遥	13		53		35		ʔ13		ʔ53
	孝义	11		312		53		ʔ2		ʔ312
	太谷	22		323		45		ʔ11		ʔ434

续表

片	古声调	平声		上声		去声		入声		
	古声母	浊	清		浊	清		浊	清	浊
	方言点	麻陈	高开	古口	老	舅	让旧	救	湿	日	直
吕梁	岚县	44	214	312		53		ʔ4		ʔ312
	兴县	55		324		53		ʔ55		ʔ312
五台	五台	33		313		52		ʔ33		ʔ313
	忻州	31		313		53		ʔ2		
大包	天镇	22	31	54		24		ʔ32		
	大同	313	31	54		24		ʔ32		

并州片、吕梁片、五台片五台分阴入、阳入，舒入调型对应关系是，阴入并州片同平声、吕梁片、五台片五台同阳平，阳入都同上声（兴县、五台同阴平上），如果按调值舒化，阳入（浊入）归上声（阴平上）。五台片忻州等点、大包片入声只有一个，调型、调值是浊入与清入合流之后进一步变化了的，不宜直接比对舒入调型对应关系。

1）浊入归上声。集中在咸山。例如：

	炸咸开二崇，油~	闸咸开二崇	铡山开二崇	裂山开三来	月山合三疑
平遥	tsAʔ 53	tsAʔ 53	tsAʔ 53	liAʔ 53	yAʔ 53
太谷	tsaʔ 434	tsaʔ 434	tsaʔ 434	liaʔ11	yaʔ11
岚县	tsʰaʔ 312	tsa312	——	lie312 ~开	ye312 腊~
兴县	tsʰaʔ312	tsʰaʔ312	tsa324	liɛ324	yəʔ312
五台	tsa313	tsa313	tsɑ33	liəʔ 33	yəʔ 33
忻州	tsɑ313	tsɑ313	tsɑ313	liɛ313 ~沿	yɔʔ2
天镇	tsaʔ 32	tsa54	tsaʔ 32	liaʔ 32	yaʔ 32

注：忻州，裂沿：形容器皿边沿外展（"这种碗有些儿~"）（温端政、张光明，1995：105，"裂"用"□"代替）

并州片、吕梁片全浊入有的仍读阳入，有的归上声；次浊入有的仍读阳入（如平遥），有的归阴入（如太谷），有的归上声（如岚县、兴县、忻州的"裂"，岚县的"月"）。根据舒入调型对应关系，阳入归上声是按调值舒化的。再如岚县（沈明，2014）：匣单念 xa312：匣梳头~子 xaʔ 312｜贼抓~tsei312；孝义（郭建荣，1989）：倔强悍｜喻人生硬 tɕyaʔ312｜勺打油~tsʰɛ312：勺~子ʂəʔ 312｜触~动 tsʰuɣ312｜食打野~ʂɿ312：食ʂəʔ 312｜十十天：请~ʂɿ312：十 ʂəʔ 312。也就是说，浊入归上声比较早，可能由最早的一批移民带到了内蒙古张呼片。

2）全浊入归平声，次浊入归去声。这种情形也见于五台片、大包片晋语。例如：

	杂咸开一从	匣咸开二匣	罚山合三奉	滑山合二匣
五台	tsaʔ33 ~碎	ɕia33	faʔ33 ~钱	xua313 ~倒
忻州	tsʰaʔ2 ~碎	xaʔ2 风~	faʔ2 ~钱	xuaʔ2 ~倒
天镇	tsaʔ32 ~碎	ɕia22 风~	faʔ32 ~钱	xuaʔ32 ~倒
大同	tsa313 ~碎	ɕia313	fa313 ~钱	xua313 ~倒

	舌山开三船	薄宕开一并	凿宕开一从	嚼宕开三从
五台	səʔ33 ~头	pʰuɔʔ33 ~厚	tsɔ313 ~子	tɕiɔ313 ~子
忻州	ʂʅʔ2 ~头	pʰuɔʔ2 ~厚	tsʰɔʔ2 ~子	tɕiɔ31 ~子
天镇	ʂaʔ32 ~头	paʔ32 ~厚	tsɔu22 ~子	——
大同	ʂɤ313 ~头	po313 ~厚	tsɤ313 ~子	tɕiɤ313 ~子

	着宕开三澄，睡~	勺宕开三禅	镯江开二崇	学江开二匣
五台	tsʰɤʔ33	sɑ33 ~子	suəʔ33	ɕiɑ33 ~会/ɕiəʔ33 ~校
忻州	tsuəʔ2	ʂɔ31/ʂuəʔ2 ~子	tsuɔʔ2	ɕiɔ31 ~不会/ɕiɤʔ2
天镇	tʂuəʔ32	ʂɔu22/ʂaʔ32 ~子	tʂuəʔ32	ɕiɔu22 ~说/ɕiaʔ32 ~习
大同	tʂɤ313	ʂɤ313 ~子	tʂuo313	ɕiɤ313 上~/ɕyaʔ32 ~习

	白梗开二并	落宕开一来	络宕开一来	烙宕开一来
五台	pʰiəʔ33 ~萝卜/pɛ213 ~菜	lɑ52 ~窝鸡/luəʔ33 ~后	lɑ52 ~子/lɔʔ33 联~	lɑ52 ~饼/luəʔ33 ~铁
忻州	pæ31 ~菜，~吃/pʰiɛʔ2 ~净	lɔʔ2	lɔʔ2	lɔ53
天镇	pɛe22	luaʔ32	luaʔ32	lɔu24
大同	pɛe313	lɤɑ24 ~枕/luaʔ32 ~后	lɤɑ24/luaʔ32 联~	lɤɑ24

全浊入归阳平，次浊入归去声，是按调类舒化的。

2.2.2 浊入舒化后的韵母

1）咸山舒化归果假。晋语咸山入声韵今收喉塞尾［-ʔ］、分一二等的，比如太原、忻州、长治等点，一等开口见系、合口、三四等读［*əʔ ieʔ uəʔ yeʔ］，二等一等非见系今读［*aʔ iaʔ uaʔ］，不论是按音值还是按音类舒化，都归果假。浊入按调值归化归上声，如"炸 油~铡闸 ꞈtsa、月 ꞈye 腊~裂 ~开 ꞈlie"；全浊入按调类舒化归阳平，如"杂 ꞈtsa、罚 ꞈfa、舌 = 蛇 ꞈʂɤ、滑 = 铧 ꞈxua"。

2）宕江舒化归效、果。晋语宕江入声韵多合流到咸山，自成韵类的目前只见于吕梁片岚县（沈明，2014），保留在"薄厚的 ~ 的 pʰɔʔ312"一个字里，是残存还是借来的，目前不好判断。

忻州（温端政，1985）宕江入声韵今读［ɔʔ iɛʔ uɔʔ］（［iɛʔ］是主要元音［ɔʔ］受

[i-]介音的影响而偏前），与咸山一等开口见系、合口、三四等同音。也就是说，入声韵咸山分一二等，一等开口见系、合口、三四等今读［ɔʔ ɕuʔ yʔ yoʔ］，二等一等非见系今读［aʔ ia ʔ uaʔ］；宕江与咸山一等开口见系、合口、三四等同音，例如，搁宕开一 = 割山开一 kɔʔ2｜着宕开三 = 摺咸开三tʂɔʔ2｜脚宕开三角江开二 = 接咸开三节山开四 tɕiɛʔ2｜学江开二 = 歇山开三 ɕiɛʔ2｜药宕开三 = 叶咸开三噎山开四 iɛʔ2｜薄宕开一 = pʰɔʔ2；剥江开二 = 拨山合一 puɔʔ2。似可假设，入声韵咸山、宕江曾分别自成韵类，之后宕江合流到了咸山一等。

宕江自成韵类［ɔʔ *iɔʔ ɕuʔ］的时候，不论是按音值还是按音类舒化，都归效摄。全浊入按调值舒化归上声（阴平上），按调类舒化归阳平；次浊入归去声。例如：

| 五台 | 凿 = 早糟 tsɑɔ313 | 嚼 = 绞交 tɕiɑɔ313 | 勺 = 韶 sɑɔ33 | 学 ɕiɑɔ33 | 落 = 涝 lɑɔ52 |
| 忻州 | 着睡~ = 招 tʂɔ313 | 嚼 tɕiɔ31 | 勺 = 韶 ʂɔ31 | 学 ɕiɔ31 | 落 = 涝 lɔ53 |

"薄［* ₌po］、镯［* ₌tʂou］"归果摄阳平（平声）是按音类舒化的。例见上文大同、察右后旗、兴和、卓资、凉城、呼和浩特等点的例子。

3) 梗开二"白"的读音。对比举例如下：

太谷	兴县	五台	忻州	天镇	察右后旗	呼和浩特
piaʔ434 ~的	pʰiəʔ312 ~日	pʰiʔ33 ~萝卜	pʰiɛʔ2 ~净	pɛɛ22	pɛɛ11 ~天	pɛ31 ~天
pai22 ~塔	pai55 ~面，~菜	pɛ33 ~菜	pæ31 ~天			

大包片、张呼片"白"只有一读［* ₌pai］，归蟹一二等阳平（平声），是按音类舒化的。

2.3 清入今读

绝大多数读入声（举例略）；个别字舒入两读或归平声（阴平）、上声。例如：

	刮山合二见	挖山合二影	角江开二见
察右后旗	kuaʔ5 ~风/kua11 ~刀	ua11	tɕiaʔ5 牛~ /tɕiau53 吃~~
兴　和	kuaʔ5 ~风/kua31 ~胡子	vaʔ5 ~开/va31 ~掘机	tɕiaʔ5 牛~/tɕiau53 ~度
卓　资	kuaʔ54 ~风	vaʔ54/va22	tɕyaʔ54 ~ ~
凉　城	kuaʔ32 ~风/kua21 ~脸	vaʔ32	tɕiaʔ32
呼和浩特	kuaʔ43 ~风/kua31 耳~子	vaʔ43 挑~/ua31	tɕiaʔ43 牛~/tɕiɔ53 吃~~
大　同	kuaʔ32 ~风/kua31 ~~	vaʔ32	tɕyaʔ32 ~子/tɕiɐu54 牛犄~儿

续表

		刮山合二见	挖山合二影	角江开二见
忻	州	kuaʔ2 ~风/kuɑ313 ~脸	uaʔ2	tɕia ʔ2
五	台	kuaʔ33 ~风	uəʔ33 ~地/uɑ313 ~土机	tɕiəʔ33
岚	县	kuaʔ4	uaʔ4 挑牙~刺/ua214 耳~子	tɕyaʔ4 辣~子
太	谷	kuaʔ11 ~风/kuɒ22 ~脸	uɒ22 ~井儿	tɕiaʔ11

注释：察右后旗、呼和浩特、圪角角、小角落、卓资、角角：牛角。呼和浩特、耳刮子：耳光。岚县、挑牙挖刺：找茬儿。耳挖子：挖耳朵勺儿。辣角子：辣椒。大同、角子：蒸饺儿。

清入舒化，二等韵山摄归假摄平声（阴平），如"刮 = 瓜 ˉkua丨挖 = 洼 ˉua"；江摄归效摄上声，如"角 = 绞 ˇtɕiau"，都是按音类舒化的。

接下来的问题是，舒化为什么集中在咸山、宕江、梗二等浊入字，尤其是全浊入声字上？

3. 内蒙古张呼片晋语入声舒化的条件

该片晋语的入声舒化，和古韵摄有关，也和声母清浊有关。

3.1 入声舒化和古韵摄有关

来源于深臻曾梗三四等通的保留入声，来源于咸山、宕江、梗二等的舒化，也见于其他晋语，如吕梁片汾西（乔全生，1990）、志延片延川（张崇，1995）、五台片绥德（黑维强，2016）、并州片清徐（潘耀武，1990）。举例时清入、全浊入对举，请看表3。

表3 晋语入声舒化与古韵摄相关举例

	瞎山二晓	匣咸二匣	百江二帮	白江二並	喝咸一晓	合咸一匣	豁咸一晓	活咸一匣
汾西	xɑ11	xa35	pI11	pʰə3	xu11	xə3	xu11	xuə3
延川	xʌ423	ɕiʌ35	pɤ423	pʰɤʔ54	xɤ423	xɤ35	xuɤ423	xuɤ35
绥德	xa33		pie33		xə33		xuo33	
清徐	xa11	xaʔ54	pia11	piaʔ54	xa11	xaʔ54	xua11	xuaʔ54
	作宕一精	着宕三澄	脚宕三见	嚼宕三从	接咸三精	截山四从	血山四晓	穴山四匣
汾西	tsu11	tsʰə3	tɕiu11	tɕʰiu35	tɕiI11	tɕiI35	ɕyI11	ɕyə3
延川	tsɤ423	tʂuɤ35	tɕiE423	tɕʰiE35	tɕiE423	tɕʰiE35	ɕyE423	ɕyE35
绥德	tsə33	tʂə33	tɕye33	——	tɕie33	tɕʰie33	ɕye33	
清徐	tsa11	tsuaʔ54	pia11	tɕyaʔ54	tɕia11	tɕiaʔ54	ɕya11	ɕyaʔ54

续表

	湿深三书失臻三书识曾三书适梗三书		拾深三禅实臻三禅食曾三船石梗三禅		督通一端	毒通一定
汾西	sə1		sə3			tʰuə3
延川	ʂɤʔ423		ʂɤʔ54		tuɤʔ423	tʰuɤʔ54
绥德	ʂʂʔ3				tuəʔ3	
清徐	sɤʔ2		sɤʔ54		tuəʔ54	
	级深三见吉臻三见		集深三从极曾三群	菊通三见	局通三群	戌臻三心	俗通三邪
汾西	tɕiə1		tɕʰiə3	tɕyə1	tɕʰyə3	çyʔ1	çyə3
延川	tɕiɤʔ423		tɕʰiɤʔ54	tɕʰyɤʔ423	tɕyɤʔ54	çyɤʔ423	çyɤʔ54
绥德	tɕyəʔ3			tɕyəʔ3		çyəʔ3	
清徐	tɕiəʔ2		tɕiəʔ54	tɕyəʔ2	tɕyəʔ54	çyəʔ2	çyəʔ54

归纳如表 4 所示。

表 4　晋语入声舒化与古韵摄相关类型

	咸山、宕江、梗二等		深臻曾梗三四等通	
	清入、次浊入	全浊入	清入、次浊入	
汾西	咸山二等 a ia ua, 咸山宕一等 u, 咸山三四等 iI uI yI, 宕三等江 iu		ə iə uə yə	
	阴平 11	阳平 35	阴入 3	阴入 1
延川	咸山二等A iA uA, 咸山一三四等、宕江 ɤ iEuɤ y E, 梗二等 ɜ		ɜʔ iɜʔ uɜʔ yɜʔ	
	独立长调 423	阳平 35	阳入 ʔ53	阴入 ʔ423
绥德	咸山、江 a ia ua, 咸山一三四等、宕梗二等 ə ie uo ye		əʔ iəʔ uəʔ yəʔ	
	阳平 33		入声 ʔ3	
清徐	咸山、宕江、梗二等 a ia ua ya	咸山、宕江、梗二等 aʔ iaʔ uaʔ yaʔ	əʔ iəʔ uəʔ yəʔ	
	平声 11	阳入 ʔ54	阴入 ʔ2	

看韵类分合关系，汾西宕三等江 [iu] 自成韵类，其他各点宕江、梗二等都已合流到咸山。看入声韵的等，一二等不同，咸山见于汾西、延川、绥德；曾梗见于绥德、清徐。舒化后的声调，全浊入都归阳平（清徐除外），属于按调类舒化；清入、次浊入，汾西归阴平 11（<阴入 1），延川 423 自成调类（<阴入 ʔ423），清徐归平声 11（<阴入 ʔ2），绥德归阳平 33（<入声 ʔ3），都属于按调值舒化。也就是说，咸山、宕江、梗二等入声韵率先舒化，全浊入按调类舒化，清入多按调值舒化，在晋语里不是孤例。

3.2　入声舒化和声母清浊有关

3.2.1　全浊入舒化归阳平（平声），清入多保留入声调。广泛见于边缘地带的晋语。

晋语东部边缘，是河北西北部的张呼片（与内蒙古张呼片相连成片）、河北西部与河南北部的邯新片晋语。以河北张呼片阳原化稍营（赵晓阳，2021）、邯新片磁漳小片永年（李旭，2008）、获济小片获嘉（贺巍，1989）为例，举例时全浊入、清入对举。

	拔山並	八山帮	炸咸从	扎山庄	匣咸匣	瞎山晓	舌山船	设山书
阳原	pa42	pɐʔ32	tsa42	tsaʔ32	ɕia42	ɕiɐʔ32	ʂə42	ʂɐʔ32
永年	pəʔ32	pəʔ32	tʂɔ53	tsəʔ32	ɕiɔ53	ɕiəʔ32	ʂəʔ32	ʂəʔ32
获嘉	pa31	paʔ33	tsa31	tsaʔ33	ɕia31	ɕiɐʔ33	ʂɤ31～舌	ʂɐʔ33
	碟咸定	跌咸端	活山匣	豁山晓	薄宕並	剥江帮	凿宕从	作宕精
阳原	tiɛ42～儿	tiɛʔ32	xua42	xuɐʔ32	poɔ42	puɐ42	tsɔ42	tsuɐʔ32
永年	tiəʔ32	tiəʔ32	xuo53	xuɐʔ32	pəʔ32	pəʔ32	tsuəʔ32	tsuəʔ32
获嘉	tiɛ31	tiɛʔ33	xuɤ31	xuaʔ33	pɤ31	paʔ33	tsuɤ31	tsuaʔ33
	学江匣	削宕心	白梗並	百梗帮	集深从	急深见	实臻禅	失臻书
阳原	ɕioɔ42	ɕyɐʔ32	pɛ42	piɐ32	tɕi42	tɕiəʔ32	ʂəʔ32	ʂəʔ32
永年	ɕyə53	suəʔ32	piəʔ32	piəʔ32	tɕi53	tɕi53	ʂəʔ32	ʂəʔ32
获嘉	ɕyɤ31	ɕyaʔ33	pai31～面	pɛʔ33	tɕi31	tɕi31	ʂəʔ33	ʂəʔ33
	直曾澄	织曾章	席梗邪	惜梗心	毒通定	督通端	熟通禅	叔通书
阳原	tʂəʔ32	tʂəʔ32	ɕiɐʔ32	ɕiɐʔ32	tuəʔ32	tuəʔ32	ʂou42	ʂuəʔ32
永年	tʂʅ53	tʂəʔ32	siʔ32	siʔ32	tu53	tu53	ʂu53	ʂu55
获嘉	tʂəʔ33	tʂəʔ33	ɕi31	——	tu31太～	tuʔ33	ʂu31煮～	ʂuʔ33

这种情形还见于邯新片磁漳小片的赞皇（王静，2013）、平山下口（秘娟娟，2008）、成安（霍帅帅，2014）、涉县（史慕菡，2019）、临漳（田静，2014）、元氏、磁县（李旭，2008），获济小片的林州（王珂，2008）、安阳（苏欣，2014）、卫辉（张晋慧，2018）等。也就是说，河北西部从北到南，再到河南北部沿太行山麓的晋语，全浊入绝大多数字已归阳平，辖字从咸山、宕江、梗二等扩大到了深臻曾梗三四等通，而清入则多保留入声调。

晋语西部边缘是陕北五台片，入声调只有一个。比如子洲何家集，今入声调ʔ3来源于清入、次浊入与部分全浊入，另一部分全浊入归上声314，说明入声调曾经分阴入ʔ3、阳入[*ʔ314]，阳入[*ʔ314]部分字按调值舒化归上声314，部分归清入ʔ3（沈明，2007）。

3.2.2 全浊入归清入。见于并州片、吕梁片、五台片、上党片晋城小片。

并州片如太原（沈明，1993），老派分阴入（清入、次浊入）ʔ2、阳入（全浊入）ʔ54，例如：八 paʔ2 ≠ 拔 paʔ54｜豁 xuəʔ2 ≠ 活 xuəʔ54｜削 ɕyəʔ2 ≠ 学 ɕyəʔ54｜湿失 səʔ2 ≠ 拾实石 səʔ54｜吉 tɕiəʔ2 ≠ 集 tɕiəʔ54｜督 tuəʔ2 ≠ 毒 tuəʔ54。中派入声调只有一个 ʔ2，保留的是老派的阴入 ʔ2。

吕梁片如岚县（沈明，2014），部分全浊入已合流到清入（阴入）ʔ4。例如：达 = 答 taʔ4 | 杰捷 = 接 tɕieʔ4 | 绝撅 = 决 tɕyeʔ4 | 择 ~日子 泽 = 摘窄 tʂɿeʔ4 | 植 ~物 = 织质 tsəʔ4 | 敌狄 ~仁杰 = 滴德 tiəʔ4 | 局 = 足 tɕyəʔ4。再如陕北佳县佳芦、坑镇，吴堡宋家川、岔上、张家山，"只有古浊入归阴入，没有古清入今读阳入的。"（李建校，2006）

上党片晋城小片如晋城（沈慧云，1983；沈明，2005），入声调只有一个 ʔ2，但入声儿化变调有两个，清入归阴平 33，浊入归去声 53，例如：汁墨 ~儿 tʂər2 – 33、沫 ~儿 mər2 – 53、盒纸 ~儿 xər2 – 53，说明入声调曾分阴入 ʔ2，阳入 ʔ[*54]，之后原阳入 ʔ[*54] 合流到了阴入 ʔ2。

全浊入合流到清入，是典型的晋语入声调类的演变方式。

放到更大范围来看，汉语方言的清入比较稳定，多自成调类；全浊入则不够稳定，晋语合流到清入，湘语多归去声（阴去或阳去），湘南土话多归去声或阴平，等等。至于全浊入为什么不够稳定，牵扯的问题较多，需要另行研究。

4. 内蒙古张呼片晋语入声调的演变方式

咸山、宕江、梗二等全浊入今声调，土词儿里用的多归平声、少归上声，文词儿或借入的词（折合成晋语的读音）里用的，多合流到清入。由此推断，该片晋语的入声调曾经分阴入（清入）、阳入（浊入），之后阴入保留入声调，阳入向两个方向变，一是舒化，二是合流到阴入。

4.1 入声舒化的方式与时间

4.1.1 晋语的方式被官话方言的方式取代。浊入舒化，咸山"炸铡闸 [*ꜗtsa]、裂 [*ꜗlie] 月 [*ꜗye]"归假果上声，属于晋语的方式；全浊入咸山归假摄平声、宕江归效摄（果摄）平声（次浊入归效摄去声）、梗开二归蟹摄平声，属于官话方言的方式。晋语的方式是早期的，之后被官话方言的方式取代。全浊入归平声之时，清入仍保留入声调，比如察右后旗：发钱 faʔ5 tɕʰie11 ≠ 罚钱 fa11 tɕʰie11 | 瞎子 ɕiaʔ5 l̥0 ≠ 匣子 ɕia11 l̥0 | 发了 发财了 faʔ5 la – 35 ≠ 乏了 累了 fa11 la – 35 | 桌子 tsuaʔ5 l̥0 ≠ 镯子 tsuɤ11 l̥0 | 百天 婴儿出生百日 piaʔ5 tʰie11 ≠ 白天 pai11 tʰie11。如果入声调类从来没有分化过，或者是全浊入合流到清入之后，再按调类舒化归平声，应当不会分得这么整齐。

4.1.2 全浊入、清入舒化都归平声，但时间不同。先看例子。

	匣 咸开二匣	舌 山开三船	学 江开二匣
察右后旗	ɕia11 ~子	sɤ11 ~头/saʔ5 口~	ɕiou11 ~话/ɕyaʔ5 上~
兴 和	ɕia31	sɤ31 ~头/saʔ5 口~	ɕiau31 不~好/ɕyaʔ5 ~习

续表

	匣咸开二匣	舌山开三船	学江开二匣
卓资	ɕia22 ~子/ɕiaʔ54 风~	sʮ22 ~头/saʔ54 口~	ɕiɔ22 ~好/ɕyaʔ54
凉城	ɕia21 ~子/ɕiaʔ32 风~	sʮ21 ~头	ɕiɔ21 ~会/ɕyaʔ32 ~校
呼和浩特	ɕia31 ~子/ɕiaʔ43 风~	sʮ31 ~头/saʔ43 口~	ɕiɔ31/ɕyaʔ43 ~习
	刮山合二见	挖山合二影	角江开二见
察右后旗	kuaʔ5 ~风/kua11 ~刀	ua11	tɕiaʔ5 牛~~/tɕiau53 圪~~
兴和	kuaʔ5 ~风/kua31 ~胡子	vaʔ5 ~开/vaʔ31 ~掘机	tɕiaʔ5 牛~~/tɕiau53 ~度
卓资	kuaʔ54 ~风	vaʔ54/va22	tɕyaʔ54 ~~
凉城	kuaʔ32 ~风/kua21 ~脸	vaʔ32	tɕiaʔ32
呼和浩特	kuaʔ43 ~风/kua31 耳~子	vaʔ43 挑~/ua31	tɕiaʔ43 牛~/tɕiɔ53 圪~~

从舒入两读的词例看，全浊入土词儿读平声，文词儿或借入的词（折合成晋语的读音）读入声。比如，"匣~子［*ɕia］"与"匣风~：风箱［*ɕiaʔ］"，并州片、大包片、张呼片乌兰察布等管"风箱"叫"鞴 paiᒆ"，"风匣"是借入的词。"舌~头［*ʂʮ］"与"舌口~：背后议论是非［*ʂəʔ］"，"口舌"用的是引申义。"学~话、你不会就~了哇、~会~不会、~好［*ɕiau］"与"学~校、上~、~习［*ɕyeʔ］"，"学校"等是文词儿。"乏~啦：累了［*fa］"与"乏缺~［*faʔ］"，"缺乏"也是文词儿。

清入正好相反。土词儿读入声，文词儿或借入的词等读平声。比如，"刮~风［*kuaʔ］"与"刮~刀、~胡子、~脸、耳~子：耳光［*kua］"，"刮刀"是后起的物件儿；"刮胡子、刮脸"，晋语一般说"剃胡子"；"耳刮子耳光"，晋语说"屄兜［*pi təu］"。"角牛角；蒸饺［*tɕyaʔ］"与"角圪~~：小角落［*tɕiau］"，角落，晋语说"圪捞ᒆ小角落［*kəʔ lau］"（"角"的分音），"圪捞ᒆ捞ᒆ小角落"重叠表小，"圪角角"是用了晋语的构形，混搭了借入的"角［*tɕiau］"。

全浊入舒化在前，清入舒化在后。这个问题有人意识到了。马文忠（1994：58）分析大同话的时候说："这些两读的入声字，进入实际词语后，有的读入声的词语占优势，有的读舒声的词语占优，这说明它们的由入转舒也不是同时起步的。"兴和张皋（丁晓霞，2018：81）处理成了文白异读，比如，"角"tɕiaʔ5（白）牛~~｜tɕiau53（文）~度、"学"ɕyaʔ5（文）~校｜ɕiau31（白）不~好。总的来看，全浊入归平声属于系统性借入，清入归平声属于词汇扩散式借入，都用了官话方言的方式，但性质不完全相同。

4.1.3 "轴、熟、肉、粥"今读。这几个字都来源于通摄合口三等屋韵，舒化后归流摄，全浊入、清入归平声，次浊入归去声。与大包片、五台片、吕梁片、并州片对比举例如下：

	轴澄	熟禅	肉日	粥章
察右后旗	tsʁu53 车~	sʁu11 饭~/suəʔ5 ~惯	ʐʁu53 吃~/ʐuəʔ5 ~吸＝吸＝的	tsʁu35
兴　和	tsəu31	səu31 煮~/suəʔ5 ~悉	zəu24	tsəu31
卓　资	tsəu22	səu22 饭~/suəʔ54 ~悉	zəu14	tsəu22
凉　城	tsəu21	səu21 ~的/suʁʔ32 ~练	zəu24	tsəu21
呼和浩特	tsəu31	səu31	ʐəu55	tsəu31
大　同	tʂəu313	ʂəu313/ʂuəʔ32 ~惯	ʐəu24	tʂəu31
五　台	tʂei313	ʂuəʔ2	ʐei52	tsei313
忻　州	tʂəu313	ʂuəʔ2	ʐəu53	tʂəu313
岚　县	tsʌu312 ~皮	suəʔ 312	ʐʌu53/ʐuɑʔ24 ~桂	tʂʌu214
太　谷	tsɯmeʂ434 车~	suəʔ 434	zɐu45/ʐʅmeʂ 434 ~刺	tsuəʔ11

注：察右后旗，肉吸＝吸＝的：胖人肉多的样子。

"轴"，太谷、岚县、五台、忻州、察右后旗归流开三上声（阴平上），和"肘［ᶜtʂəu］"同音，属于按调值舒化；其他点归阳平（平声），属于按调类舒化。察右后旗的"轴"两读，轴车~：旧式大车的轴 tsʁu53、轴~承 tsʁu11，从词例可知，归上声略早，归平声略晚。

"熟"并州片、吕梁片都读阳入（五台片入声）；大包片、张呼片舒入两读，"熟生的~、~的［*ᵴʂəu］"与"熟~悉、~惯［*ʂuəʔ₃］"，"熟悉"比较文，"熟惯"是个混搭的词，晋语区人与人相熟说"惯"，比如太原："我们处唠几十年咧，两家可惯嘞。"后来借入官话方言的"熟"，折合成晋语的读音，太原混搭成"惯熟"，大同、丰镇等方言混搭成"熟惯"。

"肉"太谷、岚县、察右后旗舒入两读，读去声借入了官话方言的读音，读入声残存在"肉桂、肉刺"一类的词里。

"粥"多读平声（大包片阴平、五台片阴平上），察右后旗"粥＝皱 tsʁu53"，归去声53和儿化变调相同。"粥"少数晋语说，比如太谷："粥 tsuəʔ11｜清徐：粥儿 tsua11 ai11"，都读阴入（清徐平声）；多数晋语不说，比如，岚县叫"清饭 tɕʰi214-35 faŋ35"，太原叫"稀饭 ɕi11 fæ45"。近二十年来，有罐装的腊八粥、八宝粥之类，才说"粥［*ᶜtʂəu］"，字音是新近借入的。

也就是说，通合三屋韵归流开三用了官话方言的方式。有的舒化时间较早，《梦溪笔谈》（卷一）记有"今河朔人谓肉为揉，谓赎为树"（中华书局2015年版，第276页）"肉""揉"韵母相同，但声调不合。这个问题尚待研究。

4.2　张呼片晋语入声调的演变方式

该片晋语入声调的演变方式，有晋语的，也有官话方言的。以察右后旗为例，其过程大体是：

— 407 —

		浊入 *ʔ54		清入 ʔ5
宕江 *auʔ *iauʔ		→效平/果平：勺=韶 sau¹¹、嚼=浇 tɕiau¹¹、薄=菠 pɤ¹¹		作桌 tsaʔ⁵ ↓
咸山二等 aʔ iaʔ uaʔ yaʔ	↗入声：达=答 taʔ⁵、截=接 tɕiaʔ⁵、活=豁 xuaʔ⁵、绝橛=决 tɕyaʔ⁵			
	→假上：炸闸铡 tsa⁵³、捺 na⁵³			
三四等 *əʔ *iəʔ *uəʔ *yəʔ	↘假平：拔=疤 pa¹¹、匣=霞 ɕia¹¹、舌=蛇 sɤ¹¹；刮=瓜 kua¹¹			
深臻曾梗通 əʔ iəʔ uəʔ yəʔ	→入声：石=湿 səʔ⁵、集=吉 tɕiəʔ⁵、毒=督 tuəʔ⁵、局=菊 tɕyəʔ⁵			
	↘流摄：轴=肘 tsɤu⁵³/轴=周 tsɤu¹¹、熟=收 sɤu¹¹			

这样的过程有以下两种理解。

第一，分两层。晋语层、官话方言层。全浊入土词儿归上声、文词儿归清入属于晋语层，土词儿归平声属于官话方言层。土词儿先舒化，与核心区域的并州片、吕梁片晋语相反，这两片晋语土词儿都读阳入调，极为稳固。

第二，分三层。晋语层、官话方言层、晋语层。即，全浊入归上声（并州片底层）——土词儿归平声（五台片、大包片、周围的官话方言）——文词儿归清入（并州片太原一带）。这可能跟晋语区移民的持续进入有关，也可能跟晋语区强势方言，比如太原一带晋语的影响有关。

5. 结语

综上所述，内蒙古张呼片晋语全浊入的演变，采用了两种方式：一是晋语的，早期按调值舒化归上声，晚期合流到清入调；二是官话方言的，按调类舒化归平声。按调值舒化属于演变，按调类舒化、按晋语的方式合流到清入，都属于层次。

该片晋语既有源方言并州片一带晋语的底层，又加上持续进入的五台片、大包片晋语以及周围官话方言的影响，尽管表层音系简单，但系统内部并不那么简单。

材料来源（35 种）

内蒙古张呼片晋语 5 种：

丁晓霞：《兴和（张皋）方言音系研究》，硕士学位论文，西北大学，2018 年。

王葛林：《内蒙古卓资方言语音研究》，硕士学位论文，陕西师范大学，2012 年。

王婧：《内蒙古张呼片晋语语音研究》，博士学位论文，中国社会科学院大学（研究生院），2019 年，乌兰察布、丰镇、察哈尔右翼前旗、察哈尔右翼中旗（四义和）、商都、化德、太仆寺旗的单字调。

王雪梅：《内蒙古晋语凉城话及其变异研究》，中国文史出版社 2013 年版。

邢向东：《呼和浩特话音档》，上海教育出版社 1998 年版。

山西晋语 13 种：

郭建荣：《孝义方言志》，语文出版社1989年版。
韩沛玲：《山西方言音韵研究》，商务印书馆2012年版。
马文忠、梁述中：《大同方言志》，语文出版社1986年版。
潘耀武：《清徐方言志》，山西高校联合出版社1990年版。
乔全生：《汾西方言志》，山西高校联合出版社1990年版。
乔全生、陈丽：《平遥话音档》，上海教育出版社1999年版。
沈慧云：《晋城方言志》，《语文研究》增刊，1983年。
沈明：《太原方言词典》，江苏教育出版社1993年版。
沈明：《山西岚县方言》，中国社会科学出版社2014年版。
孙小花：《五台方言研究》，九州出版社2009年版。
温端政：《忻州方言志》，语文出版社1985年版。
谢自立：《天镇方言志》，山西高校联合出版社1990年版。
杨述祖：《太谷方言志》，《语文研究》增刊，1983年。
陕北晋语3种：
黑维强：《绥德方言调查研究》，北京师范大学出版社2016年版。
李建校：《陕北晋语语音研究》，博士学位论文，北京语言大学，2006年。
张崇：《延川县方言志》，语文出版社1995年版。
河北张呼片晋语2种：
张滢：《张家口晋语语音研究》，博士学位论文，北京语言大学，2016年。
赵晓阳：《河北阳原（化稍营）方言同音字汇》，《方言》2021年第2期。
河北、河南邯新片晋语10种：
秘娟娟：《平山下口话语音研究》，硕士学位论文，河北师范大学，2008年。
贺巍：《获嘉方言研究》，商务印书馆1989年版。
霍帅帅：《河北成安方言语音研究》，硕士学位论文，河北师范大学，2014年。
李旭：《河北省中部南部方言语音研究》，博士学位论文，山东大学，2008年，元氏、永年字音。
史慕菡：《涉县方言语音研究》，硕士学位论文，天津师范大学，2019年。
苏欣：《安阳方言语音研究》，硕士学位论文，天津师范大学，2014年。
田静：《临漳方言语音研究》，硕士学位论文，天津师范大学，2014年。
王静：《河北赞皇方言语音研究》，硕士学位论文，河北师范大学，2013年。
王珂：《林州方言语音调查研究》，硕士学位论文，福建师范大学，2008年。
张晋慧：《河南卫辉方言语音调查研究》，硕士学位论文，上海师范大学，2018年。
察右后旗由笔者2017年9月、2018年5月调查。二连浩特声调材料由陕西师范大学邢向东教授提供。

参考文献

曹树基：《中国移民史》（第六卷），福建人民出版社1997年版。

曹志耘：《吴徽语入声舒化的方式》，《中国语文》2002 年第 5 期。

侯精一：《内蒙古晋语记略》，《中国语文》1986 年第 2 期。

侯精一：《晋语区的形成》，《现代晋语的研究》，商务印书馆 1988/1999 年版。

马文忠：《大同方言入声字两读详例》，《语文研究》1994 年第 3 期。

内蒙古社科院历史所《蒙古族通史》编写组：《蒙古族通史》，民族出版社 1991 年版。

沈明：《山西方言韵母一二等的区别》，《中国语文》1999 年第 6 期。

沈明：《晋东南晋语入声调的演变》，《语文研究》2005 年第 4 期。

沈明：《晋语五台片入声调的演变》，《方言》2007 年第 4 期。

沈明、秋谷裕幸：《吕梁片晋语的过渡性特征》，《中国语文》2018 年第 4 期。

温端政、张光明：《忻州方言词典》，江苏教育出版社 1995 年版。

中国社会科学院语言研究所、中国社会科学院民族学与人类学研究所、香港城市大学语言资讯科学研究中心：《中国语言地图集》（第 2 版），商务印书馆 2012 年版。

（原文刊于《中国语文》2022 年第 5 期）

浙西南吴语"鸡嗉子"读音的本字*

——兼论浙西南吴语模、虞韵读如鱼韵白读现象

谢留文

(中国社会科学院大学/中国社会科学院语言研究所，电邮：xlw196800@163.com)

提　要：浙西南吴语"鸡嗉子"的"嗉"，方言文献都写成同音字"卸=、细="。论文通过对浙西南吴语遇摄模韵读音层次的辨析，指出模韵有读同鱼韵的白读层次，其本字就是一等模韵的"嗉"字。浙西南吴语与江西赣语，模韵和虞韵都有读同鱼韵白读的层次，反映了二者早期音韵特征上的密切关系。

关键词：浙西南吴语；鸡嗉子；读音层次；本字

1. 引言

浙西南和赣东北一些吴语，"鸡嗉子"说"卸=、鸡卸=、鸡卸=袋、鸡细="，见表1①。

表1　浙西南和赣东北吴语"鸡嗉子"的读音

浙西南吴语	江山	广丰	开化	常山	玉山	庆元
鸡嗉子的说法	鸡卸= iə24 ɕiə52	鸡卸= ki52 ɕie0	鸡卸=袋 ie44 ɕie44 dɛ212	卸= ɕie423	鸡卸= ki45 ɕie0	鸡细= ie33 ɕie11

广丰、玉山是赣东北吴语，其他都是浙西南吴语，二者在地理上连成一片。为了行文方便，下文说的浙西南吴语也包括赣东北广丰、玉山吴语。

"卸=、细="都是同音字，本字不明。开化"卸="读的是变调，其他均为本调或轻声。

本文讨论"卸=、细="读音的本字。这个问题，要结合赣语的相关情况来看。

---

* 本文部分内容曾在浙江省语言学会方言研究会第一届年会（浙江师范大学，2019年11月23日）宣读。

① 表1语料引自曹志耘、秋谷裕幸主编《吴语处衢方言研究》（2000），秋谷裕幸《吴语江山广丰方言研究》（2001）。

2. 浙西南吴语鱼韵字的白读层次

谢留文（2020）讨论赣语"鱼虞有别"的层次。指出，赣语鱼韵区别于虞韵的白读层为［e/ie ɛ/iɛ］。少数赣语遇摄三等虞韵和一等模韵都有读同鱼韵白读的层次。

赣语一等模韵读同鱼韵白读的层次，见表2。

表2　赣语一等模韵读同鱼韵白读的层次

赣语	南昌塔城	萍乡	余干	黎川	南丰城关杨梅村
蜈~蚣	₌ȵie	₌ŋɛ	₌ȵie		
嗦（鸡）~子				sɛ˧/ɕiɛ˧	ɕiɛ˧

赣语遇摄一等模韵读同鱼韵白读的字有两个："蜈~蚣"和"嗦鸡~子"。江西赣南于都客家话"嗦"也读［sɛ˧］，韵母同鱼韵白读。

顺着这个思路，浙西南吴语的"卸=、细="韵母有没有可能来源于鱼韵的白读？

我们先考察浙西南吴语鱼韵字的白读音情况。

根据秋谷裕幸（2001：11，48），江山、广丰方言鱼韵字的白读音，见表3。

表3　江山、广丰方言鱼韵字的白读音

	江山	广丰
鱼韵白读1	知组：猪 tɒ44 ｜ 庄组：锄 sɒ313	知组：猪 tɑ445 ｜ 庄组：锄 sɑ341
鱼韵白读2	泥组：驴 liə313 ｜ 精组：徐 sə313 ｜ 知组：箸 dʑie31 ｜ 除 də313 ｜ 章组：煮 iə243 ｜ 见晓组：锯 kə52 ｜ 许 xə243	知组：箸 dʑie223 ｜ 除 dɤ341 ｜ 章组：煮 ie52 ｜ 见晓组：锯 ke424 ｜ 去 kʰɤ424 ｜ 许 xɤ52

江山和广丰方言鱼韵白读都有两个层次。江山方言白读2的［ə iə］洪细相配，属于同一个层次，广丰方言白读2的［e ie ɤ］与今声母拼合互补，也属于同一个层次。

根据曹志耘、秋谷裕幸（主编）的《吴语处衢方言研究》（2000：48，78，114，222），开化、常山方言鱼韵字的白读音见表4，玉山、庆元方言鱼韵字的白读音，见表5。

表4　开化、常山方言鱼韵字的白读音

	开化	常山
鱼韵白读1	知组：猪 tɔ45 ｜ 庄组：锄 zɔ341	知组：猪 tɑ45 ｜ 庄组：锄 zɑ341
鱼韵白读2	精组：徐 zə341 ｜ 知组：箸 dʑie212 ｜ 除 die341 ｜ 章组：煮 ie53 ｜ 见组：锯 kie423 ｜ 鱼 ŋe341	泥组：驴 lie341 ｜ 精组：徐 zə341 ｜ 知组：箸 dʑie212 ｜ 除 die341 ｜ 章组：煮 ie52 ｜ 见组：锯 gə212 ｜ 去 kʰə423
鱼韵白读3	锯 kɯ53	去 kʰe-44

开化方言鱼韵白读有三个层次。白读1为［ɔ］，白读2为［əie］，韵母洪细相配，属于同一个层次。白读3为［ɯ］，对比"锯 kie423"。

常山方言鱼韵白读也有三个层次。白读1为［ɑ］，白读2为［əie］，韵母洪细相配，属于同一个层次。白读3为［e］，对比白读2的"去 kʰə423"。

表5 玉山、庆元方言鱼韵字的白读音

	玉山	庆元
鱼韵白读1	知组：猪 tɑ33 ｜ 庄组：锄 zɑ24	知组：猪 ʔdo334 ｜ 庄组：锄 so52
鱼韵白读2	精组：徐 zə24 ｜ 知组：箸 dʑie31　苎 də-22 ｜ 章组：煮 ie45 ｜ 见组：锯 kə52　去 kʰə52	知组：□ʔdie11 ｜ 章组：煮 ie33 ｜ 见组：锯 kɤ11　去 kʰɤ11
鱼韵白读3	去 kʰʁi-33	去 kʰā11　锯 kʰā55

玉山方言鱼韵白读有三个层次。白读1为［ɑ］，白读2为［əie］，韵母洪细相配，属于同一个层次。白读3为［ʁi］，对比"去 kʰə52"。

庆元方言鱼韵白读也有三个层次。白读1为［o］，白读2为［ɤie］，韵母洪细相配，属于同一个层次。白读3为［ā］，对比"锯 kɤ11、去 kʰɤ11"。根据庆元方言儿化韵规则，白读3的［ā］应该是"锯 kɤ11、去 kʰɤ11"韵母［ɤ］儿化后的结果，参见《吴语处衢方言研究》（2000：227）。如果不考虑儿化，庆元方言鱼韵白读只有白读1、白读2两层。

3. "鸡嗦子"读音的本字

上面我们分析了浙西南吴语鱼韵字白读的层次，下面来看看"鸡嗦子"的读音与上文鱼韵字白读层的对应关系，见表6。

表6 "鸡嗦子"的读音与鱼韵字白读层的对应关系

浙西南吴语	江山	广丰	开化	常山	玉山	庆元
鸡嗦子的说法	鸡卸= iə24 ɕiə52	鸡卸= ki52 ɕie0	鸡卸=袋 ie44ɕie44 dɛ212	卸= ɕie423	鸡卸= ki45 ɕie0	鸡细= ie33ɕie11
鱼韵白读2	ə iə	e ie ɤ	ə ie	ə ie	ə ie	ɤ ie

从表6可以看出，"卸=、细="的读音对应浙西南吴语鱼韵字的白读2。

前文说到，赣语遇摄一等模韵有读同鱼韵白读的层次，主要有两个字："蜈~蚣"和"嗦鸡~子"。那么，浙西南吴语遇摄一等模韵有无读同鱼韵白读的层次？见表7。

表7　浙西南吴语一等模韵"蜈~蚣"的读音

	江山	广丰	玉山	遂昌	庆元	金华汤溪
蜈~蚣	ŋə-33	ŋɤ341	ŋə-22	ŋɤ221	ŋɤ11	əɯ113
鱼韵白读	ə iə	e ie ɤ	ə ie	去 kʰɤ334	ɤ ie	去 kʰəɯ52

江山、广丰、玉山、庆元"蜈~蚣"的韵母同上文的鱼韵白读2，遂昌、金华汤溪"蜈~蚣"的韵母也读同鱼韵白读。可见，浙西南吴语遇摄一等模韵也有读同鱼韵白读的层次。也就是说，"卸＝、细＝"韵母读音除了可以来源于鱼韵白读，也可以来源于一等模韵白读。只不过一等模韵白读读同鱼韵白读的字非常之少，不大容易注意到一等模韵的来源。

据此可以推断，"卸＝、细＝"读音的本字其实就是遇摄一等模韵心母去声的"嗉"字。"鸡卸＝、鸡细＝"就是"鸡嗉"，"嗉"字韵母属于一等模韵读如鱼韵白读的层次，与上文赣语相同。

4. 浙西南吴语虞韵读如鱼韵白读的层次

赣语除了遇摄一等模韵有读同鱼韵白读的层次外，虞韵字也有读同鱼韵白读的层次（谢留文2020），见表8。

表8　赣语虞韵读同鱼韵白读的层次

	黎川	临川	崇仁	永丰	宜黄	南城	建宁	万年梓埠
取	ᶜtɕ	ᶜtsʼe						
娶		ᶜtsʼe	ᶜtsʼe	ᶜtɕʼɤ	ᶜtsʼ		ᶜtsʼie	
鬚			ᴄsɤ	ᴄsɤ				
朱			ᴄtɕiɛ~山陈家:地名	ᴄtɤ	ᴄtɕiɛ			
洙	ᴄtɕiɛ~岩:地名							
虞	ᴄȵie~家:地名							ᴄŋe

那么，浙西南吴语虞韵字是一个什么情况？见表9。

表9　浙西南吴语虞韵读如鱼韵白读的字

	江山	常山	遂昌	庆元
鬚				ɕie334
拄	tiə52			ʔdie11
句			kɤ334	kɤ11
衢~州		gə-22		
鱼韵白读	ə iə	ə ie	去 kʰɤ334	ɤ ie

从表9可以看出，浙西南吴语虞韵也有一个读同鱼韵白读的层次。

关于虞韵字的层次，梅祖麟（2001）指出，浙南吴语虞韵字有三个层次：秦汉层次，中古鱼虞有别层次、鱼虞相混层次。陈忠敏（2002）也认为浙南吴语虞韵字有三个层次：上古音残留层次，中古鱼虞有别层次，鱼虞相混层次。两位观点基本上是一致的。不过论文似乎都没有注意到虞韵还有读同鱼韵白读的层次。

综合上文2、3、4三节论述可以看到，浙西南吴语与江西赣语，一等模韵和三等虞韵，都有读同鱼韵白读的层次，这反映了浙西南吴语与赣语早期音韵特征上的密切关系。

5. 余论

浙西南吴语鱼韵字白读有多个层次，非常复杂。学界在这方面讨论的比较多，如潘悟云（1995，2009）、梅祖麟（2001）、秋谷裕幸（2002）、陈忠敏（2002，2003）、丁邦新（2006）等等。学者们更多的是关注吴语与闽语的关系。吴语与闽语关系诚然密切，不过赣语与吴语的关系也需要关注。江西历史上被称为"吴头楚尾"，春秋战国时期，江西中北部曾迭为吴、楚、越国之争雄之地。《史记·货殖列传》"衡山、九江、江南豫章、长沙，是南楚也。"三国时，江西属于吴地。历史上，江西东北部地区长期为浙江所管辖。江西东北部的玉山、铅山汉代归属会稽郡，乐平县宋元两代隶属浙江，信州、饶州、铅山元代时还隶属于浙江。无论是从地缘还是从行政区划来看，赣语和吴语历史上一定存在某种联系。

梅祖麟（1994）提出一个假设，现代汉语方言分成两大类，南朝的江东方言保存在闽语、吴语、北部赣语中，官话、客家话、粤语的前身是唐代的河北方言。

梅祖麟（2011：11）又指出，有6个特征可以辨认河北/江东方言。见表10。

表10　6个特征辨认河北/江东方言

	韵母结构	询问代词	远指词	对称	他称	人
河北	鱼虞相混	何、是物〉什么	那	你（〈尔）	他	人
江东	鱼虞有别	底	许那	汝	伊　渠他	侬人

抛开古江东方言与河北方言的区别不说，单从吴语与赣语的早期特征来看，除了以上所述，"覃谈有别""支与脂之有别""从、邪相混"，吴语与赣语也都有共同之处。只不过"鱼虞有别""覃谈有别"不仅见于吴语、闽语、赣语，还见于客家话，参看谢留文（2003）、严修鸿、余颂辉（2013）。"支与脂之有别"普遍见于浙南吴语（梅祖麟，2001），也见于赣南和闽西客家话（谢留文，2003），赣语目前只有万波（2010）报道过福建建宁赣语支脂之韵母三分现象。"从、邪相混"更是常见于吴语、赣语、客家话等方言。

赣语与吴语的关系在语法上也有表现，这里仅举一例。吴语表存在的动词和表进行等的副词、介词，其基本形式以"来"及其促化形式"勒、拉、辣"为主。属于宣州片吴语的江苏高淳（古柏）方言，"来"可以做表存在的动词和介词，读阳去［lɛ²］（谢留文，2018：117，133）。吴语的这种用法，明清吴语文献就已存在（石汝杰，2007）。

赣语也有相同用法。以北京话副词"在"的读音为例，表11 南昌县蒋巷为笔者母语，永修江益引自刘纶鑫（1999：557），其他引自陈昌仪（2005：741、742）。见表11。

表11 赣语与北京话副词"在"相当的读音

玉山	靖安	星子	奉新	高安	新建	安义	南昌县蒋巷	永修江益
₋lɛ	lɛ²	dai²	₋lei	lai²	lɛ²	lɛʔ	lei²	lai²

以上读音的本字都是"来"。声调阳平或阳去。安义的"来"已经促化为短促的轻声［lɛʔ］，本调不明。以上方言，除玉山为赣东北吴语外，其他均为赣语。

"来"字《广韵》平声落哀切，《集韵》还有去声洛代切一读。北京话和多数方言"来"读阳平，而从北部赣语和个别吴语来看，"来"还有阳去的读法。

参考文献

曹志耘、秋谷裕幸主编：《吴语处衢方言研究》，日本：好文出版2000年版。

曹志耘、孙宜志、秋谷裕幸：《江西南丰方言音系》，《方言》2020年第2期。

陈昌仪：《赣方言概要》，江西教育出版社1991年版。

陈昌仪：《论赣方言的形成》，《江西大学学报（社会科学版）》1991年第3期。

陈昌仪主编：《江西省志·江西省方言志》，方志出版社2005年版。

陈忠敏：《方言间的层次对应》，载丁邦新、张双庆主编《闽语研究及其与周边方言的关系》，中国香港：中文大学出版社2002年版。

陈忠敏：《吴语及邻近方言鱼韵的读音层次》，《语言学论丛》2003年第27辑。

丁邦新：《重建汉语中古音系的一些想法》，《中国语文》1995年第6期。

丁邦新：《从历史层次论吴闽关系》，《方言》2006年第1期。

刘纶鑫主编：《客赣方言比较研究》，中国社会科学出版社1999年版。

梅祖麟：《梅祖麟语言学论文集》，商务印书馆2000年版。

梅祖麟：《现代吴语和"支脂鱼虞，共为不韵"》，《中国语文》2001年第1期。

梅祖麟：《江东方言的"汝"字（＞苏州 nE"倷"）及其相关问题》，《东方语言学》第9辑，上海教育出版社2011年版。

潘悟云：《温处方言和闽语》，载《吴语和闽语的比较研究》（中国东南方言比较研究丛书第1辑），上海教育出版社 1995 年版。

潘悟云：《吴语鱼韵的历史层次》，《东方语言学》第 1 期，上海教育出版社 2009 年版。

秋谷裕幸：《吴语江山广丰方言研究》，日本：爱媛大学法文学部总合政策学科，2001 年。

秋谷裕幸：《早期吴语支脂之韵和鱼韵的历史层次》，《中国语文》2002 年第 5 期。

石汝杰：《吴语"来（在）"类词形式和用法的历史演变》，复旦大学汉语言文字学科编委会编《语言研究集刊》（第四辑），上海辞书出版社 2007 年版。

万波：《赣语建宁方言支脂之三分现象》，《方言》2010 年第 1 期。

谢留文：《客家方言"鱼虞"之别和"支"与"脂之"之别》，《中国语文》2003 年第 6 期。

谢留文：《江苏高淳（古柏）方言》，中国社会科学出版社 2018 年版。

谢留文：《赣语"鱼虞有别"的层次》，《中国语文》2020 年第 4 期。

徐芳：《江西万年石镇方音研究》，硕士学位论文，南京师范大学，2017 年。

严修鸿、余颂辉：《客家话覃谈有别的存古层次》，《语言科学》2013 年第 3 期。

Mei, Tsu-lin, 1994, More on the Aspect Marker tsɿ in Wu Dilects. In Mathew Y. Chen and Ovid Tzeng (eds.), *In Honor of William S-Y. Wang*; *Interdisciplinary Studies on Language Change*, 323–332. Taibei: Pyramid press. 又见《梅祖麟语言学论文集》，商务印书馆 2000 年版。

（原文刊于《中国语文》2022 年第 4 期）

音节时间结构与拉萨藏语的声调起源*

胡　方

(中国社会科学院语言研究所　北京　100732)

提　要: 本文认为声调不是与载调单位抽象连接的自主音段,而是音节产生的有机组成部分。通过对拉萨藏语音节产生中的辅音、元音、声调等发音动作的时间结构关系的考察,让声调重新回归音节,并以此为基础讨论藏语的声调起源问题。

关键词: 音节时间结构;发音动作;声调起源;自主音段

一、引言:声调与音节产生

自 Goldsmith(1976)以来,音系学界一般便采用自主音段的理论来讨论声调等超音段的问题,音段归音段,声调归声调。音段指元音和辅音,它们之间的区别是声音的本质区别,即音质或称音色的区别。超音段主要是语言的韵律特征,表现在音高(声调)、音强(重音)、时长(音长)等不同。除此之外,元音和谐、鼻化等施加于语言的基本发音之上的种种可以提取出来的发音修饰特征,在音系上均可以被处理为自主音段。一方面,自主音段理论强调声调行为的独立性。在生理与物理层面,基频由喉部的声带振动产生,在控制上相对独立于喉上的发音(supralaryngeal articulations),即音段。在音系层面,声调语言中普遍存在的一些声调现象,比如浮游调(floating tones)、声调蔓延(tonal spreading)等都不以声调所基于的音段为条件。也就是说,声调与音段处于一种平行关系,因此,音段层(segmental tier)与声调层(tonal tier)便构成了相互自主的关系。另一方面,除了规定自主音段层之间存在着抽象的符合形式合法条件(Well-Formedness Condition)规约的线条连接,自主音段音系学并未解释声调层与音段层之间存在着什么样的关系;而所谓形式合法条件,其实只有一条,即连接线不交叉(参见 Yip,2002:65-104)。

在言语韵律研究的框架中,语言中的基频行为也是与音段分开处理的,无论是在建模的还是在经验的研究中均是如此(Fujisaki et al.,2005;Tao et al.,2006;Tseng et al.,

---

* 本文在"《民族语文》第十四届学术研讨会"(贵阳,2021 年 7 月 17-18 日)上宣读过,感谢与会专家、匿名审稿人的意见和建议。

2005)。不过，音段与声调或更广义的基频行为之间的关系并不是抽象的。相反，语音学的实验研究揭示，无论是在声调语言中（Xu, 1998, 1999, 2005），还是在非声调语言中（D'Imperio et al., 2007；Mücke et al., 2009），声调或基频行为与音段之间的连接关系在时间结构上呈现出稳定、具体的特点。简言之，实验研究的结果是支持声调的传统视角的，即声调是音节的组成部分（Chao, 1968）。

近些年，声调在音节中的组织架构问题，在发音音系学（Articulatory Phonology）框架内得到了重新审视。发音音系学（Browman & Goldstein, 1986, 1988, 1992）将发音动作（articulatory gesture）视为音系的基本单位，每一个单独的发音动作便是一个行动单位，其涉及声腔内某一特定部位收缩的形成与解除。不同于传统的音系概念声称属于语言学内部（linguistic internal），是自治的（autonomous），发音音系学的基本单位为发音动作，它遵循运动学（kinematics）与动力学（dynamics）的一般原则，因而可以将其定义为一个拥有若干时间与空间属性的动态任务系统（a task dynamic system with temporal and spatial properties）（Saltzman, 1986；Saltzman & Kelso, 1987；Saltzman & Munhall, 1989）。通过观察发现，当发音动作处于同相位关系（in-phase coupling）——即同时开始（synchronized）时，或者逆相位关系（anti-phase coupling）——即次序开始（sequential）时，发音动作之间在时间结构关系上是稳定的（Browman & Goldstein, 1988, 2000；Goldstein et al., 2006）。Browman & Goldstein (1988) 指出，一个音节中的发音动作遵循两个一般原则：(1) 元音（V, vowel）前的辅音（C, consonant）与元音是同相位的，即与元音同时发音；(2) 元音前的辅音个体之间是逆相位的，即它们之间次序发音。因而，在一个 C_1C_2V 的复辅音声母的音节中，由于 C_1 与 C_2 均要和 V 同时发音，而 C_1 与 C_2 之间又要次序发音，一个可能的结果就是 C_1 的发音相对于 V 提前，同时，C_2 的发音则相对于 V 推后（Browman & Goldstein, 2000）。如图 1 所示，在理想的状态下，元音的发音动作恰好大致会在两个辅音的中间开始。这个"辅音中心效应（the C-center effect）"便成为描述音节时间结构的一个重要手段，在诸多语言的复辅音声母的音节中可以观察到（Browman & Goldstein, 1988, 2000）。

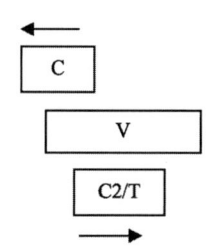

图 1　音节时间结构的辅音中心效应

声调（T，tone）也不例外。声调是一个喉部发音动作，也可以纳入音节产生（syllable production）的时间结构关系进行观察。Gao（2008）检视了汉语普通话音节产生中的发音协同关系，发现普通话的 CV 音节中的辅音 C、元音 V、声调 T 三个发音动作展现了辅音中心效应。也就是说，在普通话 CV 音节中，声调就像是另一个辅音声母 C_2，就像把图 1 中的发音动作 C_2 换成 T。因此，普通话的带调音节 CV 也可以被表征为 CTV 音节，这个结构与带辅音丛语言中的复辅音声母音节 C_1C_2V 是类似的。这个发现更新了声调的音系表征问题：声调不是抽象的自主音段，而是有机结合在音节时间结构中的一个喉部发音动作。在 Gao 的声调表征中，拱度调可以分解为平调的结合。因此，普通话阴平调由一个高调发音动作 H 组成，阳平调由一个低调发音动作 L 与一个高调发音动作 H 组成，上声调是一个低调发音动作 L，去声调由一个高调发音动作 H 与一个低调发音动作 L 组成。有意思的是，Gao 发现，阳平调升调的声调发音动作 LH 之间是同相位结合的，即 L 与 H 同时发音；而去声调降调的声调发音动作 HL 之间则是逆相位结合的，即 H 与 L 次序发音。沿着 Gao 的思路，Hsieh（2011）进一步指出，普通话的上声调应该被表征为 LH 的逆相位结合，这样才能解释其在单念时实现为曲折调，而在［上声 + 上声］变调时实现为升调。其后，Yi & Tilsen（2015）又进一步检视了普通话的上声变调升调与单字调升调之间的区别，并细化了发音音系学框架下的声调表征问题。此外，从发音动作的视角检视声调现象的研究也包括了泰语等其他东亚、东南亚声调语言（Karlin，2014）。

Hu（2012）发现拉萨藏语音节发音动作间的时间结构关系也支持将声调表征为音节产生的内在组成部分。音节产生的发音动作分析对于藏语研究来说具有特别的意义，因为这将打破声调语言与非声调语言之间的类型壁垒，为二者之间搭建内在沟通的桥梁，并为真正理解声调起源问题提供理论上的可能性。众所周知，藏语方言呈现了极其丰富的从无声调语言至声调语言之间的演变梯度：有些方言是典型的声调语言，有些方言是完全的无声调语言，而更多的方言则处于二者之间（黄布凡，1994；Sun，2003）。拉萨藏语属于典型的声调语言，其声调拥有完善的高低调的对立，不过，学者们对于拉萨藏语究竟有多少个高低调的对立却存在着争议（参见瞿霭堂，1981），这主要是因为拉萨藏语声调的调形与音节类型高度相关（Hu & Xiong，2010）。本文重新分析 Hu（2012）中的材料，并结合新近的研究讨论拉萨藏语音节的时间结构与声调起源问题。

二、研究方法

本文以拉萨藏语单念单音节为研究对象，检视其相关的声学与发音属性。根据藏文单念的拉萨藏语有四种音节结构，每一种都能与高调或者低调相连接。这样便有八类，每类若干例字，代表八种目标音节与声调的组合。为了便于观察发音动作，我们尽量选取双唇辅音声母［p m］、低或半低元音［a ɛ］的有意义的单音节词作为例字，如表1所示。

表1 测试音节与例字

音节类型	调类	例字		
长音节 CVS	高调	［pɛ1］丰富、吉祥	［par］照片	［paŋ］草坪
		［mɛ1］鞘宿	［mar］红色	［maŋ］根基
	低调	［pɛ1］羊毛	［par］烧	［pam］粗壮结实将来时
		［mɛ1］住处	［mar］酥油	［maŋ］多
复杂喉塞尾音节 CVNʔ	高调	［paŋʔ］高度		［maŋʔ］平民
	低调	［pamʔ］粗壮结实过去时		［maŋʔ］多
喉塞尾音节 CVʔ	高调	［paʔ］推测过去时		［maʔ］战役
	低调	［paʔ］沾染		［maʔ］女婿的首音节
尾送气短音节 CVh	高调	［pah］勇敢		［mah］低
	低调	［pah］藤		［mah］妈

关于字表，有三点需要说明：第一，发音人朗读的时候所使用的藏文读书音保留了较多的文字信息，与日常口语有所不同。比如，在藏文读书音中的长音节保留了正字法中所带的流音韵尾［l］或［r］，而在日常口语中则实现为长元音，没有韵尾。不过，这个并不影响本文所讨论的内容，因此，下文不赘。第二，在文献中，CVNʔ 常常归类于 CVʔ 音节。本文将其单列，是因为 CVNʔ 音节拥有复杂韵尾，其音节时长也长于 CVʔ 音节，这可能影响其声调的实现。第三，尾送气音节 CVh 在文献中一般处理为开音节。在语流中，确实不易听见尾送气成分，不过，在单念的读书音中，这个音节结尾的送气成分——即喉擦音——还是很清晰的。

测试音节用藏文书写，放入一个用藏文书写的载体句内，用 LCD 显示器随机呈现在发音人面前。所用的载体句为："X, ji keʔ（藏文）ti（这个）X sa（是）"，意为"X, 这个藏文是 X 字"。这样，发音人一遍发音便有两个目标音节 X：其中一个在句首单念，适合分析单念音节声调的基频曲线；另一个位于句中，适合观察发音器官的运动轨迹。

我们采用三维电磁发音仪（德国 Carstens 公司的 AG500 EMA 系统）同步录取发音人的语音与发音器官运动信息。共有三位女性发音人参加了实验，均为西藏拉萨当地人，无言语或听力障碍，录音时为中央民族大学大一或大二学生，20 岁或 21 岁。录音重复 10 遍至 15 遍。如图 2 所示，沿着发音人的中矢平面，将实时监测发音器官的传感器粘贴在发音人的上唇（UL）、下唇（LL）、下齿龈脊（代表下颌运动，Jaw）、舌尖（TT）、舌体（TB）。除此之外，还有三个传感器分别粘贴在鼻梁中间与左右耳后作为参考，以去除说话时头部移动对采样点数据的影响。发音数据的采样率为200赫兹，采集后的数据经过12赫兹低通滤波处理、头部移动校准等预处理步骤。为了使不同说话人之间的数据在显示上呈现一致性，我们录制了每个发音人的咬合面，在预处理步骤中，我们将发音数据旋转至与各自发音人的咬合面平行。

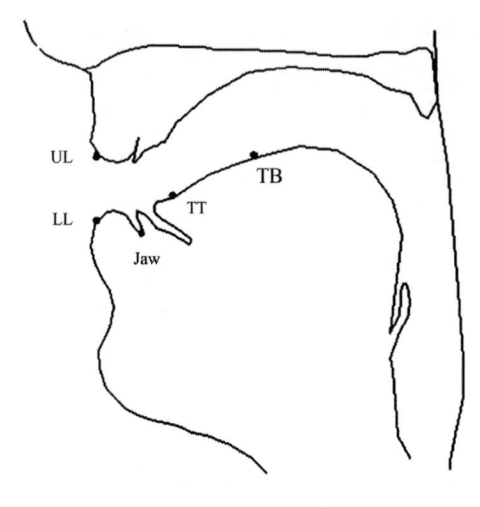

图2　传感器粘贴示意

由于选取了双唇音声母例字，本文用唇开合度，即上下唇采样点之间的距离来定义辅音声母的发音动作。由于选取了低、半低元音例字，因此，元音的发音动作可以用舌体采样点的运动特性来定义，即表述为舌体的下降。声调的发音动作则用基频（F0）来定义。根据Gao（2008），我们将高调的基频曲线前一个基频低点定义为高调的起始，而将低调的基频曲线的前一个基频高点定义为低调的起始。

图3显示的是对预处理之后的发音数据分析与标注的一个实例［mar］。图3中显示了四层标注、六层信号。信号层位于图的下部，从上至下分别为：声波（audio）、基频（F0）、唇开合速度（L｜vel）、唇开合位置（L｜pos）、舌体位置（tb｜pos）、舌体运动速度（tb｜v）。标注层位于图的最上方。其中，两层是声学标注，依据相应的声学信号所做的标注；两层是发音标注，依据相应的发音运动信息所做的标注。第一层是目标音节的声学段，在这个例子中就是［mar］，标注的依据是［mar］的声学边界。第二层是声调，在这个例子中是一个高调H，依据的是［mar］音节的韵母段的基频曲线。第三层是唇开合度，在这个例子中由声母［m］的双唇关闭（close）、双唇打开（open）动作构成，依据的是唇开合的位置与相应的速度信息。第四层是舌体动作，在这个例子中就是音节核心元音［a］的舌体下降（lower）动作，依据的是舌体位置与相应的舌体运动速度信息。发音标注只应用于句中的目

标音节，因为无法厘定单念的目标音节的发音边界。在发音标注中，我们运用相应的发音器官采样点的最小速度准则（the criterion of tangential velocity minimum）来确定发音边界。如图3所示，采样点切线速度的波谷即是其发音动作的边界处。如有必要，还可以进一步参考相应采样点的加速度信息（未在图3中显示）来帮助确定发音边界。声学标注则应用于两个目标音节。下文分析中的声调部分基于单念的目标音节，而发音部分的音节时长则基于句中位置的目标音节。为了画面整洁，图3中没有显示目标声调的起始点。按照定义，高调H的起始点是其前的基频折点最低处，从图3中可以看到，这个位置刚好与句中目标音节[mar]的左声学边界重合，也就是位于载体句中前一音节[ti]的结束处。

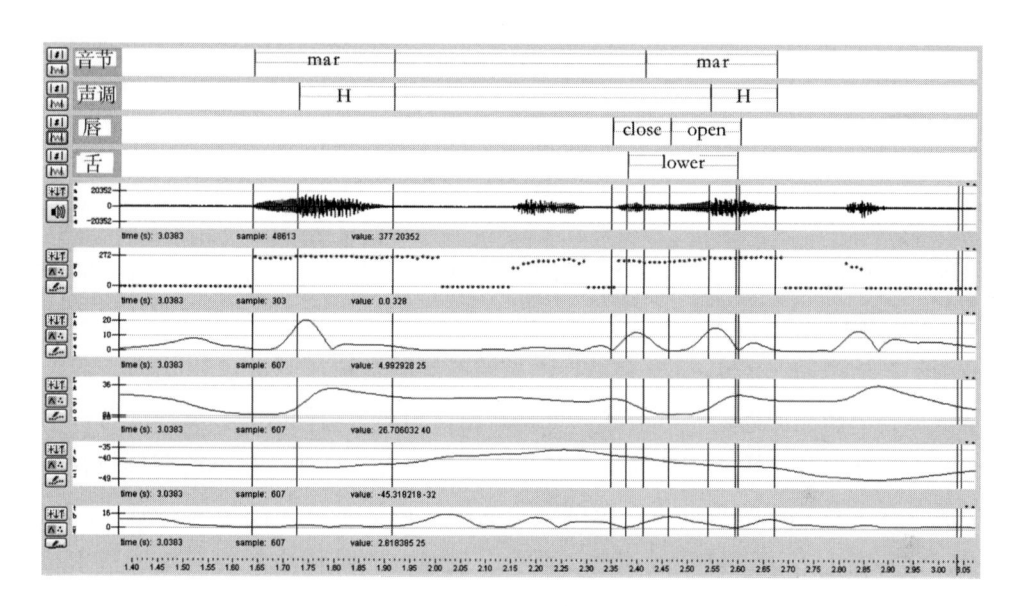

图3 拉萨藏语音节[mar]（高调）的声学与发音标注

图3中显示了四层标注（图3的最上方从上至下）：目标音节的声学段（syllable）、目标音节韵母段的基频即声调（tone）、唇开合度（LA）、舌体动作（TB）。

三、研究结果

（一）声学研究结果

先看声学研究的结果。在检视了采样个体的变异情况之后，图4显示了拉萨藏语三位发音人的基频曲线均值。图4中的每一条曲线均基于每个发音人单念位置目标音节的所有采样（2个例字×10至15次重复＝20－30个样本）；因为未对时长进行归一，图4中某些曲线的结尾处有些不稳定的扰动，忽略即可。从图4中可以看到，拉萨藏语的八种音节结构对应于各自的基频曲线，即拥有不同的调形，而且，这种调形之间的区别模式在三位发音人间是一致的。

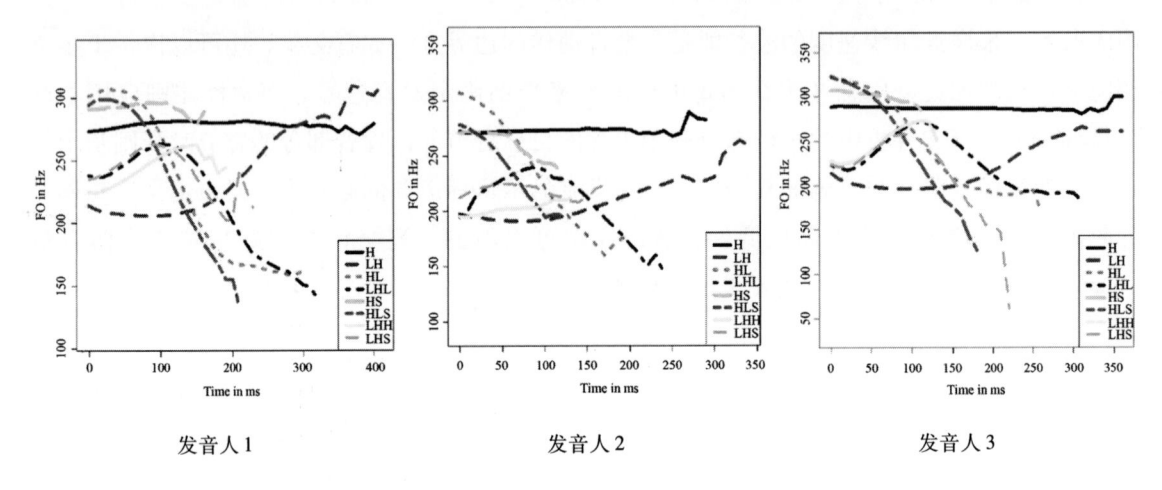

发音人1　　　　　　　　　发音人2　　　　　　　　　发音人3

图4　拉萨藏语声调

我们将拉萨藏语的音节类型、调类、调形总结如表2所示。首先，比较每一种音节结构的高低调，可以清晰地观察到其中的区别。在声学上，高低调的区别在声调的开头部分特别明显，高调的起始基频在270－320赫兹，而低调的起始基频在190－240赫兹。此外，低调的最高基频也会比相应的高调略低一些。也就是说，相对于高调来说，低调拥有一个显著的低基频的开头，然后升至比相应的高调的基频略低的位置。其次，声调的调形与音节结构是紧密相关的。从音系分析的角度讲，拉萨藏语的缺省调值是一个高的调形H；如果是高调类，那么，就实现为H；如果是低调类，那么，就在前面加一个低的起始调形L，实现为LH。此外，如果有喉塞尾，那么，增加一个低的调尾L。

表2　拉萨藏语的音节类型与声调调形

音节类型	调类	调形	标签
CVS	高	长平	H
	低	长升	LH
CVN?	高	短（?）降	HL
	低	短（?）升降	LHL
CV?	高	短降	HLS
	低	短升降	LHS
CVh	高	短平	HS
	低	短升	LHH

本文揭示的上述两个事实能够帮助我们更好地理解文献中关于拉萨藏语声调的争论。一般认为拉萨藏语拥有高低调的区别，但是对拉萨藏语究竟有几个声调则有不同观点。拉萨藏语的声调调形与音节结构之间存在着紧密关联这一事实为不同的音系解释提供了多种可能性。"两调说"认为拉萨藏语只有高低两个声调，因此是一种只有调域区别的平调语言（Sprigg，1954，1990）。"四调说"则进一步将音节时长或喉塞尾作为音位对立，要么在区分高低调的基础上再区分长短调，要么根据有无喉塞尾将高低调再进行两分（参见 Sun，1997：491-492）。而"六调说"则在区分高低调的基础上同时区分音节长短与喉塞尾（胡坦等 1982）。

本文认为关键不在于声调的数量，而是在于分析调形与分化，以帮助厘清拉萨藏语声调起源与发展的脉络。首先，拉萨藏语声调起源符合 Hombert et al.（1979）所提出的内在基频干扰理论（the intrinsic F0 perturbation theory）。我们知道，拉萨藏语的低调音节来自古藏语的浊声母音节，拉萨藏语的浊阻塞音声母虽然已经清化，但是，浊声母对音节首的基频干扰，即低基频起始，被保留了下来，与相对应的清声母音节，即现在的高调音节[①]，构成了声调上的音位对立。其次，调形的对立正在发展之中。首当其冲的是低调本身引起的调形变化。如前所述，低调只影响音节的起始部分，因此，所有的低调都有一个升调的调形。那么，这个升调的调形在语言学上有没有意义？以长音节为例，拉萨藏语低调音节的 LH 与其相应高调音节 H 之间的声调对立究竟是仅区别调域的平调系统（register tones），还是拥有调形区别的拱度调系统（contour tones）？对这个问题的完整回答需要进一步的语音与音系分析。就本文的材料来看，拉萨藏语在往拥有调形区别的拱度调系统发展。除了低调引起的升调，韵尾也对声调的调形产生影响。如前所述，拉萨藏语的喉塞尾音节的尾部带有下降的基频曲线。也就是说，喉塞尾导致基频下降。虽然在汉语声调的发展历程中常常观察到喉塞尾与高调关联在一起，Hombert et al.（1979）也表示喉塞尾引发基频升高，但是，喉塞尾降低基频在语言中也并不是少见的现象。这是因为喉塞往往实现为嘎裂声（creaky voice），让所在音节带上一个降调尾是非常自然的。而且，正如谭克让、孔江平（1991）所观察到的，拉萨藏语的喉塞音带有紧喉色彩；这便印证了喉塞尾音节的降调尾。不过，需要注意的是，喉塞尾对基频的降低作用有时候是急剧的，因此，反过来，一个急剧下降的基频曲线往往标示着喉塞音的存在（Zee & Maddieson，1979）。也就是说，基频下降的幅度非常关键。急降的基频曲线是喉塞音附带的一个冗余特性，听话人不易感知到降调的存在；而缓降的基频曲线则容易被感知为降调。

[①] 拉萨藏语的高调音节还包括原来带上加字、前加字的响音声母音节，本文不讨论响音声母之间的声调对立问题。

就拉萨藏语来说，CVʔ音节时长较短，而CVNʔ音节的时长较长，虽然二者拥有相同的基频曲线——高调HL、低调LHL，但是，高调CVʔ音节容易被感知为短高调，而高调CVNʔ音节则容易被感知为降调（参见Hu & Xiong, 2010）。同理，低调CVʔ音节容易被感知为短升调，而低调CVNʔ音节则容易被感知为升降调。而且，拉萨藏语CVNʔ音节中的喉塞尾是非常容易脱落的（金鹏，1983：13），所以，韵尾脱落之后的降调尾的发展问题便成了一个关键。此外，从图4中可以观察到，尾送气也可以造成基频下降，不过，这个效果没有喉塞尾那么明显，尤其是在发音人1和发音人2的材料中。前文提到，尾送气音节前人处理为开音节，与长音节以时长区别，在声调上也就不存在调尾的问题。如前所述，胡坦等（1982）总结拉萨藏语拥有六个声调。本文与之唯一的区别就是，我们进一步区分了CVNʔ与CVʔ音节。因此，本文总结了八种调形。但是，我们并不认为拉萨藏语的声调发展犹如汉语声调发展历程的再现。基于目前的分析，我们认为拉萨藏语的声调还在发展过程之中，将来是否如汉语一般走向成熟的拱度调系统，还有待进一步观察（Hu & Xiong, 2010）。而且，就目前的情况看，拉萨藏语的声调发展已经呈现了与汉语的声调发展历史不同的特点：汉语是先四声（调形）再八调（高低），而拉萨藏语则是先高低后调形。

（二）发音研究结果

毫无疑问，拉萨藏语已经产生了具有音位对立意义的声调，而且，声学研究证实了拉萨藏语声调的高低对立来自古浊音声母遗留下来的对低调音节起始基频的干扰。浊辅音声母，尤其是浊阻塞音声母降低音节起始部分的基频是语言中的一个普遍的现象，无论在声调语言，还是在非声调语言中都可以观察到（Hombert et al., 1979）。也就是说，所有的浊阻塞音声母都会引起音节起始部分基频的下降，但是，并不是所有的浊阻塞音声母的清化都会导致声调起源。也就是说，辅音声母引起的基频干扰属于浊辅音的伴随特性，音节起始部分的低基频特性为什么没有随着浊辅音的清化而消失，反而是被保留了下来，浮现为声调的区别特性，这是需要进一步考察的。

发音研究检视了拉萨藏语音节产生中发音动作之间的时间结构关系（the intergestural timing of syllable production），尤其是音节开始部分的辅音声母、元音、声调的发音动作之间是否存在稳定的结构关系。图5中的条状图总结了来自三位发音人的发音数据。图5中的横条标示了了音段或发音动作的时长均值，单位：毫秒。其中，音节层（syllable）标示了拉萨藏语音节产生的声学界标：辅音声母音段［p］或［m］、韵母（rime）；此外，用虚线条标示了声调发音动作的起始（tone onset：t_on）。唇开合（lip）标示了塞音［p］或鼻音［m］所需的双唇发音动作：双唇关闭（close）然后打开（open）。舌发音（lingual）标示了发低元音［a］或半低元音［ɛ］所需的舌体下降（lower）动作。

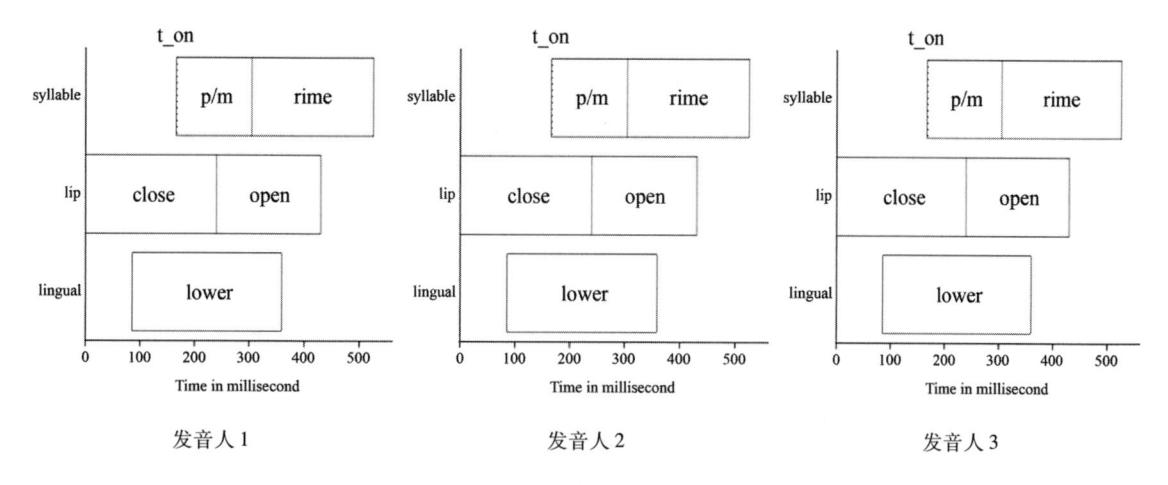

图5 拉萨藏语音节产生中发音动作间的时间结构关系

从图5中可以看到，三位发音人所展示的发音动作间的时间结构关系是一致的，即使发音人2的语速比其他两位发音人快了很多。第一，无论是双唇发音动作还是舌发音动作，它们在辅音声母音段［p］或［m］之前就开始了。也就是说，辅音声母与元音的发音动作开始于音节的声学起始之前，事实上是在双唇闭塞持阻阶段之前。第二，声调发音动作略早于音节的声学起始，或者二者基本同时。第三，双唇打开动作大约开始于［p］或［m］闭塞持阻阶段的中间，结束于韵母的中间。第四，大概在韵母的前半段，舌体已经下降到最低的位置，也就是到达了低或者半低元音的发音目标位置（articulatory target）。

从图5中也可以看到：在拉萨藏语的音节产生中，辅音声母、元音、声调的发音动作依次开始。因此，元音在辅音声母与声调之间开始的时间架构总体上符合"辅音中心效应"。本文的材料大致符合三因素设计：音节结构（CVS、CVN?、CV?、CVh）、辅音声母（［p m］）、声调（高、低）。为了进一步检视上述三因素是否影响辅音声母、元音、声调的发音动作之间的时间结构关系，我们计算了每一位发音人的辅元间隔（即辅音声母至元音的时间间隔，the Consonant-to-Vowel lag）、元调间隔（即元音至声调的时间间隔，the Vowel-to-Tone lag），并用三因素方差分析评估辅元间隔与元调间隔之间的差异。

来自发音人1的发音数据研究结果显示：音节结构（$F_{(3, 320)} = 0.6463$，$p = 0.5858$）、辅音声母（$F_{(1, 320)} = 0.0272$，$p = 0.8692$）、声调（$F_{(1, 320)} = 0.0519$，$p = 0.8200$）均没有显著效应；音节结构与辅音声母的交互（$F_{(3, 320)} = 0.5314$，$p = 0.6611$）、音节结构与声调的交互（$F_{(3, 320)} = 1.0751$，$p = 0.3598$）、辅音声母与声调的交互（$F_{(1, 320)} = 0.1604$，$p = 0.6890$），以及音节结构、辅音声母与声调的三者交互（$F_{(2, 320)} = 1.2462$，$p = 0.2890$）也均没有显著效应。

来自发音人 2 的发音数据研究结果显示：音节结构（$F(3, 208) = 0.7506$，$p = 0.5231$）、辅音声母（$F(1, 208) = 1.0917$，$p = 0.2973$）、声调（$F(1, 208) = 0.0855$，$p = 0.7703$）均没有显著效应；音节结构与辅音声母的交互（$F(3, 208) = 1.6034$，$p = 0.1897$）、音节结构与声调的交互（$F(3, 208) = 0.2495$，$p = 0.8616$）、辅音声母与声调的交互（$F(1, 208) = 0.1123$，$p = 0.7379$）也均没有显著效应；但是，音节结构、辅音声母与声调的三者交互在 < 0.05 的水平上拥有显著效应（$F(2, 208) = 3.3392$，$p = 0.0374$）。

来自发音人 3 的发音数据研究结果显示：音节结构（$F(3, 214) = 3.7871$，$p = 0.0112$）与辅音声母（$F(1, 214) = 8.9015$，$p = 0.0032$）均拥有显著效应，但是声调（$F(1, 214) = 1.4429$，$p = 0.2310$）没有显著效应；音节结构与辅音声母的交互（$F(3, 214) = 2.0283$，$p = 0.1109$）、音节结构与声调的交互（$F(3, 214) = 0.9170$，$p = 0.4335$）、辅音声母与声调的交互（$F(1, 214) = 0.0282$，$p = 0.8668$），以及音节结构、辅音声母与声调的三者交互（$F(2, 214) = 0.0339$，$p = 0.9667$）均没有显著效应。

综上分析，在拉萨藏语的音节产生中，声调类别并不影响发音动作间的时间结构关系；而且，在不同的音节结构与辅音声母类别之间，辅音声母、元音、声调的发音动作之间的时间结构关系也基本上呈现稳定的"辅音中心效应"。

拉萨藏语音节产生中的发音动作之间存在着稳定的、呈现"辅音中心效应"的时间结构关系，这为进一步解释拉萨藏语的声调起源问题提供了强有力的生理—物理证据。发音动作的时间结构关系直接反映发音器官之间的协同，这说明声调作为一个发音动作本身就是音节的有机组成部分。如图1所示，从音节产生的时间结构关系看，拉萨藏语的声调作为发音动作的行为完全就像是音节首的第二个辅音。从历时演变的角度讲，浊音作为辅音声母的一个特征在拉萨藏语中消失了，但它所引起的音节开始部分的基频干扰作为属于辅音的一个发音动作（声调）被保留了下来。因此，声调在音节时间结构关系上就像是音节首的一个额外的辅音这一事实为声调语言与非声调语言之间建立了直接的联系，突破了二者之间的类型区隔。在历时层面，以发音动作为语言音系的生理—物理基本单位为我们理解音系演化，尤其是跨类型的演化提供了一个直接的观察手段（Goldstein et al., 2006）；在共时层面，以发音动作为基础的研究范式为我们在完全不同的语言之间进行音节复杂性的比较提供了可能。

四、结论与讨论

本文的声学研究确认拉萨藏语拥有清晰的高低调的声调区别，不过，拉萨藏语声调的调形与音节结构紧密关联，显示其调形系统还在发展过程之中。从历时的角度看，拉萨藏语声调来自遗留下来的浊辅音——尤其是已经清化了的浊阻塞音声母——对音节起始部分基频的扰动。发音动作间的时间结构关系揭示了拉萨藏语的辅音声母、元音、声调发音动作呈现"辅音中心效应",也就是元音的发音动作大体上介于辅音声母与声调的发音动作之间的中点位置。声调并不只是概念化的自主音段,与载调单位(Tone Bearing Unit,TBU)进行抽象连接。在拉萨藏语的音节产生中,发音动作间拥有稳定的时间结构关系,这便说明声调作为喉部发音动作属于音节的有机组成部分,受到音节产生时间结构关系的制约。声调发音动作犹如音节首的另一个辅音这一事实则很好地解释了作为浊辅音附带韵律特性的低基频扰动如何作为一个发音动作浮现为语言中的声调区别。

在声调语言中,声调是词汇层的表征,尤其是在汉语普通话这类音节节奏型的语言中,声调作为喉部发音动作受到音节产生机制的控制,成为音节的内在组成部分,在时间结构上与其他发音动作之间呈现出稳定的结合关系,是一个比较容易理解的现象。但在非声调语言中,基频行为属于句子层面的韵律特性。因此,来自加泰罗尼亚语(Catalan)与德语的研究表明,当基频行为与某一音节连接,比如音高重音落在某一音节时,基频与音节的连接仍然属于句子层面,并不影响音节内辅音与元音的时间结构关系(Mücke, Grice et al., 2009; Mücke, Nam et al., 2012)。因此,从宏观的角度去理解声调起源是错的,声调与语调虽然都属于基频行为,但声调并非起源于宏观的、句子层面的基频行为的词汇化。相反,根据本文的研究结果,声调来源于音节内部辅音特征的转化,浊辅音声母对于音节开始部分的基频扰动虽然在物理表现上属于韵律的内容,但在发音生理上仍然类似于一个辅音——一个喉部发音动作。

根据 Geissler et al.(2021)近期对二男四女总共六位生活在美国并都操类似于拉萨话的藏语卫藏方言的成年藏族人的语音采样,只有四位发音人有声调对立,另外两位发音人没有声调;不过,无论声调对立是否存在,六位发音人的辅元间隔(CV lags)是一致的,均遵循声调语言的音节内的发音动作时间结构模式。这便说明,相比较于通过基频这个物理属性显现的声调对立,在发音生理层面,声调作为喉部发音动作是更为基础的内在属性。

参考文献

胡坦、瞿霭堂、林联合:《藏语(拉萨话)声调实验》,《语言研究》1982 年第 1 期。
黄布凡:《藏语方言声调的发生和分化条件》,《民族语文》1994 年第 3 期。
金鹏主编:《藏语简志》,民族出版社 1983 年版。
瞿霭堂:《藏语的声调及其发展》,《语言研究》1981 年第 1 期。
谭克让、孔江平:《藏语拉萨话元音、韵母的长短及其与声调的关系》,《民族语文》1991 年第 2 期。
Browman, C. P. & L. Goldstein. 1986. Towards an Articulatory Phonology. *Phonology Yearbook*, 3: 219 – 252.
Browman, C. P. & L. Goldstein. 1988. Some Notes on Syllable Structure in Articulatory Phonology. *Phonetica*,

45: 140 – 155.

Browman, C. P. & L. Goldstein. 1992. Articulatory Phonology: An Overview. *Phonetica*, 49: 155 – 180.

Browman, C. P. & L. Goldstein. 2000. Competing Constraints on Intergestural Coordination and Self-organization of Phonological Structures. *Bulletin de la Communication Parlée*, 5: 25 – 34.

Chao, Y. R. 1968. *A Grammar of Spoken Chinese*. Berkeley & Los Angeles: University of California Press.

D'Imperio, M., H. Loevenbruck, C. Menezes, N. Nguyen & P. Welby. 2007. Are Tones Aligned to Articulatory Events? Evidence from Italian and French. In Jennifer Cole & José Ignacio Hualde (eds.), *Laboratory Phonology*, 9: 577 – 608. Berlin & New York: Mouton de Gruyter.

Fujisaki, H., C. Wang, S. Ohno & W. Gu. 2005. Analysis and Synthesis of Fundamental Frequency Contours of Standard Chinese Using the Command-response Model. *Speech Communication*, 47: 59 – 70.

Gao, M. 2008. Mandarin Tones: An Articulatory Phonology Account. Yale University Ph. D. Dissertation.

Geissler, C., J. Shaw, M. Tiede & F. Hu. 2021. Eccentric C-V Timing Across Speakers of Diaspora Tibetan with and without Lexical Tone Contrasts. In Mark Tiede, Doug Whalen & Vincent Gracco (eds.), *Proceedings of the 12th International Seminar on Speech Production*, pp. 162 – 165. New Haven: Haskins Press.

Goldsmith, J. A. 1976. Autosegmental Phonology. MIT Ph. D. Dissertation.

Goldstein, L., D. Byrd & E. Saltzman. 2006. The Role of Vocal Tract Gestural Action Units in Understanding the Evolution of Phonology. In Michael A. Arbib (ed.), *Action to Language via the Mirror Neuron System*, pp. 215 – 249. Cambridge: Cambridge University Press.

Hombert, Jean-Marie, John J. Ohala & William G. Ewan. 1979. Phonetic Explanations for the Development of Tones. *Language*, 55: 37 – 58.

Hsieh, F. -Y. 2011. A Gestural Account of Mandarin Tone 3 Variation. In *Proceedings of International Congress of Phonetic Sciences XVII*, pp. 890 – 893, Hong Kong.

Hu, F. 2012. Tonogenesis in Lhasa Tibetan—Towards a Gestural Account. In P. Hoole, L. Bombien, M. Pouplier, C. Mooshammer & B. Kühnert (eds.), *Consonant Clusters and Structural Complexity*, pp. 231 – 254. Berlin & Boston: De Gruyter.

Hu, F. & Z. Xiong. 2010. Lhasa Tones. In *Proceedings of Speech Prosody* 2010, 100163: 1 – 4, Chicago.

Karlin, R. 2014. The Articulatory TBU: Gestural Coordination of Lexical Tone in Thai. *Cornell Working Papers in Phonetics and Phonology*, pp. 124 – 149, Zenodo. https://doi.org/10.5281/zenodo.3726325.

Mücke, D., M. Grice, J. Becker & A. Hermes. 2009. Sources of Variation in Tonal Alignment: Evidence from Acoustic and Kinematic Data. *Journal of Phonetics*, 37: 321 – 338.

Mücke, D., H. Nam, A. Hermes & L. Goldstein. 2012. Coupling of Tone and Constriction Gestures in Pitch Accents. In P. Hoole, L. Bombien, M. Pouplier, C. Mooshammer & B. Kühnert (eds.), *Consonant Clusters and Structural Complexity*, pp. 205 – 230. Berlin & Boston: De Gruyter.

R Core Team. 2013. R: A Language and Environment for Statistical Computing. R Foundation for Statistical Computing, Vienna, Austria. URL https://www.R-project.org/.

Saltzman, E. 1986. Task Dynamic Coordination of the Speech Articulators: A Preliminary Model. In H. Heuer & C. Fromm (eds.), *Generation and Modulation of Action Patterns*, pp. 129–144. Berlin: Springer Verlag.

Saltzman, E. & J. A. S. Kelso. 1987. Skilled Actions: A Task Dynamic Approach. *Psychological Review*, 94: 84–106.

Saltzman, E. L. & K. G. Munhall. 1989. A Dynamical Approach to Gestural Patterning in Speech Production. *Ecological Psychology*, 1 (4): 333–382.

Sprigg, R. K. 1954. Verbal Phrases in Lhasa Tibetan. *Bulletin of the School of Oriental and African Studies*, 16.

Sprigg, R. K. 1990. Tone in Tamang and Tibetan, and the Advantage of Keeping Register-based Tone Systems Separate from Contour-based Systems. *Linguistics of the Tibeto-Burman Area*, 13 (1): 33–56.

Sun, Jackson T.-S. 1997. The Typology of Tone in Tibetan. *Chinese Languages and Linguistics IV: Typological Studies of Languages in China* (Symposium Series of the Institute of History and Philology, Academia Sinica, Number 2), pp. 485–521. Taipei: Academia Sinica.

Sun, Jackson T.-S. 2003. Variegated Tonal Developments in Tibetan. In D. Bradley, R. LaPolla, B. Michailovsky & G. Thurgood (eds.), *Language Variation: Papers on Variation and Change in the Sinosphere and in the Indosphere in Honour of James A. Matisoff*, pp. 35–51. Canberra, Australian National University: Pacific Linguistics.

Tao, J., Y. Kang & A. Li. 2006. Prosody Conversion from Neutral Speech to Emotional Speech. *IEEE Transactions on Audio, Speech, and Language Processing*, 14 (4): 1145–1154.

Tseng, C., S. Pin, Y. Lee, H. Wang & Y. Chen. 2005. Fluent Speech Prosody: Framework and Modeling. *Speech Communication*, 46: 284–309.

Xu, Y. 1998. Consistency of Tone-syllable Alignment Across Different Syllable Structures and Speaking Rates. *Phonetica*, 55: 179–203.

Xu, Y. 1999. Effects of Tone and Focus on the Formation and Alignment of F0 contours. *Journal of Phonetics*, 27: 55–105.

Xu, Y. 2005. Speech Melody as Articulatorily Implemented Communicative Functions. *Speech Communication*, 46: 220–251.

Yi, H. and S. Tilsen. 2015. Gestural Timing in Mandarin Tone Sandhi. *Proceedings of Meetings on Acoustics*, 22, 060003.

Yip, M. 2002. *Tone*. Cambridge: Cambridge University Press.

Zee, E. & I. Maddieson. 1979. Tones and Tone Sandhi in Shanghai: Phonetic Evidence and Phonological Analysis. *UCLA Working Papers in Phonetics*, 45: 93–129.

(原文刊于《民族语文》2022 年第 3 期)

湘语双峰方言的"清浊同调"*

——基于语音实验的探讨

史濛辉　陈轶亚

（复旦大学现代语言学研究院　荷兰莱顿大学语言学中心
电邮：shimenghui@ fudan. edu. cn，yiya. chen@ hum. leidenuniv. nl）

提　要： 本文通过语音实验的方法，利用来自两个年龄组（老年组和青年组）共37名发音人的数据，从基频（F0）曲线、浊音起始时间（VOT）和声带接触商（CQ）三方面讨论了湘语双峰方言中清浊声母与第2调（阳平低升调）共现的"清浊同调"现象。结果显示，所谓的"清浊同调"存在语音多样性。就基频曲线来看，清不送气声母后的基频曲线明显高于清送气和浊声母后的基频曲线，清送气和浊声母后的情况则较为相似。就VOT值而言，不是所有的浊声母都实现为负值，青年人实现为负值的比率明显低于老年人，显示出了较强的清化特性。就CQ值来说，相较于清不送气声母，清送气声母后的值较低，表明元音带有较强的气声特征，而浊声母后的气声特征存在年龄差异，老年人相对较弱，年轻人相对较强，但所有的发声态区别都仅存在于元音的前半部分。这些结果表明，双峰方言中不同年龄组发音人使用语音线索来实现"清浊同调"现象的方式有所差异。本文结果强调了语音研究对进一步了解方言声调及其演化的重要性。

关键词： "清浊同调"；双峰方言；增长曲线分析；浊音起始时间；声带接触商

1. "清浊同调"迷思

声母与声调有密切的联系，最重要的一个体现是声母的发音性质（voice quality）对声调对立的影响（严学宭，1959；Hyman，1976；Hombert 等，1979；潘悟云，1982；Thurgood，2007）。一般认为，中古汉语存在的"四声八调"格局中的"八调"是依托声母功能

---

* 本文得到荷兰国家科学研究委员会（Nederlandse Organisatie voor Wetenschappelijk Onderzoek，NWO）Vici 项目 *Melody in Speech*（VI. C. 181. 040）及教育部人文社会科学研究规划基金项目"吴语浊音声母的类型及实验研究"（项目编号：18YJA740045）的资助。本文撰写过程中，陈忠敏、胡方、James Kirby、陶寰等先生提供了不少建议与帮助；初稿曾在第四届走向新描写主义论坛（2021年7月24 –25日）上宣读，收到与会同人的宝贵意见；审稿专家也提出了诸多有益的修改意见；谨此并致谢忱。文中如有谬误，概由笔者自负。

上的"清浊"对立而形成的。如今大部分吴语的所谓"高低调"（或"阴阳调"）系统就和声母的发音性质联系紧密（陶寰，2017）。最常见的诸如上海方言的太湖片吴语：共时来看，清声母一般和高调共现，为常态发声；浊声母一般和低调共现，为非常态发声（如 Ren，1992；Cao 和 Maddieson，1992；Zhu，1999；陈忠敏，2010；Chen 和 Gussenhoven，2015）。此外，声调的演变同声母发音性质的变化也有十分重大的关系。大量的汉语方言事实表明，声调的合并同浊音声母的清化现象存在关联，尤其是阴阳调的合并似乎只能发生在浊音清化之后（潘悟云，1982）。湘语娄邵片中所报道的一些"清浊同调"现象却在一定程度上挑战了这种声母与声调的演变共性。

所谓"清浊同调"，即在一些保留中古浊音声类的方言中①，清浊声母后的某些特定调形在共时层面上十分相似。一些学者将其处理为同一个声调，导致这些声调既可与清声母相配，也可与浊声母相配，形成"清浊同调"。以娄邵片的双峰方言为例，从共时层面上看，如图1所示②。双峰方言的单字调有五个调形，分别为高平（第1调［55］，阴平）、低升（第2调［13］，阳平）、高降（第3调［41］，上声）、高升（第4调［35］，阴去）、低平（第5调［22］，阳去）。

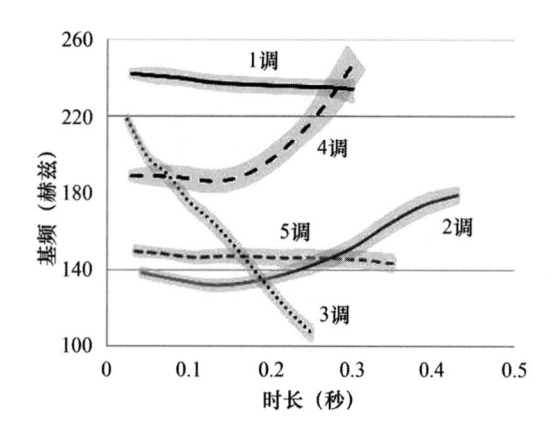

图 1　双峰方言的五个单字调调形

如表1所示，这五个调形同声母存在一定的共现关系，大致可分为三类：第一类为第1调和第5调两个平调，在与声母共现关系上两者呈现互补分布，前者只配清声母，后者只配浊声母；第二类为第3调和第4调，它们都仅和清声母共现；第三类为第2调，既可与清声

---

① 一般认为在湘语中主要实现为真浊音，即浊音起始时间（voice onset time，VOT）为负值。
② 数据来自一名1953年出生的女性母语者，每个调形取20个例字的基频（fundamental frequency，F0）均值，灰色阴影表示标准误。

母共现也可与浊声母共现。双峰方言声母与声调的相配模式部分类似北部吴语的"清阴高-浊阳低"的格局，如第1、3、4调只配清声母，第5调只配浊声母。但第2调十分特殊，从整体声调格局来说，它从低域起头，理论上应与第5调类似，只和浊声母共现，但实际上却有大量清声母与其相配的例子（向熹，1960；北京大学中国语言文学系语言学教研室，1989；陈晖，2006）。这便是前贤所谓的"清浊同调"迷思。

表1 双峰方言声母与声调共现

声母性质	调类调形				
	第1调（阴平高平）	第2调（阳平低升）	第3调（上声高降）	第4调（阴去高升）	第5调（阳去低平）
清声母（不送气送气塞音、塞擦音，擦音）	+ 低［ti^{55}］	+ 的~确［ti^{13}］	+ 底［ti^{41}］	+ 帝［ti^{35}］	−
浊声母（塞音、塞擦音、擦音）	−	+ 题［di^{13}］	−	−	+ 地［di^{22}］

注："+"代表可以共现，"−"代表无法共现。

类似双峰方言的这种"清浊同调"现象最早可以追溯到赵元任（1935）对武冈方言的描写，之后被湘语研究者们承继下来，逐步扩展到其他拥有类似现象的方言中去。不过就双峰方言而言，各家的描写大多已经指出：清浊声母后的低升调有细微差别，清声母后的略高于浊声母后的，但这种区别很难分辨（向熹，1960；袁家骅等，1960；北京大学中国语言文学系语言学教研室，1989；陈晖，2004）。这一描述相当于将清浊声母的发音性质作为主要区别特征，声调的区别归因于不同声母发音性质所引发的扰动效应（perturbation effect）。但近来，这种处理方式受到了来自朱晓农、邹晓玲（2017）实验数据的挑战，邵阳白仓方言的结果显示，该方言58个来自古全浊声母的字并非全部实现为带音声母（声带振动，VOT为负值），反而都在元音30毫秒处显示出气声发声的特点（以第一、二谐波差值H1-H2为测量依据，均值为5.8分贝）。据此，他们指出不同声母条件下的整个音节具有发声态的对立，反对"清浊同调"的处理，认为应以气声区别进行"气声分调"处理。白仓方言的原上声调（高降调）被拆为两个声调：［552］和［341］，前者只和清声母共现，后者只和浊声母共现，两者存在发声态区别，［552］调为常态发声而［341］调为气声发声。他们指出这种处理可以扩展到其他拥有类似现象的湘语中去，并跟同样有气声和清浊区别的吴语、北部赣语、苗瑶语的声调系统进行跨语言/方言比较。

以上这些研究，或通过全面的田野调查，或通过实验数据，为我们认识"清浊同调"现象提供了富有创见性的思路，但一些问题依然有待思考。

第一，浊音类型差异与人际/代际差异。首先，湘语浊音的类型较为复杂，如彭建国（2010）发现至少有常态带声（如武冈、泸溪、双峰、邵阳）、弛声（如新化、祁阳、岳阳）和内爆（如东安花桥）三类。夏俐萍（2020：57－59）也发现安化东坪方言大多为常态带声，而邵阳、祁东、祁阳及新化等地则为气声。其次，同一个方言内人际/代际差异也十分明显。如 Zeng（2011：104）对湘乡方言5男5女的研究就发现，女性（76%）比男性（45%）的负值 VOT 率更高。又如钟江华、陈立中（2012）对新化方言的调查发现，五六十岁的老年人明显比三四十岁的中年人更容易保留浊音。因此，只有扩大样本量，重视人际或代际的变异，才能更全面地看清特定方言中浊音的实现情况。就"清浊同调"的问题而言，赵元任的描写来自 1935 年对两名年轻人（18 岁和 19 岁）的调查，朱晓农、邹晓玲（2017）的研究则来自从 2014 年开始对一名年轻女性发音人（即邹晓玲自己）的若干调查。一方面，这些调查的样本量都较少，对调查设计及例字选取也没有较为详细的交代；另一方面，从时间上看，两者相距将近 80 年，很难保证方言自身不发生变化。以上因素在设计新实验时都需要进一步考虑。

第二，清送气声母的情况。清送气声母在汉语方言中的地位比较特殊。一方面，从声调的角度看，它的后接声调一般和清不送气声母后的情况一致。但在一些方言中（如北京话），与清不送气声母相比，清送气声母存在扰动效应，能使初始基频明显降低（Xu 和 Xu，2003）。在吴语上海方言中，清送气声母和清不送气声母同样能和高调相配，但在词中，清送气声母存在明显的扰动效应，其后初始基频显著降低（Chen，2011）。在吴语黎里方言中，清送气声母后的声调曲线与浊声母后的声调曲线没有显著区别，音系上它和低调共现，形成所谓的"送气分调"（Shi 等，2020；Shi 和 Chen，2022）。另一方面，从发声的角度来看，送气声母后接元音起始段受送气音姿（gesture）影响，声带无法及时闭合，也会出现一定的气声特点。这已在跨语言/方言事实中得到了验证，如瑞典语（Gobl 和 Ní Chasaide，1988）、德语（Ní Chasaide 和 Gobl，1993）、孟加拉语（Mikuteit 和 Reetz，2007）以及一些吴语（上海：Ren，1992；Chen，2011；松陵：朱晓农、徐越，2009；黎里：Shi 等，2020）。因此，探讨湘语的"清浊同调"现象需进一步考虑送气清声母条件下的情况。如果以声母的清浊区别作为同调标准，那么清送气声母后的声调是否和清不送气声母后的类似？若以发声态的区别作为分调标准，那么清送气声母后的声调是否应和浊声母归为一类？现有研究都忽略了清送气声母后的情况，其具体表现及归类亟须实证数据来讨论。

第三，发声态对立方式、相对关系及声学参数。发声态的对立在世界语言中至少存在两个来源（Gordon 和 Ladefoged，2001）：一种是来自辅音发声方式的对立，如印地语（Dixit，1989）和孟加拉语（Khan，2010）；另一种则是来自元音发声方式的对立，如一些萨巴特克语（Zapotec）（Esposito，2010）。这两种不同的对立都可以体现为元音的发声态区别，但实验数据显示，它们的一个重要差异体现在元音的时域（timing）信息上：前者所体现的差别一般显著短于后者（Blankenship，2002；Esposito 和 Khan，2012）。汉语方言中，北部吴语普遍具有发声态的对立，但目前绝大多数关于该对立的时域数据都表明，这种对立只存在于元音（音节）的前半部分（Ren，1992；Cao 和 Maddieson，1992；Chen，2011；Gao，2015）。因此，仅测量元音 30 毫秒处的发声态既不能完全说明声调具有发声区别，也不能说明这种区别是音节不同发声态引起的，我们需要增加时间窗口（主要是在元音上）来观测整个音节的情况。如果确实是音节发声态的对立，这种区别至少应该覆盖整个元音（或声调）的大部分时域，尤其是在塞音声母的条件下。此外，不同语言/方言中同一区别特征的对立是一种相对关系。就气声态发声与常态发声的区别而言，在马萨特克语（Mazatec）中，常态发声在元音 25 毫秒处的 H1－H2 值约为 5 分贝，而气声发声约为 10 分贝，两者相差 5 分贝（Blankenship，2002）。但在白苗语中，这两种发声态在元音起始处的区别只有 3 分贝左右（Esposito，2012）。因此，仅以浊声母条件下 H1－H2 的绝对差值来判断气声的强弱存在一定的片面性。更为合理的做法是将其与清声母条件下的值进行比较，只有两者存在显著差异才能证明发声态可能是一项区别特征。另外需要指出，声学频谱参数（包括 H1－H2）在反映发声态区别时具有一定的局限性。首先，这些参数受音段成分影响较大，如元音和词尾辅音（Esposito，2012），但在实际制定词表时很难严格控制这些成分。其次，发音人个体差异较大，一些参数会受性别影响，如 H1－H2 有性别差异，女性的气化程度一般高于男性（Simpson，2012）。最后，不是所有语言的发声态区别都体现为相同的频谱参数（如 H1－H2，DiCanio，2009）。因此，发声数据（articulatory data）更能直接反映喉头的发声状态。其中，一项较为可靠的参数是通过电子喉头仪（Electroglottograph，EGG）采集的声带接触商（contact quotient，CQ）（Keating 等，2010；Esposito，2012），该参数显示每个振动周期中声带接触的百分比（Rothenberg 和 Mahshie，1988）。一般而言，CQ 值越小表示声带接触面积越小，气声发声的强度越高。该参数已在一定程度上代替频谱参数广泛运用在世界语言的发声态研究中（详见 Shi，2020：21－23）。

本文以双峰方言的低升调（第 2 调，阳平调）为考察对象，设计了一个兼顾以上三点的新实验来检讨"清浊同调"现象。我们最想要回答的问题是：今双峰方言中，与低升调共现的不同声母的语音区别特征到底是什么？根据传统的田野描写，声母的不同发音特征（即清浊区别）在双峰应更为重要，清浊同调内部缺乏最小音位对立，其后的低升调相似；与之对立的观点是基于对与双峰类似方言（如白仓方言）的实验描写，清浊同调应归于音节发声态的不同，清浊声母后的低升调不同。本研究尝试检验这两种观点的适切性。

2. 实验设计

本研究的字表由 15 个（3＋3×3＋3）承载低升调的近似最小对比单音节字组成，包含清不送气、清送气、浊三种声母条件。按声母的发音部位一共可分成三组：双唇［p pʰ b］、齿龈［t tʰ d］、软腭［k kʰ g］，搭配［i e a］高中低三个元音。根据实际可找出的常用字，只有齿龈声母可以与三个元音分别相配，其他组声母（双唇和软腭）都只找到配［e］元音的常用字。所有例字经一名受过教育的母语者确认，在双峰方言中可以单说，且较为常用，该名母语者也参与了本次实验。详细字表请参看附录。

总共 40 名发音人参与了本次实验，但由于设备故障或录音质量问题，最终只有 37 名发音人的数据用于分析。为了兼顾"清浊同调"现象可能存在的年龄差异，这 37 名发音人分为老年组和青年组，两组人年龄均值相差 23 岁，具体情况如表 2 所示。所有发音人都认为双峰方言为自己的母语且为日常生活中最为常用的语言，但所有人都能通过普通话交流。

表 2　37 名发音人的基本情况

	人数	性别比（男：女）	出生范围/年	年龄均值/岁	年龄标准差/岁
老年组	22	9 : 13	1950 – 1968	58	6
青年组	15	7 : 8	1975 – 1990	35	6

所有数据的采集工作都在双峰县永丰镇一家宾馆的安静房间内完成。声学数据通过外置声卡（Cakewalk UA – 1G）和头戴式耳麦（Senneheiser PC 151）在斐风田野调查系统（潘悟云等，2018）中录制（频道 1），数据采样率为 44100 赫兹。为获得更为精确的发声数据，我们在录音的同时使用电子喉头仪（EGG – D800）采集了发音人的发声数据（频道 2）。所有例字通过斐风系统依次乱序展示给发音人，每个例字出现两遍，要求发音人用最平常的语速念出。为了保证发音人清楚了解实验过程，正式录音前我们准备了 5 次非目标字的尝试，这些尝试没有计入最终分析。所有发音人都不清楚本实验的目的，每个人的录音时间大致在 20 分钟至 30 分钟，实验结束后有一定的报酬。

我们最终采集到 1100 个录音（15 个字 × 2 遍 × 37 名发音人），所有录音通过 Praat（Boersma 和 Weenink，2018）人工手动标注。我们分别测量了 3 组参数：基频（F0）曲线、VOT 和 CQ。其中，基频曲线的测量通过 VoiceSauce 完成，我们从元音起始位置至音节末尾等距取 20 个点（Shue 等，2011；关于 VoiceSauce 的中文介绍与使用请参看凌锋等，2019），每个人的数据都进行了 z 分数（z-score）处理（Rose，1987）。其次，我们测量了每个浊音声母的 VOT 值，浊音初始的起点以声波图上显示的浊音脉冲（voice pulse）为标志，在语图上显示为低频区的浊音杠（voice bar）。除阻以波形图上显示的突然变化为标志，在语图上显示为能量的突然改变（Lisker 和 Abramson，1964；Abramson 和 Whalen，2017）。本文对负 VOT 的界定为只要在持阻时间内语图上出现浊音杠。最后，我们测量了 3 个点的 CQ 值，分别为元音段的三分之一处、中点处和三分之二处,通过 EGGWorks(Tehrani,2018)提取,使用"综合法"(Hybrid method)确定信号所体现的声带开闭事件的分界点(详见 Shi,2020:91-93,文中介绍了不同的 CQ 测量方法)。

3. 统计方法

采用增长曲线分析(growth curve analysis,GCA)、广义线性混合效应模型(generalized linear mixed-effects models,GLMMs)、线性混合效应模型(linear mixed-effects models,LMMs)来处理基频曲线数据、VOT 数据及 CQ 数据。根据实验目的,关注声母(清不送气、清送气、浊)、年龄组(老年组、青年组)以及它们之间的交互作用(声母*年龄组)。鉴于实验设计,设置了 4 个控制变量(control variables):元音(高、中、低)、性别(男、女)、发音部位(双唇、齿龈、软腭)、遍数(第一遍、第二遍),以此提高模型拟合度,减小结果假阳性的可能。随机变量包括发音人和实验字。所有建模过程采用"自下而上"方式(bottom-up,参看李倩等,2020)。

为避免过度拟合,我们在分析基频曲线前先进行曲线形状选择。上文图 1 显示,第 2 调实际上不是一个线性的升调而是带有凹调特征,据此我们将二次模型(抛物线模型,包括均值、斜率、拱度参数)同一次模型(线性模型,包括均值和斜率参数)进行了比较,以获得最优拟合。

对于 VOT 值,首先统计浊音声母的原始 VOT 值,随后据此计算每个年龄组中负值 VOT 的比率。本研究着眼于讨论老年组和青年组的 VOT 值是否有区别,根据 VOT 值的实际结果,制定两种方案:如果所有 VOT 都是负值,就采用线性混合效应模型进行分析;如果 VOT 存在正值的情况,则采用广义线性混合效应模型进行分析。将所有的负值 VOT 编码为"0",正值 VOT 编码为"1",构成一个名为"VOT 指数"的新因变量集进行分析(Coetzee 等,2018)。

对于 CQ 值,我们主要关心其在不同声母条件下相对关系随时间的变化,为此我们增加位置(三分之一、中点、三分之二)及其与声母和年龄组的交互(位置*声母*年龄组)作为自变量。如果发现三者有显著的交互作用,则根据年龄组和位置将 CQ 数据拆分成 6 个子数据集(3 个位置×2 个年龄组)进行讨论。在每个子数据集中,如果声母有显著效应,则使用图基事后检验(Tukey's honestly significant difference,HSD)进一步侦测不同声母条件下的情况。

所有建模及数据可视化都在 R(R Development Core Team,2019)中完成,其中增长曲线分析和线性混合效应模型使用 lmer 功能,广义线性混合效应模型使用 glmer 功能,可视化使用 ggplot2 功能。

4. 实验结果

4.1 基频（F0）曲线

与线性模型相比，曲线模型对数据的拟合度更高 $[\chi^2 = 2551.5, p < 0.001]$，因此选择曲线模型（二次项模型）对基频数据进行分析。表3显示了声母、年龄组、声母*年龄组对曲线模型各个时间分量（均值、斜率、拱度）的影响。可见，除了年龄组对均值时间分量没有影响，其他因素在各个时间分量都有显著效应。

表3 声母、年龄组、声母*年龄组对基频数据在各个时间分量上的影响

时间分量	因素	p值
均值	声母	***
	年龄组	n.s.
	声母*年龄组	***
斜率	声母	***
	年龄组	***
	声母*年龄组	***
拱度	声母	***
	年龄组	***
	声母*年龄组	***

注："***"代表 $p<0.001$，"n.s."代表不显著。

由于声母和年龄组的交互效应在各个时间分量上都有显著效应，我们以年龄组为依据分别讨论不同声母后基频曲线的情况。如图2所示，无论在哪个年龄组，清不送气声母后的基频明显高于浊声母后的基频。但清送气声母后的基频存在一定的组间区别，老年组清送气后的基频曲线几乎与浊声母后的重合[图2（a）]；而青年组则有所不同，清送气声母后的基频曲线有一个更高的调头（0之上），使得其整体的上升趋势更为缓和[图2（b）]，值得注意的是，清送气声母后基频曲线仍然与浊声母后的十分相似。此外，无论年龄组，不同声母后的基频曲线都拥有类似的音高目标（pitch target），老年组在1附近，年轻组在0.5附近。

为量化图2的差异，我们分别对两个年龄组不同声母后的基频曲线进行增长曲线分析（以浊声母水平为参照项）。如表4所示，在两个年龄组中，浊声母后的基频曲线都与清不送气声母后的基频曲线有所区别：老年组在各个时间分量上都有显著差异；青年组在均值和斜率上有显著差异。浊声母与清送气声母后基频曲线的差异在统计上也有所体现：对于老年组而言，两者在任一时间分量上都没有显著差异，符合图2（a）所显示的重合特征；对于

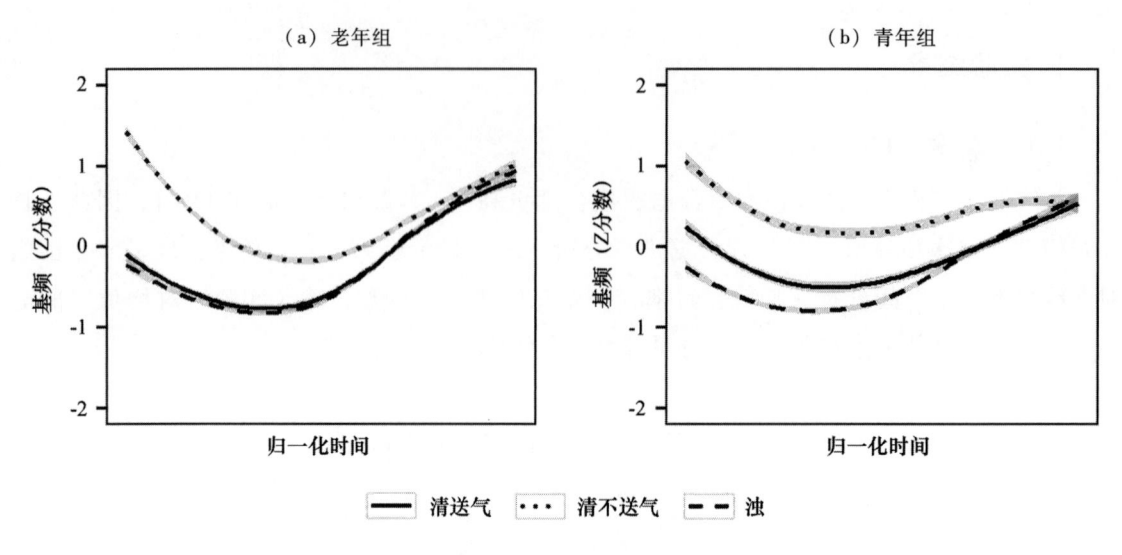

图2 年龄组因素中不同声母后基频曲线的情况

青年组而言，斜率分量边缘显著，这很可能是由图2（b）中清送气声母后基频曲线拥有的更高调头引起的，其他两个分量没有显著区别，符合两条曲线大致类似的观测。

表4 年龄组因素中不同声母对基频曲线的影响

年龄组	声母	均值	斜率	拱度
老年组	清不送气	***	***	*
	清送气	n.s.	n.s.	n.s.
青年组	清不送气	***	*	n.s.
	清送气	n.s.	*	n.s.

注：以浊声母水平为参照项，"***"代表 $p < 0.001$，"*"代表 $p < 0.05$，"n.s."代表不显著。

总体来看，不同声母后的基频曲线的整体走向是相似的，尤其是调尾都指向同一个音高目标。具体来看，不论哪个年龄组，浊声母后的基频曲线都要明显低于清不送气声母后的基频曲线。有意思的则是清送气声母后的基频曲线，它的走向大致和浊声母后的基频曲线类似，但在不同年龄组中存在一些差异：在老年组中，它几乎和清不送气声母后的基频曲线重合；在青年组中，它的前半部分则稍高，后半部分与清送气声母后的情况十分类似。

4.2 VOT值

结果显示，两个年龄组中的浊声母都不是全部实现为负值 VOT，在 370 个浊音声母中，只有 269 个实现为负值，其中老年组（181/220 = 82%）的负值 VOT 实现比率比青年组（88/150 = 59%）的要高。图3进一步显示了所有 VOT 的时长分布，其中白色代表负值 VOT

的个数，灰色代表正值 VOT 的个数。就负值 VOT 的绝对时长上限来看，老年组（-200毫秒）比青年组（-160毫秒）更长；而就正值 VOT 的绝对时长下限来看，老年组（40毫秒）比青年组（80毫秒）更短。从图3还可以看出，与老年组相比，青年组负值 VOT 减少、正值 VOT 增加。

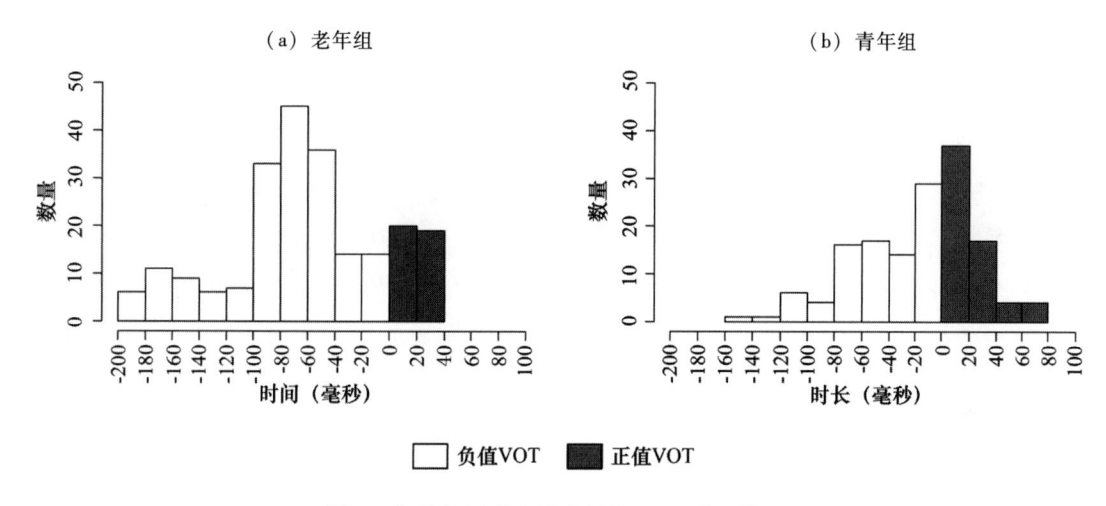

图3　年龄组因素中浊声母的 VOT 实现情况

由于不是所有的浊声母都实现为负值 VOT，我们采用广义线性混合效应模型进一步量化图3显示的年龄组差异。如表5所示，所有因素中，只有年龄组对 VOT 正负值的实现有显著影响 $[\chi^2 = 7.15, p < 0.01]$。表6展示了年龄组差异，青年组浊声母 VOT 实现为正值的比率要显著高于老年组 $[\beta = 1.76, p < 0.01]$，表明青年组的浊音声母的清化程度要高于老年组。

表5　各因素对"VOT 指数"的影响

因素	自由度（df）	对数似然（logLik）	卡方值（χ^2）	p 值
年龄组	3	-176.24	7.15	**
发音部位	5	-176	0.49	n. s.
元音	4	-176.2	0.08	n. s.
性别	4	-175.38	1.73	n. s.
遍数	4	-175.41	1.67	n. s.
均值：例字	4	-176.24	0	n. s.
斜率：发音人	模型拟合失败			

注："**"代表 $p < 0.01$，"n. s."代表不显著。

表6 年龄组因素对"VOT指数"的影响

因素	预估值（β）	标准误（SE）	z值	p值
截距	−2.31	0.47	−4.89	***
年龄组：青年组	1.76	0.66	2.68	**

注：以老年组水平为参照项，"***"代表$p<0.001$，"**"代表$p<0.01$。

综上所述，双峰方言中与第2调共现的浊声母并非全部实现为负值VOT。其中存在年龄组的差异，与老年组相比，青年组实现为负值VOT的比率更低。

4.3 CQ值

结果显示，声母[$\chi^2=73.69$，$p<0.001$]、位置[$\chi^2=167.09$，$p<0.001$]、声母 * 年龄组[$\chi^2=14.97$，$p<0.01$]、声母 * 位置[$\chi^2=54.79$，$p<0.001$]以及声母 * 年龄组 * 位置[$\chi^2=19.62$，$p<0.01$]都显著提升了模型的拟合度，而年龄组[$\chi^2=1.34$，$p>0.05$]和它与位置的交互[$\chi^2=1.53$，$p>0.05$]则没有显著性。基于这些交互作用，我们根据年龄组和位置将CQ数据集拆为6个子数据集。图4显示了以年龄组为区分，每个声母后CQ值在音节不同位置上的情况。

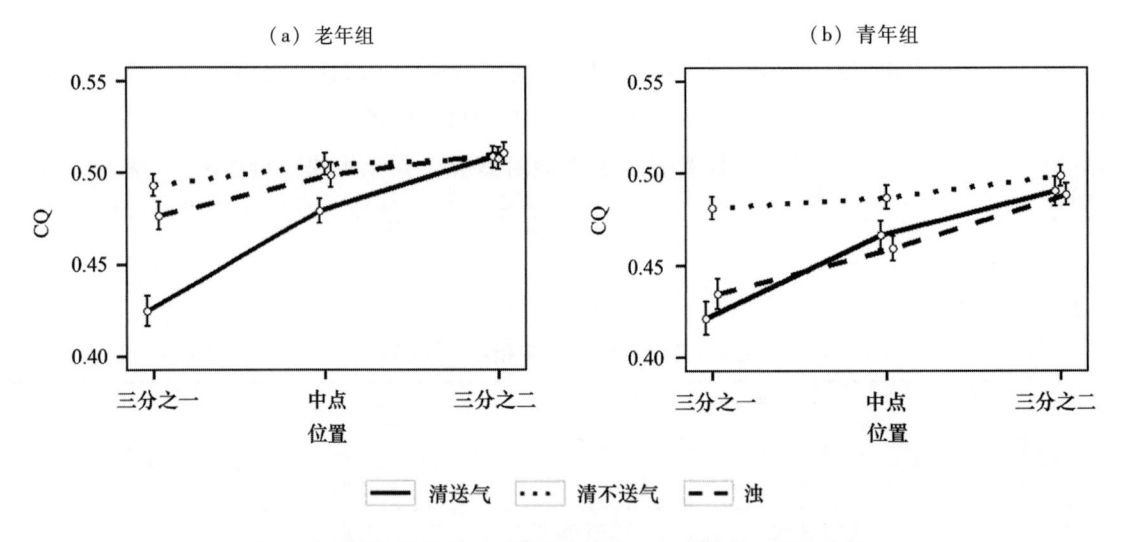

图4 年龄组因素中不同声母在音节三个位置上CQ的情况

观察图4可以发现，清不送气声母后的CQ值总体最高，而清不送气声母后的CQ值总体最低，浊声母后的CQ值总体处在两者之间。但浊声母后的情况显示出较为明显的组间差异：在老年组中，浊声母后CQ值的趋势和清不送气声母后的情况较为相似；而在青年组中，它与清送气声母后的情况更类似。另外值得注意的是，所有CQ值的区别都主要集中在

— 442 —

元音的前半段（即三分之一和中点处），而在三分之二处几乎都消失了。

为了进一步量化不同声母后 CQ 值在音节不同位置上的差异，我们对 6 个子数据集进行线性混合效应模型分析。如表 7 所示，不论年龄组，声母都只在三分之一和中点处出现显著效应，这表示不同声母后的发声区别并没有持续贯穿整个音节，而是仅出现在前半部分。

表 7　年龄组因素中不同位置上声母因素对 CQ 的影响

年龄组	位置	自由度（df）	对数似然（logLik）	卡方值（χ^2）	p 值
老年组	三分之一	5	614.23	64.13	***
	中点	5	768.05	14.98	***
	三分之二	声母无影响			
青年组	三分之一	5	516.55	52.32	***
	中点	5	558.81	13.87	***
	三分之二	声母无影响			

注："***"代表 $p < 0.001$。

据此，我们使用事后检验探究声母在三分之一和中点处的差异。如表 8 所示，在两个年龄组中，清不送气声母与清送气声母后的 CQ 值总有显著差异。有意思的是，浊声母后的 CQ 值似乎在不同年龄组中有较大区别。对老年组来说，浊声母与清不送气声母后的 CQ 值没有显著差异，但与清送气声母后的 CQ 值有显著差异；而对青年组而言，浊声母与清送气声母后的 CQ 值没有显著差异，但与清不送气声母后的 CQ 值有显著差异，这与图 4 所呈现的模式一致。

表 8　HSD 事后检验：年龄组中声母两两比较在音节三分之一和中点处对 CQ 的影响

年龄组	声母	三分之一	中点
老年组	清送气 - 清不送气	***	**
	浊 - 清送气	***	n.s.
	浊 - 清不送气	n.s.	n.s.
青年组	清送气 - 清不送气	*	n.s.
	浊 - 清送气	n.s.	n.s.
	浊 - 清不送气	**	*

注："***"代表 $p < 0.001$，"**"代表 $p < 0.01$，"*"代表 $p < 0.05$，"n.s."代表不显著。

综上所述，我们有三个发现。第一，清送气声母后元音的气声强度要高于清不送气与浊声母后的，显示为更低的 CQ 值。第二，浊声母后元音的发声情况在不同年龄组中存在差异：老年组中更接近清不送气声母，气声较弱；青年组中更接近清送气声母，气声较强。这种区别说明，双峰方言青年组浊声母后元音的气化程度正在增强。第三，所有声母后的发声区别都仅存在于元音的前半部分，即中点前，之后便逐渐消失。

5. 讨论

5.1 "清浊同调"语音实现的多样性

本研究的主要目的在于通过实验的方法，利用两个年龄组（老年组和青年组）共 37 名发音人的数据来探究双峰方言不同声母与第 2 调（阳平低升调）共现的语音性质，进一步对现存的关于"清浊同调"现象的两种观点进行检讨。

以赵元任（1935）为代表的田野描写认为，声母的不同发音特征（即清浊区别）更为重要，其后的低升调相似。这样的看法无法解释以下两点：首先，不同声母后的基频曲线从统计结果来看确实有所不同。清不送气声母后的基频曲线明显高于清送气及浊声母后的，从调头来看至少存在将近 1 度的差距。其次，浊声母的语音性质并没有统一的表现方式。从浊声母的 VOT 实现来看，并非都为负值，这与朱晓农、邹晓玲（2017）的研究结果一致，也从侧面说明汉语方言中所谓的"清浊"概念与生理上声带振动与否没有必然联系（李荣，1983；曹剑芬，1987）

朱晓农、邹晓玲（2017）认为不同声母后的声调不同，其差别应归之于音节在发声态上的差别，主要表现为后接元音发声态的不同。我们的数据显示，不同声母后的基频曲线的确存在统计学上的显著差异，但就此归结为音节发声态区别进而处理成不同的声调却值得商榷。首先，不同声母后的元音的确存在发声态区别，但这些区别仅存在于元音的前半部分，之后便开始中和，这种情况更像是因声母发声区别而引发的差异，与吴语及其他一些拥有辅音发声对立的语言十分类似（Cao 和 Maddieson，1992；Chen，2011），这种区别是否能归结为音节的发声态区别还需斟酌。其次，无论是基频还是发声态，清送气声母与浊声母后的情况更相似，与清不送气声母的情况则有显著区别，但在朱晓农和邹晓玲（2017）的方案中清不送气和清送气"同调"，与浊声母"分调"，这显然不适用于双峰方言。最后，浊声母后音节的发声态存在年龄差异，老年人的 CQ 值相对较高，气声特征不明显，但年轻人的 CQ 值相对较低，气声特征更明显。因此，气声发声态特征更像是一个"正在进行中的变化"（ongoing change），以气声的强弱作为分调的依据似乎过于笼统。

综上所述，之前对于"清浊同调"的看法都无法完全解释本文所呈现的数据。至少就双峰方言的第 2 调及其承载音节的声母而言，它们在不同条件下显示出了语音实现上的多样性。从基频曲线看，不同声母后的情况存在一定的差异，但趋势类似，都是一个升调，清不送气声母后的基频曲线整体高于清送气及浊声母后的基频曲线。从 VOT 看,不是所有的浊声母都实现为负值,年轻人相较于老年人实现为更多的正值,存在更高的清化比率。从 CQ 看,清送气声母与清不送气声母后音节的发声态明显不同,前者带有显著的气声特征,而浊声母后的发声态因年龄差异存在一些区别,年轻人相较于老年人存在更多的气声发声。

5.2 "同调"与"分调"

另一个值得讨论的问题是到底"同调"还是"分调"。需要明确指出,传统的"清浊同调"和近期的"气声分调"的出发点都是声调音系演变,和我们的出发点不同。当前研究主要针对以双峰为代表的类似"清浊同调"或"气声分调"的现象,详细考察特定声调(双峰是第 2 调)在不同声母后的语音特点。就双峰方言而言,从语音的角度看,"同调"和"分调"这两种处理方式都有一定的可取之处,但同时又都有局限。

对于"同调"的观点,至少有以下两点考量。首先,我们认为共时音系上并没有调类对立的证据,我们观察到的在不同声母后第 2 调的调值可以被认为是同一低升调在不同声母条件下的变体。从基频曲线的结果来看,不同声母后的曲线终点都指向同一个音高目标,显示它们底层可能是同一个声调,基频区别可以归之为不同声母发音特性引发的扰动效应(Xu 等,1999;Chen 等,2017)。当然,这一点有待具体的计算模型及后续感知实验来进一步验证(更多讨论请参看"分调"的观点)。其次,从历时演变来看,双峰方言中与第 2 调相配的清声母(不送气和送气)历史上全部来自入声,而浊声母则来自平声。但从共时的声调调值来看,反而是清送气声母和浊声母后的基频曲线更为类似,这在一定程度上暗示:来自古入声的声调已经和原来的平声发生了合并,历史音系规则已经不再起作用,如今仅显示为纯粹的语音区别,而不是按古调类呈现的清不送气、清送气声母后基频曲线与浊声母后基频曲线的差别。需要指出的是,双峰所谓的"同调"和陈晖(2006)讨论的祁阳方言及朱晓农、邹晓玲(2017)讨论的邵阳白仓方言有本质区别。祁阳和邵阳的"同调"属于古同调来源,而双峰的"同调"则属于古异调来源。双峰与这两类"同调"方言的异同是值得继续研究的话题。

对于"分调"的观点,本文的实验结果表明,首先,清送气和浊声母后的声调调值类似,都和清不送气声母后的调值有明显差别。如上文所述,这些调值的不同可以归之为不同声母的扰动效应。但是因为不同声母条件下声调调值的显著差异,母语者很可能可以明显感知这些差别,进而认为是各自独立的声调。这一假设,就像"同调"假设,需要来自音系及感知实验的证据。其次,清送气声母后较强的 CQ 值也在一定程度上显示与清不送气声母的区别,说明两者的发声态存在差异。如果将它们区分开来,则会在共时上形成所谓的"送气分调"现象,与双峰梓门桥和湘乡月山方言次阳平(梓门桥 [23]、月山 [334])和阳平(梓门桥 [13]、月山 [24])的分立一致,其中的次阳平也来自全清入字,阳平则包括次清入及原来的浊平字（鲍厚星，2006）。值得注意的是，双峰这种清送气和不送气之间的基于调值的"分调"与朱晓农和邹晓玲（2017）讨论的"气声分调"完全不同，后者是指在浊声母后音节的调类分调。这样的"分调"在双峰是不可行的，因为基频与发声态在浊声母后和清送气声母后的差别十分细微。最后，值得一提的是吴语吴江诸方言的"送气分调"，它们和双峰一带的现象也不相同。吴语黎里方言的"送气分调"只发生在各调类内部，分别出现在上去入三声各自的次清声母字中（Shi 等，2020），对应关系整齐，因而实际上是"次清分调"，但双峰一带老湘语的情况显然更为复杂。

一个方言有多少个声调是很复杂的问题，我们目前尚缺乏客观、统一的标准，这使得跨方言比较不易进行。声调数目的确立不应该沦为"数字游戏"，声调的合并与分立需要演变、功能、发音、感知多方面的综合考量。

5.3 不同语音线索间的互动

本研究一个很重要的发现是：在双峰方言中，从发音数据（声学及发声）来看，不同年龄组的人会使用不同的语音线索（phonetic cues）来构建类似的音系上的"清浊"对立，老年人更多依赖 VOT 来实现，而年轻人则开始更多依赖发声态来实现。某个音系特征往往会由多个语音线索共同构成（详细请参看 Keating，1984；Chen，2011 及其引文）。在语言演变过程中，这些线索之间可能存在特定的"交易关系"（trading relationship）（Repp，1982；Stevens 等，1986；Stevens 和 Keyser，2010；Toscano 和 McMurray，2010；Clayards，2018）。如英语词首辅音的"清浊"对立可由 VOT、第一共振峰（F1）过渡段、起始基频（onset F0）及噪音音强等多个特征构成，当其中的某个或某几个特征衰弱或丢失时，其他的某个或某几个特征会增强，以此继续维持音系上的区别（Repp，1982）。双峰方言中的负值 VOT 和气声发声态也呈现类似的关系，母语使用者正是利用了两者之间的"交易关系"来完成"此消彼长"式的变化，从而维持双峰方言的"清浊"对立。为了进一步证实这种关系，我们采取皮尔逊检验（Pearson test）来测试 VOT 和 CQ 的相关性。VOT 使用原始时长数据（以毫秒为单位），由于发声态区别主要集中出现在中点之前，CQ 使用三分之一及中点处的均值。结果显示，VOT 和 CQ 有较强的负相关性 [$r = -0.64$, $p < 0.001$]，这意味着如果发音人的负值 VOT 越短（即清化倾向增强），正值 VOT 越长，其 CQ 值便可能越低（即有更多的气声特征）。

青年组发音人相对增强的气声可以被视为一种"强化策略"（enhancement strategy），该策略主要利用系统中已经存在的特征来增强感知距离，从而达到维持音系平衡的目的（Garrett 和 Johnson，2013：79）。由于年轻人浊音声带不振动的概率增加，对原本"清不送气 – 清送气 – 浊"的声母三分格局构成了一定威胁，为了继续维持这种音系对立，年轻人强化气声特征来增加浊声母条件与清不送气声母条件下的音节区别。从带音浊声母到气声可以理解为"浊音清化"的一种过渡阶段，即年轻人的浊音声母走向清化，但仍然通过气声特征保留音系的清浊对立。

双峰方言所体现的这种 VOT 和发声态之间的"交易关系"和越南境内台语高平方言（Cao Bằng）的情况十分类似。根据 Pittayaporn 和 Kirby（2017）的报道，该方言中的一名 75 岁的老年男性发音人主要依靠负值 VOT 来区分 [p] 和 [b]，而相对较年轻的一名 57 岁女性发音人则有所不同，[b] 和清不送气 [p] 的 VOT 已经十分相似，都实现为正值，但 [b] 后的音节却呈现出气声发声特征。这个例子证明，这种 VOT 与发声态之间的"交易关系"在不同声调语言中可能存在一定的相似性。

这两个语音线索之所以存在这种关系，可能与其都能与基频的抑制作用（lowering effect）相融有关。这种负值 VOT 和低调（Hombert，1978）、气声和低调（Gordon 和 Ladefoged，2001）的相融性已得到了大量跨语言事实的支持。双峰方言青年组中 VOT 和发声态的表现（即浊声母 VOT 为正值，后接元音前半部分存在气声发声）似乎已经开始向一些北部吴语靠拢，这种方言间语音演变的共性是将来值得探讨的议题。

6. 结论

本文以实验的方法，通过基频（F0）曲线、浊音起始时间（VOT）和声带接触商（CQ）三方面的数据讨论了湘语双峰方言中清浊声母同第 2 调（低升调，阳平）共现的"清浊同调"问题。结果显示，所谓的"清浊同调"存在语音实现上的多样性。就基频曲线来看，清不送气声母后的基频明显高于清送气和浊声母后的，清送气和浊声母后的基频曲线则显示出相似性。就 VOT 值来看，不是所有的浊声母都实现为负值，青年人实现为负值的比率明显低于老年人，显示出较强的清化特性。就 CQ 值来说，相较于清不送气，清送气声母后的音节带有较强的气声特征，而浊声母后的气声发声态存在年龄差异，老年人相对较弱，年轻人相对较强，但所有的发声态区别都仅存在于元音的前半部分。这种 VOT 和发声态之间不同语音线索的"交易关系"体现了特定音系特征语音实现的弹力与张力。

本研究在一定程度上揭示了双峰方言"清浊同调"现象的语音实质，加深了我们对于汉语方言声母与声调关系的理解。"同调"抑或"分调"都不应该只作为一个类型标签，其背后所体现的语音实质可能对我们理解语言事实更为紧要。语音单位或语音特征从不是绝对抽象均质的，而是相对具体变异的（胡方，2018）。本文不失为以实验证据为基础来描写汉语方言语音事实及声调演变的一种尝试，我们期待更多围绕实证数据展开的跨方言比较与讨论。

附录

清不送气	清送气	浊
北 [pe]	撇 [pʰe]	陪 [be]
滴 文读 [ti]	踢 [tʰi]	题 [di]
得 [te]	铁 [tʰe]	头 [de]
答 [ta]	塔 [tʰa]	桃 [dɘ]
结 [ke]	客 [kʰe]	狂 [gɔŋ]

参考文献

鲍厚星：《湘语声调演变的一种特殊格局》，《中国方言学报》2006年第1期。

北京大学中国语言文学系语言学教研室编：《汉语方音字汇》（第二版），文字改革出版社1989年版。

曹剑芬：《论清浊与带音不带音的关系》，《中国语文》1987年第2期。

陈晖：《异纽同调和异纽异调——兼论湘语娄邵片与吴语在古全浊声母演变上的差异》，《第四届研究生语言学学术会议论文集》，香港大学2004年版。

陈晖：《湘方言语音研究》，湖南师范大学出版社2006年版。

陈忠敏：《吴语清音浊流的声学特征及鉴定标志——以上海话为例》，《语言研究》2010年第3期。

胡方：《汉语方言的实验语音学研究旨趣》，《方言》2018年第4期。

李倩、史濛辉、陈轶亚：《声调研究中的一种新统计方法——增长曲线分析法在汉语方言研究中的运用》，《中国语文》2020年第5期。

李荣：《方言研究中的若干问题》，《方言》1983年第2期。

凌锋、史濛辉、袁丹、沈瑞清：《发声态研究的相关问题与VoiceSauce的使用》，《方言》2019年第4期。

潘悟云：《关于汉语声调发展的几个问题——读王士元先生的A Note on Tone Development》，《中国语言学报》1982年第2期。

潘悟云、李龙、韩夏：《斐风语言田野调查系统》，2018年，http://www.eastling.org/。

彭建国：《湘语爆发音的类型》，《语言科学》2010年第5期。

陶寰：《吴语浊音声母的类型及其音系地位》，《方言》2017年第3期。

夏俐萍：《汉语方言全浊声母演变研究》，中国社会科学出版社2020年版。

向熹：《湖南双峰县方言》，北京文学中文系语言学论丛编辑部《语言学论丛》（第四辑），商务印书馆1960年版。

严学宭：《汉语声调的产生和发展》，《人文杂志》1959年第1期。

袁家骅：《汉语方言概要》，文字改革出版社1960年版。

赵元任：《武冈方言音系》，载杨时逢主编《湖南方言调查报告》，"中研院"历史语言研究所，1935/1974年。

钟江华、陈立中：《现代湘语和吴语浊音声母发音特征的比较》，《湖北民族学院学报（哲学社会科学版）》2012 年第 4 期。

朱晓农、徐越：《弛化：探索吴江次清分调的原因》，《中国语文》2009 年第 4 期。

朱晓农、邹晓玲：《清浊同调还是气声分调——在音节学和类型学普适理论中安排湘语白仓话的声调事实》，载甘于恩主编《南方语言学》（第 12 辑），世界图书出版公司，2017 年。

Abramson, Arthur S. and Douglas H. Whalen, 2017, Voice Onset Time (VOT) at 50: Theoretical and Practical Issues in Measuring Voicing Distinctions. *Journal of Phonetics*, 63: 75 – 86.

Blankenship, Barbara, 2002, The Timing of Nonmodal Phonation in Vowels. *Journal of Phonetics*, 30 (2): 163 – 191.

Boersma, Paul and David Weenink, 2018, *Praat: Doing Phonetics by Computer.* http://www.fon.hum.uva.nl/praat/

Cao, Jianfen and Ian Maddieson, 1992, An Exploration of Phonation Types in Wu Dialects of Chinese. *Journal of Phonetics*, 20 (1): 77 – 92.

Chen, Si, Caicai Zhang, Adam G. McCollum and Ratree Wayland, 2017, Statistical Modelling of Phonetic and Phonologised Perturbation Effects in Tonal and Non-tonal Languages. *Speech Communication*, 88: 17 – 38.

Chen, Yiya, 2011, How Does Phonology Guide Phonetics in Segment-f0 Interaction? *Journal of Phonetics*, 39 (4): 612 – 625.

Chen, Yiya and Carlos Gussenhoven, 2015, Shanghai Chinese. *Journal of the International Phonetic Association*, 45 (3): 321 – 337.

Clayards, Meghan, 2018, Individualtalker and Token Covariation in the Production of Multiple Cues to Stop Voicing. *Phonetica*, 75 (1): 1 – 23.

Coetzee, Andries W., Patrice S. Beddor, Kerby Shedden, Will Styler and Daan Wissing, 2018, Plosive Voicing in Afrikaans: Differential Cue Weighting and Tonogenesis. *Journal of Phonetics*, 66: 185 – 216.

DiCanio, Christian T., 2009, The Phonetics of Register in Takhian Thong Chong. *Journal of the International Phonetic Association*, 39 (2): 162 – 188.

Dixit, R. Prakash, 1989, Glottal Gestures in Hindi Plosives. *Journal of Phonetics*, 17 (3): 213 – 237.

Esposito, Christina M., 2010, Variation in Contrastive Phonation in Santa Ana del Valle Zapotec. *Journal of the International Phonetic Association*, 40 (2): 181 – 198.

Esposito, Christina M., 2012, An Acoustic and Electroglottographic Study of White Hmong Tone and Phonation. *Journal of Phonetics*, 40 (3): 466 – 476.

Esposito, Christina M. and Sameer ud Dowla Khan, 2012, Contrastive Breathiness across Consonants and Vowels: A Comparative Study of Gujarati and White Hmong. *Journal of the International Phonetic Association*, 42 (2): 123 – 143.

Gao, Jiayin., 2015, *Interdependence between Tones, Segments, and Phonation Types in Shanghai Chinese: Acoustics, Articulation, Perception, and Evolution.* PhD thesis. Sorbonne Paris Cité.

Garrett, Andrew and Keith Johnson, 2013, Phonetic Bias in Sound Change. In Yu, Alan C. L. (ed.), *Origins of Sound Change: Approaches to Phonologization*, 51 – 97. Oxford University Press.

Gobl, Christer and Ailbhe Ní Chasaide, 1988, The Effects of Adjacent Voiced/Voiceless Consonantson the Vowel Voice Source: A Cross Language Study. *Speech Transmission Laboratory-Quarterly Progress and Status Reports*, 29 (2 – 3): 23 – 59.

Gordon, Matthew and Peter Ladefoged, 2001, Phonation Types: A Cross-linguistic Overview. *Journal of Phonetics*, 29 (4): 383 – 406.

Hombert, Jean-Marie, 1978, Consonant Types, Vowel Quality, and Tone. In Fromkin, Victoria A. (ed.), *Tone: A Linguistic Survey*, 77 – 111. New York: Academic Press.

Hombert, Jean-Marie, John J. Ohala and William G. Ewan, 1979, Phonetic Explanations for the Development of Tones. *Language*, 55 (1): 37 – 58.

Hyman, Larry M., 1976, Phonologization. In Juiland, Alphonse G. (ed.), *Linguistic Studies Offered to Joseph Greenberg on the Occasion of his Sixtieth Birthday*, Vol. 2, 407 – 418. Saratoga: Anma Libri.

Keating, Patricia A., 1984, Phonetic and Phonological Representation of Stop Consonant Voicing. *Language*, 60 (2): 286 – 319.

Keating, Patricia A., Christina M. Esposito, Marc Garellek and Jianjing Kuang, 2010, Phonation Contrasts across Languages. *UCLA Working Papers in Phonetics*, Vol. 108: 188 – 202.

Khan, Sameer ud Dowla, 2010, Bengali (Bangladeshi Standard). *Journal of the International Phonetic Association*, 40 (2): 221 – 225.

Lisker, Leigh and Arthur S. Abramson, 1964, A Cross-language Study of Voicing in Initial Stops: Acoustical Measurements. *Word*, 20 (3): 384 – 422.

Mikuteit, Simone and Henning Reetz, 2007, Caught in the ACT: The Timing of Aspiration and Voicing in East Bengali. *Language and Speech*, 50 (2): 247 – 277.

Ní Chasaide, Ailbhe and Christer Gobl, 1993, Contextual Variation of the Vowel Voice Source as a Function of Adjacent Consonants. *Language and Speech*, 36 (2 – 3): 303 – 330.

Pittayaporn, Pittayawat and James P. Kirby, 2017, Laryngeal Contrasts in the Tai Dialect of Cao Bằng. *Journal of the International Phonetic Association*, 47 (1): 65 – 85.

R Development Core Team, 2019, *R: A Language and Environment for Statistical Computing*. https://www.r-project.org/

Ren, Nianqi, 1992, *Phonation Types and Consonant Distinctions: Shanghai Chinese*. PhD thesis. University of Connecticut.

Repp, Bruno H., 1982, Phonetic Trading Relations and Context Effects: New Experimental Evidence for a Speech Mode of Perception. *Psychological Bulletin*, 92 (1): 81 – 110.

Rose, Phil, 1987, Considerations in the Normalisation of the Fundamental Frequency of Linguistic Tone. *Speech Communication*, 6 (4): 343 – 352.

Rothenberg, Martin and James J. Mahshie, 1988, Monitoring Vocal fold Abduction Through Vocal Fold Contact Area. *Journal of Speech, Language, and Hearing Research*, 31(3): 338–351.

Shi, Menghui, 2020, *Consonant and Lexical Tone Interaction: Evidence from Two Chinese Dialects*. Amsterdam: Landelijke Onderzoekschool Taalwetenschap.

Shi, Menghui and Yiya Chen, 2022, Lili Wu Chinese. *Journal of the International Phonetic Association*, 52(1): 157–179.

Shi, Menghui, Yiya Chen and Maarten Mous, 2020, Tonal Split and Laryngeal Contrast of Onset Consonant in Lili Wu Chinese. *The Journal of the Acoustical Society of America*, 147(4): 2901–2916.

Shue, Yen-Liang, Patricia A. Keating, Chad Vicenik and Kristine Yu, 2011, VoiceSauce: A Program for Voice Analysis. In Lee, Wai-Sum and Eric Zee (eds.), *Proceedings of the 17th International Congress of Phonetic Sciences*, 1846–1849.

Simpson, Adrian P., 2012, The First and Second Harmonics Should Not Be Used to Measure Breathiness in Male and Female Voices. *Journal of Phonetics*, 40(3): 477–490.

Stevens, Kenneth N. and Samuel J. Keyser, 2010, Quantal Theory, Enhancement and Overlap. *Journal of Phonetics*, 38(1): 10–19.

Stevens, Kenneth N., Samuel J. Keyser and Haruko Kawasaki, 1986, Toward a Phonetic and Phonological Theory of Redundant Features. In Perkell, Joseph S. and Dennis H. Klatt (eds.), *Symposium on Invariance and Variability of Speech Processes*, 426–449. Hillsdale: Lawrence Erlbaum Associates.

Tehrani, Henry, 2009, *EGG Works: A Program for Automated Analysis of EGG Signals*. http://phonetics.linguistics.ucla.edu/facilities/physiology/egg.htm.（该软件于2022年4月1日起暂停对外使用）

Thurgood, Graham, 2007, Tonogenesis Revisited: Revising the Model and the Analysis. In Harris, Jimmy G., Somsonge Burusphat and James E. Harris (eds.), *Studies in Tai and Southeast Asian Linguistics*, 263–291. Bangkok: Ek Phim Thai Co.

Toscano, Joseph C. and Bob McMurray, 2010, Cue Integration with Categories: Weighting Acoustic Cues in Speech Using Unsupervised Learning and Distributional Statistics. *Cognitive Science*, 34(3): 434–464.

Xu, Ching X. and Yi Xu, 2003, Effects of Consonant Aspiration on Mandarin Tones. *Journal of the International Phonetic Association*, 33(2): 165–181.

Xu, Ching X., Yi Xu and Li-Shi Luo, 1999, A Pitch Target Approximation Model for F0 Contours in Mandarin. In Ohala, John J., Manjari O. Hasegawa, Daniel Granville and Ashlee C. Bailey (eds.), *Proceedings of the 14th International Congress of Phonetic Sciences*, 2359–2362.

Zeng, Ting, 2011, *A Phonetic Study of the Sounds and Tones in Xiangxiang Chinese*. PhD thesis. City University of Hong Kong.

Zhu, Xiaonong S., 1999, *Shanghai Tonetics*. Munich: Lincom Europa.

（原文刊于《中国语文》2022年第6期）

"闯"字的历史演变*

王志平

(中国社会科学院语言研究所,电邮:wzp2001166@sohu.com)

提　要:《说文》:"闯,马出门皃。从马在门中。读若郴。"上古音彻纽侵部。《广韵》丑禁切,折合今音本当音 chèn。闯与觇、觑、闪、䤾、睒等为同源词族,均有快闪、窥视等义,上古音均为收 – m 尾之侵、谈部字。从用法上看,今音 chuǎng 作"冲"义讲的"闯"当为"撞"之本字。后人望文生义,借用文字构形更为形象直观的会意字"闯"代替了原来的形声字"撞",同形字"闯"(chèn)的本音本义也从此埋没不彰了。

关键词:闯;撞;文字;音义

一、"闯"字的歧读与歧义

《说文·门部》:

闯,马出门皃。从马在门中。读若郴。

明·赵宧光《说文长笺》:

俗读若刱(初亮切),解作蓦至人家殹。

清·段玉裁注:

引申为突兀惊人之辞。《公羊传》曰:"开之则闯然公子阳生也。"何(休)云:"闯,出头皃。"韩退之诗曰:"喁喁鱼闯萍。"许读平声,今去声,丑禁切。七部。俗

---

* 本文是国家社科基金"古文字特殊通转"(项目编号:17BYY127)阶段性成果之一。初稿曾在"第六届文献语言学国际学术论坛"(上海,2020 年 9 月)上宣读,承蒙杨军、汪启明、萧旭等先生指正。感谢匿名审稿人的宝贵意见。

语转若挦。

"闯"字读若郴,上古音为透纽侵部,平声。而《广韵·沁韵》丑禁切,中古音为彻纽去声。而五代·徐锴《说文解字篆韵谱》卷四《去声·沁部》亦音丑禁反,许慎读若与唐韵反切有平去之异,据中古反切折合今音本当音 chèn,但是平声一读尚有保存。唐·张参《五经文字》卷中《门部》:

闯,丑林反,又丑禁反。见《春秋公羊传》,出头皃。

《集韵》收了平上去三个异读,《侵韵》痴林切;《寝韵》丑甚切;《沁韵》丑禁切;《五音集韵》则作丑林切、丑甚切、丑禁切。《增修互注礼部韵略》亦音丑禁切。而《四声等子》以琛踸闯湛分为平上去入,则视去声为正读。元·卓从之《中州乐府音韵类编·寻侵韵》亦以"闯"归去声。明《洪武正韵》仍音丑禁切,尚存此读音。元·秦简夫《东堂老劝破家子弟》第二折:"你便闯一千席呵,可也填不满你这穷坑。"佚名《谢金吾诈拆清风府》第二折:"平白地闯出这场祸。"明·臧晋叔音释均作:"闯,丑荫切。""荫"有於金切(《集韵·侵韵》)和於禁切(《广韵·沁韵》)平、去二读,可能音释正音仍取去声一读。明·杨慎《转注古音略》卷二《十二侵》:

闯音琛。马出门貌。又音衬。①

明·刘节《声律发蒙》卷四《去声·二十七沁》:"闯,趻。马出门皃。"清·王鵕《中州音韵辑要·侵寻·阴去声》又音痴任切。读音亦同。

稍微特殊的是明《中州音韵·寻侵·去声》:

闯,欺禁切。马出门貌。

明·范善溱《中州全韵·侵寻·阴去声》亦音"欺禁切":"闯,马出门。又初壮切。出头皃。"明·沈宠绥《度曲须知》卷下《北曲正讹考·寻侵》:"闯,欺禁切,非叶窗去声。"与《中州全韵》音同。清·王德晖《顾误录》"侵寻":"闯,痴廕切。"又"俗唱正讹":"闯,欺禁切。"均有"欺禁切"一读。元代音系中知系三等读 [tɕ, tɕ', ɕ](王

---

① (明)杨慎《古音丛目》卷二《十二侵》引同。

力,1985:316),明清见系腭化之后亦读 [tɕ, tɕ', ɕ],因此会有"欺禁切"的音读。这仍然是"闯"字中古读音的历史演变。

但是明·赵宧光《说文长笺》又音初亮切,明·范善溱《中州全韵》又音"初壮切"等等,则与上述演变不同。清·王筠《菉友蛾术编》卷上:

《春秋》哀公六年《公羊传》"闯然公子阳生",《说文》引之,"闯"作"覵"。覵,失冉切;闯,丑禁切。侵、覃虽皆闭口音,然已不同声矣。至于明末黄得功之闯将、李自成之闯王,本出一时口语,有音无字,当时文报,以其呼如疮上声也,而借闯字为之。本不读如丑禁切,乃翻书房翻闯王字如疮上声,穆鹤舫(彰阿)相国使依"丑禁切"翻清,不相中矣。夫清书有音无义,有平声而无三声,而欲以正韵律之,是违国家之旧制也。所谓固执不通者耶!

文字学家王筠已经注意到,今音 chuǎng 之"闯"字并非明清口语本字。丁声树(1958:184)把"闯(抢)"字括注为"抢",音初两切,上声养韵,读 chuǎng。显然是把"抢"视为"闯"的本字了。但是"抢"和"闯"的意义不符,因此今音 chuǎng 的本义仍然字源不明。

按照《说文》,"闯"字的本义是形容词"马出门皃",也可以指动词"马出门"。此义后世尚有袭用。

(1)先生今倡之于前,某虽不肖,勉焉若驽马,踸踔以求闯于骐骥后,固夙昔之愿也。(宋·陈仁子《牧莱脞语》卷五《上提刑侍郎文山先生书》)

上例的"闯"字,实际是"马出头"的意思,最近于《说文》本义。但是用本义的辞例都比较晚,最早也不过宋代。再如:

(2)犇驫駧驖,群马闯也;輬輷輘輷,万车辙也。(宋·吕祖谦《宋文鉴》卷七引周邦彦《汴都赋》)

(3)韩门巍巍谁得闯,两马驹出卢与樊。聱牙诘曲漫自喜,岂比盘结妙理源。(元·吴师道《礼部集》卷五《分题赋绛守居送王致道佥事之河东》诗)

这里的"闯"是指韩愈门下谁能出头,只有卢仝与樊宗师两个马驹而已。

同样:

(4)曹操父子以鼠窃狗盗,知规攘汉鼎,术穷力殚,仅乃得之。自以为子孙无穷之业,而不知三马闯然已蹑其后矣。(宋·萧常《续后汉书》卷三十四《魏·曹奂载记》赞)

这里用的是《晋书·宣帝纪》"三马同槽"的典故,影射司马篡魏,以"马"代指司马氏,故曰"闯然"。

其他"出头"的意义也多从"马出头"造字本义引出,书证已多与从"马"之义无关。或用为鼋首之"出头":

(5) 鼋头山一名鼋山,在洞庭西山之东麓,有石闯出如鼋首,相传以名。(宋·范成大《吴郡志》卷十五)

又指花出头:

(6) 郊原落叶已离离,尚有孤花闯短篱。小醉不成怜病后,苦吟未了说愁时。(宋·陈起《江湖小集》卷五十七引周文璞《方泉小集·吴中秋日》)

"闯"后亦引申为"突出"之义。又指鱼眼凸出:

(7) 兹银条之小鱼,寔群游于深水,闯双目之如漆,体洁白其无比。(宋·洪适《盘洲集》卷二十九《银条鱼赋》)

按照《说文》本义,"闯"的动作位移方向是出外而不是入内:

(8) 缘尺寸而下又下之,而人以为高;自视若无所用,而人以为简;闯门见客如不欲出,而人以为夸。(宋·林光朝《艾轩集》卷九《正字子方子窆铭》)

(9) 孺人奉姑谨,蚤起晏眠,因得羸疾,孀居介洁,不闯户外。(宋·刘克庄《后村集》卷一百五十二《刘君方氏墓志铭》)

这里的"闯"都是出门的意思,近于出门的本义。但是隋唐时期"闯"的位移方向一度发生了变化:

(10) 太白守昴,兵从门闯入,人主出走。(唐·瞿昙悉达《开元占经》卷四十九《太白占五·太白犯昴四》引《石氏星经》)[①]

(11) 东野夜得梦,有夫玄衣巾,闯然入其户,三称天之言。(唐·韩愈《孟东野失子》诗)

宋·魏仲举《五百家注昌黎文集》卷四注:"闯,马出门貌。丑禁切。"但是这里的"闯"的意思不是"突出"而是"突入",位移的方向相反。因此宋·文谠《详注昌黎先生文集》卷四因此改注为:"闯,从门窥头也。音丑禁切。"从此,很多人援用韩愈文例,都把"闯门"当成了"入门"的意思:

(12) 跨牛待得夕阳回,在处诸嫌(妈)笑口开。已借蜡钱输麦税,免教缉捕闯门来。

[①] 关于《开元占经》所引《石氏星经》的成书时代,天文学家多从观测年代予以推测,从战国到两汉等,说法不一。钱宝琮(1937)认为"《开元占经》卷二十三论岁星每年躔次及早出晚出所应灾异,引甘氏说,及论岁星赢缩失行引石氏说,皆与《汉书·天文志》所引异。可证唐代所传甘、石《星经》早非汉代旧文。推其嬗变之迹,则以书缺有间,不可考矣"。(参看李俨、钱宝琮,1998:305)。潘鼐(2009:75)认为:"《开元占经》论述岁星,每征引甘氏、石氏语,但是与《汉志》所引的并不相同,可见隋、唐时期的星经,看来又颇有变化了。"

(宋·陈造《江湖长翁集》卷十九《房陵十首》诗之六)

上例的"闯门"就完全是"突入"的意思了。但是，宋元时期"闯"字的读音仍然在寝韵或沁韵：

(13) 一不堪，性嗜日高寝：叠鼓震余梦，星毛欹倦枕，冠剑朝已盈，当关视门闯。(宋·宋祁《景文集》卷五《七不堪诗》)

"闯"与"寝""枕"同押寝韵。又：

(14) 苍崖长龙孙，头角露已甚。呼丁恣庖割，移榻就浓荫。怳疑羽林枪，罗列在紫禁。余鞭横瘦蛇，密箨若纫紝。亭亭风势匀，节节泉脉沁。藩垣谨藏护，宁使暴客闯。烹调众云美，剪伐吾亦任。绕齿嚼冰澌，毛发寒以潪。(宋·郭祥正《青山集》卷十《同阮时中秀才食笋二首》诗之一)

"宁使暴客闯"的"闯"字押沁韵，是"突入"的意思，读音显然仍是丑禁切的 chèn。这是音 chèn 之"闯"的本源义。直到元代还是如此：

(15) 嘈嘈冰戞川，瀺瀺鱼在罙。潜逃欲无所，渔罟来闯闯。鳞鬐见蹙迫，首尾相藉枕。(元·黄玠《弁山小隐吟録》卷一《石塘观鱼似谢伯昭伯礼》诗)

这里的"闯"显然是鱼群"突入"的意思，但是仍与罙、枕诸字同押寝韵。

(16) 积雨重寒，暂存燠气。近不相得，化为狒蜰。闯入象魏，贞：凶。(明·钱一本《范衍》卷五《建·一百十五章》)

自注："闯，丑禁切。"仍然是"突入"之义。

二、"窥探"义的"闯"

《玉篇·门部》："闯，或作覘。"《公羊传·哀公六年》"开之则闯然"，《说文·见部》引作"覢然"。《说文·见部》：

> 覢，暂见也。从见，炎声。《春秋公羊传》曰："覢然公子阳生。"

清·段玉裁注：

> 猝乍之见也。《仓颉篇》云："覢覢，视皃。"① 按：与《目部》之"睒"音义皆同。

---

① 见《广韵·敢韵》"覢"字条。参看(清)孙星衍《苍颉篇》卷下，《丛书集成初编》第1051册，第57页。

《说文·目部》：

睒，暂视皃。从目，炎声。

覢、䚍、睒均为谈部字，而䦎为侵部字。故清·朱骏声《说文通训定声》按曰：

《公羊》哀六《传》今本作"䦎"。䦎、䚍音隔。疑䦎为闪之误字。《苍颉篇》："䚍䚍，视皃。"

《说文·门部》：

闪，窥头门中也。

又《说文·见部》：

䚍，私出头视也。从见，冘声。读若郴。

清·叶德辉《说文读若考》曰：

按《见部》："䚍，私出头视也。从见，冘声。读若郴。"义与"马出门"相近。故音读相同。《邑部》："郴，桂阳邑名。从邑，林声。"《公羊·哀六年传》"开之则䦎然"《解诂》："䦎，出头貌"义同。①

又《集韵·寝韵》丑甚切：

眈，出头视也。通作䦎。

又陟甚切：

眈，出头视皃。

---

① 参看丁福保（1988：11656）。

此"眈"即《说文》"䚡"字之异体，而通作"闯"。

从词源不难看出，"闯"字与上述侵、谈部字为同源词族，均有出头、窥视、快出等义。故宋·任广《书叙指南》卷十二《訶察探伺观望》曰："出首窥望貌曰闯。"宋·朱翌《猗觉寮杂记》卷下："船门曰马门。盖闯字之分也。引首而观曰闯。"元·戴侗《六书故》卷二十五《门部》："闯，丑甚切。马在门中。闯望之义也。"《辞源》第三版 chèn 下作：

马出门貌，见《说文》。引申为出头之貌。《公羊传》哀六年："开之则闯然公子阳生也。"注："出头貌。"唐韩愈《昌黎集》一《南山诗》："喁喁鱼闯萍，落落月经宿。"

《汉语大字典》chèn 下列了 3 个义项：①马出门貌；②出头貌；③用同"䚡（chān）"，窥视。《汉语大词典》chèn 下列了 2 个义项：①出头貌；②探头观望。基本是正确可从的。

但是《汉语大字典》chèn③用同"䚡（chān）"，窥视、《汉语大词典》chèn②探头观望同引唐·韩愈、孟郊《同宿联句》："儒门虽大启，奸首不敢闯。"宋·文谠《详注昌黎先生文集》卷八注："闯，从门窥头也。音丑禁反。"又宋·魏仲举《五百家注昌黎文集》卷八注："韩（醇）曰：闯，马出门貌。孙（汝听）曰：窥也。○闯，丑禁切。"此"闯"字与"义泉虽至近，盗索不敢沁"等同押沁韵，因此"闯"字并未音读同"chān"。但是诗义却是窥视之意。因此明·张自烈《正字通·门部》曰：

闯有窥䚡义，非与䚡同。旧注或作䚡，合䚡、闯为一，误。《说文》专训马出门，亦误。

所说甚是。韩愈这里的用法也是"窥视"而非"出头"之义。类似的用例非常容易误读。如：

（17）间取濂洛遗书，伏而读之，曰："是若与吾心会，盖真得洙泗之传者。循墙闯门，未身其奥，吾心恧焉。"（宋·陈宓《龙图陈公文集》卷二十二《北溪先生主簿陈君墓志铭》）

这里的"闯门"，既不是出门，也不是入门，而是"窥门"。

（18）连日侍乐饮，已复蔫然，谓当熟寝数夕。而亲旧遗书十数辈，闯门待报者犹在也。（宋·李祖尧《内简尺牍编注》卷一引《宋孙仲益内简尺牍》）

清·蔡焯、蔡龙孙补注曰：

闯门：订正韵丑禁切。《公羊传·哀公十六年》"开之则闯然公子阳生也"何休注："出头貌。"《玉篇》或作䀩。昌黎《同宿联句》"儒门虽大启，奸首不敢闯"，皆以窥䀩为义。

又：

（19）闯其墙而窥其户，泛其源而涉其流，彼王良之安在，顾驽马以何尤！（宋·李吕《澹轩集》卷八《澹轩自赞》）

"墙"是无法突出、突入的，所以这里的"闯"和"窥"是对文，"墙"和"户"是对文。类似者如：

（20）尚不足为京房、焦赣之奴婢，而况王辅嗣之精微，程伊川之至到，亦何能窥其藩而闯其户哉！（宋·杨万里《诚斋集》卷一百七《答赣州张舍人》）

也是"窥""闯"对文。又：

（21）咨尔深道，圣学无蚤。与其闯于门，不若观于奥。（宋·黄庭坚《祝晁深道冠字词（后名咏之，改字之道。）》题跋）①

这里"闯""观"对文，"门""奥"对文，"闯"也是"窥视"的意思。

（22）而其变化阖辟，又皆古人尽力于诗者，莫能闯其户牖，亦未必省其为何等语矣。（宋·王柏《鲁斋集》卷十三《朱子诗选跋》）

（23）欧（阳询）虞（世南）褚（遂良）深得书理，信本（欧阳询字）伤于劲利，伯施（虞世南字）过于纯熟，登善（褚遂良字）少开阖之势，柳诚悬（公权）其游张（芝）颜（真卿）之梱奥乎！徐（浩）李（邕）沈（传师）宋（儋）诸家，殆闯其藩落者乎！（元·郑枃撰，元·刘有定释《衍极》卷四《古学篇》）

此例的"闯"似乎理解为"突入"或"窥视"均可，但是"闯"字的读音刘有定仍然音释为"丑禁反"。

三、"闯"字的语音演变

"闯"上古音均为收 –m 尾之侵、谈部字，直到元朝时期的近代音还保留了 –m 尾。蒙元开国功臣 Čambai（乌兰，2000：769），《元朝秘史》译作沉白又作沉伯，《蒙古源流》作秦拜、咱木拜，而《元圣武亲征录》则作闯拜。从对音来看，元朝时"闯"仍收 –m 尾。明清时期，虽然"闯"仍押侵寻韵，但已演变为收 –n 尾，音读为 chèn：

（24）递佳音，高魁名姓藏衣衽，……不比错认颜标鲁郡寻，重扉闯，人酬白镪（浆）

---

① 曾枣庄主编：《宋代序跋全编》卷八七，中华书局 2015 年版，第 2382 页。

家偿（常）锦，祝爹一品，祝爹一品。（清·越雪山人《新编双南记》第二十六出）

这里的"闯"也是"突入"的意思，仍然与音、衽、寻、锦、品等同押侵寻韵。

《汉语大字典》以为"闯"同"觇（chān）"，虽然不确，"闯"并非"觇"之异体字或通用字。但是"闯"可能也有 chān 之异读：

（25）各通名姓共争先，两马交锋闯一闯。一个是长枪密向咽喉刺，一个是手执金刀砍在肩。呐喊摇旗山岳动，碁逢敌手显威严。来往战径（经）三十合，先锋力怯胆京（惊）寒。马豆（头）带走飞逃败，熊飞海马上笑声喧。（清·佚名《绣像蕴香丸》第十一回）

这里的"闯"还是"突入""快进"的意思，但是与先、肩、严、寒、喧押韵，也是先天韵。

但是，不管是音 chèn 还是音 chān，"闯"字与今音 chuǎng 之词汇音义两不相涉。那么，"闯"（chuǎng）有没有可能是音 chèn 之"闯"（有"突出""突入"等义）的引申呢？遗憾的是，这种设想很难得到语音史的支持，因为无法解释近代以来 chèn 到 chuǎng 的历史音变。其次，虽然"闯"（chèn）与"闯"（chuǎng）的意义有交叉之处，但是严格说来，二者的义域并不完全相同。"突出""突入"等义的"闯"（chèn），词的核心重点强调的是动作的速度；而"冲撞"意义的"闯"（chuǎng），词的核心重点强调的是动作的力量。虽然动作的速度与力量有相通之处，但是核心意义终究有别。因此，对于"闯"（chuǎng）字的探源只能另觅他途。

那么，"闯"字 chuǎng 的今音又是哪里来的呢？

从押韵上看，"闯"字至少在明代已有 chuǎng 的读音。

（26）旁观的闲，帮闲的忙，在家时都只好把饭来囔。……俺把胆气儿麤势头儿忙，刺斜里当前一闯。（明·徐阳辉《脱囊颖》第四折）

（27）俺可似没头虫谁行来撞，折脚蟹何方去闯，辜负我半世英雄白茫茫，怨气有三千丈，……恨穹苍，全然没主张，除邪剪恶都成谎，水月堂前容留这孽党，荒唐，空则向神灵爇炷香，慌忙，早则是送无常，来裆装。（明·孟称舜《死里逃生》第三出）

（28）长吁气，恨满腔，往事都勾，话也不须细讲，巧机关你暗里包藏，痴心肠，谁做个隄（提）防，舍死忘生闯，在你网，欲待和姊妹们声说，只恐怕告个折腰状。思之复思，想了又想，除非是命丧荒圹，枉死城再做个商量。（明·刘效祖《良辰乐事·锁南枝》）

（29）携金齐赴买人场，心痒。全凭瞎撞得娇娘，难强。如今天道异寻常，贵莽。但看卖主事何王，姓闯。（清·李渔《巧团圆传奇》第二十三出）

（30）喜屠儿运昌，喜屠儿运昌，则看我刀砧放光，再不去街坊瞎闯。（清·朱素臣《十五贯》第五出）

（31）两个字俱是迷人障，天排下利刃钢刀听人闯。愚与智一例思想，硬逼出干戈抢

攘，为朱提阿兄、红粉娇娘。（清·宣鼎《返魂香传奇》卷四）

（32）可笑你粗蠢像，可笑你不在行，可笑你带着包果（裹）子儿来学闯，可笑你祠堂不如俺烟花巷，劝你本分过时光，若不听，挑水烧汤你多力量。（清·唐英《面缸笑》第一出）

（33）我爱逛，我就逛逛；爱闯闯，我就闯闯。（清·华广生《白雪遗音》卷二《马头调·满江红》"婆媳顶嘴"）

上述例句，均可证明明清时期"闯"字已与江阳韵互押，说明"闯"字的俗读已经产生。从注音上看，明·范善溱《中州全韵》"又初壮切"，明·沈宠绥《度曲须知》"非叶窗去声"，明·赵宧光《说文长笺》"俗读若刅（初亮切）"，清·段玉裁《说文解字注》"俗语转若刅"，均说明这时"闯"已音"窗去声""刅""牎上声"等。

其他一些非韵文文献中也有一些零星记载：

（34）梁天监中有蜀闾（上音携、下琛去）、䶜㮶（上万、下傑）、敳㵮（上蜀、下㵮）、仉肾（上掌、下睹）四公谒武帝，帝见之甚悦。（宋·李昉《太平广记》卷第八十一《梁四公》）

梁武帝时的"四公"人名都不是常见字，因此《太平广记》"闾"字音注为"琛去"，并不奇怪。同样：

（35）闍音蛇，城门台。閜音于，窥也。閝音委，辟也。闯音趁，马出门貌。闓音慨，开也。閮音转，闻闭门。（明·邓球《闲适剧谈》卷五）

这里所例举的若干疑难字，无论形音义都是闲谈时备忘所用的。值得注意的是，特别注明"闯音趁，马出门貌"，说明此一音义明代中后期已不习用，故需要特别注明。与此类似：

（36）想着平日用马惯的人，今日黑暗里徒步着，越着恼，闯入山里去，迷了路头。（清·褚人获《隋唐演义》第十回）

清四雪草堂刊本《隋唐演义》自注："闯，音创。"又：

（37）复壬午肆闯寇之威，仅剩童孙幼子。（清·刘榛《虚直堂文集》卷十六《杂著·约族人墓祭启》）

文中"闯"字自注"俗作牎上声"，也是唯恐他人误读为 chèn 或 chān 等音。这是"闯"字俗读 chuǎng 已经广泛流行的一个旁证。

相反：

（38）方在静摄中，突有风颠奸徒张差持梃闯入青宫，震惊皇太子，致朕惊惧，身心不安。（清·朱国标《明鉴会纂》卷十一《明纪》）

（39）李自成称闯将。（清·朱国标《明鉴会纂》卷十三《明纪》）

这两例的"闯"朱国标均自注为"诣去声",并不准确。"梃击案"是明末三大案之一,此"闯"似乎读 chèn 或 chuǎng 均可。但是"闯将"本为明代俗称(详见下),读为 chàn 音就不太合适了。这与王筠批评穆彰阿把闯王依"丑禁切"翻译为满文,所犯错误也并无二致。

四、"冲撞"义的"闯"

《汉语大字典》chuǎng 下收了 4 个义项:①突入。如:闯堂;闯阵。②猛冲,无所顾忌。如:闯汉,横冲直闯。③孟浪行事。④奔走谋生。如:闯江湖。《汉语大词典》chuǎng 下收了 6 个义项:①突然直入;猛冲。②为一定目的而到处活动,奔走。③闯练。④开创出某种新的成果。⑤惹起。⑥方言。不耕而种。许宝华、宫田一郎《汉语方言大词典》chuǎng 下收了 10 个义项:①<动>拼命。②<动>出外闯荡谋生。③<动>碰巧得好处。④<动>赚大钱。⑤<动>冲洗。⑥<动>竖立;斜立。⑦<动>向下掼,使结实。⑧<动>碾去(谷物皮壳)。⑨<动>触动;碰撞。⑩<动>踉跄。

从音义两方面来看,音 chuǎng 的"闯"应是"撞"字的另外一个写法。

(40)得汉人勇者为前军,号"撞令郎"。(《宋史》卷四百八十六《外国传二·夏国下》)

"撞令"也就是"闯令"。此外,元·乔吉《金钱记》第二折:"莫不是醉撞入深宅也那大院",《水浒全传》第五十四回:"山背后撞出一彪人马",《西游记》第四回:"哪吒太子,甲胄齐整,跳出营盘,撞至水帘洞外",《西游记》第六八回:"三藏只叫:不要撞祸!低着头走!"明·甄伟《东西汉通俗演义》卷十一:"姚期大喜曰:'将军此计甚妙,期领军先来撞王军陈(阵)。'"均以"撞"为"闯"之本字。①又如元·无名氏《谇范叔》第一折:"须贾,你来拜辞来?你来撞席来?""撞席"也即"闯席"。明·范濂《云间据目抄》卷一:"嵩(严嵩)子世蕃鸷纵,邀公(杨允绳)饮,有二客皆朝绅,不速而至。世蕃令两童子持朱墨笔点其面,为闯席者戒。"

又:

(41)空同山人醉汉闯街,是以收藏之家专觅此样,以伪为真。(明·安世凤《墨林快事》卷十二《人翁评明书》)

这里的"闯"就是跌跌撞撞的"撞",用以形容李梦阳的书法犹如"醉汉撞街"一般。

清·李玉《人兽关》第四出:"此间梅花楼是我家门徒,不免到彼闯(撞)顿饭吃,再

---

① 章炳麟《新方言》卷二认为"撞"的本字是"柬""动":"《说文》:'柬,动也。'动,作也。自西安以至四川,皆谓自作不靖曰'柬乱子',亦曰'柬祸'。他处多言'撞祸',撞从柬声也。"

作道理。"清·文康《儿女英雄传》第九回:"第二件怕有外人来闯(撞)破这场人命官司,性命关连。""不过怕来个人儿闯(撞)见,闹饥荒,鬼可怕他怎甚呀!"这几例的"闯"都是读为"撞"字,意思最为恰当。

同样,清·何梦梅《大明正德皇帝游江南传》第九回:"气得陈庭筠两眼睁圆,有冤难诉,遂大叫三声,闯死于宫门之外。"清·松滋山人《铁冠图全传》第三回:"母亲守节不从,闯死在石栏杆下。"清·石玉崑《忠烈侠义传》卷三:"你闯了人,还住那里去!"又均把"闯"用为"撞"字。说明这时"闯""撞"已经完全同音。

此外,明末起义军领袖刘国能绰号闯塌天,一作撞塌天(王纲,1984:82—83)。又明末起义军领袖高应登号闯天王,一作撞天王(夏维中,2006:178)。① 甘普砂(1982:617—618)认为,高迎祥、李自成之"闯王""闯将"等绰号无非表示英勇无敌、横冲直撞之意,类似唐宋民间流行的诨号"一直撞""撞子"。此说甚是。

(42)闯子好身手,彪形八尺强。刀瘢及箭镞,面成五文章。(清·彭孙贻《茗斋集》卷九《闯王乐》诗)

(43)沈问:"犹记明事否?"老人张目曰:"记李闯子作乱,如昨日耳。"(清·王培荀《乡园忆旧录》卷六)

上述两例中的"闯子"都是指的"闯王"李自成。

(44)(万历)四十三年闰八月朔,山东安丘县被贼梁闯子、张国柱等窃入,劫库纵囚。知县梁聘孟、王鼎臣以才力降罚。(明·方孔炤《全边略记》卷十一《腹里略》)

(45)得功每战,饮酒数斗,酒酣气益厉。喜持铁鞭战,鞭渍血沾手腕,以水濡之,久乃得脱,军中呼为"黄闯子"。(《明史》卷二六八《黄得功传》)

(46)弘光设四镇,晋黄得功靖南侯驻庐和。得功字浒山,每战身自冲突,劲疾若飞,江淮呼曰"闯子"。(清·江日升《台湾外记》卷四)

(47)见国家承平日久,法令从宽,人心就未免有些静极思动。其中有膀子蛮力的,不去靠弓马干功名,偏喜作个山闯子,流为强盗。(清·文康《儿女英雄传》第四十回)

(48)那婆婆听了大笑道:"你这小闯子倒要盘起吾来!我若不与你说明,只道我果是冒认。我且说与你听。"(清·吴璿《飞龙全传》第二十四回)

"闯子"一称"撞子"。

(49)唐广明岁,薛能失律于许昌,都将周岌代之。明年宰相王徽过许,谓岌曰:"昔闻贵藩有部将周撞子,得非司空耶?何致此号?"岌愧赧良久,答曰:"岌出身走卒,实蕴

---

① 《明史·汤九州传》:"追贼闯天王等五华集。"康熙时修《巢县志》卷四《祥异》谓"贼高姓,号闯天王"。谢承仁(2007:49)以为当是指高迎祥。"闯王"被误称为"闯天王",并不奇怪。

壮心，每有征行，不避锋刃，左冲右捽，屡立微功，所以军中有此名号。"王笑，复谓岌曰："当时扑落涡河里，可是撞不着耶？"（宋·李昉《太平广记》卷二百五十七《王徽》引《三水小牍》）

（50）近日撞子、骗子偺个合伙计做生意，折得一扫光。（明·佚名《锦蒲团》第十六出）

（51）阿呀！屈吓啰里说起脱（驼）子、疯子、倒撞子、癫子。（清·张大复《快活三》第七出）

所以"闯王""闯将""闯子"的意思大致近似。

（52）都人生子，往往阉割，觊为中官，有非分之福，或投为军，或夤缘入厂卫，穿白靴刺事。又或十五结党，横行街市间，号曰"闯将"。（清·于敏中《日下旧闻考》卷一四六引《白头闲话》）

（53）南京风浇多辣子，北京俗悍有闯将。甘心作孽行狭斜，大胆过人逞伎俩。裼裘乘月喜莫当，被酒拦街怒无状。呜呼安得都护丁，还使闾阎皆揖让。（清·张应昌《诗铎》卷二十三引元璟《京师百咏·闯将》）

这里的"闯"就是"横冲直撞"的"撞"。宋·周密《癸辛杂识》续集卷上《宋江三十六赞》称"一直撞董平"为：

昔樊将军，鸿门直撞，斗酒肉肩，其言甚壮。

明·范濂《云间据目抄》卷二《记风俗》：

恶少打行，盛于苏州，昔年抚台翁大立几被害。此风沿入松，以至万历庚辰后尤甚。又名"撞六市"，分列某处某班，肆行强横。有睭乡人持物入城，设计诳骗至深广之处半骗半夺者；有同赴官理讼，为仇家赂集，驾祸扛打，而其人无所控诉者；有白昼偷揓，地方结扭送官，适遇党与救解脱去，反受侮虐，如俗所称炒盐荳者。诸如此类，不可殚述。

此外，许宝华、宫田一郎（1999：2187）还收录有【闯住】、【闯丧】、【闯大运】、【闯倒鬼】等词条，也都是"撞"的意思。

虽然"闯"（chuǎng）、"撞"音义相通，但是由于望文生义，"闯"（chuǎng）有时难免会受到同形字"闯"（chèn）的影响，某种程度上混入了"闯"（chèn）的"突出""突入"等意义，"闯"（chuǎng）和"撞"也因此出现了某些音义演变。明·孟称舜《死里逃生》第三出："俺可似没头虫谁行来撞，折脚蟹何方去闯……"，"闯""撞"对举，一方面说明"闯"（chuǎng）、"撞"意义相近；另一方面也说明"闯"（chuǎng）、"撞"的音义产生了某些细微分化。体现在声调上就是，"闯"（chuǎng）和"撞"（zhuàng/chuàng）有上声和去声之别。这种同源分化字同时对举的情况并不罕见，如出土和传世文献中曾经出现过的"麤粗""仇雠""屈诎""买卖""居凥""封邦""能耐""背负""刚强""乌鸦""存在""对答""冲撞""扛夯"等等，甚至都还把同源分化字一起连用了。

那么，与"撞"相通的"闯"字起源于何时呢？最早有以下一些线索：

（54）有等好事君子，凡遇秋虫发动，则东闯西奔，寻豪探富，说合两家，携虫赌赛，则从傍而赞之。（宋·贾似道《秋虫谱》卷下《嘲两来嘴》）

这里的"闯"已经有"闯荡"的意思了，但是仍然可以视为音 chèn 之"闯"的引申。更为可靠的例证是：

（55）将军打门闯肩背，寇入京城多逆罪。（如闯人肩背，出头山是也。）（宋·张洞玄《玉髓真经》后卷卷十《禁秘神髓第十》）

本例的"闯肩背"显然应该理解成"撞肩背"，意谓"将军打门"靠的是"撞肩背"。"闯（撞）人肩背"的意思就是故意寻衅滋事，碰瓷找茬。

从用法上看，今作"冲"义的"闯"本字当为"撞"。"撞"《广韵》直绛切，又宅江切，折合今音当音 zhuàng 或 chuáng，方言或音 chuàng。唐·樊宗师《蜀锦州越王楼》诗：

危楼倚天门，如闛星辰宫。

清·孙之騄《樊绍述集》卷二：

沈（裕）注曰："闛字未详，当类撞闯之义。"

《中华字海》第 1565 页以为此字为"闯"字异体。其实，这才是今音 chuǎng 的"闯"字本原。

清·蒲松龄《日用俗字·身体章第一》：

怵闯起身子做桩事，偏儳撒闲游负此身。①

---

① （清）蒲松龄著，路大荒整理：《蒲松龄集》，中华书局上海编辑所 1962 年版，第 734 页。

旁注"牪"音"闯"。而"牪"字,《玉篇》音之爽切,当音 zhuǎng。可见当时的山东方言,"闯"已与"牪"、"壮"同音。①

又清·李虹若《都市丛载》卷六《古迹》:

烟墩:在永定门外正南一里。俗名石幢,又名石闯。相传系镇南方也。

"幢"有宅江切(chuáng)、直绛切(zhuàng)两读,与"撞"(zhuàng/chuáng)完全相同。"石幢"又名"石闯",则"闯"亦应读同"撞"了。笔者检索到一篇时人所写《闯市 撞市 创市》的文章(郑日金《闯市 撞市 创市》,《车间管理》2001 年第 2 期),已经完全是把"闯""撞""创"当成谐音字来使用了。

五、"闯"字形音义的分析

"闯"字在早期多为贬义,"闯祸""闯将""闯棍""闯汉""闯江湖"等等主要用于形容流氓无产者,都不是什么好的词汇。后来"闯"的意义逐渐中性化,最终发展为褒义:

(56)早就应该有一片崭新的文场,早就应该有几个凶猛的闯将!(鲁迅:《论睁了眼看》,《语丝》1925 年 3 月第 38 期)

(57)祖国的勤劳勇敢的亿万人民,若没有中国共产党的正确英明的领导,是闯不出这个灿烂光明的世界的。(冰心:《再寄小读者·通讯十五》,《儿童时代》1959 年 10 月第 19 号)

1960 年 5 月"上海之春"的演出节目中,甚至出现了同名、同内容的两首不同的合奏曲《闯将令》,被誉为"塑造了工人阶级干劲冲天,在技术革新运动中不断前进的英雄形象"(杨荫浏:《民族器乐的新发展》,《人民音乐》1960 年第 10 期)。1985 年乒乓球国手庄则栋写了一部 40 万字的自传体著作《闯与创》(庄则栋、钮琛,1985),邓小平同志南方谈话也说"大胆地试,大胆地闯"(邓小平:《在武昌、深圳、珠海、上海等地的谈话要点》,《邓小平文选》第 3 卷,372 页),广东美术家协会副主席梁宇还特意创作了歌颂深圳特区的巨幅油画《时代之歌——闯·创·窗》(梁宇:《〈时代之歌——闯·创·窗〉巨幅油画绘画手记》,《特区实践与理论》2019 年第 1 期),都是对"闯"字所蕴含的勇于开拓进取的精神的一种肯定。

---

① (清)蒲松龄《日用俗字自序》:"其难识者,并用音切于大字之侧;若偏旁原系谐声,例应读从半字,概无音切。"参看(清)蒲松龄著,路大荒整理《蒲松龄集》,中华书局上海编辑所 1962 年版,第 733 页。

"闯"字上古音为侵部，与谈部通转，本收 –m 尾。直到元代还是如此。在语言发展中，明清之后深摄的"闯"–m 韵尾丢失，产生了 əm > ən > in 的音变。这是音 chèn 的"闯"字语音演变。

而"撞"本为开口字，受到卷舌声母影响，变为合口字。无论是汉藏语系亲属语言还是汉语方言都发生过 o > ua 的历史音变。（参看罗美珍，2013：72；郑张尚芳，201：204—207）如傣语 om 对应泰语 uam，on 对应 uan，oŋ 对应 uaŋ，规律非常整齐（罗美珍，2013：72）：

傣语	泰语
thom³ 淹	thuam³
mom⁶ 瓜软	muam⁶
son¹ 园子	suan¹
bon³ 漱口	buan³
koŋ¹ 中空的	kuaŋ¹
doŋ³ 蛹	duaŋ³

同样，宋元之后，江摄、宕摄合流，上去通押。江摄的"撞"也发生了 ong > uang 的音变过程。越南语撞音 choang²（撞入，闯入），咸蔓雪（2016：285）指出：

中古后期的江韵均为开口字，读入合口的 oang 对应无法理解。但由于"腔 xoang¹"这一汉越音对应的存在，我们只能解释为误读所致。

其实也只是 ong > uang 的音变而已。朝鲜《朴通事新释谚解》仍以开口的 dʐaŋ 為"撞"左音（正音），而以合口的 tʂuaŋ 为"撞"右音（俗音）。

值得注意的是以下两例：

(58) 两道皱刷眉，一双报（豹）眼，闯额方腮，枭唇露齿。（清·陆士珍《绣像麒麟豹》第十二回）

(59) 两道板刷眉，一双报（豹）眼，闯额方腮，枭唇露齿。（清·佚名《金台全传》第三十四回）

而清·佚名《金台全传》第二十一回则作：

(60) 黑面浓眉，冲额方腮，圆眼大耳，须如板刷。

"闯额"一作"冲额"，这是"闯"本音 ong 的明证。这与新中国成立后把僮族的

"僮"（《元文类》卷四十一《政典·招捕》作"撞"）改为强壮的"壮"字，是同一个音理。

以上才是今音 chuǎng 之词汇的音义来源。后人望文生义，以文字构形更为形象直观的会意字"闯"代替了原来的形声字"撞"和"闦"。所以音 chuǎng 之"闯"是音 chèn 之"闯"的形借，"闯"字的本音本义也从此埋没不彰了。

但是，"闦"音 chuǎng 却借用"闯"的字形，也因此衍生了很多俗文字学的解释。宋·朱翌《猗觉寮杂记》卷下："船门曰'马门'，盖'闯'字之分也。引首而观曰闯。"

清·赵翼《陔余丛考》卷四十三《马头马门》：

> 曾三异《同话录》云："舟之设屋，开门而入，其门谓之'马门'。必先闯而后入，因其字义而析之也。"明人顾元庆《檐曝偶谈》亦云："船门曰'马门'，盖'闯'字之义也。引首而观曰闯。"

"引首而观"还是音 chèn 的"闯"之本字。但是后世把音 chuǎng 之"闯"也进行了拆字。清·计六奇《明季北略》卷之二十三《李自成生》：

> 丙午，（李）十戈梦一骑突入，长啸数声，周绕其室，乃觉。石（氏）生自成，因梦一骑入门，乳名闯儿。①

"一骑入门"，会意"闯"字。又清·赵吉士《寄园寄所寄》卷九《裂眦寄·流寇琐闻》引《异录》：

> 相传崇祯甲申南京乾清宫陷，忽现一碑上有云："一小又一了，眼上一刀丁戊搅，平明骑马入宫门，敢在皇极京城扰。"则又知亡明之为闯也。

"一小又一了"合为"李"字，"眼上一刀"为"自"字，"丁戊"为"成"字；"骑马入宫门"为"闯"字，"平明"指"亡明"。都不过是一种文字游戏而已。

清·计六奇《明季北略》卷之十七《李自成称闯王》：

---

① 清松滋山人《铁冠图》第一回："李闯道：'我父名十戈，母亲石氏，晚年得子。常说我将生时，梦见黑气罩住一个大汉闯进房来，故名叫做闯。'"与此说法不同。

予思古之伪号多矣，未有称闯王者，称之自高迎祥始，亦字之甚新，而号之创设者矣。或曰："闯者，马出门也，属火。国姓，牛也，属土。以火克土，故以马胜牛也。"一云："闖者，馬出头貌。"馬出头，是"主"字在马上也，取马上定天下意。然止可为马上之主，不能拱坐称主也，故宋献策有云："我主不过是马上皇帝。"其意亦见及此矣。盖伪号初设，莫不有数存焉。然迎祥作逆十载，势既横且久矣，而世终未闻称高闯王，仅知有李闯王者，前此犹未甚也。及自成破洛以后而始甚矣。人第知闯王为自成，而不知始于迎祥，抑第知自成为闯王，而不知始于卯、辰之际也，故特著之，使世知"闯"之所自，与号"闯"之非无说也。

把"馬出头"，理解为"馬"字出头，解释为"主"字在马上，也是一种俗文字学的分析。明清之际类似者为数不少。清·计六奇《明季南略》卷三《志异》另外记载了清河县出一碑，中有"劈门砍马痕无主，果毅智权死叫苦"的文字，认为是"闯灭清兴之意"，也完全是把"闯"字劈文切字了。

六、"闯"字的误校与误解

由于"闯"字音义的古今演变，造成了不少历史误解，甚至在现代古籍整理工作中也出现了一些不应有的失误。例如明·陈邦瞻《元史纪事本末》卷一〇六有"庭芝闯知襄阳西北一水曰清泥河"之语，中华书局本《元史纪事本末》附录五《宋元纪事本末的编著和流传》曰：

> 又如卷一〇六《蒙古陷襄阳》篇中有"闯知"之文，自《宋史·忠义传》（卷四五〇）以下，《续纲目》（卷二十一）、《宋元通鉴》（卷一二三）等均作"闯"字，江西本改为"侦"字，其实应是"闞"字之讹。按《宋史全文》卷二十二及《中兴两朝编年纲目》卷十一均有"闞微旨"之文，《系年要録》卷一六九作"闞微旨"，《宋史》卷四七三《秦桧传》作"伺上动静"，可以为证。[①]

现代整理者由于不解"闯"字古义，所作校勘全为臆改。相比之下，清·吴乘权《纲鉴易知录》卷八八《南宋纪·度宗皇帝》自注相同文字曰："闯，窥视也。"[②] 则正确可从。两相比较，古今学养之差异可见一斑。

---

① （明）陈邦瞻：《元史纪事本末》，中华书局1979年版，第244页。
② （清）吴乘权：《纲鉴易知录》，中华书局1959年版，第2436页。

无独有偶。元·马端临《文献通考》卷二百二十七《经籍考五十四》引致堂胡氏《崇正辩序》：

夫窥光于隙穴者，岂知日月之大明；囿知于一物者，岂尽阴阳之变化。

中华书局点校本《校勘记》第［五〇］说：

"窥"原作"闯"，据《斐然集》卷一九改。①

所作校勘亦为一孔之见。

同样，《辞源》chuǎng 引《说文长笺》初亮切。释义为：

突然而前，兼有泛然遇之及无所顾忌之义。如突入人席曰闯席，在外浪游曰闯江湖。宋李曾伯《可斋杂稿》十七《谢御笔戒谕兵将等事奏》："近闻探骑已闯淮垠，决在旬月之间，即有风尘之警。"

释义大致可从，但例证有误。《汉语大词典》chuǎng 音"突然直入；猛冲"义项下亦同引此例句，均有不确。此仍应音 chèn，为窥视、窥探之义，方与"探骑"意义相合；如果是"突然直入；猛冲"的"闯 chuǎng"字，则当时已有风尘之警，绝不会晚至旬月以后了。

引用书目

（汉）何休注，（唐）徐彦疏：《春秋公羊传注疏》，《十三经注疏》，中华书局 1980 年版。

（汉）许慎：《说文解字》，中华书局 1963 年版。

（梁）顾野王：《大广益会玉篇》，中华书局 1987 年版。

（唐）房玄龄：《晋书》，中华书局 1974 年版。

（唐）瞿昙悉达：《开元占经》，清文渊阁《四库全书》本。

（唐）张参：《五经文字》，清文渊阁《四库全书》本。

（五代）徐锴：《说文解字篆韵谱》，清文渊阁《四库全书》本。

（宋）陈仁子：《牧莱脞语》，清初景元钞本。

---

① （元）马端临撰，上海师范大学古籍研究所等点校：《文献通考》，中华书局 2011 年版，第 6253 页。清浙江书局本《文献通考》即作"闯"。（明）唐顺之《荆川稗编》卷七十引胡寅《崇正辨序·附轮藏记》亦作"闯"。

（宋）陈起：《江湖小集》，清文渊阁《四库全书》补配清文津阁《四库全书》本。

（宋）陈造：《江湖长翁集》，明万历刻本。

（宋）陈宓：《龙图陈公文集》，清钞本。

（宋）丁度：《宋刻集韵》，中华书局1989年版。

（宋）范成大：《吴郡志》，《择是居丛书》景宋刻本。

（宋）郭祥正：《青山集》，清文渊阁《四库全书》本。

（宋）洪适：《盘洲集》，《四部丛刊》景宋刊本。

（宋）贾似道辑：《秋虫谱》，明嘉靖刻本。

（宋）李昉：《太平广记》，中华书局1961年版。

（宋）李吕：《澹轩集》，清文渊阁《四库全书》补配清文津阁《四库全书》本。

（宋）李祖尧：《内简尺牍编注》，清乾隆刻本。

（宋）林光朝：《艾轩集》，清文渊阁《四库全书》本。

（宋）刘克庄撰：《后村集》，《四部丛刊》景旧抄本。

（宋）吕祖谦：《宋文鉴》，《四部丛刊》景宋刊本。

（宋）毛居正：《增修互注礼部韵略》，清文渊阁《四库全书》本。

（宋）任广：《书叙指南》，清文渊阁《四库全书》本。

（宋）宋祁：《景文集》，清武英殿《聚珍版丛书》本。

（宋）王柏：《鲁斋集》，民国《续金华丛书》本。

（宋）魏仲举：《五百家注昌黎文集》；清文渊阁《四库全书》本。

（宋）文谠：《详注昌黎先生文集》，宋刻本。

（宋）萧常：《续后汉书》，清文渊阁《四库全书》本。

（宋）杨万里：《诚斋集》，《四部丛刊》景宋写本。

（宋）张洞玄：《玉髓真经》，明嘉靖刻本。

（宋）周密：《癸辛杂识》，中华书局1988年版。

（宋）朱翌：《猗觉寮杂记》，中华书局1985年版。

（宋）祝穆：《事文类聚》，清文渊阁《四库全书》本。

（金）韩道昭：《五音集韵》，清文渊阁《四库全书》本。

（元）戴侗：《六书故》，中华书局2012年版。

（元）黄玠：《弁山小隐吟录》，清文渊阁《四库全书》本。

（元）马端临：《文献通考》，中华书局2011年版。

（元）施耐庵、罗贯中：《水浒传》，明容与堂刻本。

（元）苏天爵：《元文类》，《四部丛刊》景元至正本。

（元）脱脱：《宋史》，中华书局1977年版。

（元）吴师道：《礼部集》，清文渊阁《四库全书》本。

（元）佚名：《四声等子》，清文渊阁《四库全书》本。

（元）佚名：《元朝秘史》，《四部丛刊》三编景元钞本。

（元）郑构：《衍极》，清《十万卷楼丛书》本。

（元）卓从之：《中州乐府音韵类编》，《续修四库全书》第1739册。

（明）安世凤：《墨林快事》，清钞本。

（明）陈邦瞻：《元史纪事本末》，中华书局1979年版。

（明）邓球：《闲适剧谈》，明万历邓云台刻本。

（明）范善溱：《中州全韵》，《续修四库全书》第1747册。

（明）方孔炤：《全边略记》，明崇祯刻本。

（明）李清：《三垣笔记》，中华书局1982年版。

（明）范濂：《云间据目抄》，《笔记小说大观》本第13册，江苏广陵古籍刻印社1983年版。

（明）刘节：《声律发蒙》，明万历二十一年刻本。

（明）刘效祖：《良辰乐事》，清康熙二十九年刘芳永刻本。

（明）钱一本：《范衍》，明万历刻本。

（明）沈宠绥：《度曲须知》，明崇祯刻本。

（明）沈泰：《盛明杂剧初集》，民国七年董氏诵芬室刻本。

（明）沈泰：《盛明杂剧二集》，民国十四年董氏诵芬室刻本。

（明）吴承恩：《西游记》，明书林杨闽斋刊本。

（明）杨慎：《转注古音略》，清文渊阁《四库全书》本。

（明）佚名：《锦蒲团》，旧抄本。

（明）乐韶凤：《洪武正韵》，清文渊阁《四库全书》本。

（明）张自烈：《正字通》，清康熙二十四年清畏堂刻本。

（明）赵宧光：《说文长笺》，《四库全书存目丛书》经第195册。

（明）甄伟：《东西汉通俗演义》，清宝华楼刊本。

（清）褚人获：《隋唐演义》，清四雪草堂刊本。

（清）段玉裁：《说文解字注》，上海古籍出版社1981年版。

（清）官修：《蒙古源流》，清文渊阁《四库全书》本。

（清）何梦梅：《大明正德皇帝游江南传》，清江左书林本。

（清）何秋涛：《校正元圣武亲征录》，清光绪小泦巢刻本。

（清）华广生：《白雪遗音》，清道光八年玉庆堂刻本。

（清）计六奇：《明季南略》，中华书局1984年版。

（清）计六奇：《明季北略》，中华书局1984年版。

（清）江日升：《台湾外记》，清光绪《申报馆丛书》本。

（清）李虹若：《都市丛载》，清光绪刊本。

（清）李渔：《巧团圆》，清康熙世德堂刊《笠翁传奇十种》本。

（清）李玉：《人兽关》，明崇祯刊本。

（清）刘榛：《虚直堂文集》，清康熙刻补修本。

（清）陆士珍：《绣像麒麟豹》，清光绪元年刊本。

（清）彭孙贻：《茗斋集》，《四部丛刊续编》景写本。

（清）蒲松龄著，路大荒整理：《蒲松龄集》，中华书局上海编辑所1962年版。

（清）石玉崑：《忠烈侠义传》，清光绪刻本。

（清）松滋山人：《铁冠图全传》，清光绪十年刊本。

（清）孙星衍：《苍颉篇》，《丛书集成初编》第1051册。

（清）孙之騄：《樊绍述集》，清刻晴川八识本。

（清）唐英：《面缸笑》，清乾隆《灯月闲情十七种》本。

（清）王德晖：《顾误录》，清咸丰元年北京篆云斋刻本。

（清）王鵕：《中州音韵辑要》，《续修四库全书》第1747册。

（清）王培荀：《乡园忆旧录》，清道光二十五年刻本。

（清）王筠：《菉友蛾术编》，《续修四库全书》第1159册。

（清）文康：《儿女英雄传》，清光绪四年京都聚珍堂活字印本。

（清）吴乘权：《纲鉴易知录》，中华书局1959年版。

（清）吴璿：《飞龙全传》，清乾隆三十三年崇德书院刊大字本。

（清）宣鼎：《返魂香传奇》，清光绪《申报馆丛书》本。

（清）佚名：《金台全传》，清光绪乙未上海中西书局石印本。

（清）佚名：《绣像蕴香丸》，清嘉庆二十二年序刊本。

（清）于敏中等：《日下旧闻考》，北京出版社1983年版。

（清）越雪山人：《新编双南记》，清康熙饮醇堂刊本。

（清）张大复：《快活三》，旧抄本。

（清）张廷玉《明史》，中华书局1974年版。

（清）张应昌：《诗铎》，清同治八年秀芷堂刻本。

（清）赵吉士：《寄园寄所寄》，清康熙三十五年刻本。

（清）赵翼：《陔余丛考》，中华书局1963年版。

（清）朱国标：《明鉴会纂》，清乾隆二十七年刻本。

（清）朱骏声：《说文通训定声》，中华书局1984年版。

（清）朱素臣：《十五贯》，清钞本。

邓小平：《邓小平文选》，人民出版社1993年版。

鲁迅：《鲁迅全集》第1卷，人民文学出版社1981年版。

曾枣庄：《宋代序跋全编》，中华书局2015年版。

章炳麟：《新方言》，《章太炎全集》（七），上海人民出版社1999年版。

庄则栋、钮琛：《闯与创》，中国展望出版社1985年版。

卓如：《冰心全集》，海峡文艺出版社1994年版。

参考文献

丁福保：《说文解字诂林》，中华书局1988年版。

丁声树：《古今字音对照手册》，科学出版社1958年版。

甘普砂：《明宫埋银·"闯将"》，载《中国农民战争史论丛》编辑委员会编辑：《中国农民战争史论丛》第4辑，河南人民出版社1982年版。

汉语大字典编辑委员会：《汉语大字典》，四川辞书出版社、湖北辞书出版社1986年版。

何九盈、王宁、董琨：《辞源》（第三版），商务印书馆2015年版。

李得春：《朝鲜对音文献标音手册》，黑龙江朝鲜民族出版社2002年版。

李俨、钱宝琮：《李俨钱宝琮科学史全集》第9卷，辽宁教育出版社1998年版。

冷玉龙、韦一心：《中华字海》，中华书局、中国友谊出版公司1994年版。

罗美珍：《东南亚相关民族的历史渊源和语言文字关系研究》，中国社会科学出版社2013年版。

罗竹风：《汉语大词典》，汉语大词典出版社1986–1993年版。

宁忌浮：《校订五音集韵》，中华书局1992年版。

潘鼐、《中国恒星观测史》，学林出版社2009年版。

钱宝琮：《甘石星经源流考》，《浙江大学季刊》1937年第1期。

王纲：《明末农民军名号考录》，四川省社会科学院出版社1984年版。

王力：《汉语语音史》，中国社会科学出版社1985年版。

乌兰：《〈蒙古源流〉研究：蒙汉文本》，辽宁民族出版社2000年版。

夏维中：《品明朝——朱元璋的子孙与明亡清兴往事》，陕西师范大学出版社2006年版。

咸蔓雪：《汉语越南语关系语素历史层次分析》，中西书局2016年版。

谢承仁：《李自成新传》，北京图书馆出版社2007年版。

许宝华、宫田一郎：《汉语方言大词典》，中华书局1999年版。

郑张尚芳：《汉语介音异常的成因及 e > ia、o > ua 音变》，《语言学论丛》第26辑，商务印书馆2002年版。

郑张尚芳：《郑张尚芳语言学论文集》，中华书局2012年版。

（原文刊于《中国语文》2022年第2期）

说战国楚文字中用为"一"的"翼"字[*]

石小力

(清华大学出土文献研究与保护中心,电邮:shi.xiaoli@163.com)

提 要: 战国楚文字中表示"一"的"羆"是羽翼之"翼"的异体,"羆"字所从的"能"形是由甲骨文羽翼之"翼"的象形初文演变而来的。"羆"字从羽,翼声,是为羽翼之"翼"所造的形声字。象形的"翼"演变为"能"形,既有变形声化的现象,也有类化的作用,字形演变可参考"鼠"字的演变。

关键词: 楚文字;一;翼;羆

1. 引 言

战国楚文字中"一"字的记录形式较为多样,除了用"一、弌、壹"表示外,还经常用一般隶定作"羆""鼠"的两个字形来表示。"鼠"字还见于战国时的中山王铜器。"羆""鼠"从大量的辞例来看,确定无疑可以表示"一",然而"羆""鼠"的构形如何分析,它们之间的关系如何,来源于早期何字,何以能表示"一",理据是什么?学者做出了种种解释,然而众说纷纭,几十年来,还未有一个大家都认可的解释。本文根据清华大学藏战国竹简(下文简称"清华")等新出古文字材料,对"羆"字的来源试做一解释。

2. "羆"为"翼"之异体

"羆"字最早见于寿县发现的鄂君启节。鄂君启节 1957 年出土 4 枚,1961 年出土 1 枚,共计 5 枚,其中舟节 2 枚,车节 3 枚,是研究战国时期楚国商业经济、水陆交通、封君权限、地理沿革的重要史料。舟节铭文曰(释文用宽式,下同):

(1) 大司马昭阳败晋师于襄陵之岁,夏层之月,乙亥之日,王尻于戚郢之游宫,大

---

[*] 本文是国家社科基金重大项目(项目编号:15ZDB095)、国家社科基金青年项目(项目编号:16CYY032)的阶段性成果。初稿曾以《战国楚文字"羆"字的来源》为题在"两周时期的汉淮之间:族群、地理与文化"(武汉大学,2020 年 7 月 28 日)上宣读。

工尹脽以王命，命集尹悼糡，箴尹逆，箴令阢，为鄂君启之府賸（造）铸金节，屯三舟为一舿，五十舿，岁翼返。（《殷周金文集成》"下文简称《集成》"12110）

车节铭文曰：

（2）大司马昭阳败晋师于襄陵之岁，夏屎之月，乙亥之日，王凥于戚郢之游宫，大工尹脽以王命，命集尹悼糡，箴尹逆，箴令阢，为鄂君启之府賸（造）铸金节，车五十乘，岁翼返。（《集成》12111－12113）

其中"岁翼返"的"翼"字，字形原作，结构很清晰，从羽，从能。铭文公布之后，引起了学者极大的兴趣。郭沫若（1958）认为从羽能声，是"態"字异文，在铭文中读为"能"，言舟之往返有效期为一年。于省吾（1963）释为"赢"，读"盈"，"岁盈返"是说岁满而返。朱德熙、李家浩（1989：64）认为从"羽"从"能"，《说文》认为"能"从"目"声，"目""异"声近，所以"翼"就是"翼"字的异体，"翼"与"弋"古可通用，而"代"从"弋"得声，所以"翼"可读为"代"，"岁代返"是说一年之内分批轮流返回。何琳仪（1998：77）隶作"翼"，读为"能"，认为与"乃"音义相通。

其他还有很多意见，但不论是读"能"、还是"盈""代"，文意都不是很顺适，众说纷纭，没有一种说法可以让人信服。这种局面在郭店楚墓竹简（下文简称"郭店"）公布之后得到了改变，"翼"字的用法一下子豁然开朗，原来是用为"一"的。我们看简文：

（3）"淑人君子，其仪翼（一）也。"能为翼（一），然后能为君子，慎其独也。（郭店《五行》16）

（4）翼（一）缺翼（一）盈，以己为万物经。（郭店《太一生水》7）

（5）翼（一）言之善，足以终世。（郭店《语丛四》25＋3）（编联从陈剑，2004）

例3出于郭店楚简《五行》，马王堆汉墓帛书亦有《五行》。"淑人君子，其仪翼也"，见于今本的《诗·曹风·鸤鸠》，与"翼"对应之字作"一"，马王堆帛书与"翼"对应之字亦作"一"。郭店楚简的整理者据此指出鄂君启节的"翼"字也应该读为"一"，"岁一返"即年内往返一次（参看荆门市博物馆1998：126）。例4、例5的"翼"字读为"一"也文从字顺。故"翼"字用为"一"，由于有今本的对照和辞例的限制，得到了广泛的认同。

随着战国楚简的陆续公布，"翼"字也不断出现，其用法也较为固定，基本上都是用为"一"。如：

(6)……［占］之：恒贞吉，无咎。疾𧈪（一）续𧈪（一）已，至九月有良间。（新蔡葛陵楚墓"下文简称新蔡"甲三 22）

(7) 季康子问于孔子曰："肥从有司之后，𧈪（一）不知民务之焉在，唯子之贻羞。"（上海博物馆藏战国楚竹书（五）《季康子问于孔子》1）

(8) 汤又问于小臣曰："人何得以生？何多以长？孰少而老？固犹是人，而𧈪（一）恶𧈪（一）好？"（清华五《汤在啻门》5-6）

例 6 的"𧈪"字，何琳仪（2004）读为"一"，在简文中用为副词。例 7 的"一"字，用为程度副词，表示甚，极。例 8 的"一"表示"有的……有的……"，王引之《经传释词》卷三："一，犹或也。"《史记·鲁周公世家》："一继一及，鲁之常也。"

在战国楚卜筮祭祷简中，"𧈪"还用为祭祀名称。如：

(9)……哲王各特牛，馈之。𧈪祷先君东宅公特牛，馈□……（望山楚简 1.112）

(10)……举祷大夫之私巫，举祷行白犬，𧈪祷王孙巢冢豕。（望山楚简 1.119）

(11) 以其故说之。𧈪祷于昭王特牛，馈之；𧈪祷文平夜（夜）君、郚公子春、司马子音、蔡公子家，各特豢，酒食；𧈪祷于夫人特猎。志事速得，皆速赛之。占之：吉。享月夏柰有喜。（包山楚简 200）

(12)……璧，以𧈪祷大牢，馈，栈钟乐之，百之，赣。盬佳占之曰：吉。既告，且……（新蔡甲三 136）

"𧈪祷"还见于天星观卜筮祭祷简，文例为"𧈪祷卓公"，"𧈪祷大槁戠牛"，"𧈪祷祢戠牛"，"𧈪祷惠公"，"𧈪祷□戠豢"，"𧈪祷西方全豬"（参滕壬生，2008：363），可见，"𧈪祷"是楚国祭祷中较为常见的一种方式。此外，新蔡楚简中又有"弌祷"，如：

(13)……君、地主、灵君子，己未之日弌祷昭［王］……（新蔡乙四 82）

(14)……丁酉之日，弌祷太、北方屯□……（新蔡乙四 148）

晏昌贵（2005）指出"弌祷"就是"𧈪祷"。"𧈪"在楚简中用为"一"，"弌"是"一"字古文，故"𧈪祷""弌祷"皆可读为"一祷"，表示的是同一种祭祷。

新蔡简中又有"耳祷""禩祷"。如

(15)……之，禩祷于……（新蔡零 533）

(16) ……灵君子䎷其戠牛之祷。郑宪占之：兆□……（新蔡乙四 145）

(17) ……君、文夫人，䎷其大牢，百……（新蔡乙四 128）

整理者误释为"兄""祝"，范常喜（2006）改释为"䎷、禣"，认为即上文提到的"䎱祷"。关于"䎱祷"的含义，学者还有很大分歧，本文不再讨论，可参看蔡一峰（2018：131-143）所引各家说法。

"䎱"字在简文中皆用为"一"，从字形看，"䎱"字从羽，从能，为什么能用为"一"？学者提出了很多解释。李天虹（2000）、李守奎（2004）等根据文字中"羽"与"䒑"形体相近，认为"䎱"字所从的"羽"形实际上是"䒑"旁，字可分析作从"能""䒑"声。颜世铉（2000）则认为"羽""能"二者均为声符。李零（2002）怀疑"䎱"是楚文字繁体的"一"，情况与同一时期秦文字"一"有"一""壹"两体类似，属地方特色。郑刚（2004：117-118）怀疑"䎱"是"熊"的会意字，其楚方言的读音能够读作"一"。张世超（2005）则认为"䎱"像熊奔逸状，当为"逸"字异体，假借为"一"。郑伟（2007）将"䎱"和侗台语中"一"的读法联系起来，认为"䎱"是古侗台语"一"的标音字。蔡一峰（2018：132-135）从之。王志平（2008）通过搜罗押韵、谐声、通假、声训和异读等材料来说明"一"和"能"上古音本来就很接近，认为汉语本身就可以解释二字的音韵关系。孟蓬生（2015）认为"䎱"为"翳"字之异构。各种解释歧义纷呈。

关于"䎱"字的释读，李天虹（2012：59）指出："总起来看，现在我们可以确定'䎱'用为'一'，但是为什么'䎱'可以用为'一'，或者说如何理解'䎱'的形体结构，尚没有公认的结论。"李先生道出了目前问题的所在。学者或从甲骨金文中寻找"䎱"字的来源，目前影响比较大的说法是孔仲温（1997）、吴振武①、张世超（2005）等先生指出的"䎱"和《小屯南地甲骨》2169 中的"㲋"字（地名偏旁）有关，上部从羽是由㲋讹变而来。裘锡圭（2012）赞成此说，认为"䎱"是"能"的一个繁形古体。此外，刘云（2010）认为"䎱"来源于甲骨文的"鹊"。王宁（2016）则猜测来源于甲骨文的蝙蝠形。

"䎱"字的构形应该如何分析，其到底相当于后世的哪个字，为何能读为"一"？在过去的各种说法中，我认为朱德熙、李家浩（1989：64）的意见最值得重视："䎱"就是"翼"字的异体：

> 从字形上看，分析为从"羽"从"能"声是不错的。"能"古之部字，所以从"能"声的字或读入之部，如"態"、"𩑺（《广韵》奴代切，又奴勒切）"；在先秦古籍

---

① 吴振武说见陈伟武（1997）一文所引。

里，也经常与之部字押韵，如《诗·小雅·宾之初筵》叶"又、时"。《离骚》叶"佩"。《说文》认为"能"字从之部的"㠯"字得声。我们怀疑从"羽"从"能"声的 䎆，其实就是"翼"字的异体。（"㠯、異"声近，"异"从"㠯"声，经传或假借为"異"。）改换形声字声旁造成异体，现代汉字里常见，在古文字里也不乏其例。仍拿"翼"字为例。临沂银雀山汉墓竹简《十问》：

必将参（三）分我兵，练我死士。二者延陈（阵）长（张）䎃，一者财（才）士练兵，期其中极。此杀将击衡之道也。

䎃从"羽"从"㠯"（倒"㠯"）声，就是"翼"字的异体。把"延陈长䎃"读为"延阵张翼"，文义允洽。我们认为节铭的䎆很可能是"翼"字的另一种异体写法。

这个观点在朱德熙、裘锡圭、李家浩（1995：100－101）为《望山楚简》所作的释文注释中又加以重申：

今案此字从"羽""能"声。"能"古蒸部字，但与之部字关系极为密切（之、蒸二部阴阳对转），例如从"能"得声的字有"態"，星名"三能"亦作"三台"。《说文》以为"能"从之部的"㠯"得声。"㠯"和"異"古音极近。《说文》"异"下云"从収㠯声"，而典籍多借为"異"字。同书"㠯"下云"从厂異声，读若枲"，"枲"从"台"声，"台"又从"㠯"得声。因此从"羽""能"声的"䎆"很可能是"翼"的异体。银雀山竹书《孙膑兵法·十问》有"延阵长（张）䎃"之文。"䎃"字从"羽""㠯"声，从文义看也应是"翼"的异体，正与此同例。鄂君启节的"岁翼返"似当读为"岁代返"。"代"从"弋"声，"弋"和"翼"音近相通。《书·多士》"敢弋殷命"，马融、郑玄、王肃各本"弋"皆作"翼"可证。

近年随着新材料的不断公布，为"䎆"字释作"翼"提供了新的线索。新蔡简中有"曩"字，文例如下：

（18）……［小］臣成之背膺闷心之疾，背膺闷心之疾速瘳速瘥。曩日癸丑小［臣成］……（新蔡零106＋甲三22、59）

"曩"字原作 曩，从日从能，徐在国（2004）认为此字应分析作从"日""能"声，读为"翼"。"曩日"相当于典籍的"翼日"，即第二天。虽然有学者提出其他读法，如李天虹（2003）、刘云（2010）、沈培（2014）读为"一"，何琳仪（2004）读为"若"，然与典籍对照，读"翼日"无疑最为允恰。《书·召诰》："若翼日乙卯，周公朝至于洛。则达观于新邑营。越三日丁巳，用牲于郊，牛二。越翼日戊午，乃社于新邑，牛一，羊一，豕一。"《顾命》："越翼日乙丑，王崩。"《逸周书·世俘解》："维一月丙午旁生魄，若翼日丁未。"翼日，古书或作"翌日"。宋华强（2006）据此指出"罷"释"翼"是有道理的。

"罷"字又见于新近公布的清华简《子仪》篇：

(19) 臣见遗者弗复，罷明而返之，臣其归而言之。（《子仪》19）

"罷"字原作❀，整理者据新蔡简用法而读为"翌"（清华大学出土文献研究与保护中心 2016：134）。明，也应该指第二天，与"翌"同义连用。"翌明"即第二天。罷明，在《子仪》篇中又作"龍明"：

(20) 龍（翌）明，公送子仪。（《子仪》10）

"龍明"，从文例看显然就是例 20 的"罷明"，整理者读"龍"为"翌"（清华大学出土文献研究与保护中心 2016：128），无疑是正确的。"龍"字原作❀，该字在新蔡葛陵楚简和楚帛书中皆用为"熊"，学者认为该字即楚文字中的"熊"字，其古音在侵部，与缉部的"翌"阳入对转，故可通用。

在清华简第十辑《四告》篇中，表示翌日之"翌"的字作"❀"，文曰：

(21) 罷（翌）日，其会邦君、诸侯、大正、小子、师氏、御事，箴告孺子诵。（《四告》10）

从文例看，该字用作翌日之"翌"，从字形看，该字上部从"日"，中部从"目"，下部从"❀"形，与"罷"用法相同，字形相关，应为一字异体。《四告》属于书类文献，虽然其抄写时代是战国中期，但其文本形成时代较早，一些字保留了甲骨金文的写法（参看赵平安，2020），❀字应该属于这种情况，是"罷"字早期形体的遗留。由该字我们可以将"罷"字与甲骨文表示翌日的"翌"字联系起来。

"翌日"一词在甲骨文中大量出现，"翌"字原形有如下三种写法（参看刘钊，2014：664–666）：

A：❀《甲骨文合集》（"下文简称《合集》"）154　❀《合集》1526　❀《合

— 480 —

集》34680

　　B：🖼《合集》20819　🖼《合集》32935　🖼《合集》22655

　　C：🖼《合集》28459　🖼《合集》28905　🖼《合集》33367

　　A借用羽翼之"翼"的象形初文来表示①，B在A上加注义符"日"，即翌日之"翌"的专字，C在A上加注声符"立"，主要见于何组和无名组卜辞。

　　战国楚文字中的"翼"字和甲骨文的"翌"字用法相同，都表示第二天，字形上也有联系，一是"翼"字与B皆从日为义符，二是"翼"字下部所从的"能"形跟A有关，应该是由"翼*"演变而来的。这可以从西周金文和石鼓文"翌"字的写法来建立二者之间形体演变的联系。先列出字形：

　　🖼麦尊（《集成》06015）　　🖼小盂鼎（《集成》02839）

　　🖼尚盂（《商周青铜器铭文暨图像集成》06229）　　🖼（🖼）石鼓文·吾水

　　西周金文三例"翌"字，铭文文例皆为"翌日"，字形从日，从立，从翼*，将甲骨文B、C两种写法的"翌"字杂糅在了一起，是一种叠床架屋式的结构。石鼓文"翌"字，所在文例曰：

　　（22）日唯丙申，翌=（翌日）薪=，吾其（期）周道，□马既陈。（《石鼓文·吾水》）

　　该字用作"翌日"合文，最早由罗振玉（1916/2010：536－537）释出，徐宝贵（2008：803）认为是一个以"日"为形旁，以增加"目"声的"翼*"为声旁的形声字，并认为"翼*"字上部所从的"目（以）"是后加的，然而也不排除是由"翼*"字上部变形声化而来的。西周金文中也有从"翼*"之字，如：

　　剿：🖼俊戒鼎（《商周青铜器铭文暨图像集成》02279）

　　嘆：🖼毛伯嘆父簋（《集成》04009）

　　🖼毛公鼎（《集成》02840）

---

① 下文用"翼*"来表示羽翼之"翼"的象形初文。

㺇戒鼎"𩰧"字和毛公鼎"嘼"字，吴振武（1998）认为字从翼*，分别从丩和口得声，在铭文中用为钩膺之"钩"，并指出"翼*"旁上部的"目"可以兼表"翼*"字的读音。毛伯嘼父簋"嘼"字，作人名，形体早于毛公鼎"嘼"字。

我们根据上述从"翼*"之字，可以建立"翼*"形演变作"能"形的路径：

"翼*"字形体的演变，可以分上下两部分，上部演变为"目"形，有变形声化的因素，这与"能"字上部也从"目"形是一样的。

下部的变化，还可以参看"鼠"字的演变：

《集成》4313.1　《集成》4313.2　石鼓文·吾车"邋"

《集成》9734"獵"　《古玺汇编》2588"臘"　《越公其事》59"徹"

《子仪》9"犧"　《成人》22"臘"　《说文》小篆

鼠，《说文》："毛鼠也，象发在囟上及毛发鼠鼠之形，此与籀文子字同。"字形下部与"翼*"相同，早期学者或误释甲骨文"翼*"为"鼠"①，说明二者字形很近，"鼠"字下半部分演变如下：

形与"能"字下半部分相比，形体十分相近，皆有形，不同之处在于少了左部的肉旁，右部多出一笔。我们推测"翼*"字下部也经过了类似的演变，这因为"翼*"在后世被"翼"字所取代，于是将其下部写作类似常见的"鼠"之下部，这属于汉字形体演变规律中的类化，由象形的羽翼形演变为较为常见的构字部件。"能"字在古文字中较为常见，其下部所从的构件"（能）"在古文字中有好几个不同的来源。比如"兕"字甲骨文

---

① 参看于省吾（1996：1856-1857）引孙诒让、王国维、王襄等说。

作█（《合集》10398），象有大角的野水牛之形，到了楚简中作█（包山41）、█（仰天湖35），字形下部类化作构件█（𠯑），与"能"字下部相同。① "羸"字甲骨文作█（《合集》2256），楚简从角作█（清华三《芮良夫毖》15），字形下部也类化作构件█（𠯑）。"羸"字西周早期金文作█（《集成》2171 羸霝德鼎），到了春秋晚期金文作█（子季羸青簠《集成》4594），所从"羸"形下部也类化作构件█（𠯑）。

因此，从汉字形体演变的规律来看，甲骨文的"翼*"形可以演变为楚简的"能"形，其中包含了声化和类化两种演变现象。"晶"字当分析为从日，能声，所从"能"是由"翼*"演变而来，即翌日之"翌"的异体。

既然"晶"字所从"能"形由甲骨文"翼*"字演变而来，那么"翟"所从的"能"形有没有可能也是从"翼*"演变而来的呢？答案是肯定的。翟，从羽，从能，因为所从"能"是"翼*"字的变形声化、类化，故在"能"上加注意符"羽"，乃羽翼之翼的专造字，在楚文字中假借为"一"。学者因为不明"翟"字所从"能"旁的来源，或以为从羽得声，烦琐考证，反而离真相越来越远。朱德熙、李家浩（1989）从"能"声和"翼"声通假的角度来立论，论证"翟"是"翼"之异体，然而读"代"之说不确，故释"翼"之说没有引起学界的重视。现在从字形上论证了"翟"所从的所谓"能"形由"翼*"形演变而来，终于可以论定"翟"就是楚文字中羽翼之"翼"的专造字，假借为数字"一"。

3. "翟（翼）"与"一"的字音关系

翟，学者多认为从"能"得声，能，古音泥母之部，一，影母质部，根据王志平（2008）所列举押韵、谐声、通假、声训和异读等各方面的材料，二者可以通用。现在本文论证"翟"所从的"能"旁由甲骨金文"翼*"字演变而来，找到了"翟"字的来源。翼，古音影母职部，与"能"音近可以通用，可参上引朱德熙、李家浩（1989）等学者的文章，因此，"翟（翼）"与"一"应该是音近通假的关系。当然，按照传统观点来看，二者声韵还是有一定的距离，本文尝试提出另外一种解释。

"翼"字在甲骨文中用作翌日之"翌"，这可以说是研究甲骨文的一个共识了，而"翌"从立声，古音在缉部，那么"翼"的读音在商代与缉部关系密切。西周铜器上常见王去某地巡省，在"某㡀"的铭文，如长囟盉："穆王在下减㡀。"（《集成》09455）师虎簋："王在杜㡀。"（《集成》04316）陈梦家（1956）以为"㡀"为"廙"之异文，《说文》："廙，行屋也。"㡀从立声，古音在缉部，廙从異声（"翼"字声符），古音在职部。沈瑞清

---

① 战国楚文字中的"兕"字释读参看徐在国（2017）。

（2009）根据闽东方言"翼"的读音可以追溯到早期p尾的证据，认为"翼"在商代和"立"一样同属于缉部，从周代开始转入职部。根据沈文，闽东方言中宁德、福安、中山隆都三点"翼"字的读音还保留入声p韵尾，这应该就是上古缉部读音的遗留。"翼"字在商代有与缉部字通用的例证，在当今方言中有入声p尾的遗留，有这两个证据，我们推测"翼"在上古时期有过缉部的读音，应该是没有问题的。

"一"字的上古音归部，学者一般归入影母质部，比如现在常用的上古音工具书，都把"一"字归入质部。① 但是近年学者研究发现，"一"的上古音与缉部关系密切。如范常喜（2006）认为新蔡简的"褅祷"即"翟祷"，也就是"一祷"。这说明"一"与缉部有关系。裘锡圭（2012）认为"一/壹"可能有过缉部音，并举古书"揖""擅"通用为证。孟蓬生（2015）认为楚系文字的"一"跟侵部密切相关。侵部是与缉部对应的阳声韵部。

据上引学者所论，"一""翼"皆和缉部关系密切，声纽皆为喉音，音近可以通用。古书虽然未见"翼""一"通用的例子，但"翌日"表示的意思是第二天，也就是过了一天，其语义当来源于"一"，这说明"翌"和"一"意义也应该相关。当然，此说的问题在于，"翼"字与缉部字通用的例证时代较早，从西周开始已经转入职部，如西周金文"翼"以異为声符，为何到了战国时期又可以与缉部发生关系，还有待进一步研究，有可能是受到楚方音的影响。

4. 结语

综上所述，战国楚文字中表示"一"的"翟"是羽翼之"翼"的异体，"翟"字所从的"能"形来源于甲骨文羽翼之"翼"的象形初文。"翟"字从羽，翼声，是为羽翼之"翼"所造的形声字。象形的"翼"演变为"能"形，既有变形声化的现象，也有类化的作用，字形演变可参考"鼠"字的演变。

参考文献

蔡一峰：《出土文献与上古音若干问题探研》，博士学位论文，中山大学，2018年。
陈复华、何九盈：《古韵通晓》，中国社会科学出版社1987年版。
陈剑：《郭店简〈穷达以时〉、〈语丛四〉的几处简序调整》，《新出简帛研究》，文物出版社2004年版。
陈梦家：《西周铜器断代（五）》，《考古学报》1956年第3期。
陈伟武：《战国楚简考释巵议》，载张光裕等主编《第三届国际中国古文字学研讨会论文集》，香港中

---

① 参看陈复华、何九盈（1987：245）；唐作藩（2013：185）；郭锡良（2010：99）；郑张尚芳（2013：525）。

文大学中国文化研究所、中国语言及文学系，1997年。

范常喜：《新蔡楚简"睪祷"即"罷祷"说》，武汉大学简帛网，http：//www.bsm.org.cn/，2006年10月14日首发。

故宫博物院：《古玺汇编》，文物出版社1981年版。

郭沫若：《关于"鄂君启节"的研究》，《文物参考资料》1958年第4期。

郭沫若主编：《甲骨文合集》，中华书局1978-1983年版。

郭锡良：《汉字古音手册（增订本）》，商务印书馆2010年版。

何琳仪：《战国古文字典——战国文字声系》，中华书局1998年版。

何琳仪：《新蔡竹简选释》，《安徽大学学报（哲学社会科学版）》2004年第3期。

河南省文物考古研究所：《新蔡葛陵楚墓》，大象出版社2003年版。

湖北省荆沙铁路考古队：《包山楚简》，文物出版社1991年版。

湖北省文物考古研究所、北京大学中文系：《望山楚简》，中华书局1995年版。

荆门市博物馆：《郭店楚墓竹简》，文物出版社1998年版。

孔仲温：《楚简中有关祭祷的几个固定字词试释》，载张光裕等主编《第三届国际中国古文字学研讨会论文集》，香港中文大学中国文化研究所、中国语言及文学系，1997年。

李零：《郭店楚简校读记（增订本）》，北京大学出版社2002年版。

李守奎：《楚玺文字六考》，《古文字研究》第二十五辑，中华书局2004年版。

李天虹：《郭店楚简文字杂释》，《郭店楚简国际学术研讨会论文集》，湖北人民出版社2000年版。

李天虹：《新蔡楚简补释四则》，简帛研究网，http：//www.jianbo.sdu.edu.cn/，2003年12月17日首发。

李天虹：《楚国铜器与竹简文字研究》，湖北教育出版社2012年版。

刘云：《释"鹊"及相关诸字》，复旦大学出土文献与古文字中心网，http：//www.fdgwz.org.cn/，2010年5月12日首发。

刘钊主编：《新甲骨文编（增订本）》，福建人民出版社2014年版。

罗振玉：《石鼓文考释》，载罗继祖主编《罗振玉学术论著集（第一集）》，上海古籍出版社1916/2010年版。

孟蓬生：《"咸"字音释——侵脂通转例说之二》，载复旦大学出土文献与古文字研究中心编《出土文献与古文字研究》第6辑，上海古籍出版社2015年版。

清华大学出土文献研究与保护中心：《清华大学藏战国竹简（陆）》，中西书局2016年版。

裘锡圭：《"东皇太一"与"大＝伏羲"》，载裘锡圭著《裘锡圭学术文集·简牍帛书卷》，复旦大学出版社2012年版。

沈培：《再说两个楚墓竹简中读为"一"的用例》，载何志华、冯胜利主编《承继与拓新：汉语语言文字学研究》，商务印书馆（香港）有限公司2014年版。

沈瑞清：《小议{翼}的上古韵部》，复旦大学出土文献与古文字中心网，http：//www.fdgwz.org.cn/，2009年3月11日首发。

宋华强：《楚简"䛒祷"新释》，武汉大学简帛网，http：//www.bsm.org.cn/，2006年9月3日首发。

唐作藩：《上古音手册（增订本）》，中华书局2013年版。

滕壬生：《楚系简帛文字编（增订本）》，湖北教育出版社2008年版。

王宁：《说楚文字中"䛒"字的本义》，复旦大学出土文献与古文字中心网，http：//www.fdgwz.org.cn/，2016年7月28日首发。

王志平：《"䛒"字的读音及相关问题》，载中国古文字研究会、吉林大学古文字研究室编《古文字研究》第二十七辑，中华书局2008年版。

吴镇烽：《商周青铜器铭文暨图像集成》，上海古籍出版社2012年版。

吴振武：《悠戒鼎补释》，《史学集刊》1998年第1期。

徐宝贵：《石鼓文整理研究》，中华书局2008年版。

徐在国：《新蔡葛陵楚简札记》，载华东师范大学中国文字研究与应用中心编《中国文字研究》第5辑，广西教育出版社2004年版。

徐在国：《谈楚文字中的"咒"》，《中原文化研究》2017年第5期。

颜世铉：《郭店楚简散论（一）》，载武汉大学中国文化研究院编《郭店楚简国际学术研讨会论文集》，湖北人民出版社2000年版。

晏昌贵：《天星观"卜筮祭祷"简释文辑校》，载丁四新主编《楚地简帛思想研究（二）》，湖北教育出版社2005年版。

于省吾：《"鄂君启节"考释》，《考古》1963年第8期。

于省吾主编：《甲骨文字诂林》，中华书局1996年版。

张世超：《释"逸"》，载华东师范大学中国文字研究与应用中心编《中国文字研究》第6辑，广西教育出版社2005年版。

赵平安：《清华简〈四告〉的文本形态及其意义》，《文物》2020年第9期。

郑刚：《楚简道家文献辩证》，汕头大学出版社2004年版。

郑伟：《古代楚方言"䛒"字的来源》，《中国语文》2007年第4期。

郑张尚芳：《上古音系》（第二版），上海教育出版社2013年版。

中国社会科学院考古研究所：《殷周金文集成（修订增补本）》，中华书局2007年版。

朱德熙、李家浩：《鄂君启节考（八篇）》，载北京大学中国中古史研究中心编《纪念陈寅恪先生诞辰百年学术论文集》，北京大学出版社1989年版。

（原文刊于《中国语文》2022年第1期）

释"完""莞"

胡敕瑞

(中国语言学研究中心/北京大学中文系)

提 要：本文由两部分组成，分别讨论了"完"字以及从完得声的"莞"字的训释问题。第一部分讨论了"完"读如"髡"与读如"宽"的两种用法，这两种用法并非"完"的本义，而是"完"的两种假借用法。第二部分讨论了表示欢笑貌的"莞"与"莬"无关，而与"莧"有关。"莞"与"莧"音近相通，两字与从雚得声的"欢"音近相通。文章也订正了前人的一些错误看法。

关键词：传世文献；音近义通；训诂校勘

一、释"完"

《汉书·刑法志》："凡杀人者踣诸市，墨者使守门，劓者使守关，宫者使守内，刖者使守囿，完者使守积。"颜师古注："完谓不亏其体，但居作也。积，积聚之物也。自此以上，掌戮所职也。"

古代伤害人身肉体的刑罚，包括毁伤肌肤的墨、劓①、阉割生殖器官的宫刑，还有断截肢体的刖和大辟。颜注所谓"不亏其体"意谓不毁损人身肉体，特指未遭受墨、劓、刖、宫、大辟等五种肉刑②。根据颜师古的注释，"完者使守积"意谓"未遭受肉刑的人就让他们守护积聚之物"。"完者"虽然指未遭受肉刑的人，但其中的"完"并不是身体完好无损的意思。颜注过分强调"完谓不亏其体"，似有误解"完"的词义之嫌。此处"完"非谓

---

* 本文是教育部人文社会科学重点研究基地重大项目"基于上古汉语语义知识库的历史语法与词汇研究"（项目编号：18JJD740002）的阶段性成果。感谢匿名审稿人提出的中肯意见。

① 《战国策·秦策一》："法及太子，黥、劓其傅。"高诱注："刻其颡，以墨实其中曰黥；截其鼻曰劓也。"

② 《汉书·刑法志》："五刑，墨罪五百，劓罪五百，宫罪五百，刖罪五百，杀罪五百，所谓刑平邦用中典者也。"颜师古注："墨，黥也，凿其面以墨涅之；劓，截鼻也；宫，淫刑也，男子割腐，妇人幽闭；刖，断足也；杀，死刑也。自此以上，司刑所职也。"《唐律·名例》："昔者，三王始用肉刑。"长孙无忌等疏："肉刑：墨、劓、剕、宫、大辟。"

身体完好无损,"完者"之"完"当读如"髡"。

《说文·髟部》:"髡,鬀发也。从髟、兀声。髡,或从元。"段玉裁注:"亦从元声,古或假完为髡。"

"髡"或体从髟、从元(元即头),元亦声。"髡""完"皆从元得声,"完"可通"髡"。《集韵·没韵》:"髡,去发刑,或作完。"《汉书》中的那段话乃引自《周礼》,《汉书》中的"完"在《周礼》中正作"髡",文如下:

《周礼·秋官·司寇》:"凡军旅、田役,斩杀、刑戮亦如之。墨者使守门,劓者使守关,宫者使守内,刖者使守囿,髡者使守积。"郑司农云:"髡当为完,谓但居作三年、不亏体者也。"①

郑众认为"髡当为完",欲将"髡"字改作"完"字②,不妥。"完"与"髡"音近相通,"完"是假借字,"髡"是本字。"髡者"指被鬀除毛发的人,郑注所谓"不亏体者"正是指"髡者"。因为与"墨者""劓者""宫者""刖者""大辟"等亏损身体者相比,被鬀除毛发的"髡者"乃是一种未毁损身体的轻犯③。《孝经·开宗明义》:"身体发肤,受之父母,不敢毁伤,孝之始也。"鬀除须发的髡刑是毛发受损,毁伤肌肤的黥、劓之刑是肌肤受损,断截肢体的刖和大辟是身体受损。断截肢体重于毁伤肌肤,而毁伤肌肤又重于鬀除毛发,所以司马迁在《报任安书》中说"其次鬄毛发、婴金铁受辱④,其次毁肌肤、断肢体受辱"。

或以为完刑即耐刑,这恐怕是不对的⑤。完刑是剔除头发,耐刑仅剔除须鬓(而不剔除头发),两种刑罚有轻重之别。

---

① 郑玄注:"玄谓此出五刑之中,而髡者必王之同族不宫者,宫之为翦,其类髡头而已。守积,积在隐者宜也。"
② 汉代"髡"刑多用"完"字,郑众或许是出于时俗用字的缘故而有此改字之说。
③ 《后汉书·仲长统传》:"肉刑之废,轻重无品,下死则得髡钳,下髡钳则得鞭笞。死者不可复生,而髡者无伤于人。"
④ "去毛发"指髡刑,"婴金铁"指钳刑。《史记·季布栾布列传》:"乃髡钳季布,衣褐衣,置广柳车中。"
⑤ 古人应劭、近人程树德、今人刘海年都认为"完"即"耐",详参韩树峰《秦汉律令中的完刑》,《中国史研究》2003年第4期。该文认为《睡虎地秦墓竹简》与《张家山汉简》记载的"完"刑,其含义因时而变。感谢匿名审稿人提醒关注出土文献中"完"的解读问题,并提供了下列岳麓秦简一例。

《说文·彡部》:"耏,罪不至髡也。从而、从彡。耐,或从寸。诸法度字从寸。"

《汉书·高帝纪》:"令郎中有罪耐以上,请之。"颜师古注引应劭曰:"轻罪不至于髡,完其耏鬓,故曰耏。古耐字从彡,发肤之意也。"

新见出土材料也可说明"完"有别于"耐",例如:

《岳麓书院藏秦简(叁)》简244:"有(又)取卒畏耎冣(最)先去、先者次十二人。完以为城旦、鬼薪。有(又)取其次十四人,耐以……"

简文中既有"完"又有"耐",可见完刑不同于耐罪。简文中的"完"亦读如"髡",谓剔除头发。

《汉书》中除了有"完"读如"髡"的用例外,还见"完"的其他用例,例如:

《汉书·惠帝纪》:"民年七十以上若不满十岁,有罪当刑者,皆完之。"孟康注:"不加肉刑髡鬓也。"颜师古注:"若,预及之言也。谓七十以上及不满十岁以下,皆完之也。"

古代的"肉刑"专指毁肌肤、断肢体等重刑,而"髡鬓"特指鬀去毛发的轻刑[①]。孟注的"不加肉刑髡鬓也"存在两种不同的读法:一是读作"不加肉刑,髡鬓也",二是读作"不加肉刑、髡鬓也"。按照第一种读法,孟注的意思是"不施加毁肌肤、断肢体的肉刑,只鬀除其毛发";按照第二种读法,孟注的意思是"不施加毁肌肤、断肢体的肉刑以及鬀除毛发的髡刑"。

颜师古的注释无助于判别孟注的哪一种读法正确,为此后世莫衷一是,至今犹存两种歧解。按照第一种读法,"皆完之"的"完"可读如"髡",《汉书·惠帝纪》一段话的意思是"老百姓年龄七十岁以上或不到十岁的,有犯罪该受处罚的,都不施加肉刑而只鬀除他们的毛发"。仓修良等(1996:331)即采用这种读法,认为"'当刑者皆完之',就是应当处肉刑的都改为剃光头发须鬓的毛发刑罚"[②]。按照第二种读法,"皆完之"的"完"可理解为"免",《汉书·惠帝纪》一段话的意思是"老百姓年龄七十岁以上或不到十岁的,有犯罪该受处罚的,都免除他们的处罚"。王先谦(1983:66)即采用这种读法,王先谦补注:

---

① 《后汉书·冯鲂传》:"襃等闻帝至,皆自髡剔,负鈇锧,将其众请罪。"李贤注:"谓剃去发也。"
② 还有一些类似的看法,如施丁(1994:40)注:"完:完刑。不加肉刑(不损其体),但劳作。"

"完，谓免也。荀《纪》作'免之'。"

至少有两点理由支持第二种读法比第一种读法好。也就是说，王先谦释"完"为"免"比仓修良等人读"完"为"髡"更为可取。理由之一，自古以来就有赦免老者和幼者之法。《周礼·秋官·司寇》载有"司刺掌三刺、三宥、三赦之法"，"壹赦曰幼弱，再赦曰老耄，三赦曰惷愚"①。《汉书·食货志》："七十以上，上所养也；十岁以下，上所长也。"因为七十岁以上的老者和十岁以下的幼童都是优养和助长的对象，所以都在免罪之列。理由之二，王先谦之所以将"完"释为"免"，乃有荀悦《汉纪》的异文作为佐证。

《汉纪·孝惠皇帝纪》："民年七十已上，十岁已下，有罪当刑者，免之。"

《汉纪》乃由荀悦依据《汉书》改编而成，荀悦与班固同为东汉时人，他把《汉书》的"完之"改为"免之"，应该是有依据的。

王先谦释"完"为"免"，显然受了荀悦《汉纪》的启发。杨树达（1955：23）却不同意王先谦的解释。杨树达按："《周礼·秋官·掌戮》郑司农注云：'完谓但居作三年，不亏体者也。'孟康云：'不加肉刑髡鬀'，义与彼合。若免则赦免不治罪，非其理矣。荀《纪》'免'殆是误字，王据彼为训，大误。"杨氏的按语有可商之处。首先，杨氏认为孟康注语"不加肉刑髡鬀"与郑众释义相合，并不符合事实。郑众的"不亏体者"是针对（未遭受毁肌肤、断肢体的）"髡者"而言的②，孟康的"不加肉刑髡鬀"是包括而非针对"鬀除毛发的髡刑"而言的。两者意义判然有别，不可牵合。其次，杨氏谓"若免则赦免不治罪，非其理矣"，然而年龄七十岁以上、十岁以下均赦免其罪，自古即有成法，并非不合理③。此外，杨氏怀疑荀悦《汉纪》的"免"是误字，亦是缺少客观证据的臆说，据此攻讦王氏的说法，难以令人信服。

王先谦根据荀悦《汉纪》的异文，对《汉书》的理解大致是对的。但是他径自将"完"释为"免"，的确容易让人产生疑窦。原因很简单，因为古籍中从未见到"完"释为"免"的其他例证。我们认为《汉书》"皆完之"的"完"当读作"宽"。

---

① 玄应《一切经音义》卷5"原赦"："《说文》：'赦，宽免也。'《三苍》：'赦，舍也。'《周礼》：'掌三赦之法，一赦幼小；二赦老耄，三赦愚惷也。'"《汉纪·孝成皇帝纪》："诏民年未满十岁贼斗杀人及犯殊死者，上请廷尉以闻，得减死。"

② 换言之，"不亏体者"是指"鬀除毛发的髡刑"。郑众的意思是，髡者只服劳役三年，不受毁伤身体的肉刑。

③ 荀悦《汉纪·孝景皇帝纪》："诏曰'其令八岁以下，八十以上及孕子未乳当鞠系者，无讼系之。'"免罪的年龄虽略有不同，但均谓年老、年幼无用治罪。

《说文·宀部》:"完,全也。从宀、元声。古文以为宽字。"段玉裁注:"此言古文假借字。"①

根据《说文》,古文可假借"完"为"宽","完"古音为匣纽元部、"宽"古音为溪纽元部,两字音近相通。不过传世文献罕见"完"用为"宽"例②,但是出土文献间见用例,例如:

《古玺汇编》4911:"明上完下。"
《长沙五一广场东汉简牍(贰)》木两行540:"世、定、昌、匡无他奸诈,请理出付部主者,亭长令具完厚任五人,征召可得。"

前一例,何琳仪(1998:1016)认为"晋玺'完'读'宽'。《广韵》:'宽,爱也。'"后一例,李均明(2017:2)认为简中的"完,延用古文'宽'的写法,《说文》:'古文以为宽字。'故'完厚'即'宽厚',正直厚道的意思。"③《汉书·惠帝纪》"皆完之"的"完"亦当读作"宽","宽"有"赦免""宽宥"义,例如:

《史记·三王世家》:"孝昭以骨肉之亲,不忍致法,宽赦旦妻子,免为庶人。"
《汉书·常山宪王刘舜传》:"舜,帝少子,骄淫,数犯禁,上常宽之。"
《申鉴·政体》:"故先王之刑也,官师以成之,棘槐以断之,情讯以宽之。"

"宽"与"免"同义,均谓宽免、赦免④。班固《汉书》"皆完之"的"完"读作"宽",荀悦在《汉纪》中则改作"免",这是一种同义替换的改造。众所周知班固《汉书》好用古文,荀悦也许正是苦于班固《汉书》的艰涩难读,于是便将古奥的"皆完之"改成了浅易的"皆免之"。然而《汉书》"皆完之"的"完"不能像王先谦那样径训为"免",《汉书》"皆完之"的"完"当读作"宽",这是班固循古的一种用法。

本节所讨论《汉书》两例中的"完",均非"完"的本义,"完"的本义为"全"。《汉

---

① 《集韵·桓韵》:"宽,缓也。古作完。"
② 荀悦《汉纪·孝宣皇帝纪》:"大夫田宽有功于齐。"又"夫近臣自危,非宽计也。"两个例句中的"宽"字,一本分别作"完"。
③ 《长沙五一广场东汉简牍(陆)》四四九+五八七六+五八六七+四三四四+三七七八+二五七四木两行:"……□完厚吏、任各五人,尽力考实奸诈。"其中"完厚"亦读如"宽厚"。
④ 慧琳《一切经音义》卷44"原赦"引《说文》:"赦,宽免也。从攴,赤声也。"《史记·三王世家》:"宽赦旦妻子,免为庶人。"均能说明"宽""赦""免"同义。

书·刑法志》"完者使守积"的"完"当读作"髡"（义为剃除毛发），《汉书·惠帝纪》"皆完之"的"完"当读作"宽"（义为宽免），两例分别是"完"的两种假借用法。"完"假借为"髡"是汉人的通行用法（例多见），以至于郑众认为"髡"当作"完"；"完"假借为"宽"是汉人的存古用法（例罕见），以至于荀悦修改"完"为"免"。

二、释"莞"

"莞"是一种编织席子的蒲草，俗名"席子草"；这种蒲草细管中空有点像葱，故又名"水葱"或"葱蒲"；挑取这种草茎中的虚白细芯，可以渍油燃灯，故又名"灯芯草"。"莞"与"蒲""萑""芦""苇"相类，多丛生于原隰之地①。

《管子·地员》："凡草土之道，各有谷造。或高或下，各有草土。叶下于苞，苞下于莞，莞下于蒲，蒲下于苇，苇下于萑。"

王念孙《读书杂志·管子第九》"莞"条曰：

"'莞'当为'莞'。《尔雅·释草》：'莞，苻蓠。'某氏曰：'《本草》云：白蒲一名苻蓠，楚谓之莞蒲。'《小雅·斯干篇》：'下莞上簟。'郑笺曰：'莞，小蒲之席也。'《释文》曰：'莞草丛生水中，茎圆，江南以为席，形似小蒲而实非也。'莞似蒲而小，故曰'莞下于蒲'。若'莞'，则非其类矣。《逸周书·文传篇》曰：'润湿不穀，树之竹苇莞蒲。'《穆天子传》曰：'爰有萑苇莞蒲。'此文云'莞下于蒲，蒲下于苇，苇下于萑'，则'莞'字明是'莞'字之讹。隶书'完'字或作'**兂**'，形与'见'相似，故诸书中'莞'字多讹为'莞'。（《夬》：'九五，莞陆夬夬。'虞注曰：'莞，读夫子莞尔而笑之莞。''莞'即'莞'字之讹，故《释文》云：'莞，一本作莞。'《论语·阳货篇》：'夫子莞尔而笑。'《释文》：'莞，作莞。'《楚辞·渔父》：'渔父莞尔而笑。''莞'，一作'莞'。《列子·天瑞篇》：'老韭为莞。'《释文》：'莞，一作莞。'《文选·辨亡论》：'莞然坐乘其敝。'李善本作'莞'。）"②

王氏这条札记不但校订了《管子·地员》中的"莞"字，而且还广校其他书中的"莞"

---

① 《周礼·地官·司徒》："五曰原隰，其动物宜羸物，其植物宜丛物。"郑玄注："丛物，萑苇之属。"
② 王念孙：《读书杂志》，江苏古籍出版社1985年版，第493–494页。括号内的字，王念孙原用小字注释。

字，他认为这些书中"苋"字均是"莞"字形误。王氏校订的理由似乎很充分。第一，他说"若'苋'，则非其类矣"，意谓如果《管子·地员》文作"苋"，则与上下文所论之物不相类同（因为"苋菜"与"苇""蒲""萑"等草不同类）。第二，他说"隶书'完'字或作'夽'，形与'见'相似，故诸书中'莞'字多讹为'苋'"，明确说明了"莞"误为"苋"之由。第三，王氏还列举了《易》《论语》《楚辞》《列子》《文选·辨亡论》等文本存在"苋""莞"异文相讹混的证据。王氏的校订看似有理有据，因此其说广为学界所信从。

我们认为王念孙的这则校订恐怕不可信凭。从事理上看，隶书"完"字与"见"字形体的确很相似，但是早于隶书使用时代成书的《易》《论语》《楚辞》《管子》有可能在隶书使用之前就发生了错误①，而晚于隶书使用时代的《列子》《文选·辨亡论》则不可能发生因隶书形体相似而产生的讹混②。退一步讲，即便承认"莞"与"苋"存在因形体相似而导致误写的可能，这种误写在个体书写者手里亦往往是偶发性的，笔误不太可能如此普遍地发生在王氏列举的所有文本中。然而，仅仅作这番事理性的推阐尚不足以驳倒王氏，下面就以王氏所列举的具体例子来作更深入的讨论。

《周易·夬》："九五，苋陆夬夬，中行无咎。"虞翻注："'苋'，悦也。读'夫子苋尔而笑'之'苋'。"陆德明音义："'苋'，闲辩反，三家音胡练反，一本作'莞'，华板反。"

从虞翻注释可知，《周易》"苋陆夬夬"之"苋"与《论语》"夫子苋尔而笑"之"苋"读同。

《论语·阳货》："夫子莞尔而笑曰：'割鸡焉用牛刀！'"陆德明音义："'莧尔'，华版反，本今作'莞'。"黄焯（1980：216）校曰："案《释文》作'莧'，谛甚。《易·夬》'莧陆夬夬'虞注'莧，悦也。读如夫子莧尔一笑之莧'是也，今作'莞'者，盖'莧'省变作'莞'。"③

---

① 《周易·夬》："九五，苋陆夬夬。"虞翻注："'苋'，悦也。"如果《周易》原本作"苋"，无论是词义引申或假借，"苋"都不可能训"悦"，这说明虞翻所见《周易》不作"苋"，而是作"莧"（通"莞"）。王念孙在引用虞翻注的时候，有意回避了这个对其不利的证据。由虞翻注可知，其所见《周易》并不作"苋"。

② 《列子》一般认为是魏晋时期的伪作，《辨亡论》的作者陆机是西晋时人，魏晋已流行楷书。

③ 黄焯大概忽略了"莞""莧"音近可以相通，因此误以为"莞"乃"莧"字省变之误。

从陆德明释文可知，唐以前《论语》"夫子莞尔而笑"的"莞"本作"莧"①。黄焯校正指出陆德明释文确实是作"莧"（音华版反），而不是作"苋"（音闲辩反）。黄焯的这个校正很重要，这说明今本《周易》"苋陆夬夬"的"苋"、今本《论语》"莞尔一笑"的"莞"原本都应当作"莧"。"苋"与"莧"字形很相似，但仔细分辨是有差异的。

《说文·艸部》："苋，苋菜也。从艸、见声。"

《说文·莧部》："莧，山羊细角者。从兔足、苜声②。凡莧之属皆从莧。读若丸。宽字从此。"

"莧"为细角山羊，许慎分析为形声字，恐不可信。"莧"应该是一个象形字，上像羊角（即丫）而不是"艹"头③，下像兔足而不是"见"字④。"苋"是苋菜，是从艹、见声的一个形声字。

《说文》"莧"字下曰"宽字从此"，谓"宽"字从莧⑤；《说文》"完"字下曰"古文以为宽字"，谓"完"用如"宽"。《说文》有关"宽"从莧得声、"完"读如"宽"的记载，让人恍然明白"莞"与"莧"存在通假关系，两字古音同为匣纽、元部。"莧"之通"莞"，犹如"完"之通"宽"：

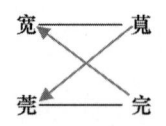

```
宽 ←——— 莧
      ╳
莞 ←——— 完
```

上一节"释完"已论证"完"读如"宽"，这一节"释莞"即论证"莧"读如"莞"。根据许慎的注音，可知"莧"亦读若"丸"；而"丸"又与"完"音同，两字亦多见通用。例如：

马王堆帛书《养生方》037－038c："完（丸）如鼠矢，阴干，□入八完（丸）叔

---

① 惠栋《九经古义》："案《论语》'莞尔而笑'，'莞'本作'莧'，见《释文》。邢昺撰《论语疏》依唐石经作'莞'，从俗作也。"
② 《说文·苜部》："苜，目不正也。从丫、从目。凡苜之属皆从苜。莧从此。读若末。"许慎分析"莧"为苜声，不当。
③ 《说文·丫部》："丫，羊角也。象形。凡丫之属皆从丫。读若荼。"
④ 楷写宋体"宽"字亦多省去下面一点，简化以后写作"宽"，该字下部亦写作"见"。
⑤ 确切地说，"宽"字应从莧得声，是一个从宀、莧声的形声字。

（荍）酱中，以食。"

马王堆帛书《养生方》105c："即以松脂和，以为完（丸）。"

马王堆帛书《养生方》175c："若枣脂完（丸），大如羊矢，五十里一食。"

"完"读若"丸"，"莧"读若"丸"，因此"莧"亦读若"完"。"莧"字异体即作"羦"，而"羦"又从完得声，这是"莧"与"完"相通的一个佳证。

《后汉书·马融传》："绢猑蹷，鏦特肩，胆完羱，攫介鲜，散毛族，梏羽翚。"李贤注："完羱，野羊也。臣贤案《字书》作'羦'，音户官反，与'完'通。"王先谦集解引惠栋曰："《类编》云'羦，山羊细角者。'"①

"羦"与"莧"音义皆同，应该是古今异体字。初文"莧"是象形字，后来改造为从羊、完声的形声字"羦"②。李贤特地注明"羦（即莧）"与"完"通。

既然"莧"与"完"相通，自然"莧"与"莞"亦相通。无怪乎《周易》"莧陆夬夬"之"莧"与《论语》"莧尔而笑"之"莧"各有别本作"莞"。因为"莧"与"莞"相通，因此一本作"莧"、一本作"莞"均无妨。王念孙未能分辨"莧""莞"之异，且不谙传世《周易》《论语》之"莞"原本作"莧"，因此误以为诸本"莧"字均是"莞"字形误。

《楚辞》《列子》《文选·辨亡论》诸本中的"莧"原本亦应是"莧"，这些文本中的"莧"分别有异文作"莞"，亦是由于"莧"与"莞"可相通用所致，并非如王氏所说"诸书中'莞'字多讹为'莧'"。为避繁复，下面只就陆机《辨亡论》一例再作讨论。

《文选·陆机〈辨亡论〉》："由是二邦之将，丧气摧锋，势衄财匮，而吴莞然坐乘其敝。"五臣注："善本作'莧'。"李善注："《论语》曰：'子之武城，闻弦歌之声，莧尔而笑。'何晏曰：'莧尔，小笑之貌。'"吕向注："莞然，笑貌。示宽乐也。"③

陆机《辨亡论》这段话亦见引于《三国志》裴松之注文，文如下：

《三国志·吴书·孙皓传》裴松之注："由是二邦之将，丧气摧锋，势衄财匮，而

---

① 王先谦：《后汉书集解》，中华书局1984年版，第683页。
② 古今辞书多将"羦""莧"区分为两字，是不知两字为异体字。
③ （梁）萧统编、（唐）李善注：《文选》，中华书局1977年版，第737页。

— 495 —

吴藐然坐乘其弊。"①

《文选》文作"莞然",《三国志》裴松之注作"藐然",根据五臣注及李善注,可知陆机原文当是"莞然",裴松之注所引"藐然"应该有误。请比较以下"莞""藐"两字的俗体:

《字汇补·艸部》:"莧,同莞。"
《直音篇·艸部》:"莧,同藐。"

"莞"的俗体作"莧","藐"的俗体作"莧"。两字的俗体逼似,很容易发生混淆。陆机文中的"莞(然)"或有写作俗体"莧(然)"者,后人不辨"莧(莞的俗体)""莧(藐的俗体)",遂误将"莧(莞的俗体)"写成了"莧(藐的俗体)",后又将"莧(藐的俗体)"转写为正体"藐"。因此,陆机文中的"莞然"便误为裴松之注的"藐然"。

根据五臣注曰"善本作'莧'",可知李善注本作"莧然"。因为"莧"与"莞"音近相通,因此既可如五臣注本作"莞然"、亦可如李善注本作"莧然"。《文选》一本作"莞"、一本作"莧"与《周易》《论语》一本作"莞"、一本作"莧"的情况如出一辙。不同本子用字虽然不同,但表示的是同一个词,不存在对错是非。

王念孙由于未分辨"莧""莧"之别,于是误以为各种别本中的"莧"均为"莞"字形误。王氏的这一臆断不但造成了一条错误的校订,更诬妄了《易》《论语》《文选》等诸种别本存在的价值。因为正是由于这些别本保存了难得一见的"莧"与"莞"相通的事实,才让后人知晓在写本时代有些文本中的"莞"在别本中又写作"莧"。不同的本子虽存有"莞""莧"用字的不同,但这些不同的用字反映的是文字通假现象,而存有文字通假现象的别本都有其价值。

之所以存在"莞"与"莧"的异文,是因为"莧"与"莞"音近相通。也正因为"莧"与"莞"音近相通,所以才在诸本中出现了"莞"与"莧"异文的普遍现象。这种普遍现象是王氏所持"莧"为"莞"误写的观点难以解释的。因为文字误写带有偶发性,而文字通假才具有普遍性。

"莞"形容笑貌,已见《周易》《论语》《文选》诸例,古代辞书《广雅》亦有明确记载。

《广雅·释诂一》:"莞,笑也。"王念孙《疏证》:"莞者,《论语·阳货篇》:'夫子莞尔而笑。'何晏注云:'莞尔,小笑貌。''莞',各本作'莧',乃隶书之讹,今订

---

① 《三国志》第五册一一八〇页。

正。"钱大昭《疏义》:"莞者,疑'苋'之讹。《论语》:'夫子莞尔而笑。'《释文》'莞'作'苋',云:'华版反,本今作莞。'《夬》:'九五,苋陆夬夬,中行无咎。'虞翻注:'苋,悦也。读若夫子苋尔而笑之苋。''苋'亦训笑,故何晏曰:'苋尔,小笑貌。'是汉以来《论语》皆作'苋',张博士时尚未讹为'莞'也。《楚辞·渔父篇》:'莞尔而笑。'王逸注:'笑离龈也。莞,一作苋。'然则《楚辞》亦是'苋'字,传写者改为'莞'也。"①

王念孙《广雅疏证》认为训笑之字当作"莞",其他各本作"苋"乃隶书"莞"字之讹,这一观点与其《读书杂志》一致。钱大昭《广雅疏义》则认为训笑之字当作"苋",其他各本作"莞"乃是"苋"字之讹。钱大昭显然亦未能分辨"苋""莧"之别,他所提及的各本中的"苋"字其实当作"莧"字。训笑的本字不应是钱大昭所说的"苋"②,那么是否如王念孙所说当作"莞"呢?

"莞"本义是编席的蒲草,"莧"本义是细角的山羊。"莞""莧"形容笑貌,不可能从其本义引申而来,应该是其假借用法。"莞""莧"古音同为匣纽、元部,与这两个字音相近且具笑乐义的字,很容易让人想到"欢"字。

《说文·欠部》:"欢,喜乐也。从欠、藋声。"③

"欢"从"藋"得声,而《说文》有关"䎽"字的注音,透露了"莧"与"藋"的音近关系。

《说文·䀠部》:"䎽,呼也。从䀠、莧声。读若讙。"

许慎注明"䎽"字"读若讙"。"䎽"从莧声,"讙"从藋声,由此可见"莧"与"藋"声字相关涉。文献中亦可见"完"与"藋"声字相关涉,例如:

《汉书·息夫躬传》:"涕泣流兮藋兰,心结愲兮伤肝。"臣瓒曰:"藋兰,泣涕阑干

---

① 王念孙:《广雅疏证》,中华书局 1983 年版,第 39 页;钱大昭:《广雅疏义》,中华书局 2016 年版,第 105—106 页。
② "苋"的本义是苋菜,训笑的本字当然亦不是"苋"。
③ 许书还有"懽"字。《说文·心部》:"懽,喜款也。从心、藋声。"段注:"《欠部》曰:'欢者,喜乐也。''懽'与'欢'音义皆略同。"

— 497 —

也。"颜师古注:"瓒说是。萑音完。"

《汉书·晁错传》:"萑苇竹萧,屮木蒙茏,支叶茂接。"颜师古注:"萑,乱。苇,葭也。萧,蒿也。萑音完。"

"萑"简体作"萑",古籍中亦见"茝"与"萑"相通用。例如:

《诗·小雅·小弁》:"有漼者渊,萑苇淠淠。"王先谦《诗三家义集疏》卷十七注:"鲁'萑'作'茝',韩作'萑'。"

《仪礼·公食大夫礼》:"司宫具几与蒲筵常,缁布纯加萑席寻,玄帛纯皆卷自末。"郑玄注:"萑,细苇也。末经所终有以识之,必长筵者,以有左右馈也。今文萑皆作茝。"

《左传·昭公二十年》:"泽之萑蒲,舟鲛守之。"《风俗通义·山泽第十》引作"泽之茝蒲,舟鲛守之。"

由此可见,"茝""莧"与从萑得声的"欢"音近义通,符合通假的音义条件。表示欢笑貌的"茝""莧",其本字很可能就是"欢"。后世为此还专门造了一个"唍"字,《玉篇·口部》:"唍,胡版切,小笑皃。"《集韵·潸韵》收有"莧、茝、唍"三个异体,注曰"莧尔,笑皃,或作茝、唍。"①

引用书目

(汉)荀悦、(晋)袁弘:《两汉纪》,张烈点校,中华书局2002年版。

(晋)陈寿、(宋)裴松之注:《三国志》,中华书局2000年版。

(梁)萧统编、(唐)李善注:《文选》,中华书局1977年版。

(清)惠栋:《九经古义》(补印本),商务印书馆1957年版。

(清)钱大昭:《广雅疏义》,黄建中、李发舜点校,中华书局2016年版。

(清)黎翔凤:《管子校注》(梁运华整理),中华书局2004年版。

(清)王念孙:《读书杂志》,江苏古籍出版社1985年版。

(清)王念孙:《广雅疏证》,中华书局1983年版。

(清)王先谦:《汉书补注》,中华书局1983年版。

(清)王先谦:《后汉书集解》,中华书局1984年版。

---

① 传世本《集韵》"莧"亦误作"莧",方成珪《集韵考正》案:"'莧'上论从艹,据《类编·见部》正。黄薇香谓下当从兔足。"详参赵振铎《集韵校本(下)》,上海辞书出版社2013年版,第490页。

参考文献

仓修良主编：《汉书辞典》，山东教育出版社1996年版。

丁福保编纂：《说文解字诂林》，中华书局1988年版。

韩树峰：《秦汉律令中的完刑》，《中国史研究》2003年第4期。

何琳仪：《战国古文字典——战国文字声系》，中华书局1998年版。

黄焯：《经典释文汇校》，中华书局1980年版。

李均明：《东汉时期的候审担保——五一广场东汉简牍"保任"解》，《湖南大学学报（社会科学版）》2017年第5期。

罗福颐主编：《古玺汇编》，文物出版社1981年版。

裘锡圭主编：《长沙马王堆汉墓简帛集成（陆）》，中华书局2014年版。

施丁主编：《汉书新注》，三秦出版社1994年版。

吴恂：《汉书注商》，上海古籍出版社1983年版。

杨树达：《汉书窥管》，科学出版社1955年版。

长沙市文物考古研究所等编：《长沙五一广场东汉简牍（贰）》，中西书局2018年版。

长沙市文物考古研究所等编：《长沙五一广场东汉简牍（陆）》，中西书局2020年版。

赵振铎：《集韵校本》，上海辞书出版社2013年版。

朱汉民、陈松长主编：《岳麓書院藏秦簡（叁）》，上海辞书出版社2013年版。

（原文刊于《历史语言学研究》第2辑，总第18辑）

从蒙、汉语言接触看"弼马温"的音义组合[*]

宋洪民　尹义君　丁浩冉

（济南大学文学院，电邮：ytsonghongmin@126.com）

提　要："弼马温"的比喻意义是避马瘟，其字面意义是"辅助管理马匹的人（或官员）"，"温"是蒙古语音译为汉语的成分，来源于蒙古语中的 γul、gül 后缀，该后缀加于动词后，构成表示从事与该动词相关事情的人的名词。

关键词：语言接触；弼马温；蒙古语；γul、gül 后缀

一、概说：元明的蒙、汉语言接触背景

元代是蒙古族建立的统一封建王朝，当时蒙古族的人和语言都具有超乎寻常的地位，对汉族的人和语言产生了很大的影响。其实这是中国历史上一次"语言接触"的充分实践，从而也形成了很有特色的"蒙式汉语"（李崇兴等，2009：240、260）。这在元代汉语的语音、词汇、语法各方面都有不同程度的体现。元代文献中蒙古语音译词使用很多，而且还出了一些高频词、常用词。可见音译词已经有了比较广泛的社会基础。到了明代，戏曲中有大量的非汉语词包括蒙古语音译词在使用，这从方龄贵《元明戏曲中的蒙古语》收录的蒙古语音译词就可以看到。

方龄贵等学者已经对相关词语进行了大量的研究，笔者在此要讨论的是人人皆知的四大名著之一《西游记》中的孙悟空的官号"弼马温"。该词语的特点是，它的出现及使用反映了语言接触的复杂情形，展示了语言接触中词语及构词规则从借用到化用的完整过程。关于《西游记》中的非汉文化成分，陈寅恪《〈西游记〉玄奘弟子故事之演变》（1930）导夫先路，指出了其中的印度文化成分；而后季羡林《〈西游记〉里面的印度成分》（2006）则进行了更为系统的研究，从而使人们进一步明确：作为四大名著之一的《西游记》其实是以汉文化为主体同时吸收了外来文化优秀元素的中外文化合璧作品，当

---

[*] 基金项目：国家社科基金重大招标项目"基于八思巴字文献资料的蒙、汉、藏语接触研究"（项目编号：20&ZD303）。

另，匿审专家提出了中肯的修改意见，在此谨致谢忱。文中错谬概由作者本人负责。

然两种成分所占的比重大大不同。笔者现在则要通过"弼马温"这一词语的研究，来揭示《西游记》里的蒙古语因素，这是在元明蒙、汉语言接触背景下的特殊情形。

二、前人的研究："弼马温"即避马瘟

孙悟空曾在天宫任过"弼马温"一职，《西游记》虽是神话小说，但涉及人物的官职，都是采用明朝的官制，并非向壁虚构。但明朝管御马的机构，叫太仆寺，始设于洪武四年（1371年）三月，正职叫太仆寺卿，副职叫少卿。猴王当叫"孙太仆"才是，中国历史上任何一个王朝的官制里，都没有"弼马温"这个职位。

关于这一名称，历来多有讨论。如冯洪钱《从孙悟空被封"弼马温"考起》(1982)、张勃《"弼马温"与避马瘟》(2000)、邱邦能《"弼马温"英译之我见》(2005)、林宪亮《孙悟空官职——弼马温考》(2010)。经过诸家的讨论，学界基本已达成共识，即认为"弼马温"不过是辟马瘟的谐音而已。这个名字的由来是：古时医书上认为，把猴子与马放在一起，就可以避免马生瘟疫。

例如我国北魏人贾思勰撰写的《齐民要术》中，就说常系猕猴于马坊，令马不畏避恶，息百病也，所以传统的拴马桩的柱头上会刻有一个小猴子的形象。"弼马温"与"避马瘟"同音，《西游记》中玉帝是用"弼马温"的谐音来嘲弄孙悟空的。

三、潜在的危机："弼马温"的"避马瘟"之外的意义

如上所说，"弼马温"与"避马瘟"是巧妙地运用了谐音双关。双关指的是利用词语同音或多义等条件，有意使一个语句在特定的语言环境中同时兼有两种或更多意思，表面上说的是甲义，实际上说的是乙义；类似我们平时所说的一石二鸟、一箭双雕，即言在此而意在彼。双关包括谐音双关和语义双关两种。谐音双关即利用词语的同音或近音条件构成的双关，例如：杨柳青青江水平，闻郎江上踏歌声。东边日出西边雨，道是无晴却有晴。（刘禹锡《竹枝词》）例中利用"晴""情"同音构成双关。

我们之所以不厌其烦地讨论双关问题，意在说明具双关用法的词语所蕴含的两种或更多种意义都是明确的。再如《红楼梦》中那些运用谐音双关的人名"卜世仁"等就很清楚地展示了其所具有的几种意义都是明确的，该词喻义非常明白，即"不是人"；而字面意义也是明白的，"卜"是姓，名字则是典型的汉名，"世仁"，世修仁德之谓。与之相反，上揭研究文章却都是只注意了"弼马温"即避马瘟的比喻意义，但对"弼马温"的字面意义却没有任何解说。

四、我们的解释："弼马温"与蒙古语

据谐音双关的性质而言，"弼马温"除了深层次上隐含的解作避马瘟的比喻义，还应有据字面理解的另一表层意义。而且在这一意义中，词中每个汉字的意思都应该是明确的。但实际情况是，"温"字的字面意义在汉语里无法得到确解。那该如何来理解这种情形呢？我们认为，"温"源于蒙古语，是蒙语后缀在汉语中形成的固定译法。

清格尔泰（1991：598）指出：动词加后缀 γul（qul）、gül 可构成进行该动作的人物名称，如：tangna 探 + γul = tangnaγul 特务；qara 看 + γul = qaraγul 哨兵；mana 看守 + γul = manaγul 夜哨。我们认为，"温"对译的就是蒙古语后缀 γul（语音上的可能性见下文讨论）。如同我们今天认识到英语的词尾 -er 是名词化的词尾，附加在动词后可以构成表示从事与该动词相关事情的人的名词，如动词 work 工作后加该词尾变为名词 worker 工人。今讨论如下：

从《蒙古译语》等历史文献来看，"温"对译的蒙古语语音组合有好几个，有的是具有语法意义的后缀，有的不是，情况并不相同（见表1）。

表1 《蒙古译语》中"温"与所译蒙古语语音组合对应表（《蒙古译语》为石田干之助整理本，贾敬颜、朱凤合辑）

			音译或对音	词义	对应蒙语拼写
《蒙古译语》中"温"对应的蒙语拼写形式	qun（或 hün）	一般形式	卯温	歹（好歹）	maqun
			哈温	甜瓜	qaqun
			讷温	小厮	nuqun
			格温	牝马	gehün
		汉译套用名词化形式（动词 + 温 = 名词）	识理温	君子	siliqun
	qul（γul）、gül	加后缀 qul 使动词转化为名词（动词 + 温 = 名词），意即"……的人（或官员）"	札撒温	哨马	jasaqul
			能知温	搜查的人	nengjigül
		不涉及词类变化	阿赤哈里温	报恩	ačiqariqul
			薛温	尾	sehül
			坎哈温	蓬	qamqaqul
		qul 对译为"兀勒"	忽儿哈兀勒	野鸡	qurqaqul
	mün		苦温	人	kömün

我们看到，在《蒙古译语》中"温"对应的蒙语拼写形式有 qun（或 hün）、qul、gül、mün 等几种，qun（或 hün）等译为"温"从读音上看比较接近，但 qul、gül 译为"温"是否可靠呢？

宫海峰（2010：101）曾在讨论"脱脱禾孙"时对该问题及其相关情况进行过详细论述。他援引嘎日迪《中古蒙古语研究》，γul、gül 后缀加于动词后，构成表示从事与该动词相关事情的人的名词，意即"……的人（或官员）"（嘎著 197 页 gul 后缀加于动词后，构成名词；清格尔泰，1991：598 对此也有讨论）。其涉及的例子很多，引其两个以示例（例子宫海峰文皆引自《至正条格》）：

火里温 qoriγul：看护禁地的人

孛可温 bökegül：监督或承办皇家牧马刍粟的官员。

宫海峰（2010：102）进一步讨论说："脱脱火孙""札撒孙""孛可孙""火里孙"分别为早期蒙古语 todqaγulsun、jasaγulsun、bökegülsün、qoriγulsun 的翻译，在译成汉语的时候省略了 γul、gül 音或约略了"l"音。并进一步指出，《元史》中出现的人名"札撒温孙"是最接近 jasaγulsun 的译音（比上举"札撒孙"的译法要准确）。后来蒙古语发展变化，sun、sün 脱落，变成了 todqaγul、jasaγul、bökegül、qoriγul，而汉语"～孙"的形式后来还一直被使用。李鸣飞（2013）也对"札撒孙"进行了有益的探讨。

《通制条格》《至正条格》中出现的"孛可温 bökegül"、"火里温 qoriγul"则是对当时正在使用的蒙古语的直接对译，没有沿用已成定式的"孛可孙""火里孙"。如《元朝秘史》中有的词就有两种译法，《元朝秘史》卷二·页 25（乌兰校本页 53）译"能知温"["搜的（人）们"]，又译"能知温勒孙"（嘎日迪，2006：213），党宝海（2008：4-5）指出"……孙"的译法"强调词末的名词性后缀"，"这种译法后来成为政府统一规定的译写定例，意在清晰地表明这类词汇的名词属性。"（笔者按，"……温"的译法道理同此。）

五、不同语言音译中不同韵尾间的对应

另外，还有音译是否相当的问题。两种不同语言之间音译时，因无语音上完全一致的对当成分，退而求其次，用语尾不同的音节来大致对应。而这两个音节在一方（一般为汉语一方）为有鼻音韵尾的音节，在非汉语的另一方一般为非鼻音韵尾的音节。我们认为，对于其他语言中的这种 -l 结尾的音节，因为汉语中没有恰当对等的 -l 尾音节来对应，相较而言，-n 尾音节就是与之最为接近的语音形式了。这有元代《通制条格》中的"按赤"一则可证。同时，历史上的梵汉对音材料也清楚地显示了这种对应规律（见表 2）。

表 2 梵汉对音中的语尾对应表（附"按赤"）

	音译或对音	对应蒙语、梵语拼写
蒙-l 尾译汉-n 尾的其他形式	按（按赤）	Alči
梵汉对音中梵-l 尾译汉-n 尾（俞敏《后汉三国梵汉对音谱》）	潘	phal
	频	bi（l）
	还	val
	云	hul

另举其他语言与汉语对音的相似例证（见表3）。

表 3 其他语言与汉语对音语尾对应表

	音译或对音	对应非汉语拼写	出处
突厥语、阿拉伯语 – l 尾译汉语 – n 尾	算（算端）	sul（sultan 算端，今译苏丹）	《长春真人西游记》"四、征途茫茫葬九古"；王治来，2010，《中亚通史》古代卷下 142 页
蒙语 – l 尾译汉语 – n 尾	按（按台山）	al（阿尔泰山 Altay）	《元史》卷二十二，中华书局标点本 478 页
波斯语 – r 尾译汉语 – n 尾	安（安息）	ar（Arsaces 阿尔撒西斯）	王治来，2010，《中亚通史》古代卷上 78 页

r、l 作韵尾时读音相近，al、ar 对应汉语的 – n 尾音节"安""按"，ul 自然可以对应汉语的 – n 尾音节"温"。

再说这一特殊词缀 γul、gül 的起首辅音。蒙古语中起首的 γ、g 音在元明之际多变为零辅音（照那斯图，2007）。与这种情形纠缠在一起的还有擦音 h，它与塞音 g、k 不甚区别，这可从中古蒙古语中［h］辅音的演变情况中找到答案。因为中古蒙古语中［h］辅音基本失去了音位功能，正好处于消失的过渡阶段（嘎日迪，2006：141）。正因如此，所以该辅音在回鹘式蒙古文中没有专门的字形表示（嘎日迪，2006：140），其直接表现就是在蒙译汉或汉译蒙的音译对应中，呈现出擦音 h 与塞音 k 及零声母的错综对应关系。因此，蒙古语有起首辅音的词缀 γul、gül 往往音译为汉语零声母的"温"。

六、音译材料的表意趋向

接下来我们要探讨的是哪种形式最具有能产性，而且可以横跨蒙、汉双语。我们发现，蒙古语中加后缀 qul（γul）、gül 使动词转化为名词（在音译文献中表现为"动词 + 温 = 名词"）的形式最具能产性。而且在音译材料有表意趋向的倾向性中（参《陈垣学术论文集》，页132"有意义之音译字";《陈垣全集》第十二册页1153)①,"温"表示的汉语意义似乎也更为确定和明朗。如下文我们将要讨论的"火里温""孛可温"都是"……的人(或官员)",而表1中的"札撒温""能知温"也同样是"……的人(或官员)",特别是"能知温"(搜查的人或官员)其表意趋向更为明白。而"识理温"(君子,即道德高尚的人,见表1)等词语,在蒙古语中本非加后缀 qul(γul)、gül 使动词转化为名词的形式(当然在结构上也就不是"动词+温=名词"),但它们在汉译材料中也受了这种类化的影响,尽管是音译材料,但其表意趋向更为明白,"识理温",就是懂道理的人,君子,即道德高尚的人(见表1)。可以这样说,在当时蒙古语译音充斥社会的元代及与其紧密相连的明代初年,"温"应该是为人所广泛接受和理解的,如今天我们经常使用的英语词"bar 吧"等等。在这种情况下,出现"弼马温"[意即"辅助管理马匹的人(或官员)"]这种组合也就顺理成章了。为明晰起见,我们将刚刚讨论的几个词语列成表格,以资比较(见表4)。

表4 缀"温"词语类化示意简表

缀"温"词条	出处	对应蒙语拼写	意义	构词类型
火里温	《至正条格》	qoriγul	看护禁地的人(官派差使)	加后缀 qul 使动词转化为名词(动词+温=名词),意即"……的人(或官员)"
孛可温	《至正条格》《通制条格》	bökegül	监督或承办皇家牧马乌粟的官员	
札撒温	《续增华夷译语》	jasaγul	纠察执法官	
能知温	《蒙古译语》	nengjigül	搜查的人(执行公务)	
识理温	《蒙古译语》	siliqun	君子,即道德高尚的人	类化:汉译套用名词化形式(动词+温=名词)

其实,某词尾的固定译法规律性地表示某种意义的现象,在历史上汉语与北方民族语的对译中也出现过,而且为汉族人所耳熟能详,其规律也早被揭示出来。如《南齐书·卷五十七·魏虏传》:

国中呼内左右为直真,外左右为乌矮真,曹局文书吏为比德真,檐衣人为朴大真,带仗人为胡洛真,通事人为乞万真,守门人为可薄真,伪台乘驿贱人为拂竹真,诸州乘驿人为咸

---

① 《陈垣学术论文集》页132"二十六 其他有意义之音译字":教烧着译为土烈兀^勒周,做烧饭译为土烈食连,钻入译为石儿窟速,相错着译为勺里缠,旧译为合兀陈,仇报译为斡雪^勒斡旋,知感译为不识怜……至于从嫁之译媵哲思,君子之译识理温,则显然有意附会矣。"二十七 祕史以前有意义之音译字":祕史译弓为弩木,华夷译语已译为弩门,箭杆之译本速^儿,剜箭扣之译斡赤,皆沿于此者也。《陈垣全集》第十二册页1153亦论及此。

真，杀人者为契害真，为主出受辞人为折溃真，贵人作食人为附真，三公贵人通谓之羊真。

为方便讨论列表如下（见表5）。

表5　北魏语中"真"尾词语示意表

北魏语"真"尾单词	直真	乌矮真	比德真	朴大真	胡洛真	乞万真	可薄真	拂竹真	咸真	契害真	折溃真	附真	羊真
意义	左右	外左右	曹局文书吏	檐衣人	带仗人	通事人	守门人	伪台乘驿贱人	诸州乘驿人	杀人者	为主出受辞人	贵人作食人	三公贵人
规律总结	北魏语"真"尾表示"职司其事的人"之意												

方龄贵（1911：313）引用该段文字后分析道："此处之'真'同于元代（明初）汉译蒙古语之'臣'或'赤'，有'……者'，'职司其事的人'两义……《南齐书》这里所举诸语，据其中可以确认的数语看来，语尾之'真'，均指执事之人，即以'职司其事的人'为义。如比德真即蒙古语之必阇赤 bičikči，训为掌管文书的人；胡洛真即蒙古语之火儿赤 qorči，训为带箭筒的人；乞万真即蒙古语之怯里马赤 kelemürči，训为通事，译员，舌人，均属此义。"我们先不涉及北魏鲜卑语与蒙古语是否同源的问题，我们在这里只是要确认一下历史上不同语言对译过程中，某词尾的固定译法规律性地表示某种意义的现象是否被人们所认识。

再就是方龄贵先生提到的蒙古语中以"赤"收尾的那些词语，好多有"职司其事的人"之意。李治安先生（2003：9）系统地列出了元代怯薛近侍的名称（见表6）。

表6　元代蒙古语中"赤"尾词语示意表

蒙古语"赤"尾单词	云都赤	速古尔赤	怯里马赤	火儿赤	博儿赤	昔宝赤	必阇赤	阿塔赤
意义	带刀者	掌内府尚供衣服者	通事译员	箭筒士	厨子	饲鹰隼者	掌文书者	牧马者
规律总结	蒙古语"赤"尾表示"职司其事的人"之意							

李崇兴、祖生利、丁勇（2009：145）也专门谈到后缀 -či 可以构成身份名词，表示从事某种职业者。今将其举例转引如下（见表7）。

表7　元代蒙古语中加后缀 -či 词语示意表

名词或动词词根	ɣam 站	adu·u 马群	qonin 羊	hüker 牛	bu ǐi 舞	daula 唱
接加后缀 -či	ɣam-či 管站的人	adu·u-či 放马的人	qoni-či 放羊的人	hüker-či 放牛的人	be či 跳舞的人	daula-či 唱的人

蒙古语"赤"尾的这种用法，对"温"词尾表示"……的人（或官员）"的用法，应

该说会起到推波助澜的作用。这会使汉人形成这样的印象：学习蒙古语并非只能逐个逐个地记单词，而是可以总结出一些能够涵盖某些类别的规律，从而可以提纲挈领地掌握词语。如"赤"尾、"温"尾的词语都有好些是表示"职司某项差事的人（或官员）"，只要了解了这一规律，好些词语的识记、理解就比较容易了。

通过分析以上材料，我们看到，在这些词语通行的古代社会，这种规律已经被认识，如同我们今天认识到英语的词尾–er是名词化的词尾，附加在动词后可以构成表示从事与该动词相关事情的人的名词。

七、词缀与构词法："弼马温"类词语与汉语词缀构词的互动影响

据近代汉语的研究成果，我们知道，大约在唐宋时期，表定中关系的"者"字逐渐为"底"字取代：者→底。冯春田（1991）称之为词汇替换。而到了元代，"者"字则被赋予了一项新的功能：表祈使。这是受蒙古语影响产生的新的用法（李崇兴等，2009：184）。而在这种新旧交替的时代，在蒙古语的影响下，元代的蒙式汉语中又出现了"温""赤"等蒙古语词缀，它们具有一定的能产性，尽管其出现环境受到不少的限制，而且语义上也有不少制约因素，但在当时蒙式汉语通行的元代和明初一段时期中，其使用频率还是很高的。同时，"温""赤"这两个词缀在某种意义上也可以看作是"底"的辅助形式，尤其是一种新奇的形式，意为"职司某事的人（或官员）"。这对当时蒙式汉语的构词法和词汇系统是有一定的影响的（见表8）。

表8　近代汉语中表定中关系的后缀及其他形式比较表

	中古汉语	元代汉语		蒙古语的对应情况
表定中关系，或作后缀，意为"……的人（或官员）"	者：A. 大者……小者太子丞（承）王宝位……（例见《变文补编》，引自蒋绍愚 1994：178） B. 不图卖者人相欺，乃取贵直。（《后汉书·卷82下·方术传》李贤注[一]，中华书局1965年版2730页）	底（的）：A. 他每镌来底、写来底都交毁坏了。 B. 做歹勾当的、做贼说谎的先生每……（李崇兴等，2009：206）		领格助词（-un "温"、yin "因"等）：A. öbör mongγol-un yeke surγaγuli 内蒙古大学（清格尔泰，1991：157）B. 蒙古语后置词用于领格形式的名词：土撒因秃剌 tu-sa-yin tula（李崇兴等，2009：218）
		"底"的辅助形式，意为"职司某事的人（或官员）"	温：火里温、字可温、能知温、札撒温、识理温、弼马温	添加后缀-un（ün），构成新词或增添语法意义：keregsel 需要品→keregsel-ün 需要品的（清格尔泰，1991：583）
			赤：云都赤、速古尔赤、怯里马赤、火儿赤	接加后缀-γul：火里温 qoriγul 接加后缀-či：γam-či 管站的人

"温""赤"这两个后缀都带有蒙古语色彩,明初朱元璋对元朝遗民政策相对宽大,有大一统的包容心态。所以明初汉语中存留这些成分不足为怪。但景泰、天顺年间,由于之前发生了"土木之变",明朝与蒙古间的军事对峙严峻。成化之后是所谓的弘治中兴时期,紧接下来就是正德年间。这几朝鞑靼不断南侵,南北关系异常紧张,直到嘉靖之后的隆庆年间,双方才缓和了关系。在双方关系紧张之际,明朝对蒙元的遗迹肯定是排斥的,一定会尽量消除其影响,再说,"温""赤"这两个后缀本来就是蒙古语的成分,一旦离开了那个特定的语言环境,其消亡也是必然的。

八、音译词的使用:"弼马温"出现的社会基础

还有一个疑问是元朝当时蒙古语对汉语的影响真有这么大吗?我们来看一下元代的文献(音译的蒙语词用下划线标出):

文宗至顺元年闰七月初十日,中书省奏,节该:"各<u>怯薛</u>、各枝儿里,将无体例的汉人、蛮子并(高丽)人的奴婢等夹带着行呵,将各<u>怯薛</u>官、各枝儿头目每,打五十七下。<u>孛可温</u>、<u>亦里哈温</u>夹带行的人每,打七十七下。将不应的人,看觑面情,不分拣教出去,却将合行的分拣扰害呵,将各<u>怯薛</u>官、各枝儿头目每,并<u>孛可温</u>、<u>亦里哈温</u>,只依这例,要罪过。有体例行的<u>怯薛丹</u>、各枝儿每,元支请的钞定、草料,依验分拣来的数目,均减钞定、草料外,分拣出去的人每内,不应行的汉人、蛮子、高丽人每的奴婢,并冒名数目等有呵,<u>怯薛</u>官、各枝儿头目尽数分拣出去。其有体例合行的每根底,依旧与衣粮,不依体例行的,教监察御史每好生用心体察者。各<u>怯薛</u>、各枝儿里晓谕呵,怎生?"奏呵,奉圣旨:"是有。与的每根底,依恁商量来的,与者。"(《至正条格(校注本)》卷一,第170页,韩国学中央研究院,2007年。转引自官海峰2010。)

从这段材料可以看出元代文献中蒙古语音译词使用很多,而且同一词的出现频率也很高,简直成了高频词、常用词。可见音译词已经有了比较广泛的社会基础。那明代的情况呢?方龄贵《元明戏曲中的蒙古语》收录的蒙古语音译词就是很好的证据。比如对"铁里温"一词的解释:

铁里温,指头,为首的,小泽重男释为:指导者。
引明代戏曲为证:
暖红室刻本《拜月亭记》戏文三出水底鱼曲:"因贪财宝到中华,闲戏耍,被他拿住,铁里温都哈喇。"
汤显祖《紫钗记》剧二十八出水底鱼曲:"风声大,撞的个行家,铁里温都答喇。"《牡

丹亭》剧四十七出老旦白："铁里温都答喇。"

"铁里温"是蒙古语音译词，"都哈喇"好多研究者也认为是蒙古语音译词①。

九、元明之际：蒙语影响盛极而衰

元朝蒙古语对汉语的影响大，元代的文献中音译蒙语词很常见。随着元朝的灭亡，音译蒙语词在逐步退出历史舞台，但也不可能在一夜之间烟消云散。音译蒙语词在明代文献中还是能够见到的。如汤显祖《紫钗记》剧二十八出水底鱼曲："风声大，撞的个行家，铁里温都答喇。"

明代音译词越来越少，最后只剩下零星的几个语缀，如上文提到的"温"等。

十、译音的选择：几种形式并存

综上所述，元明时期蒙古语音译词有较广泛的社会基础，qul、gül 作为使动词转化为名词的后缀，音译为"温"是一种常见形式。当然，qul、gül 等语音组合的音译形式也不止"温"一种，还可以音译为"兀勒"。不过，在不同的文献中其译音形式会有不同的表现，即甲著作中对译为"……温"，而乙著作中则对译为"……兀勒"（或同一部著作中二种形式并存）。表 9 中是我们搜集到的几条资料。

表 9　元明文献中"温"及其他对译形式对应表

缀"温"词条	出处	其他译法	出处	对应蒙语拼写	意义	同根同义词	出处	对应蒙语拼写
火里温	《至正条格》			qoriγul	看护禁地的人（官派差使）	火里孙	《元朝秘史》	qoriγulsun
孛可温	《至正条格》《通制条格》			bökegül	监督或承办皇家牧马刍粟的官员	孛可孙	《元朝秘史》	bökegülsün
能知温	《蒙古译语》	能知兀勒	《元朝秘史》	nengjigül	搜查的人（执行公务）	能知兀勒孙、能知温勒孙	《元朝秘史》	nengjigülsün
札撒温	《续增华夷译语》	扎撒兀勒	《元朝秘史》	jasaγul	纠察执法官	札撒孙	《元朝秘史》	jasaγulsun

---

① 邵循正《元代的文学与社会》（见《邵循正先生蒙元史论著四篇》，载《元史论丛》第一辑）认为："哈喇"一语，在元曲中常常看到，是杀的意思。"哈喇了"就等于说"宰了"；可是这也不像蒙古语，蒙古语与此音近的字很多，习见的如 qara 训"黑"与此无关。意思较近的还有 qala 一字，意为命令，可以勉强附会作"正法"的意思。这颇有可能，如蒙古语 jasaq 一字，原训"法令"，在西域史文中亦有杀意，但仍嫌牵强。"哈喇"或为当时土语，不一定就是蒙古语。但无论如何也改变不了这一事实，即明代戏曲中有大量包括蒙古语音译词的非汉语词在使用。

续表

缀"温"词条	出处	其他译法	出处	对应蒙语拼写	意义	同根同义词	出处	对应蒙语拼写
		哈剌兀勒	《元朝秘史》	qaraɣul	哨望，哨兵	哈剌兀勒孙	《元朝秘史》	qaraɣulsun
		客卜帖兀勒	《元朝秘史》	kebtegül	宿卫			
		额里兀勒	《元朝秘史》	erigül	寻的，乞丐	额里兀勒孙	《元朝秘史》	erigülsün

十一、多方考察："温"的其他功能

如上小节所说，qul、gül等语音组合的音译形式不止"温"一种，同样，音译为"温"的也并非仅有 qul、gül等后缀一种，其间的译音对应关系应该是交叉对应。我们通过额尔登泰、乌云达赉、阿萨拉图《蒙古秘史词汇选释》中的讨论可以见到一些音译为"温"的其他形式。如该著"二、《蒙古秘史》中的形态学"：

9. 表示复数的形动词：

兀格兀—兀格温；卯兀—卯温。

10. 关于方位副词：中合答温；兀舌里答温—中豁亦纳温；

并指出"达斡尔语里，还保存着这'温'后缀"，如：

中豁亦纳温 ~ huaigu'en

中合答温 ~ gādu'en

《陈垣学术论文集》第二集《元秘史译音用字考》也梳理了音译为"温"的一些情形：

页129"禽"，《华夷译语》译"石保温"，《秘史》译"失鸨温"；

页129"鹅"，《华夷译语》译"合老温"，《秘史》译"合老鸟（二字合一）温"；

页131"牝马"，《华夷译语》译"格温"，《秘史》译"格"；

页132"君子"，《秘史》译"识理温"。①

清格尔泰《蒙古语语法》页583：在派生词上添加构词后缀或构形后缀，还可以构成新词或增添语法意义。如：keregsel 需要品→keregsel-ün 需要品的。

---

① 道润梯步《新译简注蒙古秘史》页133 此处注曰：原文为："识理温"，旁注为："君子"，误。"君子"另有专用的蒙语词，"识理温"是"老实""忠厚"或"正直"之意。方龄贵《元明戏曲中的蒙古语》：失剌温，意为单纯、坦率，正直的。我们认为，这几种解释并非如道润梯步先生所说那样不可调和，"识理温"，就是忠厚的人，正直的人，懂道理的人。这在认知上是没有问题的，尽管该词并不以 qul、gül 为后缀。

我们从以上的考察材料可以看出，除了"方位副词"后缀一种用法与 qul、gül 译"温"无关之外，其他情形无论是"失鸨温"还是"-ün =……的"，都有利于"强调词末的名词性后缀""清晰地表明这类词汇的名词属性"。

十二、"弼马温"的生成图示

综合以上讨论，我们将"弼马温"的生成用图 1 完整展示出来。

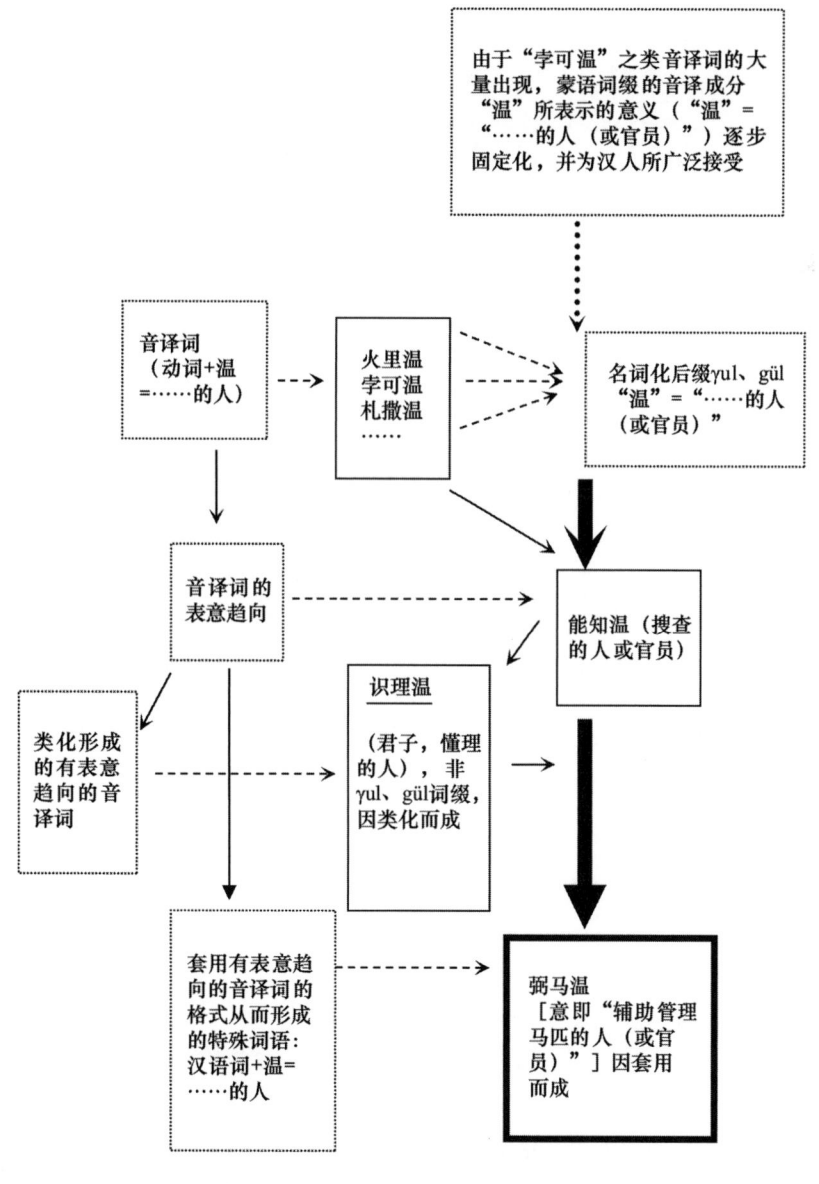

图 1　"弼马温"生成

参考文献

陈垣:《陈垣学术论文集》,中华书局1982年版。

陈垣:《陈垣全集》(第十一册、第十二册),安徽大学出版社2009年版。

陈寅恪:《〈西游记〉玄奘弟子故事之演变》,《国立中央研究院历史语言研究所集刊》第二本第二分,1930年,第157-160页。

党宝海:《蒙元史上的脱脱禾孙》,载《元史及民族与边疆研究》集刊(第二十辑),上海古籍出版社2008年版。

道润梯步:《新译简注蒙古秘史》,内蒙古人民出版社1978年版。

额尔登泰、乌云达赉、阿萨拉图:《蒙古秘史词汇选释》,内蒙古人民出版社1980年版。

范晔:《后汉书》,中华书局1965年版。

方龄贵:《元明戏曲中的蒙古语》,汉语大词典出版社1991年版。

方龄贵校注:《通制条格校注》,中华书局2001年版。

冯春田:《近代汉语语法问题研究》,山东教育出版社1991年版。

冯洪钱:《从孙悟空被封"弼马温"考起》,《农业考古》1982年第2期。

嘎日迪:《中古蒙古语研究》,辽宁民族出版社2006年版。

官海峰:《元代制度中的若干蒙古文化因素考察》,博士学位论文,南京大学,2010年。

何九盈:《中国古代语言学史》,北京大学出版社2006年版。

季羡林:《〈西游记〉里面的印度成分》,载王树英选编《季羡林论中印文化交流》,新世界出版社2006年版,第255-262页。

贾敬颜、朱风合辑:《〈蒙古译语〉、〈女真译语〉汇编》,天津古籍出版社1990年版。

蒋绍愚:《近代汉语研究概况》,北京大学出版社1994年版。

(元)李志常:《长春真人西游记》,载纪流注译《成吉思汗封赏长春真人之谜》,中国旅游出版社1988年版。

李方桂:《上古音研究》,商务印书馆1980年版。

李鸣飞:《蒙元时期的札撒孙》,《西域研究》2013年第2期。

李治安:《元代政治制度研究》,人民出版社2003年版。

李崇兴、祖生利、丁勇:《元代汉语语法研究》,上海教育出版社2009年版。

林宪亮:《孙悟空官职——弼马温考》,《中国典籍与文化》2010年第1期。

清格尔泰:《蒙古语语法》,内蒙古人民出版社1991年版。

邱邦能:《"弼马温"英译之我见》,《外语教育》2005年第2期。

邵循正:《元代的文学与社会》,见《邵循正先生蒙元史论著四篇》,载韩儒林主编《元史论丛》第一辑,中华书局1982年版。

(明)宋濂等:《元史》,中华书局1976年版。

王治来:《中亚通史》(古代卷上、下),新疆人民出版社、人民出版社2010年版。

乌兰校勘:《元朝秘史》(校勘本),中华书局 2012 年版。

俞敏:《后汉三国梵汉对音谱》,载《俞敏语言学论文集》,商务印书馆 1999 年版。

张勃:《"弼马温"与避马瘟》,《民俗研究》2000 年第 1 期。

照那斯图:《八思巴字蒙古语文献的语音系统》,《民族语文》2007 年第 2 期。

中国书店:《元典章》,收入《海王邨古籍丛刊》,中国书店出版社 1990 年版。

韩国学中央研究院:《至正条格(校注本)》,韩国学中央研究院,2007 年。

(原文刊于《古汉语研究》2022 年第 3 期)

"床三"来自"禅"母证*

丁治民　李惠超

（上海大学文学院，电邮：suzhouzhimin@163.com）

提　要：《归三十字母例》已显示床三、禅二纽的关系；重读文献，对床三、禅二母的发音方法提出新证；在笺注本《切韵》、两种王仁昫《刊谬补缺切韵》、《万象名义》、《字镜》中发现床三、禅二母关系五十三例，即床三归禅。再兼论喻四与定及禅、床三之关系与禅母的读音问题。

关键词：《归三十字母例》；船；禅；发音方法；床三归禅

一、《归三十字母例》"禅"母已透露"床三""禅"二纽的关系

字母之学的正式产生是在唐代。敦煌发现的唐代《归三十字母例》和守温韵学残卷三十字母就是最好的证明。宋代又出现了三十六字母，郑樵《通志·艺文略》和王应麟《玉海》均著录了三十六字母图。与三十字母相比，三十六字母增加非、敷、奉、微、娘、床。非、敷、奉、微、娘五母分别来源于同部位的帮、滂、并、明、泥五母，这是共识。这还可以从《归三十字母例》中得到证明："**不**边逋宾夫"，不（帮）母下隶以四字，表明该四字均为帮母，而《广韵》"边逋宾"为帮母、"夫"为非母；"**芳**偏铺缤敷"，芳（滂，《广韵》为敷母）母下隶以四字，表明该四字均为滂母，而《广韵》"偏铺缤"为滂母、"敷"为敷母；"**並**便蒲频苻"，並母下隶以四字，表明该四字均为並母，而《广韵》"便蒲频"为並母、"苻"为奉母；"**明**绵摸民无"，明母下隶以四字，表明该四字均为明母，而《广韵》"绵摸民"为明母、"无"为微母；"**泥**宁囊年拈"，泥母下隶以四字，表明该四字均为泥母，而《广韵》"宁囊年拈"均为泥母。因为四字分别为一、四等，无二、三两等字。那床母来自何母呢？按其他五母的来源看，床母应当来自同部位的禅母。在切韵图中，床母为正齿音三等浊音，正齿音三等浊音中还有一母，即禅母。且《归三十字母例》的禅母："**禅**

---

* 基金项目：国家社科基金重大项目（项目编号：19ZDA316）与国家社科基金冷门"绝学"和国别史研究专项（项目编号：19VJX126）。初稿承蒙黎新第、蒋冀骋、黄笑山、杨军、刘晓南五位先生赐正，特致谢悃。

乘常神谌",禅母下隶以四字,表明该四字均为禅母,而《广韵》"常谌"为禅母、"乘神"为船母(床三)。《归三十字母例》已透露出船母(床三)与禅母关系的一点端倪,即中古船母(床三)与禅母合二为一,中古船母(床三)是来自禅母的。学术界对"非、敷、奉、微、娘"分别来源于同部位的"帮、滂、并、明、泥"已有定论,即"古无轻唇音""娘日归泥"说(钱大昕,2011;章太炎,2014)。而对床三是来源于禅母的现象尚无明确的论述。

二、"床三"为浊擦音、"禅"为浊塞擦音新证

宋代切韵图《韵镜》《七音略》的结构均表明床母为齿音浊塞擦音,与清塞擦音照、穿相对应,而禅母为齿音浊擦音,与清擦音审母相对应。这一观点对后世的影响很大。现代音韵学界有很多学者就是依据这一观点对二纽作如是构拟的(床指正齿音三等的船母),如高本汉(1940)、董同龢(1948)、李荣(1956)、王力(1958)、李方桂(1973)、丁邦新(2015)等。但陆志韦在1947年就明确提出与此相反的观点,即禅为浊塞擦音,而床为浊擦音,陆志韦所用材料为佛典译音。陆志韦的这个发现后来在俞敏(1999)那儿得到了充分的证明。蒲立本(1962)、邵荣芬(1982)两位也持有相同的意见。潘悟云(2000)指出在现代汉语方言中,还残存着船禅的一些区别,如北京话中平声禅母大多读清塞擦音,船母大多读清擦音。前者的例外仅"谁、时、殊、韶"几个字,后者常用字中只有"唇、乘、船"三字读清塞擦音;仄声船母全读擦音,禅母虽然大多数读擦音,但一些常用字如"植、殖"还保留塞擦音的读法。聂鸿音(2014)又利用佛典译音对此提出补议。现把各家的构拟开列于下:

字母名称	船	禅
高本汉	dzʻ	z
李方桂	dz	z
董同龢	dʑʻ	ʑ
李荣	dʑ	ʑ
王力	dʑʻ	ʑ
丁邦新	dʑ	ʑ
陆志韦	z	dz
俞敏	z	dz
邵荣芬	z	dʑ
蒲立本	z	dz
周法高	z	dz
郑张尚芳	ʑ	dʑ
潘悟云	ʑ	dʑ

— 515 —

从上表可以看出，高本汉到丁邦新均认为船为浊塞擦音、禅为浊擦音，陆志韦到潘悟云都认为船为浊擦音、禅为浊塞擦音。两方人员旗鼓相当，前者深受韵图的影响，后者主要依据的是佛典译音。韵图不见得完全正确，佛典译音证据更为直观。我们利用对汉语传世文献的解读再为这种观点增添一点佐证。

早在1941年，周祖谟著《禅母古读考》。周所用材料为文字谐声和经籍异文，周指出禅母古读与定母之关系最密。既然禅母古读与定母之关系密切，但禅母为齿音，定母为舌音，从发音部位的角度看，二者关系应不密切，那只能是发音方法相近；定母为塞音，那么禅母的发音方法也应为塞音。而船母与中古的半元音以母比较近①。船母有许多以母异读例，如"朡，实证切，又弋证切""射，神夜切，又羊谢切""蛇，食遮切，又弋支切""鱊，食聿切，又余律切"；禅母与以母互读例就很少。周所说的禅母古读是指上古音的读法。禅母从上古到中古的塞音不可能直接就变为擦音，因为通常的音变路径为塞音＞塞擦音＞擦音，所以演变为塞擦音应较为合理。

《守温韵学残卷》中正齿音为审穿禅照四个字母。在切韵图《韵镜》中照为不送气清塞擦音，穿为送气清塞擦音，审为清擦音。古汉语中无论塞音还是塞擦音，每一组都有不送气清音、送气清音、不送气浊音的三元对立而可以无同部位的擦音，但不会有同部位不送气清音、送气清音和浊擦音的三元对立。因此，禅当为浊塞擦音，而不是浊擦音。

颜之推《颜氏家训·音辞篇》云："其谬失轻微者，则南人以钱为涎，以石为射；以贱为羡，以是为舐。""钱、贱"为从纽，"涎、羡"为邪纽；"石、是"为禅纽，"射、舐"为船（床三）纽。这句话学术界有两种不同的解释：（1）用从纽读邪纽、用禅纽读船（床三）；（2）把从纽读成邪纽、把禅纽读成船（床三）纽。按照第一种解释，南方人没有邪纽，邪纽读成从纽，即涎、羡分别读为钱、贱；也没有船（床三），船（床三）纽读成禅纽，即射、舐分别读为石、是；按照第二种解释，南方人没有从纽，从纽读成邪纽，即钱、贱分别读为涎、羡；也没有禅纽，禅纽读成船（床三）纽，即石、是分别读为射、舐。这究竟孰是孰非，我们认为第一种解释更为合理。因为"以A为B"可以理解为用A读B，也就是说B与A是不分的，都读为A。"以"就是"用"，"为"即为"作"，用A作B，就是拿A的音读B。且我们发现一条第一种解释是合理的证据。《毛诗音义》："寘、填、尘，依字皆是田音，又音珍，亦音尘。郑云：'古声同。'案陈完奔齐，以国为氏，而《史记》谓之田氏。是古田、陈声同。"公元前386年，田和被周安王列为诸侯，姜姓吕氏齐国为田氏取代，田和正式称侯，仍沿用齐国名号，世称"田齐"，成为战国七雄之一。陈完原姓

---

① 海南闽语琼海话有很多以母字拼细音韵母就读成 z，如以 zi^3、用 $ziou^4$、余 zi^2、游 $ziou^2$。z 和 j 的交替在语音演变中很常见。

陈，后改姓为田，即田完。"以国为氏"者，即以国名作为姓氏，国名就是姓氏名，先有国名后有姓氏，绝不能相反。可以说《毛诗音义》案语"以国为氏"对"以……为……"句式的解释提供了确诂例证。又《毛诗音义》："羡，钱（从）面反。"而《广韵》："羡，似（邪）面反。"《周易音义》《尚书音义》："讼，才（从）用反。"而《广韵》："讼，似（邪）用切。"邪母用从母读之，亦即以从为邪之例。《尔雅音义》："唇，音纯。"而《广韵》："唇，食（船）伦切；纯，常（禅）伦切。"《尚书音义》："绳，市陵反。"而《广韵》："绳，食（船）陵切；市，时（禅）止切。"船母用禅母读之，亦即以禅为船之例。《经典释文》中这类例证为"南人以钱为涎，以石为射"作了最直观的诠释。此例甚多，不赘。

  不管是哪一种解释，但可以确定的是与"钱"平行的应是"石"，与"贱"平行的应是"是"；与"涎"平行的应是"射"，与"羡"平行的应是"舐"，即与"从"平行的应是"禅"，与"邪"平行的应是"船（床三）"。也就是说"从禅"与"邪船（床三）"各自二者关系是平行的，而与《韵镜》等切韵图所显示的"从船（床三）"与"邪禅"各自二者关系也是平行中的"船（床三）""禅"的位置正好相反。从颜之推所说的内容可以看出邪与船（床三）、从与禅二者的发音部位是不同的，但发音方法应是相同的。邪为擦音、从为塞擦音在韵图中是确定的，学术界对此亦无异议；那么船（床三）当为擦音、禅当为塞擦音应是可以推定的。

  按照北方人或标准语的读法从邪、船（床三）禅要分立。南方人用浊塞擦音读浊擦音，也可以说浊擦音与浊塞擦音合二为一，浊擦音是从浊塞擦音中分化而来的，即船（床三）纽来自禅纽。众多学者分别对《经典释文》、原本《玉篇》、《一切经音义》、《史记索隐》、《晋书音义》等字书、音义书的反切进行研究，主要讨论船（床三）、禅的分合，尚未涉及二者的关系问题。

  禅母在吴语、闽语中白读为塞擦音亦与之对应。

  吴语文白异读用"/"隔开，读塞擦音（或"/"前）的是白读，读擦音（或"/"后）的是文读。有的字只有一读，根据文白异读系统性差异也可鉴定是白读或文读。

	是	树	上（动词）	舌	石	熟
开化	dʑieʔ⁸/zʅ⁶	dʑɯ⁶/zy⁶	dʑiaŋ⁴	dʑieʔ⁸/zieʔ⁸	dʑyoʔ⁸/zyoʔ⁸
江山	dʑi⁴/zʅ²	dʑiɯ⁶/zyɛ⁶	ziã⁴	dʑiɛʔ⁸	ziaʔ⁸	dʑyoʔ⁸/zioʔ⁸
丽水	dzʅ²/zʅ²	zʅ⁶	dʑia⁶	dʑieʔ⁸	ziʔ⁸	ziuʔ⁸
庆元	ɕie⁴	tɕiɯ⁶/ɕye⁶	tɕiã⁶	tɕieʔ⁸	ɕiʔ⁸	ɕiuʔ⁸
汤溪	dzʅ⁴/zʅ⁴	dʑiɯmei⁶/zy⁶	zio⁴	dʑie⁴	za⁴	zio⁴

"是""树""上""石""熟"均为禅母字，读塞擦音，特别要指出的是"舌"为船母字，读的也是塞擦音，而且只有白读塞擦音一读。

闽语禅母白读均读塞擦音，仅列举"树""石"二字。

	树	石
石陂	tɕʰiu⁶	tɕio¹
建瓯	tsʰiu⁶	tsiɔ⁶
松溪	tsʰiu⁶	tsio⁶
崇安	tɕʰiu⁶	tɕiɔ⁸
厦门	tsʰiu⁶	tsiɔʔ⁸
福州	tsʰieu⁵	suɔʔ⁸

三、"床三归禅"例证

我们在两种王仁昫《刊谬补缺切韵》（即敦煌本王韵与宋跋本王韵）中发现一则船纽是从禅纽分化出来的直接例证。

宋跋本王韵·八语：杵昌与反。捣杵曰。九。处在所。又昌虑反。贮棺衣。亦作䗪。褚裵衣。𣚼知。訐智。㽸䗪，载盛米。亦作䉛。柠枂。又时渚反。袗衣。

敦煌本王韵·八语：杵昌与反。殳。二。处居所。或作扐。通俗作䗪。贮丁吕反，居，七。𣚼棺衣。口口口。𣚼知。訐知。㽸䗪，载盛米。亦作䉛。柠枂。又时渚反。袗衣。

柠、枂两字字形不同，又音和训释相同。柠、枂二字均为形声字，分别从宁、予得声。宁、予上古均属鱼部，中古均为语韵。柠、枂可能为异体。

宋跋本王韵昌与反应为十字，所夺当为"𣚼"字，《广韵》："贮，居也。积也。丁吕反。𣚼，棺衣。"宋跋本"贮，棺衣，亦作䗪"是把"贮""𣚼"合二为一，即取"贮"形与"𣚼"义。敦煌本将其分立，是。敦煌本王韵昌与反和丁吕反两纽也应为十字，所夺当为"褚"字。宋跋本王韵将昌与反和丁吕反合二为一，敦煌本王韵将两组分立，敦煌本是。

笺注本切韵·八语：野田。俗作☒。署与反。又与者反。一。纾缓。神与反。又式余反。二。枂《庄子》："狙公赋枂。"

宋跋本王韵·八语：墅署与反。田。又与者反。二。纾《庄子》云："狙公赋枂。"

敦煌本王韵·八语：野署与反。田。又与者反。一。纾神与反。又式余反。缓。二。枂《庄子》："狙公赋枂。"

字形、训释与反切，笺注本切韵与敦煌本王韵同。宋跋本王韵署与反也应为三字，把"纾""枂"合二为一，即取"纾"形与"枂"义。《广韵》："墅，承（禅）与切；纾，缓也。神（船）与切。又音舒……枂，橡也。"宋跋本王韵禅、床二纽不分，神与反和署与反合二为一，笺注本《切韵》、敦煌本王韵将二者均分立，笺注本《切韵》、敦煌本王韵是。

宋跋本王韵床禅二纽是不分的，杼（柠）的又音时渚反与正切音署与反相合，时、署均为禅纽，渚、与均为语韵。但这种不分应是宋跋本王韵的失误，因为笺注本《切韵》成书时间早于宋跋本王韵，而在笺注本《切韵》正切中船（床三）、禅二纽已分立；敦煌本王韵同，也将床禅二纽分立。既然敦煌本王韵"杼"的正音船（床三）、禅二纽已分立，那么"杼"的又音时渚反与正切音神与反应相同，但实不合，时为禅纽，而神为船（床三）纽，即敦煌本王韵的又音的切上字未能与正音的切上字相统一，因此，敦煌本王韵的"杼"字的又音也是一种失误。两部王韵为何出现同样的失误，这可能在两部王韵的抄者或作者的眼中床禅已不分了，是时音的流露。"杼"，宋跋本王韵反切为署与反，而笺注本《切韵》、敦煌本王韵的反切为神与反。由此可见，敦煌本王韵神与反是从署与反分化而来。周祖谟（1983）对敦煌本、宋跋本二者之关系总体评价为"内容也大同小异，当是同一种书的不同传本"。我们认为敦煌本王韵当为宋跋本王韵的增修本（丁治民，2017）。从同一部书中正切与又音不一致、从三部书中一部为一纽、另两部为两纽这两方面均可以看出船（床三）、禅二纽的关系，即船（床三）纽是从禅纽分化而来。我们从宋跋本王韵、敦煌本王韵的失误中可以看出船纽是如何从禅纽分化而来的。

李新魁（1979）指出隋唐时期不论是南方还是北方，船（床三）、禅是混而不分。作于《切韵》前几十年的《玉篇》，其反切系统中船（床三）禅是没有分别的。《宋本玉篇》是经过唐孙强的增字与宋陈彭年、邱雍、吴锐等的重修，原面目已不可复见。但日本僧人空海所撰《万象名义》与昌住所撰《新撰字镜》仍保存原本《玉篇》的反切系统。在两书反切中，被切字，《广韵》为船（床三）纽的，均用禅纽字做其反切上字。现开列于下：

《万象名义》：

被切字	神	䫂	脣	䐡	漘	船
反切	视仁反	视均反	视均反	时均反	时均反	时专反
被切字声纽	船	船	船	船	船	船
切上字声纽	禅	禅	禅	禅	禅	禅
备注	以禅切船	以禅切船	以禅切船	以禅切船	以禅切船	以禅切船

塍	䌰	愣	䌲	䆟	澠	㴰
视陵反	时升反	视陵反	视陵反	时升反	视陵反	时升反
船	船	船	船	船	船	船
禅	禅	禅	禅	禅	禅	禅
以禅切船	以禅切船	以禅切船	以禅切船	以禅切船	以禅切船	以禅切船

繩	乘	盾	楯	葚	瓵	諡
视升反	是升反	殊尹反	时允反	视枕反	视尔反	时志反
船	船	船	船	船	船	船
禅	禅	禅	禅	禅	禅	禅
以禅切船	以禅切船	以禅切船	以禅切船	以禅切船	以禅切船	以禅切船

示	蒔	蛇	貰	贖	舌	述
时志反	乘异反	时遮反	时夜反	时烛反	视列反	视聿反
船	禅	船	船	船	船	船
禅	船	禅	禅	禅	禅	禅
以禅切船	以船切禅	以禅切船	以禅切船	以禅切船	以禅切船	以禅切船

術	术	秫	鉥	沭	蟀
时橘反	时聿反	时律反	时聿反	时聿反	时律反
船	船	船	船	船	船
禅	禅	禅	禅	禅	禅
以禅切船	以禅切船	以禅切船	以禅切船	以禅切船	以禅切船

实	麝	射	躲	食
时质反	视亦反	时柘反	时益反	是力反
船	船	船	船	船
禅	禅	禅	禅	禅
以禅切船	以禅切船	以禅切船	以禅切船	以禅切船

《万象名义》船禅相混共38例，其中以禅切船共37例，以船切禅1例。"顾、脣、蕃、滑"在《集韵》中是同一纽字，为船纽；在《名义》中有两个反切上字，"视"与"时"，均为禅纽字。"膡、鳞、悃、諰、毳、浥、涞、绳、乘"在《集韵》中是同一纽字，为船纽；在《名义》中有三个反切上字，"视""时"与"是"均为禅纽字。"盾""楯"在《集韵》中是同一纽字，为船纽；在《名义》中有两个反切上字，"殊"与"时"，均为禅纽字。"術、术、秫、鉥、沭、蟀"在《集韵》中是同一纽字，为船纽；在《名义》中有两个反切上字，"视"与"时"均为禅纽字。从中可以看出船禅在《名义》中是不分的，船纽是来自禅纽。

《新撰字镜》：

被切字	神	譝	乘	塍	狿
反切	视仁反	视陵反	是升反	视陵反	氏尔反
被切字声纽	船	船	船	船	船
切上字声纽	禅	禅	禅	禅	禅
备注	以禅切船	以禅切船	以禅切船	以禅切船	以禅切船

甚	顺	贳	实	述	术
时沈反	十润反	时夜反	上七反	视聿反	时聿反
船	船	船	船	船	船
禅	禅	禅	禅	禅	禅
以禅切船	以禅切船	以禅切船	以禅切船	以禅切船	以禅切船

秫	蟀	射	食
时聿反	时聿反	时柘反	是力反
船	船	船	船
禅	禅	禅	禅
以禅切船	以禅切船	以禅切船	以禅切船

《新撰字镜》船禅相混共15例，其中以禅切船共15例。"譝、乘、塍"在《集韵》中是同一纽字，为船纽；在《字镜》中有两个反切上字，"视"与"是"，均为禅纽字。"述、术、蟀、秫"在《集韵》中是同一纽字，为船纽；在《字镜》中有两个反切上字，"视""时"，均为禅纽字。从中可以看出船禅在《字镜》中是不分的，船纽是来自于禅纽。

52条反切计40字，40字的切上字"视、时、是、十、上、殊、氏"均为《广韵》禅纽，而被切字均为《广韵》船（床三）纽。此类例证在《经典释文》中有更多。不同时代字书、韵书被切字同、而切上字的不同间接地说明了船（床三）纽是来自禅纽。

在8世纪以前梵汉对音中，梵语的j或jh基本上是用汉语禅母来对，没有一个是船母字（邵荣芬，2008）。梵文j或jh相当于汉语的舌面前或舌叶浊塞擦音。梵汉对音、《万象名义》《新撰字镜》《经典释文》的反切与《归三十字母例》反映的是同一个问题。

船（床三）纽是从禅纽中分化而来，四书的反切例证虽仅有五十三例。船（床三）、禅二纽的关系按其他五纽的说法，是否可名为"床三归禅"？

"非、敷、奉、微、娘"是从同部位的母纽分化而来，它们分化的条件是它们的等不同于母纽的等。床三与禅同为三等，它们的分化条件又是什么？这从现代汉语方音的演变可以得到一点启示：浊塞擦音变为浊擦音，是弱化。这一现象在汉语方言中常见，而浊擦音变为浊塞擦音的现象尚未见到。共时现象是历时演变的反映。

四、"床三"与"喻四"的密切关系及"禅"纽的读音问题试释

"喻四归定"虽是曾运乾的发明，但董同龢（2001）在高本汉利用谐声研究上古声母的基础上，将喻四与其他声母互谐情况分为三类：与舌尖音或舌面音、与舌根音、与舌尖音同时与舌根音谐，最后的结论为喻四与其他声的谐声关系非常复杂。不仅如此，喻四与床三关系（异读）也同样密切。周祖谟（1941）指出在上古禅母古读与定母之关系最密，关系最密不是完全相同，可能是很近；曾运乾提出"喻四归定"的论点。如果上述可以成立的话，那么这一现象就会得到一定的解释。禅与床三的产生不是在同一时间平面，禅在前，床三在后，中古的床三来自上古的禅，上古的禅与定关系密切，那么中古的床三（即上古禅演变为中古床三的那部分字）与定的关系应同样密切；既然"喻四归定"，那么床三与喻四的密切关系就冰释焕然了。

禅母的读音，学术界有两种读法：一是 shàn，一是 chán，读 shàn 的好像要多一些。在绝大多数通论书、教科书、专门性论著中只见其字形，至于怎么称说，只有很少的书为其注音，往往承于师说。如果我们的论述禅为浊塞擦音、床三（船）为浊擦音可以成立的话，那么禅的今音当为 chán，而不是 shàn。为何今音读 shàn 的要多一些？是因为《广韵》禅字有两切：平声仙韵市连切（音 chán），去声线韵时战切（音 shàn），而船字只有一切：平声仙韵食川切（音 chuán）。如果两纽均读塞擦音，就不能区分二纽声母的不同，那就只能牺牲禅纽，让其读擦音，即 shàn。北京话中平声船母大多读清擦音，"船"字读清塞擦音 chuán 是个例外，例外的原因还有待进一步的研究。

参考文献

北京大学中国语言文学系语言学教研室编：《汉语方音字汇》，文字改革出版社 1989 年版。

曹志耘：《南部吴语语音研究》，商务印书馆 2002 年版。

曹志耘：《吴语处衢方言研究》，东京：好文出版社 2003 年版。

曹志耘：《吴语婺州方言研究》，商务印书馆 2016 年版。

丁邦新：《音韵学讲义》，北京大学出版社 2015 年版。

丁治民：《敦煌本王韵为宋跋本王韵增修本考》，《民俗典籍文字研究》第十九辑，商务印书馆 2017 年版。

董同龢：《汉语音韵学》，中华书局 2001 年版。

何九盈：《中国古代语言学史》，广东教育出版社 2000 年版。

金理新：《再论喻母古读考》，《温州师范学院学报》1998 年第 2 期。

开化县志编纂委员会：《开化县志》，浙江人民出版社 1988 年版。

李葆嘉：《论清代上古声纽研究》，《语言研究》1992 年第 2 期。

李如龙：《福建县市方言志 12 种》，福建教育出版社 2001 年版。

李新魁：《论〈切韵〉系统中床禅的分合》，《中山大学学报》1979 年第 1 期。

陆德明：《经典释文》，上海古籍出版社 1985 年版。

鲁国尧：《四声、三十六字母、〈广韵〉韵目今读表》，《古汉语研究》2011 年第 3 期。

聂鸿音：《床禅二母佛典译音补议》，《语文研究》2014 年第 2 期。

潘悟云：《汉语历史音韵学》，上海教育出版社 2000 年版。

钱大昕著，杨勇军整理：《十驾斋养新录》，上海书店 2011 年版。

乔永：《黄侃古本声十九纽研究》，《民俗典籍文字研究》第四辑，商务印书馆 2007 年版。

秋谷裕幸：《福建石陂方言音系》，《方言》2004 年第 1 期。

武夷山市志编纂委员会：《武夷山市志》，中国统计出版社 1994 年版。

松溪县地方志编纂委员会编：《松溪县志》，中国统计出版社 1994 年版。

俞敏：《后汉三国梵汉对音谱》，《俞敏语言学论文集》，商务印书馆 1999 年版。

曾运乾：《音韵学讲义》，中华书局 2011 年版。

章太炎：《章太炎全集》，上海人民出版社 2014 年版。

张涌泉：《敦煌经部文献合集》，中华书局 2008 年版。

郑林啸：《〈篆隶万象名义〉声系研究》，河北大学出版社 2007 年版。

周祖谟：《禅母古读考》，《问学集》，中华书局 2004 年版。

周祖谟：《王仁昫切韵著作释疑》，《问学集》，中华书局 2004 年版。

周祖谟：《唐五代韵书集存》，中华书局 2005 年版。

（原文刊于《古汉语研究》2022 年第 1 期）

从图表结构及唐代标准音再论《韵镜》型韵图的创制年代

杨 军*

(苏州大学文学院,江苏苏州 215123)

提 要:学术界对《韵镜》成书的年代及性质看法不一,有学者用以解释《切韵》系韵书及早期音义文献,也有学者将其与中古晚期的音韵材料并论,这无疑造成对《韵镜》性质认识的混乱。文章主要通过:(1)以《韵镜》为代表,考察《韵镜》型韵图声母与梵文辅音排列的关系,进而推测《韵镜》型韵图产生的大致时段。(2)用《韵镜》分别与《切韵》为代表的中古音系特点和慧琳《一切经音义》为代表的唐代标准读书音音系特点进行比较,以考察《韵镜》与二者关系的亲疏。所得结论是:《韵镜》型韵图的产生当在隋至唐初,至迟不晚于《韵英》颁行的天宝年间。《韵镜》反映的是《切韵》系韵书的音节系统,因而可用以考察《切韵》系韵书的语音系统。厘清《韵镜》的音系性质远比考订其产生的具体时间更为重要。

关键词:中古音;韵镜型韵图;音系性质;产生时段

关于《韵镜》的成书年代,日本学者大矢透(1978)主张成书于隋末唐初,罗常培(1935)认为成于唐代,葛毅卿(1957)认为成于晚唐五代;赵荫棠(1931)、李新魁(1981)则主张成书于宋代;鲁国尧(1992)指出《韵镜》"是层累造成的"。我也曾说:"我们没有确切的证据质言切韵图最早出现的具体时间,但根据它们产生的条件来推断,或许就在隋末唐初,至迟不应晚于八世纪。"(杨军,2007)近些年有学者将《韵镜》与慧琳音系一起作为"中古后期"语音的代表[1],且有用慧琳音系来讨论《韵镜》型韵图的。如赵翠阳(2012)批评"韵图没有按照实际语音情况将尤韵唇音字列到侯韵和虞韵中去。"文

---

* 基金项目:国家社科基金重大项目《经典释文》文献与语言研究"(项目编号:14ZDB097);国家社科基金重大项目"中、日、韩汉语音义文献集成与汉语音义学研究"(项目编号:19ZDA318)

作者简介:杨军,男,1955年生,贵州遵义人,教授,研究方向是汉语音韵学、汉语音义学。

[1] 麦耘:《汉语语音史上"中古时期"内部阶段的划分——兼论早期韵图的性质》《音韵学概论》也都主张中古前期以《切韵》音系为代表,后期以慧琳音、韵图音为代表。

中的"韵图"显然是指《韵镜》型韵图,也就是通常所说的早期韵图。而文中"实际语音情况"则指通过慧琳《一切经音义》反切归纳出来的音系。韵图按韵书的反切列字是学界的共识,但不同韵图列字依据的是不同性质的韵书,这也必须严格区别。学界一般认为《韵镜》表现的是《切韵》系韵书的音节系统,是按照《切韵》系韵书列字的。根据李新魁(1981a)、刘华江(2016),《韵镜》列字符合《切韵》《广韵》小韵首字的比例约在87%、88%,显然与《切韵》系韵书关系非常密切。那么表现《切韵》音系的韵图能否表现慧琳音系?为什么《韵镜》非得表现慧琳音系才算按实际语音情况列字呢?本文拟就(1)《韵镜》声母发音部位与梵文辅音排列关系,(2)分别代表南北不同读书音的《切韵》和慧琳《一切经音义》的主要差异比较,(3)南北基础音系转移及《韵镜》与《切韵》系韵书的关系,为《韵镜》型韵图产生年代的推测补充新的证据。

一、《韵镜》声母排列与梵文字母的关系

罗常培先生遗作说:"余谓音图之定,当由隋唐释子。陆法言既已论定南北是非古今通塞而成《切韵》一书,其时沙门为转诵之方便,音读之统一,乃师彼悉昙,创为转图,形式悉准梵音,内容全纳《切韵》。"(罗常培,2008:408-441)顺循罗先生的思路,仔细检讨《韵镜》型韵图声母发音部位的排列与梵文毗声、超声的关系,发现两者间呈现出严整的对应关系,是《韵镜》型韵图"内容全纳《切韵》",虽已为学界共识,而"形式悉准梵音",则诚罗先生之创见。

表1 梵文字母表[①]

元音		a、ā、i、ī、u、ū、ṛ、ṝ、ḷ、ī、e、ai、o、au、aḥ、aṃ	
辅音	毗声	喉音 k、kh、g、gh、ṅ	腭音 c、ch、j、jh、ñ
		顶音 ṭ、ṭh、ḍ、ḍh、ṇ	齿音 t、th、d、dh、n
		唇音 p、ph、b、bh、m	
	超声	半元音 y、r、l、v	咝音 ś、ṣ、s
		气音 h 二合音 kṣ	

参考储泰松(2015),并从中选录几家中古有代表性的梵文毗声发音部位的排列及名称。

---

① 根据储泰松(2015)。

表 2　梵文毗声的发音部位及称谓

		k	c	ṭ	t	p	出处
谢灵运（385–433）	1	舌根声	舌中声	近舌头声	舌头声	唇中声	T84/409c
	2	舌根下声	牙齿边声	舌头声	舌上声	唇上相搏声	T84/410a
灌顶（561–632）		舌本声	齿间声	舌头声	舌上声	唇间声	T84/408b, T38/110b
惠均（隋）		舌根声	牙齿边声	舌头声	舌上声	唇上相搏声	T84/410a
玄应（唐）		舌根声	齿/舌齿声	腭声	舌头声	唇吻声	T84/411a

谢灵运 2、灌顶、惠均等最接近韵图，到了玄应已经明显不同。下面是梵文与韵图声母的对应情况。

表 3　梵文与韵图声母排列比较

	齿舌	喉				齿					牙		舌				唇			等
	日来	影组			精组						见组		端组				帮组			
韵图声母	l	ɦ	h	ʔ	s	dz	tsʰ	ts				ŋ	kʰ k	n	d	tʰ	t	m	b	pʰ p	一
	l	ɦ	h	ʔ	z	ʂ	dʐ	tʂʰ	tʂ			ŋ	kʰ k	ɳ	ɖ	ʈʰ	ʈ	m	b	pʰ p	二
	ȵ l	ɦ	h	ʔ	ʑ	ɕ			ȵ	dʑ	tɕʰ tɕ	ŋ	g	kʰ k	n	ɖ	tʰ	t	m	b	pʰ p	三
	l	j	ɦ	h	ʔ	z	s	dz	tsʰ	ts		ŋ	kʰ k	n	d	tʰ	t	m	b	pʰ p	四
梵文字母	l r	v y	h		s ṣ ś			kṣ	ñ	j jh	ch c	ṅ	kh k g gh	ṇ n	ḍ ḍh d dh	ṭh th	ṭ t	m	b bh	ph p	
	流音	半元音	气音	咝音	二合音						腭		喉				齿舌			唇	
	超声												毗声								

梵文毗声都是从喉音到唇音，自内而外；而《韵镜》型韵图则是从唇音到喉音，自外而内。大抵梵文书写从左到右，汉字书写因由上而下向左转行，行与行则从右到左。

梵文毗声	喉	颚	舌	齿	唇	书写方向：左→右
谢灵运等表述	舌根	齿	舌头	舌上	唇	
韵镜声母	牙	齿	舌	舌	唇	书写方向：左←右
七音略音阶名	宫	商	角	徵	羽	

— 526 —

汉语的声母跟梵文的毗声和超声对应，韵图把相当于梵文"喉音"的 k 组声母改称为"牙音"，把相当于梵文"颚音"的 tɕ 组声母改称为"齿音"，并将两组位置对调。我们注意到韵图将 k 组与 tɕ 组对调，其原因在于韵图编排时首先考虑的是要跟梵文毗声完全对应，然后才安排跟超声对应的声母。但表 3 不是韵图最后排列形式，下面先看韵图跟毗声的对应。

表 4-1　韵图与梵文毗声对应表（梵文的送气浊辅音略去）

	牙（见组）			齿（章组）			舌（端组）			舌（知组）			唇（帮组）			
韵图	ŋ		kʰ	k				n	d	tʰ	t				m	b	pʰ	p
	ŋ		kʰ	k								n	ɖ	tʰ	ʈ	m	b	pʰ	p
	ŋ	g	kʰ	k	ɲ	dʑ	tɕʰ	tɕ								m	b	pʰ	p
	ŋ		kʰ	k				n	d	tʰ	t				m	b	pʰ	p
毗声	ṅ	g	kh	k	ñ	j	ch	c	n	d	th	t	ṇ	ḍ	ṭh	ṭ	m	b	ph	p
	喉				颚				齿				舌				唇			

根据汉语的情况，（1）端、知两组出现机会互补，一四等端组，二三等知组，因此可以进行叠置。（2）汉语的齿音章（tɕ）组对应梵文的颚音 c 组，但汉语章组有同部位擦音 ɕ 和 ʑ，其中书母 ɕ 对应的是梵文超声的哂音 ś，而汉语牙音对应的梵文喉音则全是同部位的毗声，如果交换牙音与齿音的位置，就能既保持梵文毗声和超声的畛域，又可按汉语声母发音部位根据以类相从的原则置放擦音，因此，韵图有必要将汉语的牙音与齿音换位以同时兼顾梵文的特点。换言之，韵图把牙音调放到齿音前，就是为了便于在齿音后安排对应超声的擦音而不淆乱梵文毗声与超声的界限（以下表格中略去梵文的送气浊辅音）。

表 4-2　韵图调整后与梵文的对应关系

	齿				牙				舌				唇			
韵图					ŋ		kʰ	k	n	d	tʰ	t	m	b	pʰ	p
					ŋ		kʰ	k	n	ɖ	tʰ	ʈ	m	b	pʰ	p
	ɲ	dʑ	tɕʰ	tɕ	ŋ	g	kʰ	k	n	ɖ	tʰ	ʈ	m	b	pʰ	p
					ŋ		kʰ	k	n	d	tʰ	t	m	b	pʰ	p
梵文	ñ	j	ch	c	ṅ	g	kh	k	ṇ	ḍ	ṭh	ṭ	m	b	ph	p
									n	d	th	t				
	颚音				喉音				舌音 齿音				唇音			
	毗声															

中古汉语的章组只有三等，不跟一二四等韵母相拼，一二四等位空置。同时，汉语有

精、庄两组塞擦音，梵文毗声没有，但梵文的超声有二合 kṣ，对音用初母 tṣʰ。从发音方法看，初母可以跟昌母叠置，那么同部位的塞擦音庄 tṣ 和崇 dẓ 也可以跟章 tɕ、船 dʑ 叠置。梵文超声的咝音有 s、ṣ、ś 三个，分别对应汉语的心 s、生 ṣ 和书 ɕ，书母 ɕ 及其浊擦音禅 ʑ 跟同部位的章组相配，生母 ṣ 则可配同部位的庄组。既然庄组跟章组叠置是根据发音方法，精组的擦音心 s，自然也可以根据发音方法跟章组叠置，同组的塞擦音同样可以同行置放。精组有一四等，自然可以分别放在一四等，庄组有二等，又是从精组分化出来的 *tsr(j) - → tṣ(j) -，理所当然放在二等。那么可以再把精、庄两组加进表 4 - 2。

表 4 - 3　　　　　　　　　　　　　　　　　　　　　　　　　续表 1

		齿				牙			舌				唇			
韵图		s		dz	tsʰ	ts	ŋ	kʰ	k	n	d	tʰ	t	m	b	pʰ	p
	z	ṣ	tṣʰ	dẓ		tṣ	ŋ	kʰ	k	ɳ	ɖ	ʈʰ	ʈ	m	b	pʰ	p
	ʑ	ɕ		dʑ	tɕʰ	tɕ	ŋ	g	kʰ	k	ɳ	ɖ	ʈʰ	ʈ	m	b	pʰ	p
	z	s		dz	tsʰ	ts	ŋ		kʰ	k	n	d	tʰ	t	m	b	pʰ	p
梵文	s ṣ ś	kṣ	ñ	j	ch	c	ṅ	g	kh	k	ṇ n	ḍ d	ṭh th	ṭ t	m	b	ph	p
	咝音	二合		颚音				喉音			舌齿				唇音		
	超声							毗声									

然后安排梵文超声中气音、半元音和流音对应的声母。

表 4 - 4　　　　　　　　　　　　　　　　　　　　　　　　　续表 2

		半舌		喉					齿				
韵图		l		ɦ	h	ʔ		s			dz	tsʰ	ts	一
		l		ɦ	h	ʔ	z	ṣ	tṣʰ		dẓ		tṣ	二
		l	ɦj		h	ʔ	ʑ	ɕ		ŋ	dʑ	tɕʰ	tɕ	三
		l	j	ɦ	h	ʔ	z	s			dz	tsʰ	ts	四
梵文		l r	v y		h			s ṣ ś	kṣ	ñ	j	ch	c	
		流音	半元音		气音			咝音	二合音		颚音			
				超声						毗声				

跟二合音 kṣ 对应的初母 tṣʰ 和跟咝音对应的擦音可以分别放在同部位塞擦音之后，只需要调整日母的位置即可。因为古人认为汉语的来母、日母都有"半"的特点（储泰松，2015），所以把日母调到来母之后，就能在相应的塞擦音后接续对应梵文咝音的清擦音声母，于是精组、庄组就可以跟章组对齐。

表5 韵镜与梵文辅音对应表

	齿舌音		喉				齿				牙				舌				唇				
	清浊	清浊	清浊	浊	清	清	浊	清	浊	次清	清	清浊	浊	次清	清	清浊	浊	次清	清	清浊	浊	次清	清	
韵镜		l		ɦ	h	ʔ		s	dz	tsʰ	ts	ŋ		kʰ	k	n	d	tʰ	t	m	b	pʰ	p	A栏
		l		ɦ	h	ʔ	ʐ	ʂ	dʐ	ʂʰ	tʂ	ŋ		kʰ	k	ɳ	ɖ	tʰ	ʈ	m	b	pʰ	p	
	ŋ	l	ɦ	ɦ	h	ʔ	ʑ	ɕ	dʑ	tɕʰ	tɕ	ŋ	g	kʰ	k	ɳ	ɖ	tʰ	ʈ	m	b	pʰ	p	
		l	j	ɦ	h	ʔ	z	s	dz	tsʰ	ts	ŋ		kʰ	k	n	d	tʰ	t	m	b	pʰ	p	
梵文	ñ	r	v		h			s		j	ch	c	ṅ	g	kh	k	ṇ	ḍ	ṭh	ṭ	m	b	ph	p	B栏
		l	y					ṣ		kṣ							n	d	th	t					
								ś																	
	流音	半元音	气音			咝音			颚（二合）			喉				舌齿				唇				
	超声									毗声													

表5的A栏就是《韵镜》的列表形式。请注意与"超声"对应的声母，《韵镜》型韵图用喉浊擦音匣母 ɦ（云 ɦj）对应梵文的 v，而唐代悉昙家则改用唇音来对应梵文的 v（储泰松，2015），与不空、慧琳等用唇音字来对译梵文 v 较为一致。前后措置不同，似乎也暗示早期韵图产生在不空、慧琳的对音及悉昙家的学说盛行之前。这里还要特别注意，跟梵文"颚音"c 组对应的汉语是章组（tɕ 组）声母，而章组只跟三等韵母拼，这显然就是韵图的齿音三等位只列章组声母字而不列精、庄组三等字的重要原因。

二、慧琳音系不同于《切韵》的主要特点

（一）慧琳的声母特点

（1）慧琳分化出轻唇音，而《切韵》只有重唇音。

（2）慧琳的端知两组不再"类隔"，而《切韵》尚有"类隔"现象。

（3）《切韵》相应十韵的唇音既是重唇，且后接前腭介音 j。慧琳一部分如通摄、遇摄、流摄轻唇音后失去前腭介音 j。

（4）《切韵》云是匣母的三等，慧琳的云是独立的声母。

（二）慧琳的韵和韵母的特点

慧琳的韵及韵母通过混并较《切韵》大幅度减少，其大致情况如下。

（1）慧琳的一二等"重韵"合并了。通摄东一冬合并，蟹摄佳皆夬与假摄麻二合并，山摄删山合并，梗摄庚二耕合并，咸摄覃谈合并、咸衔合并等。韵大量减少，韵母也大大简化。

（2）三等止摄支脂之微四韵合并，流摄三等唇音与遇摄三等唇音合并，废韵并入祭B，元韵并入仙B，严与盐B合并。重纽AB虽仍对立，但所含内容不同了。

（3）慧琳的四等并入重纽A类，同摄三等重韵并入B。齐（去）并入祭A，先并入仙A，萧并入宵A，添并入盐A，青并入清。

表6 慧琳韵母合并示例

摄	等	切韵 开口		切韵 合口		慧琳 开口		慧琳 合口	
蟹	一	咍	泰	灰	泰	咍泰		咍泰	
	二	佳	皆	夬	佳	皆	夬	佳（皆麻二）		佳（皆麻二）	
	三	祭A、B		废	祭A、B		废	祭A（齐）祭B（废）		祭A齐、祭B废	
	四	齐			齐						
山	一	寒			桓			寒		桓	
	二	删	山		删	山		删（山）		删（山）	
	三	仙A、B		元	仙A、B		元	仙A（先）仙B（元）		仙A（先）仙B（元）	
	四	先			先						

（三）慧琳的声调特点

虽有平上去入四个声调，但上声只剩下清与次浊声母，全浊上并入全浊去。

（四）声韵配合关系的特点

1.《切韵》一等的唇音只有帮组，慧琳通摄、遇摄一等唇音既有帮组又非组，以致造成帮非两组声母对立。

表7 慧琳与《韵镜》唇音列位比较

慧琳		韵镜	等
微奉敷非	明並滂帮	明並滂帮	一
	明並滂帮	明並滂帮	二

续表

慧琳	韵镜	等
微奉敷非	明並滂帮 （微奉敷非）	三
	明並滂帮	
	明並滂帮	四

2. 《切韵》东三钟微废虞元文阳尤凡等十个三等韵系后世变轻唇音。慧琳系统里通摄轻唇音升至一等，遇摄、流摄三等轻唇音合并后变一等，帮非两组产生对立。东三、钟、虞、尤诸韵系三等韵不再有唇音声母。四等端组并入重纽A类后，仍可列在四等位置，但端知两组分别是声母对立。另外，至少通摄、遇流摄非组已失去-j-介音而升至一等，因此一幅图至少要增加非敷奉微4列。

下面是《韵镜》跟慧琳音系通摄和遇摄、流摄唇音的差别。

表8-1 通摄唇音比较

慧琳		韵镜		等次
钟东		钟	东	
微奉敷非	明並滂帮	明並滂帮	明並滂帮	
○缝丰风	蒙蓬○○	○○○○	蒙蓬○○	一
○○○○	○○○○	○○○○	○○○○	二
○○○○	○○○○	○逢峯封	瞢冯丰风	三
○○○○	○○○○	○○○○	○○○○	四

为慧琳列字的理据：

（1）並母"蓬：蒲蒙、蒲公"。

（2）明母"蒙：末东、漠蓬"。

（3）非母"风"虽未注音，但：1）作敷母"丰沨"、奉母"沨"的切下字，可以证明"风"跟被切字韵类一致而排除敷母、奉母读音的可能。2）与"夫""方""不""福"同作"讽"的切上字，且切下字奉母，再次排除"风"读奉母的可能。3）"方""福"只有非母读音，所以"风"是非母字。4）"讽：风奉、风凤"，是"准直音"切上字，所以与被切字只有声调不同。而作平声"丰沨讽"的下字，因此只能是平声字。根据以上数证，故可列"风"入表中。5）慧琳"封：府龙、甫龙、府逢、甫逢"，下字虽用钟韵，但去声"封：风用＝风贡"，下字既用钟韵"用"，又用东韵一等"贡"。结合敷母"锋：妨封、敷容、孚逢、麸逢、否逢＝芳空"、奉母"缝：扶封、奉峯＝奉蒙、符蒙、伏蒙"及去声非母

"讽：风奉＝风凤、夫凤、方凤、不凤、福凤＝风梦"，原东三、钟韵唇音字皆得列在一等。案"讽"字去声，慧琳以全浊上声"奉"作下字，是浊上变入浊去之例。

（4）敷母　"丰：芳风、敷风"；"丰沣：覆风"；"沣：捧逢"①；"汎：伏风"。"沣"同用东韵下字"风"和钟韵下字"逢"，故东三与钟韵唇音合流。

（5）奉母　"缝：扶封、奉峯＝奉蒙、符蒙、伏蒙"。

（6）明母　慧琳没有对应的音节，"萌：墨崩、墨朋、莫崩、墨登"，变入曾摄一等。

表8－2　遇摄、流摄唇音比较

慧琳			韵镜			
韵目	微奉敷非	明并滂帮	明并滂帮（微奉敷非）	韵目	明并滂帮（微奉敷非）	韵目	等位
尤虞侯模	无罘孚肤	谋蒲铺逋	哞裒〇〇	侯	模蒲铺逋	模	一
	〇〇〇〇	〇〇〇〇	〇〇〇〇		〇〇〇〇		二
	〇〇〇〇	〇〇〇〇	谋浮不〇	尤	无符敷肤	虞	三
	〇〇〇〇	〇〇〇〇	〇〇〇〇		〇〇〇〇		四

为慧琳列字的理据：

（1）帮母　"逋：补胡、布孤＝补谋"，案慧琳"谋：莫侯"，又上声"某拇：莫厚＝模补""拇：谟谱"、去声"茂：莫候＝莫布"，则侯韵唇音变入模韵。

（2）滂母　"铺：普胡"。

（3）并母　"蒲：步谟"；"匍：步摸、步胡、步吾、仆逋"。

（4）明母　"模：莫胡、莫蒲、莫逋、莫晡、莫奴"。

（5）非母　"肤：甫无（无）、府无、甫亐＝甫孚"，虞韵"肤"字既用虞韵作切，又用尤韵作切，其尤韵唇音变入虞韵。

（6）敷母　"孚：抚夫、芳于、缶于"，尤韵"孚"字以虞韵"夫""于"为切下字。

（7）奉母　"罘：扶留＝附谋＝附无"，同音"枹：房牛＝扶谋、附牟""浮：扶尤、符尤＝附无、辅无""蜉：附无"，又上声"阜：扶久、扶有、符有＝房儛＝扶务""负：浮缶＝扶武、浮武＝浮务"。1）尤韵"罘"字用同韵"留"字作切，又用一等"谋"（"谋：莫侯"）字作切，且用虞韵"无"作切，则三者无别。慧琳"枦：鹿胡＝鹿夫"，又可证虞韵轻唇音变入一等。2）上声"阜""负"皆用去声"务"作下字，亦可证全浊上声变为浊去。敷母去声"覆：芳救、孚救、敷救、丰富、芳务、孚务、敷务"不与奉母混，

---

① 慧琳"捧：孚勇"。

又"富"为非母，与敷母切上字相拼则非敷仍保持对立。

（8）微母　"无：武扶"。

3.《切韵》的三等韵不拼端组，慧琳的齐先萧青添五个四等韵并入同摄的三等 A 类后，祭、仙、宵、清、盐五个三等韵既有知组又有端组，这些三等韵中形成端组（同 A 类）与知组（同 B 类）对立的格局。

（五）慧琳音等的结构

（1）《切韵》有一、二、三（A、B 和普通三等）、四等；而慧琳只有一、二、三（A、B 和普通三等）等韵。

（2）慧琳的一、二等与《切韵》内容不同。

（3）"重纽"仍然对立，纯四等并入 A 类。

重韵合并了要减少很多幅图，不可能再用四十三幅图了。就算把 A 类（加精组、章组、以母、日母）都放到四等位置上，B 类（加知组、云母、来母）放在三等位置上，可以维持"假四等"的格局，但是每幅图必须扩版而图次大量减少，如此，除止摄精组升一等、三等轻唇音列位等跟《切韵指掌图》有不同外，简直就是《切韵指掌图》二十图式的新型韵图。

如果说《韵镜》一二三四等的列位没有"假二等"和"假四等"，至少章组、日母的列位不能解释。它们在重纽韵里，通常跟精组、以母一样作 A 类的反切下字，《韵镜》把章组、日母列在三等，精组三等列在四等，庄组三等列在二等。如前所述，韵图排列齿音声母是根据与梵文 c 组辅音的对应而优先考虑章组的，既然如此，章组、日母字若跟纯四等性质相同，完全可以放在四等，绝无列在三等之理，何况日母下的四等永远是空位。

（六）慧琳纯四等与 A 类合流的方向及音韵性质

这个问题我们已有专文讨论（计丽、杨军，2020），现在简要引据其中重要的论证和结论。在分析慧琳反切上下字之前，有必要先对术语作一个说明：李荣《切韵音系》把三等韵分为子丑寅三类，带重纽的 8 韵系叫做寅类，韵图列在四等的唇牙喉音叫寅 A 类，可以简称 A 类；韵图列在三等的唇牙喉音叫寅 B 类，也简称 B 类。同时参考陆志韦、周法高、龙宇纯、黄笑山等的意见，把以母视为 A 类，云母视为 B 类。因为精组、章组、日母跟 A 类密切，我们把它叫做 C_1 类；知组、庄组、来母跟 B 类密切，我们把它叫做 C_2 类。

表9　A、B、C 各类在《韵镜》型韵图上的位置

	齿舌	喉	齿	牙	舌	唇
一等						
二等			C_2 C_2 C_2 C_2 俟生崇初庄			

续表

	齿舌	喉	齿	牙	舌	唇
三等	C₁ C₂ 日 来	B B B 云 晓 影	C₁ C₁ C₁ C₁ 禅书船昌章	B B B B 疑羣溪见	C₂ C₂ C₂ C₂ 泥澄澈知	B B B B 明並滂帮
四等		A A A 以晓影	C₁ C₁ C₁ C₁ 邪心从清精	A A A A 疑羣溪见		A A A A 明並滂帮

依照慧琳《一切经音义》反切行为的一致性，C₁类可视同 A 类，C₂类可视同 B 类。

先看四等与 A 类合流的事实：A 类作四等的反切下字，同时四等也作 A 类的反切下字。

（1）重纽 A 类字用四等作切下字的，如：

祭 A 用齐：蔽卑计、必计弊毗谜曳移翳裔盈翳

仙 A 用先：绵弥编谴企见、轻见灭弥结

宵 A 用萧：標卑蓼縹匹晓要一叫

清用青：甓必觅辟脾壁复瞟迥营惟扃

盐 A 用添：檐叶兼焰阎簟阽余兼焰翼念

（2）四等字用 A 类作切下字的，如：

齐用祭 A：谜迷币髻鸡艺瞖婴曳齐情曳、荠祭荠霁齐祭济精曳

先用仙 A：蝙闭绵先星延填亭延牵诘延渊恚缘、一玄、伊玄鹃癸兖、涓兖决闺悦缺倾悦、倾雪

萧用宵 A：凋丁遥挑体遥髫田遥、庭遥条亭姚啸肖曜、消醮调庭照尿宁耀窍企曜燎聊曜、力照尧鹉消

青用清：蜱匹并听体盈青戚盈謦启郢听体劲劈片亦、匹亦惕体亦锡星亦

添用盐 A：玷丁黡添怗阎甜亭盐、定阎牒阎嫌刑阎、叶阎迭亭叶捻宁叶、念叶协嫌叶浹僭叶

这样的例子还很多，总的情况是 A 切 A 多于四切 A；四切四多于 A 切四。这是很有意思的现象，A 切 A 多于四切 A，说明并不需要四等字作 A 类的切下字，A 类字完全可以自足；四切四多于 A 切四，说明并不需要 A 类字作四等的切下字，四等字完全可以自足。既然如此，慧琳还不厌其烦地在 A 类切下字中掺入四等字，在四等切下字中掺入 A 类字是为什么呢？这无异于宣示：四等韵不再是《切韵》的独立四等韵，而是跟重纽四等相同；A 类不同于《切韵》的 A 类，而跟四等相同。总之是在宣告《切韵》时代的四等韵和重 A 类合流了。

以《切韵》为参照，慧琳三 A、四等合流的方向，从音值变化的角度看有三种可能：（1）三 A→四等；（2）四等→三 A；（3）三 A、四等→新值。而从音类变化来看，只存在两种可能，（1）三 A→四等；（2）四等→三 A。但在音类变化方向没有确定之前，不易拟定音值，因此，有必要先确定类的变化。

《四声等子》在韵目后有注文,效摄外五注:"萧并入宵韵",山摄外四注:"先并入仙韵",《经史正音切韵指南》梗摄外七开口呼注:"青韵宜并入清韵",似乎提示演变方向是四等→三 A。但《指南》蟹摄外二开口呼注:"祭韵宜并入荠韵",合口呼注:"废韵宜并入荠韵",提示的方向却是三→四等。显然,仅凭这类材料还不能有效确定三、四等合流的演变方向,因此,我们只能寻找另外的解决办法。

如果慧琳的 A 类变为四等,而 B 类又跟同摄其他三等韵合流,那么一定是 A、B 两类的音值差别扩大了,重纽 A、B 两类由介音不同变为主要元音不同,即同韵内部的两类对立变为异韵外部的两类对立,亦即 A、B 类解散变为两个独立的韵。如果是这种情况,A、B 两类就不应该使用相同的反切下字。反之,如果重纽 A、B 两类可以使用相同的切下字,就说明 A、B 类的区别仍是介音,原来的韵并未解散,A、B 仍旧是同一个韵内部的两类对立。

这样我们只需要考察重纽 A、B 类有无使用相同反切下字的情况,就可以辨别慧琳 A、B 两类对立的性质,从而对 A 类与纯四等合流的变化方向做出判断。

(3)慧琳重纽 A、B 两类使用相同反切下字的情况。

慧琳的重纽 A、B 两类存在少量混切,另外,A、C_1 与 B、C_2 之间,也有使用相同反切下字的情况。为简明起见,下表中普三也作 B 类处理。

表10 慧琳AB使用相同下字例

被切字类	例	切上字类	切下字类	反切结构
支A	臂卑义 譬匹义	A	义 疑支B	A:AB
支B	妓渠义 掎倚义 戏羲义 喜义 希义	B		B:BB
脂A	比卑履	A	履 来脂C_2	A:AC_2
脂B	几饥履 机履	B		B:BC_2
薛A	憋神列	A		A:AC_2
薛B	别彼列 凭列	B		B:BC_2
薛C_1	媟斯列 舌食列	C_1	列 来薛C_2	C_1:C_1C_2
薛C_2	哲知列 辙直列 池列	C_2		C_2:C_2C_2
祭以A	曳移制 裔余制 盈制 夷制 以制	A	制 章祭C_1	A:AC_1
祭来C_2	厉砺力制 疠离制 励吕制	C_2		C_2:C_2C_1
脂A	秕卑尾 寐弥未	A	尾未 微尾微未	A:AB
脂B	菲孚尾 翡芳未①	B		B:BB

---

① 慧琳微韵系并入脂韵系 B 类,其唇音不仅 A、B 有对立,且 B 类还产生了重唇与轻唇的对立。

这些现象表明，重纽 AB 两类虽然在大多数情况下分用反切下字，但也有同用一类切下字的例子。而凡在下字相同的情况下，A、B 两类的上字分别俨然，即：

（1）慧琳式的反切，当切下字跟被切字不同类时，切上字一定同类；切下字跟被切字同类时，切上字也同类。换言之，即无论切下字是否跟被切字同类，切上字总是跟被切字同类。那么，当上字的声母和介音跟被切字相同时，下字只要韵核和声调跟被切字一致即可。其反切原理可以归纳为：上字管声母介音（或 +），下字管韵核（或 -）与调。亦即无论切上字是类一致还是准直音，介音都由上字表示。于是下字的情况可以得到解释，下字介音跟被切字不同类不影响拼读，因为区别介音的功能已经转移到了上字。AB 两类只是介音不同，韵核相同，否则不能共享同类的下字，也不能互为切下字。

（2）慧琳既然 A、B 两类可以同用反切下字，那么重纽韵没有解散，A、B 两类的对立仍然是同一个韵的内部对立。

既然重纽 AB 两类没有解散，就不可能有三 A→四等变化的可能，因此，唯一可能的变化就是四等→三 A，《四声等子》提示四等→三等的演变方向是正确的。同理，慧琳的子类变入重纽 B 类，如废韵变入祭 B、元韵变入仙 B、严韵变入盐 B 等。结论：慧琳音的四等变入三 A，子类变入三 B。《切韵》蟹摄、山摄、咸摄三、四等的四类（开口），慧琳音简化为两类。

慧琳的系统里完全没有了纯四等韵，原先属纯四等的韵都有了一个跟三等重纽 A 类相同的前颚介音且主元音也相同。那么《韵镜》把纯四等和重纽 A 类都列在四等位置跟慧琳四等变为 A 类有无关联性呢？《韵镜》虽然把重纽 A 类列在四等，但是：（1）凡有纯四等韵的摄，都是一、二、三 B、四同图搭配，即三等列 B 类与四等列纯四的配合，而 A 类则另图列在四等位。A 类如此小心地避开纯四等，说明 A 类的性质与纯四等不同，这恰好与《切韵》四等韵反切下字不跟 A 类系联情况一致。（2）既然慧琳纯四等已变入 A 类，也就不再有纯四等，如果韵图依据慧琳所用的韵书列字，即使借用四等位置，也无须把纯四等与 A 类分列于两图，而完全可以把 A 类和纯四等字混合排列在四等位置上，《切韵指掌图》就是如此。

表 11　《韵镜》《切韵指掌图》四等与 A 类的列位比较

等	韵镜							切韵指掌图			
一	代	泰	寒		豪	覃	谈	之支①	寒	豪	覃谈
二	怪	卦	删	山	肴	咸	衔	之支脂②	删山	肴	咸衔

① 限于精组。
② 限于庄组。

续表

等	韵镜							切韵指掌图			
三	祭B		仙B	元	宵B		盐B	严	志至B①	仙B元	宵B	盐B严
四	荠	祭A	先	仙A	萧	宵A	添	盐A	荠祭A至A	仙A先	宵A萧	盐A沾
图	十三	十五	二一	二三	二五	二六	三九	四十	十八	七	一	五

（3）《切韵》系韵书的 A 类与纯四等是不能系联的，表明纯四等与 A 类主元音不同，二者是异韵的外部对立。重纽 AB 两类在同一个韵中，互相之间虽不能直接系联，但可以通过同韵的舌齿音字系联，AB 两类的主元音相同而介音有差异，因此，《切韵》同摄的 AB 类和纯四等以开口论共有三个韵母，含两个不同的主元音：

B 类（$-jV^1-$ ②）≠A 类（$-jiV^1-$）≠四等（$-iV^2-$）

而慧琳所依据韵书的 A 类和同摄纯四等合并后，只有 A 类加四等跟 B 类的内部对立，以开口论只有两个韵母，一个主要元音：

B 类（$-jV^1-$）≠A 类＝四等（$-jiV^1-$）。

（4）《韵镜》的四等位置上分图置放纯四等和假四等，《切韵指掌图》的四等位置上混列纯四等和假四等，而在慧琳的系统里，齐、先、萧、青、添五韵系已然变成与重纽 A 类一样的假四等，这跟《切韵指掌图》高度一致。

从以上情况看，《韵镜》反映的是《切韵》系韵书音韵系统，而《切韵》系统跟慧琳所取的"秦音"音系不相容，且《切韵》是被慧琳视为"吴音"或"吴楚之音"（储泰松，2001；杨军、储泰松，2019）而极力排斥的。

慧琳《一切经音义》全书三次提到"陆法言"音，都明确表示了"不取"的立场。如

（1）"浮囊，附谋反。《玉篇》音扶尤反。陆法言音薄谋反。下二皆吴楚之音也，今并不取。"（徐时仪，2008：628 上）③

（2）"樀打，下德耿反。陆法言云都挺反。吴音，今不取也。"（631 下）

（3）"苜蓿，上音目，下音宿。草名也。本出罽宾国，大宛马嗜之。《汉书》云：张骞使西国，迴持其种，播植于此国，以饲骡马。从草，形声字。陆氏《切韵》等音莫六反，今不取也。"（1018 下）

下面用几个慧琳指称"秦音"与"吴楚之音"的例子与《韵镜》《切韵》比较异同，

---

① 《切韵指掌图》蟹摄三四等跟止摄合流，但该图三四等位皆不列祭韵字。慧琳止摄、蟹摄尚未合流。

② 元音 v 后短横"-"代表的韵尾，韵尾可以是 ø，也可以是 i、u；m、n、ŋ 或 p、d、k。

③ 括号里是徐时仪《一切经音义》三种校本合刊的页码，下同。

《切韵》以王三为代表。

表12 《韵镜》与慧琳所称"秦音""吴音"异同比较

词条	慧琳				王三	韵镜
	秦音	秦音地位	吴楚或吴	页码	小韵：反切	列字：地位
浮囊	附谋	奉虞一①	薄谋、扶尤	628 上	浮：浮，缚谋②	浮：並尤三
炮鼓	附牟 芳无	奉虞一 敷虞一	伏不	1983 上	浮：炮，缚谋	浮：並尤三
堆阜	扶武	奉虞一	扶有	1209 上	妇：阜，房久	妇：並有三
覆载	敷务	敷遇一	敷救	521 上	副：覆，敷救	副：㳽宥三
茂盛	摸布	明暮一	莫候	568 上	茂：茂，莫候	茂：明候一
打	德耿/梗	端耿梗二③	都/丁挺、顶	631 下	顶：打，丁挺	顶：端迥四
苜蓿	目	明屋一④	莫六	1018 下	目：苜，莫六	目：明屋三

《韵镜》的列字列位与慧琳指斥的"吴楚之音"及《切韵》无不契合，而跟慧琳依据的"秦音"大相径庭。既然《韵镜》准确地表现了《切韵》系韵书的音节系统，那么它不可能同时容纳慧琳的语音系统是理所当然的。如果用《切韵》作为中古早期韵书的代表，《韵镜》当然只能是跟《切韵》同一时期的韵图。

三、唐代基础音系的转移

慧琳的音韵系统跟《切韵》有很大的差别，虽然《切韵》音系是中古早期的代表，慧琳音系是中古晚期的代表，但是慧琳音系不是对《切韵》音系的线性继承和直接发展，两者之间不仅时间不同，空间及性质也不同。《切韵》音是南北朝后期以金陵为中心的南方标准读书音系统，慧琳音是盛唐时期以长安为中心的北方标准读书音系统。两者之间不是直接关系，只是松散的间接关系。

东晋开始的金陵读书音就是西晋时的洛下音，是永嘉之乱时从洛阳"衣冠南渡"转移到金陵，以后在江南相对独立发展，其间虽"南染吴越"，但因具有强势语言的地位，其内在的演变发展仍当是主流。后经"侯景之乱"，再到隋文帝灭陈后不久，金陵被夷为平地。《隋书·地理志下》："丹阳郡，自东晋已后置郡曰扬州。平陈，诏并平荡耕垦，更于石头城

---

① 慧琳虞韵系唇音升一等，详见表8-2。
② 《切三》（S.2071）作"薄谋反"，与慧琳所引同。
③ 慧琳的庚二与耕已经合流。另外，慧琳的端知不混切，此处根据反切把"德耿""德梗"定为端母。
④ 慧琳东三韵系唇音升一等，详见表8-1。

置蒋州。"《资治通鉴》卷一七七《隋纪一》："诏建康城邑宫室,并平荡耕垦,更于石头置蒋州。"同时,随陈后主一起被迫前往长安的有大批王公高官及士庶。

(开皇三年)三月己巳,后主与王公百司,同发自建邺,之长安。隋文帝权分京城人宅以俟,内外修整,遣使迎劳之,陈人讴咏,忘其亡焉。使还奏言:"自后主以下,大小在路,五百里累累不绝。"隋文帝嗟叹曰:"一至于此!"及至京师,列陈之舆服器物于庭,引后主于前,及前后二太子、诸父诸弟众子之为王者,凡二十八人;司空司马消难、尚书令江总、仆射袁宪、骠骑萧摩诃、护军樊毅、中领军鲁广达、镇军将军任忠、吏部尚书姚察、侍中中书令蔡征、左卫将军樊猛,自尚书郎以上二百余人,文帝使纳言宣诏劳之。(《南史》卷十《陈本纪下第十》)

南朝后期由于各种原因滞留于北方及陈灭后一批北归的南方文人,自然会把南方的读书音带到长安。如颜之推、萧该、陆德明等,这种读书音就保存在他们的著述里,如《经典释文》所引东晋经师徐邈、刘昌宗、李轨、郭璞的音注及顾野王的《玉篇》[①] 等,《切韵》虽成于隋,而"乃以洛阳旧音为标准"(陈寅恪,1949),这个标准,"可能是以洛阳皇室旧音为基础,浸染金陵的某些语音而形成的"(黄笑山,1995),可以投射西晋时期的洛阳和东晋时期的建康(金陵)读书音音系。

而与南朝对峙的北方,历经五胡乱华,草原民族入侵带来的民族融合与语言接触使北方汉语发生巨大变化。由于我们对此时北方汉语的情况知之甚少,以致"北杂夷虏"成为千古谜题。南北朝对峙时期,南北汉语虽有一定的接触,但主流仍是各自相对独立的平行发展,形成两条线。北方经历了错综复杂的政权更迭和民族融合,使用汉语的汉化人口众多,根据王晓卫(1995),十六国时期中原的外族人口数量已经超过汉人。此后北魏孝文帝推行的语言政策等又进一步加快了民族融合的速度,这些都势必引起北方汉语发生巨大的变化。隋统一后,大量南人的北归,对北方汉语自然也会产生影响。《颜氏家训·音辞篇》说:"岐山当音为奇,江南皆呼为神祇之祇。江陵陷没,此音被于关中。"所谓"被"者,即覆盖之义。此例至少可以说明北方"岐"字的读音受北归南人影响之广泛。可惜除了颜之推记录的零星语料,北方读书音还受南方哪些影响、影响到什么程度也不甚清楚。不过,北方汉语的发展相对南方仍是独立的,草原民族的入侵带来的民族融合与同化,使语言发生变化为主流,北归的南人对北方汉语的影响则是次要的。因此以长安为中心的唐代基础音系上建立的标准读书音,跟《切韵》当然不可能属于同一系统是完全可以肯定的。

---

① 跟唐孙强、宋陈彭年增补的《玉篇》不同。

入唐以后，由于政治文化的建设需要语言文字规范的配合，科举制度也需要韵书作为考试的标准，《切韵》虽在一段时间内成为标准韵书，但它毕竟是部分文人在六朝时期以金陵为中心的基础音系上建立起来的，随着"江陵陷没"且被"平荡耕垦"以及南人的北归，《切韵》这样的读书音逐渐失去支撑它的基础音系。而李唐王朝发迹于北方，入唐后的长安重新恢复了"帝王都邑"的地位。此间北人对《切韵》的不满导致它从一开始就是一个大打折扣的标准。

隋朝陆法言与颜、魏诸公定南北音，撰为《切韵》……以为文楷式；而先仙删山之类分为别韵，属文之士苦其苛细。国初，许敬宗等详议，以其韵窄，奏合而用之也。（《封氏闻见记》"声韵"条）

随着帝国的稳定与发展，国力的增强等和唐人的信心不断高涨，必定使以长安为中心的北方关中一带的语音逐渐取得基础音系的地位，得以作为语言文字规范的新标准而挑战《切韵》的地位。我们从入唐以后有关语言文字规范的几件大事可以看出端倪。

俄又奉诏与博士等撰定《五礼》，（贞观）十一年，《礼》成，进爵为子。时承乾在东宫，命师古注班固《汉书》，解释详明，深为学者所重。承乾表上之，太宗命编之秘阁，赐师古物二百段，良马一匹。（《旧唐书·颜师古传》）

颜师古等撰定《五礼》受太宗诏，而书成于贞观十五年（641）左右的《汉书注》则是奉太子承乾之命而作。唐高宗显庆三年（658）李善《文选注》书成。武则天时代有张戬的《考声切韵》，玄宗时代有开元二十四年（736）张守节的《史记正义》、天宝六年（747）何超的《晋书音义》、天宝末元庭坚的《韵英》[①]等，后来慧琳《一切经音义》注音的主要依据就是《韵英》和《考声切韵》。

玄宗在唐代语言文字规范中作用甚大。

玄宗《开元文字音义》三十卷

玄宗《韵英》五卷，天宝十四载譔。诏集贤院写付诸道采访使，传布天下。（《新唐书·艺文志》）

唐玄宗的《韵英》与元庭坚的《韵英》就是同一部书（杨军、黄笑山、储泰松，

[①] 见景审《一切经音义序》。

2017），问题是唐玄宗何以要冠名元庭坚的《韵英》？唐玄宗"改撰"《韵英》实因不满陆法言《切韵》而要用《韵英》取而代之。《玉海》卷四十五"唐《韵英》"条：

《志》：玄宗《韵英》五卷，天宝十四年撰。诏集贤院写付诸道采访使，传布天下。
《会要》：天宝十四年四月，内出御撰《韵英》五卷，付集贤院缮写行用。
《集贤注记》："上以自古用韵不甚区分，陆法言《切韵》又未能厘革，乃改撰《韵英》，仍旧为五卷。旧韵四百三十九，新加一百四十一，合五百八十韵。一万九千一百七十七字，分别至细。广开文路，兼同用韵，以示宰臣等。上表陈贺付诸道，令诸郡传写。"
《南部新书》："天宝时，陈庭坚撰《韵英》十卷。"《隋志》："释静洪《韵英》三卷。"

《集贤注记》所载甚明，而唐代帝王署名他人著作的做法在唐玄宗之前就已经有了。

《字海》一百卷，大圣天后撰①。（《旧唐书·经籍志·小学》）

《新唐书·艺文志·小学》"武后《字海》一百卷"下原注："凡武后所著书，皆元万顷、范履冰、苗神客、周思茂、胡楚宾、卫业等撰。"武则天署名《字海》，目的只能是提高此书的权威以规范语言文字，那么玄宗署名元庭坚《韵英》也就不难理解了。既要以《韵英》作为官修韵书"传布天下"，以取代陆法言《切韵》而"行用"，那么实际作者元庭坚的分量显然不够，改署玄宗则使《韵英》有了官修属性而具有天然的合法性与权威性。《韵英》在天宝十四年"诏集贤院写付诸道采访使，传布天下"，标志中古正音标准转移的完成，《韵英》正式取代《切韵》而成为唐代新的官定韵书而具标准读书音的地位。这个新的标准书音是建立在唐代长安为中心的基础音系上的，完全不同于东晋南朝时期由洛下迁移到金陵的旧读书音。当然，唐代语言文字规范与南北标准音的转移过程是相当复杂的，本文只能勾勒一个粗略的线条，其完整的过程则是汉语史上另一个值得继续研究的重要课题。

虽然《韵英》失传，所幸慧琳承用，可使考其反切特点和语音特点具有可能。如果《韵镜》型韵图的最初出现是在玄宗诏行《韵英》以后，就应当以《韵英》系的韵书为填字依据，犹如慧琳以《韵英》作为《一切经音义》的注音依据。这是由实际使用的要求和"尊本朝"的传统规制所决定的。而事实却是《韵镜》型韵图与慧琳音系格格不入，反倒可以较全面、准确地反映《切韵》系韵书的音系，因此，我们完全有理由相信《韵镜》型韵

---

① 点校本注："大圣天后"各本原作"天圣太后"，据本书卷六《则天纪》改。

图的出现一定早于玄宗朝。

从反切结构类型来看，慧琳式反切是唐代新反切，这种反切的上字总是跟被切字在等第、开合口、重纽 AB 类、轻重唇等方面保持高度的"类一致"，具有区别介音的功能。但这种新式反切的大量出现是在唐初，如敦煌《毛诗音》残卷（平山久雄，1990、2017）、敦煌《论语音》残卷，被唐人大量改造过的《经典释文》首音也有很多这种反切（杨军、黄笑山、储泰松，2017）。此外张守节《史记正义》，去除重复后等第与开合口一致的反切有 400 多条，准直音式的反切近 70 条，两项相加占比超过了 57%①。

新反切最初是为了弥补旧反切因时代推移语音变化而产生"类隔"缺陷的举措，而隋唐之间人们已认识到"类隔"产生就是切上字的等第、开合口（即介音）跟被切字类不一致造成的。如果改变切分音节的方式，用切上字表示声母的同时管住介音，就可以从根本上消除"类隔"发生的条件。从隋到唐初大量出现到慧琳式的新反切，其反切原理与旧反切已经有了很大的不同。下面试比较旧反切与新反切对音节分析的原理：

（1）旧反切对音节的分析：可以表述为"上字管声，下字管韵"，也就是陈澧说的"上字与所切之字双声，下字与所切之字迭韵。上字定其清浊，下字定其平上去入。"那么，所切之字 = 音节，上字 = 声母，下字 = 韵 = 韵母 + 声调。

（2）新反切 I② 对音节的分析：可以表述为"上字管声和介音，下字管韵核和调"那么，上字 = 声母 + 介音，下字 = （介音）主元音 + 韵尾 + 声调。

新旧反切对汉语音节的分析图式：

（1）旧反切原理　　　　　　　　　（2）新反切原理

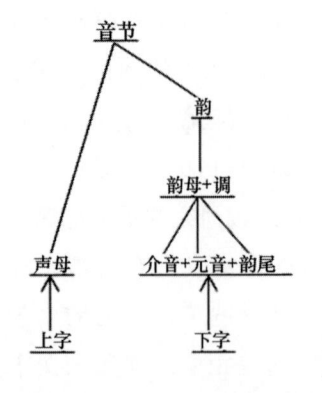

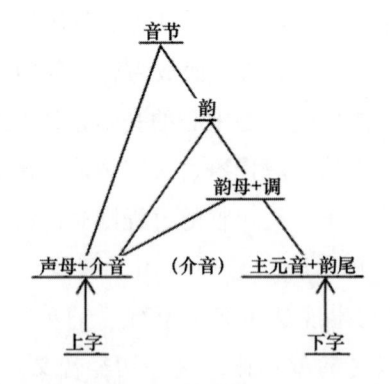

① 此数据系廖秋华博士统计。
② 我们把新反切分为两种类型（杨军、黄笑山、储泰松，2017），新反切 I 的上字跟被切字声母、等第、开合一致，新反切 II 的上字跟被切字声母韵母相同。这里只展示新反切 I 对音节的分析。

无论新反切产生在韵图之后还是韵图之前,都展示了新反切与韵图之间密切的关联。所以平山久雄(1990)说:"我们应该承认,《毛诗音》反切的作者的脑子中已经存在着相当于后世的《韵镜》《七音略》等韵图里的'等'和'开合'一类的音韵概念,这样才能运用'类一致'和'开合一致'两条原则来选定反切上字。'等'和'开合'从现代音位论的观点来看,都是非常透彻的抽象概念,中国很早就有这种概念,是很了不起的。"平山先生又说:"我们分析敦煌《毛诗音》的反切,从中得出的结论是:在7世纪末,或者在8世纪初,顶晚也在8世纪中叶,'等'和'开合'这两个等韵学的基本概念事实上已经成熟了。"因此,大矢透(1978)、罗常培(1935)、杨军(2007)等对《韵镜》产生于隋末至唐初这一时段的推测是有理据的。《韵镜》型韵图不仅"自《切韵》成书后即当继之以生"(罗常培,1935),而且这种韵图就是《切韵》系韵书语音系统的图表形式。

参考文献

陈寅恪:《从史实论切韵》,《岭南学报》第九卷第二期,1949年。

储泰松:《唐代的秦音与吴音》,《古汉语研究》2001年第2期。

储泰松:《等韵发音部位认知探源》,《语言科学》2015年第2期。

大矢透:《〈韵镜〉考》,日本:勉诚社1978年版。

葛毅卿:《〈韵镜〉音所代表的时间和区域》,《学术月刊》1957年第8期。

黄淬伯:《〈慧琳一切经音义〉反切考》,中华书局2010/1931年版。

黄笑山:《汉语史上标准音的发展和中古音的两个阶段》,《广西民族学院学报》1991年第4期。

黄笑山:《〈切韵〉和中唐五代音位系统》,台北文津出版社1995年版。

计丽、杨军:《〈慧琳一切经音义〉纯四等与A类的演变方向》,北京师范大学文学院主办《励耘语言学刊》第2辑,2020年。

李新魁:《〈韵镜〉研究》,《语言研究》创刊号,1981年。

李新魁:《〈韵镜〉校证》,中华书局1981年版。

罗常培:《通志·七音略》研究,《历史语言研究所集刊》第五本第四分,1935年。

罗常培:《〈韵镜〉源流考》,《罗常培文集》(第七卷),山东教育出版社2008年版,第408-441页。

刘华江:《〈韵镜〉考论》,安徽人民出版社2016年版。

鲁国尧:《卢宗迈切韵法述论(上)》,《中国语文》1992年第6期。

鲁国尧:《卢宗迈切韵法述论(下)》,《中国语文》1993年第1期。

鲁国尧:《"颜之推谜题"及其半解(上)》,《中国语文》2002年第6期。

鲁国尧:《"颜之推谜题"及其半解(下)》,《中国语文》2003年第2期。

麦耘:《汉语语音史上"中古时期"内部阶段的划分——兼论早期韵图的性质》,东方语言与文化,东方出版中心,2002年。

麦耘:《音韵学概论》,江苏教育出版社2009年版。

平山久雄:《敦煌〈毛诗音〉残卷反切的结构特点》,《古汉语研究》1990 年第 3 期。

平山久雄:《敦煌〈毛诗音〉音韵研究》,好文出版社 2018 年版。

王晓卫:《十六国时期中原夷汉人口比例》,《历史教学》1995 年第 7 期。

徐时仪:《〈一切经音义〉三种校本合刊》,上海古籍出版社 2008 年版。

杨军:《〈韵镜〉校笺》,浙江大学出版社 2007 年版。

杨军、黄笑山、储泰松:《〈经典释文〉反切结构的类型、层次及音韵性质》,中国社会科学院语言研究所《历史语言学研究》编辑部编《历史语言学研究》第十一辑,商务印书馆 2017 年版。

杨军、储泰松:《〈经典释文〉"髀"字注音研究》,《古汉语研究》2019 年第 1 期。

杨军、计丽:《从中古语音演变论慧琳"熊"字的注音》,《中国语文》2020 年第 3 期。

赵阴棠:《等韵源流》,商务印书馆 2011/1931 年。

赵翠阳:《论尤韵与幽韵的关系及在韵图的排列——参照〈慧琳一切经音义〉》,《浙江科技学院学报》2012 年第 2 期。

(原文刊于《语言研究》2022 年第 1 期)

《德意志意识形态》的语言意识形态*

完 权

(中国社会科学院大学/中国社会科学院语言研究所)

提 要：本文基于马克思主义立场，从理论语言学视角阐释《德意志意识形态》中的语言意识形态观。马克思和恩格斯以社会性为基点，分析了语言运用中的意识形态属性和功能。这可以从三个方面来理解：价值论、交织论、实践论。辩证地而非机械地把握语言和意识形态的关系，需要依据马克思主义的总体性思想。

关键词：《德意志意识形态》；语言意识形态；价值论；交织论；实践论

1. 引论

在语言学界，关于语言和意识形态的关系，一种常见的看法是没有什么关系。这样的认识，主要受到两方面的影响：索绪尔和斯大林。

一百多年来，从索绪尔的结构主义语言学到乔姆斯基的形式主义语言学，都把语言的形式特征当作语言的根本性质，认为语言是天赋的自立的形式化系统，语言的形式和语言的意义之间是基于编码属性的抽象的二元符号关系。因为意识形态不言而喻属于语言的内容，所以相当一部分语言学者忽视语言和意识形态的关系。

1950年，斯大林发表文章批判马尔附会马克思主义的庸俗化语言学说。这当然是进步，可是，他也并未回归马克思，而是走向了以语法结构和基本词汇界定语言的道路。这种注重形式的观点，只看到了语言作为交际工具的功能，而忽略了语言作为意识形态工具的功能。

但在生活中，常常能够观察到语言相关的意识形态事件。只要我们还在说话，语言意识形态就始终是一个无法回避的"幽灵"。本文尝试回到马克思和恩格斯合著的《德意志意识形态》，并用现代语言学的观念加以诠释，由此来谈谈我们对语言意识形态的初步认识。

2. 总论

《德意志意识形态》写作于1845年底至1846年初，奠定了马克思主义关于意识形态的

---

* 本文是中国社会科学院马克思主义理论学科建设与理论研究工程重大项目"马克思主义语言意识形态问题研究"阶段性成果。感谢中国社会科学院马克思主义研究院刘须宽副研究员的意见。文责自负。

基本理论，也富含理论语言学价值，包含许多用辩证唯物主义观点来理解语言和意识问题的代表性意见。苏共中央马克思列宁主义研究院评价道："在'德意志意识形态'中……表述了马克思主义语言学的基本原理。马克思和恩格斯在'德意志意识形态'中，揭示了语言的产生和发展同社会物质生活、同人们的劳动过程的不可分割的联系。"（马克思、恩格斯，1960：XII）

马克思和恩格斯的语言观以社会性为根本出发点。社会存在决定社会意识。《德意志意识形态》明确指出："语言是……由于和他人交往的迫切需要才产生的。"（马克思、恩格斯1960：34）需要注意的是，马克思笔下的"交往"更多地需要从生产关系的角度来理解。因此，语言就不是简单的二元符号，而是特定社团在特定的社会经济政治条件下的产物。马克思还说过："语言，是我们的彼此发生关系的物品。"（马克思、恩格斯，1979a：36）"语言本身是一定共同体的产物，正像从另一方面说，语言本身就是这个共同体的存在，而且是它的不言而喻的存在一样。"（马克思、恩格斯，1979b：489）这些名言都从不同角度点明了语言的社会性。

从社会交往的角度来理解，语言意识形态研究不可把抽象的语言体系从具体的言语中剥离出来而成为一个空壳，对具体的语言使用的分析也不可孤立于背后的整个语言系统。语言意识形态研究中的语言，看重的是语言、言语和话语中共有的社会性的一面。偏重形式的语言理论容易导致语言研究与其社会历史的割裂，导致人的交往与社会历史发展语境的剥离。而从语言的社会性出发，才是理解语言和意识形态的关系问题的关键。

3. 分论

诚然，马克思和恩格斯并未全面探讨语言和意识形态的关系，但是，即便在《德意志意识形态》中没有使用"语言意识形态"这个术语，没有说"语言具有意识形态属性"，他们也已经这么做了。他们以社会性为基点，从三个方面分析了语言运用中的意识形态属性和功能。

3.1 价值论：语言对不同的阶级有不同的意识形态价值

要辩证地把握语言和意识形态的关系，首先要依据马克思主义关于意识形态的根本功能与本质特征的思想。意识形态的根本功能是"把特殊利益说成是普遍利益"（马克思、恩格斯，1960：54），即为维护或颠覆某种现存的利益格局的行为合法性提供辩护。而意识形态的本质特征，"最基本的要素是：价值观的理论体系"。（陈锡喜，2018：9）所以，只要是表现出特定阶级、阶层或群体的利益关系的价值取向，并发挥了维护其利益合理性的作用，就可以判定为具有意识形态属性。

语言反映了"价值观"。这里主要指的不是语言的内容，而是语言的形式，及其使用方式。这一点是斯大林没有注意到的。他认为："语言作为人们在社会中交际的工具，同样地为社会一切阶级服务，在这一方面表现出语言对各个阶级是一视同仁的。"（斯大林，1953：10）斯大林强调了语言的全民性。不过，《德意志意识形态》中却有这样的论述："资产者可以毫不费力地根据自己的语言证明重商主义的和个人的或者甚至全人类的关系是等同的，因为这种语言是资产阶级的产物，因此像在现实中一样，在语言中买卖关系也成了所有其他关系的基础。例如，propriété, Eigentum〔财产〕和 Eigenschaft〔特性〕, property, Eigentum〔财产〕和 Eigentümlichkeit〔独特性〕；重商主义意义上的和个人的意义上的《eigen》〔'自有'〕, valeur, value, Wert〔价值〕; commerce, Verkehr〔商业，交往〕échange, exchange, Austausch〔交换〕，等等。所有这些字眼即意味着商业关系，也意味着作为个人自身的特性和相互关系。在其他的现代语言中，情况也完全一样。"（马克思、恩格斯，1960：255–256）

　　这一段话通过词源分析，论证了语言中至少有一部分词汇反映出，生产关系决定了语言的形式，特定语言成分是特定阶级社会活动的产物，而这样的语言在使用中也在为特定的阶级利益服务。确实，正如斯大林所言，不管是资产阶级还是无产阶级，都能使用同一系统内的语言，但是这种反映了资本主义生产关系中资产阶级利益的语言，即便是为无产阶级所使用，也依然无法跳脱资本主义生产关系的概念框架，无产阶级不过是在使用反映了资产阶级意识形态的语言在说话。这一整套世界观、价值观都是由语言塑造出来的。这套概念框架是符合资产阶级特殊利益的，对资产阶级有特殊价值，但全民的使用，使得资产阶级的利益被"说成"是全民的利益。这就是语言意识形态。甚至，这套语言系统，就是把个别人的利益说成所有人的利益的工具，因为这套生产关系也没有别的语言系统可以表达。所以资产阶级用这套语言来证明自己的利益是"毫不费力"的一件事。马克思与恩格斯没有被资产阶级的语言意识形态所辖制，他们清醒地意识到，资产阶级语言体系的丰富性是以压制无产阶级语言的发展为代价的，马克思恩格斯的功劳恰恰在于，通过建构"社会基本矛盾""历史唯物主义""剩余价值""剥削""资本的贪婪""无产阶级革命"，将属于无产阶级的"语言体系"从资产阶级的话语体系中解放出来，逐步形成"无产阶级的语言意识形态"。虽然工人、无产者只是在潜意识里有代表自己利益的朴素价值诉求的"语言意识"，但只有等到经典作家创立起一套论证无产阶级利益的概念体系和与此相适应的话语体系，才获得真正的觉醒，工人阶级才从语言上的"被迫依附"变为"自主表达"，才拥有了为自己的利益服务的语言。一个社会中不同的阶级或社团互相能听懂彼此的表达，并不能掩盖使用中价值的不对称、地位的不对等。这种差异小到社团，大到国家，在语言变体的选用和语言的选用中都有显示。这都是语言意识形态性的表现。

　　在现代语言学研究中，以马克思主义和西方马克思主义传统——特别是葛兰西的意识形态霸权理论——为重要渊源的批判话语分析学派,明确提出"语言作为意识形态"(Kress 和 Hodge,1979),探索了故事、仪式、幽默、隐喻等多种话语形式的意识形态功能,探讨了在日常话语层面霸权是如何生产与再生产,甚至考察了对处于支配地位的意义和意识形态进行的抗争和抵抗形式是如何出现的。(Van Dijk,2011:287)这些研究的渊源,不能不说就是《德意志意识形态》中的语言意识形态价值论。

3.2 交织论:语言和意识相互交织

语言意识形态价值论的根基,是辩证唯物主义的语言意识交织论,即意识生产、物质交往、语言三者的交织,原文是:"思想、观念、意识的生产最初是直接与人们的物质活动,与人们的物质交往,与现实生活的语言交织在一起的。观念、思维、人们的精神交往在这里还是人们物质关系的直接产物。表现在某一民族的政治、法律、道德、宗教、形而上学等的语言中的精神生产也是这样。"(马克思、恩格斯,1960:29)关于精神和物质,亦即意识和语言的关系,还有一段论述:"人并非一开始就具有'纯粹的'意识。'精神'一开始就很倒霉,注定要受物质的'纠缠',物质在这里表现为震动着的空气层、声音,简言之,即语言。语言和意识具有同样长久的历史。"(马克思、恩格斯,1960:34)这里采用了"纠缠"表达"交织"的意思。

交织论的关键,是精神生产,包括意识形态的生产与再生产,在语言中得以实现。结合价值论,可以认为"交织"和"纠缠"表达出:语言塑造人的精神。具体到意识形态,则可以推论:语言使用塑造使用者的意识形态。

语言系统预置了意识形态,价值观体现在语言使用中。语言和意识的交织,使得语言成为特殊的社会机制。学会使用一门语言,就默认了使用这门语言的人类社会的意识形态。在一个人学会使用一门语言以前,使用这门语言的社会已经公约性地对世界做好了范畴划分,包括意识形态诸范畴,而这种范畴划分和语言交织在一起。一个长期为"仁义礼智信"的价值意识与文化语汇所塑造的人,无法真正理解和表达资产阶级革命的"自由、民主、博爱";同样,满嘴"自由、民主、博爱"的人也无法深刻理解在"自由人联合体"中"人人为我、我为人人"的"绝对自由",也无法认同并承担为共产主义理想而奋斗的历史使命。语言作为意识形态的工具,不只表现在语言的内容传达了意识形态,而且表现在语言的基本形式也可以是意识形态的反映。《德意志意识形态》描绘了意识形态在语言使用中的自然流露:"他用一种经典式的、美文学式的、意识形态的语言把这个观点表达出来。例如:'有人认为,享用咖啡、糖等等纯粹是消费;然而,难道这种享用在殖民地那里不是生产吗?'他可以同样成功地问:对于黑奴来说这种享用不是享受鞭子的滋味吗?在殖民地这种享用不是生产毒打吗?"(马克思、恩格斯,1960:611)

价值论和交织论在某种程度上能得到人类语言学家萨丕尔(Sapir,1928)的共鸣:"人类不是孤立地生活在客观世界中,也不是孤立地生活在人们一般理解的社会活动世界中,而是生活在已成为该社会表达中介的具体语言的掌控之中。……事实是,'真实世界'在很大程度上无意识地建构于一个民族的语言习惯之上……我们之所以有现在的这些视觉、听觉及其他经验感受,都是因为我们所在社会的语言习惯预设了某些理解方式。"[①] 这里的"某些理解方式"必然包括"意识形态"的理解方式。

用认知科学的观点来看待语言意识交织论,就是"认知无意识"(cognitive unconscious)。这是大脑里无法有意识地访问,只能根据其结果来认识的结构。表现在语言里,就是框架语义学所说的概念框架。语言因为框架的作用而吻合世界观的基本范畴。当然,并不是说,说同一种语言的人都拥有同样的世界观,而是说,说同一种语言的人有着同一套表达世界观的语言框架。不管他持有何种世界观、价值观,只要使用这种语言,其论辩体系就已经被这种语言锁死了。除非,能够在既有语言的基础之上发展出一套新的话语体系,也就是重建框架。语言承载并唤醒人们关于世界的观念体系。而意识形态,译作"观念体系"可能更显明(韦森,2019)。

认知语言学家莱考夫(Lakoff,2004:100)指出:"框架是一种常态。我们所说的每一句话都以某种方式被加以框架。"他把框架语义学应用于分析美国政治生活中的实例,从而说明政客们是如何使用语言手段激活民众的概念框架,达到操弄意识形态、操纵民意的目的。这些手段不只是词汇手段,而且包括语法手段,比如复数形式的使用等。这就说明,语言和意识形态的交织早已深入语言系统的底层,而美国政客在政治实践中则谙熟此道。

3.3 实践论:意识形态反映在语言实践中

语言和意识形态的关联是内在的,而语言对意识形态的影响则是外显的、具体的、现实的、社会的,亦即,实践的。马克思主义语言观把语言看作一种实践活动,因为社会生活本质上是实践的。《德意志意识形态》中说道:"语言和意识具有同样长久的历史;语言是一种实践的、既为别人存在并仅仅因此也为我自己存在的、现实的意识。语言也和意识一样,只是由于需要,由于和他人交往的迫切需要才产生的。"(马克思、恩格斯,1960:34)

"语言和意识"这段话揭示了实践性的根源是社会性。"既为别人存在并仅仅因此也为我自己存在",意味着语言既是社会的也是个人的,而语言的社会性先于语言的个人性。这一点可以从社会语言学对身份意识(identity,一译"认同")的研究中一窥端倪。语言除了传递信息功能外,还具有象征功能,即同样的内容在使用不同的表达方式后能够传递不同的

[①] 译文摘录自罗仁地著《追根溯源、鉴古知今:实现语言类型学的现代化》(杨旭译,罗仁地校),http://jszy.whu.edu.cn/yanghsu/zh_CN/article/1316115/content/1686.htm。原文参看:Randy J. LaPolla 2020 Forward to the Past: Modernizing Linguistic Typoloty by Returning to Its Roots. *Asian Languages and Linguistics* 1 (1): 147–167.

内在信息。语言的身份意识功能就属于象征功能，指的是个体对自我的主观意识，对自己和对他人都显示为一种重要的个人类属标记，并且更多地是在社会层面上（Edwards，2009：55、16、22）。说话者会根据自己希望被交谈对象看成怎样的人来调节自己的语言表达。怎么说常常比说什么更重要，因为怎么说刻画了说话人的社会身份。斯大林（1953：14）从语言全民性出发质疑：“这些同志是否认为英国封建主同英国人民相互交谈是经过翻译的呢？是否认为英国封建主完全不说英语？"事实上，诺曼征服后，"英语沦为英国没有受过教育的人们的语言"，而宫廷、贵族等团体讲诺曼法语（李赋宁，1991：95、190）。贵族即便和下层人民交谈不需要翻译，也不会在宫廷中讲英语，因为使用特定的语言是和本阶级的相互认同，是身份的象征。一个社会两种语言固然是极端的情况，但即便在同一语言内部也存在着各种反映阶层的社会变体，社会语言学的发展已经证明了社会结构对语言的变异和变化的影响是实实在在的。不过，承认语言使用的阶层差异并不意味着语言因阶层或意识形态而分裂，或不同阶层的人有不同的词库。封建皇帝可以自称"朕"，并听得懂普通百姓自称的"草民"，反之亦然，这说明了他们可以掌握共同的词库；但他们不会互换自称，这说明了语言使用反映了身份意识。新兴阶级也可以通过改造语言系统及其表达方式改造意识形态，反之，意识形态的革命也推动了语言体系的变革，正如五四"白话文运动"和后来的"大众语运动"所做的那样。当然，现在不应苛求斯大林在他那个时代能够了解语言的社会分层，以及在阶层差异上所附着的利益诉求的异质性和价值承载的差别性。

"语言和意识"这段话中语言的现实性，要从意识的现实性来理解。意识不是抽象的，它在现实中都是具体的，属于某个确定的人。基于语言和意识的交织，我们也不能把语言只看成抽象化的符号。辩证地看，语言既是抽象的也是具体的。语言是使用中的语言，是现实的具体的实践，是活的过程。认识到这一点，才能防止片面的仅仅从结构、形式、符号的角度来看待语言和意识形态的关系。《德意志意识形态》中有很多生动的例子分析现实的语言是如何体现出意识形态的，堪称批判话语分析的先声。一个生动的例子是："一个美国佬来到英国，在那里碰到保安法官阻止他鞭打自己的奴隶，他气冲冲地道：Do you call this a land of liberty, where a man can't larrup his nigger?〔你们把一个不准人鞭打自己黑奴的国家叫作自由国家吗？〕"（马克思、恩格斯，1960：229）这个例子深刻揭示了"自由"的虚伪性、阶级性。在词语的使用中，意识形态和词语形式"交织"在一起，充分表现了说话人的价值观。这是无法仅仅凭借查字典就能认识清楚的，必须放在语言的实践中。马克思和恩格斯（1960：525）还总结了从语言表象中剖析意识形态的原则："哲学家们只要把自己的语言还原为它从中抽象出来的普通语言，就可以认清他们的语言是被歪曲了的现实世界的语言，就可以懂得，无论思想或语言都不能独自组成特殊的王国，它们只是现实生活的表现。"

语言意识形态实践论无疑能得到现代语用学的响应。语用学家 Verschueren（2012：

10-20）尝试使用四条命题来定义意识形态，其中最重要的两条是：第一，"我们可以把任何与社会'现实'（特别是在公共领域的社会关系领域）有关或涉及的基本意义模式或解释框架视为意识形态，它们被认为是常识性的，并且常常以规范的方式运作。"第二，"意识形态最明显的表现（之一）是语言使用或话语，它可以反映、构建和/或维持意识形态模式。"

4. 申论

辩证地而非机械地把握语言和意识形态的关系，需要依据马克思主义的总体性思想，即承认事物的存在和运动是一个内在有机整体的思想（张一兵，1985），拒斥抽象的本体论同一性思维、思辨的总体性思维以及抽象的实证思维，在社会历史的辩证总体性中把握事物。（罗骞、唐解云，2021）"在马克思那里，意识形态是一个总体性概念"（俞吾金，2009：68），"存在于各种社会意识形式之中，……综合地通过各种社会意识形式的内容表现出来，并通过纵向的领域体现出层次性。……凡是社会意识形式和社会心理中包含的反映特殊利益和共同利益矛盾与冲突的内容，便是意识形态。"（陈锡喜，2018：15）因此，要判断语言是否具有意识形态性，一要看语言是否反映不同群体或集团之间的利益矛盾和冲突；二要看语言是否体现特殊利益和共同利益之间的矛盾与冲突。这两点显然都是肯定的。

所以，语言和意识形态相互交织，并非所有语言系统的组成部分都具有意识形态的性质，也并非都不具有；事实是，在某些语境下（包括时代背景、主题领域、言谈主体等等），可以从一些词汇、语法或用法形式及其使用中解读出意识形态属性。这样理解，既有助于抵制"去意识形态化"和"淡化意识形态"的倾向，也避免了"泛意识形态化"和"意识形态扩大化"的倾向。

5. 结论

《德意志意识形态》以社会性为基点，分析了语言运用的意识形态属性和功能。语言意识形态价值论、语言意识交织论和语言意识形态实践论相辅相成，形成一个整体。辩证地而非机械地把握语言和意识形态的关系，需要依据马克思主义的总体性思想。不能简单地说"语言是意识形态"或者"语言不是意识形态"。比较符合事实的说法是：透过语言的使用，语言系统的各个层面上都不同程度地体现出意识形态属性。语言意识形态的核心要义是，不仅语言的内容，语言的形式也可以是意识形态的载体。在这里，语言的形式，不仅指词汇形式，而且指语言的使用特征，包括修辞和语用，甚至语法。因此，要辩证地看待语言意识形态问题，生活在复杂的意识形态社会中，万万不可忽视语言的意识形态属性和功能。

参考文献

陈锡喜：《意识形态：当代中国的理论和实践》，中国人民大学出版社2018年版。

李赋宁：《英语史》，商务印书馆1991年版。

罗骞、唐解云：《马克思主义理论的总体性》，《马克思主义理论学科研究》2021年第8期。

马克思、恩格斯：《马克思恩格斯全集》（第三卷），人民出版社1960年版。

马克思、恩格斯：《马克思恩格斯全集》（第四十二卷），人民出版社1979年版。

马克思、恩格斯：《马克思恩格斯全集》（第四十六卷），人民出版社1979年版。

斯大林：《马克思主义与语言学问题》（第三版），人民出版社1953年版。

韦森：《观念体系与社会制序的生成、演化与变迁》，《学术界》2019年第5期。

俞吾金：《意识形态论》，人民出版社2009年版。

张一兵：《论西方马克思主义总体性范畴的哲学命意》，《社会科学研究》1985年第6期。

Edwards, John, 2009, *Language and Identity*: *An Introduction*. Cambridge: Cambridge University Press.

Kress, Guntherand and Robert Hodge, 1979, *Language as Ideology*. London: Routledge and Kegan Paul.

Lakoff, George, 2004, *Don't Think of an Elephant！* Vermont: Chelsea Green Publishing.

Sapir, Edward, 1928, The status of linguistics as a science. *Language*, 5: 207–214.

Van Dijk, Teun, 2011, *Discourse Studies*: *A Multidisciplinary Introduction*. London: SAGE Publication.

Verschueren, Jef, 2012, *Ideology in Language Use*. Cambridge: Cambridge University Press.

（原文刊于《中国语文》2022年第5期）

数字时代语言伦理的新形态和新表现*

王春辉**

（首都师范大学语言治理研究中心，北京，100089）

提　要：Web 3.0 的到来，加快了人类进入后人类世代的进程。人类伦理正在进入一个前所未有的新阶段：伦理的范围和问题正在从人与人的伦理扩展到人与机器人、人与数字人/虚拟人的伦理，到底什么是"人"，到底哪个是"我"面临着史无前例的挑战。语言伦理在数字写作/数字翻译、人机交互、基因编辑与人类增强、元宇宙与虚拟人、智能推送/定制、数字经济、信息无障碍等多个方面都呈现出了一些新形态和新表现。数字时代语言伦理治理的紧迫性和重要性日益凸显。其治理需在充分认知算法核心和语言伦理特性的基础上，发挥法规和道德准则等正式与非正式的机制，以全人类的视野和古今中外融通的路向，在治理体系和治理能力两端展开工作。

关键词：数字时代；语言伦理；语言治理；后人类社会；人机共生

一、引言

人类已经从文本、媒介和页面的数字化发展到人、地、物的数字化，不仅是符号和媒介的数字化，还有我们物理现实的对象和活动的数字化。这就是 Web 3.0 时代①，一个智慧空间网（the special web）逐渐成形的时代。② 这不禁让人想起 26 年前尼葛洛庞帝的精准预言："我们无法否定数字化时代的存在，也无法阻止数字化时代的前进，就像我们无法对抗大自

---

* 基金项目：国家语委"十四五"科研规划 2021 年度重大项目"我国语言文字治理体系现状及创新研究"（ZDA145 – 1）。

** 王春辉，男，山东莱芜人，首都师范大学教授，博士，研究方向为语言政策与规划、汉语句法语义、语言文化传播等。

① 人类已经进入 Web 3.0 阶段。Web 1.0 是静态互联网，Web 2.0 是平台互联网，Web 3.0 是价值互联网。Web 3.0 的核心价值是要构建一个去中心化、价值共创、按贡献分配的新型网络，而绝非是对现阶段互联网的简单升级。（朱嘉明：《Web 3.0 是一种突变，一场颠覆》，《序〈WEB 3.0：赋能数字经济新时代〉》，杜雨、张孜铭著，中译出版社 2022 年版。）

② ［美］加布里埃尔·雷内、丹·马普斯：《智慧空间：揭秘 Web3.0 将如何连接人类、机器和人工智能，改造世界》，徐锷、孔亚洛译，清华大学出版社 2020 年版。

然的力量一样。"①从医疗保健到智慧城市和全球变暖，数字革命为改善私人和公共生活以及我们赖以生存的环境提供了巨大机遇，但与此同时带来了重大的道德挑战，特别是越来越多数据的广泛使用，越来越多依赖算法来分析数据并形成选择和做出决策（包括机器学习、人工智能和机器人技术），由此出现了关于公平、责任和人权等一些紧迫问题。正如微软总裁兼首席法务官布拉德·史密斯在谈到数字时代和数字化转型对人类的意义时所说："这是一个充满希望的时代，但也面临新的挑战。数字技术实际上已经具备了工具和武器两面性。……在我们不断努力为人类带来更多科技的同时，我们也需要为科技注入更多的人性。"②

  伦理和道德就是"人性"的基本构成。从哲学的视角，至少从康德开始，伦理道德就被认为是人之所以为人之所在。③ 伦理是人类在处理人与人、人与社会相互关系时所遵循的一些道理和准则。从农业社会经历工业社会和信息社会，从亚里士多德、孟子到亚当·斯密、戴震再到戴维·罗斯、罗国杰，"善、正当、美、自由、好、正义、真、平等"等人类伦理的核心问题基本稳固。但是当人类从信息社会步入数字社会或曰数智社会的时代④，伦理道德出现了前所未有的新内涵和新形态。进入数字时代后，与传统的社会等级秩序形式相比，数字化转型使利益相关者的生产更加分散、复杂、多样化，数量也更多，于是出现了"数字伦理"（digital ethics）。关于数字伦理有不同的界定，比如"数字伦理是在受连通性、流动、通信、参与、透明度、真实性和灵活性等网络规范影响的治理框架中制定的设计过程。"⑤；数字伦理"研究和评估与数据（包括生成、记录、管理、处理、传播、共享和使用）、算法（包括人工智能、人工代理、机器学习和机器人）和相应的实践（包括负责任的

---

  ① ［美］尼古拉·尼葛洛庞帝：《数字化生存：20周年纪念版》，胡泳、范海燕译，电子工业出版社2017年版，第229页。
  ② ［美］布拉德·史密斯、布罗尔·安·布朗：《工具还是武器？》，杨静娴、赵磊译，中信出版集团2020年版，第275页。
  ③ 李泽厚：《伦理学纲要》，人民日报出版社2010年版，第3页。
  ④ 对于"数字社会"，学者们从不同角度有不同的界定。比如邵春堡（邵春堡：《新时代数字技术、数字转型与数字治理》，《中国井冈山干部学院学报》2020年第6期。）指出，数字社会是一个在数字产业化、产业数字化基础之上，与数字经济相匹配的崭新社会形态，主要通过数字产品、数字化服务在社会、文化、教育各方面的广泛运用，或通过各种数字产业、数字服务、数字平台为社会生活提供的产品和服务，使社会各方面到处和经常呈现数字化应用及其场景。这种现象与传统社会明显不同，反映着数字资源的鲜明特点。Bikalenko et al. ［Bikalenko, Maksim., Svetlana Vekua, Marina Telegina and Georgii Khabdaev. (2021) New challenges of modern digital society. SHS Web of Conferences 101，02030.］则将数字社会"理解为一种新的人与人之间的关系，这种关系的基础是个人在生产、存储、处理和实施知识过程中使用的各种技术的实施和推广所取得的成就，这是现有信息的最高存在形式。"
  ⑤ Belliger, Andréa. and Krieger, David J. (2021) *Hacking Digital Ethics*. London: Anthem Press, p. 245.

创新、编程、黑客和专业代码），以制定和支持道德上良好的解决方案（例如，正确的行为或正确的价值观）"。[①]

语言伦理（Language Ethics）就是人类在处理语言符号、语言使用和语言生活中的各种现象和问题时所遵循的一些道理和准则。其内涵至少涉及以下几个维度：（1）语言系统本身的伦理问题，比如"善、正义、合宜、德性、友爱"等词语本身的意义，基本上相当于"元伦理学"的研究范围，比如黑尔的研究[②]；（2）语言使用中的伦理问题，比如什么场合使用什么样的话语会达到与人为善的效果，比如陈汝东[③]、李宇明[④]等的研究；（3）语言作为研究对象和语言研究者的伦理问题，比如抄袭或者不遵守学术规范、语言数据收集的正当性等，如 De Costa 等的研究[⑤]。

一直以来，对于"语言伦理"这一论题的研究一直处于边缘状态。中文文献，陈汝东的《语言伦理学》似乎是专著中的独家，以"语言伦理"为主题搜索"中国知网"从1995年到2022年27年间共发表文章73篇，可以说是零星出现。英文文献也不乐观[⑥]，著作如 Bermann & Wood[⑦] 和 Inghilleri[⑧] 对翻译在国家、政治、语言中的伦理问题进行了探讨，Peled 和 Weinstock[⑨] 是近期比较重要的一本文集。主编们指出，语言是政治哲学的核心，但到目前为止，几乎没有一个通用框架能够连接对语言、权力和道德有共同兴趣的学科。研究主要在孤立的学科孤岛中进行——特别是语言学、哲学、政治学、公共管理和教育。本书为在语言多样化的社会中理解语言的政治伦理提出了新的愿景，并为这一研究领域建立了必要的共同框架：语言伦理。通过社会、政治和经济现实的分析，文集阐明了伦理和语言之间的复杂关系，并强调了多语言社会面临的当代挑战，包括随之而来的不确定性、模糊性、焦虑和希

---

① Floridi, L., and M. Taddeo. 2016. What is data ethics? *Philosophical Transaction of the Royal Society* A 20160360.

② ［英］理查德·麦尔文·黑尔：《道德语言》，万俊人译，商务印书馆1999年版。

③ 陈汝东：《语言伦理学》，北京大学出版社2001年版。

④ 李宇明：《〈论语〉之论语》，《语言教学与研究》2009年第4期。

⑤ De Costa, Peter I. (2016) *Ethics in Applied Linguistics Research: Language Researcher Narratives.* New York: Routledge.

⑥ Stevenson [Stevenson, Charles. (1944) *Ethics and Language.* New Haven: Yale University Press.] 虽然用了《伦理与语言》的书名，内容却主要集中在元伦理和方法两个方面：一些伦理词的意义问题，比如"好、对、正义、应当"等；证明或支持伦理判定的一般方法。

⑦ Bermann, Sandra and Wood, Michael. (2005) *Nation, Language, and the Ethics of Translation.* Princeton: Princeton University Press.

⑧ Inghilleri, Moira. (2011). *Interpreting Justice: Ethics, Politics, and Language.* New York: Routledge.

⑨ Peled, Yael. and Weinstock, Daniel. (eds.) (2020) *Language Ethics.* Montreal: Mcgill-Queen's University Press.

望。Peled 和 Oakes[1]在英语全球化背景下，以加拿大魁北克省为例，探讨了"规范语言政策（normative language policy）"的相关伦理、政治和原则的相关话题；De Costa[2]探讨了如何在语言研究的不同领域协商伦理问题，为应用语言学研究生说明他们在研究方法课堂上可能遇到的伦理困境以及如何解决这些困境。

从某种程度上说，数字技术引领下进入后人类世的人类伦理正在进入一个前所未有的新阶段：伦理的范围和问题正在从人与人的伦理扩展到人与机器人、人与数字人/虚拟人的伦理，到底什么是"人"，到底哪个是"我"面临着史无前例的挑战。同理，语言伦理也经历着这种扩展和挑战。本文目的就是呈现数字时代语言伦理的一些新的表现形态，并尝试性地提出几点未来治理的建议。

二、七大领域的新形态和新表现

本节就从数字写作/数字翻译、人机交互、基因编辑与人类增强、元宇宙与虚拟人、智能推送/定制、数字经济、信息无障碍等七个方面，概览式地呈现一下数字时代语言伦理的一些新形态和新表现。

（一）数字写作/数字翻译的语言伦理。早在 1987 年，捷克哲学家威廉·弗卢塞尔（Vilém Flusser）就写道："人们可以把书写，这种符号的排序留给机器。我不是指我们已经知道的那种机器，因为它们仍然需要一个人，通过按下键盘上排列的键，按照规则将文本符号排列成行。我的意思是语法机器，可以自己处理这个顺序的人工智能。这种机器从根本上不仅执行语法功能，而且还执行思考功能。"[3] 今天，弗卢塞尔的这个预言已然成真，算法写作（Algorithmic writing）、机器写作（machine writing）、（人工）智能写作（AI writing）、自动写作（autonomous writing）等已经在新闻报道、诗歌、小说等领域遍地开花[4]，本文将这些统称为"数字写作（digital writing）"。

目前对于数字写作的伦理考量研究比较多，但是聚焦到语言伦理层面的还阙如。人类历史上从文字发明以后，写作一直是人类的专属行为，书面语是人类语言的结晶，从语言伦理的视角，数字写作首先是一个语言问题。目前的数字写作还主要限于语言结构上程式化较强

---

[1] Peled, Yael. and Oakes, Leigh. (2020) *Normative Language Policy：Ethics，Politics，Principles.* Cambridge：Cambridge University Press.

[2] De Costa, Peter I. (2016) *Ethics in Applied Linguistics Research：Language Researcher Narratives.* New York：Routledge.

[3] Flusser, V. (2011). *Does writing have a future?* (N. A. Roth, Trans.). Minneapolis：University of Minnesota Press, p. 6.

[4] Duin, A. H., Pedersen, I. (2021). *Writing Futures：Collaborative，Algorithmic，Autonomous.* Cham：Springer.

的体裁和场景，它们的主要特征是在语法、句子连贯、段落衔接等方面的结构要素都较为固定。换句话说，如果将体裁和场景的程式化看作一个连续统，那么目前的智能写作还处于连续统较强的那一段。

机器创作的新闻、小说、诗歌在纸媒和网媒刊发，语言运用的主体从人类扩展到了机器人。当前的评价标准显然也还是以人类的标准为依据，正如黄平所说"但评价一首诗的优劣，还是有标准的，对于小冰的诗，任何一位稍有文学修养的读者，都能识别出《阳光失了玻璃窗》里的诗写得很糟糕，只是生硬地堆砌一些意象。"① 但是随着数字写作的增多，一方面是人类写作越来越依赖算法（人类的本性使然），另一方面则是算法智能的日渐增强和自我提升，会不会出现数字写作的标准成为评判作品的依据，需要思考。那个时候，"书面语"会是什么面目，算法创造的书面语是否会成为人类书面语之外的第二空间。当人类的写作越来越依赖于机器，输入和输出文本在结构上的雷同化，会强化词汇、语法、篇章等层面的固化或程式化，进而会给阅读者的言语库和言语能力带来消极影响，甚至会导致言语能力的退化。这就很可能会更加强化了英国教育社会学家巴兹尔·伯恩斯坦（Basil Bernstein）做的"复杂语码"和"局限语码"的区分②。另一方面，智能写作在推送和接收上的精准则进一步强化了已有的"网络社会分层"，使虚拟空间的阶层区分更加固化。此外还需要考虑文学体裁的划分、作品的归属权、句子的程式化和篇章结构的扁平化等一系列问题。

与数字写作类似的，是机器翻译。因为翻译是语言学的分支之一，所以针对机器翻译的语言伦理方面的分析还是比较多的，比如任文③、Koskinen & Pokorn④ 等，在此不再赘述。仍值得一提的是上述数字写作存在的问题，也是机器翻译需要思考的方面。比如与人们担心依赖于机器人之后，人类的相关技能可能会减弱甚至丧失类似⑤，随着基于大数据和深度学习的机器翻译的跨越式发展，许多人开始认真思考一个问题：当机器翻译可以解决跨语言沟通和生活中的许多问题时，人类是否还需要学习外语。⑥ 无论从动机、过程还是效果的层面，显然有些人会越来越依赖于机器翻译，由此而导致的就是一部分人失去了双语或多语能力，人类的语言能力弱化了。

---

① 黄平：《人学是文学：人工智能写作与算法治理》，《小说评论》2020 年第 5 期。
② [英] 巴兹尔·伯恩斯坦：《复杂语码和局限语码：社会根源及影响》，姜望琪译，祝畹瑾编：《社会语言学译文集》，北京大学出版社 1985（1964）年版，第 101—109 页。
③ 任文：《机器翻译伦理的挑战与导向》，《上海翻译》2019 年第 5 期。
④ Koskinen, Kaisa. and Nike K. Pokorn. （2021） *The Routledge Handbook of Translation and Ethics*. London/New York：Routledge.
⑤ [美] 帕特里克·林、凯斯·阿布尼、乔治·贝基：《机器人伦理学》，薛少华、仵婷译，人民邮电出版社 2021 年版，第 11 页。
⑥ 中国目前教育体系中对于英语的相对弱化就是其中一个例子。

（二）人机交互的语言伦理。随着数字科技的发展，很多以往通过面对面交流而进行的生活和工作，被网络会议室、邮件、社交媒体、智能手机、机器人等代替了，"人－人交际"演化为"人－机－人交际"。而这种交际模式不仅会影响人们的交际效率和语言使用，而且会对人们的认知心理和身心健康产生巨大影响。新冠疫情以来，各类线上活动代替了线下活动，一个最直接的结果是人们发现线上参会的频率越来越高了，理论上随时随地都可以进入会议状态。工作与生活的界限似乎越来越模糊化。

对机器人的伦理限定从机器人出现就开始了，一直到1950年代的阿西莫夫提出了著名的"机器人三定律"[1]。但阿西莫夫定律是在小说中提出的，其在真实空间中的适用性还是有待深入。2011年，Boden等14位学者才提出了针对机器人设计者、建造者和用户的五大原则，也就是五条伦理规则：（1）机器人是多用途工具。机器人不应仅仅或主要用于杀死或伤害人类，除非为了国家安全利益；（2）人类，而不是机器人，才是负责人的主体。机器人的设计和应用需尽可能遵守现行法律、基本权利和自由，包括隐私；（3）机器人是产品，所以对它们的设计应使用确保其安全性的流程；（4）机器人是人工制品，不应以欺骗性的方式设计它们并用于易受攻击的用户；相反，它们的机器性质应该是明确的；（5）应归属对机器人负有法律责任的人。[2]

对于人机交互的语言伦理来说，首先面临的问题就是人类交际对象的转化。越来越多的交际场景被智能语音服务或机器人语言服务所替代，一方面是机器语言的程序性和标准化，对于语言变异和语言变体的容忍度有限。所以往往就会出现如果说话人所说话语不在智能系统的范围之内的话，就往往会造成机器人的困扰，进而带来无效交际，从而浪费了说话人的时间和精力。这种现象出现在语音提示、服务机器人[3]等各个场景。与此相关的一点是，变异性是人类语言的基本特征，比如"方言－地方普通话－普通话"的变体连续统塑造了人类语言使用的质感，当机器语言的标准化替代了变异性，这种质感是否也会减弱甚至消失。另一方面则是人机交际体验中人类交际方式、交际情感的变化，比如 Wada 和 Shibata[4]、

---

[1] Asimov, I. (1950). *I, Robot*. New York: Gnome Press.
[2] Boden, Margaret., Joanna Bryson, Darwin Caldwell, Kerstin Dautenhahn, Lilian Edwards, Sarah Kember, Paul Newman, Vivienne Parry, Geoff Pegman, Tom Rodden, Tom Sorrell, Mick Wallis, Blay Whitby & Alan Winfield (2017) Principles of robotics: regulating robots in the real world. *Connection Science*, 29 (2), 124–129.
[3] 巴特内克等（［新西兰］克里斯托夫·巴特内克、［比］托尼·贝尔帕梅、［德］弗里德里克·埃塞尔、［日］神田崇行、［新西兰］梅雷尔·凯瑟斯、［美］塞尔·玛萨巴诺维奇：《人－机器人交互导论》，刘伟等译，机械工业出版社2022年版，第92–93页）曾举过一个让人感到无奈的例子。
[4] Wada, Kazuyoshi. and Takanori Shibata. (2017) Living with seal robots—its sociopsychological and physiological influence on the elderly at a care house. *IEEE Transactions on Robotics*, 23 (5): 972–980.

Turkle①的研究展示了机器人在设计和使用中是如何增加了人们之间的交际频率；而"恐怖谷理论"则呈现了人类与机器人之间的动态波状情感变化。恐怖谷理论（Uncanny Valley，又称诡异谷）是一个关于人类对机器人和非人类物体的感觉的假设。此假设指出，机器人越像人类，人类越会对机器人产生正面情感；直到几乎与人类无法区分时，对它们的好感度会急剧下降；可是，当机器人和人类的相似度继续上升，相当于普通人之间的相似度的时候，人类对他们的情感反应会再度回到正面，产生人类与人类之间的移情作用。②"恐怖谷"一词用以形容人类对跟他们相似到特定程度之机器人的排斥反应。而"谷"就是指在研究里"好感度对相似度"的关系图中，在相似度临近100%前，好感度突然坠至反感水平，回升至好感前的那段范围。目前机器人的语言水平还不算高，人类对其语言的好感度还处在正面上升的阶段，但是如果机器人的语言达到了人类语言的使用水平，"恐怖谷"很可能也会出现。③

第二个问题涉及安全问题，也是机器人社会效应的最基本问题之一。解决这一问题的关键是能否制造出可以分辨出事物细微差距的智能机器人，比如能够理解特定语境中人类语言的意思。④机器人对于人类语言的理解还处于非常初期的阶段，即使对于"我把饮料撒了，你能帮我一下吗？"这样简单的句子，机器人理解起来也是一种挑战，就更不用说一些句法更复杂的或者对语境较强依赖的句子了。在自然语言处理以及机器人的语言输入和输出还未达到更好效果之前，或许"简明语言"⑤是解决的可能路径之一。

第三个问题是对机器人的不文明语言使用问题。虽然情感计算正在进入机器人世界，但是当前的机器人在情感上还基本处于一张白纸的状态，它们也不会受到情感或情绪的影响。这就给了人类中的一些人对机器人进行恶意辱骂、言语侮辱、言语虐待等的机会。这类事件似乎越来越多，机器人会不会报复人类的讨论也开始兴起来了。⑥

---

① Turkle, Sherry. (2016) *Reclaiming conversation: The power of talk in a digital age.* New York: Penguin.
② Mori, Masahiro. (1970). Bukimi no tani: The uncanny valley (K. F. MacDorman & T. Minato, Trans.). *Energy*, 7 (4), 33–35.
③ 与这里的讨论相关，刘九如（刘九如：《拥抱"智能+"时代》，信息社会50人论坛编：《数字化转型中的中国》，电子工业出版社2020年版，第22—26页。）提到了在"智能+"时代不能被忽视的几个问题，其中一个即虚拟环境"麻醉"等伦理问题。在"智能+"时代，我们被无穷无尽的电子信息包围，人与人之间的交往有可能被人与机器之间的交往所取代。人工智能的模拟行为在一定程度上会取代人的自主行为，这就出现了虚拟环境的"麻醉问题"。人类是否会日渐沉迷于人工智能及其营造的虚拟环境？人类生存和发展的本来意义是否会迷失？
④ ［美］帕特里克·林、凯斯·阿布尼、乔治·贝基：《机器人伦理学》，薛少华、仵婷译，人民邮电出版社2021年版，第8页。
⑤ 刘巍：《简明语言运动及其对美国科学界科学传播的影响》，《自然辩证法通讯》2022年第3期。
⑥ 可参看：https://www.bbc.com/ukchina/simp/57484590；https://new.qq.com/omn/20200820/20200820A0FGSK00.html.

（三）基因编辑与人类增强的语言伦理。2021年7月，世界卫生组织发布了两份互相关联的报告，就如何在全球范围内使人类基因编辑技术成为促进公共健康的工具提出了首份建议，重点强调安全、有效及合乎道德。① 基因编辑（Genome Editing）已经有了实质性应用，那么FOXP2这一主涉语言的基因是否也会被编辑；而一旦被编辑，会给人类的语言能力带来怎样的影响，比如被编辑者有了大大超越普通人的语言能力，都值得关注。不管出现何种结果，其所带来的伦理冲击将是巨大的。

与此类似的是人类增强（Human enhancement），从眼动打字到肌肉动作转语音，从可穿戴语言智能设备到脑机接口技术到赛博格（Cyborg），语言增强是人类增强的组成部分。比如脑机接口不仅可以通过把脑电波信号直接翻译成语言从而使神经系统疾病患者恢复（部分）语言沟通能力②、有望使完全闭锁患者使用脑机接口（BCI）进行语言交流③，而且通过运动想象脑机接口控制系统也能增强语言想象④，甚至埃隆·马斯克认为Neuralink公司目前正在研发的创新大脑芯片将通过一种单一的通用语言改变人类的交流方式，传统自然语言将不再需要使用。⑤

（四）元宇宙与虚拟人的语言伦理。2021年元宇宙（Metaverse）作为一种概念和试验呈现出了大爆炸形态，元宇宙"元年"开启⑥，碳基生命和硅基生命混合共生的后人类社会的样态愈加清晰。⑦ 与此类似，罗斯布拉特通过思维软件、思维文件、思维克隆人等一系列新概念，向世人展示了一个虚拟人（virtually human）的世界。⑧

不管是元宇宙里的数字人/信息人，还是思维克隆的虚拟人，人类在物理身份之外，有了更真切的虚拟身份，而且是多种身份。其结果，必然是对"人""我""世界""生命""生死"等范畴能指和所指关系的重新界定和认知：哪一个才是真正的"我"，数字的

---

① 参见：https://news.un.org/zh/story/2021/07/1087812.

② Makin, Joseph G., David A. Moses & Edward F. Chang. (2020). Machine translation of cortical activity to text with an encoder-decoder framework. *Nature Neuroscience* 23（4），575–582.

③ Chaudhary, Ujwal., Ioannis Vlachos, Jonas B Zimmermann, Arnau Espinosa, Alessandro Tonin, Andres Jaramillo-Gonzalez, Majid Khalili-Ardali, Helge Topka, Jens Lehmberg, Gerhard M Friehs, Alain Woodtli, John P Donoghue, Niels Birbaumer. (2022). Spelling Interface Using Intracortical Signals in a Completely Locked-in Patient Enabled Via Auditory Neurofeedback Training. *Nature Communications* 13（1）：1–9.

④ 岳超：《语言想象增强的运动想象脑机接口研究与应用》，天津理工大学硕士学位论文，2021年。

⑤ 参见：https://www.sciencetimes.com/articles/31428/20210528/neuralink-brain-chip-will-end-language-five-10-years-elon.htm.

⑥ 元宇宙与数字孪生、镜像世界、数字人等都可以归入虚拟现实的范畴，其突然崛起是"群聚效应"的结果。

⑦ 朱嘉明：《元宇宙与数字经济》，中译出版社2022年版。

⑧ ［美］玛蒂娜·罗斯布拉特：《虚拟人：数字永生的前景与危险》，郭雪译，浙江人民出版社2016年版。

"我"和现实的"我"哪一个才是以言行事①的事实主体、二者之间会有怎样的互动和分工。

克隆虚拟人的语言系统跟原版自然人是什么关系，它们跟思维的关系又是什么样子。当人类可以通过数字建构或思维克隆而永生，人类语言的演变历史是否会就此重写，未来的语言生活可能将会是不同世代语言的累积和叠加：想象一下，通过思维克隆人，3000年后的人能跟今天的人对话。前人的语言系统不再是写在书上或视频中或录音机里，而是可以随时在虚拟空间跟他们对话，不同世代的语言系统之间的交流会是什么样的景象。

此外，"元宇宙"的语言系统毕竟不同于人类的自然语言，而是经过计算机处理之后的程序语言，代码转化的文本、声音、图像、视频，以及其他符号形式。从这个意义上来说，元宇宙和虚拟人的语言是否就是独立于人类语言之外的第二或第三语言系统；在深度学习和神经网络技术的加持下，它们是否会有自我进化的能力，如果有其自我进化，那这种进化又与几百万年以来人类自然语言的进化有着怎样的异同，都值得探讨。

（五）智能推送/定制的语言伦理。算法强力涉入的时代，人类使用的词语和话语模式，越来越受到智能推送的影响。产品定制和智能推送已经被广泛地应用到了人们的日常生活中。我们网上购物之后的每次浏览，跟上次购物类似的产品都会精准地被平台推送给我们。与此相类似的是"语言定制""语言推送"：用户大概率会收到与搜索历史类似的文章推送、话语模式甚至词句表达。尤其是一些拥有巨大数据量的互联网科技巨头公司，它们对于大众语言的影响是潜移默化的，不仅仅是谣言这个表象，更有通过话题设置②、话语权③以及词语的选择或屏蔽来影响大众的认知框架。此外，随着机器人进入人类生活的各个领域，它们也会影响用户的用词以及对于词语或话语的情感认知。④ 而这两种情况带来的相同效果之一，就是大众语言能力和语言使用水平的潜在或实在下降。

（六）数字经济的语言伦理。数字经济时代，数据成为基本生产要素。以数据为目标的网络攻击与犯罪不断增长，个人隐私泄露、侵犯商业机密、威胁国家安全等数据安全风险贯穿数据生产、存储、流动等各个环节。同时，数据的融合开放也使数据权属关系复杂化，带

---

① Austin, J. L. (1962). *How to Do Things with Words*. Oxford: Oxford University Press.
② ［美］诺姆·乔姆斯基：《必要的幻觉：民主社会中的思想控制》，王燕译，南京大学出版社2021年版。
③ ［美］伊丽莎白·雅各布斯：《〈21世纪资本论〉中的政治因素》，希瑟·布希、布拉德福德·德龙、马歇尔·斯坦编著，余江、高德胜译：《皮凯蒂之后：不平等研究的新议程》，中信出版集团2022年版，第495—521页。
④ ［新西兰］克里斯托夫·巴特内克、［比］托尼·贝尔帕梅、［德］弗里德里克·埃塞尔、［日］神田崇行、［新西兰］梅雷尔·凯瑟斯、［美］塞尔·玛萨巴诺维奇：《人-机器人交互导论》，刘伟等译，机械工业出版社2022年版，第171页。

来数据滥用等系列法律风险与社会治理难题。语言数据涉及的伦理问题，比如语言数据是否存在安全问题、语言数据的泛用与确权不明、语言数据跨境流动和语言数据精准画像的潜在风险等。①

  与每一次科技发展的效应类似，数字科技的发展也必然带来许多人员的失业和许多职业和岗位出现。就语言领域来说，在传统的语言产业之外（比如语言翻译服务），近些年随着网络经济和数字经济的兴起，产生了许多新语言职业和语言产业形态，其中的一些可以归入"语言零工"类型②。语言零工指的是数字经济中主要依赖于某种语言能力进行的经济活动，主要分布在语言翻译、语言培训、语言康复、语言服务、语言文字信息处理、速录和文字编辑等领域。比如电话呼叫中心的工作在通信技术的加持下，有些发达国家就低价外包给了其他国家的人员，本国失业人员不得不另寻工作。一方面是失业人员面临着再就业的困难，另一方面则是低成本优势很容易被意想不到的因素抵消掉，比如呼叫中心雇用的外籍客服的语言能力不足以与客户很好地沟通③。

  （七）信息无障碍的语言伦理。信息无障碍是指通过信息化手段弥补身体机能、所处环境等存在的差异，使任何人都能平等、方便、安全地获取、交互、使用信息。它包含两个层面：一是消除"数字鸿沟"，实现"信息平等"，二是通过"信息技术"赋能社会群体。④广义的信息无障碍是实现所有人的信息平等，保障所有人的信息权利；狭义的则是针对特定人群，比如残障人士、老年人、偏远地区居民等。信息无障碍涉及国际和国内两个层面，在数字时代的背景下，前者指的是信息化程度高的国家与信息化程度低的国家之间的差距，后者指的是某一国家内部数字富人和数字穷人之间的差距。国际层面主要关涉近代以来英语的霸权地位和人类语言多样性面临的挑战。⑤ 比如在欧洲，良好的语言技术使英语获得数字语言生活（尤其是网络语言生活）的优势地位，渗透进其他语言使用者的网络空间，而薄弱的语言技术或技术缺位则使一些语言在网上被边缘化，甚至陷入数字化消亡困境。⑥ 国内层面从广义上来说，新中国成立之后进行的文盲扫除⑦和普通话推广工作⑧以及汉语拼音的普

---

① 王春辉：《语言数据安全论》，《语言战略研究》2022 年第 4 期。
② 王春辉、高莉：《论语言与共同富裕》，《云南师范大学学报（哲学社会科学版）》2022 年第 4 期。
③ ［美］帕特里克·林、凯斯·阿布尼、乔治·贝基：《机器人伦理学》，薛少华、仵婷译，人民邮电出版社 2021 年版，第 11 页。
④ 中国信息通信研究院：《信息无障碍白皮书（2022 年）》，中国信息通信研究院，2022 年，第 2 页。
⑤ Van Parijs, Philippe. (2011) *Linguistic Justice for Europe and for the World*. Oxford：Oxford University Press. 王春辉：《当代世界的语言格局》，《语言战略研究》2016 年第 4 期。Van Parijs（2011）的主题是语言正义（language justice/ linguistic justice），这一论题在西方研究比较充分，中文还研究比较少。
⑥ 戴曼纯：《数字时代的语言技术与语言保护：以欧洲为例》，《语言战略研究》2022 年第 4 期。
⑦ 张治国：《中国语言扫盲政策历时研究》，《当代外语研究》2022 年第 3 期。
⑧ 李宇明：《论普通话的推广方略》，《中国语文》2022 年第 4 期。

及,就是从国家通用语言文字的角度进行的鸿沟消弭过程,这些工作为进入数字化时代减弱"数字鸿沟"提供了历史积累;从狭义上来说,适老语言产品和助力残障人士产品的研制、面向偏远地区居民的数字化提升等相关工作也在为信息无障碍社会的构建而努力。"构建信息无障碍社会,是'书同文'历史传统的现代提升,是满足人民美好生活需要的语言重任,是现代化强国的一种指标。"①

面对上述七个领域的语言伦理问题,数字时代的语言伦理治理亟须跟上。2021年7月,世界卫生组织发布了《人类基因编辑:治理框架》,对基因编辑治理进行了界定,分析了人类基因编辑治理的工具、机构和流程,治理场景以及治理的实施、指标和审查流程。② 2022年3月,中共中央办公厅、国务院办公厅印发了《关于加强科技伦理治理的意见》,为数字时代科技伦理的治理提供了基础参考。③ 世卫组织和两办的发文,充分体现了数字时代伦理治理的紧迫性和重要性。对于语言伦理治理的分析,显然应该是另外一篇文章的主题,限于篇幅,此处仅依据上述两个重要文献来做提纲挈领式的论述。

语言治理是政府、社会组织、企事业单位、社区以及个人等多种主体通过平等的合作、对话、协商、沟通等方式,依法对语言事务、语言组织和语言生活进行引导和规范,最终实现公共事务有效处理、公共利益最大化的过程。④ 语言伦理治理就是其中的一个领域,其涵盖了治理体系和治理能力两个维度。在数字时代,尤其要注意需要确保问责制、透明度、响应能力、法治、稳定性、公平和包容性、赋权和广泛参与。⑤

数字时代的语言伦理治理与其他领域的治理一样,事实上都是科技伦理的结果和延伸,所以治理的关键还是需要从算法上进行统筹和规划。以算法为抓手,语言伦理治理需要立法、法规或司法意见等正式机制,也需要道德、社会和专业规范或其他影响等非正式机制。微软公司在2016年提出了人工智能的6个道德准则:公平性、可靠性、安全性、包容性、透明性、问责性。⑥ 其他数字相关领域的道德准则也陆续出现,语言伦理的相关准则是否具有可行性,或许可以探索起来。

数字时代的语言伦理治理,有一些跟其他领域伦理治理一致的框架和内容。比如伦理先行、依法依规、立足国情、开放合作的治理要求,坚持公平公正、合理控制风险、保持公开

---

① 李宇明:《构建信息无障碍社会》,《语言战略研究》2022年第2期。
② 参见:https://www.who.int/publications/i/item/9789240030060.
③ 参见:http://www.gov.cn/zhengce/2022-03/20/content_5680105.htm.
④ 王春辉:《论语言与国家治理》,《云南师范大学学报》(哲学社会科学版)2020年第2期。
⑤ 参见联合国教科文组织对于"治理"的界定:http://www.ibe.unesco.org/en/geqaf/technical-notes/concept-governance.
⑥ [美]布拉德·史密斯、布罗尔·安·布朗:《工具还是武器?》,杨静娴、赵磊译,中信出版集团2020年版,第187-190页。

透明等治理原则,通过完善政府语言伦理管理体制、压实相关主体治理责任等途径健全治理体系,通过尝试制定语言伦理相关规范或标准、建立语言伦理审查和监管制度、加强语言伦理相关研究等制度保障,以及开展语言伦理的相关教育和宣传。但是语言伦理又有着自身的一些特点和特征,更需要因域制宜、量身裁衣。比如作为全民性交际工具,个人这一主体在语言伦理治理中的能动性就更强,数字素养①有很大作用;作为身份认同的表征之一,语言身份的认同和辨识就是语言伦理治理的重要场域;数据在大多数时候都是语言数据,针对数据的伦理和安全问题,也需要涵盖到语言伦理治理的范围中。

数字时代的语言伦理治理,要有全人类的视野和古今中外融通的路向。正如朱嘉明所言:"现在,向后人类社会的过渡已经开始,人类从来没有像今天这样发生实质性的分裂,这就是一个非常重大的历史场景。"② 数字时代的伦理问题,已经不再仅限于人类内部,而是具有了人类与后人类的分野,所以数字时代的伦理治理尤其需要超越民族、地域、阶层等的限制,要努力摆脱和超越局域性的思考惯性模式,建构起人机共生时代的伦理治理体系。在古今中外融通方面,要将李泽厚所谓中国"生存的哲学"和西方"思辨的哲学"进行融合式的"转化性创造","以孔老夫子来消化 Kant、Marx 和 Heidegger"③ 或许是有效途径之一。

爱因斯坦曾说:"如果你们想使你们的工作有益于人类,那么,你们只懂得应用是不够的,关心人的本身,应当始终成为一切技术上奋斗的主要目标。关心怎样组织人的劳动和产品分配这样一些尚未解决的重大问题,用以保证我们科学思想的成功会造福于人类,而不致成为祸害。"④ 语言伦理治理,连通数字时代其他领域的伦理治理,其最终指向就是"造福于人类"。

三、结语

"每个时代的思想都会体现在那个时代的技术中。"⑤ 在 2001 年的《历史本体论》一书中,李泽厚指出随着现代大工业社会的到来,科技和生产力、生产方式的巨大改变,先在思想领域继而在习俗、政治、法律各个领域,建立在现代化的工具-社会本体之上的、以个人为基地、以契约为原则的现代社会性道德,给社会性道德和宗教性道德相交融的"宗教、

---

① 数字素养,是在特定生活情境背景下,为促成建设性的社会行动并反思这个过程,个人适当使用数字工具和设施来识别、访问、管理、整合、评估、分析和综合数字资源、构建新知识、创造媒体表达以及与他人交流的意识、态度和能力。[Martin, A., & Grudziecki, J. (2006). DigEuLit: Concepts and tools for digital literacy development. *Innovation in Teaching and Learning in Information and Computer Sciences*, 5 (4), 249-267]

② 朱嘉明:《元宇宙与数字经济》,中译出版社 2022 年版,第 18 页。

③ 李泽厚:《伦理学纲要》,人民日报出版社 2010 年版,第 2 页。

④ [美] 阿尔伯特·爱因斯坦:《爱因斯坦文集(第三卷)》,许良英译,商务印书馆 1979 年版,第 89 页。

⑤ [美] 诺伯特·维纳:《控制论》,王文浩译,商务印书馆 2020(1961)年版,第 62 页。

政治、伦理三合一"中国传统带来了两次巨大挑战：从戊戌到"五四"是第一次，20 世纪 80 年代到 21 世纪初是第二次。① 21 年后的今天，现代社会性道德似乎正在给中国也在给世界带来第三次巨大挑战：碳基人类和硅基人类的交互下的危与机。这是人类历史上从来没有过的一场遭遇。

新科技的发展和应用往往呈现出一种周而复始的循环：科学家做出科技创新——技术的应用和产品化普及——人们开始审视暴露的问题并开始反思和完善。② 包括语言伦理在内的伦理和道德问题，就是人类"反思和完善"的重镇。数字时代，语言伦理在数字写作/数字翻译、人机交互、基因编辑与人类增强、元宇宙与虚拟人、智能推送/定制、数字经济、信息无障碍等许多方面都呈现出了一些不同于以往的新现象和新形态。数字时代的语言伦理治理，亟须以全人类的视野和古今中外融通的路向行动起来。

最后，与上述密切相关的却又往往为人所忽视的一个方面就是在此过程中人类观念和思想体系的变迁。智能写作辅助下的"写作"还是前人工智能时代的那个"写作"吗？大脑中植入了芯片的"人类"还是千年前的"人类"吗？机器的"思考"跟人类的"思考"一样吗？阿兰·图灵（Alan Turing）的《计算机器与智能》一文不仅仅是关于机器能力和测试的，也还讨论了由于词义、观念的变革而带来的人类对于机器的包容。他说："然而，我认为本世纪末，由于词汇用法会有较大的变化，总体的文化思想也会改变，届时当我们谈到机器会思考时将不会再被反驳。"③ 这也可能才是"机器能思考吗？"这一问题的真谛所在。这一点也像极了亨利·基辛格（Henry Kissinger）在 2019 年 11 月参加美国国家安全委员会举办的"通过创新获得力量"（Strength Through Innovation）大会时说的话："我不认为它是一个'技术人员'，我对它的历史、哲学、战略方面感到担忧，我确信，人工智能及其周边学科将带来人类意识的改变，就像启蒙运动一样。这就是我来这里的原因。"④

（原文刊于《社会科学战线》2022 年第 12 期）

---

① 李泽厚：《伦理学纲要》，人民日报出版社 2010 年版，第 32 - 33 页。
② 沈向洋：《天下之器，驭之以道》推荐序二，载布拉德·史密斯、布罗尔·安·布朗：《工具还是武器？》，杨静娴、赵磊译，中信出版集团 2020 年版。
③ Turing, A. M.（1950）Computing machinery and intelligence. *Mind* 59（236），433 - 460.
④ 参见 https：//baijiahao. baidu. com/s？id = 16496198306856198726&wfr = spider&for = pc，2022 年 7 月 11 日访问。

近百年汉语书面语的语域演变研究

许家金　李佳蕾

（北京外国语大学中国外语与教育研究中心/人工智能与人类语言重点实验室，北京　100089）

提　要： 现代汉语因时而变，或快或慢，或微观或全局。文献中不乏对现代汉语字词、句式的历时考察，然而对篇章特征的百年嬗变关注不多。本研究试以多维分析法（multidimensional analysis）探究百年间现代汉语书面语的语域（register）演变规律。研究发现，百年来现代汉语书面语语域总体呈现三大特征。(1) 语篇功能明晰化，即从"叙、论共生"到"叙、论分立"。例如，1978 年后的语料显示，互动性、论说性和叙事性成为相对稳定的自足功能维度；(2) 交际距离趋近化。自 1950 年始，互动性在语篇功能维度中的位次得到突显。1978 年后，互动性成为现代汉语的最重要功能维度。互动元素的增多拉近了读者与作者间的距离，使文本更加通俗平易；(3) 历史时期关联性。新文化运动、政局变迁、改革开放等重大历史背景与现代汉语语篇功能存在高度相关。本质上，现代汉语的语域演变由"古语今言"以及"化西为中"等多重因素共同促成。

关键词： 现代汉语书面语；语篇功能；语域演变；语体语法；语料库

1. 引言

20 世纪以来，现代汉语书面语（下文以"现代汉语"略称）顺时而变。五四运动进程中也伴随着文体革新运动，文言地位受到挑战。旧式书面语体式微，新语体逐渐浮现。现代汉语融合口语、方言、外来语和文言元素（冯胜利，2018：152），不断演进。这种演变表现在两方面，一是新词汇和语法结构丰富了白话文表情达意的功能。新的书面语"以口语为基本，加上欧化语、古文、方言等分子的杂糅调和"，成为"雅致的俗语文"（周作人，2011：85）。现代汉语的另一变化是新语域的滋生。白话报纸和杂志兴起创造了新的舆论平

---

* 基金项目：本文系北京市社科基金项目"语料库语言学史"（项目编号：20YYB013）的阶段性成果。本研究所用语料得到秦洪武教授的鼎力支持，谨致谢意。

** 许家金，教授，博士，博士生导师，研究方向：话语研究，二语习得，语言对比与翻译，语料库语言学。作者邮箱：xujiajin@bfsu.edu.cn。

李佳蕾，博士生，研究方向：体裁与语域研究，语料库翻译研究。作者邮箱：lijialei06@163.com。

台；五四后的演讲热潮使得"声音"落在纸面，造就大量模拟演讲的文章（陈平原，2020：79）；侦探小说的传入带来倒叙和插叙等新叙事手法（陈平原，2010：43）；为"改良群治"，政治小说、科学小说开始出现（梁启超，1902：1）。本研究尝试在语言特征的描写层面，系统考察现代汉语的语域特征发展路径，追踪不同时期现代汉语的篇章功能演变，勾勒现代汉语语域近百年变化的历时概貌。

2. 现代汉语语域研究

本研究采用"语域"（register）这一术语，与文献中的"文体""语体"和"体裁"等概念含义相近。因为本研究的核心思路参照Biber（1988）开创的"语域变异"（register variation）多维分析法，故而采用"语域"这一术语。另外，据吕叔湘（1992：164）的观点，因为若采用"文体"，则与"风格"接近，而采用"语体"，又难与白话文的旧称"语体文"区分。故文中除转引他人文献外，均使用"语域"这一术语。

在概念层面，语域指与特定语言使用情境相关的语言变体，包括因不同交际目的而产生的不同话语类型，属于功能性语言变体范畴（Halliday，1978：31；Biber & Conrad，2009：6），例如，新闻、小说、纪实文学、政府公告等。

在分析和方法层面，Halliday（1978）提出可从语场（field）、语旨（tenor）、语式（mode）三个维度以自上而下方式开展语域分析；Biber（1988）则结合大规模语料和数据降维方法，自下而上自动析取语域维度。本研究遵循后一种研究路径，通过数百个与语域相关的词汇语法特征，自动归并出语篇功能维度。我们认为语域与众多语言特征之间互为表里，是一种概率性的共选关系（房印杰，2016；许家金，2014，2020b）。

不少汉语研究文献触及语域和语法的关系（如吕叔湘，1992；陶红印，1999；张伯江，2007等），但语域研究尚未成为汉语学界的核心议题。然而，语体制约语法，语法构建语体（施春宏，2019）的观念近年逐步受到重视，特别是冯胜利（2003）"语体语法"的提出，使得汉语语域研究备受关注。

冯胜利（2003）指出现代汉语语法既有别于文言，也不同于"口语变体"，有其自身独特的遣词造句规则和韵律特征。语域是一个连续统，非正式和正式语域居于两端。五四运动以前，汉语的正式语域是文言，而非正式语域只能通过白话小说、曲艺材料和少量录音材料了解。五四运动后文言作为一种优势汉语变体逐渐弱化，现代汉语需要全新的正式语体补缺。

现代汉语语域的语料库研究主要集中在四个方面。首先是不同子语域的对比。例如，刘艳春和王小帆（2018）曾利用Biber提出的多维分析法对小说和传记中的63项语言特征进行对比，发现这两种语域在上下文、互动性和情感特征等功能维度差异明显。刘艳春和赵艺

(2018)曾对比专门科技和通俗科技语域的差异。第二个方面是现代汉语的语域特征地域对比。吴东英和许谦文（2000）比较了中国内地和中国香港地区汉语新闻语域的差异。再有，邹嘉彦和莫宇航（2013）对汉语在中国内地、中国香港和中国台湾书面语的演变进行了考察。第三方面，翻译汉语也是汉语书面语语域研究的热点之一。胡显耀（2010）研究发现多维分析法可有效揭示原创汉语和翻译汉语的差异。秦洪武和夏云（2017）考察了原创汉语和翻译汉语中词性的历时变化。最后一方面是有关汉语语域的综合研究。刘艳春（2019）选取72项语言特征，对17个汉语细分语域进行深度考察，找出了"情感态度与逻辑关系或时间序列""复杂与简单语法结构"与"个体行为与抽象概念"等汉语语域的独有维度。张正生（2013，2017）利用对应分析探究了书面语的正式程度与文言成分比重之间的关系。张正生认为"书口"（书面语和口语）对立不足以解释汉语语域的变异特点，还需与"文白"（文言和白话）对立维度相结合。崔希亮（2020）则分别从语法和语用层面考察了正式语体和非正式语体之间的差异。

概言之，文献中不乏对现代汉语字词、句式的历时考察，然而对篇章综合特征的百年嬗变关注不多（许家金，2020a）。本研究则以历时视角，试图揭示现代汉语语域的演变规律，简言之，现代汉语在语篇功能的维度何以发展成如今的面貌。

3. 研究设计

3.1 研究问题

本研究基于近百年间的现代汉语历时书面语语料库，对五个历史时期的现代汉语分别进行因子分析，尝试回答以下问题：

过去一百年间，不同时期现代汉语各语域呈现哪些语篇功能？它们揭示出怎样的语域演变态势？

3.2 语料库

本研究采用的历时语料库将现代汉语分为五个时段（见表1），是在秦洪武、夏云（2017）所用库基础上扩充约400万字建成，语料库总规模为5767929词（合10138846字）。第一时期是现代汉语的前发展时期（刁晏斌，2006：25）。虽然一般将五四时期的白话文运动视为现代汉语的起点，但现代汉语新语域的形成必然有其酝酿过程。因此，我们纳入20世纪初现代汉语语料，将1911年作为第一个时段的下限。1911年辛亥革命前后，有识之士开始追求语域革新。封建时期的表达方式，如"公车上书"开始让位于面向公众的报纸杂志（李春阳，2017：9）。1919年至1930年间，是现代汉语初步形成期。五四运动正式确立了现代白话文在汉语书面语中的正统地位。然而，白话文的发展并非一帆风顺，而是伴随着文言与白话之争。现代汉语在曲折中继续发展，一系列有关文法革新的讨论持续展开。新中国成立后的十余年，现代汉语逐步走向成熟。社会制度的改变和大规模的语言文字规范运动使得现代汉语迎来全新发展。1978年改革开放以来，新的表达方式大量涌现，现代汉语语域也随之发展。语料库中前四个时期中文学和非文学文本分别占40%和60%左右，改革开放后文学和非文学文本比例为各50%左右。

表1 现代汉语历时语料库的构成与分期

语料库分期	时段	库容（词）
现代汉语前发展期	1900—1911	992921
现代汉语初步形成期	1919—1930	1018500
现代汉语变革期	1931—1949	1006315
现代汉语走向成熟期	1950—1966	965619
现代汉语的新发展期	1978—2012	1784574
总计		5767929

3.3 词汇语法特征的选取

本研究中使用到的语言特征分为三大类：语域相关的典型语法特征、具有语域区分度的逻辑关联成分和表时间的关联成分（见表2）。本研究在选取现代汉语语域相关词汇语法特征时，遵循以下原则。首先，词汇语法特征的确定考虑到全部五个时期，而非其中个别时期。例如，第一人称代词这个类别下既包括文言代词"吾、余、予"，也收录当前汉语中更常用的"我"。其次，所选取的词汇语法特征应尽可能适合语料库检索。限于篇幅，文中无法给出587个具体的词汇语法形式。

本研究尽可能涵盖现有文献中的重要检索词。为保证测量特征矩阵的信度，我们利用选取的语言特征和时段构建矩阵，计算所得科隆巴赫系数（Cronbach's α）为0.91，达到高取信范围。可见本研究选取的检索特征可以较好满足现代汉语历时语域研究的需要。

表2 语言特征

语言特征大类	语言特征次类
典型语法特征	体标记、代词、动词、结构助词、语气助词、模糊语和强化语、否定、疑问句、比较句
逻辑关联成分	逻辑连接词、话题标记、巧合类标记、换言标记、对立和对比、推论标记、总结标记、举例标记
时间关联成分	先时标记、后时标记、共时和泛时标记

3.4 研究方法

本研究利用梁茂成开发的wxPatCount软件，基于正则表达式检索得出各时期所有词汇语法特征的出现频次。例如，经历体的检索表达式包含"\S+_v\s过"，表示动词后添加"过"的情况。统计数据通过因子分析加以降维，将大量语言特征归集为不同篇章功能维度。因此，整个研究采用自下而上的归纳论证（见图1），即以500多万词（约1000万字）的历时现代汉语语料为基础，依赖20大类，45小类，共587个能够区分语域的词汇语法特征，归并出若干篇章功能维度。据此，我们尝试探讨不同时期现代汉语的语域变异。

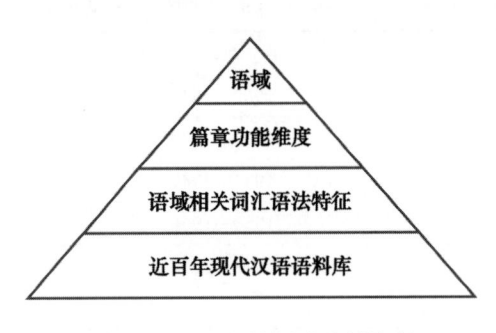

图1 自下而上的语域分析流程

4. 结果和讨论

4.1 现代汉语语域的整体演变趋势

表3展示了各时期现代汉语语域维度因子分析结果和不同篇章功能维度的词汇语法特征。总体上，现代汉语篇章功能维度不断明晰化。表3显示现代汉语的叙事模式在"夹叙夹议"基础上增加了叙事性和互动性功能维度。五四运动后，书面语变得更加平实，书面语和口语词汇交叠使用。大量口语词汇融入书面语中。互动性作为典型的口语特征，也成了书面语的重要功能维度。近百年英语中也出现了类似的口语化趋势（Leech et al., 2009: 239）。现代汉语的论说模式更明确地表现为晓之以理（logos）、动之以情（pathos）和道之以信（ethos）三类，具体判断时以因子分析中各因子中载荷最高的相关语言特征综合得出。譬如，晓之以理型论说，指的是通过逻辑进行论说，多以假设、条件等词汇语法特征来体现；动之以情型论说旨在以引起读者共鸣的方式进行论说，多以劝导型动词、能愿动词为典型特征；道之以信型论说是增强可信度的论说方式，以言据标记等为代表。综论型论说是涵盖引论、本论、结论等几方面的综合型维度，也可称为"论说性"特征。引论部分的特征由话题标记、巧合类标记、主观态度类动词等语言特征组成。本论部分涉及不同类型的论述方式。结论部分通过总结标记等语言特征对话题进行概括。行文中为分述综论和相关子类，特加"综论型"以区分。叙事特征包括叙事视角、叙事时间和抒情三个层面。论说特征还将根据行文中的引论、本论和结论进行分类。以下将对各时期现代汉语篇章维度进行总结。

表3　各时期现代汉语语域维度因子分析结果汇总

年份	语域维度		
1900-1911	夹叙夹议　＞	晓之以理型论说　＞	综论型论说
1919-1930	夹叙夹议　＞	综论型论说　＞	晓之以理型论说
1931-1949	夹叙夹议　　　　＞		道之以信型论说
1950-1966	夹叙夹议　＞	互动性　＞	动之以情型论说
1978-2012	互动性　＞	综论型论说　＞	叙事性

4.2 不同时期现代汉语语域演变趋势

4.2.1 1900-1911年现代汉语篇章功能维度

1900-1911年的现代汉语因子分析主要得到了三个功能维度：夹叙夹议、晓之以理型论说和综论型论说。表4展示了1900-1911年这一时期三个篇章维度下的语言特征（特征后的括号中的数值为因子载荷）。

表4　1900-1911年篇章功能及对应的语言特征

篇章维度		语言特征和因子载荷
夹叙夹议	叙事视角	第一人称代词（0.998），指示代词（0.997），第二人称代词（0.990），疑问代词（0.971），第三人称代词（0.956），不确指代词（0.912）
^	叙事时间	进行体（0.993），完成体（0.977），持续体（0.972），经历体（完成）（0.961），经历体（未完成）（0.922）
^	抒情	语气助词表疑问（0.995），语气助词表肯定（0.994），模糊语（0.991）
^	议论	转折（0.990），私有动词（0.984），递进（0.983），能愿动词表估价（0.966），能愿动词表意愿（0.946），劝导性动词（0.925），因果（0.912），让步（0.911），目的（0.895），能愿动词表可能（0.808）
晓之以理型论说		公共动词（0.959），强化语（0.935），假设（0.928），选择（0.921），句首语气词（0.912），能愿动词表必要（0.848），条件（0.673），并列（0.418）
综论型论说	引论	话题标记（0.760）
^	本论	巧合类标记（0.502），换言标记（0.347）
^	结论	总结标记（0.757），推论标记（0.680）

辛亥革命前后，一些得风气之先的人希望对汉语书面语进行全面改革，一场语域革新自此兴起。该时段第一个维度中叙事特征和论说特征混合出现，因此我们把这一维度命名为"夹叙夹议"。叙事特征可分为叙事视角、叙事时间和抒情。叙事视角下的特征因子载荷全部大于0.9，主要包含第一人称代词、第二人称代词、第三人称代词、指示代词、疑问代词

和不确指代词。中国传统小说的发展，经历了从全知叙事到第一人称叙事，再到第三人称限制叙事的过渡（陈平原，2010：81）。全知视角下，作者凌驾于整个故事之上。全知全能的说书人洞悉一切，随时评价故事中人物的言谈举止和思想。"看官"和"诸公可知"（如例1、例2）是叙述人侵入文本的方式。陈平原（2010：10）对1902至1909年间小说的叙事视角进行了抽样统计，发现全知叙事和第一人称叙事小说的比例占到了小说总数量的90%以上，而第三人称限制叙事的小说数量仅占不到10%。叙事时间类别下的特征因子载荷均大于0.8，主要涵盖时间标记和体标记。我国旧式小说基本采取连贯叙事，域外侦探小说的引入打破了传统小说的线性直叙。新小说家开始采用倒叙和插叙，构造莫测的情节以吸引读者（陈平原，2019：245）。抒情类别下的语言特征包括表达疑问、感叹和肯定的语气助词，与叙事和论说特征相互交织。

(1)：看官，这并非是在下扯谎，因为在下看见江南通志（是一部书的名这书内统统说的都是江南故事），说木兰是四月初八生的，所以在下才敢这样说，闲话休提，言归正传。

(1900 – 1911 年文学部分《木兰》)

(2)：诸公可知这颜轶回是什么人物？

(1900 – 1911 年文学部分《文明小史》)

1911年以前这一时段现代汉语的第二个篇章功能维度是晓之以理型论说。表5中的假设、选择、条件和并列连接词呈现了句子中的逻辑关系，公共动词、强化语、句首语气词和表必要的能愿动词表达了作者的观点态度。这一时期的论说文旨在传播域外文明，开启民智，以逻辑阐明事理，文中论述环环相扣（如例3）。

(3)：认得字的人，既然少，通文理的人还要更少，所以不要说现在没有好报没有好书，就是有惊天动地空前绝后的书报，一时销数总不能骤达一万以外，这是风气难开的缘故头一层于新党之虚假，无论所抱的什么宗旨，断没有说风气不必开的，但他所办的事，往往共他的宗旨反对，譬如那做报的文章太高深，教人看不懂，可不是共做报的初意不对么？

(1900 – 1911 年非文学部分《论开风气的法子》)

第三个维度综论型论说是在中外文化碰撞的年代表达立场的重要尝试。这一时期的论说文逐渐突破八股格式，为后期语域革新做了铺垫。例如，梁启超的"新民体"介于文白之间,平易清晰,笔锋常带情感又长于论辩,宣传改良的同时启迪民智,为后期白话文运动之先河。

4.2.2 1919-1930年现代汉语篇章功能维度

1919至1930年汉语的语域维度与前一个阶段相同,但话语功能次序略有变化:夹叙夹议、综论型论说和晓之以理型论说(见表5)。

表5 1919-1930年篇章功能及对应的语言特征

篇章维度			语言特征和因子载荷
夹叙夹议	叙事	叙事视角	疑问代词(0.993),第一人称代词(0.980),第三人称代词(0.973),指示代词(0.961),第二人称代词(0.937)
		叙事时间	进行体(0.989),完成体(0.984),经历体(完成)(0.981),变化体(0.977),持续体(0.972),经历体(未完成)(0.922)
		抒情	模糊语(0.994),语气助词表肯定(0.989),语气助词表疑问(0.977),句首语气词(0.784)
	议论	/	私有动词(0.993),能愿动词表意愿(0.985),能愿动词表必要(0.982),能愿动词表可能(0.976),转折(0.976),断言立场类动词(0.943),递进(0.929),让步(0.907),能愿动词表估价(0.901),因果(0.880),目的(0.857)
综论型论说	引论		话题标记(0.940)
	本论		否定句(0.989),比较(0.988),先时标记(0.983),共时和泛时标记(0.971),后时标记(0.960),巧合类标记(0.958),换言标记(0.942),反义疑问句和选择问句(0.917),举例标记(0.881)
	结论		推论标记(0.982),总结标记(0.977)
晓之以理型论说			假设(0.897),公共动词(0.861),选择(0.857),语气助词表感叹(0.837),条件(0.770),并列(0.686),对立和对比(0.404)

这一时期的叙事模式继续由全知叙事向第一人称和第三人称限制叙事过渡。截至30年代,第三人称限制叙事取代了第一人称叙事,成为中国现代小说中主要叙事模式(陈平原,2010:81)。随着大量日记体和书信体小说流入中国,"五四"时期的作家逐步尝试以第一人称叙事和第三人称限制叙事的方法,将全新的叙事视角引入中国小说创作中。同样,域外小说也是五四时期作家交错叙事的样板,他们打破原有叙事模式,对不同的叙事元素进行重新组合。

白话文运动使得这一时期的论说文更加明白晓畅,富有逻辑,与不宜说理的文言文大相径庭(李春阳,2017:37)。与文言相比,白话在"绘影绘声"上具有独特的优势,使读者不仅能够了解文章的意思,也能体会到文章中人物的身心状态(张中行,2007:211)。这一时期的论说文对社会价值的塑造和启蒙起到了重要作用。

4.2.3 1931—1949年现代汉语篇章功能

战争时期的现代汉语主要包含两个维度。一个是夹叙夹议,另一个维度是道之以信型论说。表6展示了两个篇章维度下的语言特征和因子载荷。

表6 1931—1949年篇章功能及对应的语言特征

篇章维度			语言特征和因子载荷
夹叙夹议	叙事	叙事视角	疑问代词(0.993),第三人称代词(0.988),第一人称代词(0.985),第二人称代词(0.978),不确指代词(0.969),指示代词(0.921)
		叙事时间	先时标记(0.997),后时标记(0.994),变化体(0.993),进行体(0.992),共时和泛时标记(0.989),经历体(完成)(0.981),经历体(未完成)(0.974)
		抒情	模糊语(0.998),强化语(0.995),语气助词表疑问(0.986),句首语气词(0.969)
	议论	/	私有动词(0.997),否定句(0.997),比较(0.996),推论标记(0.996),反义疑问句和选择问句(0.994),总结标记(0.992),能愿动词表必要(0.992),条件(0.992),能愿动词表意愿(0.992),语气助词表肯定(0.992),递进(0.992),并列(0.989),能愿动词表可能(0.986),目的(0.975),转折(0.974),公共动词(0.972),能愿动词表估价(0.971),换言标记(0.951),巧合类标记(0.949),断言立场类动词(0.948),让步(0.947),话题标记(0.947),选择(0.935),假设(0.924)
道之以信型论说			举例标记(0.897),语气助词表感叹(0.772),对立和对比(0.716)

夹叙夹议的篇章维度在语域上有别于前两个时期,这一时期最热门的是报告文学和通讯。各种面向大众的抗战故事和壁报文学与抗战时期的宣传紧密配合,作家的创作紧贴"救亡"的主题(钱理群等,1998:383)。这一时期的道之以信型论说多使用例证(如例4)、事物对比(如例5)和换言阐述(如例6)的方式来增加论说可信度。

(4):经常要采取巧妙的方法,去欺骗、引诱和迷惑敌人,<u>例如</u>声东击西、忽南忽北、即打即离、夜间行动等。

(1931—1949年非文学部分《抗日游击战争的战略问题》)

(5):不平等条约对中国国民心理的影响,是<u>与</u>政治经济军事的影响<u>一样</u>的创巨痛深。

(1931—1949年非文学部分《中国之命运》)

(6)：然此项外资之惜入，宜自行利用，不假外人之手，藉免引狼入室，自作陷阱，失却国家之主权。换言之，外资之投入宜为间接投资，而非直接投资。

(1931-1949年非文学部分《中国新工业之回顾与前瞻》)

4.2.4　1950-1966年现代汉语篇章功能维度

新中国成立以后的现代汉语主要包含三个篇章功能维度：夹叙夹议、互动性和动之以情型论说。三个篇章维度下的语言特征和因子载荷见表7。

表7　1950-1966年篇章功能及对应的语言特征

篇章维度			语言特征和因子载荷
夹叙夹议	叙事	叙事视角	第三人称代词（0.924）
		叙事时间	后时标记（0.914），先时标记（0.910），变化体（0.901），共时和泛时标记（0.898），进行体（0.771），经历体（完成）（0.601），经历体（未完成）（0.324）
		抒情	模糊语（0.998），增强语（0.995），语气助词表疑问（0.986），句首语气词（0.969）
	议论	/	转折（0.931），私有动词（0.929），比较（0.867），推论标记（0.856），换言标记（0.826），总结标记（0.823），并列（0.818），巧合类标记（0.790），话题标记（0.776），选择（0.755），让步（0.749），举例标记（0.563）
互动性			疑问代词（0.950），否定句（0.949），指示代词（0.937），第二人称代词（0.918），语气助词表肯定（0.896），条件（0.896），第一人称代词（0.881），反义疑问句和选择问句（0.872），假设（0.867），能愿动词表意愿（0.862），语气助词表感叹（0.845）
动之以情型论说			能愿动词表可能（0.900），不确指代词（0.844），因果（0.817），能愿动词表必要（0.793），完成体（0.790），递进（0.732），目的（0.681），能愿动词表估价（0.603），对立和对比（0.478）

不同于前两个时期，这一时期的叙述中互动元素增多（如例7）。人称代词、疑问代词和指示代词是互动中的主体；语气助词是互动中的情感表达；假设、条件、能愿动词表意愿、私有动词和模糊语则体现了互动双方询问对方意见和表达自己观点态度的过程。这些特征原本多见于口语对话，却较多出现在书面语当中。这是因为口语和书面语并非截然对立（Chafe，1982；Crystal & Davy，1969：70），而是个连续统。口语可以带有书面语特征（例如，新闻联播和政府工作报告），书面语中也可以涵盖口语特征（例如，小说和广告）。书面语中的口语化风格体现了双向交际的特征，以通俗、亲切的表达拉近作者和读者间的交际

距离。英文语篇的历时变化中也出现了类似的口语化趋势。例如，Biber 和 Finegan（1989）发现，小说、散文和书信口语化的趋势愈发明显。这三种文体的互动性增强，结构变得更加简单，描述的事物由抽象变得具体。

(7)：我总想不通：凭什么姑母，一位寡妇，而且是爱用烟锅子敲我的脑袋的寡妇，应当吃几份儿饷银呢？

(1950－1966 年文学部分《正红旗下》)

1950－1966 年间另一个重要的维度是动之以情型论说。这种论说模式强调情感在论说中的作用。

(8)：全国科学工作者、全国各种科学机构和全国各级科学事业的机关，应该鼓足干劲，力争上游，比先进，比成绩。只要科学界和技术界努力奋斗，十二年科学技术发展远景规划提前实现的可能是完全存在的。我们应当乘风破浪，奋勇前进。

(1950－1966 年非文学部分《科学事业》)

1900 年至新中国成立前，由于文言的滞留效应，白话仍处于"蹒跚学步"的阶段，现代汉语"芜杂不精"。现代汉语写作"无法可依"，所以常常出现"四不像的白话文"（刁晏斌，2006：18－21）。新中国成立后，在党和国家领导下推出了一系列语言文字规范化举措。例如，1949 年中国文字改革协会成立。1951 年吕叔湘、朱德熙合著《语法修辞讲话》。1953 年《新华字典》出版。再者，许多学者自幼受文言训练，在白话创作方面并不能做到得心应手，写作中感性发挥的成分多于对白话文法的理性遵守，而新语法修辞规范的确立使得现代汉语的篇章功能逐步稳定下来。

4.2.5 1978－2012 年现代汉语篇章功能维度

表8　1978－2012 年篇章功能及对应的语言特征

篇章维度	语言特征和因子载荷
互动性	疑问代词（0.804），语气助词表疑问（0.751），第二人称代词（0.674），否定句（0.671），第一人称代词（0.658），私有动词（0.656），第三人称代词（0.606），指示代词（0.470），反义疑问句和选择问句（0.466），语气助词表感叹（0.465），条件（0.457），模糊语（0.449），能愿动词表意愿（0.340）

续表

篇章维度		语言特征和因子载荷
综论型论说	引论	话题标记（0.355）
	本论	能愿动词表可能（0.628），因果（0.612），递进（0.602），不确指代词（0.469），让步（0.459），举例标记（0.442），换言标记（0.413）能愿动词表估价（0.314）
	结论	增强语（0.346）
叙事性		完成体（0.774），语气助词表肯定（0.746），假设（0.668），变化体（0.547），先时标记（0.518），共时和泛时标记（0.489），进行体（0.454），经历体（完成）（0.418）

1978－2012年现代汉语的语域维度为互动性、综论型论说和叙事性（见表8）。与前几个时期相比，并没有出现新的语域维度。这是由于新中国成立后现代汉语的语法体系和篇章功能已基本稳定，这一时期的语言变化主要体现在词汇层面。尤其是改革开放以来，现代汉语的语言形式受英语的影响，变得更加丰富多样。例如，受翻译汉语的影响，现代汉语当中出现了较多新词缀，包括前缀"非""反"和后缀"性""化""主义"等（郭鸿杰，2002）。同时，大量字母词也开始进入现代汉语中（刘涌泉，1994，2002；朱一凡，2018）。这些语言特征虽然对现代汉语的发展至关重要，但对篇章功能的影响较有限。

5. 结论

本研究对照20世纪历史变迁，将现代汉语归为五个时期，考察了现代汉语语域的历时演变。我们得出以下结论，百年来现代汉语总体呈现三大语域特征：第一，篇章功能明晰化，即从"叙、论共生"到"叙、论分立"。例如，1978年之后的语料显示，互动性、论说性和叙事性成为相对稳定的自足功能维度；第二，交际距离趋近化。从1950年开始，互动性在篇章功能维度中的位次逐步提升。1978年之后，互动性成为现代汉语的最重要的功能维度。互动元素的增多拉近了读者与作者的距离，使文本更加通俗平易。第三，现代汉语篇章功能还表现出明显的历史时期关联性：（1）1900年到1966年的大半个世纪内，夹叙夹议始终是主流语域特征。（2）20世纪前30年晓之以理型论说是一个重要语域特征。（3）新中国成立到1966年前后，动之以情型论说较为突显。（4）叙事语篇内部也发生了变化：叙事视角由"全知全能"的说书人型视角逐步向第一人称和第三人称的限制叙事过渡，叙事中也融入更多倒叙、插叙等手法。对照Biber（1988）有关英语的语域研究，汉英语域演变过程中均存在"交互性""叙述性"和"论说性"几个功能维度。然而，汉语语域演变细化出"晓之以理""动之以情"和"道之以信"三个议论分支。此外，汉语语域由"叙、论共生"向"叙、论分立"转变。现代汉语语域的演变进程，既有传统语域的留存，也有域外文风的移植。现代汉语语域的"古语今言""化西为中"有待我们进一步发掘和辨识。

参考文献

Biber, D. 1988. *Variation Across Speech and Writing* [M]. Cambridge：Cambridge University Press.

Biber, D. & E. Finegan. 1989. Drift and the evolution of English style：A history of three genres [J]. *Language*, (3)：487 – 517.

Biber, D. & S. Conrad. 2009. *Register, Genre, and Style* [M]. Cambridge：Cambridge University Press.

Chafe, W. 1982. Integration and involvement in speaking, writing, and oral literature [A]. In D. Tannen (ed.). *Spoken and Written Language：Exploring Orality and Literacy* [C]. Norwood, N. J.：Ablex.

Crystal, D. & D. Davy. 1969. *Investigating English Style* [M]. London：Routledge.

Halliday, M. 1978. *Language as Social Semiotic：The Social Interpretation of Language and Meaning* [M]. London：Edward Arnold.

Leech, G., M. Hundt, C. Mair & N. Smith. 2009. *Change in Contemporary English：A Grammatical Study* [M]. Cambridge：Cambridge University Press.

Zhang, Z. 2017. *Dimensions of Variation in Written Chinese* [M]. New York：Routledge.

陈平原：《中国小说叙事模式的转变》，北京大学出版社 2010 年版。

陈平原：《中国小说小史》，北京大学出版社 2019 年版。

陈平原：《现代中国的述学文体》，北京大学出版社 2020 年版。

崔希亮：《正式语体和非正式语体的分野》，《汉语学报》2020 年第 2 期。

刁晏斌：《现代汉语史》，福建人民出版社 2006 年版。

房印杰：《语言学研究中的多因素分析》，《语料库语言学》2016 年第 1 期。

冯胜利：《书面语语法及教学的相对独立性》，《语言教学与研究》2003 年第 2 期。

冯胜利：《汉语语体语法概论》，北京语言大学出版社 2018 年版。

郭鸿杰：《二十年来现代汉语中的英语借词及其对汉语语法的影响》，《解放军外国语学院学报》2002 年第 5 期。

胡显耀：《基于语料库的汉语翻译语体特征多维分析》，《外语教学与研究》2010 年第 6 期。

李春阳：《白话文运动的危机》，生活·读书·新知三联书店 2017 年版。

梁启超：《论小说与群治之关系》，《新小说》1902 年第 1 期。

刘艳春、王小帆：《小说和传记语体多特征对比分析》，《江汉学术》2018 年第 1 期。

刘艳春、赵艺：《专门科技语体和通俗科技语体多特征对比研究》，《江汉学术》2018 年第 3 期。

刘艳春：《汉语语体变异的多维度分析——基于 17 个语体 72 项语言特征的考察》，《江汉学术》2019 年第 3 期。

刘涌泉：《谈谈字母词》，《语文建设》1994 年第 10 期。

刘涌泉：《关于汉语字母词的问题》，《语言文字应用》2002 年第 1 期。

吕叔湘：《文言和白话》，吕叔湘编：《吕叔湘文集第四卷》，商务印书馆 1992 年版。

钱理群、温儒敏、吴福辉：《中国现代文学三十年》，北京大学出版社 1998 年版。

秦洪武、夏云：《基于历时语料的翻译与现代汉语互动研究》，上海交通大学出版社 2017 年版。

施春宏：《语体何以作为语法》，《当代修辞学》2019 年第 6 期。

陶红印：《试论语体分类的语法学意义》，《当代语言学》1999 年第 3 期。

吴东英、许谦文：《方言变异还是语体变异？——内地与香港娱乐新闻语篇范畴的差异分析》，《中国语文》2000 年第 1 期。

许家金：《许家金谈语料库语言学的本体与方法》，《语料库语言学》2014 年第 2 期。

许家金：《基于语料库的历时语言研究述评》，《外语教学与研究》2020 年第 2 期。

许家金：《多因素语境共选：语料库语言学新进展》，《外语与外语教学》2020 年第 3 期。

张伯江：《语体差异和语法规律》，《修辞学习》2007 年第 2 期。

张正生：《陆港台书面语近年演变比较》，冯胜利编：《汉语书面语的历史与现状》，北京大学出版社 2013 年版。

张中行：《文言和白话》，中华书局 2007 年版。

周作人：《〈燕知草〉跋》，周作人编：《永日集》，北京十月文艺出版社 2011 年版。

朱一凡：《基于语料库的英汉翻译对当代汉语影响的研究》，上海交通大学出版社 2018 年版。

邹嘉彦、莫宇航：《陆港台书面语近年演变比较》，载冯胜利编《汉语书面语的历史与现状》，北京大学出版社 2013 年版。

（原文刊于《外语与外语教学》2022 年第 4 期）

融合句法信息的文本语料库检索方法研究[*]

张永伟[1,2]　刘　婷[1]　刘　畅[3]　吴冰欣[3]　俞敬松[3]

[1]（中国社会科学院大学文学院　北京　102488）
[2]（中国社会科学院语言研究所语料库暨计算语言学研究中心　北京　100732）
[3]（北京大学软件与微电子学院　北京　100871）

提　要：［目的］探究高效的大规模文本语料库句法信息检索方法。［方法］依据句法信息特点，将句法信息进行线性化索引，直接提供检索时条件匹配所需的各种信息，从而提升检索速度。［结果］使用2851万句《人民日报》语料进行实验，26个检索条件平均用时802.6毫秒，达到大规模语料库检索系统对检索效率的要求。［局限］实验使用的检索条件数量较少，未使用更多的检索条件进行验证。［结论］本文方法有助于在大规模文本语料库中快速地检索词法信息、依存句法信息和成分句法信息。

关键词：依存句法；成分句法；语料库；索引；检索

1 引言

语料库是存放语言材料的仓库，承载着语言的基础知识，记录着语言的发展历史。作为重要的知识基础设施，语料库是数字人文研究的重要工具之一。随着大数据和人工智能技术的深入发展，基于语料库的研究得到越来越多的关注和重视[1]。

句法（Syntax）是比词法（Morphology）更高一级的知识形式。常见的句法分析有依存句法分析（Dependency Parsing）和成分句法分析（Constituency Parsing，又称短语结构句法分析）两种。在大规模文本语料库中快速、高效地检索句法信息，对更深层次的知识发现和语言研究都有重要的实践意义。国内外有许多语料库检索系统，但难以在大规模语料库中高效地同时检索依存句法信息和成分句法信息，原因如下：

（1）句法信息不是简单的线性结构而是树结构，子树之间存在嵌套，结构更加复杂。

---

[*] 基金项目：本文系国家科技创新2030"新一代人工智能"重大项目（项目编号：2020AAA0109703）、国家语委"十三五"科研规划2020年度一般（委托）项目（项目编号：WT135-69）和国家社会科学基金重大项目（项目编号：21&ZD294）的研究成果之一。

(2) 成分句法信息的检索多采用句法子树匹配法，匹配效率较低。

(3) 句法信息检索功能的相关研究较多，而检索效率相关的研究较少。

本文立足于在大规模汉语语料库中进行句法信息检索的实际需求，采用基于句法子树根节点匹配的检索方法，根据不同句法信息特点提出线性化索引方法，支持高效提取匹配时所需的各种数据，为各种句法信息的高效检索提供解决方案。

本文方法的主要优点如下：

(1) 将词法信息、依存句法信息、成分句法信息三种语言信息集成在同一个普通的多值索引结构中，便于系统实现。

(2) 使用者只需掌握通行的语料库查询语言，操作简便，学习成本低。

(3) 成分句法信息检索效率高，可以应用于大规模语料库的实时检索。

(4) 在不考虑语料标注性能时，表现出优越的检索性能，满足语料库检索系统的性能要求。

2 研究现状

2.1 句法标注器

现有的句法标注器（Syntax Parser）以依存句法标注器为主，比如 LTP[2]、SpaCy①、UDPipe[3]、Core NLP[4]、NLTK[5]等；成分句法标注器相对较少，比如 Core NLP[4]、NLTK[5]等。这些标注器解决了耗时耗力的句法标注问题，为大规模句法语料库的建设提供了技术基础。

2.2 文本语料库检索系统

目前，大多数的大规模语料库检索系统只支持词法信息的检索，比如国外的 CQPweb[6]、English-Corpora.org[7-8]、Sketch Engine[9]，国内的 CCL 语料库[10]、BCC 语料库[11]、国家语委现代汉语通用平衡语料库[12]。

现有的句法信息检索系统大多数只支持依存句法信息检索，如 SETS[13]、Dep_Search[14]、Odin[15]、Odinson[16]、SPIKE[17]等；少数只支持成分句法信息检索，如 Emdros[18-19]、GrETEL[20-21]等；极少数同时支持两种句法信息检索，如 TIGERSearch[22]、MonaSearch[23]、Netgraph[24]、马路遥等开发的系统[25]等。

常见的检索匹配方法主要有句法子树完全匹配和子树根节点匹配两种，前者需要精确匹配所有子树特征，后者相对简化，只需子树根节点匹配即可，无须子树内部结构完全匹配。基于

---

① https://spacy.io/.

句法子树匹配方法的系统，查询条件描述更精准，但难以建立索引，且检索用时较多。比如SETS[13]检索1.2亿词语料用时9–310秒，Emdros[18]检索3419.2万词语料用时25.62–129.78秒，Netgraph[24]检索150万词语料用时30秒左右。此外，也有研究[23,26]对这些系统的检索速度进行对比测试，发现对于每个检索条件，MonaSearch的检索用时均多于TIGERSearch，TIGERSearch的检索用时均多于Emdros。基于句法子树根节点匹配方法的系统检索整体用时更少，是近年来句法信息检索研究的主流，但依然不能满足实际应用需要。比如马路遥等的系统[25]检索9248910句汉语语料用时约45.5秒，Odinson[16]检索1.34亿句的语料用时约2.8秒。成分句法信息的检索条件则更加复杂，用时也更多。

早期的句法信息检索逻辑是将查询条件与句法树逐一匹配，此后有系统利用关系型数据库存储和检索句法信息[13-14,18]，但检索效率均较为低下。当前基于倒排索引结构的系统[16-17,25]成为主流，它们均采用句法子树根节点匹配方法，检索效率有所提升。Odinson[16]、SPIKE[17]等索引了当前词的所有支配词和被支配词，以优化词语及其依存关系的检索速度；马路遥等的系统[25]为4种检索类型定义了7种不同的索引，每种索引支持一种快速的原子查询，检索时先将复杂的查询拆分为原子查询，后将原子查询结果合并组成最终的检索结果。这些系统分别设计了不同的索引方法、检索方法和查询语言，检索性能高，但也存在明显问题：依存句法信息检索速度快，而成分句法信息检索速度缓慢，而且均未同时支持两种句法信息的快速检索。

2.3 语料库查询语言

狭义的语料库查询语言（Corpus Query Language，CQL）主要指从CQP（Corpus Query Processor）查询语言[27]发展而来的一系列语言，用于词法信息的检索。许多语料库检索工具都支持CQL，比如CQPweb[6]、Sketch Engine[9]、KonText[28]、BlackLab[29]等。CQL基本语法如下①：

（1）词语匹配："［］"匹配任意词语，"［attribute = "value"］"匹配标注字段为attribute、值为value的词语，value可以用正则表达式描述，不同标注字段条件之间支持"&""｜""!"等逻辑运算符。比如"［word = "毛衣" & pos = "N.*"］"匹配词形（word）为"毛衣"且词性（pos）以"N"起始的词语。

（2）词语数量关系限定：词语表达式后支持正则表达式语法的数量关系限定符"+""*""?""{n}""{n,m}"。比如"［pos = "NN"］+"匹配一个或连续多个词性为"NN"的词语。

---

① 不同系统实现的CQL语法略有区别，本文采用BlackLab实现CQL语法，详情参见http://inl.github.io/BlackLab/corpus-query-language.html。

（3）分组：一组表达式用圆括号括起来，表示一个整体。

（4）在指定范围中查询：使用 within 操作符限定查询范围。比如"［word = " 毛衣 "］ within < s/ > "表示在句子标记"< s >"和"< /s >"之间匹配词形为"毛衣"的词语。

（5）标签与全局条件：使用标签对匹配的词语进行定位并标记，使用全局条件限定标签匹配词语的关系。比如"A：［pos = " VV "］ B：［pos = " NN "］：：A. word = B. word"将"［pos = " VV "］"匹配的词语标记为 A，"［pos = " NN "］"匹配的词语标记为 B，"：："后面的全局条件"A. word = B. word"限定词语 A 和词语 B 的词形相同。整个表达式表示匹配由两个词形相同、词性分别为"VV"和"NN"的词语组成的二元组（Bigram）。

除上述狭义的 CQL 外，广义的 CQL 指所有语料库查询语言。句法信息的语料库查询语言有 Odin's Runes[15]、MQL[19]、Tgrep2[30]、Tregex 和 Tsurgeon[31]、LPath[32]、LPath+[32]等。Lai 等[33]对比多种句法信息查询语言，发现它们对句法关系的描述存在一致性，但语法差异非常大。

3 研究框架与方法

本文采用基于句法子树根节点匹配的方法，在词法信息的基础上融合词语的依存关系信息和短语结构的边界、类型信息。为提升检索速度，检索方法需满足以下两个核心条件：

（1）事先分析语料并建立倒排索引，索引中既要包含完整的语言信息，又要尽量精简。

（2）检索时，条件匹配所需信息均可直接提取，而无须依赖对句子的实时解析。

当无法兼顾信息快速提取和索引精简性时，前者应让步于后者，即允许索引中存在必要的信息冗余，优先保证关键信息的实时提供，避免检索时需要通过临时解析句子获取信息。本文方法主要围绕如何满足这两个核心条件展开。

3.1 文本语料库索引的语言信息

文本语料库需索引的信息主要有：

（1）词法信息，比如词形、词性等。

（2）依存句法中的词语对及其依存关系。

（3）成分句法中的短语类型及组成词语。

其中，（1）是一般词法信息检索系统都会索引的信息，（2）和（3）分别来源于两种不同的句法分析方法。前者允许在检索条件中融合支配词（Head）和被支配词（Dependent）以及它们之间的关系类型，如名词性主语（nusbj 关系）、数量修饰（nummod 关系）等，本文采用斯坦福大学的依存句法标注规范，依存关系为被支配词在句子中的语法功能；后者指在检索条件中融合短语的类型，比如名词短语（Noun Phrase，NP）、动词短语（Verb

Phrase，VP）等，本文采用宾州树库汉语短语类别标签集。

例句：她买了一件毛衣。经斯坦福大学 CoreNLP 工具进行词法分析和句法分析后，结果如图 1 所示。

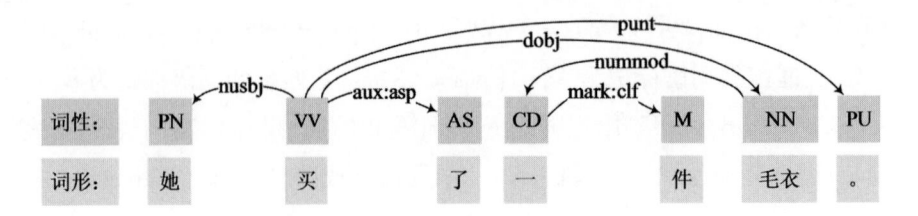

(a) 词法标注、依存句法标注结果

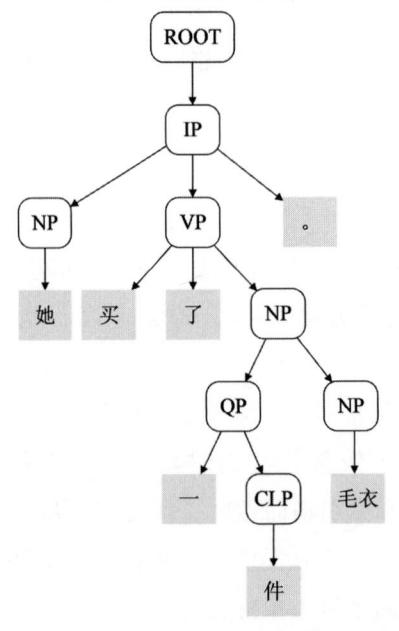

(b) 成分句法标注结果

图 1　例句标注结果

Fig. 1　Parsing for Example Sentence

图 1（a）中，整句话经分词、词性标注后得到一组词语序列，词性信息置于词语上方，存在依存关系的两个词用一条有向弧连接，箭头由支配词指向被支配词，弧上的标记表示两词之间的依存关系。图 1（b）是成分句法树，其中叶子节点是词，非叶子节点是短语结构类型名称。

3.2　词法信息索引与检索

倒排索引有助于提升检索速度，包含多个字段的倒排索引结构如图 2 所示。

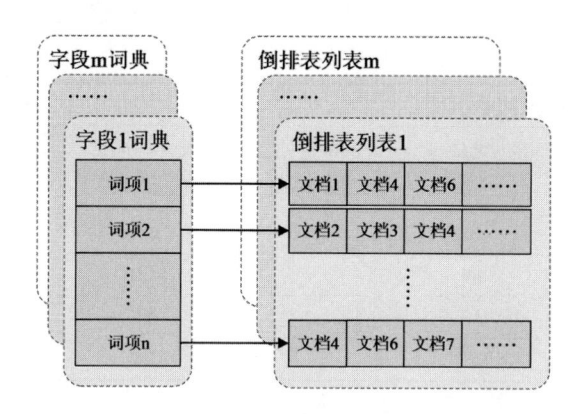

图 2   多字段倒排索引结构示意
Fig. 2   Multi-Field Inverted Index Structure

图 2 中有 m 个字段（Field），每个字段都包含一个词典（Term Dictionary），每个词典收录了若干词项（Term），每个词项对应由多个文档项组成的倒排表（Posting List）。

使用多字段倒排索引结构索引词法信息时，字段为词形、词性，词项为具体的词形或词性。文档中的信息除语料文本编号外，还包含词项在文本中的频次、位置等信息。在语料库中检索时，通过查询词典定位词项所在文档，从而快速获取匹配文本。为快速获取匹配文本的上下文信息，还需要在索引中存储词项在语料文本中的起始、终止位置等信息。索引文本语料时，词性等字段可以省略，但词形字段必不可少，因此可以将词形字段视为主字段，其余字段视为从字段，同一个词的主、从字段在语料文本中的位置也相同。

3.3 依存句法信息的索引与检索

（1）线性化依存句法信息索引

根据依存句法公理，除句子中心词外的所有词，都有一个对应的支配词。将支配词信息作为从字段建立索引，此时依存句法信息可以被线性化索引。例句线性化的依存句法信息如表 1 所示。

表 1   例句线性化的依存句法信息字段
Table 1   Linear Fields of Syntactic Dependency Information of Example Sentence

位置字段	词法信息字段		依存句法信息字段			
位置 index	词形 word	词性 pos	支配词位置 gov_index	支配词词性 gov_pos	支配词词形 gov_word	依存关系 rel
1	她	PN	2	VV	买	nsubj
2	买	VV	0			root
3	了	AS	2	VV	买	aux：asp

续表

位置字段	词法信息字段		依存句法信息字段			
位置 index	词形 word	词性 pos	支配词位置 gov_index	支配词词性 gov_pos	支配词词形 gov_word	依存关系 rel
4	一	CD	6	NN	毛衣	nummod
5	件	M	4	CD	一	mark：clf
6	毛衣	NN	2	VV	买	dobj
7	。	PU	2	VV	买	punct

表1中，表头为依存句法信息的索引字段类别，前三列数据既是当前词的词法信息字段，也是当前词作为被支配词时的位置、词形和词性信息所在。支配词信息除必要的位置外，还包含词形和词性，它们是支配词的冗余索引，有助于检索时支配词词形和词性的直接提取，减少了提取整句并在句内实时提取信息的时间开销。

（2）融合依存句法信息的检索

① 被支配词检索

已知支配词，检索被支配词时，需用CQL限定支配词信息和依存关系（可选），获取index、word、pos等字段内容，它们分别对应被支配词的位置、词形、词性等信息。

例如，检索被"买"支配的词语，表达式为"［gov_word = "买"］"；限定"买"的词性为动词原形（VV）时，检索"买"的直接宾语（dobj关系），表达式为"［gov_word = "买" & gov_pos = "VV" & rel = "dobj"］"，匹配详细说明如图3所示。

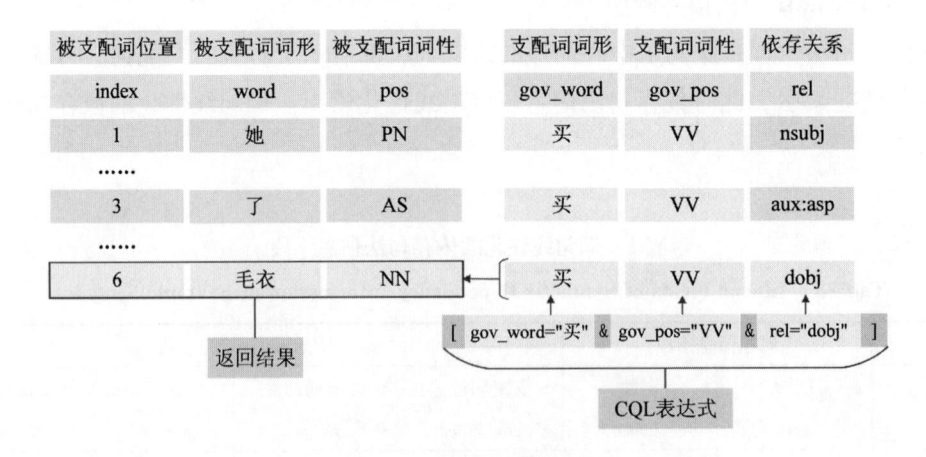

图3 被支配词匹配示意

Fig. 3 Match a Dependent

②支配词检索

已知被支配词，检索其支配词时，需用CQL限定被支配词的基本信息和依存关系（可选），获取gov_index、gov_word、gov_pos等字段内容，它们分别对应支配词的位置、词形、词性等信息。

例如，检索"毛衣"的支配词，表达式为"［word = "毛衣"］"；检索"毛衣"作为直接宾语时（dobj关系）支配它的动词，表达式为"［word = "毛衣" & rel = "dobj"］"，匹配详细说明如图4所示。

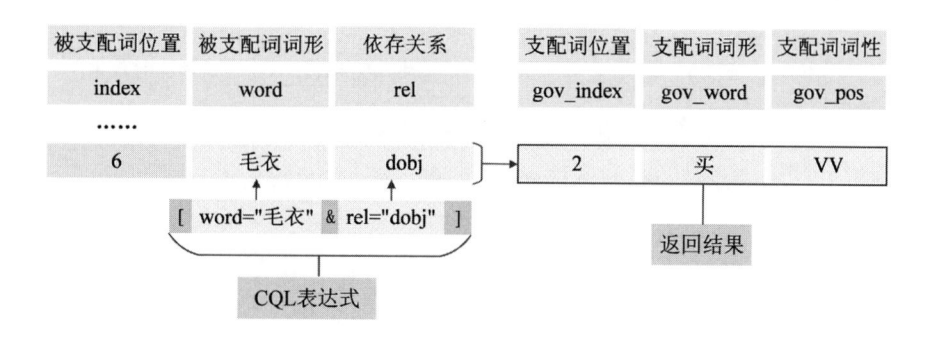

图 4　支配词匹配示意
Fig. 4　Match a Head

③复合条件检索

复合条件检索指包含多个依存关系的检索，此时需要明确限定检索范围为句子，并使用CQL全局条件建立词语之间的关联。例如，查询"名词性主语（nusbj关系）+ '买' + 直接宾语（dobj关系）"的文本，由依存句法可知，"买"是核心词，名词性主语和直接宾语都受其支配，但两者之间可能存在其他词语。表达式为"A：［gov_word = "买" & rel = "nusbj"］［］* B：［gov_word = "买" & rel = "dobj"］ within < s/ > :: A. gov_index = B. gov_index"，匹配详细说明如图5所示。

CQL全局条件标识符"::"前面的内容限定了单个词语的匹配条件和词语间的次序，后面的内容限定了匹配词语之间的关联。在例句中，"她"和"毛衣"是两个不同的被支配词，它们的相同点是都被"买"支配，因此它们的支配词位置一致，用全局匹配条件"A. gov_index = B. gov_index"限定。

3.4　成分句法信息的索引与检索

（1）线性化成分句法信息索引

在成分句法里，一个词可能是多个短语结构的组成部分。以例句为例，"毛衣"本身是个NP，又是NP"一件毛衣"、VP"买了一件毛衣"的组成部分。

位置	词形	词性	支配词词形	依存关系
index	word	pos	gov_word	rel
1	她	PN		nsubj
2	买	VV		root
3	了	AS	买	aux:asp
4	一	CD	毛衣	nummod
5	件	M	一	mark:clf
6	毛衣	NN	买	dobj

A: [gov_word="买" & rel="nusbj"]

[]*

B: [gov_word="买" & rel="dobj"]

within <s/> ::

A.gov_index = B.gov_index

支配词位置
gov_index
2
0
2
6
4
2

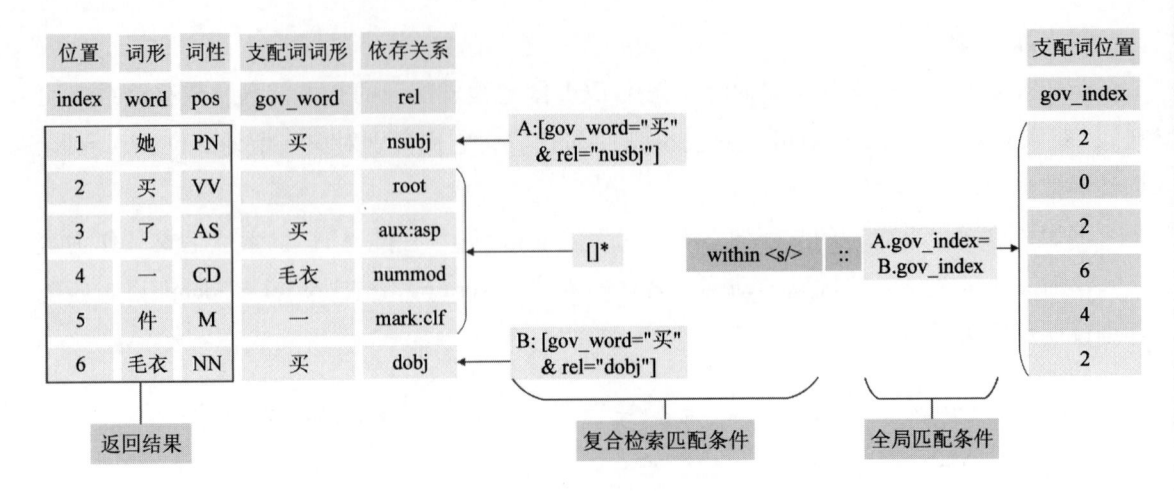

返回结果　　　　　　　复合检索匹配条件　　全局匹配条件

图 5　复合条件检索匹配示意

Fig. 5　Match a Compound Condition

短语由词或词的序列组成，词和短语都有对应的位置信息。例如"一"的位置为4，"件"的位置为5，数词短语"一件"的位置为（4，5），即由句中的第4至第5个词组成。标记了位置的成分句法树如图6所示。

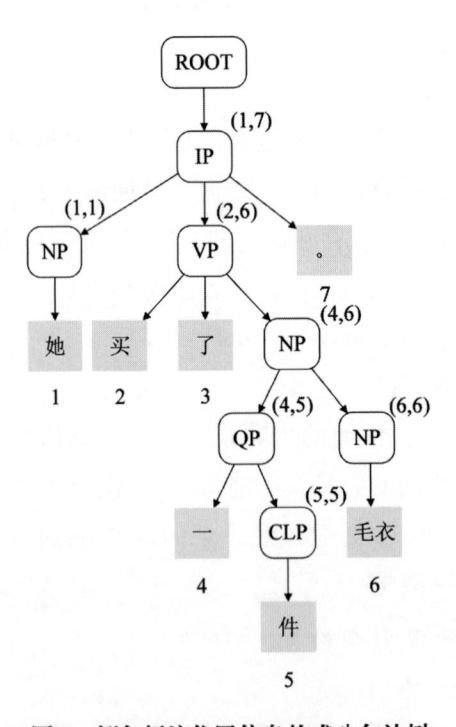

图 6　例句标注位置信息的成分句法树

Fig. 6　Constituency Parse Tree with Position Information of Example Sentence

成分句法信息的线性化索引方案如下：

（1）将句中的一个短语结构表示为"类型_起始位置_结束位置"，比如"一件毛衣"表示为"NP_4_6"。

（2）设置"短语_起始""短语_末尾"和"短语_独立"三个从字段，分别记录当前词作为某短语结构的起始词语、末尾词语或一个独立短语时的表示信息。

此时，一个短语结构无论包含多少个词语，最多也只需两个字段记录短语信息，极大地减少了索引的数据量。

"一件毛衣"是一个多词NP，索引时"一"的"短语_起始"从字段和"毛衣"的"短语_末尾"从字段的值均应设置为"NP_4_6"。"毛衣"是一个完全独立的NP，索引时"毛衣"的"短语_独立"从字段的值应设置为"NP_6_6"。此外，由于"一"还是数词短语"一件"的起始词语，因此"一"的完整"短语_起始"字段值应该为"QP_4_5 | NP_4_6"。例句线性化的成分句法信息如表2所示。

表2 例句线性化的成分句法信息字段

Table 2 Linear Fields of Syntactic Constituency Information of Example Sentence

位置字段	词法信息字段		成分句法信息字段					
位置 index	词形 word	词性 pos	短语_起始 phr_b	短语_末尾 phr_e	短语_独立 phr_o	短语起始 phrb	短语末尾 phre	短语独立 phro
1	她	PN	IP_1_7		NP_1_1	IP		NP
2	买	VV	VP_2_6			VP		
3	了	AS						
4	一	CD	QP_4_5 | NP_4_6			QP NP		
5	件	M		QP_4_5	CLP_5_5		QP	CLP
6	毛衣	NN		NP_4_6 | VP_2_6	NP_6_6		NP VP	NP
7	。	PU		IP_1_7			IP	

表2中，表头为成分句法信息的索引字段类别。为在检索时快速判断短语结构类型，将"类型"作为单独字段分别保存，即表2中的最后3列内容。

（2）融合成分句法信息的检索

①短语结构检索

检索某种短语结构时，短语起始词语的"短语_起始"字段值和末尾词语的"短语_末尾"字段值应该包含至少一个完全相同的短语结构表示，表明这两个词是同一短语的起始和末尾。对此，可以使用CQL全局条件进行限定。检索由多个词组成的NP，表达式为"A：[phrb="NP"][]＊B：[phre="NP"] within＜s/＞：：A.phr_b=B.phr_e="NP.＊""，详情如图7所示。

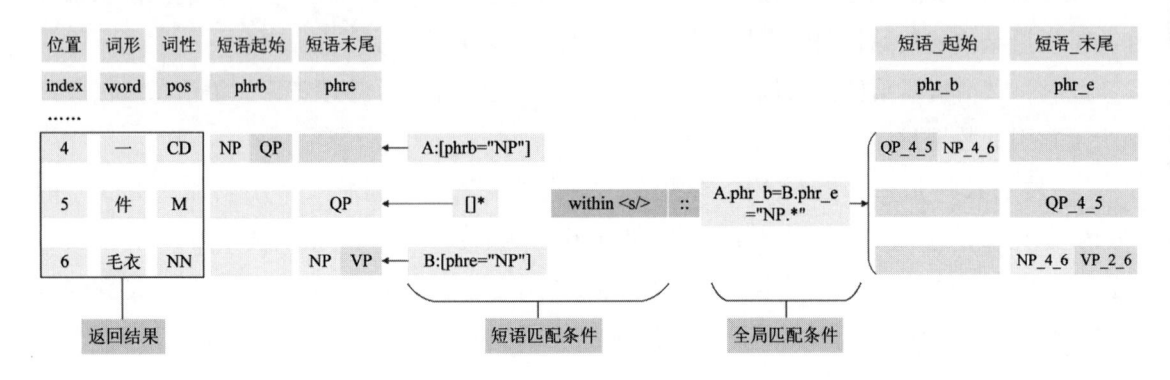

图7　多词组成名词短语匹配示意

Fig. 7　Match a Noun Phrase Consisting of Multiple Words

该表达式主要由短语匹配条件和全局匹配条件两个部分组成：前者匹配多个词语组成的NP，匹配时首词被标记为A，尾词被标记为B，A中phrb值和B中phre值共同限定短语结构类型为NP；后者限定A和B是同一NP中的首词和尾词。

匹配由多个或单个（即任意）词语组成的短语结构时，只需使用"｜"运算符分隔多个词和单个词组成的短语结构的匹配条件，接上例："（A：[phrb="NP"][]＊B：[phre="NP"]）｜[phro="NP"] within＜s/＞：：A.phr_b=B.phr_e="NP.＊""。

检索某种短语结构时，还可以限定短语的组成内容。检索以数词（词性表示为CD）"一"起始的NP，只需在首词中增加相应的词形和词性限定："A：[word="一"＆pos="CD"＆phrb="NP"][]＊B：[phre="NP"] within＜s/＞：：A.phr_b=B.phr_e="NP.＊""。

②包含短语结构文本的检索

短语结构可以作为整体进行检索。检索"有VP的NP"，表达式为"[word="有"]（（A：[phrb="VP"][]＊B：[phre="VP"]）｜[phro="VP"]）[word="的"]（（C：[phrb="NP"][]＊D：[phre="NP"]）｜[phro="NP"]）within＜s/＞：：A.phr_b=B.phr_e="VP.＊"＆C.phr_b=D.phr_e="NP.＊""，其详细说明如图8所示。

这样的表达式比较复杂，容易出错，因此在系统输入时，设计系统前处理程序将短语结构匹配的表达式替换为相应的短语结构类型，自动添加在限定句内匹配的表达式和全局条件，则上述表达式可简化为"[word="有"]VP[word="的"]NP"。

CQL:	[word="有"]	((A:[phrb="VP"][]*B:[phre="VP"])|[phro="VP"])	[word="的"]	((C:[phrb="NP"][]*D:[phre="NP"])|phro="NP"])	within <s/>	::	A.phr_b=B.phr_e="VP.*"	&	C.phr_b=D.phr_e="NP.*"
说明:	匹配"有"	匹配VP	匹配"的"	匹配NP	限定句内匹配		限定VP准确匹配		限定NP准确匹配

匹配条件   全局限定条件

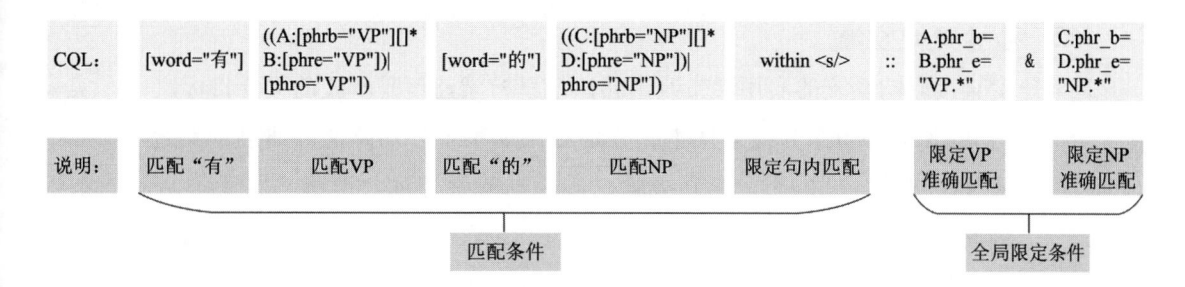

图 8 "有 VP 的 NP"的匹配示意
Fig. 8 Match the "有 VP 的 NP" Pattern

4 实验过程与实验结果

4.1 系统实现与数据集

实验采用开源工具 BlackLab 作为索引引擎。BlackLab 使用 Lucene 作为底层索引工具包，支持多字段、多值索引，同时实现了 CQL 的核心功能。实现系统时，对 BlackLab 全局限定条件的匹配方法进行两点改进：

（1）将匹配标准由字符串完全匹配改为任意子表达式匹配时即视为匹配。例如"NP_4_6|VP_2_6"和"NP_2_6|NP_4_6"均由两个子表达式组成，中间用"|"符号分隔，基于字符串完全匹配时二者不匹配，但由于二者包含相同子表达式"NP_4_6"，因此改进后认为两个条件匹配。

（2）BlackLab 全局条件只支持两个条件相等的匹配，改进后系统支持三个条件相等的匹配，即增加对"A. phr_b = B. phr_e = "NP. *""这样表达式的支持。

实验采用的数据集为《人民日报》图文数据库 1946 年 – 2020 年的文本语料。预处理时过滤了过短文本（如图片新闻）、句末点号极少的长文本（如与会名单）等不适宜作为语料的文本。最终精选的文本约 162.6 万篇，2851 万句，7.8 亿词。实验计算机的配置是 Intel (R) Xeon (R) CPU E5 – 2620V3、内存 128GB、硬盘 7200 转、128MB 缓存。

实验具体流程为：

（1）使用 CoreNLP 工具对《人民日报》文本进行分词、词性标注、依存句法分析、成分句法分析，使用 ACMParser① 进行浅层句法分析，结果保存为 XML 文件。

（2）按第 3 节方法，使用改进后的 BlackLab 建立索引。

（3）构造有代表性的检索条件，编写对应的 CQL 表达式执行检索。

（4）对各实验的检索速度、检索性能展开分析。

---

① https：//github.com/memray/ACMParser.

4.2 检索速度实验

检索速度直接影响系统的实用性，改进句法信息检索速度是本文的重要目标之一。实验选择全部语料共2851万句作为检索样本，分别对比本系统和马路遥等研制的系统[25]、Odinson[16]、Dep_Search[14]（SETS[13]的升级版）实际的检索速度。由于马路遥等研制的系统尚未公开，因此未开展该系统的检索实验，在进行其余系统的检索实验时采用与其规模相似的语料，对比分析时引用马路遥等[25]的论文数据。CQL表达式符合BNF范式，可编写的检索条件无法穷举。文献［13，16，18，23，25－26］均是采用数个（多为个位数）具体的有代表性的检索条件进行检索速度实验。参照上述文献的方法，本实验也构造了多个具体的检索条件进行检索与分析。所有实验均采用默认配置建立索引，执行20次独立检索后将用时平均值作为最终检索用时。

（1）词法信息速度检索实验

词法信息检索是语料库检索系统的基本功能。本实验对比6个典型词法信息检索条件的检索速度。检索条件和用时对比如表3所示。

表3　词法信息检索用时对比

Table 3　Comparison of Morphological Information Retrieval Time

序号	检索条件	结果数	马路遥等的系统	Odinson	Dep_Search	本系统
1	"包装"	19905		187.5	1463.1	21.6
2	名词"包装"	17980		350.0	1567.1	120.5
3	"锻炼身体"	1769		279.0	—	27.4
4	"对"+任意词语+"的侵略"	11412	45450.0	1997.5	—	258.3
5	"用"+任意词语+"吃饭"	664		547.5	—	112.4
6	"打击"+任意词语+"敌人"	7243		998.0	—	135.9
平均值		9828.8	45450.0	726.6	1515.1	112.7

用时（单位：毫秒）

表3中，数据为空表示未获取到相关数据，"—"表示不支持相应检索条件。本系统对所有条件的检索均快于其他三个系统，用时最多的检索条件4也仅为258.3毫秒，说明本文方法对词法信息检索具有高效性。此外，只对词形进行的检索（条件1和条件3）用时明显少于增加了词性条件的检索，包含"任意词语"的检索条件更复杂，用时也更多。

（2）依存句法信息速度检索实验

本实验对比三种类型共9个检索条件的用时，其中1－3是对被支配词的检索，4－6是对支配词的检索，7－9是复合条件检索。每种类型的三个检索条件的返回结果数依次递增。

检索条件和用时如表4所示。

表4 依存句法信息检索用时对比
Table 4 Comparison of Syntactic Dependency Information Retrieval Time

序号	检索条件	结果数	用时（单位：毫秒） Odinson	Dep_Search	本系统
1	动词"买"的直接宾语	77901	1530.5	3518.7	246.1
2	修饰"企业"的形容词	257694	2147.5	6418.9	176.6
3	"有"的直接宾语	2407046	9030.5	25449.8	988.5
4	"衣服"作为直接宾语时的动词	12783	955.0	2388.3	74.2
5	"问题"作为直接宾语时的动词	681439	6175.5	17251.5	412.4
6	形容词"新"修饰的词语	1442072	7361.5	20623.0	345.0
7	名词性主语 + "买" + 直接宾语	21875	1319.0	3357.8	290.2
8	"新"修饰的"中国"作为名词性主语	24638	1472.5	7281.2	2223.8
9	名词性主语 + "有" + 直接宾语	700045	8115.0	37130.8	4928.5
	平均值	625054.8	4234.1	13713.3	1076.1

本系统只有检索条件8的用时多于Odinson，其余用时全部为最少。本系统对9个检索条件的平均用时为1076.1毫秒，用时最少，说明本文方法对依存句法信息的检索具有高效性。此外，本系统对复合条件检索的用时明显多于其他两种类型的检索，说明检索条件越复杂，用时越多。对比同一类型的不同检索用时发现，类型相同的检索，返回的检索结果数越多，用时越多。

（3）成分句法信息速度检索实验

本实验对比了两种类型、11个检索条件的用时，其中1-4是对短语结构的检索，5-11是对包含短语结构文本的检索。检索条件和用时如表5所示。

表5 成分句法信息检索用时对比
Table 5 Comparison of Syntactic Constituency Information Retrieval Time

序号	检索条件	结果数	用时（单位：毫秒） Odinson	本系统
1	以"灯"结尾的、两个词组成的名词短语	5873	672.0	147.3
2	以"灯"结尾的名词短语	11960	820.5	482.5
3	以"打击"起始的、两个词组成的动词短语	14857	963.5	464.0
4	以"打击"起始的动词短语	57976	771.0	2759.2

续表

序号	检索条件	结果数	用时（单位：毫秒） Odinson	用时（单位：毫秒） 本系统
5	"打击" + 单个词组成的名词短语	19625	1178.5	265.8
6	"打击" + 多个词组成的名词短语	33007	969.0	1990.1
7	"打击" + 名词短语	52612	1345.0	2417.1
8	单个词组成的形容词短语 + "的" + "记忆"	562	529.0	111.0
9	多个词组成的形容词短语 + "的" + "记忆"	38	296.0	176.6
10	形容词短语 + "的" + "记忆"	600	685.0	197.1
11	"以" + 任意词语 + "为主的" + 名词短语	11623	5840.0	1496.0
	平均值	18975.7	1279	955.2

本系统对 11 个检索条件的总体平均用时更少，为 955.2 毫秒，说明本文方法对成分句法信息检索的高效性。需要指出的是，Odinson 执行的是对浅层句法信息的检索，难度比本系统要低许多。此外，本系统检索用时最多的是条件 4、6、7 和 11，它们的共同特点是检索条件包含不定长的短语结构。由此可见，检索条件包含的不定长短语结构越多，检索用时也越多。

4.3 检索性能实验

本实验也对多个具体的检索条件进行检索与分析。为每种语言信息的检索各构造三个检索条件，使用正则表达式抽取原文，进行人工标注后与检索结果进行对比。检索条件和结果数如表 6 所示。

表 6 性能检索实验检索条件和结果数

Table 6 Queries and Results of the Performance Retrieval Test

类型	检索条件	结果数
词法信息	名词 "包装"	17980
词法信息	"锻炼身体"	1769
词法信息	"对" + 任意词语 + "的侵略"	11412
依存句法信息	动词 "买" 的直接宾语	77901
依存句法信息	"衣服" 作为直接宾语时的动词	12783
依存句法信息	名词性主语 + "买" + 直接宾语	21875
成分句法信息	以 "起源地" 结尾的名词短语	71
成分句法信息	形容词短语 + "的" + "记忆"	600
成分句法信息	"以" + 任意词语 + "为主的" + 名词短语	11623
合计		156014

经过对比检查，9 个检索条件应检出 156014 条，实际检出 156014 条，并且全部是相关结果，可证明本系统的有效性和可靠性。成分句法信息中嵌套的所有短语可以全部检出，比如检索以"起源地"结尾的名词短语时，"我国生物遗传资源丰富，是水稻、大豆等重要农作物起源地，栽培植物和家养动物均居世界第一。"一句中的"农作物起源地"和"水稻、大豆等重要农作物起源地"是嵌套关系，这两个短语均以"起源地"结尾，均作为满足检索条件的结果被准确检出。

但是，上述分析结果未考虑词法分析、句法分析工具的性能。如果严格与人工标注语料的检索结果比对，本系统的检索性能表现会在相当程度上降低。底层自动标注的错误会影响检索的整体性能。因此，在语料预处理阶段，采用高性能的自动标注工具标注可以有效提升检索系统的性能。

5 结语

本文提出一种融合句法信息的文本语料库检索方法。针对不同的句法信息特点设计了对应的索引结构和索引字段，支持检索时条件匹配所需信息的快速提取，为文本语料库的高效检索提供了完整的解决方案。

在测试机上对 2851 万句语料进行了三种类型、26 个有代表性的检索，验证了本系统检索功能的正确性和可靠性。但系统实际表现将取决于语料标注工具的性能。

本文方法采用的语料库查询语言用于句法信息检索时，条件表达式一般较为冗长，难以书写、容易出错。因此在未来工作中，将实现图形化的检索表达式生成界面，让不熟悉查询语言语法的用户借助简单的图形化界面输入检索条件，进一步提高系统的实用性和用户友好度。实验时，本文只选取了少量典型的检索条件。因此，构造更多类型的检索条件进行实验也是未来的工作之一。此外，语料标注的效果是影响系统检索有效性的重要因素，为提高真实应用中系统检索的整体性能，还需研制和使用性能更高的文本标注工具。

参考文献

黄水清、王东波：《国内语料库研究综述》，《信息资源管理学报》2021 年第 11 卷第 3 期，第 4—17 页。(Huang Shuiqing, Wang Dongbo. Review of Corpus Research in China [J]. *Journal of Information Resources Management*, 2021, 11 (3): 4 – 17.)

Che W X, Feng Y L, Qin L B, et al. N-LTP: An Open-Source Neural Language Technology Platform for Chinese [C] //Proceedings of the 2021 Conference on Empirical Methods in Natural Language Processing: System Demonstrations. 2021: 42 – 49.

Straka M, Straková J. Tokenizing, POS Tagging, Lemmatizing and Parsing UD 2.0 with UDPipe [C] //Proceedings of the CoNLL 2017 Shared Task: Multilingual Parsing from Raw Text to Universal Dependencies. 2017: 88 – 99.

Manning C, Surdeanu M, Bauer J, et al. The Stanford CoreNLP Natural Language Processing Toolkit [C] // Proceedings of the 52nd Annual Meeting of the Association for Computational Linguistics: System Demonstrations. 2014: 55 – 60.

Bird S, Klein E, Loper E. Natural Language Processing with Python [M]. California: O'Reilly Media, Inc., 2009.

Hardie A. CQPweb—Combining Power, Flexibility and Usability in a Corpus Analysis Tool [J]. *International Journal of Corpus Linguistics*, 2012, 17 (3): 380 – 409.

Davies M. Corpus of Global Web-Based English (GloWbE) [EB/OL]. [2021 – 10 – 01]. https://www.english-corpora.org/glowbe/.

Davies M. The iWeb Corpus [EB/OL]. [2021 – 10 – 01]. https://www.english-corpora.org/iWeb/.

Kilgarriff A, Baisa V, Bušta J, et al. The Sketch Engine: Ten Years on [J]. *Lexicography*, 2014, 1 (1): 7 – 36.

詹卫东、郭锐、常宝宝等：《北京大学 CCL 语料库的研制》，《语料库语言学》2019 年第 6 卷第 1 期，第 71—86、116 页。[Zhan Weidong, Guo Rui, Chang Baobao, et al. The Building of the CCL Corpus: Its Design and Implementation [J]. *Corpus Linguistics*, 2019, 6 (1): 71 – 86, 116.]

荀恩东、饶高琦、肖晓悦等：《大数据背景下 BCC 语料库的研制》，《语料库语言学》2016 年第 3 卷第 1 期，第 93—109、118 页。[Xun Endong, Rao Gaoqi, Xiao Xiaoyue, et al. The Construction of the BCC Corpus in the Age of Big Data [J]. *Corpus Linguistics*, 2016, 3 (1): 93 – 109, 118.]

肖航：《现代汉语通用平衡语料库建设与应用》，《华文世界》2010 年第 106 期，第 24—29 页。(Xiao Hang. On the Construction and Application of Contemporary Chinese Corpus [J]. *Journal of Chinese World*, 2010 (106): 24 – 29.)

Luotolahti J, Kanerva J, Pyysalo S, et al. SETS: Scalable and Efficient Tree Search in Dependency Graphs [C] //Proceedings of the 2015 Conference of the North American Chapter of the Association for Computational Linguistics: Demonstrations. 2015: 51 – 55.

Luotolahti J, Kanerva J, Ginter F. Dep_Search: Efficient Search Tool for Large Dependency Parsebanks [C] //Proceedings of the 21st Nordic Conference on Computational Linguistics. 2017: 255 – 258.

Valenzuela-Escárcega M A, Hahn-Powell G, Surdeanu M. Odin's Runes: A Rule Language for Information Extraction [C] //Proceedings of the 10th International Conference on Language Resources and Evaluation. 2016: 322 – 329.

Valenzuela-Escárcega M A, Hahn-Powell G, Bell D. Odinson: A Fast Rule-Based Information Extraction Framework [C] //Proceedings of the 12th Language Resources and Evaluation Conference. 2020: 2183 – 2191.

Shlain M, Taub-Tabib H, Sadde S, et al. Syntactic Search by Example [C] //Proceedings of the 58th Annual Meeting of the Association for Computational Linguistics: System Demonstrations. 2020: 17 – 23.

Petersen U. Querying Both Parallel and Treebank Corpora: Evaluation of a Corpus Query System [C] //Proceedings of the 5th International Conference on Language Resources and Evaluation. 2006: 2457-2459.

Petersen U. Emdros: A Text Database Engine for Analyzed or Annotated Text [C] //Proceedings of the 20th International Conference on Computational Linguistics. 2004: 1190-1193.

Augustinus L, Vandeghinste V, van Eynde F. Example-Based Treebank Querying [C] //Proceedings of the 8th International Conference on Language Resources and Evaluation. 2012: 3161-3167.

Augustinus L, Vandeghinste V, Schuurman I, et al. GrETEL: A Tool for Example-Based Treebank Mining [A] // Odijk J, van Hessen A. CLARIN in the Low Countries [M]. London: Ubiquity Press, 2017: 269-280.

Brants S, Dipper S, Eisenberg P, et al. TIGER: Linguistic Interpretation of a German Corpus [J]. *Research on Language and Computation*, 2004, 2 (4): 597-620.

Maryns H, Kepser S. MonaSearch—A Tool for Querying Linguistic Treebanks [C] //Proceedings of the 8th International Workshop on Treebanks and Linguistic Theories. 2009: 29-40.

Mírovský J. Netgraph—A Tool for Searching in the Prague Dependency Treebank 2.0 [D]. Prague: Charles University, 2008.

马路遥、夏博、肖叶等：《面向句法结构的文本检索方法研究》，《电子学报》2020年第48卷第5期，第833-839页。[Ma Luyao, Xia Bo, Xiao Ye, et al. Structural Retrieval on Chinese Syntax Tree Corpus [J]. *Acta Electronica Sinica*, 2020, 48 (5): 833-839.]

Petersen U. Evaluating Corpus Query Systems on Functionality and Speed: TIGERSearch and Emdros [C] //Proceedings of the 2005 International Conference Recent Advances in Natural Language Processing. 2005: 387-391.

Evert S, The CWB Development Team. CQP Interface and Query Language Manual [EB/OL]. [2021-12-02]. https://cwb.sourceforge.io/files/CQP_Tutorial.pdf.

Machálek T. KonText: Advanced and Flexible Corpus Query Interface [C] //Proceedings of the 12th Language Resources and Evaluation Conference. 2020: 7003-7008.

de Does J, Niestadt J, Depuydt K. Creating Research Environments with BlackLab [A] //Odijk J, van Hessen A. CLARIN in the Low Countries. [M]. London: Ubiquity Press, 2017: 245-257.

Rohde D L T. Tgrep2 User Manual [OL]. https://web.stanford.edu/dept/linguistics/corpora/cas-tut-tgrep.html.

Levy R, Andrew G. Tregex and Tsurgeon: Tools for Querying and Manipulating Tree Data Structures [C] // Proceedings of the 5th International Conference on Language Resources and Evaluation. 2006: 2231-2234.

Lai C, Bird S. Querying Linguistic Trees [J]. *Journal of Logic, Language and Information*, 2009, 19 (1): 53-73.

Lai C, Bird S. Querying and Updating Treebanks: A Critical Survey and Requirements Analysis [C] //Proceedings of the 2004 Australasian Language Technology Workshop. 2004: 139-146.

（原文刊于《数据分析与知识发现》2022年第11期）

"全球汉语中介语语料库"的特点与功能

张宝林　崔希亮

(北京语言大学汉语国际教育研究院,

电邮:zhangbl@ blcu. edu. cn,cuixiliang@ blcu. edu. cn)

提　要:"全球汉语中介语语料库"①是因应汉语作为第二语言教学的学科建设和科学研究的需要而设计建设的一个迄今为止规模最大的汉语中介语语料库,在设计理念、建设策略与方式、标注内容与方法、数据统计、检索方式等方面具有首创性,是语料库建设2.0时代具有代表性的语料库。其动态建设功能可以使该库随着应用研究的不断深入而发现自身的问题与不足,并加以改进,使之成为精品资源,更好地为汉语教学与研究服务。

关键词:语料库建设;语料标注;数据统计;检索系统;综合平台

一　"全球库"的建设目标和现状

1.1　建设目标

"全球汉语中介语语料库建设和研究"是教育部重大课题攻关项目,于2012年6月立项,是根据汉语第二语言教学研究的实际需要和汉语国际教育发展形势的需要,并针对当时汉语中介语语料库建设存在的诸多问题而提出的。当时语料库建设处于迅速发展时期,在对外汉语教学的相关研究中发挥了重大作用,取得了丰硕的研究成果。研究者通过这些语料库发现了前人未曾发现的一些中介语现象,并把定性研究与定量研究相结合,使研究结论具有了较强的客观性、普遍性和稳定性,极大地提高了汉语作为第二语言教学研究的水平。同时我们发现语料库建设中也还存在一些问题,主要是数量较少,规模较小,语料不够全面;语料库建设没有统一标准,建库实践带有很强的随意性;功能不够完善,有些中介语现象检索不便,甚至无法检索;语料标注效率不高,标注质量存在一定问题;语料库资源尚不能充分共享

---

* 本研究得到语言资源高精尖创新中心(项目编号:KYD17004)、教育部哲学社会科学研究重大课题攻关项目(项目编号:12JZD018)、北京市社会科学基金项目重点项目(项目编号:15WYA017)的资助;刊物匿名审稿专家提出了中肯的审稿意见,一并致谢。

① "全球汉语中介语语料库"以下简称"全球库"。

（崔希亮、张宝林，2011）。这些问题阻碍了基于语料库的相关研究的进一步发展。

该课题试图建设一个语料样本多、规模大、来源广、阶段全、背景信息完备，标注内容全面、标注质量优异，设计周密、功能完善、检索便捷、向各界用户开放，能够反映各类汉语学习者的汉语学习过程与特征、可以满足多方面研究需求的汉语中介语语料库，即"全球汉语学习者语料库"，以弥补现有语料库的不足，更好地为汉语教学与研究服务。（崔希亮、张宝林，2011）可以看出，该语料库的设计与建设主要是为了满足汉语第二语言教学发展的需要，因应国际中文教育、人才培养、科学研究和学科建设的需要而建设的。其在设计上吸收了既有同类型语料库的优点，同时也对既有语料库存在的问题进行了完善，这种完善是多方面的，体现了该语料库的特点与功能。

1.2 建设现状

全球库目前收入原始语料约 2367 万字，从汉字、词汇、句子等 10 个层面进行了标注。另外收集供研究对比用的汉语母语语料约 137 万字，其中初中生语料约 69 万字，高中生语料约 68 万字；除词的基础标注（自动分词和标注词性）之外，都是未经加工的生语料。语料题目总数 4122 个，语料总篇数 59770 篇（1 个题目不足 10 篇语料的不予统计）①。语料仍在持续增加，语料标注也仍在持续进行，因而相关数据还会有所变化。语料库已于 2019 年 3 月 4 日面向海内外正式开放②，供广大用户免费使用。

结合语料库建设，该课题积极开展汉语中介语语料库建设的本体研究。研究内容包括：（1）汉语中介语语料库整体设计研究；（2）汉语中介语语料库建设标准研究；（3）汉语中介语语料库语料标注规范研究；（4）汉语中介语语料库建设用分词规范与专用词表研究；（5）汉语中介语语料库自动标注系统研究。这些理论研究取得了多方面的研究成果，代表了汉语中介语语料库建设本体研究的新成就、新水平。这些研究成果已用于全球库建设，并得到了建库实践的证明。

1.3 本文目的

本文讨论全球库的特点与功能，兼及汉语中介语语料库建设的本体研究解释，以便广大用户更加充分地了解和使用全球库，更好地发挥其实用价值。

二、全球库的语料标注

2.1 全面标注

汉语中介语语料库的标注原则之一是全面性。全面性是指语料标注的内容全面，可以满

---

① 数据截至 2021 年 7 月 22 日。
② 语料库网址：qqk.blcu.edu.cn.

足汉语教学与研究的多方面需求。张宝林等（2019：341）就笔语语料库而言，全面标注指对字、词、短语、句、篇、语体、语义、语用、修辞、标点符号等10个层面进行标注。而口语语料库和多模态语料库还需增加语音和体态语方面的标注。（张宝林，2013）

"偏误标注＋基础标注"的标注模式也体现了全面标注的理念。偏误标注是对中介语语料中各种错误（指偏误而非失误）语言现象的标注，基础标注则是对正确语言现象的标注。其效益是可以从正反两方面来考察中介语，对中介语形成全面、准确的认识，进而了解学习者的汉语习得（或发展①）过程。

根据全面性原则，全球库采用"偏误标注＋基础标注"的标注模式，其标注内容笔语语料包括汉字、词汇、短语、句（句式和句子成分）、语篇、语体、辞格、标点符号等8个层面。口语和视频语料除和笔语语料相同的6个层面之外（口语语料、视频语料无须进行汉字、标点符号两个层面的标注）还有语音标注，视频语料还有体态语标注，共计10个层面的标注，在目前的汉语中介语语料库中标注内容是最多的，可以满足教学与研究的多方面需求。

由于目前对语义和语用方面的偏误量和标注范围尚需进一步调研明确，全球库暂未进行语义标注和语用标注。但从全面性原则出发，这两个方面的标注是必要的，我们将在下一步的建库工作中进行补充标注。

以往对全面性标注原则是有不同见解的（参看肖奚强、周文华，2014），我们也从理论上做了进一步的探索与回应（参看张宝林、崔希亮，2018），全球库的成功建设则从建库实践上证明了该原则的可行性。

2.2 多版/分版标注

以往的汉语中介语语料库建设，一般是在同一版语料中进行语言文字多个层面的标注，例如字、词、句、语篇、标点符号的标注，可称之为"同版多层标注"。例如"HSK动态作文语料库"就是这样做的。全球库最初本想继续采用这样的做法，在同一版语料上进行包括字、词、短语、句、语篇、语体、语义、语用、辞格、标点符号、语音、体态语等在内的所有层面的标注。可以设想，在同一版语料中做这么多层面的标注，一个句子会加上多少标注代码？一篇语料会加上多少标注代码？加上这么多代码之后，单个的句子也好，成段表达的语篇也好，还能否顺畅地阅读？估计很难。

我们做过一个尝试：在同一版语料上进行自动分词和词性标注、短语标注和句子成分标注，目的是依据词类、短语、句子成分3种信息的叠加自动判定句类、句型和句式。尝试的结果发现：以人工方式进行这种同版语料上的多重标注并不现实，不但标注过程过于烦琐，

---

① 关于二语习得与二语发展的概念与关系见许希阳等（2015）、梁爱民等（2017）。

而且切分与标注之后，构成句子的词语成分被切割得七零八落，句子已无法卒读，更难以检查标注质量。因而舍弃了这种标注模式，改用分版（或称多版）标注的方法。显而易见，所谓分版标注或多版标注，并不是我们凭空想象出来的标注方法，而是实验的结果，甚至是在实验中碰壁之后不得不采取的做法。

从语料库应用的角度来看，一般来说，每位研究者在一次研究中只能研究一个层面的内容。如果使用同版多层标注的方法进行语料标注，那么，除了其所要研究的层面之外，其他层面的标注内容对研究者来说其实都是干扰信息，对其研究工作来说是十分不利的。而分版标注则可以研究哪个层面就查询哪一版的标注内容，显然是更为方便的。我们也尝试过显示特定层面标注内容，隐藏其他层面标注内容的方法，并不理想，甚至导致语料中句、段、篇丢失的现象，因而没有采用那样的方法。

下面是一段同版多层标注例文的节选，具体显示了这种标注方式的不足。

【现在/nt】｛Jzy1｝【随着/p 科学/n 的/u 发展/v】｛Jzy2｝｛CZjb｝【产生/v】｛Jsy｝了/u【更/d 多/a】｛Jdy1｝｛CZzz｝｛CZx｝的/u【以前/nt 没有/v 听到/v】｛Jdy2｝｛CZzz｝｛CZd｝的/u【噪声/n】｛Jsy｝#，/w【汽车/n 喇叭/n 声/n 和/c 电话/n 铃声/n】｛Jzhuy｝｛CZlh｝｛CZm｝【也是/d】｛Jzy｝【属于/v】｛Jsy｝【这/r 种/q】｛Jby｝｛CZsl｝｛CZm｝#……

分版标注的另一重要功能是在"语料库建设与应用综合平台"的帮助下，使语料库建设具备了动态建设与升级迭代功能。语料库如需增加新的标注内容，如语义标注和语用标注，只要增加相关的标注规范和标注层面即可实施标注，扩充语料库的内容和功能，使原有语料库升级迭代为新的语料库，使语料库建设成为一个动态过程。

2.3 自动标注

在语料标注的所有方法中，自动标注是最为理想的标注方法，不但速度快，效率高，标注的一致性也好。鉴于目前中文信息处理研究的实际水平，应明确下列几点：（1）除自动分词和词性标注已达到实用水平之外，汉语中介语语料还难以进行全面的自动标注，其他层面的标注只能采取手工标注为主的标注方式。（2）自动标注既包括机器标注，也包括机标人助；标注过程的自动化控制也应属于自动标注系统的范畴。（3）在有条件进行或尝试进行自动标注的层面要积极进行自动标注。

全球库在建设过程中根据实际情况进行了一些自动标注的探索，有些还进行了实践。

（1）积极借鉴中文信息处理的现有研究成果，在词的基础标注中采用了计算机自动分词和词性标注的方法。

（2）繁体字、异体字是封闭的类，完全可以进行自动标注。在全球库建设中，我们采用自己研发的软件，实现了繁体字、异体字的自动标注，实验证明其效果良好，准确性与一致性远远超过人工标注。

（3）依据《现代汉语词典》中对一些语体色彩鲜明的词语的〈口〉、〈书〉标记，对词语的语体标注采取"机标人助"方式进行标注。实际效果虽然不如繁体字、异体字的自动标注，但仍可以作为一种辅助标注手段加以使用。

语体色彩鲜明的短语、句式可以自动处理，例如口语句式"看把你 + A/V 的！""你给我 + V！""非……不可"，书面语句式"作为……的 + 代词"、形式动词 + 动词宾语、书面语句式"为……所……""以……为……""化……为……"等。

在熟语标注的基础上，成语可以优先标注为书面语，惯用语、歇后语、谚语、俗语等可以优先标注为口语，再辅以人工审核与修正。

（4）根据句子的系统性和形式特征，在机器自动分词和词性标注的基础上，通过一些标志词、词性和标点符号，可以采用"机标人助"的方法对某些句类、句型、句式进行一定程度的自动标注，尽可能多地发挥计算机在语料标注中的作用。

在句类层面，一个句子带有问号，即为疑问句。带有否定词，即为否定句；带有两个否定词，即为双重否定句。带有叹号，即为感叹句或祈使句。带有句号，可首先将其视为陈述句。一个带问号同时句尾带有语气词"吗"的句子，即为是非问句；带问号同时句中有疑问词的句子，即为特指问句。如果能够确定疑问句、感叹句和数量相对较少的祈使句，则数量最多的陈述句即可判定，甚至无须标注；能确定否定句，则肯定句随即可以确定，如此即可进行自动标注。

有些存在包含关系的句子分类，知其下位句式，即可知其上位句型或句类，也可以尝试进行自动标注。如能判定一个句子为把字句或兼语句或连动句或存现句，即可判定其属于动词谓语句；能确认一个句子为比字句，也就可以断定其谓语是形容词性或动词性的，为形容词谓语句或动词谓语句，进而进行自动标注。

这样看来，通过一些标志词、词性和标点符号对一些句子类型进行自动标注是具备现实可行性的。

（5）得益于近年来语音识别技术的实质性进展，在口语和视频语料转写方面，全球库的口语子库和多模态子库采用了机器语音转写的自动方式，大大提高了转写效率。

（6）在语料上传、录入与转写、标注等环节设置了管控功能，实现了语料库建设流程的自动化和一定程度的标准化，在一定程度上克服了语料库建设的随意性。

应予指出的是，学界众多研究成果为自动标注提供了丰富的借鉴和坚实基础。例如郭锐（2002）从词的角度，赵金铭主编（2004）从口语与书面语区分的角度，刘德联、刘晓雨

（2005）从口语句式的角度，冯胜利（2006）从书面语词与句式角度，以及冯胜利、胡文泽主编（2005），冯胜利、施春宏主编（2018）等论著，分别对汉语词、句的语体特征与教学进行了广泛而深入的研究，提供了不同语体词、句的丰富素材，均可为语体自动标注提供重要参考与依据。

三、全球库的检索方式

全球库的语料检索方式丰富，便于查询各种中介语现象，从而使语料能为教学与研究发挥更大的作用。

该库的检索方式共有 9 种，各种检索方式及其主要功能如下：

1. 字符串一般检索，对语料库中存有的具体的字、词、短语、句子进行检索。
2. 分类标注检索，对依据标注规范所做的各层面，即字、词、短语、句、篇、语体、辞格、标点符号、语音、体态语等 10 个层面的标注内容进行检索。例如按照"句→错误句式/把字句标记"进行检索，即可查询到把字句的偏误句；检索"句→错误句式/把字句标记→吃"，即可查询到句中主要动词为"吃"的把字句偏误句。举例如下：

（1）＊它们一定互相起来不管什么不能把它们离开。
（2）＊我吃那个小的花草就__我的妈妈吓__了。
（3）＊过几分钟的休息我再把饭菜吃。

3. 离合词检索，对语料库中所有的离合词，特别是可以对其"离"的用法进行检索：查"合"的用法，两个构成成分之间不加空格；查"离"的用法，两个构成成分之间加空格即可，且不限空格数目。
4. 特定条件检索，可以对具有两个检索对象的短语、句式、半固定结构，例如"爱……不……""一……就……""是……的"句、"连"字句等进行检索。例如在特定条件检索中，在"前词"后的方框中填入"是"，在"尾"后的方框中填入"的"，即可查询到"是……的"句[①]：

（4）我认为，职业的问题是从选专业开始的。
（5）虽然我已经 2 次考过汉语水平考试也得了六级，但是我不知道的汉字还是挺

[①] 由于检索方式是形式检索，所以查询到的句子也有可能是以"的"字短语做宾语的是字句，如例（6）。

多的。

（6）不仅是衣服，还有用的东西，特别是在新年的时候，都是红色的。

5. 词语搭配检索，可以对被检索词左边或右边的搭配词语及其频次进行检索。例如查询"学习"的右搭配，排在第一位的是"汉语"，频次高达4862；而排序最低的"电脑、贸易、美术、经历"等，频次均仅为5。该检索方式可以起到搭配词典的作用，能够集中反映词语的用法，对教学具有十分重要的参考价值和指导作用。

6. 按词性检索，可以对带词性的词和词性组合进行检索。例如通过"比/p+n+a""给/v+n+n""使/v+n+v"可以准确查询"比"字句、"给"字双宾句、"使"字兼语句。

（7）今天的天气比昨天冷。
（8）在图书馆复习比在宿舍复习更有效。
（9）回家以后，我给妈妈礼物。
（10）对长辈拜年的时候长辈人给后辈人美言和压岁钱。
（11）不是我们使手机运转，而是好像手机使我们运转。
（12）从长城上俯瞰下面的风景是使人感到非常舒服。

7. 词语对比检索，可以分别进行【单来源对比检索】和【两个来源对比检索】。前者可以查询对比同一类语料中两个不同词（例如易混淆词）的使用情况，后者可以查询对比一个词在两种不同类型的语料（例如笔语和口语）中的使用情况；查询结果分别以词云、列表、柱状图3种方式显示。以"好看、漂亮"为例进行单来源对比检索会呈现如下情况：词云，两词前面组合频次最高的都是"很"，但能和"漂亮"组合的词更多；列表，组合频次最高的"很好看"和"很漂亮"，前者频次为316，后者为1237；柱状图，"一个、一条、一样"和"漂亮"的组合远远高于"好看"，但"不"和"漂亮"的组合远远低于"好看"。

8. 按句末标点检索，可以查询到以句号、问号、叹号结尾的句子。例如检索"？"可以查询到疑问句，检索"？+吗"可以查询到是非疑问句，检索"？+谁/什么/哪里/为什么"等则可以查询到特指疑问句。（按句中标点检索已在特定条件检索中实现。）

9. 重叠结构检索，可以查询到带有重叠结构的词或短语的句子。例如检索"AA"查到的是"常常、好好、慢慢、谢谢、等等、爸爸"等，检索"AABB"则可以查到"家家户户、世世代代、多多少少、马马虎虎、明明白白、反反复复、叽叽喳喳、来来往往"等。

检索方式的丰富与功能的增强，不但可以方便、准确地检索一些句子，还可以在一定程度上简化语料标注,甚至取代某些语句的基础标注。例如按词性组合检索"把/p+n+v"可以直接查得正确的"把"字句,按"？+吗"可以查得是非问句,因而"把"字句和是非疑问句之类的句子的基础标注即可省去不做。

当然,究竟哪些语句可以被检索方式所取代还需通过细致深入的研究加以确定。

上述检索方式还可以针对中介语的生语料和汉语母语者语料进行检索。这两类语料只做了机器自动分词和词性标注,而未做其他标注,所以分类标注检索方式是不能用的,其他检索方式则皆可使用。

查询时还可以设置相应的检索条件,使查询更有针对性。查询到的语料可以自动下载,方便用户研究使用。

需要说明的是,全球库设置了下载条数限制功能,即以500条语料为限:500条以下全部下载,500条以上通过随机程序随机下载。这样做并非心血来潮,随意而定,而是有充分的统计学依据的,是可以保证相关研究的科学性的。详见表1（张勇,2008）。

表1 总体大小与所需样本量表（取 $P=0.5$ 计算）

总体大小	所需的样本量
50	44
100	80
500	222
1000	286
5000	370
10000	385
100000	398
1000000	400
10000000	400

从表1来看,样本量首先与总体大小密切相关,不知总体大小即无法确定样本量。除非把样本量确定为370-400,因为总体达到5000以上,样本量即已基本趋于稳定,在400以内。样本量还与置信度、标准差紧密相关,置信度分别为90%、95%、99%,误差分别为10%、5%、1%时,样本量都是不同的。把可下载语料数定为500条,比400条还高出100条,且是随机抽取的语料,是足以支持相关研究,保证其研究结论的科学性和可靠性的。

四、全球库的数据统计

全球库规模庞大,标注全面,形成了众多统计图表,数据十分丰富。数据是事实,大数据是规律，这些数据能够反映学习者学习汉语的许多情况：学习者国籍、母语、学习时间、学习成绩、汉语水平发展过程、汉字、词汇、语法等方面的习得特点和规律，非常重要，可以为教学与研究提供很多参考信息，这些信息可以帮助我们制定教学大纲、编写教材和因材施教。

例如语料库的首页是一张概况图，揭示了语料库的许多重要统计信息。其左侧的一列中有语料库的总字数、总词数，有笔语、口语、视频三种语料的字数、词数，有母语者语料的字数、词数，还有语料的题目总数、语料的总篇数。右侧中上位置的横行中有各国语料数量、各标注版语料的字数统计和词数统计、语料题目与每个题目的篇数统计、语料字数历史增长统计记录等，显示了统计信息的类型。

最上面中间一行的"统计信息"是一个下拉菜单，其中包括语料库概况、库存所有的字汇总和词汇总及其总频次、错误频次与错误率、按性别统计的字与词汇总、按国家统计的字与词汇总、分类标注统计、不同形式语料的分类统计，这些数据非常重要，对教学与研究具有重要参考价值。另外还有一个分词工具，可供用户对自己收集和持有的语料进行切分和字、词、标点符号等相关信息的统计之用。（具体图表数据请登录全球库查看。）

需要说明的是，全球库的数据统计都是实时进行的。只要有新的语料上传，有新的标注语料入库，相关数据就会随时更新，统计图表也会随即发生相应的变化。

五、语料库建设与应用综合平台

全球库建设采用的基本策略是全球共建、动态建设。"全球共建"的含义是本项目面向全球汉语学界开放，欢迎任何汉语教学单位和个人参加；各尽所能，不拘形式，平等自愿，共襄盛举。动态建设即"搭积木"或"滚雪球"方式，语料随收集随加工，随上网随开放。（参看张宝林、崔希亮，2013）

要建设一个数千万字的大规模中介语语料库，这样的建设策略是必要的，也是实事求是的，因而是恰当的。但是如何将其落实？如何确保国内外不同单位的子课题团队和个人的及时有效沟通和语料库建设进度？却颇费周折。全球库采取的是搭建网络平台、平行推进语料库建设的方法。

全球库项目搭建的网络平台即在语言资源高精尖创新中心支持下研发建设的"汉语中介语语料库建设与应用综合平台"（以下简称"平台"）。该平台具有下列特征：

1. 软件系统集约化，或曰集成性

平台集中了多个软件系统，实现了诸多功能的集成。首先是语料库建设与应用的集成，该平台既可以进行语料库建设，也可以进行语料的检索与查询，乃至分析、归类、统计等应用。其次，平台集语料的上传（包括语料的单篇上传和批量上传）、录入与转写、标注、统计、检索、管理、众包修正维护、升级迭代扩展等八大功能于一体，集中体现了其集成性。在标注方面，采取了全面标注（共10个层面）、分版标注、自动标注，采用了"偏误标注＋基础标注"的标注模式。而在检索方面设置了9种检索方式。上述做法均在不同程度上体现了其集约化。

2. 建设流程标准化

语料库建设是否需要标准化？能否标准化？怎样标准化？这些问题在学界有不同观点，这当然很正常。而要想解决这些问题，则既要在语料库建设的本体研究方面加以深入的研究与讨论，更要在建库实践中进行探究与实验。平台在全球库的建设实践中对此进行了尝试，取得了很好的成果。具体表现在以下几方面。

（1）步骤环节标准化，语料的上传、录入与转写、标注、入库均设置成固定的程序，每个步骤都要经过审核才能进入下一个环节，从而保证了流程的严谨，也在一定程度上保证了工程质量。详见图1。

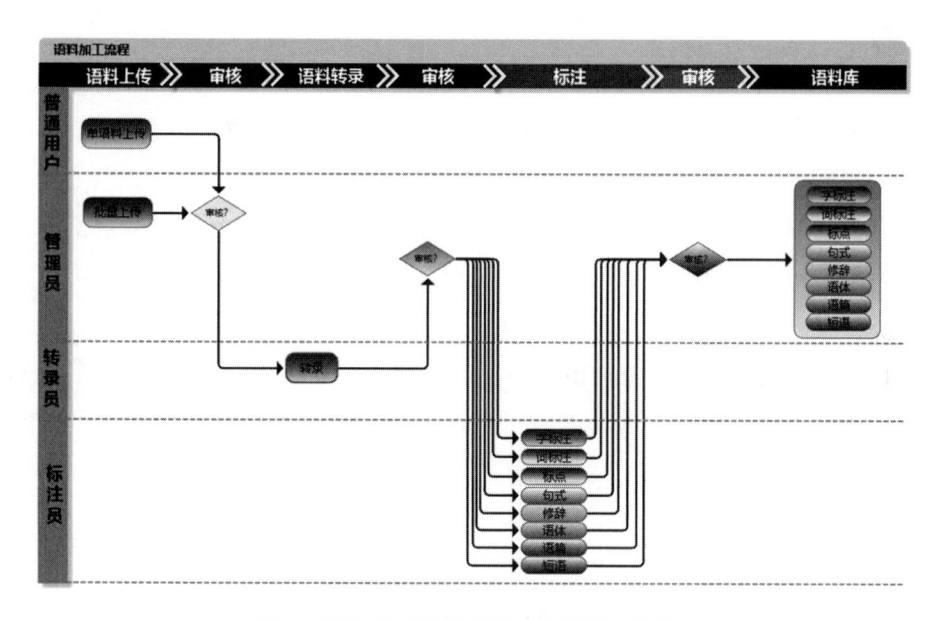

图1　语料库建设流程图（郝振斌，2019）

（2）标注内容标准化，从图1可见，在平台中标注内容是明确的，也是标准化的。当然，这里所谓标准化是指在全球库建设中这些标注内容是确定的，尽管目前尚不够全面，例如以后还可以增加语义、语用标注；而根据不同目的与用途建设的语料库，删减一些标注内容也是完全可以的。

（3）标注方法标准化，平台在系统中嵌入标注工具，采用"一键OK"的方式进行标注，不但简洁方便，而且保证了标注代码的完整性和一致性，这是标注方法上的标准化。而

"分版/多版标注"又使标注员可以根据自己的意愿、特长与研究兴趣选择相应的标注内容,在标准化基础上保证了一定的灵活性,有利于调动标注员的工作积极性。

(4) 检索方式标准化

语料检索是用户使用语料库的最基本方式,是语料库发挥其作用、实现其功能的最重要环节之一,强大的检索功能可以在很大程度上提升语料库的使用价值,具有十分重要的意义。全球库根据教学与研究的需要,共设置了9种检索方式,可以从多种不同的角度查询不同类型的语料,极大地方便了用户使用。

需要注意的是,这里所说的"检索方式标准化"并非要求任何一个语料库都要具备这9种检索方式,而是告知大家可以有这些检索方式。至于在不同的语料库中究竟设置哪几种检索方式,是要根据语料库的建设目的,具体情况具体分析的。

建设流程标准化带来的突出效益是:可以使新的建库者可以充分了解语料库的建设内容、过程与环节,并据此设计相应的建库方案,按部就班地进行语料库建设;而无须从头摸索,再走弯路。

3. 建设方式网络化与自动化

平台是一个计算机网络系统,把语料库建设的所有内容与步骤环节都放到了互联网上,在最大程度上实现了语料库建设的网络化。课题组任何成员不论在世界上的哪一个角落,只要有一台可以上网的电脑,就可以参加语料库建设。这种建库方式特别适合于多人、多单位、多地域参与的超大型语料库的建设。

平台把语料库建设的内容和步骤环节做成了一个由程序控制的自动化过程:语料的上传、录入与转写、标注、入库等都是由程序自动控制的,每个环节只要通过审核就自动进入下一个环节,入库之后自动进行各类数据的实时统计;用户查询到的语料也是实时自动统计。繁体字与异体字标注、分词与词性标注、词语层面的语体标注也都是先由机器自动标注,再由人工审核修正。

语料库建设与应用中的自动标注与流程的自动化设置具有重要意义,不但可以减少人工标注的辛劳,而且可以减少标注的不一致性,提高语料库的建设效率与水平,是语料库建设发展的方向。正如谷歌搜索引擎的网页排名 PageRank 算法,不但能够保证网页排名的估计值收敛到排名的真实值,而且这种算法不需要任何人工干预。(吴军,2020:100-101)"不需要任何人工干预"指的是由机器自动处理,这也应该是语料库建设的最高境界。当然,语料库建设做到这一步还需要付出长期的艰巨努力,但我们今天就应该具备这种意识,并一点一点地积累落实,逐步向前推进。

4. 移植推广灵活化

平台虽然是为全球库项目而建,却并非只能用于全球库的建设,而是具有广泛的适用性，任何语料库原则上都可以使用该平台进行建设，前提是对标注内容与代码进行相应的修改。

平台同样具有良好的开放性，任何学界同人或汉语教学单位只要承认并接受平台中的标注规范，都可以把自己持有的汉语中介语语料上传到平台，经过一系列的加工，成为全球库的组成部分之一。而通过语料来源进行检索，也可以查到某人或某单位提供的语料，相当于某人或某单位的专属语料库。

语料库建设是一个非常复杂的跨学科系统工程，从设计到施工，从语料的收集整理、录入转写、赋码标注、数据统计到语料的检索、呈现、下载，从软件系统的开发、调试、维护到改进、升级、迭代，从遇到、发现一个个出乎预料的具体问题到分析、解决这些问题，从 bug 的爆发期到收敛期，从项目组织到子课题协调，环节繁多，工作量巨大，特别需要一个功能强大、质量优良、简洁易用、便于所有子课题成员一起加工语料、交流经验、研讨问题的工作平台。"语料库建设与应用综合平台"就是这样的一个平台，全球库的所有建设环节、人工干预过程、相关事务管理、一些相关问题的讨论等都在这个平台上进行，所有检索功能也都通过这个平台研发与实现。由此可见，该平台是我们完成本课题的重要基础之一。

六、结语

1. 全球库的成功建设实现了我们在课题立项时的承诺：建设一个"最大最好"的汉语中介语语料库。从为全球汉语教学与研究服务的宗旨到面向全世界各界人士免费开放的实际行动，从海内外学界合作共建的建设方式到"搭积木式"的动态建设策略，从标注语料约 1.26 亿字的庞大规模到笔语、口语、视频等 3 种中介语语料和母语语料齐全的语料类型，从 10 个层面的标注内容到 9 种检索方式，从实时统计丰富实用的统计信息到众包修改维护、升级迭代的崭新功能，该库的这些创意、设计与功能在以往的汉语中介语语料库建设中都是前所未见的，集中体现了汉语中介语语料库建设所达到的新高度、新水平，开创了汉语中介语语料库建设的新篇章，是汉语中介语语料库建设 2.0 时代[①]的典型代表。

2. 2020 年 1 月下旬，新冠疫情突如其来，打乱了人们的工作和生活秩序。在国家做出抗疫部署之后，我们于 2 月 6 日在多个微信群中再次发布了全球库网址，并对其规模、语料类型、标注内容、检索方式等进行了介绍，供学界免费使用，以协助大家在疫情防控期间开展科研工作，为抗疫尽我们的一份社会责任。这一做法是我们"积极主动、全心全意为全世界的汉语教学与研究服务"建库宗旨的集中体现，我们将继续秉持这一宗旨，为全球汉语学界提供优质资源，助力汉语教学与研究的不断深入发展。

---

① 汉语中介语语料库建设 2.0 时代的概念与界定参见张宝林（2019）。

3. 全球库初步建成，虽然有多方面的创新性，然而基于该库的应用研究尚未广泛开展，该库的问题与不足尚未充分显现。按照软件工程从 BUG 的爆发期到收敛期发展的特点与规律，可以肯定全球库是会有问题乃至错漏的，因而是需要改进的。平台的建设与使用，全球库升级迭代功能的实现，使其改进成为可能。众包修正维护功能则可以使更多的人特别是广大用户在使用语料库的同时成为错漏的发现者和修改者，进而不断提高语料库的质量。

4. 平台的研发及其功能，有可能使语料库建设方式产生重大变化，即不一定总是从无到有地建设一个语料库，而是可以在某个或某些大多数人公认的语料库基础上进行补充、修改，使之持续发展、不断丰富与深化。通过一次次的升级迭代，使既有的语料库得以优化与完善，最终成为学术精品，更好地满足汉语教学与研究的需要。

5. 语料库的建设必须经受教学与研究等应用实践的检验，并根据实践中发现的问题做出相应的修正与改进。因此我们采取动态建设的策略以便随时补充、修订、完善语料库的细节，并根据应用研究的需要实时调整、增强语料库的检索功能。我们希望这个语料库能够成为汉语中介语语料库建设领域的创新典范，成为语料库建设中合作研究的典范，成为科研项目共建共享的典范。当然，我们最重要的目的是更好地为汉语第二语言教学及其科学研究和人才培养服务。

参考文献

崔希亮、张宝林：《全球汉语学习者语料库建设方案》，《语言文字应用》2011 年第 2 期。

冯胜利：《汉语书面用语初编》，北京语言大学出版社 2006 年版。

冯胜利、胡文泽主编：《对外汉语书面语教学与研究的最新发展》，北京语言大学出版社 2005 年版。

冯胜利、施春宏主编：《汉语语体语法新探》，中西书局 2018 年版。

郭锐：《现代汉语词类研究》，商务印书馆 2002 年版。

郝振斌：汉语中介语语料库的技术实现及未来展望，未发表稿，2019 年。

梁爱民、张秀芳：《复杂系统理论视角下二语动态发展研究综述》，《鲁东大学学报（哲学社会科学版）》2017 年第 6 期。

刘德联、刘晓雨编著：《汉语常用口语句式例解》，北京大学出版社 2005 年版。

吴军：《数学之美》（第三版），人民邮电出版社 2020 年版。

肖奚强、周文华：《汉语中介语语料库标注的全面性及类别问题》，《世界汉语教学》2014 年第 3 期。

许希阳、吴勇毅：《复杂动态系统理论：对二语习得研究的反思》，《语言教学与研究》2015 年第 2 期。

张宝林：《关于通用型汉语中介语语料库标注模式的再认识》，《世界汉语教学》2013 年第 1 期。

张宝林：《从 1.0 到 2.0——汉语中介语语料库的建设与发展》，《国际汉语教学研究》2019 年第 4 期。

张宝林、崔希亮：《"全球汉语中介语语料库建设和研究"的设计理念》，《语言教学与研究》2013 年第 5 期。

张宝林、崔希亮：《关于汉语中介语语料库标注规范研究的新思考——兼谈"全球汉语中介语语料库"标注规范的设计》，《第三届汉语中介语语料库建设与应用国际学术研讨会论文选集》，世界图书出版公司2018年版。

张宝林等：《汉语中介语语料库标注规范研究》，北京大学出版社2019年版。

张勇：《样本量并非"多多益善"——谈抽样调查中科学确定样本量》，《中国统计》2008年第5期。

赵金铭主编：《汉语口语与书面语教学》，北京大学出版社2004年版。

（原文刊于《世界汉语教学》2022年第1期，收录时略有改动）

"情感转向"与西方修辞研究的自我更新[*]

刘亚猛

(福建师范大学外国语学院,福州 350007)

提　要:当代西方正经历着一个双重意义上的"情感转向":在公共领域,"后真相"时代的来临及社交媒体在交流实践中开始享有主导地位,使得情感攀升为形塑舆论的显要甚或主要手段;而在学术领域,对"情动"及情感的研究兴趣持续高涨,已经蔚为继"语言学转向""文化转向"之后席卷社会科学及人文学科的又一新潮流。作为学术史上最早对情感做出理论阐述并且深度介入公共交流实践的一门学科,修辞如何因应这一双重转向提出的众多挑战,关系到它在"情感时代"的学科发展前途。就"情感转向"的缘起提出一个更为广阔的历史视角,利用该转向提供的概念资源审视并更新修辞学与情感相关的传统论述,就当前公共话语中流行的交流模式进行富有新意及解释力的理论阐发——这些都是致力于使修辞学顺应这一新语境的学者当前正着力探索的新研究方向。

关键词:情感转向;修辞研究;诉诸情感;"后真相";修辞;理论更新

"情感转向"(the affective/emotional turn)是 20 世纪末在欧美学术界出现,21 世纪以来持续发展并日渐引人注目的一个跨学科研究趋向。这一趋向以情感作为研究焦点及核心概念,尽管争议不断,是否产生深远影响也有待进一步观察,却已经获得不少论者的推崇,甚至被誉为"晚近思想史上一个深刻而且具有挑战性的发展"(Tarlow 2012:170)。跟先前风靡西方学界的"语言转向"及"文化转向"一样,这一以"转向"自我标榜的学术风潮也已经引起国内不少学者的浓厚兴趣,成为文学批评、哲学等领域的一个热门话题。特别是最近几年,相关学者就这一新"转向"接二连三地推出颇有深度的介绍,就其理论形态、谱系脉络及学术影响进行了比较详尽的阐述(陆扬,2017;刘芊玥,2018;郑国庆,2019等)。由于他们的努力,"情感转向"在国内人文社科领域已经不是一个陌生的概念。

国内针对这一话题的研究成果有两个突出的特点:其一,相关译著及论著几乎毫无例外

---

[*] 本文曾在复旦大学举办的"纪念《修辞学发凡》问世 90 周年暨第十二届'望道修辞学论坛'学术研讨会"上宣读。

地聚焦于被认为是当代西方情感理论发展的两条基本脉络，即加拿大哲学家布莱恩·马苏米（Brian Massumi）对源自斯宾诺莎并经德勒兹承继的情动（affect）理论的新阐发，以及美国女性主义批评及酷儿（queer）理论的先驱之一伊芙·塞吉维克对（Eve K. Sedgwick）心理学家希尔文·汤姆金斯情感理论的再解读，"情感转向"被广泛地等同于这两条脉络及其所提倡的"非认知"（non-cognitive）"情动"观；其二，对这两条脉络的译介、梳理及描述，包括对马苏米及赛吉维克理论观点的讨论及评价，大都是在这一转向的欧美引领者及倡导者所提供的论述框架或者说在他们所构筑的语境内进行的。尽管相关学者对目前采用的研究方法及进程已经开始反思，如意识到"由于翻译工作的滞后，导致国内读者对西方情感理论的了解不仅有限，还存在一定偏差"（郑国庆，2019）或"现有的研究成果或是总体性的思潮扫描，或是局限于单个理论家，鲜有针对某个引起广泛讨论的特定主题展开的学术整理"（杨玲，2020），但即便是这些自省，所针对的也无非是译介情感研究中的"欧陆哲学脉络"及"女性主义和酷儿理论脉络"时涉及的平衡及尺度等问题，并未跳出这两个学派自设的论述框架，从一个更广阔的视角对"情感转向"作出批判性审视。

事实上，由于受这一框架的局限，国内学界对这一新思潮的了解所存在的"偏差"远不止已经被意识到的。例如，现有研究成果依据欧美"情感转向"倡导者的自我表述认为这种新研究取向"用基于身体的情感取代认知的核心地位，用情感理论取代结构主义和后结构主义的理论范式"（杨玲，2020），"从而超越了基于修辞学和符号学的研究范式"（刘芊玥，2018）。然而，这一理解并不曾得到这些倡导者之外其他对"情感"感兴趣的人文社科学者的普遍认可，在这一转向始发二十余年后的今天看来，所谓"取代""超越"更不无夸大其词之嫌。美国著名文学理论史学家约翰·布伦克曼（Brenkman，2020：1）在回顾"情感转向"的发展过程时提出的一个见解很有代表性：

> 对各种"转向"应该多长个心眼。哲学传统此前一直关注着思想、心智、理解、知识及精神等问题。语言学转向使哲学家们开始看到语言在人类认知上所起的根本作用并质疑跟传统范畴关联的一些受到珍爱的概念。然而在接下去近百年间对语言、符号、话语、文本、隐喻、指号过程（semiosis）的走火入魔引发了对无所不在的文本性（textuality）及能指首位的反拨，也就是情感转向。不管是语言学转向还是情感转向，那些在其旗号下提出的学术观点虽然听起来像是具有革命性的智力成果，其实不过是发现了过去的话语卷幅中一些迄今未被注意到的褶皱而已，谈不上是与原有话语的某种认识论意义上的"割席"。

眼下的"情感转向"岂止谈不上与关于情感的既有学术话语，尤其是"基于修辞学和符号学的研究范式"实现了真正的切割,这一转向中风头最健的"情动理论"在著名女权主义学者克莱尔·海明斯（Clare Hemmings）看来,本身就是一个修辞及符号构筑。海明斯并不否认"情动在当前的语境中可以成为一个不无意义及价值的评论焦点"（Hemmings, 2005：551）,然而她指出这一概念之所以迅速赢得大量关注,是因为其鼓吹者夸大并利用了"后解构"时代在文化研究界萌生出来的三种疑虑,即：主体的建构模式能否充分解释人作为个人及作为群体在这个世界上的处身；定量实证路径及文本分析方法能否充分解释我们希望理解的社会领域的谐振（resonance）问题；"权力/抵抗"或"公众/私人"这些作为文化研究立论基础的基本对立能否充分解释当前的政治进程（Hemmings, 2005：549 - 550）。针对这些疑虑,赛吉维克和马苏米分别提出了"不受内驱力（drives）及社会意义约束"因而享有"自由"以及"处于批判性阐释的可及范围之外"因而能够"自主"的"情动"概念,以之作为"修辞手段"来"说服"那些"忧心忡忡的理论家",使他们将情动视为摆脱文化研究似乎业已陷入"僵局"（impasse）的一条有价值的"出路"。对于那些觉得文化理论的基本设定及实践规范已经束缚了话语创新手脚的理论家,情动应允的"自由"及"自主"听起来的确十分诱人,然而：

> 马苏米和赛吉维克所提倡的与其说是一种新方法,不如说是一种新的学术态度——一种对于不具社会文化属性的事物的态度或信念。马苏米的建议不是大家试着找一找,看看是否有外在于文化的事物,而是大家都认定的确存在着外在于文化的事物。这一建议仅对那些想率先为"文化转向"发讣告的学者有用（a useful proposition only if one's academic project is to herald the death of the cultural turn）。

"情感转向"是一场关于"情感"的学术论辩

如果说海明斯 2005 年提出的修辞分析使我们对"情感转向"如何应运而生——也就是其发生的学术背景及诱因——有一个独特而富有启发的洞察,在近二十年后的今天采用同一视角也将使我们对这一"转向"随后的发展,尤其是对其眼下所呈现的话语形态及结构,有同样独到的观察。将当代"情感转向"置放在修辞的视域内,我们所看到的首先是一个围绕着"情感"这个基本概念,尤其是围绕着是否存在着外在于文化规范及社会关系,与语言、认知、意识无涉却在很大程度上制约着人类行为的"情动"这个核心问题,而铺展开来的一个多元论辩场域。

不管是一般意义上的"情感研究""情感科学",还是在此基础上形成的"情感转向",对"情感"这个核心概念加以辨析都是理论构筑的首要,同时也是最具挑战性的问题。美国学者埃里克·舒斯（Eric Shouse）曾经融合马苏米及赛吉维克的理论,通过对 feeling（感情)、emotion（情感）及 affect（情动）的比较简明扼要地提出一组定义。根据舒斯的考证，在情动理论的框架内，feeling 指的是与个体此前的经历相关并以这种经历为标记的一种感觉，具有个体的私密性和传记性（personal and biographical）；emotion 是 feeling 的投射或展示，这种展示可以是真实的，也可以是虚矫的（"装出来以满足某些社会期待"）；而 affect 指的则是身体经验，然而未被意识到的一种（刺激的）强度，总是先于或外在于意识，是身体在特定情境中为采取行动预作的准备（Shouse, 2005）。

这些定义尽管因为通俗易懂并有助于"情感转向"相关知识的普及而被广为引用，却并未能得到涉足情感研究的各个学术领域的普遍认可。对情感词的界定实际上呈现出众说纷纭、莫衷一是的局面。就"情感转向"这一名称而言，由于受该思潮早期的标志性论著 *The Affective Turn: Theorizing the Social* (Clough & Halley, 2007) 的影响，许多学者也跟着将它称为 affective turn，但也不乏称之为 emotional turn 的。在采用 affect（及其派生词）的相关学者中，不少人将它和 emotion 用作可以相互替代的同义词，所以在实际应用中 affect 指的究竟是具身的（embodied）、"先于或外在于意识"的"情动"，还是受意识及认知支配的"情感"，抑或是包括 feeling, passion, mood 在内的所有情感用语的上位词，往往要在具体语境中通过细致辨析才能分清。

例如，在赛吉维克理论脉络的源头即汤金斯及保罗·艾克曼的心理学术语系统中，emotion 被界定为一种普世、天生的生理性及神经性反应，而艾克曼的门生、行为生态学家艾伦·弗里德隆德（Alan Fridlund）则认为 emotion "并非内在生理过程的标记，而是用于促进社会互动的一种复杂的交际信号"，是"旨在提高社会性的一种策略手段。它仅从语境中获得意义，不能脱离语境运作"，从而赋予同一术语截然相反的意义（Lanzoni, 2019: 267）。又如，在心理治疗的术语系统中，affect 经常用来指称人们的 feelings 如何通过动作、语调、姿势及脸部表情表露出来，是外显及主体间性的，而 emotion 则是内在及主体性的（Brenkman, 2020: 18）。而"情动"affect 这一概念虽然可以追溯到斯宾诺莎理论，然而马苏米等学者赋予它的当代意涵与这一概念的原始意义也颇有区别。"根据斯宾诺莎的说法，affect 最好被理解为世间的实体（entities in the world）相互触动及被触动（affect and to be affected by one another）的任何方式"，而在当代情感理论体系中，affect 是"先于（个人感情）经验而存在、产生这些经验并赋予这些经验以其特质的那些作用力（或许是能量流），……（情动）不是我所感觉到的，而是使我产生这种感觉的那些作用力"（Shaviro, 2016: 2）。两相比较，差异是非常明显的。

面对这一纷纭复杂的局面，有独立见解的学者们往往另起炉灶，推出自己的工作定义。如哲学家迈克尔·哈特（Michael Hardt）在为上文提及的 *The Affective Turn* 一书撰写的前言中就明确指出应将 affects 视为"同时骑跨在心智与身体、行为与激情的分界线上"（affects straddle these two divides: between the mind and body, and between actions and passions）（Clough & Halley，2007：xi）。这一理解与将 affect（情动）与理性及情感割裂开来的流行见解大相径庭。"非表征理论"的创始人、著名英国人文地理学家奈杰尔·斯瑞夫特（Nigel Thrift）是"情感转向"的积极倡导者。他在斯宾诺莎相关论述的基础上进一步将"情动"（affect）界定为"先于情感（emotion）的发生而在体内生成的力量及强度，这些力量及强度能在人与物之间传递，产生变化并使人/物的聚合体进入运动状态"，从而将"物"也纳入了情动主体的范畴（Hill，etc.，2014：387）。尽管如此，斯瑞夫特却也不能不意识到"我们应该直面的问题是 affect 可以用于表达许多不同的意思，不存在关于它的一个稳固的定义"（Thrift，2004：59）。

"情感转向"核心概念缺乏"稳固的定义"，而且不仅未能逐步趋向共识，反而随着时间的推移越发歧杂多元。这一情况所反映出的是一个国内现有研究忽略了的事实，即情感研究是一个"处于分裂状态的领域"（Lanzoni，2019：266）。实际上，马苏米和赛吉维克于 1995 年分别发表的关于"情动"的经典论文在引起对情感的广泛研究兴趣的同时，也引发了针对这一新潮理论的尖锐质疑和批判，有关"情感转向"的争议从来就没有停止过。例如，著名社会心理学家及话语理论家玛格丽特·韦瑟雷尔（Margaret Wetherell）明确反对将情动归属于无意识、不受意识支配、与话语无涉的范畴，认为应将它理解为由无意识的肢体反应（如出汗、战栗、红脸）、其他肢体行为（如趋前或回避）、主观的感情及其他感受、认知处理（如感知、注意、记忆、作出决定）、语言报告（如感叹或叙事）及交际信号（如脸部表情）等融合而成的一种具有动态性及互动性的组合或聚合，是一个带有混杂（hybrid）性质的概念（Wetherell，2012：62）。基于这一认识，她提出了用以取代"情动"（affect）的"情感实践"（affective practices）概念，将这一替代性概念界定为"征用身体的常规及潜在功能并使之融入意义生成过程及其他社会及物质形态而形成的组构（figuration）"（Wetherell，2012：19）。

又如，曾对这一"转向"产生过较大影响的《情感的文化政治》（*Cultural Politics of Emotion*，2014：207-208）一书的作者、著名女权主义及后殖民主义理论家莎拉·艾哈迈德虽然也经常被归类为"情动理论家"，却在该书第二版的"后记"中明确表示她并不认可"情动"这一概念，不赞成将"情感"（emotion）和"情动"区分开来，使之分别与意识/意图以及生理/身体挂钩，成为相互对立的概念。在她看来，"情感"（emotions）本身就"涉及触动及被触动（affecting and being affected）这两类躯体过程（bodily processes），或者说情感事关我们与物体及他者发生接触"，那种认为"情动"与"情感"分属于"不同的序端"（order）、遵循着"不同逻辑"的观点，在理论上是说不通的。

具有生理学及心理学背景的著名科学史学家露丝·莱斯（Ruth Leys）在其 2017 年的新

著《情动升发的谱系及批判》（*The Ascent of Affect: Genealogy and Critique*）中更通过对20世纪中叶以来情感研究历程的回顾，揭示出汤金斯艾克曼的实验心理学理论，即存在着不具认知性、意图性及文化差异的"基本情感"，不仅观念基础相互矛盾，所设计的实验方法也存在不容忽视的缺陷。莱斯在书中对人文社科领域以马苏米及赛吉维克为代表的情动理论倡导者提出了尖锐的批评，指出他们引用了一些关于情感的"科学"研究成果（如情动的生成先于意识、评价、意图的发生等）以区分情动和情感，论证情动与认知、意图、语言、意识形态、文化等无涉，却完全没有意识到自己所依赖的实证研究项目本身从构思、设计到执行其实都存在问题，其成果及结论在情感科学领域内部争议很大，完全未能达成共识（Ross，2019：282-283）。这些学者不仅未能意识到自己所引证的"科学"其实"很不扎实"（shaky），而且还无视接受这些"科学结论"将带来的极其令人担忧的社会、政治后果：假如情动是"自治"的，也就是说，受情动驱使的身体反应不为认知制约、不受意图及意识控制，人们还怎么能为自己的感情及行为负责（Rosenwein，2020：198）？

迄今为止贯穿于"情感转向"发展历程的实际上是马苏米-赛吉维克理论脉络及对该脉络的激烈批判的交织。这一结构特征使得不少对"情感转向"的观察倾向于将它看成是两种情感观的对立互动。正如《共情——一个概念的历史》（*Empathy: A History*）的作者——专注于研究心理学、精神病学及神经科学发展史的著名学者苏珊·兰佐尼（Lanzoni 2019：266）所描述的那样："相互对立的一方认为情感无不带有意向性、意义及对客体的评估；另一方则认为情感（emotions）主要生成于身体及亚个体（即完整个体的生物、化学等构成成分）层面，情感反应是天生的，客体对于情感所起的作用无非是引发了这种固有反应而已。"或者如历史考古学家莎拉·塔罗（Sarah Tarlow 2012）所指出的："情感研究的众多路径……大体上可以排成一列，一端为心理路径，另一端为建构路径。在心理路径端情感被理解为某种身体的躁动，源于人脑，是荷尔蒙作用的产物，也是所有现代人类所共有的一种生物功能。在建构路径端情绪不被视为普世的，不仅某一情境带有的情感内容在不同文化语境内各不相同，而且真正的情感体验也具有习得性和社会性。"

另外一些针对"情感转向"的概览则倾向于在其进程中区分出几种有明显差别的并行路径，如人文学者亚伦·钱德勒在这一"转向"生成的话语中鉴别出三个大不相同的研究方向：1) 源于达尔文的情感观，即情感是机体对生存环境的适应（因而是普世的）；2) 源于斯宾诺莎的情动观，即情感是机体触动/感应和被触动/感应（to affect and to be affected）的方式（因而是个体的生理、心理反应）；3) 源于亚里士多德在《修辞学》中对情感的定位，即情感是社会关系及社会互动的产物（因而是社会性及主体间性的）。第三个方向，即修辞路径，反对将情感普世化，不认可将情感反应主要视为个体生理或心理现象，而是试图透过相关的历史或经历理解个体的情感反应，观察这种反应如何"在特定话语中发挥修辞及施事功能"(Chandler，2008)。又如上文提及的人文地理学家斯瑞夫特从当代社会思想对情感的认识中区分出五个学派：第一最引人瞩目的是"情感程序"学派，这一学派以情感受内在生理程序驱动为基本设定，该设定源于达尔文对情感的阐释，聚焦于被认为是泛文化(pan-cultural)的短期身体反应(short-term bodily responses)；第二是认为身体反应导致情感状态的詹姆斯－兰格(James-Lange)理论，安东尼奥·达马西奥(Antonio Damasio)传承了这一理论，提出"情感感情"(emotion-feeling)是大脑新皮质通过下脑中枢的中介对身体所受刺激的感知；第三是希尔文·汤金斯学派，这一学派主要关注情感(affects)和内驱力(drives)的区分，认为情感可被转移到许多对象并得到满足，内驱力则只针对固定对象；第四是德勒兹学派，该学派认为情动代表着不服管训(unruly)的身体具有的摆脱社会约束自行其是的能力；第五是源于亚里士多德，强调体源性动能(corporeal dynamics)的心理社会(psychosocial)学派。这一学派反对将情感视为内在于人体并为所有人平等享有的生理心理视角，针锋相对地提供了"或许可以被称为情感的政治经济学"的不同理解。按照这一理解，情感是在处身于政治、历史语境中的行事者(agents)之间形成的。将某些情感分派给某一些人，对某些情感实行囤积及垄断，有系统地剥夺某些人对某些情感的享有——这些都有助于造就某一类政治主体。情感导致选择性的想象及遗忘，褒扬或谴责，允许和压制，从而情感本身是由"一个动态社会领域的轮廓线"(contours of a dynamic social field)构成的(Thrift，2007：223－225)。

"触动与被触动"：情感转向与修辞理论的自我更新

综合时空维度对"情感转向"整个话语领域进行"测绘"(mapping)呈现出的这种"横看成岭侧成峰"的现象，与对相关核心概念赋义形成的众声喧哗现象一样，都表明该"转向"极为复杂多元，绝非"马苏米－赛吉维克"脉络所能概括。而在一位人文学者和一位社会科学家分别绘制的两份该领域"全域地形图"中，尽管所勾勒出的主要地标及走向差别很大，源于亚里士多德的"修辞路径"却不约而同地被标记为主要流派之一。这一事实进一步表明关于情感的经典"修辞研究范式"不仅没有在"情动"思潮的冲击下遭到被"超越"、被边缘化甚至被废弃的命运，反而因为受这一思潮的"触动"(affected)而再次焕发生机，反过来作为一个主要理论模式"触动"(to affect)并推动着这一"转向"继续朝前发展。

关于情感的修辞视角之所以引起广泛关注，成为这一当代热门研究的主要路径之一，在很大程度上得益于两个相互关联而且都跟美国修辞学者丹尼尔·格罗斯(Daniel M. Gross)有关的出版事件。格罗斯与德国修辞学家安斯加·凯曼(Ansgar Kemmann)于2005年合作编辑出版了一部名为"海德格尔与修辞"(Heidegger and Rhetoric)的专题论文集，集中讨海德格尔1924年在马堡大学开设的一个跟修辞密切相关的讲座提纲。在这份一直到2002年才得到发掘出版的详细提纲中，海德格尔对亚里士多德《修辞学》第二册中有关pathos（诉诸情感）的论述进行了深刻的哲学解读，并在他自己"基础本体论"（fundamental ontology）的框架内重新界定了情感与存在的关系。格罗斯自己的专著《从亚里士多德〈修辞学〉到现代脑科学——一部不为人知的情感研究史》（The Secret History of Emotion: From Aristotle's Rhetoric to Modern Brain Science）紧接着于2006年付梓。在这部专著中，格罗斯重新审视了情感研究与修辞传统的深厚渊源，强调修辞在当代情感理论中理应享有一个不可或缺的重要地位。这两部出版物被修辞学者戴维·彼尔德（David Beard）认为"合而考虑堪称一项重要的理论及史学成就"（Beard, 2008: 112）。之所以合起来考虑才称得上是一项重要成就，是因为两部著作其实就是格罗斯所从事的修辞/情感研究项目的一体两面。前者对海德格尔就亚里士多德修辞学的情感观作出的哲学解读进行了修辞再解读，强调海氏对亚里士多德《修辞学》的阐释赋予"情感"的修辞视角以丰富的现当代哲理内涵，从而拓展了修辞情感理论的跨学科应用范围并提升了其阐释能力。后者则针对修辞情感理论长期遭受忽略（因而"不为人知"）的现状，以海德格尔对亚里士多德情感论的哲学整理为范例及依托，重构了一个具有突出当代相关性的修辞学情感研究传统，使之成为"情感转向"中一个得到广泛承认的主要流派。

其实，修辞在"情感转向"过程中发挥的作用并不仅仅是为一个多元的研究领域增添了一条与其他范式并行的路径。我们仔细审视钱德勒和斯瑞夫特所提供的情感研究"领域图"，则很清楚，在所有被区分出的范式中只有修辞强调情感的社会属性，坚持认为情感是社会关系及社会互动的产物，而其他范式都只不过是将情感视为内在于人体并为所有人平等享有的生理心理学派的不同分支。而正如彼尔德在评论格罗斯的两部作品时指出的，修辞的情感理论之所以能"与享有支配地位的众多心理生理模式对着干"（a theory of emotion that cuts against the dominant psychophysiological models），不仅在于"修辞学将情感当作一种社会现象加以讨论具有悠远而丰富的历史"，更在于对这一学科的"概念域"（conceptual field）的理解得到了"极大的扩展"[greatly expand (ed)]（Beard, 2008: 109、112）。这一"扩展"，更准确地说是修辞理论的更新——最突出地表现于对"诉诸情感/pathos"这一修辞基本范畴——尤其是对"情感/pathos"和"道理/logos"在修辞理论体系中的相互关系及相对价值——的再认识。

在受到"情感转向"思潮的冲击之前，西方修辞研究主流所关注的一直是以逻格斯（logos）为中心的话语如何影响受众的理解、态度及行为尤其是受众作出判断与决定的过程。对于情感在修辞过程中所发挥的作用，主流修辞学家即便有所触及，也一直未能完全走出"在修辞互动中诉诸情感不合法或不尽合法"这一根深蒂固的传统观念的阴影。之所以

"根深蒂固",是因为这一传统认识源于亚里士多德在其《修辞学》(1354al 1 – 18、24 – 26)开篇提出的一个观点:

> (流行的修辞手册作者)对说服的本体即修辞论证(enthymemes)不着一言,却将注意力集中于跟这门艺术不相干的话题,因为唯一内在于这门艺术的是证明(pisteis),而詈辱以及怜悯、愤怒等情感无关(案情的)事实,仅用于对陪审员施加影响。……通过撩拨起陪审员的愤怒、嫉妒或怜悯而扭曲他们(的裁决),正如将一把直尺掰弯后再用于度量,是错误的。

尽管亚里士多德随后又将情感(pathos)和人格(ethos)及道理(logos)并列为修辞的三大类说服手段,对他上述观点的解读因而也一直存在争议,但是情感在说服中的应用是否合法或完全合法,一直困扰着《修辞学》的历代读者及西方修辞理论的传承人。一直到20世纪下半叶,论辩研究界仍有不少人将"诉诸情感"(argumentum ad passiones)视为"谬误"。多数修辞研究学者虽然认识到情感对于修辞实践是一种不可或缺的诉求,但并没有将它当成和logos/道理完全平起平坐的说服手段。有关pathos在现代修辞理论体系中所处地位的主流观点,从20世纪最负盛名的西方修辞理论家之一帕尔曼(Chaim Perelman, 1979: 57)的以下评述可见一斑:

> 修辞,也就是亚里士多德所创建的那门通过话语进行说服的艺术,并未否认人格及情感诉求在说服行为中所发挥的作用,但它坚持认为证明(proof),也就是诉诸道理(logos),才是最重要的(说服手段)。得到道理支持的意见最为周到(the best considered opinion)。

帕尔曼针对三大诉求相对重要性所重申的这一传统观点在当代情感思潮的冲击下已经谈不上是修辞学界的共识了。修辞学者卡斯特里(James Kastely)于2004年发表了一篇有关修辞与情感关系的概览,指出由于受众并非白纸一张,而是将自身的"生活经历及既有兴趣"都带到修辞互动中来,"人格及情感诉求绝非仅仅是辅助性的说服方式。相反,它们对于(导引受众)就实际问题或美学问题做出判断必不可少,是完全自立的说服方式"(Kastely, 2004: 224)。假如说否认情感诉求在修辞实践中仅发挥辅助性功能已经是对传统认识的明显修正,随着海德格尔对亚里士多德《修辞学》别具一格的解读——以及格罗斯对这一哲学解读的修辞再解读——在人文学科各领域尤其是修辞学者中引发广泛兴趣及讨论,对情感的认识论地位尤其是对情感与道理这两个修辞范畴之间关系的再思考进一步冲破了"独立""平等"这两个概念限定的范围,进入观念变革的"深水区"。

在以"亚里士多德哲学的基本概念"为题于1922年开设的讲座提纲中,海德格尔将修辞界定为"此在(Dasein)能于其中清晰地进行自我阐释的学科",从而一方面用亚氏《修辞学》提供的理论资源丰富了他自己提出的存在主义哲学思想,同时又从多方面"用哲学术语对修辞传统提出了重大修正"。例如,他将语言重新理解为"植根于共同享有的情绪(shared moods)、人类机构及由这些机构构成的非顺序(nonchronological)历史的话语";认为"人类在构筑话语机构的同时也为这些机构所构筑";指出在从事这些机构构筑的活动中,人类"同时是(亚里士多德所说的)施动者及受动者,推动者及被推动者"等等(Gross & Kemmann, 2005: 1-3)。在这些针对修辞观念基础的新认识中,引起修辞及话语研究界最大兴趣的莫过于海德格尔就情感作为修辞的一个基本诉求提出的见解。正如格罗斯(Gross & Kemmann, 2005: 4)所概述的:

> 海德格尔将 pathos/情感(涵盖了 passion、affect、mood、emotion 等概念的语义)界定为使 logos 即理性话语成为可能的条件,使命题思维(propositional thought)得以从中发现其目标及动机的实质(substance)。假如不借助情感,我们的离身心智(disembodied minds)就得不到支撑因而无以自立,我们的关注就毫无来由,我们就将缺乏作出判断的时间和地点,就完全没有参与讨论、从事话语交流的动机。

海德格尔不仅将 pathos(诉诸情感)确定为 logos(理性话语)的"可能性条件",还进一步认定"情感是理性话语(logos)的基底而非其补充",而 logos 则由于其"根基是日常的情感性境况",因而在本质上是"衍生性的"(derivative)(Gross & Kemmann, 2005: 6-7)。这些论点从根本上颠覆了西方修辞传统中承继自柏拉图的一个价值阶(hierarchy of values),即理性高于情感,情感影响或妨碍了作出正确判断所要求的理性思维。

在海德格尔修辞观的影响下,当代西方修辞研究领域围绕着情感进行的理论探索不断深化。一个近例是著名人文学者约翰·布伦克曼(John Brenkman)于2020年出版的《情绪与辞格——情感的修辞学及诗学》(*Mood and Trope: The Rhetoric and Poetics of Affect*)一书。布伦克曼在书中采用海德格尔的情感论作为自己的出发点,通过对亚里士多德的再解读,进一步细化及深化了我们对修辞意义上的情感即 pathos 的认识。他以亚里士多德在《修辞学》第二册给"恐惧"及"愤怒"分别下的定义——"因为想象到迫近的危险而产生的一种痛苦或不安"及"在自身或家属受到他人无端蔑视后产生的夹杂着痛苦的报复欲望"——为例,指出在亚里士多德看来,"言说者假如试图激发或压制受众的恐惧感,就必须使后者想象到他们即将遭受的痛苦或摧残。同理,言说者假如试图让受众持续地感到愤怒,就必须使后者想象到报复能带来的快感",而这也就是为什么昆提利安会提出"能很好地应用 phantasia（想见）这一辞格，使不在场事物的形象在受众眼前真实般地浮现，这样的修辞者表达情感的能力最强"（Brenkman，2020：9－11）。由此，布伦克曼推导出"想象内在于情感""情感与辞格密切关联""情感在话语中表现的关键在于'发言'的'发'（*énonciation*）而非'言'（*énoncé*），也就是说，不在于所说的内容，而在于'说'的行为或'表达'本身"等观点，并进而提出应将情感视为"复杂的组态（configurations），是想象、社会感知、希望、感觉的混成（compounds）""修辞作为说服及比喻的艺术，……无法脱离感情、情感、情绪，而感情、情感、情绪更谈不上能脱离修辞"（Brenkman，2020：15）。

  这些观点的推出进一步展示了海德格尔对亚里士多德情感论的哲学阐释，经由格罗斯及布伦克曼等学者的修辞再解读之后，在多大程度上引发了修辞理论内部围绕着 pathos 这一经典范畴进行的"情感转向"，以及这一"转向"给修辞的传统理论形态带来了何等的变化。事实上，修辞理论在"情感"思潮的冲击下发生的观念变革远不止上文提及的这些表现。一些修辞学者在女性主义情感研究传统的基础上，不仅重申了情感的社会属性，还就建构情感的修辞视角提出了更为激进的设想。例如，修辞学者莎莉·斯坦伯格（Shari Stenberg）在探讨情感与修辞教育的关系时明确反对将情感视为个人的、内在的、被私下体验的"自然化情感观念"（naturalized conception of emotion），提出应将情感重新概念化，理解为"情动与判断紧密交织而形成并经由身躯获得体验的一个社会及历史建构"，这一建构"将个体置于象征符号的控制之下，以复杂及相互矛盾的方式与社会秩序及其意义结构捆绑在一起"（Stenberg，2011：349－350）。以此为出发点，斯坦伯格对流行的"情商"观念及"情商"教育热潮提出了严厉的批判，指出"情商"观念所界定的"表达情感的正确方式"——在"正确的时刻"表达"正确的"感情或克制感情的表达——无非是用理性主义来规训情感，或者说用 logos（理性话语）来压制并控制 pathos（诉诸情感）的又一尝试。在"情感修辞"的框架内，斯坦伯格强调是文化和社会语境以及这些语境对身处其中的个体的期待，形塑了情感的表达和我们随后对这种表达的解读。并且，她主张应将情感视为"知识生产的关键来源"，将情感反应和反思视为"创造新知识的资源"，认识到情感在教育和修辞实践中都发挥着关键作用（Stenberg，2011：351、367）。

  另外一些修辞学者则从马苏米阐释的生物主义"非表意强度"（asignifying intensity）情动理论中获得灵感，从相反的方向推动修辞情感理论的更新。在采取这一不同路径进行的探索中，颇具代表性的是修辞学者凯文·马里内利（Kevin Marinelli）通过反思著名修辞学家埃德温·布莱克（Edwin Black）20 世纪中叶提出的"训勉修辞"（exhortation）概念，对修辞的情感维度和认知维度之间的关系提出的新思考。一直到 20 世纪中叶，基于亚里士多德《修辞学》传统阐释的西方现代修辞理论认定情感只能通过信念（belief）被激发起来。也就是说,修辞者要想根据修辞意图使受众进入某一特定情感状态,就必须在陈述中先提及某些能达至煽情目的而又为受众所相信的事实。布莱克对这一学术共识提出了异议,在1965年出版的《修辞批评方法研究》(*Rhetorical Criticism: A Study in Method*)一书中,布莱克以他称为"训勉"的一类修辞话语(如极具鼓动性及冲击力的布道)为例,指出受众"在这一类别(的修辞交动)中并非先接受了某一信念然后才有强烈的情感体验,甚至也不是在接受信念的同时发生这种情感体验,而是先(在修辞者煽情语言的影响下)有了强烈的情感体验,然后才产生了某种信念。可以说是情感产生了信念,而非反之"(Black, 1965: 138)。

假如布莱克将这一现象推而广之,作为修辞理论重新认识情感与认知在修辞交动中相互关系的一个关键参照,则修辞学或许提前半个世纪就已经开始实行自己的情感转向。然而,正如马里内利指出的,针对从训勉修辞中发现的先有情感才萌生信念这一现象,布莱克(Marinelli, 2016: 473)的后续推理却是:

> 强烈、具体、绝对的语言引发了与理性思辨无涉的情感(pathos devoid of rational argumentation),使(修辞对象)进入一种感情浓烈(intense emotional state)甚或是癫狂(frenzy)的状态。不过受众马上被迫做出一个理性决定:或者醒悟到自己上当受骗(having been duped),或者对这一感情经历进行认知化处理再予以接受(cognitively commit to one's emotional experience)。

也就是说,他显然认定只有当煽情语言所引发的情感被理性地转化为正儿八经的信念之后,修辞者与受众的交动才算得上是一种"训勉"。对于布莱克的这一看法,处于情感转向时代的马里内利并不以为然。他以诺贝尔文学奖获得者加西亚·马尔克斯《霍乱时期的爱情》中一句广为引用的话——"我不信真有上帝,但我怕他"(I do not believe in God, but I am afraid of him)——为范例,指出现实生活中人们的情感倾向及受本身偏爱影响的判断完全可以由他们所不相信的概念内容(ideational contents)所引发。在修辞交动过程中,情感未必一定由信念激发,也未必必然转化为信念,情感与认知的关系远比布莱克半个世纪之前所认定的来得复杂。

尽管他也从格罗斯提出的情感理论中获得灵感,马里内利致力于探讨的是修辞交动如何牵涉包括生物、生理因素在内的物质现象即所谓"感情的具身化"(emotional embodment)。为此,他也部分接受了马苏米的情动理论,对生理性的"情动"和社会性的"情感"加以区分。不过,他还是认定情感既非"纯认知性"也非"纯生物性",而是二者"合一而成的意识内容"(unified conscious content),从而与将"情动"视为"非认知"的"纯生物性"

范畴的马苏米－赛吉维克学派保持明显距离。在这一被称为"情感物质修辞"的新研究框架内，马里内利将修辞过程涉及的"情感"（emotion）理解为生理性的"核心情动"（core affect）被"前景化"之后带来的"愉悦或不悦感与关于外部世界的感官信息有意义地结合起来"（pleasure or displeasure and sensory information from the world are bound in a meaningful way）而生成的"心智表征"（mental representation）。基于这一理解，他提出"即便煽情语言的应用未能使受众形成确定的信念，这种应用所产生的核心情动仍然造成不可小觑的影响。……经由情感的中介而生成的心境（disposition）与明确的信念很难甚至无法区分清楚，二者之间的关系完全是流动不定的。情感和认知之间的区分因而变得模糊了"（Marinelli，2016：477）。

"后真相时代"的"情感转向"对修辞批评提出的挑战

马里内利就修辞交动中情感与认知维度的关系提出的新主张不仅有深刻的理论意义，而且提高了修辞对话语实践的阐释能力。一些往往被熟视无睹的常用表达，如在美国竞选政治圈子中广为流行的警句"人们或许不记得你都说了些什么，但是绝不会忘记你的话带给他们的感受"（They may forget what you said — but they will never forget how you made them feel），或入选中国2021年度"十大网络用语"的网红表达"我看不懂，但我大受震撼"，都牵涉到认知与情感在修辞层面上的复杂关系。对这类流行用语的理解及阐释必然会从马里内利的新论述中得到不少启发。作为学术史上最早对情感作出理论阐述并且一向深度介入公共交流实践的一门学科，修辞学"情感转向"有别于其他领域类似"转向"的一个特点就是不将自己局限于抽象的理论层面，而是注重思考政治、社会、文化实践涉及的情感因素，或者说在更新修辞学的情感理论时始终将当代实践中遭遇到的现实问题尤其是难题放在心上。

一个长期困扰着修辞学界的难题是西方政治经济理论界从亚当·斯密提出《原富》开始，在过去近三百年间围绕着资本主义市场经济一直进行着的激烈论争。反对资本主义的理论和学说尽管深刻雄辩，这一制度带来的贫富悬殊、阶级分化等弊端也是不争的事实，但为资本主义辩护的理论观点在西方却始终更加深入人心，难以被有理有据的激进批判所撼动。这一现象理所当然地引起修辞学家的极大兴趣，他们从语言应用、论辩结构、意识形态内涵、价值诉求、对受众及公众的形塑等方面分析西方"经济修辞"的内部结构、张力、演化及现状，然而始终无法令人信服地解释为什么以传统修辞标准衡量似乎更具说服力的反资本主义理论却一直无法压倒亲资本主义理论。修辞学者凯瑟琳·查普特（Catherine Chaput）2019年出版的著作《市场情感与政治经济学辩论涉及的修辞问题》（*Market Affect and the Rhetoric of Political Economic Debates*）尝试在"情感转向"提供的理论框架中重新思考这个问题，她透过"情感"辞屏再度梳理、分析、比较了双方的论辩交锋，得出一个令人耳目一新的结论：批判资本主义的理论之所以在论争中在理却未能胜出，甚至难以针对公众产生明显的说服效果，是因为"亲资本主义理论话语以情感作为自己的核心诉求，而在反资本主义理论家的论述中，情感却总是引人注目地缺位"（Abbott 2020）。用查普特（Chaput, 2019：137）自己的话说：

> 批判资本主义的经济学理论将那些自己无法解释的经济行为一概看成是非理性、受惑于迷思的行为。由于情感以不易觉察的方式引导着经济决策，而（对资本主义的批判）却将情感行为排除出理论的考虑范围，所以只能让自己被理性/非理性这一虚假的二元对立所束缚。而鼓吹资本主义的话语则始终将市场看成是一种情感力量，认为这种力量在人们做出基于理性思考的决定之前，或者在做出理性决定的同时，就已经并一直影响着人们的行为。

查普特得出这一结论的理据是她从当代"情感"理论以及与情感相关的文化理论中拮取的一些新观点，如"情感"涵括了"存在于感情、感觉及日常实践之间的所有那些多种多样的关系"，"无意识的体源性因素在意识得以发挥其作用之前就开始影响我们对物质世界及我们如何与物质世界互动的理解"，社会成员的"感觉结构"（structure of feeling）或"感觉到的生活质量"（felt quality of life）应被纳入并改变我们对"经济基础"的理解等等。在由这些观点构成的一个新认知框架中，市场被重新理解为一种"情感力量"（affective force），是"在我们自身生活经验内循环着的那些非常真实的情感能的名物化"（the nominalization of the very real affective energies circulating throughout our lived experiences）（Chaput, 2019：2）。在围绕西方经济体制的论辩话语中，一个关键性的区别于是乎清晰地浮现出来：批判资本主义理论话语一直未能将情感纳入自己对"经济基础"的概念化，使之成为其修辞诉求的一个关键成分；而从亚当·斯密开始，亲资本主义理论话语却始终将"看不见的手"确立为关于市场的核心概念隐喻，用"同情"来解释正义、仁慈等道德情操产生的根源，鼓励社会成员放手追求"幸福"。两相比较，前者过于理性化的论述未能在修辞效果上压倒后者感性诉求的原因就不难解释清楚了。

查普特所关注的无疑是关系到构筑及解构西方现行经济体制合法性的宏观修辞问题，但对于修辞理论界而言，这毕竟只是一个呼唤着新解的老问题，当前面对的一个真正迫切也更为棘手的大难题则是如何把握网络化时代西方社会文化的基本特征，更新对当代修辞实践语境的总体认识。谈及21世纪以来西方社会展现出的时代特征，人们首先想到的就是《牛津词典》2016年遴选出的年度词"后真相"。的确，考虑到21世纪以来西方乃至全世界公共事务的发展态势，同时也考虑到"后真相"被普遍接受的定义，即"关系到或表达了在形成舆论的过程中诉诸情感及个人信念比诉诸客观事实发挥着更大影响力的情形",尤其是定义中的"情感""事实""舆论""影响"等关键词全都属于修辞话语的核心词汇这一绝非巧合的事实,修辞学对"后真相"研究产生浓厚兴趣是理所当然的。《牛津词典》推出在西方舆论界引起轰动的这个 2016 年年度词不久,修辞研究领域首屈一指的理论刊物《哲学与修辞学》(Philosophy and Rhetoric) 就筹划并于 2018 年延请著名修辞理论家芭芭拉·比塞克(Barbara Biesecker)担任客座编辑,推出一期"后真相"研究专辑。比塞克在该专辑的"导言"中归纳了修辞学界关于"后真相"的几种看法,如它指的是"危险地被正常化了的言说场景""当代的交际语境""表达男性歇斯底里的话语"等,并在福柯、德里达有关"真相"的诸多论述的基础上,提议将这一概念理解为美国自 1980 年代以来一直在发展着的"真相政治经济学"(political economy of truth)的一个"独特变异""特别适用于新自由主义后期治理结构对真相的一种独特管制方式"(Biesecker, 2018)。与此同时,另一位著名修辞理论家史蒂夫·富勒(Steve Fuller)也在他于同一年出版的新著《"后真相"与知识的权力游戏》(Post-Truth: Knowledge as a Power Game)一书中通过诘问关于"后真相"的负面定义由什么人提出,矛头指向谁,修辞意图是什么,认定该定义区分出的"真相信奉者"及"后真相信奉者"其实不过是希望按照当前规则继续玩"知识游戏"(knowledge game)的那些人,以及试图改变这一游戏现有规则以便自己能够从中获利的另外一拨人(Fuller, 2018: 53-54)。

  比塞克和富勒所提供的视角都犀利深刻、极富启发,但很显然,他们都只是试图在已经遭到"情感转向"强力冲击的后现代主义旧阐释框架内探讨"后真相"这个新问题。他们将注意力聚焦于"真相"与"事实",忽略了"后真相"定义的核心语义成分,即比"事实"更具影响力的"情感诉求"。以布鲁斯·麦康米斯基(Bruce McComiskey)为代表的另外一些修辞学者倒是将审视的目光主要投向"情感"与"事实"在"后真相"定义中的对立,尤其是情感促成舆论演变的机制。在这些审视的基础上,麦康米斯基提出"后真相修辞"这个派生概念,将之界定为在"后真相时代"流行的"用废话充当真知,以仇外冒充爱国,用诉诸人格与感情取代讲道理(bullshit parading as truth, xenophobia parading as patriotism, and ethos and pathos parading as logos)"的交流方式(McComiskey, 2017: 33)。在以这种方式进行交流的过程中,"不理会真值或推理(truth-value or reasoning)(这两项话语基本要求)的废话及假新闻巩固并强化了受众的既有信念,而假如修辞者能在策略性地应用废话及假新闻之前就通过诉诸感情控制这些信念,则(这两项策略的)说服效果将更强"(McComiskey, 2017: 27)。麦康米斯基并以时任美国总统特朗普的交流手段为例阐明上述定义,在对特朗普的几篇关键演说详加分析的基础上,他总结了这位擅长煽情尤其是精于在公众中撩拨起怒火的"后真相修辞"的代表性实践:

用怒气冲冲的修辞将"另类右翼"受众煽动起来，使受众将郁积在心中的愤懑毫无顾忌地公开表露出来。其结果是这些人对疯狂的言论和虚假的新闻不仅不问事实全盘接受，而且将这些（失智）言论及（虚假）新闻在社交网页上广为转发传播。……源于特朗普人格的一些情感，如愤怒，于是乎在美国一些极端保守的受众成员心中引起了共鸣。

不管是在针对特朗普的个例分析还是在他有关"后真相修辞"的一般性论述中，麦康米斯基的批评锋芒始终指向 pathos（诉诸情感）在修辞实践中的应用，只不过他的基本观念依然停留在"情感转向"之前学界就三类修辞诉求的相互关系及相对价值一度形成的共识。情感及人格诉求对他来说依然远不如理性话语的应用来得正当，甚至与后者形成对立关系（ethos and pathos parading as logos）。麦康米斯基对特朗普政治修辞操作的分析清楚表明：在他看来，诉诸情感——而非"事实"及"理性"论辩——不仅不尽合法，而且可能带来危险的后果，所以既是"后真相修辞"的突出表现，也是其变质堕落的主要肇因。观念的滞后决定了麦康米斯基对"后真相"开展的修辞批评未能超越以传统媒体为代表的西方公共话语的口径，也跳不出这些媒体设定的议程。他只是徒然以学者的身份被卷入自由主义建制派与强势崛起的右翼政治集团在公共领域开展的一场派系斗争，未能像扬·斯莱比（Jan Slaby）、克里斯蒂安·冯·舍夫（Christian von Scheve），尤其是乔迪·迪安（Jodi Dean）等学者那样，在"情感转向"提供的一个更加开阔的理论视野中探讨当代西方话语实践的社会文化框架及基本特征。

德国学者斯莱比和冯·舍夫致力于从情感的角度探讨当代西方出现的社会政治新形态，在他们为专题论文集《情感社会及其关键概念》（*Affective Society*: *Key Concepts*）撰写的"导言"（Slaby and von Scheve, 2019: 1-2）中，两位学者为我们提供了对这一新形态的总体观察：

情感（affect and emotion）业已支配着 21 世纪初叶的社会政治生活话语。在政治领域，对正在兴起的民粹主义思潮和政治争论新风格的描述往往突出其带有的煽情及对立化情感（emotionalizing and affectively polarizing）等特征。对日益高涨的宗教冲突的描述通常也采用情感视角（affective lens），强调愤怒、愤慨、冒犯等感情因素是这些冲突久拖不决的重要原因。对资本主义经济体制的研究越来越倾向于认为这一体制不仅剥削了人们的认知能力及体力，还利用了他们的各种感情及情感（feelings and emotions）并从中获利。社交媒体的实践同样表现出强烈的情感倾向，将意见不合的个人及群体当作敌对方，以毫不掩饰的敌对甚至粗暴的方式和他们交流。……当前这一从各种情感的角度理解及描述社会领域的倾向，即所谓"情感性自省"（emotional reflexivity），并不局限于公共领域及政治辩论。在这一倾向出现之前，学术界许多学科业已开始了一个"情感转向。"……在社会和行为科学领域、人文学科及文化研究领域进行的研究早已提出情感跟人之所以成为人密不可分，它们构成了人类生存及其社会性必不可少的基础。……人类的共存在一个深刻的意义上事关情感。

这些对当前欧美公共及学术话语及交流特征的全景式观察，以及上文讨论的《牛津词典》对"后真相"的界定，无不提醒我们西方社会正在经历的实际上是一种同时席卷公共及学术领域双重意义上的"情感转向"。对当代话语交流形态方式的学术讨论假如未能意识到这一点，未能以新出现的"情感社会"为正在浮现的语境并自觉融入一个全方位的"情感性自省"，而是继续拘泥于"前情感转向"时代的设定、规范、标准及路径，就谈不上有真正的相关性及阐释能力。而正如美国著名左翼人文学者乔迪·迪安的批评实践所表明的，对"情感社会"新现实的敏锐把握往往导致对变化中的修辞实践的深刻洞察及相应的理论创新。

迪安从社会互动及人际交流业已"网络化"这一现实出发，得出当下西方正在经历的实际上是一个"以交流作为资本主义生产、分配及流通核心环节的交流资本主义（communicative capitalism）时代"这一基本结论（Dean，2021：iix）。她通过对以社交媒体为代表的网络化社会互动的细致观察与分析，进一步认定"由于情感的流通快于思想的流通，交流资本主义网络是情感性的"（Dean，2021：x）。迪安并非第一位注意到情感在当代西方体制的运作中发挥着特殊作用的理论家，包括马苏米及斯瑞夫特等"情感转向"主要倡导者对此都已经有所论述。例如，马苏米曾指出由于资本主义市场已趋"饱和"，资本急于提高"通过多样化造就细分市场的能力"，强化情动（affect）并提升其"多样化"于是乎成了提升这种能力的关键。有鉴于此，"甚至是最出格的情动倾向（the oddest of affective tendencies），假如能产生利润，都不会有任何问题"。由于资本"绑架了情感（it hijacks affect）以便提高利润预期""说资本主义为情感定了高价，还真不是一种比喻（It literally valorises affect）"（Zournazi，2002：224）。而斯瑞夫特也指出现代西方体制的支柱性机构即大公司不仅是政治实体，还是情感实体（emotional entities），甚至可以说是"情感的大杂烩"（affective soups）。这些公司通过操弄各种各样的情感（如愤怒、得意、嫉妒、失望、耻辱、痛苦甚至是暴力等）而造成的情感依附（emotional attachments），是其组织结构的基础。情感工程化（emotional engineering）作为一个传统不仅在公司的人力资源及营销等部门蓬勃开展，如今并且已经延伸到产品设计等部门（Thrift，2007：243）。这些论述所涉及的无疑是斯瑞夫特上文提及的"情感的政治经济学"，只不过两位学者都仅在关于资本主义的经典理论框架内讨论情感如何被"绑架"或"操弄"以创造尽可能多的剩余价值，不仅未能将当代西方社会运作的新特点考虑在内，且马苏米还用自己描述为"自治自为"、不以人的认知及意图为转移、不受文化语境约束的"情动"指称在这一语境中明显属于社会文化现象范畴的"情感"，造成认识上的混乱。

迪安的论断则着眼于真正带有突出时代特征的"网络化交流"，将"情感"确定为"交流资本主义"的基本属性而非仅仅是为其所操弄的盈利手段。她之所以推导出这一结论，首先是因为以互联网为典型的复杂网络具有的基本特征，如自由选择、择优连接、不受限制的发展等，决定了在这些网络中被器重的是信息的流通能力及交换价值而非信息的内容。这意味着"我们赖以进行交流的渠道所奖赏的是数量：点击及分享的数目越大越好"。这种对数量的注重造成两个后果：一方面，由于"在一个越来越强求我们给予不间断、无休止、无限量关注的场合，人们没有时间对所有（信息）作出回应、评价或思考""作出反应需要的时间越短，反应就越容易"，所以入网信息的"实际内容，甚或是……所发表言论千差万别这回事，都没有人在意。……那些论证有力、实话实说，对真正值得关注的事务卓有见解的表达（由于信息处理需要较多时间）难得受到关注或者仅受到最低限度的关注"；另一方面，由于"在这些网络中，情感（emotions）要比思想流通得更快"，信息越能激发情感就享有越高的交流地位：

> 激愤（outrage）的流通能力大大超过严谨的论辩。……精妙的言论由于要想关注得花费太多时间，因此难以留下什么印象。人们能产生印象并记在心里的是那些具有强烈冲击力的言辞，这些言辞要么令人怒不可遏，要么使人觉得荒谬绝伦，要么让人感到萌宠可爱，甚至可以是一些给人以莫大安慰的套话。（Dean 2021：ix）

迪安对"交流资本主义网络"的基本特征即其"情感性"的这些解释为我们了解"后真相修辞"提供了真正的洞察。这些洞察上承布伦克曼在讨论"情感修辞"时提出的观点——"情感在话语中表现的关键在于'发言'的'发'（énonciation）而非'言'（énoncé），……不在于所说的内容，而在于'说'的行为或'表达'本身"（见上文），下接加拿大学者梅根·博勒（Megan Boler）和伊丽莎白·戴维斯（Elizabeth Davis）最近提出的倡议，即：当代话语研究应该着重关注"恐惧、恶心、激愤以及愤恨等情感如何被用于攫取注意、产生利润、操纵政治意见、左右选举结果""新闻平台及通讯社如何通过将感情商品化以吸引读者"，以及"数字化时代，情感（如何）通过复杂的方式成为驱动媒体及政治的核心引擎"（Boler & Davis，2001：1），使我们意识到"情感转向"已经为修辞批评领域带来了何等深刻的变化。

　　这些变化明显增强了修辞对当代话语实践独特的阐释能力。以社交媒体中饱受诟病的交际群体"同类聚合"倾向（homophily，即社交媒体使用者只跟自己有相似志趣、意见的网友结群互动）以及由此产生的"回声室效应"（echo chamber effects，即互联网使用者只搜寻、接触跟自己既有见解一致或近似的信息或言论）为例，对于这一现象的标准解释应用了"认知失调"（cognitive dissonance）及"选择性接触"（selective exposure）理论，即人们所接触到的信息假如支持了自己所持的意见，就将产生积极正面的感觉，而假如与自己所持意见不合，则将造成心理上的紧张与压力，由此，人们倾向于接触跟自己观点一致并有助于强化这种观点的信息及议论。不过，有关网络上"同类聚合"现象的大数据研究表明这一源于心理学的理论由于未能将复杂的社会、文化、历史语境因素考虑在内，其应用带有明显的局限性（Colleoni, et al., 2014）。迪安从西方当前所处的是"一个以交流作为资本主义生产、分配及流通核心环节的时代"以及"交流资本主义网络是情感性的"这两个大前提出发，对"同类聚合"现象提出了一个基于情感因素，因而与"认知失调"理论大异其趣的解释。

　　迪安认为对网络上出现的"同类聚合"现象的理解不能脱离网友的上网经历尤其是情感经历，她吁请关注一个情况，即：

　　　　在经历过新闻组内的激烈争论（flame wars）、恶意挑衅帖子（trolls）、网络骚扰（Gamergate）、网络霸凌（bullying）、通过发送叙事颠覆他人对现实的认识（gaslighting）、充满谎言及仇恨的数据流（streams of lies and hate），更不用说"人肉搜索"（privacy violations）及发送数不清的广告等网络事件之后，社交媒体的使用者编辑了自己的联系人名单，希望网上的互动不至于增加他们的愤怒，而愤怒已经成为交流资本主义的首要情感。

　　这一情况表明在"交流资本主义"这一总体语境中，当"愤怒"已经成为"首要情感"，"情感失调"比"认知失调"能更贴切地解释网络上出现的结群现象。"同类相聚"之所以使主流理论界倍感焦虑，是因为这一倾向被认为将导致社群的碎片化及政治观点的极端化，与自由主义意识形态倡导的"公共领域"（public sphere）理念背道而驰。对此，迪安在讨论的回应也同样发人深省：

　　　　一些自由主义的分析员批评这些（相互孤立的群体因互不交流而形成的）所谓"信息深井"（information silos）。他们似乎认为线上的互动依旧受着"公共领域"理想的指引，因而鼓励社交媒体使用者找出与自己意见不合者，通过和他们接触交流寻求共同立场。人们不清楚这些自由主义者是装傻呢（disingenuous）还是从来没有上过网。他们难道不知道跟自己小圈子之外的人在网络上进行数字互动时双方根本就缺乏进行政治讨论必须有的基本共识，彼此所认知的现实并非一码事，使用的词语虽然一样，所表达的意思也各不相同。……从志趣相投的网友处得到的支持使他们得以抵御一波接一波愤怒的冲击。碎片化、两极分化恰恰是适应象征（秩序）效力衰落的群众性手段，并非个人缺陷。（Dean，2021：xi）

这些与众不同的洞察和别具一格的结论展示了在"情感转向"大潮中坚持情感的社会属性、被斯瑞夫特称为"情感的政治经济学派"的修辞范式为像迪安这样具有敏锐语境意识的学者提供了多少创新的可能性。

结语：我们应该怎样看待西方修辞领域正在经历的"情感转向"

正如本文开头所指出的，"情感转向"在中国学术界并非一个完全陌生的概念。席卷西方理论界的这一新思潮业已引起中国学者的高度重视及评价，在相关译介或论述中，"新千年以来西方人文社会科学领域最热门的理论之一""继文化转向之后的又一重大研究维度转变""日益成为……西方关注的焦点"等总括性判语不绝于耳，但对于这一"转向"为什么如此"热门"，为什么会"成为焦点"，为什么我们必须加以关注，尤其是怎么使译介过程同时也是对"情感转向"的再语境化过程，却大都语焉不详甚至避而不谈。

本文的讨论从两方面拓展了对"情感转向"外延及内涵的认识：首先，形塑并构成这一"转向"理论内核的不仅有强调情感的生物生理层面的"马苏米－赛吉维克"学派，还有坚持情感的社会主体间属性的修辞学派，或者可以说其构成不仅包括已被广泛译介的"达尔文汤金斯赛吉维克"谱系及"斯宾诺莎德勒兹马苏米"谱系，也包括了被有意无意忽略了的"亚里士多德海德格尔格罗斯"谱系；其次，当前西方的"情感转向"不仅见于学术领域，也同时发生于"后真相"或"情感社会"时代的公共领域，也就是说，我们正在见证的是一场具有深刻政治、社会、经济、文化内涵及动能的双重"情感转向"。公共领域"情感社会"的浮现才是引发并推动学术领域情感思潮涌动奔腾的真正"震源"，也是跟"情感转向"相关的学术研究及理论探索的终极语境。未能意识到这一点，将审视的目光仅投向学术性"情感转向"甚至是其理论形态的一个局部，就远谈不上对这一"转向"的前因后果、来龙去脉及历史意义的真正把握。

针对学术领域的"情感转向"，我们固然可以如布伦克曼所言，将它看成是学术这一永不休止的会话进程中一个未必带来"革命性"变化的新话轮，但也应意识到，促成话题转换的是前一个话轮中的对话——或者说文本生产——业已出现边际效应递减，难以再产出新问题、新视角、新方法、新思想，必须另辟蹊径，才能提高文本生产力及生产率，满足不断翻新、更新、创新，不断提高阐释能力这些对学术的基本要求。一门学科是否成功地实现"情感转向"，归根结底要看它能否借助这一新思潮的推动实现自我革新并反过来以自己的新路径、新实践丰富情感研究的内涵，拓展其应用范围，提升其对社会文化实践的干预能力。按照这一标准衡量，西方修辞学可以说是在"情感转向"中弄潮冲浪、脱颖而出的一个要角。面对新潮的"情动"理论的冲击，修辞学者不仅没有放弃亚里士多德的情感观，反而通过这一传统观念的哲学化，围绕着对 pathos 与 logos 关系的再思考，对自身的理论形态实行了一系列深刻的革新，巩固并强化了自己独有资源的阐释优势，从而得以在相关理论前沿保持一席之地，为"心理社会学派"争得对"情感转向"的部分阐释权。不仅如此，修辞学还在重新界定自己所处的社会文化语境的同时，将注意力投向发生于公共领域的"情感转向"，对网络化了的西方公共领域以"后真相时代"等名义正在发生的这种"转向"提出不落俗套、发人深省的突破性阐释，有望对当前的政治社会实践作出积极的干预。西方修辞学在"情感转向"中的这些突出表现，不仅对研究这一"转向"的中国学者，而且对致力于学科建设的中国修辞学界，都具有启发与借鉴的意义。

参考文献

刘羊羽：《"情动"理论的谱系》，《文艺理论研究》2018 年第 6 期。

陆扬：《"情感转向"的理论资源》，《上海大学学报（社会科学版）》2017 年第 1 期。

杨玲：《羞耻、酷儿理论与情感转向：以美国学界为中心的考察》，《文艺理论研究》2020 年第 6 期。

郑国庆：《情动/情感理论专题主持人语》，《广州大学学报（社会科学版）》2019 年第 4 期。

Abbott, Blake, 2021, Review of Market Affect and the Rhetoric of Political Economic Debates. *Quarterly Journal of Speech*, 107（1）：101 – 104.

Beard, David, 2008, Review of The Secret History of Emotion. *Rhetoric Society Quarterly*, 38（1）：109 – 112.

Boler, Megan, and Davis, Elizabeth eds., 2021, *Affective Politics of Digital Media：Propaganda by Other Means*. London：Routledge.

Brenkman, John, 2020, *Mood and Trope：The Rhetoric and Poetics of Affect*. Chicago：University of Chicago Press.

Chandler, Aaron D., 2008, Introduction to Focus：The Affective Turn. *American Book Review*, 29（6）：3 – 4.

Chaput, Catherine, 2019, *Market Affect and the Rhetoric of Political Economic Debates*. Columbia：University of South Carolina Press.

Clough, Patricia T., with Halley, Jean eds., 2007, *The Affective Turn：Theorizing the Social*. Durham：Duke University Press.

Colleoni, Elanor, Rozza, Alessandro, & Arvidsson, Adam, 2014, Echo chamber or public sphere? predicting political orientation and measuring political homophily in Twitter using big data. *Journal of Communication*, 64: 317–332.

Dean, Jodi, 2021, Preface. In Megan Boler and Elizabeth Davis eds. *Affective Politics of Digital Media: Propaganda by Other Means*. London: Routledge: viii–xi.

Fuller, Steve, 2018, *Post-Truth: Knowledge as a Power Game*. London: Anthem Press.

Gross, Daniel M., and Kemmann, Ansgar eds., 2005, *Heidegger and Rhetoric*. Albany: SUNY Press.

Gross, Daniel M., 2006, *The Secret History of Emotion: From Aristotle's Rhetoric to Modem Brain Science*. Chicago: Chicago University Press.

Hill, Tim, etc., 2014, Non-representational marketing theory. *Marketing Theory*, 14 (4): 377–394.

Kastely, James L., 2004, Pathos: rhetoric and emotion. In Walter Jost and Wendy Olmsted eds. *A Companion to Rhetoric and Rhetorical Criticism*. Oxford: Blackwell Publishing: 221–237.

Lanzoni, Susan, 2019, A review of Ascent of Affect: Genealogy and Critique. *Journal of the History of the Behavioral Sciences*, 55: 266–268.

Leys, Ruth, 2017, *The Ascent of Affect: Genealogy and Critique*. Chicago: University of Chicago Press.

Marinelli, Kevin, 2016, Revisiting Edwin Black: exhortation as a prelude to emotional-material rhetoric. *Rhetoric Society Quarterly*, 46 (5): 465–485.

McComiskey, Bruce, 2017, *Post-Truth Rhetoric and Composition*. Logan: Utah State University Press.

Perelman, Chaim, 1979, *The New Rhetoric and the Humanities: Essays on Rhetoric and Its Applications*. Dordrecht: D. Reidel Publishing Company.

Rosenwein, Barbara H., 2020, A review of Ascent of Affect: Genealogy and Critique. *American Historical Review* 125 (1): 197–198.

Shaviro, Steven, 2016, Affect vs. emotion. *The Cine-Files* 10: 1–3.

Shouse, E., 2005, Feeling, emotion, affect. *M/C Journal* 8 (6).

Slaby, Jan, and von Scheve, Christian eds., 2019, *Affective Societies: Key Concepts*. London: Routledge.

Stenberg, Shari., 2011, Teaching and (re) learning the rhetoric of emotion. *Pedagogy: Critical Approaches to Teaching Literature, Language, Composition, and Culture* 11 (2): 349–369.

Tarlow, Sarah, 2012, The archaeology of emotion and affect. *Annual Review of Anthropology* 41: 169–85.

Thrift., Nigel, 2004, Intensities of feeling: towards a spatial politics of affect. *Geografiska Annaler* 86B (1): 57–78.

Thrift, Nigel, 2007, *Non-Representational Theory: Space, Politics, Affect*. London: Routledge.

Zournazi, Mary, ed., 2002, *Hope: New Philosophies for Change*. New York: Routledge.

(原文刊于《当代修辞学》2022年第3期)

"辞趣"修辞的学科建设意义与社会文化功能

祝克懿

(复旦大学中文系,上海,200433)

提 要:"辞趣"修辞是语言传情达意的重要手段,也是修辞学的传统论域。历代学者虽时有关注,但直至1932年陈望道的现代修辞学奠基作《修辞学发凡》问世,"辞趣"修辞作为积极修辞范畴中与"辞格"修辞对应的部门才正式确立。90年来,辞格修辞研究成果丰硕,"辞趣"现象却一直未得到科学的描写与阐释,以至形成修辞理论体系建构的极度不平衡。

值纪念《修辞学发凡》问世90周年之际,重新审视现代修辞学的理论建构与历史发展,立题研究"辞趣"修辞。一则为丰富"积极修辞"与"消极修辞"两大分野互动共生的理论体系;二则在意趣、音趣、形趣修辞传统的基础上考察"辞趣"修辞当代多模态类型的生成识解机制与交际动因,探索其学科建设意义与在新传媒语境下实现的社会文化功能。

关键词:《修辞学发凡》;"辞趣"修辞;生成与识解机制;学科建设意义;社会文化功能

一、"辞趣"修辞的语言文化理据

幸运!我们生活在诗词歌赋矗立起一座座文学高峰的国度,一生中多有时光向往"诗和远方",通过修辞鉴赏,可以去探寻作者情意的寄托、感知审美的快意!我们生活在诗书画为一体的国度,通过语言艺术的智识情感,可以去体悟音响、节奏、线条、画面呈现的艺术震撼力!正是中华民族文化几千年执着追求真善美的深厚积淀形成的文化基因,不但决定了个体的审美认知凝结着集体历时的审美体验和文化表征,也构筑了中华民族运用"辞趣"修辞传情达意的文化理据。

---

* 本文为国家社会科学基金重大项目"网络空间社会治理语言问题研究"(项目编号:20&ZD299)和2021年复旦大学义乌研究院项目"《修辞学发凡》'零度'修辞观的历史意义与当代阐释——以《共产党宣言》多语种译本的研究为例"(项目编号:WAH3151005)的阶段性成果。

综观当下的语言生活，从修辞就是有效表达意和情的目标出发，我们不仅需要遵循语言文字的严密逻辑推导结构规律、传递信息，还需要透过符号文本的形体结构、音韵格律领略文辞传递的笔墨情趣和触动的通感活力，更需要解读现实空间与虚拟空间日新月异的语言面貌，感受多模态形式呈现的丰富表现力！而辞趣修辞葆有深厚的传统文化底蕴，正是解析当下多模态语言现象的有效工具。其语言学理据为以下两点。

1. 辞趣修辞是话语主体充分利用语言文字的多种修辞要素通过调整、加工和修饰等方式使语言表达富有情趣和魅力的修辞现象，是"超脱寻常文字、寻常文法以至寻常逻辑的新形式，而使语辞呈现出一种动人的魅力"，（陈望道，1997：4）是提高语言表达效果的审美体验和知识建构过程。在积极修辞体系中，"辞趣"与"辞格"是相辅相成的范畴，是可以动态转化的连续统。其同质性：都为修辞传情达意的基础手段、结构形式，都通过丰富优美的意象表现修辞意义特有的审美情趣；异质性：辞趣意义呈现即时性、不稳定性、模糊性和极其依赖接受主体个体的知识结构、情感认同和当下语境；而辞格的意义稳定、明晰、系统，表达形式通过类型化形成规律，具有达成集体认同甚至民族认同心理的特征。

概言之，一方面，异质性使得辞趣与辞格自然形成特点对立的两级、两体；另一方面，二者又是对立统一的结构体。从"趣"到"格"是旨趣情意从客观存在到主观认知的审美体验过程，是修辞信息从潜在的可能性到主观认知明晰性、结构形式规律性的动态转化过程。检审始终处于变动、选择之中的辞趣意义，或转瞬即逝，成为个体一次性的知识体验与审美记忆；或从不稳定到稳定，努力从个体意识走向集体意识认同，以获得强烈的审美意识，形成表达形式的规律。而某种辞趣一旦通过话语主体的主观认知获取规律性、系统性，就转化功能特征，进入"辞格"系统，获得显性修辞身份。如"联边格""图示格""算式格"等即是从辞趣范畴转化形成的辞格类型。

有学者认为，辞趣现象辞格化是辞格中心化的表现，是辞格研究对辞趣研究领域的侵占。并推论：既然辞趣、辞格边界模糊，辞趣类型就没有存在的必要性。其实，这种观点也恰好说明二者非对立的两极，其间客观存在动态的转化关系。陈望道（1997：4）曾从内容贴切疏远与否，动人的魅力浓厚淡浅与否角度区分辞格与辞趣；谭永祥（1992）用"富有表现力的亚辞格"描写了二者间可能性与现实性的动态关系；霍四通［2019（6）］强调了辞趣的语言学科属性与辞格的动态转化功能。不言而喻，这些分析视角为考察辞趣表达的情趣内容，感知特定情景下的审美认同，发现辞趣意义的识解程序提供了充分的语言学理据。

2. 望老在《修辞学发凡》（1997：229）中将辞趣形态解读为"语言文字本身的情趣的利用"，其所界定的"辞"形态原则上指"语言文字"，包括"辞的意味、辞的音调、辞的形貌"；"趣"形态则指"语言文字的意义上声音上形体上附着的风致"。今天，由于新媒体语境中辞趣意义的动态演变，"辞趣"概念延伸并极大地拓展了内涵外延意义及社会文化功能。表现为以新媒体技术为前提条件呈现的"辞"不限于"语言文字"及由"文字符号"表现的"形貌",已经延伸扩大为包括文字、图画、音频、影像等的多模态类型。特别是新冠疫情期间,自媒体传播得以多维扩张,交流信息的功能更是全方位提升,助推"辞趣"修辞在现实和虚拟双重空间强势回归,并以其内外体验、想象联动的情致和多模态的修辞形态恰当表现了交际需求的情感取向与意义表征,提升了新媒体语境中的言语交际效应,推动了学科意义的建构,充分体现了服务社会的文化功能。

二、"辞趣"的概念意义

"辞趣"概念作为传统修辞学的核心术语,追根溯源,可上溯至魏晋刘勰《文心雕龙》的"明诗"篇(王运熙,1988:43):"袁孙以下,虽各有雕采,而辞趣一揆,莫与争雄,所以景纯仙篇,挺拔而为俊矣"。刘勰此处"辞趣"所言"文辞旨趣"亦为袁宏、孙绰之后的诗人通过诗体结构和敷陈辞采的描写呈现的情致旨趣。1905年龙伯纯的《文字发凡》也用"语彩"概念讨论了辞趣现象。该书参考日本修辞学家岛村抱月的《新美辞学》第三卷"修辞学"的理念拟构了"修辞现象"体系图:先分为外形上的语彩和内容上的语彩,认为"语彩者,言语上之彩色";然后根据"消极者,修辞最低之标准,准备上必要者也。积极者,修辞最高之准备也"的理念,又下分为"消极的语彩"和"积极的语彩"两大类。在"积极的语彩"中讨论了"语趣"和"音调"这两种与刘勰"辞趣"的"言辞旨趣"内涵意义接近的类型。(霍四通,2019:128)1923年,区别此前局限于个别字词的附着风致的零星描写,陈望道的《修辞学发凡》油印本继承传统,在积极修辞框架下专章讨论"辞趣"范畴。据霍四通(2019:255-261)考证:"乐嗣炳教授回忆,《发凡》最早的油印本,问世于1923年";现所见油印本实物1930年印刷,为上海藏书家余晞慕所珍藏,该书为其父早年在复旦实验中学(商科)读书时所用教材。该书将修辞现象建构为包括消极修辞和积极修辞两大分野的理论系统,"辞趣"与"辞格"则为积极修辞中相辅相成的两个部门,属于修辞界说中的"表现论",是"论在文章上用有力量、有光彩、有趣味的语言表现自己底方法";"辞格大体关于语言形式风格的一面,辞趣大体关于语言余情风趣的一面"。该书共分五篇,在第四篇主要讨论积极修辞"辞趣",且初具系统性,包括五节:"辞趣论纲领""辞的风味""辞的风味续""文辞的声调""文辞的形体"。

1932年在大江书铺出版的《修辞学发凡》从理论上、实践上完成了现代修辞学的理论体系建构,也以逻辑严密、可识解的体系性形成"辞趣"范畴。(1997:229-255)第三篇有"辞趣"概念界说:在积极修辞"分野里的修辞条项,约有辞格和辞趣两大部门。辞格涉及语辞和意旨,辞趣大体只是语言文字本身的情趣的利用"。第九篇包括:一、辞趣;二、辞的意味;三、辞的音调;四、辞的形貌,其系统理论阐释和例证分析,确立了"辞趣"在修辞学理论系统中的功能作用和层级地位。

关于"辞趣"的内涵意义,《修辞学发凡》从研究对象入手解读为"语趣",即语言文字本身的情趣。张涤华等《汉语语法修辞辞典》(1988:79)词条也阐释为"是发掘语言文字本身潜在的美"。胡习之《核心修辞学》(2014:373-374)概括为"在言语活动中存在着大量的有一定的艺术魅力,但又不具有明显的模式性或规律性,即一时难以看作辞格的修辞现象"。

概言之,自《修辞学发凡》将辞趣规划为"语言传情达意的重要手段,形态丰富,覆盖形音义三个研究领域"修辞形态始,学界对辞趣的描写与识解分析也基于形音义这三个维度。这也确实把握住了辞趣修辞形态的本质特征。20世纪80年代后"辞趣"的外延意义有了一些深化拓展,类型也有了下位的细分。吴士文《修辞格论析》(1986)将辞趣严格限制为"纯形式的东西",把属于"意义的东西"——"辞的意味"修辞现象分别归入辞格或辞规之中,并认为辞趣的具体内容应该只包括辞的音调、辞的形貌和辞的标点三方面的内容。谭永祥《汉语修辞美学》(1992)深化了"辞趣"内涵与外延,认为辞趣是富有表现力的亚辞格的言语现象,及有助于提高表达效果的词语的音调或字形图符、书写款式所体现出来的情趣。胡习之(2014)根据辞趣是否具有规律性和模式化,整合陈望道《修辞学发凡》和吴士文《修辞格论析》的辞趣标准,归结为辞的意味、辞的音调、辞的形貌、辞的标点四种类型。一定意义上,诸种界定基本上涵盖了辞趣概念的内涵外延意义。

三、"辞趣"修辞的生成与识解机制

在《修辞学发凡》中,望老拟定了"辞趣"的研究宗旨:"如何利用各个语言文字意义上声音上形体上附着的风致,来增高话语文章的情韵的问题"。(1997:229)近百年来,学界的研究基本上围绕此目标展开,语言导向的意趣、音趣、形趣理论范式也一直充任辞趣修辞意义生成与识解的理论工具。21世纪以来,由于新媒体技术的支持,多模态的辞趣现象新颖样态迭出。如何继承传统,解析新生语言生态现象,以更好地为社会语言生活服务,成为学界进行学科建设的一个必有的任务。相应地,借鉴具有前沿理论意识的认知语言学、功能语言学、心理语言学、语用学、语言风格学等理论视角来设置新的解释范式与描写框架,成为学界急需的方法论。

程祥徽等在《语言风格》(2002:67)中讨论语言风格的定义时综述了国外学者的观点,特别介绍芬兰学者N. E. 安克威斯特(Nils Erik Enkvist)的研究和其总结风格实现的七种方式:(1)以最有效的方式讲最恰当的事情;(2)环绕已存在的思想或感情的内核与外壳;(3)在不同的表达方式中的选择;(4)个人特点的综合;(5)对于常规的变异;(6)集合特点的综合;(7)超出句子外的语言单位之间的关系。程祥徽等在讨论风格要素与风格手段"在客观上触及文学风格的生成结构与审美中介的层面"时进一步论证:"风格的确不仅仅涉及形式因素,同时也涉及作品所要传达的各个方面,在综合的形式中显示出其整体的审美情趣、趋向、风貌"。并总结学界关注的诸多论题:"情趣美""识度美""格调美""风姿美""色泽美";"音容气度""情思韵致""风姿神采""节奏律动"等。

廖巧云在《语义修辞的生成机制研究》[2018（3）]中认为"语义修辞的生成过程与识解过程有许多相通之处,均受制于语境和主体的意向性,都需要依靠可能性特征来提取这一语义修辞话语运作的关键环节。但是,二者的出发点和落脚点,以及一些关键环节是不同的,生成过程的出发点是有意义需要表达,而识解过程是有话语需要理解"。而"基于意识双重结构的同一性依靠心物随附性提取可能性特征以形成'A 是 B'构式是语义修辞话语生成的关键环节,也是语义修辞话语不同于一般话语的核心机制"。

这些理论维度的探索无疑给注重生成与识解机制、挖掘语言文字美质、探寻独特风格面貌的辞趣研究以重要启迪。其依托可能性特征提取的风格分析模式亦为辞趣修辞的生成与识解模式。将此研究理念用于实践分析,如例:

> 她的声音也淹没在轰轰轰、嗡嗡嗡、隆隆隆,不仅是七嘴八舌,而且是七十嘴八十舌的喧嚣里了。（王蒙《春之声》）

该例作者抒发的情意通过提取逐层递进的同一审美体验传递:响亮的中东韵律"轰轰轰、嗡嗡嗡、隆隆隆"的音趣体现为模拟交替呈现于客观存在与主体感知世界里的声音:火车运行与乘客交谈声;用数字修辞虚拟车厢里"七嘴八舌"的嘈杂人声;用语义变异的夸张手法"七十嘴八十舌",个性化地、心理极为排斥地暗摹车厢里多、杂、响、重的"喧嚣"声,凸显特定交际场合声响审美体验形成的音趣。

除此类直接描写,"辞趣"修辞意义的实现路径多元。可能是由一种非常规的临时表达方式代替另一种常规的表达方式,在两种方式之间建立一种以相邻/相似关系为基础的常规关系,提取语义变异关系的可能性特征,达成对"辞趣"修辞话语新奇语义的设置,建立起辞趣意义的识解程序。

> You 滴答滴答 me, I 哗啦哗啦 you.

该例的语法组合、汉英符号搭配是非常规的;临时用"滴答滴答""哗啦哗啦"水流声的相似关系表达中国与意大利两国在疫情期间互赠医疗物资、传递的中意友好情谊;在此基础上用水量的少与多提取中华民族"滴水之恩当涌泉相报"朴素情感的可能性特征,修辞意义通过拟声的音趣、两种水流动声响对比的意趣、汉英字符交错的形趣得以新颖塑造而且生动至极。

徐盛桓在《含意与合情推理》［2005（3）］中描述了当代语用学的理论特征，认为其是一种解释性、假设性的理论。其语用推理的研究不是教人们如何推导含意，而是要揭示和解释人们瞬间就能把握语用含意这种习以为常的认知能力。"合作理论""关联理论""常规关系"等都是以一种假设形式提出的解释性的理论，主要关注含意推导过程解释力的强弱、覆盖面的大小、过程的繁简等，目的是刻画假设的含意推导的思维过程，以认识语言属性，把握逻辑规律，加深对人类智力特征的认知。比较语用推理与辞趣修辞意义的建构过程，可以发现，当代语用学的语用推理模式也适用于解读辞趣修辞意义，建构意义生成与识解的解释模式。比如网民一读到上述语例："You 滴答滴答 me，I 哗啦哗啦 you"，即会调动大脑中的知识储存，瞬间就推导出 You、me、I、you 指代中意两国人民的常规意义，获取特殊的虚指意趣和语符变异的形趣；其后再对"滴答滴答、哗啦哗啦"水流声响的常规意义进行推导，再进一步关联中国人普遍拥有的"滴水之恩当涌泉相报"的传统思维模式，即可获取该例蕴含的社会人文价值的情趣，并因此丰富了辞趣修辞的解释力、情感力。

再从语言符号的形音义出发，以"意趣""音趣""形趣"为理论维度展开修辞意义解析。

（一）意趣

"意趣"即"辞的意味"，语言文字在意义上的情味或风味。表现情味或风味的方法是描绘对象物的性状，描写对象物的活动。其意义生成通常受制于两方面的因素。

1. 历史文化因素的影响

《发凡》认为，意趣是由于语言文字的历史或背景的衬托生成的独有的品位和风采，表现为语言文字所附着的个人情趣、流派气味、时代精神、地方色彩、语体色彩、风格特征等的色彩和情味。如选用古语词、方言词、外来词传情达意可体现不同语体色彩的区分；选用专业词汇与普通词汇会形成不同领域语体色彩的区分。而且所附着的色彩和情味往往通过描绘对象物的性质、状态、言语行为表现出来，通过话语主体的心理感受和联想产生。如考察汉语－泰语成语意象的选用，可比较出不同民族的语言特色及情味。

```
汉语         泰语
大材小用——牛鼎烹鸡
牛鬼蛇神——各类丑物与坏人
亡羊补牢——亡牛补牢
对牛弹琴——对牛拉二胡
```

舍不得孩子套不了狼——杀牛别舍不得辣椒

狐假虎威——画虎象以吓奶牛

不仅语词，语缀"腔"与不同的词根语素结合，也可表现出不同的情趣意味。如：

民族特色：外国腔、洋腔
个人、群体特色：老夫子腔、学生腔、娘娘腔、男人腔、娃娃腔
流派、行业特色：张（爱玲）腔、花腔、高腔、昆腔、官腔
时代特色：革命腔、爱国腔、文革腔、老腔（调）
地方特色：土腔、地方腔、京腔、上海腔、东北腔、广东腔、福建腔

再以2020年武汉新冠肺炎疫情期间的修辞事件为例：

背景材料：2020年2月，日本汉语HSK水平考试事务局送来一批口罩和红外线体温计，纸箱的标签上写有"山川异域，风月同天"八个以言心志的汉字。据历史记载，大唐时，中日文化交往甚密，日本十余次派遣使团来华学习，日本天武天皇的孙子长屋王仰慕中国文化，曾赠予1000领写有小诗"山川异域，风月同天；寄诸佛子，共结来缘"的袈裟给唐朝的僧人。借此背景意义，可深层解读"山川异域，风月同天"附着的历史文化主题如下。

*文字表层意义——（我们/中日人民）处于不同的山水之间/国度领土……，但同为自然之子/地球之子/同享天地风月之恩赐……

*文字深层意义——（我们/中日人民）虽然不是处在同一地域的同一民族……，但危难时刻可以同舟共济……

该表述选取引用、典雅书面语体、文言体式等修辞，婉曲表达了中日友好的"意"和"情"。适情切景的积极修辞话语，取得了特殊的意趣效应。该修辞事件以汉字文化为沟通基础，表达同舟共济主题，目的是增进中日友谊。此后，借助历史或背景材料，在网络上延续此类特定意趣的修辞事件不胜枚举。如：

岂曰无衣？与子同袍。王于兴师，修我戈矛。与子同仇。
岂曰无衣？与子同泽。王于兴师，修我矛戟。与子偕作。
岂曰无衣？与子同裳。王于兴师，修我甲兵。与子偕行。

（《诗经·秦风·无衣》）

背景材料：《左传》记载，鲁定公四年（公元前506年），吴国军队攻陷楚国的国都郢都，楚臣申包胥到秦国求援。秦哀公为之赋诗《无衣》，秦师出，一举击退吴兵。此诗犹如一首出征动员令，慷慨激昂。该修辞事件通过历史文字表述："岂曰无衣，与子同袍/泽/裳"，"王于兴师，修我戈矛。与子同仇/作/行"表达同舟共济、患难与共的主题。亦借助修辞手段：引用、互文、排比；选用书面语体、文言体式，以典雅的笔致风格，间接表达了特定时代的人文精神和语言情趣。

2. 语境制约

《修辞学发凡》明示：意趣的生成除了语言文字的历史或背景的衬托，还有一类主要由于"语言文字的上下左右的包晕"，即受上下文的影响，依靠字里行间的上下文关系的助力，增强或减弱语言文字本身的功能作用，形成辞的特殊意味与风采。并举例说明"风流"在不同上下文中意蕴各具。

标榜风流，远明管乐。（"风流"指功业文采，英俊杰出）

先生……以其宗姓，有风流，善谈论，厚亲待之，遂随从周旋，常为宾客。（"风流"指仪态、风度）

这东南有个姑苏城，城中阊门，最是红尘中一二等富贵风流之地。（"风流"指风情、游乐）

《修辞学发凡》（1997：234）还强调辞趣的产生有时还得益于采用蓄感含情、色彩鲜明的语辞这种特殊手段：把对于对象物的感情提取出来使之浮在所用的辞句上，是一种经由视觉、听觉、嗅觉以感知经验的强烈意识。这反映了作者对于对象物的焦点印象或情绪。我们认为此举实质上是赋予语词以象征意义。如：

绿色：象征春天、青春、生命、清新、鲜活、旺盛、有机体、蓬勃向上的意蕴。

红色：象征血、火、太阳、温暖、喜庆、吉祥、幸福、激情、革命。

阳刚：男性、遒劲、高强、硕大、广阔、粗犷、磅礴、铿锵的特征。

阴柔：女性、柔弱、舒缓、轻盈、优雅、纤细、和谐、平匀的特征。

（二）音趣

"音趣"，即"辞的音调"，是利用语言文字的声音以增饰语辞情趣所形成的修辞现象。音趣主要通过语辞协调音律，增强语言的音乐性、生动性和感染力。通常以叠音、摹声、谐音、双声、叠韵、声调（平仄）相协、押韵、儿化韵等修辞手段为实现路径。

1. 象征的音趣

该类音趣主要基于语音的本质属性，遵循其内部规律，在字音字义融合表意的基础上生成音趣。如象物音一类是用字音模仿人和事物的声音，使表达生动有趣：

昨天才买回的一兜苹果，今天就被孙子孙女们"咔嚓"光了。

"咔嚓"是伴随"咬""咀嚼"动作而来的声响。模仿"吃"的声响生成音义趣。

他俩就要"咚嚓嚓"了。

"咚嚓嚓"仿拟旧式婚礼乐班演奏的声响，生成音义趣。

还有一类音趣虽不如象物音的模拟那么贴切有味、直接明了，但生成方式依然是顺应语音规律，以变异的语音象征语辞的意味。如：

习酒是喜酒，喜事喝习酒。（广告词）

习酒→喜酒→习酒：根据语音流变规律，"喜酒"的音调为两个上声相连，第一个调值214要变得近乎阳平24，故喜酒→习酒，广告词借助语音规律表达谐音趣。

《修辞学发凡》从语音规律出发还列举学界关于长音短音、清音浊音象征不同音趣的例证：

长音：宽裕、纤缓、沉静、闲逸、广大、敬虔等情趣；
短音：急促、激剧、烦扰、繁多、狭小、喜谑等情趣。
清音：小、少、强、锐、快、明、壮、优、美、贤、善、静、虚、轻、易等特质；
浊音：大、多、弱、钝、慢、暗、老、劣、丑、愚、恶、动、实、重、难等特质。

散文家秦牧也曾从声调的角度讨论过文学风格与不同调值、调类对情趣类型的表情功能——词家们懂得，表现柔婉缠绵或悠扬凄清之情可以多用平声字，表现幽咽沉郁之情可多用入声字，上声字常用来表现矫健峭拔的风格，去声字常用来表现雄阔悲壮的情调。

2. 装饰的音调

不同于象征的音调可直接作用于语辞的意义，装饰的音调与语音的内容没有必然联系，语言表达中音趣的生成主要为取得一种装饰的效果，使语音适口悦耳，听起来有音乐的风味。因此，讲求音韵和节律的双声、叠韵、叠音等手段是常被采用的类型。如：

茫茫九派流中国，沉沉一线穿南北。烟雨莽苍苍，龟蛇锁大江。

（毛泽东《菩萨蛮·黄鹤楼》）

音趣手段为叠音："茫茫""沉沉""苍苍"；为押韵："苍""江"。

百年前梁启超的传世佳作《少年中国说》脍炙人口、激荡人心！其江阳辙的洪韵、雄壮激昂的格调情趣不能不说是文章产生强烈感染力的重要因素：

红日初升，其道大光；河出伏流，一泻汪洋。潜龙腾渊，鳞爪飞扬；乳虎啸谷，百兽震惶。鹰隼试翼，风尘吸张；奇花初始，矞矞皇皇。干将发硎，有作其芒。天戴其苍，地履其黄。纵有千古，横有八荒。前途似海，来日方长。美哉我少年中国，与天不老；壮哉我中国少年，与国无疆！

（梁启超《少年中国说》）

戏曲唱词历来讲究合辙押韵。长期以来，京剧都是以"十三辙"或称"十三韵目"作为合辙押韵的主要依据。韵辙除了发音宽窄之分，还有响亮与否之别。前人根据发音响亮的程度，把十三辙分为三类：（1）洪亮音，包括发音共鸣强度大的江阳辙、中东辙、言前辙、人辰辙、发花辙；（2）柔和音，包括发音比较柔和的遥条辙、梭波辙、怀来辙、由求辙；（3）微细音，包括发音比较低沉的灰堆辙、乜斜辙、姑苏辙、一七辙。行文或演唱时根据人物表达情感的需求，唱词的设计要选用不同的韵辙。胡裕树主编的《现代汉语》在讨论达成声韵和谐的策略时也区分了韵律与情感表达的关系："声韵和谐主要指声、韵的配合。声、韵的配合，就出现了双声叠韵和押韵的问题；声调的配合，就出现了平仄相协的问题。""诗人有时是根据内容来选择韵部的，汉语的元音，有的响亮，有的柔和，有的雄壮，有的细微。一般说来，在现代汉语中，如江阳、发花、言前、中东等辙就宜于表达雄壮激昂的感情，灰堆、乜斜、姑苏、一七等辙宜于表达悲伤柔婉的感情"。

至于协调音节以生成音趣的特点，《修辞学发凡》认为还有以下两种特殊的手段。

（1）移动或增加标点

区别于标示文辞关系和功能意义的"语法上的标点""意义的标点"，言语交际中移动或增加标点、变动语法结构顺序，可以转换成"修辞上的标点""音节的标点"，以取得修辞意义上的音趣。如网络上一篇报道贸易战的文章标题：

"谈",敞开大门;"打",奉陪到底!

(网易新闻2019.5.13)

"谈"与"打"两个独词句均增加双引号标注,并通过假设关系复句和"谈判""战争"的隐喻,示意我国的外交立场态度,用强劲有力的音调表示一种强调意味。而独词句后的标点符号逗号",",作为调和音节的手段,通过语音的停顿、延宕表达了一种斩钉截铁的强硬语气,将意义上的标点转化为修辞上的标点,增加了特殊的音趣。

(2) 变动字句

变动字句,变动语法结构顺序,也可获取特殊音趣的修辞效应。

鼓动吧,风!咆哮吧,雷!闪耀吧,电!

(郭沫若《雷电颂》)

变动主谓成分的语法位置及相应变动标点符号逗号","、感叹号"!"的位置,取得了修辞上特殊的音趣效应。

(三) 形趣

"形趣",即"辞的形貌",利用汉字形体上的象形性特点,变化文辞的形貌,刻画事物的状态,造成特有的情趣,以吸引受众的关注,达成共情。

关于"辞的形貌"的研究传统,《修辞学发凡》(1997:239)认为,至少在刘勰的《文心雕龙·练字》篇中就已经有了关于字形的阐述。如:"缀字属篇,必须练择:一避诡异、二省联边、三权重出、四调单复"等。传统语言文化中形貌修辞不乏其例。如有偏旁相同的字的联边修辞:

江海河湖波浪涌,远近遐迩逍遥游。
泪洒湘江流满海,嗟叹嚎啕硬咽喉。

由于现代生活的快节奏,这类形貌辞趣已不常见。但作为文化传统,改变字体结构生成辞趣的方式颇具民族文化特色和智识含量,而且情味十足,故言语交际活动仍有相当的接受度。如利用字体结构本身的特点,交叉解构组合等方式的对联就极具审美认知情趣。

上联:上钩为老,下钩为考,老考童生,童生考到老;

下联：一人是大，二人是天，天大人情，人情大过天。

把字的几个部件拆开，再根据交际意图重新组合的离合形趣也颇受欢迎：

上联：此木为柴山山出，
下联：因火生烟夕夕多。

拆字兼联边生成的形趣：

上联：水有虫则浊，水有鱼则渔，水水水，江河湖淼淼；
下联：木之下为本，木之上为末，木木木，松柏樟森森。

网络语言中颇多新造合成字。如：

窮

2018年日本汉字（民间）由"穷"+"丑"+"土"三字合成，形成自嘲情趣。
增笔方式形成独特的情趣。如增"也"字：

有马能行千里，有水能养鱼虾，有人不是你我，有土能种庄稼。

当然，在新传媒语境下，通过变动字形、插用图符类变化文辞生成形趣的方法也极有表现力。如：
变动字形增添形趣：亲朋好友放倒了这位公安局长。
利用字形增添形趣："丁"字路口；"国"字脸；"之"字形；"品"字楼；
利用符号增添形趣：互联网+；S型身材；T形舞台；A字裙；嘴巴惊成个O形；
利用图形增添形趣：🔑 ⚡ 💐 ★

从形趣角度展开对语辞的分析，拓展了有关的字词知识，使需要强调标示字词的结构方式得以清晰剖析，阐释了语言生成与理解的原理；而引用插入图符辅助表意，变静为动，变无形为有形，从动态、显性的结构语义角度解读了语辞的理性意义与色彩意义。

四、"辞趣"修辞的学科建设意义与社会文化功能

陈望道在《修辞学发凡》中将"修辞原是达意传情的手段。主要为着意和情,修辞不过是调整语辞使达意传情能够适切的一种努力"(1997:3)明确为修辞的原则宗旨,是因为"辞趣"修辞作为积极修辞的一个重要部门,既是传统文化的表征,又是当代有效反映社会语言生活的理论范畴和分析工具。关注"辞趣"修辞范畴意义的生成与理解过程,既是坚守辞趣修辞传统的"正",又是弘扬修辞学科建设、服务社会的"创新",更是丰富修辞知识谱系、强化审美意识,揭示语言文字、音像图符独特的达意传情功能。

瞩目新媒体时代,辞趣的传情达意功能已被全方位激活,并借助多模态形式得到超常发挥。辞趣修辞方式也因此显得更加从容、频繁、高效,成为全民表情达意的便利工具和频现于当代社会语言生活的亮丽风景。特别是在贸易战和新冠疫情期间,网民们利用网络、短信、微信、微博、QQ等官方媒体和自媒体,充分发挥其聪明才智,创设了很多听觉、视觉形态的"辞趣"佳例,充分表达了修辞生活的"意"和"情"。如:

如何打赢毛衣战?

(知乎,2019.8.24)

"毛衣战"谐音"贸易战",表达兼具谐音音趣;同音异形词形趣;诙谐意趣。

一家人天天做都是小队长,唯独妈妈昨天中队长了。

由抗原检测结果的一道杠、两道杠联想到少先队员小队长、中队长臂牌标志的一道杠、两道杠。幽默表述生成意趣、隐性音趣和形趣,修辞表达因此产生强烈的视觉、听觉感知的冲击力。

利用图案、符号增添形趣,自媒体中比比皆是:

图与文"非常时期,牵好你的绿马"协同表意,看似表达了一种常规意义,实则其间

的"绿马"与新冠疫情期间出行所需的"绿码"相映成趣，生成和谐语义的意趣、音趣、形趣。

再如，2012年12月17日朝日新闻中文网微博有消息称：

我们又双叒叕要换首相了。

"又双叒叕"可拆为10个"又"字，汉字里特有的叠字词连用，用以反映日本首相更换之频繁。该用法在新冠疫情期间被激活，"视界焦点"栏目仿此表述，强调疫情反反复复多点暴发：

疫情又双叒叕来了。

更有创意的对拆字、叠字形趣的模仿，转发朝日新闻并加以评论：

这帖子要火炎焱燚了！

自媒体反应迅速，数千条模仿接踵而至：

我的老师又双叒叕拖堂了。
手足口病又双叒叕出现了！
野菜中毒又双叒叕来了！
我又双叒叕梦到她了，我的帖子火炎焱燚了，我受到了口吕品㗊的攻击。

大量的模仿类型化后形成一种准构式的框填结构。

五、结语

从辞趣研究的现状和时代需求看，一方面，望道老虽在《修辞学发凡》1926年的油印本中就建构了"辞趣"范畴，但近百年来的承续研究零零星星，没能形成完备的范畴体系；而另一方面，社会语言生活已经用鲜活的语言实例重新焕发"辞趣"修辞的生命力！论文因此立题探讨"辞趣"修辞生成与理解的语言文化理据，界定概念的内涵意义，考察外延类型意趣、音趣、形趣的生成与识解机制，具有修辞理论体系自身建设的重要意义。而论文因应时代需求，深入解释辞趣借助多模态载体形式呈现的丰富情致与多元文化功能，目的是强调修辞作为研究语言运用和运用中的语言的学科，反映与服务社会语言生活是修辞学研究的终极目标，也是其本质的学科属性。

参考文献

陈望道：《修辞学发凡》，上海教育出版社1997年版。

程祥徽、邓骏捷、张剑桦：《语言风格》，香港：三联书店（香港）有限公司2002年版。

胡裕树：《现代汉语》，上海教育出版社1995年版。

胡习之：《核心修辞学》，中国社会科学出版社2014年版。

廖巧云：《语义修辞的识解机制》，《现代外语》2018年第1期。

霍四通：《中国近现代修辞学要籍选编》，上海教育出版社2019年版。

霍四通：《辞趣与汉语修辞学理论体系——重读〈修辞学发凡〉第九篇》，《当代修辞学》2019年第6期。

谭永祥：《汉语修辞美学》，北京语言学院出版社1992年版。

王运熙、周锋：《文心雕龙译注》，上海古籍出版社1998年版。

吴士文：《修辞格论析》，上海教育出版社1986年版。

吴晓：《意象符号与情感空间——诗学新解》，中国社会科学出版社1990年版。

徐盛桓：《含意与合情推理》，《外语教学与研究》2005年第3期。

张涤华等：《汉语语法修辞词典》，安徽教育出版社1988年版。

张弓：《现代汉语修辞学》，天津人民出版社1963年版。

祝克懿等：《启林有声》，《复旦中文学科建设丛书》修辞学卷，商务印书馆2017年版。

祝克懿：《语言风格研究的理论渊源与功能衍化路径》，《当代修辞学》2021年第1期。

（原文刊于《澳门语言学刊》2022年特刊）

学术论著介绍

【安大简《诗经》研究】

徐在国主编,中西书局出版,ISBN:978-7-5475-1970-7

该书为近年来安大简《诗经》研究的回顾总结与集中展示。共收录论文48篇,分为"材料综述""字词考释""异文新解"三部分。内容涉及文字考释、词汇训诂、古音系联、字词关系、异文考辨、篇章次序、文本解读等方面。

【安徽大学藏战国竹简】

安徽大学汉字发展与应用研究中心编,中西书局出版,ISBN:978-7-5475-1943-1

该书收录《仲尼曰》《曹沫之陈》两篇文献,包括竹简原大图版、放大图版,释文注释,以及附录、字形表、竹简信息表等。

【《八音定诀》整理及研究】

马重奇、王进安著,中国社会科学出版社出版,ISBN:978-7-5203-9882-4

《八音定诀》全称《八音定诀全集》,清代叶开温编,书前有"觉梦氏"光绪二十年(1894)甲午端月作的序。这是一部反映19世纪末叶兼漳、泉二腔的厦门韵书。因该书为手抄本,其中不乏谬误,作者进行勘误补缺,写成《新著〈八音定诀〉》,并对其声韵调进行归纳并语音构拟。

【部分量:体貌、量化与论元互动的类型学研究】

李思旭著,中国社会科学出版社出版,ISBN:978-7-5203-9727-8

该书结合普通话、汉语方言、古代汉语、中国境内的民族语言和国外语言,以部分量的编码方式为主线,探讨体貌、量化与论元之间的相互关联。具体从跨语言(方言)角度探讨了部分量的四种编码方式:部分量化、部分受影响、偏称宾语和部分格。

【朝鲜时代汉语教科书十种汇辑】

汪维辉编著,上海教育出版社出版,ISBN:978-7-5720-0833-7

汪维辉教授编纂点校的《朝鲜时代汉语教科书十种》包括《原本老乞大》《老乞大谚解》《老乞大新释》《重刊老乞大谚解》《朴通事谚解》《朴通事新释谚解》《训世评话》《华音启蒙谚解》《你呢贵姓》《学清》。这十本书是在我国的元代到清代的不同时期为高丽人学习汉语而编写的教科书，是贴近当时汉语口语的语言资料。收入该书的各种教科书均由三部分组成：一解题，二点校本，三影印本。解题部分对各书的基本情况及其价值作一介绍，并交代点校体例。点校部分是对原书所作的一种初步整理，包括划分段落、施加标点符号和对文字上的俗讹衍脱进行处理。影印部分尽可能选择较好的版本加以刊印，并标注页码，以便跟点校部分对照。

【陈介祺藏吴大澂考释古封泥】

陈介祺、吴大澂编著，上海书画出版社出版，ISBN：978-7-5479-2837-0

该书收录清末金石收藏大家陈介祺藏拓秦汉至南北朝时期422品古封泥印，首次原拓原色原大影印出版。

【城市语言研究论稿】

郭骏著，社会科学文献出版社出版，ISBN：978-7-5228-0493-4

该书由作者近20年公开发表的有关城市语言研究的论文组成，包括对城市语言、方言调查的总结和思考，从宏观层面对我国城市语言研究中所存在的问题与不足加以分析；对溧水方言词汇、语法的考察；对溧水方言语音的考察；关注普通话和城市方言的关系；全面分析研究陶行知有关"大众语"与"新文字"的论述，详细讨论陶行知的语言规划观的历史意义与现实价值；作者针对大学生、小学生的语言素质、学习状态和语言文字应用能力做过的调查。

【程度语义学与汉语语法研究】

罗琼鹏著，南京大学出版社出版，ISBN：978-7-305-26172-5

该书从程度概念的视角，对一些词类和结构的语义问题提出了精确、形式化的思路和方法。

【出土文献名物考】

范常喜著，中华书局出版，ISBN：978-7-101-15705-5

该书集中展示了作者近年从事名物词考释的研究成果，包括战国楚简牍名物考、秦汉简牍名物考、其他出土文献名物考。全书以疑难名物字词考释为纲，探讨名物的命名理据、形制、用途、用法、源流及相关物质文化内容。涉及名物包括地名、外交礼品、食器、乐器、车器、旌旗、刀剑饰物、生活设施、厨具、药具、洁齿工具等。

【出土文献与汉语史研究论集】

叶玉英著，中西书局出版，ISBN：978-7-5475-1967-7

该书收录作者2005年至2022年公开发表的28篇论文，包括古文字研究，出土文献与历史问题研究，出土文献与汉语语法史、词汇史、语音史研究等。

【出土文献与先秦秦汉史研究论丛】

邹芙都主编，科学出版社出版，ISBN：978-7-03-073268-2

该书由第三届商周青铜器与先秦史研究青年论坛参会论文选编而成，共收录论文43篇。内容涉及甲骨文、商周青铜器与金文、简牍等出土文献与先秦秦汉史研究等方面。

【出土文献语言与文字论丛】

洪飏著，光明日报出版社出版，ISBN：978-7-5194-6470-7

该书收录作者近年所撰关于出土文献语言和文字学研究的论文38篇，分"甲骨文研究""简帛文献研究""古文字与上古音研究""文字学研究"四个主题，从字形、语音、词汇和语法等方面对出土文献字词进行了考证和辨析，对文字学的相关理论进行了阐释和研究，揭示探讨了《说文解字》相关语言现象。

【词汇与句法计量研究】

黄伟等著，浙江大学出版社出版，ISBN：978-7-308-22682-0

该书收录国内最新的计量语言学实证研究成果，这些研究从词汇与句法入手，使用新闻、小说、诗歌等自建语料库以及大型开放语料库，对语体、翻译、计量风格学、数字人文、句法复杂性、习得与认知、语言网络等问题进行了探索。

【词基驱动的晋语构词与音系交互模式】

王晓培著，商务印书馆出版，ISBN：978-7-100-21878-8

该书梳理了晋语方言区平遥话、盘上话和神木话构词过程中的音系现象，采用非线性音系学技术手段对其进行分析，并参考语义、音系和能产性三项标准，从方言的多样性中寻求有规律的共性，在生成语法的理论体系中讨论晋语方言构词和音系相互作用的方式，提出适用于晋语的词基驱动的构词与音系交互模式。

【词义流变与常用词更替研究】

刘曼著，上海辞书社出版，ISBN：978-7-5326-5848-0

该书从历时角度详细剖析了八组汉语常用词的词义演变过程，梳理了每组词主要义位间的流变关系，认为新词的产生、多义化、义位增加等因素对常用词更替产生多方面的影响，而多义词在语义场的地位高低与相应义位在词义系统中的地位高低呈正相关。该书突破了以往仅注重词历时更替的研究范式，将常用词历时更替与词义变化结合起来，较好地呈现了词汇演变的复杂性。

【辞海缩印本（第七版）】

陈至立主编，上海辞书出版社出版，ISBN：978-7-5326-5775-9

缩印本在内容上与彩图本保持一致。总条目近13万条，总字数约2300万字。全书词目力求精当，释文力求精确，坚持思想性、知识性、科学性、稳定性和简明性，严把政治关、科学关和文字关，继承历版《辞海》收词全面、释义准确的特点，具有鲜明的时代性。

【从事件链框架到汉语动词的动相结构】

左思民著，学林出版社出版，ISBN：978-7-5486-1820-1

该书认为动词动相是对事件链框架所反映的事件链中某一环节或某几个环节进行截取、概括、固化过程，从而建立了关于现代汉语义项动词的动相结构的新理论，并提供了一个对3000个现代汉语义项动词的动相构造的分类标注表。

【从语音象似到韵律象似】

应学凤著，社会科学文献出版社出版，ISBN：978-7-5228-0365-4

该书聚焦汉语的音义象似性现象，重点研究音质音位的象似和非音质音位的象似，先后讨论了元音象似、辅音象似、声调象似、音响度象似、复杂性象似a和轻重象似、多少象似、松紧象似等现象。

【戴庆厦先生口述史】

戴庆厦、赵燕珍著，中国社会科学出版社出版，ISBN：978-7-5203-9570-0

该书的内容是戴庆厦先生七十年来在语言学领域勤奋耕耘和创新贡献的真实记录，也是对新中国民族语言研究光辉历程的深情回顾。

学术论著介绍

【道教仪经字词校释】

周学峰著，中国社会科学出版社出版，ISBN：978-7-5227-0185-1

该书以道教仪经字词为研究对象，主要包括：考校仪经俗字讹字；考释仪经疑难词语；考辨仪经词语源流演变，包括词源溯求与义源梳理；考察仪经词语构造特点与构成方式；描写仪经部分词汇类聚，初步揭示道教仪经词汇特点。

【第二语言学习与教学（第五版）】

[英] Vivian Cook著，外语教学与研究出版社出版，ISBN：978-7-5213-3418-0

该书系统地介绍了二语习得理论，并对其进行逐一分析，探讨如何用二语习得理论指导语言教学。

【地理语言学视域下梅州客家方言语音研究】

李菲著，中山大学出版社出版，ISBN：978-7-306-07401-0

该书以梅州客家方言语音为研究对象，在较全面田野调查研究的基础上，利用语言地图形式展示梅州地区方言的语音面貌，探讨区域内部的共性和差异，试图在区域方言的分布上找到语言内部及语言外部因素，即研究语音区域特征的演化过程，实现客家方言语音特征演化在地图上的动态展示。

【东亚汉字文化圈日本语研究】

王宝锋、陈凤川、王琢主编，暨南大学出版社出版，ISBN：978-7-5668-3363-1

该书收录了"东亚汉文圈中的日语教育·日本学研究新开拓"学术研讨会的30篇精选论文。

【东言西语：在语言中重新发现中国】

郑子宁著，三联书店（香港）有限公司出版，ISBN：9789620449529

该书把汉语普通话、拼音、方言、地域差异、古汉语、姓名、称谓、外语习得等语言与文化的核心问题融会贯通于近50个故事之中，用具有内在统一性的连贯逻辑，带我们在语言中去发现一个全新的中国。港版繁体版在内地简体版基础上做了修订，新增了关于粤语的篇目，并对书中语音学、音韵学专业术语作了注解。

【对话语篇中的情感意义：情感意义与语境变量的系统配置研究】

王瑛宇著，北京理工大学出版社出版，ISBN：978-7-5763-1247-8

该书通过描写、分析13个汉语情感词在现代汉语言情小说语料库中的使用方式，回答了两个基本问题：一、情感意义与其语境变量之间具有怎样的关系，它们之间如何配置？二、情感意义与语境变量之间的配置方式能够体现哪些人际功能，能否为相关人际功能提供合理、有效的解释？该书首次提出情感意义与语境变量的配置系统，深化了系统功能语言学领域语义－语境系统的界面关系研究；区分了表层评价和互动性评价，为情感意义范畴的识别提供了有效路径。

【对外汉语偏误分析】

杨爱姣、田苗、卓静静主编，暨南大学出版社出版，ISBN：978－7－5668－3260－3

偏误是留学生在习得汉语过程中产生的有规律的错误，对其进行分析，总结出偏误的类型，挖掘出偏误产生的原因，可以对教学带来极大的帮助。该书是作者对在多年对外汉语教学工作中发现的偏误问题的总结和分析，共分为三个篇章，即语音偏误篇、语法偏误篇和词汇偏误篇。

【多语竞争中的中国语言形象建构研究】

杨绪明著，中国社会科学出版社出版，ISBN：978－7－5203－9477－2

该书通过对英语、法语、孔子学院项目、领域汉语形象等个案分析和对语言形象感、中国语言形象现状等问卷统计，剖析了中国语言形象的现状、成因及构成要素，并基于"国家语言形象质疑链"模型分析了合意中国语言形象的生成机制与建构策略。

【多语种语料库的应用价值研究】

李嘉珊、田嵩著，社会科学文献出版社出版，ISBN：978－7－5201－9611－6

该书梳理了语料库技术的衍生发展进程，提炼了多语种语料库应用的典型案例，阐释了多语种语料库建设的关键技术，深入挖掘语料库在商业服务、翻译服务、信息服务、技术服务等方面具有的应用价值，系统分析了多语种语料库在数字时代所扮演的重要角色。

【俄汉语焦点副词语义辖域研究】

郭丽君著，中国社会科学出版社出版，ISBN：978－7－5227－0205－6

该书以俄汉语焦点副词的语义辖域和句法辖域及其相互作用关系为研究对象，秉承莫斯科语义学派语言整合性描写的基本原则，依据"意思文本"转换理论模式下的配价理论和辖域理论，系统分析俄汉语焦点副词语义辖域、句法辖域、语义指向、向法分布、交际结构等，对比描写制约俄汉语焦点副词句法题元实现的语义、语法、语用等条件；借鉴俄罗斯语义学对消极谓词语义机制研究的有益思想和方法，探寻焦点副词的形式化语义解释机制，将其用于指导俄汉语义句法研究和词条编纂。

【鄂南方言的多域声调系统研究】

王彩豫著，武汉大学出版社出版，ISBN：978-7-307-23198-6

该书系统而深入地介绍了湖北省南部五个县（松滋、沙洋、公安、石首和监利）的声调系统。运用实验语音学的声学分析和数理统计的研究方法，发现了鄂南五县声调系统丰富的变体和变异。通过这些变体和变异发现了由非常态发声态消失启动的声调系统的演化和在"有效分布格局"制约下的声调系统的简化，研究还勾勒了单域、多域声调系统演化的模型。

【发音解剖书——如何铸就最美嗓音】

Calais-Germain, B., & Germain, F. 原著，徐文译，河南科学技术出版社出版，ISBN：978-7-5725-0777-9

该书以文字描述结合彩色插图的形式，系统而形象地介绍了发音相关的解剖结构及生理功能，包括声道的生理结构、发音原理以及全身骨骼-肌肉系统与发音的关系，全书涵盖艺术、康复科学、运动及医学等多个领域，是一本专业同时又通俗的发音参考书。

【法国的语言政策与法规】

刘洪东主编，商务印书馆出版，ISBN：978-7-100-21723-1

该书以法国语言政策为主线，选取最重要和核心的原始文献进行译介，并展开一定的研究。项目兼具实用性和学术性，旨在为我国政府和学界提供一手的法国语言政策文本资料，为我国语言政策的制定和实施提供有益的参考和借鉴。

【法律中的语言游戏与权力分配】

周少华著，社会科学文献出版社出版，ISBN：978-7-5201-9821-9

法律实践是一种语言实践，不仅立法需要借助语言工具来进行规范表达，司法活动也是一个语言操作的过程。法律可以被视为人类为实现自我控制而创设的一种制度技术，这种技术就是要将社会的权力和权利进行必要的权威性分配。该书收录了作者的8篇论文，集中反映了他对法律中的语言游戏与权力分配问题的深入思考。

【翻译修辞学与国家对外话语传播】

陈小慰著，浙江大学出版社出版，ISBN：978-7-308-22844-2

该书是国内第一本完整论述翻译修辞学的专著，有助于翻译修辞学理论体系的建构。全书由绪论和七章内容组成，从翻译修辞学的历史发展、学理定位与研究前景，翻译和对外翻译的修辞思考，对翻译受众、译文话语和语境的再认识，基于认同的翻译"说服"规范，翻译文本类型与修辞资源的对比借鉴，翻译修辞策略，对外话语传播的翻译修辞等方面，系统地勾勒了翻译修辞学研究的基本概貌。

【方言（中华经典名著全本全注全译丛书）】

华学诚、游帅译注，中华书局出版，ISBN：978-7-101-15741-3

该书是"中华经典名著全本全注全译丛书"之一，简称"三全本"《方言》，是在《扬雄〈方言〉校释汇证》（修订本）的基础上，对扬雄《方言》作了题解、注释、白话文翻译，共涉及词条675个；并附有扬雄《方言》地名信息表及词语笔画索引。本译注对汉语方言的研究有一定的参考价值，也可供一般语言文字工作者、辞书编纂者、民俗学者参考。

【方言比较与吴语史研究　石汝杰教授荣休纪念论文集】

陶寰、盛益民、黄河主编，中西书局出版，ISBN：978-7-5475-2003-1

该书是语言学界同人为石汝杰教授荣休所作的纪念文集，所收文章围绕"方言学"和"吴语"主题，力求在石汝杰教授等老一辈方言研究学者研究的基础上，进一步拓宽方言研究的领域，深挖吴语及吴语史的学术内涵。

【方言岛——深圳大鹏话研究】

丘学强、温育霖著，中国社会科学出版社出版，ISBN：978-7-5203-9945-6

该书详尽地记录并分析深圳大鹏话的语音、词汇和语法概况，用历时和共时比较法展示它与中古音的异同，并归纳其语言特点。还利用古今文献、谱牒及逻辑学原理回应各界对其名称的考证、语言系属的推断，以及是否应将它认定为军话的争议，运用计量统计法和年代语言学理论等推测和探讨其形成方式、过程、时间及其与其他方言的关系。

【方言地理学视角下徐州市、铜山县城乡方言接触研究】

王海燕著，苏州大学出版社出版，ISBN：978-7-5672-1988-5

徐州市和铜山县之间的"市辖县"和"县廓市"的格局，对两地方言的演变和发展影响突出。该书从方言地理学的角度出发，结合人文、历史等资料，可以有效地观察到城乡方言接触的具体表现，为研究方言接触提供参考。

【方言语法语音探知录——刘丹青语言学文选】

刘丹青著,商务印书馆出版,ISBN:978-7-100-18928-6

该书收录了作者1982—2016年发表的汉语方言研究的论文,多为方言语法论文,还有关注方言语音或涉及语音研究。有数篇论文结合具体实例阐述方言研究特别是方言语法研究的宏观理论、方法和在学科体系中的作用。

【放马滩秦简《日书》汇释今译】

张玉金、黄莹著,暨南大学出版社出版,ISBN:978-7-5668-3277-1

该书为国家出版基金项目"出土战国文献汇释今译丛书"之一,以放马滩战国秦汉墓地出土的竹简为研究对象。包括释文、汇释、校记和今译四部分,不仅通过人工摹写还原简牍原貌,弥补当下出土战国文献研究在摹本上的不足和缺憾,还通过互校不同版本的释文和吸收最新的校订成果,用简洁的现代汉语对简牍的内涵进行细致的解读。

【福建方言与文化】

李如龙著,福建人民出版社出版,ISBN:978-7-211-08811-9

福建方言历来以复杂与特殊著称,而在特定的地理环境和历史背景下,福建文化也颇具特色。该书作为《福建方言》一书增订版,将作者多年来在调查研究福建方言过程中的所思所想做一番梳理,力图透过方言研究地方历史文化。

【复杂动态系统理论视阈下的EFL学习者英语口语发展研究】

于涵静著,上海外语教育出版社出版,ISBN:978-7-5446-7048-7

该书基于复杂动态系统理论,采用混合性研究设计,一方面结合量化分析方法和复杂动态系统所特有的变异性分析方法可视化呈现中国学习者英语口语复杂性、准确性和流利性的动态发展轨迹及三者的互动关系;另一方面采用质性方法深度剖析影响中国学习者英语口语发展的因素,揭示EFL学习者二语口语能力的个体发展差异、非线性发展特点以及发展模式。

【甘肃方音字汇】

朱富林编著,中国社会科学出版社出版,ISBN:978-7-5203-9486-4

该书提供41个汉语方言的字音材料,列出北京音以资比较。收字1500个,用国际音标注音,按《方言调查字表》的中古音系排序,每个字的反切及音韵地位依照《古今字音对照手册》,比较完整地反映了甘肃汉语方言的语音差别。

【高校教师话语亲和力研究】

冯文艳著，吉林出版集团出版，ISBN：978-7-5731-1950-6

该书是极有特点的修辞教育个案研究，综合运用多种理论方法，系统考察如何提升高校教师话语的亲和力。

【根据原理教学：交互式语言教学】（第四版）

［美］H. Douglas Brown、［韩］Heekyeong Lee著，外语教学与研究出版社出版，ISBN：978-7-5213-3404-3

该书是交互式语言教学的经典著作，已修订再版三次。第四版包含六部分：课堂教学的理论基础、教学语境分析、课堂教学活动的设计与操作、六大语言技能的教学、语言技能评估和教师终身学习。

【古波斯语教程：语法·文本·词汇】

白钢著，华东师范大学出版社出版，ISBN：978-7-5760-2948-2

该书作为古波斯语教程，是汉语学界用严格的历史比较语言学与语文学方法撰写的印欧语系古代语言语法。不但对于中国历史比较语言学－语文学的建设具有示范性意义，也能现实地促进汉语学界对于古代伊朗文明的深度认知，加强中国与其他有着悠久深厚之历史底蕴的文明古国之"文明互鉴"。

【古汉语心理活动概念场词汇系统演变研究】

孙淑娟著，中国社会科学出版社出版，ISBN：978-7-5227-1228-4

该书对心理活动动词的系统演变进行了研究。以"忧虑""思念""猜度""思谋""意欲"五个概念场词汇系统为研究对象，分别从"主导词历时替换""各时期的非典型成员""各成员在现代汉语方言的共时分布"三个方面考察其历时变化。该书认为，概念场主导词的演变过程一方面伴随着新旧成员义域的扩大与缩小及使用频率的增减，另一方面又伴随着新旧成员用法的完备与萎缩。同时，义位在义位系统中所处地位的高低、概念在概念场中所占系统份额的多少、词形所承载语义负担的轻重是制约词在相关概念场中获得主导词资格的主要因素。

【古汉字通解500例】

徐超著，中华书局出版，ISBN：978-7-101-15625-6

该书选取500个常用汉字作为字例，罗列其甲骨文、金文、《说文》籀文、古文、小篆、楚简帛文和秦简牍文等多种字形，而以甲金字形为基本依据，讲解构形意义和构形方法，说明本义、引申义、假借义等基本用法和文化内涵，揭示形体演变轨迹及其演变规律。

【古释名辑证】

刘青松著，中华书局出版，ISBN：978-7-101-15557-0

该书对先秦两汉的释名资料进行了收集整理，以义类加以编次，并作疏证。

【古文献丛札】

蔡伟著，台湾花木兰文化事业有限公司出版

该书通过综合运用训诂学、音韵学、古文字学、文献学等方面知识来解释传世文献和出土文献中的语词。作者既能及时跟踪出土文献的最新资料和成果，又充分展示了对古书和训诂的熟稔。

【固化与规约化：基于统一用法的语言结构、变异和变化的社会认知模式研究】

［德］汉斯－约尔格·施密特（Hans-Jörg Schmid）著，上海外语教育出版社出版，ISBN：978-7-5446-7016-6

该书是作者8次讲座的文字版，介绍了作者提出的"固化与规约化"语言模型，该模型重视语用基础与社会因素，较为系统地解释了语言结构的产生与变化。

【故宫博物院藏殷墟甲骨文·马衡卷】

故宫博物院编，中华书局出版，ISBN：978-7-101-14769-8

马衡卷内容包括故宫博物院藏马衡捐赠甲骨（370号）和北京大学图书馆藏马衡辑《甲骨刻辞拓本》两部分。其中后者又分为《凡将斋甲骨刻辞拓本》（112号）和《国学门甲骨刻辞拓本》（471号）两种，作为附编。

【故宫博物院藏殷墟甲骨文·谢伯殳卷】

故宫博物院编，中华书局出版，ISBN：978-7-101-14768-1

谢伯殳卷内容包括故宫博物院藏谢伯殳旧藏甲骨（514号）和华东师范大学历史系藏谢伯殳等藏甲骨（140号）两部分。

【国际中文教育中文水平等级标准（英文版）】

中外语言交流合作中心著，上海外语教育出版社出版，ISBN：978-7-5446-7134-7

【国际中文教育中文水平等级标准：词汇速记速练手册】

万莹编著，北京语言大学出版社出版，ISBN：978-7-5619-6121-6

该书完全依据《国际中文教育中文水平等级标准》的"词汇表"进行编写，是面向中文学习者的实用型词汇学习用书。

【国际中文教育中文水平等级标准：汉字书写手册】

方兴龙编，北京语言大学出版社出版，ISBN：978-7-5619-6097-4

该书依据《中文教育中文水平等级标准》的"手写汉字表"进行编写，是面向中文学习者的实用型汉字学习、书写、练习用书。《汉字书写手册》遵循《标准》"汉字认读与手写适度分离、手写汉字从少到多有序推进"的新路向，着意提升学习者的汉字书写能力，提高其汉字学习效率，让汉字学习具针对性。

【国际中文教育中文水平等级标准：语法学习手册】

应晨锦等主编，北京语言大学出版社出版，ISBN：978-7-5619-5986-2

该书与《国际中文教育中文水平等级标准》深度捆绑，是对《标准》语法大纲初等部分做的全方位解读，每个语法点都与大纲相匹配，而且对《标准》语法大纲的语法点做了进一步细化处理，《标准》中一个语法点在该书中可能会被拆解为两个或多个语法点，每个语法点都给出具体的语义和用法说明、典型例句、例句所在典型语境的交际实践、补充例句、结构特点和用法提示等，从而全面、具体、系统地介绍每一个语法点。

【国家语言能力系统论】

陈艳红著，中国人民大学出版社出版，ISBN：978-7-300-30749-7

该书分为国家语言能力理论框架和国家语言能力建设实践两部分。第一部分主要从信息论的视角分析国家语言能力的本质属性，并从系统论的角度探讨国家语言能力的自我演化动力、演化机制等；第二部分以前文的理论框架为基础，讨论以下问题：1. 国家语言能力建设中的宏观调控原则以及从公民语言能力到国家语言能力的转化途径；2. 国家语言能力建设的三大阶段；3. 国家语言能力建设的中国实践；4. 我国国家语言能力提升路径。

【"过"的语法化及相关句式研究】

金洪臣著，社会科学文献出版社出版，ISBN：978-7-5228-0189-6

"过"在现代汉语中是动态助词的重要成员，探究其来源与语法化历程具有重要的意义。该书运用语法化相关理论，从句法、语义、语用、认知等层面对"过"的语法化过程与动因等进行了描写与解释。

【哈萨克语语音和谐发音机制研究】

辛瑞青著，中国社会科学出版社出版，ISBN：978-7-5203-9595-3

该书以哈萨克语语音和谐现象作为研究对象，运用声学语音学相关理论和研究方法，结合生成音系学区别特征理论，分析哈萨克语语音和谐发音机制。

【韩国传世汉文辞书集成】（30册）

王平、蔡梦麒、河永三主编，上海辞书出版社出版，ISBN：978-7-5326-5788-9

这是一部体现中国学者视角和思路、反映韩国汉文辞书发展脉络、具有完整性和系统性的多卷本大型资料汇编。编撰者以汉语发展史的学术关怀和域外汉语汉字传播史的学术视野，通过对韩国传世汉文辞书的整理和研究，为近代汉语和汉字传播等研究提供了一个系统完整的资料平台。

【汉代隶书异体字表】

于淼编著，中西书局出版，ISBN：978-7-5475-1901-1

该字表广泛搜集汉代简、帛、金、石及传世字书中的隶书字形，并对异体字进行整理，收录字头四千余个，可为研究汉语史、文字发展演变规律及研习书法者提供必要参考。字表充分吸收学界文字考释意见，以《说文》收录文字形音义为正字依据，其下收录异写、异构字，以字形为第一判定依据，兼顾词义和用法，所收字形图版参考了以往公布的不同版本，选取照片或拓片质量较高、字形较完好者，后附出处，部分字形附辞例及按语，用以说明相关用法、异体关系或排列依据。末附笔画检字表与拼音检字表，以便检索。

【汉韩语差比范畴对比研究】

史欣艳著，中国社会科学出版社出版，ISBN：978-7-5227-0564-4

该书以汉韩语差比范畴为研究对象，对汉韩语差比句展开全面深入的描写与对比研究，考察汉韩语差比范畴的共同点和不同点，并运用语言类型学、认知语言学理论对其中的共性和个性进行解释。

【汉英句法对比：基于依存树库的语言计量研究】

李雯雯著，社会科学文献出版社出版，ISBN：978-7-5228-0322-7

该书基于依存句法标注语料库，以依存距离和依存方向为主要衡量指标，对汉语和英语进行句法层面的对比分析，考察两种语言在句法结构规律方面的共性和差异。研究表明，依存句法标注语料库在挖掘不同语言之间的共性特征和结构差异方面具有可行性和科学性。

【汉语常用双音虚词的语法化研究】

雷冬平著，中国社会科学出版社出版，ISBN：978-7-5203-9789-6

该书以汉语双音节虚词的语法化为研究对象，对这些虚词的语法化环境、路径、语法化链及其动因和机制进行了研究。侧重对"化"的过程进行细致描写，从具体翔实的语料中体现语言演变的规律。

【汉语辞书理论专题史研究】

王东海、袁世旭等著，商务印书馆出版，ISBN：978-7-100-21071-3

该书从继承传统、参考西方、关注现实三个维度，就汉语辞书理论史研究中的分期、类型学、意义观、释义、当前热点五个核心问题展开研究，着重厘清上述理论问题的发展脉络。该书丰富了汉语辞书理论史研究，为国家层面的辞书规划提供了参考。

【《汉语大词典》修订胜论】

赵红梅、程志兵著，上海辞书出版社出版，ISBN：978-7-5326-5820-6

该书探讨了《汉语大词典》中收词立目、释义、注音及内容照应等方面的问题，也分析了其他一些能给《汉语大词典》修订提供参考的专书、辞书中的相关问题，例如《齐民要术》《型世言》等书能给《汉语大词典》补充条目、书证等。

【汉语大型辞书编纂、修订研究——以《汉语大词典》为例】

胡丽珍、雷冬平著，中国社会科学出版社出版，ISBN：978-7-5227-0180-6

该书分为上、下两篇，"通论篇"主要针对大型辞书的修订提出一些理论和方法，例如语料库语言学视野下大型辞书的释义原则和方法，通过大型辞书内部系统来发现并修复错误的方法。"实践篇"主要探讨《汉语大词典》在收词、义项、释义、例证等方面的失误，并提出相应的修订意见。

【汉语反语认知的神经心理机制研究】

黄彬瑶著，浙江大学出版社出版，ISBN：978-7-308-22986-9

该书的研究借助认知神经科学的实验方法，旨在考察认知语境各要素在汉语反语认知加工中的作用机制。主要通过三个实验考察语篇特征对反语认知难度以及读者接受程度的影响，语言语境（上下文关联）对于反语认知加工的影响，及说话人的交际风格和受话人的语用能力如何协同影响反语认知加工的动态过程。该书梳理归纳前人提出的众多反语认知理论和假说，结合实验证据，提出反语认知加工的动态建构模型，为当前的非字面语言加工实证研究提供新的视角和思路。

【汉语方言定指范畴研究】

盛益民主编，中西书局出版，ISBN：978-7-5475-1928-8

该书讨论的专题为"汉语方言的定指表达"，选取了胶东、重庆石柱、贵州遵义、安徽芜湖、广州、江苏海门、浙江绍兴等十余个方言点，对"量名"结构的语音表现、句法限制、语义功能、语用分布及地理范围等一系列问题进行了深入探讨。

【汉语方言研究的多维视角：游汝杰教授八秩寿庆论文集】

胡方、杨蓓主编，上海教育出版社出版，ISBN：978-7-5720-1514-4

该书共收35篇论文、1篇访谈录和1篇学术著作一览表。内容涉及方言本字研究、方言语音演变研究、方言语法研究、汉语方言史研究、汉语方言与少数民族语言比较研究等。所收录的论文涵盖语言类型学、实验语音学、语言文化、传教士文献、方言音韵、韵律等多个维度，体现了汉语方言研究理论、方法与实践的新进展。

【汉语后置的介词结构研究】

贾君芳著，中国社会科学出版社出版，ISBN：978-7-5203-9722-3

汉语介词结构在句中所居位置的变化是汉语史研究的重要课题。该书以后置介词结构为对象，运用历时分析的方法，通过大量的文献典籍，考察汉语后置介词结构语序演变的过程，讨论介词结构移位的动因。

【汉语焦点构式中的系词——基于语义演变的历时考察】

金大卫、陈珺著，中西书局出版，ISBN：978-7-5475-2016-1

该书所指的焦点结构包括句子层面的焦点和句子内成分的焦点，考察所覆盖的实证范围较以往的研究更广，也与类型学层面上对分裂句的研究发现相呼应。

【汉语近义词学习手册】（初级）

赵新、李英、洪炜编著，商务印书馆出版，ISBN：978-7-100-21609-8

该书是外国人学习汉语近义词的实用手册，主要供初级阶段汉语学习者使用。是对常用易混淆近义词辨析，讲练结合，可以作为近义词辨析工具书，可以作为词汇特别是近义词学习辅助用书，还可以作为中文水平考试辅导教材。

【汉语句法的语用属性】

张伯江著，商务印书馆出版，ISBN：978-7-100-20931-1

该书为作者的现代汉语语法研究成果，旨在揭示汉语语法中语用动因的体现。全书共四个部分：第一部分讨论汉语的基本句法结构不是主谓结构而是话题结构；第二部分讨论汉语名词短语组合过程中的语用关系；第三部分讨论汉语句法结构的语用性；第四部分讨论汉语句法结构的语体制约和修辞属性。体现了作者扎实的学术功底和开阔的学术视野。

【汉语句式研究】第四辑

陈昌来主编，学林出版社出版，ISBN：978-7-5486-1808-9

该书收录"第四届汉语句式国际学术研讨会"的31篇研究论文，分句式本体研究、句式与虚词研究、句式与语篇研究、句式与方言研究四大板块，内容涉及汉语句式的构式、虚词、复句、语篇、方言句式等。

【汉语"人际支持性"言语行为标记研究】

张光华著，中国社会科学出版社出版，ISBN：978-7-5227-0175-2

该书以汉语"人际支持性"言语行为标记（即传统研究中认为具有人际功能的话语标记或语用标记）为研究对象，以"新言语行为分析"和语言元功能理论为理论基础，从言语行为的核心概念出发，结合对具体语料的分析，尝试从整体上构建对此类标记的分析框架，并在此框架下对具体标记的功能与用法进行分析。

【汉语 $V_{定}N_{中}$ 构式的形成与语法化研究】

仝国斌著，中国社会科学出版社出版，ISBN：978-7-5227-0638-2

该书从定中结构的黏合与组合形式分别入手，将VN定中构式语义层面上的分别视为语义能指，语用层面上的表达分别视为语用所指，把下位分类类指和上位归类类指视为构式表达的两种基本的对立功能，指出语义能指和语用所指（指称的实现）并不一一对应。

【汉语乡土语言英译行为批评研究】

周领顺等著,社会科学文献出版社出版,ISBN:978-7-5228-0263-3

该书在自我构建的译者行为批评理论的视角下对汉语乡土语言翻译开展的描写性翻译批评研究;分专题构建了"葛(浩文)译莫言10本小说'乡土语言'翻译语料库",避开了传统上先入为主式、举例式分析方法的不足;将汉语乡土语言翻译的研究层次化(分为文本研究、人本研究、策略研究、纵向考察、横向考察等),增强了研究的科学性。

【汉语音韵演变史教程】

邢公畹编,刘春陶、倪博洋整理,南开大学出版社出版,ISBN:978-7-310-06218-8

该书是邢公畹先生于20世纪五六十年代在南开大学中文系讲授"汉语音韵学"课程时的讲义,也是一部简明的汉语语音史著作。该教程除介绍音韵学相关概念及研究方法外,主要以十三辙、《中原音韵》、《切韵》、《广韵》、二十六摄为基本材料,将汉语音韵演变的历史划分为上古、中古、近代、现代四个阶段,并细致讲解其演变过程。

【汉语语篇多维语体特征研究】

许彩云著,上海三联书店出版,ISBN:978-7-5426-7436-4

该书所言的多维是从言语行为理论出发,对汉语语篇展开语体特征分析时采用的"言语行为意图""行为媒介""人际方式"多种维度。该研究立足于语言使用,注重语体间整体的异同,研讨多维语体特征所要求的语言要素和语言要素间的组配关系,探索进行语体类型研究的可行性和现实意义。

【汉语语篇连贯的句法机制研究】

曹秀玲等著,上海教育出版社出版,ISBN:978-7-5720-1640-0

该书立足汉语自身特点,兼顾系统建构和专题个案研究、人类语言共性和汉语特点、汉语共时面貌和历时演化考察,构建了汉语语篇连贯句法机制的句内、句际和句段三个层面四个子系统:汉语显性连贯手段及其当代变异;句内动词论元配置和不及物动词、形容词及物化;小句降级形成的内嵌式和主从式关系小句;句际和段际层面的元话语体系。还从历时视角考察汉语语篇连贯机制的古今演化规律,对不同于传统语篇的汉语新型语篇——微语篇的构成、特点和连贯机制进行了研究。

【汉语语文辞书释义对比研究】

袁世旭、郭佳兴著，商务印书馆出版，ISBN：978-7-100-21070-6

该书立足辞书释义方式和释义内容两个层面，基于辞书释义的整体观和词汇语义学的义位结构论、义位组合论，以《现代汉语词典》为中心，从共时角度对比了《现代汉语词典》等几部语文辞书中的褒贬陪衬词、动物名词、动物语素类比喻词及颜色词释义上的异同，对比了《现代汉语词典》第5版到第6版释义提示词的使用与修订情况，为相关词条释义的修订提出了建议；同时从历时角度对比了《说文解字》《康熙字典》《现代汉语词典》等辞书，探讨了辞书释义内容演变的特点。

【汉语语用标记功能浮现的互动机制研究】

方梅主编，中国社会科学出版社出版，ISBN：978-7-5227-0583-5

该书采用互动语言学的分析思路，基于自然口语对话材料，以在线生成的视角进行观察，通过对不同类型个案的考察，探讨语用标记用法的语境条件和理解机制。与以往从词汇化、语法化视角看待语用标记的研究不同，该书将语用标记的序列分布和多模态表现作为形式依据，并结合会话情境、互动过程以及言谈参与者的认识状态等因素，揭示出语用标记的形成不是语法化，而是语用化。

【汉语韵律语法研究的音节-语义视野】

周韧著，商务印书馆出版，ISBN：978-7-100-20252-7

该书立足于汉语事实，紧紧抓住汉语"音节-语素-字"对应的基本格局，通过分析汉语句法结构的韵律模式、汉语四音节成分的韵律地位、汉语复合词构成的韵律因素等个案，提供了一条"音节-语义（语用）"相关联的汉语韵律语法研究思路。重新审视韵律和语法的"互动观"，重新检讨重音理论在汉语韵律语法研究中的得失，提出韵律本身就是汉语表达语法意义的一种手段，韵律表达语法意义是通过音节数目的多少对立来实现的，对汉语韵律语法现象的解释，应更多地从语义语用机制上寻找原因。

【汉语中古音研究】

马德强著，中西书局出版，ISBN：978-7-5475-1973-8

该书围绕中古音研究领域的几个专题进行研究，分为上、下两篇。上篇讨论重韵问题，多角度考察重韵分立的性质，结合汉语音韵史和音韵学史分析重韵现象的形成原因。下篇分别讨论《切韵》音系的性质、重纽、四等韵的介音、《切韵》系韵书、高本汉的中古音研究等问题，各专题主要是立足当前的研究现状，以其中涉及的相关音韵观念为切入点展开讨论。

【汉语中介语语料库建设研究】

张宝林著，商务印书馆出版，ISBN：978-7-100-21821-4

该书从发展、现状与对策，两个汉语中介语语料库的案例分析，标注规范，建设标准，软件系统等方面对汉语中介语语料库建设进行了全面的研究和探讨，并从学科宏观角度对汉语中介语语料库建设进行了理性思考与总结，包括语料库建设的根本目的与宗旨、语料采集和标注的基本原则、语料库开发和运用的问题和方法等。

【汉语组合范畴语法研究——基于交叉学科的视角】

陈鹏著，中国社会科学出版社出版，ISBN：978-7-5203-9195-5

该书一方面从语言与逻辑的互动视角，研究组合范畴语法如何形式化描述汉语的语法，并将汉语的分析转化为逻辑的演绎；另一方面从逻辑与计算的互动视角，介绍如何从宾州中文树库算法转换为组合范畴语法树库（CCG bank），揭示典型汉语中规则应用、规则例和词例的具体情况。

【汉字汉语研究】

李运富主编，社会科学文献出版社出版，ISSN：2096-4986

该期刊于2018年创刊，季刊，刊号CN41-1450/H，郑州大学汉字文明研究中心和文学院主办。主要发表汉字研究及出土文本研究方面的成果，也发表汉语史及现代汉语方面的成果。包括而不限于"汉字理论与汉字史""古文字与传统文化""《说文》学与汉字学史""汉字传播与域外汉字""汉字比较""汉字与汉语""疑难字词考释""汉字规范与汉字教学""汉语演变"等内容。学术委员会主任黄德宽，编辑委员会主任张涌泉。

【汉字再发现：从旧识到新知】

葛亮著，上海书画出版社出版，ISBN：978-7-5479-2884-4

该书是一本古汉字通识读本，旨在揭示关于汉字的"常识"中可能存在的问题，探讨分析汉字源流的正确方法，介绍甲骨、金文、简帛等出土文献以及相关研究取得的新知。

【河南滑县方言研究】

胡伟著，中国社会科学出版社出版，ISBN：978-7-5227-0315-2

该书整理了滑县方言的声韵调与同音字汇，梳理了滑县方言的子变韵和动词变韵，丰富了对中原官话变韵的认知。

【喉肌电图临床应用】

徐文编著，人民卫生出版社出版，ISBN：978-7-117-33793-9

该书分两篇：一是喉肌电图基础，二是异常喉肌电图与病例精解，为目前国内唯一专门针对喉肌电图检查技术进行深度解读的原创专著。全书200幅原创临床图片，包括大量肌电图和频闪喉镜照片，辅以18例详尽分析的临床案例，形成喉肌电图基础知识及临床应用的宝贵经验。

【湖北咸丰方言资源典藏】

阮桂君、南小兵著，社会科学文献出版社出版，ISBN：978-7-5201-9726-7

该书在调查咸丰当地人发音及当地语料的基础上，首先就咸丰方言的语音、词汇和语法等进行了全面梳理，并总结了其地方言特点；其次列举了当地的不同话语，有老男话语、老女话语、青男话语、青女话语、多人对话等五部分；再次就咸丰地区的口头文化进行了梳理，有民间故事、俗语谚语、谜语、民歌、童谣等。

【华文趣味教学法】

蔡丽编著，暨南大学出版社出版，ISBN：978-7-5668-3468-3

该书秉持"学生中心、产出导向、持续改进"的理念，基于作者2015年出版的《华文趣味教学理论与实践》，根据在线开放课程的特点和需求，重新整合教学体系，精选核心教学内容，主要涵盖华文趣味教学法的内涵、设计理念及依据，目的、性质、任务及原则，类型与特点等。

【基于词义基因的汉语起源弱任意观研究】

李为政著，中国社会科学出版社出版，ISBN：978-7-5203-9536-6

词义基因指存在于单音词语音内部的可以表示与该单音词词义有关联的意义的音素，既有语音又有意义，可以看作一种附带语音的特殊义素。该书是从蕴含在上古汉语单音词中的词义基因 {m} 的角度入手，通过分析大量语料，先证明了口型说的合理性，然后在该说和上古汉语单音词衍生过程的基础上，结合对约定俗成说的分析，提出了更加符合客观事实的汉语起源的看法——汉语起源弱任意观。

【基于规则方法的语法模式自动提取研究】

马鸿著，浙江大学出版社出版，ISBN：978-7-308-22847-3

该书提出一个基于规则从文本中自动提取语法模式的方法，通过精度和召回率检验该方法在自动提取中的准确性,并利用该方法开发出一套学术英语中高频动词的语法模式频率列表。

【基于类型学的汉语受事前置句研究】

张怡春著,学林出版社出版,ISBN:978-7-5486-1824-9

该书在语言类型学的理论框架下研究汉语受事前置句。共时层面,对汉语受事前置句的句法结构特点作精细化描写;历时层面,对汉语受事前置句的语序选择作回溯推理;类型学层面,对汉语受事前置句进行多语种比较和验证,审视汉语受事前置句的共性与个性。该书是汉语语序类型学研究范式的一次有效尝试,提出了世界语言结构地图集(WALS)中的汉语特点描绘需汉语学界进一步审视、补充和修订等相关看法和观点。

【基于认知形态学的汉语类词缀构词研究】

张未然著,北京大学出版社出版,ISBN:978-7-301-33098-2

该书利用认知形态学理论框架,从类词缀构词的语义范畴化、认知域分布和类词缀对项的构词识解三个方面,系统地研究了汉语类词缀的构词规律,并深入挖掘了其产生动因,解决了类词缀研究中尚未解决的描写语义分化、构词选择限制等问题,证明了认知形态学和汉语构词研究的适配性,从理论上提高了构词研究的解释性。

【基于元话语能力的汉语话语标记研究】

施仁娟著,浙江大学出版社出版,ISBN:978-7-308-22464-2

该书从培养留学生元话语能力的高度来研究话语标记。

《基于新标准体系的国际中文教育教学语法资源建设研究(上、下册)》

王治敏主编,北京语言大学出版社出版,ISBN:978-7-5619-6102-5

该书参照《国际中文教育中文水平等级标准》,对初级阶段必备的100项核心语言点进行了详尽的分析。每个语言点细分[语法项目名称][语法意义及功能][语法知识储备][教学核心思路][偏误][课堂描述][导入][肯定范例及结构][否定范例及结构][疑问范例及结构][操练][课堂活动][练习与测试]等模块,既提供了教学语法理论知识,又从教学实践层面为国际中文教师提供语法课堂教学的具体流程和步骤,提供丰富的、具有实际操作性的课堂活动和操练方式。

【基于语料库的汉语程度副词历时研究——兼与英语比较】

张家合著，中国社会科学出版社出版，ISBN：978-7-5203-9715-5

该书立足于汉语实际，依据大型标记语料库的数据，探究汉语程度副词的历史面貌、搭配特征和历史来源等，研究汉语程度副词的历史演变，并通过与英语的比较，研究汉语程度副词和其他语言的异同。

【基于语料库的学术英语元话语对比研究】

娄宝翠著，中国社会科学出版社出版，ISBN：978-7-5203-9860-2

该书将语料库方法和话语分析方法相结合，从互动式元话语和引导式元话语两个层面，对国际期刊和中国学习者学术英语论文中的元话语使用特征进行对比分析，重点考察学习者学术语篇不同种类元话语的语言实现形式和功能表达特征，分析其使用特征和困难，研究结果可为高校学术英语写作和教学提供借鉴。

【《急就篇》新证】

张传官著，中西书局出版，ISBN：978-7-5475-1965-3

该书是结合传世文献与出土文字、实物等资料，对汉代蒙书《急就篇》进行的新证研究。

【季旭昇学术论文集】（全五册）

季旭昇著，台湾花木兰文化出版社出版

该书收录作者先后发表的论文70篇，内容主要涉及甲骨文与楚简的释读。

【甲骨文摹本大系】

黄天树主编，北京大学出版社出版，ISBN：978-7-301-33397-6

该书是第一部以摹本的形式按照新的理论和方法综合整理研究甲骨文资料的集大成之作，把原本"庞杂无序"的已刊布的七万多片有字甲骨整理成井井有条的科学资料。全书共43册，由"图版""释文"和"索引"三部分组成，正八开刊印，收录有字甲骨70659片。《甲骨文摹本大系》是目前收录甲骨数量最多的大型甲骨著录书。

【甲骨缀合三集】

蔡哲茂编著，台湾万卷楼图书公司出版

该书收录了作者所缀合190组甲骨缀合成果，除了缀合编号外，尚收录缀合后的甲骨拓片与摹本。图版之后,有各组卜辞的考释文字。为了便于检索,另有缀合所涉及各著录的对照号码表。

【简帛人物名号汇考】
王辉著,中西书局出版,ISBN:978-7-5475-1825-0

该书对战国至汉初简帛典籍及部分文书中所见的人物名号进行整理研究。结合传世文献与甲骨金文及其他出土文献材料,广泛搜集各家研究成果,主要关注名号异文、疑难名号及名号中疑难字的释读等问题。

【简牍学与出土文献研究】(第1辑)
西北师范大学文学院简牍研究中心主办、刘钊主编,商务印书馆出版,
ISBN:978-7-100-21806-1

该书旨在探寻出土文献奥秘,挖掘简牍价值,破译简牍密码,促进简牍学与出土文献研究,加强简牍学学科建设,增强简牍学术交流,推动和完善有中国特色简牍学学科体系和话语体系建设。

【《金关汉简》戍卒与武备词语研究】
聂丹著,中国社会科学出版社出版,ISBN:978-7-5227-0481-4

该书对《肩水金关汉简》的戍卒、武备、军事设施等词语作了穷尽的收录,在此基础上进行系统研究,因这两类词语的特殊性,该书多结合同质简材料侧重讨论词语具体所指及其形制,并从词汇史、辞书编纂等角度探讨了这些词语的价值。以掌握汉代西北边塞的军事面貌,进一步展现汉王朝的军事政策和军备力量。

【金融行业普通话】
田小琳、刘键著,三联书店(香港)有限公司出版,ISBN:9789620450556

该书旨在提升香港金融行业人士使用普通话与内地人士交流的能力。每课均配有场景对话、课文词语、拓展词汇、粤普对照以及实战练习,适合普通话教学以及普通话零基础读者入门。会话场景贴近生活,以助力金融行业人士根据不同工作内容需要恰当运用普通话。

【《金文编》稿本】
容庚撰集,中华书局影印出版,ISBN:978-7-101-15750-5

该书采取原尺寸彩色印刷工艺,最大程度保留了原貌;稿本中的浮签均单独处理后附于

当页，一页多条浮签则予以标号，以便对照。

【近代汉语探源（中华当代学术著作辑要）】

江蓝生著，商务印书馆出版，ISBN：978-7-100-21439-1

该书是作者近代汉语研究心得的阶段性汇总，共收录文章28篇，从内容上可分为语法、词汇和专书语言研究三部分。语法方面主要探寻虚词来源与语法化问题，其中有几篇与语言接触问题有关。词汇方面，有对具体语词的考释，也有探讨词义考释的方法和词义演变规律的。专书语言部分，是对专书语言的介绍或时代考辨，多从语法和词汇着手，有的也牵涉到语音问题。最后一篇是从传意方式的角度来讨论近代汉语的重要资料——禅宗语录的语言特点的。

【近代汉语湘方言文献集成】

田范芬编著，商务印书馆出版，ISBN：978-7-100-21061-4

共收录5种文献：《声律易简编》《训诂谐音》《湘音检字》《天籁新韵》《天籁字汇》。前三种是清代中晚期至民国反映长沙话的韵书、韵图，对研究近两百年来长沙方言的特征及演变极为重要。《天籁新韵》是韵图，反映的是一百多年前的衡南话；《天籁字汇》是一部记录二十世纪初邵阳话的方言韵书。两书是至今发现的仅有的专门记载衡州片和娄邵片的方言文献，对湘方言各片区别特征、分立时间等方面的探索都有重要意义。编著者尽可能地考证文献作者、成书时代、馆藏等基本信息，并对文献反映的方音系属、语音特征及声韵调体系作了考察和归纳。

【晋语语音研究】

沈明著，商务印书馆出版，ISBN：978-7-100-20562-7

全书分10章，包括3个方面的内容：分区、分片及各片主要的语音特点；晋语语音系统的面貌和主要特点（文白异读、韵母一二等的分别）的总体性研究；考本字，从演变与层次、语义变调、词音、语法音变等，讨论例外读音的原因。附录描写山西岚县方言音系，归纳演变特点，列出同音字汇。

【句子加工研究】

吴芙芸著，外语教学与研究出版社出版，ISBN：978-7-5213-3195-0

语言作为高级的认知活动，其知识体系、组织方式及认知加工过程等话题始终吸引着语言学、心理学、计算机科学、神经科学等多个领域的研究者。该书聚焦句子层面的表征与实时理解，系统梳理、阐述句子加工研究的核心议题、理论模型的发展演变，并对研究趋势进行展望。

【具身认知还是神经活动：语料库驱动的现代汉语通感形容词研究】

赵青青著，北京大学出版社出版，ISBN：978－7－301－33010－4

该书基于语料库驱动的研究范式，对现代汉语中的通感形容词进行了系统考察。研究发现，与印欧语类似，现代汉语中的通感也遵循映射方向性规律，即一般从身体体验性较强的感觉映射到身体体验性较弱的感觉。然而，现代汉语通感的映射方向是基于概率的倾向，而非绝对规律，因而并不能完全通过具身认知的身体体验性理论来解释。此外，现代汉语与英语的通感在映射方向上并不完全相同，因而也不支持通感属于脑神经联结的实现，以及具有跨语言普遍映射模型的假说。基于此，该书提出一种合并理论，即身体体验性机制和脑神经联结机制相结合的理论模型。该模型不仅可解释和预测现代汉语通感的映射方向性规律以及独特之处，还可对概念隐喻理论进行修正。

【跨文化交际探索】

祝华著，连美丽、黄剑译，商务印书馆出版，ISBN：978－7－100－20930－4

该书考察了语言在跨文化交际中的作用，特别关注文化多样性和语言实践。第二版增加、更新了对新兴核心话题的论述，包括象征权力、交际混乱、会话不平等、刻板印象、种族主义、国籍和民族会话以及技术在跨文化交际中的影响和作用。提供了许多来自世界各地、体裁各异的范例，是学习应用语言学、英语作为第二语言、教育或交际研究课程跨文化交际模块不可或缺的学术资源。

【跨文化交际：语篇分析法】（第三版）

[美] 罗恩·斯科隆（Ron Scollon）、苏珊娜·王·斯科隆（Suzanne Wong Scollon）、罗德尼·H. 琼斯（Rodney H. Jones）著，外语教学与研究出版社出版，ISBN：978－7－5213－3044－1

该书用语篇建构和语篇分析取代文化建构，用跨语篇交际和跨语篇分析取代跨文化交际现象，更准确地展示了不同社会群体（职业、年龄、性别、性向、公司等）的语篇以及个人的交际语篇的特质，让读者有耳目一新的领悟。

【跨学科视角下的语言与身份认同：兼谈香港问题】

郭宇菲著，三联书店（香港）有限公司出版，ISBN：9789620450525

该书通过理论分析与实证研究，从哲学、心理学、社会学、人类学等多个角度向读者展示身份认同是如何与一系列"语言为中心的现实问题"现象结合起来的。

【跨语言影响视域下英西同源词习得研究】

陈豪著，浙江大学出版社出版，ISBN：978-7-308-23221-0

该书结合英语、西班牙语词汇理论和应用研究，填补国内英语、西班牙语同源词研究空缺。该书分别对英语、西班牙语同源词理论进行定性分析，对英语、西班牙语同源词习得进行量化分析，明确中国高校中英语、西班牙语同源词意识和国内三语习得中同源词效应和迁移情况，总结同源词在国内多语习得中充当的角色、同源词研究的应用和意义。

【老龄化与老年语言学引论】

黄立鹤著，上海外语教育出版社出版，ISBN：978-7-5446-7326-6

对老年人语言现象及背后机制开展研究具有重要的理论意义、临床价值和社会效益。该书全面阐释了老年人在个体身心衰老及老龄社会背景下的语言交际特点、规律及影响因素，介绍了老年语言学的基本议题、研究方法、临床应用及其与老龄社会治理的关系，系统构建了老年语言学知识体系，同时对发展中国特色老年语言学提出了学科规划。

【Lilian 老师国际汉语教学私房菜：真实情景下的教学设计与案例探究（简体版）】

王莉莉编著，三联书店（香港）有限公司出版，ISBN：9789620447907

该书是为小学国际汉语教师编写的教学策略集，适用于 IBPYP 课程、双语课程的母语及二语/外语教学，由真实情景、实际问题出发，结合可视化教学、运用 ICT，帮助教师系统、有效地计划和组织个性化教学。

【历史比较语言学】

陈忠敏著，中西书局出版，ISBN：978-7-5475-1979-0

该书包括语言演变的各种类型介绍，以及对各种演变解释的探讨；语言构拟的基本理论和方法；建立语言谱系关系的标准和依据，以及谱系关系建立后它的下位分类的方法和依据；汉藏语及东南亚语言演变的特点及谱系关系；历史比较语言学研究史等内容。

【历史语言学】（修订本）

吴安其著，上海教育出版社出版，ISBN：978-7-5720-1094-1

该书采用西方历史语言学教材的理论介绍，结合东方语言的研究，如汉语史、汉藏语、阿尔泰语的比较，补充修订。先介绍欧亚和其他诸大洲语言的分布和分类；关于语音、形态、句法、词汇和语义的基本知识，再讨论历史语言学的理论和方法。涉及的内容包括：世界诸大洲语言的分布和分类；语言基本构成中的形态、词法和句法；语言结构的历史演变；19 世纪历史比较语言学和 20 世纪结构主义历史语言学的基本理论、基本概念和研究方法；语言的接触；历史比较法的研究；印欧语的历史比较；汉语和汉藏语的历史等。

【龙岗秦简汇释今译】

吴辛丑、张晨著，暨南大学出版社出版，ISBN：978-7-5668-3278-8

该书为国家出版基金项目"出土战国文献汇释今译丛书"之一，以龙岗秦墓出土的简牍为研究对象。该书包括释文、汇释、校记和今译四部分，不仅通过人工摹写还原简牍原貌，弥补当下出土战国文献研究在摹本上的不足和缺憾，还通过互校不同版本的释文和吸收最新的校订成果，用简洁的现代汉语对简牍的内涵进行细致的解读。

【鲁迅话语系统研究】

张春燕著，中国社会科学出版社出版，ISBN：978-7-5227-0363-3

该书多维度切入鲁迅话语，以整体观，系统观解读鲁迅话语中的多重"图式"，于此重新绘制出鲁迅以自反为中枢、悖论而平衡的精神图像。

【《鲁迅全集》古语词注释订补】

杨福泉著，浙江大学出版社出版，ISBN：978-7-308-22105-4

该书主要对《鲁迅全集》（人民文学出版社 2005 年版）前十卷中的有关古语词注释约三百条进行考辨和修订工作。

【论早期东亚与欧洲的语言接触】（修订版）

陈辉著，浙江大学出版社出版，ISBN：978-7-308-22277-8

该书从语言学、史学、文献学、哲学等多视角述论东亚与欧洲语言接触之缘起、过程与结果，揭示了传教士对汉字解析与认知之体系，以及该体系对东亚三国的语言尤其是汉语的发展所作的贡献。

【满语词汇语义及文化研究】

赵阿平、尹鹏阁著，社会科学文献出版社出版，ISBN：978-7-5201-9301-6

该书在收集整理清代典籍满语书面语词汇与相关研究成果的基础上，运用词汇语义学、人类文化语言学、结构语言学、比较语言学的理论方法，从词汇学和语义学的角度对满语词汇语义具体问题进行系统而深入的研究探讨。系统、科学地描写满语词汇语义全貌，在理论上对满语词汇语义现象进行科学分类和归纳，揭示出满语词汇语义特点，为建构满语语音、语法、词汇语义完善理论体系作出贡献。

【美国哈佛大学哈佛燕京图书馆藏金石拓片图集】

姚伯岳、邱玉芬编撰，广西师范大学出版社出版，ISBN：978-7-5598-3459-1

该书精选美国哈佛大学哈佛燕京图书馆藏金石拓片一百三十余种影印出版，著录各拓本的题名、原称、传拓时代、尺寸等信息。

【面向语言工程的现代汉语词类体系与词性标注研究】

邢富坤著，科学出版社出版，ISBN：978-7-03-071495-4

该书面向语言工程，以英汉语对比为基础，揭示汉语词类体系与词性标注的主要特点，并在隐马尔科夫模型的基础上，建立了多观察和多状态搭接的COV模型，在词性标注任务中获得了较好的效果。

【面向中文信息处理的组合范畴语法研究】

姚从军著，湘潭大学出版社出版，ISBN：978-7-5687-0733-6

该书使用组合范畴语法研究汉语，对汉语的话题句、连动句、代词和空代词照应现象等具体问题做出处理，并构造针对汉语的混合范畴类型逻辑系统处理汉语话题句和重块头NP移位现象，介绍从清华中文树库到中文CCG库的转换算法，分析其有效性和可靠性。

【名词性短语的生成语法研究】

龚锐著，外语教学与研究出版社出版，ISBN：978-7-5213-3674-0

该书在生成语法理论的框架下对国内外已有的名词性短语研究文献进行了梳理和评述，探讨该话题的研究脉络、发展趋势和前沿成果。兼具学术性、前沿性和引领性，有助于全面了解名词性短语研究的理论及其成果和发展趋势，提高应用生成语法的研究方法解决汉语实际问题的能力。

【名词性领属结构的类型学研究——基于语义地图的跨语言视角】

叶婧婷著，上海辞书出版社出版，ISBN：978-7-5326-5831-2

该书对领属结构进行跨语言的结构类型分析，探求领属结构的句法性质，并且试图发掘新的语言共性；建立了与领属结构相关的跨语言数据库，并且使用这些数据来绘制领属结构的语义地图，构建领属结构的概念空间；运用不同的语义地图来考察各语言内部不同领属语义的关联模式；对比周边语言和汉语方言的语义地图，寻求共性和特性；为语义地图所展现出来的模式寻求动因。

【南北朝墓志集成】

王连龙编撰，上海人民出版社出版，ISBN：978-7-208-16622-6

全书分上、下两册，由"凡例""释文编""索引编""参考文献"四部分组成，共计150万余字。该书对2018年前国内外刊行出版的金石志书、学术文集及著作论文中公开发表的1468种南北朝墓志进行了系统整理。著录墓志信息，以目、图、文、研形式分类展示；考释墓志文字，按年代顺序编定成册；汇集墓志注释，收录陈列诸家成说；编制墓志索引，提供墓志名、人名、官名、地名引得。

【南北朝隋唐宋方言学史料考论】

王耀东著，科学出版社出版，ISBN：978-7-03-072165-5

书中"南北朝隋唐方言记载""宋代方言记载"对南北朝隋唐宋时期文献所载方言语词进行大范围搜采、汇集，做了大量资料性工作。

【宁波方言字语汇解】

［美］睦礼逊（William T. Morrison）编著，上海大学出版社出版，ISBN：978-7-5671-4412-5

《宁波方言字语汇解》（*An Anglo-Chinese Vocabulary of the Ningpo Dialect*）由美国旅甬传教士睦礼逊（William T. Morrison）主编，上海美华书馆（Shanghai：American Presbyterian Mission Press）于1876年出版，是一本有英汉对照的宁波方言工具书，记录了19世纪中后期宁波方言的语音、词汇、语法和大量自然口语语料，用于帮助当时初到宁波的外国人了解和学习宁波话，同时也对后人研究宁波方言历史面貌和演变有重大参考价值。词典正文共538页，正文前有《序言》、《宁波方言音节列表》和《说明》，正文后列出世界各地地名的宁波话读音。

【批评认知语言学】

张辉、张天伟著，外语教学与研究出版社出版，ISBN：978-7-5213-3328-2

该书系统梳理批评认知语言学的主要观点和理论框架，并探讨其应用价值与范围，既为认知语言学的"社会转向"作出重要贡献，也为批评话语研究的蓬勃发展提供强劲的新动力。

【篇章回指的功能语用探索：一项基于汉语民间故事和报刊语料的研究】

许余龙著，上海外语教育出版社出版，ISBN：978-7-5446-7013-5

该书从回指语的形式语义特征和语用功能，以及篇章实体的主题性这两大方面入手，采用篇章分析的方法，阐释自然语篇中回指的理解机制。在理论上提出一个以可及性和主题性为基本概念的回指确认原则；在研究方法上采用一个全新的具有可操作性的系统验证上述理论原则的方法，并据此建立了自己的语料数据库；在理论模式的建构过程中，一方面修正和发展了国外学者提出的某些观点（如篇章主题的定义、识别方法和分类等）；另一方面提出了一些全新的概念（如篇章中的期待主题、期待副主题和主题堆栈等）。

【普通话常用口语词】

刘慧、李黄萍、张翼、李春红、李赛璐、罗丹丹著，三联书店（香港）有限公司出版，ISBN：9789620450327

该书专门为提升港澳、外籍人士普通话口语能力而编写，参照《现代汉语词典》，精选普通话中最常用的口语词600余条，训练学习者的普通话口语能力。部分词条及例句配有生动有趣的插画，助力学习者轻松理解词义和用法。部分词条则提供相对应的粤语常用口语词，帮助学习者更好地理解词语含义。由国家级普通话水平测试员示范发音，帮助学习者培养标准的普通话语感，说一口地道普通话。

【普通语言学概论】

[英] R. H. Robins著，外语教学与研究出版社出版，ISBN：978-7-5213-3174-5

该书从纵横两方面综述了现代西方语言学研究的学术源流，同时也概述了各细分领域的基础理论。条理清晰，论述全面，通俗易懂，是国内部分高校推荐的考研参考书和专业课用书。

【七音略校笺】

（宋）郑樵著，杨军校笺，李红补订，凤凰出版社出版，ISBN：978-7-5506-3600-2

南宋郑樵的《通志·七音略》是早期等韵学著作之一，杨军教授搜集了多种版本价值极高的日本古写本、刻本《七音略》，在此基础上比勘诸本并求证于韵书、字书，区别正俗、辨析错讹，定各韵图列字之是非，撰成《七音略校笺》。末附南图藏民国二十四年（1935）北京大学景元至治本《通志·七音略》影印本和哈佛燕京图书馆藏元大德间三山郡庠本《通志·七音略》全彩影印本，以资读者参证。

【欺诈性广告中模糊话语的批评语用研究】

钱永红著，暨南大学出版社出版，ISBN：978-7-5668-3408-9

该书以非法电视直销广告为语料，采用理论思辨与实证研究相结合的方法，引入受众视角，借鉴相关语用学理论，深入探讨欺诈性广告中所使用的模糊话语的形成原因、理解机制及其背后隐藏的社会心理因素，揭示模糊话语与欺诈效果的关系，考察模糊话语欺诈的实施与受众年龄、性别和文化水平之间的相关性，验证社会心理因素对利用模糊话语实施欺诈的促成作用，以期提高广大消费者对误导性模糊话语的识别和防御能力，同时也为电视直销广告的健康运行提供相关理论规范。

【巧用探究法教语言：以IBMYP语言习得&语言与文学课程为例】

李敏、韦庆芳、葛婷婷著，三联书店（香港）有限公司出版，ISBN：9789620449314

该书以IBMYP课程为应用对象，阐明MYP单元设计和教学背后的探究原理、方法和技巧，并通过八个单元实例来呈现单元设计的思路和要点，帮助教师更好地理解"探究教学法"及其在语言习得和语言文学课中的巧妙运用。

【秦出土文献编年续补】

王伟、孟宪斌编，商务印书馆出版，ISBN：978-7-100-21842-9

该书主要对《秦出土文献编年订补》出版之后新见的秦国玺印封泥和陶文、铜器、兵器等文字资料进行了详尽的搜集整理，按照年代顺序编年条列，主要涉及文字考释、史实考辨、年代考订等，并增加器物图版和铭文照片或摹本。

【清华大学藏战国竹简（拾贰）】

清华大学出土文献研究与保护中心编，黄德宽主编，中西书局出版，ISBN：978-7-5475-1969-1

该书收录了一篇长篇战国竹书《参不韦》，主要内容是作为天帝使者的参不韦对夏代开国君主夏启的训诫。这篇竹书共124支简，内容完整，总字数近三千字，这是继清华简《系年》《五纪》之后，整理公布的又一篇超百支简的长篇竹书，是前所未见的先秦佚籍。

【清华大学藏战国竹简（拾壹）】

清华大学出土文献研究与保护中心编，黄德宽主编，中西书局出版，ISBN：978-7-5475-1879-3

全书以"五纪"为中心展开，以天象历算（五纪、五算）为基础，论叙天象星辰、天地神祇，而更大篇幅则集中于与之对应的人事行用方面。篇中先叙五纪五算、神祇司掌，后叙以历算为纲纪，树设邦家、蕃育万民、敬事鬼神、百官供事、兵戎祭祷，充分展现了战国时的天人观念。

【清华简《尚书》类文献笺释】

冯胜君著，上海古籍出版社出版，ISBN：978-7-5732-0212-3

该书对清华简14篇《尚书》类文献进行了周密的考证和笺释，而在字形考释、文字训诂、断句编联等方面尤见功力，不乏新见。

【清华简《系年》集释】（修订本）

李松儒著，中西书局出版，ISBN：978-7-5475-2013-0

相较原本，修订本对《系年》各方面的研究论著又增加了三百余篇（部），有近一半当时无法确释的文字，借助新公布的材料，可以比较确定地释出，或是为释读带来了方向。此外，还有一些可以对《系年》的文字考释或词义加以订正补充的地方。

【清末民初小说语体研究】

何云涛著，中国社会科学出版社出版，ISBN：978-7-5203-9591-5

该书以清末民初小说语体作为研究对象，力求全面系统地论证清末民初小说语体在汉语书面语文白消长过程中独特的历史价值。对清末民初的小说语体进行比较详尽的分类，探视小说语体的复杂性和独特性，分析清末民初小说语体演变趋势特征背后的文体观念、雅俗审美观念以及士人复杂心态，探讨社会运行机制的变化如何加快白话取代文言的质变过程。

【全球华语研究文献索引】

郭熙、祝晓宏、喻江编，商务印书馆出版，ISBN：978-7-100-21631-9

该索引汇集全球各地发表的华语研究相关文献近7000条。按"华语理论、华语本体、华语与华人社会、华语应用"编排为四大部分，四大部分之下再以专题、国别为次类列出具体的文献条目。该索引是华语研究领域的基础文献信息源，也是全球华语、海外华语传承和其他祖语传承研究者的案头工具书。

【认识视觉修辞：理论、方法与实践】

林玉佳、魏武著，中国传媒大学出版社出版，ISBN：978-7-5657-2981-2

该书着力于从符号学、修辞学、文化研究的视角考古视觉议题的理论发展，借视觉语法、视觉修辞、视觉奇观、视觉叙事、修辞语境、图像霸权的方法与学理,探讨如视频弹幕、网络直播、手机游戏、广告短片等实践案例的文化意义,努力为读者构建一个认识"视觉修辞"的清晰框架。

【认知语言学与外语教学新思考新实践】

刘正光、施卓廷著,上海外语教育出版社出版,ISBN:978-7-5446-7179-8

该书深入阐析了认知语言学的语言观对语言学习本质特征的新认识,提出了外语教学的新原则,详述了认知语言学的基本原理对外语教学各方面、各维度的启示。在指出以认知语言学为纲的语言习得方法论优势的同时,进而聚焦外语教学实践,特别强调了跨文化能力培养与母语文化对比的密切联系,并首提了教材编写中课程思政、思辨能力与语言能力三位一体融合培养的编写原则与方法,论证了混合式教学与课程思政的契合性。

【日汉存在型时体问题对比研究:以"シテイル"为研究基盘】

吴婷著,社会科学文献出版社出版,ISBN:978-7-5228-0008-0

该书主要围绕日语及汉语(普通话及粤方言)的存在型时体问题,以"シテイル"为研究基盘,在分析语料的基础上,按照进行体与反复体、结果体与达成体的研究顺序,对各时体范畴的时体标记、分布位置、与动词的连用情况、使用特征等进行考察与分析,总结日语与汉语(普通话及粤方言)之间的差异,并对日语及汉语(普通话及粤方言)存在动词的语法化问题进行对比研究,指出不同语言中存在动词的语法化有着程度上的差异。

【日语语篇分析】

李远喜著,中国社会科学出版社出版,ISBN:978-7-5227-0700-6

该书通过大量实例论证了日语语篇分析在我国日语教学与研究中的地位和作用,论述了日语语篇的衔接与连贯、语义类型与语义构造、信息结构与信息特征,旨在阐释日语语篇中句与句、段落与段落之间的深层构造,从而准确把握日语语篇的整体语义、作者或发话者的主观情感、表述角度、信息制约意识等。

【山东方言音韵研究】

赵学玲著,南京大学出版社出版,ISBN:978-7-305-24938-9

该书旨在研究山东方言语音的特点和演变情况,选取了山东方言声母、韵母和声调中比较有特色的几个方面,如知庄章、日母、影疑微喻四母和尖团音声母的读音类型及发展演变；果摄见系一等、蟹止山臻四摄合口端系、宕江摄入声、曾梗摄开口一二等入声字的韵母；古清声母入声字的演变和原因。全书先整理分析描写语音现象，再借鉴音韵学的研究成果，了解该语音现象在历史音韵中的表现，然后综合使用多种语言演变分析方法，拟测该语言特点在山东方言中的形成过程。

【商代金文研究】

谢明文著，中西书局出版，ISBN：978-7-5475-1992-9

该书选取220件商代（含"殷末或周初"）金文进行著录考释，以器类为纲，按铭文字数排列，包括"时代""著录""字数""释文""来源""注释"等内容。体例完备，鉴选严谨，释文精准，是目前学习商代金文的较好图录选。

【商周文字论集续编】

谢明文著，上海古籍出版社出版，ISBN：978-7-5732-0298-7

该书为《商周文字论集》的续编，收入作者近年发表的关于商周文字研究的论文33篇，内容包括甲骨、金文、楚竹书、秦汉文字等考释，以及传世文献字词的新证研究。

【上博竹书孔子语录文献研究】

［美］顾史考著，中西书局出版，ISBN：978-7-5475-1864-9

该书以文本整理为主，以义理分析、思想史和文献学探讨为辅，对《从政》《君子为礼》《弟子问》《仲弓》《颜渊问于孔子》《民之父母》《子羔》《鲁邦大旱》《相邦之道》《孔子见季桓子》《史蒥问于夫子》及《季康子问于孔子》等十二篇孔子语录类文献进行了专门研究，并将诸篇与《论语》《礼记》等传世古籍中的相类文献加以对读，为先秦儒家思想史研究提供了更为准确、可靠的释读文本。

【上古汉语新构拟】

白一平（William H. Baxter）、沙加尔（Laurent Sagart）著，中华书局（香港）有限公司出版，ISBN：9789888808267

该书全面利用近年来汉语方言、民族语借词和古文字领域的新成果，较为系统地将历史比较法引入上古汉语构拟当中。主张古音构拟应当遵循"假说—演绎"法（hypothetico-deductive method），即从有限的材料中推演出音变假说，使拟音系统具备一定预测能力，并根据新材料，如出土简帛文献、古方言以及民族语中的早期汉语借词等进行检验或调整，系统地将历史比较法运用到声母和前置结构的构拟中。从音节结构的角度入手，分声母、韵母、声调等几个方面，详细阐述了作者对上古音各类问题的见解。

【尚书覈诂】

杨筠如著，黄怀信标校，凤凰出版社出版，ISBN：978-7-5506-3686-6

该书是近人杨筠如先生注释《尚书》之作，共四卷。杨筠如在清华大学国学研究院求学期间师从王国维治《尚书》。杨氏在清代乾嘉朴学大家的研究成果上（"旁考逊清诸家"），采用当时的新视角、新方法，践行王国维"二重证据法"，广泛引用甲骨、金文等出土材料与《尚书》本文互证，撰成此书，是近代以来引领学术新风气的《尚书》学代表作。

【畲族民歌修辞研究】

翁颖萍著，浙江大学出版社出版，ISBN：978-7-308-22875-6

该书将修辞学理论运用到畲族民歌的立体性研究中，在多模态数据库的基础上，分别从音乐层面和歌词层面入手，考察它们的修辞格、语篇修辞、程式语修辞及词曲互动修辞，对畲族民歌修辞建构模式进行了全面的研究。研究成果将有效激活畲族民歌的能产性，对畲族音乐的抢救和保护将起到一定的促进作用。

【什么是会话分析】

于国栋著，上海外语教育出版社出版，ISBN：978-7-5446-6853-8

该书收集了50个有关会话分析研究的问题，全面覆盖了会话分析的学科起源、基本概念和应用研究等重要内容；着重介绍了会话分析的研究目的、方法论基础和具体方法等基础概念；客观总结了国际会话分析研究前沿和国内会话分析研究存在的一些问题；勾画了我国会话分析研究的前景。

【神经机器翻译】

［德］菲利普·科恩（Philipp Koehn）著，张家俊、赵阳、宗成庆译，

机械工业出版社出版，ISBN：978-7-111-70101-9

该书从历史、语言和应用背景等方面介绍了机器翻译和评价所面临的挑战，讲述了自然语言应用中常用的深度学习核心方法。还包含使用Python撰写的代码示例，为读者理解和实现自己的机器翻译系统提供了实践蓝本。该书涵盖了机器学习技巧、处理各种形式的数据所涉及的问题、模型增强，以及分析和可视化面临的挑战和方法等内容。是对机器翻译应用当前研究的一个总结，可作为相关专业本科生和研究生的教材，也可以作为那些对神经方法在人类语言处理更广泛领域中的应用感兴趣的研究人员和开发人员的参考书。

【神经机器翻译：基础、原理、实践与进阶】

熊德意、李良友、张檬著，电子工业出版社出版，ISBN：978-7-121-43752-6

该书覆盖神经机器翻译的基础知识、经典框架、原理技术、实践方法与技巧及前沿研究方向等。每章均附短评一篇，介绍相应章节神经机器翻译技术背后的历史、思想等，使读者对相关技术不仅知其然，而且知其所以然。

【神经网络与深度学习：案例与实践】

邱锡鹏、飞桨教材编写组合著，机械工业出版社出版，ISBN：978-7-111-71197-1

该书是邱锡鹏著《神经网络与深度学习》的配套案例，从实践角度诠释原书理论内容。

【世界语言生活状况报告（2022）】

国家语言文字工作委员会组编，赵蓉晖主编，商务印书馆出版，ISBN：978-7-100-21077-5

该书的观察时段为2020-2021年，共有48篇文章。第一部分"政策篇"，针对明确发布的政策措施，每篇报告都围绕着一个核心政策文本展开叙述；第二部分"动态篇"，重点呈现语言生活中的新趋势和新发展，特别关注那些展现变化、启示未来的内容；第三部分"专题篇"，聚焦国际组织的语言政策及语言工作；第四部分"报告篇"包括重要语言传播机构的年度报告，还有几部重要的阶段性专题报告；第五部分"语词篇"，继以往关注到的韩国、日本、波兰等国家语言年度词语报告；第六部分"附录"给读者提供中国媒体有关世界语言生活文章及国外语言生活大事记。

【《说文》小篆研究（修订版）】

赵平安著，上海古籍出版社出版，ISBN：978-7-5732-0224-6

该书把《说文》小篆作为传世古文字资料的一种，放在出土古文字资料的背景上，从纵向和横向两个方面，进行了全面系统的分析研究。此次修订出版，除改正讹误、替换字形，增加附录外，大幅扩充了第七章的内容。

【狮子山楚王陵出土西汉官印】

邱永生、刘聪、周波主编，西泠印社出版社出版，ISBN：978-7-5508-3758-4

该书收录狮子山楚王陵出土西汉楚国官印共226方，以照片、拓片、印蜕、钤印泥饼，配上年代、质地、钮式、尺寸和整理号的方式，完整地呈现了每一方印的所有信息，再现了两千多年前的汉印风貌。

【松荫轩藏印谱简目】

《松荫轩藏印谱简目》编纂组编，复旦大学出版社出版，ISBN：978-7-309-15294-4

该书著录林章松先生松荫轩所藏历代印谱三千余种。

【宋词颜色词研究】

董佳著，中国社会科学出版社出版，ISBN：978-7-5227-0220-9

该书以《全宋词》封闭性语库为语料，以"黄、红、青、白、黑"五种基本颜色为线索进行研究。主要内容包括：颜色词在句中单独使用的情况、颜色词构成含彩词语的使用情况、含彩词语在隐喻和转喻时的推理机制以及颜色词本身在语义、语用方面的使用特点等。

【宋代笔记俗语词研究】

齐瑞霞著，知识产权出版社出版，ISBN：978-7-5130-7630-2

该书以 64 部宋代笔记为语料，以 600 多个俗语词为研究对象，在搜集整理词条的基础上，从语义分类、构词方式、构词理据和词义变化等多个角度对这些词语进行分析。

【宋前道经疑难字词考释】

谢明著，中华书局出版，ISBN：978-7-101-15874-8

该书总结归纳了疑难字词考释的六种方法，对汉末至五代时期道教典籍中的疑难词语进行了系统的整理、考释与研究。该书考释字词主要运用训诂学的方法，比较重视道藏文献相似句式的比较对参，也重视结合同源词来辅助确定词语的意义。

【《宋书》词汇专题研究】

万久富著，南京大学出版社出版，ISBN：978-7-305-25818-3

该书从汉语词汇史的视角，多维度地讨论了《宋书》中谦敬语词、新词新义、叠字、副词、同素异序、战争用语词、时代特色语词的结构与意义发展规律，挖掘了语词发展的语言内部机制及外在社会因素。

【唐宋禅籍俗成语研究】（上下编）

付建荣著，商务印书馆出版，ISBN：978-7-100-20384-5

该书以唐宋禅籍出现的俗成语作为研究对象，取用的主体语料是唐宋禅籍口语化程度最高的 100 部灯语录著作。上编为唐宋禅籍俗成语通论，对唐宋禅籍俗成语的鉴定、面貌、研究价值、新质、系统、同义聚合、演变等问题作了全面系统的理论研究，提出了构建"汉语语汇史"的设想，主张用"语义二分法"构建语汇系统，揭示了"语义分蘖""二四字平仄对称"等规律。下编为唐宋禅籍俗成语例释，共解释了1759条出自唐宋禅籍的俗成语，并加注简明的考释按语：一是对每条俗成语进行探源，对部分俗成语作了必要的理据分析；二是揭示这些俗成语对大型辞典编纂和修订的价值。

【唐宋诗词的语言艺术】

蒋绍愚著，商务印书馆出版，ISBN：978-7-100-21390-5

该书是一本"大家小书"，是作者对近年来在阅读唐宋诗词时关于其语言艺术的心得体会的记录。书中通过对大量例证的分析比较，从歧解和误解、意象和意境、炼字和炼句、句式和语序、话题句和名词语、今昔和人我、比喻和对比、奇巧和真切、细密和疏朗、继承和发展等十个角度对唐宋诗词语言艺术进行了探讨，既是对诗词语言艺术研究的推动，又对普通读者更好地阅读理解古典诗词大有裨益。

【天回医简】

《天回医简》整理组编，文物出版社出版，ISBN：978-7-5010-7835-6

该书包含《脉书·上经》《脉书·下经》《逆顺五色脉藏验精神》《犮理》《刺数》《治六十病和齐汤法》《经脉》《疗马书》等8种西汉医书。在出土的九百多支医简上，粗略统计文字两万多字，兼见篆隶、古隶及隶书。竹书用语中还不乏齐地方言。

【庭审话语功能及其语调表征研究】

陈海庆、马泽军著，科学出版社出版，ISBN：978-7-03-071773-3

提出了庭审话语分析的六项原则，即话语语用原则、目的关系原则、批评话语分析原则、话语修辞原则、多模态分析原则和语音语调分析原则。在此基础上，运用田野调查和实证研究的方法，借助Praat等语音分析软件，考察了庭审话语的机构性、动态性、有声性和多模态性特征。

【外语修辞能力的建构和应用研究】

李克著，世界图书出版西安有限公司出版，ISBN：978-7-5232-0048-3

该书尝试从西方古典修辞学与新修辞学视角出发对修辞能力进行系统探讨。在阐述其内涵、构成要素与应用价值的基础上构建一个逻辑合理的修辞能力概念体系，基于中国外语教育的实践，通过探究修辞能力的表征形式与描述框架来建构修辞本体理论。

【完结义副词共时变异与历时演变多维研究】

张秀松著，商务印书馆出版，ISBN：978-7-100-21319-6

该书综合运用多种研究方法，描写现代汉语（方言）中"完结"义副词的共时多功能性和使用限制、内部各成员彼此之间的共性和差异，汉语史上"完结"义副词的形成和演变（特别是相关演变的条件、历程、方向、路径、表现、动因、机制等），并综合运用多种语言学理论对相关语言规律作出多维度解释。特别是借助"完结"义副词的词汇化和语法化来解释其共时多功能性和使用限制，借助多种比较法的运用来展示相关演变的跨词共性和差异、跨语言共性和所体现的汉语的个性。

【王念孙古韵分部研究】（外一种）

赵永磊著，上海教育出版社出版，ISBN：978-7-5720-1311-9

该书尽可能挖掘现存有关王念孙的文献资料，对王念孙古韵分部疑案、《经义述闻》作者疑案进行重新考察与辨析，认为王念孙古韵二十二部的形成，是在其古韵十七部的基础上，历经古韵二十二部、古韵二十一部，最终定为古韵二十二部，且在古韵二十一部问题上，还存在古无去声说、古无入声说以及古有四声说的差异，并从文本生成角度，重新考察《经义述闻》作者疑案，认为存在王念孙归美之嫌，使其更近于史实本身。

【王献唐金石书画题跋辑存】

张书学、李勇慧整理，华东师范大学出版社出版，ISBN：978-7-5760-2227-8

该书搜集整理了王献唐所藏所见历代金石文物、书法绘画以及相关著述等所作题跋精品五百余篇，一千余则，按钟鼎彝器、古代货币、印玺封泥、刻石碑版、砖瓦陶器、书法绘画、其他等七大类汇编成册，并配有众多珍贵原件图片，其中多为首次公开。

【网络新闻语篇研究】

林纲著，南京大学出版社出版，ISBN：978-7-305-18095-8

该书系统总结多家新闻网站新闻语篇的文本结构及其与宏观社会文化语境之间的社会认知作用。深入剖析网络新闻语篇的结构要素、结构范畴与推进结构，在此基础上将网络新闻语篇视为社会性过程和结果，从语篇生成与理解角度对网络新闻语篇进行微观与宏观、表层与深层的系统研究，揭示网络新闻语篇在参与社会实践、再现社会事实、构建社会关系三个方面对社会的作用。

【微博舆情话语研究】

袁周敏著，中国科学技术大学出版社出版，ISBN：978-7-312-05494-5

该书以政务微博平台信息为考察对象，整合新闻传播、修辞学、语用学与话语分析的理论视角，凸显了跨学科特点与现实关切的问题意识。通过考察微博公共事件中政府、媒体以及微博用户的语言使用，进而探究政府形象与国家身份的话语建构，进一步从政务语言能力建设视角为提升政务微博语言使用，为建构善治善政的政府形象提供语言治理的修辞良策。

【维吾尔族儿童维、汉、英语音意识及其读写能力获得和发展的关系研究】

韦晓保著，上海外语教育出版社出版，ISBN：978-7-5446-7047-0

该书以维吾尔族双语儿童英语学习者为研究对象，采用定量分析和定性描述相结合的分析方法，对其语音意识及读写能力获得和发展的关系进行了系统描写和分析，着重探讨了其维吾尔语、汉语和英语语音意识的发展特点，分析了其英语语音意识形成过程中维吾尔语和汉语经验的影响以及语音意识的不同成分在其读写能力发展中的作用，最后基于三种语言语音结构差异以及维吾尔族儿童语音意识发展的特点设计了有针对性的系列训练方案，以期促进维吾尔族儿童汉、英读写能力的发展。

【文献文本异文与明清汉语研究】

张美兰著，商务印书馆出版，ISBN：978-7-100-21341-7

该书利用和系统比较了明代文白对应异文、明小说《西游记》与清鼓词对应异文、清代满汉对应异文、官话与方言对应异文，探讨了异文所揭示的明清汉语词汇和语法上的历时发展历程中的差异，以及词汇和语法在地域上的南北分布差异。

【《文选》音注辑考（全二册）】

马燕鑫编著，凤凰出版社出版，ISBN：978-7-5506-3658-3

汇辑了《文选》写本、日钞本、北宋本、尤袤本、陈八郎本等音注，并兼采其他音注材料以供比较。

【我的百年人生——吴宗济口述史】

鲁国尧策划、吴宗济（生前）口述、崔枢华整理撰写，商务印书馆出版，ISBN：978-7-100-20560-3

该书忠实记录了吴宗济先生极具传奇色彩的百年人生。他的研究成果为中国实现"人机对话"、为"科大讯飞"的诞生提供了语音学的理论基础和实践指导；他的行为操守、人生智慧，更值得品味，足资借鉴。

【五代十国墓志汇编】

仇鹿鸣、夏婧辑校，上海古籍出版社出版，ISBN：978-7-5732-0290-1

该书辑录了历代出土的葬于五代十国时期的墓志，在前人工作的基础上，力在剔除伪志误收；录文尽可能据较清晰的拓本予以校录，并于每篇后标注辑录出处。录文对当时常用的文字异体酌予保留原形，以一定程度展现当时的用字习惯。对原石明显误刻文句，照录原文，并用〔〕括注正字。疑有脱字、衍字处，出校记说明。拓本漫漶不能辨识者，用□标识；阙字较多且字数不详处，用■标识。

【五一广场东汉简牍册书复原研究】

杨小亮著，中西书局出版，ISBN：978-7-5475-1944-8

该书以长沙五一广场东汉简牍为研究对象，以原为册书但现已散乱然且保存较好的木质两行简为切入点，对其中部分册书进行复原研究，旨在揭示五一简册书的基本面貌，为相关整理研究工作提供扎实可靠的册书文本和样例。

【武汉方言语法研究】（修订版）

赵葵欣著，武汉大学出版社出版，ISBN：978-7-307-09787-2

该书主要研究了武汉方言数量、程度、体貌、否定、疑问、处置、被动、情态等八个意义范畴，对方言口语篇章的若干问题进行了考察。披露了一些19世纪末至20世纪初期的武汉方言书面文献资料。

【西安坊上回族语言变异与身份认同研究】

董洪杰著，商务印书馆出版，ISBN：978-7-100-21414-8

该书在西安城市化加速发展的社会背景下，采用社会语言学调查方法，描写坊上社区的语言生活和坊上话的结构特征，考察坊上人对坊上话、西安话和普通话的认知和语言意识，并从宏观和微观两个层面探究坊上回族的社会属性、变体选择和身份认同之间的互动关系。

【西方修辞学教程】

李克编，世界图书出版西安有限公司出版，ISBN：978-7-5232-0049-0

该书曾用作研究生英语语言学专业必修课教材，系统介绍了西方修辞学的传统与当今理论与实践，知识体系涵盖西方古典修辞学与西方新修辞学领域内的主要修辞学家的修辞学思想以及代表性的修辞学理论，旨在通过引介西方修辞学理论，加强学生对西方修辞学的理解，指导文本分析、语言学习以及社会交际。

【系统功能语言学视阈的语法隐喻研究】

杨忠著，上海外语教育出版社出版，ISBN：978－7－5446－6829－3

该书将语法隐喻视为语言使用现象，遵循系统与语篇相互参照的系统功能语言学方法论，采取质性研究方法，附以基于大型语料库和自建小型语料库的频率分析。在探索语法隐喻的定义和新的语法隐喻分类的基础上，该书深入分析了语法隐喻与词汇隐喻的区别与联系、语法隐喻在政治语篇意义构建中的作用、英汉语法隐喻的共性和差异，以及英汉互译中语法隐喻的翻译策略。

【先秦两汉汉语可能情态动词语义功能变化研究】

余素勤著，上海辞书出版社出版，ISBN：978－7－5326－5923－4

该书在详细考察文献语例的基础上，重点考察了先秦两汉的汉语里"能""可""可以""得"等情态动词的发展演变路径和机制，表现出较大的创新性。

【现代汉语词典】（汉藏词汇对照版）

中国藏学出版社和商务印书馆出版，ISBN：978－7－5211－0363－2

以中国社会科学院语言研究所词典编辑室修订的《现代汉语词典》第七版为蓝本，词条汉语、藏语对照，是帮助藏文读者、学者、教师、学生、文字工作者、读者大众学汉语文的重要工具书。

【现代汉语词汇多角度探索】

刘云著，中国社会科学出版社出版，ISBN：978－7－5203－9977－7

该书尝试从不同的角度探索现代汉语词汇的特点，从语言运用、新词新语、语言演化、统计计量和信息处理等角度多视角、多侧面地探索现代汉语词汇。

【现代汉语动补式复合词研究】

李丽云著，社会科学文献出版社出版，ISBN：978－7－5201－9725－0

该书运用语义分析与语法分析相结合的方法，借助原型范畴、动词配价、构式语法、语法化与词汇化等现代语言学理论，对现代汉语动补式复合词的范围、结构、意义、功能进行了比较全面而又系统的考察与分析。在深入挖掘动补式复合词内部结构的基础上揭示了动补式复合词的致使性语义特征,从句法角色、组合能力、与某些特殊句式和句法格式的关系等方面对动补式复合词的语法功能和分布特征进行了系统的描写与阐述,也尝试对复合词特别是句法复合词结构与功能之间的关系进行了初步的探讨。

【现代汉语话语情态研究】(修订本)

徐晶凝著,上海教育出版社出版,ISBN:978-7-5720-1050-7

该书遵照"形式-意义"关联原则,将"话语情态"限定为"说话人在语句中留下的、由语法化的形式(也即封闭类成员或有限对立的形式)表达的自我印记(也即语句中表达主观性和交互主观性的部分)",分别对现代汉语的句类、情态助动词、情态副词和语气助词所表达的话语情态分系统进行了构建与描述。

【现代汉语规范词典】(第四版)

李行健主编,外语教学与研究出版社出版,ISBN:978-7-5213-3569-9

这是一部以促进语言文字规范化为目的,以收录现代汉语通用词语为主要内容的中型语文工具书。词典收单字1.2万余个、词目7.2万余条、例证8万余条,反映了现代汉语词汇的基本面貌;按词义发展脉络排列义项,根据词条的不同义项和语法功能标注词性,方便读者学习和应用汉语词汇。词典设有5400余条"小手提示",重点指出字词在形、音、义及用法上的易错、易混现象;800多组辨析展示常见近义词、多音字的细微差别;360多幅精美彩色插图有助于提高语言文字学习兴趣。第4版增补了近千条新词语、新用法,反映新时代中国特色,弘扬中华优秀传统文化。

【现代汉语目的范畴研究】

丁健著,上海教育出版社出版,ISBN:978-7-5444-8831-0

该书在功能主义语言学的理论框架下,采取从意义到形式的研究路径,对现代汉语目的范畴做了系统的研究,特别关注那些以往讨论得不够充分或者是有争议的问题,主要内容包括:目的范畴的认知基础、目的范畴的语义特征和语法形式、目的标记的语源模式、目的从句语序的理据、目的从句主语的隐现、动宾目的式的构造等。

【现代汉语评价系统研究】

刘慧著,暨南大学出版社出版,ISBN:978-7-5668-3411-9

该书对现代汉语评价系统进行了较为全面系统的研究,综合语言学、哲学、逻辑学等领域的理论及研究方法,从宏观考察到微观描写,逐步勾勒出现代汉语评价系统的面貌。

【现代汉语全称量化词研究】

张蕾著，上海教育出版社出版，ISBN：978-7-5720-1515-1

该书受新描写主义学术思潮启发，在形式语义学视域下，在对现代汉语全称量化词进行细颗粒度刻画的基础上，深入考察其语义。

【现代汉语三音节词语研究】

曹向华著，社会科学文献出版社出版，ISBN：978-7-5201-9645-1

该书选择《现代汉语词典》（第6版）、《汉语新词语》（2006-2018）中收录的三音节词语为研究对象，以结构分析理论和语义学理论为核心，借鉴语法化及词汇化等相关理论，运用计量研究、共时比较的方法，对现代汉语三音节词语的结构方式、语法特征、造词方式、语义构成等方面的特征展开研究。在三音节词的仿拟造词、语素变异、语义结构、释义模式及三音节惯用语的引申义生成机制等方面有新见。

【现代汉语意外范畴研究】

胡承佼著，商务印书馆国际有限公司出版，ISBN：978-7-5176-0925-4

该书从理论层面系统地探讨了确立现代汉语意外范畴的可能性，厘清了汉语意外范畴和相关范畴之间的关系，分析并揭示出汉语意外范畴的内部体系和表达特征，并且通过对汉语意外范畴相关实现形式的细致描写和分析，初步搭建起汉语意外表达的基本框架。

【湘西凤凰苗歌译注及语言学研究】

吴芳、刘鸿勇著，上海教育出版社出版，ISBN：978-7-5720-1716-2

该书是国内第一本从语言学角度研究湘西凤凰苗歌的专著。以凤凰县山江镇的现代苗歌为研究对象，概述了山江苗歌的音系、词法和句法，对苗歌的种类和记录方式进行了介绍，并对苗歌的"三要素"进行归纳；将五十首苗歌的每句歌词都做了详细的译注；从特殊的句法现象入手，将其与凤凰苗语的口语进行对比，归纳总结了苗歌的语言特点。

【小句复合体的语法结构】

宋柔著，商务印书馆出版，ISBN：978-7-100-21202-1

该书基于汉语和英语的小句复合体语料库建设，提出话头话身关系和成分共享机制的概念，在二维图景下揭示出话头话身结构的语法模式及其语法语义性质，以及成分共享机制的特征。话头话身关系是汉英小句的基本结构关系，话头话身结构的成分共享机制是构建这两种语言小句复合体的基本语法手段。通过对比汉英小句复合体语法结构的异同，设计了一种英汉机器翻译模型。该书的研究工作追求对语料的全覆盖和对语言现象的可操作，注重认知解释，以便服务于计算机处理和认知科学研究。

【小学语文修辞手法技巧训练】

肖维玲编，延边大学出版社，ISBN：978-7-230-04203-1

以向中小学学生普及修辞知识、提升写作能力和口语表达能力为目的普及性读物。

【新蔡葛陵楚简汇释今译】

张玉金、温馨妮著，暨南大学出版社出版，ISBN：978-7-5668-3275-7

该书为国家出版基金项目"出土战国文献汇释今译丛书"之一，以新蔡县葛陵楚墓出土的竹简为研究对象。该书包括释文、汇释、校记和今译四部分，不仅通过人工摹写还原简牍原貌，弥补当下出土战国文献研究在摹本上的不足和缺憾，还通过互校不同版本的释文和吸收最新的校订成果，用简洁的现代汉语对简牍的内涵进行细致的解读。

【新型主流媒体话语体系建构研究】

吴柳林著，人民出版社出版，ISBN：978-7-01-024428-0

该书结合当下新型主流媒体话语传播现状，较为客观地评估了目前新型主流媒体整体话语影响力，并对新型主流媒体话语传播理念、传播主体、传播渠道、话语文本内容进行系统建构，探讨在新媒介环境中优化媒体话语表达空间和影响力的实现路径。

【新修辞学：一种论证理论】

［比利时］哈伊姆·佩雷尔曼、［比利时］露茜·奥尔布莱希茨-泰提卡著，
商务印书馆出版，ISBN：978-7-100-20568-9

该书是当代三大论证理论之一的修辞论证理论的代表作。立足于论证实践，分析生活实践中行之有效的90余种论据，强调论证应针对受众展开，以受众对论点的接受度作为论证推进的条件。

【新训诂学】（第四版）

苏建洲著，台湾五南图书出版股份有限公司出版

作为一本训诂学教材，该书最大的特色就是关注新材料，与古文字学结合紧密，所举例证多为出土文献例证。第四版在原版次基础上补充了新材料、新观点。

【形声字声符示源功能研究】

陈晓强著，上海古籍出版社出版，ISBN：978-7-5732-0079-2

该书秉承了训诂学综合形音义研究词源的传统，关注形声字声符的示源功能，上篇"通论篇"梳理了相关的理论和方法，下篇"考释篇"以《说文》所收形声字为基础，对形声字及示源声符材料进行详细分析。

【音系与句法：语音与结构的关系】

[美] Elizabeth O. Selkirk 著，马秋武、翟红华译，商务印书馆出版，ISBN：978-7-100-20670-9

该书在生成语法的理论框架内，对音系与句法之间的关系进行了深入系统的分析与研究，指出了建立在形态句法结构之上的经典生成音系学理论所存在的诸多问题，创见性地提出了形态句法之外的语言的韵律层级结构模式，开创了当今在语言学领域影响巨大的韵律音系学理论。

【殷周历史与文字】（第1辑）

中国社会科学院甲骨学殷商史研究中心编，中西书局出版，ISBN：978-7-5475-2018-5

该书收录16篇论文，主要涉及殷周古文字释读与古史考证，囊括中国文明和国家起源总结与反思、利用殷周古文字材料、三代考古材料及传世文献来探讨夏商周三代历史，以及学术史材料的整理研究等，研究范围上自中国文明起源，下迄战国，包罗先秦国家与社会、文化制度、甲骨学、青铜器学、金文学、简帛学等方面的新成果。

【英汉商务话语隐喻对比研究——基于认知语料库语言学】

孙亚著，上海外语教育出版社出版，ISBN：978-7-5446-7151-4

该书以认知语料库语言学为视角，确立了从语言（隐喻语块）、思维（隐喻映射）和交际（专门意义）三个层面的分析路径，设计了具有可操作性的隐喻分析流程，对比了英汉商务话语的隐喻使用。建立起隐喻分析、语料库方法、话语分析之间的接口。

【英语测试】（第二版）

[英] J. B. Heaton 著，外语教学与研究出版社出版，ISBN：978-7-5213-3403-6

该书论述了英语测试的方方面面，既包括了理论知识，也涵盖了设计测试的要点、题型分析、应用技巧等，书中案例翔实，论述深入浅出，有关英语测试的基本问题读者都能在书中找到答案，并能对英语测试获得高屋建瓴的认识。

学术论著介绍

【英语口语教学与测试研究】

李梦莉著，浙江大学出版社出版，ISBN：978-7-308-23002-5

本书主要研究英语口语教学与测试的相关问题。对于提高学生的口语能力，以及英语口语教师和测试研究者的教学和研究水平，具有一定的借鉴意义。

【英语母语学习者汉语成语理解习得研究】

马乃强著，北京大学出版社出版，ISBN：978-7-301-33097-5

该书对汉语成语习得问题展开了较为全面和深入的研究，重点分析了汉语成语的结构特征、语义特征和习得认知特点，并通过实验考察成语熟悉度、分解性和对称性等因素对汉语成语习得的影响，为汉语成语教学提供了较为全面的参考。

【乌程汉简】

中国美术学院汉字文化研究所编，曹锦炎、石连坤、周同祥、鲍强主编，上海书画出版社出版，ISBN：978-7-5479-2882-0

该书收录乌程汉简350枚，年代跨度西汉初期至东汉晚期四百余年，书体风格呈现多样的面貌，以隶、草为主，少量还带有汉初秦隶意味。全书分为图版、释文两个部分，其中图版分彩色照片、红外线照片两组。图版和释文编排，以内容为序，大致上按纪年简、公务简、信牍、抄书简、习字简、医药简、遣册、道教符牍、图画、文房用具分类。

【语调音系学】（第2版）

［英］D. Robert Ladd原著，马秋武、王平译，商务印书馆出版，ISBN：978-7-100-20734-8

该书全面系统地阐述了语调语法的性质和本质，并在自主音段-节律音系理论框架下，介绍和阐释了生成音系学中语调音系学的理论框架和分析方法，即语调AM理论和ToBI语调标注系统。作者阐明语调音系不是语调的语音研究，而是语调的语法研究，语调的语音（特别是实验语音）研究为语调的语法研究提供了坚实的经验基础。

【语海】

温端政主编，上海辞书出版社出版，ISBN：978-7-5326-5861-9

该书收录历代传世文献、近现代文学著作、当代报刊中极富表现力和生命力的语汇，包括成语、谚语、歇后语、惯用语四类，总计86000余条。以汉语语汇学理论作为指导，基于汉语俗语语料库，选择常见语条作为主条并标明语性（成、歇、谚、惯），以与其形式相近的语条作为副条，释义简明准确，书证源流分明。

【语篇副文本的互文机制研究】

王志军著，中国社会科学出版社出版，ISBN：978-7-5227-1029-7

该书从语篇系统出发，考察了语篇副文本的互文现象及其互文机制。以互文语篇理论为指导框架，采用宏观架构和微观剖析相结合的方法，系统考察了学术语篇和文学语篇的副文本系统的配置、副文本与主文本和语篇世界之间的耦合互文方式、互文修辞效果以及耦合互文的认知机制。

【语篇评价：作者立场与话语建构】

［英］苏珊·霍斯顿（Susan Hunston）、［英］杰夫·汤普森（Geoff Thompson）主编，曹昭乐主译，王雪峰校译，社会科学文献出版社出版，ISBN：978-7-5228-0229-9

原著是一本有关语篇评价的经典之作，汇聚了该领域多位可以称得上理论奠基人的学者的代表性学术论文，在国内外学术影响力非常深远。该书系统全面地介绍了语言学领域不断丰富发展的评价理论体系和思想观点，结合了大量生动的例句和语篇选段，将理论性论述通俗化，加之原书作者和译者的详细注释，让"外行人"也能深刻感受和认识到话语的魅力、评价的力量以及二者的交互关系和内在机理。该书将各种各样理解评价的方式（比如从立场、情感、情态等）都囊括其中，既可以例证概念在语篇描述中的中心地位，也可以将相关基础性内容介绍给希望从事这一领域研究的学生。

【语篇信息挖掘研究】

杜金榜著，科学出版社出版，ISBN：978-7-03-071775-7

该书通过阐述语篇信息自动处理的实现路径，提出主体设计，阐述操作方法，例示关键技术，展望未来的实际应用，从理论建构到系统性技术构思展开了系统论述，为实现语篇信息自动处理提供理论依据，是信息自动处理研究的一种新探索。

【语篇研究——跨越小句的意义】（第二版）

［澳］J.R.马丁（J.R.Martin）、［澳］戴维·罗斯（David Rose）著，王振华中文导读注释，北京大学出版社出版，ISBN：978-7-301-24806-5

该书是语篇语义研究的经典，澳大利亚著名语言学家马丁和他的研究团队在系统功能语言学理论和应用研究方面的力作，为系统功能语言学、话语语义学研究者和话语分析实践者提供了很好的理论指导与实践参考。

【语体、语类和风格】

[美] 道格拉斯·比伯（Douglas Biber）、[美] 苏珊·康拉德（Susan Conrad）著，赵雪译，商务印书馆出版，ISBN：978-7-100-20572-6

该书是一部研究语体的教材，书中所选语篇样本既有口语，也有书面语；既有文学样本也有非文学样本。全书以变体的视角，运用社会语言学、话语分析和语料库语言学的研究方法来研究语体。为我们提供了语体研究的新视角、新方法以及新的分析框架。

【语言的魅力】

汪惠迪著，商务印书馆出版，ISBN：978-7-100-21298-4

该书以全球华语为视角，以国家通用语言文字为规范标准，通过横向比较或多边互动，一事一议或一词一议，评述中国大陆、台湾地区、港澳特区以及新加坡、马来西亚等华语区现实语文生活和虚拟语文生活中异彩纷呈的语用现象，以提高人们使用现代汉语的水平，促进国家通用语言文字的规范化。同时，也为中文国际教育的推广及新时代社会语言学的建设提供了若干语文生活中接地气的鲜活事例。

【语言风格的秘密：语言如何透露人们的性格、情感和社交关系】

[美] 詹姆斯·彭尼贝克（James W. Pennebaker）著，刘珊译，机械工业出版社出版，ISBN：978-7-111-58415-5

该书是一本讨论日常语言风格的著作，关注语言与人们的性格、情感和社交关系，分析风格主体的认知活动与知识体系在日常语言生活中的功能作用。

【语言和言语问题研究】

范晓著，复旦大学出版社出版，ISBN：978-7-309-16130-4

该书凝聚了作者对语言和言语问题的思考，大体内容为语言、言语和话语，汉语词类研究，汉语短语研究，汉语句子研究，汉语句式的分析研究等。

【语言理论——语言的描述功能】

[德] 卡尔·比勒著，温仁百译，商务印书馆出版，ISBN：978-7-100-20548-1

该书将语言学、心理学和行为科学紧密结合，对笛卡尔、保罗、索绪尔、胡塞尔等语言理论进行批判和扬弃，运用比较心理学方法，系统阐述人类语言的指示场和指示词以及象征场和象征词的本质和特点，深刻揭示人类语言研究的原理，提出以"语言工具模式"（Organon-Modell）为核心的语言学科学体系。

【语言能力与社会排斥：基于长三角、珠三角外来工的调查】

伏干著，社会科学文献出版社出版，ISBN：978-7-5201-8215-7

该书结合问卷调查和实地访谈的资料，将"语言能力"作为分析外来工社会排斥的解释变量，揭示了语言在外来工市场排斥、社会排斥和心理排斥等方面的影响机制，为读者呈现了外来工城市融入与社会排斥过程中的语言生活画面。

【语言生态与语言服务】

褟健聪主编，暨南大学出版社出版，ISBN：978-7-5668-3304-4

该书收录论文22篇，涉及语言服务与语言生活、汉语发展与文化传承、语言教学与汉语传播等领域，主要包括语言应急与应急语言、城市语言服务的理论探索；不同领域或区域语言状况的实证调查；汉语语法现象的专题讨论；文献语言个案的发覆与新证；汉语国际传播的多角度探讨；语言文化的传承保护分析。该书坚持语言本体与语言应用的互动，聚焦汉语的历时演变与当代传播。

【语言学和第二语言习得】

［英］Vivian Cook著，外语教学与研究出版社出版，ISBN：978-7-5213-2933-9

该书以乔姆斯基的语言学理论为指导，从语言学角度探讨了第二语言习得的相关问题，如二语习得的顺序、二语习得的交际策略、洋泾浜和克里奥尔语与二语习得的关系、一些具有较大影响的认知模式等，引人深思。

【语言政策与规划核心术语】

方小兵、张立萍编著，外语教学与研究出版社出版，ISBN：978-7-5213-3726-6

该书以"语言资源与语言规划丛书"和业内知名译著作为专业语料库，在语言政策与语言规划领域内进行术语释读、译名整理和观点摘录，并加以评述和辨析，以期夯实学科建设的基础，语言规划领域的相关理论研究，并为学科相关术语的统一规范工作提供参考和依据。

【语言知识：本质、来源及使用】

[美] 诺姆·乔姆斯基著，李京廉等译，商务印书馆出版，ISBN：978-7-100-20667-9

该书主要围绕语言学中的柏拉图问题展开讨论，即要解释我们何以在可用证据如此缺乏的情况下所知甚多的问题。主要包含三方面的内容：普遍语法的哲学启示、管辖及约束理论的模块介绍以及对西方知识分子未能摆脱意识形态控制的批评。

【语用身份论视角下的学术引用行为研究】

张立茵著，暨南大学出版社出版，ISBN：978-7-5668-3473-7

该书基于语用身份论，从身份建构角度发掘学术引用的深层动机，突出与引用行为相关的身份建构的章节属性，阐释特定引用方式的选择动因以及学科方面的差异，综合运用文献、问卷、访谈、语料分析等手段，具体考察学术引用建构以及参与建构的身份类型、分布特征、具体话语实践方式以及学科差异。

【元音与辅音】（第3版）

[美] 彼得·赖福吉（Peter Ladefoged）著，[美] 桑德拉·费拉立·迪斯纳（Sandra Ferrari Disner）修订，衣莉、兰婧晰译，商务印书馆出版，ISBN：978-7-100-21421-6

该书不仅探索了语音的声学，发音和感知成分，演示了语音的合成，还讨论了语音技术的发展与应用，解释了语音识别系统的工作原理。

【岳麓秦简书迹类编】

陈松长、谢计康编著，河南美术出版社出版，ISBN：978-7-5401-5394-6

该书将岳麓秦简的所有墨迹按书迹进行分类，按一位书手一册的规模进行汇总和品鉴，尽可能地编选有代表性的彩色图版、红外线图版和局部放大图版，同时在每枚简的旁边附有释文。

【岳麓书院藏秦简（贰）汇释今译】

张玉金、李明茹著，暨南大学出版社出版，ISBN：978-7-5668-3276-4

该书以岳麓书院藏秦简《数》为研究对象，包括释文、汇释、校记和今译四部分，不仅通过人工摹写还原简牍原貌，弥补当下出土战国文献研究在摹本上的不足和缺憾，还通过互校不同版本的释文和吸收最新的校订成果，用简洁的现代汉语对简牍的内涵进行细致的解读。

【粤港澳大湾区语言服务发展报告（2022）】

屈哨兵主编，商务印书馆出版，ISBN：978-7-100-21079-9

该书由26篇调研报告和2篇特稿组成，内容涵盖了公共语言服务、语言教学服务、语言文化传承服务、语言技术服务、语言翻译服务等多个领域，充分考虑了国际、国家、族际、社区、家庭、个体等多个层次，并收集了相关领域的重要数据，特别是第一手调查数据，很好地呈现了粤港澳大湾区语言服务发展的样貌。除了两篇特稿以外，全书分为五个部分：教育湾区语言服务，人文湾区语言服务，智慧湾区语言服务，健康湾区语言服务，生活湾区语言服务。

【韵镜校笺】

杨军校笺，凤凰出版社出版，ISBN：978-7-5506-3599-9

《韵镜》是宋元时期的切韵学著作，是研究传统音系理论及中近古语音史的重要材料。杨军教授广搜众本，旁稽诸韵书、字书，参考前贤时彦研究成果，对《韵镜》进行详尽校勘，撰成《韵镜校笺》。编排上，正文采用"一图一注"形式，书末附录《古逸丛书》覆永禄本《韵镜》、日本国立国会图书馆藏庆长十三年活字本《指微韵鉴》和早稻田大学图书馆藏元禄九年本《校正韵镜》影印本，后两种为全彩影印，便于读者使用。

【宅兹中国：河南夏商周三代文明】

上海博物馆编，上海书画出版社出版，ISBN：978-7-5479-2845-5

书中收录青铜器、玉器、漆器等文物共三百件左右，包括完整器物图及局部细节呈现，并配有说明文字。

【战国楚简词典（文书卷）】

赖怡璇著，台湾万卷楼图书公司出版

该书依据《说文》排序将词头分为14章，整理文书类楚简各个词汇的用字习惯，"以词系字"，然后整理此词汇于文书类楚简中记录的字形，以及字义或词义，同时标明不同字形出现的频率，用以整理、比较文书类楚简较常使用的字词关系，以便快速掌握战国楚地时人表达同一个词汇时所使用的文字，了解文书类楚简字、词的对应关系。

【战国秦汉简帛古书训释研究】

王挺斌著，中国社会科学出版社出版，ISBN：978-7-5227-0229-2

该书旨在深化简帛古书的词义训释理论，总结经验教训，探索条例规律，并在此基础上考释简帛古书中的一些疑难字词。

【张家山汉墓竹简（三三六号墓）】

荆州博物馆编，彭浩主编，文物出版社出版，ISBN：978-7-5010-7866-0

三三六号汉墓出土了827枚竹简，其中375枚为律令简，拟题为《汉律十六章》，抄写年代当在汉文帝二年至七年（公元前178-前173年），上承张家山二四七号汉墓出土的《二年律令》，下启睡虎地、胡家草场汉律，对研究西汉早期法律篇章布局和律家思想发展具有重要价值。墓中出土另外六种书卷分别为《功令》《彻谷食气》《盗跖》《祠马裸》《七年质日》和遣册。该书分为上、下两册，上册为全部竹简的原大图版和释文，绝大多数图版为彩色影像。下册收录除遣册外六种书卷的放大两倍图版，在图版左侧附不加标点的释文，同时保持原简文中的重文号、合文号、句读符，便于阅读。

【赵元任日记】

赵元任著，商务印书馆出版，ISBN：978-7-100-21105-5

赵元任先生毕生注重收集和保存资料，留下的材料共有12万余件。这是研究赵元任先生其人其学的一手资料，更是语言学及现代中国学术史、中西学术交流等研究珍贵的基础性文献。这些档案经家人授权，由伯克利大学图书馆馆长周欣平主持分类整理，采取影印的方式予以出版，以满足学术研究的需要。《赵元任日记》是"赵元任档案"的第一部分，是赵元任先生从1906年至1982年的全部日记，内容完整连续，主要采用中文和英文书写，也有极少量的其他文字。

【政治修辞学】

吴礼权著，暨南大学出版社出版，ISBN：978-7-5668-3505-5

该书以语言研究为本位，基于语言表达的视角，清晰界定了政治修辞学的相关概念，详细论述了政治修辞学的研究内容、研究方法、研究意义，并对古今中外政治人物在政治交际活动中的修辞行为及其所建构的政治修辞文本进行了具体而微的解剖分析，提出了政治修辞的三项基本原则，总结概括了政治修辞的相关技巧。

【"知"与"道"：语言、逻辑与哲理探析】

杨晓波著，中国社会科学出版社出版，ISBN：978-7-5227-0160-8

该书是语言哲学与比较哲学的综合研究，通过语言、逻辑与哲学三个维度（或曰三种进路），对"知"与"道"这两个中国哲学的重要概念进行了考察，旨在探析两者间张力所展现的形而上意蕴，并从中揭示中西哲学的不同特质，突显中国哲学"由词通道""道不离器"及"道在伦常日用"之精神。

【知识图谱：认知智能理论与实战】

王文广著，电子工业出版社出版，ISBN：978-7-121-43299-6

该书内容包括知识图谱模式设计的方法论——六韬法、知识图谱构建、知识存储、知识计算、知识推理，以及知识图谱在金融、医疗和智能制造等行业的应用场景等。

【中古语文初学集】

真大成著，中西书局出版，ISBN：978-7-5475-1997-4

作者2020年以前有关中古语言文字与文献研究的论文汇编。全书共23篇文章，分为"中古汉语语料研究""中古词汇史研究""中古地域词研究""中古词语辨释研究""中古文献异文字词研究""中古文献校读研究""中古语文辞书研究"七个板块，涉及中古语言文字与文献的多个方面的问题。

【中国古代封泥全集】

孙慰祖主编，吉林美术出版社出版，ISBN：978-7-5575-6206-9

该书是较全面反映中国古代封泥发现整理和研究成果的综合性资料总成，分为《图版编》与《研究编》，共计15册。《图版编》11册，是目前辑录封泥遗存时代跨度最大、品类和数量最多的图集，厘为战国、秦、西汉、新莽、东汉、魏晋、南北朝及唐宋8卷，共计收录10163件封泥、约二万张图片。《研究编》4册从百余年来发表的研究文字中择选出有代表性的65篇纳入其中，以反映伴随封泥的发现而展开的学术探索之路。

【中国日语学习者动机和行为研究】

王俊著，浙江大学出版社出版，ISBN：978-7-308-21404-9

该书采用质化研究取向，以动态视角来捕捉日语学习者的动机和行为，对我国的日语专业学习者和日语双学位学习者分别进行了为期4年和2年的跟踪调查，解析了日语专业和日语双学位学习者学习动机和学习行为的变化及影响因素，验证、补充了学习动机自我决定理论在以我国日语学习者为对象的研究中的应用，从教师、学习环境和学习者个人角度为日语学习者日语习得的改善提供了积极参考和借鉴。

【中国语言生活状况报告（2022）】

国家语言文字工作委员会组编，郭熙主编，商务印书馆出版，

ISBN：978-7-100-21075-1

该报告反映2021年我国语言生活中的重大事件、热点问题和实态数据，为国家相关部门的决策提供参考，为语言文字研究者、产品开发者和社会其他应用者提供语言服务。全书分为特稿篇、专题篇、工作篇、领域篇、热点篇、字词语篇、港澳台篇、参考篇八部分。特别关注国务院办公厅关于全面加强新时代语言文字工作的意见，中国共产党的百年语言文字事业，粤港澳大湾区、长三角等区域语言能力与语言治理，智能信息平台语言服务的适老化情况，中文进太空，网络"清朗"行动提升语言文明，联合国50年来的语言理念与实践等年度热点和重点话题。

【中国语言文化典藏·宾阳】

苏丹、韦钰璇、卞成林著，商务印书馆出版，ISBN：978-7-100-20985-4

该书采录宾阳地区方言语料和民俗文化，反映地方特色和民俗。收录方言文化图片六百余幅，按内容分为房屋建筑、日常用具、服饰、饮食、农工百艺、日常活动、婚育丧葬、节日等8大类28小类，将宾阳方言与风俗相结合，直观展现地方特色文化。第九章包括口彩禁忌、俗语谚语、歌谣、曲艺戏剧、故事五个部分，逐句进行国际音标转写和普通话释义，最大程度保留语言类文化现象的原貌。

【中国语言文化典藏·苍南】

徐丽丽著，商务印书馆出版，ISBN：978-7-100-21519-0

该书的研究对象为温州市苍南县的蛮话方言，按内容可分为房屋建筑、日常用具、服饰、饮食、农工百艺、日常活动、婚育丧葬、节日、说唱表演等9大类，从图、文、音、像等方面记录了蛮话人生活的方方面面，带领读者了解蛮话方言同时感受蛮话方言所承载的方言文化。

【中国语言文化典藏·成都】

吴小龙、曾为志等著，商务印书馆出版，ISBN：978-7-100-21056-0

该书在深入调查成都方言和民俗文化的基础上，从方言词汇入手，通过方言反映成都独具特色的民俗文化。全书分为房屋建筑、日常用具、服饰、饮食、农工百艺、日常活动、婚育丧葬、节日、说唱表演等9章，采用文字和音标记录、图片、音频、视频等多种手段，以多媒体的形式立体展示成都的方言和民俗文化。

【中国语言文化典藏·大理白语】

赵燕珍、杨晓霞著，商务印书馆出版，ISBN：978-7-100-21415-5

该书以大理市周城村为代表点深入调查了白族的语言和民俗文化。全书分为房屋建筑、日常用具、服饰、饮食、农工百艺、日常活动、婚育丧葬、节日、说唱表演等9章，通过文字、图片、音频、视频等多种手段，立体地展示了白语与白族文化。该书编撰的过程中进行了大量实地调查、多方求教地方专家，拍摄收集了大量的照片和视频，力求真实勾勒出白族文化的概貌，尽可能展现白族文化的特点。

【中国语言文化典藏·大连】

原新梅、赵建军、刘颖、丁俊著，商务印书馆出版，ISBN：978-7-100-21058-4

该书在深入调查大连方言和民俗文化的基础上，主要通过方言词反映大连独具特色的地域文化。全书分为房屋建筑、日常用具、服饰、饮食、农工百艺、日常活动、婚育丧葬、节日、说唱表演等9章，采用文字、音标、图片、音频、视频等多种手段，以EP同步的形式立体展示大连的方言与地域文化。作者通过实地调查、请教行业专家等方式拍摄收集了大量珍贵的照片和视频，如老建筑、老物件、大连老菜、节日习俗等，让读者对大连这座城市的前世今生有了更全面鲜活的认识。

【中国语言文化典藏·皋兰】

雒鹏著，商务印书馆出版，ISBN：978-7-100-21038-6

该书在实地调查研究的基础上，收录富含甘肃皋兰地方特色的文化图片600多幅，图文并茂地展现了皋兰的方言和蕴含在方言中的文化。该书内容包括皋兰的房屋建筑、日常用具、服饰、饮食、农工百艺、日常活动、婚育丧葬、节日民俗、口彩禁忌、俗语谚语、民间文艺等，可供语言学、方言学、人类学、民俗学、文化学等专业领域的学人和爱好者参考使用。

【中国语言文化典藏·古田】

李滨著，商务印书馆出版，ISBN：978-7-100-21059-1

该书在深入调查古田方言和民俗文化的基础上，从方言词汇入手，以方言词条的形式展现古田独具特色的民俗文化。全书分为房屋建筑、日常用具、服饰、饮食、农工百艺、日常活动、婚育丧葬、节日、说唱表演等9章，采用文字记录和音标记录的语言学手段以及图片、音频、视频等多媒体手段，以EP同步的形式立体展示古田的方言与民俗文化。作者多年来广泛调研，拍摄了大量珍贵的民俗照片，如传统民居、传统服饰、婚丧嫁娶、农工活动、日常饮食、民俗庆典等，反映了古田人生活的方方面面。

【中国语言文化典藏·哈尔滨】

梁晓玲、张树青著，商务印书馆出版，ISBN：978-7-100-21044-7

该书采录哈尔滨地区方言语料和民俗文化，以哈尔滨道外区老派语音为代表。收录方言文化图片近六百幅，按内容分为房屋建筑、日常用具、服饰、饮食、农工百艺、日常活动、婚育丧葬、节日等，将哈尔滨方言与风俗相结合，直观展现地方特色文化。第九章包括口彩禁忌、俗语谚语、歌谣、曲艺戏剧、故事五个部分，逐句进行国际音标转写和普通话释义，最大程度保留语言类文化现象的原貌。

【中国语言文化典藏·和龙朝鲜语】

黄玉花著，商务印书馆出版，ISBN：978-7-100-21387-5

该书以吉林省延边朝鲜族自治州和龙市为中心，基于深入而细致的田野调查，从房屋建筑、日常用具、服饰、饮食、农工百艺、日常活动、婚育丧葬、节日、说唱表演等9大方面几乎穷尽式搜集了朝鲜族自新中国成立以来在民间传承的民族语言文化条目，并以文字、图片、音频、视频等4种形式，全面系统地为读者展示了富有浓郁的民族特色的朝鲜族活态语言文化画卷。作为中国语言资源保护工程的标志性成果，不仅为朝鲜语及民俗学研究提供了丰富的第一手素材，更为民族语言文化的保护及传承发挥了重要的典藏作用。

【中国语言文化典藏·洪洞】

乔全生、王晓婷、赵海英著，商务印书馆出版，ISBN：978-7-100-21041-6

该书共收录富含洪洞地方特色的文化图片600多幅，图文并茂地展现了洪洞的方言和蕴含在方言中的文化。共收录具有洪洞特色的民俗词语料666条，并按内容将其分为房屋建筑、日常用具、服饰、饮食、农工百艺、日常活动、婚育丧葬、节日、说唱表演九大类。民俗词语配有图片、方言名称、读音标注及解说，图文并茂；语篇部分标注方言、方言读音及普通话意译。部分有特色的方言文化现象后还附有二维码，通过手机扫码可在线访问其音频、视频。

【中国语言文化典藏·互助土族语】

韩国君、乔志良、奈日斯格、太平、超日雅著，商务印书馆出版，ISBN：978-7-100-21517-6

该书以青海互助土族自治县为调查点，采用中国语言资源保护工程统一制定的标准录音、拍摄、拍照、音标记音，对土族语的特色词语和文化现象进行了详细描写。全书由引言、房屋建筑、日常用具、服饰、饮食、农工百艺、日常用具、婚育丧葬、节日、说唱表演、调查手记、参考文献、索引和后记等部分组成。引言部分概括介绍了互助土族自治县和土族语，并归纳了土族语音系。第1—9章结合图片和词条，对土族特色文化现象进行了全方位的展示。

【中国语言文化典藏·花垣苗语】

刘宝俊著，商务印书馆出版，ISBN：978-7-100-21385-1

该书记录了花垣县的民族语言文化现象。主体部分每个条目由图片、词条、文案三部分组成。以图、文、音、像的方式展示花垣县语言文化。所收语言文化条目按内容分为9大类35小类。含图片600余张，文化视频和说唱表演视频90个，均为项目组田野调查所获第一手珍贵资料。

【中国语言文化典藏·环县】

谭治琪著，商务印书馆出版，ISBN：978-7-100-21039-3

该书在对甘肃环县方言和民俗文化进行扎实、细致的田野调查、摄录的基础上，精选了611个方言文化词条、138个说唱表演条目、611幅文化图片，通过图文结合的方式记录了环县方言特点和当地有特色的文化现象。全书主体部分共九章，包括房屋建筑、日常用具、服饰、饮食、农工百艺、日常活动、婚育丧葬、节日和说唱表演，除说唱表演外每个条目均由图片、词条和说明文字三部分组成，所有条目均附有方言音视频。

【中国语言文化典藏·建瓯】

邓享璋、吴雪灏、徐文亮著，商务印书馆出版，ISBN：978-7-100-20835-2

全书共收建瓯方言文化条目700多条，按内容分为9大类，包括房屋建筑、日常用具、服饰、饮食、农工百艺、日常活动、婚育丧葬、节日和说唱表演。条目具有显著的方言性和地方文化性，除第九章，每个条目均包括图片、方言词（含录音）和正文三部分。图片重在形象展示方言词的性质、特征和类别，正文注重以细节刻画来展现方言词所蕴含的文化内容。图文并茂，音画合一。

【中国语言文化典藏·江永】

杨慧君著，商务印书馆出版，ISBN：978-7-100-21057-7

该书记录上江圩镇新华村的土话，属于湘语永州片。条目按内容分为9大类：房屋建筑、日常用具、服饰、饮食、农工百艺、日常活动、婚育丧葬、节日、说唱表演。全书使用文字、图片、国际音标、音频、视频五位一体的方式，呈现用土话形式表达的具有江永特色的文化现象，包括江永的地方名物、民俗活动、口彩禁忌、俗语谚语、民间文艺等方言文化。

【中国语言文化典藏·景洪傣语】

保明所、玉腊光罕、岩温罕、希利补发著，商务印书馆出版，ISBN：978-7-100-21416-2

景洪傣语作为西双版纳傣族的通用语，既是当地傣族的日常交际工具，又是傣族文化的重要载体。该书在深入调查景洪傣语和傣族文化的基础上，主要通过文化词反映景洪傣族独具特色的民俗文化。全书分为房屋建筑、日常用具、服饰、饮食、农工百艺、日常活动、婚育丧葬、节日、说唱表演等9章，采用文字、音标、图片、音频、视频等多种手段，以EP同步的形式立体展示景洪傣语与傣族文化。作者通过实地调查、请教行业专家等方式拍摄收集了大量珍贵的照片和视频，如老建筑、老物件、傣味菜肴、节日习俗等，生动直观地展现云南景洪傣族传统文化的鲜明特点。

【中国语言文化典藏·开封】

赵祎缺著，商务印书馆出版，ISBN：978-7-100-21043-0

该书采用方言名称（汉字）和读音（音标）、解说，以图代文，一图一文，展现9个大类的内容：房屋建筑、日常用具、服饰、饮食、农工百艺、日常活动、婚育丧葬、节日、说唱表演，收图600幅左右。从而较为全面地呈现古城下开封人的方言文化习俗。

【中国语言文化典藏·澜沧拉祜语】

刘劲荣、张琪、何根源、刘航宇著，商务印书馆出版，ISBN：978-7-100-21518-3

记录的拉祜语以澜沧拉祜纳为基础方言，以东岗乡的班利村为记音点。全书共收录拉祜纳方言词近600条，文化图片近600幅。内容包括引言、房屋建筑、日常用具、服饰、饮食、农工百艺、日常活动、婚育丧葬、节日、说唱表演9个部分，全方位地描写和记录了澜沧拉祜族的语言和文化，展现了拉祜族独具特色的丰富多彩的原生态文化和习俗，有助于人们对拉祜族语言文化的深入了解，有助于拉祜族语言文化的传承、保护。

【中国语言文化典藏·乐业】

吕嵩崧、李国俊、滕韧、郑敬文著，商务印书馆出版，ISBN：978-7-100-21388-2

该书共有引言、房屋建筑、日常用具、服饰、饮食、农工百艺、日常活动、婚育丧葬、节日、说唱表演、调查手记、索引、参考文献、后记等部分。图册以调查条目为纲，大多一图一文，以图带文，图文并茂，从九大方面介绍了方言名称、读音（音标），对文化现象做了解说。全书共收录方言词596个、方言文化图片601幅；另有口彩禁忌用语26条，熟语、谜语45条，歌谣15首，戏曲唱词5首，故事2则。全面介绍了广西乐业地区的方言文化。

【中国语言文化典藏·连州】

严修鸿、魏慧斌著，商务印书馆出版，ISBN：978-7-100-21520-6

该书的条目按内容分为9大类，分别为房屋建筑、日常用具、服饰、饮食、农工百艺、日常活动、婚育丧葬、节日、说唱表演。全书共收录图片580多幅，一图一文，图文并茂。用特殊方言形式表达的具有地方特色的文化现象，包括地方名物、民俗活动、口彩禁忌、俗语谚语、民间文艺等方言文化。连州土话可以分5片，该书的方言记音以星子镇上方言为准。

【中国语言文化典藏·龙山土家语】

田洋、李启群、张旭著，商务印书馆出版，ISBN：978-7-100-21042-3

该书共收录湖南龙山富有土家族地方特色的文化图片600多幅，图文并茂地展现了龙山土家族的语言和蕴含在语言中的文化。图册采用音像图文的方式、纪实的手法、大量的第一手资料，从房屋建筑、日常用具、服饰、饮食、农工百艺、日常生活、婚育丧葬、节日、说唱表演等九个方面描写和记录了龙山土家人的语言和文化，展现了土家族独具特色的丰富多彩的原生态文化和习俗，有助于人们对土家语言文化的深入了解，有助于土家语言文化的传承、保护。

【中国语言文化典藏·隆林仡佬语】

袁善来、何正安著，商务印书馆出版，ISBN：978-7-100-21386-8

该书主要调查仡佬族"哈给"支系方言，以隆林德峨镇三冲行政村弄麻自然村仡佬语为代表点，兼及鱼塘、保田和大田三个自然村。

【中国语言文化典藏·普格彝语】

刘正发、杰觉伊泓、钱婧萱著，商务印书馆出版，ISBN：978-7-100-21445-2

该书是丛书"中国语言文化典藏"中的一本，共收录富含大凉山普格县彝族特色的文化图片近600幅，图文并茂地展现了普格的语言和蕴含在语言中的文化。

【中国语言文化典藏·青岛】

戴宗杰、李兰兰著，商务印书馆出版，ISBN：978-7-100-21040-9

该书在实地调查研究的基础上，以"图、文、音、像"四位一体的方式介绍青岛的方言文化，共收录方言词条600余条，并利用图片、视频等多媒体、EP同步等手段进行保存和展示。记录了青岛的特色民居"里院"、风貌街区"波螺油子"、地方名物"檵子"、民俗活动"祭海"、重大节庆"啤酒节"、地方曲艺"柳腔戏""茂腔戏"等具有地方特色的文化现象。

【中国语言文化典藏·三江侗语】

何彦诚著，商务印书馆出版，ISBN：978-7-100-21444-5

该书以图文并茂的形式对广西三江侗族自治县的侗族文化进行全面的记录和描写，共收录三江侗语方言文化条目9大类35次类，并配以图片660张，内容涉及房屋建筑、日常用具、服饰、饮食、农工百艺、日常活动、婚育丧葬、节日和说唱表演等。书中以图文并茂、记音留档的方式保存了一份珍贵的侗族语言文化资料，对维护语言文化的多样性和传承人类非物质文化遗产有着积极的现实意义。书稿亦是对侗族进行历史学、民族学、社会学等多种人文学科研究的重要参考资料。

【中国语言文化典藏·泰州】

顾黔著，商务印书馆出版，ISBN：978-7-100-20986-1

该书采录泰州地区方言语料和民俗文化，以泰州海陵区老派语音为代表。第一章至第八章收录方言文化图片600余幅，按内容分为房屋建筑、日常用具、服饰、饮食、农工百艺、日常活动、婚育丧葬、节日等8大类28小类，将泰州方言与风俗相结合，直观展现地方特色文化。第九章包括口彩禁忌、俗语谚语、歌谣、故事四个部分，逐句进行国际音标转写和普通话释义，最大程度保留语言类文化现象的原貌。

【中国语言文化典藏·西林壮语】

李锦芳、梁汉昌著，商务印书馆出版，ISBN：978-7-100-20984-7

该书收录广西西林县（及清代至1950年代初其他辖域）壮族语言文化事象700余条，配600多幅照片，涉及衣食住行、人生礼仪、节庆等诸多方面，说唱表演部分包括口彩禁忌、谚语、谜语、歌谣、故事、传说及北路壮剧片段，通过扫描二维码可以播放EP同步的视频和音频。西林地处右江上游，桂滇交界地带，是壮族分布重要地区，壮族文化特色鲜明，具有代表性。该书反映了壮语北部方言区的传统语言文化状貌，以图文并茂、存音留档的方式在全球一体化、信息化飞速发展的年代里保存了一份珍贵的壮族语言文化资料。

【中国语言文化典藏·湘潭】

曾达之著，商务印书馆出版，ISBN：978-7-100-21045-4

该书调查记录了湖南省湘潭县的方言文化现象。主体部分每个条目由图片、词条、文案三部分组成。以图、文、音、像的方式展示湘潭县方言文化。共收录湘潭县方言文化图片600余幅。主体内容分为房屋建筑、日常用具、服饰、饮食、农工百艺、日常活动、婚育丧葬、节日、说唱表演。

【中国语言文化典藏·新化】

罗昕如著，商务印书馆出版，ISBN：978-7-100-21060-7

该书调查、记录了湖南省新化县的方言文化现象。共收录新化县方言文化图片600张。每个条目由图片、词条、文案三部分组成。全书分为房屋建筑、日常用具、服饰、饮食、农工百艺、日常活动、婚育丧葬、节日、说唱表演等九章，采用文字、音标、图片、音频、视频等多种手段，以EP同步的形式立体展示新化县方言文化。该书形式新颖，丰富多彩的图、文、音、像承载了厚重的地方优秀传统文化，既能给读者带来多样的阅读体验，又能有效地保护与传承地方优秀传统文化。

【中国语言文化典藏·新源哈萨克语】

张定京、吴迪、叶里肯不拉·叶力努著，商务印书馆出版，ISBN：978-7-100-21721-7

该书采录新源地区方言语料和民俗文化。第一章至第八章收录方言文化图片600余幅，按内容分为房屋建筑、日常用具、服饰、饮食、农工百艺、日常活动、婚育丧葬、节日等8大类28小类，将新源哈萨克语与风俗相结合，直观展现地方特色文化。第九章包括口彩禁忌、俗语谚语、歌谣、故事四个部分，逐句进行国际音标转写和普通话释义，最大程度保留语言类文化现象的原貌。

【中国语言文字事业发展报告（2022）】

国家语言文字工作委员会组编，周为、刘朋主编，商务印书馆出版，ISBN：978-7-100-21078-2

该书为记录、展示2021年国家语言文字事业年度发展的教育部官方报告，以国家语言文字事业发展规划为主线，以各类统计数据为支撑，用数据和事实说话，全面反映2021年国家语委在加大国家通用语言文字推广力度、推进语言文字规范化标准化信息化建设、促进中华优秀语言文化传承创新、提升语言文字服务能力、加强语言文字国际交流合作、提高语言文字工作治理现代化水平等方面的情况。全书分为特稿、重大专题、重点工作、典型案例、年度数据、政策文件等六部分，并附有2021年语言文字工作大事记。

【中国语言学年鉴（2022）】

张伯江主编，中国社会科学出版社出版，ISBN：978-7-5227-0929-1

该书记述了2021年语言学各学科的学术动态和研究成果，包括14个学科的综述、重要的学术文章、全年出版的语言学著作、主要学术活动、大事记，并介绍了重要的学术团体、工作机构、研究机构、主要的学术期刊、集刊，一些有重大成就的学者等，力求能够客观、全面地反映2021年语言学各分支学科的发展轨迹，为进一步推动语言学学科体系和学术体系建设做好扎实可靠的基础工作。

【中国语言政策研究报告（2022）】

国家语言文字工作委员会组编，张日培主编，商务印书馆出版，ISBN：978-7-100-21076-8

该报告是介绍2021年国内语言政策研究情况的语言生活蓝皮书，包括热点综述、论点摘编、学术动态、专题研究和附录等。热点综述包括建党百年的语言文字事业成就与经验，推广普及国家通用语言文字助力铸牢中华民族共同体意识，高校语言政策，百年未有之大变局下的中文国际传播，海外华语传承的主体、机制与方略等。论点摘编介绍了2021年国内语言政策研究重要的新观察、新思考、新建言，内容涉及语言文字事业发展方略、语言文字规范标准建设、语言资源科学保护、语言服务等。此外增加了学术综述，包括第三届语言与国家学术研讨会综述、第七届中国语言政策与规划学术研讨会综述等。专题研究包括语言规范七十年、新世纪以来的国家语委科研工作、教材语言研究的缘起与发展。并附2021年语言政策主要学术会议、学术著作选目。

【中国语言学史理论研究】

薄守生、赖慧玲著，中国社会科学出版社出版，ISBN：978-7-5203-9841-1

该书包括学术论文14篇，以及围绕中国语言学史理论所做的札记30则，大体上勾勒出中国语言学史理论的框架。

【中日字词趣谈】

陈志诚著，中华书局（香港）有限公司出版，ISBN：9789888760992

该书就中日一些惯常习见的字词为例，谈谈彼此运用上的异同。

【中学教师课堂教学言语行为研究】

宋扬著，中国社会科学出版社出版，ISBN：978-7-5203-9598-4

课堂教学最重要的方式是讲述，语言是最基本也是最重要的交际方式。站位语用学的研究立场，教师的课堂讲述是一种言语行为，可以而且必须从言语行为的角度加以认识。课堂教学言语行为是以告知为核心交际意图的言语交际行为，告知是其基本属性。课堂教学言语交际围绕着告知交际意图的实现而进行，告知交际主体、告知交际形式、告知交际语境对告知交际意图的实现、告知效果的达成具有重要影响。

【周家台秦墓简牍等三种汇释今译】

吴辛丑、林慧著，暨南大学出版社出版，ISBN：978-7-5668-3279-5

该书为国家出版基金项目"出土战国文献汇释今译丛书"之一，以周家台、岳山、青川郝家坪三地出土的简牍为研究对象。该书包括释文、汇释、校记和今译四部分，不仅通过人工摹写还原简牍原貌，弥补当下出土战国文献研究在摹本上的不足和缺憾，还通过互校不同版本的释文和吸收最新的校订成果，用简洁的现代汉语对简牍的内涵进行细致的解读。

【周屯话】

周晨磊著，Routledge 出版社出版

该书是对深受安多藏语影响的青海省贵德县周屯村话的参考语法，由于语言接触，周屯话呈现出若干与汉语共同语不同的类型学特征，表现出藏语类型和汉语类型之间的过渡。

【周王畿——关中出土西周金文整理与研究】

王晖主编，三秦出版社出版，ISBN：978-7-5518-2491-0

该书收集整理西周王畿关中地区自汉代至当今出土的1358件青铜器铭文资料，也是迄今为止对关中地区出土器铭著录数量最为翔实齐全的整理成果，书中对于每件器物铭文，均提供器物照片、铭文拓本及以往著录情况，对以往著录中的疏误作了订正。

【壮语金龙岱话参考语法】

李胜兰著，中国社会科学出版社出版，ISBN：978-7-5227-0963-5

该书以汉藏语系壮侗语族壮傣语支的广西壮语南部方言左江土语金龙岱话为研究对象，在经过充分田野调查而获得大量真实的语料基础上，以"参考语法"的描写分析法为理论指导，兼顾传统语法的研究方法，对壮语金龙岱话的语音、词汇、语法、句法结构和特点进行了较为全面、系统的描写与分析。在注重语言事实收集与分析的同时，尽可能地结合语音、语义的特点进行综合考察，以期更好地认识金龙岱话的语法特点及规律。

【追本穷源：粤语词义趣谈（插图本·修订版）】

陈雄根、何杏枫、张锦少著，三联书店（香港）有限公司出版，ISBN：9789620449420

该书根据电视节目《妙趣广州话》，筛选了100个与大众生活息息相关的粤语词汇编撰成册，以推广粤语文化，提高社会大众对粤语流行词汇的本字、读音、词义的认识。

【字说中国：汉字里的生活世界】

陈文波著，上海古籍出版社出版，ISBN：978-7-5732-0140-9

该书是一本图文并茂的古汉字普及读物，从甲骨文、金文等再到现在楷书的演变，详述源流，深入浅出对300多个古汉字进行了详细解说。

【自然语言处理】（普通高等教育人工智能专业系列教材）

冯建周主编，中国水利水电出版社出版，ISBN：978-7-5226-0527-2

该书是一本自然语言处理的入门教材，可以作为高等院校计算机、大数据和人工智能及其相关专业的本科生和研究生教材，也可供对自然语言处理技术感兴趣的研究人员和工程技术人员阅读参考。

【自然话语中的话语标记研究：以"你知道"为例】

单谊著，上海外语教育出版社出版，ISBN：978-7-5446-7348-8

该书对机构性会话语境下汉语自然话语中的话语标记"你知道"进行多维度研究，着重对其位置、韵律、语义和功能之间的互动关系进行较为系统的分析和考察，探讨该话语标记如何通过指示发话者在言语交际中的内心思维来揭示具体语境中的"话语—话语"关系、"发话者—话语"关系和"发话者—受话者"关系。

【作格与汉语语法】

罗天华主编，商务印书馆出版，ISBN：978-7-100-21735-4

该书围绕"作格与汉语语法"的研究主题，收录了15篇论文，包含作者对作格问题的历史回顾和深入思考。

学术活动

1. 规范使用汉字工作座谈会

2022年1月7日下午,中宣部出版局在京召开"规范使用汉字工作座谈会",针对当前汉字使用中存在的不规范问题,就出版、影视、媒体等领域加强用字管理进行座谈交流,研究安排下一步工作。中宣部、教育部、国家广播电视总局、北京市委宣传部有关职能部门,相关行业协会、中央宣传文化单位、标准化技术委员会、字库企业共45人参加了会议。

与会人员就加强汉字规范管理和使用问题进行深入讨论。大家一致认为,汉字是世界上历史最悠久的文字之一,是中华民族文化和智慧的结晶,是传承中华优秀传统文化的重要载体。进入信息化、网络化时代,计算机汉字字体广泛应用于出版、影视、传媒、广告、网络、移动终端等面向公众的领域,较好地满足了单位和个人多样化、个性化的用字需求,但也存在字体运用场合不当、书写不规范等问题。特别是有的字体故意把汉字笔画和结构进行粗俗、草率的夸张变形,忽视了文字的书写规范、书写技法和文化内涵、审美特征,不利于社会大众汉字书写规范意识和审美素养的提升,尤其会对青少年产生误导。加强汉字使用的规范化、标准化、信息化势在必行。

会议提出,将从六个方面着手,开展汉字使用的规范和管理工作。一是建立协调机制,明确各相关部门职责分工,加强沟通联系、密切协调配合,共同做好汉字使用的规范管理。二是开展专项整治,重点清理图书、报纸、期刊、音像制品、网络出版物、媒体、影视作品中用字不规范的情况,指导字库企业开展自查自纠。三是加强行业引导,指导相关行业协会联合发出规范用字倡议,遴选推荐优秀字体,引导出版、影视、媒体领域提升规范用字的自觉意识,落实好规范用字的各项要求。四是突出重点领域,发挥中央媒体和宣传文化单位示范带动和引导监督作用,促进行业用字规范化建设。五是完善法规规章,配合做好《国家通用语言文字法》修订工作,对《出版物汉字使用管理规定》等规章进行修订。六是加强标准研制,指导相关标准化技术委员会开展研究,推动相关国家标准、行业标准立项、编制工作,为规范用字提供技术支撑。

2. 2022年全国语言文字工作会议

2022年全国语言文字工作会议于3月10日在线上召开。大会的宗旨是"深入学习贯彻习近平新时代中国特色社会主义思想,贯彻落实党的十九大和十九届历次全会精神,落实全国语言文字工作会议精神"。会上,河北省教育厅、北京师范大学等六家单位结合2021年语言文字方面的工作作了交流发言。田学军副部长的发言总结了教育部2021年的语言文字工作,分析了当前及今后一段时间内我国语言文字事业面临的新形势新任务,并部署了2022年的重点工作。田学军在讲话中回顾总结了2021年语言文字工作取得的重要进展,强调2022年是进入全面建设社会主义现代化国家、向第二个百年奋斗目标进军新征程的重要一年,语言文字战线要坚持以习近平新时代中国特色社会主义思想为指导,认真学习领会习近平总书记关于教育和语言文化的重要论述,深刻理解语言文字工作在实现中华民族伟大复兴战略全局中的重要作用,深刻把握世界百年未有之大变局为语言文字工作带来的机遇和挑战,深刻把握语言文字工作高质量发展提出的迫切需求,提高政治站位,全力抓好国家通用语言文字推广普及,服务铸牢中华民族共同体意识和落实立德树人根本任务;围绕建设数字中国,进一步加强语言文字信息化规范化标准化建设,以语言文字数字化建设推动教育和语言文字事业高质量发展;服务国家战略,不断提升语言文字工作服务国家发展大局能力;坚定文化自信,大力传承弘扬中华优秀语言文化;持续深化中外语言文化交流合作,推动构建人类命运共同体;深化体制机制改革,推进语言文字工作治理体系和治理能力现代化。

3. "迎接二十大,语言文字这十年"系列活动首场报告暨国家语委重大科研项目开题会

"迎接二十大,语言文字这十年"系列活动首场报告暨国家语委重大科研项目开题会于4月8日在线上举办。"迎接二十大,语言文字这十年"系列活动是语言文字战线迎接党的二十大胜利召开的重要举措之一,目的在于全面总结新时代语言文字事业奋进历程与重大成就、提炼指导理念与发展经验、谋划未来发展方向。国家语委科研办创新实施"重大项目+"管理模式,通过邀请有关领域知名专家作报告、召开学术会议等形式,充分发挥重大项目引领作用,广泛调动学界聚焦相关领域开展研究的积极性。

教育部语言文字信息管理司司长田立新指出,党的十八大以来,语言文字战线在以习近平同志为核心的党中央坚强领导下,深入贯彻落实习近平总书记关于教育和语言文化的重要论述,围绕全面建成小康社会,坚持服务国家发展需求,推动事业发展取得重大进展。站在"两个一百年"的历史交汇点,迈向建设社会主义现代化强国新的征程上,语言文字战线要胸怀"国之大者",进一步增强服务国家意识,勇于探索、守正创新,注重探索多学科交叉融合,在实干中为事业发展贡献力量。要秉持"服务、创新、实干"理念,知重负重、勇毅前行,践行使命与担当,推动语言文字事业改革发展不断迈上新台阶,以实际行动迎接党的二十大胜利召开。

报告会由商务印书馆执行董事顾青主持,"三农"问题专家、中国人民大学温铁军教授

在题为"生态文明与乡村振兴——人文学者的使命与担当"的学术报告中指出，乡村振兴是中国应对全球化挑战的压舱石，强调人文知识分子要有使命意识和反思能力，担当中华民族伟大复兴的历史使命。

国家语委重大科研项目"语言文字事业服务乡村振兴战略的路径与举措研究"开题会由清华大学黄德宽教授主持，专家组成员浙江师范大学曹志耘教授、北京大学雷明教授、中国人民大学陆益龙教授、中共中央统战部韦刚、武汉大学赵世举教授进行评审。《语言战略研究》主编李宇明教授、执行主编郭熙教授参加会议。项目牵头人周洪波编审介绍项目的研究内容、思路方法、研究基础、预期成果和研究进展。专家组一致认为，项目组采用建构性、开放性的定性研究方法，选择项目研究人员的 11 个"母村"，"静下心，沉下去"，设身处地观察、理解、研究乡村语言现象，以服务国家发展战略的大局观做服务农民群众福祉的琐细事，助力乡村语言文字事业健康发展，项目设计理念新颖、定位准确、科学合理，具有十分重要的理论和实践意义。同时，专家组就进一步提高可操作性提出了建议。

国家语委研究型基地专家学者和语言文字应用研究优秀中青年学者研修班学员参加会议。

4. 中国中文信息学会第一届自然语言生成与智能写作大会（NLGIW 2022）

中国中文信息学会第一届自然语言生成与智能写作大会（NLGIW 2022）于 4 月 22–23 日在线上召开。NLGIW 是中国中文信息学会（CIPSC）自然语言生成与智能写作专业委员会主办的学术年会，是自然语言生成领域最重要的学术会议之一。会议聚集自然语言生成领域海内外顶尖的同行专家，共同探讨自然语言生成技术的发展、挑战以及落地应用。包括前沿讲习班、特邀报告、青年学者论坛、企业论坛、评测论坛等多种学术活动，由苏州大学承办，智源社区提供线上会议支持。百度、腾讯 AI Lab、语仓科技与中译语通（GTCOM）提供赞助。

大会主席、哈尔滨工业大学赵铁军教授主持开幕式。中国中文信息学会荣誉理事长李生教授、学会秘书长孙乐教授致开幕词。

会议特邀报告有百度技术委员会主席吴华博士的《面向事实一致性的自然语言生成》、粤港澳大湾区数字经济研究院（IDEA）讲席科学家张磊博士的《视觉语言表示学习与图像标题生成》、荷兰乌特勒支大学 Kees van Deemter 的 "Explanation and Rationality in Models of Language Use"。

青年学者论坛由邱锡鹏教授主持，四个专题报告：字节跳动周浩博士"Duplex Sequence to Sequence Learning for Reversible Machine Translation"、南京航空航天大学李丕绩教授《SongNet：格式控制的文本生成框架》、中山大学权小军教授《任务型对话系统中的文本生成方法》、阿里巴巴达摩院李晨亮博士《ALICE 预训练生成模型 PALM 和超大规模理解生成模型 PLUG》。

在企业论坛中，百度主任架构师肖欣延从多模态模型的应用出发介绍了相关工作以及百度智能创作平台，为多模态技术在实际产业中的应用提供了方向。腾讯 AI Lab 闭玮介绍了腾讯 AI Lab 近年来在自然语言生成领域的丰富成果，包括智能对话、自动文档创作、自动解说、诗歌对联诗词生成等在内的一系列产业落地。语仓科技李世奇的《面向智慧政务的公文辅助写作系统》介绍了语仓科技在智能公文写作领域的一系列成果，包括智能写作、智能纠错等。

技术评测论坛包括面向事实一致性的生成评测、基于大纲的条件故事生成、图像描述生成评价方法评测与中文句法错误检测技术评测四项内容。每项内容包括综述、成绩公布、优秀队伍进行技术分享等板块。NLGIW 大会发布了 2023 年度评测计划。

5. 首届语料库与应用翻译研究论坛

首届语料库与应用翻译研究论坛于 4 月 23 日在线上举行。论坛由上海外国语大学语料库研究中心与《上海翻译》编辑部以及《语料库研究前沿》编辑部组织召开，会议主题围绕译学理论、语料库与典籍翻译研究、语料库与话语翻译研究、语料库与国际传播研究四大板块，推动了语料库翻译学与应用翻译研究的融合。大会发言有：广东外语外贸大学教授黄忠廉《译学寻根：语料库与数据库同证》、四川外国语大学教授胡安江《体认翻译学的应用性研究》、北京外国语大学教授王华树《数字化时代语料数据伦理的构建：理念、原则与路径》、上海大学教授傅敬民《〈圣经〉汉译批评话语：放逐与回归》、上海外国语大学教授耿强《数字人文视域下〈人民日报〉（1949–1966）生产的中国翻译话语研究》、上海外国语大学教授韩子满《术语国际传播的角色距离》、上海外国语大学教授胡开宝、西安外国语大学教授黄立波《〈红楼梦〉两个英译本中的人物形象塑造：基于语料库的方法》、河南大学教授刘泽权《数据人文视域下王际真〈红楼梦〉英语三译对比考察本》、曲阜师范大学教授秦洪武《差异之中探寻共鸣："仁"的语内与语际翻译》、中国海洋大学教授任东升《基于语料库的中国特色海洋话语对外译传的批评架构分析》、华中科技大学教授许明武《信息技术赋能视域下中国科技典籍英译研究：现状、问题与展望》、北京外国语大学教授张威《中国对外话语体系数据库群：设计理念与实现路径》。

6. 首届国际中文教育视阈下的汉字研究学术研讨会

首届国际中文教育视阈下的汉字研究学术研讨会于 4 月 23 日在线上举办。会议由中国人民大学国际文化交流学院、北京语言大学出版社《国际汉语教学研究》编辑部共同举办。来自海内外39所高校和科研机构的近百位学者以"吸收汉字本体研究成果，构建汉字国际教育体系"为主题进行了深入探讨。

中国人民大学李禄兴教授主持开幕式，中国人民大学副校长杜鹏致辞。大会主旨报告有6位发言人，分别是郑州大学李运富教授《汉字的三维属性与对外汉字教学》、中国人民大学王贵元教授《现代汉字笔画与部首的形成原则及规律》、美国佛蒙特大学印京华教授《基于汉字特点的国际汉语教学途径》、北京语言大学梁彦民教授《国际中文水平等级标准汉字表的发展》、北京大学施正宇教授《关于教学大纲与汉语字词教学辩证关系的考察》、中国人民大学李泉教授《汉字与汉语与拼音之关系》。

会议设立四个分论坛，围绕"汉字教学实验和汉字研究""汉字教学策略和教学实践应用""汉字教学资源和教学设计"和"汉字教学研究的分析、发展现状"主题进行了研讨。各位专家学者围绕汉字教学进行了多角度探讨，互动环节发言踊跃、观点新颖，精彩纷呈。

会议闭幕式由北京语言大学出版社陈维昌主持，中国人民大学潘晨婧做总结发言。

7. 第十一届全国社会语言学学术研讨会

第十一届全国社会语言学学术研讨会于4月23－24日在线上举行。会议由教育部语言文字应用研究所主办，浙江师范大学、中国语文现代化学会承办，商务印书馆、语文出版社、中国应用语言学会（筹）协办。

大会报告有：李宇明《中国语言规划学的四大理念》、黄行《论中华民族通用语的民族变体》、曹志耘《我国大规模语言调查的成就与启示》、郭熙《海外华语传承话语体系建构与事业推进的思考》、高一虹《作为文化惯习建构机制的语类场、语类化——以安宁疗护为例》、刘朋建《中国共产党百年语言政策与实践》、苏金智《当代中文发展趋势试探》、徐大明和李荣刚《个体、群体、社区与语言规范——手机电话号码分段现象的启示》、田海龙《从社会语言学的起源看应急语言服务的学科属性》、赵蓉晖和冯健高《区域国别研究视角下的语言能力：地位与内涵》、王辉《新世纪以来我国国别区域语言政策研究的文献计量研究》、郭龙生《网络空间语言治理的生态与规划问题》。

在分组研讨中，150余位与会者就语言政策与语言规划、语言景观与语言资源、语言服务与应急语言、语言经济与乡村振兴、网络空间的语言生活、汉语方言语音与词汇、汉语词汇语义与语音、国际中文教育、外语教育与外语生活、社会生活诸领域语言、社会语言学新理念等社会语言学议题展开热烈研讨和交流。

8. 全国语言与术语标准化技术委员会辞书编纂分技术委员会（SAC/TC62/SC2）换届成立大会暨年度工作会议

全国语言与术语标准化技术委员会辞书编纂分技术委员会（SAC/TC62/SC2）换届成立大会暨年度工作会议，于4月24日以线下线上相结合的方式在京举行。中国辞书学会秘书长周洪波出席会议并讲话，为现场参会委员颁发委员证书；全国语言与术语标准化技术委员会秘书长王海涛线上致辞，并宣读第六届全国语言与术语标准化技术委员会辞书编纂分技术委员会换届的批复文件。该届辞书编纂分技术委员会由18位委员组织，涵盖辞书编纂、出版、研究等领域的专家学者。

年度工作会议上，大家首先审议通过了第六届全国语言与术语标准化技术委员会辞书编纂分技术委员会章程。接着，余桂林介绍了分委会已开展的工作，并立足新时代的辞书发展提出分委会的年度工作思路；张晖介绍了目前已有的国际国内标准研制修订情况；杜翔介绍了《辞书出版规范　汉语辞书》的研制情况；外语教学与研究出版社申葳委员介绍了《辞书出版规范　外语辞书》的研制情况。

9. 第二十三届汉语词汇语义学国际研讨会（CLSW2022）

第二十三届汉语词汇语义学国际研讨会（CLSW2022）于5月14–15日在线上召开。会议由闽江学院、福建省人工智能学会和北京大学计算语言教育部重点实验室共同主办，中国计算机学会协办，计算机与控制工程学院等共同承办。

该届研讨会以"纪念俞士汶教授"为主题，参会嘉宾回顾了俞教授部分珍贵照片。大会以打通语言学和计算语言学，贯通词汇语义的理论、计量与计算应用，体现学科交叉与前沿动态为宗旨，录用91篇口头报告，48篇海报展示，涵盖了词汇语义学、计算语言学、语料库建设、地方与民族语言等14个领域的人才与精英。香港理工大学教授黄居仁、台湾大学外国语文学系教授高照明、西湖大学研究员张岳以及新加坡国立大学副教授谭晓薇（Tham Shiao Wei）分别作了特邀报告。

大会评选出"CLSW2022最佳论文奖"2篇，"CLSW2022俞士汶教授特别论文奖"1篇。

10. "迎接二十大，语言文字这十年"系列活动第二场报告暨国家语委重大科研项目"我国语言文字治理体系现状及创新研究"开题会

"迎接二十大，语言文字这十年"系列活动第二场报告暨国家语委重大科研项目"我国

语言文字治理体系现状及创新研究"开题会于5月12日召开。教育部语言文字信息管理司负责同志指出，党的十八大以来，语言文字战线在以习近平同志为核心的党中央坚强领导下，深入贯彻落实习近平总书记关于教育和语言文化的重要论述，围绕全面建成小康社会，坚持服务国家发展需求，推动事业发展取得历史性成就。其中，语言文字国际交流合作取得重要突破，中华优秀语言文化国际传播取得显著成效，语言文字服务国际化能力明显提升，我国语言文字事业的国际影响力不断增强。当今世界正面临百年未有之大变局，深刻影响国家治理体系和治理能力建设，语言文字治理的现代化是国家治理体系和治理能力现代化的重要组成部分，而总体上看，语言文字国际交流合作水平有待进一步提升。希望语言文字专家学者能够主动关注世界语言发展动态，积极参与全球语言生活治理，努力推进中华优秀语言文化国际传播，利用各种渠道和形式宣传我国语言文字研究成果和事业发展成绩，充分发挥语言文字在增强国家文化软实力、争取国际理解和支持等方面的独特作用，助力我国国际传播能力建设，促进中外文明交流互鉴，为推动构建人类命运共同体作出积极贡献，以实际行动迎接党的二十大胜利召开。

北京大学王逸舟教授作了题为"中国外交的新趋势与新挑战"的学术报告。报告简要回顾了中国外交三个时代的特点、开展的主要工作和取得的重要成就，结合具体案例深入剖析了新时代中国外交面临的新形势、新挑战和新机遇。报告对于语言文字专家尤其是中青年学者具有重要启发意义。

国家语委重大科研项目"我国语言文字治理体系现状及创新研究"开题会由专家组组长、《新华文摘》张耀铭编审主持，教育部语言文字信息管理司有关负责同志就重大科研项目研究工作提出要求。专家组成员首都师范大学周建设教授、外交学院孙吉胜教授、上海教科院国家语言文字政策研究中心张日培副主任、中国社会科学院当代中国研究所王爱云研究员、中国政法大学庞金友教授进行评审。专家组一致认为，项目组从整体性哲学的视角，采用历史结构分析等研究方法，从结构、功能、价值和评估四个方面架构起了我国语言文字治理体系的基本框架，也对该体系如何应对变化、动态创新提出了设想，项目内容丰富、定位准确、科学合理，具有十分重要的理论和实践意义。同时，专家组就进一步提高可操作性提出了建议。

会议采取线上方式进行。教育部语言文字信息管理司全体同志，首都师范大学党委书记孟繁华，副校长雷兴山以及国际文化学院师生，重大项目课题组有关成员，国家语委研究型基地专家学者、语言文字应用研究优秀中青年学者研修班学员参加了有关活动。

11. 国际中国语言学学会第28届年会（IACL-28）

国际中国语言学学会第28届年会（IACL-28）于5月20-22日以线上模式召开。会议由香港中文大学语言学及现代语言系承办，共收到论文摘要236篇，经专家匿名评审，来自35个国家和地区的99篇论文在年会上做了报告，内容涉及句法、语义、语音、音系、形态、语用、汉语方言、语言获得、心理语言学、历史语言学、认知语言学、功能语言学、社会语言学、话语分析、中文信息处理及语言类型学等领域。此外，大会设立了手语语言学论坛，来自中国内地及香港地区的13位手语研究者发表了六场专题报告。此次线上会议也面向社会开放注册，共计1600多位来自世界各地的语言学爱好者注册并旁听了会议报告。

该届年会共设六场主旨演讲和14场特邀演讲。北京语言大学李宇明教授、法国国家社会科学院贝罗贝研究员（Alain Peyraube）、日本神户市外国语大学竹越孝教授（Takashi Takekoshi）、香港城市大学/香港科技大学邹嘉彦教授、美国堪萨斯大学张杰教授以及澳门科技大学/美国威斯康星大学麦迪逊分校张洪明教授发表了大会主旨演讲；台湾"中研院"李琦研究员、浙江大学程工教授、香港教育大学张显达教授、北京大学董秀芳教授、台湾"中研院"林若望研究员、深圳大学/中国社会科学院刘丹青教授、美国亚利桑那大学刘凤樨教授、法国国家社会科学院语言学研究所包华莉研究员（Waltraud Paul）、南开大学石锋教授、广东外语外贸大学石定栩教授、香港中文大学邓思颖教授、美国加州大学洛杉矶分校陶红印教授、台湾清华大学蔡维天教授以及北京大学赵杨教授受大会邀请发表了特邀演讲。

该届年会循例设立"青年学者奖"（Young Scholar Award），经公开演讲及评奖委员会评议，香港中文大学尤舒翔博士以《音系短语构建的普遍性与多样性——来自闽东、莆仙与闽中方言的证据》一文荣获"青年学者奖"。

国际中国语言学学会全体会员大会于5月22日下午召开，大会由会长张洪明教授主持。执行秘书长胡建华教授宣布了新当选副会长和理事名单。新当选副会长为南开大学石锋教授；新当选理事为伊藤智美（日本御茶水女子大学）、井茁（美国俄勒冈大学）、姜柄圭（韩国西江大学）、卡萝塔（意大利博洛尼亚大学）、吴东英（香港理工大学）、吴瑞文（台湾"中研院"）、赵杨（北京大学）。根据学会章程以及选举结果，日本神户市外国语大学竹越孝教授接任会长。学会秘书处在本次会议上完成了换届。根据会长竹越孝教授的任命，香港城市大学李宝伦教授接任理事会执行秘书长，北京大学赵杨教授接任执行副秘书长。

12. 第四届全国认知神经语言学高层论坛

第四届全国认知神经语言学高层论坛于5月21日在线上举行。论坛由中国认知神经语言学研究会主办、浙江大学城市学院外国语学院承办，以"CFL/EFL视角下的二语习得认知加工研究"为主题，旨在为国内外专家学者提供学术交流的平台，促进认知神经语言学的研究与发展。浙江大学城市学院副校长韦巍、中国认知神经语言学学会会长王鲁男教授致开幕词。来自国内外72所高校的381名专家学者参加了此次论坛。

八位专家作了主旨发言：中国人民大学张积家教授《语言与文化类型影响五畜复合词加工的大小概念表征——来自蒙古族和汉族的证据》、北京大学鹿士义教授《韵律模式和语素位置概率对汉语学习者切分歧义词的影响》、广东外语外贸大学卢植教授《英汉视译过程中后置结构认知加工的眼动研究》、上海交通大学常辉教授《韩国人汉语主语代词消解的眼动研究》、浙江大学城市学院王小潞教授《汉语阅读中汉语二语学习者分词机制的眼动研究》、英国班戈大学 Guillaume Thierry 教授 "Language Embodiment and Relativity: Evidence in Chinese-English Bilinguals"、英国莱斯特大学 Kevin Paterson 教授 "Eye Movements and Reading in Different Scripts"、西班牙拉古纳大学 Manuel de Vega 教授 "Neurosemantics of First and Second Language"。

在三个分会场报告中，专家学者们围绕"语言加工具身性研究"、"二语句法加工研究"和"非字面语言加工研究"等神经语言学领域的重要话题展开了热烈讨论。

闭幕式由广东外语外贸大学卢植教授主持，浙江大学城市学院王小潞教授对此次论坛作了总结并致闭幕词。此次论坛紧扣语言研究前沿课题，聚焦二语加工心脑机制，同时涵盖了神经语言学、心理语言学、语言病理学、认知心理学、人工智能等多学科的最新研究成果。

13. "迎接二十大，语言文字这十年"系列活动第三场报告暨国家语委重大科研项目"基于数字化的红色文化资源开发与有效传播"开题会

"迎接二十大，语言文字这十年"系列活动第三场报告暨国家语委重大科研项目"基于数字化的红色文化资源开发与有效传播"开题会于 5 月 24 日举行。报告会上，教育部语言文字信息管理司负责同志指出，党的十八大以来，在习近平新时代中国特色社会主义思想指引下，在党中央、国务院的高度重视和坚强领导下，语言文字战线胸怀"国之大者"，砥砺奋进、开拓创新，推动语言文字事业取得跨越式发展和历史性成就。其中，教育部、国家语委充分调动战线积极性，推动语言文字规范化标准化信息化实现重大突破、语言文字资源建设取得显著成效，服务国家发展、社会进步、惠及人民生活。面向未来发展，希望语言文字专家学者认真学习贯彻习近平总书记关于发展数字经济的重要论述和给北京科技大学老教授的重要回信精神，发扬严谨治学、甘为人梯的精神，坚持特色、争创一流，培养更多听党话、跟党走、有理想、有本领、具有为国奉献钢筋铁骨的高素质人才，为教育和语言文字事业发展贡献力量，以实际行动迎接党的二十大胜利召开。

北京师范大学黄荣怀教授作了题为"教育数字化转型：发展基础与核心关切"的学术报告，指出，在"数字中国""教育强国""智慧社会"的发展背景下，教育数字化转型将成为我国教育改革与发展的战略选择。作为教育现代化的关键支撑和引领，我国教育信息化在过去十年中持续推进，其成就与经验在国际上日益被认同和借鉴。面对当前高质量教育体

系建设的新要求，教育数字化转型面临新机遇和新挑战，需要我们进一步识变应变、顺势而为、合作包容、共筑共享，统筹好发展与安全的关系，使智能技术真正促进教育发展，造福人类社会。

国家语委重大科研项目"基于数字化的红色文化资源开发与有效传播"开题会由北京大学马克思主义学院孙熙国教授主持，教育部语言文字信息管理司有关负责同志就重大科研项目研究工作提出要求。专家组成员中央社会主义学院左鹏教授、教育部科研发展中心朱喜坤研究员、清华大学马克思主义学院李义天教授、北京科技大学马克思主义学院宋伟教授、北京科技大学机械工程学院王晓慧教授进行评审。

项目首席专家、北京科技大学彭庆红教授从选题释义与研究价值、研究内容与主要观点、研究方法与实施方案、预期成果与社会效益四个方面详细介绍了项目的研究内容、重点难点、主要观点和创新点、研究方法、组织实施方案、人员分工、研究进度等。专家组一致认为，利用好数字技术推动红色文化资源开发和传播，不仅是思想道德建设和思想政治工作的重要任务，也是语言文字领域信息化建设重要课题。项目组按照"谁来开发、如何开发、谁来传播、向谁传播、如何传播、如何统筹"总线索做好整体设计与体系构建，结合案例，从四个方面研究红色文化数字化开发与有效传播的具体策略。项目内容丰富、定位准确、科学合理，具有十分重要的理论和实践意义。同时，专家组就进一步提高可操作性提出建议。

会议采取线上方式进行。教育部语言文字信息管理司全体同志，北京科技大学校长杨仁树、相关部门负责人、马克思主义学院师生，重大项目课题组有关成员，国家语委 24 所研究型基地专家学者，国家语委语言文字应用研究优秀中青年学者研修班学员参加活动。

14. "迎接二十大，语言文字这十年"系列活动第四场报告暨国家语委科研项目"历史文化名城名镇名村语言景观调查研究"开题会

"迎接二十大，语言文字这十年"系列活动第四场报告暨国家语委科研项目"历史文化名城名镇名村语言景观调查研究"开题会于 5 月 26 日召开。报告会上，教育部语言文字信息管理司负责同志指出，党的十八大以来，在习近平新时代中国特色社会主义思想指引下，在党中央、国务院的高度重视和坚强领导下，语言文字战线胸怀"国之大者"，砥砺奋进、开拓创新，推动语言文字事业取得跨越式发展和历史性成就。教育部、国家语委依托"古文字与中华文明发展工程""中国语言资源保护工程""中华思想文化术语传播工程"等重大语言文化工程，挖掘、提炼和弘扬中华优秀语言文化的"根"，保护、开发和应用中华优秀语言文化的"本"，诠释、传承和传播中华优秀语言文化的"核"，驱动、转化和发展中华优秀语言文化的"新"，推动中华优秀语言文化创造性转化、创新性发展。希望国家语委科研机构和语言文字专家学者积极关注语言文字助力文化强国建设、助力铸牢中华民族共同

体意识和服务人类命运共同体构建的理论与实践，研究中华优秀语言文化创造性转化和创新性发展的历史经验、现状问题和政策举措，研究汉语方言和少数民族语言文化的科学保护与开发利用，研究中国语言文化全球传播体系构建，推进中华优秀语言文化传承传播和创新发展，助力我国国际传播能力建设，提升国家文化软实力，以实际行动迎接党的二十大胜利召开。

可持续发展大数据国际研究中心主任、中国地名文化遗产保护促进会会长、中国科学院郭华东院士作了题为"空间技术助力文化遗产可持续发展"的学术报告。报告从世界遗产概况、空间信息技术的发展、空间信息技术遗产应用、联合国教科文组织国际自然与文化遗产空间技术中心（HIST）十年研究与发展成就、可持续发展大数据国际研究中心（CBAS）遗产可持续发展平台五个方面介绍了空间技术助力世界遗产的监测、探测、保护等工作，以及在全球开展的利用空间技术助力遗产科学研究、监测评估、管理保护与能力建设的成功案例，分享了"丝绸之路""长城""大运河"等中国文化遗产的空间技术应用案例，以及探索大数据支撑全球可持续发展的技术路径。

国家语委科研项目"历史文化名城名镇名村语言景观调查研究"开题会由专家组组长中国语言资源保护工程首席专家、浙江师范大学曹志耘教授主持。教育部语言文字信息管理司有关负责同志就重大科研项目研究工作提出要求。中国地名文化遗产保护促进会禚晓军、山东师范大学冯红梅、厦门大学赵树元分别做了开题汇报。专家组成员教育部语言文字应用研究所郭龙生研究员、北京语言大学王莉宁教授、中国科学院地理科学与资源研究所王英杰研究员、广东外语外贸大学严修鸿教授、北京外国语大学张天伟教授进行评审。专家组一致认为，该项目聚焦全国历史文化名城名镇名村语言景观研究，在全国尚属首次。三个项目组的研究覆盖点、线、面三个方面，体现整体性和层次感，从中国语境下语言景观的内涵和外延研究、标准体系的建立和研究成果的转化应用提出了设想，并将新技术手段运用到语料采集中。项目内涵深厚、定位准确、科学合理，具有十分重要的理论和实践意义。同时，专家组就尽快建立统一标准、进一步推动成果的转化应用提出了建议。

会议采取线上方式进行。教育部语言文字信息管理司全体同志，中国地名文化遗产保护促进会秘书长南燕及项目组、山东师范大学项目组、厦门大学项目组成员，国家语委24所研究型基地专家学者，语言文字应用研究优秀中青年学者研修班学员参加了有关活动。

15. "迎接二十大，语言文字这十年"系列活动第五场暨国家语委重大科研项目"中国语言学话语体系建设与传播研究"开题会

"迎接二十大，语言文字这十年"系列活动第五场暨国家语委重大科研项目"中国语言学话语体系建设与传播研究"开题会于5月27－28日召开。开幕式上，教育部语言文字信

息管理司负责同志指出，本次研讨会是一场学术盛会，将"迎接二十大，语言文字这十年"系列活动名家讲座推向高潮。党的十八大以来，语言文字战线在以习近平同志为核心的党中央坚强领导下，深入贯彻落实习近平总书记关于教育和语言文化的重要论述，围绕全面建成小康社会，坚持服务国家发展需求，推动事业发展取得历史性成就。国家语委高度重视科研工作，全面加强对语言文字科研工作的领导、规划和部署，走出了一条特色鲜明的发展道路。特别是党的十八大以来，国家语委科研工作深入贯彻落实习近平总书记关于语言文化的重要论述，以服务国家重大战略实施和国家语言文字事业发展为宗旨，坚持问题驱动和需求导向，巩固基础研究、强化应用研究、推动决策咨询研究，不断提升创新能力和服务水平，成为国家语言文字事业发展的重要保障。希望专家学者深入贯彻落实《国家语委"十四五"科研规划》，不断提升语言文字研究水平，以高质量的科学研究保障和引领国家语言文字事业的发展，以实际行动迎接党的二十大胜利召开。

近50位知名专家学者围绕中国语言学话语体系建设和传播主题，深入探讨中国语言学话语体系的功能定位、内容特点、研究历史、发展现状及前景规划等。来自全国11个省（区、市）21所高校和科研单位以及部分海外专家学者1400多人参会。北京大学陆俭明教授阐释了中国语言学话语体系建设的若干关键问题，中国社会科学院沈家煊研究员提出了中国语言学的"大语法"纲要，北京语言大学李宇明教授讨论了新时代语言学话语体系建设应关注的语言信息化与语言权利问题，北京外国语大学文秋芳教授论述了内在学术语言及如何建构学术话语体系，澳大利亚昆士兰大学陈平教授论述了当代语言研究的理论基础。系列报告对于语言文字专家尤其是中青年学者具有重要启发意义。

在国家语委科研项目"中国语言学话语体系建设与传播研究"开题会上，武汉大学项目组赫琳教授作开题汇报。评议组专家围绕项目研究目标、方法、内容、成果形式等进行评议，李宇明教授作总结。专家一致认为，中国语言学话语体系建设关系到中国语言学能否走向世界，关系到国家软实力提升，该研究具有十分重要的理论意义和实践价值。项目设计站位高，视野开阔，目标明确，研究内容丰富，具有开创性，研究团体阵容强，具有达成研究目标的能力和条件。同时，专家们也指出，在研究过程中，要持续提升认识，深刻把握研究的紧迫性和艰巨性；坚持需求导向，进一步聚焦难点、重点问题；注重理论与实践相结合，强化资政作用，及时推出阶段成果，产出重大研究成果。

16. "迎接二十大，语言文字这十年"系列活动第六场报告暨国家语委重大科研项目"海南自由贸易港语言服务研究"开题会

"迎接二十大，语言文字这十年"系列活动第六场报告暨国家语委重大科研项目"海南自由贸易港语言服务研究"开题会于6月1日召开。海南省委党校常务副校长王和平教授以

"建设具有世界影响力的中国特色自由贸易港"为题作报告，指出，支持海南逐步探索、稳步推进中国特色自由贸易港建设，是习近平总书记亲自谋划、亲自部署、亲自推动的改革开放重大举措，是党中央着眼国内国际两个大局，深入研究、统筹考虑、科学谋划作出的战略决策。并围绕学习贯彻习近平总书记考察海南重要讲话精神，详细解读海南自贸港"一本三基四梁八柱"的战略框架和发展目标。

教育部语言文字信息管理司负责同志指出，党的十八大以来，在习近平新时代中国特色社会主义思想指引下，在党中央、国务院的高度重视和坚强领导下，语言文字战线胸怀"国之大者"、砥砺奋进、开拓创新，推动语言文字事业取得跨越式发展和历史性成就。语言文字战线主动担当作为，持续提高语言文字工作服务国家发展大局的能力，助力"一带一路"建设和区域发展，为北京冬奥会提供语言服务，开展国家应急语言服务，推动和谐语言生活构建，为社会和人民群众提供了大量的公共语言服务、语言学习服务、语言文化服务、语言翻译服务、语言技术服务，取得显著成效。面向未来，我们要戮力同心、踔厉奋发，日日行，不怕千万里，常常做，不怕千万事，共同推动事业高质量发展，以实际行动迎接党的二十大胜利召开。

国家语委重大科研项目"海南自由贸易港语言服务研究"开题会由专家组组长广东外语外贸大学穆雷教授主持，教育部语言文字信息管理司有关负责同志就重大科研项目研究工作提出要求。专家组成员暨南大学邵宜教授、澳门城市大学仲伟合教授、广州大学禤健聪教授、上海市教科院高教所张日培副所长、北京大学王继辉教授以及北京悦尔信息技术有限公司董事长蒙永业博士、上海文策翻译有限公司董事长毛隽博士进行评审。项目首席专家、海南师范大学国际语言服务学院院长陈义华教授介绍项目有关情况。评议专家一致认为，项目研究计划定位准确、总体设计科学、技术方法可行，研究内容服务国家重大战略需求，具有十分重要的理论和实践意义。同时，对进一步厘清项目研究框架提出建议。

会议采取线上方式进行。教育部语言文字信息管理司全体同志，海南省教育厅副厅长李燕仪、相关部门负责同志，海南师范大学校长过建春、副校长李森、国际语言服务学院师生，重大项目课题组有关成员，国家语委24所研究型基地专家学者，国家语委语言文字应用研究优秀中青年学者研修班学员参加活动。

17. 第八届全国话语语言学学术研讨会

第八届全国话语语言学学术研讨会于6月11-12日在线上举办。会议由全国话语语言学研究会主办，中国高等教育学会外语教学研究分会和外语教学与研究出版社协办，教育部哲学社会科学实验室－北京外国语大学人工智能与人类语言实验室，网络教育学院承办，北外网院视频号、官方微博、北外人工智能与人类语言实验室官方微博、译直播等平台同步直播,直播观看2.3万,微博阅读量12万。

来自国内百余位专家学者以"人工智能背景下的话语研究"为主题,围绕话语研究的历史与未来、话语的生成与理解、话语计算与人工智能、批评话语分析、多模态话语分析、生态话语研究、老年话语分析、基于语料库的话语分析、外交话语及对外话语建构、话语分析与翻译研究、当代话语分析与外语教学等多个议题展开研讨。

大会主旨发言有:顾曰国教授《叙事与老年人生历程研究》、张德禄教授《社会符号学视域下多模态语篇的分析路径研究》、李佐文教授《面向自然语言处理的通用篇章语义计算模型》、向明友教授《略论商务话语分类》、苗兴伟教授《批评话语研究中的话语建构论》、何刚教授"On the Mode of Cultural Pragmatic Interpretation"(文化语用的解释方式)、文旭教授《社会认知、自我概念与话语构建》、张辉教授《批评认知语言学的"心理学实验转向"》、许家金教授《话语研究的概率语境共选观》。

在分会场发言环节,分别开设了以"话语的生成与理解""话语计算与人工智能/话语分析与翻译研究""批评话语分析""多模态话语分析""生态话语研究""老年话语分析/当代话语分析与外语教学""基于语料库的话语分析""外交话语及对外话语建构"为主题的16个分会场,100余位专家学者的发言视角各异,见解独到,阐释精彩。

学术圆桌论坛环节,顾曰国教授、何刚教授、苗兴伟教授、田海龙教授、文旭教授、向明友教授、许家金教授、张辉教授围绕"当代话语研究发展方向展望"这一议题展开深度探讨。

18. 第七届文献语言学国际学术论坛暨第四届文献语言学青年论坛

第七届文献语言学国际学术论坛暨第四届文献语言学青年论坛于6月17-19日在线上举办。会议由汉字文明传承传播与教育研究中心、郑州大学文学院、北京文献语言与文化传承研究基地和北京语言大学文学院联合主办。300余名专家学者参加了会议,会议主论坛报告论文共172篇,青年论坛报告论文72篇,与会专家围绕文献语言学相关主题展开了热烈讨论。

开幕式由郑州大学文学院院长、汉字文明研究中心主任李运富教授主持。郑州大学副校长韩国河,北京语言大学党委副书记马贵生分别致辞。大会报告分别邀请了中国、日本和韩国的28位知名专家作主题演讲。

华学诚的《古籍整理与文献语言学》集中阐释了文献语言学研究内容、方法、应用等方面的一系列重要问题。冯胜利、施向东《上古韵素音步与古音构拟》、党怀兴《论清代六书之兼书问题》、王云路《从造字规律看先民的思维方式》、沈国威《区别性与词语密度:章太炎及严复的误区》等报告是对文献语言学具体理论问题的认知深化。董志翘《汉文佛典与扬雄〈方言〉研究》等报告体现了与会学者对古代方言学文献整理与研究的持续高关注度。蒋冀骋《去声产生于东汉证》、孙玉文《有关两个"通假"字的考证》、张民权《宋本〈广韵〉南北两系及其文献校勘》、李宗江《也说介词"为了"中"了"的性质》、徐时仪《〈朱子语类〉"心"词义系统考探》、真大成《"语本天真"：谣谚里的词汇史》、杨琳《〈二十四史〉讹误辨正六则》、曾良《元明戏曲字词音义札记》、张美兰《语言接触下满汉合璧〈清文指要〉汉语译词的满式成分表达》、王启涛《再论法制文献中的反训词》、雷汉卿《〈汉语大字典〉方言字释义问题刍议》、梁晓虹《论"无穷会本系"〈大般若经音义〉在日本古辞书音义研究上的价值》、卢烈红《刘博平家世生平考辨》等众多报告利用传世文献、域外文献来研究音韵、语法、词汇、训诂以及辞书编纂、学术史研究等问题。黄锡全《谈谈包山楚简中的"金二"问题》、方一新《〈睡虎地秦墓竹简〉"渍以灰"之"渍"再议》、王贵元《楚文字"（尸示）"与楚月名"刑"考》、孟蓬生《"甲"字探源》、程邦雄《上博楚简里的"免"》、徐正考《出土两汉器物铭文及其语料价值举隅》等诸多报告展示了近年来出土文献语言研究在理论、方法、技术与实践等方面所取得的创新性成果。李运富《从出土文献看南｛洛水｝相关地名的用字变化》、王志平《"工"字补释——兼论"夯""扛"的历史演变》、崔南圭《〈说文解字〉"从夲"诸字考》等众多报告既有沟通古今的历史梳理，又有理论方面的观照，为学界今后开展深化汉字理论的多视角研究，推动汉字发展历史的系统考察起到了很好的范式作用。

  分组讨论有144位专家，分为16组。各分组会场集中了文献语言学、文献文字学、文献方言学等领域的热点论题，对相关论题进行充分交流、热烈讨论，取得了良好的效果。参会论文涉及的研究材料包括出土文献、传世文献、域外文献等；研究课题既有微观的字词考证，也有宏观的理论建构；研究内容则涵盖了文献语言学的理论与方法、基于传世文献的语言文字研究、基于出土文献的语言文字研究、汉字理论与汉字史研究等多个重要领域。

  该届国际学术论坛正式开始的前一天还隆重举办了青年论坛。这也是文献语言学学术论坛的特色。青年论坛开幕式由郑州大学张素凤教授主持，华学诚教授、李运富教授、孙玉文教授分别致辞。青年论坛共分6组进行研讨，研究材料丰富，研究视角广阔，研究方法恰当，体现出青年学者对文献语言学相关问题的深刻见解。董志翘等12位专家对论文进行了评议，经提名、讨论、筛选、表决等环节，最终评选出12篇获奖论文，二等奖6位、三等奖6位。会议闭幕式由华学诚教授主持。

19. 第八届中国语言政策与语言规划学术研讨会

  第八届中国语言政策与语言规划学术研讨会于6月18-19日在线上召开。会议由教育部语言文字信息管理司指导，中国语言学会语言政策与规划专业委员会和北京语言大学联合主办，国家语委科研基地北京语言大学中国语言文字规范标准研究中心、北京语言大学语言科学院语言政策与标准研究所、《语言规划学研究》编辑部承办，北京外国语大学中国语言文学学院、教育部语言文字应用研究所社会语言学与媒体语言研究室、上海市教育科学研究院国家语言文字政策研究中心、上海外国语大学中国外语战略研究中心、商务印书馆中国语言资源开发应用中心、武汉大学中国语情与社会发展研究中心共同协办。会议还得到《语言战略研究》编辑部的支持。会议以"数字经济时代中国与世界的语言生活问题"为主题，150余位知名专家、中青年学者和研究生参加了会议，在线听众超过千人。

会议开幕式上，北京语言大学校长刘利通过视频致欢迎辞，教育部语言文字信息管理司副司长刘宏作指导讲话，中国语言学会副会长黄行代表上级学会致辞。北京语言大学语言科学院院长曹文主持了开幕式。本次会议包含主旨报告、名家谈和小组发言三个学术研讨环节。8位著名学者和中青年专家做了主旨报告：李宇明《从借鉴性研究到原创性研究》、刘朋建《关于加快"数字语文"建设的思考》、戴曼纯《数字时代的语言生活与语言保护》、方小兵《中国语言规划学的理论建构与学术话语权》、赵蓉晖《反思语言政策与语言规划研究中的五个意识》、李艳《北京语言产业发展的现状与任务》、郑璇《手语数字人：现状、挑战与伦理反思》、李海英《倡导语言健康　助力健康中国建设》。名家谈环节分为两个话题，在"数字经济时代城市的语言生活问题"话题下，王敏、潘海英、张日培、王立非、王辉、沈骑、张天伟等学者发表了重要学术见解，而在"数字经济时代农村的语言生活问题"话题下，屈哨兵、魏晖、黄行、郭熙、王锋、赫琳、王春辉等学者分享了独到的学术思考。闭幕式由中国语言学会语言政策与规划专业委员会副会长、秘书长戴曼纯做总结发言，下届会议承办方云南财经大学国际语言文化学院院长刘代容发言表达了对专家学者的欢迎。

20. 第六届语音学与大脑神经机制高级研讨会

第六届语音学与大脑神经机制高级研讨会于6月24-26日在线上举办。此次研讨会由上海交通大学外国语学院言语－语言－听力中心主办。上海交通大学外国语学院院长常辉致开幕词。

主旨发言有：上海交通大学李春波教授《精神分裂症与语言功能问题的相关研究》、范青教授《精神分裂症语音特征的量化评估及相关因素研究》、丁红卫教授《交大外院语音学的跨学科研究及国内外合作研究》、汪玉霞副教授《在线句子加工的眼动研究》、李菲副教授《汉语名量词短语加工机制研究：简单语法结构加工中的语义预期和整合》、吴梦玥副研究员《丰富音频信息处理及其应用》、上海外国语大学蒋晓鸣教授《从噪音与神经信号中解码交流意义——神经语用学视角》、美国明尼苏达大学张扬教授"Understanding the speech signal：Biobehavioral approaches and challenges"，美国德克萨斯大学刘畅教授《老龄化下的语音感知：挑战及应对》，香港理工大学彭刚教授《语音学与脑科学的交会》，华南师范大学秦鹏民教授《自己名字加工的加工机制：来自脑电与功能磁共振的证据》，南方科技大学陈霏教授《基于神经生理学的语音评估和解码》，湖南大学陈飞教授《声调归一化认知机制研究——来自儿童、老年人和自闭症群体的证据》，索诺瓦集团管晶晶博士《助听技术对语音感知的影响》。上海交通大学外国语学院副院长陶庆致闭幕词。

21. 北京大学第三届世界汉语研讨会

北京大学第三届世界汉语研讨会于6月25日在线上召开。研讨会是为庆祝北京大学对外汉语教学70周年暨北京大学对外汉语教育学院建院20周年，由北京大学对外汉语教育学院主办的。会议主题为"新起点、新格局——后疫情时代的国际中文教育"，来自10多个国家的70多所高校和研究机构的110位专家学者围绕国际中文教育的"学科发展与资源建设""人才培养与教师发展""要素习得与技能发展"等十个专题进行了研讨。大会开幕式由北京大学对外汉语教育学院刘元满教授主持，赵杨院长致开幕词。

6位海内外知名中青年专家应邀作主旨发言，就国际中文教育相关理论和实践问题报告了他们的最新研究成果：加州大学戴维斯分校的储诚志教授从汉语本体研究中对"把"字宾语有定和无定的认识展开，对语言实际中"把"字句的无定宾语与既有理论解释力的不足、国际汉语教学语法以及汉语二语习得研究等相关问题进行回顾与阐述；新西兰奥克兰大学的王丹萍博士的报告聚焦西方去殖民化思潮对国际中文教育发展的启示；北京语言大学的翟艳教授在"显性认知"的大背景下，探讨了汉语显性语法知识的教学问题；西北师范大学的武和平教授回顾了二语教学中对互动的认识、语言教学史上的"钟摆现象"，对二语授得视阈中的互动以及运用元分析方法对汉语二语课堂互动的实证研究进行了详细阐述；罗马第三大学的 Chiara Romagnoli 教授聚焦意大利学习者的汉语书面篇章中的显性衔接手段使用，报告从为什么要分析连接词、衔接手段与话语标记、汉语里的连接词、对外汉语有关的连接词研究等方面展开详细介绍，并通过对意大利学习者作文的案例分析对以汉语作为外语的写作教学提出建设性意见；北京大学的李海燕副教授以2020年、2021年秋季学期50篇读书报告作业为材料，使用Nvivo软件对作业中教师批改的部分进行质性分析和量化研究，归纳、总结、分析了留学生撰写读书报告时在学术汉语词汇、语法、篇章等方面存在的主要问题及其表现形态，并对学术汉语写作教学的内容和侧重点提出了建议。

会议共设有十个分论坛。与会专家学者就国际中文教育中的词汇与语法、语篇与语用、教学方法与策略、线上教学研究、人才培养与教师发展、学科发展与资源建设、专门用途汉语、文化叙事与跨文化交际、学习者与学习环境等主题，分享交流了104篇研究报告，报告涉及的研究领域广泛，内容丰富。

北京大学对外汉语教育学院党委书记汲传波教授致闭幕词。

22. 第十九届全国近代汉语学术研讨会

第十九届全国近代汉语学术研讨会于 6 月 25－26 日在线上举办。此次会议由中国社会科学院语言研究所历史语言学研究二室和辽宁师范大学文学院联合主办，辽宁师范大学文学院承办。共有来自海内外 60 多所高校和科研机构的 120 余位专家学者参会，报告论文 106 篇，与会学者围绕近代汉语及相关问题进行了热烈讨论。

开幕式由辽宁师范大学原新梅教授主持。辽宁师范大学党委书记李雪铭、中国社会科学院语言研究所所长张伯江、辽宁师范大学文学院院长洪飏分别致辞。

大会邀请了海内外 24 位专家学者作主题演讲，分别是：汪维辉《再谈"给（gěi）"的来源——与赵葵欣先生商榷兼论字词关系的复杂性》、董志翘《〈汉语大词典〉第二版中相关近代汉语词条的修订》、徐时仪《古白话词汇特点考探》、孙玉文《"锄禾日当午"的"锄禾"》、李无未《清代东亚学者认知〈韵法直横图〉语音理论模式》、刁晏斌《重温经典 致敬大师——吕叔湘汉语史思想的重新发现与认识》、黄树先《〈方言〉与语义类型学研究》、祖生利《也谈句末时体助词"来着"的来源》、崔山佳《类型学视角下的元明清戏曲介词"并列删除"》、邵则遂《南方官话中语气副词"现自"》、黑维强《敦煌文献语法札记二题》、陈前瑞《"来着"的时体与语气意义探源——兼论满汉合璧文献中满语过去时形式的意义》、龙国富《元明清以来汉语历史方言文献整理与研究》、王虎《日本汉文文献中〈声类〉佚文研究》、麦耘《〈蒙古字韵〉的ė字母》、王云路《论汉语字词揭示的传统思维方式》、张玉来《近代汉语研究要注意甄别材料的来源——以〈中原音韵〉为例》、张美兰《论清代改编版北京官话〈今古奇观〉的北京官话特征》、洪波《也谈隐喻和转喻对语法化的作用》、杨荣祥《汉语语法史研究的观念、视野浅议》、吴福祥《也谈语义演变的机制》、李宗江《"除（了）"的连词用法及其来源》、石锓《〈拜客训示〉的语法特点》、竹越孝《朝鲜时代后期汉语教科书的三种语法特征》。

分组专题讨论有近百位专家学者参与，分为 4 大组 12 小组展开讨论。各分组会场集中了语义演变、语词考释、语法化和词汇化、构式演变、类型学分析、方言及域外材料发掘等近代汉语领域的热点论题；从研究视角来看既有宏观的理论构建，也有微观的个案考察，既有历时发展脉络的梳理，也有共时分布规律的总结。与会专家就各组报告内容积极交流，热烈讨论，取得了良好效果。

会议闭幕式由中国社会科学院语言研究所陈丹丹副研究员主持。刘祖国、朱怀、董正存、黄晓雪四位老师分别代表四个大组和 12 个小组作了总结发言。中国社会科学院语言研究所历史语言学研究二室主任杨永龙教授作大会总结。

23. 教育部"教育这十年""1+1"系列发布采访活动第六场新闻发布会

教育部"教育这十年""1+1"系列发布采访活动第六场新闻发布会于6月28日举行。会议聚焦党的十八大以来语言文字事业改革发展成就。主会场设在教育部，分会场设在广西壮族自治区教育厅。教育部语言文字应用管理司司长周为，教育部语言文字信息管理司司长田立新，北京语言大学校长刘利，清华大学教授黄德宽，广西壮族自治区党委教育工委书记、教育厅厅长刘友谊，广西壮族自治区语委办主任、教育厅语工处处长黄凯，广西来宾市忻城县红渡镇六纳村原驻村第一书记吴桂彬介绍有关情况，并回答记者提问。教育部新闻办主任、新闻发言人续梅主持新闻发布会。

24. "迎接二十大，语言文字这十年"名家讲坛第一场

"迎接二十大，语言文字这十年"名家讲坛第一场于6月30日举办。名家讲坛由教育部语言文字信息管理司指导，国家语委中国语言资源开发应用中心和国家语委中国语情与社会发展研究中心联合主办。该场讲坛主题是"胸怀国家，情系人民——新时代语言文字事业的理念与情怀"，采取线上方式举办。北京语言大学李宇明教授、武汉大学赵世举教授和北京外国语大学文秋芳教授应邀作报告。近1000人线上参加。

李宇明教授报告的题目是"语言文字事业支撑信息无障碍社会建设"，重点探讨了语言与无障碍社会的关系。他指出，语言文字事业是信息无障碍社会建设的重要支撑，既要坚持推广普及国家通用语言文字，也应为语言障碍者、老年人等特殊人群提供精准语言服务，优化城市语言景观建设与语言服务，针对突发公共事件提供应急语言服务，努力减少中外信息交流障碍。信息化时代形成新的鸿沟，除制定"信息无障碍"政策外，还需大力提升信息技术，保障信息公平，弥合信息鸿沟，让机器、智能设备更好地服务特殊人群。他认为，构建信息无障碍社会是社会主义现代化强国的指标，也是建设美丽中国的指标，修建信息无障碍的语言之路对未来十年语言文字事业的发展有着重要意义。

赵世举教授以"国家发展视角下的语言文字"为题作报告，主要阐释了语言的内涵以及国家发展需要语言做什么等问题。他认为，语言与国家的关系由语言的社会功能决定，二者的关系随时代发展而更新。报告从历史发展角度概述了传统的基于国家视角观察语言的看法与做法，梳理了近十年来语言文字领域认识的提升和实践的新探索。他认为，随着学界理论创新以及事业的不断拓展，语言文字工作站位不断提升、认识不断深化、实践不断创新，服务国家和社会成效显著，但也面临许多新情况与新任务。在新形势下如何更新关于语言与

国家关系的认识，如何继续发挥语言学的作用，需要中青年学者积极投身语言与国家关系的研究，为语言文字事业的发展贡献自己的力量。

文秋芳教授报告的题目是"国家语言能力的内涵与外延"，重点探讨了国家语言能力理论的研究历程、思路及国家语言能力的内涵和外延。她认为，辩证研究范式是中国特色的研究范式。国家语言能力是政府处理一切与国家利益相关事务的语言能力，其关键要素是国家语言治理能力、国家语言核心能力和国家语言战略能力，其中，治理能力具有全局性和统领性，核心能力具有基础性和先导性，战略能力具有前瞻性和长远性。她强调，人才的培养是语言文字事业发展的根基，是事业蓬勃发展的重要保障；要不断提高中文在学术领域的地位，使中文成为主流学术语言。文教授鼓励科学研究者立志成为"人民研究者"，努力做出更多对社会、国家、学科更有价值的科学研究。

三位专家在总结"语言文字这十年"取得成就的同时，也为广大中青年学者今后的研究指明了方向。国家语委语言文字应用研究优秀中青年学者研修班的20余名代表在互动环节积极向三位专家请教。赫琳教授在总结中表示，在教育部、国家语委的领导下，在学界各位前辈的指导下，中青年学者们将肩负使命，不断增强本领，努力为人民服务，为人民的语言生活服务，心中有人民，脚下有力量，语言文字事业的未来十年值得期待。

25."迎接二十大，语言文字这十年"名家讲坛第二场

"迎接二十大，语言文字这十年"名家讲坛第二场于7月14日举办。名家讲坛由教育部语言文字信息管理司指导，国家语委国家语言资源监测与研究教育教材中心、中国语言战略研究中心联合主办。该场讲坛主题是"助力铸牢中华民族共同体意识——国家通用语言文字推广普及这十年"，主办单位围绕该主题特别设计了国家语委科研机构成果展示、主旨报告、云端对谈三个环节。教育部语言文字应用研究所刘朋建所长、厦门大学/喀什大学苏新春教授和首都师范大学周建设教授作主题报告。社会各界1600余人通过腾讯会议参与此次讲坛。

刘朋建所长的报告《国家通用语言文字普及状况及其调查》，重点呈现了当前我国国家通用语言文字普及基本状况，分享了关于推广普及国家通用语言文字的基本认识，就如何全面提升国家通用语言文字普及程度和质量进行了探讨。他认为，进入21世纪以来，国家通用语言文字在全国范围内基本普及，我国普通话普及程度与普及质量均有较大幅度提高，但存在不平衡现象，仍需大力提升。新时代要坚定不移推广普及国家通用语言文字，全面提升普及水平和质量，着力解决推广普及不平衡不充分问题。

苏新春教授的报告以"国家战略背景下的国家通用语言文字普及"为题，指出国家通用语言文字推广普及的重要性，并重点论述了如何理解"国家战略背景"。他回顾了一百多

年来的语文现代化历程，认为语言文字在社会发展和国家强盛中发挥着重要作用。通过分析 24 年的"推普周"主题词，展示了推广普及国家通用语言文字工作的发展变化与特点。他结合个人经历以及对相关情况的思考，认为国家通用语言文字有利于铸牢中华民族共同体意识，是国之重器，"强国必须强语，强语助力强国"。

周建设教授的报告题目是"国家通用语言文字学习资源建设"，重点介绍了我国语言学习资源建设、语料库资源建设、语言学习资源平台建设等方面的情况。在语言学习资源建设部分，周教授介绍了普通话 1000 句、语言扶贫 App、中小学语文示范诵读库、中华经典资源库、中华思想文化术语等优质学习资源；在语料库资源建设部分，重点介绍了常用现代汉语语料库、国家语委资源网等；在语言学习资源平台建设方面，重点介绍了全球中文学习平台、中国语言资源采录展示平台、冬奥术语平台等。他还特别介绍了语言文字的人文基因智能计算如何助力提升国家语言能力、铸牢中华民族共同体意识。

三位专家从不同角度总结了党的十八大以来国家通用语言文字推广普及取得的成就，阐释了国家通用语言文字在铸牢中华民族共同体意识方面的重要作用，引发与会人员的广泛共鸣。国家语委科研机构研究人员、江苏省语委办工作人员、国家语委语言文字应用研究优秀中青年学者研修班学员代表、中小学一线教师代表在对谈环节就新时代推广普及国家通用语言文字工作重点和方向、中小学一线教师在推广普及国家通用语言文字工作方面的作用、语言学研究如何与科技前沿接轨等问题向三位专家提问请教。在总结环节，主持人杜晶晶教授表示，三位专家通过翔实的微观数据、高远的宏观站位、厚重的历史观察、精微的问题解构、广博丰富的资源呈现、到位深入的评价解读，从理论到实践、从学理到业务、从执行到资源三个不同层次全面呈现了我国国家通用语言文字推广普及的历史、现状、成绩、问题以及对未来的思考。

26. 第三届构式语法研究高峰论坛

第三届构式语法研究高峰论坛于 7 月 16 – 17 日在北京语言大学举办。此次论坛由北京语言大学《语言教学与研究》编辑部、*Cognitive Linguistic Studies* 编辑部、语言资源高精尖创新中心共同举办，依托国家社科基金重大项目"基于汉语特征的多元语法理论探索（多卷本）"，以"构式语法的前沿探索和理论交融"为主题，特邀国内外多领域、多学科的 15 位构式语法研究领域的著名学者作主旨报告。论坛通过腾讯会议和 Bilibili 直播的方式进行，线上吸引了国内外两千余名师生参与。

开幕式由北京语言大学曹文教授主持。北京语言大学校长刘利教授、中国社会科学院语言研究所所长张伯江教授、《语言教学与研究》主编施春宏教授分别致辞。

15 位国内外专家围绕"构式语法的前沿探索和理论交融"的主题，分别就构式语法的理论建设、方法反思、个案分析、应用探索以及构式语法与其他学科的交叉融合等诸多前沿论题展开了深入交流，主旨报告如下。南京理工大学陈莹教授《汉语"位格-动词-主语"构式中主语指称不定指及其韵律突显的实验研究》、复旦大学刘大为教授《处置构式的双重构式义编码》、四川外国语大学刘玉梅教授《修辞构式的体认图式分析》、湖南大学刘正光教授《存现构式主观性的生成与实现方式》、北京大学陆俭明教授《同义构式的两种分析策略》、北京语言大学孟凯教授《形义对应复合词构式的两次规约及其前提与结果》、新加坡国立大学彭睿副教授《"构式化-构式性演变"二分刍议——以图式性构式为例》、北京语言大学施春宏教授《在互动中互塑：构式创新的路径和构式网络的发展》、四川外国语大学王寅教授《构式语法理论与实践》、西南大学文旭教授《类指主语构式的特征及其认知理据》、东北师范大学吴长安教授《构式的结构与解构》、北京大学詹卫东教授《形义对应的常规与异常——构式语法观的启示》、河南大学张克定教授《隐喻性空间关系构式能够揭示什么?》、University of Neuchâtel 的 Martin Hilpert 教授"Networks all the way down?"、Catholic University of Eichstätt-Ingolstadt 的 Thomas Hoffmann 教授"Construction grammar approaches to creativity"。

《语言教学与研究》编辑部主任李先银教授主持闭幕式，西南大学文旭教授致闭幕词。

27. "迎接二十大，语言文字这十年"名家讲坛第三场

"迎接二十大，语言文字这十年"名家讲坛第三场于 7 月 28 日在线上举办。活动由国家语委中国语言资源保护研究中心（北京语言大学）、国家语言服务与粤港澳大湾区语言研究中心（广州大学）联合主办，主题是"构建和谐语言生活——语言资源与语言服务研究实践这十年"。"构建和谐语言生活"是我国语言文字事业的重要理念，语言生活观、语言资源观、语言服务观是"构建和谐语言生活"理念的主要支点。党的十八大以来，我国在语言生活观测与引导、语言资源科学保护、语言服务国计民生等方面奋力开拓，取得了重要成就。

活动邀请国家语委海外华语研究中心主任、暨南大学教授郭熙，中国语言资源保护工程首席专家、浙江师范大学教授曹志耘，国家语委国家语言服务与粤港澳大湾区语言研究中心主任、广州大学教授屈哨兵，分别以"新时代中国语言生活及研究""新时代中国语言资源保护实践及经验""新时代中国语言服务研究及实践"为题作学术报告，从不同角度回顾了十年来我国语言文字事业为促进语言和谐而开展的探索和取得的成就。特邀《语言战略研究》编委会主任、商务印书馆编审周洪波，中国社会科学院民族学与人类学研究所、北京师范大学人文和社会科学高等研究院研究员黄行，北京师范大学人文和社会科学高等研究院、南开大学文学院教授周荐为学术嘉宾，与报告人就语言生活、语言保护、语言服务三个论题在云端进行学术

对谈，勾勒出语言生活、语言保护、语言服务等研究与实践面临的机遇和挑战。

郭熙在报告中探讨了近十年来我国语言生活的发展变化及主要特点，总结分析了语言生活观测与引导取得的成就，并就语言生活的学科设置、语言观察法的作用和优势、乡村语言生活建设等话题与周洪波、屈哨兵进行了互动交流。曹志耘在报告中阐释了我国语言资源的特点和价值，重点介绍了中国语言资源保护工程的成就和经验，并就中国语保经验的国际化、分类分层保护开发语言资源、语保工程二期规划等话题与黄行、郭熙进行了互动交流。屈哨兵在报告中从语言文字事业、学科学术发展和强国复兴圆梦三个维度阐述了新时代语言服务研究与实践的进展情况，并就区域（城市）语言服务能力评估、特殊人群的语言服务建设、方言在语言服务中的应用等话题与周荐、曹志耘进行了互动交流。

会上，两中心还介绍了各自的研究方向、人才队伍以及标志性成果，展示了作为国家语委研究型基地的建设发展历程。活动充分发挥新媒体传播优势，会前不仅通过微信公众号广泛发布活动预告，通过电子版"名家邀请函""H5观众邀请函"广泛宣传会议内容，还就语言生活、语言保护、语言服务三个专题向广大网友征集嘉宾对谈的问题，产生了良好宣传效果和广泛影响。国家语委科研机构相关专家、国家语委语言文字应用研究优秀中青年学者研修班学员代表、语言文字战线工作者以及来自全国各高校、科研院所和社会各界的人士等共3300余人线上参会。

28. 但使文章能寿世，不求闻达以骄人——《我的百年人生——吴宗济口述史》新书出版座谈会

但使文章能寿世，不求闻达以骄人——《我的百年人生——吴宗济口述史》新书出版座谈会于7月29日在北京举行。记录吴宗济先生生平的《我的百年人生——吴宗济口述史》由商务印书馆出版发行。该书由鲁国尧策划、吴宗济（生前）口述、崔枢华整理撰写，忠实记录了吴宗济先生极具传奇色彩的百年人生。为纪念该书出版暨吴宗济先生逝世12周年，中国社会科学院语言研究所和商务印书馆联合主办了《我的百年人生——吴宗济口述史》新书出版座谈会。座谈会采取线上线下相结合的方式进行。中国社会科学院语言研究所、商务印书馆、科大讯飞股份有限公司等单位的领导和吴宗济先生的亲友故交、新书作者、新书责编等30余人参加了会议。

中国社会科学院语言研究所所长张伯江、商务印书馆党委书记兼执行董事顾青、科大讯飞股份有限公司董事长刘庆峰（线上）先后致辞。

张伯江所长在致辞中提到，吴宗济先生是中国现代语言学的见证者和奠基者之一。20世纪中国语言学有几次高峰，他不仅都是亲历者，而且还是"弄潮儿"，在学界做出了巨大贡献。吴宗济先生在语言研究所的历史上也留下了深深的印记，甚至于感觉他从未离去。在

语言研究所70年历史上，他伴随走过55年，并且在每个历史时期都是语言所的领军人物。他和丁声树等语言所诸多前辈大师共同缔造了语言研究所务实低调、求真求实、勇于担当的优良学风。语言研究所老所长吕叔湘先生在晚年住院时还提到希望语言所多一些像吴先生一样的优秀学者。吴先生的百年人生给大家的启示是多方面的，语言研究所同人要学习他的精神，书写好中国语言学下一个百年的历史。

顾青书记在致辞中提到，吴宗济先生与商务印书馆渊源匪浅，商务印书馆一直都铭记吴先生的厚爱和贡献，这次出版吴宗济先生口述史也是对吴先生的感恩和回报。

刘庆峰董事长在致辞中提到，吴宗济先生不仅是他语言学知识的导师，同时也是他非常重要的精神导师。吴先生对中国语音学界和中国语音、语言产业的帮助非常巨大，其精神必将永垂不朽。

图书作者崔枢华感谢吴宗济先生慷慨奉献出生命中最后的时光，把他经历中值得述说的事情没有保留地讲述出来，让人们对这百多年历史中的许多人和事有了更加鲜活的认知。这本书向人们展现了吴先生丰富多彩的百年人生，其中既有足资借鉴的宝贵经验教训，也有值得仔细体味的人生智慧。吴先生为此书题写的"但使文章能寿世，不求闻达以骄人"，表现出的寿世福民、不图名利的思想境界，是他百年人生的巅峰之笔。

新书责编冯爱珍编审发言提到，很荣幸承担吴先生口述史的责编工作。这是一本语言学家通力合作的著作，对语言学人有重要的参考价值。也是一本充满传奇的读物，对于普通读者具有人生智慧的启迪意义。

《清华校友通讯》解红岩副主编代表清华校友总会发言，认为吴宗济先生的精神和品格是清华人的典范。

在座谈阶段，吴宗济先生的故交好友代表林茂灿、鲍怀翘、曹剑芬、石锋、祖漪清、曹文，以及吴宗济先生家属代表吴宇森（吴宗济先生重孙）受邀发言。部分与会代表参加了座谈发言。

中国社会科学院语言研究所林茂灿研究员回忆了吴宗济先生带领大家工作时的很多往事经历和重要事件，以及吴宗济先生当选国际语音科学会议常设理事会理事的场景，还回顾了吴先生语调韵律研究的相关内容及其对现代语音工程的指导意义；中国社会科学院民族学与人类学研究所鲍怀翘研究员回忆了自己跟随吴先生学习、工作的经历，高度评价了吴先生淡泊名利的高尚品格；中国社会科学院语言研究所曹剑芬研究员觉得吴先生身上有两点非常值得学习，首先是他永远怀着一颗探索的好奇心，其次是注重理论与实践相结合，她希望大家要学习吴先生的平常心，重视基础研究，不要急功近利；北京语言大学语言科学院院长曹文研究员在线上发言中回忆了自己跟吴宗济先生学习和交往的经历，表达了对吴先生的无限怀念之情；南开大学石锋教授认为吴宗济先生的长寿秘诀在于他的养心适生、"放下"智慧和年轻灵魂；吴宗济先生的学生、科大讯飞人工智能研究院祖漪清研究员回顾了自己以前在语言研究所跟随吴先生学习的经历，提到吴先生待人诚恳、平易近人，把所有知识倾囊相授，还谈到了这段经历对自己后来从事语音信息产业研究的重要意义；中国社会科学院语言研究所语音研究室主任熊子瑜研究员在发言中表示，要继承和发扬语音室老一辈学者"理论联系实际、科研服务社会"的研究传统，把握好时代和学科的发展大势，积极推动语音研究室的各项科研工作再上一个新台阶，努力把吴宗济先生所开创的语音研究室建设好、发展好；科大讯飞股份有限公司副总裁王士进先生认为年轻一代要学习吴先生等前辈的专业精神，努力工作，并谈到在未来要继续推进语言研究所和科大讯飞联合实验室的建设工作；中国社会科学院语言研究所白晓丽副所长谈到，在阅读吴先生口述史过程中，更深刻认识到一个人的命运和时代发展是密切相关的。现在恰逢社会主义新时代，国家对于科研的支持力度很大，国家社科规划里边也有建设国家社科重点实验室的计划，大家应该传承吴先生等前辈大师的学风精神，抓住时机，努力做出更大成就。

语言研究所纪委书记、副所长李爱军研究员和曾担任过吴宗济先生助手的语言研究所殷治纲副研究员主持了会议。

29. 第八届中国文字发展论坛

第八届中国文字发展论坛于8月4日在京举办。论坛由中国文字博物馆、中国文字学会、中国古文字研究会、中国考古学会夏商考古专业委员会、清华大学出土文献研究与保护中心、复旦大学出土文献与古文字研究中心、安徽大学汉字发展与应用研究中心等单位共同主办，吉林大学古籍研究所、北京师范大学文学院、郑州大学汉字文明研究中心、河南大学黄河文明与可持续发展研究中心等单位支持协办。论坛以"甲骨文等古文字及新出土文献研究"为主题，来自文字学、考古学、甲骨学等多学科60余位专家，围绕甲骨文、金文、战国文字与秦汉简帛、古文字与人工智能等多个专题进行深入研讨。会议采用线上线下相结合的方式进行。

论坛开幕式、学术交流会由黄德宽主持。中国文字博物馆党委书记刘纪献、中国古文字研究会会长吴振武教授致辞，复旦大学刘钊教授宣读了第八届中国文字发展论坛获奖作者名单，黄德宽和刘纪献分别为获奖作者代表北京大学历史学系博士研究生曾芬甜、南开大学文学院讲师马尚颁奖。

在两场线上线下的学术交流会中，刘一曼、刘钊、黄天树等22位专家分别就考古学与甲骨学相融合、甲骨文字释读、殷商考古、商代思想文化、人工智能技术在古文字研究方面的应用、简牍文字研究等方面内容进行了学术研讨，特别对古文字研究的新发现、新成果进行了交流探讨。

30. "迎接二十大，语言文字这十年"名家讲坛第四场

"迎接二十大，语言文字这十年"名家讲坛第四场于8月11日举办。该场讲坛由国家语委中国语言文字规范标准研究中心和国家语言资源监测与研究网络媒体中心联合承办，主题为"服务社会语言文字应用——语言文字规范化标准化信息化这十年"，国家语委中国文字整理与规范研究中心主任、北京师范大学教授王立军作了题为"新时代汉字规范标准建设的理念与成就"的报告，国家手语和盲文研究中心行政委员会主任、北京师范大学教授顾定倩报告的题目是"新时代国家手语和盲文规范化工作的成就"，国家语言资源监测与研究网络媒体中心主任、华中师范大学教授何婷婷报告的题目是"新时代语言文字信息化发展成就"。北京语言大学教授李宇明担任评论嘉宾。李宇明教授在评论中对三场报告给予了充分肯定，他剖析了语言文字规范化、标准化、信息化三者之间的关系，介绍了语言文字信息管理工作"以信息化为主线，以规范标准建设为核心，以评测认证为抓手，以科学研究和语言文化工程为支撑"的工作思路，并结合三场报告的内容分析了近十年来规范标准建设的几大发展方向，即由本体规范标准向应用规范标准发展，由通用规范标准向领域规范标准发展，由平面媒体向有声媒体、网络媒体、融媒体发展，由追认向源头方向发展，由管人向管机器发展，由一般人群向特殊人群发展，由本体标准、应用标准向工作标准发展，由硬标准向软标准发展。

在报告开始前，中国语言文字规范标准中心副主任徐欣路副研究员就党的十八大以来语言文字规范化标准化信息化工作的概况进行了简要介绍。

31. 第十届现代汉语虚词研究与对外汉语教学国际学术研讨会

第十届现代汉语虚词研究与对外汉语教学国际学术研讨会于8月19-20日在线上举行。研讨会由上海师范大学对外汉语学院和喀什大学中国语言学院联合主办，来自海内外近七十所高校和科研机构的专家学者和在读研究生参加了本次研讨会，就现代汉语虚词及其对外汉语教学的前沿与热点问题展开了热烈交流和深入探讨。

研讨会开幕式由上海师范大学对外汉语学院院长曹秀玲教授主持，上海师范大学陈昌来教授、喀什大学李少平教授、北京大学陆俭明教授、上海市语文学学会会长胡范铸教授致贺词。

大会学术报告有：中国社会科学院沈家煊研究员《如何向外国学生解释"了"字的性质和用法》、解放军信息工程大学李宗江教授《"整天"类时间副词的负面评价表达》、北京语言大学崔希亮教授《汉语"把"字句的中介语分析》、吉林大学吕明臣教授《汉语推理范畴和语言表征》、杭州师范大学齐沪扬教授《与教学语法分级大纲研制相关的一些理论问

题》、韩国国立首尔大学朴正九教授《现代汉语论元省略系词句"（NP）就是（NP）"的信息结构》、北京大学陆俭明教授《国际中文教育要重视虚词用法的教学与研究》、上海师范大学张谊生教授《再论汉语促转模式"程度副词+X"的形化功效及其机制、动因——基于当代网络用语"很嗨、很生塞"及"很凡尔赛"的观察视角》、中国人民大学李泉教授《中国经典小说研读课：价值、理念、方法——基于〈城南旧事〉的教学分析》、日本大阪大学古川裕教授《"S是VO+V的"构式的句法-语义-语用特点》、法国国立东方语言文化学院安其然教授《汉语方位词的二语习得：以法语母语学习者为例》、喀什大学林青教授《汉语和维吾尔语情态表达的类型学特征及其教学策略》。

会议代表分为12个小组进行小组发言，围绕虚词、与虚词相关的构式、二语教学及大纲、教材等专题进行了积极而卓有成效的研讨。

闭幕式由喀什大学薛玉萍教授和上海师范大学李文浩教授主持。此次研讨会首次面向在读研究生设立优秀论文奖，闭幕式上北京大学马真教授宣读获奖名单，复旦大学陈振宇教授、北京大学杨德峰教授和上海师范大学宗守云教授先后为12篇获奖论文做现场点评。

32. 2022国际中文教育论坛

2022国际中文教育论坛于8月19日在南京师范大学举办。论坛由南京师范大学国际文化教育学院承办，南京师范大学副校长程天君教授主持开幕式，南京师范大学钱玉莲教授主持专家主题发言环节。教育部中外语言交流合作中心党委副书记宋永波、江苏省教育厅副厅长杨树兵、南京师范大学党委书记王成斌致开幕词。

论坛以"讲好中国故事，促进文明互鉴"为主题，围绕"面向国家重大需求的国际中文教育学科建设""国际中文教育海内外实习基地建设与实践""国际中文教育教材编写、出版与研究前沿""国际中文教育师资培养与队伍建设""国际中文教育交叉学科融合与合作""国际中文教育人才培养模式与创新路径"等6个会议议题，邀请了从事国际中文教育的8位著名学者作了专题主旨报告：南京大学曹贤之教授《国际中文教育概念史研究：意义、方法和内容》、南京师范大学高立平研究员《国际中文教育语言与文化的双重建构》、日本大阪大学古川裕教授《在外中文教育所面临的"新三教问题"》、澳大利亚中文教师联会主席李复新《澳大利亚国家语言政策与中文教育发展》、中国人民大学李泉教授《汉语教材编写：回望思考、现状分析、对策建议》、华东师范大学叶军教授《〈国际中文教育中文水平等级标准〉的教学应用》、北京大学赵杨教授《国际中文教育标准的主体性》、天津师范大学钟英华教授《国际中文教育新需求与传播能力的体系化构建》。

33. 第七届全国生态语言学研讨会

第七届全国生态语言学研讨会于8月20-21日在内蒙古大学举行。会议由中国英汉语比较研究会生态语言学专业委员会、北京外国语大学国家语言能力发展研究中心、北京外国语大学中国外语与教育研究中心主办，内蒙古大学外国语学院承办，*Journal of World Languages*（*De Gruyter*）、《中国外语》等期刊编辑部协办。会议以腾讯会议的方式线上举行，来自全国百余所院校的400余位学者，硕士、博士研究生参加了此次会议。

开幕式上，内蒙古大学副校长张吉维教授致欢迎辞，华南农业大学黄国文教授和北京外国语大学王文斌教授先后致辞。

会议分为"专家主旨发言"和"青年学者论坛"两个部分，围绕此次研讨会主题"新时代生态语言学研究"，十四场专家主旨发言聚焦新时代背景下生态语言学学科理论与实践、生态语言学与其他学科的交叉、融合与发展等前沿话题进行主旨发言。华南农业大学黄国文教授阐述了学科交叉背景下生态语言学的研究和发展；暨南大学范俊军教授对生态语言学的概念、课程、学科和科学四个方面勾画了生态语言学的路向，并提出了语言与生态相关性研究的几个方面；北京外国语大学张天伟教授从能动性理论视角下进行北京冬奥会语言景观分析与实践研究；北京语言大学卢德平教授提出了语言景观研究的若干理论问题，如语言景观的基本指向和语言景观和空间的关系；西南大学刘承宇教授从生态词典视域对现代汉语语文词典进行了历时分析；中国政法大学徐珺教授从中国生态哲学观视角解读了中医药典籍《黄帝内经》所蕴含的生态哲学观及其英译本研究；山东大学程相占教授发展了生态智慧和生态美学；北京外国语大学何伟教授分析了生态语言学视角下的逻辑关系系统；北京师范大学苗兴伟教授通过分析具体案例，聚焦生态关怀视域下的生态话语分析；广州大学王晋军教授基于语言规划理论对比了中国和东盟国家语言文字管理机构；中国石油大学（北京）赵秀凤教授、香港理工大学刘明博士分别探讨了多模态和语料库研究模式下的生态话语分析；衡阳师范学院李振中教授研究了新时代三峡移民语言能力与致富程度关联性；内蒙古大学李满亮教授以生态语言学理论对内蒙古草原歌曲话语进行了深入分析。

在青年学者论坛上，十组青年学者就"新时代背景下的生态语言学内涵发展""生态语言学的融合与发展""语言政策、语言规划与语言生态""生态语言学与语言教学研究""生态语言学与翻译研究""生态话语分析理论与实践""生态语言学与系统功能语言学""生态语言学与认知语言学"等议题宣读了论文。各组点评专家提出了具有建设性和指导性的意见，线上讨论热烈，学术交流效果显著。

闭幕式上，中国英汉语比较研究会生态语言学专业委员会会长何伟教授做总结发言。

34. "迎接二十大,语言文字这十年"名家讲坛第五场

"迎接二十大,语言文字这十年"名家讲坛第五场于 8 月 31 日在线上举办。主题为"助力人类命运共同体建设——语言文字国际交流合作这十年"。

上海外国语大学教授赵蓉晖就"语言文字工作国际化发展的成就与未来"作专题报告。她分析了语言文字工作国际化发展的学术机理和现实需求,并与特邀嘉宾北京语言大学教授李宇明、商务印书馆副总编辑余桂林展开云端对谈,回望中国语言规划理念走向国际的辉煌历程,对中国语言生活研究国际发表与出版的经验成果展开深入对话。

北京外国语大学教授王文斌以"国际化发展与中国的外语生活"为主题,作了题为"国际化背景下的外语生活与外语教育"的专题报告。他认为,要认识到外语在国际化大环境中的重要作用,增强国家外语能力,提高中国国际传播的影响力,以强语助力强国。他与上海外国语大学教授柴明颎、北京外国语大学教授张天伟对谈,就国际化背景下中国外文译写与外语服务产业发展、全球治理视域下中国语言文字规范的海外传播两个议题作互动交流。

此次讲坛由国家语委科研机构秘书处统筹,国家语委中国外语战略研究中心(上海外国语大学)、国家语委国家语言能力发展研究中心(北京外国语大学)共同承办,中国外语战略研究中心副主任朱晔、国家语言能力发展研究中心副主任张天伟联袂主持。

35. "迎接二十大,语言文字这十年"系列名家讲坛第六场"坚定文化自信——中华优秀语言文化传承弘扬这十年"学术访谈

"迎接二十大,语言文字这十年"系列名家讲坛第六场"坚定文化自信——中华优秀语言文化传承弘扬这十年"学术访谈于 9 月 16 日在方正大厦举办。由教育部语言文字信息管理司指导,北京大学中国文字字体设计与研究中心和郑州大学汉字文明传承传播与教育研究中心主办,国家语委科研机构秘书处统筹,北京语言大学中国语言资源保护研究中心和商务印书馆中国语言资源开发应用中心参与协办。教育部语言文字信息管理司副司长刘宏等领导和专家出席线下活动。

清华大学教授黄德宽、北京师范大学教授韩震、郑州大学教授李运富、首都师范大学教授叶培贵采用访谈、对谈的方式开展互动。活动采取"线下+线上"的方式进行,北京大学王选计算机研究所副所长、字体中心主任郭宗明担任总主持人。30 余万观众通过方正字库微博直播、商务印书馆视频号直播、语保中心 B 站直播、腾讯会议等方式观看。

活动的特邀主持人王莉宁教授围绕"语言文字与文化自信""中华优秀语言文化创造性

转化与创新性发展""语言文字助力中华文明走向新辉煌"三个方面与四位专家进行学术讨论和问答交流。

在论坛最后的互动环节，四位专家分别分享了宝贵的"金句"，表达了他们对中华优秀语言文化传承发展的愿景。

会后，各位专家和参会嘉宾一起参观了北京大学中国文字字体设计与研究中心和方正字库开发现场，了解了中心的发展历程和研究方向。

36. 首届粤港澳语言生活青年论坛

首届粤港澳语言生活青年论坛于 9 月 17 – 18 日在线上举办。论坛由教育部语言文字信息管理司"粤港澳大湾区国家语言文字学术协同机制"专项资助，国家语委国家语言服务与粤港澳大湾区语言研究中心（广州大学）、广州大学人文学院、《广州大学学报（社会科学版）》编辑部、广东省社科研究基地粤港澳大湾区语言服务与文化传承研究中心、广州大学语言服务研究中心联合主办。来自海内外 29 所高校的 40 多名青年学者参加了论坛。澳门大学徐杰教授，华南理工大学单韵鸣教授，广州大学屈哨兵教授、王海兰副教授分别作特邀专家报告；屈哨兵教授、广州大学禤健聪教授、马喆副教授先后应邀致辞。

开幕式上，屈哨兵教授对有志于中国语言学研究的青年学者提出"四个关注"的建议：关注国家大事，认识到粤港澳大湾区语言生活与国家整体发展同向而行；关注学校大事，为所在机构和学校贡献学术智慧，并推动学校整体事业向前发展；关注学界、朋友大事，同道之间互相支持前进；关注个人的发展大事，融个人的学术发展于国家发展。禤健聪教授介绍了广州大学语言学团队在语言服务和大湾区语言生活研究方面取得的重要成果，指出了大湾区语言生活研究在理论和实践中的双重价值，提出搭建服务粤港澳大湾区社会经济发展的语言文字研究与应用创新平台的目标。

围绕国家粤港澳大湾区发展战略需求，涉及语言生活、语言规划、语言服务、语言教育、语言科技、语言产业、语言文化传承、语言与国家认同及其他相关理论或应用研究，40 多位青年学者宣读论文并展开讨论。

37. 第十四届中国语言经济学论坛

第十四届中国语言经济学论坛于 9 月 17 日以线上形式举办。论坛由山东大学经济研究院、北京外国语大学国际商学院、教育部语用所、《经济学动态》编辑部、云南财经大学经济学院联合主办，云南财经大学经济学院承办。来自教育部、中国社会科学院、英国雷丁大学、浙江大学等单位的 100 多位语言学和经济学领域专家学者共同参加了此次会议。

开幕式由山东大学黄少安教授主持。云南财经大学副校长余怒涛教授、教育部语用所所长刘朋建研究员、北京外国语大学校长杨丹教授、《经济学动态》编辑部副主任李仁贵研究员分别致辞。

主旨演讲有：北京外国语大学牛华勇教授《语言分析在财经领域的应用综述》、中国语言产业研究院李艳教授《术语产品的开发应用与传播》、山东大学彭长桂教授《经济学隐喻及其理论意义》、北京外国语大学孙莎博士《金融监管政策强度、影子银行规制与银行业风险——基于文本分析的实证研究》、山东大学苏剑副教授《共同富裕目标下语言赋能低收入群体增收效应的理论逻辑》、广西民族大学刘金林教授《推普与相对贫困：来自广西边境地区的证据》。

两个平行论坛分别由云南财经大学刘盈曦副教授、李帆副教授主持。与会学者分别就语言能力与人力资本、语言规划与国家发展及语言、文化与社会发展等议题汇报了最新的研究成果。

闭幕式上，北京语言大学李宇明教授、上海外国语大学赵蓉晖教授、英国雷丁大学 Kecheng Liu 教授、Xiaoting Yang 博士分别做了《中文国际教育的经济学问题》《全球语言服务产业发展状况：现状与趋势》《Performative Communications between Partners in Digital Business Ecosystems》的主题报告。

38. 中国语言学会第二十一届学术年会

中国语言学会第二十一届学术年会于 9 月 23 - 25 日在西安举行。此次会议由中国语言学会主办，陕西师范大学文学院及语言资源开发研究中心承办，商务印书馆、陕西省社会科学界联合会协办，得到了国家社科基金社团活动资助。年会采用线下线上相结合的方式举行，国内 80 多所高校和研究机构的 100 余位中国语言学会会员和学者参加了会议，其中 40 余位专家学者出席了线下会议。

陕西师范大学副校长党怀兴教授和中国社会科学院语言研究所所长、中国语言学会会长张伯江研究员先后致开幕词。张伯江会长从如何认识和论证语言学的时代价值、如何处理好学术共性和民族立场问题、如何对接国家和社会对语言学人才的需求导向三个方面，反思了语言学的发展方向和学科设置。他还谈道，中国语言学有一支严谨求实、守正创新的队伍，但仍然面临着严峻的挑战，几任老会长心心念念的"面向世界、面向现代化、面向未来"的理想仍未实现，任务仍然艰巨，希望学术年会的报告和研讨能够促进中国语言学的发展。

共有 10 位专家作了大会学术报告：沈家煊（中国社会科学院语言研究所）《汉语造句法和 0 - 2 逻辑》、黄行（中国社会科学院民族学与人类学研究所）《我国少数民族文字的官宣话语体系》、郭锐（北京大学中文系）《"有点儿 + 形容词"的程度语义学分析》、徐正考

（吉林大学文学院）《略论出土两汉器物铭文的语料价值》、顾黔（南京大学文学院）《江淮官话及其历史演变研究》、张伯江（中国社会科学院语言研究所）《现代汉语语法关系的推导》、王云路（浙江大学古籍研究所）《读安大简（二）："颠沛"的本字——再论汉语词义的"殊途同归"现象》、邵敬敏（暨南大学文学院）《上海方言程度补语及后缀的超夸张贬义倾向及其解释》、汪维辉（浙江大学汉语史研究中心）《古代文献解读中的"当代语感干扰"问题》、党怀兴（陕西师范大学文学院）《假借学说的前世今生》。

分组报告共计16场，宣读133篇论文，与会学者就汉语史、古文字、现代汉语、方言、少数民族语言、语言规划与政策、语言应用等领域的相关问题进行了深入的交流和讨论。

会议期间还完成了中国语言学会理事会换届选举工作。以线下线上相结合的方式召开了中国语言学会第十一届会员代表大会，听取了第十届理事会工作报告，选出87位学者为中国语言学会第十一届理事会理事。以线下线上相结合的方式召开了中国语言学会第十一届理事会第一次会议，选举产生中国语言学会第十一届理事会常务理事及主要负责人，听取并讨论中国语言学会四个分支机构的工作报告，审议通过74份入会申请。

闭幕式由中国社会科学院语言研究所完权研究员主持。邢向东教授做会议总结，吉林大学徐正考教授作为下届年会承办单位代表发言，向与会的专家学者发出了热情的邀请。

39. 第18届国际中文教育学术研讨会

第18届国际中文教育学术研讨会于9月24－25日以线上方式在北京语言大学举办。研讨会由教育部人文社科重点研究基地北京语言大学汉语国际教育研究院/华文教育研究院和新西兰梅西大学人文学院联合主办，800多位专家学者及高校师生参加了会议。北京语言大学党委副书记魏晖、教育部中外语言合作交流中心党委副书记宋永波、天津师范大学校长钟英华、新西兰梅西大学人文学院Kerry Taylor教授致开幕词，会议由北京语言大学吴应辉教授主持。

此次研讨会围绕国际中文教育转型时期学科理论与创新，国际中文教育技术应用与在线教育，国际中文教育标准、规范、测试与评估，国际中文教育资源建设、集成与服务，国际中文教育与职业教育融合发展，面向国际中文教育的语言本体、认知与习得，国际中文教育的区域国别问题等议题，采用大会报告和分组报告的形式开展了多层次、多维度的学术交流。

九位专家先后做大会主题报告：李宇明教授《职业教育与国际中文传播》、崔希亮教授《国际中文教育的分层意识及产品化思维》、郭熙教授《海外华人祖语传承：经验与启示》、吴应辉教授《国际中文教育类型划分参考框架构建》、宋继华教授《"五元知识链"视角下的国际中文教育再认知》、荀恩东教授《国际中文智慧教学理论和实践探讨》、赵杨教授

《〈国际中文教师专业能力标准〉所涉及的研究课题》、李宝贵教授《国际中文教育社团发展的现状、挑战与展望》、陆俭明教授《国际中文教育的使命》。

大会首次设立期刊论坛板块，专门邀请到一些重要期刊的编辑部主编、主任及编辑就各自期刊的栏目设置做出了详细的说明和介绍。

大会设有 39 个分组论坛，共报告了 234 篇学术论文。论文的研究主题集中在汉语国际教育的发展研究、面向教学的汉语本体研究、国别中文传播与教学研究等八个方面。大会还设立优秀青年学者论坛，报告人就不同试错学习模式对汉语二语词汇习得的影响、汉语二语口语句法复杂度动态发展中测量指标的效力研究、会话语体中离合词离析形式的特征与差异等问题，与学者们进行了深入而热烈的学术讨论与交流。

大会设置了青年学者优秀论文奖，评选出获奖论文 7 篇，一等奖 1 篇，二等奖 2 篇，三等奖 4 篇。

40. 迎接二十大，推动新时代国家语言文字事业高质量发展论坛

迎接二十大，推动新时代国家语言文字事业高质量发展论坛于 9 月 29 日在京举办。此次论坛以线下线上相结合的形式召开，由中国语言资源开发应用中心和《语言战略研究》编辑部主办，国家语委科研机构秘书处、国家应急语言服务团秘书处、中国语言资源保护研究中心协办。

教育部党组成员、副部长，国家语委主任田学军，中国出版集团有限公司总经理、党组副书记常勃出席并讲话。中宣部出版局负责同志出席论坛。

田学军指出，党的十八大以来，语言文字战线深入贯彻落实习近平总书记关于教育的重要论述和关于语言文化的重要指示批示精神，认真贯彻党中央决策部署，砥砺奋进、开拓创新，推动语言文字事业取得跨越式发展和历史性成就。大力推广普及国家通用语言文字，创造了统一的多民族、多语言国家推广通用语言文字的成功典范。主动服务国家发展大局，为经济社会发展提供重要支撑和保障。深入传承弘扬中华优秀语言文化，文化自信更加坚定，民族凝聚力显著增强。持续深化语言文字交流合作，促进文明互鉴、民心相通，推动构建人类命运共同体。加快推进语言文字工作治理体系和治理能力现代化，大语言文字工作格局不断健全。

田学军指出，国家语委举办"迎接二十大，语言文字这十年"系列活动，全面总结新时代语言文字事业奋进历程与发展成就、共话语言文字事业高质量发展壮阔前景，为迎接党的二十大胜利召开营造良好氛围。他强调，语言文字战线要坚持以习近平新时代中国特色社会主义思想为指导，认真贯彻党中央、国务院关于语言文字工作的决策部署，落实全国语言文字会议精神，推动语言文字事业高质量发展，满足人民日益增长的优质语言教育和语言服

— 751 —

务需求，为加快推进教育现代化、建设教育强国、办好人民满意的教育，为全面建设社会主义现代化国家提供有力支撑。

常勃介绍了中国出版集团各成员单位在积极参与中国语言文字事业建设中取得的成绩，如《中国大百科全书》第三版、《中国语言文化典藏》《中国濒危语言志》等，并表示，中国出版集团及旗下各家出版机构将积极配合包括语言文字领域在内的学界的学术研究推进和事业发展，履职尽责，担当作为，出版更多与新时代相匹配的学术精品。

参会专家的主旨报告，就如何在铸牢中华民族共同体意识下继续推广普及国家通用语言文字，数字化时代如何构建语言文字工作治理体系并提高治理能力，如何实现语言文字在新时代的传承发展，如何发展语言服务，如何实现语言教育的数字化转型，如何通过语言文字国际交流合作助力人类命运共同体建设等具有重大的学术价值和现实意义的时代命题作了交流探讨。大家认为，国家通用语言文字在铸牢中华民族共同体意识的过程中发挥了基础性、平台性和支撑性作用，为中华民族的伟大复兴作出了自己应有的贡献。新时代语言文字事业必须要有自己的使命担当，要积极构建和谐的语言生活，提升公民和国家的语言能力，保护和开发语言资源，提供精准的语言服务，促进社会沟通无障碍。同时，要以更开阔的视野、更积极的行动迎接百年未有之大变局，助力人类命运共同体的构建。

多人谈环节，学界专家与地方语委代表就语言文字工作展开了热烈的讨论交流。大家聚焦数字化时代的语言生活，从数字化对语言和语言学研究的影响、语言文字信息化工作、智能语言服务、术语建设、融媒辞书发展、古文字研究传承、语言文字教育、特殊人群语言服务等方面发表各自观点；又从高质量推进区域语言文字工作切入，聚焦语言文字工作如何服务区域建设，科技如何助力推进语言文字治理体系构建等话题，分享区域语言文字治理经验，畅谈语言文化事业如何服务于国家的发展大局。

论坛发布了中国语言资源保护工程成果《中国语言文化典藏》（第二辑）20册和国家应急语言服务团成果《疫情防控应急手语100句》等重要成果。国家语委首期语言文字应用研究高级研修班青年学者代表还发出倡议，倡导全国语言学界中青年学者要涵养家国情怀、树立高远的理想追求、担负起历史赋予的光荣使命、为新时代语言文字事业高质量发展作出贡献。

41."中文——拓展世界交流的语言"中澳双边学术研讨会

"中文——拓展世界交流的语言"中澳双边学术研讨会于10月20日召开。该会议由中国社会科学院和澳大利亚人文科学院共同举办。会议邀请中澳双方专家学者围绕"双语和多语模式及中文在其中的作用"、"语言政策、规划理论及实践"等议题进行交流研讨。来自中国社会科学院语言研究所、教育部语言文字应用研究所、首都师范大学、澳大利亚人文科学院、悉尼大学、悉尼科技大学、弗林德斯大学、麦考瑞大学的10余位专家学者参加了此次会议。研讨会以视频连线方式举行，澳大利亚人文科学院副院长兼国际秘书约瑟夫·洛·比安科教授主持会议。

开幕式上，澳大利亚人文科学院副院长兼国际秘书约瑟夫·洛·比安科教授、中国社会科学院语言研究所所长张伯江研究员致辞。张伯江所长在致辞中指出，会议选择把"中文——拓展世界交流的语言"作为此次学术研讨的主题，这不仅是因为中澳两国交往不断拓展和深化，也是因为中文本身所负载的文化特征，以及这种文化给当今世界带来的文明新形态，吸引了越来越多的关注。最近十年来，中国对外开放范围更大、领域更宽，未来中国将继续发展同各国的友好交流合作。语言文化就是架设在中国与世界各国文化交往之间最重要的桥梁。我们双方专家相聚云端，广泛探讨中文以及语言交流合作问题，显示出我们通过语言文化交流进一步加强国与国之间人文交流的美好愿望，相信这种交流能够更好地拓展我们之间的文化交往，促进双方的交流互鉴，增进两国人民的友好往来。

在"双语和多语模式及中文在其中的作用"的交流研讨中，教育部语言文字应用研究所研究员郭龙生在题为"让普通话为人类命运共同体的构建服务"的发言中指出，普通话随着中国与世界各国交往的日益增进而不断走向世界各个角落，以服务为目标，在"一带一路"倡议下，希望普通话能够为世界各国提供良好的服务。悉尼大学艺术与社会科学学院副院长琳达·从教授在题为"中国国内外的多语教育"的发言中指出，中国改革开放后的经济快速发展，加快了构建多语言桥梁的进程。她还分享了对民族地区学校的多语言模式的研究，为在中国民族地区推广普通话的同时，如何注意保护民族语言资源提供了借鉴和参考。首都师范大学语言治理研究中心主任王春辉教授在题为"世界语言格局与国际中文教育"的发言中讲到，世界语言格局是国际中文教育的基础背景之一。国际中文教育和中文国际传播的主要动力是国际上了解中国和与中国交往的需要、促进人类语言文化多样性的使命和构建人类命运共同体的追求。多年来，国际中文教育正在探索一条和平发展背景下的合作共赢路径。澳大利亚人文科学院院士、悉尼科技大学艺术与社会科学系教授孙皖宁在题为"澳大利亚中文媒体：文化翻译与内容经纪人"的发言中分享了她对澳大利亚讲普通话的移民的语言生活状况调查，提出了汉语媒体作为内容经纪人的概念，并对澳大利亚汉语媒体部门的"编译"的政治经济进行了批判研究，为国际中文教育和宣传如何利用国内外网络媒体提供了很好的依据。

在"语言政策、规划理论及实践"的交流研讨中，中国社会科学院语言研究所刘祥柏研究员在题为"普通话异读词审音及其原则"的发言中介绍了普通话异读词审音的历史、现状与当前正在进行的审音研究项目进展情况，同时介绍了新时期普通话异读词审音原则。弗林德斯大学人文、艺术与社会科学学院高级讲师杰弗里·吉尔博士在题为"'汉语热'：

中文和英语作为世界语言的前景"的发言中分析了"汉语热"的原因,并从语言政策和规划的理论层面探讨了"汉语热",指出"汉语热"的发展可能性和未来汉语成为世界语言的条件。中国社会科学院语言研究所王伟副研究员作了题为"字母词带给汉语的机会与挑战"的发言,指出,字母词是汉语的特殊现象,给汉语带来了机会和挑战。汉语包容字母词,有助于汉语更高效地接纳来自英语的新概念和新表达,促进汉语发生新的变化来丰富交际内容和手段。公众对字母词日益宽容的态度有利于社会更好地适应大量汉英双语者带来的文化变迁,但滥用字母词有使得汉语变为混码语言的危险,这对国人的语言和文化认同会造成混乱;过度依赖字母词会降低汉语词汇对新事物和新概念的表达能力,造成汉语机能的退化。麦考瑞大学未来劳动力研究中心语言系杰出教授英格丽德·皮勒在题为"全球学术出版中的英语和中文"的发言中讲到,尽管有"汉语热"的现象,但是在语言和交流研究中还存在着大量偏见。她通过以中国为中心的个例研究,探讨了语言和知识被排斥所带来的挑战。

在8位与会学者的主题发言结束之后,与会学者进行了交流讨论,进一步分享了各自的学术观点。中国社会科学院语言研究所副所长李爱军研究员和澳大利亚人文科学院执行主任克里斯蒂娜·佩罗琳分别对本次研讨会进行了总结。李爱军研究员在总结中回顾了8位中澳专家发言的主要内容,感谢中澳专家围绕"中文——拓展世界交流的语言"这个主题奉献了一场精彩的学术报告。她特别提到了澳方4位学者的学术洞见,有助于促进中方学者思考如何在新时代做好语言文字理论、政策和规划研究,更好推动中文拓展世界交流,为世界和平服务,增进人类福祉。克里斯蒂娜·佩罗琳博士表示,围绕中文的交流研讨,深化了对语言与文化、语言保护、双语主义、多语主义等多领域内容的认识,这对于扩大双方在人文领域的交流很有意义,增进了双方的交流合作,希望双方今后开展更多的交流对话。

42. 中国社会科学论坛(2022年,语言学)——新时代语音学前沿问题国际研讨会

中国社会科学论坛(2022年,语言学)——新时代语音学前沿问题国际研讨会于10月20－22日在线上举办。中国社会科学论坛是由中国社会科学院推出的中外社科人文交流的高层次学术平台,旨在增进世界对中国的了解,促进中外优秀文明成果的交流。作为2022年度"中国社会科学论坛"的一场重要国际学术活动,新时代语音学前沿问题国际研讨会由中国社会科学院语言研究所、北京语言大学、中国语言学会语音学分会联合主办,由语言研究所语音研究室和北京语言大学语言科学院联合承办。会议紧密围绕新时代语音学前沿问题,邀请国内外知名学者以大会报告方式分享学界的最新研究成果,集中呈现国内外语音研究领域的最新发展动态,报告内容除了有语音学基础研究之外,还有关于言语障碍、心理治疗、汉语语音教学、语音技术,以及关于自闭症儿童和阿尔茨海默症人群的相关研究成果。

这些研究关注社会和时代的现实需求，彰显了语音学研究在语言智能、语言教育和语言健康等领域的学术引领作用。

应邀参加本次论坛的主讲嘉宾有：英国爱丁堡大学 D. Robert Ladd 教授、德国比勒费尔德大学 Dafydd Gibbon 教授、法国国家科学研究中心 Daniel Hirst 研究员、捷克科学院东方研究所 Hana Třísková 研究员、天津大学 Kiyoshi Honda 教授、中国社会科学院语言研究所曹剑芬研究员、北京语言大学曹文研究员、复旦大学陈忠敏教授、天津大学党建武教授、美国密歇根大学端木三教授、北京语言大学和香港中文大学冯胜利教授、南京师范大学顾文涛教授、中国社会科学院民族学与人类学研究所呼和研究员、北京大学孔江平教授、中国社会科学院语言研究所李爱军研究员、香港中文大学李丹教授、香港城市大学李蕙心副教授、美国旧金山大学李智强教授、英国雷丁大学刘芳副教授、暨南大学刘新中教授、香港中文大学莫碧琪教授、美国伊利诺伊大学香槟分校石基琳教授、中国科学院自动化研究所陶建华研究员、加拿大西蒙弗雷泽大学王悦教授、中国科学技术大学袁家宏教授。

为了增强论坛的学术氛围，促进学术交流互动，还特别邀请了 46 名对话嘉宾，其中 9 名同时担任主讲嘉宾，其余的 37 名对话嘉宾分别是：中国政法大学曹洪林副教授、北京师范大学曹梦雪副教授、湖南大学陈飞教授、南京大学陈桦教授、中国社会科学院语言研究所陈树雯博士、南京理工大学陈莹教授、天津理工大学陈彧教授、上海交通大学丁红卫教授、中国社会科学院语言研究所方强副研究员、中国社会科学院语言研究所高军副研究员、中国社会科学院民族学与人类学研究所哈斯其木格副研究员、中国社会科学院语言研究所胡方研究员、公安部物证鉴定中心李敬阳研究员、香港浸会大学李明兴博士、中国社会科学院语言研究所李倩副研究员、西北民族大学李永宏教授、上海大学凌锋副教授、中国科学技术大学凌震华教授、山东大学刘文副研究员、中央民族大学刘岩教授、中国社会科学院语言研究所罗颖艺博士、北京语言大学马秋武教授、南开大学冉启斌教授、山东大学时秀娟教授、北京理工大学王蓓副教授、暨南大学王茂林教授、北京大学王韫佳教授、天津大学和青海民族大学魏建国教授、北京大学吴西愉副教授、中国社会科学院语言研究所夏俐萍研究员、中国社会科学院语言研究所殷治纲副研究员、同济大学于珏副教授、山东农业大学翟红华教授、北京语言大学张劲松研究员、海南大学张钊副教授、扬州大学周卫京教授、北京交通大学朱维彬教授。

43. 第二十一届中国计算语言学大会（The Twenty-first China National Conference on Computational Linguistics，CCL 2022）

第二十一届中国计算语言学大会（The Twenty-first China National Conference on Computational Linguistics，CCL 2022）于 10 月 28 – 30 日在江西省南昌市召开。开幕式由江西师范大

学计算机信息工程学院院长王明文教授主持。此次大会通过特邀报告、前沿技术讲习班、学术论文报告、技术评测、前沿动态综述、学生研讨会、海报及演示系统展示等环节，涵盖文本生成技术、动态深度神经网络、无监督机器翻译、多模态预训练模型、AI 伦理等方向的最新技术进展和研究趋势。

大会继续组织了中文语言处理技术评测，苏州大学李正华教授作《第二十一届中国计算语言学大会（CCL2022）技术评测报告》。汉语学习者文本纠错评测大赛作为任务之一，自 2022 年 6 月 10 日正式启动并公布训练集，共吸引了 140 多支队伍参加。最终来自北京大学、北京邮电大学、苏州大学、好未来、蜜度等高校与企业的共计 13 支团队脱颖而出。

本次大会共邀请了五位知名专家做大会特邀报告，分别为中国科学院院士管晓宏《音乐旋律及其他社会系统中的定量规律》、清华大学惠妍讲席教授马维英《Protein as a Foreign Language：Bridging Biomedical Computing and Natural Language Processing——智能新药研发》、中国人民大学教授文继荣《预训练大模型与信息检索》、阿里巴巴达摩院人工智能科学家杨红霞、澳大利亚墨尔本大学教授 Trevor Cohn。另外，腾讯 AI Lab 王琰、蔡登、刘乐茂、史树明博士，清华大学周浩副研究员，上海交通大学王瑞副教授，中国科学院自动化所刘静研究员在 CCL 2022 开设了专题讲习班。百度、蜜度等多家企业受邀出席此次大会。

44. 第三届人工智能时代的语言科学国际会议

第三届人工智能时代的语言科学国际会议于 10 月 29 – 30 日在北京科技大学召开。会议由北京科技大学外国语学院、当代语言科学研究中心联合主办，中国语文现代化学会语言认知与智能发展专业委员会、北京科技大学人工智能学院、中国语文现代化学会语言认知与智能发展专业委员会；《外国语言文学》期刊协办。会议紧扣语言研究前沿课题，聚焦语言习得、加工和障碍这一主题，来自世界百余所高校的专家学者齐聚北科和云端，共襄学术盛宴，线上和线下参会人数共计 1800 多人次。

北京语言大学李宇明教授，北京科技大学副校长张卫冬，科学技术研究院副院长张娜，智能科学与技术学院副院长班晓娟，外国语学院院长陈红薇、党委书记沈崴及全体院领导出席开幕会。开幕式由外国语学院副院长任虎林教授主持。

会议共有 22 场主旨发言，3 场专题论坛与 17 组分论坛讨论。国内的 12 位专家分享了他们在语言科学领域的最新研究成果。李宇明教授作题为"'涉儿人群'与儿童语言研究：谁在影响儿童的语言发展？谁需要儿童语言学的支持？"的主题报告。浙江大学杨静教授、清华大学崔刚教授、上海交通大学常辉教授、山东大学马文教授、中国人民大学王建华教授、北京科技大学班晓娟教授、广东外语外贸大学卢植教授、北京科技大学任虎林教授、大连理工大学陈宏俊教授、福建师范大学李荣宝教授、北京科技大学薛锦教授，先后作了题为

"脑与第二语言学习""双语优势还是双语劣势？""Effects of semantic feature analysis and phonological component analysis treatment on Mandarin-speaking adults with aphasia""汉语失语症患者的会话特征及其对日常照护的启示""多模态翻译认知研究进展与未来""人工智能开启听障/视障人士沟通之门""英汉/汉英翻译方向性的 ERP 实验研究""Processing of counterfactual conditional sentences with differential propositional truth-value in Mandarin Chinese—evidence from ERP""执行控制能力在二语者隐喻理解加工中作用的 ERP 研究""双语者的语义表征建构及其通达机制""Narrative development of Chinese children with developmental language disorder"的主题发言。

中国（境）外 10 位代表，美国耶鲁大学的 Jeffrey Gruen 教授、美国北亚利桑那大学的 Norbert Francis 教授、加拿大多伦多大学的 Esther Geva 教授、澳门大学的 Chuang Wang 教授、英国伦敦大学的 Jean-Marc Dewaele 教授、澳大利亚南澳大利亚大学的 Fernando Marmolejo-Ramos 研究员、英国兰卡斯特大学的 Willem B. Hollmann 教授、美国德克萨斯大学奥斯汀分校大学的刘畅教授、加拿大多伦多大学的 Becky Xi Chen 教授、加拿大麦克玛斯特大学的 Victor Kuperman 副教授先后作了题为"High-throughput genetic screening for early detection of risk for reading disability""Domain-specific and domain-general aspects of language development: Research on learning processes related to System 1 and System 2""A Comparison of the Profiles and Predictors of Reading Comprehension in Elementary School English Language Learners and their Monolingual Peers: A Longitudinal Investigation""Relationship between self-efficacy beliefs, self-regulated learning strategies, and English language proficiency: Summary of three meta-analyses Studies""Learners experience of flow in foreign language classrooms""Embodied cognition in the era of AI""What linguists can learn from social psychologists (and vice versa)""语言感知：老年化带来的挑战和机遇""Syntactic awareness and reading comprehension among English-French bilinguals""Eye-movements in studies of reading and language learning"的主题发言。

会议还组织了三个专题论坛和 17 个小组论坛。专题论坛下设三个分议题："结合前沿人工智能和神经科学研究汉语学习和古诗欣赏"、"二语/双语词汇认知与加工"及"神经/心理语言学"。小组论坛下设七个分议题："语言习得、发展和加工的认知神经心理学视角"、"人工智能在语言研究中的应用"、"语言-言语障碍的特征、诊断和干预"、"口笔译的在线加工与教学研究"、"双语发展和影响因素研究"、"语言学习和教育中的心理学研究"及"其他主题"。

闭幕式由北京科技大学薛锦教授主持。福建师范大学李荣宝教授，北京科技大学沈崴教授在闭幕式上致辞。

此次会议内容涵盖了神经科学、语言病理学、认知心理学、语言学、翻译学、认知学、人文学、社会学、人工智能等多学科的最新研究成果，兼具理论纵深性与实证前瞻性。研讨会的成功召开，充分展示了语言科学与认知神经科学、心理学、人工智能等学科领域交叉发展的新成果。

45. 博雅语言学论坛

博雅语言学论坛于 11 月 5－6 日在线上举办。论坛由北京大学中国语言学研究中心、北京大学中国语言文学系举办，主题为"语言变异与演变"。来自国内外 12 所高校和科研机构的 17 位学者在会上做了 12 场报告：香港理工大学王士元教授、谢郴伟博士的报告"How do ageing and cognitive decline affect language behavior"（老龄化和认知退化如何影响语言行为），北京师范大学（珠海）罗仁地（Randy LaPolla）教授"How using the comparative method and paying attention to migration history can affect our understanding of the development of Sinitic varieties"（如何运用历史比较法和如何看待移民史影响我们对汉语方言史的理解），北京大学陈保亚教授《通语作为基语引发的语言深度接触》，爱尔兰都柏林三一学院丘内藤（Nathan Hill）教授"Relative chronology of some Bola sound changes"（波拉语几项音变的相对年代），法国国家科研中心东亚语言研究所齐卡佳（Katia Chirkova）教授"On variation in descriptions of lesser-known languages: A case study of verbal enclitics and auxiliary verbs in Shuhi (Tibeto-Burman)"（较少使用语言描写中的变异：以书亨语动词附着词和助动词为例），北京大学李子鹤助理教授"Substitution of Kernel Words in Contact-induced Language Shift: the Case of Jiuhe Naxi"（核心词替换在语言转用式接触中的表现：以九河纳西语为例），新加坡国立大学包智明教授《用 NLP 工具研究接触引发的语言变异》，法国国家科研中心口传文化研究所米可（Alexis Michaud）教授、马思慕（Maxime Fily）博士、丽江旅游文化学院阿慧老师"Variation and change among the tonal systems of Na (Mosuo): new perspectives from the Lake (Shekua/Lataddi) and the Plain (Alawa)"（摩梭话声调系统的变异与演变：湖区与平原差异的新视角），北京大学汪锋教授、中国社会科学院民族学与人类学研究所李煊助理研究员、澳门大学博士研究生张小芳《白语方言发声的变异与演化》，江苏师范大学、中国社会科学院民族学与人类学研究所江荻《从单字到重言还是重言到单字：〈诗经〉重言来源之谜》，北京大学董秀芳教授《汉语史中从谓语到状语的一种语序变化及相关的变异》，澳大利亚墨尔本大学罗永现教授"Nominal Classification in Zhuang"（壮语的名词类别）。

此次会议的报告覆盖了用认知研究方法考察变异、用计算机程序辅助寻找演变规律、通过田野调查追踪正在进行的变异、从变异视角考察汉语史上的演变等多个方面，有很强的理论性和创新性。会议引起了学界的高度关注，参会学者和听众一起就报告所涉及的问题进行了充分的讨论和交流。

46. 第十一届吴方言学术研讨会

第十一届吴方言学术研讨会于 11 月 12 – 13 日在上海召开。会议由复旦大学中国语言文学系主办，采用线下与线上相结合的形式举办，陈忠敏教授主持会议开幕式并致开幕词，陶寰教授为新书《汉语方言研究的多维视角：游汝杰教授八秩寿庆论文集》和《方言比较与吴语史研究：石汝杰教授荣休纪念论文集》做发布致辞。

五位吴方言专家——复旦大学游汝杰、上海大学钱乃荣、复旦大学/上海师范大学潘悟云、海南师范大学张惠英、日本熊本学园大学石汝杰，分别就"温州方言的多音字和文白异读""评述 1936 年丁卓《中日会话集》对上海方言的语法分析""方言研究与数字技术""从崇明话'我、翁'同音说起""明清时代笑话里的吴语"作了主题发言。

十个小组讨论分别围绕着方言字词及语法现象、吴方言声调研究、吴方言语法研究、吴方言地区文化和生活实态的研究、吴方言音变、吴方言语音研究、吴方言词语功能等展开。

吴方言学术研讨会此前已经举办了十届，历届会议均选取部分论文汇编为专题论文集出版。

47. 东南方言比较三十周年线上纪念会

东南方言比较三十周年线上纪念会于 11 月 13 日召开。会议由复旦大学中文系主办。来自中国和新加坡的八所高校十多位学者参加了此次会议，复旦大学陶寰教授主持，与会代表就东南方言内部分歧、方言区划、语音演变等问题发表了八个专题报告，并展开了热烈的讨论。

报告如下。厦门大学李如龙《关于东南方言研究的一些想法（之一）：为什么汉语的东南方言会特别分歧？》、江苏师范大学朱晓农《方言区划的标准问题》、复旦大学陈忠敏《论吴方言卷舌音声母》、中国人民大学熊燕《从麻韵三等演变看官话和东南方言的关系》、上海大学凌锋《苏州、上海、温州和北京阴声韵介音比较研究》、新加坡国立大学沈瑞清《吴语的"蚁"爬上闽语的"蛇"——小议处衢方言的吴闽双重性》、南开大学陈一帆《湖北通城方言遇摄字的语音层次》、绍兴文理学院诸葛瑞煦和施俊《瑞安方言的儿尾词》。

48. 全球性对话与当代修辞学：中国修辞学学会 2022 年学术年会

"全球性对话与当代修辞学：中国修辞学学会 2022 年学术年会"于 11 月 12 – 13 日召开。会议由中国修辞学学会主办，山东大学翻译学院承办，上海市语文学会、华东师范大学国家话语生态研究中心、《当代修辞学》编辑部、《文化艺术研究》编辑部协办。

300余位专家、学者及研究生参加此次大会。山东大学（威海）副校长赵玉璞，山东大学外国语学院、翻译学院院长王俊菊致欢迎辞。

在大会主旨发言上，刘亚猛关注当代西方宣传研究出现的新动态，梳理欧美学者对这一重要话语实践的重新定位、描述及分析，丰富与会人员对宣传与修辞关系的认识，为面向世界的当代中国修辞学科提供一个值得重视的新研究方向。刘大为既从语法的角度研究修辞，也从修辞的角度研究语法，还从语用、篇章、语言单位等角度研究语法与修辞等，拓展了语法与修辞研究的新视野。束定芳梳理了概念化同语言表达之间的关系。她指出，词语能在使用过程中触发、引导概念化过程，在理解过程中唤起概念化并帮助听话者准确重构其概念化过程，从而准确理解交际意图。祝克懿带领与会人员重读经典，回望20世纪以来现代修辞学的发展历史，梳理出修辞学繁荣兴盛的两条百年历史轨迹。陈小慰从历史和现实的角度，挖掘和梳理中西修辞各自的主要研究侧重，以及它们在诸多不同中存在的相通之处和互鉴结合之果，展示两者之间存在学习借鉴的基础和空间。刘立华回顾了后基础主义视角下的话语建构问题，提出在话语建构过程中，充当话语中节点的重要元素的选取以及围绕节点形成的缺乏、元素之间的关系以及围绕节点投入的情感构成话语建构的具体手段。邓志勇基于对维科代表作《新科学》的研读，探讨了维科的有关重要思想，尤其是对修辞学发展起促进作用的思想，提出维科与新修辞学主要代表人物肯尼思·伯克有不少形似观点这一发现。甘莅豪从"数字空间资源"视角讨论了维基百科全书中的两种知识传播空间，并进一步重思哈贝马斯的话语政治理论。胡范铸作了"共同体建构视域下'共情修辞'的目标、问题、路径——兼论'元主体'、'他者意识'、'话语权补偿'概念"的精彩报告。鞠玉梅重点分享建构修辞研究及其走向。刘东虹同与会人员探讨了语用论辩理论的修辞语用属性。尹海良分享了新冠疫情标语的语言文化特点、抗疫价值及文明形态探微的报告。李克在梳理叙事、共情与修辞之间的关系的基础上，挖掘叙事共情的修辞学根基，深入探究叙事共情的修辞机制。

在主编论坛环节，杜敏针对新媒体语言使用安全的关键问题及实践维度展开探讨，并对学报的特征与刊发范围进行简要介绍。李孝弟、王敏先后对《上海大学学报（社会科学版）》和《语言文字应用》期刊的办刊情况进行了详细介绍。秦卫波针对论文写作中问题意识的逻辑展开与学术论文的创新性进行了解说。周萍指出学术期刊要发挥学术引领作用，积极组织以问题研究为导向的专题研究，为交叉学科提供平台支撑，推动语言学破除学科壁垒，真正紧跟时代、服务社会。

在小组分会场讨论环节，7个小组的专家学者围绕"修辞学理论研究与应用研究""多学科视域中的修辞研究""修辞学与国家发展、社会治理""修辞学与国际传播、全球理解""修辞学与国际中文教育"等5个方向的议题展开了交流讨论。各小组发言踊跃、讨论热烈、议题集中、成果颇丰。

闭幕式上，陈光磊宣布了"中国修辞学会 2022 年学术年会青年学者论文奖名单"，胡范铸进行大会总结致辞。

49. 第十二届全国语言文字应用学术研讨会暨《语言文字应用》创刊三十周年学术研讨会

第十二届全国语言文字应用学术研讨会暨《语言文字应用》创刊三十周年学术研讨会于 11 月 19－20 日举办。与会专家学者围绕贯彻落实党的二十大精神和二十大关于语言文字工作的重大部署，热烈研讨推动新时代中国语言文字应用研究创新发展。

教育部语言文字应用管理司副司长王晖出席开幕式并讲话，主办单位负责同志致辞。王晖在讲话中指出，党的二十大提出"加大国家通用语言文字推广普及力度"，"发展社会主义先进文化，弘扬革命文化，传承中华优秀传统文化"，为新时代新征程语言文字事业发展指明了前进方向。热切期望全国语言文字应用研究领域的专家学者，全面学习、全面把握、全面贯彻党的二十大精神，深入研究阐释宣传党的二十大关于语言文字工作的重大部署，立足语言文字事业发展需要和人民群众期盼，扎根祖国大地，以高质量的学术成果回应伟大新时代。教育部语言文字应用研究所所长刘朋建在致辞中表示，新时代新征程上的中国语言文字应用研究，要紧紧围绕党的二十大作出的重大战略部署，着力推进中国应用语言学理论研究的创新发展，有力推动语言文字事业改革发展的创新实践，为建设同我国综合国力和国际影响力相匹配的语言文字事业提供有力学术支撑。北京师范大学副校长康震在致辞中指出，语言文字工作是我国提升文化自信、凝聚民族力量的重要组成部分，是建设中国式现代化的重要基础性工作，特别是站在当前这一重要的历史节点上，语言文字工作更需要结合我国重大战略的实际需求，加快推进高质量发展。

在研讨会"回顾·展望"环节，戴庆厦、陆俭明、王宁和《语言文字应用》前主编李宇明、姚喜双、张世平等，回顾了中国应用语言学踔厉奋发、勇毅前行的发展历程，高度评价《语言文字应用》发挥的作用和做出的贡献，对推动新时代中国语言文字应用研究创新发展，对《语言文字应用》守正创新、发挥更加重要的平台作用提出了殷切期望。

在"主编论坛"环节，我国语言学领域部分重要学术期刊主编李宇明、张伯江、张博、杨亦鸣、胡范铸、施春宏、姚双云、刘朋建等，围绕新时代语言文字应用研究创新发展的主要议题，分享学术思想、提出议题建议，深受与会专家学者的关注。

李宇明、屈哨兵、杨亦鸣、赵世举、王立军、郭熙、李泉、刁晏斌、孔江平、刘朋建等先后作主旨报告，报告主题从党的语言文字事业光辉历程和经验启示、中国语文现代化的历史经验，到古籍用字的规范、应用语言学学科的更新发展，从多角度阐发华语传播和国际中文教育、中华优秀传统文化进教材，到论证中华民族语言共同体等，站位高远、视野广阔，内容丰富、思考深入。

研讨会采用线上方式举行，120余位专家学者围绕"语言政策与规划""国际中文教育""社会语言学""语言规范研究""语法研究""语篇研究""计算语言学研究"等议题，分组开展了深入研讨交流。

此次研讨会由教育部语言文字应用研究所、北京师范大学联合主办，北京师范大学文学院、《语言文字应用》编辑部、中国应用语言学会（筹）、中国文字整理与规范研究中心承办。北京师范大学文学院院长王立军主持开幕式，教育部语言文字应用研究所副所长、《语言文字应用》执行主编王敏作会议总结发言。

50. 中国语言学会历史语言学分会第二届学术研讨会

中国语言学会历史语言学分会第二届学术研讨会于11月19－20日举办。会议由中国语言学会历史语言学分会、中国社会科学院语言研究所历史语言研究二室主办，西南大学文学院、汉语言文献研究所承办。会议以线上形式召开，240余名专家学者参会，共报告论文79篇，与会学者围绕着历史语言学及相关问题进行了热烈讨论。

会议开幕式由中国社会科学院语言研究所历史语言学研究二室主任杨永龙教授主持。中国语言学会会长、中国社会科学院语言研究所所长张伯江研究员、西南大学党委副书记潘洵教授、历史语言学分会会长吴福祥教授和西南大学文学院院长王本朝教授先后致辞。

张伯江所长首先回顾了中国语言学会历史语言学分会的成立及第一届学术研讨会举办时的盛况，指出历史语言学蕴藏着巨大发展潜力，其研究范围广阔，研究方法多样化，可能成为中国语言研究新的突破进展的领域。张伯江所长肯定了过去的四十多年里汉语研究取得的丰硕成果，也提出目前我国的经济社会建设取得了空前的成就，哲学社会科学的基础理论研究受到了很高的重视，语言学研究也面临着一个大发展的好时机。他对这一代语言研究者以及历史语言学会未来的发展都提出较高的期许。

15位专家学者做了大会发言：董秀芳《从古汉语近义词训释模式看汉语的一些特点：话题、对言和词类表现》、洪波《小句整合与句法降级——以"哪怕"小句为例》、吴福祥《处所型进行体标记语法化的语义机制》、朱冠明《关于语气词"麽"的来源》、陈保亚《从音变规律性看上古汉语声调的证据》、徐朝东《明清民国时期西士记录的北京方言声调研究》、曾晓渝《老北京话声调个案对比研究》、敏春芳《语言接触视域下甘青河湟方言"个"的扩展功能》、赵长才《"行"的词缀化与"X行"双音词的产生》、赵彤《从江西方言看中古同摄开口呼二等和三四等牙喉音字在〈中原音韵〉中的对立》、邓章应《"文字"所指的不同层次》、胡方《日母与证据导向的历史语音研究》、龙国富《释"秦与天下俱罢"——语法化中的句法形式与语义的不平衡》、孟蓬生《"利用"正诂》、庄初升《闽北方言"弱化声母"及"第九调"的来源新探》。

近 70 位专家学者参与 4 大组 8 小组的分组专题讨论，各分组报告类型丰富，从研究范围来看，主要有历史语音、语汇来源和词义发展、语法演变、用字考释、语言接触、出土文献、汉语方言、少数民族语言材料发掘等方面，研究范围非常广泛；从研究视角来看，既有从宏观又有从微观着眼，或描写揭示了新的语言现象，或提出了新的结论主张，研究既注重理论的挖掘和逻辑思考，也注重语言材料的整理利用和比较。中国人民大学文学院朱冠明教授作会议总结。

51. 纪念《当代修辞学》创刊 40 周年暨第十三届"望道修辞学论坛"学术研讨会

纪念《当代修辞学》创刊 40 周年暨第十三届"望道修辞学论坛"学术研讨会于 11 月 20 日在线上召开。会议由复旦大学中文系、《当代修辞学》编辑部、陈望道研究会共同举办。数百位专家学者，围绕《当代修辞学》的办刊历史和学术期刊可持续发展等相关议题进行广泛深入的讨论。

开幕式由复旦大学《当代修辞学》主编祝克懿教授主持，复旦大学副校长陈志敏教授致辞。

大会学术报告有：北京语言大学李宇明教授《学术杂志与学术共同体》、中国人民大学王贵元教授《学术创新与期刊论文写作》、上海师范大学何云峰教授《中国人文社科学术期刊发表的伦理困境》、中国社会科学院方梅教授《学术期刊的传承与创新》、北京外国语大学王文斌教授《从〈增广贤文〉的语言表达方式窥探汉语的强空间性特质》、信息工程大学陈勇教授《数字人文与语言学期刊建设》、上海交通大学杨枫教授《杂志的理念　期刊的思想》、复旦大学陈忠敏教授《语言研究的趋势和〈语言研究集刊〉今后办刊的设想》、上海外国语大学胡开宝教授《消极修辞视域下我国外交话语的历时演变研究》、华南农业大学黄国文教授《学术期刊的引领性和服务社会功能》、山西省社会科学院李小平研究员《看学术期刊论文的写作与发表问题》、北京语言大学施春宏教授《构式网络的运作：在互动中互塑》、上海外国语大学束定芳教授《国内期刊如何与国际学术界接轨》、黑龙江大学孙颖教授《新文科背景下的外语学报发展之变》、湖南师范大学唐贤清教授《新时代〈古汉语研究〉的使命担当》、中国石油大学田海龙教授《横向话语互动与学术期刊的跨界发展》、中国社会科学院完权教授《〈当代语言学〉与国际学界接轨的实践和理念》、华中师范大学姚双云教授《学术期刊论文的写作与发表——基于投稿人与审稿人的双重视角》。

闭幕式由《当代修辞学》编委会主任胡范铸教授主持，复旦大学刘大为教授致闭幕词。

52. 第二届中国辞书高层论坛

第二届中国辞书高层论坛于 11 月 27 日在京举办。主题为"弘扬中国辞书精神，打造辞书传世精品"。论坛得到了国家社科基金社团活动资助，采取线上线下相结合的方式召开，线下小型会场设在商务印书馆。

开幕式上，教育部副部长、国家语委主任田学军发表书面致辞，教育部语言文字信息管理司司长田立新出席并宣读田部长致辞，希望学会进一步提升党建质量，提高工作站位，汇聚各方力量，积极服务我国教育和语言文字事业的高质量发展，全面推动新时代我国辞书事业迈上新台阶。中国出版协会理事长邬书林，中宣部出版局图书处处长王为衡，中国出版传媒股份有限公司副总经理、中国辞书学会原副会长于殿利，中国辞书学会名誉会长江蓝生，中国辞书学会原副会长黄建华出席并致辞。中国辞书学会会长李宇明作了《学习贯彻二十大报告，弘扬中国辞书精神》的主题报告，提出要积极推进融媒辞书发展，促进辞书生活智能化，研究品牌辞书的历史，弘扬辞书人精神，打造传世辞书精品。中国辞书学会副会长秦志华主持开幕式。来自全国各地高等院校、科研机构和出版单位的 200 余位专家学者线上参加论坛。

论坛分为"中国辞书学会成立三十周年·纪念会"和"中国辞书学会成立三十周年·专题论坛"两个板块。纪念会上，首先播放了中国辞书学会成立三十周年视频，致敬老一辈辞书人；十多位老中青学者相继发言，深情回顾了中国辞书学会的发展历程，并对学会的未来发展提出了很好的建议。中国辞书学会秘书长周洪波主持座谈会。

专题论坛上，16 位中青年专家分享了辞书事业发展成果，回顾辞书编纂和学术研究的历史，总结辞书精神和发展经验，思考当下面临的问题，探究辞书发展之路。学会副会长谭景春和副秘书长余桂林先后主持专题论坛。

专题论坛共设五大专题。1. 品牌辞书与辞书精神研究：河北师范大学袁世旭、刘善涛《我国当代语文辞书事业发展状况》，广东外语外贸大学于屏方《中国双语辞书编纂与研究三十年》，上海辞书出版社赵航、李纳《当代中国专科辞书事业》，中国大百科全书出版社胡春玲《中国百科全书事业 40 年》，鲁东大学戴宗杰、姚桂林《中国当代民族辞书事业发展与前瞻》，中国社会科学院语言所杜翔《试论中国辞书精神》；2. 辞书科学与辞书规范研究：鲁东大学王东海和河北师范大学齐红飞《中国辞书学研究四十年》、全国科学技术名词审定委员会张晖《中国当代辞书相关规范标准的回顾与展望》、上海辞书出版社郎晶晶《中国辞书评论三十年》；3. 辞书市场研究：外语教学与研究出版社申葳、李斐《中国辞书市场三十年》；4. 辞书人才培养研究：吉林大学出版社邵宇彤《辞书培训班，一个培养辞书人才的大家庭》；5. 融媒辞书生活研究：商务印书馆吕海春《中国辞书数字化发展三十年——从电子词典到融媒辞书》。

中国辞书学会副会长、学术委员会主任章宜华在闭幕式上做会议总结，学会副会长刘青主持闭幕式。

论坛期间，还召开了中国辞书学会常务理事会和理事会，通报了学会近一年的工作情况，传达了上级有关部门和审计机构对学会相关工作开展的基本要求，审议并投票通过了有关的人事变更事宜。

53. 第八届学习词典与二语教学国际研讨会

第八届学习词典与二语教学国际研讨会于12月2日在北京外国语大学外语教学与研究出版社召开。研讨会由中国辞书学会双语辞书专业委员会与北京外国语大学联合主办，主题为"融媒体时代的词典编纂与使用研究"。来自中国、英国、新西兰等国内外高校、科研机构和出版社的百余名专家学者在线与会，围绕新时代双语词典的发展、机遇、挑战等问题进行了深入交流和热烈讨论，学术氛围浓郁。会议采用多平台网络直播，累计观看人数逾7000人次。

研讨会开幕式由外研集团党委书记王芳主持，北京外国语大学副校长赵刚、中国辞书学会会长李宇明、中国辞书学会双语辞书专业委员会主任章宜华致辞。

在"汉外多语言词典数据库"发布式上，外研社姚虹介绍了项目的相关情况。

研讨会邀请国内外学界专家和业界同人做了八场精彩的主旨发言。新西兰惠灵顿维多利亚大学荣誉教授Paul Nation和英国柯林斯出版公司语言内容部负责人Maree Airlie分别就词汇学习原则与词典使用、语料库与词典编纂两个不同话题发表了真知灼见，带来了国际视角；广东外语外贸大学教授章宜华、南方医科大学蒋文凭、南京大学教授魏向清聚焦于融媒辞书，分别介绍了融媒词典的理论方法与实践演化，阐释了融媒体时代词典介入式外语教学的可能性与可行性；复旦大学教授高永伟和四川外国语大学教授赵翠莲均以英语词典的编纂经验为基础，分享了词典编纂的思路与反思；商务印书馆马浩岚和外研社申蒇则以辞书出版为出发点，以具体的辞书产品为例，探讨了出版社在词典数字化创新中的痛点难点、应变与坚守。

研讨会共设有三组分论坛，分别聚焦融媒体时代语言大数据与词典编纂、融媒体背景下双语词典与二语教学、融媒体背景下双语词典的使用研究三大议题。闭幕式由广东外语外贸大学教授夏立新主持，上海辞书出版社副总编辑王慧敏对本次研讨会作了精彩总结。

54. 纪念赵元任先生诞辰130周年学术研讨会暨"赵元任语言实验之星"颁奖式并《南开语言学刊》创刊20周年和《实验语言学》创刊10周年庆典

纪念赵元任先生诞辰130周年学术研讨会暨"赵元任语言实验之星"颁奖式并《南开

语言学刊》创刊20周年和《实验语言学》创刊10周年庆典于12月3日举行。研讨会特别邀请了多位专家学者分享近期最新研究成果，并邀请"赵元任语言实验之星"获奖者报告获奖论文。

香港理工大学讲座教授王士元、中国社会科学院学部委员沈家煊、南开大学学术委员会副主任陈洪以及南开大学文学院、南开大学研究生院负责人作为特邀嘉宾分别致开幕词。开幕式由南开大学语言学研究所所长阿错教授主持。

北京师范大学黄行教授、复旦大学陈忠敏教授、北京大学王韫佳教授、北京大学张林军教授、南开大学王萍教授分别作了题为"语言多样性与文化、生物多样性""语言发音和感知的音征多维性及其在语言交际中的作用""音值相似和拼音字形对押韵语感的作用——兼论押韵－不押韵连系统""声调范畴化知觉研究：进展和展望""汉语强调焦点句语句重音的韵律习得研究——兼论汉语字调和语调的习得关系"的大会报告。

"赵元任语言实验之星"获奖者，山东大学孔超、上海外国语大学续敏、香港理工大学王笑、湖南大学朱敏、南开大学黄玮、山东大学陈禹风、香港城市大学李冰分别作了题为"人类语言信息传递速率的共性""The effect of aging on identification of Mandarin consonants in normal and whisper registers""The effect of sampling variability on systems and individual speakers in likelihood ratio-based forensic voice comparison""The effects of native prosodic system and segmental context on Cantonese tone perception by Mandarin and Japanese listeners""基于词汇声学距离的语言后分类再探""普通话儿童擦音空气动力学研究""Category Exemplar Production Norms for Hong Kong Cantonese: Instance Probabilities and Word Familiarity"的报告。

闭幕式由南开大学冉启斌教授主持，大会举行了"赵元任语言实验之星"奖颁奖式，石锋教授作闭幕式总结。

55. 2022年国际中文教育大会暨交流周

2022年国际中文教育大会暨交流周于12月8日在北京国家会议中心举行。国务院副总理孙春兰出席开幕式并发表主旨演讲。孙春兰指出，随着全球化深入发展，各国对中文学习的需求持续旺盛，全球有180多个国家和地区开展中文教学，81个国家将中文纳入国民教育体系，开设中文课程的各类学校及培训机构8万多所，正在学习中文的人超过3000万。在中外各方面共同努力下，国际中文教育蓬勃发展，有力促进了中外人文交流、文明互鉴、民心相通，彰显了语言学习交流在推动构建人类命运共同体中的重要作用。中国共产党第二十次全国代表大会描绘了以中国式现代化全面推进中华民族伟大复兴的宏伟蓝图，必将为世界发展创造更多机遇，也为国际中文教育提供更加广阔的舞台。中国愿广泛开展与各国政府、学校、企业和社会组织等合作，以学习者为中心，以需求为导向，坚持质量为先，推广国际中文教育标准，因地制宜开发教学大纲、本土化教材教辅和教学工具，创新信息化、数字化、智能化建设，打造更加开放包容、更加优质可及的国际中文教育新格局，更好地满足各国人民学习中文的需求。

大会开幕式由教育部部长怀进鹏主持并致欢迎辞。怀进鹏表示在加快建设教育强国的过程中，中国将继续加强教育国际交流与合作，不断提高中国教育对世界教育的贡献度，构建面向全球的教育伙伴关系。国际中文教育是教育国际交流合作的重要组成部分，希望全球教育工作者和参与者通过本次大会积极建言献策，深化务实合作，为建设高质量的国际中文教育体系贡献智慧和力量。

开幕式上，智利前总统爱德华多·弗雷（Eduardo Frei）、阿联酋教育部长艾哈迈德·贝尔胡尔·法拉西（Ahmad Belhoul Al Falasi）、联合国教科文组织副总干事曲星、美国圣克劳德州立大学校长罗宾·瓦克（Robbyn Wacker）、马达加斯加驻华大使让·路易·罗班松（Robinson Jean Louis）、北京大学校长龚旗煌、厦门大学外籍教授潘维廉（William N. Brown）及来自德国的学生代表海洋（Daniel Rakewitsch）先后致辞，并播放来自世界各地教育合作伙伴的贺词。

开幕式现场展示了国际中文教育新项目、新品牌及特色项目成果，与会嘉宾一同为2022年"汉语桥"世界中文比赛全球总冠军颁奖，并启动2022年国际中文教育大会暨交流周和"汉语桥"冬令营活动。

此次大会暨交流周以"构建国际中文教育高质量发展新格局"为主题，采取线上和线下相结合的方式举办了11个平行论坛及30余项交流活动，来自90多个国家和地区近1800名有关政府部门、学校、企业、中文教育机构等各界代表参加大会。论坛和交流活动围绕中外语言交流合作、中文教学创新发展、"中文+职业技能"教育发展、国际中文教育数字化发展等议题展开，包括：中海语言文化论坛（12月10日，旨在进一步推动中国与海合会国家的语言教育和文化交流）、首届中外语言交流合作论坛（12月8日，论坛主题为"联系、沟通、理解——通过语言和文化建立信任与合作"）、各国中文教育创新发展论坛（12月9日）、"中文+职业技能"教育发展论坛（12月9日）、语言教育合作的时代价值智库论坛（12月9日）、国际中文教育数字化发展论坛（12月9日）、国际中文教育学院院长论坛（12月9日）、国际中文教育学术论坛（12月9日）、国际中文教育中外青年论坛（12月10日）、首届国际中文智慧教育研讨会（12月12日）、首届国际中文教育专业博士生论坛（12月3日），主要的交流活动有：非洲中文教育研讨会（12月14日）、欧洲中文教育研讨会（12月15日）、首届全球"汉语桥"俱乐部工作研讨会（12月15-16日）、第二届国际中文教育研究课题学术交流研讨会（12月18日）、"新汉学计划"博士生工作坊（12月18日）等。

56. 2022年国际中文教育大会平行论坛——首届中外语言交流合作论坛

2022年国际中文教育大会平行论坛——首届中外语言交流合作论坛于12月8日以线上线下相结合的方式在北京举办。论坛主题为"联系、沟通、理解——通过语言和文化建立信任与合作",来自世界各地的百余位专家学者、十余家语言文化机构代表出席。教育部中外语言交流合作中心主任马箭飞、阿联酋驻华大使阿里·扎希里出席论坛开幕式并致辞。

北京外国语大学文秋芳教授在论坛开幕式上发表题为"国家语言能力提升与人类命运共同体建设"的主旨演讲。她阐释了中国国家语言能力与个人语言能力的内涵与关系,介绍了中国国家语言能力发展状况,总结了国际中文教育近年来在发展方向、教育内容等方面的诸多变化,点明了语言与文化交流合作对促进对话协商、交流互鉴,以及构建人类命运共同体方面的作用。

圆桌论坛环节由北京外国语大学金利民教授主持,英国驻华大使馆文化教育公使衔参赞白怀德、韩国驻华大使馆公使衔参赞金辰坤、新航道中国故事研究院副院长斯明诚展开互动对谈。嘉宾们不仅介绍了各自机构的发展宗旨和成功案例,还分享了对未来语言学习方式、机构间交流合作方式的看法,强调了语言学习的意义,以及语言文化机构在"推动国际交流、促进民心相通"上发挥的重要作用。

为促进各国语言文化机构广泛深入交流,此次活动专门设置了四个分论坛,分别聚焦"语言文化机构在促进文化理解方面的作用——案例研究""语言教学和测试""教育合作、流动和交流的影响力""通过语言、艺术和文化合作"四大议题展开讨论。阿塞拜疆议会议员索尔坦·马马多夫在分论坛上致辞。澳门城市大学校长刘骏,匈牙利罗兰大学副校长郝清新,北京塞万提斯学院院长伊莎贝尔·塞韦拉,北京德国文化中心·歌德学院(中国)德语教学合作处主任杨佳芝,意大利教育中心邢建军,复旦大学任嘉洛,土耳其尤努斯·埃姆雷学院教学部主任亚古兹·卡尔塔勒奥卢,北京师范大学肖向荣,中国工合国际委员会主席柯马凯,北京语言大学徐宝锋,汉考国际教育科技(北京)有限公司董事长兼总经理李佩泽,北京多豆科技有限公司创始人窦敬壹,北京外国语大学俄语学院院长、俄语中心主任戴桂菊,俄语学院副教授琳娜·马尔卡索娃,中国外语与教育研究中心专职研究员张天伟,中国外语与教育研究中心博士罗凯洲,亚洲学院阿塞拜疆语教研室主任阿格申·阿利耶夫等分别做主题发言。分论坛专题发言议题广泛、内容丰富。各方通过分享与对话,分享了成功案例,加强了互动沟通。

在此次论坛上,由中外语言交流合作中心发起,英国文化教育协会等十家国际语言机构共同响应的《国际语言交流合作联合倡议》重磅发布,倡议发布环节由中外语言交流合作中心副主任杨军主持。《国际语言交流合作联合倡议》系统全面地阐述了语言文化机构的使命与责任，提出了机构间交流合作的基本原则和方法，这对于增进各国人民之间的相互理解与信任，促进全球文化多样性发展和人类文明交流互鉴，推动构建人类命运共同体具有重要意义。

此次合作论坛由中国教育部中外语言交流合作中心主办，北京外国语大学、外语教学与研究出版社承办。各国语言文化机构在全球范围内首次相聚一堂，为推动文明交流互鉴创造条件，具有令人振奋的开创意义。

大会期间，外研社举办了国际中文教育资源展，展出了"理解当代中国"国际中文系列、"长城汉语"系列、"故事里的中国"系列、阿联酋K12中文教材系列等教材、读物，以及"中华思想文化术语传播工程"项目重点出版成果。

57. 国际中文教育学术论坛暨世界汉语教学学会2022年学术年会

国际中文教育学术论坛暨世界汉语教学学会2022年学术年会于12月9日在北京国家会议中心举办。此次活动由世界汉语教学学会和北京师范大学联合主办，是2022年国际中文教育大会的一场重要活动。以"创新与融合：国际中文教育的数字化、标准化与多元化"为主题，设置特邀报告、学术交流和专家对话等环节，中外数百名专家学者通过线上线下相结合的方式参会交流。

中外语言交流合作中心党委副书记宋永波，世界汉语教学学会会长、天津师范大学校长钟英华和北京师范大学副校长周作宇等出席开幕式并致辞。开幕式由北京师范大学国际中文教育学院院长冯丽萍主持。钟英华和北京师范大学教育学部部长朱旭东分别以"国际中文教育新需求新发展"和"地缘教育学视阈下的国际中文教育的价值"为题作大会特邀报告。

在学术交流环节，澳大利亚中文教师联会主席李复新从政策发展、学科建设、教师培养和教材研发等方面探讨了澳大利亚中文教育面临的挑战与合作的机遇；世界汉语教学学会副会长、北京语言大学教授崔希亮基于学科性质和内涵，从本体论、方法论、认识论和工具论的角度分析了国际中文教育应重点关注和研究的问题；北京师范大学珠海校区国际教育事务长陈曦认为，新时代的"国际中文教育"应在教师、教材、教学法上着力创新，通过语言规划放眼于全球语言生活治理；北京语言大学编审梁宇梳理了全球中文数字教学资源建设的特点，基于教学实际，提出数字资源建设中的易用性、有用性、公平性、包容性、迭代性和持续性问题；中国政法大学副教授宋春香阐释了国际中文教育标准推广与本土教材研发相融合的政策对话路径、教师研学路径和产学合作路径；国家开放大学教师曹晓艳以国家开放大学华侨学院开展的面向华裔青少年的文化游学项目为例，在分析信息技术与课程融合理论视域下情感环境构建的理念、设计和落实过程的基础上，提出了信息技术环境下情感环境构建的策略；北京体育大学教师刘路通过自主构建的互动分析框架，考察分析了国际中文录播式微课的互动性体现及其提升策略；北京语言大学"新汉学计划"博士生本赫力法·法杜娃（突尼斯）从历史渊源、语言特点和现实价值等方面对汉语和英语绕口令进行了系统考察；清华大学"新汉学计划"博士生史惠善（韩国）借助CRITIC权重法测算了文言文词汇的重要度，对其进行了排序和分级，并尝试构建文言文词表。北京大学教授李玮介绍了语音、词汇、语法在网络传播空间中的巨大变异，并从媒介进化论的角度进行了解读；北京语言大学教授李宇明指出，"学中文"是"用中文"的基础，"用中文"是"学中文"的目的，并强调"用中文"就是要大力发展"中文＋X"教育，最终实现中文"目的语＋工具语"的双重价值；北京师范大学教授宋继华阐述了促进《长城汉语》发展的学术动力与技术驱力；英国理启蒙大学教授张新生重点探讨了新阶段推动国际中文教育高质量发展的要素；北京外国语大学文秋芳教授重点探讨了国际中文教育培养外籍传播人才的初步构想；北京师范大学教授李春雨指出，后疫情时代，"深度"与"温度"是中华文化传播的内容与姿态，将成为中外文明对话的重要支点。

专家对话环节由世界汉语教学学会常务理事、中国人民大学教授李泉主持，崔希亮、文秋芳、李春雨和宋继华围绕如何培养"中文＋"人才展开交流，专家一致表示各展所长、强强联合是满足学习者多样化需要的最佳路径，同时就"中文＋"教学中拼音和汉字分离的可行性进行了深入探讨。此外，五位专家还就线上线下参会者所提出的问题，进行了自由讨论和充分交流。

闭幕环节，崔希亮分别总结了17位报告者的主要观点，并就世界汉语教学学会"汉教讲说"学术研究系列讲座、典型工作案例选编和纪念学会成立35周年文集等近期工作进行了简要介绍。

58. 国际中文教育学院院长论坛

国际中文教育学院院长论坛于12月9日上午在线上举办。论坛由世界汉语教学学会、全国汉语国际教育专业学位研究生教育指导委员会（教指委）秘书处主办，北京大学对外汉语教育学院承办，是2022年国际中文教育大会平行论坛之一。论坛的主题为"国际中文教育人才培养创新发展"，由北京大学对外汉语教育学院院长赵杨主持。邀请14位国际中文教育学院负责人和知名专家在线进行交流研讨。

各位与会专家结合所在院校的典型工作经验及其个人研究成果，围绕《国际中文教师专业能力标准》与师资队伍建设、中外合作培养国际中文教育专业人才、国际中文教育学科建设与未来领军人才培养、教育"数智化"发展和国际中文教育人才培养、面向"中文＋"的国际中文教育人才培养等5个分议题展开研讨。

专家们一致认为，专业人才培养对国际中文教育事业高质量发展起到关键性支撑作用。

为实现国际中文教育高层次人才培养创新发展，各培养单位要充分发挥主体作用，重视对国际中文教育需求和发展动态的前瞻性研究，找准定位，用好自身资源优势，以需求和应用为导向，因校制宜、特色化发展，以更好地回应教育技术革新和海外日益多元的中文学习需求为专业人才培养带来的新命题。在本土师资培养方面，既要加强对来华留学生培养质量的重视和要求，又要开拓思路，积极探索与国外教育机构合作，实现专业师资"本土化"培养。

2022年新版学科目录公布，增设国际中文教育博士专业学位，标志着本硕博贯通的人才培养体系正式建成，为紧缺高端专业人才培养和学科发展奠定了坚实基础。面向未来，国际中文教育未来领军人才培养应加强职业导向，突出实践特性，以输送教学、科研能力兼备的卓越国际中文教育工作者为目标，做好规划设计，优先资源配置，为专博人才培养工作开好局。

论坛最后，赵杨院长代表北京大学对外汉语教育学院发出成立国际中文教育学院院长联席机制倡议，号召加强国际中文教育学院之间联系，凝聚共识、形成合力，为国际中文教育科学体系、学术体系和话语体系建设作出积极贡献，获得与会院长的一致响应。

海内外269个国际中文教育培养单位或机构的471位本领域教育工作者报名参与了院长论坛。

59. 2022年国际中文教育中外青年论坛

2022年国际中文教育中外青年论坛于12月10日在国家会议中心举办。中外语言交流合作中心副主任杨军出席论坛并致辞。来自中国、美国、俄罗斯、韩国、西班牙、巴基斯坦、古巴等11国的21名"汉语桥"比赛获奖者、国际中文教师奖学金获得者、"新汉学计划"博士生和国际中文教育志愿者，围绕"构建国际中文教育高质量发展新格局"主题线上、线下发言。线上、线下参与人数近百人。

60. 第六届汉语语言与话语国际研讨会

第六届汉语语言与话语国际研讨会于12月9-10日在澳门大学召开。此次会议由澳门大学人文学院中国语言文学系、香港理工大学人文学院中文及双语学系主办，澳门语言学会、中国逻辑学会语用学专业委员会、*Chinese Language and Discourse*（期刊）协办。会议的主题为"多语和多元话语：聚焦大中华区及海外华人"。开幕式由澳门大学王珊老师主持，澳门大学徐杰教授、香港理工大学魏城璧教授先后致开幕词。

会议共设9场主旨报告和16个分会场报告，来自中国内地、香港、澳门、台湾及美国、英国、荷兰、法国、韩国、葡萄牙、澳大利亚、印度尼西亚等国家和地区的110名专家学者报告了最新研究成果。

会议主旨报告有：澳门大学袁毓林教授探讨了多声性标记「并」的反向并列意义及其历史来源；美国加州大学洛杉矶分校的陶红印教授从立场协调中音律手段的使用审视话语互动中的多声现象；美国宾夕法尼亚州立大学陆小飞教授从理论与应用层面探讨基于搭配的汉语短语层面句法复杂度指针及其与二语汉语水平和写作质量的关系；香港理工大学李楚成教授从书写出发对汉文笔谈和笔杆面谈进行分析；新加坡南洋理工大学陆镜光教授介绍了纯粹构式语法及其在汉语中的应用；哈尔滨工业大学车万翔教授介绍了基于预训练语言模型的自然语言处理新范式；南京大学陈新仁教授阐释了中国餐饮文化中敬酒的表现和关系角色；广东外语外贸大学冉永平教授分析了网络谴责话语及其社会语用理据；复旦大学祝克懿教授考察了修辞能力的意义结构与社会功效。

100多位专家学者在分会场的报告围绕"话语与传播媒介""话语与身份建构""互动话语""词汇语义""语法语义""构式研究""语言教学""翻译"等话题进行分享，会议还特设学生优秀论文奖评选专场和多模态话语分析专场。

61. 第十三届全国语文辞书学术研讨会暨第七届工具书和百科全书学术研讨会

第十三届全国语文辞书学术研讨会暨第七届工具书和百科全书学术研讨会于12月10日以线上方式在北京举行。会议由中国辞书学会语文辞书专业委员会、中国编辑学会工具书和百科全书编辑专业委员会、全国语言与术语标准化技术委员会辞书编纂分技术委员会联合举办，人民教育出版社承办，中国社会科学院辞书编纂研究中心、中国大百科全书出版社、全国科学技术名词审定委员会事务中心、商务印书馆协办，人民教育出版社承办。会议主题为"辞书百科条目与术语规范"，会议共有16场学术报告，对新时代新技术背景下的辞书百科条目与术语规范问题、融媒辞书理论与编纂实践及语文辞书专科条目等问题进行了深入且热烈的研讨。

在开幕式上，人民教育出版社党委书记、社长黄强，中国编辑学会会长郝振省，中国辞书学会会长李宇明，全国语言与术语标准化技术委员会副主任裴亚军，中国社会科学院语言研究所党委书记、辞书编纂研究中心主任陈文学分别致辞。

在"老辞书人寄语"环节，《现代汉语词典》的编写者和修订主持人，中国社会科学院语言研究所词典编辑室原主任韩敬体、晁继周两位先生回顾了辞书工作经历和学会成立历史，寄语中青年辞书工作者，要继承和发扬吕叔湘、丁声树等老一辈辞书家的精神，辞书工作要有创新意识和敬畏之心。

大会安排16场专题学术报告，来自中国编辑学会、中国社会科学院语言研究所、中国科学院动物研究所、全国科学技术名词审定委员会、北京大学、北京师范大学、复旦大学、广东外语外贸大学、鲁东大学、中国大百科全书出版社、商务印书馆、外语教学与研究出版社、科学出版社、上海辞书出版社等专家就语文辞书专科条目修订、术语规范与辞书编纂、百科条目与术语规范、动植物名称规范、英语词典新词收录等问题交流了研究体会。中国辞书学会副会长、语文辞书专业委员会主任、中国社会科学院语言研究所研究员谭景春在会上作了题为"词类标注对词典释义的促进作用"的学术报告。

商务印书馆余桂林、吕海春，中国社会科学院语言研究所储泽祥、王楠先后主持学术报告，听众反响积极。

研讨会设置"多人谈"环节，设立两个议题，邀请出版社的社长、总编辑以及研究机构的辞书编纂专家作为嘉宾参加讨论。中国大百科全书出版社刘祚臣、气象出版社王存忠、化学工业出版社潘正安、上海辞书出版社陈崎、四川辞书出版社王祝英等5位专家就"百科条目与辞书编写"议题进行探讨。中国社会科学院语言研究所李志江、语文出版社王翠叶、外语教学与研究出版社刘捷、测绘出版社李国建、崇文书局王重阳等5位专家就"术语规范与辞书编写"议题做了交流。大家分享了《中国大百科全书》《辞海》《汉语大字典》等品牌辞书编修、科技词条编修及其语词化、术语规范以及中华思想文化术语整理和翻译经验，对术语规范的研制、落实等方面都提出了很好的建议。中国大百科全书出版社胡春玲、人民教育出版社黄攀伟分别主持访谈，访谈气氛热烈。

中国辞书学会语文辞书专业委员会副主任、人民教育出版社辞书编辑室主任谢仁友在闭幕式上做会议总结。中国辞书学会副秘书长、语文辞书专业委员会秘书长杜翔主持闭幕式。这次会议由辞书学会、编辑学会、语标委三大学术团体联合相关机构领导、专家"跨界关联"，聚焦"辞书百科条目与术语规范"这一鲜明主题，理论与实践方面都有很多创获，为今后各方的持续深入合作搭建了宝贵平台。

62. 2022 国际中文教育智库论坛

2022国际中文教育智库论坛于12月13日在线上召开。论坛由中国传媒大学主办，中国传媒大学国际中文教育传播研究中心、瑞士卢加诺大学媒介与新闻研究所联合承办。来自中国传媒大学、瑞士卢加诺大学、英国兰卡斯特大学的专家参加此次论坛。活动由中国传媒大学周亭教授主持。

中国传媒大学副校长段鹏教授和瑞士卢加诺大学研究员张展致辞。

围绕"国际语言推广中心与跨文化交流"这一议题，三位专家学者分别展开主题演讲。中国传媒大学修春民老师介绍了德国歌德学院展开的语言文化活动，并与孔子学院比较，就此解释语言文化机构在国家形象的他形象与自形象的构建作用。瑞士卢加诺大学研究员张展重新审视当中文汉语学习的热情减退的背景下，中国在欧洲吸引力的重构。英国兰卡斯特大学孔子学院外方院长曾敬涵从去殖民化视角解读国际中文教育在英国的发展，以及中文教育在英国的发展空间。

此次论坛在贸易全球化、中国国际地位逐渐上升的背景下，从去殖民化、地缘政治、公共外交等多个视角探讨了国际中文教育在海外的发展状况，肯定了语言教育在促进全球化、构建多元积极的国际关系中的作用。专家学者们根据现实分析，总结提出国际中文教育所面临的挑战困境和发展路径，为国际中文教育的未来发展和中国国际形象的提升贡献智慧。

63. 第十七届全国人机语音通讯学术会议（National Conference on Man-Machine Speech Communication，NCMMSC2022）

第十七届全国人机语音通讯学术会议（National Conference on Man-Machine Speech Communication，NCMMSC2022）于12月15－17日在线上召开。会议由中国计算机学会和中国中文信息学会联合主办，科大讯飞股份有限公司、中国科学技术大学和语音及语言信息处理国家工程研究中心联合承办。此次大会同时为中国计算机学会语音对话与听觉专委会的学术年会（CCFTFSDAP）。

科大讯飞AI研究院副院长高建清主持开幕式，科大讯飞董事长刘庆峰、北京工业大学鲍长春教授、天津大学党建武教授分别发表了致辞，中国科学技术大学凌震华教授做了会议情况介绍。

此次大会邀请了4位知名学者做大会报告，主题包括"人机对话关键技术"（哈尔滨工业大学秦兵教授）、"Towards a prototype model of super-healthy talks by 85－100 old adults"（北京外国语大学顾曰国教授）、"科大讯飞语音技术前沿进展"（科大讯飞潘嘉）和"超导量子计算进展"（中国科学技术大学朱晓波教授）。

大会组织了3场教程报告，主题包括"深度生成模型在语音合成中的应用"（微软亚洲研究院谭旭）、"复杂场景说话人识别方法"（清华大学王东副研究员，北京邮电大学李蓝天副教授）和"Quantum Machine Learning：Theoretical Foundations and Applications on NISQ Devices"（复旦大学祁均助理教授）。

大会邀请了6位语音领域的优秀青年学者做论坛报告，主题包括"基于信息解耦的端到端语音识别系统和高效语言模型自适应"（上海交通大学长聘教轨副教授 陈谐）、"预训练模型在语音处理中的应用"（微软亚洲研究院 刘树杰）、"多模态语音感知与理解的脑环路机制"（中国科学院心理研究所研究员 杜忆）、"低资源小语种语音识别与分析"（清华大学副研究员 张卫强）、"多线索驱动的半监督目标说话人分离"（中国科学院自动化研究所副研究员 许家铭）、"面向复杂场景的鲁棒声纹识别及其关联任务研究"（昆山杜克大学电子与计算机工程长聘副教授　李明）。

各场报告内容具有前瞻性、新颖性与交叉性，为语音和语言技术领域的研发人员提供很好的借鉴和参考。此外，大会还举行了优秀学生论坛、工业论坛和专题技术沙龙等活动。

此次大会共收录投稿论文 117 篇，覆盖语音识别、语音合成、话者识别、情感识别、声学信号处理、语音学等语音领域重要方向。会议录用论文均在线进行了论文宣讲。此次大会还设有"面向蒙古语的低资源语音合成竞赛"特殊议题。共有 13 支队伍提交了结果进行评测，在特殊议题议程上 7 支队伍做了精彩的技术方案分享。

闭幕式上，北京工业大学鲍长春教授做会议总结报告，并公布了最佳论文、最佳报告等奖项评选结果。天津大学党建武教授致闭幕词。

64. 2022 汉语语料库建设研讨会

2022 汉语语料库建设研讨会于 12 月 17 日举办。会议由中国社会科学院语言研究所、中国社会科学院语言研究所语料库暨计算语言学研究中心主办。会议以线上形式召开，来自中国社会科学院、北京大学、南京农业大学、南京师范大学、中华书局等机构的 20 余位专家学者参加了研讨会。中国社会科学院语言研究所所长张伯江研究员致开幕词。

会议共有 5 位学者进行了主旨发言：俞敬松《古籍语料库建设的基础工具研究与设计》、王东波《基于预训练模型的古籍智能化信息处理研究》、李斌《先秦语料库的构建和应用》、朱翠萍《古籍数字化产品、技术和培训服务》、张永伟《面向古汉语研究的古代汉语语料库建设构想》。

会议展示了不同高校和公司在古籍智能化信息处理领域的最新成果。报告结束后，会议进行了简短的讨论，就当前古汉语语料库在哪些方面对古汉语研究的支持存在不足，古汉语语料的采集、加工处理的人员招聘、组织、培训、信息系统支持、智能识别校对支持的问题，古汉语语料版权等问题展开了深入讨论。

65. 首届友好城市语言文化交流合作论坛

首届友好城市语言文化交流合作论坛于 12 月 22 日在线上举办。论坛以"语言为媒　特色发展　深化友城合作"为主题。教育部中外语言交流合作中心副主任胡志平出席论坛并致辞。来自赞比亚、意大利、法国、瑞典和中国的有关友好城市的市长、官员及相关教育文化机构和企业代表、专家等在线参会。

在主旨报告环节，清华大学国家形象传播研究中心主任范红教授作了题为"语言文化传播与城市品牌形象打造"的演讲，中文联盟主席王锦红介绍了国际中文教育新发展和网络中文课堂、中文学习测试中心等新项目、新成果。

在论坛嘉宾发言环节，多位友城代表分享了开展中文教学的成功范例和正在实施的计划。赞比亚卢萨卡市长奇兰多·奇坦加拉分享了卢萨卡市与中国山东德州市、江苏南京市通过语言文化交流加深友好城市互动的经验。意大利威尼斯前副市长劳拉·芬卡托表示，很高兴看到中文教学促进了威尼斯和苏州之间开展的友好城市互动，让两城市民及年轻人有更多直接接触和交流的机会。

上海市虹口区副区长陈帅欢迎语合中心"HSK中文学习测试中心"落户"世界会客厅"，为在沪各国朋友学习中文提供便利。甘肃兰州市委常委、副市长白喜林希望通过语言文化合作加强兰州同世界各国、各地区的交流合作。黑龙江哈尔滨市副市长蒋传海希望在语合中心的支持和指导下，提升哈尔滨城市国际形象、讲好中国故事哈尔滨篇章。陕西省安康市副市长柴丽希望能通过与语合中心的合作，助力安康城市品牌国际化发展。贵州省贵阳市宣传部副部长戴建伟围绕中华优秀传统文化"阳明文化"，就开展"中文+特色城市"项目提出了方案和建议。

在自由交流环节，北京市教育国际交流协会会长黄侃认为，"中文+城市"可以更好地凸显城市特色。瑞典斯德哥尔摩瑞中交流协会会长王梅从开拓瑞典国际中文教育新格局的角度出发，介绍了斯德哥尔摩中文教学现状及发展规划。新加坡国立大学李光耀公共政策学院副教授顾清扬提出，国际中文教育应"沉下去"与企业相结合，与城市相结合，提供更贴心的服务。赞比亚中国友好协会秘书长姆泰萨介绍了中赞悠久的友好交往历史，强调语言学习与文化交流对促进两国合作的积极作用。

与会代表认为，该届友好城市语言文化交流合作论坛以全球化为背景，以国际中文教育合作为载体，为进一步深化友好城市的伙伴关系开阔了视野，拓宽了新的合作渠道和领域。大家希望以此论坛为契机，打造与中外地方政府长期合作的特色交流新机制，发挥城市特色优势，凝聚"中文+"更多资源和力量，为国际中文教育高质量发展、为构建人类命运共同体贡献力量。

66. 第四届中国社会语言学高端论坛

第四届中国社会语言学高端论坛于12月23－25日在线上举办。论坛由中国语言学会社会语言学分会主办、江西师范大学外国语学院承办、上海外语教育出版社协办。此次论坛在译直播平台设主会场、腾讯会议设分会场，共223位专家学者、与会代表相聚"云端"，逾13000人次进入直播平台和腾讯会议专题论坛观看。

该届论坛主题为"社会语言学跨学科发展研究"，旨在整合国内社会语言学研究的学术资源，推动中国社会语言学研究的深入发展，同时为广大专家学者提供一个学术交流的平台、促进不同分支学科相互借鉴、不同学者之间相互切磋、共同进步。

江西师范大学副校长董圣鸿教授，中国语言学会社会语言学分会会长田海龙教授分别致开幕词。共有 10 位专家学者受邀作了主旨发言，发言主题涵盖变异社会语言学、体认社会语言学、国家语言政策与语言意识形态、语言法治现代化与国际化以及外语中文译写等热点议题，既彰显了当下社会语言学研究领域的前沿课题，也契合中国式现代化进程中社会语言学的历史使命。专家们紧紧围绕论坛主题，以极强的时代使命感和历史责任感，从语言服务、国家安全、全球语言治理等战略高度强调了社会语言学在提升国际话语权、塑造国家形象、构建新时代中国特色社会主义话语体系方面所应发挥的巨大作用。专家们的主旨发言学理深厚、高屋建瓴，有力推动了我国社会语言学事业的深度发展。

本届论坛还组织了 20 场专题论坛，共有 213 位来自全国各地的与会代表进行发言。发言主题涉及言语社区与身份建构研究、传媒话语与网络话语研究、新闻话语与政治话语研究、文体特征与功能研究、语言变异研究、方言研究、跨文化研究、外语服务研究、语言政策与规划研究、语言景观研究等众多议题。与会代表围绕各论坛主题，从不同学科视角、不同研究界面介绍了自己的最新研究成果。专题论坛讨论环节代表们踊跃发言，并通过在线视频、腾讯会议聊天室、微信群等进行了热烈讨论。

67.《现代汉语词典》专科条目研讨会

《现代汉语词典》专科条目研讨会于 12 月 25 日在线上举行。研讨会由中国社会科学院辞书编纂研究中心主办、全国科学技术名词审定委员会事务中心承办。会议就《现代汉语词典》专科条目的编写要求、组织工作、理论探讨、意见建议等方面内容做了交流。中国社科院语言所党委书记、辞书中心主任陈文学，语言所所长张伯江，全国科技名词委专职副主任、事务中心主任裴亚军，语言所纪委书记、副所长李爱军，语言所副所长、辞书中心副主任白晓丽出席会议。辞书中心、全国科技名词委和课题组等 50 多人参加了此次会议。《现代汉语词典》专科条目研讨会在线上举行。会议由中国社会科学院辞书编纂研究中心主办，全国科学技术名词审定委员会事务中心承办。会议就《现代汉语词典》专科条目的编写要求、组织工作以及相关理论问题进行了交流。

陈文学指出，面对新时代新技术的挑战，我们从辞书编纂研究拓展到辞书生活的研究，融媒辞书理论与编纂实践成为辞书研究的方向。语文辞书中的专科条目既是语文辞书中不可或缺的内容，也是融媒辞书拓展内容的主要方面。《现代汉语词典》专科条目研究是语言所"十四五"重大科研项目"《现代汉语词典》初稿稿片整理与融媒体辞书内容研究"的子课题之一，全国科技名词委为这项工作组建了专门的工作团队。为这项工作的推进提供了可靠依托，也为语言所和名词委两家单位今后的常态化合作搭建了宝贵平台。

裴亚军指出,《现代汉语词典》是我国第一部规范型词典,也是国家著作,是全民工具书。由名词委来牵头组织《现代汉语词典》专科条目研究课题,既是科技名词规范化工作践行"四个面向"指导思想的重要举措,也是科技名词规范化工作支撑服务科技创新、支撑服务国民经济发展、支撑大众创业万众创新战略定位的重要体现,将极大促进科技名词规范化工作成果转化应用的能力和水平。名词委一定尽力提供支撑条件,把语言所委托的这项重要任务完成好。

《现代汉语词典》专科条目编写要求与组织工作环节由语言所词典室副主任王伟主持。词典室主任杜翔介绍了《现代汉语词典》专科条目概况与编写要点。词典室潘雪莲分享了《现代汉语词典》专科条目项目推进的几点思考。名词委事务中心副主任、课题负责人张晖介绍了《现代汉语词典》专科条目研究规划与组织工作。

《现代汉语词典》专科条目理论探讨环节由南京理工大学卢华国主持。鲁东大学冯海霞和南方医科大学蒋文凭分别报告了《术语的层级性及其在〈现代汉语词典〉中的收释研究》和《〈现代汉语词典〉融媒发展视野下的专科条目修订》。

《现代汉语词典》专科条目意见建议环节由张晖主持。科学出版社钱俊和顾英利(自然科学条目)、北京师范大学余恒(天文名词)、中国科学院动物研究所张劲硕(动物条目)、名词委霍春雁(植物条目)、名词委史金鹏(工业条目)、名词委余前帆(信息技术条目)、科学出版社马晓伟(医药条目)、军事科学院曹洪豫和王晋生(武器条目)等涉及理、工、农、医、军事等学科的专家就《现代汉语词典》专科条目的情况做了交流。

张伯江在会议总结中指出,几十年前,仰仗各个学科各个领域的专家,跟语言所的专家一起,共襄盛举,编成了《现代汉语词典》。感谢专家们在研讨中发表的精彩观点,大家不仅提出关注词典内容的科学性,还从《现代汉语词典》的特点出发,在行文表述上提出修改意见。专题报告中提出的词典用户驱动理念和融媒理念,辞书编纂与术语规范的互动,学科间的碰撞与协调,学科义征和普通义征的平衡,为《现代汉语词典》今后工作指明了努力方向。《现代汉语词典》不仅是语言所的产品,更是汉语文化的重要标记,需要大家共同维护。

68. 第七届语言服务高级论坛

第七届语言服务高级论坛于12月27日举办。论坛以"语言服务与数字中国"为主题,北京、广州、武汉三地联动、共同举办。教育部语言文字信息管理司、教育部语言文字应用研究所、国家开放大学、华中师范大学、广州大学等单位负责同志参加论坛并致辞,来自内地和港澳地区的20余位知名专家作主旨报告。

开幕式上,"国家语言资源服务平台"(http://fw.ywky.edu.cn/)正式上线发布。论坛还发布了《中国语言生活状况报告(2022)》、《中国语言政策研究报告(2022)》、《世界语言生活状况报告（2022）》、《粤港澳大湾区语言服务发展报告（2022）》四部皮书。其中，《粤港澳大湾区语言服务发展报告（2022）》是我国首部区域语言服务专题皮书。

该届论坛由广州大学、教育部语言文字应用研究所、华中师范大学、商务印书馆、中国教育电视台主办，国家语言服务与粤港澳大湾区语言研究中心（广州大学）、国家语言资源监测与研究网络媒体中心（华中师范大学）、中国语言资源开发应用中心（商务印书馆）、国家语委科研机构秘书处、广州大学人文学院承办。

69.《现代汉语词典》专项内容研讨会

《现代汉语词典》专项内容研讨会于12月28日在线上举行。会议由中国社会科学院辞书编纂研究中心、语言研究所语料库暨计算语言学研究中心联合主办。语言研究所党委书记、辞书编纂研究中心主任陈文学，语言研究所纪委书记、副所长、语料库暨计算语言学研究中心主任李爱军，语言研究所副所长、辞书编纂研究中心副主任白晓丽，商务印书馆副总编辑余桂林出席会议。辞书编纂研究中心、语料库暨计算语言学研究中心人员和课题组成员等40多人参加了会议。

陈文学在讲话中指出，子课题承担的团队和负责人是在全国范围内遴选的，以学术领航，以项目研究为抓手，初步形成了《现代汉语词典》研究的核心团队。会议交流的内容都是词典编纂中的难点热点问题，大家在这些方面已有很好的研究基础，希望大家聚焦《现代汉语词典》编纂实践并拓展学理研究，为《现代汉语词典》修订提供科学可靠的依据，期待大家的研究成果最终以专著形式收入《现代汉语词典》研究丛书，为推动"现汉学"和我国辞书学的繁荣发展做出更大贡献。

《现代汉语词典》专项内容的总论板块有两个报告。词典编辑室杜翔介绍了"现汉学"研究与《现代汉语词典》编纂情况。广东外语外贸大学、南方医科大学蒋文凭展望了《现代汉语词典》融媒辞书研究的前景。

《现代汉语词典》专项内容的分论板块有7个报告。北京语言大学朱宏一（语音规范）、河北师范大学袁世旭（同义注释）、鲁东大学冯海霞（名词释义）、陕西师范大学曾柱（新词新义）、山西省社会科学院语言研究所安志伟（成语熟语）、词典编辑室张亮（虚词）、全国科技名词委张晖（专科条目）就《现汉》内容各组成板块的研究做了专题交流。

中国社会科学院学部委员、《现代汉语大词典》主编、《现代汉语词典》第6版修订主持人江蓝生先生在观摩会议后应邀发来书面发言："谢谢兄弟单位的同行专家对《现代汉语词典》的厚爱，各位的宝贵意见对我们很有启发，使我们开阔了眼界。相信大家的研究成果一定能推动《现代汉语词典》在原有基础上更上层楼。"

余桂林肯定了《现代汉语词典》内容专题研究的方式，希望各位专家一定注意理论和实践相结合，成果最后都得落实到词典修订当中，对修订确有帮助，体现理论研究效益和效率。

李爱军在会议总结时指出，专题研讨会得到了学界同人和语言研究所科研人员的大力支持。语料库暨计算语言学研究中心的一个重要任务和职责就是为词典研究、词典编纂提供数据服务，提供平台支撑。目前，人工智能和自然语言处理技术出现新突破，研究中心将认真做好调研、做好服务未来的工作，持续关注辞书研究的需求，为我们辞书的创新发展提供了更好的技术手段，推动辞书编写、辞书服务、融媒体辞书的发展。

70. "修辞创造与汉语发展演进"全国学术研讨会暨中国修辞学会2022年年会

"修辞创造与汉语发展演进"全国学术研讨会暨中国修辞学会2022年年会于12月30日在线上举行。会议由中国修辞学会主办、北京大学中文系承办。北京大学中文系主任杜晓勤教授，中国修辞学会会长、复旦大学中文系吴礼权教授分别致开幕词。来自北京大学、复旦大学、北京师范大学、吉林大学、武汉大学、四川大学、大连理工大学等全国70多所高校和科研单位的近150名学者与会。

专题学术演讲有：北京大学中文系孙玉文教授的《王维的〈九月九日忆山东兄弟〉中的"登高处"》、武汉大学罗积勇教授的《沈祖棻诗词比兴论析》、北京师范大学孙银新教授的《现代汉语动词性词语带比喻义研究》、四川大学杨光荣教授的《"修辞审美"协同诸问题》、河北大学郭伏良教授的《马来西亚华文报刊词汇特点管窥》、黑龙江大学殷树林教授的《当前我国立法语言中的但书研究——兼论我国立法中但书表达的技术规范》、广西大学温科学教授的《国际话语博弈中的修辞创造》、福建师范大学祝敏青教授的《解构性：汉语修辞格的审美特性》、暨南大学陈毅平教授的《〈西游记〉韦利英译本修辞研究》、江西师范大学李勇忠教授的《"讲好中国故事"的叙事修辞学进路》、河北大学蒋静忠教授的《形容词定语的逆向指向及其修辞机制》。

8位青年教师及青年学人在"青年学者论坛"专场作了报告：井冈山大学曾海清教授的《〈红楼梦〉语气词连用的修辞学作用》、华北水利水电大学闫亚平副教授的《从汉语口语构式的浮现看修辞与语法的互动》、大连理工大学郭晓郁副教授的《来华留学生汉语政治话语隐喻理解能力调查研究》、北京大学中文系雷瑭洵老师的《古汉语形容词使动、意动用法的语法修辞机制——兼论骈耦排比对语法的影响》、新疆大学博士生杨淇的《构式"X尽头是Y"的多维理解》、华中师范大学博士生毛民生的《情态共鸣与修辞—立场三角的互动生成》、鲁迅美术学院薛婧婧讲师的《中文儿童绘本修辞的多维表达》、海南师范大学硕士生郝怡萱的《回复"差评"的客服修辞之道》。

闭幕式由中国修辞学会副会长、大连大学李索教授主持。北京大学孙玉文教授与吉林大学徐正考教授致闭幕词。

学者介绍

李荣先生学术经历

沈 明

李荣（1920年2月4日至2002年12月31日），曾用名李昌厚，笔名董少文、宋元嘉等。

李荣先生1920年2月4日出生于浙江省温岭县新河镇，先后就读于温岭县临海中学、杭州高级中学、台州中学高中部，1939年以优异成绩考入西南联合大学中国文学系，1943年考入北京大学（昆明）研究院文科研究所语学部攻读研究生，1946年毕业。同年7月，进入北京大学文学院任研究助教，1949年8月，进入青岛山东大学文学院任副教授。1950年9月，调入中国科学院语言研究所（今中国社会科学院语言研究所），历任副研究员、研究员、博士生导师。先后担任方言研究组负责人、语言研究所副所长、所长，全国汉语方言学会会长（1995年前称"汉语方言学会"）、《方言》季刊主编、《中国语文》杂志编委。曾任第七届全国政协委员、国家语言文字工作委员会委员、国务院学位委员会学科评议组成员、国家社科基金项目语言学评审组成员等职务。

李荣先生毕生献身于语言学事业，在音韵学、方言学、语法学、文字学、词典编纂等领域均有突出成就，尤其是在现代汉语方言学及学科体系建设方面作出了杰出的贡献。

李荣先生是公认的中古音研究大家。音韵学研究成果主要有《切韵音系》（中国科学院，1952；科学出版社，1956年再版）和论文集《音韵存稿》（商务印书馆，1982）。《切韵音系》利用现代汉语方言等材料，通过对《切韵》一系反切的精密考察，在音类的区分和音值的构拟上提出不少新见。书中说明《切韵》所代表的中古音韵系统，全面分析了反切上下字的作用，并对若干等韵学的术语进行了解释，是汉语史、汉语音韵研究与教学的重要参考书，是切韵音系研究的经典著作。

《音韵存稿》（商务印书馆，1982）收录了李荣先生1955－1965年间发表的14篇音韵学论文，《隋韵谱》（1961、1962）、《隋代诗文用韵及〈广韵〉的又音》（1962）、《怎样根据北京音辨别古音的声母》（1962）、《怎样根据北京音辨别古音的韵母》（1963）、《〈广韵〉的反切和今音》（1964）、《从现代方言论古群母有一、二四等》（1965）、《读〈汉书·东方朔传〉》（1980）等，均具有重要的学术影响。

李荣与丁声树先生是新中国汉语方言事业的奠基者，引领了汉语方言研究的方向，确立了汉语方言调查研究的学术规范、话语体系，树立了朴实严谨的学风，培养出一大批成绩斐然的研究人才。在国内外享有崇高声誉，学界人称"丁、李"学派。

李荣、丁声树两位先生对汉语方言学的重大贡献体现在以下几个方面。

第一，确立学术规范、话语体系，树立朴实严谨的学风。

（1）重视实地调查，注重活的语料。把中国传统的音韵学、训诂学、文字学与西方现代的历史语言学、结构主义语言学相结合，建立起适合汉语方言语音研究的范式。《昌黎方言志》（科学出版社，1960；新一版，上海教育出版社，1984）调查一个县193个乡镇村的方言，涉及语音、词汇、语法，增加了方言分区、方言特征图。其深度与广度远远超出之前的单点方言调查报告，对日后方言调查研究产生了深刻而久远的影响。

（2）重视基础建设，编写、出版了系列工具书和教科书。代表性成果有，丁声树、李荣《方言调查字表》（署名是中国科学院语言研究所，科学出版社，1955；修订本，商务印书馆，1981）收录3810个兼顾南北方言的用字，标出音韵地位，使用者可以很快掌握方言语音的演变规律与结构特点。该书多次印刷，是汉语方言调查的必备工具。

丁声树、李荣《汉语方言调查简表》（署名是中国科学院语言研究所，1956）、《汉语方言词语调查条目表》（署名是中国社会科学院语言研究所方言研究室资料室，《方言》2003年第1期），收录兼顾南北方言的词语条目3000多条，是方言词语调查的必备工具。

丁声树、李荣《古今字音对照手册》（科学出版社，1958；新一版，中华书局，1981）收字3000多个，按照普通话韵母的顺序出字目，标注反切与音韵地位。准确实用，是音韵学、方言学研究者的案头必备。

李荣《汉语方言调查手册》（科学出版社，1957）介绍方言调查的程序，从准备调查资料、调查（记音、比字、注意文白异读、怎样记录词汇和语法例句）、整理调查语料到撰写方言调查报告，逐一示范。是指导方言调查的教科书。

丁声树撰文、李荣制表《汉语音韵讲义》（1956年；《方言》1981年第4期；上海教育出版社，1984）从方言的实际出发学习音韵学知识，从今音看古音。文字言简意赅，表格一目了然。每节附录练习题。"内容都是已知的，说法是全新的"（李荣，1989），在众多的音韵学著作中独树一帜，是公认的音韵学经典教材。

熟练使用国际音标是方言调查研究者的基本功。《本刊使用的国际音标》（1979）、《国际语音学会关于国际音标的说明》（1987）、《〈国际语音学会关于国际音标的说明〉补正》（1987）等，就国际音标的符号、意义作了说明，并补充了五度制标调法。

（3）树立实事求是、朴实严谨的学风。方言研究首先要调查，不能用印象代替调查。"摆事实，讲道理"，"调查要反映事实，研究要打开思路"。这些理念体现在《关于语言研究的几个问题》（《语文研究》1981年第1期）、《汉语方言学会成立大会开幕词》（《方言》

1982年第1期；《语文研究》1982年第1期)、《方言研究中的若干问题》(《方言》1983年第2期)等文章或发言中。

第二，完成重大基础工程建设。

(1) 李荣先生主持的"中国语言地图集"，是国家社科基金"六五"重点项目(1983 - 1987)。1983年由中国社会科学院与澳大利亚人文科学院签订合作协议，李荣任中方总召集人。1987年，《中国语言地图集》(署名是中国社会科学院、澳大利亚人文科学院，朗文(远东)出版有限公司，中文版1987，英文版1989)出版。《地图集》含汉语方言和民族语言分布图36幅，每幅图附有文字说明。该图集是汉语方言语音调查研究的集中体现，丰富了方言分区和分类理论，极大地推动了关于晋语、徽语、平话与土话的调查研究。该图集获得国家社科基金优秀成果奖、中国社会科学院优秀科研成果追加奖。

(2) 李荣先生主持的"现代汉语方言大词典"(分卷本)，是国家社科基金"八五"重点项目(1990 - 1995)。组织全国61位方言学者参加，出版了42种方言词典。选点涵盖汉语十大方言区。每种收录词语条目8000条以上，总字数2200万字。《现代汉语方言大词典》(分卷本，江苏教育出版社，1993 - 1998)1999年获得第三届国家辞书一等奖、第四届国家图书奖最高奖——荣誉奖。

(3) 李荣先生主持的"现代汉语方言大词典"(综合卷，1999 - 2001)在分卷本的基础上，整理、提炼成6大册，总字数1360万字。《现代汉语方言大词典》(综合卷，江苏教育出版社，2002)2003年获得第五届国家辞书一等奖、第六届国家图书奖一等奖。

《现代汉语方言大词典》分卷本、综合卷是汉语方言词汇、语法研究的集中体现，一直是汉语语言学各领域研究者经常使用的重要工具书。

上述成果，不仅对语言学研究，特别对汉语研究和少数民族语言研究具有重要的意义，还对民族学、人类学、考古学、历史地理学等相关学科的研究有重要的参考价值，并将随着时间的推移，越来越具有资源性价值。被认为是我国文化建设的"一项基础工程"，是"传世之作"，得到国内外学术界的广泛赞誉。

第三，积极推进学术交流，重视人才队伍建设。

1956年，受教育部的委托，组织开展"全国方言普查"工作。为完成这项任务，丁声树、李荣两位先生在1956 - 1957年共同主持了三期"普通话语音研究班"，培养了一批方言学人才。许多学员后来都成为方言学的中坚力量。

创建学术阵地，搭建学术交流平台。1979年创办《方言》季刊，1981年成立"汉语方言学会"(1995年改称"全国汉语方言学会")。

《方言》是世界上唯一一种刊发汉语方言调查研究成果的专业期刊。创刊伊始，就引领着全国汉语方言调查研究的方向。从调查语音为主到词汇、语法，从单纯音系调查到注意语流音变，从单点调查到区域性比较，从共时到历时，从纯语言研究到与地域文化结合，都呈现出前所未有的繁荣局面，推出了许多令人瞩目的成果，尤其是在方言分区、连读变调、文白异读等方面，极具理论与实践意义；在方言重叠、反复问句等专题上，拓宽了语法研究的视野。

全国汉语方言学会成立之初，就树立起朴实严谨的会风。李荣先生在成立大会开幕词（1982）中强调，方言研究第一是调查，"调查要反映事实，研究要打开思路"；第二要开展学术讨论。"独学无友，不容易进步。切磋琢磨，互相提意见，学问才能进步。"关于会风建设，学会的"组织机构是为会员服务的，不是来管理会员的；不是做官的，是干活的。因此就应该挑些精干的人出来。"

第四，服务政府决策与社会需要。

"全国方言普查"（1956—1960）工作，服务于"推广普通话"这一语文政策。丁声树、李荣两位先生分成三步走，一是主办了三期"普通话语音研究班"，培养调查研究方言的有生力量。二是在全国范围内，分省区调查了2000多个市县的方言语音、词汇、语法例句，形成《方言学习普通话手册》上千本。三是在各市县单点调查的基础上，李荣先生指导编写的《江苏省和上海市方言概况》（署名是江苏省和上海市方言调查指导组编，江苏人民出版社，1960），以实例讨论编写方言调查报告的理念和方法问题，对当时各地编写方言调查报告的工作具有指导意义。也是区域性方言调查研究的范本，为20世纪80年代各地展开的省区方言调查研究报告提供了范本。

第五，个案研究精当严密。

李荣先生的方言研究真正做到了"人无我有，人有我精"，是具有开创意义、示范作用的研究。有关于方言分区的理论与方法，如《官话方言的分区》（1985）、《汉语方言的分区》（1989）、《中国的语言和方言》（1989）；有关于连读变调、变音、文白异读的描写与解释，如《温岭方言语音分析》（1966）、《温岭方言的变音》（1978）、《温岭方言的连读变调》（1979）；有关于编纂方言词典的理论与方法，如《方言词典说略》（《方言》1992年第4期，《中国语文》1992年第5期，《辞书研究》1993年第4期）、《分地方言词典总序》（1993），等等。

考本字一向是最考验学术功底的。涉及语音演变、语义演变、区域性方言比较研究、文献考证等，《吴语本字举例》（1980）、《论北京话"荣"字的音》（1982）、《论"入"字的音》（1982）、《福州话"下雨"的本字》（1992）、《"打"字与"朕"字》（1996）、《飓风的本字》（上1990、中1991、下1991）、《禁忌字举例》（1994）、《考本字甘苦》（1997）、《考本字甘苦补》（1997）、《汉语方言里当"你"讲的"尔"》（上、中1997）等，都是考本字的经典之作。

从音节（声母、韵母、声调）结构入手，是国内外公认的最好的分析汉语语音（字音）

的方法。这是李荣先生把宋元以来的等韵学与结构主义语言学完美融合的结果。代表性成果有，《语音常识》（笔名董少文，文化教育出版社，1955，修订版，1958）、《评哈武门和霍凯特对北京语音的分析》（笔名宋元嘉，1965）、《语音演变规律的例外》（1965）、《方言语音对应关系的例外》（1965）。其他还有《南昌温岭娄底三处梗摄字的韵母》（1989）、《我国东南各省方言梗摄字的元音》（1996），等等。

语法学方面，翻译了赵元任《北京口语语法》（1952）。与丁声树、吕叔湘合著《现代汉语语法讲话》（1961），该书重视语言形式分析，划分词类按照词的分布和功能。分析句子采用层次分析法，注重句子的格式和语序。以北京话和现代作品为主，阐明现代汉语的语法现象，体现出较强的实用性。

文字学方面，《文字问题》（商务印书馆，1987年初版，2012年再版）从语言的立场探讨文字，开近代汉语字词关系的先河。

词典学方面，李荣先生是《现代汉语词典》（试用本，商务印书馆，1973）的主要定稿人之一。1960年，丁声树先生接任词典室主任，指定李荣先生参与审读。三年时间里，李先生殚精竭虑，逐条修改，贡献了自己的学识和智慧。李先生说：搭进去一只眼睛（眼睛快速近视，达1600度）。

李荣先生的人物小传独具特色。《赵元任》（1982）、《李方桂》（1988）、《丁声树》（1989），总结人物的学术贡献精准到位，人物形象、性格特点跃然纸上。引经据典，信手拈来，妙趣横生。《丁声树》成为国内一些高校研究生的必读书目。

李荣先生的个案研究，分析精密得当，行文深入浅出，显示出深厚的学养。日本著名学者平田昌司在"中国社会科学论坛·2021语言学——汉语方言学暨纪念李荣先生百年诞辰国际学术研讨会"上发言说："李先生的文笔最具韩愈之风。"

上述文章，分别收录在论文集《音韵存稿》（1982）、《语文论衡》（1985）、《方言存稿》（2012），由商务印书馆出版。

附录：李荣先生学术著述系年目录（1951–2020）[*]

参编《新华字典》和《现代汉语词典》。主编《中国语言地图集》（中英文各一种）。主编《现代汉语方言大词典》分卷本、综合卷。论文90篇（两篇英文），书评16篇。著作13部（一种英文）；论文集3部；译著5种。

---

[*] 该部分内容由李蓝辑录，冯爱珍补。

年份	篇名/书名	出处
1951	关于《国语语法纲要》（署名：缪一之）	《新建设》第4期
1952	汉语的基本字汇	《科学通报》第7期
	《北京口语语法》	1952—1955年会单行出版
	《切韵音系》	（北京）中国科学院
1953	中国古代的语言学	《科学通报》4月号
	字汇和词汇（答李向真先生）	《中国语文》第5月号
1955	四声答问	收入《音韵存稿》
	《方言调查字表》	科学出版社
	《切韵求蒙》和《四声韵谱》出版者说明	古籍出版社
	《韵镜》出版者说明	古籍出版社
	《语音常识》	文化教育出版社
1956	汉语方言调查简表	中国社会科学院语言研究所
	怎样求出方音和北京音的语音对应规律	《中国语文》第6月号
	怎样求出方音和北京音的语音对应规律（续）	《中国语文》第7月号
	怎样编写本地人学习普通话手册和方言调查报告	《中国语文》第11月号
	怎样求出汉语方言音系的轮廓	《中国语文》第12月号
	《汉语音韵讲义》（丁声树撰文，李荣制表）	油印本
1957	汉语方言里的文白异读	《中国语文》第4月号
	汉语方言的普查工作方式和记音方法	《中国语文》第5月号
	《汉语方言调查手册》	科学出版社
	陆法言的《切韵》	收入《音韵存稿》
1958	《语音常识》（修订版）	文化教育出版社
	《古今字音对照手册》	科学出版社
1960	《昌黎方言志》	科学出版社
1961	《现代汉语法讲话》	商务印书馆
	读《江苏省和上海市方言概况》	《中国语文》第7月号
	读《四川方言音系》	《中国语文》第9月号
	隋韵谱：果、假、遇、蟹、效、流六摄	《中国语文》第10、11月号
1962	隋韵谱：止、咸、深、山四摄	《中国语文》第1月号
	隋韵谱：臻、江、宕、梗、曾、通六摄	《中国语文》第2月号
	隋韵谱：总说与补正	《中国语文》第4月号
	隋代诗文用韵及《广韵》的又音	《中国语文》第8月号
	怎样根据北京音辨别古音的声母	《中国语文》第12月号
1963	怎样根据北京音辨别古音的韵母	《中国语文》第2期

续表

年份	篇名/书名	出处
1964	庾信诗文用韵研究	收入《音韵存稿》
	关于汉语音韵研究的几个问题	《中国语文》第1期
	《广韵》的反切和今音	《中国语文》第2期
1965	语音演变规律的例外	《中国语文》第2期
	评哈忒门和霍凯特对北京语音的分析（署名宋元嘉）	《中国语文》第3期
	从现代方言论古群母有一、二、四等	《中国语文》第5期
	方言语音对应关系的例外	《中国语文》第6期
1966	温岭方言语音分析	《中国语文》第1期
	关于方言研究为农村服务的一些意见	《中国语文》第2期
1978	言文一致	《江苏师院学报》第2期
	温岭方言的变音	《中国语文》第2期
1979	温岭方言的连读变调	《方言》第1期
	本刊使用的音标	《方言》第2期
	廖纶玑《拍掌知音》影印本序	《方言》第2期
	读《汉书东方朔传》	收入《语文论衡》
1980	吴语本字举例	《方言》第2期
	《中国方志所录方言汇编》第一篇至第九篇总目录	《方言》第3期
	汉字演变的几个趋势	《中国语文》第1期
1981	《方言》两年	《方言》第1期
	方言调查词汇表（署名是语言研究所方言组）	《方言》第3期
	汉语音韵讲义	《方言》第4期
1981	关于语言研究的几个问题	《语文研究》第1期
	《方言调查字表》（修订本）	商务印书馆
	《古今字音对照手册》（新一版）	中华书局
1982	汉语方言学会成立大会开幕词	《方言》第1期；《语文研究》第1期
	赵元任	《方言》第2期
	论北京话"荣"字的音	《方言》第3期
	论"入"字的音	《方言》第4期
	唐兰《古文字学导论》增订本介绍	《中国语文》第2期
	《音韵存稿》	商务印书馆

续表

年份	篇名/书名	出处
1983	关于方言研究的几点意见	《方言》第1期
	方言研究中的若干问题	《方言》第2期
	《切韵》与方言	《方言》第3期
	在汉语方言学会第二届学术年会上的发言	《中国方言学报》第2期
	全国语言学学科规划会议开幕词	《语文研究》第2期
	《通字方案》	商务印书馆
1984	《昌黎方言志》（重印）	上海教育出版社
	《汉语音韵讲义》	上海教育出版社
1985	官话方言的分区	《方言》第1期
	汉语方言分区的几个问题	《方言》第2期
	关于汉语方言分区的几点意见（二）	《方言》第3期
	三个单字调的方言的调类	《方言》第4期
	论李涪对《切韵》的批评及其相关的问题	《中国语文》第1期
	《语文论衡》	商务印书馆
1986	温岭话"鹹淡"倒过来听还是"鹹淡"	《方言》第2期
	汉字的演变与汉字的将来	《中国语文》第5期
1987	"步"字和"惚"字	[日本]《中国语》第4期
	"驿"字	[日本]《中国语》第5期
	"卓"字	[日本]《中国语》第6期
	国际语音学会关于国际音标的说明	《方言》第1期
	《国际语音学会关于国际音标的说明》补正	《方言》第2期
	旧小说里的轻声字例释	《中国语文》第6期
	《文字问题》	商务印书馆
	《中国语言地图集》（中文版）	香港朗文出版有限公司
	《中国音韵学研究》出版说明（署名是商务印书馆编辑部）	商务印书馆（1994年出版）
1988	《渡江书十五音》序	《方言》第1期
	李方桂	《方言》第1期
	国际音标的修订	《方言》第3期
	"捐"字的音	《方言》第3期
1989	丁声树	《方言》第2期
	中国的语言和方言	《方言》第3期
	汉语方言的分区	《方言》第4期
	南昌温岭娄底三处梗摄字的韵母	《中国语文》第6期
	《中国语言地图集》（英文版）	香港朗文出版有限公司

续表

年份	篇名/书名	出处
1990	普通话与方言	《中国语文》第5期
	《陕北方言志》序	陕西人民出版社
	飚风的本字（上）	《方言》第4期
1991	飚风的本字（中）	《方言》第1期
	飚风的本字（下）	《方言》第2期
	《山东省方言志丛书》序	《方言》第2期
	《山西省方言志丛书》序	《方言》第2期
1992	温岭方言的轻声	《方言》第1期
	福州话"下雨"的本字	《方言》第2期
	方言词典说略	《方言》第4期；《中国语文》第5期
	朱德熙	《方言》第4期
1993	分地方言词典总序	《方言》第1期
	方言词典说略	《辞书研究》第4期
1993—1998	《现代汉语方言大词典》（分卷本）	江苏教育出版社
1994	禁忌字举例	《方言》第3期
	A Tabu Word in Chinese	Current Issues in Sino-tibetan Linguistics
	《宜昌方言研究》序	华中师范大学出版社
	《中国音韵学研究》出版说明（再版）	商务印书馆
1995	汉语方言资料宝库序	《方言》第4期
1996	我国东南各省方言梗摄字的元音	《方言》第1期
	读《现代汉语词典》笔记（提纲）	《〈现代汉语词典〉学术研讨会论文集》，商务印书馆
	"打"字和"膡"字	《中国语文》第3期
	《厦门方言志》序	北京语言学院出版社
1997	考本字甘苦	《方言》第1期
	《考本字甘苦》补	《方言》第2期
	汉语方言里当"你"讲的"尔"（上）	《方言》第2期
	汉语方言里当"你"讲的"尔"（中）	《方言》第3期
1998	"这不"解	《方言》第4期
1999	说"按揭"	《方言》第1期
	《汉语方言大词典》序	（北京）中华书局
2002	《现代汉语方言大词典》（综合卷）	江苏教育出版社

续表

年份	篇名/书名	出处
2003	《汉语方言词语调查条目表》（署名是中国社会科学院语言研究所方言研究室资料室）	《方言》第1期
2010	在全国汉语方言学会第二届学术年会上的发言	《中国方言学报》第2期
2012	《方言存稿》	商务印书馆
	《文字问题》	商务印书馆
2013	《语言学概论》（帕默尔著，李荣、王菊泉、周流溪、陈平译）	商务印书馆
2020	《切韵音系》（李荣著、黄笑山校订）	商务印书馆

吴宗济先生学术经历

方 强 王海波

吴宗济（1909年4月3日至2010年7月30日），字稚川，笔名齐鲁，籍贯浙江吴兴，出生于山东济宁，是中国社会科学院荣誉学部委员，国际语音协会常设理事会理事，中国现代语音学的奠基人之一。

一、吴宗济先生的研究历程

1. 清华求学时期

吴先生幼时接受私塾教育，打下了坚实的古文基础，后就读于上海南洋中学、北京成达中学、天津南开大学预科学校。1928年吴先生以全年级第19名的优异成绩考入清华大学，成为清华大学正式成立之后的首批本科生。

清华读书期间，吴先生先攻读市政工程，后转入化学系，最终选择了中国文学系，受教于罗常培先生和王力先生，深受罗常培先生"用科学实验以补'听官之缺'"理念影响，并跟着王力先生学习了语音生理和物理的实验论证方法和国际音标等，为后来投身于实验语音学研究打下了基础。

2. 史语所工作时期

1934年吴先生从清华大学中国文学系毕业后,进入清华出版事务所工作。1935年考入位于南京的中央研究院历史语言研究所(简称史语所),担任语言组助理工作,跟随语言组赵元任、李方桂两位先生,采用当时国内最先进的实验设备,用音标记音和仪器分析方法做汉语方言和少数民族语言的调查研究,至此吴先生正式进入语音研究领域。

在抗日战争和国内战争最困难时期,依然克服重重困难研究不辍,参与撰写以赵元任先生为第一作者的《湖北方言调查报告》(合作,商务印书馆,1948),以杨时逢先生为第一作者的《湖南方言调查报告》(合作,台湾,1974),还撰写了《调查西南民族语言管见》(《西南边疆》1938年第1期)、《拼音文字与云南边民教育》(《西南边疆》1938年第2期)、《华北、华东、华中十省方言普查工作现况》(《中国语文》1957年第7期)、《武鸣壮语中汉语借字的音韵系统》(《语言研究》1958年第3期)等多篇论文。

这一时期的田野调研和学术成果,为我国的方言调查和民族语言调查积累了宝贵的素材和经验。

1940年,受时局影响,吴先生离开研究队伍十六七年,直到1956年受罗常培先生邀请,重新回到语言研究的队伍中来。

3. 语言研究所工作(中国科学院时期)

1956年,吴先生应罗常培所长的邀请,放弃了原本优渥的生活条件,从上海调到北京,投身到实验语音学这一国家急需的研究领域,领导语言研究所语音组工作,肩负起新中国实验语音学拓荒者的历史使命。

工作之初,为了配合教育部的"全国推广普通话"的任务,奔赴全国十多个省市,通过当地方言和普通话的语音对比,找出两者之间声、韵、调乃至词语之间的对应关系,编写教材,为国家培养现代语音研究人才。

罗常培先生希望继续开展和加强早在30年代就已开展的语音实验研究,于1957年公派吴先生到捷克斯洛伐克(简称捷克)、德国、瑞典和丹麦,考察学习欧洲先进的实验语音技术和成果。此次欧洲考察是吴先生语音科研工作中的一个重要里程,不但学习了国外实验语言学方面的最新研究成果,而且带回了当时最先进的语言声学知识和频谱分析等实验技术。回国后,吴先生立即着手添置仪器,设计制作了腭位照相装置,跟周殿福先生一起,带领大家做普通话语音的生理和声学分析,开始系统地研究普通话元音和辅音的生理特性和声学特性。在研究过程中吴先生逐渐认识到,汉语与印欧语言相比有很多自身特点,因此固然需要借鉴国外先进经验和理念,但不能照搬,要解决汉语的实际问题,还需要提出适合汉语自身的规则。后来,从音段研究到超音段研究,从单字调到连读变调,再到语气移调研究,从面向语音合成的应用研究再到探索语音、语言与艺术共性的书画同源研究,吴先生始终坚持

"借鉴西方理论,回归汉语自身"这一研究理念。

这时期吴先生先后发表和出版了《谈谈现代语音实验方法》(用"齐鲁"笔名,《中国语文》1961年第10—12期)、《普通话发音图谱》(与周殿福合著,商务印书馆1963年版)、《一种分析语音的重要仪器——语图仪综述》(《科学仪器》1963年第1卷第3期)、《普通话元音和辅音的频谱分析及共振峰的测算》(《声学学报》1964年第1期)等论文和著作。

4. 语言研究所工作(中国社会科学院)

1977年经中央批准,在中国科学院哲学社会科学部的基础上,正式成立中国社会科学院。1979年起,吴宗济先生任中国社会科学院语言所语音研究室主任,他开始着手创建新时代的实验语音学学科,培育新生力量,加强语音学基础理论研究,并积极开展国际学术交流。

4.1 创建实验语音学学科 培育新生力量

第一,吴先生特别善于在实践中培育新生力量,提升研究室同人的研究能力和理论水平。包括:(1)带领全室科研人员,利用语图仪等仪器,系统地分析测量了普通话单音节和双音节组合的声、韵、调的声学特征。不但训练了实验技能,而且提升了大家在声学语音学领域的理论水平。在数据整理和详细文字说明的基础上,撰写了数据翔实、图文并茂的《普通话单音节语图册》(吴宗济主编,中国社会科学出版社,1986)一书。该书成为我国语音学研究的重要参考文献,同时也为我国第一个规则合成系统——"普通话单音节合成系统"的研制提供了理论和数据支持。在单音节和双音节组合测量数据的基础上,吴先生还先后发表了若干篇论文(详见后文)。与此同时,研究室其他同人也陆续发表了一大批有关双音节结构的研究论文,这对后续普通话韵律特征的研究发挥了重要作用。(2)吴先生首开汉语协同发音研究的先河,动员全室力量,分工合作,对普通话里的协同发音现象展开了全面系统的分析探索,极大地提升了研究室同人对于自然言语发音机理的理论认识,也推动了我国语音学界对协同发音现象的研究。

第二,系统地启动了后备力量培养计划,先后培养了杨顺安、任宏谟、许毅、祖漪清和林其光等硕士研究生。

第三,吴先生还非常重视和支持所外语音学研究力量的培养。1978至1979年度,受北大中文系林焘先生邀请,吴先生在北大做兼职教授,面向中文专业教师和研究生,开设"实验语音学"选修班。此外,因一些院校和军民单位的工作需要,吴先生还在语言所牵头为其他单位陆续开设过语音方向的培训班,培养了一大批实验语音学人才。

4.2 加强基于汉语实际的语音学理论研究

这个阶段,吴先生在抓实验室建设和人才培养的同时,还特别加强了语音学基础理论研究。除了系统分析测量了普通话单音节和双音节组合的声、韵、调的声学特征,主编了《汉语普通话单音节语图册》之外,还先后发表了《实验语音学知识讲话》系列(与语音室同人合作，采用余英士笔名，《中国语文》1979 年第 1、2、4、5、6 期），《试论普通话语音的"区别特征"及其相互关系》（《中国语文》1980 年第 5 期），《普通话语句中的声调变化》（《中国语文》1982 年第 6 期），《实验语音学概要》（吴宗济、林茂灿共同主编，高等教育出版社，1989 年出版；林茂灿、鲍怀翘共同主编，2014 年增订版）等一系列重要学术论著。尤其是《实验语音学概要》一书，全面介绍了语音学的各个分支领域的理论和研究方法，特别融入了汉语普通话的相关研究成果，成为一部目前为止影响颇大的语音学教科书和参考书。该书 1991 年获国家教委直属出版系统优秀成果奖，至今也是实验语音研究的必读书目。

4.3　走向国际，引领学科发展

1979 年，吴宗济先生应第九届国际语音科学会议主席约恩荪教授邀请，出席了在丹麦哥本哈根召开的第九届国际语音科学会议，并做了"试论普通话语音的'区别特征'及其相互关系"的报告，深受好评。吴先生当即被提名并当选为国际语音科学会议的常设理事会成员。从这次会议开始，国内的语音实验研究恢复了与国际音语学界的联系。吴先生为这门学科铺设了与国际联通的桥梁。会后，还参观访问了歌本哈根大学语言学系和 B.K 仪器公司，然后到瑞典参访了皇家理工学院，与著名言语工程师兼语音学家 Fant（方特）教授领导的"言语通讯实验室"举行了多次座谈。Fant 教授也很关心语音研究室的工作，并于 1979 年应邀来访。他很赞赏我们的普通话单音节合成系统，也对研究室的工作提出了很好的建议。根据方特教授的建议，语音室后来的不少工作在声学分析基础上，都加上了听辨和感知试验，使得研究结论更为可靠。因此，吴先生认为，这次参会和参观访问不但进一步拓宽了眼界，也推动了他用现代科学方法践行罗常培提出的为传统语音学"解决积疑"的进程。后来，他还将硕士研究生林其光派往方特教授的实验室深造。

1981 年 5 月，赵元任先生最后一次回国，访问了语言研究所，吴宗济先生在实验室接待并主持录制了赵元任先生所发的国际音标（参见《音路历程》光盘，社会科学文献出版社）。

1982 年，受日本东京大学藤崎博也（Hiroya Fujisaki）教授邀请，吴先生参加了在东京召开的第十三届国际语言学会议（13th International Congress of Linguists, Tokyo, Japan, 1982），发表了关于汉语普通话两字组连读变调的研究论文——《普通话连读变调规则》，描写分析了汉语 15 种连读变调的调型，证明了汉语协同发音中的逆同化现象，并通过不同调阈的两字连读的调型对比，证明声调的调型在语调层面虽然发生了变化，但固有调型会有所保留。这篇文章是吴先生语调理论的基础，连读变调的"字组"是后续吴先生语调移调理论中的基本单元。尤其是其中关于上声连读变调的论述，深得藤崎博也教授赏识。此后，两人交往不断，藤崎博也教授数次邀请吴先生出席他组织的各种国际会议。

1985年，藤崎博也教授首次访问中国社会科学院语言研究所。吴先生在学部大院一号楼的实验室组织了一次学术研讨会，除了语音研究室的师生之外，中国科学院声学所的张家騄先生、李昌立先生以及北方交大的袁保宗先生也应邀参加了研讨会。此后，藤崎博也教授几乎年年来访，与吴先生及语音室同人交流不断。

1983年，吴宗济先生接待了著名语音学家、美国洛杉矶加州大学的Peter Ladefoged教授为期一个月的访问，并与之合作研究，发表了《发音部位：北京擦音和塞擦音的研究》("Places of articulation: An investigation of Pekinese fricatives and affricates", *Journal of Phonetics* No. 12, 1984.)

吴先生带领中国实验语音学研究走向国际前沿，此后中国语音学研究一直是世界语音学研究的重要阵地。

4.4 加强语音学研究的成果转化

20世纪80年代以来，由于"人—机对话"系统的需要，言语工程和语音学的结合在国内已提到日程上来。传统的语音学理论还无法满足信息时代的需要，吴先生认为："实验语音学的研究不应该只是停留在书斋和实验室里，应该与时俱进，与实际应用相结合。"

在这一时期，国外相关领域偏重语调研究，考虑到汉语作为声调语言，国外的语调研究结论并不能套用到国内的语调研究上，吴先生便潜下心来，从汉字的声调出发，从连读变调和协同发音入手进行探索。"每个汉字都有它的声调，声调到了连读话语里面会起什么作用？是丢掉原有声调，转而跟着语调变，还是保留一定的形式？在情感语气变化之后，句子里汉字的声调是变还是不变？"这是吴先生提出的系列问题。基于这些问题，吴先生首先解决了两字连读的调型问题，继而扩展到三字、四字连读，继而又扩展到携带情感语气和重音之后的语调移调研究，开创了以字组为单元的语调移调理论。此后，吴先生在草书的连笔规则研究中，还发现了与连读变调规则相似的书画同源的底层关系。

吴先生非常重视语音学研究的成果转化，他认为我国的科技要自立自强，需要有我们自己的国家队。吴先生与中国科技大学的合作始于90年代初。在ICSLP 1990（日本，神户）会议期间，中国科学技术大学的王仁华教授结识了吴先生。当时汉语语音合成主流技术是波形拼接，一般以音节为拼接单元，合成时简单地将各个音节的时域波形拼接起来，由于音节在语流中变化很多，急需找到汉语的韵律规则来自动调节语流中音节的韵律特征，这是当时TTS系统中非常关键的问题。吴先生用连读变调的规则来解释字组中的声调变化，再根据句子的语气及重音等特征以字组为单位进行移调处理。这样的模型对汉语句子的调型结构给出了较好的解释，能够很好地匹配和解决当时语音合成急需的协调发音和变调问题。因此，吴先生被中国科学技术大学聘请为国家863智能计算机成果转化基地中央研究院顾问，并与王仁华教授合作，共同开展WWE工程（Wu 吴 - Wang 王 Engineering）。他们将吴先生提出的面向拼接合成方法的《单音节合成标字Ⅱ型》设计方案，与讯飞的统计建模技术结合，建立了基于声学统计模型的听感量化单元拼接语音合成新方法。同时，吴先生作为国家863智能计算机成果转化基地中央研究院顾问，还直接参与并一起完成了中国科学技术大学承担的自然科学基金项目"用定量化变调规则和移调方法合成汉语语调"。这些研究成果不仅应用到了中文语音合成系统，而且进一步应用在英文语音合成上，都取得了很好的效果。在此期间，吴先生还为中国科学技术大学和清华大学举办了多期语音学习培训班。

2000年在国际口语处理大会（ICSLP 2000）上，91岁高龄的吴先生应邀作了"从汉语音韵学到现代语音处理——普通话声调和语调的实现（From traditional Chinese phonology to modern speech processing-realization of tone and intonation in Standard Chinese）"的大会主题报告。这个报告不但集中反映了吴先生的声调和语调理论体系，而且成为语音学基础理论研究与言语工程实践结合的典范。

该阶段吴先生面向语音应用的研究成果较多，如《汉语普通话语调的基本调型》（《王力先生纪念论文集》，北京：商务印书馆，1990）、《为改进合成普通话口语自然度所需韵律特征规则的设计》（《计算机时代的汉语和汉字研究》罗振声、袁毓林主编，清华大学出版社，1996）、《用于普通话语音合成的〈韵律标记文本〉的设计》（第三届全国语音学研讨会论文集，北京广播学院，1996）、《试论"人－机对话"中的汉语语音学》（《世界汉语教学》1997年第12期）等。

4.5 语音探源研究

传统的语音研究一般都在做"是什么现象"的研究，而很少做"为什么这样"的研究。吴先生非常关注汉语语音跟中国艺术之间的变量一致性关系，研究探讨了语言与书画、音乐等的韵律共性，希望找到语音研究的根源性规律。他从汉语声调与音乐乐律的关系，以及汉语语音的科学分类等问题，回顾了从隋唐以来的许多阐述，在《从声调与乐律的关系提出普通话语调处理的新方法》《新瓶装旧酒——试论中国传统语音学与现代信息处理》和《从传统的中国音韵学到现代语音处理——在普通话声调与语调合成中的应用》等论文中，列举了古今文献中有关资料，指出了古代文献中关于汉语声调的叙述，用乐律描写调值及其变化规则等方法，至今仍有参考价值。《试论汉字草书笔法与普通话语调规则的相似性》一文将历史上狂草名家的运笔和连写的轨迹，和汉语的连读变调和语调规则对照，认为书法的"连绵""映带""错综"和语音的"协同变调"或"停延轻重"在服从语法、表达情感上完全相似，都是有规律可循的。《从胡乔木的提问试论汉语的声调和节奏》根据历史文献寻绎出中古诗歌从三言发展到五、七言，以及多用平声押韵，都与节奏有关。这表明了中国传统的知识只要善于领会，并加以援用，也许能运用东方的思维方式为未来汉语语音学的研究多辟蹊径。

上述研究之外，晚年的吴宗济先生，还编著了《赵元任语言学论文集》（赵元任著，吴宗济、赵新那编，商务印书馆，2002），《吴宗济语言学论文集》（商务印书馆，2004），*Linguistic essays by Yuanren Chao*（赵元任著，吴宗济、赵新那编，商务印书馆，2006）等几部大部头著作。

2005年语音室主办的全国语音学暑期班全体合影，吴先生亲自授课

二、吴宗济先生的学术理论体系及学术贡献

吴先生70余年的研究著述（包括合作著述）共计59种。其中从20世纪30年代后期到70年代前中期，在将近40年的时间里，只有10种。余下的49种，都是在1979年以后，也就是吴先生年及古稀之后完成的。具体来说，在七十岁到七十九岁有12种，八十岁到八十九岁有25种，九十岁以后还有12种。吴先生早年放弃优渥的生活条件，不计回报地投入到新中国的语音学研究中，即使晚年罹患重病也始终站在科研的第一线，这与他作为国之大者的无私奉献精神分不开。

他的主要学术领域是汉语方言调查和实验语音学，他充分运用现代语音学的先进理论和实验手段，解决了许多积疑，揭示了汉语的若干前所未识的语音性质，如协同发音及语调等方面的许多特点，为推动中国语言学和语音学的现代化做出了不可磨灭的贡献。吴先生推动了实验语音学在中国的发展，大大提升了国内汉语语音研究的水平，是新中国现代语音学的奠基者。

吴先生的理论体系及学术贡献主要体现在以下几个方面。

1. 普通话元音、辅音的声学和生理研究

新中国成立之后，吴先生首先致力于引进西方实验语音学的新理论和方法，将它们应用到汉语普通话语音的生理和声学特性的分析，完成了一系列实验，在国内外出版和发表了一批专著和论文，为现代实验语音学应用于语音教学、言语矫治、言语工程等方面提供了资料，并打开了中外语音学家沟通的途径。

他提出了根据元音的二维频谱中共振峰范围内谐波的位置与强度计算共振峰的位置、带宽和强度的方法，解决了当时国内汉语元音声学特征所面临的定量分析难题；引入中心频率、下限频率、音轨、嗓音起始时间等概念，开展对汉语擦音、塞擦音、塞音、塞送气音等辅音的声学特征的研究；在国内最早开始运用 X 光照相和腭位照相方法，拍摄了普通话全部辅音和元音发音的 X-照片和腭位照片，出版了《普通话发音图谱》；使用气流计和气压计对不送气和送气辅音的生理机制进行了系统的比较分析，补充了前人对于汉语的送气音和不送气音生理特性认识的不足之处；率先开展了汉语普通话协同发音研究，不但为汉语协同发音研究树立了范例，也为言语产生机理的探索奠定了基础。

2. 汉语声调和语调理论体系研究

吴宗济先生创立了汉语以字组为单元的语调移调理论。他不但将赵元任先生提出的"橡皮条效应"以及"小波浪和大波浪"的关系进行了具体量化，还进一步揭示了语句中声调变化的规律，提出了诸如"跳板规则""多米诺规则""音系学规律""调位守恒""移调""变域""韵律互补"等汉语语调研究理论和方法。

3. 面向言语工程的语音学应用研究

吴先生将汉语单字和短语变调的韵律模式，以及因情感语气变化引起的短语调形抬高或降低的移位规则，应用到了语音合成实验中，设计了一系列汉语音段和超音段的处理规则和模型。这些成果已被有关方面如中国科技大学及清华大学在语音合成系统中成功应用。

4. 方言和民族语言调查研究

早在 1935 年，吴宗济先生便跟随赵元任先生和李方桂先生进行方言和民族语言调查研究。在抗日战争和解放战争极其艰苦的环境下，他先跟随李方桂先生深入到广西的武鸣、龙州、百色等地，协助李方桂先生调研壮语方言，后跟随赵元任先生做湖北、湖南汉语方言调研，采用当时最先进的仪器进行语音记录，是方言和民族语言田野调查的早期实践者，为我国的方言调查和民族语言调查积累了宝贵的经验和素材。

5. 贯通古、今、中、外的研究范例

第一，吴先生充分挖掘汉语传统音韵学研究成果，为现代语音学研究服务。他发现中古音韵学中有关语音变化的相对规律，几乎可以与现代音系学的"区别特征"理论相媲美。

吴先生曾多次引用古代文献中关于汉语声调本质的论述,用于说明他提出的一系列创新性研究方法的概念渊源及理论依据。

第二,吴先生是国际语音协会的几位常设理事会成员之一,是国际知名语音学家,曾多次参加国际语音学学术会议并发表大会主题报告,拓宽了国内语音学研究的国际视野,为我国的语音学研究铺设了国际互联的桥梁。此后我国的语音学研究一直与国际接轨,是国际语音学研究的重要组成部分。

6. 建设语音学研究队伍

吴宗济先生对于现代语音学的巨大贡献,不仅在于他自己的学术成就,还在于他几十年如一日,始终倾力培养语音学研究人才。

他具有独特的治学理念,既不固守汉语语言学和语音学传统,也不盲目套用国外现成理论,而是立足于汉语实际,通过客观的实验和数据分析,吸收古今中外研究精华、兼容并蓄。他谦虚谨慎、平易近人,无论是对同行还是对学生,都是真心相待、倾心相助。他为语音学界和言语工程界培养了一大批优秀人才。如今他的许多学生已经成长为国内外语音学领域的骨干力量。

作为我国实验语音学的奠基人,吴宗济先生在语言学和语音学领域的学术生涯逾70余年。他这70多年不平凡的音路历程,恰似一部中国现代语音学的辉煌发展史,代表着20世纪中叶以来中国现代语音学发展的光辉历程。

附录　吴宗济论文列表

《调查西南民族语言管见》,《西南边疆》1938年第1期。

《拼音文字与云南边民教育》,《西南边疆》1938年第2期。

《湖北方言调查报告》(与赵元任、丁声树等合著),商务印书馆1948年版。

《华北、华东、华中十省方言普查工作现况》,《中国语文》1957年第7期。

《武鸣壮语中汉语借字的音韵系统》,《语言研究》1958年第3期。

《谈谈现代语音实验方法》(用"齐鲁"笔名),《中国语文》1961年第10—12期。

《普通话发音图谱》(与周殿福合著),商务印书馆1963年版。

《一种分析语音的重要仪器——语图仪综述》,《科学仪器》1963年第3期。

《普通话元音和辅音的频谱分析及共振峰的测算》,《声学学报》1964年第1期。

《湖南方言调查报告》(与赵元任、丁声树等合著),台北:"中研院"史语所1974年。

《实验语音学知识讲话》(用语音室笔名),《中国语文》1979年第1、2、4、5、6期。

1979 A preliminary study of distinctive features and their correlations in Standard Chinese. Abstract. Proceedings of the 9th International Congress of Phonetic Sciences, Vol. 1 Copenhagen, Danmark.

《试论普通话语音的"区别特征"及其相互关系》,《中国语文》1980年第5期。

《实验语音学与语言学》,《语文研究》1981 年第 1 期。

1982 Rules of intonation in Standard Chinese, Reprints of Papers for the Working Group on Intonation, Proceedings of the 13th International Congress of Linguists, Tokyo, Japan.

《普通话语句中的声调变化》,《中国语文》1982 年第 6 期。

1984 (with P. Ladefoged) Places of articulation: an investigation of Pekinese fricatives and affricates, Journal of Phonetics No. 12.

《普通话三字组变调规律》,《中国语言学报》1985 年第 2 期。

《汉语普通话单音节语图册》(主编),中国社会科学出版社 1986 年版。

1987 The aspirated/non-aspirated stops and affricates in Standard Chinese. Proceedings of the 11th Interantional Congress of Phonetic Sciences, Vol. 5, Tallinn.

《普通话辅音不送气/送气区别的实验研究》,《中国语言学报》1988 年第 3 期。

1988 Tone-sandhi Patterns of quadro-syllabic combinations in Standard Chinese. Report of Phonetic Research, Institute of Linguistics, Chinese Academy of Social Sciences.

《实验语音学概要》(与林茂灿共同主编),高等教育出版社 1989 年版。

1989 (with Sun Guohua) An experimental study of coarticulation of unaspirated stops in CVCV contexts in Standard Chinese. Annual Report of Phonetic Research, Institute of Linguistics, Chinese Academy of Social Sciences.

《补听缺斋语音杂记》,《中国语文》1989 年第 6 期。

1990 (with Sun Guohua) Acoustic coarticulatory patterns of voiceless fricatives in CVCV in Standard Chinese. Report of Phonetic Research, Institute of Linguistics, Chinese Academy of Social Sciences.

1990 Can poly-syllabic tone-sandhi patterns be the invariant units of intonation in Spoken Standard Chinese? Proceedings of the 1st International Conference on Spoken Language Processing, Kobe, Japan.

《汉语普通话语调的基本调型》,《王力先生纪念论文集》,商务印书馆 1990 年版。

《现代汉语语音概要》(主编),华语教学出版社 1991 年版。

1991 (with Liu Mingjie) A study of pre-vocalic acoustic effects of he "zero-initial" syllables in Standard Chinese. Report of Phonetic Research, Institute of Linguistics, Chinese Academy of Social Sciences.

1991 (with Sun Guohua) A study of coarticulation of unaspirated stops in CVCV contexts in Standard Chinese, Proceedings of the 12th Inernational Congress of Phonetic Sciences. Vol. 3. Aix en Provence, France.

《普通话零声母起始段的声学分析》(与刘铭杰合著),第二届全国人机语音通讯会议论文集,1992 年。

1993 A new method of intonation analysis for Standard Chinese Frequency transposition. processing of phrasal contours in a sentence, Report of Phonetic Research, Institute of Linguistics, Chinese Academy of Social Sciences. also 1996, In Analysis, Perception and Processing, G. Fant et. Al. (eds), Elsevier Science B. V.

1994 Further experiments on spatial distribution of phrasal contours under different range. registers in Chinese intonation. Proceedings of the International Symposium on Prosody, Yokohama, Japan.

1995 Tentative planning of prosodic rules for the naturalness of synthetic Spoken Chinese. Report of Phonetic Research. Institute of Linguistics, Chinese Academy of Social Sciences.

1995 Predictability of different attitudinal intonation in Standard Chinese. Proceedings of the 13th International Congress of Phonetic Sciences, Vol. 2, Stockholm, Sweden.

《为改进合成普通话口语自然度所需韵律特征规则的设计》,《计算机时代的汉语和汉字研究》(罗振声、袁毓林主编), 清华大学出版社 1996 年版。

《用于普通话语音合成的〈韵律标记文本〉的设计》,《第三届全国语音学研讨会论文集》, 北京广播学院 1996 年版。

《赵元任在汉语声调研究上的贡献》,《清华大学学报(哲学社会科学版)》1996 年第 13 期。

1996 A new method of intonation analysis for Standard Chinese: frequency transposition processing of phrasal contours in a sentence, Festschrift for Hiroya Fujisaki—analysis, perception and processing of spoken language, Amsterdam, Elsevier Science.

《从声调与乐律的关系提出普通话语调处理的新方法》,《庆祝中国社会科学院语言研究所建所 45 周年学术论文集》, 商务印书馆 1997 年版。

1997 (with Wang, Ren-hua et. al.) Towards a project of All-Phonetic-Labelling-text for TTS synthesis of Spoken Chinese, In Proceedings of the first China-Japan workshop on spoken language processing, eds. by Ren-hua Wang and Keikichi Hirose. Press of University of Science and Technology of China, Hefei.

《试论"人-机对话"中的汉语语音学》,《世界汉语教学》1997 年第 12 期。

《普通话语音合成中协同发音音段变量的规正处理》, 汉语及少数民族语言语音学研讨会论文, 香港城市大学 1998 年版。

《普通话四字组中韵律变量的处理规则》,《语音研究报告》, 中国社会科学院语言所, 1998 年。

《我与语音学》,《学林春秋》, 张世林主编, 中华书局 1998 年版。(My life with phonetics. In Zhang Shilin, ed., Xuelin Chunqiu. Zhonghua Book Company, Beijing.)

《隋唐长安四声调值试拟》,《北京市语言学会第五届年会论文提要汇编》, 北京语言文化大学, 1998 年。

2000 From traditional Chinese phonology to modern speech processing-realization of tone and intonation in Standard Chinese, ICSLP 2000, Beijing.

《普通话语音合成中有关自然度的韵律变量问题》,《第五届全国现代语音学学术会议论文集》, 清华大学出版社 2001 年版。

《从胡乔木的提问试论汉语的声调和节奏》,《语音研究报告》, 中国社会科学院语言所, 2002 年。

《中国音韵学和语音学在汉语言语合成中的应用》,《语言教学与研究》2002 年第 1 期。

《试论汉字草书笔法与普通话语调规则的相似性》, 中国声学学会 2002 年全国声学学术会议论文集。

From the Chinese cursive calligraphy to the intonation contour, Proceedings of the National Symposium on Acoustics made by Chinese Acoustic Association, Guilin.

赵元任著, 吴宗济、赵新那编:《赵元任语言学论文集》, 商务印书馆 2002 年版。

《试从文学与艺术的韵律探索普通话的韵律规则》,《第六届全国现代语音学学术会议论文集》, 2003 年。

《书话同源——试论草书书法与语调规则的关系》,《世界汉语教学》2003年第1期。

《补听集——吴宗济自选集》,周奎杰、张世林主编,新世界出版社2003年版。

《试论普通话的韵律规则与其他若干学科中若干韵律规则的共性》,《语音研究报告》,中国社会科学院语言所语音室,2003年。

《吴宗济语言学论文集》,商务印书馆2004年版。

赵元任著,吴宗济、赵新那编:*Linguistic essays by Yuanren Chao*,商务印书馆2006年版。

(鸣谢:撰写过程中,曹剑芬老师、李爱军老师、熊子瑜老师等提出了诸多宝贵建议。参考资料有《吴宗济语言学论文集》《我的百年人生:吴宗济口述史》《世纪声路　大师足音——吴宗济先生纪念文集》《吴宗济先生:析音论调七十年访谈录》等。)

学者简介

卞觉非

南京大学海外教育学院教授卞觉非（1933年7月至2011年1月10日），生于扬州，1953年12月加入中国共产党，1961年7月毕业于南京大学中文系，先后在南京市委组织部、中国科学院语言研究所工作。1963年9月调入南京大学中文系任教，历任讲师、副教授、教授。1985年5月调入南京大学海外教育学院工作，先后担任中文系语言教研室主任、海外教育学院对外汉语教研室主任、江苏省语言学会会长、世界汉语教学学会常务理事、中国对外汉语教学学会常务理事。在汉语语法学和对外汉语教学语法研究方面成果卓著。

胡明扬

中国人民大学文学院教授胡明扬先生（1925年至2011年6月22日），生于浙江海盐，1948年毕业于上海圣约翰大学英文系。1949-1952年先后在南京军管会、外交部等处从事外事、外交工作。1952年调入中国人民大学从事英语教学，任英语教研组副组长。1955年转入新闻系外国语教研室，任英文组组长。1960年转入语言文学系，任语言学教研室主任、教授；兼任留学生汉语教研室主任、语文写作教研室主任，并担任校、系学术委员会委员。1980年起，相继担任北京市语言学会常务副会长、会长、名誉会长。1993-1996年任中国语言学会副会长。1991-1998年任国家语言文字工作委员会委员。

胡明扬先生是一位卓越的语言学家，在长达半个多世纪的学术生涯中，他一贯坚持严谨务实、不尚空论、力求创新的主张。他的研究领域十分广泛，研究课题多具有开拓性，在汉语方言、社会语言学、近代汉语、现代汉语语法、计算语言学、词典学、语言教学等多个领域都卓有建树，为中国语言科学和语言教育的发展作出了重要贡献。

张均如

中国社会科学院民族学与人类学研究所研究员张均如先生（1927年10月至2011年9

月20日），女，汉族，出生于北京。1950年起相继在北京大学文科研究所语音乐律研究室、中国科学院语言研究所和民族研究所任练习生、研究实习员、助理研究员、副研究员，1988年起任研究员。自20世纪50年代起，张均如先生一直从事侗台语族语言和有关汉语方言的调查研究工作，在侗台语的历史演变方面提出了一系列重要观点。在汉语方言研究方面，她关于古平话的观点对推动平话的调查研究起了重要的作用。

汤珍珠

复旦大学中文系教授汤珍珠先生（1929年9月至2011年11月29日），女，浙江镇海人。1953年毕业于复旦大学中文系，此后在复旦大学中文系工作长达42年，至1995年退休。曾任全国汉语方言学会理事、上海语文学会理事、上海语言文字工作者协会理事、《中国大百科全书·语言文字》方言分支副主编。

汤珍珠教授一生从事吴语研究，出版过多部专著和许多研究论文，代表性著作有《上海市区方言志》、《宁波方言词典》等。她还为我国的语言学和语文教育事业培养了很多人才。

周 磊

中国社会科学院语言研究所周磊研究员（1952年11月7日至2012年3月14日），出生于新疆乌鲁木齐市，1969年4月参加工作，1972－1975年在新疆大学中文系学习，1976－1991年在新疆师范大学任教，1991－1994年在中国社会科学院研究生院攻读博士学位，1994年获博士学位后在中国社会科学院语言研究所工作，1997年任全国汉语方言学会秘书长、方言研究室副主任，2001年8月任副研究员、硕士研究生导师，2003年任方言研究室主任、《方言》季刊副主编，2007年8月任研究员，2011年10月任全国汉语方言学会会长。

周磊长期从事方言调查研究工作，在方言调查研究领域成果丰硕，在新疆及西北汉语方言的调查研究领域有许多开拓性的贡献。在担任方言研究室主任、《方言》季刊副主编、全国汉语方言学会秘书长、全国汉语方言学会会长等职务期间工作勤勉，任劳任怨，为中国方言的调查研究和事业发展做出了重要贡献。

罗杰瑞

美国西雅图华盛顿大学教授罗杰瑞（Jerry Norman）先生（1936年7月16日至2012年

7月7日），出生在美国加利福尼亚。早年在加州大学伯克利分校师从赵元任先生，其间到中国台湾调查汉语闽方言，于1969年在伯克利加州大学以闽方言研究的论文获得博士学位。他曾在普林斯顿大学教书，1971年继李方桂先生之后出任西雅图华盛顿大学亚洲语言文学系主任，此后一直在该系供职至1996年退休。

罗杰瑞教授一生致力于汉语研究，有非常高的成就。早在20世纪60年代中期普林斯顿大学福特基金会成立"中国语言学计划"，他就与桥本万太郎先生等人同为该计划的发起者，一同提出著名的"普林斯顿假说"。他最主要的学术成果在对汉语闽方言的研究上，发表了大量闽方言研究论著，所提出有关闽方言现状和历史的许多论点深受语言学界的重视。他于1988年出版的 Chinese（《汉语概说》），是到目前为止在英语世界影响最大的汉语通论性著作。在汉语史研究方面，他也有不少精辟的见解。在中国实行改革开放以来，罗杰瑞教授多次来到中国大陆，实地调查汉语，尤其是闽方言，并与中国同行进行密切交流，建立了真挚的学术友谊。他为汉语研究贡献了毕生的精力。

陈新雄

台湾师范大学荣休教授陈新雄先生（1935年至2012年7月31日），江西赣县人，14岁随父迁台。早年就读于台湾师范大学，后来又在台湾师范大学取得博士学位。曾任职台湾师范大学附中、台湾东吴大学中文系、台湾中国文化大学中文系，荣休前长期担任台湾师范大学国文系及国文研究所教授；又曾应聘美国乔治城大学中日文系客座教授、香港浸会学院中文系首席讲师、北京清华大学中文系客座教授等高级教席；曾担任台湾的声韵学会、训诂学会、文字学会、经学会等重要学术团体的理事长。

陈新雄教授毕生从事中国传统语言学和语文学的研究，主要是声韵学（汉语历史音韵学）研究，著述甚丰，并为台湾的语言学研究队伍培养了大批人才。大陆改革开放后，陈新雄教授努力促进海峡两岸的学术交流。他较早在香港筹办由大陆、台湾和香港学者参加的音韵学研讨会，多次访问大陆多所高校，出席在大陆举办的各种语言学会议，并鼓励其弟子与大陆学界交往，积极邀请大陆语言学者赴台进行学术活动，做了很多有益于两岸语言学发展的工作。

饶长溶

中国社会科学院语言研究所编审、《中国语文》杂志原副主编饶长溶先生（1930年6月10日至2013年2月5日），生于福建省长汀县。1956年毕业于华南师范学院中文系。1956

年9月至1965年1月在中国科学院语言研究所任助理研究员，1965年1月至1972年10月于河北哲学社会科学研究所语言研究室任助理研究员，1972年10月至1977年6月于河北大学中文系任助理研究员。1977年调回中国社会科学院语言研究所，先后任助理研究员、副编审；1989年9月任编审，1984年至1991年任《中国语文》杂志副主编，1992年起享受国务院政府特殊津贴。

饶长溶先生长期从事现代汉语语法研究，著有《把字句·被字句》《实用语法修辞》（合著）和论文《主谓句主语前的成分》《动宾组合带宾语》《试论非谓形容词》（合著）等，在汉语语法学界产生了重要的影响；晚年致力于客家方言研究、客家话词典的编纂以及客家文化的调查和交流活动，著有《长汀方言动词的体貌》《长汀话动词宾语人称代词的读音》等，参与编著《客家话通用词典》。饶长溶先生在《中国语文》编辑部工作期间，为《中国语文》杂志和推进现代汉语语法研究倾注了大量心血。作为《中国语文》的编者，组织了关于汉语析句方法的讨论，并参与了汉语语法学界最具影响力的全国性学术会议现代汉语语法学术讨论会的组织工作和会议文集《语法研究和探索》的编辑工作。饶长溶先生工作勤勉，兢兢业业，为汉语语法研究的深入开展，为培养青年语言学人才，为《中国语文》杂志和中国语言学事业的发展做出了重要贡献。

伍铁平

北京师范大学教授伍铁平先生（1928年6月至2013年5月26日），湖南湘潭人。1945－1946年曾就读于昆明西南联大，1946－1947年就读于北京清华大学化工系，1947年8月1日，在河北省通过封锁线进入冀东解放区参加革命工作，1947年11月至1948年5月在热河赤峰县参加土改工作。1948年5月至1950年8月，伍铁平就读于哈尔滨外国语专门学校（黑龙江大学前身）俄语系。1950年9月至1962年12月在哈尔滨外国语专门学校、哈尔滨外国语学院和黑龙江大学历任助教、讲师、学报主编；1962－1985年，伍铁平在中国社会科学院语言研究所先后担任国外语言学研究室主任、《国外语言学》（今名《当代语言学》）杂志主编。1985年调入北京师范大学语言学理论教研室，成为该室学术带头人，1987年1月起任教授。伍铁平主要致力于语言学理论，尤其是国外语言学的研究和教学工作，是中国模糊语言学的创始者，著有《模糊语言学》一书，在西方词源学理论、语言类型学、比较语言学等方面也颇有建树。

吴金华

复旦大学教授吴金华先生（1943年11月至2013年6月），江苏南京人。1966年毕业于南京师范大学中文系，1981年在该校中文系获文学硕士学位，留校任教至1994年。1992年享受国务院政府特殊津贴，1994年由人事部授予有突出贡献的中青年专家称号。1995年调入复旦大学古籍整理研究所任教授，主要从事汉语言文字学、中国古典文献学的研究，侧重于"中古汉语"的词汇研究，所关注的学术研究领域是训诂学与校勘学。著有《古汉语概要》《三国志校诂》《世说新语考释》《古文献研究丛稿》《三国志丛考》《古文献整理与古汉语研究》《三国志论集》等。

黄伯荣

新中国现代汉语教学与研究的主要开创者、著名语言学家和教育家黄伯荣先生（1922年7月至2013年5月12日）生于广东阳江，1951年于中山大学语言学系研究生毕业后留校任教，1954年因高等院校专业合并调入北京大学中文系任讲师。1958–1987年，响应支援西北号召，先后任西北师范大学中文系、兰州大学中文系讲师、副教授、教授，是西北地区现代汉语学科建设的奠基人。1987年后任青岛大学中文系教授，2008年起为中山大学中文系兼职教授。曾任中国语言学会理事、中国修辞学会顾问、中国语文现代化学会顾问、全国高师现代汉语教学研究会顾问。1993年起享受国务院政府特殊津贴。

黄伯荣先生从事高等院校教学和研究工作60余年，著述颇丰，培养了众多优秀人才，为我国语言学的发展做出了杰出贡献。黄伯荣先生和廖序东先生主编的《现代汉语》高校教材自1978年出版以来再版8次，共发行600多万册，在现代汉语教学界产生了巨大而深远的影响。2008年，为适应新时期现代汉语教学的需要，黄伯荣先生又率中山大学中文系同人联合相关院校教师，用三年时间编写出了新版《现代汉语》教材，为我国语言学事业做出了新贡献。

吴启主

湖南师范大学文学院吴启主教授（1934年8月26日至2013年6月1日）出生于湖南常宁县，1953年毕业于湖南省立二师并参加工作，1957年由长沙师专毕业分配到湖南师范学院工作，同年在北京中央语音研究班进修结业，后一直在湖南师范大学工作，历任讲师、副教授、教授。先后担任现代汉语教研室主任、湖南省语言学会常务理事、中国修辞学会理事、中南修辞学会常务理事、秘书长。

吴启主教授长期从事现代汉语语法、修辞、语篇、方言的研究工作，成就卓著，先后出版《现代汉语"构件"语法》《句型和句型选择》《连动句·兼语句》《常宁方言研究》

《汉语构件语法语篇学》《现代汉语教程》等著作 10 余部，发表论文 50 余篇。吴启主教授倡导"构件语法"，主编《湖南方言研究丛书》，在语言学界产生了重要影响。作为教育家，吴启主教授一生培养了众多语言学人才。

张志毅

鲁东大学教授张志毅先生（1937 年 1 月至 2014 年 5 月 3 日）生于山东省即墨，1958 年考入吉林大学，专攻语言学，1963 年考取东北师大研究生，师从著名语言文字学家孙常叙先生，专攻古代汉语和古文字学、词汇学。长期任教于烟台师范学院（现鲁东大学）。

张志毅先生历任全国高师现代汉语教研会副会长，中外语言文化比较学会常务理事，系鲁东大学名师、山东省拔尖人才、国务院政府特殊津贴专家、商务印书馆辞书研究中心特约研究员，中国社会科学院语言研究所编《现代汉语词典》第 6 版审订委员。山东省第六次社会科学突出贡献奖获得者，第二届"中国辞书事业终身成就奖"获得者。

张志毅先生是我国词汇学、语义学、辞书学方面的著名专家。他的《词汇语义学》被教育部推荐为研究生教学用书。他还编纂出版了《简明同义词典》《中国语同义语辞典（日文版）》《反义词词林》《反义词大词典》《新华同义词词典》等，参与了《汉语大词典》的编写工作，并获得山东省和国家级教学成果奖。

祝敏彻

湖北大学文学院教授祝敏彻先生（1929 年 2 月至 2014 年 7 月 5 日）生于湖北武汉，曾师从著名语言学家王力先生。1958 年 7 月参加工作，先后在兰州大学、甘肃师范大学任教。其间，1961–1963 年，在北京大学参加王力先生主编的《古代汉语》编写工作。1985 年 9 月后一直在湖北大学中文系任教。

祝敏彻先生著有《古汉语基础知识》《诗经译注》《〈朱子语类〉句法研究》《近代汉语句法史稿》《汉语史论文集》等代表著作。祝先生是随同王力先生一起开创古代汉语课程教学研究与教材编写工作的学者之一，也是我国近代汉语语法研究的先驱之一。他最早关注近代汉语的使成式、处置式等特殊句式，并进行了深入研究，对推动近代汉语语法的研究做出了重要贡献。在汉语语音方面，祝先生通过《释名》声训材料，对汉代音系做出了承前启后的研究。

戴耀晶

　　复旦大学戴耀晶教授（1958年1月28日至2014年9月2日）出生于江西省泰和县，1977年成为"文革"后恢复高考的第一届大学生，1981年毕业后任教于当时的吉安师专（现井冈山大学）。1987年在浙江大学（原杭州大学）获得文学硕士学位，师从王维贤先生。同年考入复旦大学，1990年获得文学博士学位，师从著名语言学家胡裕树先生。1990年毕业后留校任教，1993年任副教授，1994年起担任硕士生导师，2000年任教授，2001年起担任博士生导师，2002年起担任博士后流动站联系导师。曾任复旦大学中文系国家重点学科"汉语言文字学"负责人、中国语言学会理事、上海语文学会副会长、《当代修辞学》和《语言研究集刊》主编。

　　戴耀晶先生一生著述丰富，研究成果斐然。他先后出版了《现代汉语时体系统研究》《三个平面：汉语语法研究的多维视野》等5部著作，发表学术论文《现代汉语表示持续体的"着"的语义分析》《现代汉语动作类二价动词探索》《否定表达与否定常数》等60余篇，是现代议语句法、语义学研究领域的著名专家。

刘庆隆

　　中国社会科学院语言研究所刘庆隆先生（1924年8月至2014年10月20日），河北献县人，1946年开始从事辞书编辑工作。1951年进新华辞书社参加《新华字典》的编写工作，1956年转入中国科学院语言研究所词典编辑室参加编写《现代汉语词典》。曾在语言研究所词典编辑室任编辑、副编审、特约编审及编辑室召集人、副主任等职，享受国务院政府特殊津贴，2006年荣获中国辞书学会评选的辞书事业终身成就奖。2014年获语言研究所辞书学理论与实践贡献奖。

　　刘先生曾参加《新华字典》《现代汉语词典》的多次修订工作，以及《现代汉语小词典》《现代汉语成语词典》的编写工作，主持过《倒序现代汉语词典》编写和《现代汉语小词典》的修订工作，还自己编纂了《古今汉字字典》。他勤奋敬业，博闻强识，工作经验丰富、编辑技艺纯熟。在长达60余年的辞书工作中成就显著。除编写多种有分量的辞书外，还发表研究论文数十篇，出版专著《辞书编纂工艺导论》，对我国辞书学建设做出了重要贡献。

何耿丰

　　厦门大学教授何耿丰先生（1933年4月至2021年5月），广东省大埔县人。1957年毕业于北京大学中国语言文学系，1973年以后在厦门大学中文系从事教学和研究工作。何耿丰教授毕生从事古代汉语和汉语方言学专业的教学和研究，也是厦门大学中文系汉语史硕士研究生导师，出版的主要著作有《经学简史》《经学概说》《汉语方言研究简史》《古代汉语的假借字》《客家方言语法研究》等多部著作并发表大量学术论文。1984至1987年，他担任厦门大学中文系主任兼中国语言文学研究所所长；1985年11月亲手创建九三学社厦门大学支社。1985年11月，九三学社厦门市委员会成立，何耿丰教授任第一、第二届委员会副主委兼秘书长职务；1987年至1997年任政协厦门市委员会常委。他长期担任福建省文史研究馆馆员，一生著书立说、躬耕杏坛，为党的高等学校教育事业奉献一生，享受国务院政府特殊津贴。

刘开瑛

山西大学教授刘开瑛先生（1931年11月至2022年3月10日），山西孝义人。1956年山西大学数学系毕业后留校任教，1984-1992年任山西大学计算机科学系主任。曾任山西大学计算机应用研究所所长，中国计算机学会人工智能和模式识别专业委员会常务委员兼自然语言理解学组组长、中国中文信息研究会基础理论专业委员会常务委员。

刘开瑛教授是我国自然语言处理领域的主要开创者之一，长期致力于计算机汉语语言信息处理方面的研究工作，先后主持国家863计划项目、国家自然科学基金项目、国家社会科学基金重点项目等国家级项目10余项。在计算机中文自动分词、词性标注、专有名词识别、框架语义资源构建和应用方面取得了丰硕的成果。刘开瑛教授主持研制并建立了汉字姓氏库和《汉字属性字典》，教材《自然语言处理》曾获国家教委优秀教材一等奖，撰写专著《现代汉语框架语义网》，促进了中文自然语言处理向基于认知计算的自然语言理解的迈进。

刘开瑛教授治学严谨，开拓进取，坚守淡泊，科研成果卓著，培养了一批自然语言处理方面的优秀人才。刘开瑛教授曾任中国中文信息学会常务理事，为我国自然语言处理事业做出了卓越的贡献，2021年被授予中国中文信息学会会士。

陈泽平

福建师范大学陈泽平教授（1953年至2022年3月14日），福建福州人，1983年毕业于北京大学中文系，获硕士学位。毕业后在福建师范大学工作。历任福建师范大学文学院教授、博士生导师；全国汉语方言学会副会长；福建省方言有声数据库建设项目首席专家，《中国大百科全书》第三版汉语方言分卷副主编。

陈泽平先生主要从事汉语方言学研究。在汉语方言尤其是闽语研究成就方面突出，出版《福州方言研究》（1998）、《十九世纪以来的福州方言——传教士福州土白文献之语言学研究》（2010）、《福州方言大词典》（2020）等学术论著十余部；发表《试论完成貌助词"去"》（1992）、《福州方言的否定词和反复疑问句》（1998）、《福州方言的韵母结构及其演变模式》（1998）、《福州方言通用量词"只"和"个"》（与秋谷裕幸合作，2008）、《〈闽都别记〉的会字句》（2019）等学术论文数十篇。承担国家社科基金项目4项以及多项省部级项目。

段　晴

北京大学外国语学院段晴教授（1953年5月至2022年3月26日），女，生于北京。1971－1974年就读于北京大学西语系德语专业，1978－1982年师从季羡林先生、蒋忠新先生专攻印度学，获得硕士学位。后赴德国汉堡大学主修伊朗学，获得博士学位。自1987年起在北京大学任教，曾讲授梵语、巴利语、犍陀罗语、中古伊朗语等语言和相关文献课程。撰有《波你尼语法入门》《于阗·佛教·古卷》《中国国家图书馆藏西域文书·于阗语卷（一）》《青海藏医药文化博物馆藏佉卢文尺牍》《于阗语无垢净光大陀罗尼经》《神话与仪式：破解古代于阗氍毹上的文明密码》等多部专著，在国内外学术期刊上发表文章百余篇。段晴教授毕生致力于中古伊朗语、梵语、巴利语、犍陀罗语等相关领域的研究和教育事业，严谨求新，孜孜育人，在印度学、佛教学、丝绸之路研究和梵文贝叶经等领域成就卓越，享誉国际学界，为我国东方学科的发展和人才培养做出了巨大贡献。

卫志强

中国社会科学院语言研究所卫志强译审（1935年2月至2022年4月9日）出生于上海，1963年研究生毕业于黑龙江大学俄罗斯语言与文学专业，同年分配到当时的中国科学院语言研究所外语研究室，参与《俄汉大辞典》的编撰工作；1978年恢复业务后，到语言研究所新成立的情报研究室（后更名为国外语言学研究室）工作；1992年评为译审，1990－1991年任《国外语言学》副主编，1992－1995年任《国外语言学》主编，并任国外语言学研究室主任。卫志强先生的主要研究领域是社会语言学、语用学和翻译学，翻译、发表多篇高质量论著。译著《神经语言学》（与赵吉生合译）是我国第一部关于神经语言学领域的著述，对开拓我国的神经语言学研究起到积极作用；专著《当代跨学科语言学》曾被许多高等院校语言专业列为硕士研究生的教材或必读参考书。退休后承担语言所"马工程"项目，主编出版《马克思恩格斯列宁斯大林论语言》。

梁　敏

中国社会科学院民族学与人类学研究所研究员梁敏先生（1926年1月27日至2022年4月11日），壮族，广西南宁市人。1947年就读于国立南宁师范学院（今广西师范大学前身）英语系，1949年毕业任中学教师。1954年调到中国科学院，先后在语言研究所、少数民族语言研究所、民族研究所（今中国社会科学院民族学与人类学研究所）工作，历任研究实习员、助理研究员、副研究员、研究员。曾先后受聘担任华中科技大学语言研究所、北京大学东语系教授、研究生导师，为两校培养研究生。

梁敏先生长期从事中国少数民族语言调查研究。从20世纪50年代起，先后调查了十多种民族语言和有关的汉语方言，调查点多达100多个。1954年参加少数民族语言调查第一工作队，随袁家骅、罗季光、王均等先生调查壮侗语族语言，先后调查了壮语方言、黎语方言、侗语。20世纪80年代，调查了仫语、傣语、佯僙语、毛南语、仫佬语、拉珈语、标话、临高话和村话等。此外，还调查了拉基语、普标语和布央语等新发现语言。出版的代表性专著有《壮语语法条例》《壮语语法概述》《壮汉语法初步比较》《壮语方言语法比较》《壮语构词法》《武鸣壮语语法》《侗语简志》《毛南语简志》《侗台语族概论》《壮语方言研究》《临高语研究》《标话研究》《普标语研究》等。发表的代表性论文有《侗语概况》《临高话简介》《壮侗语族量词的产生和发展》《仫语概况》《仫语元音的长短》《壮侗语族诸语言名词性修饰词组的词序》《我国壮侗语言研究概况》《关于仫语的系属问题》等。

宣德五

中国社会科学院民族学与人类学研究所研究员宣德五先生（1933年2月16日至2022年6月9日），江苏省扬州市人。1951年入北京大学东语系朝鲜语专业学习，1959年研究生毕业后留校任教。1962年调入中国人民解放军外国语学院（今中国人民解放军战略支援部队信息工程大学）任教。1979年调入中国社会科学院民族研究所（今中国社会科学院民族学与人类学研究所）工作，历任副研究员、研究员、朝鲜语研究组组长。

宣德五先生毕生从事朝鲜语文的教学和科研工作。编纂了《朝汉词典》《汉朝词典》等工具书，编写了《朝鲜语读本》《朝鲜语实用语法》等教材。在中国社会科学院民族研究所工作期间，主要调查、描写以及研究中国境内的朝鲜语方言，同时也为朝鲜半岛上方言的划分和研究提供了极有价值的资料。1992年被评为"有突出贡献的专家"，享受国务院政府特殊津贴。代表性著作有《朝鲜语简志》《朝鲜语方言调查报告》《朝鲜语基础语法》《韩国语基础语法》等，代表性论文有《朝鲜语的系属》《朝鲜语和蒙古语的关系》《朝鲜语的深层结构》《东北黑河地方满语的一个特色》等。《朝鲜语方言调查报告》（合著）1994 年获评中国社会科学院民族研究所优秀科研成果一等奖，2001 年获评第一届中国朝鲜语学会优秀著作奖。

梅　广

台湾清华大学教授梅广先生（1938 年至 2022 年 8 月 21 日）生于香港，台湾东海大学中文系毕业，台湾大学中文研究所硕士，美国哈佛大学语言学博士。曾任香港中文大学新亚书院中文系讲师、台湾大学中文系教授、台湾清华大学中国语文学系教授兼系主任、台湾清华大学语言学研究所教授。致力于汉语语法、中国少数民族语言的研究，1980 年间在台湾中南部山区、1990 年间在云南省西北边境调查少数民族语言，退休后从事先秦思想典籍的文献研究。其专著《上古汉语语法纲要》是第一部以形式语言学理论方法研究上古汉语语法的著作。

白宛如

中国社会科学院语言研究所副研究员白宛如先生（1926 年 7 月至 2022 年 8 月 25 日）在北京出生，1946 年 9 月考入北京大学中文系；1949 年 2 - 5 月在北京军管会文化接管委员会秘书科工作，5 - 10 月在华北人民政府教育部秘书科工作，11 月南下广州，先后在广东省南路征粮队、广东省茂名县第二区人民政府工作；1953 年 9 月复学；1955 年 9 月毕业，分配到中国科学院语言研究所（今中国社会科学院语言研究所）方言室工作。

白宛如先生的汉语方言调查研究成果集中在粤语，主要有《广州话本字考》（1980）、《广州方言连读音变举例》（1982）、《广州话元音变化举例》（1984）、《南宁白话的［ɬai - 1］与广州话的比较》（1985）、《广州话中的省略性变音》（1989）、《广州方言词典》（1998）等。

吉常宏

山东大学教授吉常宏先生（1927 年 3 月 7 日至 2022 年 8 月 28 日）出生于山东章丘，1951 年考入清华大学，1952 年入北京大学中文系求学，1955 年毕业留校，任教于北京大学中文系现代汉语教研组，先后讲授《语法修辞》《古代汉语》等课程。

1972 年调入山东省博物馆，对山东省博物馆古籍版本的甄别与搜集做出了重要贡献。1980 年调入山东大学，担任《汉语大词典》编辑委员、山东大学编写组副组长，参与了辞典立目、收词、摘引书证、初稿编写的整个过程。出版了《中国人的名字别号》、《古人名字解诂》（第 1 版、第 2 版）等著作，主编《中国古代语言学家评传》《汉语称谓大词典》《中华成语故事》，参与《古代汉语》、《汉语大词典》、《汉语大词典简编》（副主编）的编写工作。

刘 倬

中国社会科学院语言研究所研究员刘倬先生（1933 年 3 月 10 日至 2022 年 9 月 12 日），出生于河北省大城县，1949 年 5 月在华北大学正定分校学习。1949 年 11 月由组织统一选调到哈尔滨外国语专门学校学习，1951 年 12 月毕业后留校。1953 年 4 月调入中央高等教育部综合大学司俄文科。1954 年 4 月调入北京俄语学院。1960 年 10 月调入语言研究所。1980 年评为副研究员，1986 年评为研究员，1995 年 10 月离休。曾任语言研究所机器翻译研究室副主任、应用语言学研究室副主任、计算机研究室主任。

刘倬先生在机器翻译研究领域深耕 40 年。从 1975 年开始负责研制 JFY 型英汉翻译系统，1987 年最后研制出 JFY-IV 型翻译系统的定型设计。经多年的运行和功能调试，JFY-IV 型翻译系统的语言学理论基础和算法设计技术的正确性和有效性得到证明。刘倬先生还曾与计算所等单位合作共同研制俄汉机译系统；合作培养研究生十余人，指导设计英汉、法汉、德汉、俄汉等翻译系统，并取得令人满意的试验结果。

黄 衍

新西兰奥克兰大学教授黄衍先生（1955 年至 2022 年 10 月 18 日）祖籍浙江宁波，生于山东青岛。早年就读于江苏丹阳吕叔湘中学，青年求学于南京大学，后赴英国留学，获得剑桥大学和牛津大学博士学位，先后在剑桥大学、牛津大学、雷丁大学、奥克兰大学、北京外国语大学等高校执教。

黄衍先生以其卓越的学术成就享誉国际语用学界，是新格莱斯语用学的代表人物，其有关回指现象和新格莱斯会话含义的研究尤为人称道。黄衍先生撰写、编著的 *Pragmatics*、*The Oxford Dictionary of Pragmatics*、*The Oxford Handbook of Pragmatics*、*The Syntax and Pragmatics of Anaphora*、*Anaphora：A Cross-linguistics Study* 在国际语用学界产生了重要的影响。

鲍厚星

湖南师范大学教授鲍厚星先生（1937年至2022年11月28日），出生于湖北黄陂。1959年7月毕业于原湖南师范学院中文系，后历任湖南师范大学教授，博士生导师，在汉语方言学研究领域享有崇高的威望。曾作为重要成员参加《中国语言地图集》《现代汉语方言大词典》《现代汉语方言音库》等国家级大型课题的建设，著有（独著或第一作者）《中国语言地图集·湖南汉语方言分区图》《现代汉语方言大词典·长沙方言词典》《东安土话研究》《现代汉语方言音库·长沙话音档》《现代汉语方言概论·湘语》《长沙方言研究》《湖南方言的分区》《二十世纪湖南方言研究概述》等，对湖南方言研究发挥了十分重要的开创与推动作用，为我国方言研究做出了重要贡献。

符淮青

北京大学中文系教授符淮青先生（1936年7月22日至2022年12月5日），生于海南省文昌市。1955年考入南开大学中文系本科，1959年毕业后到北京大学中文系工作。1993年评为教授。符淮青先生长期从事现代汉语方向教学研究，后重点转入汉语词汇学、语义学、词典学研究。

符先生学术成果卓著，注重理论和实践相结合，将词汇学、语义学、词典学研究有机地融合起来，在辞书编纂尤其是词典释义研究方面建树颇丰。撰写辞书学论文《词典释义的特点和词典学的学科地位》《义项的性质与分合》《词义单位的划分和义项》《对在现代汉语词典中标注词性的认识》《词在组合中语义范畴的变化和词性标注》《组合中语素和词义范畴的变化》等数十篇；出版专著《现代汉语词汇》《词的释义》《词义的分析和描写》《汉语词汇学史》《词典学词汇学语义学文集》；出版现代汉语教材《现代汉语》；参与主编新型学习辞书《现代汉语学习词典》，对我国学习型汉语文词典编纂产生了积极的影响。

王福堂

北京大学中文系教授王福堂先生（1934年4月22日至2022年12月16日），祖籍浙江绍兴，生于杭州，1952年入北京大学中文系学习，1956年毕业后留校，先后在中文系语言学教研室、现代汉语教研室任教，1988年任教授，1993年任博士生导师，2002年退休。中国语言学会会员、全国汉语方言学会理事、北京大学中国语言学研究中心（原汉语语言学研究中心）学术委员、《语言学论丛》编委。

王福堂教授毕生致力于汉语方言学研究和教学，在方言学基础理论、汉语方言田野调查等方面的研究与实践具有开拓性、奠基性。数十年无私奉献于汉语方言学经典著作《汉语方言概要》《汉语方音字汇》《汉语方言词汇》的修订工作；学术专著《汉语方言语音的演变和层次》、《绍兴方言研究》和论文集《汉语方言论集》（增订版）在学界享有学术盛誉；曾获全国高等学校首届人文社会科学研究优秀成果奖语言学二等奖（《汉语方音字汇》第二版，1995）、全国普通高等学校第二届人文社会科学研究成果奖语言学二等奖（《汉语方言词汇》第二版，1998）、国家级教学成果二等奖（汉语方言学系列课程，2001）等多个重量级奖项。

王希杰

南京大学教授王希杰先生（1940年10月13日至2022年12月25日）出生于江苏淮安，1960年2月入读南京大学中文系，1963年7月毕业后留校任教，历任实习研究员、讲师、副教授、教授。1980年参与创办中国修辞学会并任第一届秘书长，同时参与创办华东修辞学会和《修辞学习》杂志，并长期担任华东修辞学会副会长；1981年创立江苏省修辞学会并长期担任会长、名誉会长。

王希杰教授致力于现代汉语和语言学的教学与研究，在理论语言学、现代修辞学、语法学、词汇学、语义学等领域取得了突出的成就。出版有《汉语修辞学》《修辞学新论》《修辞学通论》《修辞学导论》《数词、量词、代词》《语林漫步》《语言的美和美的言语》《王希杰语言随笔集》《显性语言与潜性语言》《汉语词汇学》等重要专著，主编有《方光焘语言学论文集》《汉语修辞和文化论集》《修辞文汇》等重要文集。

柳英绿

吉林大学教授柳英绿先生（1949年6月至2022年12月26日）生于吉林省图们市。1980-1983年在延边大学汉语专业攻读硕士学位，毕业后留校任教。2002年调入吉林大学文学院汉语言文学专业任教授、博士生导师。曾任中国少数民族双语教学研究会副会长、吉林省语言学会会长、中外语言文化对比学会常务理事、《汉语学习》学术编委会特约编委、辽宁省人文社会科学重点研究基地渤海大学应用语言学研究中心兼职研究员等。

柳英绿先生长期致力于汉朝（韩）语言对比研究，注重理论和实践相结合，在韩汉语法词汇对比、对外汉语教学理论与实践等方面成就卓越，代表作《朝汉语语法对比》《韩汉翻译基础》先后荣获吉林省社会科学优秀成果奖、吉林省语言学会第二届科研成果一等奖；所编教材《韩汉语翻译教程》是国内外多所大学的指定教材。

李国炎

中国社会科学院语言研究所副编审李国炎先生（1934年1月31日至2022年12月28日）出生于湖北武昌，1956年从中山大学中国语言文学系毕业后分配到语言研究所，进入刚刚成立的词典编辑室工作。在《现代汉语词典》编写和后来的修订过程中，长期从事语文条目和哲社条目编写工作，曾发表《辞书编写与研究工作要有一个更大的发展》(《中国语文》1982年第4期）等文章，对《现代汉语词典》和我国辞书事业的发展提出真知灼见。他还参加《现代汉语小词典》的编写修订、《现代汉语词典补编》的编写和《新华字典》的修订工作，与他人合作编写《新编汉语词典》《当代汉语词典》等。晚年积毕生编纂经验编写出版《现代汉语例解词典》（商务印书馆2020年）。李国炎先生是《现代汉语词典》的最早的编者之一，为这部词典的初创与维护做出了很大贡献。1993年起享受国务院政府特殊津贴，2014年获第一届中国社会科学院语言研究所辞书贡献奖。

郭锡良

北京大学教授郭锡良先生（1930年9月22日至2022年12月30日）出生于湖南衡山。1950年考入湖南大学，后转入武汉大学，1954年毕业保送至北京大学中文系攻读语言学研究生，师从著名语言学家王力先生。1958年毕业留校，1986年被评为教授，1990年被评为博士生导师。1977－1993年任古代汉语教研室副主任、主任，1994－1999年担任中文系学术委员会主任。郭锡良先生长期担任北京大学王力语言学奖评奖委员会主任、中国训诂学会学术指导委员会主任兼常务理事、中国文字学会常务理事、北京语言学会副会长、中国音韵学会顾问、《语言学论丛》编委、《中国语言学》辑刊主编，曾任《中国语文》编委。

郭锡良先生毕生致力于汉语史教学研究，其研究领域包括汉语语音史、语法史、词汇史、古音学、文字学、文学语言史、训诂学、词典学、方言学等。他先后参与或主持编写三部《古代汉语》教材，著有《汉字知识》《汉字古音手册》《汉字古音表稿》《汉语史论集》《汉语研究存稿》等著作十多种，《汉语第三人称代词的起源和发展》《论上古汉语的指示代词的体系》《殷商时代音系初探》《西周金文音系初探》《汉语历代书面语和口语的关系》《历史音韵学研究中的几个问题》等论文100余篇。郭锡良先生20世纪80年代主要致力于古汉语语法体系的构建，90年代以后的学术重点转向先秦汉语语法的历史及上古音研究，出版了《汉字古音手册》（增订本）、《汉字古音表稿》。

郭锡良先生在北京大学中文系任教 40 余载，开设文字学、汉语史、古代汉语、古音研究、语法修辞逻辑、中国历代语言学论文选、《说文解字》研读、《马氏文通》研读等，教学精益求精，治学严谨，在学界享有盛誉。

大事记

大事记

1月7日

中宣部出版局召开规范使用汉字工作座谈会

2022年1月7日下午，中宣部出版局在京召开"规范使用汉字工作座谈会"，针对当前汉字使用中存在的不规范问题，就出版、影视、媒体等领域加强用字管理进行座谈交流，研究安排下一步工作。中宣部、教育部、国家广播电视总局、北京市委宣传部有关职能部门，相关行业协会、中央宣传文化单位、标准化技术委员会、字库企业共45人参加了会议。

与会人员就加强汉字规范管理和使用问题进行深入讨论。大家一致认为，汉字是世界上历史最悠久的文字之一，是中华民族文化和智慧的结晶，是传承中华优秀文化的重要载体。进入信息化、网络化时代，计算机汉字字体广泛应用于出版、影视、传媒、广告、网络、移动终端等面向公众的领域，较好地满足了单位和个人多样化、个性化的用字需求，但也存在字体运用场合不当、书写不规范等问题。特别是有的字体故意把汉字笔画和结构进行粗俗、草率的夸张变形，忽视了文字的书写规范、书写技法和文化内涵、审美特征，不利于社会大众汉字书写规范意识和审美素养的提升，尤其会对青少年产生误导。加强汉字使用的规范化、标准化、信息化势在必行。

会议提出，将从六个方面着手，开展汉字使用的规范和管理工作。一是建立协调机制，明确各相关部门职责分工，加强沟通联系、密切协调配合，共同做好汉字使用的规范管理。二是开展专项整治，重点清理图书、报纸、期刊、音像制品、网络出版物、媒体、影视作品中用字不规范的情况，指导字库企业开展自查自纠。三是加强行业引导，指导相关行业协会联合发出规范用字倡议，遴选推荐优秀字体，引导出版、影视、媒体领域提升规范用字的自觉意识，落实好规范用字的各项要求。四是突出重点领域，发挥中央媒体和宣传文化单位示范带动和引导监督作用，促进行业用字规范化建设。五是完善法规规章，配合做好《国家通用语言文字法》修订工作，对《出版物汉字使用管理规定》等规章进行修订。六是加强标准研制，指导相关标准化技术委员会开展研究，推动相关国家标准、行业标准立项、编制工作，为规范用字提供技术支撑。

1月8日

外语中文译写规范部际联席会议专家委员会发布第十二批推荐使用外语词中文译名。

此次拟推荐的外语词中文译名包括信息技术类12组、媒体网络类5组、信息通信类2组、金融财经类1组、组织机构类1组。审议会专家认为，第十二批译名筛选工作细致、方法科学，在网络语料和数据库核查分析的基础上，充分征询专家和相关行业部门意见，兼顾了译名的科学性和通用性，有利于译名的推广应用。

外语中文译写规范部际联席会议专家委员会推荐在社会生活各个领域使用规范的外语词中文译名。

1月13日

在中国残疾人联合会直属中国残疾人辅助器具中心指导下，腾讯旗下搜狗输入法、信息无障碍研究会、全国残疾人用品开发供应总站共同发起"众声"无障碍输入公益计划。

该计划基于搜狗输入法、腾讯技术公益的无障碍技术积累，搭建无障碍输入开放平台，向全行业免费开放视障输入、肢障输入、长辈输入、OCR读图、AI手语翻译等技术解决方案。共同参与该计划的还有来自vivo、TobiiDynavox听到科技、汉尼康科技等不同产业链的参与方。

此外，搜狗输入法还首次发布"眼动输入"解决方案。该方案主要借助一款内置眼球追踪技术的眼控仪，让残障用户通过眼球转动和凝视，即可操作电脑完成文字输入。

1月14日

《冬奥中文100句》新书发布会在北京冬奥村举行。这是一本面向各国运动员、教练员、裁判员等人群的语言服务手册，由中外语言交流合作中心（以下简称语合中心）和人民教育出版社共同合作开发并出版。该书通过展示100个中文常用句的基本含义和交际场景，满足冬奥期间各国代表团在华参赛和生活的基本需求；通过冬奥场馆的介绍，体现绿色、共享、开放、廉洁的办奥理念；通过来自不同行业的奥运人物故事，体现追求团结、和平、进步、包容的共同目标；通过中国文化要素的呈现，真实、客观、生动地展现中国传统文化之美和当代中国发展。中、法、英三语对照便于不同母语者使用，配套有声电子书可以帮助使用者随时随地学说中文。

2月

为进一步规范出版、影视及相关新媒体等大众传播媒介汉字使用，中国出版协会、中国报业协会、中国期刊协会、中国音像与数字出版协会、中国版权协会、中国印刷技术协会、中国广播电视社会组织联合会、中国网络视听节目服务协会、中国电影家协会、中国书法家协会、中国中文信息学会共11家协会、学会日前联合发布《关于规范使用汉字的倡议》。

《倡议》指出，汉字是传承中华文明的重要载体，是中华文化的根，是最具代表性的中华优秀传统文化标识。规范使用汉字、表现汉字之美，需要全社会共同努力。各协会、学会将加强引导，推动行业把汉字美的特征展示出来，反对为了迎合市场而粗制滥造、牵强附会、无序传播、贻误大众，大力弘扬汉字所蕴含的中华文化精神，更好地服务人民群众美好文化生活新期待和经济社会高质量发展需要。

内容如下：

关于规范使用汉字的倡议

汉字是传承中华文明的重要载体，是中华文化的根，是最具代表性的中华优秀传统文化标识。规范使用汉字、表现汉字之美，需要全社会共同努力。为进一步规范出版、影视及相关新媒体等大众传播媒介汉字使用，我们倡议：

1. 自觉担负社会责任和文化使命，坚持把社会效益放在首位，把汉字使用的规范、美观作为重要标准，在推进语言文字规范化、传承弘扬优秀传统文化中发挥示范带头作用。

2. 严格遵守有关法律规章和文件规定，积极推广应用相关国家标准、行业标准，加强行业自律，配合管理部门做好汉字规范使用工作。

3. 加强字库字体使用审核把关，对图书、报纸、期刊、音像制品、电子出版物、网络出版物、电影、电视、网络视听节目内容及相关广告、宣传品等，严格按照规定使用规范汉字。在国内外举办的各类展会、宣介等活动，均应注意汉字使用的规范性。

4. 鼓励研发和使用优秀字库字体产品，自觉抵制忽视汉字书写规范、书写技法和文化内涵、审美特征，故意将汉字笔画和结构进行粗俗、草率夸张变形的"丑书""怪书"类信息化字体产品，坚决抵制汉字字体领域侵权盗版行为。

5. 加强教育培训，提高从业人员的汉字使用规范意识和业务能力素养。在组织有关审读、质检、考核、评比时，把规范使用汉字作为一项重要标准。

6. 发挥大众传播媒介的作用，广泛宣传，正确引导，加强监督，提升全社会规范使用汉字意识和审美水平。

2月14日

国务院关于印发《"十四五"国家应急体系规划的通知》，就应急救援的语种、应急救援人员的多言多语能力和专业化应急语言服务队伍建设提出要求。

2月15日

国家体育馆场馆新闻发布厅举办《冬奥会交际汉语口袋书》首发式。该教材由北京语言大学出版社出版发行，针对零基础学习者编写，是为更好地满足世界各国代表团与工作人员了解中国文化、感受冬奥精神的需求，解决其在华参赛期间可能面临的语言障碍，帮助他们在短时间内掌握汉语日常交际用语，所以具有突出口语交际功能，即时查阅，随学随用，开口交流的特点。

教材采用英文、法文两种语言注释，按照12个交际主题分类编写，分别是：问候与问询；日期与时间；住宿与服务；交通与出行；谈语言；谈天气；谈饮食；谈旅游；娱乐与购物；观赛与议赛；健康与养生；求助与应急。

另外该教材服务冬奥，特色突出，融入了北京2022年冬奥会吉祥物、会徽、比赛场馆和比赛项目等介绍，最大限度地满足奥运会代表团及对相关内容感兴趣人员的语言使用需求。

教材采用彩色口袋书的形式制作，成书为32开本，便于随身携带。全书图文并茂，配有反映中国现代生活及奥运会相关的精美插图，使用与冬奥会相称的设计风格，力求简洁明快。

2月22日

教育部、国家语委印发《国家语委"十四五"科研规划》。

3月10日

2022年全国语言文字工作会议在线上召开。大会的宗旨是"深入学习贯彻习近平新时代中国特色社会主义思想，贯彻落实党的十九大和十九届历次全会精神，落实全国语言文字工作会议精神"。会上，河北省教育厅、北京师范大学等六家单位结合2021年的语言文字方面的工作作了交流发言。田学军副部长的发言总结了教育部2021年的语言文字工作，分析了当前及今后一段时间内我国语言文字事业面临的新形势新任务，并部署了2022年的重点工作。田学军在讲话中回顾总结了2021年语言文字工作取得的重要进展，强调2022年是进入全面建设社会主义现代化国家、向第二个百年奋斗目标进军新征程的重要一年，语言文字战线要坚持以习近平新时代中国特色社会主义思想为指导，认真学习领会习近平总书记关于教育和语言文化的重要论述，深刻理解语言文字工作在实现中华民族伟大复兴战略全局中的重要作用，深刻把握世界百年未有之大变局为语言文字工作带来的机遇和挑战，深刻把握语言文字工作高质量发展提出的迫切需求，提高政治站位，全力抓好国家通用语言文字推广普及，服务铸牢中华民族共同体意识和落实立德树人根本任务；围绕建设数字中国，进一步加强语言文字信息化规范化标准化建设，以语言文字数字化建设推动教育和语言文字事业高质量发展；服务国家战略，不断提升语言文字工作服务国家发展大局能力；坚定文化自信，大力传承弘扬中华优秀语言文化；持续深化中外语言文化交流合作，推动构建人类命运共同体；深化体制机制改革，推进语言文字工作治理体系和治理能力现代化。

4月初

新闻出版署、国家广播电视总局日前联合印发《关于开展新闻出版、广播电视领域不规范使用汉字问题专项整治工作的通知》，要求各级新闻出版、广播电视行政部门和新闻出版、广播电视领域各单位，对出版物、电视和网络视听节目等汉字使用情况开展全面自查和清理，切实提升内容质量，充分发挥新闻出版、广播电视作为宣传和规范使用汉字主阵地的重要作用。

4月1日

中华书局古联公司发布"殷墟甲骨文数据库"，这是以陈年福教授的甲骨文文本整理成果为基础，进一步增补、修订形成的数字化产品。收录卜辞数量达到14万条，参考国内外数十种甲骨文著录文献以及近十几年来甲骨缀合的成果，使得本库所收录的卜辞更为完整、全面。全部卜辞均提供清晰摹写、对应释文、所属分组和主题内容分类，系统地反映了卜辞的知识属性。

4月8日

"迎接二十大，语言文字这十年"系列活动首场报告暨国家语委重大科研项目开题会在线上举办。

2022年，国家语委科研办创新实施"重大项目+"管理模式，通过邀请有关领域知名专家作报告、召开学术会议等形式，充分发挥重大项目引领作用，广泛调动学界聚焦相关领域开展研究的积极性。在语言文字战线为迎接党的二十大胜利召开营造良好氛围。

"三农"问题专家、中国人民大学温铁军教授在题为《生态文明与乡村振兴——人文学者的使命与担当》的学术报告中指出，乡村振兴是中国应对全球化挑战的压舱石，强调人文知识分子要有使命意识和反思能力，担当中华民族伟大复兴的历史使命。

4月11日

中共中央办公厅、国务院办公厅印发《关于推进新时代古籍工作的意见》（以下简称《意见》）。

《意见》提出，做好古籍工作，把祖国宝贵的文化遗产保护好、传承好、发展好，对赓续中华文脉、弘扬民族精神、增强国家文化软实力、建设社会主义文化强国具有重要意义。

要深入推进中华优秀传统文化创造性转化、创新性发展，加强古籍抢救保护、整理研究和出版利用，促进古籍事业发展，为实现中华民族伟大复兴提供精神力量。

主要目标是，让古籍工作体制机制更加完善，标准规范体系基本健全，工作水平有效提升，古籍保护传承、开发利用成效显著，人才队伍发展壮大，让古籍工作在传承和弘扬中华优秀传统文化中的地位更为凸显、作用更加突出，助力古籍事业繁荣发展。

《意见》还就完善古籍工作体系等提出了要求。

4月20日

联合国第13个中文日，为庆祝这一意义重大的日子，中国常驻联合国代表团、联合国总部中文笔译处和联合国工作人员文娱理事会中国书会牵头举办了一系列丰富多彩的活动，以此宣传中文在联合国多边外交工作中的作用，彰显中国语言与文化的魅力。

4月23日

由中国文字博物馆授权开发的甲骨文动态区块链数字作品上线。

4月28日

由29家高校、企业、协会组织等联合发起的国家应急语言服务团在京成立。教育部党组成员、副部长，国家语委主任田学军出席会议并讲话。应急管理部、国家民委、共青团中央等部门代表参会并致辞，天津外国语大学、云南民族大学、成都理工大学、防灾科技学院、中国聋人协会等五家单位作交流发言。服务团联合发起单位、国家语委科研机构及专家代表200余人通过线上线下方式参加会议。

田学军指出，加强国家应急语言服务能力建设是全面建设社会主义现代化强国的应有之义，是语言文字战线贯彻落实总体国家安全观的重要举措，是提升国家语言能力的必然要求，也是全面提升新时代语言文字工作水平的有力抓手。从抗击疫情实践中发展起来的我国应急语言服务，是语言文字战线积极服务国家重大需求的生动案例，充分展现了语言文字工作者的家国情怀和"奉献、友爱、互助、进步"的志愿服务精神，体现了语言文字战线的使命担当。国家应急语言服务团的成立，标志着我国应急语言服务翻开了新篇章。

田学军强调，要以习近平新时代中国特色社会主义思想为指导，从伟大抗疫精神中汲取前行的力量。要提高思想认识，切实担当起应急语言服务的职责使命；要坚持强基固本，大力提升应急语言服务的质量水平；要强化协同发力，统筹做好应急语言服务的组织实施。希望服务团以"强语强国,应急有我"的担当精神,扎实做好应急语言服务各项工作,助力应急管理体系和能力现代化建设,共同推动新时代语言文字事业迈上新台阶,以实际行动迎接党的二十大胜利召开。

国家应急语言服务团是由志愿从事应急语言服务的相关机构和个人自愿组成的公益联盟组织,主要针对各类突发公共事件应急处置及国家其他领域重要工作中急需克服的语言障碍,提供国家通用语言文字、少数民族语言文字、汉语方言、手语、盲文、外国语言文字等方面的语言服务。2020年以来,众多高校、企事业单位、民间组织、专家学者、志愿者等积极投入抗击新冠肺炎疫情的应急语言服务,为打赢疫情防控阻击战作出了重要贡献,并成为国家应急语言服务团建设的基础力量。

会前,召开了服务团联合发起单位代表会议,表决通过国家应急语言服务团章程并推选了首届理事会。成立会后即召开工作启动会,对服务团近期工作进行部署安排。

5月1日

经国务院第147次常务会议修订通过的《地名管理条例》自5月1日起施行。修订后的条例共7章44条,对地名管理作出了全面、系统的规定。

一是明确管理原则。条例规定,地名管理应当坚持和加强党的领导,有利于维护国家主权和民族团结,有利于弘扬社会主义核心价值观,有利于推进国家治理体系和治理能力现代化,有利于传承发展中华优秀文化;地名应当保持相对稳定。

二是健全体制机制。条例按照统一监督管理、分级分类负责的原则,规定国务院民政部门负责全国地名工作的统一监督管理,规定县级以上人民政府应当建立健全地名管理工作协调机制。

三是加强命名更名管理。条例进一步完善地名命名规则,明确地名命名更名应当提交的申报材料及开展综合评估、专家论证、征求意见等要求,分级分类规定地名命名更名批准程序。

四是规范地名使用。条例规定地名用字、读音、拼写等应当符合规范,国务院民政部门统一建立国家地名信息库。

五是强调文化保护。条例规定具有重要历史文化价值、体现中华历史文脉以及有重大社会影响的国内著名自然地理实体的命名更名,报国务院批准。

5月12日

"迎接二十大,语言文字这十年"系列活动第二场报告暨国家语委重大科研项目"我国语言文字治理体系现状及创新研究"开题会召开。

北京大学王逸舟教授作了题为《中国外交的新趋势与新挑战》的学术报告。报告简要回顾了中国外交三个时代的特点、开展的主要工作和取得的重要成就，结合具体案例深入剖析了新时代中国外交面临的新形势、新挑战和新机遇。报告对于语言文字专家尤其是中青年学者具有重要启发意义。

5月12日

外语中文译写规范部际联席会议专家委员会审议通过第十三批12组推荐使用外语词中文译名。此次推荐使用的外语词中文译名，以广电行业为主要范围，选自《中国广播电影电视发展报告》（2018－2020）、《中国视听新媒体发展报告》（2018－2020）等。中文译名及用例均主要来自人民网、光明网、新华网、国家广播电视总局官网以及各地广播电视机构的专业部门网站。审议会专家认为，第十三批译名筛选工作细致、方法科学，在网络语料和数据库核查分析的基础上，充分征询专家和相关行业部门意见，兼顾了译名的科学性和通用性，有利于译名的推广应用。

5月20－22日

国际中国语言学学会第28届年会（IACL－28）以线上形式召开。会议由香港中文大学语言学及现代语言系承办。来自中国内地、香港、澳门、台湾、亚洲其他地区以及欧洲、澳洲和北美洲的35个国家和地区的99篇论文作者在年会上做了报告，内容涉及句法、语义、语音、音系、形态、语用、汉语方言、语言获得、心理语言学、历史语言学、认知语言学、功能语言学、社会语言学、话语分析、中文信息处理及语言类型学等领域。

5月22日

中共中央办公厅、国务院办公厅印发了《关于推进实施国家文化数字化战略的意见》（以下简称《意见》），并发出通知，要求各地区各部门结合实际认真贯彻落实。

《意见》明确，到"十四五"时期末，基本建成文化数字化基础设施和服务平台，形成线上线下融合互动、立体覆盖的文化服务供给体系。到2035年，建成物理分布、逻辑关联、快速链接、高效搜索、全面共享、重点集成的国家文化大数据体系，中华文化全景呈现，中华文化数字化成果全民共享。

《意见》提出了8项重点任务。一是统筹利用文化领域已建或在建数字化工程和数据库所形成的成果，关联形成中华文化数据库。二是夯实文化数字化基础设施，依托现有有线电视网络设施、广电5G网络和互联互通平台,形成国家文化专网。三是鼓励多元主体依托国家文化专网,共同搭建文化数据服务平台。四是鼓励和支持各类文化机构接入国家文化专网,利用文化数据服务平台,探索数字化转型升级的有效途径。五是发展数字化文化消费新场景,大力发展线上线下一体化、在线在场相结合的数字化文化新体验。六是统筹推进国家文化大数据体系、全国智慧图书馆体系和公共文化云建设,增强公共文化数字内容的供给能力,提升公共文化服务数字化水平。七是加快文化产业数字化布局,在文化数据采集、加工、交易、分发、呈现等领域培育一批新型文化企业,引领文化产业数字化建设方向。八是构建文化数字化治理体系,完善文化市场综合执法体制,强化文化数据要素市场交易监管。

《意见》要求,在数据采集加工、交易分发、传输存储及数据治理等环节,制定文化数据安全标准,强化中华文化数据库数据入库标准,构建完善的文化数据安全监管体系,完善文化资源数据和文化数字内容的产权保护措施。加快文化数字化建设标准研究制定,健全文化资源数据分享动力机制,研究制定扶持文化数字化建设的产业政策,落实和完善财政支持政策,在文化数字化建设领域布局国家技术创新中心、全国重点实验室等国家科技创新基地,支持符合科创属性的数字化文化企业在科创板上市融资,推进文化数字化相关学科专业建设,用好产教融合平台。

《意见》强调,各地要把推进实施国家文化数字化战略列入重要议事日程,因地制宜制定具体实施方案,相关部门要细化政策措施。各地区各有关部门要加强对《意见》实施情况的跟踪分析和协调指导,注重效果评估。

5月24日

"迎接二十大,语言文字这十年"系列活动第三场报告暨国家语委重大科研项目"基于数字化的红色　文化资源开发与有效传播"开题会举行。

北京师范大学黄荣怀教授作了题为"教育数字化转型:发展基础与核心关切"的学术报告。他指出,在"数字中国""教育强国""智慧社会"的发展背景下,教育数字化转型将成为我国教育改革与发展的战略选择。作为教育现代化的关键支撑和引领,我国教育信息化在过去十年中持续推进,其成就与经验在国际上日益被认同和借鉴。面对当前高质量教育体系建设的新要求,教育数字化转型面临新机遇和新挑战,需要我们进一步识变应变、顺势而为、合作包容、共筑共享,统筹好发展与安全的关系,使智能技术真正促进教育发展,造福人类社会。

5月26日

"迎接二十大,语言文字这十年"系列活动第四场报告暨国家语委科研项目"历史文化

名城名镇名村　语言景观调查研究"开题会召开。

可持续发展大数据国际研究中心主任、中国地名文化遗产保护促进会会长、中国科学院郭华东院士作了题为"空间技术助力文化遗产可持续发展"的学术报告。报告从世界遗产概况、空间信息技术的发展、空间信息技术遗产应用、联合国教科文组织国际自然与文化遗产空间技术中心（HIST）十年研究与发展成就、可持续发展大数据国际研究中心（CBAS）遗产可持续发展平台五个方面介绍了空间技术助力世界遗产的监测、探测、保护等工作，以及在全球开展的利用空间技术助力遗产科学研究、监测评估、管理保护与能力建设的成功案例，分享了"丝绸之路""长城""大运河"等中国文化遗产的空间技术应用案例，以及探索大数据支撑全球可持续发展的技术路径。

5月27-28日

"迎接二十大，语言文字这十年"系列活动第五场报告暨国家语委重大科研项目"中国语言学话语体系建设与传播研究"开题会召开。

近50位知名专家学者围绕中国语言学话语体系建设和传播主题，深入探讨中国语言学话语体系的功能定位、内容特点、研究历史、发展现状及前景规划等。来自全国11个省（区市）21所高校和科研单位以及部分海外的专家学者1400余人参会。北京大学陆俭明教授阐释了中国语言学话语体系建设的若干关键问题，中国社会科学院沈家煊研究员提出了中国语言学的"大语法"纲要，北京语言大学李宇明教授讨论了新时代语言学话语体系建设应关注的语言信息化与语言权利问题，北京外国语大学文秋芳教授论述了内在学术语言及如何建构学术话语体系，澳大利亚昆士兰大学陈平教授论述了当代语言研究的理论基础。系列报告对于语言文字专家尤其是中青年学者具有重要启发意义。

5月31日

教育部语言文字信息管理司印发《"十四五"语言文字规范标准建设规划》。

6月1日

"迎接二十大，语言文字这十年"系列活动第六场报告暨国家语委重大科研项目"海南自由贸易港语言服务研究"开题会召开。

海南省委党校常务副校长王和平教授以"建设具有世界影响力的中国特色自由贸易港"为题作报告，指出，支持海南逐步探索、稳步推进中国特色自由贸易港建设，是习近平总书记亲自谋划、亲自部署、亲自推动的改革开放重大举措，是党中央着眼国内国际两个大局，深入研究、统筹考虑、科学谋划作出的战略决策。并围绕学习贯彻习近平总书记考察海南重要讲话精神,详细解读海南自贸港"一本三基四梁八柱"的战略框架和发展目标。

6月18日

北京语言大学面向全球正式发布"国际中文智慧教育工程"核心成果"国际中文智慧教学平台1.0版",这是我国首个面向全球中文学习者的智慧教学平台。发布会得到了中国日报网、《光明日报》、《北京日报》、央视新闻、《中国青年报》、《中国科学报》等众多新闻媒体的报道。

此次发布会通过哔哩哔哩平台面向全球直播,获得广泛关注。

6月18-19日

第八届中国语言政策与语言规划学术研讨会在线上召开。会议由教育部语言文字信息管理司指导,中国语言学会语言政策与规划专业委员会和北京语言大学联合主办,国家语委科研基地北京语言大学中国语言文字规范标准研究中心、北京语言大学语言科学院语言政策与标准研究所、《语言规划学研究》编辑部承办,北京外国语大学中国语言文学学院、教育部语言文字应用研究所社会语言学与媒体语言研究室、上海市教育科学研究院国家语言文字政策研究中心、上海外国语大学中国外语战略研究中心、商务印书馆中国语言资源开发应用中心、武汉大学中国语情与社会发展研究中心共同协办。会议还得到《语言战略研究》编辑部的支持。会议以"数字经济时代中国与世界的语言生活问题"为主题,来自北京外国语大学、上海外国语大学、北京语言大学、教育部语言文字应用研究所、中国社会科学院民族学与人类学研究所等80余所高校和科研院所的150余位知名专家、中青年学者和研究生参加了会议,在线听众超过1000人。

6月28日

教育部举行"教育这十年""1+1"系列发布采访活动第六场新闻发布会,聚焦党的十八大以来语言文字事业改革发展成就。主会场设在教育部,分会场设在广西壮族自治区教育厅。邀请教育部语言文字应用管理司司长周为,教育部语言文字信息管理司司长田立新,北京语言大学校长刘利,清华大学教授黄德宽,广西壮族自治区党委教育工委书记、教育厅厅长刘友谊,广西壮族自治区语委办主任、教育厅语工处处长黄凯,广西来宾市忻城县红渡镇六纳村原驻村第一书记吴桂彬介绍有关情况,并回答记者提问。

会上介绍的党的十八大以来语言文字事业改革发展成就:全国普通话普及率达

80.72%，文盲率下降至 2.67%；截至 2021 年底，联合国教科文组织、联合国粮食及农业组织、世界旅游组织等 10 个联合国下属专门机构将中文作为官方语言，180 多个国家和地区开展中文教育，76 个国家将中文纳入国民教育体系；语言文字四大工程"古文字与中华文明传承发展工程""中华经典诵读工程""中华思想文化术语传播工程""中国语言资源保护工程"取得成效；广西普通话普及率已超全国平均水平；北京语言大学十年来培养 10 多万来华留学生等。

教育部新闻办主任、新闻发言人续梅主持新闻发布会。

6 月 30 日

为迎接党的二十大，教育部语言文字信息管理司组织"迎接二十大，语言文字这十年"系列活动。2022 年 6—9 月，国家语委科研机构连续举办名家讲坛，宣介语言文字事业成就，总结理论成果，探讨创新发展方向。

"迎接二十大，语言文字这十年"名家讲坛第一场以线上方式举办。该场讲坛由教育部语言文字信息管理司指导，国家语委中国语言资源开发应用中心和国家语委中国语情与社会发展研究中心联合主办。讲坛主题是"胸怀国家，情系人民——新时代语言文字事业的理念与情怀"。北京语言大学李宇明教授、武汉大学赵世举教授和北京外国语大学文秋芳教授应邀作报告。近 1000 人线上参加。

7 月 6 日

教育部、国家语委、中央宣传部等九部门发布"关于开展第 25 届全国推广普通话宣传周活动的通知"，定于 2022 年 9 月 12—18 日举办第 25 届全国推广普通话宣传周活动（以下简称"推普周活动"）。《通知》指出：推普周活动的指导思想是习近平新时代中国特色社会主义思想；活动主题是推广普通话，喜迎二十大；活动内容是组织开展全国性宣传活动，指导开展全社会宣传活动，创新开展特色化宣传活动；工作要求是加强统筹谋划，精心组织部署，聚焦重点工作，务求取得实效，挖掘典型案例，持续深入宣传，统筹发展和安全，严守各项要求。

7 月 14 日

"迎接二十大，语言文字这十年"系列名家讲坛第二场举办，该场讲坛由教育部语言文字信息管理司指导，国家语委国家语言资源监测与研究教育教材中心、中国语言战略研究中心联合主办。主题是"助力铸牢中华民族共同体意识——国家通用语言文字推广普及这十年"，主办单位围绕该主题特别设计了国家语委科研机构成果展示、主旨报告、云端对谈三个环节。教育部语言文字应用研究所刘朋建所长、厦门大学/喀什大学苏新春教授和首都师范大学周建设教授作主题报告。社会各界1600余人通过腾讯会议参与此次讲坛。

7月28日

"迎接二十大，语言文字这十年"系列名家讲坛第三场举办，活动由国家语委中国语言资源保护研究中心（北京语言大学）、国家语言服务与粤港澳大湾区语言研究中心（广州大学）联合主办，主题是"构建和谐语言生活——语言资源与语言服务研究实践这十年"。"构建和谐语言生活"是我国语言文字事业的重要理念，语言生活观、语言资源观、语言服务观是"构建和谐语言生活"理念的主要支点。党的十八大以来，我国在语言生活观测与引导、语言资源科学保护、语言服务国计民生等方面奋力开拓，取得重要成就。

7月28日

国家标准化管理委员会、工业和信息化部、国家语言文字工作委员会在京联合召开《信息技术　中文编码字符集》（GB 18030－2022）强制性国家标准发布宣贯会。国家市场监管总局党组成员、副局长、标准委主任田世宏，工业和信息化部党组成员、副部长张云明，教育部党组成员、副部长、国家语委主任田学军出席会议并讲话。

田世宏指出，以习近平同志为核心的党中央高度重视国家通用语言文字推广普及工作。语言文字规范化、标准化、信息化建设，是落实党中央、国务院决策部署的具体举措。文字编码是信息化的重要基础，标准化是文字编码发挥作用的重要路径。无论是传承与发展中华民族传统文化，还是实现政务服务"网上办""掌上办"，都需要中文编码标准化。下一步，市场监管总局（标准委）将会同有关部门，不断强化标准实施，持续推进标准创新，统筹优化标准体系，深化标准国际合作，切实推动语言文字标准化工作实现新发展、迈上新台阶。

张云明指出，近年来，在党中央、国务院的坚强领导下，我国语言文字信息化工作取得了显著成效，语言文字信息技术标准体系日趋完善，语言文字信息技术产业化稳步推进，少数民族语言文字信息化效果显著。下一步，工业和信息化部将会同有关部门，加快推动语言文字信息技术标准化发展，促进语言文字信息技术产业化应用，推动语言文字信息技术成果更好地惠及人民群众。

田学军指出，《信息技术　中文编码字符集》是贯彻落实《国家通用语言文字法》、推动《通用规范汉字表》在社会各领域实施的重要举措，是坚定文化自信、促进中华优秀传统文化传承发展的切实需要，是坚持以人民为中心、为群众办实事的具体体现。下一步，教育部、国家语委将进一步加强与有关部门的合作，协同推动《信息技术　中文编码字符集》标准的贯彻落实，不断满足人民群众高质量的语言文化需求。

《信息技术　中文编码字符集》是中文信息技术领域最重要的基础性标准，对汉字和我国多种少数民族文字进行了统一编码，需要进行中文处理的信息系统均需应用此类编码标准，因此标准实施场景丰富、应用范围广泛，标准首次发布于2000年，2005年第一次修订，支撑了我国中文信息处理和交换需要。

新版《信息技术　中文编码字符集》强制性国家标准将于2023年8月1日正式实施，共收录汉字87887个，比上一版增加录入了1.7万余个生僻汉字，不仅收录国务院发布的《通用规范汉字表》全部汉字，还可覆盖我国绝大部分人名、地名用生僻字以及文献、科技等专业领域的用字，能够满足各类使用需求，为传承中华文化、增强中文信息处理能力、满足姓名生僻字人群用字需求提供强有力的标准保障。

中国电子技术标准化研究院对标准内容进行解读，公安部和中国人民银行代表标准应用单位发言，国务院办公厅电子政务办公室、民政部、人力资源和社会保障部、国家电子文件管理部际联席会议办公室等有关部门、标准起草单位等近50人参加了会议。

7月29日

"但使文章能寿世，不求闻达以骄人——《我的百年人生——吴宗济口述史》新书出版座谈会"在北京举行。会议由中国社会科学院语言研究所和商务印书馆联合主办，采取线上线下相结合的方式进行。中国社会科学院语言研究所、商务印书馆、科大讯飞股份有限公司等单位的领导和吴宗济先生的亲友故交、新书作者、新书责编等30余人参加了会议。

8月11日

"迎接二十大，语言文字这十年"系列名家讲坛第四场举办，该场讲坛由国家语委中国语言文字规范标准研究中心和国家语言资源监测与研究网络媒体中心联合承办，主题为"服务社会语言文字应用——语言文字规范化标准化信息化这十年"，报告人为国家语委中国文字整理与规范研究中心主任、北京师范大学教授王立军，国家手语和盲文研究中心行政委员会主任、北京师范大学教授顾定倩，国家语言资源监测与研究网络媒体中心主任、华中师范大学教授何婷婷。

8月26日

经世界汉语教学学会团体标准委员会审定，《国际中文教师专业能力标准》（T/ISCLT

001 - 2022）（以下简称《标准》）由世界汉语教学学会发布，自发布之日起正式实施。

《标准》是世界汉语教学学会首个以团体标准形式发布，规范引领国际中文教师培养、培训、能力评价与认定及教师专业发展的准则，也是教育部中外语言交流合作中心继 2021 年发布《国际中文教育中文水平等级标准》后推出的又一重大标准。《标准》的发布对加快构建国际中文教育标准体系、增强标准服务质量、提升标准国际化水平、促进国际中文教育高质量发展具有重要意义。

为适应国际中文教育事业民间化、市场化、国际化需求，《标准》由教育部中外语言交流合作中心发起，北京大学、北京语言大学、天津师范大学、中国有色金属工业人才中心、埃及开罗大学孔子学院、澳大利亚中文教师联会、柬埔寨皇家科学院、美国国际文教学会、日本青少年育成协会、西班牙汉语教师及教学协会等来自 13 个国家的 28 所高校、社会团体、企业机构联合起草。

《标准》适应新时代国际中文教育发展新趋势新要求，突出师德为先、素养为基、学习者为本、跨文化能力为重等国际中文教师发展理念，以中文为第二语言教学、教师专业发展、教师评价等理论为基础，参考借鉴多国语言教师标准，继承和发展了《国际汉语教师标准》（2012 年版），是国际中文教育领域的最新成果。

《标准》研制历时 3 年，广泛征求 300 余位中外专家学者、5000 余名各国中文教师、国际中文教师志愿者，以及 100 余家各国中文教育人才培养单位的意见和建议，开展大规模调查研究，组织学术研讨会、讨论会、工作会百余次，经过反复研究、充分论证修改，并经来自国际中文教育、中国标准化组织和国际标准化组织的专家组成的标准化技术工作组审查修改后完成。

《标准》突出以学习者为中心的理念，强调教师终身发展，突出教师跨文化交际能力与数字技术应用能力，以国际中文教师胜任力模型为基础，通过专业理念、专业知识、专业技能、专业实践和专业发展 5 个一级指标和 16 个二级指标将国际中文教师应具备的知识、技能、态度以及专业发展等能力划分为初级、中级、高级三个水平，对每一级水平进行了详细描述。同时，《标准》将《国际中文教师专业能力分级认定规范》作为规范性附录，规定了国际中文教师分级认定的评价指标和认定标准，进一步增强了《标准》的指导性、实用性。

《标准》适用于国际中文教育教学各方面，可为国际中文教师的教育教学活动进行科学有效的指导，可为国际中文教师专业能力认定与评估、国际中文教育培训等提供依据和规范，也可为国际中文教师专业发展、职业生涯规划提供依据，还可为中外各类学校、教育机构和企事业单位，不同层次的国际中文教育和"中文＋"人才培养、课程设置、教育实践、招聘选拔等提供参考。

8月31日

"迎接二十大,语言文字这十年"系列名家讲坛第五场在线上举办,主题为"助力人类命运共同体建设——语言文字国际交流合作这十年"和"国际化发展与中国的外语生活"。此次讲坛由国家语委科研机构秘书处统筹,国家语委中国外语战略研究中心(上海外国语大学)、国家语委国家语言能力发展研究中心(北京外国语大学)共同承办,中国外语战略研究中心副主任朱晔、国家语言能力发展研究中心副主任张天伟联袂主持。上海外国语大学教授赵蓉晖就"语言文字工作国际化发展的成就与未来"作专题报告,北京外国语大学教授王文斌作题为"国际化背景下的外语生活与外语教育"的专题报告。

9月8日

由国家语委主办、河南省语委协办、中国文字博物馆承办的"党的语言文字事业百年光辉历程"展在河南安阳中国文字博物馆开展。展览共有图片档案、图书、实物等330件展品,分为"星火燎原""日月新天""与时俱进""奋勇逐梦"四个单元。正式展期为9月8日至12月7日。展览通过梳理、总结百年来党领导下的语言文字事业走过的光辉历程,全面系统呈现百年来语言文字政策和实践的发展变迁,展现语言文字事业为服务国家发展大局所发挥的重要作用和取得的显著成就,彰显作为中华基因的语言文字在新时期对提升国民文化自信、建设文化强国的重大价值和意义。

9月8日

以"推广普通话,喜迎二十大"为主题的第25届全国推广普通话宣传周(以下简称"推普周")在云南省怒江傈僳族自治州泸水市开幕。

教育部党组书记、部长,全国推普周领导小组组长怀进鹏发表视频致辞。教育部党组成员、副部长,国家语委主任,推普周领导小组副组长田学军和云南省人民政府党组成员、副省长,省语委主任张治礼出席开幕式并讲话。

怀进鹏指出,党的十八大以来,习近平总书记多次对语言文字工作作出重要指示批示,为新时代语言文字工作特别是推广普及国家通用语言文字指明了方向,提供了根本遵循。怀进鹏强调,自1998年国务院批准设立推普周以来,推普周在宣传引导社会语言文字规范使用、提高人民群众语言文化素养和提升国家文化软实力等方面发挥了积极作用,成为国家语言文字工作高质量发展的重要平台。在新征程上,要牢记习近平总书记的殷切嘱托,用好推普宣传周平台,凝聚推广普及国家通用语言文字的高度共识。要聚焦铸牢中华民族共同体意识，在全社会营造和谐健康的语言环境。要肩负起新时代的光荣使命，积极探索数字化赋能新思路新举措，着力提升国家通用语言文字普及程度和质量，服务教育强国、文化强国建设。

田学军对推广普及国家通用语言文字提出工作要求，指出要坚决扛起宪法赋予的法定责任，以人民为中心、以新发展理念为指导推广普及国家通用语言文字，持续深化体制机制改革，推动语言文字事业高质量发展取得新进展。

张治礼表示，云南省将全面加强新时代民族地区国家通用语言文字推广普及工作，谱写好民族团结进步示范区建设新篇章。

开幕式前后，田学军一行深入福贡县老姆登村、第一中学、石月亮乡依陆底幼儿园，贡山县独龙江乡九年一贯制学校，怒江州减贫中心以及泸水市和谐社区幼儿园、和谐社区扶贫车间调研，分别了解推普助力乡村振兴、国家通用语言文字教育教学、易地扶贫搬迁安置社区青壮年劳动力和基层干部学习使用国家通用语言文字情况。调研期间，田学军同志看望了人民楷模高德荣同志。

推普周期间，推普周领导小组各成员单位和全国各地、各行业系统，国家语言文字推广基地等也将围绕本届推普周主题，开展推普"智能＋"展示、典型案例宣传展示、普通话测试员专业化队伍推普志愿服务、系列新媒体"云上活动"等，以实际行动迎接党的二十大胜利召开。

9月16日

"迎接二十大，语言文字这十年"系列名家讲坛第六场"坚定文化自信——中华优秀语言文化传承弘扬这十年"学术访谈在方正大厦召开。该场活动由教育部语言文字信息管理司指导，北京大学中国文字字体设计与研究中心和郑州大学汉字文明传承传播与教育研究中心主办，国家语委科研机构秘书处统筹，北京语言大学中国语言资源保护研究中心和商务印书馆中国语言资源开发应用中心参与协办。教育部语言文字信息管理司副司长刘宏等领导和专家出席线下活动。清华大学教授黄德宽、北京师范大学教授韩震、郑州大学教授李运富、首都师范大学教授叶培贵四位专家，采用访谈、对谈的方式开展互动。

9月23－25日

中国语言学会第二十一届学术年会在西安举行。此次会议由中国语言学会主办，陕西师范大学文学院及语言资源开发研究中心承办，商务印书馆、陕西省社会科学界联合会协办，国内80多所高校和研究机构的百余位中国语言学会会员和学者参加了会议，其中四十余位专家学者出席了线下会议。共有10位专家作了大会学术报告,分组报告共计16场,宣读133篇论文,与会学者就汉语史、古文字、现代汉语、方言、少数民族语言、语言规划与政策、语言应用等领域的相关问题进行了深入的交流和讨论。

会议期间还完成了中国语言学会理事会换届选举工作。以线下线上相结合的方式召开了中国语言学会第十一届会员代表大会,听取了第十届理事会工作报告,选出87位学者为中国语言学会第十一届理事会理事。以线下线上相结合的方式召开了中国语言学会第十一届理事会第一次会议,选举产生中国语言学会第十一届理事会常务理事及主要负责人,听取并讨论中国语言学会四个分支机构的工作报告,审议通过74份入会申请。

9月29日

迎接二十大,推动新时代国家语言文字事业高质量发展论坛9月29日在京举办。此次论坛以线下线上相结合的形式召开,由中国语言资源开发应用中心和《语言战略研究》编辑部主办,国家语委科研机构秘书处、国家应急语言服务团秘书处、中国语言资源保护研究中心协办。语言文字战线专家学者、国家语委委员单位代表、地方语委代表参会。有关视频号对论坛进行了全程直播。

时任教育部党组成员、副部长,国家语委主任田学军,中国出版集团有限公司总经理、党组副书记常勃出席并讲话。中宣部出版局负责同志出席论坛。

9月29日

中国语言资源保护工程《中国语言文化典藏》(第二辑)20册发布。《中国语言文化典藏》是教育部、国家语委重大语言文化工程"中国语言资源保护工程"的标志性成果,获得国家出版基金项目资助,先后列入"十三五""十四五"国家重点图书出版规划项目。《中国语言文化典藏》目前已出版2辑50册,调查范围涵盖全国21个省级行政单位,包括汉语方言文化典藏37册和少数民族语言文化典藏13册,具有原创性与抢救性并存、系统性与规范性兼备、学术性与可读性并重的特点。这是在迎接二十大,推动新时代国家语言文字事业高质量发展论坛上发布的。

9月29日

国家应急语言服务团《疫情防控应急手语100句》正式上线发布。这是在教育部、国家语委指导下,国家应急语言服务团成员单位中国聋人协会、国家手语和盲文研究中心、国家通用手语数字推广中心牵头研制的。在抗击新冠疫情的过程中,部分听力残疾人无法通过电视、广播、新媒体等渠道，及时完整地获取科学、权威的防护信息和疫情通报，特别是老年听力残疾人和识字不多的听力残疾人对此类需求尤为迫切。研制团队面向一线实际需求，对全国22个城市不同年龄、身份、文化背景的手语使用者进行访谈，遴选听力残疾人在新冠疫情防控过程中最急需的手语语句，以国家通用手语为基础，通过全国12个手语采集点征集手语打法，历经5次专家会审完成研制。成果也可用于医护人员、社区防疫人员快速学习掌握应急手语。《疫情防控应急手语100句》直面社会迫切需求，充分尊重听力残疾人手语使用者群体的语言权益，体现了党和国家对残疾人群体的"格外关心，格外关注"，展现了我国应急语言服务工作的新成效，是伟大抗疫精神的生动实践。

9月29日

在"迎接二十大，推动新时代国家语言文字事业高质量发展论坛"上，北京外国语大学教授张天伟代表国家语委首期语言文字应用研究高级研修班全体学员，发布"致全国语言学界中青年学者倡议书"。倡议书内容如下。

在喜迎党的二十大胜利召开之际，为深入贯彻落实习近平总书记关于语言文化的重要论述，更好服务新时代语言文字事业高质量发展，作为国家语委中青年学者代表，我们向全国语言学界中青年学者发出如下倡议。

牢记习近平总书记对青年和哲学社会科学工作者的深切寄望，涵养深沉的家国情怀，树立高远的理想追求，担负起历史赋予的光荣使命，心怀"国之大者"，将学术研究融入国家发展中，以回答中国之问、世界之问、人民之问、时代之问为学术己任，在研究解决重大问题上拿出真本事、取得好成果，使研究成果服务国家、惠及人民，努力成为对国家和人民有贡献的学者。

深刻把握语言文字的文化资源、经济资源、安全资源和战略资源属性，充分认识语言文字事业的基础性、全局性、社会性和全民性特点。立足国情，放眼世界，深入调研海内外语言生活，系统考察不同层级、领域的语言应用。深化基础理论和应用研究，紧盯前沿领域和新兴领域，努力构建本土特色理论体系，进一步促进语言研究方法的现代化、系统化和科学化，推进知识创新、理论创新、方法创新，为语言文字事业发展作出学术贡献、提供智力支撑。

树立学术自信，立足中国实践，推进中国特色语言学的学术体系、学科体系和话语体系建设，积极参与国际学术对话，传播中国声音、中国理论、中国思想，提升中国语言文字研究的国际影响力，向世界阐释推介具有中国特色、体现中国精神、蕴藏中国智慧的中华优秀语言文化，为推动构建人类命运共同体作出积极贡献。

继承和发扬老一辈语言学家胸怀祖国、服务人民的优秀品质，以功成不必在我的精神境界和功成必定有我的担当作为，践行学术报国、为国育才的光荣职责，把论文写在祖国的大地上，积极服务新时代语言文字事业高质量发展，在实现中华民族伟大复兴的时代洪流中踔厉奋发、勇毅前行，为党和国家事业发展作出新的更大贡献。

10 月

《中国语文》举办纪念创刊七十周年系列学术活动。

《中国语文》1952年7月创刊，是我国哲学社会科学领域历史最长的专业学术刊物之一。2022年迎来了创刊七十周年，为此，《中国语文》以多种方式组织了一系列的学术活动。

1. 编辑"《中国语文》创刊七十周年纪念专刊"。

2022年第4期、第5期《中国语文》为"创刊七十周年纪念专刊"，集中刊发了语言学研究各领域高质量论文20多篇。其中包括与《中国语文》多年相伴的著名语言学家的新作，也有活跃在语言研究第一线的中青年学者的代表性作品，内容涉及现代汉语句法和语义、汉语历史语法词汇学、汉语方言研究、词典学和词汇学研究、出土文献和古文字研究、语言接触研究等等。同时推出"学术体系与学科建设"专栏、"语言政策与语言规划"专栏、"意识形态与语言理论"专栏。

2. 编辑部策划出版五卷本"《中国语文》创刊七十周年纪念文丛"，对创刊七十年来的发展历程进行总结，回顾历史展望未来。

"纪念文丛"主要内容包括如下。

（1）《中国语文》七十年文选（共三卷），精选创刊至今《中国语文》发表的代表性论文88篇，反映七十年间中国语言学的学科建设与发展历程。

（2）《中国语文》历史回望（一卷），邀请《中国语文》的编者、编委、老作者撰写回忆文章，收录《中国语文》第一代编辑和编辑部老领导的采访录音整理，节选记载《中国语文》成长历程的图片、工作书信等珍贵史料。

（3）《中国语文》七十年总目索引（一卷），并配有电子检索。

10 月 11 日

新时代十年，中国哲学社会科学界深入学习贯彻习近平总书记重要讲话精神，从历史和现实、理论和实践相结合的角度回答一系列重要命题，深入阐释如何更好坚持中国道路、弘扬中国精神、凝聚中国力量，交上了中国哲学社会科学的新时代答卷。中国社会科学网为此开设了"哲学社会科学这十年"专题栏目。

中国社会科学院语言研究所所长张伯江发表文章《哲学社会科学这十年之语言学：新时代语言学的学科建设和学术创新》。文章指出，新时代是哲学社会科学大发展的时代，也是我国语言学知识体系构建取得重要突破的时代。十年来，语言学以服务于社会主义现代化国家建设和中华民族伟大复兴为宗旨，积极推进与我国综合国力相适应的语言文字事业全面发展。作为语言服务的基础支撑，语言学理论研究不断得到深化和发展。

语言学作为人文社会科学里方法论色彩很强的一门特色学科，在20世纪中后期有了突飞猛进的发展。中国语言学者在中国境内语言和方言的调查研究实践中，广泛参与国际语言学对话，积极关注各种新兴的理论学说，参考和吸收其中的有益成分，尤其是研究方法的借鉴和使用。改革开放以来，面对信息化和数字化的时代转向，中国语言学一方面紧密关注社会语言需求；另一方面遵从学术自身逻辑强化理论建设和学科发展，初步形成了从自身学理出发的语言学学科体系建设，并形成了与国际语言学前沿大致相应的学术体系。新时代这十年，句法语义研究总结和反思我国学者经过百余年对汉语语法规律的探索，走出了机械模仿或照搬套用西方语言学框架的迷途，找到了一条植根于汉语文化传统、符合汉语实际的路子。历史语言学研究也在前一个时期对西方语言演变理论和语法化理论的简单比附基础上，更加注重汉民族共同语自身形成规律的探讨，着眼于民族融合、语言接触和社会交流的历史观察，广泛运用现代语言学理论和方法，考察汉语历史上和现代方言中所发生的语法演变和词汇语义演变，揭示汉语语法演变和语义演变的动因、机制和规律，都上升到了新的境界，为民族文化传承载体的研究和铸牢中华民族共同体意识的基础研究作出了贡献。这一时期语音研究显示出如下突出特色：多领域、多维度、多视角的研究方式可以相互印证、相互补充，有助于全面把握语音的本质，推动实验语音学研究进一步走向深入；开展跨学科研究和类型学研究，借鉴和运用新的研究方法、研究范式以及其他学科的最新研究成果；注重数据资源建设和大规模数据统计分析。从心理语言学角度研究儿童的语言获得与发展以及老龄化引起的语言蚀失，显示了我国语言学者的社会情怀。

汉语方言学是新中国成立以来成绩最显著的学科之一，党的十八大以来，汉语方言研究提升到传承和弘扬中华优秀传统文化、涵养社会主义核心价值观的高度来认识，方言研究的理论深度和调查广度都得到了新的发展。在学术层面，开展语言资源保护研究工作，以期推进深度开发应用，全面提升我国语言资源保护和利用水平，为传承中华优秀传统文化、促进民族团结、维护国家安全服务。目前语言资源保护工程一期建设已顺利完成。

积极响应习近平总书记关于要高度重视以古文字为代表的中华优秀传统文化传承和发展的指示精神，古文字和出土文献的语言研究这十年里达到一个空前的热度。接应了百年来学界持续重视出土文献与传世文献比较研究的传统，同时发挥语言学科的优势，突破了字形研究、文字考释的目光局限，从"音义结合"的角度去解读字义、探究文意，取得了令人瞩目的成果。

语言文字是文化传承的重要载体,新时代语言学的学科建设和学术创新,既标志着哲学社会科学学科体系、学术体系、话语体系的构建走向成熟,也表明语言学在助力文化强国建设事业中的培元、强基、铸魂作用得到了很好的发挥。

10月20-22日

"中国社会科学论坛(2022年,语言学)——新时代语音学前沿问题国际研讨会"在线上举办。研讨会由中国社会科学院语言研究所、北京语言大学、中国语言学会语音学分会联合主办,由语言研究所语音研究室和北京语言大学语言科学院联合承办。会议紧密围绕新时代语音学前沿问题,邀请国内外知名学者以大会报告方式分享学界的最新研究成果,集中呈现国内外语音研究领域的最新发展动态,报告内容除了有语音学基础研究之外,还有关于言语障碍、心理治疗、汉语语音教学、语音技术,以及关于自闭症儿童和阿尔茨海默症人群的相关研究成果。这些研究关注社会和时代的现实需求,彰显了语音学研究在语言智能、语言教育和语言健康等领域的学术引领作用。

10月28日

习近平总书记考察了位于安阳市西北郊洹河南北两岸的殷墟遗址。殷墟是我国历史上第一个文献可考、为考古发掘所证实的商代晚期都城遗址。习近平总书记步入殷墟博物馆,仔细观摩青铜器、玉器、甲骨文等出土文物。随后,习近平总书记来到车马坑展厅,察看商代畜力车实物标本和道路遗迹。

他指出,殷墟出土的甲骨文为我们保存3000年前的文字,把中国信史向上推进了约1000年。"殷墟我向往已久。"总书记谈起了专门来此的目的,"这次来是想更深地学习理解中华文明,古为今用,为更好建设中华民族现代文明提供借鉴。"中国的汉文字非常了不起,中华民族的形成和发展离不开汉文字的维系。在这方面,考古事业居功至伟。考古工作要继续重视和加强,继续深化中华文明探源工程。中华文明源远流长,从未中断,塑造了我们伟大的民族,这个民族还会伟大下去的。要通过文物发掘、研究保护工作,更好地传承优秀传统文化。

习近平总书记强调,中华优秀传统文化是我们党创新理论的"根",我们推进马克思主义中国化时代化的根本途径是"两个结合"。我们要坚定文化自信,增强做中国人的自信心和自豪感。

习近平总书记这次考察,跨越地理山河,穿透文明古今,立足新的征程,传递鲜明信息：要把中华优秀传统文化传承好，增强实现中华民族伟大复兴的精神力量。

11月15日

国家语委在京召开学习贯彻党的二十大精神座谈会。会议以"深入学习贯彻党的二十大精神，学习领会习近平总书记在河南安阳殷墟遗址考察时的重要讲话精神，推动新时代语言文字事业高质量发展"为主题。时任教育部副部长、国家语委主任田学军出席会议并讲话。

11月18日

为贯彻落实党的二十大报告提出的"加大国家通用语言文字推广力度"，教育部、国家语委印发《关于加强高等学校服务国家通用语言文字高质量推广普及的若干意见》（以下简称《意见》）。《意见》是第一个对高等学校国家通用语言文字工作作出系统部署的文件。

2020年，全国普通话普及率达到80.72%，实现了普通话基本普及的目标，高等学校在其中发挥了重要作用。在全面建设社会主义现代化国家的新征程上，加大国家通用语言文字推广力度，实现普及程度和质量的提升，需要进一步发挥高等学校的示范引领作用。《意见》从人才培养、科学研究、社会服务、文化传承创新、国际交流合作等高等学校五大职能入手，对高等学校做好国家通用语言文字高质量推广普及工作作出部署，提出了全面加强国家通用语言文字教育教学、主动融入推普助力乡村振兴和文化强国建设、积极探索推普服务社会应用和人民群众需求新手段等三大任务十项举措，并提出创新高等学校语言文字工作体制机制等保障措施。

《意见》的出台，将激励高等学校增强责任感使命感，利用自身资源优势，在高质量推广普及国家通用语言文字中发挥更大作用，为办好人民满意的教育、培养造就大批德才兼备的高素质人才、更好服务铸牢中华民族共同体意识奠定坚实基础。

11月27日

以"学习贯彻党的二十大精神　打造辞书传世精品"为主题的第二届中国辞书高层论坛在京举办。时任教育部副部长、国家语委主任田学军致辞。全国辞书界资深专家、高校和研究机构的辞书研究者、中国辞书学会全体会员参加论坛。

12月8日

国际中文教育大会在北京国家会议中心举行。会议由中华人民共和国教育部主办、中外语言合作交流中心和世界汉语教学学会承办。国务院副总理孙春兰出席开幕式并发表主旨演讲。大会开幕式由教育部部长怀进鹏主持。北京外国语大学校长杨丹，外研集团（外研社）外研社社长王芳，外研社副社长刘捷等受邀参加开幕式。

12月9日

国际中文教育学术论坛暨世界汉语教学学会2022年学术年会在北京国家会议中心举办。本次活动由世界汉语教学学会和北京师范大学联合主办，是2022年国际中文教育大会一场重要活动。以"创新与融合：国际中文教育的数字化、标准化与多元化"为主题，设置特邀报告、学术交流和专家对话等环节，中外数百名专家学者通过线上线下相结合的方式参会交流。

12月22日

首届友好城市语言文化交流合作论坛在线举办，论坛以"语言为媒　特色发展　深化友城合作"为主题。教育部中外语言交流合作中心副主任胡志平出席论坛并致辞。来自赞比亚、意大利、法国、瑞典和中国的有关友好城市的市长、官员及相关教育文化机构和企业代表、专家等在线参会。

12月27日

在第七届语言服务高级论坛上，教育部语言文字信息管理司、国家开放大学、华中师范大学、广州大学等单位负责同志和专家学者，在北京、广州、武汉三地联动，共同启动上线"国家语言资源服务平台"（https：//fw.ywky.edu.cn/）。

国家语言资源服务平台是由教育部语言文字信息管理司委托、国家语言资源监测与研究网络媒体中心建设和运行维护的全国性、综合性在线开放资源服务平台，面向社会提供语言文字资源服务的搜索及链接服务。该平台以服务教育数字化战略行动为目标，秉持"开放、共享、智能、服务"建设理念，深入分析教育教学、科学研究、文化传承、社会应用中急需的语言文字需求，汇聚近50家单位提供的近百项高质量语言资源。平台聚焦语言规范服务、汉字信息服务、精品字库服务、语言翻译服务、应急语言服务、手语盲文服务等近20项语言服务。其中，语言规范服务汇集60余种规范标准，为教师、学生以及新闻媒体等公共服务行业的语言文字工作者掌握应用语言文字规范提供便捷服务，应急语言服务针对各类突发公共事件，提供涵盖国家通用语言文字、手语、盲文、外语等语言服务，包括多语种疫情防控外语通、疫情防控应急手语一百句、多语多言宣讲消防安全知识等。

12 月 27 日

在第七届语言服务高级论坛上,发布了《中国语言生活状况报告(2022)》《中国语言政策研究报告(2022)》《世界语言生活状况报告(2022)》《粤港澳大湾区语言服务发展报告(2022)》四部皮书。

2021年,中国语言生活丰富多彩、生机勃勃。中国共产党在接续奋斗中迎来百年华诞,党的十九届六中全会通过的《中共中央关于党的百年奋斗重大成就和历史经验的决议》提出"全面推行国家通用语言文字教育教学"。国务院办公厅发布《关于全面加强新时代语言文字工作的意见》。乡音乡语助力党史教育,网络"清朗"行动提升语言文明,中文走进太空,智能手语主播亮相央视频,反诈宣传语出新又入心。国际中文教育活动丰富多彩,多方助力海外华语传承。智能信息平台语言服务适老化情况、城镇化进程中"新市民"的语言生活、地铁播报语言等一系列调查,反映中国语言生活的不同方面。

2021年,语言政策研究涵盖党的语言文字事业百年成就与经验、国家通用语言文字推广普及助力铸牢中华民族共同体意识、语言文字规范标准建设、国家话语能力、新时代外语教育改革与发展、海外华语传承、应急语言服务、区域语言产业、语言学学科建设等议题,体现了问题驱动和家国情怀。《中国语言政策研究报告(2022)》还介绍了有关科研基金语言文字类课题立项、重要学术会议举办等情况,专题研究了新中国语言规范研究与实践、教材语言研究的缘起与发展等。

《粤港澳大湾区语言服务发展报告(2022)》是我国首部区域语言服务专题皮书。《粤港澳大湾区发展规划纲要》发布三年多来,语言服务在促进大湾区互联互通中的作用日益凸显,在人文湾区、智慧湾区、健康湾区、生活湾区以及教育和人才高地建设中发挥重要作用,彰显了大湾区多元化、国际化、智慧化和人文性的语言服务特色。语言文化服务宜居宜业宜游优质生活圈建设,中华经典诵读活动在各类学校广泛组织,城市语言景观各具特色,地名用字用词记录地理变迁和历史文化发展。《粤港澳大湾区语言服务发展报告(2022)》深入调查外来务工人员随迁子女、城中村居民等不同群体的语言教育和语言融入服务,体现了大湾区的人文精神。语言技术服务赋能大湾区智慧城市群建设,《粤港澳大湾区语言服务发展报告(2022)》重点关注大湾区智慧政务、智慧文博、智慧旅游等方面的成就与经验,梳理分析互联网应用中的语言服务方式,调研老年人等特殊人群对智能产品与应用软件中语言服务的适应程度。应急语言服务助力健康湾区建设,香港开发语种丰富、各具特色、功能互补的系列抗疫专题网站,澳门开展语种、形式和主体多样化的抗疫语言特色服务,广州面向外籍人士开展多语抗疫服务,深圳构建"一网两微三电"语言服务平台。

近年来,世界语言生活图景纷繁复杂。《世界语言生活状况报告(2022)》重点关注与世界语言治理高度相关的八个国际组织，特别考察了与全球抗疫紧密关联的在线语言教育、语言服务行业的发展状况。本年度的报告依然保持客观报道的叙述风格，系统呈现世界各大洲的重大语言生活动态，帮助我们更好地了解世界语言生活。

12月27－28日

发布"语言服务助力数字中国倡议"。在第七届语言服务高级论坛的闭幕式上，教育部语言文字信息管理司、广东省教育厅指导的国家语委国家语言服务与粤港澳大湾区语言研究中心和大湾区有关学术机构、企事业单位联合发起成立了"粤港澳大湾区语言生活与语言服务建设联盟"。与会语言文字工作者深入学习贯彻党的二十大精神，就语言服务助力数字中国建设达成共识。广州大学教授、国家语言服务与粤港澳大湾区语言研究中心主任屈哨兵代表大会向教育界、学术界及全社会发出"语言服务助力数字中国"的六点倡议：

以高质量的语言服务助推教育数字化战略行动。语言文字信息化是教育信息化的重要基础。提升国家语言文字信息化服务水平，支持国家语言资源服务平台建设，坚持开放、共享、智能、服务，汇聚各类高质量语言资源和优质语言服务，服务教育数字化战略行动，以此助力教育强国、人才强国和文化强国建设。

以高质量的语言服务助推数字技术创新。语言数据是数字技术创新发展的助推器，语言智能是数字技术突破创新的关键领域。发展语言资源服务以提升关键资源供应保障能力，发展语言数据和语言智能产业以完善现代化产业体系，以此助力科技强国和平安中国建设。

以高质量的语言服务助推数字经济发展。语言文字是重要的经济资源，语言数据是数字经济的关键生产要素。增强语言经济意识，大力发展语言产业，加强语言标准化、资源化、多元化和智能化服务，促进数字产业化和产业数字化发展，以此助力数字经济与实体经济的深度融合。

以高质量的语言服务助推数字社会建设。语言服务是社会服务的重要组成部分。重视利用语言文字为国家现代化进程服务，是百年来我国数辈学人的优良传统。推动数字化语言服务共建共享，推进线上线下语言服务融合发展，扩大优质语言服务资源辐射范围，促进社会信息无障碍，以此助力智慧城市和数字乡村建设，服务铸牢中华民族共同体意识。

以高质量的语言服务助推数字政府建设。语言文字是数字治理的重要抓手。提升语言文字信息处理和语言智能服务水平，在服务机制、服务体系、服务平台、服务领域、服务功能、服务队伍、服务能力等方面增强有效服务供给，以此助力数字政府服务效能升级，营造良好数字生态。

以高质量的语言服务助推国家区域发展和全球的数字合作。提升面向国家重大区域发展战略的语言服务能力，助力京津冀、长三角、长江经济带、粤港澳大湾区、海南自由贸易港等区域的建设发展。提升国际语言服务能力，助力全球数字合作互利共赢，服务"一带一路"倡议，发挥语言服务在构建网络空间命运共同体中的积极作用，以此助力文明交流、互鉴与共存。

倡议呼吁，社会各界携起手来，共同开创语言服务新模式新路径新格局，服务数字中国，赋能数字中国，为全面建设社会主义现代化国家、全面推进中华民族伟大复兴贡献语言之力！